中国企业年鉴 2021

CHINA ENTERPRISE YEARBOOK

中国企业年鉴编委会/编

图书在版编目（CIP）数据

中国企业年鉴. 2021 / 中国企业年鉴编委会 编. —北京：企业管理出版社，2021.12

ISBN 978 – 7 – 5164 – 2530 – 5

Ⅰ. ①中… Ⅱ. ①中… Ⅲ. ①企业经济–中国–2021–年鉴 Ⅳ. ①F279.2–54

中国版本图书馆 CIP 数据核字（2021）第 251923 号

书　　名：中国企业年鉴 2021

作　　者：中国企业年鉴编委会 编

责任编辑：尹 青 崔立凯

图文编辑：肖 钦

书　　号：ISBN 978 – 7 – 5164 – 2530 – 5

出版发行：企业管理出版社

地　　址：北京市海淀区紫竹院南路 17 号　邮编：100048

网　　址：http：//www.emph.cn

电　　话：编辑部 68467586　广告部 68701192　发行部 68414644

电子邮箱：chinaqynj@163.com

印　　刷：河北宝昌佳彩印刷有限公司

经　　销：新华书店

规　　格：889 毫米 ×1194 毫米　16 开本　40 印张　1200 千字　彩插 7.75 印张

版　　次：2022 年 1 月第 1 版　2022 年 1 月第 1 次印刷

定　　价：680.00 元

广告经营许可证：京海工商广字 8127 号

编纂说明

一、《中国企业年鉴》(下称《年鉴》)于 2011 年在《中国企业管理年鉴》的基础上，更名改版，本卷为连续出版的第 31 卷。

二、《年鉴》是由国务院国有资产监督管理委员会主管，中国企业联合会、中国企业家协会组织编写的全国大型资料性年刊，是中国出版工作者协会年鉴工作委员会第一批认证的“中国年鉴资源全文数据库核心年鉴”。

三、《年鉴》继续由我国经济界、企业界老前辈张彦宁和李德成同志担任顾问，中国企业联合会、中国企业家协会会长王忠禹担任编委会主任；国务院国资委、全国人大财经委等领导同志担任编委会副主任。同时聘请了社会各界有关专家、学者、领导和企业家担任理事会成员、特约编委和特约撰稿人。

四、《年鉴》是中国国内迄今为止唯一一部反映和纪录中国企业改革与发展历程的史鉴，融政策性、权威性和实用性于一体，从不同层面、多元视角、各个领域真实客观地记录中国企业改革、管理和发展的新成就和新经验，热情讴歌先进企业的骄人业绩和企业家的领军风采。

五、《年鉴》秉承“鉴往知来，服务现实，保存资料，惠及后代”的重要使命，奉行“时代性、系统性、权威性和连续性”的办刊方针，为中国的各类企业和企业家以及众多研究和关注中国企业改革发展的专家学者提供数据信息和参考资料。

六、《年鉴》(2021)共设 9 个篇章，即：A. 重要经济文献；B. 经济法律法规选编；C. 企业发展概况；D. 行业发展概况；E. 企业管理综述；F. 企业论坛；G. 国民经济和社会发展统计资料；H. 附录；I. 图片资料。

七、本卷涉及全国性统计数据，暂未包括港澳台地区，其统计数据截至2020年12月31日。国民经济和社会发展统计资料中的数据采用国家统计局公布的初步统计数据；由于统计口径、方法不尽相同，如有行业、地方的统计数据与上述数据不完全一致的情况，以国家统计局的数据为准。

八、本卷编辑工作得到了全体特约编委、特约撰稿人和中国企业联合会有关部门同志的热心帮助和鼎力支持，在此一并表示诚挚的谢意。

《中国企业年鉴》编辑部

2021年12月

知往鉴今
創新发展

王忠禹
二〇〇〇年六月廿五日

中国公安年鉴

▲ 王忠禹出席全国企业家活动日暨中国企业家年会

2020 年 12 月 1—2 日，中国企业联合会、中国企业家协会会长王忠禹出席在广东省东莞市召开的 2020 年全国企业家活动日暨中国企业家年会大会并演讲。

（林瑞泉　摄）

▲ 朱宏任出席 2020 中国 500 强企业高峰论坛

2020 年 9 月 28 日，中国企业联合会、中国企业家协会党委书记、常务副会长兼理事长朱宏任出席“新发展格局下的人力资源创新与和谐劳动关系构建”分论坛并演讲。

（林瑞泉　摄）

▲ 2020 中国 500 强企业高峰论坛在郑州举行

2020 年 9 月 27—28 日，由中国企业联合会、中国企业家协会主办，河南省人民政府协办、郑州市人民政府与河南省工业和信息化厅承办，主题为“育新机、开新局：变革中的大企业发展”的 2020 中国 500 强企业高峰论坛在河南省郑州市举行。

（林瑞泉　摄）

▲ 2020 年全国企业家活动日暨中国企业家年会在东莞举行

2020 年 12 月 1—2 日，由中国企业联合会、中国企业家协会主办，东莞市人民政府、中国企业管理科学基金会为共同支持单位，主题为“弘扬优秀企业家精神，勇于创新担当奉献”的 2020 年全国企业家活动日暨中国企业家年会在广东省东莞市举行。

（林瑞泉　摄）

中国企业联合会　中国企业家协会

系列活动

▲ 庆祝中国共产党成立 100 周年

为庆祝中国共产党成立 100 周年，中国企联各党组织开展形式多样的党史学习教育活动。

（中国企联党办　供稿）

编委会

许　可　无锡市国联发展（集团）有限公司党委书记、董事局主席
孙庆生　企业管理出版社有限公司执行董事兼总经理
孙淮滨　中国纺织工业联合会副会长
次仁彭多　西藏自治区企业联合会、企业家协会负责人
杜琢玉　中国兵器工业集团武汉重型机床集团有限公司党委书记、董事长
李　克　宁夏企业和企业家联合会常务副会长
李　玲　中国机械工业企业管理协会执行副会长兼秘书长
李　莹　广州市城市建设投资集团有限公司党委副书记
李　毅　工业和信息化部中小企业局综合处处长
李朴民　国家发展和改革委员会秘书长
李其华　江西省企业联合会、江西省企业家协会秘书长
李勇昭　中储发展股份有限公司副总裁
李和仁　中国交通企业管理协会常务副秘书长
李建明　中国企业联合会、中国企业家协会党委委员、副理事长
李振中　全国打击侵权假冒领导小组办公室副主任
李普强　内蒙古企业联合会、内蒙古企业家协会秘书长
杨　昆　中国电力企业联合会党组书记、常务副理事长
杨国翔　甘肃省企业联合会执行秘书长
杨如学　交通运输部档案馆馆长
杨连盛　广东省企业联合会、广东省企业家协会执行副会长
杨廷成　青海省企业联合会、青海省企业家协会秘书长
邱思胜　湖北省企业联合会、湖北省企业家协会会长
何训班　国家工商行政管理总局商标评审局局长
辛保安　国家电网有限公司董事长、党组书记
冷明权　海南省企业联合会、海南省企业家协会执行会长兼秘书长
宋振海　山东省企业联合会常务副会长兼秘书长
张艳艳　中国企业联合会咨询与培训中心主任
张祥明　重庆市企业联合会、重庆市企业家协会常务副会长兼秘书长
陆学泽　云南省企业联合会、云南省企业家协会常务副会长
邵红亚　中国企业联合会、中国企业家协会党委副书记、纪委书记
武鸿麟　贵州省企业联合会、贵州省企业家协会会长
范建民　山东东明石化集团有限公司董事
罗宇光　庆铃汽车（集团）有限公司总经理、党委副书记
竺延风　东风汽车集团有限公司董事长、党委书记
周军军　中车株洲电机有限公司党委书记、董事长
周育先　中国建材集团有限公司党委书记、董事长
周清和　中车株洲电力机车有限公司党委书记、董事长
郑　安　华能伊敏煤电有限责任公司总经理、党委副书记
官永久　企业管理出版社有限公司监事
赵辰昕　国家发展和改革委员会经济运行调节局局长
赵中新　中国通信企业协会副会长兼秘书长
赵安祥　中国华能集团燃料有限公司副总经理
郝玉峰　中国企业联合会研究部主任
胡望明　中国宝武钢铁集团有限公司总经理、党委副书记
钟　杰　中国人民解放军第五七一九工厂副厂长、成都航利科技集团有限责任公司董事长兼总经理
郜永军　河南省企业联合会、河南省企业家协会副会长兼秘书长
段永刚　中国质量协会副会长兼秘书长
俞　康　广东鼎龙实业集团主席助理
姜国钧　吉林省企业联合会、吉林省企业家协会常务副会长兼理事长

姜福魁　辽宁省企业联合会、辽宁省企业家协会副秘书长
贾志强　天津市企业联合会、天津市企业家协会执行副会长兼秘书长
夏芳晨　阳光保险集团股份有限公司、阳光保险集团副总裁
徐钦祥　安徽口子酒有限公司副总经理、党委书记
徐留平　中国第一汽车集团有限公司董事长、党委书记
徐增康　浙江省企业联合会、浙江省企业家协会副秘书长
高树军　青岛西海岸新区融合控股集团有限公司党委书记、董事长
高潮洪　中国石油企业协会专职副会长兼秘书长
涂扬举　国能大渡河流域水电开发有限公司党委书记、董事长
黄　潜　中核核电运行管理有限公司党委书记、董事长
黄一新　南京钢铁集团有限公司党委书记、董事长
黄晓号　江苏省企业联合会、江苏省企业家协会秘书长
曹文润　新疆生产建设兵团企业联合会副会长兼秘书长
商　艳　湖南省企业联合会、湖南省企业家协会副秘书长
梁　勤　四川省企业联合会、四川省企业家协会执行副会长兼秘书长
梁金辉　安徽古井集团有限责任公司董事长、党委书记
董吉英　河北省企业联合会副秘书长
蒋　满　广西企业与企业家联合会执行副会长
傅向升　中国石油和化学工业联合会副会长
舒　心　金澳控股集团董事局主席、金澳科技（湖北）化工有限公司董事长
焦开河　中国兵器工业集团有限公司董事长、党组书记
简小方　广州开发区控股集团有限公司党委副书记、总经理
詹纯新　中联重科股份有限公司董事长
褚　斌　天津港集团有限公司党委书记、董事长
蔡　进　中国物流与采购联合会副会长、中国物流信息中心主任
蔡　建　广州农村商业银行股份有限公司董事长
缪雷鸣　物产中大金属集团有限公司董事长、党委书记
谭瑞松　中国航空工业集团有限公司董事长、党组书记
黎立璋　福建省三钢（集团）有限责任公司党委书记、董事长
霍建国　商务部国际贸易经济合作研究院院长

主　　编：朱宏任　黄海嵩
副 主 编：刘　鹏　孙庆生　官永久
责任编辑：尹　青
编　　辑：崔立凯　黄宜成　杨天良

中国公安年鉴

特约撰稿人

撰稿人：（按姓氏笔画排序）

于佳玫 交通运输部档案馆交通资料编辑研究室
马　超 中国企业联合会雇主工作部国际合作处副处长
王海峰 国家发展和改革委员会对外经济研究所贸易和投资研究室主任
牛爽欣 中国纺织工业联合会产业部
方　肖 中国民营经济研究会研究部研究员
尹　英 国家发展和改革委员会经济运行调节局运行处一级调研员
石毅华 国家统计局综合司调研员
冯　媛 国家工业信息安全发展研究中心工业经济所副所长、高级工程师
刘　杨 中国建筑材料联合会行业工作部主任助理
刘　亮 中国电力企业联合会行业发展与环境资源部综合处副处长
汤家轩 中国煤炭工业协会技术管理中心主任
孙星寿 中国建筑材料联合会副秘书长行业工作部主任
孙博宇 国务院国资委企业改革局企业重组处四级主任科员
李　兰 中国企业家调查系统秘书长
李战军 中国房地产业协会中房研协技术服务有限公司所长
李培松 中国轻工业联合会研究室主任
李晓佳 中国机械工业联合会统计与信息工作部副处长
李永萍 工业和信息化部网络安全产业发展中心大数据中心数据分析师
李泓全 国务院国有资产监督管理委员会财管运行局
杨东日 中国电子信息产业发展研究院中小企业研究所所长
杨达卿 中国物流与采购联合会研究室副主任
吴　洋 国家发展和改革委员会经济运行调节局运行处
何尚森 中国煤炭工业协会咨询中心
佟　峰 交通运输部档案馆交通资料编辑研究室调研员
张　爽 商务部国际贸易经济合作研究院对外投资合作研究所助理研究员
张　菲 商务部国际贸易经济合作研究院外国投资研究所副主任
张　伟 人力资源和社会保障部政策研究司四级调研员
张　倩 中国纺织工业联合会产业部副处长
张学勇 国务院国有资产监督管理委员会企业改革局副局长
陈　健 国家工业信息安全发展研究中心工业经济所研究室主任、高级工程师
陈翰舟 中国企业联合会企业文化工作部主任科员
林瑞泉 《中国企业报》记者
欧阳晓明 中华全国工商业联合会经济部部长
尚晓明 中国企业联合会、中国企业家协会办公室主任

周　欣　中国企业联合会雇主工作部劳动关系处副处长
周可心　工业和信息化部中小企业局非国有经济处
周志成　中国物流与采购联合会研究室主任
赵小杰　工业和信息化部网络安全产业发展中心大数据中心数据分析师
赵国伟　中国石油和化学工业联合会信息与市场部
赵明霞　中国纺织工业联合会产业部副主任
姜鑫民　中国宏观经济研究院研究员
骆　彬　中国房地产业协会研究中心研究员
贾　佳　工业和信息化部网络安全产业发展中心大数据中心经济分析师
郭　成　人力资源和社会保障部政策研究司处长
郭　金　中国民营经济研究会研究部负责人资深研究员
谢聪敏　中国钢铁工业协会综合部调研处副处长

特邀协办单位

特邀协办单位：（排序不分先后）

国家电网有限公司

中国建材集团有限公司

徐州矿务集团有限公司

河北鑫达集团

中国石油化工集团有限公司

中国宝武钢铁集团有限公司

海尔集团

特邀理事单位、 特邀编委单位

特邀理事单位：（排序不分先后）

国家电力投资集团有限公司
中国生物技术股份有限公司
上海医药集团股份有限公司
中电建路桥集团有限公司
中国化学工程第七建设有限公司
国能大渡河流域水电开发有限公司
华能伊敏煤电有限责任公司
中核核电运行管理有限公司
中国兵器工业集团武汉重型机床集团有限公司
中联重科股份有限公司
庆铃汽车（集团）有限公司
中国华能集团燃料有限公司
南京钢铁集团有限公司
福建省三钢（集团）有限责任公司
广州市城市建设投资集团有限公司
广州开发区控股集团有限公司
安徽古井集团有限责任公司
泸州老窖集团有限责任公司
广西北部湾银行股份有限公司
青岛西海岸新区融合控股集团有限公司
广东鼎龙实业集团
山东东明石化集团有限公司

特邀编委单位：（排序不分先后）

东风汽车集团有限公司
中国第一汽车集团有限公司
中国东方航空集团有限公司
中车株洲电机有限公司
中石化天津液化天然气有限责任公司
金澳科技（湖北）化工有限公司
安徽口子酒业股份有限公司
五粮液集团有限公司
无锡市国联发展（集团）有限公司
阳光保险集团股份有限公司
广州农村商业银行
天津港集团
中储发展股份有限公司
物产中大金属集团有限公司
成都航利科技集团有限责任公司

直面挑战　担当作为
奋力开创大企业发展新局面

——在2020中国500强企业高峰论坛上

（代序）

中国企业联合会
中国企业家协会　会长　王忠禹

近几年来，面对中美贸易战持续升级的严峻形势，中国大企业直面挑战，积极应对，在做强做优方面继续迈出坚实步伐。从2020中国企业500强的数据看，一是规模和效益增长态势良好。2020中国企业500强实现营业收入860 200亿元，比上年增加了69 200亿元，增速为8.8%；实现净利润38 924.1亿元，比上年增加3 603.2亿元，增速为10.2%。二是结构调整继续深化。2020中国企业500强中先进制造业和现代服务业企业数量分别增加了6家和8家，而传统制造业企业有所减少。三是研发创新成效明显。2020中国企业500强研发投入保持持续增加态势，研发强度维持在1.6%，达到历史最高值水平；发明专利占全部专利的比重为39.1%，比上年500强提高了2.5个百分点。四是国际地位更加突出。2020年中国上榜世界500强企业数量为133家，其中，内地上榜企业为121家，比上年增加5家。

2020年以来，面对新冠肺炎疫情的冲击，中国大企业在物资生产供应、物流运输保障、带动产业链企业复工复产、畅通国内经济循环等方面发挥了重要作用，为中国经济快速复苏向好做出了突出的贡献，让我们在此一起为他们点赞！同时，我们也必须认识到自身的短板和不足，单从2020年世界500强榜单看，尽管上榜企业数量排在第一，但是营业收入总额比美国企业还差了15 000亿美元；美国上榜公司的平均收入利润率是8.6%，而中国上榜公司的平均收入利润率是5.3%；中国上榜企业传统产业占比较高，美日欧等发达国家高端制造业的优势明显，在全球价值链高端占据核心地位。我们在全球供应链主导权、关键核心技术、行业话语权、自主知识产权等方面跟国际先进水平相比还有较大差距，在做大规模、做优产业、做多利润、做强能力等方面仍然需要坚持对标世界一流企业，谦虚谨慎学习，持续不懈奋斗。习近平总书记在2020年“两会”期间指出，要坚持用全面、辩证、长远的眼光看待当前的困难、风险、挑战，努力在危机中育新机、于变局中开新局。这次大会的主题定为“育新机、开新局：变革中的大企业发展”，就是希望大家能够深入分析外部环境的复杂性和不确定性，落实新发展理念，保持勇往直前、风雨无阻的战略定力，强化使命担当，坚持创新变革，顺应新一代技术变革和产业革命的发展趋势，努力培育新优势，不断提高发展质量和水平。要做好统筹规划，集中力量办好自己的事，为“十三五”画上圆满句号，为“十四五”创造良好开端。

一、知难而上主动担当作为

当前经济全球化遭遇逆流，单边主义、保护主义抬头，全球经济深度衰退、国际贸易和投资大幅萎缩、国际金融市场动荡、国际交往受限，多年扩张的全球生产网络正在出现区域化、本土化的现象；由于新冠肺炎疫情在全球的发生，全球供应链、需求链、技术链的不同环节在不同时期可能出现断点，世界经济版图有可能由此而发生改变。国内结构性、体制性、周期性问题相互交织，企业生产经营面临的困难和问题前所未有，中国企业比任何时候都更需要同心协力、共克时艰，要知难而上，主动担当作为，坚持在危机中寻找机遇，在困难中寻求突破，牢牢把握发展的主动权。

形势越是复杂严峻，越要清楚地看到有利条件和积极因素。中国新冠肺炎疫情得到有效控制，复工复产率较高，市场回旋余地大；中国具有全球最完整和规模最大的工业体系、强大的生产能力和完善的配套能力，政策稳定性强，十四亿人口消费潜力巨大，产业升级和消费升级的空间巨大。党中央提出构建以国内大循环为主体、国内国际双循环相互促进的新发展格局，为企业未来的战略布局进一步指明了方向。大企业要主动适应环境变化和国家战略调整的要求，补短展长；在深化改革创新、加快发展的同时，带头解决行业和社会长远发展的矛盾和困难，扎实做好“六稳”工作、落实“六保”任务，主动落实国家重大部署、国家发展规划、国家改革方案，把企业发展同国家繁荣、民族复兴、人民幸福紧密融合在一起，在统筹新冠肺炎疫情防控和经济社会中承担更大责任、发挥更大作用。

大企业是国民经济的中流砥柱，越是紧要关头，越要有担当；越是危机时刻，越要有作为。2020年年初新冠肺炎疫情发生以后，中央企业煤、电、油、运、粮以及通信等企业全力以赴做到基础保障不间断，承担医疗防护设备物资生产任务的企业转产扩产，交通运输物流等企业千方百计保运输，建筑企业不惜代价抢建专门医院和方舱医院，发挥了国民经济的“顶梁柱”作用，稳住了抗疫物资保障和经济基本盘。如兵器工业集团一手抓疫情防控，一手抓生产；疫情防控得力，生产没有停顿，全面完成了各项任务，实现战疫情稳增长的“双胜利”。民营大企业也有积极表现，如恒力集团上半年投资430亿元新建重大项目，在稳投资、稳就业方面干在实处。

二、强化创新驱动夯实产业基础能力

从“两弹一星”到载人航天、超级计算，再到复兴号高铁、特高压电网，一系列举世瞩目的伟大成就告诉我们：核心技术买不来、等不来、要不来！目前我们在许多产品的关键元器件、零部件、关键基础材料、先进基础工艺、基础软件等方面都存在制约产业跃升的核心技术短板，大企业必须要在核心技术攻关方面下苦功、拼全力，努力攻破“卡脖子”环节，促进核心技术国产化替代。要围绕产业链部署创新链，围绕创新链布局产业链，尤其要努力补全产业关键技术的断点盲点；深入推进以企业为主的产学研合作创新和关键共性技术联合攻关，持续增加有效研发投入，加强创新成果的商业化应用；加大激励力度，培育更多顶尖人才，努力提升自主知识累积水平。一些进入“无人区”的龙头企业要继续加大投入做好基础研究，进一步创新突破，用原创性、根本性的前瞻性成果支撑应用技术创新。

三、发挥带动作用提升产业链供应链水平

中国产业基础总体坚实，具有全球最完整的工业体系，但是在中美贸易战大背景下部分领域的产业链存在“断链”隐忧。5 月 14 日，中共中央政治局常委会研究提升产业链供应链稳定性和竞争力，强调继续围绕重点产业链、龙头企业、重大投资项目，打通堵点、连接断点，加强要素保障，促进上下游、产供销、大中小企业协同复工达产；加强国际协调合作，共同维护国际产业链供应链安全稳定，这是党中央根据国际国内形势变化做出的重要部署。提升产业链供应链水平，中国大企业责无旁贷，要发挥“以大带小”的带动作用，形成大中小企业融通发展的良性格局，推动全产业链贯通；要坚持上下游互惠协作，构建融合共生、互动发展的协同机制，增强产业链韧性，提升产业链延展性；要抓住产业链重构机遇，加快供应链的本地化、区域化、多元化，提高供应链流程数字化管理能力，促进资源高效精准匹配；加强对核心技术、重要原材料、关键节点资源的掌控，在全球消费市场加快构建营销网络，提升参与和构筑全球供应链的主动权；要牢固树立国际视野，不断提高国际市场开拓能力；要加强国际协调，既主动对接国际市场，保障跨境供应链通畅，也要注意增强应急能力，建立基于突发事件的国际供应链预警体系，做好风险防范。中国建材在抗击新冠肺炎疫情期间为产业链上下游企业提供精准服务，缓解中小企业现金流短缺困难，确保了产业链供应链不出现断层。航天科技、中国电子科技、正威国际、联想、亨通、盛虹、平煤神马、浪潮等大企业全方位支持配套企业，带动上下游复工复产。

四、顺应发展趋势积极推动业务模式转型

当前，新一代信息技术革命和产业变革加速演进，新应用、新业态、新场景大量涌现。新冠肺炎疫情防控强化和推动了线上线下结合的企业运营模式，许多企业借助云、大、物、智、移等新技术手段，生产防疫设备物资，开展疫情防控监测预警，加快病毒检测和新药的研发，显著提高了防控的成效；推动智能服务、虚拟运营、内容创新、互动体验等业务的发展，降低运营风险和成本，开拓收入新渠道，保障了特殊时期的多元化市场需求；利用工业互联网平台开展生产协同和风险预警，对可能停产断供的关键环节提前组织柔性转产和产能共享。希望广大企业结合自身实际，顺应新一代信息技术革命，特别是数字化智能化的发展趋势，深入推进适应时代要求的业务转型。要增强采集数据、管理数据、挖掘数据能力，打破内部信息壁垒，全面提升数据资源应用水平；积极优化业务流程，建立与“云办公”等数字化管理相适应的体制机制，推动企业内部管理决策链、生产制造链、客户服务链反应更加敏捷高效精准。要积极响应环境变化，以产品提质、组织增效和品牌进化为导向主动推进业务模式转型，如海尔以用户为核心，基于现代技术手段开展产业生态重构，孵化出聚焦工业物联网的卡奥斯平台、聚焦场景物流的日日顺物流平台、聚焦衣物全生命周期管理的衣联网平台，赋能产业关联方，实现生态共赢。他们的实践表明，数字化智能化时代，数据将成为重要资产，产品会被场景替代，

行业可以被产业生态覆盖，只有顺应潮流，踏准时代的节拍，企业才会有光明的未来！

“十四五”已经开启，中国即将迈入新发展阶段，构建以国内循环为主、国内国际循环相互促进新格局，建设强大企业群体和世界一流企业的任务摆在我们面前。只要我们坚定信心，迎难而上，超前谋划，埋头苦干，就一定能够战胜眼前的困难，开创中国大企业发展的新局面，为全面建设社会主义现代化国家、实现第二个百年奋斗目标做出新的更大贡献！

（注：本文在编辑时略有删减修改。）

目 次

A 重要经济文献

B 经济法律法规选编

法 律

行政法规

法规性文件

E 企业管理综述

F 企业论坛

G　国民经济和社会发展统计资料

H 附 录

I 图片资料

重要经济文献

政府工作报告

——2021年3月5日在第十三届全国人民代表大会第四次会议上

国务院总理　李克强

各位代表：

现在，我代表国务院，向大会报告政府工作，请予审议，并请全国政协委员提出意见。

一、2020年工作回顾

过去一年，在新中国历史上极不平凡。面对突如其来的新冠肺炎疫情、世界经济深度衰退等多重严重冲击，在以习近平同志为核心的党中央坚强领导下，全国各族人民顽强拼搏，疫情防控取得重大战略成果，在全球主要经济体中唯一实现经济正增长，脱贫攻坚战取得全面胜利，决胜全面建成小康社会取得决定性成就，交出一份人民满意、世界瞩目、可以载入史册的答卷。全年发展主要目标任务较好完成，我国改革开放和社会主义现代化建设又取得新的重大进展。

在艰辛的抗疫历程中，党中央始终坚持人民至上、生命至上，习近平总书记亲自指挥、亲自部署，各方面持续努力，不断巩固防控成果。我们针对疫情形势变化，及时调整防控策略，健全常态化防控机制，有效处置局部地区聚集性疫情，最大限度保护了人民生命安全和身体健康，为恢复生产生活秩序创造必要条件。

一年来，我们贯彻党中央决策部署，统筹推进疫情防控和经济社会发展，主要做了以下工作。

一是围绕市场主体的急需制定和实施宏观政策，稳住了经济基本盘。面对历史罕见的冲击，我们在“六稳”工作基础上，明确提出“六保”任务，特别是保就业保民生保市场主体，以保促稳、稳中求进。立足国情实际，既及时果断又保持定力，坚持不搞“大水漫灌”，科学把握规模性政策的平衡点。注重用改革和创新办法，助企纾困和激发活力并举，帮助受冲击最直接且量大面广的中小微企业和个体工商户渡难关。实施阶段性大规模减税降费，与制度性安排相结合，全年为市场主体减负超过2.6万亿元，其中减免社保费1.7万亿元。创新宏观政策实施方式，对新增2万亿元中央财政资金建立直达机制，省级财政加大资金下沉力度，共同为市县基层落实惠企利民政策及时补充财力。支持银行定向增加贷款并降低利率水平，对中小微企业贷款延期还本付息，大型商业银行普惠小微企业贷款增长50.0%以上，金融系统向实体经济让利1.5万亿元。对大企业复工复产加强“点对点”服务。经过艰苦努力，我们率先实现复工复产，经济恢复好于预期，全年国内生产总值增长2.3%，宏观调控积累了新的经验，以合理代价取得较大成效。

二是优先稳就业保民生，人民生活得到切实保障。就业是最大的民生，保市场主体也是为稳就业保民生。各地加大稳岗扩岗激励力度，企业和员工共同克服困难。多渠道做好重点群体就业工作，支持大众创业万众创新带动就业。新增市场主体恢复快速增长，创造了大量就业岗位。城镇新增就业1186万人，年底全国城镇调查失业率降到5.2%。作为最大发展中国家，在巨大冲击下能够保持就业大局稳定，尤为难能可贵。加强生活必需品保供稳价，居民消费价格上涨2.5%。线上办公、网络购物、无接触配送等广泛开展。大幅度扩大失业保险保障范围。对因疫情遇困群众及时给予救助，新纳入低保、特困供养近600万人，实施临时救助超过800万人次。抵御严重洪涝、台风等自然灾害，全力应急抢险救援，妥善安置受灾群众，保障了人民群众生命财产安全和基本生活。

三是坚决打好三大攻坚战，主要目标任务如期完成。较大幅度增加财政扶贫资金投入。对工作难度大的贫困县和贫困村挂牌督战，精准落实各项帮扶措施。优先支持贫困劳动力稳岗就业，帮助返乡贫困劳动力再就业，努力稳住务工收入。加大产业扶贫力度，深入开展消费扶贫。加强易返贫致贫人口监测和帮扶。年初剩余的551万农村贫困人口全部脱贫、52个贫困县全部摘帽。继续打好蓝天、碧水、净土保卫战，完成污染防治攻坚战阶段性目标任务。长江、黄河、海岸带等重要生态系统保护和修复重大工程深入实施，生态建设得到加强。稳妥化解地方政府债务风险，及时处置一批重大金融风险隐患。

四是坚定不移推进改革开放，发展活力和内生动力进一步增强。完善要素市场化配置体制机制。加强产权保护。深入推进“放管服”改革，实施优化营商环境条例。出台国企改革三年行动方案。支持民营企业发展。完善资本市场基础制度。扎实推进农业农村、社会事业等领域改革。共建“一带一路”稳步推进。海南自由贸易港建设等重大举措陆续推出。成功举办第三届中国国际进口博览会、中国国际服务贸易交易会。推动区域全面经济伙伴关系协定签署。完成中欧投资协定谈判。维护产业链供应链稳定，对外贸易和利用外资保持增长。

五是大力促进科技创新，产业转型升级步伐加快。建设国际科技创新中心和综合性国家科学中心，成功组建首批国家实验室。“天问一号”“嫦娥五号”“奋斗者”号等突破性成果不断涌现。加强关键核心技术攻关。加大知识产权保护力度。支持科技成果转化应用，促进大中小企业融通创新，推广全面创新改革试验相关举措。推动产业数字化智能化改造，战略性新兴产业保持快速发展势头。

六是推进新型城镇化和乡村振兴，城乡区域发展格局不断优化。加大城镇老旧小区改造力度，因城施策促进房地产市场平稳健康发展。粮食实现增产，生猪产能加快恢复，乡村建设稳步展开，农村人居环境整治成效明显。推进煤电油气产供储销体系建设，提升能源安全保障能力。健全区域协调发展体制机制，在实施重大区域发展战略方面出台一批新举措。

七是加强依法行政和社会建设，社会保持和谐稳定。提请全国人大常委会审议法律议案9件，制定修订行政法规37部。认真办理人大代表建议和政协委员提案。广泛开展线上教学，秋季学期实现全面复学，1000多万高中毕业生顺利完成高考。全面深化教育领域综合改革。实现高职院校扩招100万人目标。加大公共卫生体系建设力度。提升大规模核酸检测能力，新冠肺炎患者治疗费用全部由国家承担。提高退休人员基本养老金，上调城乡居民基础养老金最低标准，保障养老金按时足额发放，实现企业养老保险基金省级统收统支。加强公共文化服务。完善城乡基层治理。扎实做好信访工作。发挥审计监督作用。开展国务院大督查。做好第七次全国人口普查、国家脱贫攻坚普查。加强生产安全事故防范和处置。严格食品药品疫苗监管。强化社会治安综合治理，持续推进扫黑除恶专项斗争，平安中国建设取得新成效。

贯彻落实党中央全面从严治党战略部署，加强党风廉政建设和反腐败斗争。巩固深化“不忘初心、牢记使命”主题教育成果。严格落实中央八项规定精神，持续为基层减负。

中国特色大国外交卓有成效。习近平主席等党和国家领导人通过视频方式主持中非团结抗疫特别峰会，出席联合国成立75周年系列高级别会议、世界卫生大会、二十国集团领导人峰会、亚太经合组织领导人非正式会议、中国—欧盟领导人会晤、东亚合作领导人系列会议等重大活动。坚持多边主义，推动构建人类命运共同体。支持国际抗疫合作，倡导建设人类卫生健康共同体。中国为促进世界和平与发展作出了重要贡献。

一年来的工作殊为不易。各地区各部门顾全大局、尽责担当，上亿市场主体在应对冲击中展现出坚强韧性，广大人民群众勤劳付出、共克时艰，诠释了百折不挠的民族精神，彰显了人民是真正的英雄，这是我们战胜一切困难挑战的力量源泉。

各位代表！

过去一年取得的成绩，是以习近平同志为核心的党中央坚强领导的结果，是习近平新时代中国特色社会主义思想科学指引的结果，是全党全军全国各族人民团结奋斗的结果。我代表国务院，向全国各族人民，向各民主党派、各人民团体和各界人士，表示诚挚感谢！向香港特别行政区同胞、澳门特别行政区同胞、台湾同胞和海外侨胞，表示诚挚感谢！向关心和支持中国现代化建设的各国政府、国际组织和各国朋友，表示诚挚感谢！

在肯定成绩的同时，我们也清醒看到面临的困难和挑战。新冠肺炎疫情仍在全球蔓延，国际形势中不稳定不确定因素增多，世界经济形势复杂严峻。国内疫情防控仍有薄弱环节，经济恢复基础尚不牢固，居民消费仍受制约，投资增长后劲不足，中小微企业和个体工商户困难较多，稳就业压力较大。关键领域创新能力不强。一些地方财政收支矛盾突出，防范化解金融等领域风险任务依然艰巨。生态环保任重道远。民生领域还有不少短板。政府工作存在不足，形式主义、官僚主义不同程度存在，少数干部不担当不作为不善为。一些领域腐败问题仍有发生。我们一定要直面问题和挑战，尽心竭力改进工作，决不辜负人民期待！

二、“十三五”时期发展成就和“十四五”时期主要目标任务

过去五年，我国经济社会发展取得新的历史性成就。经济运行总体平稳，经济结构持续优化，国内生产总值从不到70万亿元增加到超过100万亿元。创新型国家建设成果丰硕，在载人航天、探月工程、深海工程、超级计算、量子信息等领域取得一批重大科技成果。脱贫攻坚成果举世瞩目，5575万农村贫困人口实现脱贫，960多万建档立卡贫困人口通过易地扶贫搬迁摆脱了“一方水土难养一方人”的困境，区域性整体贫困得到解决，完成了消除绝对贫困的艰巨任务。农业现代化稳步推进，粮食生产连年丰收。1亿农业转移人口和其他常住人口在城镇落户目标顺利实现，城镇棚户区住房改造超过2100万套。区域重大战略扎实推进。污染防治力度加大，资源能源利用效率显著提升，生态环境明显改善。金融风险处置取得重要阶段性成果。全面深化改革取得重大突破，供给侧结构性改革持续推进，“放管服”改革不断深入，营商环境持续改善。对外开放持续扩大，共建“一带一路”成果丰硕。人民生活水平显著提高，城镇新增就业超过6000万人，建成世界上规模最大的社会保障体系。全面建立实施困难残疾人生活补贴和重度残疾人护理补贴制度。教育、卫生、文化等领域发展取得新成就，教育公平和质量较大提升，医疗卫生事业加快发展，文化事业和文化产业繁荣发展。国防和军队建设水平大幅提升。国家安全全面加强，社会保持和谐稳定。经过五年持续奋斗，“十三五”规划主要目标任务胜利完成，中华民族伟大复兴向前迈出了新的一大步。

“十四五”时期是开启全面建设社会主义现代化国家新征程的第一个五年。我国发展仍然处于重要战略机遇期，但机遇和挑战都有新的发展变化。要准确把握新发展阶段，深入贯彻新发展理念，加快构建新发展格局，推动高质量发展，为全面建设社会主义现代化国家开好局起好步。

根据《中共中央关于制定国民经济和社会发展第十四个五年规划和二〇三五年远景目标的建议》，国务院编制了《国民经济和社会发展第十四个五年规划和2035年远景目标纲要（草案）》。《纲要草案》坚持以习近平新时代中国特色社会主义思想为指导，实化量化“十四五”时期经济社会发展主要目标和重大任务，全文提交大会审查，这里概述几个方面。

——着力提升发展质量效益，保持经济持续健康发展。发展是解决我国一切问题的基础和关键。必须坚持新发展理念，把新发展理念完整、准确、全面贯穿发展全过程和各领域，引导各方面把工作重点放在提高发展质量和效益上，促进增长潜力充分发挥。经济运行保持在合理区间，各年度视情提出经济增长预期目标，全员劳动生产率增长高于国内生产总值增长，城镇调查失业率控制在5.5%以内，物价水平保持总体平稳，实现更高质量、更有效率、更加公平、更可持续、更为安全的发展。

——坚持创新驱动发展，加快发展现代产业体系。坚持创新在我国现代化建设全局中的核心地位，把科技自立自强作为国家发展的战略支撑。完善国家创新体系，加快构建以国家实验室为引领的战略科技力量，打好关键核心技术攻坚战，制定实施基础研究十年行动方案，提升企业技术创新能力，激发人才创新活力，完善科技创新体制机制，全社会研

发经费投入年均增长7.0%以上、力争投入强度高于“十三五”时期实际。广泛开展科学普及活动。坚持把发展经济着力点放在实体经济上，推进产业基础高级化、产业链现代化，保持制造业比重基本稳定，改造提升传统产业，发展壮大战略性新兴产业，促进服务业繁荣发展。统筹推进传统基础设施和新型基础设施建设。加快数字化发展，打造数字经济新优势，协同推进数字产业化和产业数字化转型，加快数字社会建设步伐，提高数字政府建设水平，营造良好数字生态，建设数字中国。

——形成强大国内市场，构建新发展格局。把实施扩大内需战略同深化供给侧结构性改革有机结合起来，以创新驱动、高质量供给引领和创造新需求。破除制约要素合理流动的堵点，贯通生产、分配、流通、消费各环节，形成国民经济良性循环。立足国内大循环，协同推进强大国内市场和贸易强国建设，依托国内经济循环体系形成对全球要素资源的强大引力场，促进国内国际双循环。建立扩大内需的有效制度，全面促进消费，拓展投资空间，加快培育完整内需体系。

——全面推进乡村振兴，完善新型城镇化战略。坚持农业农村优先发展，严守18亿亩耕地红线，实施高标准农田建设工程、黑土地保护工程，确保种源安全，实施乡村建设行动，健全城乡融合发展体制机制。建立健全巩固拓展脱贫攻坚成果长效机制，提升脱贫地区整体发展水平。深入推进以人为核心的新型城镇化战略，加快农业转移人口市民化，常住人口城镇化率提高到65.0%，发展壮大城市群和都市圈，推进以县城为重要载体的城镇化建设，实施城市更新行动，完善住房市场体系和住房保障体系，提升城镇化发展质量。

——优化区域经济布局，促进区域协调发展。深入实施区域重大战略、区域协调发展战略、主体功能区战略，构建高质量发展的区域经济布局和国土空间支撑体系。扎实推动京津冀协同发展、长江经济带发展、粤港澳大湾区建设、长三角一体化发展、黄河流域生态保护和高质量发展，高标准、高质量建设雄安新区。推动西部大开发形成新格局，推动东北振兴取得新突破，促进中部地区加快崛起，鼓励东部地区加快推进现代化。推进成渝地区双城经济圈建设。支持革命老区、民族地区加快发展，加强边疆地区建设。积极拓展海洋经济发展空间。

——全面深化改革开放，持续增强发展动力和活力。构建高水平社会主义市场经济体制，激发各类市场主体活力，加快国有经济布局优化和结构调整，优化民营经济发展环境。建设高标准市场体系，全面完善产权制度，推进要素市场化配置改革，强化竞争政策基础地位，完善竞争政策框架。建立现代财税金融体制，提升政府经济治理能力。深化“放管服”改革，构建一流营商环境。建设更高水平开放型经济新体制，推动共建“一带一路”高质量发展，构建面向全球的高标准自由贸易区网络。

——推动绿色发展，促进人与自然和谐共生。坚持绿水青山就是金山银山理念，加强山水林田湖草系统治理，加快推进重要生态屏障建设，构建以国家公园为主体的自然保护地体系，森林覆盖率达到24.1%。持续改善环境质量，基本消除重污染天气和城市黑臭水体。落实2030年应对气候变化国家自主贡献目标。加快发展方式绿色转型，协同推进经济高质量发展和生态环境高水平保护，单位国内生产总值能耗和二氧化碳排放分别降低13.5%、18.0%。

——持续增进民生福祉，扎实推动共同富裕。坚持尽力而为、量力而行，加强普惠性、基础性、兜底性民生建设，制定促进共同富裕行动纲要，让发展成果更多更公平惠及全体人民。实施就业优先战略，扩大就业容量。着力提高低收入群体收入，扩大中等收入群体，居民人均可支配收入增长与国内生产总值增长基本同步。建设高质量教育体系，建设高素质专业化教师队伍，深化教育改革，实施教育提质扩容工程，劳动年龄人口平均受教育年限提高到11.3年。全面推进健康中国建设，构建强大公共卫生体系，完善城乡医疗服务网络，广泛开展全民健身运动，人均预期寿命再提高1岁。实施积极应对人口老龄化国家战略，以“一老一小”为重点完善人口服务体系，优化生育政策，推动实现适度生育水平，发展普惠托育和基本养老服务体系，逐步延迟法定退休年龄。健全多层次社会保障体系，基本养老保险参保率提高到95.0%，优化社会救助和慈善制度。发展社会主义先进文化，提高社会文明程度，弘扬诚信文化，建设诚信社会，提升公共文化服务水平，健全现代文化产业体系。

——统筹发展和安全，建设更高水平的平安中国。坚持总体国家安全观，加强国家安全体系和能力建设。强化国家经济安全保障，实施粮食、能源资源、金融安全战略，粮食综合生产能力保持在1.3万亿斤以上，提高能源综合生产能力。全面提高公共安全保障能力，维护社会稳定和安全。

展望未来，我们有信心有能力战胜前进道路上的艰难险阻，完成“十四五”规划目标任务，奋力谱写中国特色社会主义事业新篇章！

三、2021年重点工作

今年是我国现代化建设进程中具有特殊重要性的一年。做好政府工作，要在以习近平同志为核心的党中央坚强领导下，以习近平新时代中国特色社会主义思想为指导，全面贯彻党的十九大和十九届二中、三中、四中、五中全会精神，坚持稳中求进工作总基调，立足新发展阶段，贯彻新发展理念，构建新发展格局，以推动高质量发展为主题，以深化供给侧结构性改革为主线，以改革创新为根本动力，以满足人民日益增长的美好生活需要为根本目的，坚持系统观念，巩固拓展疫情防控和经济社会发展成果，更好统筹发展和安全，扎实做好“六稳”工作、全面落实“六保”任务，科学精准实施宏观政策，努力保持经济运行在合理区间，坚持扩大内需战略，强化科技战略支撑，扩大高水平对外开放，保持社会和谐稳定，确保“十四五”开好局起好步，以优异成绩庆祝中国共产党成立100周年。

今年我国发展仍面临不少风险挑战，但经济长期向好的基本面没有改变。我们要坚定信心，攻坚克难，巩固恢复性增长基础，努力保持经济社会持续健康发展。

今年发展主要预期目标是：国内生产总值增长6.0%以上；城镇新增就业1100万人以上，城镇调查失业率5.5%左右；居民消费价格涨幅3%左右；进出口量稳质升，国际收支基本平衡；居民收入稳步增长；生态环境质量进一步改善，单位国内生产总值能耗降低3.0%左右，主要污染物排放量继续下降；粮食产量保持在1.3万亿斤以上。

经济增速是综合性指标，今年预期目标设定为6.0%以上，考虑了经济运行恢复情况，有利于引导各方面集中精力推进改革创新、推动高质量发展。经济增速、就业、物价等预期目标，体现了保持经济运行在合理区间的要求，与今后目标平稳衔接，有利于实现可持续健康发展。

做好今年工作，要更好统筹疫情防控和经济社会发展。坚持常态化防控和局部应急处置有机结合，继续毫不放松做好外防输入、内防反弹工作，抓好重点区域和关键环节防控，补上短板漏洞，严防出现聚集性疫情和散发病例传播扩散，有序推进疫苗研制和加快免费接种，提高科学精准防控能力和水平。

今年要重点做好以下几方面工作。

（一）保持宏观政策连续性稳定性可持续性，促进经济运行在合理区间

在区间调控基础上加强定向调控、相机调控、精准调控。宏观政策要继续为市场主体纾困，保持必要支持力度，不急转弯，根据形势变化适时调整完善，进一步巩固经济基本盘。

积极的财政政策要提质增效、更可持续。考虑到疫情得到有效控制和经济逐步恢复，今年赤字率拟按3.2%左右安排、比去年有所下调，不再发行抗疫特别国债。因财政收入恢复性增长，财政支出总规模比去年增加，重点仍是加大对保就业保民生保市场主体的支持力度。中央本级支出继续安排负增长，进一步大幅压减非急需非刚性支出，对地方一般性转移支付增长7.8%、增幅明显高于去年，其中均衡性转移支付、县级基本财力保障机制奖补资金等增幅均超过10.0%。建立常态化财政资金直达机制并扩大范围，将2.8万亿元中央财政资金纳入直达机制、规模明显大于去年，为市县基层惠企利民提供更加及时有力的财力支持。各级政府都要节用为民、坚持过紧日子，确保基本民生支出只增不减，助力市场主体青山常在、生机盎然。

优化和落实减税政策。市场主体恢复元气、增强活力，需要再帮一把。继续执行制度性减税政策，延长小规模纳税人增值税优惠等部分阶段性政策执

行期限，实施新的结构性减税举措，对冲部分政策调整带来的影响。将小规模纳税人增值税起征点从月销售额 10 万元提高到 15 万元。对小微企业和个体工商户年应纳税所得额不到 100 万元的部分，在现行优惠政策基础上，再减半征收所得税。各地要把减税政策及时落实到位，确保市场主体应享尽享。

稳健的货币政策要灵活精准、合理适度。把服务实体经济放到更加突出的位置，处理好恢复经济与防范风险的关系。货币供应量和社会融资规模增速与名义经济增速基本匹配，保持流动性合理充裕，保持宏观杠杆率基本稳定。保持人民币汇率在合理均衡水平上的基本稳定。进一步解决中小微企业融资难题。延续普惠小微企业贷款延期还本付息政策，加大再贷款再贴现支持普惠金融力度。延长小微企业融资担保降费奖补政策，完善贷款风险分担补偿机制。加快信用信息共享步伐。完善金融机构考核、评价和尽职免责制度。引导银行扩大信用贷款、持续增加首贷户，推广随借随还贷款，使资金更多流向科技创新、绿色发展，更多流向小微企业、个体工商户、新型农业经营主体，对受疫情持续影响行业企业给予定向支持。大型商业银行普惠小微企业贷款增长 30.0%以上。创新供应链金融服务模式。适当降低小微企业支付手续费。优化存款利率监管，推动实际贷款利率进一步降低，继续引导金融系统向实体经济让利。今年务必做到小微企业融资更便利、综合融资成本稳中有降。

就业优先政策要继续强化、聚力增效。着力稳定现有岗位，对不裁员少裁员的企业，继续给予必要的财税、金融等政策支持。继续降低失业和工伤保险费率，扩大失业保险返还等阶段性稳岗政策惠及范围，延长以工代训政策实施期限。拓宽市场化就业渠道，促进创业带动就业。推动降低就业门槛，动态优化国家职业资格目录，降低或取消部分准入类职业资格考试工作年限要求。支持和规范发展新就业形态，加快推进职业伤害保障试点。继续对灵活就业人员给予社保补贴，推动放开在就业地参加社会保险的户籍限制。做好高校毕业生、退役军人、农民工等重点群体就业工作，完善残疾人、零就业家庭成员等困难人员就业帮扶政策，促进失业人员再就业。拓宽职业技能培训资金使用范围，开展大规模、多层次职业技能培训，完成职业技能提升和高职扩招三年行动目标，建设一批高技能人才培训基地。健全就业公共服务体系，实施提升就业服务质量工程。运用就业专项补助等资金，支持各类劳动力市场、人才市场、零工市场建设，广开就业门路，为有意愿有能力的人创造更多公平就业机会。

(二)深入推进重点领域改革，更大激发市场主体活力

在落实助企纾困政策的同时，加大力度推动相关改革，培育更加活跃更有创造力的市场主体。

进一步转变政府职能。充分发挥市场在资源配置中的决定性作用，更好发挥政府作用，推动有效市场和有为政府更好结合。继续放宽市场准入，开展要素市场化配置综合改革试点，依法平等保护各类市场主体产权。纵深推进“放管服”改革，加快营造市场化、法治化、国际化营商环境。将行政许可事项全部纳入清单管理。深化“证照分离”改革，大力推进涉企审批减环节、减材料、减时限、减费用。完善市场主体退出机制，实行中小微企业简易注销制度。实施工业产品准入制度改革，推进汽车、电子电器等行业生产准入和流通管理全流程改革。把有效监管作为简政放权的必要保障，全面落实监管责任，加强对取消或下放审批事项的事中事后监管，完善分级分类监管政策，健全跨部门综合监管制度，大力推行“互联网+监管”，提升监管能力，加大失信惩处力度，以公正监管促进优胜劣汰。加强数字政府建设，建立健全政务数据共享协调机制，推动电子证照扩大应用领域和全国互通互认，实现更多政务服务事项网上办、掌上办、一次办。企业和群众经常办理的事项，今年要基本实现“跨省通办”。

用改革办法推动降低企业生产经营成本。推进能源、交通、电信等基础性行业改革，提高服务效率，降低收费水平。允许所有制造业企业参与电力市场化交易，进一步清理用电不合理加价，继续推动降低一般工商业电价。中小企业宽带和专线平均资费再降 10.0%。全面推广高速公路差异化收费，坚决整治违规设置妨碍货车通行的道路限高限宽设施和检查卡点。取消港口建设费，将民航发展基金航空公司征收标准降低 20.0%。鼓励受疫情影响较大的地方对承租国有房屋的服务业小微企业和个体工商户减免租金。推动各类中介机构公开服务条件、流程、时限和收费标准。要严控非税收入不合理增长,严厉整治乱收费、乱罚款、乱摊派,不得扰民渔利,让市场主体安心经营、轻装前行。

促进多种所有制经济共同发展。坚持和完善社会主义基本经济制度。毫不动摇巩固和发展公有制经济,毫不动摇鼓励、支持、引导非公有制经济发展。各类市场主体都是国家现代化的建设者,要一视同仁、平等对待。深入实施国企改革三年行动,做强做优做大国有资本和国有企业。深化国有企业混合所有制改革。构建亲清政商关系,破除制约民营企业发展的各种壁垒。健全防范和化解拖欠中小企业账款长效机制。弘扬企业家精神。国家支持平台企业创新发展、增强国际竞争力,同时要依法规范发展,健全数字规则。强化反垄断和防止资本无序扩张,坚决维护公平竞争市场环境。

深化财税金融体制改革。强化预算约束和绩效管理,加大预算公开力度,精简享受税费优惠政策的办理流程和手续。落实中央与地方财政事权和支出责任划分改革方案。健全地方税体系。继续多渠道补充中小银行资本、强化公司治理,深化农村信用社改革,推进政策性银行分类分账改革,提升保险保障和服务功能。稳步推进注册制改革,完善常态化退市机制,加强债券市场建设,更好发挥多层次资本市场作用,拓展市场主体融资渠道。强化金融控股公司和金融科技监管,确保金融创新在审慎监管的前提下进行。完善金融风险处置工作机制,压实各方责任,坚决守住不发生系统性风险的底线。金融机构要坚守服务实体经济的本分。

(三)依靠创新推动实体经济高质量发展,培育壮大新动能

促进科技创新与实体经济深度融合,更好发挥创新驱动发展作用。

提升科技创新能力。强化国家战略科技力量,推进国家实验室建设,完善科技项目和创新基地布局。实施好关键核心技术攻关工程,深入谋划推进"科技创新2030—重大项目",改革科技重大专项实施方式,推广"揭榜挂帅"等机制。支持有条件的地方建设国际和区域科技创新中心,增强国家自主创新示范区等带动作用。发展疾病防治攻关等民生科技。促进科技开放合作。加强知识产权保护。加强科研诚信建设,弘扬科学精神,营造良好创新生态。基础研究是科技创新的源头,要健全稳定支持机制,大幅增加投入,中央本级基础研究支出增长10.6%,落实扩大经费使用自主权政策,优化项目申报、评审、经费管理、人才评价和激励机制,努力消除科研人员不合理负担,使他们能够沉下心来致力科学探索,以"十年磨一剑"精神在关键核心领域实现重大突破。

运用市场化机制激励企业创新。强化企业创新主体地位,鼓励领军企业组建创新联合体,拓展产学研用融合通道,健全科技成果产权激励机制,完善创业投资监管体制和发展政策,纵深推进大众创业万众创新。延续执行企业研发费用加计扣除75.0%政策,将制造业企业加计扣除比例提高到100%,用税收优惠机制激励企业加大研发投入,着力推动企业以创新引领发展。

优化和稳定产业链供应链。继续完成"三去一降一补"重要任务。对先进制造业企业按月全额退还增值税增量留抵税额,提高制造业贷款比重,扩大制造业设备更新和技术改造投资。增强产业链供应链自主可控能力,实施好产业基础再造工程,发挥大企业引领支撑和中小微企业协作配套作用。发展工业互联网,促进产业链和创新链融合,搭建更多共性技术研发平台,提升中小微企业创新能力和专业化水平。加大5G网络和千兆光网建设力度,丰富应用场景。加强网络安全、数据安全和个人信息保护。统筹新兴产业布局。加强质量基础设施建设,深入实施质量提升行动,完善标准体系,促进产业链上下游标准有效衔接,弘扬工匠精神,以精工细作提升中国制造品质。

(四)坚持扩大内需这个战略基点,充分挖掘国内市场潜力

紧紧围绕改善民生拓展需求,促进消费与投资有效结合,实现供需更高水平动态平衡。

稳定和扩大消费。多渠道增加居民收入。健全城乡流通体系,加快电商、快递进农村,扩大县乡消费。稳定增加汽车、家电等大宗消费，取消对二手车交易不合理限制，增加停车场、充电桩、换电站等设施，加快建设动力电池回收利用体系。发展健康、文化、旅游、体育等服务消费。鼓励企业创新产品和服务，便利新产品市场准入，推进内外贸产品同线同标同质。保障小店商铺等便民服务业有序运营。运用好“互联网+”，推进线上线下更广更深融合，发展新业态新模式，为消费者提供更多便捷舒心的服务和产品。引导平台企业合理降低商户服务费。稳步提高消费能力，改善消费环境，让居民能消费、愿消费，以促进民生改善和经济发展。

扩大有效投资。今年拟安排地方政府专项债券3.65万亿元，优化债券资金使用，优先支持在建工程，合理扩大使用范围。中央预算内投资安排6100亿元。继续支持促进区域协调发展的重大工程，推进“两新一重”建设，实施一批交通、能源、水利等重大工程项目，建设信息网络等新型基础设施，发展现代物流体系。政府投资更多向惠及面广的民生项目倾斜，新开工改造城镇老旧小区5.3万个，提升县城公共服务水平。简化投资审批程序，推进实施企业投资项目承诺制。深化工程建设项目审批制度改革。完善支持社会资本参与政策，进一步拆除妨碍民间投资的各种藩篱，在更多领域让社会资本进得来、能发展、有作为。

（五）全面实施乡村振兴战略，促进农业稳定发展和农民增收

接续推进脱贫地区发展，抓好农业生产，改善农村生产生活条件。

做好巩固拓展脱贫攻坚成果同乡村振兴有效衔接。对脱贫县从脱贫之日起设立5年过渡期，保持主要帮扶政策总体稳定。健全防止返贫动态监测和帮扶机制，促进脱贫人口稳定就业，加大技能培训力度，发展壮大脱贫地区产业，做好易地搬迁后续扶持，分层分类加强对农村低收入人口常态化帮扶，确保不发生规模性返贫。在西部地区脱贫县中集中支持一批乡村振兴重点帮扶县。坚持和完善东西部协作和对口支援机制，发挥中央单位和社会力量帮扶作用，继续支持脱贫地区增强内生发展能力。

提高粮食和重要农产品供给保障能力。保障粮食安全的要害是种子和耕地。要加强种质资源保护利用和优良品种选育推广，开展农业关键核心技术攻关。提高高标准农田建设标准和质量，完善灌溉设施，强化耕地保护，坚决遏制耕地“非农化”、防止“非粮化”。推进农业机械化、智能化。建设国家粮食安全产业带和农业现代化示范区。稳定种粮农民补贴，适度提高稻谷、小麦最低收购价，扩大完全成本和收入保险试点范围。稳定粮食播种面积，提高单产和品质。多措并举扩大油料生产。发展畜禽水产养殖，稳定和发展生猪生产。加强动植物疫病防控。保障农产品市场供应和价格基本稳定。开展粮食节约行动。解决好吃饭问题始终是头等大事，我们一定要下力气也完全有能力保障好14亿人的粮食安全。

扎实推进农村改革和乡村建设。巩固和完善农村基本经营制度，保持土地承包关系稳定并长久不变，稳步推进多种形式适度规模经营，加快发展专业化社会化服务。稳慎推进农村宅基地制度改革试点。发展新型农村集体经济。深化供销社、集体林权、国有林区林场、农垦等改革。提高土地出让收入用于农业农村比例。强化农村基本公共服务和公共基础设施建设，促进县域内城乡融合发展。启动农村人居环境整治提升五年行动。加强农村精神文明建设。保障农民工工资及时足额支付。加快发展乡村产业，壮大县域经济，加强对返乡创业的支持，拓宽农民就业渠道。千方百计使亿万农民多增收、有奔头。

（六）实行高水平对外开放，促进外贸外资稳中提质

实施更大范围、更宽领域、更深层次对外开放，更好参与国际经济合作。

推动进出口稳定发展。加强对中小外贸企业信贷支持，扩大出口信用保险覆盖面、优化承保和理赔条件，深化贸易外汇收支便利化试点。稳定加工贸易，发展跨境电商等新业态新模式，支持企业开拓多元化市场。发展边境贸易。创新发展服务贸易。优化调整进口税收政策，增加优质产品和服务进口。加强贸易促进服务，办好进博会、广交会、服贸会及首届中国国际消费品博览会等重大展会。推动国际物流畅通，清理规范口岸收费，不断提升通关便利化水平。

积极有效利用外资。进一步缩减外资准入负面清单。推动服务业有序开放，增设服务业扩大开放综合试点，制定跨境服务贸易负面清单。推进海南自由贸易港建设，加强自贸试验区改革开放创新，推动海关特殊监管区域与自贸试验区统筹发展，发挥好各类开发区开放平台作用。促进内外资企业公平竞争，依法保护外资企业合法权益。欢迎外商扩大在华投资，分享中国开放的大市场和发展机遇。

高质量共建“一带一路”。坚持共商共建共享，坚持以企业为主体、遵循市场化原则，健全多元化投融资体系，强化法律服务保障，有序推动重大项目合作，推进基础设施互联互通。提升对外投资合作质量效益。

深化多双边和区域经济合作。坚定维护多边贸易体制。推动区域全面经济伙伴关系协定尽早生效实施、中欧投资协定签署，加快中日韩自贸协定谈判进程，积极考虑加入全面与进步跨太平洋伙伴关系协定。在相互尊重基础上，推动中美平等互利经贸关系向前发展。中国愿与世界各国扩大相互开放，实现互利共赢。

（七）加强污染防治和生态建设，持续改善环境质量

深入实施可持续发展战略，巩固蓝天、碧水、净土保卫战成果，促进生产生活方式绿色转型。

继续加大生态环境治理力度。强化大气污染综合治理和联防联控，加强细颗粒物和臭氧协同控制，北方地区清洁取暖率达到70.0%。整治入河入海排污口和城市黑臭水体，提高城镇生活污水收集和园区工业废水处置能力，严格土壤污染源头防控，加强农业面源污染治理。继续严禁洋垃圾入境。有序推进城镇生活垃圾分类处置。推动快递包装绿色转型。加强危险废物医疗废物收集处理。研究制定生态保护补偿条例。落实长江十年禁渔，实施生物多样性保护重大工程，科学推进荒漠化、石漠化、水土流失综合治理，持续开展大规模国土绿化行动，保护海洋生态环境，推进生态系统保护和修复，让我们生活的家园拥有更多碧水蓝天。

扎实做好碳达峰、碳中和各项工作。制定2030年前碳排放达峰行动方案。优化产业结构和能源结构。推动煤炭清洁高效利用，大力发展新能源，在确保安全的前提下积极有序发展核电。扩大环境保护、节能节水等企业所得税优惠目录范围，促进新型节能环保技术、装备和产品研发应用，培育壮大节能环保产业，推动资源节约高效利用。加快建设全国用能权、碳排放权交易市场，完善能源消费双控制度。实施金融支持绿色低碳发展专项政策，设立碳减排支持工具。提升生态系统碳汇能力。中国作为地球村的一员，将以实际行动为全球应对气候变化作出应有贡献。

（八）切实增进民生福祉，不断提高社会建设水平

注重解民忧、纾民困，及时回应群众关切，持续改善人民生活。

发展更加公平更高质量的教育。构建德智体美劳全面培养的教育体系。推动义务教育优质均衡发展和城乡一体化，加快补齐农村办学条件短板，健全教师工资保障长效机制，改善乡村教师待遇。进一步提高学前教育入园率，完善普惠性学前教育保障机制，支持社会力量办园。鼓励高中阶段学校多样化发展，加强县域高中建设。增强职业教育适应性，深化产教融合、校企合作，深入实施职业技能等级证书制度。办好特殊教育、继续教育，支持和规范民办教育发展。分类建设一流大学和一流学科，加快优化学科专业结构，加强基础学科和前沿学科建设，促进新兴交叉学科发展。支持中西部高等教育发展。加大国家通用语言文字推广力度。发挥在线教育优势，完善终身学习体系。倡导全社会尊师重教。深化教育评价改革，健全学校家庭社会协同育人机制，规范校外培训。加强师德师风建设。在教育公平上迈出更大步伐，更好解决进城务工人员子女就学问题，高校招生继续加大对中西部和农村地区倾斜力度，努力让广大学生健康快乐成长，让每个孩子都有人生出彩的机会。

推进卫生健康体系建设。坚持预防为主，持续推进健康中国行动，深入开展爱国卫生运动，深化疾病预防控制体系改革，强化基层公共卫生体系，创新

医防协同机制，健全公共卫生应急处置和物资保障体系，建立稳定的公共卫生事业投入机制。加强精神卫生和心理健康服务。深化公立医院综合改革，扩大国家医学中心和区域医疗中心建设试点，加强全科医生和乡村医生队伍建设，提升县级医疗服务能力，加快建设分级诊疗体系。坚持中西医并重，实施中医药振兴发展重大工程。支持社会办医，促进“互联网+医疗健康”规范发展。强化食品药品疫苗监管。优化预约诊疗等便民措施，努力让大病、急难病患者尽早得到治疗。居民医保和基本公共卫生服务经费人均财政补助标准分别再增加 30 元和 5 元，推动基本医保省级统筹、门诊费用跨省直接结算。建立健全门诊共济保障机制，逐步将门诊费用纳入统筹基金报销，完善短缺药品保供稳价机制，采取把更多慢性病、常见病药品和高值医用耗材纳入集中带量采购等办法，进一步明显降低患者医药负担。

保障好群众住房需求。坚持房子是用来住的、不是用来炒的定位，稳地价、稳房价、稳预期。解决好大城市住房突出问题，通过增加土地供应、安排专项资金、集中建设等办法，切实增加保障性租赁住房和共有产权住房供给，规范发展长租房市场，降低租赁住房税费负担，尽最大努力帮助新市民、青年人等缓解住房困难。

加强基本民生保障。提高退休人员基本养老金、优抚对象抚恤和生活补助标准。推进基本养老保险全国统筹，规范发展第三支柱养老保险。完善全国统一的社会保险公共服务平台。加强军人军属、退役军人和其他优抚对象优待工作，健全退役军人工作体系和保障制度。继续实施失业保险保障扩围政策。促进医养康养相结合，稳步推进长期护理保险制度试点。发展普惠型养老服务和互助性养老。发展婴幼儿照护服务。发展社区养老、托幼、用餐、保洁等多样化服务，加强配套设施和无障碍设施建设，实施更优惠政策，让社区生活更加便利。完善传统服务保障措施，为老年人等群体提供更周全更贴心的服务。推进智能化服务要适应老年人、残疾人需求，并做到不让智能工具给他们日常生活造成障碍。健全帮扶残疾人、孤儿等社会福利制度，加强残疾预防，提升残疾康复服务质量。分层分类做好社会救助，及时帮扶受疫情灾情影响的困难群众，坚决兜住民生底线。

更好满足人民群众精神文化需求。培育和践行社会主义核心价值观，弘扬伟大抗疫精神和脱贫攻坚精神，推进公民道德建设。繁荣新闻出版、广播影视、文学艺术、哲学社会科学和档案等事业。加强互联网内容建设和管理，发展积极健康的网络文化。传承弘扬中华优秀传统文化，加强文物保护利用和非物质文化遗产传承，建设国家文化公园。推进城乡公共文化服务体系一体建设，创新实施文化惠民工程，倡导全民阅读。深化中外人文交流。完善全民健身公共服务体系。精心筹办北京冬奥会、冬残奥会等综合性体育赛事。

加强和创新社会治理。夯实基层社会治理基础，健全城乡社区治理和服务体系，推进市域社会治理现代化试点。加强社会信用体系建设。大力发展社会工作，支持社会组织、人道救助、志愿服务、公益慈善发展。保障妇女、儿童、老年人、残疾人合法权益。继续完善信访制度，推进矛盾纠纷多元化解。加强法律援助工作，启动实施“八五”普法规划。加强应急救援力量建设，提高防灾减灾抗灾救灾能力，切实做好洪涝干旱、森林草原火灾、地质灾害、地震等防御和气象服务。完善和落实安全生产责任制，深入开展安全生产专项整治三年行动，坚决遏制重特大事故发生。完善社会治安防控体系，常态化开展扫黑除恶斗争，防范打击各类犯罪，维护社会稳定和安全。

各位代表！

面对新的任务和挑战，各级政府要增强“四个意识”、坚定“四个自信”、做到“两个维护”，自觉在思想上政治上行动上同以习近平同志为核心的党中央保持高度一致，践行以人民为中心的发展思想，不断提高政治判断力、政治领悟力、政治执行力，落实全面从严治党要求。扎实开展党史学习教育。加强法治政府建设，切实依法行政。坚持政务公开。严格规范公正文明执法。依法接受同级人大及其常委会的监督，自觉接受人民政协的民主监督，主动接受社会和舆论监督。强化审计监督。支持工会、共青团、妇联等群团组织更好发挥作用。深入推进党风廉政建设和反腐败斗争，锲而不舍落实中央八项规定精神。政府工作人员要自觉接受法律监督、监察监督和人民监督。加强廉洁政府建设，持续整治不正之风和腐败问题。

中国经济社会发展已经取得了辉煌的成就，但全面实现现代化还有相当长的路要走，仍要付出艰苦努力。必须立足社会主义初级阶段基本国情，着力办好自己的事。要始终把人民放在心中最高位置，坚持实事求是，求真务实谋发展、惠民生。要力戒形式主义、官僚主义，切忌在工作中搞"一刀切"，切实为基层松绑减负。要居安思危，增强忧患意识，事不畏难、责不避险，有效防范化解各种风险隐患。要调动一切可以调动的积极因素，推进改革开放，更大激发市场主体活力和社会创造力，用发展的办法解决发展不平衡不充分问题。要担当作为，实干苦干，不断创造人民期待的发展业绩。

各位代表！

我们要坚持和完善民族区域自治制度，全面贯彻党的民族政策，铸牢中华民族共同体意识，促进各民族共同团结奋斗、共同繁荣发展。全面贯彻党的宗教工作基本方针，坚持我国宗教的中国化方向，积极引导宗教与社会主义社会相适应。全面贯彻党的侨务政策，维护海外侨胞和归侨侨眷合法权益，更大凝聚中华儿女共创辉煌的磅礴力量。

过去一年，国防和军队建设取得新的重大成就，人民军队在维护国家安全和疫情防控中展示出过硬本领和优良作风。新的一年，要深入贯彻习近平强军思想，贯彻新时代军事战略方针，坚持党对人民军队的绝对领导，严格落实军委主席负责制，聚焦建军一百年奋斗目标，推进政治建军、改革强军、科技强军、人才强军、依法治军，加快机械化信息化智能化融合发展。全面加强练兵备战，统筹应对各方向各领域安全风险，提高捍卫国家主权、安全、发展利益的战略能力。优化国防科技工业布局，完善国防动员体系，强化全民国防教育。各级政府要大力支持国防和军队建设，深入开展"双拥"活动，谱写鱼水情深的时代华章。

各位代表！

我们要继续全面准确贯彻"一国两制""港人治港""澳人治澳"、高度自治的方针，完善特别行政区同宪法和基本法实施相关的制度和机制，落实特别行政区维护国家安全的法律制度和执行机制。坚决防范和遏制外部势力干预港澳事务，支持港澳发展经济、改善民生，保持香港、澳门长期繁荣稳定。

我们要坚持对台工作大政方针，坚持一个中国原则和"九二共识"，推进两岸关系和平发展和祖国统一。高度警惕和坚决遏制"台独"分裂活动。完善保障台湾同胞福祉和在大陆享受同等待遇的制度和政策，促进海峡两岸交流合作、融合发展，同心共创民族复兴美好未来。

我们要坚持独立自主的和平外交政策，积极发展全球伙伴关系，推动构建新型国际关系和人类命运共同体。坚持开放合作，推动全球治理体系朝着更加公正合理的方向发展。持续深化国际和地区合作，积极参与重大传染病防控国际合作。中国愿同所有国家在相互尊重、平等互利基础上和平共处、共同发展，携手应对全球性挑战，为促进世界和平与繁荣不懈努力！

各位代表！

重任在肩，更须砥砺奋进。让我们更加紧密地团结在以习近平同志为核心的党中央周围，高举中国特色社会主义伟大旗帜，以习近平新时代中国特色社会主义思想为指导，齐心协力，开拓进取，努力完成全年目标任务，以优异成绩庆祝中国共产党百年华诞，为把我国建设成为富强民主文明和谐美丽的社会主义现代化强国、实现中华民族伟大复兴的中国梦不懈奋斗！

关于2020年国民经济和社会发展计划执行情况与2021年国民经济和社会发展计划草案的报告(节选)

——2021年3月5日在第十三届全国人民代表大会第四次会议上

国家发展和改革委员会

各位代表：

受国务院委托，现将2020年国民经济和社会发展计划执行情况与2021年国民经济和社会发展计划草案提请十三届全国人大四次会议审查，并请全国政协各位委员提出意见。

一、2020年国民经济和社会发展计划执行情况

2020年是中华人民共和国历史上极不平凡的一年。面对严峻复杂的国际形势、艰巨繁重的国内改革发展稳定任务特别是新冠肺炎疫情的严重冲击，以习近平同志为核心的党中央统揽全局，保持战略定力，准确判断形势，精心谋划部署，果断采取行动，付出艰苦努力，及时做出统筹疫情防控和经济社会发展的重大决策。各地区各部门坚持以习近平新时代中国特色社会主义思想为指导，全面贯彻党的十九大和十九届二中、三中、四中、五中全会精神，按照党中央、国务院决策部署，认真执行十三届全国人大三次会议审议批准的《政府工作报告》、2020年国民经济和社会发展计划，落实全国人大财政经济委员会审查意见，沉着冷静应对风险挑战，坚持高质量发展方向不动摇，统筹疫情防控和经济社会发展，扎实做好“六稳”工作，全面落实“六保”任务，中国经济运行逐季改善、逐步恢复常态，在全球主要经济体中唯一实现经济正增长，脱贫攻坚战取得全面胜利，决胜全面建成小康社会取得决定性成就，交出一份人民满意、世界瞩目、可以载入史册的答卷。

(一)坚持把人民生命安全和身体健康放在第一位，抗疫斗争取得重大战略成果

面对突如其来的新冠肺炎疫情带来的严峻考验，习近平总书记亲自指挥、亲自部署，团结带领全国各族人民迅速打响疫情防控的人民战争、总体战、阻击战，用1个多月的时间初步遏制疫情蔓延势头，用2个月左右的时间将本土每日新增病例控制在个位数以内，用3个月左右的时间取得武汉保卫战、湖北保卫战的决定性成果，此后又有效处置多起局部地区聚集性或散发疫情。

一是全力以赴做好疫情防控救治工作。按照坚定信心、同舟共济、科学防治、精准施策的总要求，坚持全国一盘棋，迅速成立中央应对疫情工作领导小组，向湖北派出中央指导组，充分发挥国务院联防联控机制作用，举全国之力开展武汉保卫战、湖北保卫战，快速阻断本土疫情传播。明确“四早”“四集中”要求，费用全部由国家承担，着力提高收治率和治愈率、降低感染率和病亡率。开展联防联控和群防群控，各省(自治区、直辖市)相继启动重大突发卫生事件一级响应，组织干部力量下沉抓好社区防控，引导各类社会组织、专业社会工作者和志愿服务力量依法有序参与疫情防控和社会服务。扎实做好医疗物资保障和生活必需品保供稳价工作，快速实现口罩等医疗防护物资、医疗救治设备、医治床位从严重短缺到基本满足疫情防控需要；千方百计协调解决重点物资生产核心岗位用工，保障粮油与肉禽蛋菜奶等食品的市场供应和价格基本稳定，多措并举确保能源供应安全稳定，有效保障医疗废物、废水安全处置。注重科研攻关和临床救治、防控实践相协同，第一时间研发出核酸检测试剂盒，加快有效药物筛选和疫苗研发，国产疫苗接种正式启动，充分发挥科技对疫情防控的支撑作用。针对境外疫情扩散蔓延，加强输入性风险防控，做好对境外中国公民关

心关爱，开辟临时航班有序接回中国在外困难人员。

二是毫不放松抓好常态化疫情防控。适时将全国总体防控策略调整为“外防输入、内防反弹”，推动防控工作由应急性超常规防控向常态化防控转变，健全及时发现、快速处置、精准管控、有效救治的常态化防控机制。充分利用现代信息技术，广泛应用健康码识别，持续提升常态化疫情防控精准性，有效保障企业正常生产和居民正常生活。面对局部点状疫情反弹，坚持分区分级防控，有针对性调整区域疫情风险等级，及时开展流行病学调查和大数据追踪溯源。着力查补薄弱环节，持续提升新冠病毒核酸检测能力，盯紧冷链物流等重点行业加强防控。见专栏1。

专栏1　统筹疫情防控和经济社会发展工作

序　号	分　类	内　容
1	分区分级 精准防控	制定分区分级差异化防控策略，低风险地区全面恢复生产生活秩序，中风险地区依据防控形势有序复工复产，高风险地区集中精力抓好疫情防控工作
2	医疗物资 统一调配	建立口罩等重点医疗物资全国统一调配机制，实时跟踪督促调配落实情况，确保武汉等重点地区医疗物资供应，口罩产能、产量以及出口均大幅提升。全国口罩日产能2月底突破1亿只，3月底突破2亿只，4月底突破10亿只
3	全力保障 物资供应	综合采取增供应、增库存、保生产、保运输、稳市场、稳预期等措施，全力保障武汉等重点地区粮油菜、肉蛋奶等生活物资供应。严格落实粮食安全省长责任制和“菜篮子”市长负责制，保障主副食品供应，防止物价过快上涨，强化困难群众兜底保障。积极推进电力天然气煤炭等能源的联保联供，保障抗疫和民生领域用能安全
4	补齐公共 卫生短板	印发《关于健全公共卫生应急物资保障体系的实施方案》和《公共卫生防控救治能力建设方案》。下达近400亿元中央投资直接用于防控救治一线，有力地支持了各地常态化疫情防控工作
5	精准有序 复工复产	打通人流、物流堵点，推动产业链各环节协同复工复产，出台8个方面90项助企纾困政策措施，加强政策效果评估和经验推广
6	着力抓好 农业生产	开展重点磷复肥企业生产日调度，协调建立农资运输绿色通道，适时开展春播，精心组织秋粮收购，促进畜牧水产养殖业全面发展

三是深入推进疫情防控国际合作。本着公开、透明、负责任的态度，认真履行国际义务，最早向世界通报疫情，第一时间发布新冠病毒基因序列等信息，第一时间公布诊疗方案和防控方案，坚定支持世界卫生组织发挥领导作用。开设疫情防控网上知识中心并向所有国家开放，公开发布8版诊疗方案、7版防控方案，毫无保留同各方分享防控和救治经验。发起中华人民共和国成立以来规模最大的全球人道主义行动，向世界卫生组织和联合国全球人道主义应对计划提供支持，为有需要的34个国家派出36支医疗专家组，向150个国家和13个国际组织提供抗疫援助。发挥抗疫物资最大供应国优势，全年向200多个国家提供了超过2 200亿只口罩、23亿件防护服、10亿人份检测试剂盒。积极推进药物、疫苗研发合作和国际联防联控，帮助发展中国家克服疫情带来的困难。

（二）围绕市场主体的急需制定和实施宏观政策，经济运行持续稳定恢复

面对历史罕见的冲击，我们在“六稳”工作基础上，明确提出“六保”任务，特别是保就业保民生保市场主体，以保促稳、稳中求进。立足国情实际，既及时果断又保持定力，坚持不搞“大水漫灌”，科学把握规模性政策的平衡点，加大宏观政策应对力度，经济发展的内生动力、平衡性和可持续性进一步增强。

一是主要指标好于预期。2020年，国内生产总值达1 016 000亿元，增长2.3%。城镇新增就业1 186万人，年底城镇调查失业率为5.2%。居民消费价格指数上涨2.5%。国际收支基本平衡，外汇储备保持在30 000亿美元以上。见图1。

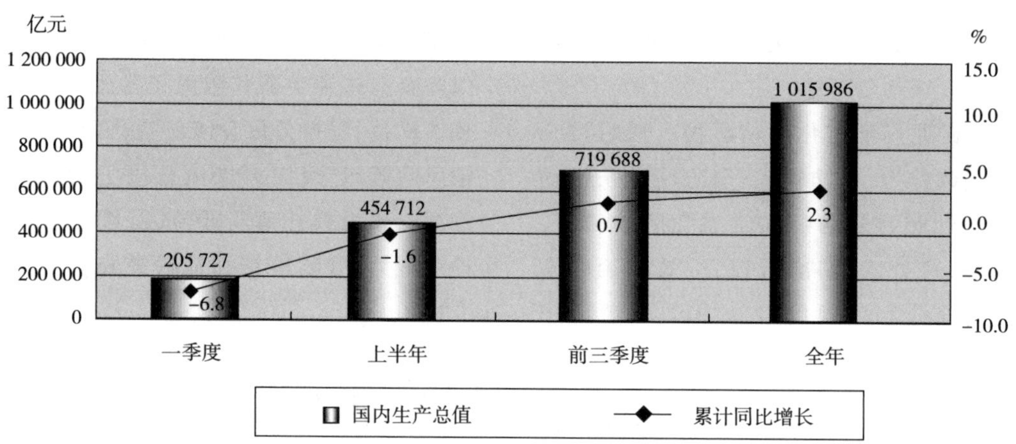

图 1　2020 年国内生产总值及增长速度走势

数据来源：国家统计局。

二是助企纾困政策有效实施。减税降费红利深度释放，实施阶段性大规模减税降费，阶段性减免小规模纳税人增值税，阶段性减免养老、失业、工伤三项社会保险单位缴费部分，减半征收职工医疗保险单位缴费部分，落实住房公积金阶段性支持政策，全年为市场主体减负超过 26 000 亿元。创新宏观政策实施方式，中央财政对新增 20 000 亿元资金建立直达机制，省级财政加大资金下沉力度，共同为市县基层落实惠企利民政策及时补充财力。通过降低存款准备金率、中期借贷便利、公开市场操作、再贷款再贴现、创新直达实体经济的货币政策工具等方式，共推出 90 000 多亿元的货币支持措施。通过贷款市场报价利率（LPR）改革推动社会融资成本下降。大型商业银行普惠小微企业贷款增长 50.0%以上，全年金融系统向实体经济让利 15 000 亿元。阶段性对部分服务业小微企业和个体工商户减免缓收房屋租金。见专栏 2。

专栏 2　助企纾困政策落实的主要成效

序　号	分　类	内　容
1	减税降费	在实施降低增值税税率、降低企业养老保险费率等制度性政策的基础上，根据应对疫情的需要，新出台实施 7 批 28 项减税降费政策，及时推出免征中小企业社保费、减免小规模纳税人和部分行业增值税等阶段性措施，延缓小微企业、个体工商户所得税缴纳，对于保住上亿市场主体、激发市场活力、促进企业利润恢复增长发挥了关键作用
2	降低融资成本	创设普惠小微企业贷款延期支持工具和信用贷款支持计划两项直达实体经济的货币政策工具。2020 年银行业累计对 73 000 亿元贷款实施延期还本付息，累计发放普惠小微信用贷款 39 000 亿元。小微企业融资"量增、价降、面扩"，2020 年年底普惠小微贷款余额 151 000 亿元，增长 30.3%，支持小微经营主体 3 228 万户，12 月新发放普惠小微企业贷款利率 5.1%，比上年同期下降 0.8 个百分点。2020 年年底，制造业中长期贷款余额约 52 600 亿元，增长 35.2%
3	降低物流成本	实施应对疫情影响支持物流业发展的 6 方面 12 条措施。国务院转发国家发改委、交通运输部《关于进一步降低物流成本的实施意见》，推出降低制度成本、要素成本、税费成本、信息成本、联运成本、综合成本等 6 方面 24 条政策措施。印发实施《关于进一步优化发展环境　促进生鲜农产品流通的实施意见》，从经营成本、金融支持、用地用房、营商环境、企业做大做强等 5 方面提出 12 条具体政策措施，解决生鲜农产品流通领域制约企业尤其是民营企业发展的突出问题
4	阶段性降成本政策	企业用电成本：印发实施《关于疫情防控期间采取支持性两部制电价政策降低企业用电成本的通知》和《关于阶段性降低企业用电成本支持企业复工复产的通知》，明确 2020 年 6 月 30 日前实施支持性两部制电价政策；自 2 月 1 日至 6 月 30 日，将除高耗能行业外的工商业用户电价降低 5.0%，随后又延长至年底

序号	分类	内容
5	阶段性降成本政策	企业用气成本:印发实施《关于阶段性降低非居民用气成本支持企业复工复产的通知》,自2月22日至6月30日,执行政府指导价的非居民用气,上游供气企业以基准门站价格为基础适当下浮;对化肥等涉农生产且受疫情影响大的行业给予更优惠气价;对价格已放开的,鼓励上游供气企业与下游用气企业协商降低价格。上述措施降低企业用气成本80亿元以上 交通运输成本:出台降低疫情期间机场、空管收费标准,阶段性免征航空公司应缴民航发展基金,阶段性减免收费公路通行费,降低或减免港口环节收费和基金,减半核收铁路货运保价费、集装箱延期使用费、货车滞留费等 征信服务收费:印发实施《关于阶段性减免部分征信服务收费的通知》和《关于延长阶段性减免部分征信服务收费的通知》,明确从3月1日到年底,减免部分涉企征信服务收费
6	减免缓降社保费	先后出台《关于阶段性减免企业社会保险费的通知》《关于阶段性减征职工基本医疗保险费的指导意见》和《关于延长阶段性减免企业社会保险费实施期限等问题的通知》等政策文件。全年共为企业减免养老、失业、工伤等社会保险费17 000亿元

三是市场主体预期稳定向好。迅速建立并不断完善全国疫情信息发布机制,实事求是、公开透明发布疫情权威信息,有效保障企业正常生产和居民正常生活。充分发挥宏观政策协调机制和重点省市“六稳”“六保”会商机制作用,中央与地方之间、部门之间的政策联动协调不断增强,宏观经济治理体系更加完善,政策稳定性、可预期性和透明度进一步提升。解读形势和政策更加及时,回应社会关切更加积极,有效稳定市场主体发展信心。

(三)坚决打好三大攻坚战,主要目标任务如期完成

瞄准突出问题和薄弱环节狠抓政策落实,脱贫攻坚战取得了全面胜利,污染防治力度不断加大,重大风险得到有效防控。

一是脱贫攻坚战取得了全面胜利。实施挂牌督战,项目资金向“三区三州”等深度贫困地区倾斜。针对疫情、汛情对脱贫攻坚带来的不利影响,优先支持贫困劳动力务工就业,多渠道扩大以工代赈实施规模,加大产业扶贫和就业扶贫力度,强化产销对接和科技帮扶,开展消费扶贫行动,及时落实兜底保障等帮扶措施。出台易地扶贫搬迁后续扶持若干政策措施,“十三五”960多万人易地扶贫搬迁建设任务全面完成。着力巩固“三保障”成果,统筹运用基本医保、大病保险和医疗救助等制度保障,有效减轻贫困人口就医费用负担,脱贫攻坚农村危房改造扫尾工程按期完成,全面解决现行标准下的贫困人口饮水安全问题。开展国家脱贫攻坚普查,建立防止返贫监测和帮扶机制。现行标准下9 899万农村贫困人口全部脱贫,全国832个贫困县全部摘帽,12.8万个贫困村全部出列,绝对贫困和区域性整体贫困得到解决。见专栏3。

专栏3 “十三五”易地扶贫搬迁建设任务全面完成

序号	分类	内容
1	安置住房建设情况	累计建成集中安置区约3.5万个,建成安置住房266万余套,总建筑面积2.1亿平方米,人均住房面积20.8平方米
2	配套设施建设情况	新建或改扩建中小学和幼儿园6 100多所、医院和社区卫生服务中心1.2万多所、养老服务设施3 400余个、文化活动场所4万余个
3	搬迁群众就业情况	易地扶贫搬迁群众劳动力就业率达到92.0%,有劳动能力的搬迁家庭全部实现至少1人就业目标
4	城乡总体安置情况	城镇安置区安置人口500多万人,西南地区部分省份城镇安置率超过90.0%。农业安置人口460万人,各地涌现出一批具有乡村振兴示范作用的集中安置区

二是污染防治攻坚战圆满完成阶段性目标。扎实推进节能减排,单位国内生产总值能耗和单位国

内生产总值二氧化碳排放量继续下降，非化石能源占能源消费总量比重达 15.9%。继续打好蓝天、碧水、净土保卫战，持续实施重点区域秋冬季大气污染综合治理，开展夏季臭氧(O_3)污染防治攻坚，积极稳妥推进北方地区冬季清洁取暖，有序推进钢铁行业超低排放改造，扎实推进柴油货车污染治理，积极推进“公转铁”“公转水”，全国地级及以上城市空气质量优良天数比率达 87.0%。长江、黄河等大江大河重点流域及渤海等重点海域环境质量加快改善，饮用水水源保护和城市黑臭水体治理力度加大，地表水质量达到或好于Ⅲ类水体比例达 83.4%，劣Ⅴ类水体比例降至 0.6%。深入实施国家节水行动，万元国内生产总值用水量预计下降 1.9%。推动受污染耕地和污染地块安全利用。持续实施农业农村污染治理攻坚，全面开展“无废城市”建设试点，扎实推进污水资源化利用、塑料污染治理、医疗废物处置，推动资源循环利用基地和大宗固体废弃物综合利用基地建设，基本实现固体废物零进口目标。加快构建现代环境治理体系，实现全国固定污染源排污许可全覆盖。扎实推进国家生态文明试验区建设。强化生态保护修复，持续开展大规模国土绿化行动，深入推进三江源、祁连山等重点区域综合治理，森林草原防灭火、湿地保护等重要生态系统保护管理能力有效提升。深入推进生态保护红线监管工作。创建绿色产业示范基地，推广先进绿色技术。积极应对气候变化，提高国家自主贡献目标，参与和引领全球气候治理。开展全国碳排放权交易市场第一个履约周期配额分配。

三是防范化解重大风险取得良好成效。稳妥化解地方政府债务风险，持续推进结构性去杠杆，坚决遏制地方政府隐性债务增长。及时处置一批重大金融风险隐患，各类高风险金融机构得到有序处置，影子银行风险持续收敛，“精准拆弹”有力有效，互联网金融风险有效防控，逐步建立多元化的债券违约处置机制，初步建立系统重要性金融机构、金融控股公司、金融基础设施等统筹监管框架，防范化解重大金融风险攻坚战取得重要阶段性成果，金融市场运行平稳有序。提升重要材料、关键零部件、核心元器件和关键软件的稳定供应水平，着力保持产业链供应链稳定。

（四）深入推进创新驱动发展，科技实力进一步提升

创新在中国现代化建设全局中的核心地位不断增强，全国研究与试验发展经费投入强度为 2.4%，科技进步贡献率提高至 60.0%以上。

一是创新能力建设进一步加强。重大科技成果持续涌现，“嫦娥五号”任务首次实现中国地外天体采样返回，中国首次火星探测任务“天问一号”探测器成功发射，500 米口径球面射电望远镜(FAST)正式开放运行，“北斗三号”全球卫星导航系统正式开通，量子计算原型系统“九章”成功研制，全海深载人潜水器“奋斗者”号完成万米深潜。国家实验室相继挂牌，新一代人工智能、量子通信与量子计算机、脑科学和类脑研究等“科技创新 2030—重大项目”加快部署实施，深度参与热核聚变实验堆计划等国际大科学计划。创新平台建设加速推进，在新一代信息技术、生物医药、新能源等战略性领域高水平建设一批国家产业创新中心、工程研究中心、技术创新中心、制造业创新中心和企业技术中心，高能同步辐射光源、硬 X 射线自由电子激光、未来网络试验设施等国家重大科技基础设施加快建设。

二是关键核心技术攻关深入推进。实施“揭榜挂帅”等机制，积极探索完善社会主义市场经济条件下关键核心技术攻关新型举国体制，打好关键核心技术攻坚战，加快解决“卡脖子”问题。不断创新支持方式，强化企业创新主体地位，激励企业加大研发投入，支持企业联合科研院所和上下游企业开展技术研发。

三是新产业新业态逆势成长。国家战略性新兴产业集群发展工程深入实施，推动民用空间基础设施加快建设，5G、数据中心、工业互联网等新型基础设施建设稳步推进，集成电路产业有序发展。推动产业数字化智能化改造，推进国家数字经济创新发展试验区建设，开展数字化转型伙伴行动、中小企业数字化赋能专项行动、数字经济新业态培育行动，带动更多中小微企业“上云用数赋智”。传统产业数字化转型持续推进，电商扶贫力度不断加强。

四是重点区域创新高地建设加快推进。北京、上海、粤港澳大湾区国际科技创新中心建设整体格局初步形成,综合性国家科学中心建设成效显著,产业创新高地建设深入推进,国家自主创新示范区和国家高新技术产业开发区加快建设,生产力布局和创新力量布局实现进一步融合。

五是创新创业创造新生态持续构建。全国复制推广第三批20项全面创新改革经验。采取线上线下相结合的方式举办2020年全国双创活动周,布局建设第三批双创示范基地。聚焦创业带动就业,开展社会服务领域创业就业示范。加大创业担保贷款政策实施力度。全年日均净增市场主体4.1万户,其中企业1.3万户。

(五)坚定实施扩大内需战略,强大国内市场加快形成

着力畅通供需循环,深入挖掘和激发国内市场需求潜力,内需对经济增长的拉动力稳步提升。

一是消费基础作用进一步增强。积极支持以新业态新模式引领新型消费加快发展,加快培育建设国际消费中心城市,文化和旅游消费、信息消费试点示范有序推进,养老托育等服务消费扩容提质,电子商务进农村综合示范深入实施。稳定和扩大汽车等大宗消费,提振餐饮消费,农村消费潜力进一步释放。加快废旧家电回收体系建设,推动家电更新消费。全年社会消费品零售总额达392 000亿元。全国网上零售额达118 000亿元,增长10.9%,其中实物商品网上零售额增长14.8%,占社会消费品零售总额的24.9%。

二是投资关键作用进一步发挥。出台推动基础设施高质量发展的意见、推动都市圈市域(郊)铁路加快发展的意见,加大“两新一重”领域投资力度,开工建设川藏铁路等一批重大工程。加快下达中央预算内投资计划,及时调整优化结构,进一步集中力量办好国家层面的大事、难事、急事。重点支持公共卫生等疫情暴露的短板弱项和铁路、公路、水运、机场、重大水利、重大科技和能源基础设施、城镇老旧小区改造等领域建设。扩大地方政府专项债券使用范围,支持国家重大战略项目建设。用好向民间资本推介项目长效机制,支持民间投资参与重大工程建设。启动基础设施领域不动产投资信托基金(REITs)试点,盘活基础设施存量资产。深化投资审批制度改革,积极探索投资项目承诺制,多个审批环节统一受理、同步评估、并联审批有序推进。全年固定资产投资(不含农户)增长2.9%,对经济恢复增长发挥了重要作用。见专栏4。

专栏4　重大基础设施建设主要进展情况

序号	分类	内容
1	重大铁路项目	川藏铁路雅安至林芝段“两隧一桥”开工建设。沿江高铁成都至达州至万州段、重庆至万州段、武汉至宜昌段开工建设,14个长江铁水联运项目加快建设,京津冀、长三角、粤港澳大湾区等重点城市群城际铁路加快推进。全年完成铁路固定资产投资7 819亿元,投产铁路营业里程4 933公里
2	重大公路项目	积极推动京沪、京台、沈海、兰海等拥挤路段扩容改造,加快推动G5515张家界至南充、G0611张掖至汶川、G4012溧阳至宁德、G59呼和浩特至北海、G3W德州至上饶、G4216成都至丽江、G7611都匀至香格里拉、G6911安康至来凤等国家高速公路待贯通路段建设
3	重大水运项目	持续加大内河水运基础设施补短板力度,长江干线武汉至安庆段6米水深航道整治工程、引江济淮航运工程、京杭运河浙江段三级航道整治工程等稳步推进,长江上游朝天门至涪陵河段航道整治工程等开工建设,长江口南槽航道治理一期工程试运行。加快推动沿海港口基础设施建设,连云港30万吨级航道二期工程、湛江港30万吨级航道改扩建工程有序推进,广州港深水航道拓宽工程全线完工
4	重大机场项目	玉林、武隆、于田等3个机场建成投运,全国民用运输机场数量达到241个。成都天府机场新建以及贵阳、乌鲁木齐等机场改扩建工程抓紧推进。广州、深圳、西安、兰州、西宁等枢纽机场改扩建工程以及邢台、瑞金等一批支线机场项目开工建设
5	重大邮政电信项目	在全面实现建制村直接通邮基础上,西部和农村地区邮政普遍服务基础设施建设稳步推进,21个省(自治区、直辖市)1 025个邮政网点得到整修、翻建。组织实施新型基础设施建设工程,累计开通5G基站超过70万个,行政村通4G和光纤比例均超过98.0%

续表

序号	分类	内容
6	重大水利工程	积极推进防洪减灾工程、水资源优化配置工程、灌溉节水和供水工程、水生态保护修复工程、智慧水利工程等150项重大水利工程,新开工四川亭子口灌区一期、重庆渝西水资源配置等45项重大水利工程,在建项目总投资超过10 000亿元
7	重大能源工程	乌东德水电站、田湾5号核电站等机组投产发电,福清5号"华龙一号"全球首堆首次并网。乌东德送广东广西、青海至河南特高压直流等重点输电工程建成投运。中俄东线中段、青宁管道等建成投产通气,中俄东线南段全线开工,新疆呼图壁等重点储气工程2020年实现工作气量143亿立方米

三是现代流通体系加快建设。推动现代物流业高质量发展,新布局建设22个国家物流枢纽。优化发展环境促进生鲜农产品流通,面向特色农产品优势产地、集散地布局建设17个国家骨干冷链物流基地,"通道+枢纽+网络"的现代物流运行体系加快形成。创新物流服务模式,鼓励"互联网+"货运物流新业态健康规范发展,促进物流业制造业深度融合、创新发展。统筹降低流通领域制度性交易成本、技术性成本,积极推动物流降本增效。

(六)持续深化供给侧结构性改革,产业结构调整迈出新步伐

坚持把发展经济着力点放在实体经济上,经济质量效益和核心竞争力不断提高。

一是制造业高质量发展扎实推进。实施增强制造业核心竞争力工程。开展先进制造业集群培育试点示范,发挥好先进制造产业投资基金作用。深化新一代信息技术与制造业融合发展,进一步完善工业互联网平台赋能体系。引导企业开展智能化、绿色化、服务化改造,建成一批高水平智能制造示范工厂和绿色制造示范项目,促进传统产业安全、绿色、集聚、高效发展。持续巩固去产能成果,优化重大生产力布局。坚持"上大压小、增优汰劣",优化煤炭产能结构,全年淘汰落后产能1亿吨以上。完善钢铁项目产能置换和备案办法,全面完成"十三五"期间压减粗钢产能目标任务,积极推进钢铁企业兼并重组。进一步优化石化产业布局,推动重大石化项目建设和城镇人口密集区危险化学品生产企业搬迁改造。促进稀土等战略性矿产资源产业高质量发展,规范资源开发秩序。推动智能汽车创新发展。成功举办云上2020年中国品牌日系列活动。

二是现代服务业发展迈出坚实步伐。积极构建优质高效、竞争力强的服务产业体系。出台进一步推进服务业改革开放发展的指导意见,组织首批先进制造业和现代服务业融合发展试点,积极推动产业共性技术研发、工业设计、总集成总承包、全生命周期管理、检验检测认证等生产性服务业发展。

三是粮食安全和农副产品市场供应得到有力保障。稳定粮食生产,粮食产量连续6年保持在13 000亿斤以上,实现谷物基本自给、口粮绝对安全。加强粮食供需形势分析研判,进一步完善粮食储备调控体系。完善粮食"产购储加销"协同保障机制,优化储备品种结构和区域布局,建立政府储备规模动态调整机制,支持建设234个粮食仓储物流和应急项目,不断提升粮食仓储能力、提高粮食流通效率,多环节全链条系统化减少粮食产后损失。及时跟踪研判生猪市场形势变化,加强动物防疫基础设施建设,做好非洲猪瘟常态化防控,生猪生产加快恢复,聚焦重要时段投放中央冻猪肉储备,有效保障了猪肉等重要民生商品的供应。"菜篮子""果盘子"等产品数量充足,均衡供应能力明显增强。

四是能源安全保障能力持续提升。积极推进煤电油气产供储销体系建设,进一步增强紧缺矿产资源自主保障能力,推动国内油气增储上产,加强油气储备能力和重大电力工程建设。全国大电网基本实现联通,西电东送能力达到2.6亿千瓦。风电、太阳能、水电装机规模保持世界第一,非化石能源发电装机规模增长到9.8亿千瓦。持续开展电力系统灵活性改造,风电、光伏发电和水能利用率均提高到96.0%以上。见专栏5。

专栏5　扎实推进能源产供储销体系建设

序号	分类	内容
1	提高“产”的能力	全面提高煤炭供给体系质量,加快优质产能释放;积极推动国内油气稳产增产,原油产量连续2年企稳回升,天然气产量连续4年增产超过100亿立方米;构建多元化电力生产格局,充分发挥煤电调峰和兜底保供作用,大力发展和消纳可再生能源
2	统筹“供”的途径	建立稳定可靠清洁的煤炭供给体系,提升浩吉铁路集疏运系统配套能力,深入推进煤炭清洁运输;提升石油天然气进口供应保障水平和管输能力,构筑多元化境外资源供应格局,加快天然气管道互联互通重大工程建设;统筹推进电网建设,不断增强电网互济和保供能力
3	补齐“储”的短板	持续增强煤炭储备能力,建立健全以企业社会责任为主体、地方政府储备为补充,产品储备与产能储备有机结合的煤炭储备体系;支持石油储备项目建设;严格落实上游供气企业、管道企业、城镇燃气企业和地方政府储气责任,推进储气设施集约、规模建设,供暖季可动用的储气量比上年增加约50亿立方米;加强电力系统调峰能力和调峰机制建设,大力发展储能产业
4	破除“销”的障碍	建立健全市场交易体系,更好发挥全国煤炭交易中心作用,进一步完善电力市场化交易政策,完善国内成品油主体多元、公平竞争的市场格局,有序推进天然气基础设施公平开放;完善中长期合同制度,提升中长期合同签约履约水平。深化需求侧管理,引导和激励电力、天然气用户参与调峰,细化完善应急保供预案

(七)深入实施乡村振兴战略,农业农村发展势头持续向好

统筹推进“三农”工作,不断优化现代农业产业体系、生产体系、经营体系,农业农村发展水平明显提高。

一是农业供给侧结构性改革进一步深化。实施藏粮于地、藏粮于技战略。农业基础设施条件不断改善,完成8 000万亩高标准农田年度建设任务。农业科技支撑不断加强,农作物耕种收综合机械化率达到71.0%。动植物保护能力提升工程深入实施,农业防灾减灾能力不断增强。区域化布局、规模化经营、标准化生产、社会化服务、品牌化营销成为农业发展的新趋势,有效提高了土地生产率、劳动生产率。积极推进土地托管、代耕代种、生产服务外包等规模经营方式,全国农村承包耕地流转达到5.6亿亩。金融支农投入稳步增加,年底涉农贷款余额389 500亿元,增长10.7%。

二是农村产业融合发展深入推进。已认定两批共200个国家农村产业融合发展示范园,探索创新融合发展的有效路径。农产品加工流通业加快发展,农业产业链、价值链不断延伸,农产品产加销一体化进程明显加快。农业农村多种功能得到释放,农村电商、休闲观光农业、乡村旅游等新业态蓬勃发展。

三是美丽宜居乡村建设全力推进。深入实施村庄清洁行动,制定完善农村厕所革命、生活污水和生活垃圾治理相关标准规范,农村人居环境整治三年行动方案目标任务顺利完成,农村卫生厕所普及率超过68.0%,农村生活垃圾进行收运处理的行政村比例超过90.0%。强化水电路等农村基础设施短板领域和薄弱环节建设,推动农村公共基础设施管护体制改革。完成新一轮农网改造,能源普遍服务水平大幅提升。

(八)加快构建区域协调发展新机制,区域发展格局进一步优化

更加注重发挥区域比较优势,着力促进城乡融合发展,区域优势互补、协调发展的格局持续优化,主体功能区战略稳步推进,“多规合一”的国土空间规划体系正在形成。

一是以人为核心的新型城镇化扎实推进。户籍制度改革深入推进,城区常住人口300万以下城市基本取消落户限制,1亿非户籍人口落户城镇目标顺利实现。城镇化空间格局持续优化,成渝地区双城经济圈建设规划纲要编制实施,关中平原、兰州—西宁等城市群建立协调推进机制,南京、广佛、长株潭等都市圈同城化水平持续提升。县城补短板强弱项工作稳步推进,国家新型城镇化综合试点顺利收官,一批有效经验在全国复制推广。特色小镇逐步走上规范健康发展轨道。国家城乡融合发展试验区全面启动探索试验。

二是区域重大战略深入实施。纵深推进京津冀协同发展，积极稳妥疏解北京非首都功能，高标准高质量推进雄安新区规划建设，加快北京城市副中心建设，持续实施协同发展重大项目，加大京津冀地区城际铁路规划建设力度。扎实推进长江经济带生态环境系统性保护修复，大力实施城镇污水垃圾、化工污染、农业面源污染、船舶污染以及尾矿库治理“4+1”工程，长江流域重点水域“十年禁渔”全面启动，深入开展绿色发展试点示范，长江保护法正式出台。稳步推进粤港澳大湾区建设，加大科技创新和产业协同力度，深入推进重大合作平台建设，实施粤港澳大湾区城际铁路建设规划，基础设施和规则机制互联互通取得新进展，《深圳建设中国特色社会主义先行示范区综合改革试点实施方案(2020—2025年)》出台实施。扎实推进长三角一体化发展，推进重大平台建设和跨区域合作，积极构建协同创新网络体系，持续深化生态环境共保联治，提升基础设施互联互通水平，加快公共服务便利共享。黄河流域生态保护和高质量发展规划纲要印发实施。

三是区域协调发展战略落细落实。持续推进西部大开发形成新格局，支持东北地区全面振兴，促进中部地区加快崛起，出台实施支持湖北省经济社会发展一揽子政策，继续推动东部地区率先发展。有力推进重点领域重点平台建设，支持国家级新区和承接产业转移示范区重点项目建设。革命老区、民族地区、边境地区、生态退化地区、资源型地区、老工业地区振兴发展迈出新步伐。坚持陆海统筹，稳步推进海洋经济发展。

(九)全面深化改革推向纵深，市场主体信心和活力进一步增强

社会主义市场经济体制加快完善，全面深化改革取得新的突破，发展活力和内生动力进一步增强。

一是要素市场化配置体制机制进一步完善。深化土地计划管理方式改革，赋予省级人民政府更多自主权，启动新一轮农村宅基地制度改革试点，调整完善土地出让收入使用范围，优先支持乡村振兴。加快完善技能人才评价制度，民营企业职称评审渠道逐渐打通，区域一体化人才资格互认机制稳步推进。深化科技成果使用权、处置权和收益权改革，开展赋予科研人员职务科技成果所有权或长期使用权试点。开展公共数据资源开发利用试点，推进政务数据有序共享。制定建设高标准市场体系行动方案。见专栏6。

专栏6　要素市场化配置改革主要进展

序号	分类	内容
1	土地要素	审批权改革：将永久基本农田以外农用地转为建设用地审批事项授权省级政府批准，部分省试点将永久基本农田转为建设用地和国务院批准土地征收审批事项委托批准 计划管理方式改革：以真实有效的项目落地作为配置计划指标的依据，深化增量安排与消化存量挂钩机制，加大批而未供、闲置土地处置力度 宅基地改革：落实宅基地集体所有权，保障农户资格权和农民房屋财产权，适度放活使用权，全国104个县(市、区)以及3个地级市纳入新一轮试点
2	劳动力要素	住房公积金制度改革：粤港澳、长三角、成渝等区域积极推进住房公积金区域协同发展 区域互认：京津冀、粤港澳、长三角区域等探索推出人才职业资格、职称、继续教育学时等跨域互认与共享办法 国际人才引进：允许具有境外职业资格的金融、建筑、规划、设计等领域符合条件的专业人才经备案后，在自贸试验区内提供服务
3	资本要素	基础制度改革：创业板注册制度改革顺利实施，新三板全面改革稳步推进，再融资规则优化，汇率市场化改革持续深化，浮动汇率制度进一步完善 基础设施建设：银行间与交易所债券市场相关基础设施打通，实现投资者“一点接入”购买全市场债券，促进债券市场自由高效顺畅运转 金融业对外开放：外商投资准入负面清单金融业领域限制措施清零，外资投资境内资本市场更加便利

续表

序号	分类	内容
4	技术要素	科研人员职务科技成果所有权或长期使用权:分领域选择40家高等院校和科研机构开展为期三年的试点,可赋予科研人员不低于10年的职务科技成果长期使用权 技术转移机构与人才:全国范围内建设11家国家技术转移区域中心,40余家技术交易市场,453家国家技术转移机构,36家技术转移人才培养基地,促进技术转移市场与能力建设 技术与资本对接:设立创业投资子基金支持科技成果转化,鼓励商业银行采用知识产权质押、预期收益质押等融资方式,深入推进首台(套)重大技术装备保险补偿机制、新材料首批次应用保险试点工作
5	数据要素	政策立法:《数据安全法》《个人信息保护法》草案完成公开征求意见,《网络数据安全管理办法》加快制定,数据分类分级管理不断推进 数据采集标准化:研究制定网上购物、人脸识别等个人信息保护国家标准 数据资源整合与保护:建设国家公共数据开放平台,推进政务数据有序共享

二是国有企业改革深入推进。大力实施国企改革三年行动,剥离办社会职能和解决历史遗留问题主体任务基本完成,国有企业混合所有制改革积极稳妥深化,国有资产监管的系统性针对性有效性显著增强,市场化经营机制建设迈出新步伐。深化重点行业改革,推动电网企业剥离装备制造等竞争性业务。国家石油天然气管网集团有限公司完成油气管网资产、人员、业务交接,实现并网运行,推动油气管网向社会资本、市场主体公平开放。

三是民营企业发展环境持续改善。在放宽市场准入、加强金融支持、营造公平竞争环境、保护企业和企业家合法权益等方面出台一系列政策举措。民营企业进入油气勘探开采的准入限制逐步放开,支持民营企业参与交通基础设施建设发展。商业银行对民营企业"敢贷、愿贷、能贷"的长效机制加快建立,清理拖欠民营企业中小企业账款行动取得重要成果,妨碍统一市场和公平竞争的政策措施清理工作深入推进,涉政府产权纠纷问题专项治理取得积极成效。

四是营商环境不断优化。"放管服"改革深入推进,全面实施优化营商环境条例,在部分城市开展营商环境评价,《中国营商环境报告2020》正式发布。深入开展工程建设项目审批制度改革,基本建成全国统一的审批和管理体系。招标投标和政府采购领域营商环境持续优化,公共资源全流程电子化交易全面推行。修订印发《市场准入负面清单(2020年版)》,清单事项由131项压减至123项,市场准入限制持续放宽。

五是财税、金融、价格等重点领域改革步伐加快。生态环境、公共文化、自然资源、应急救援等领域中央与地方财政事权和支出责任划分改革方案印发实施。公开发行企业债券、公司债券全面实施注册制,资本市场韧性增强并延续总体平稳态势,金融业的适应性、竞争力和普惠性稳步提升。修订《中央定价目录》,定价项目缩减近30.0%,电力、油气、公用事业、农产品等重点领域价格改革不断深化。服务业改革开放发展力度进一步加大,电力、油气体制改革持续深化。

(十)持续拓展对外开放范围、领域和层次,开放型经济新体制加快构建

有力克服新冠肺炎疫情和外部环境诸多不确定性,坚持实施更大范围、更宽领域、更深层次对外开放。

一是稳外贸稳外资力度加大。全年货物进出口额达322 000亿元,吸引外资1 444亿美元。扩大出口信用保险覆盖范围,增加出口信贷投放,完善出口退税政策,稳定加工贸易,支持边境贸易创新发展。贸易新业态新模式加快发展,增设46个跨境电子商务综合试验区,跨境电商零售进口试点扩大至86个城市和海南全岛,新增17个市场采购贸易方式试点,积极探索保税维修、离岸贸易等新业务。第三届中国国际进口博览会、中国国际服务贸易交易会成功举办,在网上举办第127届、128届广交会。共同落实中美第一阶段经贸协议工作稳步推进。全国和自贸试验区外资准入负面清单分别缩减至33条和

30 条，进一步放宽服务业、制造业、农业领域外资准入。出台 2020 年版鼓励外商投资产业目录，扩大鼓励外商投资范围。制定海南自由贸易港外资准入负面清单，海南投资自由化便利化水平进一步提高。北京新一轮服务业扩大开放综合试点继续深化。

二是共建"一带一路"稳步推进。统筹推进疫情防控和"一带一路"境外项目建设，境外投资保持总体平稳。与非洲联盟签署共建"一带一路"合作规划。国际产能合作和第三方市场合作不断深化。中巴经济走廊成功统筹防疫与生产，成为"一带一路"重大项目"两手抓""两不误"的标杆。缅甸皎漂经济特区、中阿（联酋）产能合作示范园等取得积极进展，雅万高铁和匈塞、中老、中泰铁路等互联互通项目扎实推进。健康丝绸之路、绿色丝绸之路、数字丝绸之路建设深入推进。中欧班列保持安全稳定畅通运行，开行数量超 1.2 万列，逆势增长 50.0%，综合重箱率达 98.4%。

三是对外开放高地建设取得新成效。海南自由贸易港建设总体方案出台实施，政策制度框架加快建立。增设北京等 3 个自贸试验区，推动浙江自贸试验区扩区。向全国复制推广自贸试验区 37 项制度创新成果，累计复制推广 260 项。新设 12 个综合保税区，将 7 个其他形式的海关特殊监管区整合优化为综合保税区。设立广西百色、新疆塔城重点开发开放试验区。

四是参与全球经济治理迈出新步伐。在联合国、二十国集团、亚太经合组织、金砖国家等重要多边平台积极提出中国主张和中国方案。推动区域全面经济伙伴关系协定、中柬自贸协定、中欧地理标志协定等正式签署，中国—毛里求斯自贸协定按时生效实施。中欧投资协定谈判如期完成，中国—挪威、中国—摩尔多瓦自贸协定谈判加快推进。提出《全球数据安全倡议》，推动数字经济国际合作与交流。积极发展全球伙伴关系，推进大国协调合作，深化同周边国家关系，加强同发展中国家团结合作。

（十一）强化民生兜底，人民群众基本生活得到切实保障

针对疫情带来的民生问题，通过加大投入、落实政策、织密扎牢社会保障网，不断提升人民群众获得感幸福感安全感。全国居民人均可支配收入实际增长 2.1%。

一是就业优先政策落细落实。就业是最大的民生，保市场主体也是为稳就业保民生。加大减负、稳岗、扩就业支持力度，帮扶受疫情影响的重点行业、中小微企业和个体工商户等市场主体纾困，扩大有效投资增加就业。多渠道做好重点群体就业工作，支持大众创业万众创新带动就业，在家政服务、养老托育、乡村旅游、家电回收等社会服务领域开展双创带动就业示范行动，推进返乡入乡创业高质量发展。支持多渠道灵活就业，扩大个体经营、国有企事业单位招聘、基层项目招聘、升学入伍、就业见习等吸纳就业规模，促进高校毕业生市场化社会化就业。统筹做好退役军人、农民工等重点群体就业工作。支持建设 53 个区域性公共实训基地，提升重点群体就业技能。

二是健康中国建设扎实推进。健康中国行动启动实施，深入开展爱国卫生运动，综合防控儿童青少年近视，积极推进"一老一小"健康服务，居民健康素养水平明显提升。区域医疗中心建设启动，医联体建设和县域综合医改稳步推进，84.0%的县级医院达到二级及以上医院水平。每千人口医疗卫生机构床位数预计 6.5 张。现代医院管理制度建设持续推进，公立医院耗材加成全面取消。医教协同不断深化，医师区域注册制度建立完善，每千人口执业（助理）医师数预计 2.9 人，每万人口全科医生数预计 2.8 人。药品、医用耗材集中采购和使用改革协同推进，短缺药品保供稳价扎实推动，基本药物数量由 520 种增加到 685 种。

三是社会保障体系进一步完善。参加城镇职工基本养老保险和城乡居民基本养老保险人数约达 10 亿人。企业职工基本养老保险基金中央调剂比例从 3.5%提高到 4.0%，实现省级统收统支，退休人员基本养老金稳步提高。职工基本医疗保险、城乡居民基本医疗保险和大病保险制度更趋完善，医保扶贫成效显著，医保药品目录动态调整有序推进。通过工伤保险为 185 万工伤职工及供养亲属提供待遇保障。失业保险保障范围进一步扩大，阶段性实施失业补助资金政策、阶段性扩大失业农民工保障范围，全年共有 1 337 万人领取到不同项目的失业保险。

全年向608万户企业发放失业保险稳岗返还1 042亿元,惠及职工15 600万人。加强困难群众兜底保障,适度扩大低保覆盖范围,做到“应保尽保”;出台救助“扩围”政策,及时启动社会救助和保障标准与物价上涨挂钩联动机制,对因疫致困、未参保失业人员加大救助帮扶,实现“应救尽救”,因疫情新纳入低保、特困供养近600万人,实施临时救助超过800万人次。城镇老旧小区改造全面推进,已开工改造城镇老旧小区4.03万个,涉及居民736万户。保障性安居工程建设持续推进,棚户区改造新开工209万套;大中城市公租房继续发展,城镇困难群众住房保障不断加强。有力有序做好防汛抢险救援工作。

四是公共服务补短板强弱项提质量深入推进。推动出台国家基本公共服务标准。学前教育毛入学率、九年义务教育巩固率、高中阶段教育毛入学率分别达到85.2%、95.2%、91.2%,普通高等教育本专科招生967.5万人,研究生招生110.7万人。基本实现每个县办好1~2所县级公立医院,每个乡镇有1所乡镇卫生院,每个行政村有1所村卫生室。长城、大运河、长征等国家文化公园标志性项目建设统筹推进。预计人均体育场地面积2.2平方米,增长4.8%。城乡社区综合服务设施覆盖率分别达到96.4%和83.7%,每百户居民拥有城乡社区综合服务设施达34.7平方米。继续实施残疾人两项补贴制度,惠及1 153万困难残疾人和1 433万重度残疾人,为残疾人提供服务设施数预计4 403个。家政服务提质扩容深入推进。修订未成年人保护法,妇女儿童权益保障工作不断加强。支持特困人员供养服务设施建设。促进养老托育服务健康发展的意见、建立健全养老服务综合监管制度促进养老服务高质量发展的意见出台,普惠养老专项行动继续实施,各类养老床位数达到823.8万张。普惠托育服务设施建设持续推进。

综合来看,2020年经济实现正增长,就业物价预期目标较好完成,国际收支保持基本平衡,创新驱动、资源节约、环境保护、民生保障等领域指标继续改善,全年经济社会发展主要目标任务较好完成。

经过五年持续奋斗,“十三五”规划目标任务胜利完成,经济发展方式实现重大转型,经济总量越过1 000 000亿元大关,居民收入基本同步增长。人均国内生产总值超过1万美元,165项重大工程项目基本完成,国家发展物质基础更加雄厚。覆盖城乡居民的社会保障体系基本建成,教育公平和质量较大提升,生态文明建设取得重大进展。中国经济实力、科技实力、综合国力和人民生活水平又跃上新的大台阶,全面建成小康社会取得伟大历史性成就,中华民族伟大复兴向前迈出了新的一大步。这是以习近平同志为核心的党中央坚强领导的结果,是习近平新时代中国特色社会主义思想科学指引的结果,是各地区各部门贯彻落实党中央决策部署、勇于担当、善于作为的结果,是广大人民群众团结奋进、开拓进取的结果。

同时也要看到,2021年国内外环境面临深刻复杂变化。世界百年未有之大变局进入加速演变期,新冠肺炎疫情又增添了新的变数;长期存在的结构性矛盾依然凸显,在外部冲击下又出现了一些新问题。一是疫情走势不确定性对经济进一步恢复构成掣肘。新冠肺炎疫情仍在全球蔓延,疫情反弹和长期持续的风险客观存在,国际上推动复工复产和防止疫情扩散面临“两难”。国内疫情防控仍有薄弱环节,全国外防输入和内防反弹的压力始终存在。二是外部环境复杂严峻可能影响国内经济平稳运行。世界经济有望出现恢复性增长,但复苏不稳定不平衡,主要经济体量化宽松等宏观政策造成外溢效应,全球产业链供应链区域化、本地化特征更趋明显,单边主义、保护主义持续演化,影响中国经济稳定恢复的外部变数依然较多。三是经济恢复基础尚不牢固。国内外市场有效需求仍显疲弱,居民消费仍受制约,投资增长后劲不足,出口持续回稳基础不牢。中小微企业和个体工商户困难较多。不少行业企业还处在疫后恢复期,生产经营还面临不少压力,影响供需良性循环。四是经济动能接续转换面临不少障碍。推动经济转型升级和创新发展仍受到一些制约,保持产业链供应链稳定运行面临挑战,“卡脖子”问题依然突出,传统行业转型升级面临挑战,国内统一大市场仍需完善,要素资源配置、生产力布局等仍需优化。五是重点领域安全风险不容忽视。稳就业压力仍然较大,一些地方财政收支矛盾突出,基层保基本民生、保工资、保运转支出和地方政府债务还本付息压力较大，防范化解金融等领域风险任务依然艰巨，企业债务违约压力加大，保障粮食能源安全面临新的挑战，生态环境质量改善成效并不稳固，教育、医疗、养老、托育等民生领域还有不少薄弱环节。同时，我们在工作中也还存在一些不足，比如，推动经济高质量发展、构建新发展格局的能力和水平还需进一步提升，政策间的协调配合还有待加强，有的政策实施效果还有待提高。

总的看，虽然挑战前所未有，更具有复杂性、全局性，但机遇也前所未有，更具有战略性、可塑性，机遇大于挑战，我们有中国共产党领导和中国特色社会主义制度的显著优势，经济长期向好的趋势没有改变，中国发展仍处于重要战略机遇期。我们有信心、有底气、有能力危中寻机、化危为机，不断开创中国经济社会发展的新局面。

二、2021 年经济社会发展总体要求、主要目标和政策取向(略)

三、2021 年国民经济和社会发展计划的主要任务(略)

经济法律法规选编

中华人民共和国固体废物污染环境防治法

（1995年10月30日第八届全国人民代表大会常务委员会第十六次会议通过　2004年12月29日第十届全国人民代表大会常务委员会第十三次会议修订　2020年4月29日第十三届全国人民代表大会常务委员会第十七次会议第二次修订　2020年4月29日中华人民共和国主席令第43号公布　自2020年9月1日起施行）

第一章　总　则

第一条　为了保护和改善生态环境，防治固体废物污染环境，保障公众健康，维护生态安全，推进生态文明建设，促进经济社会可持续发展，制定本法。

第二条　固体废物污染环境的防治适用本法。

固体废物污染海洋环境的防治和放射性固体废物污染环境的防治不适用本法。

第三条　国家推行绿色发展方式，促进清洁生产和循环经济发展。

国家倡导简约适度、绿色低碳的生活方式，引导公众积极参与固体废物污染环境防治。

第四条　固体废物污染环境防治坚持减量化、资源化和无害化的原则。

任何单位和个人都应当采取措施，减少固体废物的产生量，促进固体废物的综合利用，降低固体废物的危害性。

第五条　固体废物污染环境防治坚持污染担责的原则。

产生、收集、贮存、运输、利用、处置固体废物的单位和个人，应当采取措施，防止或者减少固体废物对环境的污染，对所造成的环境污染依法承担责任。

第六条　国家推行生活垃圾分类制度。

生活垃圾分类坚持政府推动、全民参与、城乡统筹、因地制宜、简便易行的原则。

第七条　地方各级人民政府对本行政区域固体废物污染环境防治负责。

国家实行固体废物污染环境防治目标责任制和考核评价制度，将固体废物污染环境防治目标完成情况纳入考核评价的内容。

第八条　各级人民政府应当加强对固体废物污染环境防治工作的领导，组织、协调、督促有关部门依法履行固体废物污染环境防治监督管理职责。

省、自治区、直辖市之间可以协商建立跨行政区域固体废物污染环境的联防联控机制，统筹规划制定、设施建设、固体废物转移等工作。

第九条　国务院生态环境主管部门对全国固体废物污染环境防治工作实施统一监督管理。国务院发展改革、工业和信息化、自然资源、住房城乡建设、交通运输、农业农村、商务、卫生健康、海关等主管部门在各自职责范围内负责固体废物污染环境防治的监督管理工作。

地方人民政府生态环境主管部门对本行政区域固体废物污染环境防治工作实施统一监督管理。地方人民政府发展改革、工业和信息化、自然资源、住房城乡建设、交通运输、农业农村、商务、卫生健康等主管部门在各自职责范围内负责固体废物污染环境防治的监督管理工作。

第十条　国家鼓励、支持固体废物污染环境防治的科学研究、技术开发、先进技术推广和科学普及，加强固体废物污染环境防治科技支撑。

第十一条　国家机关、社会团体、企业事业单位、基层群众性自治组织和新闻媒体应当加强固体废物污染环境防治宣传教育和科学普及，增强公众固体废物污染环境防治意识。

学校应当开展生活垃圾分类以及其他固体废物污染环境防治知识普及和教育。

第十二条 各级人民政府对在固体废物污染环境防治工作以及相关的综合利用活动中做出显著成绩的单位和个人，按照国家有关规定给予表彰、奖励。

第二章 监督管理

第十三条 县级以上人民政府应当将固体废物污染环境防治工作纳入国民经济和社会发展规划、生态环境保护规划，并采取有效措施减少固体废物的产生量、促进固体废物的综合利用、降低固体废物的危害性，最大限度降低固体废物填埋量。

第十四条 国务院生态环境主管部门应当会同国务院有关部门根据国家环境质量标准和国家经济、技术条件，制定固体废物鉴别标准、鉴别程序和国家固体废物污染环境防治技术标准。

第十五条 国务院标准化主管部门应当会同国务院发展改革、工业和信息化、生态环境、农业农村等主管部门，制定固体废物综合利用标准。

综合利用固体废物应当遵守生态环境法律法规，符合固体废物污染环境防治技术标准。使用固体废物综合利用产物应当符合国家规定的用途、标准。

第十六条 国务院生态环境主管部门应当会同国务院有关部门建立全国危险废物等固体废物污染环境防治信息平台，推进固体废物收集、转移、处置等全过程监控和信息化追溯。

第十七条 建设产生、贮存、利用、处置固体废物的项目，应当依法进行环境影响评价，并遵守国家有关建设项目环境保护管理的规定。

第十八条 建设项目的环境影响评价文件确定需要配套建设的固体废物污染环境防治设施，应当与主体工程同时设计、同时施工、同时投入使用。建设项目的初步设计，应当按照环境保护设计规范的要求，将固体废物污染环境防治内容纳入环境影响评价文件，落实防治固体废物污染环境和破坏生态的措施以及固体废物污染环境防治设施投资概算。

建设单位应当依照有关法律法规的规定，对配套建设的固体废物污染环境防治设施进行验收，编制验收报告，并向社会公开。

第十九条 收集、贮存、运输、利用、处置固体废物的单位和其他生产经营者，应当加强对相关设施、设备和场所的管理和维护，保证其正常运行和使用。

第二十条 产生、收集、贮存、运输、利用、处置固体废物的单位和其他生产经营者，应当采取防扬散、防流失、防渗漏或者其他防止污染环境的措施，不得擅自倾倒、堆放、丢弃、遗撒固体废物。

禁止任何单位或者个人向江河、湖泊、运河、渠道、水库及其最高水位线以下的滩地和岸坡以及法律法规规定的其他地点倾倒、堆放、贮存固体废物。

第二十一条 在生态保护红线区域、永久基本农田集中区域和其他需要特别保护的区域内，禁止建设工业固体废物、危险废物集中贮存、利用、处置的设施、场所和生活垃圾填埋场。

第二十二条 转移固体废物出省、自治区、直辖市行政区域贮存、处置的，应当向固体废物移出地的省、自治区、直辖市人民政府生态环境主管部门提出申请。移出地的省、自治区、直辖市人民政府生态环境主管部门应当及时商经接受地的省、自治区、直辖市人民政府生态环境主管部门同意后，在规定期限内批准转移该固体废物出省、自治区、直辖市行政区域。未经批准的，不得转移。

转移固体废物出省、自治区、直辖市行政区域利用的，应当报固体废物移出地的省、自治区、直辖市人民政府生态环境主管部门备案。移出地的省、自治区、直辖市人民政府生态环境主管部门应当将备案信息通报接受地的省、自治区、直辖市人民政府生态环境主管部门。

第二十三条 禁止中华人民共和国境外的固体废物进境倾倒、堆放、处置。

第二十四条 国家逐步实现固体废物零进口，由国务院生态环境主管部门会同国务院商务、发展改革、海关等主管部门组织实施。

第二十五条 海关发现进口货物疑似固体废物的，可以委托专业机构开展属性鉴别，并根据鉴别结论依法管理。

第二十六条 生态环境主管部门及其环境执法

机构和其他负有固体废物污染环境防治监督管理职责的部门，在各自职责范围内有权对从事产生、收集、贮存、运输、利用、处置固体废物等活动的单位和其他生产经营者进行现场检查。被检查者应当如实反映情况，并提供必要的资料。

实施现场检查，可以采取现场监测、采集样品、查阅或者复制与固体废物污染环境防治相关的资料等措施。检查人员进行现场检查，应当出示证件。对现场检查中知悉的商业秘密应当保密。

第二十七条 有下列情形之一，生态环境主管部门和其他负有固体废物污染环境防治监督管理职责的部门，可以对违法收集、贮存、运输、利用、处置的固体废物及设施、设备、场所、工具、物品予以查封、扣押：

(1)可能造成证据灭失、被隐匿或者非法转移的；

(2)造成或者可能造成严重环境污染的。

第二十八条 生态环境主管部门应当会同有关部门建立产生、收集、贮存、运输、利用、处置固体废物的单位和其他生产经营者信用记录制度，将相关信用记录纳入全国信用信息共享平台。

第二十九条 设区的市级人民政府生态环境主管部门应当会同住房城乡建设、农业农村、卫生健康等主管部门，定期向社会发布固体废物的种类、产生量、处置能力、利用处置状况等信息。

产生、收集、贮存、运输、利用、处置固体废物的单位，应当依法及时公开固体废物污染环境防治信息，主动接受社会监督。

利用、处置固体废物的单位，应当依法向公众开放设施、场所，提高公众环境保护意识和参与程度。

第三十条 县级以上人民政府应当将工业固体废物、生活垃圾、危险废物等固体废物污染环境防治情况纳入环境状况和环境保护目标完成情况年度报告，向本级人民代表大会或者人民代表大会常务委员会报告。

第三十一条 任何单位和个人都有权对造成固体废物污染环境的单位和个人进行举报。

生态环境主管部门和其他负有固体废物污染环境防治监督管理职责的部门应当将固体废物污染环境防治举报方式向社会公布，方便公众举报。

接到举报的部门应当及时处理并对举报人的相关信息予以保密；对实名举报并查证属实的，给予奖励。

举报人举报所在单位的，该单位不得以解除、变更劳动合同或者其他方式对举报人进行打击报复。

第三章　工业固体废物

第三十二条 国务院生态环境主管部门应当会同国务院发展改革、工业和信息化等主管部门对工业固体废物对公众健康、生态环境的危害和影响程度等作出界定，制定防治工业固体废物污染环境的技术政策，组织推广先进的防治工业固体废物污染环境的生产工艺和设备。

第三十三条 国务院工业和信息化主管部门应当会同国务院有关部门组织研究开发、推广减少工业固体废物产生量和降低工业固体废物危害性的生产工艺和设备，公布限期淘汰产生严重污染环境的工业固体废物的落后生产工艺、设备的名录。

生产者、销售者、进口者、使用者应当在国务院工业和信息化主管部门会同国务院有关部门规定的期限内分别停止生产、销售、进口或者使用列入前款规定名录中的设备。生产工艺的采用者应当在国务院工业和信息化主管部门会同国务院有关部门规定的期限内停止采用列入前款规定名录中的工艺。

列入限期淘汰名录被淘汰的设备，不得转让给他人使用。

第三十四条 国务院工业和信息化主管部门应当会同国务院发展改革、生态环境等主管部门，定期发布工业固体废物综合利用技术、工艺、设备和产品导向目录，组织开展工业固体废物资源综合利用评价，推动工业固体废物综合利用。

第三十五条 县级以上地方人民政府应当制定工业固体废物污染环境防治工作规划，组织建设工业固体废物集中处置等设施，推动工业固体废物污染环境防治工作。

第三十六条 产生工业固体废物的单位应当建立健全工业固体废物产生、收集、贮存、运输、利用、处置全过程的污染环境防治责任制度，建立工业固体废物管理台账，如实记录产生工业固体废物的种类、数量、流向、贮存、利用、处置等信息，实现工业固体废物可追溯、可查询，并采取防治工业固体废物污染环境的措施。

禁止向生活垃圾收集设施中投放工业固体废物。

第三十七条 产生工业固体废物的单位委托他人运输、利用、处置工业固体废物的，应当对受托方的主体资格和技术能力进行核实，依法签订书面合同，在合同中约定污染防治要求。

受托方运输、利用、处置工业固体废物，应当依照有关法律法规的规定和合同约定履行污染防治要求，并将运输、利用、处置情况告知产生工业固体废物的单位。

产生工业固体废物的单位违反本条第一款规定的，除依照有关法律法规的规定予以处罚外，还应当与造成环境污染和生态破坏的受托方承担连带责任。

第三十八条 产生工业固体废物的单位应当依法实施清洁生产审核，合理选择和利用原材料、能源和其他资源，采用先进的生产工艺和设备，减少工业固体废物的产生量，降低工业固体废物的危害性。

第三十九条 产生工业固体废物的单位应当取得排污许可证。排污许可的具体办法和实施步骤由国务院规定。

产生工业固体废物的单位应当向所在地生态环境主管部门提供工业固体废物的种类、数量、流向、贮存、利用、处置等有关资料，以及减少工业固体废物产生、促进综合利用的具体措施，并执行排污许可管理制度的相关规定。

第四十条 产生工业固体废物的单位应当根据经济、技术条件对工业固体废物加以利用；对暂时不利用或者不能利用的，应当按照国务院生态环境等主管部门的规定建设贮存设施、场所，安全分类存放，或者采取无害化处置措施。贮存工业固体废物应当采取符合国家环境保护标准的防护措施。

建设工业固体废物贮存、处置的设施、场所，应当符合国家环境保护标准。

第四十一条 产生工业固体废物的单位终止的，应当在终止前对工业固体废物的贮存、处置的设施、场所采取污染防治措施，并对未处置的工业固体废物作出妥善处置，防止污染环境。

产生工业固体废物的单位发生变更的，变更后的单位应当按照国家有关环境保护的规定对未处置的工业固体废物及其贮存、处置的设施、场所进行安全处置或者采取有效措施保证该设施、场所安全运行。变更前当事人对工业固体废物及其贮存、处置的设施、场所的污染防治责任另有约定的，从其约定；但是，不得免除当事人的污染防治义务。

对 2005 年 4 月 1 日前已经终止的单位未处置的工业固体废物及其贮存、处置的设施、场所进行安全处置的费用，由有关人民政府承担；但是，该单位享有的土地使用权依法转让的，应当由土地使用权受让人承担处置费用。当事人另有约定的，从其约定；但是，不得免除当事人的污染防治义务。

第四十二条 矿山企业应当采取科学的开采方法和选矿工艺，减少尾矿、煤矸石、废石等矿业固体废物的产生量和贮存量。

国家鼓励采取先进工艺对尾矿、煤矸石、废石等矿业固体废物进行综合利用。

尾矿、煤矸石、废石等矿业固体废物贮存设施停止使用后，矿山企业应当按照国家有关环境保护等规定进行封场，防止造成环境污染和生态破坏。

第四章　生活垃圾

第四十三条 县级以上地方人民政府应当加快建立分类投放、分类收集、分类运输、分类处理的生活垃圾管理系统，实现生活垃圾分类制度有效覆盖。

县级以上地方人民政府应当建立生活垃圾分类工作协调机制，加强和统筹生活垃圾分类管理能力建设。

各级人民政府及其有关部门应当组织开展生活垃圾分类宣传，教育引导公众养成生活垃圾分类习惯，督促和指导生活垃圾分类工作。

第四十四条 县级以上地方人民政府应当有计划地改进燃料结构，发展清洁能源，减少燃料废渣等固体废物的产生量。

县级以上地方人民政府有关部门应当加强产品生产和流通过程管理，避免过度包装，组织净菜上市，减少生活垃圾的产生量。

第四十五条 县级以上人民政府应当统筹安排建设城乡生活垃圾收集、运输、处理设施，确定设施厂址，提高生活垃圾的综合利用和无害化处置水平，促进生活垃圾收集、处理的产业化发展，逐步建立和完善生活垃圾污染环境防治的社会服务体系。

县级以上地方人民政府有关部门应当统筹规划，合理安排回收、分拣、打包网点，促进生活垃圾的回收利用工作。

第四十六条 地方各级人民政府应当加强农村生活垃圾污染环境的防治，保护和改善农村人居环境。

国家鼓励农村生活垃圾源头减量。城乡结合部、人口密集的农村地区和其他有条件的地方，应当建立城乡一体的生活垃圾管理系统；其他农村地区应当积极探索生活垃圾管理模式，因地制宜，就近就地利用或者妥善处理生活垃圾。

第四十七条 设区的市级以上人民政府环境卫生主管部门应当制定生活垃圾清扫、收集、贮存、运输和处理设施、场所建设运行规范，发布生活垃圾分类指导目录，加强监督管理。

第四十八条 县级以上地方人民政府环境卫生等主管部门应当组织对城乡生活垃圾进行清扫、收集、运输和处理，可以通过招标等方式选择具备条件的单位从事生活垃圾的清扫、收集、运输和处理。

第四十九条 产生生活垃圾的单位、家庭和个人应当依法履行生活垃圾源头减量和分类投放义务，承担生活垃圾产生者责任。

任何单位和个人都应当依法在指定的地点分类投放生活垃圾。禁止随意倾倒、抛撒、堆放或者焚烧生活垃圾。

机关、事业单位等应当在生活垃圾分类工作中起示范带头作用。

已经分类投放的生活垃圾，应当按照规定分类收集、分类运输、分类处理。

第五十条 清扫、收集、运输、处理城乡生活垃圾，应当遵守国家有关环境保护和环境卫生管理的规定，防止污染环境。

从生活垃圾中分类并集中收集的有害垃圾，属于危险废物的，应当按照危险废物管理。

第五十一条 从事公共交通运输的经营单位，应当及时清扫、收集运输过程中产生的生活垃圾。

第五十二条 农贸市场、农产品批发市场等应当加强环境卫生管理，保持环境卫生清洁，对所产生的垃圾及时清扫、分类收集、妥善处理。

第五十三条 从事城市新区开发、旧区改建和住宅小区开发建设、村镇建设的单位，以及机场、码头、车站、公园、商场、体育场馆等公共设施、场所的经营管理单位，应当按照国家有关环境卫生的规定，配套建设生活垃圾收集设施。

县级以上地方人民政府应当统筹生活垃圾公共转运、处理设施与前款规定的收集设施的有效衔接，并加强生活垃圾分类收运体系和再生资源回收体系在规划、建设、运营等方面的融合。

第五十四条 从生活垃圾中回收的物质应当按照国家规定的用途、标准使用，不得用于生产可能危害人体健康的产品。

第五十五条 建设生活垃圾处理设施、场所，应当符合国务院生态环境主管部门和国务院住房城乡建设主管部门规定的环境保护和环境卫生标准。

鼓励相邻地区统筹生活垃圾处理设施建设，促进生活垃圾处理设施跨行政区域共建共享。

禁止擅自关闭、闲置或者拆除生活垃圾处理设施、场所；确有必要关闭、闲置或者拆除的，应当经所在地的市、县级人民政府环境卫生主管部门商所在地生态环境主管部门同意后核准，并采取防止污染环境的措施。

第五十六条 生活垃圾处理单位应当按照国家有关规定，安装使用监测设备，实时监测污染物的排放情况，将污染排放数据实时公开。监测设备应当与所在地生态环境主管部门的监控设备联网。

第五十七条 县级以上地方人民政府环境卫生主管部门负责组织开展厨余垃圾资源化、无害化处理工作。

产生、收集厨余垃圾的单位和其他生产经营者，应当将厨余垃圾交由具备相应资质条件的单位进行无害化处理。

禁止畜禽养殖场、养殖小区利用未经无害化处理的厨余垃圾饲喂畜禽。

第五十八条 县级以上地方人民政府应当按照产生者付费原则，建立生活垃圾处理收费制度。

县级以上地方人民政府制定生活垃圾处理收费标准，应当根据本地实际，结合生活垃圾分类情况，体现分类计价、计量收费等差别化管理，并充分征求公众意见。生活垃圾处理收费标准应当向社会公布。

生活垃圾处理费应当专项用于生活垃圾的收集、运输和处理等，不得挪作他用。

第五十九条 省、自治区、直辖市和设区的市、自治州可以结合实际，制定本地方生活垃圾具体管理办法。

第五章 建筑垃圾、农业固体废物等

第六十条 县级以上地方人民政府应当加强建筑垃圾污染环境的防治，建立建筑垃圾分类处理制度。

县级以上地方人民政府应当制定包括源头减量、分类处理、消纳设施和场所布局及建设等在内的建筑垃圾污染环境防治工作规划。

第六十一条 国家鼓励采用先进技术、工艺、设备和管理措施，推进建筑垃圾源头减量，建立建筑垃圾回收利用体系。

县级以上地方人民政府应当推动建筑垃圾综合利用产品应用。

第六十二条 县级以上地方人民政府环境卫生主管部门负责建筑垃圾污染环境防治工作，建立建筑垃圾全过程管理制度，规范建筑垃圾产生、收集、贮存、运输、利用、处置行为，推进综合利用，加强建筑垃圾处置设施、场所建设，保障处置安全，防止污染环境。

第六十三条 工程施工单位应当编制建筑垃圾处理方案，采取污染防治措施，并报县级以上地方人民政府环境卫生主管部门备案。

工程施工单位应当及时清运工程施工过程中产生的建筑垃圾等固体废物，并按照环境卫生主管部门的规定进行利用或者处置。

工程施工单位不得擅自倾倒、抛撒或者堆放工程施工过程中产生的建筑垃圾。

第六十四条 县级以上人民政府农业农村主管部门负责指导农业固体废物回收利用体系建设，鼓励和引导有关单位和其他生产经营者依法收集、贮存、运输、利用、处置农业固体废物，加强监督管理，防止污染环境。

第六十五条 产生秸秆、废弃农用薄膜、农药包装废弃物等农业固体废物的单位和其他生产经营者，应当采取回收利用和其他防止污染环境的措施。

从事畜禽规模养殖应当及时收集、贮存、利用或者处置养殖过程中产生的畜禽粪污等固体废物，避免造成环境污染。

禁止在人口集中地区、机场周围、交通干线附近以及当地人民政府划定的其他区域露天焚烧秸秆。

国家鼓励研究开发、生产、销售、使用在环境中可降解且无害的农用薄膜。

第六十六条 国家建立电器电子、铅蓄电池、车用动力电池等产品的生产者责任延伸制度。

电器电子、铅蓄电池、车用动力电池等产品的生产者应当按照规定以自建或者委托等方式建立与产品销售量相匹配的废旧产品回收体系，并向社会公开，实现有效回收和利用。

国家鼓励产品的生产者开展生态设计，促进资源回收利用。

第六十七条 国家对废弃电器电子产品等实行多渠道回收和集中处理制度。

禁止将废弃机动车船等交由不符合规定条件的企业或者个人回收、拆解。

拆解、利用、处置废弃电器电子产品、废弃机动车船等，应当遵守有关法律法规的规定，采取防止污染环境的措施。

第六十八条 产品和包装物的设计、制造，应当遵守国家有关清洁生产的规定。国务院标准化主管部门应当根据国家经济和技术条件、固体废物污染环境防治状况以及产品的技术要求，组织制定有关标准，防止过度包装造成环境污染。

生产经营者应当遵守限制商品过度包装的强制性标准，避免过度包装。县级以上地方人民政府市场监督管理部门和有关部门应当按照各自职责，加强对过度包装的监督管理。

生产、销售、进口依法被列入强制回收目录的产品和包装物的企业，应当按照国家有关规定对该产品和包装物进行回收。

电子商务、快递、外卖等行业应当优先采用可重复使用、易回收利用的包装物，优化物品包装，减少包装物的使用，并积极回收利用包装物。县级以上地方人民政府商务、邮政等主管部门应当加强监督管理。

国家鼓励和引导消费者使用绿色包装和减量包装。

第六十九条 国家依法禁止、限制生产、销售和使用不可降解塑料袋等一次性塑料制品。

商品零售场所开办单位、电子商务平台企业和快递企业、外卖企业应当按照国家有关规定向商务、邮政等主管部门报告塑料袋等一次性塑料制品的使用、回收情况。

国家鼓励和引导减少使用、积极回收塑料袋等一次性塑料制品，推广应用可循环、易回收、可降解的替代产品。

第七十条 旅游、住宿等行业应当按照国家有关规定推行不主动提供一次性用品。

机关、企业事业单位等的办公场所应当使用有利于保护环境的产品、设备和设施，减少使用一次性办公用品。

第七十一条 城镇污水处理设施维护运营单位或者污泥处理单位应当安全处理污泥，保证处理后的污泥符合国家有关标准，对污泥的流向、用途、用量等进行跟踪、记录，并报告城镇排水主管部门、生态环境主管部门。

县级以上人民政府城镇排水主管部门应当将污泥处理设施纳入城镇排水与污水处理规划，推动同步建设污泥处理设施与污水处理设施，鼓励协同处理，污水处理费征收标准和补偿范围应当覆盖污泥处理成本和污水处理设施正常运营成本。

第七十二条 禁止擅自倾倒、堆放、丢弃、遗撒城镇污水处理设施产生的污泥和处理后的污泥。

禁止重金属或者其他有毒有害物质含量超标的污泥进入农用地。

从事水体清淤疏浚应当按照国家有关规定处理清淤疏浚过程中产生的底泥，防止污染环境。

第七十三条 各级各类实验室及其设立单位应当加强对实验室产生的固体废物的管理，依法收集、贮存、运输、利用、处置实验室固体废物。实验室固体废物属于危险废物的，应当按照危险废物管理。

第六章 危险废物

第七十四条 危险废物污染环境的防治，适用本章规定；本章未作规定的，适用本法其他有关规定。

第七十五条 国务院生态环境主管部门应当会同国务院有关部门制定国家危险废物名录，规定统一的危险废物鉴别标准、鉴别方法、识别标志和鉴别单位管理要求。国家危险废物名录应当动态调整。

国务院生态环境主管部门根据危险废物的危害特性和产生数量，科学评估其环境风险，实施分级分类管理，建立信息化监管体系，并通过信息化手段管理、共享危险废物转移数据和信息。

第七十六条 省、自治区、直辖市人民政府应当组织有关部门编制危险废物集中处置设施、场所的建设规划，科学评估危险废物处置需求，合理布局危险废物集中处置设施、场所，确保本行政区域的危险废物得到妥善处置。

编制危险废物集中处置设施、场所的建设规划，应当征求有关行业协会、企业事业单位、专家和公众等方面的意见。

相邻省、自治区、直辖市之间可以开展区域合作，统筹建设区域性危险废物集中处置设施、场所。

第七十七条 对危险废物的容器和包装物以及收集、贮存、运输、利用、处置危险废物的设施、场所，应当按照规定设置危险废物识别标志。

第七十八条 产生危险废物的单位，应当按照国家有关规定制定危险废物管理计划；建立危险废物管理台账，如实记录有关信息，并通过国家危险废物信息管理系统向所在地生态环境主管部门申报危险废物的种类、产生量、流向、贮存、处置等有关资料。

前款所称危险废物管理计划应当包括减少危险废物产生量和降低危险废物危害性的措施以及危险废物贮存、利用、处置措施。危险废物管理计划应当报产生危险废物的单位所在地生态环境主管部门备案。

产生危险废物的单位已经取得排污许可证的，执行排污许可管理制度的规定。

第七十九条 产生危险废物的单位，应当按照国家有关规定和环境保护标准要求贮存、利用、处置危险废物，不得擅自倾倒、堆放。

第八十条 从事收集、贮存、利用、处置危险废物经营活动的单位，应当按照国家有关规定申请取得许可证。许可证的具体管理办法由国务院制定。

禁止无许可证或者未按照许可证规定从事危险废物收集、贮存、利用、处置的经营活动。

禁止将危险废物提供或者委托给无许可证的单位或者其他生产经营者从事收集、贮存、利用、处置活动。

第八十一条 收集、贮存危险废物，应当按照危险废物特性分类进行。禁止混合收集、贮存、运输、处置性质不相容而未经安全性处置的危险废物。

贮存危险废物应当采取符合国家环境保护标准的防护措施。禁止将危险废物混入非危险废物中贮存。

从事收集、贮存、利用、处置危险废物经营活动的单位，贮存危险废物不得超过 1 年；确需延长期限的，应当报经颁发许可证的生态环境主管部门批准；法律、行政法规另有规定的除外。

第八十二条 转移危险废物的，应当按照国家有关规定填写、运行危险废物电子或者纸质转移联单。

跨省、自治区、直辖市转移危险废物的，应当向危险废物移出地省、自治区、直辖市人民政府生态环境主管部门申请。移出地省、自治区、直辖市人民政府生态环境主管部门应当及时商经接受地省、自治区、直辖市人民政府生态环境主管部门同意后，在规定期限内批准转移该危险废物，并将批准信息通报相关省、自治区、直辖市人民政府生态环境主管部门和交通运输主管部门。未经批准的，不得转移。

危险废物转移管理应当全程管控、提高效率，具体办法由国务院生态环境主管部门会同国务院交通运输主管部门和公安部门制定。

第八十三条 运输危险废物，应当采取防止污染环境的措施，并遵守国家有关危险货物运输管理的规定。

禁止将危险废物与旅客在同一运输工具上载运。

第八十四条 收集、贮存、运输、利用、处置危险废物的场所、设施、设备和容器、包装物及其他物品转作他用时，应当按照国家有关规定经过消除污染处理，方可使用。

第八十五条 产生、收集、贮存、运输、利用、处置危险废物的单位，应当依法制定意外事故的防范措施和应急预案，并向所在地生态环境主管部门和其他负有固体废物污染环境防治监督管理职责的部门备案；生态环境主管部门和其他负有固体废物污染环境防治监督管理职责的部门应当进行检查。

第八十六条 因发生事故或者其他突发性事件，造成危险废物严重污染环境的单位，应当立即采取有效措施消除或者减轻对环境的污染危害，及时通报可能受到污染危害的单位和居民，并向所在地生态环境主管部门和有关部门报告，接受调查处理。

第八十七条 在发生或者有证据证明可能发生危险废物严重污染环境、威胁居民生命财产安全时，生态环境主管部门或者其他负有固体废物污染环境防治监督管理职责的部门应当立即向本级人民政府和上一级人民政府有关部门报告，由人民政府采取防止或者减轻危害的有效措施。有关人民政府可以根据需要责令停止导致或者可能导致环境污染事故的作业。

第八十八条 重点危险废物集中处置设施、场所退役前，运营单位应当按照国家有关规定对设施、场所采取污染防治措施。退役的费用应当预提，列入投资概算或者生产成本，专门用于重点危险废物集中处置设施、场所的退役。具体提取和管理办法，由国务院财政部门、价格主管部门会同国务院生态环境主管部门规定。

第八十九条 禁止经中华人民共和国过境转移危险废物。

第九十条 医疗废物按照国家危险废物名录管理。县级以上地方人民政府应当加强医疗废物集中处置能力建设。

县级以上人民政府卫生健康、生态环境等主管部门应当在各自职责范围内加强对医疗废物收集、贮存、运输、处置的监督管理，防止危害公众健康、污染环境。

医疗卫生机构应当依法分类收集本单位产生的医疗废物，交由医疗废物集中处置单位处置。医疗废物集中处置单位应当及时收集、运输和处置医疗废物。

医疗卫生机构和医疗废物集中处置单位，应当采取有效措施，防止医疗废物流失、泄漏、渗漏、扩散。

第九十一条 重大传染病疫情等突发事件发生时，县级以上人民政府应当统筹协调医疗废物等危险废物收集、贮存、运输、处置等工作，保障所需的车辆、场地、处置设施和防护物资。卫生健康、生态环境、环境卫生、交通运输等主管部门应当协同配合，依法履行应急处置职责。

第七章 保障措施

第九十二条 国务院有关部门、县级以上地方人民政府及其有关部门在编制国土空间规划和相关专项规划时，应当统筹生活垃圾、建筑垃圾、危险废物等固体废物转运、集中处置等设施建设需求，保障转运、集中处置等设施用地。

第九十三条 国家采取有利于固体废物污染环境防治的经济、技术政策和措施，鼓励、支持有关方面采取有利于固体废物污染环境防治的措施，加强对从事固体废物污染环境防治工作人员的培训和指导，促进固体废物污染环境防治产业专业化、规模化发展。

第九十四条 国家鼓励和支持科研单位、固体废物产生单位、固体废物利用单位、固体废物处置单位等联合攻关，研究开发固体废物综合利用、集中处置等的新技术，推动固体废物污染环境防治技术进步。

第九十五条 各级人民政府应当加强固体废物污染环境的防治，按照事权划分的原则安排必要的资金用于下列事项：

（1）固体废物污染环境防治的科学研究、技术开发；

（2）生活垃圾分类；

（3）固体废物集中处置设施建设；

（4）重大传染病疫情等突发事件产生的医疗废物等危险废物应急处置；

（5）涉及固体废物污染环境防治的其他事项。

使用资金应当加强绩效管理和审计监督，确保资金使用效益。

第九十六条 国家鼓励和支持社会力量参与固体废物污染环境防治工作，并按照国家有关规定给予政策扶持。

第九十七条 国家发展绿色金融，鼓励金融机构加大对固体废物污染环境防治项目的信贷投放。

第九十八条 从事固体废物综合利用等固体废物污染环境防治工作的，依照法律、行政法规的规定，享受税收优惠。

国家鼓励并提倡社会各界为防治固体废物污染环境捐赠财产，并依照法律、行政法规的规定，给予税收优惠。

第九十九条 收集、贮存、运输、利用、处置危险废物的单位，应当按照国家有关规定，投保环境污染责任保险。

第一百条 国家鼓励单位和个人购买、使用综合利用产品和可重复使用产品。

县级以上人民政府及其有关部门在政府采购过程中，应当优先采购综合利用产品和可重复使用产品。

第八章 法律责任

第一百零一条 生态环境主管部门或者其他负有固体废物污染环境防治监督管理职责的部门违反本法规定，有下列行为之一，由本级人民政府或者上级人民政府有关部门责令改正，对直接负责的主管人员和其他直接责任人员依法给予处分：

（1）未依法作出行政许可或者办理批准文件的；

（2）对违法行为进行包庇的；

（3）未依法查封、扣押的；

（4）发现违法行为或者接到对违法行为的举报后未予查处的；

（5）有其他滥用职权、玩忽职守、徇私舞弊等违法行为的。

依照本法规定应当作出行政处罚决定而未作出的，上级主管部门可以直接作出行政处罚决定。

第一百零二条 违反本法规定，有下列行为之一，由生态环境主管部门责令改正，处以罚款，没收违法所得；情节严重的，报经有批准权的人民政府批准，可以责令停业或者关闭：

（1）产生、收集、贮存、运输、利用、处置固体废物的单位未依法及时公开固体废物污染环境防治信息的；

(2)生活垃圾处理单位未按照国家有关规定安装使用监测设备、实时监测污染物的排放情况并公开污染排放数据的；

(3)将列入限期淘汰名录被淘汰的设备转让给他人使用的；

(4)在生态保护红线区域、永久基本农田集中区域和其他需要特别保护的区域内，建设工业固体废物、危险废物集中贮存、利用、处置的设施、场所和生活垃圾填埋场的；

(5)转移固体废物出省、自治区、直辖市行政区域贮存、处置未经批准的；

(6)转移固体废物出省、自治区、直辖市行政区域利用未报备案的；

(7)擅自倾倒、堆放、丢弃、遗撒工业固体废物，或者未采取相应防范措施，造成工业固体废物扬散、流失、渗漏或者其他环境污染的；

(8)产生工业固体废物的单位未建立固体废物管理台账并如实记录的；

(9)产生工业固体废物的单位违反本法规定委托他人运输、利用、处置工业固体废物的；

(10)贮存工业固体废物未采取符合国家环境保护标准的防护措施的；

(11)单位和其他生产经营者违反固体废物管理其他要求，污染环境、破坏生态的。

有前款第 1 项、第 8 项行为之一，处 5 万元以上 20 万元以下的罚款；有前款第 2 项、第 3 项、第 4 项、第 5 项、第 6 项、第 9 项、第 10 项、第 11 项行为之一，处 10 万元以上 100 万元以下的罚款；有前款第 7 项行为，处所需处置费用 1 倍以上 3 倍以下的罚款，所需处置费用不足 10 万元的，按 10 万元计算。对前款第 11 项行为的处罚，有关法律、行政法规另有规定的，适用其规定。

第一百零三条 违反本法规定，以拖延、围堵、滞留执法人员等方式拒绝、阻挠监督检查，或者在接受监督检查时弄虚作假的，由生态环境主管部门或者其他负有固体废物污染环境防治监督管理职责的部门责令改正，处 5 万元以上 20 万元以下的罚款；对直接负责的主管人员和其他直接责任人员，处 2 万元以上 10 万元以下的罚款。

第一百零四条 违反本法规定，未依法取得排污许可证产生工业固体废物的，由生态环境主管部门责令改正或者限制生产、停产整治，处 10 万元以上 100 万元以下的罚款；情节严重的，报经有批准权的人民政府批准，责令停业或者关闭。

第一百零五条 违反本法规定，生产经营者未遵守限制商品过度包装的强制性标准的，由县级以上地方人民政府市场监督管理部门或者有关部门责令改正；拒不改正的，处 2 000 元以上 2 万元以下的罚款；情节严重的，处 2 万元以上 10 万元以下的罚款。

第一百零六条 违反本法规定，未遵守国家有关禁止、限制使用不可降解塑料袋等一次性塑料制品的规定，或者未按照国家有关规定报告塑料袋等一次性塑料制品的使用情况的，由县级以上地方人民政府商务、邮政等主管部门责令改正，处 1 万元以上 10 万元以下的罚款。

第一百零七条 从事畜禽规模养殖未及时收集、贮存、利用或者处置养殖过程中产生的畜禽粪污等固体废物的，由生态环境主管部门责令改正，可以处 10 万元以下的罚款；情节严重的，报经有批准权的人民政府批准，责令停业或者关闭。

第一百零八条 违反本法规定，城镇污水处理设施维护运营单位或者污泥处理单位对污泥流向、用途、用量等未进行跟踪、记录，或者处理后的污泥不符合国家有关标准的，由城镇排水主管部门责令改正，给予警告；造成严重后果的，处 10 万元以上 20 万元以下的罚款；拒不改正的，城镇排水主管部门可以指定有治理能力的单位代为治理，所需费用由违法者承担。

违反本法规定，擅自倾倒、堆放、丢弃、遗撒城镇污水处理设施产生的污泥和处理后的污泥的，由城镇排水主管部门责令改正，处 20 万元以上 200 万元以下的罚款，对直接负责的主管人员和其他直接责任人员处 2 万元以上 10 万元以下的罚款；造成严重后果的，处 200 万元以上 500 万元以下的罚款，对直接负责的主管人员和其他直接责任人员处 5 万元以上 50 万元以下的罚款；拒不改正的，城镇排水主管部门可以指定有治理能力的单位代为治理，所需费用由违法者承担。

第一百零九条 违反本法规定，生产、销售、进口或者使用淘汰的设备，或者采用淘汰的生产工艺的，由县级以上地方人民政府指定的部门责令改正，处10万元以上100万元以下的罚款，没收违法所得；情节严重的，由县级以上地方人民政府指定的部门提出意见，报经有批准权的人民政府批准，责令停业或者关闭。

第一百一十条 尾矿、煤矸石、废石等矿业固体废物贮存设施停止使用后，未按照国家有关环境保护规定进行封场的，由生态环境主管部门责令改正，处20万元以上100万元以下的罚款。

第一百一十一条 违反本法规定，有下列行为之一，由县级以上地方人民政府环境卫生主管部门责令改正，处以罚款，没收违法所得：

（1）随意倾倒、抛撒、堆放或者焚烧生活垃圾的；

（2）擅自关闭、闲置或者拆除生活垃圾处理设施、场所的；

（3）工程施工单位未编制建筑垃圾处理方案报备案，或者未及时清运施工过程中产生的固体废物的；

（4）工程施工单位擅自倾倒、抛撒或者堆放工程施工过程中产生的建筑垃圾，或者未按照规定对施工过程中产生的固体废物进行利用或者处置的；

（5）产生、收集厨余垃圾的单位和其他生产经营者未将厨余垃圾交由具备相应资质条件的单位进行无害化处理的；

（6）畜禽养殖场、养殖小区利用未经无害化处理的厨余垃圾饲喂畜禽的；

（7）在运输过程中沿途丢弃、遗撒生活垃圾的。

单位有前款第1项、第7项行为之一，处5万元以上50万元以下的罚款；单位有前款第2项、第3项、第4项、第5项、第6项行为之一，处10万元以上100万元以下的罚款；个人有前款第1项、第5项、第7项行为之一，处100元以上500元以下的罚款。

违反本法规定，未在指定的地点分类投放生活垃圾的，由县级以上地方人民政府环境卫生主管部门责令改正；情节严重的，对单位处5万元以上50万元以下的罚款，对个人依法处以罚款。

第一百一十二条 违反本法规定，有下列行为之一，由生态环境主管部门责令改正，处以罚款，没收违法所得；情节严重的，报经有批准权的人民政府批准，可以责令停业或者关闭：

（1）未按照规定设置危险废物识别标志的；

（2）未按照国家有关规定制定危险废物管理计划或者申报危险废物有关资料的；

（3）擅自倾倒、堆放危险废物的；

（4）将危险废物提供或者委托给无许可证的单位或者其他生产经营者从事经营活动的；

（5）未按照国家有关规定填写、运行危险废物转移联单或者未经批准擅自转移危险废物的；

（6）未按照国家环境保护标准贮存、利用、处置危险废物或者将危险废物混入非危险废物中贮存的；

（7）未经安全性处置，混合收集、贮存、运输、处置具有不相容性质的危险废物的；

（8）将危险废物与旅客在同一运输工具上载运的；

（9）未经消除污染处理，将收集、贮存、运输、处置危险废物的场所、设施、设备和容器、包装物及其他物品转作他用的；

（10）未采取相应防范措施，造成危险废物扬散、流失、渗漏或者其他环境污染的；

（11）在运输过程中沿途丢弃、遗撒危险废物的；

（12）未制定危险废物意外事故防范措施和应急预案的；

（13）未按照国家有关规定建立危险废物管理台账并如实记录的。

有前款第1项、第2项、第5项、第6项、第7项、第8项、第9项、第12项、第13项行为之一，处10万元以上100万元以下的罚款；有前款第3项、第4项、第10项、第11项行为之一，处所需处置费用3倍以上5倍以下的罚款，所需处置费用不足20万元的，按20万元计算。

第一百一十三条 违反本法规定，危险废物产生者未按照规定处置其产生的危险废物被责令改正后拒不改正的，由生态环境主管部门组织代为处置，处置费用由危险废物产生者承担；拒不承担代为处置费用的，处代为处置费用1倍以上3倍以下的罚款。

第一百一十四条 无许可证从事收集、贮存、利用、处置危险废物经营活动的，由生态环境主管部门责令改正，处100万元以上500万元以下的罚款，并报经有批准权的人民政府批准，责令停业或者关闭；对法定代表人、主要负责人、直接负责的主管人员和其他责任人员，处10万元以上100万元以下的罚款。

未按照许可证规定从事收集、贮存、利用、处置危险废物经营活动的，由生态环境主管部门责令改正，限制生产、停产整治，处50万元以上200万元以下的罚款；对法定代表人、主要负责人、直接负责的主管人员和其他责任人员，处5万元以上50万元以下的罚款；情节严重的，报经有批准权的人民政府批准，责令停业或者关闭，还可以由发证机关吊销许可证。

第一百一十五条 违反本法规定，将中华人民共和国境外的固体废物输入境内的，由海关责令退运该固体废物，处50万元以上500万元以下的罚款。

承运人对前款规定的固体废物的退运、处置，与进口者承担连带责任。

第一百一十六条 违反本法规定，经中华人民共和国过境转移危险废物的，由海关责令退运该危险废物，处50万元以上500万元以下的罚款。

第一百一十七条 对已经非法入境的固体废物，由省级以上人民政府生态环境主管部门依法向海关提出处理意见，海关应当依照本法第一百一十五条的规定作出处罚决定；已经造成环境污染的，由省级以上人民政府生态环境主管部门责令进口者消除污染。

第一百一十八条 违反本法规定，造成固体废物污染环境事故的，除依法承担赔偿责任外，由生态环境主管部门依照本条第二款的规定处以罚款，责令限期采取治理措施；造成重大或者特大固体废物污染环境事故的，还可以报经有批准权的人民政府批准，责令关闭。

造成一般或者较大固体废物污染环境事故的，按照事故造成的直接经济损失的1倍以上3倍以下计算罚款；造成重大或者特大固体废物污染环境事故的，按照事故造成的直接经济损失的3倍以上5倍以下计算罚款，并对法定代表人、主要负责人、直接负责的主管人员和其他责任人员处上一年度从本单位取得的收入50.0%以下的罚款。

第一百一十九条 单位和其他生产经营者违反本法规定排放固体废物，受到罚款处罚，被责令改正的，依法作出处罚决定的行政机关应当组织复查，发现其继续实施该违法行为的，依照《中华人民共和国环境保护法》的规定按日连续处罚。

第一百二十条 违反本法规定，有下列行为之一，尚不构成犯罪的，由公安机关对法定代表人、主要负责人、直接负责的主管人员和其他责任人员处10日以上15日以下的拘留；情节较轻的，处5日以上10日以下的拘留：

(1)擅自倾倒、堆放、丢弃、遗撒固体废物，造成严重后果的；

(2)在生态保护红线区域、永久基本农田集中区域和其他需要特别保护的区域内，建设工业固体废物、危险废物集中贮存、利用、处置的设施、场所和生活垃圾填埋场的；

(3)将危险废物提供或者委托给无许可证的单位或者其他生产经营者堆放、利用、处置的；

(4)无许可证或者未按照许可证规定从事收集、贮存、利用、处置危险废物经营活动的；

(5)未经批准擅自转移危险废物的；

(6)未采取防范措施，造成危险废物扬散、流失、渗漏或者其他严重后果的。

第一百二十一条 固体废物污染环境、破坏生态，损害国家利益、社会公共利益的，有关机关和组织可以依照《中华人民共和国环境保护法》《中华人民共和国民事诉讼法》《中华人民共和国行政诉讼法》等法律的规定向人民法院提起诉讼。

第一百二十二条 固体废物污染环境、破坏生态给国家造成重大损失的，由设区的市级以上地方人民政府或者其指定的部门、机构组织与造成环境污染和生态破坏的单位和其他生产经营者进行磋商，要求其承担损害赔偿责任；磋商未达成一致的，可以向人民法院提起诉讼。

对于执法过程中查获的无法确定责任人或者无法退运的固体废物，由所在地县级以上地方人民政府组织处理。

第一百二十三条 违反本法规定，构成违反治安管理行为的，由公安机关依法给予治安管理处罚；

构成犯罪的，依法追究刑事责任；造成人身、财产损害的，依法承担民事责任。

第九章　附　则

第一百二十四条　本法下列用语的含义：

（1）固体废物，是指在生产、生活和其他活动中产生的丧失原有利用价值或者虽未丧失利用价值但被抛弃或者放弃的固态、半固态和置于容器中的气态的物品、物质以及法律、行政法规规定纳入固体废物管理的物品、物质。经无害化加工处理，并且符合强制性国家产品质量标准，不会危害公众健康和生态安全，或者根据固体废物鉴别标准和鉴别程序认定为不属于固体废物的除外。

（2）工业固体废物，是指在工业生产活动中产生的固体废物。

（3）生活垃圾，是指在日常生活中或者为日常生活提供服务的活动中产生的固体废物，以及法律、行政法规规定视为生活垃圾的固体废物。

（4）建筑垃圾，是指建设单位、施工单位新建、改建、扩建和拆除各类建筑物、构筑物、管网等，以及居民装饰装修房屋过程中产生的弃土、弃料和其他固体废物。

（5）农业固体废物，是指在农业生产活动中产生的固体废物。

（6）危险废物，是指列入国家危险废物名录或者根据国家规定的危险废物鉴别标准和鉴别方法认定的具有危险特性的固体废物。

（7）贮存，是指将固体废物临时置于特定设施或者场所中的活动。

（8）利用，是指从固体废物中提取物质作为原材料或者燃料的活动。

（9）处置，是指将固体废物焚烧和用其他改变固体废物的物理、化学、生物特性的方法，达到减少已产生的固体废物数量、缩小固体废物体积、减少或者消除其危险成分的活动，或者将固体废物最终置于符合环境保护规定要求的填埋场的活动。

第一百二十五条　液态废物的污染防治，适用本法；但是，排入水体的废水的污染防治适用有关法律，不适用本法。

第一百二十六条　本法自 2020 年 9 月 1 日起施行。

中华人民共和国民法典（节选）

（2020 年 5 月 28 日第十三届全国人民代表大会第三次会议通过　2020 年 5 月 28 日中华人民共和国主席令第 45 号公布　自 2021 年 1 月 1 日起施行）

第一编　总　则

第一章　基本规定

第一条　为了保护民事主体的合法权益，调整民事关系，维护社会和经济秩序，适应中国特色社会主义发展要求，弘扬社会主义核心价值观，根据宪法，制定本法。

第二条　民法调整平等主体的自然人、法人和非法人组织之间的人身关系和财产关系。

第三条　民事主体的人身权利、财产权利以及其他合法权益受法律保护，任何组织或者个人不得侵犯。

第四条　民事主体在民事活动中的法律地位一律平等。

第五条　民事主体从事民事活动，应当遵循自愿原则，按照自己的意思设立、变更、终止民事法律关系。

第六条　民事主体从事民事活动，应当遵循公平原则，合理确定各方的权利和义务。

第七条　民事主体从事民事活动，应当遵循诚信原则，秉持诚实，恪守承诺。

第八条 民事主体从事民事活动，不得违反法律，不得违背公序良俗。

第九条 民事主体从事民事活动，应当有利于节约资源、保护生态环境。

第十条 处理民事纠纷，应当依照法律；法律没有规定的，可以适用习惯，但是不得违背公序良俗。

第十一条 其他法律对民事关系有特别规定的，依照其规定。

第十二条 中华人民共和国领域内的民事活动，适用中华人民共和国法律。法律另有规定的，依照其规定。

第二章 自然人

第一节 民事权利能力和民事行为能力

第十三条 自然人从出生时起到死亡时止，具有民事权利能力，依法享有民事权利，承担民事义务。

第十四条 自然人的民事权利能力一律平等。

第十五条 自然人的出生时间和死亡时间，以出生证明、死亡证明记载的时间为准；没有出生证明、死亡证明的，以户籍登记或者其他有效身份登记记载的时间为准。有其他证据足以推翻以上记载时间的，以该证据证明的时间为准。

第十六条 涉及遗产继承、接受赠与等胎儿利益保护的，胎儿视为具有民事权利能力。但是，胎儿娩出时为死体的，其民事权利能力自始不存在。

第十七条 18周岁以上的自然人为成年人。不满18周岁的自然人为未成年人。

第十八条 成年人为完全民事行为能力人，可以独立实施民事法律行为。

16周岁以上的未成年人，以自己的劳动收入为主要生活来源的，视为完全民事行为能力人。

第十九条 8周岁以上的未成年人为限制民事行为能力人，实施民事法律行为由其法定代理人代理或者经其法定代理人同意、追认；但是，可以独立实施纯获利益的民事法律行为或者与其年龄、智力相适应的民事法律行为。

第二十条 不满8周岁的未成年人为无民事行为能力人，由其法定代理人代理实施民事法律行为。

第二十一条 不能辨认自己行为的成年人为无民事行为能力人，由其法定代理人代理实施民事法律行为。

8周岁以上的未成年人不能辨认自己行为的，适用前款规定。

第二十二条 不能完全辨认自己行为的成年人为限制民事行为能力人，实施民事法律行为由其法定代理人代理或者经其法定代理人同意、追认；但是，可以独立实施纯获利益的民事法律行为或者与其智力、精神健康状况相适应的民事法律行为。

第二十三条 无民事行为能力人、限制民事行为能力人的监护人是其法定代理人。

第二十四条 不能辨认或者不能完全辨认自己行为的成年人，其利害关系人或者有关组织，可以向人民法院申请认定该成年人为无民事行为能力人或者限制民事行为能力人。

被人民法院认定为无民事行为能力人或者限制民事行为能力人的，经本人、利害关系人或者有关组织申请，人民法院可以根据其智力、精神健康恢复的状况，认定该成年人恢复为限制民事行为能力人或者完全民事行为能力人。

本条规定的有关组织包括：居民委员会、村民委员会、学校、医疗机构、妇女联合会、残疾人联合会、依法设立的老年人组织、民政部门等。

第二十五条 自然人以户籍登记或者其他有效身份登记记载的居所为住所；经常居所与住所不一致的，经常居所视为住所。

第二节 监 护

第二十六条 父母对未成年子女负有抚养、教育和保护的义务。

成年子女对父母负有赡养、扶助和保护的义务。

第二十七条 父母是未成年子女的监护人。

未成年人的父母已经死亡或者没有监护能力的，由下列有监护能力的人按顺序担任监护人：

（1）祖父母、外祖父母；

（2）兄、姐；

（3）其他愿意担任监护人的个人或者组织，但是须经未成年人住所地的居民委员会、村民委员会或者民政部门同意。

第二十八条 无民事行为能力或者限制民事行为能力的成年人,由下列有监护能力的人按顺序担任监护人:

(1)配偶;

(2)父母、子女;

(3)其他近亲属;

(4)其他愿意担任监护人的个人或者组织,但是须经被监护人住所地的居民委员会、村民委员会或者民政部门同意。

第二十九条 被监护人的父母担任监护人的,可以通过遗嘱指定监护人。

第三十条 依法具有监护资格的人之间可以协议确定监护人。协议确定监护人应当尊重被监护人的真实意愿。

第三十一条 对监护人的确定有争议的,由被监护人住所地的居民委员会、村民委员会或者民政部门指定监护人,有关当事人对指定不服的,可以向人民法院申请指定监护人;有关当事人也可以直接向人民法院申请指定监护人。

居民委员会、村民委员会、民政部门或者人民法院应当尊重被监护人的真实意愿,按照最有利于被监护人的原则在依法具有监护资格的人中指定监护人。

依据本条第一款规定指定监护人前,被监护人的人身权利、财产权利以及其他合法权益处于无人保护状态的,由被监护人住所地的居民委员会、村民委员会、法律规定的有关组织或者民政部门担任临时监护人。

监护人被指定后,不得擅自变更;擅自变更的,不免除被指定的监护人的责任。

第三十二条 没有依法具有监护资格的人的,监护人由民政部门担任,也可以由具备履行监护职责条件的被监护人住所地的居民委员会、村民委员会担任。

第三十三条 具有完全民事行为能力的成年人,可以与其近亲属、其他愿意担任监护人的个人或者组织事先协商,以书面形式确定自己的监护人,在自己丧失或者部分丧失民事行为能力时,由该监护人履行监护职责。

第三十四条 监护人的职责是代理被监护人实施民事法律行为,保护被监护人的人身权利、财产权利以及其他合法权益等。

监护人依法履行监护职责产生的权利,受法律保护。

监护人不履行监护职责或者侵害被监护人合法权益的,应当承担法律责任。

因发生突发事件等紧急情况,监护人暂时无法履行监护职责,被监护人的生活处于无人照料状态的,被监护人住所地的居民委员会、村民委员会或者民政部门应当为被监护人安排必要的临时生活照料措施。

第三十五条 监护人应当按照最有利于被监护人的原则履行监护职责。监护人除为维护被监护人利益外,不得处分被监护人的财产。

未成年人的监护人履行监护职责,在做出与被监护人利益有关的决定时,应当根据被监护人的年龄和智力状况,尊重被监护人的真实意愿。

成年人的监护人履行监护职责,应当最大程度地尊重被监护人的真实意愿,保障并协助被监护人实施与其智力、精神健康状况相适应的民事法律行为。对被监护人有能力独立处理的事务,监护人不得干涉。

第三十六条 监护人有下列情形之一的,人民法院根据有关个人或者组织的申请,撤销其监护人资格,安排必要的临时监护措施,并按照最有利于被监护人的原则依法指定监护人:

(1)实施严重损害被监护人身心健康的行为;

(2)怠于履行监护职责,或者无法履行监护职责且拒绝将监护职责部分或者全部委托给他人,导致被监护人处于危困状态;

(3)实施严重侵害被监护人合法权益的其他行为。

本条规定的有关个人、组织包括:其他依法具有监护资格的人,居民委员会、村民委员会、学校、医疗机构、妇女联合会、残疾人联合会、未成年人保护组织、依法设立的老年人组织、民政部门等。

前款规定的个人和民政部门以外的组织未及时向人民法院申请撤销监护人资格的,民政部门应当向人民法院申请。

第三十七条 依法负担被监护人抚养费、赡养费、扶养费的父母、子女、配偶等，被人民法院撤销监护人资格后，应当继续履行负担的义务。

第三十八条 被监护人的父母或者子女被人民法院撤销监护人资格后，除对被监护人实施故意犯罪的外，确有悔改表现的，经其申请，人民法院可以在尊重被监护人真实意愿的前提下，视情况恢复其监护人资格，人民法院指定的监护人与被监护人的监护关系同时终止。

第三十九条 有下列情形之一的，监护关系终止：

（1）被监护人取得或者恢复完全民事行为能力；

（2）监护人丧失监护能力；

（3）被监护人或者监护人死亡；

（4）人民法院认定监护关系终止的其他情形。

监护关系终止后，被监护人仍然需要监护的，应当依法另行确定监护人。

第三节 宣告失踪和宣告死亡

第四十条 自然人下落不明满 2 年的，利害关系人可以向人民法院申请宣告该自然人为失踪人。

第四十一条 自然人下落不明的时间自其失去音讯之日起计算。战争期间下落不明的，下落不明的时间自战争结束之日或者有关机关确定的下落不明之日起计算。

第四十二条 失踪人的财产由其配偶、成年子女、父母或者其他愿意担任财产代管人的人代管。

代管有争议，没有前款规定的人，或者前款规定的人无代管能力的，由人民法院指定的人代管。

第四十三条 财产代管人应当妥善管理失踪人的财产，维护其财产权益。

失踪人所欠税款、债务和应付的其他费用，由财产代管人从失踪人的财产中支付。

财产代管人因故意或者重大过失造成失踪人财产损失的，应当承担赔偿责任。

第四十四条 财产代管人不履行代管职责、侵害失踪人财产权益或者丧失代管能力的，失踪人的利害关系人可以向人民法院申请变更财产代管人。

财产代管人有正当理由的，可以向人民法院申请变更财产代管人。

人民法院变更财产代管人的，变更后的财产代管人有权请求原财产代管人及时移交有关财产并报告财产代管情况。

第四十五条 失踪人重新出现，经本人或者利害关系人申请，人民法院应当撤销失踪宣告。

失踪人重新出现，有权请求财产代管人及时移交有关财产并报告财产代管情况。

第四十六条 自然人有下列情形之一的，利害关系人可以向人民法院申请宣告该自然人死亡：

（1）下落不明满 4 年；

（2）因意外事件，下落不明满 2 年。

因意外事件下落不明，经有关机关证明该自然人不可能生存的，申请宣告死亡不受 2 年时间的限制。

第四十七条 对同一自然人，有的利害关系人申请宣告死亡，有的利害关系人申请宣告失踪，符合本法规定的宣告死亡条件的，人民法院应当宣告死亡。

第四十八条 被宣告死亡的人，人民法院宣告死亡的判决做出之日视为其死亡的日期；因意外事件下落不明宣告死亡的，意外事件发生之日视为其死亡的日期。

第四十九条 自然人被宣告死亡但是并未死亡的，不影响该自然人在被宣告死亡期间实施的民事法律行为的效力。

第五十条 被宣告死亡的人重新出现，经本人或者利害关系人申请，人民法院应当撤销死亡宣告。

第五十一条 被宣告死亡的人的婚姻关系，自死亡宣告之日起消除。死亡宣告被撤销的，婚姻关系自撤销死亡宣告之日起自行恢复。但是，其配偶再婚或者向婚姻登记机关书面声明不愿意恢复的除外。

第五十二条 被宣告死亡的人在被宣告死亡期间，其子女被他人依法收养的，在死亡宣告被撤销后，不得以未经本人同意为由主张收养行为无效。

第五十三条 被撤销死亡宣告的人有权请求依照本法第六编取得其财产的民事主体返还财产；无法返还的，应当给予适当补偿。

利害关系人隐瞒真实情况，致使他人被宣告死亡而取得其财产的，除应当返还财产外，还应当对由此造成的损失承担赔偿责任。

第四节　个体工商户和农村承包经营户

第五十四条　自然人从事工商业经营，经依法登记，为个体工商户。个体工商户可以起字号。

第五十五条　农村集体经济组织的成员，依法取得农村土地承包经营权，从事家庭承包经营的，为农村承包经营户。

第五十六条　个体工商户的债务，个人经营的，以个人财产承担；家庭经营的，以家庭财产承担；无法区分的，以家庭财产承担。

农村承包经营户的债务，以从事农村土地承包经营的农户财产承担；事实上由农户部分成员经营的，以该部分成员的财产承担。

第三章　法　人

第一节　一般规定

第五十七条　法人是具有民事权利能力和民事行为能力，依法独立享有民事权利和承担民事义务的组织。

第五十八条　法人应当依法成立。

法人应当有自己的名称、组织机构、住所、财产或者经费。法人成立的具体条件和程序，依照法律、行政法规的规定。

设立法人，法律、行政法规规定须经有关机关批准的，依照其规定。

第五十九条　法人的民事权利能力和民事行为能力，从法人成立时产生，到法人终止时消灭。

第六十条　法人以其全部财产独立承担民事责任。

第六十一条　依照法律或者法人章程的规定，代表法人从事民事活动的负责人，为法人的法定代表人。

法定代表人以法人名义从事的民事活动，其法律后果由法人承受。

法人章程或者法人权力机构对法定代表人代表权的限制，不得对抗善意相对人。

第六十二条　法定代表人因执行职务造成他人损害的，由法人承担民事责任。

法人承担民事责任后，依照法律或者法人章程的规定，可以向有过错的法定代表人追偿。

第六十三条　法人以其主要办事机构所在地为住所。依法需要办理法人登记的，应当将主要办事机构所在地登记为住所。

第六十四条　法人存续期间登记事项发生变化的，应当依法向登记机关申请变更登记。

第六十五条　法人的实际情况与登记的事项不一致的，不得对抗善意相对人。

第六十六条　登记机关应当依法及时公示法人登记的有关信息。

第六十七条　法人合并的，其权利和义务由合并后的法人享有和承担。

法人分立的，其权利和义务由分立后的法人享有连带债权，承担连带债务，但是债权人和债务人另有约定的除外。

第六十八条　有下列原因之一并依法完成清算、注销登记的，法人终止：

（1）法人解散；

（2）法人被宣告破产；

（3）法律规定的其他原因。

法人终止，法律、行政法规规定须经有关机关批准的，依照其规定。

第六十九条　有下列情形之一的，法人解散：

（1）法人章程规定的存续期间届满或者法人章程规定的其他解散事由出现；

（2）法人的权力机构决议解散；

（3）因法人合并或者分立需要解散；

（4）法人依法被吊销营业执照、登记证书，被责令关闭或者被撤销；

（5）法律规定的其他情形。

第七十条　法人解散的，除合并或者分立的情形外，清算义务人应当及时组成清算组进行清算。

法人的董事、理事等执行机构或者决策机构的成员为清算义务人。法律、行政法规另有规定的，依照其规定。

清算义务人未及时履行清算义务，造成损害的，应当承担民事责任；主管机关或者利害关系人可以申请人民法院指定有关人员组成清算组进行清算。

第七十一条　法人的清算程序和清算组职权，依照有关法律的规定；没有规定的，参照适用公司法律的有关规定。

第七十二条 清算期间法人存续,但是不得从事与清算无关的活动。

法人清算后的剩余财产,按照法人章程的规定或者法人权力机构的决议处理。法律另有规定的,依照其规定。

清算结束并完成法人注销登记时,法人终止;依法不需要办理法人登记的,清算结束时,法人终止。

第七十三条 法人被宣告破产的,依法进行破产清算并完成法人注销登记时,法人终止。

第七十四条 法人可以依法设立分支机构。法律、行政法规规定分支机构应当登记的,依照其规定。

分支机构以自己的名义从事民事活动,产生的民事责任由法人承担;也可以先以该分支机构管理的财产承担,不足以承担的,由法人承担。

第七十五条 设立人为设立法人从事的民事活动,其法律后果由法人承受;法人未成立的,其法律后果由设立人承受,设立人为二人以上的,享有连带债权,承担连带债务。

设立人为设立法人以自己的名义从事民事活动产生的民事责任,第三人有权选择请求法人或者设立人承担。

第二节 营利法人

第七十六条 以取得利润并分配给股东等出资人为目的成立的法人,为营利法人。

营利法人包括有限责任公司、股份有限公司和其他企业法人等。

第七十七条 营利法人经依法登记成立。

第七十八条 依法设立的营利法人,由登记机关发给营利法人营业执照。营业执照签发日期为营利法人的成立日期。

第七十九条 设立营利法人应当依法制定法人章程。

第八十条 营利法人应当设权力机构。

权力机构行使修改法人章程,选举或者更换执行机构、监督机构成员,以及法人章程规定的其他职权。

第八十一条 营利法人应当设执行机构。

执行机构行使召集权力机构会议,决定法人的经营计划和投资方案,决定法人内部管理机构的设置,以及法人章程规定的其他职权。

执行机构为董事会或者执行董事的,董事长、执行董事或者经理按照法人章程的规定担任法定代表人;未设董事会或者执行董事的,法人章程规定的主要负责人为其执行机构和法定代表人。

第八十二条 营利法人设监事会或者监事等监督机构的,监督机构依法行使检查法人财务,监督执行机构成员、高级管理人员执行法人职务的行为,以及法人章程规定的其他职权。

第八十三条 营利法人的出资人不得滥用出资人权利损害法人或者其他出资人的利益;滥用出资人权利造成法人或者其他出资人损失的,应当依法承担民事责任。

营利法人的出资人不得滥用法人独立地位和出资人有限责任损害法人债权人的利益;滥用法人独立地位和出资人有限责任,逃避债务,严重损害法人债权人的利益的,应当对法人债务承担连带责任。

第八十四条 营利法人的控股出资人、实际控制人、董事、监事、高级管理人员不得利用其关联关系损害法人的利益;利用关联关系造成法人损失的,应当承担赔偿责任。

第八十五条 营利法人的权力机构、执行机构做出决议的会议召集程序、表决方式违反法律、行政法规、法人章程,或者决议内容违反法人章程的,营利法人的出资人可以请求人民法院撤销该决议。但是,营利法人依据该决议与善意相对人形成的民事法律关系不受影响。

第八十六条 营利法人从事经营活动,应当遵守商业道德,维护交易安全,接受政府和社会的监督,承担社会责任。

第三节 非营利法人

第八十七条 为公益目的或者其他非营利目的成立,不向出资人、设立人或者会员分配所取得利润的法人,为非营利法人。

非营利法人包括事业单位、社会团体、基金会、社会服务机构等。

第八十八条 具备法人条件,为适应经济社会发展需要，提供公益服务设立的事业单位，经依法登记成立，取得事业单位法人资格；依法不需要办理法人登记的，从成立之日起，具有事业单位法人资格。

第八十九条 事业单位法人设理事会的，除法律另有规定外，理事会为其决策机构。事业单位法人的法定代表人依照法律、行政法规或者法人章程的规定产生。

第九十条 具备法人条件，基于会员共同意愿，为公益目的或者会员共同利益等非营利目的设立的社会团体，经依法登记成立，取得社会团体法人资格；依法不需要办理法人登记的，从成立之日起，具有社会团体法人资格。

第九十一条 设立社会团体法人应当依法制定法人章程。

社会团体法人应当设会员大会或者会员代表大会等权力机构。

社会团体法人应当设理事会等执行机构。理事长或者会长等负责人按照法人章程的规定担任法定代表人。

第九十二条 具备法人条件，为公益目的以捐助财产设立的基金会、社会服务机构等，经依法登记成立，取得捐助法人资格。

依法设立的宗教活动场所，具备法人条件的，可以申请法人登记，取得捐助法人资格。法律、行政法规对宗教活动场所有规定的，依照其规定。

第九十三条 设立捐助法人应当依法制定法人章程。

捐助法人应当设理事会、民主管理组织等决策机构，并设执行机构。理事长等负责人按照法人章程的规定担任法定代表人。

捐助法人应当设监事会等监督机构。

第九十四条 捐助人有权向捐助法人查询捐助财产的使用、管理情况，并提出意见和建议，捐助法人应当及时、如实答复。

捐助法人的决策机构、执行机构或者法定代表人做出决定的程序违反法律、行政法规、法人章程，或者决定内容违反法人章程的，捐助人等利害关系人或者主管机关可以请求人民法院撤销该决定。但是，捐助法人依据该决定与善意相对人形成的民事法律关系不受影响。

第九十五条 为公益目的成立的非营利法人终止时，不得向出资人、设立人或者会员分配剩余财产。剩余财产应当按照法人章程的规定或者权力机构的决议用于公益目的；无法按照法人章程的规定或者权力机构的决议处理的，由主管机关主持转给宗旨相同或者相近的法人，并向社会公告。

第四节　特别法人

第九十六条 本节规定的机关法人、农村集体经济组织法人、城镇农村的合作经济组织法人、基层群众性自治组织法人，为特别法人。

第九十七条 有独立经费的机关和承担行政职能的法定机构从成立之日起，具有机关法人资格，可以从事为履行职能所需要的民事活动。

第九十八条 机关法人被撤销的，法人终止，其民事权利和义务由继任的机关法人享有和承担；没有继任的机关法人的，由做出撤销决定的机关法人享有和承担。

第九十九条 农村集体经济组织依法取得法人资格。

法律、行政法规对农村集体经济组织有规定的，依照其规定。

第一百条 城镇农村的合作经济组织依法取得法人资格。

法律、行政法规对城镇农村的合作经济组织有规定的，依照其规定。

第一百零一条 居民委员会、村民委员会具有基层群众性自治组织法人资格，可以从事为履行职能所需要的民事活动。

未设立村集体经济组织的，村民委员会可以依法代行村集体经济组织的职能。

第四章　非法人组织

第一百零二条 非法人组织是不具有法人资格，但是能够依法以自己的名义从事民事活动的组织。

非法人组织包括个人独资企业、合伙企业、不具有法人资格的专业服务机构等。

第一百零三条 非法人组织应当依照法律的规定登记。

设立非法人组织，法律、行政法规规定须经有关机关批准的，依照其规定。

第一百零四条 非法人组织的财产不足以清偿债务的，其出资人或者设立人承担无限责任。法律另有规定的，依照其规定。

第一百零五条 非法人组织可以确定一人或者数人代表该组织从事民事活动。

第一百零六条 有下列情形之一的，非法人组织解散：

（1）章程规定的存续期间届满或者章程规定的其他解散事由出现；

（2）出资人或者设立人决定解散；

（3）法律规定的其他情形。

第一百零七条 非法人组织解散的，应当依法进行清算。

第一百零八条 非法人组织除适用本章规定外，参照适用本编第三章第一节的有关规定。

第五章　民事权利

第一百零九条 自然人的人身自由、人格尊严受法律保护。

第一百一十条 自然人享有生命权、身体权、健康权、姓名权、肖像权、名誉权、荣誉权、隐私权、婚姻自主权等权利。

法人、非法人组织享有名称权、名誉权和荣誉权。

第一百一十一条 自然人的个人信息受法律保护。任何组织或者个人需要获取他人个人信息的，应当依法取得并确保信息安全，不得非法收集、使用、加工、传输他人个人信息，不得非法买卖、提供或者公开他人个人信息。

第一百一十二条 自然人因婚姻家庭关系等产生的人身权利受法律保护。

第一百一十三条 民事主体的财产权利受法律平等保护。

第一百一十四条 民事主体依法享有物权。

物权是权利人依法对特定的物享有直接支配和排他的权利，包括所有权、用益物权和担保物权。

第一百一十五条 物包括不动产和动产。法律规定权利作为物权客体的，依照其规定。

第一百一十六条 物权的种类和内容，由法律规定。

第一百一十七条 为了公共利益的需要，依照法律规定的权限和程序征收、征用不动产或者动产的，应当给予公平、合理的补偿。

第一百一十八条 民事主体依法享有债权。

债权是因合同、侵权行为、无因管理、不当得利以及法律的其他规定，权利人请求特定义务人为或者不为一定行为的权利。

第一百一十九条 依法成立的合同，对当事人具有法律约束力。

第一百二十条 民事权益受到侵害的，被侵权人有权请求侵权人承担侵权责任。

第一百二十一条 没有法定的或者约定的义务，为避免他人利益受损失而进行管理的人，有权请求受益人偿还由此支出的必要费用。

第一百二十二条 因他人没有法律根据，取得不当利益，受损失的人有权请求其返还不当利益。

第一百二十三条 民事主体依法享有知识产权。

知识产权是权利人依法就下列客体享有的专有的权利：

（1）作品；

（2）发明、实用新型、外观设计；

（3）商标；

（4）地理标志；

（5）商业秘密；

（6）集成电路布图设计；

（7）植物新品种；

（8）法律规定的其他客体。

第一百二十四条 自然人依法享有继承权。

自然人合法的私有财产，可以依法继承。

第一百二十五条 民事主体依法享有股权和其他投资性权利。

第一百二十六条 民事主体享有法律规定的其他民事权利和利益。

第一百二十七条 法律对数据、网络虚拟财产的保护有规定的，依照其规定。

第一百二十八条 法律对未成年人、老年人、残疾人、妇女、消费者等的民事权利保护有特别规定的,依照其规定。

第一百二十九条 民事权利可以依据民事法律行为、事实行为、法律规定的事件或者法律规定的其他方式取得。

第一百三十条 民事主体按照自己的意愿依法行使民事权利,不受干涉。

第一百三十一条 民事主体行使权利时,应当履行法律规定的和当事人约定的义务。

第一百三十二条 民事主体不得滥用民事权利损害国家利益、社会公共利益或者他人合法权益。

第六章 民事法律行为

第一节 一般规定

第一百三十三条 民事法律行为是民事主体通过意思表示设立、变更、终止民事法律关系的行为。

第一百三十四条 民事法律行为可以基于双方或者多方的意思表示一致成立,也可以基于单方的意思表示成立。

法人、非法人组织依照法律或者章程规定的议事方式和表决程序做出决议的,该决议行为成立。

第一百三十五条 民事法律行为可以采用书面形式、口头形式或者其他形式;法律、行政法规规定或者当事人约定采用特定形式的,应当采用特定形式。

第一百三十六条 民事法律行为自成立时生效,但是法律另有规定或者当事人另有约定的除外。

行为人非依法律规定或者未经对方同意,不得擅自变更或者解除民事法律行为。

第二节 意思表示

第一百三十七条 以对话方式做出的意思表示,相对人知道其内容时生效。

以非对话方式做出的意思表示,到达相对人时生效。以非对话方式做出的采用数据电文形式的意思表示,相对人指定特定系统接收数据电文的,该数据电文进入该特定系统时生效;未指定特定系统的,相对人知道或者应当知道该数据电文进入其系统时生效。当事人对采用数据电文形式的意思表示的生效时间另有约定的,按照其约定。

第一百三十八条 无相对人的意思表示,表示完成时生效。法律另有规定的,依照其规定。

第一百三十九条 以公告方式做出的意思表示,公告发布时生效。

第一百四十条 行为人可以明示或者默示做出意思表示。

沉默只有在有法律规定、当事人约定或者符合当事人之间的交易习惯时,才可以视为意思表示。

第一百四十一条 行为人可以撤回意思表示。撤回意思表示的通知应当在意思表示到达相对人前或者与意思表示同时到达相对人。

第一百四十二条 有相对人的意思表示的解释,应当按照所使用的词句,结合相关条款、行为的性质和目的、习惯以及诚信原则,确定意思表示的含义。

无相对人的意思表示的解释,不能完全拘泥于所使用的词句,而应当结合相关条款、行为的性质和目的、习惯以及诚信原则,确定行为人的真实意思。

第三节 民事法律行为的效力

第一百四十三条 具备下列条件的民事法律行为有效:

(1)行为人具有相应的民事行为能力;

(2)意思表示真实;

(3)不违反法律、行政法规的强制性规定,不违背公序良俗。

第一百四十四条 无民事行为能力人实施的民事法律行为无效。

第一百四十五条 限制民事行为能力人实施的纯获利益的民事法律行为或者与其年龄、智力、精神健康状况相适应的民事法律行为有效;实施的其他民事法律行为经法定代理人同意或者追认后有效。

相对人可以催告法定代理人自收到通知之日起三十日内予以追认。法定代理人未作表示的,视为拒绝追认。民事法律行为被追认前,善意相对人有撤销的权利。撤销应当以通知的方式做出。

第一百四十六条 行为人与相对人以虚假的意思表示实施的民事法律行为无效。

以虚假的意思表示隐藏的民事法律行为的效力,依照有关法律规定处理。

第一百四十七条 基于重大误解实施的民事法律行为，行为人有权请求人民法院或者仲裁机构予以撤销。

第一百四十八条 一方以欺诈手段，使对方在违背真实意思的情况下实施的民事法律行为，受欺诈方有权请求人民法院或者仲裁机构予以撤销。

第一百四十九条 第三人实施欺诈行为，使一方在违背真实意思的情况下实施的民事法律行为，对方知道或者应当知道该欺诈行为的，受欺诈方有权请求人民法院或者仲裁机构予以撤销。

第一百五十条 一方或者第三人以胁迫手段，使对方在违背真实意思的情况下实施的民事法律行为，受胁迫方有权请求人民法院或者仲裁机构予以撤销。

第一百五十一条 一方利用对方处于危困状态、缺乏判断能力等情形，致使民事法律行为成立时显失公平的，受损害方有权请求人民法院或者仲裁机构予以撤销。

第一百五十二条 有下列情形之一的，撤销权消灭：

(1)当事人自知道或者应当知道撤销事由之日起1年内、重大误解的当事人自知道或者应当知道撤销事由之日起90日内没有行使撤销权；

(2)当事人受胁迫，自胁迫行为终止之日起1年内没有行使撤销权；

(3)当事人知道撤销事由后明确表示或者以自己的行为表明放弃撤销权。

当事人自民事法律行为发生之日起五年内没有行使撤销权的，撤销权消灭。

第一百五十三条 违反法律、行政法规的强制性规定的民事法律行为无效。但是，该强制性规定不导致该民事法律行为无效的除外。

违背公序良俗的民事法律行为无效。

第一百五十四条 行为人与相对人恶意串通，损害他人合法权益的民事法律行为无效。

第一百五十五条 无效的或者被撤销的民事法律行为自始没有法律约束力。

第一百五十六条 民事法律行为部分无效，不影响其他部分效力的，其他部分仍然有效。

第一百五十七条 民事法律行为无效、被撤销或者确定不发生效力后，行为人因该行为取得的财产，应当予以返还；不能返还或者没有必要返还的，应当折价补偿。有过错的一方应当赔偿对方由此所受到的损失；各方都有过错的，应当各自承担相应的责任。法律另有规定的，依照其规定。

第四节 民事法律行为的附条件和附期限

第一百五十八条 民事法律行为可以附条件，但是根据其性质不得附条件的除外。附生效条件的民事法律行为，自条件成就时生效。附解除条件的民事法律行为，自条件成就时失效。

第一百五十九条 附条件的民事法律行为，当事人为自己的利益不正当地阻止条件成就的，视为条件已经成就；不正当地促成条件成就的，视为条件不成就。

第一百六十条 民事法律行为可以附期限，但是根据其性质不得附期限的除外。附生效期限的民事法律行为，自期限届至时生效。附终止期限的民事法律行为，自期限届满时失效。

第七章 代 理

第一节 一般规定

第一百六十一条 民事主体可以通过代理人实施民事法律行为。

依照法律规定、当事人约定或者民事法律行为的性质，应当由本人亲自实施的民事法律行为，不得代理。

第一百六十二条 代理人在代理权限内，以被代理人名义实施的民事法律行为，对被代理人发生效力。

第一百六十三条 代理包括委托代理和法定代理。

委托代理人按照被代理人的委托行使代理权。法定代理人依照法律的规定行使代理权。

第一百六十四条 代理人不履行或者不完全履行职责，造成被代理人损害的，应当承担民事责任。

代理人和相对人恶意串通，损害被代理人合法权益的，代理人和相对人应当承担连带责任。

第二节　委托代理

第一百六十五条　委托代理授权采用书面形式的，授权委托书应当载明代理人的姓名或者名称、代理事项、权限和期限，并由被代理人签名或者盖章。

第一百六十六条　数人为同一代理事项的代理人的，应当共同行使代理权，但是当事人另有约定的除外。

第一百六十七条　代理人知道或者应当知道代理事项违法仍然实施代理行为，或者被代理人知道或者应当知道代理人的代理行为违法未作反对表示的，被代理人和代理人应当承担连带责任。

第一百六十八条　代理人不得以被代理人的名义与自己实施民事法律行为，但是被代理人同意或者追认的除外。

代理人不得以被代理人的名义与自己同时代理的其他人实施民事法律行为，但是被代理的双方同意或者追认的除外。

第一百六十九条　代理人需要转委托第三人代理的，应当取得被代理人的同意或者追认。

转委托代理经被代理人同意或者追认的，被代理人可以就代理事务直接指示转委托的第三人，代理人仅就第三人的选任以及对第三人的指示承担责任。

转委托代理未经被代理人同意或者追认的，代理人应当对转委托的第三人的行为承担责任；但是，在紧急情况下代理人为了维护被代理人的利益需要转委托第三人代理的除外。

第一百七十条　执行法人或者非法人组织工作任务的人员，就其职权范围内的事项，以法人或者非法人组织的名义实施的民事法律行为，对法人或者非法人组织发生效力。

法人或者非法人组织对执行其工作任务的人员职权范围的限制，不得对抗善意相对人。

第一百七十一条　行为人没有代理权、超越代理权或者代理权终止后，仍然实施代理行为，未经被代理人追认的，对被代理人不发生效力。

相对人可以催告被代理人自收到通知之日起30日内予以追认。被代理人未作表示的，视为拒绝追认。行为人实施的行为被追认前，善意相对人有撤销的权利。撤销应当以通知的方式做出。

行为人实施的行为未被追认的，善意相对人有权请求行为人履行债务或者就其受到的损害请求行为人赔偿。但是，赔偿的范围不得超过被代理人追认时相对人所能获得的利益。

相对人知道或者应当知道行为人无权代理的，相对人和行为人按照各自的过错承担责任。

第一百七十二条　行为人没有代理权、超越代理权或者代理权终止后，仍然实施代理行为，相对人有理由相信行为人有代理权的，代理行为有效。

第三节　代理终止

第一百七十三条　有下列情形之一的，委托代理终止：

（1）代理期限届满或者代理事务完成；

（2）被代理人取消委托或者代理人辞去委托；

（3）代理人丧失民事行为能力；

（4）代理人或者被代理人死亡；

（5）作为代理人或者被代理人的法人、非法人组织终止。

第一百七十四条　被代理人死亡后，有下列情形之一的，委托代理人实施的代理行为有效：

（1）代理人不知道且不应当知道被代理人死亡；

（2）被代理人的继承人予以承认；

（3）授权中明确代理权在代理事务完成时终止；

（4）被代理人死亡前已经实施，为了被代理人的继承人的利益继续代理。

作为被代理人的法人、非法人组织终止的，参照适用前款规定。

第一百七十五条　有下列情形之一的，法定代理终止：

（1）被代理人取得或者恢复完全民事行为能力；

（2）代理人丧失民事行为能力；

（3）代理人或者被代理人死亡；

（4）法律规定的其他情形。

第八章　民事责任

第一百七十六条　民事主体依照法律规定或者按照当事人约定，履行民事义务，承担民事责任。

第一百七十七条　二人以上依法承担按份责

任，能够确定责任大小的，各自承担相应的责任；难以确定责任大小的，平均承担责任。

第一百七十八条 二人以上依法承担连带责任的，权利人有权请求部分或者全部连带责任人承担责任。

连带责任人的责任份额根据各自责任大小确定；难以确定责任大小的，平均承担责任。实际承担责任超过自己责任份额的连带责任人，有权向其他连带责任人追偿。

连带责任，由法律规定或者当事人约定。

第一百七十九条 承担民事责任的方式主要有：

（1）停止侵害；

（2）排除妨碍；

（3）消除危险；

（4）返还财产；

（5）恢复原状；

（6）修理、重作、更换；

（7）继续履行；

（8）赔偿损失；

（9）支付违约金；

（10）消除影响、恢复名誉；

（11）赔礼道歉。

法律规定惩罚性赔偿的，依照其规定。

本条规定的承担民事责任的方式，可以单独适用，也可以合并适用。

第一百八十条 因不可抗力不能履行民事义务的，不承担民事责任。法律另有规定的，依照其规定。

不可抗力是不能预见、不能避免且不能克服的客观情况。

第一百八十一条 因正当防卫造成损害的，不承担民事责任。

正当防卫超过必要的限度，造成不应有的损害的，正当防卫人应当承担适当的民事责任。

第一百八十二条 因紧急避险造成损害的，由引起险情发生的人承担民事责任。

危险由自然原因引起的，紧急避险人不承担民事责任，可以给予适当补偿。

紧急避险采取措施不当或者超过必要的限度，造成不应有的损害的，紧急避险人应当承担适当的民事责任。

第一百八十三条 因保护他人民事权益使自己受到损害的，由侵权人承担民事责任，受益人可以给予适当补偿。没有侵权人、侵权人逃逸或者无力承担民事责任，受害人请求补偿的，受益人应当给予适当补偿。

第一百八十四条 因自愿实施紧急救助行为造成受助人损害的，救助人不承担民事责任。

第一百八十五条 侵害英雄烈士等的姓名、肖像、名誉、荣誉，损害社会公共利益的，应当承担民事责任。

第一百八十六条 因当事人一方的违约行为，损害对方人身权益、财产权益的，受损害方有权选择请求其承担违约责任或者侵权责任。

第一百八十七条 民事主体因同一行为应当承担民事责任、行政责任和刑事责任的，承担行政责任或者刑事责任不影响承担民事责任；民事主体的财产不足以支付的，优先用于承担民事责任。

第九章 诉讼时效

第一百八十八条 向人民法院请求保护民事权利的诉讼时效期间为 3 年。法律另有规定的，依照其规定。

诉讼时效期间自权利人知道或者应当知道权利受到损害以及义务人之日起计算。法律另有规定的，依照其规定。但是，自权利受到损害之日起超过 20 年的，人民法院不予保护，有特殊情况的，人民法院可以根据权利人的申请决定延长。

第一百八十九条 当事人约定同一债务分期履行的，诉讼时效期间自最后一期履行期限届满之日起计算。

第一百九十条 无民事行为能力人或者限制民事行为能力人对其法定代理人的请求权的诉讼时效期间，自该法定代理终止之日起计算。

第一百九十一条 未成年人遭受性侵害的损害赔偿请求权的诉讼时效期间，自受害人年满十八周岁之日起计算。

第一百九十二条 诉讼时效期间届满的，义务人可以提出不履行义务的抗辩。

诉讼时效期间届满后，义务人同意履行的，不得以诉讼时效期间届满为由抗辩；义务人已经自愿履行的，不得请求返还。

第一百九十三条 人民法院不得主动适用诉讼时效的规定。

第一百九十四条 在诉讼时效期间的最后6个月内，因下列障碍，不能行使请求权的，诉讼时效中止：

(1)不可抗力；

(2)无民事行为能力人或者限制民事行为能力人没有法定代理人，或者法定代理人死亡、丧失民事行为能力、丧失代理权；

(3)继承开始后未确定继承人或者遗产管理人；

(4)权利人被义务人或者其他人控制；

(5)其他导致权利人不能行使请求权的障碍。

自中止时效的原因消除之日起满6个月，诉讼时效期间届满。

第一百九十五条 有下列情形之一的，诉讼时效中断，从中断、有关程序终结时起，诉讼时效期间重新计算：

(1)权利人向义务人提出履行请求；

(2)义务人同意履行义务；

(3)权利人提起诉讼或者申请仲裁；

(4)与提起诉讼或者申请仲裁具有同等效力的其他情形。

第一百九十六条 下列请求权不适用诉讼时效的规定：

(1)请求停止侵害、排除妨碍、消除危险；

(2)不动产物权和登记的动产物权的权利人请求返还财产；

(3)请求支付抚养费、赡养费或者扶养费；

(4)依法不适用诉讼时效的其他请求权。

第一百九十七条 诉讼时效的期间、计算方法以及中止、中断的事由由法律规定，当事人约定无效。

当事人对诉讼时效利益的预先放弃无效。

第一百九十八条 法律对仲裁时效有规定的，依照其规定；没有规定的，适用诉讼时效的规定。

第一百九十九条 法律规定或者当事人约定的撤销权、解除权等权利的存续期间，除法律另有规定外，自权利人知道或者应当知道权利产生之日起计算，不适用有关诉讼时效中止、中断和延长的规定。存续期间届满，撤销权、解除权等权利消灭。

第十章 期间计算

第二百条 民法所称的期间按照公历年、月、日、小时计算。

第二百零一条 按照年、月、日计算期间的，开始的当日不计入，自下一日开始计算。

按照小时计算期间的，自法律规定或者当事人约定的时间开始计算。

第二百零二条 按照年、月计算期间的，到期月的对应日为期间的最后一日；没有对应日的，月末日为期间的最后一日。

第二百零三条 期间的最后一日是法定休假日的，以法定休假日结束的次日为期间的最后一日。

期间的最后一日的截止时间为24时；有业务时间的，停止业务活动的时间为截止时间。

第二百零四条 期间的计算方法依照本法的规定，但是法律另有规定或者当事人另有约定的除外。

第二编 物 权(略)

第三编 合 同(节选)

第一分编 通 则

第一章 一般规定

第四百六十三条 本编调整因合同产生的民事关系。

第四百六十四条 合同是民事主体之间设立、变更、终止民事法律关系的协议。

婚姻、收养、监护等有关身份关系的协议，适用有关该身份关系的法律规定；没有规定的，可以根据其性质参照适用本编规定。

第四百六十五条 依法成立的合同，受法律保护。

依法成立的合同，仅对当事人具有法律约束力，但是法律另有规定的除外。

第四百六十六条 当事人对合同条款的理解有争议的，应当依据本法第一百四十二条第一款的规定，确定争议条款的含义。

合同文本采用两种以上文字订立并约定具有同等效力的，对各文本使用的词句推定具有相同含义。各文本使用的词句不一致的，应当根据合同的相关条款、性质、目的以及诚信原则等予以解释。

第四百六十七条 本法或者其他法律没有明文规定的合同，适用本编通则的规定，并可以参照适用本编或者其他法律最相类似合同的规定。

在中华人民共和国境内履行的中外合资经营企业合同、中外合作经营企业合同、中外合作勘探开发自然资源合同，适用中华人民共和国法律。

第四百六十八条 非因合同产生的债权债务关系，适用有关该债权债务关系的法律规定；没有规定的，适用本编通则的有关规定，但是根据其性质不能适用的除外。

第二章 合同的订立

第四百六十九条 当事人订立合同，可以采用书面形式、口头形式或者其他形式。

书面形式是合同书、信件、电报、电传、传真等可以有形地表现所载内容的形式。

以电子数据交换、电子邮件等方式能够有形地表现所载内容，并可以随时调取查用的数据电文，视为书面形式。

第四百七十条 合同的内容由当事人约定，一般包括下列条款：

（1）当事人的姓名或者名称和住所；

（2）标的；

（3）数量；

（4）质量；

（5）价款或者报酬；

（6）履行期限、地点和方式；

（7）违约责任；

（8）解决争议的方法。

当事人可以参照各类合同的示范文本订立合同。

第四百七十一条 当事人订立合同，可以采取要约、承诺方式或者其他方式。

第四百七十二条 要约是希望与他人订立合同的意思表示，该意思表示应当符合下列条件：

（1）内容具体确定；

（2）表明经受要约人承诺，要约人即受该意思表示约束。

第四百七十三条 要约邀请是希望他人向自己发出要约的表示。拍卖公告、招标公告、招股说明书、债券募集办法、基金招募说明书、商业广告和宣传、寄送的价目表等为要约邀请。

商业广告和宣传的内容符合要约条件的，构成要约。

第四百七十四条 要约生效的时间适用本法第一百三十七条的规定。

第四百七十五条 要约可以撤回。要约的撤回适用本法第一百四十一条的规定。

第四百七十六条 要约可以撤销，但是有下列情形之一的除外：

（1）要约人以确定承诺期限或者其他形式明示要约不可撤销；

（2）受要约人有理由认为要约是不可撤销的，并已经为履行合同做了合理准备工作。

第四百七十七条 撤销要约的意思表示以对话方式做出的，该意思表示的内容应当在受要约人做出承诺之前为受要约人所知道；撤销要约的意思表示以非对话方式做出的，应当在受要约人做出承诺之前到达受要约人。

第四百七十八条 有下列情形之一的，要约失效：

（1）要约被拒绝；

（2）要约被依法撤销；

（3）承诺期限届满，受要约人未做出承诺；

（4）受要约人对要约的内容做出实质性变更。

第四百七十九条 承诺是受要约人同意要约的意思表示。

第四百八十条 承诺应当以通知的方式做出；但是，根据交易习惯或者要约表明可以通过行为做出承诺的除外。

第四百八十一条 承诺应当在要约确定的期限内到达要约人。

要约没有确定承诺期限的，承诺应当依照下列规定到达：

（1）要约以对话方式做出的，应当即时做出

承诺;

(2)要约以非对话方式做出的,承诺应当在合理期限内到达。

第四百八十二条 要约以信件或者电报做出的,承诺期限自信件载明的日期或者电报交发之日开始计算。信件未载明日期的,自投寄该信件的邮戳日期开始计算。要约以电话、传真、电子邮件等快速通讯方式做出的,承诺期限自要约到达受要约人时开始计算。

第四百八十三条 承诺生效时合同成立,但是法律另有规定或者当事人另有约定的除外。

第四百八十四条 以通知方式做出的承诺,生效的时间适用本法第一百三十七条的规定。

承诺不需要通知的,根据交易习惯或者要约的要求做出承诺的行为时生效。

第四百八十五条 承诺可以撤回。承诺的撤回适用本法第一百四十一条的规定。

第四百八十六条 受要约人超过承诺期限发出承诺,或者在承诺期限内发出承诺,按照通常情形不能及时到达要约人的,为新要约;但是,要约人及时通知受要约人该承诺有效的除外。

第四百八十七条 受要约人在承诺期限内发出承诺,按照通常情形能够及时到达要约人,但是因其他原因致使承诺到达要约人时超过承诺期限的,除要约人及时通知受要约人因承诺超过期限不接受该承诺外,该承诺有效。

第四百八十八条 承诺的内容应当与要约的内容一致。受要约人对要约的内容做出实质性变更的,为新要约。有关合同标的、数量、质量、价款或者报酬、履行期限、履行地点和方式、违约责任和解决争议方法等的变更,是对要约内容的实质性变更。

第四百八十九条 承诺对要约的内容做出非实质性变更的,除要约人及时表示反对或者要约表明承诺不得对要约的内容做出任何变更外,该承诺有效,合同的内容以承诺的内容为准。

第四百九十条 当事人采用合同书形式订立合同的,自当事人均签名、盖章或者按指印时合同成立。在签名、盖章或者按指印之前,当事人一方已经履行主要义务,对方接受时,该合同成立。

法律、行政法规规定或者当事人约定合同应当采用书面形式订立,当事人未采用书面形式但是一方已经履行主要义务,对方接受时,该合同成立。

第四百九十一条 当事人采用信件、数据电文等形式订立合同要求签订确认书的,签订确认书时合同成立。

当事人一方通过互联网等信息网络发布的商品或者服务信息符合要约条件的,对方选择该商品或者服务并提交订单成功时合同成立,但是当事人另有约定的除外。

第四百九十二条 承诺生效的地点为合同成立的地点。

采用数据电文形式订立合同的,收件人的主营业地为合同成立的地点;没有主营业地的,其住所地为合同成立的地点。当事人另有约定的,按照其约定。

第四百九十三条 当事人采用合同书形式订立合同的,最后签名、盖章或者按指印的地点为合同成立的地点,但是当事人另有约定的除外。

第四百九十四条 国家根据抢险救灾、疫情防控或者其他需要下达国家订货任务、指令性任务的,有关民事主体之间应当依照有关法律、行政法规规定的权利和义务订立合同。

依照法律、行政法规的规定负有发出要约义务的当事人,应当及时发出合理的要约。

依照法律、行政法规的规定负有做出承诺义务的当事人,不得拒绝对方合理的订立合同要求。

第四百九十五条 当事人约定在将来一定期限内订立合同的认购书、订购书、预订书等,构成预约合同。

当事人一方不履行预约合同约定的订立合同义务的,对方可以请求其承担预约合同的违约责任。

第四百九十六条 格式条款是当事人为了重复使用而预先拟定,并在订立合同时未与对方协商的条款。

采用格式条款订立合同的,提供格式条款的一方应当遵循公平原则确定当事人之间的权利和义务,并采取合理的方式提示对方注意免除或者减轻其责任等与对方有重大利害关系的条款,按照对方的要求,对该条款予以说明。提供格式条款的一方未履行提示或者说明义务,致使对方没有注意或者理解与其有重大利害关系的条款的，对方可以主张该条款不成为合同的内容。

第四百九十七条 有下列情形之一的，该格式条款无效：

（1）具有本法第一编第六章第三节和本法第五百零六条规定的无效情形；

（2）提供格式条款一方不合理地免除或者减轻其责任、加重对方责任、限制对方主要权利；

（3）提供格式条款一方排除对方主要权利。

第四百九十八条 对格式条款的理解发生争议的，应当按照通常理解予以解释。对格式条款有两种以上解释的，应当做出不利于提供格式条款一方的解释。格式条款和非格式条款不一致的，应当采用非格式条款。

第四百九十九条 悬赏人以公开方式声明对完成特定行为的人支付报酬的，完成该行为的人可以请求其支付。

第五百条 当事人在订立合同过程中有下列情形之一，造成对方损失的，应当承担赔偿责任：

（1）假借订立合同，恶意进行磋商；

（2）故意隐瞒与订立合同有关的重要事实或者提供虚假情况；

（3）有其他违背诚信原则的行为。

第五百零一条 当事人在订立合同过程中知悉的商业秘密或者其他应当保密的信息，无论合同是否成立，不得泄露或者不正当地使用；泄露、不正当地使用该商业秘密或者信息，造成对方损失的，应当承担赔偿责任。

第三章　合同的效力

第五百零二条 依法成立的合同，自成立时生效，但是法律另有规定或者当事人另有约定的除外。

依照法律、行政法规的规定，合同应当办理批准等手续的，依照其规定。未办理批准等手续影响合同生效的，不影响合同中履行报批等义务条款以及相关条款的效力。应当办理申请批准等手续的当事人未履行义务的，对方可以请求其承担违反该义务的责任。

依照法律、行政法规的规定，合同的变更、转让、解除等情形应当办理批准等手续的，适用前款规定。

第五百零三条 无权代理人以被代理人的名义订立合同，被代理人已经开始履行合同义务或者接受相对人履行的，视为对合同的追认。

第五百零四条 法人的法定代表人或者非法人组织的负责人超越权限订立的合同，除相对人知道或者应当知道其超越权限外，该代表行为有效，订立的合同对法人或者非法人组织发生效力。

第五百零五条 当事人超越经营范围订立的合同的效力，应当依照本法第一编第六章第三节和本编的有关规定确定，不得仅以超越经营范围确认合同无效。

第五百零六条 合同中的下列免责条款无效：

（1）造成对方人身损害的；

（2）因故意或者重大过失造成对方财产损失的。

第五百零七条 合同不生效、无效、被撤销或者终止的，不影响合同中有关解决争议方法的条款的效力。

第五百零八条 本编对合同的效力没有规定的，适用本法第一编第六章的有关规定。

第四章　合同的履行

第五百零九条 当事人应当按照约定全面履行自己的义务。

当事人应当遵循诚信原则，根据合同的性质、目的和交易习惯履行通知、协助、保密等义务。

当事人在履行合同过程中，应当避免浪费资源、污染环境和破坏生态。

第五百一十条 合同生效后，当事人就质量、价款或者报酬、履行地点等内容没有约定或者约定不明确的，可以协议补充；不能达成补充协议的，按照合同相关条款或者交易习惯确定。

第五百一十一条 当事人就有关合同内容约定不明确，依据前条规定仍不能确定的，适用下列规定：

（1）质量要求不明确的，按照强制性国家标准履行；没有强制性国家标准的，按照推荐性国家标准履行；没有推荐性国家标准的，按照行业标准履行；没有国家标准、行业标准的，按照通常标准或者符合合同目的的特定标准履行。

（2）价款或者报酬不明确的，按照订立合同时履行地的市场价格履行；依法应当执行政府定价或者政府指导价的，依照规定履行。

（3）履行地点不明确，给付货币的，在接受货币一方所在地履行；交付不动产的，在不动产所在地履行；其他标的，在履行义务一方所在地履行。

（4）履行期限不明确的，债务人可以随时履行，债权人也可以随时请求履行，但是应当给对方必要的准备时间。

（5）履行方式不明确的，按照有利于实现合同目的的方式履行。

（6）履行费用的负担不明确的，由履行义务一方负担；因债权人原因增加的履行费用，由债权人负担。

第五百一十二条 通过互联网等信息网络订立的电子合同的标的为交付商品并采用快递物流方式交付的，收货人的签收时间为交付时间。电子合同的标的为提供服务的，生成的电子凭证或者实物凭证中载明的时间为提供服务时间；前述凭证没有载明时间或者载明时间与实际提供服务时间不一致的，以实际提供服务的时间为准。

电子合同的标的物为采用在线传输方式交付的，合同标的物进入对方当事人指定的特定系统且能够检索识别的时间为交付时间。

电子合同当事人对交付商品或者提供服务的方式、时间另有约定的，按照其约定。

第五百一十三条 执行政府定价或者政府指导价的，在合同约定的交付期限内政府价格调整时，按照交付时的价格计价。逾期交付标的物的，遇价格上涨时，按照原价格执行；价格下降时，按照新价格执行。逾期提取标的物或者逾期付款的，遇价格上涨时，按照新价格执行；价格下降时，按照原价格执行。

第五百一十四条 以支付金钱为内容的债，除法律另有规定或者当事人另有约定外，债权人可以请求债务人以实际履行地的法定货币履行。

第五百一十五条 标的有多项而债务人只需履行其中一项的，债务人享有选择权；但是，法律另有规定、当事人另有约定或者另有交易习惯的除外。

享有选择权的当事人在约定期限内或者履行期限届满未作选择，经催告后在合理期限内仍未选择的，选择权转移至对方。

第五百一十六条 当事人行使选择权应当及时通知对方，通知到达对方时，标的确定。标的确定后不得变更，但是经对方同意的除外。

可选择的标的发生不能履行情形的，享有选择权的当事人不得选择不能履行的标的，但是该不能履行的情形是由对方造成的除外。

第五百一十七条 债权人为二人以上，标的可分，按照份额各自享有债权的，为按份债权；债务人为二人以上，标的可分，按照份额各自负担债务的，为按份债务。

按份债权人或者按份债务人的份额难以确定的，视为份额相同。

第五百一十八条 债权人为二人以上，部分或者全部债权人均可以请求债务人履行债务的，为连带债权；债务人为二人以上，债权人可以请求部分或者全部债务人履行全部债务的，为连带债务。

连带债权或者连带债务，由法律规定或者当事人约定。

第五百一十九条 连带债务人之间的份额难以确定的，视为份额相同。

实际承担债务超过自己份额的连带债务人，有权就超出部分在其他连带债务人未履行的份额范围内向其追偿，并相应地享有债权人的权利，但是不得损害债权人的利益。其他连带债务人对债权人的抗辩，可以向该债务人主张。

被追偿的连带债务人不能履行其应分担份额的，其他连带债务人应当在相应范围内按比例分担。

第五百二十条 部分连带债务人履行、抵销债务或者提存标的物的，其他债务人对债权人的债务在相应范围内消灭；该债务人可以依据前条规定向其他债务人追偿。

部分连带债务人的债务被债权人免除的，在该连带债务人应当承担的份额范围内，其他债务人对债权人的债务消灭。

部分连带债务人的债务与债权人的债权同归于一人的，在扣除该债务人应当承担的份额后，债权人对其他债务人的债权继续存在。

债权人对部分连带债务人的给付受领迟延的，对其他连带债务人发生效力。

第五百二十一条 连带债权人之间的份额难以确定的，视为份额相同。

实际受领债权的连带债权人，应当按比例向其他连带债权人返还。

连带债权参照适用本章连带债务的有关规定。

第五百二十二条 当事人约定由债务人向第三人履行债务，债务人未向第三人履行债务或者履行债务不符合约定的，应当向债权人承担违约责任。

法律规定或者当事人约定第三人可以直接请求债务人向其履行债务，第三人未在合理期限内明确拒绝，债务人未向第三人履行债务或者履行债务不符合约定的，第三人可以请求债务人承担违约责任；债务人对债权人的抗辩，可以向第三人主张。

第五百二十三条 当事人约定由第三人向债权人履行债务，第三人不履行债务或者履行债务不符合约定的，债务人应当向债权人承担违约责任。

第五百二十四条 债务人不履行债务，第三人对履行该债务具有合法利益的，第三人有权向债权人代为履行；但是，根据债务性质、按照当事人约定或者依照法律规定只能由债务人履行的除外。

债权人接受第三人履行后，其对债务人的债权转让给第三人，但是债务人和第三人另有约定的除外。

第五百二十五条 当事人互负债务，没有先后履行顺序的，应当同时履行。一方在对方履行之前有权拒绝其履行请求。一方在对方履行债务不符合约定时，有权拒绝其相应的履行请求。

第五百二十六条 当事人互负债务，有先后履行顺序，应当先履行债务一方未履行的，后履行一方有权拒绝其履行请求。先履行一方履行债务不符合约定的，后履行一方有权拒绝其相应的履行请求。

第五百二十七条 应当先履行债务的当事人，有确切证据证明对方有下列情形之一的，可以中止履行：

（1）经营状况严重恶化；

（2）转移财产、抽逃资金，以逃避债务；

（3）丧失商业信誉；

（4）有丧失或者可能丧失履行债务能力的其他情形。

当事人没有确切证据中止履行的，应当承担违约责任。

第五百二十八条 当事人依据前条规定中止履行的，应当及时通知对方。对方提供适当担保的，应当恢复履行。中止履行后，对方在合理期限内未恢复履行能力且未提供适当担保的，视为以自己的行为表明不履行主要债务，中止履行的一方可以解除合同并可以请求对方承担违约责任。

第五百二十九条 债权人分立、合并或者变更住所没有通知债务人，致使履行债务发生困难的，债务人可以中止履行或者将标的物提存。

第五百三十条 债权人可以拒绝债务人提前履行债务，但是提前履行不损害债权人利益的除外。

债务人提前履行债务给债权人增加的费用，由债务人负担。

第五百三十一条 债权人可以拒绝债务人部分履行债务，但是部分履行不损害债权人利益的除外。

债务人部分履行债务给债权人增加的费用，由债务人负担。

第五百三十二条 合同生效后，当事人不得因姓名、名称的变更或者法定代表人、负责人、承办人的变动而不履行合同义务。

第五百三十三条 合同成立后，合同的基础条件发生了当事人在订立合同时无法预见的、不属于商业风险的重大变化，继续履行合同对于当事人一方明显不公平的，受不利影响的当事人可以与对方重新协商；在合理期限内协商不成的，当事人可以请求人民法院或者仲裁机构变更或者解除合同。

人民法院或者仲裁机构应当结合案件的实际情况，根据公平原则变更或者解除合同。

第五百三十四条 对当事人利用合同实施危害国家利益、社会公共利益行为的，市场监督管理和其他有关行政主管部门依照法律、行政法规的规定负责监督处理。

第五章 合同的保全

第五百三十五条 因债务人怠于行使其债权或者与该债权有关的从权利，影响债权人的到期债权实现的，债权人可以向人民法院请求以自己的名义代位行使债务人对相对人的权利，但是该权利专属于债务人自身的除外。

代位权的行使范围以债权人的到期债权为限。债权人行使代位权的必要费用，由债务人负担。

相对人对债务人的抗辩，可以向债权人主张。

第五百三十六条 债权人的债权到期前，债务人的债权或者与该债权有关的从权利存在诉讼时效期间即将届满或者未及时申报破产债权等情形，影响债权人的债权实现的，债权人可以代位向债务人的相对人请求其向债务人履行、向破产管理人申报或者做出其他必要的行为。

第五百三十七条 人民法院认定代位权成立的，由债务人的相对人向债权人履行义务，债权人接受履行后，债权人与债务人、债务人与相对人之间相应的权利义务终止。债务人对相对人的债权或者与该债权有关的从权利被采取保全、执行措施，或者债务人破产的，依照相关法律的规定处理。

第五百三十八条 债务人以放弃其债权、放弃债权担保、无偿转让财产等方式无偿处分财产权益，或者恶意延长其到期债权的履行期限，影响债权人的债权实现的，债权人可以请求人民法院撤销债务人的行为。

第五百三十九条 债务人以明显不合理的低价转让财产、以明显不合理的高价受让他人财产或者为他人的债务提供担保，影响债权人的债权实现，债务人的相对人知道或者应当知道该情形的，债权人可以请求人民法院撤销债务人的行为。

第五百四十条 撤销权的行使范围以债权人的债权为限。债权人行使撤销权的必要费用，由债务人负担。

第五百四十一条 撤销权自债权人知道或者应当知道撤销事由之日起一年内行使。自债务人的行为发生之日起五年内没有行使撤销权的，该撤销权消灭。

第五百四十二条 债务人影响债权人的债权实现的行为被撤销的，自始没有法律约束力。

第六章 合同的变更和转让

第五百四十三条 当事人协商一致，可以变更合同。

第五百四十四条 当事人对合同变更的内容约定不明确的，推定为未变更。

第五百四十五条 债权人可以将债权的全部或者部分转让给第三人，但是有下列情形之一的除外：

(1)根据债权性质不得转让；

(2)按照当事人约定不得转让；

(3)依照法律规定不得转让。

当事人约定非金钱债权不得转让的，不得对抗善意第三人。当事人约定金钱债权不得转让的，不得对抗第三人。

第五百四十六条 债权人转让债权，未通知债务人的，该转让对债务人不发生效力。

债权转让的通知不得撤销，但是经受让人同意的除外。

第五百四十七条 债权人转让债权的，受让人取得与债权有关的从权利，但是该从权利专属于债权人自身的除外。

受让人取得从权利不因该从权利未办理转移登记手续或者未转移占有而受到影响。

第五百四十八条 债务人接到债权转让通知后，债务人对让与人的抗辩，可以向受让人主张。

第五百四十九条 有下列情形之一的，债务人可以向受让人主张抵销：

(1)债务人接到债权转让通知时，债务人对让与人享有债权，且债务人的债权先于转让的债权到期或者同时到期；

(2)债务人的债权与转让的债权是基于同一合同产生。

第五百五十条 因债权转让增加的履行费用，由让与人负担。

第五百五十一条 债务人将债务的全部或者部分转移给第三人的，应当经债权人同意。

债务人或者第三人可以催告债权人在合理期限内予以同意，债权人未作表示的，视为不同意。

第五百五十二条 第三人与债务人约定加入债务并通知债权人，或者第三人向债权人表示愿意加入债务，债权人未在合理期限内明确拒绝的，债权人可以请求第三人在其愿意承担的债务范围内和债务人承担连带债务。

第五百五十三条 债务人转移债务的，新债务人可以主张原债务人对债权人的抗辩；原债务人对债权人享有债权的，新债务人不得向债权人主张抵销。

第五百五十四条 债务人转移债务的，新债务人应当承担与主债务有关的从债务，但是该从债务专属于原债务人自身的除外。

第五百五十五条 当事人一方经对方同意，可以将自己在合同中的权利和义务一并转让给第三人。

第五百五十六条 合同的权利和义务一并转让的，适用债权转让、债务转移的有关规定。

第七章 合同的权利义务终止

第五百五十七条 有下列情形之一的，债权债务终止：

（1）债务已经履行；

（2）债务相互抵销；

（3）债务人依法将标的物提存；

（4）债权人免除债务；

（5）债权债务同归于一人；

（6）法律规定或者当事人约定终止的其他情形。

合同解除的，该合同的权利义务关系终止。

第五百五十八条 债权债务终止后，当事人应当遵循诚信等原则，根据交易习惯履行通知、协助、保密、旧物回收等义务。

第五百五十九条 债权债务终止时，债权的从权利同时消灭，但是法律另有规定或者当事人另有约定的除外。

第五百六十条 债务人对同一债权人负担的数项债务种类相同，债务人的给付不足以清偿全部债务的，除当事人另有约定外，由债务人在清偿时指定其履行的债务。

债务人未作指定的，应当优先履行已经到期的债务；数项债务均到期的，优先履行对债权人缺乏担保或者担保最少的债务；均无担保或者担保相等的，优先履行债务人负担较重的债务；负担相同的，按照债务到期的先后顺序履行；到期时间相同的，按照债务比例履行。

第五百六十一条 债务人在履行主债务外还应当支付利息和实现债权的有关费用，其给付不足以清偿全部债务的，除当事人另有约定外，应当按照下列顺序履行：

（1）实现债权的有关费用；

（2）利息；

（3）主债务。

第五百六十二条 当事人协商一致，可以解除合同。

当事人可以约定一方解除合同的事由。解除合同的事由发生时，解除权人可以解除合同。

第五百六十三条 有下列情形之一的，当事人可以解除合同：

（1）因不可抗力致使不能实现合同目的；

（2）在履行期限届满前，当事人一方明确表示或者以自己的行为表明不履行主要债务；

（3）当事人一方迟延履行主要债务，经催告后在合理期限内仍未履行；

（4）当事人一方迟延履行债务或者有其他违约行为致使不能实现合同目的；

（5）法律规定的其他情形。

以持续履行的债务为内容的不定期合同，当事人可以随时解除合同，但是应当在合理期限之前通知对方。

第五百六十四条 法律规定或者当事人约定解除权行使期限，期限届满当事人不行使的，该权利消灭。

法律没有规定或者当事人没有约定解除权行使期限，自解除权人知道或者应当知道解除事由之日起一年内不行使，或者经对方催告后在合理期限内不行使的，该权利消灭。

第五百六十五条 当事人一方依法主张解除合同的，应当通知对方。合同自通知到达对方时解除；通知载明债务人在一定期限内不履行债务则合同自动解除，债务人在该期限内未履行债务的，合同自通知载明的期限届满时解除。对方对解除合同有异议的，任何一方当事人均可以请求人民法院或者仲裁机构确认解除行为的效力。

当事人一方未通知对方，直接以提起诉讼或者申请仲裁的方式依法主张解除合同，人民法院或者仲裁机构确认该主张的，合同自起诉状副本或者仲裁申请书副本送达对方时解除。

第五百六十六条 合同解除后，尚未履行的，终止履行；已经履行的，根据履行情况和合同性质，当事人可以请求恢复原状或者采取其他补救措施，并有权请求赔偿损失。

合同因违约解除的，解除权人可以请求违约方承担违约责任，但是当事人另有约定的除外。

主合同解除后，担保人对债务人应当承担的民事责任仍应当承担担保责任，但是担保合同另有约定的除外。

第五百六十七条 合同的权利义务关系终止，不影响合同中结算和清理条款的效力。

第五百六十八条 当事人互负债务，该债务的标的物种类、品质相同的，任何一方可以将自己的债务与对方的到期债务抵销；但是，根据债务性质、按照当事人约定或者依照法律规定不得抵销的除外。

当事人主张抵销的，应当通知对方。通知自到达对方时生效。抵销不得附条件或者附期限。

第五百六十九条 当事人互负债务，标的物种类、品质不相同的，经协商一致，也可以抵销。

第五百七十条 有下列情形之一，难以履行债务的，债务人可以将标的物提存：

（1）债权人无正当理由拒绝受领；

（2）债权人下落不明；

（3）债权人死亡未确定继承人、遗产管理人，或者丧失民事行为能力未确定监护人；

（4）法律规定的其他情形。

标的物不适于提存或者提存费用过高的，债务人依法可以拍卖或者变卖标的物，提存所得的价款。

第五百七十一条 债务人将标的物或者将标的物依法拍卖、变卖所得价款交付提存部门时，提存成立。

提存成立的，视为债务人在其提存范围内已经交付标的物。

第五百七十二条 标的物提存后，债务人应当及时通知债权人或者债权人的继承人、遗产管理人、监护人、财产代管人。

第五百七十三条 标的物提存后，毁损、灭失的风险由债权人承担。提存期间，标的物的孳息归债权人所有。提存费用由债权人负担。

第五百七十四条 债权人可以随时领取提存物。但是，债权人对债务人负有到期债务的，在债权人未履行债务或者提供担保之前，提存部门根据债务人的要求应当拒绝其领取提存物。

债权人领取提存物的权利，自提存之日起 5 年内不行使而消灭，提存物扣除提存费用后归国家所有。但是，债权人未履行对债务人的到期债务，或者债权人向提存部门书面表示放弃领取提存物权利的，债务人负担提存费用后有权取回提存物。

第五百七十五条 债权人免除债务人部分或者全部债务的，债权债务部分或者全部终止，但是债务人在合理期限内拒绝的除外。

第五百七十六条 债权和债务同归于一人的，债权债务终止，但是损害第三人利益的除外。

第八章 违约责任

第五百七十七条 当事人一方不履行合同义务或者履行合同义务不符合约定的，应当承担继续履行、采取补救措施或者赔偿损失等违约责任。

第五百七十八条 当事人一方明确表示或者以自己的行为表明不履行合同义务的，对方可以在履行期限届满前请求其承担违约责任。

第五百七十九条 当事人一方未支付价款、报酬、租金、利息，或者不履行其他金钱债务的，对方可以请求其支付。

第五百八十条 当事人一方不履行非金钱债务或者履行非金钱债务不符合约定的，对方可以请求履行，但是有下列情形之一的除外：

（1）法律上或者事实上不能履行；

（2）债务的标的不适于强制履行或者履行费用过高；

（3）债权人在合理期限内未请求履行。

有前款规定的除外情形之一，致使不能实现合同目的的，人民法院或者仲裁机构可以根据当事人的请求终止合同权利义务关系，但是不影响违约责任的承担。

第五百八十一条 当事人一方不履行债务或者履行债务不符合约定，根据债务的性质不得强制履行的，对方可以请求其负担由第三人替代履行的费用。

第五百八十二条 履行不符合约定的，应当按照当事人的约定承担违约责任。对违约责任没有约定或者约定不明确，依据本法第五百一十条的规定仍不能确定的，受损害方根据标的的性质以及损失的大小，可以合理选择请求对方承担修理、重作、更换、退货、减少价款或者报酬等违约责任。

第五百八十三条 当事人一方不履行合同义务或者履行合同义务不符合约定的，在履行义务或者采取补救措施后，对方还有其他损失的，应当赔偿损失。

第五百八十四条 当事人一方不履行合同义务或者履行合同义务不符合约定，造成对方损失的，损失赔偿额应当相当于因违约所造成的损失，包括合同履行后可以获得的利益；但是，不得超过违约一方订立合同时预见到或者应当预见到的因违约可能造成的损失。

第五百八十五条 当事人可以约定一方违约时应当根据违约情况向对方支付一定数额的违约金，也可以约定因违约产生的损失赔偿额的计算方法。

约定的违约金低于造成的损失的，人民法院或者仲裁机构可以根据当事人的请求予以增加；约定的违约金过分高于造成的损失的，人民法院或者仲裁机构可以根据当事人的请求予以适当减少。

当事人就迟延履行约定违约金的，违约方支付违约金后，还应当履行债务。

第五百八十六条 当事人可以约定一方向对方给付定金作为债权的担保。定金合同自实际交付定金时成立。

定金的数额由当事人约定；但是，不得超过主合同标的额的百分之二十，超过部分不产生定金的效力。实际交付的定金数额多于或者少于约定数额的，视为变更约定的定金数额。

第五百八十七条 债务人履行债务的，定金应当抵作价款或者收回。给付定金的一方不履行债务或者履行债务不符合约定，致使不能实现合同目的的，无权请求返还定金；收受定金的一方不履行债务或者履行债务不符合约定，致使不能实现合同目的的，应当双倍返还定金。

第五百八十八条 当事人既约定违约金，又约定定金的，一方违约时，对方可以选择适用违约金或者定金条款。

定金不足以弥补一方违约造成的损失的，对方可以请求赔偿超过定金数额的损失。

第五百八十九条 债务人按照约定履行债务，债权人无正当理由拒绝受领的，债务人可以请求债权人赔偿增加的费用。

在债权人受领迟延期间，债务人无须支付利息。

第五百九十条 当事人一方因不可抗力不能履行合同的，根据不可抗力的影响，部分或者全部免除责任，但是法律另有规定的除外。因不可抗力不能履行合同的，应当及时通知对方，以减轻可能给对方造成的损失，并应当在合理期限内提供证明。

当事人迟延履行后发生不可抗力的，不免除其违约责任。

第五百九十一条 当事人一方违约后，对方应当采取适当措施防止损失的扩大；没有采取适当措施致使损失扩大的，不得就扩大的损失请求赔偿。

当事人因防止损失扩大而支出的合理费用，由违约方负担。

第五百九十二条 当事人都违反合同的，应当各自承担相应的责任。

当事人一方违约造成对方损失，对方对损失的发生有过错的，可以减少相应的损失赔偿额。

第五百九十三条 当事人一方因第三人的原因造成违约的，应当依法向对方承担违约责任。当事人一方和第三人之间的纠纷，依照法律规定或者按照约定处理。

第五百九十四条 因国际货物买卖合同和技术进出口合同争议提起诉讼或者申请仲裁的时效期间为 4 年。

第二分编　典型合同（节选）

第十八章　建设工程合同

第七百八十八条 建设工程合同是承包人进行工程建设，发包人支付价款的合同。

建设工程合同包括工程勘察、设计、施工合同。

第七百八十九条 建设工程合同应当采用书面形式。

第七百九十条 建设工程的招标投标活动，应当依照有关法律的规定公开、公平、公正进行。

第七百九十一条 发包人可以与总承包人订立建设工程合同，也可以分别与勘察人、设计人、施工人订立勘察、设计、施工承包合同。发包人不得将应当由一个承包人完成的建设工程支解成若干部分发包给数个承包人。

总承包人或者勘察、设计、施工承包人经发包人同意,可以将自己承包的部分工作交由第三人完成。第三人就其完成的工作成果与总承包人或者勘察、设计、施工承包人向发包人承担连带责任。承包人不得将其承包的全部建设工程转包给第三人或者将其承包的全部建设工程支解以后以分包的名义分别转包给第三人。

禁止承包人将工程分包给不具备相应资质条件的单位。禁止分包单位将其承包的工程再分包。建设工程主体结构的施工必须由承包人自行完成。

第七百九十二条 国家重大建设工程合同,应当按照国家规定的程序和国家批准的投资计划、可行性研究报告等文件订立。

第七百九十三条 建设工程施工合同无效,但是建设工程经验收合格的,可以参照合同关于工程价款的约定折价补偿承包人。

建设工程施工合同无效,且建设工程经验收不合格的,按照以下情形处理:

(1)修复后的建设工程经验收合格的,发包人可以请求承包人承担修复费用;

(2)修复后的建设工程经验收不合格的,承包人无权请求参照合同关于工程价款的约定折价补偿。

发包人对因建设工程不合格造成的损失有过错的,应当承担相应的责任。

第七百九十四条 勘察、设计合同的内容一般包括提交有关基础资料和概预算等文件的期限、质量要求、费用以及其他协作条件等条款。

第七百九十五条 施工合同的内容一般包括工程范围、建设工期、中间交工工程的开工和竣工时间、工程质量、工程造价、技术资料交付时间、材料和设备供应责任、拨款和结算、竣工验收、质量保修范围和质量保证期、相互协作等条款。

第七百九十六条 建设工程实行监理的,发包人应当与监理人采用书面形式订立委托监理合同。发包人与监理人的权利和义务以及法律责任,应当依照本编委托合同以及其他有关法律、行政法规的规定。

第七百九十七条 发包人在不妨碍承包人正常作业的情况下,可以随时对作业进度、质量进行检查。

第七百九十八条 隐蔽工程在隐蔽以前,承包人应当通知发包人检查。发包人没有及时检查的,承包人可以顺延工程日期,并有权请求赔偿停工、窝工等损失。

第七百九十九条 建设工程竣工后,发包人应当根据施工图纸及说明书、国家颁发的施工验收规范和质量检验标准及时进行验收。验收合格的,发包人应当按照约定支付价款,并接收该建设工程。

建设工程竣工经验收合格后,方可交付使用;未经验收或者验收不合格的,不得交付使用。

第八百条 勘察、设计的质量不符合要求或者未按照期限提交勘察、设计文件拖延工期,造成发包人损失的,勘察人、设计人应当继续完善勘察、设计,减收或者免收勘察、设计费并赔偿损失。

第八百零一条 因施工人的原因致使建设工程质量不符合约定的,发包人有权请求施工人在合理期限内无偿修理或者返工、改建。经过修理或者返工、改建后,造成逾期交付的,施工人应当承担违约责任。

第八百零二条 因承包人的原因致使建设工程在合理使用期限内造成人身损害和财产损失的,承包人应当承担赔偿责任。

第八百零三条 发包人未按照约定的时间和要求提供原材料、设备、场地、资金、技术资料的,承包人可以顺延工程日期,并有权请求赔偿停工、窝工等损失。

第八百零四条 因发包人的原因致使工程中途停建、缓建的,发包人应当采取措施弥补或者减少损失,赔偿承包人因此造成的停工、窝工、倒运、机械设备调迁、材料和构件积压等损失和实际费用。

第八百零五条 因发包人变更计划,提供的资料不准确,或者未按照期限提供必需的勘察、设计工作条件而造成勘察、设计的返工、停工或者修改设计,发包人应当按照勘察人、设计人实际消耗的工作量增付费用。

第八百零六条 承包人将建设工程转包、违法分包的,发包人可以解除合同。

发包人提供的主要建筑材料、建筑构配件和设备不符合强制性标准或者不履行协助义务，致使承包人无法施工，经催告后在合理期限内仍未履行相应义务的，承包人可以解除合同。

合同解除后，已经完成的建设工程质量合格的，发包人应当按照约定支付相应的工程价款；已经完成的建设工程质量不合格的，参照本法第七百九十三条的规定处理。

第八百零七条 发包人未按照约定支付价款的，承包人可以催告发包人在合理期限内支付价款。发包人逾期不支付的，除根据建设工程的性质不宜折价、拍卖外，承包人可以与发包人协议将该工程折价，也可以请求人民法院将该工程依法拍卖。建设工程的价款就该工程折价或者拍卖的价款优先受偿。

第八百零八条 本章没有规定的，适用承揽合同的有关规定。

第二十章　技术合同

第一节　一般规定

第八百四十三条 技术合同是当事人就技术开发、转让、许可、咨询或者服务订立的确立相互之间权利和义务的合同。

第八百四十四条 订立技术合同，应当有利于知识产权的保护和科学技术的进步，促进科学技术成果的研发、转化、应用和推广。

第八百四十五条 技术合同的内容一般包括项目的名称，标的的内容、范围和要求，履行的计划、地点和方式，技术信息和资料的保密，技术成果的归属和收益的分配办法，验收标准和方法，名词和术语的解释等条款。

与履行合同有关的技术背景资料、可行性论证和技术评价报告、项目任务书和计划书、技术标准、技术规范、原始设计和工艺文件，以及其他技术文档，按照当事人的约定可以作为合同的组成部分。

技术合同涉及专利的，应当注明发明创造的名称、专利申请人和专利权人、申请日期、申请号、专利号以及专利权的有效期限。

第八百四十六条 技术合同价款、报酬或者使用费的支付方式由当事人约定，可以采取一次总算、一次总付或者一次总算、分期支付，也可以采取提成支付或者提成支付附加预付入门费的方式。

约定提成支付的，可以按照产品价格、实施专利和使用技术秘密后新增的产值、利润或者产品销售额的一定比例提成，也可以按照约定的其他方式计算。提成支付的比例可以采取固定比例、逐年递增比例或者逐年递减比例。

约定提成支付的，当事人可以约定查阅有关会计账目的办法。

第八百四十七条 职务技术成果的使用权、转让权属于法人或者非法人组织的，法人或者非法人组织可以就该项职务技术成果订立技术合同。法人或者非法人组织订立技术合同转让职务技术成果时，职务技术成果的完成人享有以同等条件优先受让的权利。

职务技术成果是执行法人或者非法人组织的工作任务，或者主要是利用法人或者非法人组织的物质技术条件所完成的技术成果。

第八百四十八条 非职务技术成果的使用权、转让权属于完成技术成果的个人，完成技术成果的个人可以就该项非职务技术成果订立技术合同。

第八百四十九条 完成技术成果的个人享有在有关技术成果文件上写明自己是技术成果完成者的权利和取得荣誉证书、奖励的权利。

第八百五十条 非法垄断技术或者侵害他人技术成果的技术合同无效。

第二节　技术开发合同

第八百五十一条 技术开发合同是当事人之间就新技术、新产品、新工艺、新品种或者新材料及其系统的研究开发所订立的合同。

技术开发合同包括委托开发合同和合作开发合同。

技术开发合同应当采用书面形式。

当事人之间就具有实用价值的科技成果实施转化订立的合同，参照适用技术开发合同的有关规定。

第八百五十二条 委托开发合同的委托人应当按照约定支付研究开发经费和报酬，提供技术资料，提出研究开发要求，完成协作事项，接受研究开发成果。

第八百五十三条 委托开发合同的研究开发人应当按照约定制定和实施研究开发计划,合理使用研究开发经费,按期完成研究开发工作,交付研究开发成果,提供有关的技术资料和必要的技术指导,帮助委托人掌握研究开发成果。

第八百五十四条 委托开发合同的当事人违反约定造成研究开发工作停滞、延误或者失败的,应当承担违约责任。

第八百五十五条 合作开发合同的当事人应当按照约定进行投资,包括以技术进行投资,分工参与研究开发工作,协作配合研究开发工作。

第八百五十六条 合作开发合同的当事人违反约定造成研究开发工作停滞、延误或者失败的,应当承担违约责任。

第八百五十七条 作为技术开发合同标的的技术已经由他人公开,致使技术开发合同的履行没有意义的,当事人可以解除合同。

第八百五十八条 技术开发合同履行过程中,因出现无法克服的技术困难,致使研究开发失败或者部分失败的,该风险由当事人约定;没有约定或者约定不明确,依据本法第五百一十条的规定仍不能确定的,风险由当事人合理分担。

当事人一方发现前款规定的可能致使研究开发失败或者部分失败的情形时,应当及时通知另一方并采取适当措施减少损失;没有及时通知并采取适当措施,致使损失扩大的,应当就扩大的损失承担责任。

第八百五十九条 委托开发完成的发明创造,除法律另有规定或者当事人另有约定外,申请专利的权利属于研究开发人。研究开发人取得专利权的,委托人可以依法实施该专利。

研究开发人转让专利申请权的,委托人享有以同等条件优先受让的权利。

第八百六十条 合作开发完成的发明创造,申请专利的权利属于合作开发的当事人共有;当事人一方转让其共有的专利申请权的,其他各方享有以同等条件优先受让的权利。但是,当事人另有约定的除外。

合作开发的当事人一方声明放弃其共有的专利申请权的,除当事人另有约定外,可以由另一方单独申请或者由其他各方共同申请。申请人取得专利权的,放弃专利申请权的一方可以免费实施该专利。

合作开发的当事人一方不同意申请专利的,另一方或者其他各方不得申请专利。

第八百六十一条 委托开发或者合作开发完成的技术秘密成果的使用权、转让权以及收益的分配办法,由当事人约定;没有约定或者约定不明确,依据本法第五百一十条的规定仍不能确定的,在没有相同技术方案被授予专利权前,当事人均有使用和转让的权利。但是,委托开发的研究开发人不得在向委托人交付研究开发成果之前,将研究开发成果转让给第三人。

第三节 技术转让合同和技术许可合同

第八百六十二条 技术转让合同是合法拥有技术的权利人,将现有特定的专利、专利申请、技术秘密的相关权利让与他人所订立的合同。

技术许可合同是合法拥有技术的权利人,将现有特定的专利、技术秘密的相关权利许可他人实施、使用所订立的合同。

技术转让合同和技术许可合同中关于提供实施技术的专用设备、原材料或者提供有关的技术咨询、技术服务的约定,属于合同的组成部分。

第八百六十三条 技术转让合同包括专利权转让、专利申请权转让、技术秘密转让等合同。

技术许可合同包括专利实施许可、技术秘密使用许可等合同。

技术转让合同和技术许可合同应当采用书面形式。

第八百六十四条 技术转让合同和技术许可合同可以约定实施专利或者使用技术秘密的范围,但是不得限制技术竞争和技术发展。

第八百六十五条 专利实施许可合同仅在该专利权的存续期限内有效。专利权有效期限届满或者专利权被宣告无效的,专利权人不得就该专利与他人订立专利实施许可合同。

第八百六十六条 专利实施许可合同的许可人应当按照约定许可被许可人实施专利,交付实施专利有关的技术资料,提供必要的技术指导。

第八百六十七条 专利实施许可合同的被许可人应当按照约定实施专利,不得许可约定以外的第三人实施该专利,并按照约定支付使用费。

第八百六十八条 技术秘密转让合同的让与人和技术秘密使用许可合同的许可人应当按照约定提供技术资料,进行技术指导,保证技术的实用性、可靠性,承担保密义务。

前款规定的保密义务,不限制许可人申请专利,但是当事人另有约定的除外。

第八百六十九条 技术秘密转让合同的受让人和技术秘密使用许可合同的被许可人应当按照约定使用技术,支付转让费、使用费,承担保密义务。

第八百七十条 技术转让合同的让与人和技术许可合同的许可人应当保证自己是所提供的技术的合法拥有者,并保证所提供的技术完整、无误、有效,能够达到约定的目标。

第八百七十一条 技术转让合同的受让人和技术许可合同的被许可人应当按照约定的范围和期限,对让与人、许可人提供的技术中尚未公开的秘密部分,承担保密义务。

第八百七十二条 许可人未按照约定许可技术的,应当返还部分或者全部使用费,并应当承担违约责任;实施专利或者使用技术秘密超越约定的范围的,违反约定擅自许可第三人实施该项专利或者使用该项技术秘密的,应当停止违约行为,承担违约责任;违反约定的保密义务的,应当承担违约责任。

让与人承担违约责任,参照适用前款规定。

第八百七十三条 被许可人未按照约定支付使用费的,应当补交使用费并按照约定支付违约金;不补交使用费或者支付违约金的,应当停止实施专利或者使用技术秘密,交还技术资料,承担违约责任;实施专利或者使用技术秘密超越约定的范围的,未经许可人同意擅自许可第三人实施该专利或者使用该技术秘密的,应当停止违约行为,承担违约责任;违反约定的保密义务的,应当承担违约责任。

受让人承担违约责任,参照适用前款规定。

第八百七十四条 受让人或者被许可人按照约定实施专利、使用技术秘密侵害他人合法权益的,由让与人或者许可人承担责任,但是当事人另有约定的除外。

第八百七十五条 当事人可以按照互利的原则,在合同中约定实施专利、使用技术秘密后续改进的技术成果的分享办法;没有约定或者约定不明确,依据本法第五百一十条的规定仍不能确定的,一方后续改进的技术成果,其他各方无权分享。

第八百七十六条 集成电路布图设计专有权、植物新品种权、计算机软件著作权等其他知识产权的转让和许可,参照适用本节的有关规定。

第八百七十七条 法律、行政法规对技术进出口合同或者专利、专利申请合同另有规定的,依照其规定。

第四节 技术咨询合同和技术服务合同

第八百七十八条 技术咨询合同是当事人一方以技术知识为对方就特定技术项目提供可行性论证、技术预测、专题技术调查、分析评价报告等所订立的合同。

技术服务合同是当事人一方以技术知识为对方解决特定技术问题所订立的合同,不包括承揽合同和建设工程合同。

第八百七十九条 技术咨询合同的委托人应当按照约定阐明咨询的问题,提供技术背景材料及有关技术资料,接受受托人的工作成果,支付报酬。

第八百八十条 技术咨询合同的受托人应当按照约定的期限完成咨询报告或者解答问题,提出的咨询报告应当达到约定的要求。

第八百八十一条 技术咨询合同的委托人未按照约定提供必要的资料,影响工作进度和质量,不接受或者逾期接受工作成果的,支付的报酬不得追回,未支付的报酬应当支付。

技术咨询合同的受托人未按期提出咨询报告或者提出的咨询报告不符合约定的,应当承担减收或者免收报酬等违约责任。

技术咨询合同的委托人按照受托人符合约定要求的咨询报告和意见做出决策所造成的损失,由委托人承担,但是当事人另有约定的除外。

第八百八十二条 技术服务合同的委托人应当按照约定提供工作条件,完成配合事项,接受工作成果并支付报酬。

第八百八十三条 技术服务合同的受托人应当

按照约定完成服务项目,解决技术问题,保证工作质量,并传授解决技术问题的知识。

第八百八十四条 技术服务合同的委托人不履行合同义务或者履行合同义务不符合约定,影响工作进度和质量,不接受或者逾期接受工作成果的,支付的报酬不得追回,未支付的报酬应当支付。

技术服务合同的受托人未按照约定完成服务工作的,应当承担免收报酬等违约责任。

第八百八十五条 技术咨询合同、技术服务合同履行过程中,受托人利用委托人提供的技术资料和工作条件完成的新的技术成果,属于受托人。委托人利用受托人的工作成果完成的新的技术成果,属于委托人。当事人另有约定的,按照其约定。

第八百八十六条 技术咨询合同和技术服务合同对受托人正常开展工作所需费用的负担没有约定或者约定不明确的,由受托人负担。

第八百八十七条 法律、行政法规对技术中介合同、技术培训合同另有规定的,依照其规定。

第三分编 准合同(略)

第四编 人格权(略)

第五编 婚姻家庭(略)

第六编 继 承(略)

第七编 侵权责任(节选)

第四章 产品责任

第一千二百零二条 因产品存在缺陷造成他人损害的,生产者应当承担侵权责任。

第一千二百零三条 因产品存在缺陷造成他人损害的,被侵权人可以向产品的生产者请求赔偿,也可以向产品的销售者请求赔偿。

产品缺陷由生产者造成的,销售者赔偿后,有权向生产者追偿。因销售者的过错使产品存在缺陷的,生产者赔偿后,有权向销售者追偿。

第一千二百零四条 因运输者、仓储者等第三人的过错使产品存在缺陷,造成他人损害的,产品的生产者、销售者赔偿后,有权向第三人追偿。

第一千二百零五条 因产品缺陷危及他人人身、财产安全的,被侵权人有权请求生产者、销售者承担停止侵害、排除妨碍、消除危险等侵权责任。

第一千二百零六条 产品投入流通后发现存在缺陷的,生产者、销售者应当及时采取停止销售、警示、召回等补救措施;未及时采取补救措施或者补救措施不力造成损害扩大的,对扩大的损害也应当承担侵权责任。

依据前款规定采取召回措施的,生产者、销售者应当负担被侵权人因此支出的必要费用。

第一千二百零七条 明知产品存在缺陷仍然生产、销售,或者没有依据前条规定采取有效补救措施,造成他人死亡或者健康严重损害的,被侵权人有权请求相应的惩罚性赔偿。

第七章 环境污染和生态破坏责任

第一千二百二十九条 因污染环境、破坏生态造成他人损害的,侵权人应当承担侵权责任。

第一千二百三十条 因污染环境、破坏生态发生纠纷,行为人应当就法律规定的不承担责任或者减轻责任的情形及其行为与损害之间不存在因果关系承担举证责任。

第一千二百三十一条 两个以上侵权人污染环境、破坏生态的,承担责任的大小,根据污染物的种类、浓度、排放量,破坏生态的方式、范围、程度,以及行为对损害后果所起的作用等因素确定。

第一千二百三十二条 侵权人违反法律规定故意污染环境、破坏生态造成严重后果的,被侵权人有权请求相应的惩罚性赔偿。

第一千二百三十三条 因第三人的过错污染环境、破坏生态的,被侵权人可以向侵权人请求赔偿,也可以向第三人请求赔偿。侵权人赔偿后,有权向第三人追偿。

第一千二百三十四条 违反国家规定造成生态环境损害,生态环境能够修复的,国家规定的机关或者法律规定的组织有权请求侵权人在合理期限内承担修复责任。侵权人在期限内未修复的,国家规定的机关或者法律规定的组织可以自行或者委托他人进行修复,所需费用由侵权人负担。

第一千二百三十五条 违反国家规定造成生态

环境损害的，国家规定的机关或者法律规定的组织有权请求侵权人赔偿下列损失和费用：

（1）生态环境受到损害至修复完成期间服务功能丧失导致的损失；

（2）生态环境功能永久性损害造成的损失；

（3）生态环境损害调查、鉴定评估等费用；

（4）清除污染、修复生态环境费用；

（5）防止损害的发生和扩大所支出的合理费用。

第十章　建筑物和物件损害责任

第一千二百五十二条　建筑物、构筑物或者其他设施倒塌、塌陷造成他人损害的，由建设单位与施工单位承担连带责任，但是建设单位与施工单位能够证明不存在质量缺陷的除外。建设单位、施工单位赔偿后，有其他责任人的，有权向其他责任人追偿。

因所有人、管理人、使用人或者第三人的原因，建筑物、构筑物或者其他设施倒塌、塌陷造成他人损害的，由所有人、管理人、使用人或者第三人承担侵权责任。

第一千二百五十三条　建筑物、构筑物或者其他设施及其搁置物、悬挂物发生脱落、坠落造成他人损害，所有人、管理人或者使用人不能证明自己没有过错的，应当承担侵权责任。所有人、管理人或者使用人赔偿后，有其他责任人的，有权向其他责任人追偿。

第一千二百五十四条　禁止从建筑物中抛掷物品。从建筑物中抛掷物品或者从建筑物上坠落的物品造成他人损害的，由侵权人依法承担侵权责任；经调查难以确定具体侵权人的，除能够证明自己不是侵权人的外，由可能加害的建筑物使用人给予补偿。可能加害的建筑物使用人补偿后，有权向侵权人追偿。

物业服务企业等建筑物管理人应当采取必要的安全保障措施防止前款规定情形的发生；未采取必要的安全保障措施的，应当依法承担未履行安全保障义务的侵权责任。

发生本条第一款规定的情形的，公安等机关应当依法及时调查，查清责任人。

第一千二百五十五条　堆放物倒塌、滚落或者滑落造成他人损害，堆放人不能证明自己没有过错的，应当承担侵权责任。

第一千二百五十六条　在公共道路上堆放、倾倒、遗撒妨碍通行的物品造成他人损害的，由行为人承担侵权责任。公共道路管理人不能证明已经尽到清理、防护、警示等义务的，应当承担相应的责任。

第一千二百五十七条　因林木折断、倾倒或者果实坠落等造成他人损害，林木的所有人或者管理人不能证明自己没有过错的，应当承担侵权责任。

第一千二百五十八条　在公共场所或者道路上挖掘、修缮安装地下设施等造成他人损害，施工人不能证明已经设置明显标志和采取安全措施的，应当承担侵权责任。

窨井等地下设施造成他人损害，管理人不能证明尽到管理职责的，应当承担侵权责任。

附　则

第一千二百五十九条　民法所称的“以上”“以下”“以内”“届满”，包括本数；所称的“不满”“超过”“以外”，不包括本数。

第一千二百六十条　本法自2021年1月1日起施行。《中华人民共和国婚姻法》《中华人民共和国继承法》《中华人民共和国民法通则》《中华人民共和国收养法》《中华人民共和国担保法》《中华人民共和国合同法》《中华人民共和国物权法》《中华人民共和国侵权责任法》《中华人民共和国民法总则》同时废止。

行政法规

保障中小企业款项支付条例

（2020年7月5日　中华人民共和国国务院令第728号公布　自2020年9月1日起施行）

第一条　为了促进机关、事业单位和大型企业及时支付中小企业款项，维护中小企业合法权益，优化营商环境，根据《中华人民共和国中小企业促进法》等法律，制定本条例。

第二条　机关、事业单位和大型企业采购货物、工程、服务支付中小企业款项，应当遵守本条例。

第三条　本条例所称中小企业，是指在中华人民共和国境内依法设立，依据国务院批准的中小企业划分标准确定的中型企业、小型企业和微型企业；所称大型企业，是指中小企业以外的企业。

中小企业、大型企业依合同订立时的企业规模类型确定。中小企业与机关、事业单位、大型企业订立合同时，应当主动告知其属于中小企业。

第四条　国务院负责中小企业促进工作综合管理的部门对机关、事业单位和大型企业及时支付中小企业款项工作进行宏观指导、综合协调、监督检查；国务院有关部门在各自职责范围内，负责相关管理工作。

县级以上地方人民政府负责本行政区域内机关、事业单位和大型企业及时支付中小企业款项的管理工作。

第五条　有关行业协会商会应当按照法律法规和组织章程，完善行业自律，禁止本行业大型企业利用优势地位拒绝或者迟延支付中小企业款项，规范引导其履行及时支付中小企业款项义务，保护中小企业合法权益。

第六条　机关、事业单位和大型企业不得要求中小企业接受不合理的付款期限、方式、条件和违约责任等交易条件，不得违约拖欠中小企业的货物、工程、服务款项。

中小企业应当依法经营，诚实守信，按照合同约定提供合格的货物、工程和服务。

第七条　机关、事业单位使用财政资金从中小企业采购货物、工程、服务，应当严格按照批准的预算执行，不得无预算、超预算开展采购。

政府投资项目所需资金应当按照国家有关规定确保落实到位，不得由施工单位垫资建设。

第八条　机关、事业单位从中小企业采购货物、工程、服务，应当自货物、工程、服务交付之日起30日内支付款项；合同另有约定的，付款期限最长不得超过60日。

大型企业从中小企业采购货物、工程、服务，应当按照行业规范、交易习惯合理约定付款期限并及时支付款项。

合同约定采取履行进度结算、定期结算等结算方式的，付款期限应当自双方确认结算金额之日起算。

第九条　机关、事业单位和大型企业与中小企业约定以货物、工程、服务交付后经检验或者验收合格作为支付中小企业款项条件的，付款期限应当自检验或者验收合格之日起算。

合同双方应当在合同中约定明确、合理的检验或者验收期限，并在该期限内完成检验或者验收。机关、事业单位和大型企业拖延检验或者验收的，付款期限自约定的检验或者验收期限届满之日起算。

第十条　机关、事业单位和大型企业使用商业汇票等非现金支付方式支付中小企业款项的，应当在合同中做出明确、合理约定，不得强制中小企业接受商业汇票等非现金支付方式，不得利用商业汇票等非现金支付方式变相延长付款期限。

第十一条 机关、事业单位和国有大型企业不得强制要求以审计机关的审计结果作为结算依据，但合同另有约定或者法律、行政法规另有规定的除外。

第十二条 除依法设立的投标保证金、履约保证金、工程质量保证金、农民工工资保证金外，工程建设中不得收取其他保证金。保证金的收取比例应当符合国家有关规定。

机关、事业单位和大型企业不得将保证金限定为现金。中小企业以金融机构保函提供保证的，机关、事业单位和大型企业应当接受。

机关、事业单位和大型企业应当按照合同约定，在保证期限届满后及时与中小企业对收取的保证金进行核实和结算。

第十三条 机关、事业单位和大型企业不得以法定代表人或者主要负责人变更，履行内部付款流程，或者在合同未作约定的情况下以等待竣工验收批复、决算审计等为由，拒绝或者迟延支付中小企业款项。

第十四条 中小企业以应收账款担保融资的，机关、事业单位和大型企业应当自中小企业提出确权请求之日起30日内确认债权债务关系，支持中小企业融资。

第十五条 机关、事业单位和大型企业迟延支付中小企业款项的，应当支付逾期利息。双方对逾期利息的利率有约定的，约定利率不得低于合同订立时1年期贷款市场报价利率；未作约定的，按照每日利率5? 支付逾期利息。

第十六条 机关、事业单位应当于每年3月31日前将上一年度逾期尚未支付中小企业款项的合同数量、金额等信息通过网站、报刊等便于公众知晓的方式公开。

大型企业应当将逾期尚未支付中小企业款项的合同数量、金额等信息纳入企业年度报告，通过企业信用信息公示系统向社会公示。

第十七条 省级以上人民政府负责中小企业促进工作综合管理的部门应当建立便利畅通的渠道，受理对机关、事业单位和大型企业拒绝或者迟延支付中小企业款项的投诉。

受理投诉部门应当按照“属地管理、分级负责，谁主管谁负责”的原则，及时将投诉转交有关部门、地方人民政府处理，有关部门、地方人民政府应当依法及时处理，并将处理结果告知投诉人，同时反馈受理投诉部门。

机关、事业单位和大型企业不履行及时支付中小企业款项义务，情节严重的，受理投诉部门可以依法依规将其失信信息纳入全国信用信息共享平台，并将相关涉企信息通过企业信用信息公示系统向社会公示，依法实施失信惩戒。

第十八条 被投诉的机关、事业单位和大型企业及其工作人员不得以任何形式对投诉人进行恐吓、打击报复。

第十九条 对拒绝或者迟延支付中小企业款项的机关、事业单位，应当在公务消费、办公用房、经费安排等方面采取必要的限制措施。

第二十条 审计机关依法对机关、事业单位和国有大型企业支付中小企业款项情况实施审计监督。

第二十一条 省级以上人民政府建立督查制度，对及时支付中小企业款项工作进行监督检查。

第二十二条 国家依法开展中小企业发展环境评估和营商环境评价时，应当将及时支付中小企业款项工作情况纳入评估和评价内容。

第二十三条 国务院负责中小企业促进工作综合管理的部门依据国务院批准的中小企业划分标准，建立企业规模类型测试平台，提供中小企业规模类型自测服务。

对中小企业规模类型有争议的，可以向主张为中小企业一方所在地的县级以上地方人民政府负责中小企业促进工作综合管理的部门申请认定。

第二十四条 国家鼓励法律服务机构为与机关、事业单位和大型企业存在支付纠纷的中小企业提供法律服务。

新闻媒体应当开展对及时支付中小企业款项相关法律法规政策的公益宣传，依法加强对机关、事业单位和大型企业拒绝或者迟延支付中小企业款项行为的舆论监督。

第二十五条 机关、事业单位违反本条例，有下列情形之一的，由其上级机关、主管部门责令改正；拒不改正的，对直接负责的主管人员和其他直接责任人员依法给予处分：

（1）未在规定的期限内支付中小企业货物、工程、服务款项；

（2）拖延检验、验收；

（3）强制中小企业接受商业汇票等非现金支付方式，或者利用商业汇票等非现金支付方式变相延长付款期限；

（4）没有法律、行政法规依据或者合同约定，要求以审计机关的审计结果作为结算依据；

（5）违法收取保证金，拒绝接受中小企业提供的金融机构保函，或者不及时与中小企业对保证金进行核实、结算；

（6）以法定代表人或者主要负责人变更，履行内部付款流程，或者在合同未作约定的情况下以等待竣工验收批复、决算审计等为由，拒绝或者迟延支付中小企业款项；

（7）未按照规定公开逾期尚未支付中小企业款项信息；

（8）对投诉人进行恐吓、打击报复。

第二十六条 机关、事业单位有下列情形之一的，依照法律、行政法规和国家有关规定追究责任：

（1）使用财政资金从中小企业采购货物、工程、服务，未按照批准的预算执行；

（2）要求施工单位对政府投资项目垫资建设。

第二十七条 大型企业违反本条例，未按照规定在企业年度报告中公示逾期尚未支付中小企业款项信息或者隐瞒真实情况、弄虚作假的，由市场监督管理部门依法处理。

国有大型企业没有合同约定或者法律、行政法规依据，要求以审计机关的审计结果作为结算依据的，由其主管部门责令改正；拒不改正的，对直接负责的主管人员和其他直接责任人员依法给予处分。

第二十八条 部分或者全部使用财政资金的团体组织采购货物、工程、服务支付中小企业款项，参照本条例对机关、事业单位的有关规定执行。

军队采购货物、工程、服务支付中小企业款项，按照军队的有关规定执行。

第二十九条 本条例自 2020 年 9 月 1 日起施行。

国家科学技术奖励条例

（1999 年 5 月 23 日中华人民共和国国务院令第 265 号发布 根据 2003 年 12 月 20 日《国务院关于修改〈国家科学技术奖励条例〉的决定》第一次修订 根据 2013 年 7 月 18 日《国务院关于废止和修改部分行政法规的决定》第二次修订 2020 年 10 月 7 日中华人民共和国国务院令第 731 号第三次修订 2020 年 10 月 7 日中华人民共和国国务院令第 731 号公布 自 2020 年 12 月 1 日起施行）

第一章 总 则

第一条 为了奖励在科学技术进步活动中做出突出贡献的个人、组织，调动科学技术工作者的积极性和创造性，建设创新型国家和世界科技强国，根据《中华人民共和国科学技术进步法》，制定本条例。

第二条 国务院设立下列国家科学技术奖：

（1）国家最高科学技术奖；

（2）国家自然科学奖；

（3）国家技术发明奖；

（4）国家科学技术进步奖；

（5）中华人民共和国国际科学技术合作奖。

第三条 国家科学技术奖应当与国家重大战略需要和中长期科技发展规划紧密结合。国家加大对自然科学基础研究和应用基础研究的奖励。国家自然科学奖应当注重前瞻性、理论性，国家技术发明奖应当注重原创性、实用性，国家科学技术进步奖应当注重创新性、效益性。

第四条 国家科学技术奖励工作坚持中国共产党领导，实施创新驱动发展战略，贯彻尊重劳动、尊重知识、尊重人才、尊重创造的方针，培育和践行社会主义核心价值观。

第五条 国家维护国家科学技术奖的公正性、严肃性、权威性和荣誉性，将国家科学技术奖授予追求真理、潜心研究、学有所长、研有所专、敢于超越、勇攀高峰的科技工作者。

国家科学技术奖的提名、评审和授予，不受任何组织或者个人干涉。

第六条 国务院科学技术行政部门负责国家科学技术奖的相关办法制定和评审活动的组织工作。对涉及国家安全的项目，应当采取严格的保密措施。

国家科学技术奖励应当实施绩效管理。

第七条 国家设立国家科学技术奖励委员会。国家科学技术奖励委员会聘请有关方面的专家、学者等组成评审委员会和监督委员会，负责国家科学技术奖的评审和监督工作。

国家科学技术奖励委员会的组成人员人选由国务院科学技术行政部门提出，报国务院批准。

第二章 国家科学技术奖的设置

第八条 国家最高科学技术奖授予下列中国公民：

（1）在当代科学技术前沿取得重大突破或者在科学技术发展中有卓越建树的；

（2）在科学技术创新、科学技术成果转化和高技术产业化中，创造巨大经济效益、社会效益、生态环境效益或者对维护国家安全做出巨大贡献的。

国家最高科学技术奖不分等级，每次授予人数不超过2名。

第九条 国家自然科学奖授予在基础研究和应用基础研究中阐明自然现象、特征和规律，做出重大科学发现的个人。

前款所称重大科学发现，应当具备下列条件：

（1）前人尚未发现或者尚未阐明；

（2）具有重大科学价值；

（3）得到国内外自然科学界公认。

第十条 国家技术发明奖授予运用科学技术知识做出产品、工艺、材料、器件及其系统等重大技术发明的个人。

前款所称重大技术发明，应当具备下列条件：

（1）前人尚未发明或者尚未公开；

（2）具有先进性、创造性、实用性；

（3）经实施，创造显著经济效益、社会效益、生态环境效益或者对维护国家安全做出显著贡献，且具有良好的应用前景。

第十一条 国家科学技术进步奖授予完成和应用推广创新性科学技术成果，为推动科学技术进步和经济社会发展做出突出贡献的个人、组织。

前款所称创新性科学技术成果，应当具备下列条件：

（1）技术创新性突出，技术经济指标先进；

（2）经应用推广，创造显著经济效益、社会效益、生态环境效益或者对维护国家安全做出显著贡献；

（3）在推动行业科学技术进步等方面有重大贡献。

第十二条 国家自然科学奖、国家技术发明奖、国家科学技术进步奖分为一等奖、二等奖2个等级；对做出特别重大的科学发现、技术发明或者创新性科学技术成果的，可以授予特等奖。

第十三条 中华人民共和国国际科学技术合作奖授予对中国科学技术事业做出重要贡献的下列外国人或者外国组织：

（1）同中国的公民或者组织合作研究、开发，取得重大科学技术成果的；

（2）向中国的公民或者组织传授先进科学技术、培养人才，成效特别显著的；

（3）为促进中国与外国的国际科学技术交流与合作，做出重要贡献的。

中华人民共和国国际科学技术合作奖不分等级。

第三章 国家科学技术奖的提名、评审和授予

第十四条 国家科学技术奖实行提名制度，不受理自荐。候选者由下列单位或者个人提名：

（1）符合国务院科学技术行政部门规定的资格条件的专家、学者、组织机构；

（2）中央和国家机关有关部门，中央军事委员会科学技术部门，省、自治区、直辖市、计划单列市人民政府。

香港特别行政区、澳门特别行政区、台湾地区的

有关个人、组织的提名资格条件，由国务院科学技术行政部门规定。

中华人民共和国驻外使馆、领馆可以提名中华人民共和国国际科学技术合作奖的候选者。

第十五条 提名者应当严格按照提名办法提名，提供提名材料，对材料的真实性和准确性负责，并按照规定承担相应责任。

提名办法由国务院科学技术行政部门制定。

第十六条 在科学技术活动中有下列情形之一的，相关个人、组织不得被提名或者授予国家科学技术奖：

(1)危害国家安全、损害社会公共利益、危害人体健康、违反伦理道德的；

(2)有科研不端行为，按照国家有关规定被禁止参与国家科学技术奖励活动的；

(3)有国务院科学技术行政部门规定的其他情形的。

第十七条 国务院科学技术行政部门应当建立覆盖各学科、各领域的评审专家库，并及时更新。评审专家应当精通所从事学科、领域的专业知识，具有较高的学术水平和良好的科学道德。

第十八条 评审活动应当坚持公开、公平、公正的原则。评审专家与候选者有重大利害关系，可能影响评审公平、公正的，应当回避。

评审委员会的评审委员和参与评审活动的评审专家应当遵守评审工作纪律，不得有利用评审委员、评审专家身份牟取利益或者与其他评审委员、评审专家串通表决等可能影响评审公平、公正的行为。

评审办法由国务院科学技术行政部门制定。

第十九条 评审委员会设立评审组进行初评，评审组负责提出初评建议并提交评审委员会。

参与初评的评审专家从评审专家库中抽取产生。

第二十条 评审委员会根据相关办法对初评建议进行评审，并向国家科学技术奖励委员会提出各奖种获奖者和奖励等级的建议。

监督委员会根据相关办法对提名、评审和异议处理工作全程进行监督，并向国家科学技术奖励委员会报告监督情况。

国家科学技术奖励委员会根据评审委员会的建议和监督委员会的报告，做出各奖种获奖者和奖励等级的决议。

第二十一条 国务院科学技术行政部门对国家科学技术奖励委员会做出的各奖种获奖者和奖励等级的决议进行审核，报国务院批准。

第二十二条 国家最高科学技术奖报请国家主席签署并颁发奖章、证书和奖金。

国家自然科学奖、国家技术发明奖、国家科学技术进步奖由国务院颁发证书和奖金。

中华人民共和国国际科学技术合作奖由国务院颁发奖章和证书。

第二十三条 国家科学技术奖提名和评审的办法、奖励总数、奖励结果等信息应当向社会公布，接受社会监督。

涉及国家安全的保密项目，应当严格遵守国家保密法律法规的有关规定，加强项目内容的保密管理，在适当范围内公布。

第二十四条 国家科学技术奖励工作实行科研诚信审核制度。国务院科学技术行政部门负责建立提名专家、学者、组织机构和评审委员、评审专家、候选者的科研诚信严重失信行为数据库。

禁止任何个人、组织进行可能影响国家科学技术奖提名和评审公平、公正的活动。

第二十五条 国家最高科学技术奖的奖金数额由国务院规定。

国家自然科学奖、国家技术发明奖、国家科学技术进步奖的奖金数额由国务院科学技术行政部门会同财政部门规定。

国家科学技术奖的奖励经费列入中央预算。

第二十六条 宣传国家科学技术奖获奖者的突出贡献和创新精神，应当遵守法律法规的规定，做到安全、保密、适度、严谨。

第二十七条 禁止使用国家科学技术奖名义牟取不正当利益。

第四章 法律责任

第二十八条 候选者进行可能影响国家科学技术奖提名和评审公平、公正的活动的，由国务院科学技术行政部门给予通报批评，取消其参评资格，并由所在单位或者有关部门依法给予处分。

其他个人或者组织进行可能影响国家科学技术奖提名和评审公平、公正的活动的，由国务院科学技术行政部门给予通报批评；相关候选者有责任的，取消其参评资格。

第二十九条 评审委员、评审专家违反国家科学技术奖评审工作纪律的，由国务院科学技术行政部门取消其评审委员、评审专家资格，并由所在单位或者有关部门依法给予处分。

第三十条 获奖者剽窃、侵占他人的发现、发明或者其他科学技术成果的，或者以其他不正当手段骗取国家科学技术奖的，由国务院科学技术行政部门报国务院批准后撤销奖励，追回奖章、证书和奖金，并由所在单位或者有关部门依法给予处分。

第三十一条 提名专家、学者、组织机构提供虚假数据、材料，协助他人骗取国家科学技术奖的，由国务院科学技术行政部门给予通报批评；情节严重的，暂停或者取消其提名资格，并由所在单位或者有关部门依法给予处分。

第三十二条 违反本条例第二十七条规定的，由有关部门依照相关法律、行政法规的规定予以查处。

第三十三条 对违反本条例规定，有科研诚信严重失信行为的个人、组织，记入科研诚信严重失信行为数据库，并共享至全国信用信息共享平台，按照国家有关规定实施联合惩戒。

第三十四条 国家科学技术奖的候选者、获奖者、评审委员、评审专家和提名专家、学者涉嫌违反其他法律、行政法规的，国务院科学技术行政部门应当通报有关部门依法予以处理。

第三十五条 参与国家科学技术奖评审组织工作的人员在评审活动中滥用职权、玩忽职守、徇私舞弊的，依法给予处分；构成犯罪的，依法追究刑事责任。

第五章 附 则

第三十六条 有关部门根据国家安全领域的特殊情况，可以设立部级科学技术奖；省、自治区、直辖市、计划单列市人民政府可以设立一项省级科学技术奖。具体办法由设奖部门或者地方人民政府制定，并报国务院科学技术行政部门及有关单位备案。

设立省部级科学技术奖，应当按照精简原则，严格控制奖励数量，提高奖励质量，优化奖励程序。其他国家机关、群众团体，以及参照公务员法管理的事业单位，不得设立科学技术奖。

第三十七条 国家鼓励社会力量设立科学技术奖。社会力量设立科学技术奖的，在奖励活动中不得收取任何费用。

国务院科学技术行政部门应当对社会力量设立科学技术奖的有关活动进行指导服务和监督管理，并制定具体办法。

第三十八条 本条例自 2020 年 12 月 1 日起施行。

中华人民共和国认证认可条例

（2003 年 9 月 3 日中华人民共和国国务院令第 390 号公布 根据 2016 年 2 月 6 日《国务院关于修改部分行政法规的决定》第一次修订 根据 2020 年 11 月 29 日《国务院关于修改和废止部分行政法规的决定》第二次修订 2020 年 11 月 29 日中华人民共和国国务院令第 732 号公布 自公布之日起施行）

第一章 总 则

第一条 为了规范认证认可活动，提高产品、服务的质量和管理水平，促进经济和社会的发展，制定本条例。

第二条 本条例所称认证，是指由认证机构证明产品、服务、管理体系符合相关技术规范、相关技术规范的强制性要求或者标准的合格评定活动。

本条例所称认可，是指由认可机构对认证机构、检查机构、实验室以及从事评审、审核等认证活动人员的能力和执业资格，予以承认的合格评定活动。

第三条 在中华人民共和国境内从事认证认可活动，应当遵守本条例。

第四条 国家实行统一的认证认可监督管理制度。

国家对认证认可工作实行在国务院认证认可监督管理部门统一管理、监督和综合协调下，各有关方面共同实施的工作机制。

第五条 国务院认证认可监督管理部门应当依法对认证培训机构、认证咨询机构的活动加强监督管理。

第六条 认证认可活动应当遵循客观独立、公开公正、诚实信用的原则。

第七条 国家鼓励平等互利地开展认证认可国际互认活动。认证认可国际互认活动不得损害国家安全和社会公共利益。

第八条 从事认证认可活动的机构及其人员，对其所知悉的国家秘密和商业秘密负有保密义务。

第二章　认证机构

第九条 取得认证机构资质，应当经国务院认证认可监督管理部门批准，并在批准范围内从事认证活动。

未经批准，任何单位和个人不得从事认证活动。

第十条 取得认证机构资质，应当符合下列条件：

(1)取得法人资格；

(2)有固定的场所和必要的设施；

(3)有符合认证认可要求的管理制度；

(4)注册资本不得少于人民币300万元；

(5)有10名以上相应领域的专职认证人员。

从事产品认证活动的认证机构，还应当具备与从事相关产品认证活动相适应的检测、检查等技术能力。

第十一条 认证机构资质的申请和批准程序：

(1)认证机构资质的申请人，应当向国务院认证认可监督管理部门提出书面申请，并提交符合本条例第十条规定条件的证明文件；

(2)国务院认证认可监督管理部门自受理认证机构资质申请之日起45日内，应当做出是否批准的决定。涉及国务院有关部门职责的，应当征求国务院有关部门的意见。决定批准的，向申请人出具批准文件，决定不予批准的，应当书面通知申请人，并说明理由。

国务院认证认可监督管理部门应当公布依法取得认证机构资质的企业名录。

第十二条 境外认证机构在中华人民共和国境内设立代表机构，须向市场监督管理部门依法办理登记手续后，方可从事与所从属机构的业务范围相关的推广活动，但不得从事认证活动。

境外认证机构在中华人民共和国境内设立代表机构的登记，按照有关外商投资法律、行政法规和国家有关规定办理。

第十三条 认证机构不得与行政机关存在利益关系。

认证机构不得接受任何可能对认证活动的客观公正产生影响的资助；不得从事任何可能对认证活动的客观公正产生影响的产品开发、营销等活动。

认证机构不得与认证委托人存在资产、管理方面的利益关系。

第十四条 认证人员从事认证活动，应当在一个认证机构执业，不得同时在两个以上认证机构执业。

第十五条 向社会出具具有证明作用的数据和结果的检查机构、实验室，应当具备有关法律、行政法规规定的基本条件和能力，并依法经认定后，方可从事相应活动，认定结果由国务院认证认可监督管理部门公布。

第三章　认　证

第十六条 国家根据经济和社会发展的需要，推行产品、服务、管理体系认证。

第十七条 认证机构应当按照认证基本规范、认证规则从事认证活动。认证基本规范、认证规则由国务院认证认可监督管理部门制定；涉及国务院有关部门职责的，国务院认证认可监督管理部门应当会同国务院有关部门制定。

属于认证新领域，前款规定的部门尚未制定认证规则的，认证机构可以自行制定认证规则，并报国务院认证认可监督管理部门备案。

第十八条 任何法人、组织和个人可以自愿委托依法设立的认证机构进行产品、服务、管理体系认证。

第十九条 认证机构不得以委托人未参加认证咨询或者认证培训等为理由，拒绝提供本认证机构业务范围内的认证服务，也不得向委托人提出与认证活动无关的要求或者限制条件。

第二十条 认证机构应当公开认证基本规范、认证规则、收费标准等信息。

第二十一条 认证机构以及与认证有关的检查机构、实验室从事认证以及与认证有关的检查、检测活动，应当完成认证基本规范、认证规则规定的程序，确保认证、检查、检测的完整、客观、真实，不得增加、减少、遗漏程序。

认证机构以及与认证有关的检查机构、实验室应当对认证、检查、检测过程做出完整记录，归档留存。

第二十二条 认证机构及其认证人员应当及时做出认证结论，并保证认证结论的客观、真实。认证结论经认证人员签字后，由认证机构负责人签署。

认证机构及其认证人员对认证结果负责。

第二十三条 认证结论为产品、服务、管理体系符合认证要求的，认证机构应当及时向委托人出具认证证书。

第二十四条 获得认证证书的，应当在认证范围内使用认证证书和认证标志，不得利用产品、服务认证证书、认证标志和相关文字、符号，误导公众认为其管理体系已通过认证，也不得利用管理体系认证证书、认证标志和相关文字、符号，误导公众认为其产品、服务已通过认证。

第二十五条 认证机构可以自行制定认证标志。认证机构自行制定的认证标志的式样、文字和名称，不得违反法律、行政法规的规定，不得与国家推行的认证标志相同或者近似，不得妨碍社会管理，不得有损社会道德风尚。

第二十六条 认证机构应当对其认证的产品、服务、管理体系实施有效的跟踪调查，认证的产品、服务、管理体系不能持续符合认证要求的，认证机构应当暂停其使用直至撤销认证证书，并予公布。

第二十七条 为了保护国家安全、防止欺诈行为、保护人体健康或者安全、保护动植物生命或者健康、保护环境，国家规定相关产品必须经过认证的，应当经过认证并标注认证标志后，方可出厂、销售、进口或者在其他经营活动中使用。

第二十八条 国家对必须经过认证的产品，统一产品目录，统一技术规范的强制性要求、标准和合格评定程序，统一标志，统一收费标准。

统一的产品目录（下称“目录”）由国务院认证认可监督管理部门会同国务院有关部门制定、调整，由国务院认证认可监督管理部门发布，并会同有关方面共同实施。

第二十九条 列入目录的产品，必须经国务院认证认可监督管理部门指定的认证机构进行认证。

列入目录产品的认证标志，由国务院认证认可监督管理部门统一规定。

第三十条 列入目录的产品，涉及进出口商品检验目录的，应当在进出口商品检验时简化检验手续。

第三十一条 国务院认证认可监督管理部门指定的从事列入目录产品认证活动的认证机构以及与认证有关的实验室（下称“指定的认证机构、实验室”），应当是长期从事相关业务、无不良记录，且已经依照本条例的规定取得认可、具备从事相关认证活动能力的机构。国务院认证认可监督管理部门指定从事列入目录产品认证活动的认证机构，应当确保在每一列入目录产品领域至少指定两家符合本条例规定条件的机构。

国务院认证认可监督管理部门指定前款规定的认证机构、实验室，应当事先公布有关信息，并组织在相关领域公认的专家组成专家评审委员会，对符合前款规定要求的认证机构、实验室进行评审；经评审并征求国务院有关部门意见后，按照资源合理利用、公平竞争和便利、有效的原则，在公布的时间内做出决定。

第三十二条 国务院认证认可监督管理部门应当公布指定的认证机构、实验室名录及指定的业务范围。

未经指定的认证机构、实验室不得从事列入目录产品的认证以及与认证有关的检查、检测活动。

第三十三条 列入目录产品的生产者或者销售

者、进口商，均可自行委托指定的认证机构进行认证。

第三十四条 指定的认证机构、实验室应当在指定业务范围内，为委托人提供方便、及时的认证、检查、检测服务，不得拖延，不得歧视、刁难委托人，不得牟取不当利益。

指定的认证机构不得向其他机构转让指定的认证业务。

第三十五条 指定的认证机构、实验室开展国际互认活动，应当在国务院认证认可监督管理部门或者经授权的国务院有关部门对外签署的国际互认协议框架内进行。

第四章 认 可

第三十六条 国务院认证认可监督管理部门确定的认可机构（下称“认可机构”），独立开展认可活动。

除国务院认证认可监督管理部门确定的认可机构外，其他任何单位不得直接或者变相从事认可活动。其他单位直接或者变相从事认可活动的，其认可结果无效。

第三十七条 认证机构、检查机构、实验室可以通过认可机构的认可，以保证其认证、检查、检测能力持续、稳定地符合认可条件。

第三十八条 从事评审、审核等认证活动的人员，应当经认可机构注册后，方可从事相应的认证活动。

第三十九条 认可机构应当具有与其认可范围相适应的质量体系，并建立内部审核制度，保证质量体系的有效实施。

第四十条 认可机构根据认可的需要，可以选聘从事认可评审活动的人员。从事认可评审活动的人员应当是相关领域公认的专家，熟悉有关法律、行政法规以及认可规则和程序，具有评审所需要的良好品德、专业知识和业务能力。

第四十一条 认可机构委托他人完成与认可有关的具体评审业务的，由认可机构对评审结论负责。

第四十二条 认可机构应当公开认可条件、认可程序、收费标准等信息。

认可机构受理认可申请，不得向申请人提出与认可活动无关的要求或者限制条件。

第四十三条 认可机构应当在公布的时间内，按照国家标准和国务院认证认可监督管理部门的规定，完成对认证机构、检查机构、实验室的评审，做出是否给予认可的决定，并对认可过程做出完整记录，归档留存。认可机构应当确保认可的客观公正和完整有效，并对认可结论负责。

认可机构应当向取得认可的认证机构、检查机构、实验室颁发认可证书，并公布取得认可的认证机构、检查机构、实验室名录。

第四十四条 认可机构应当按照国家标准和国务院认证认可监督管理部门的规定，对从事评审、审核等认证活动的人员进行考核，考核合格的，予以注册。

第四十五条 认可证书应当包括认可范围、认可标准、认可领域和有效期限。

第四十六条 取得认可的机构应当在取得认可的范围内使用认可证书和认可标志。取得认可的机构不当使用认可证书和认可标志的，认可机构应当暂停其使用直至撤销认可证书，并予公布。

第四十七条 认可机构应当对取得认可的机构和人员实施有效的跟踪监督，定期对取得认可的机构进行复评审，以验证其是否持续符合认可条件。取得认可的机构和人员不再符合认可条件的，认可机构应当撤销认可证书，并予公布。

取得认可的机构的从业人员和主要负责人、设施、自行制定的认证规则等与认可条件相关的情况发生变化的，应当及时告知认可机构。

第四十八条 认可机构不得接受任何可能对认可活动的客观公正产生影响的资助。

第四十九条 境内的认证机构、检查机构、实验室取得境外认可机构认可的，应当向国务院认证认可监督管理部门备案。

第五章 监督管理

第五十条 国务院认证认可监督管理部门可以采取组织同行评议，向被认证企业征求意见，对认证活动和认证结果进行抽查，要求认证机构以及与认证有关的检查机构、实验室报告业务活动情况的方式，对其遵守本条例的情况进行监督。发现有违反本条例行为的，应当及时查处，涉及国务院有关部门职责的，应当及时通报有关部门。

第五十一条 国务院认证认可监督管理部门应当重点对指定的认证机构、实验室进行监督，对其认证、检查、检测活动进行定期或者不定期的检查。指定的认证机构、实验室，应当定期向国务院认证认可监督管理部门提交报告，并对报告的真实性负责；报告应当对从事列入目录产品认证、检查、检测活动的情况做出说明。

第五十二条 认可机构应当定期向国务院认证认可监督管理部门提交报告，并对报告的真实性负责；报告应当对认可机构执行认可制度的情况、从事认可活动的情况、从业人员的工作情况做出说明。

国务院认证认可监督管理部门应当对认可机构的报告做出评价，并采取查阅认可活动档案资料、向有关人员了解情况等方式，对认可机构实施监督。

第五十三条 国务院认证认可监督管理部门可以根据认证认可监督管理的需要，就有关事项询问认可机构、认证机构、检查机构、实验室的主要负责人，调查了解情况，给予告诫，有关人员应当积极配合。

第五十四条 县级以上地方人民政府市场监督管理部门在国务院认证认可监督管理部门的授权范围内，依照本条例的规定对认证活动实施监督管理。

国务院认证认可监督管理部门授权的县级以上地方人民政府市场监督管理部门，以下称地方认证监督管理部门。

第五十五条 任何单位和个人对认证认可违法行为，有权向国务院认证认可监督管理部门和地方认证监督管理部门举报。国务院认证认可监督管理部门和地方认证监督管理部门应当及时调查处理，并为举报人保密。

第六章 法律责任

第五十六条 未经批准擅自从事认证活动的，予以取缔，处10万元以上50万元以下的罚款，有违法所得的，没收违法所得。

第五十七条 境外认证机构未经登记在中华人民共和国境内设立代表机构的，予以取缔，处5万元以上20万元以下的罚款。

经登记设立的境外认证机构代表机构在中华人民共和国境内从事认证活动的，责令改正，处10万元以上50万元以下的罚款，有违法所得的，没收违法所得；情节严重的，撤销批准文件，并予公布。

第五十八条 认证机构接受可能对认证活动的客观公正产生影响的资助，或者从事可能对认证活动的客观公正产生影响的产品开发、营销等活动，或者与认证委托人存在资产、管理方面的利益关系的，责令停业整顿；情节严重的，撤销批准文件，并予公布；有违法所得的，没收违法所得；构成犯罪的，依法追究刑事责任。

第五十九条 认证机构有下列情形之一的，责令改正，处5万元以上20万元以下的罚款，有违法所得的，没收违法所得；情节严重的，责令停业整顿，直至撤销批准文件，并予公布：

（1）超出批准范围从事认证活动的；

（2）增加、减少、遗漏认证基本规范、认证规则规定的程序的；

（3）未对其认证的产品、服务、管理体系实施有效的跟踪调查，或者发现其认证的产品、服务、管理体系不能持续符合认证要求，不及时暂停其使用或者撤销认证证书并予公布的；

（4）聘用未经认可机构注册的人员从事认证活动的。

与认证有关的检查机构、实验室增加、减少、遗漏认证基本规范、认证规则规定的程序的，依照前款规定处罚。

第六十条 认证机构有下列情形之一的，责令限期改正；逾期未改正的，处2万元以上10万元以下的罚款：

（1）以委托人未参加认证咨询或者认证培训等为理由，拒绝提供本认证机构业务范围内的认证服务，或者向委托人提出与认证活动无关的要求或者限制条件的；

（2）自行制定的认证标志的式样、文字和名称，与国家推行的认证标志相同或者近似，或者妨碍社会管理，或者有损社会道德风尚的；

（3）未公开认证基本规范、认证规则、收费标准等信息的；

（4）未对认证过程做出完整记录，归档留存的；

(5)未及时向其认证的委托人出具认证证书的。

与认证有关的检查机构、实验室未对与认证有关的检查、检测过程做出完整记录，归档留存的，依照前款规定处罚。

第六十一条 认证机构出具虚假的认证结论，或者出具的认证结论严重失实的，撤销批准文件，并予公布；对直接负责的主管人员和负有直接责任的认证人员，撤销其执业资格；构成犯罪的，依法追究刑事责任；造成损害的，认证机构应当承担相应的赔偿责任。

指定的认证机构有前款规定的违法行为的，同时撤销指定。

第六十二条 认证人员从事认证活动，不在认证机构执业或者同时在两个以上认证机构执业的，责令改正，给予停止执业6个月以上2年以下的处罚，仍不改正的，撤销其执业资格。

第六十三条 认证机构以及与认证有关的实验室未经指定擅自从事列入目录产品的认证以及与认证有关的检查、检测活动的，责令改正，处10万元以上50万元以下的罚款，有违法所得的，没收违法所得。

认证机构未经指定擅自从事列入目录产品的认证活动的，撤销批准文件，并予公布。

第六十四条 指定的认证机构、实验室超出指定的业务范围从事列入目录产品的认证以及与认证有关的检查、检测活动的，责令改正，处10万元以上50万元以下的罚款，有违法所得的，没收违法所得；情节严重的，撤销指定直至撤销批准文件，并予公布。

指定的认证机构转让指定的认证业务的，依照前款规定处罚。

第六十五条 认证机构、检查机构、实验室取得境外认可机构认可，未向国务院认证认可监督管理部门备案的，给予警告，并予公布。

第六十六条 列入目录的产品未经认证，擅自出厂、销售、进口或者在其他经营活动中使用的，责令改正，处5万元以上20万元以下的罚款，有违法所得的，没收违法所得。

第六十七条 认可机构有下列情形之一的，责令改正；情节严重的，对主要负责人和负有责任的人员撤职或者解聘：

(1)对不符合认可条件的机构和人员予以认可的；

(2)发现取得认可的机构和人员不符合认可条件，不及时撤销认可证书，并予公布的；

(3)接受可能对认可活动的客观公正产生影响的资助的。

被撤职或者解聘的认可机构主要负责人和负有责任的人员，自被撤职或者解聘之日起5年内不得从事认可活动。

第六十八条 认可机构有下列情形之一的，责令改正；对主要负责人和负有责任的人员给予警告：

(1)受理认可申请，向申请人提出与认可活动无关的要求或者限制条件的；

(2)未在公布的时间内完成认可活动，或者未公开认可条件、认可程序、收费标准等信息的；

(3)发现取得认可的机构不当使用认可证书和认可标志，不及时暂停其使用或者撤销认可证书并予公布的；

(4)未对认可过程做出完整记录，归档留存的。

第六十九条 国务院认证认可监督管理部门和地方认证监督管理部门及其工作人员，滥用职权、徇私舞弊、玩忽职守，有下列行为之一的，对直接负责的主管人员和其他直接责任人员，依法给予降级或者撤职的行政处分；构成犯罪的，依法追究刑事责任：

(1)不按照本条例规定的条件和程序，实施批准和指定的；

(2)发现认证机构不再符合本条例规定的批准或者指定条件，不撤销批准文件或者指定的；

(3)发现指定的实验室不再符合本条例规定的指定条件，不撤销指定的；

(4)发现认证机构以及与认证有关的检查机构、实验室出具虚假的认证以及与认证有关的检查、检测结论或者出具的认证以及与认证有关的检查、检测结论严重失实，不予查处的；

(5)发现本条例规定的其他认证认可违法行为，不予查处的。

第七十条 伪造、冒用、买卖认证标志或者认证证书的，依照《中华人民共和国产品质量法》等法律的规定查处。

第七十一条　本条例规定的行政处罚，由国务院认证认可监督管理部门或者其授权的地方认证监督管理部门按照各自职责实施。法律、其他行政法规另有规定的，依照法律、其他行政法规的规定执行。

第七十二条　认证人员自被撤销执业资格之日起5年内，认可机构不再受理其注册申请。

第七十三条　认证机构未对其认证的产品实施有效的跟踪调查，或者发现其认证的产品不能持续符合认证要求，不及时暂停或者撤销认证证书和要求其停止使用认证标志给消费者造成损失的，与生产者、销售者承担连带责任。

第七章　附　则

第七十四条　药品生产、经营企业质量管理规范认证，实验动物质量合格认证，军工产品的认证，以及从事军工产品校准、检测的实验室及其人员的认可，不适用本条例。

依照本条例经批准的认证机构从事矿山、危险化学品、烟花爆竹生产经营单位管理体系认证，由国务院安全生产监督管理部门结合安全生产的特殊要求组织；从事矿山、危险化学品、烟花爆竹生产经营单位安全生产综合评价的认证机构，经国务院安全生产监督管理部门推荐，方可取得认可机构的认可。

第七十五条　认证认可收费，应当符合国家有关价格法律、行政法规的规定。

第七十六条　认证培训机构、认证咨询机构的管理办法由国务院认证认可监督管理部门制定。

第七十七条　本条例自2003年11月1日起施行。1991年5月7日国务院发布的《中华人民共和国产品质量认证管理条例》同时废止。

企业名称登记管理规定

（1991年5月6日中华人民共和国国家工商行政管理局令第7号发布　根据2012年11月9日《国务院关于修改和废止部分行政法规的决定》第一次修订　2020年12月14日国务院第118次常务会议修订通过　2020年12月28日中华人民共和国国务院令第734号公布　自2021年3月1日起施行）

第一条　为了规范企业名称登记管理，保护企业的合法权益，维护社会经济秩序，优化营商环境，制定本规定。

第二条　县级以上人民政府市场监督管理部门（下称“企业登记机关”）负责中国境内设立企业的企业名称登记管理。

国务院市场监督管理部门主管全国企业名称登记管理工作，负责制定企业名称登记管理的具体规范。

省、自治区、直辖市人民政府市场监督管理部门负责建立本行政区域统一的企业名称申报系统和企业名称数据库，并向社会开放。

第三条　企业登记机关应当不断提升企业名称登记管理规范化、便利化水平，为企业和群众提供高效、便捷的服务。

第四条　企业只能登记一个企业名称，企业名称受法律保护。

第五条　企业名称应当使用规范汉字。民族自治地方的企业名称可以同时使用本民族自治地方通用的民族文字。

第六条　企业名称由行政区划名称、字号、行业或者经营特点、组织形式组成。跨省、自治区、直辖市经营的企业，其名称可以不含行政区划名称；跨行业综合经营的企业，其名称可以不含行业或者经营特点。

第七条　企业名称中的行政区划名称应当是企业所在地的县级以上地方行政区划名称。市辖区名称在企业名称中使用时应当同时冠以其所属的设区的市的行政区划名称。开发区、垦区等区域名称在企业名称中使用时应当与行政区划名称连用，不得单独使用。

第八条 企业名称中的字号应当由两个以上汉字组成。

县级以上地方行政区划名称、行业或者经营特点不得作为字号,另有含义的除外。

第九条 企业名称中的行业或者经营特点应当根据企业的主营业务和国民经济行业分类标准标明。国民经济行业分类标准中没有规定的,可以参照行业习惯或者专业文献等表述。

第十条 企业应当根据其组织结构或者责任形式,依法在企业名称中标明组织形式。

第十一条 企业名称不得有下列情形:

(1)损害国家尊严或者利益;

(2)损害社会公共利益或者妨碍社会公共秩序;

(3)使用或者变相使用政党、党政军机关、群团组织名称及其简称、特定称谓和部队番号;

(4)使用外国国家(地区)、国际组织名称及其通用简称、特定称谓;

(5)含有淫秽、色情、赌博、迷信、恐怖、暴力的内容;

(6)含有民族、种族、宗教、性别歧视的内容;

(7)违背公序良俗或者可能有其他不良影响;

(8)可能使公众受骗或者产生误解;

(9)法律、行政法规以及国家规定禁止的其他情形。

第十二条 企业名称冠以"中国""中华""中央""全国""国家"等字词,应当按照有关规定从严审核,并报国务院批准。国务院市场监督管理部门负责制定具体管理办法。

企业名称中间含有"中国""中华""全国""国家"等字词的,该字词应当是行业限定语。

使用外国投资者字号的外商独资或者控股的外商投资企业,企业名称中可以含有"(中国)"字样。

第十三条 企业分支机构名称应当冠以其所从属企业的名称,并缀以"分公司""分厂""分店"等字词。境外企业分支机构还应当在名称中标明该企业的国籍及责任形式。

第十四条 企业集团名称应当与控股企业名称的行政区划名称、字号、行业或者经营特点一致。控股企业可以在其名称的组织形式之前使用"集团"或者"(集团)"字样。

第十五条 有投资关系或者经过授权的企业,其名称中可以含有另一个企业的名称或者其他法人、非法人组织的名称。

第十六条 企业名称由申请人自主申报。

申请人可以通过企业名称申报系统或者在企业登记机关服务窗口提交有关信息和材料,对拟定的企业名称进行查询、比对和筛选,选取符合本规定要求的企业名称。

申请人提交的信息和材料应当真实、准确、完整,并承诺因其企业名称与他人企业名称近似侵犯他人合法权益的,依法承担法律责任。

第十七条 在同一企业登记机关,申请人拟定的企业名称中的字号不得与下列同行业或者不使用行业、经营特点表述的企业名称中的字号相同:

(1)已经登记或者在保留期内的企业名称,有投资关系的除外;

(2)已经注销或者变更登记未满 1 年的原企业名称,有投资关系或者受让企业名称的除外;

(3)被撤销设立登记或者被撤销变更登记未满 1 年的原企业名称,有投资关系的除外。

第十八条 企业登记机关对通过企业名称申报系统提交完成的企业名称予以保留,保留期为 2 个月。设立企业依法应当报经批准或者企业经营范围中有在登记前须经批准的项目的,保留期为 1 年。

申请人应当在保留期届满前办理企业登记。

第十九条 企业名称转让或者授权他人使用的,相关企业应当依法通过国家企业信用信息公示系统向社会公示。

第二十条 企业登记机关在办理企业登记时,发现企业名称不符合本规定的,不予登记并书面说明理由。

企业登记机关发现已经登记的企业名称不符合本规定的,应当及时纠正。其他单位或者个人认为已经登记的企业名称不符合本规定的,可以请求企业登记机关予以纠正。

第二十一条 企业认为其他企业名称侵犯本企业名称合法权益的,可以向人民法院起诉或者请求为涉嫌侵权企业办理登记的企业登记机关处理。

企业登记机关受理申请后,可以进行调解;调解不成的,企业登记机关应当自受理之日起 3 个月内做出行政裁决。

第二十二条 利用企业名称实施不正当竞争等行为的，依照有关法律、行政法规的规定处理。

第二十三条 使用企业名称应当遵守法律法规，诚实守信，不得损害他人合法权益。

人民法院或者企业登记机关依法认定企业名称应当停止使用的，企业应当自收到人民法院生效的法律文书或者企业登记机关的处理决定之日起30日内办理企业名称变更登记。名称变更前，由企业登记机关以统一社会信用代码代替其名称。企业逾期未办理变更登记的，企业登记机关将其列入经营异常名录；完成变更登记后，企业登记机关将其移出经营异常名录。

第二十四条 申请人登记或者使用企业名称违反本规定的，依照企业登记相关法律、行政法规的规定予以处罚。

企业登记机关对不符合本规定的企业名称予以登记，或者对符合本规定的企业名称不予登记的，对直接负责的主管人员和其他直接责任人员，依法给予行政处分。

第二十五条 农民专业合作社和个体工商户的名称登记管理，参照本规定执行。

第二十六条 本规定自2021年3月1日起施行。

法规性文件

国务院关于促进国家高新技术产业开发区高质量发展的若干意见

（2020年7月17日　国发〔2020〕7号）

各省、自治区、直辖市人民政府，国务院各部委、各直属机构：

国家高新技术产业开发区（下称“国家高新区”）经过30多年发展，已经成为中国实施创新驱动发展战略的重要载体，在转变发展方式、优化产业结构、增强国际竞争力等方面发挥了重要作用，走出了一条具有中国特色的高新技术产业化道路。为进一步促进国家高新区高质量发展，发挥好示范引领和辐射带动作用，现提出以下意见：

一、总体要求

（一）指导思想

以习近平新时代中国特色社会主义思想为指导，贯彻落实党的十九大和十九届二中、三中、四中全会精神，牢固树立新发展理念，继续坚持“发展高科技、实现产业化”方向，以深化体制机制改革和营造良好创新创业生态为抓手，以培育发展具有国际竞争力的企业和产业为重点，以科技创新为核心着力提升自主创新能力，围绕产业链部署创新链，围绕创新链布局产业链，培育发展新动能，提升产业发展现代化水平，将国家高新区建设成为创新驱动发展示范区和高质量发展先行区。

（二）基本原则

坚持创新驱动，引领发展。以创新驱动发展为根本路径，优化创新生态，集聚创新资源，提升自主创新能力，引领高质量发展。

坚持高新定位，打造高地。牢牢把握“高”和“新”发展定位，抢占未来科技和产业发展制高点，构建开放创新、高端产业集聚、宜创宜业宜居的增长极。

坚持深化改革，激发活力。以转型升级为目标，完善竞争机制，加强制度创新，营造公开、公正、透明和有利于促进优胜劣汰的发展环境，充分释放各类创新主体活力。

坚持合理布局，示范带动。加强顶层设计，优化整体布局，强化示范带动作用，推动区域协调可持续发展。

坚持突出特色，分类指导。根据地区资源禀赋与发展水平，探索各具特色的高质量发展模式，建立分类评价机制，实行动态管理。

（三）发展目标

到2025年，国家高新区布局更加优化，自主创新能力明显增强，体制机制持续创新，创新创业环境明显改善，高新技术产业体系基本形成，建立高新技术成果产出、转化和产业化机制，攻克一批支撑产业和区域发展的关键核心技术，形成一批自主可控、国际领先的产品，涌现一批具有国际竞争力的创新型企业和产业集群，建成若干具有世界影响力的高科技园区和一批创新型特色园区。到2035年，建成一大批具有全球影响力的高科技园区，主要产业进入全球价值链中高端，实现园区治理体系和治理能力现代化。

二、着力提升自主创新能力

（四）大力集聚高端创新资源

国家高新区要面向国家战略和产业发展需求，通过支持设立分支机构、联合共建等方式，积极引入境内外高等学校、科研院所等创新资源。支持国家高新区以骨干企业为主体，联合高等学校、科研院所建设市场化运行的高水平实验设施、创新基地。积极培育新型研发机构等产业技术创新组织。对符合条件纳入国家重点实验室、国家技术创新中心的，给予优先支持。

（五）吸引培育一流创新人才

支持国家高新区面向全球招才引智。支持园区内骨干企业等与高等学校共建共管现代产业学院，培养高端人才。在国家高新区内企业工作的境外高端人才，经市级以上人民政府科技行政部门（外国人来华工作管理部门）批准，申请工作许可的年龄可放宽至 65 岁。国家高新区内企业邀请的外籍高层次管理和专业技术人才，可按规定申办多年多次的相应签证；在园区内企业工作的外国人才，可按规定申办 5 年以内的居留许可。对在国内重点高等学校获得本科以上学历的优秀留学生以及国际知名高校毕业的外国学生，在国家高新区从事创新创业活动的，提供办理居留许可便利。

（六）加强关键核心技术创新和成果转移转化

国家高新区要加大基础和应用研究投入，加强关键共性技术、前沿引领技术、现代工程技术、颠覆性技术联合攻关和产业化应用，推动技术创新、标准化、知识产权和产业化深度融合。支持国家高新区内相关单位承担国家和地方科技计划项目，支持重大创新成果在园区落地转化并实现产品化、产业化。支持在国家高新区内建设科技成果中试工程化服务平台，并探索风险分担机制。探索职务科技成果所有权改革。加强专业化技术转移机构和技术成果交易平台建设，培育科技咨询师、技术经纪人等专业人才。

三、进一步激发企业创新发展活力

（七）支持高新技术企业发展壮大

引导国家高新区内企业进一步加大研发投入，建立健全研发和知识产权管理体系，加强商标品牌建设，提升创新能力。建立健全政策协调联动机制，落实好研发费用加计扣除、高新技术企业所得税减免、小微企业普惠性税收减免等政策。持续扩大高新技术企业数量，培育一批具有国际竞争力的创新型企业。进一步发挥高新区的发展潜力，培育一批独角兽企业。

（八）积极培育科技型中小企业

支持科技人员携带科技成果在国家高新区内创新创业，通过众创、众包、众扶、众筹等途径，孵化和培育科技型创业团队和初创企业。扩大首购、订购等非招标方式的应用，加大对科技型中小企业重大创新技术、产品和服务采购力度。将科技型中小企业培育孵化情况列入国家高新区高质量发展评价指标体系。

（九）加强对科技创新创业的服务支持

强化科技资源开放和共享，鼓励园区内各类主体加强开放式创新，围绕优势专业领域建设专业化众创空间和科技企业孵化器。发展研究开发、技术转移、检验检测认证、创业孵化、知识产权、科技咨询等科技服务机构，提升专业化服务能力。继续支持国家高新区打造科技资源支撑型、高端人才引领型等创新创业特色载体，完善园区创新创业基础设施。

四、推进产业迈向中高端

（十）大力培育发展新兴产业

加强战略前沿领域部署，实施一批引领型重大项目和新技术应用示范工程，构建多元化应用场景，发展新技术、新产品、新业态、新模式。推动数字经济、平台经济、智能经济和分享经济持续壮大发展，引领新旧动能转换。引导企业广泛应用新技术、新工艺、新材料、新设备,推进互联网、大数据、人工智能同实体经济深度融合,促进产业向智能化、高端化、绿色化发展。探索实行包容审慎的新兴产业市场准入和行业监管模式。

(十一)做大做强特色主导产业

国家高新区要立足区域资源禀赋和本地基础条件,发挥比较优势,因地制宜、因园施策,聚焦特色主导产业,加强区域内创新资源配置和产业发展统筹,优先布局相关重大产业项目,推动形成集聚效应和品牌优势,做大做强特色主导产业,避免趋同化。发挥主导产业战略引领作用,带动关联产业协同发展,形成各具特色的产业生态。支持以领军企业为龙头,以产业链关键产品、创新链关键技术为核心,推动建立专利导航产业发展工作机制,集成大中小企业、研发和服务机构等,加强资源高效配置,培育若干世界级创新型产业集群。

五、加大开放创新力度

(十二)推动区域协同发展

支持国家高新区发挥区域创新的重要节点作用,更好服务于京津冀协同发展、长江经济带发展、粤港澳大湾区建设、长三角一体化发展、黄河流域生态保护和高质量发展等国家重大区域发展战略实施。鼓励东部国家高新区按照市场导向原则,加强与中西部国家高新区对口合作和交流。探索异地孵化、飞地经济、伙伴园区等多种合作机制。

(十三)打造区域创新增长极

鼓励以国家高新区为主体整合或托管区位相邻、产业互补的省级高新区或各类工业园区等,打造更多集中连片、协同互补、联合发展的创新共同体。支持符合条件的地区依托国家高新区按相关规定程序申请设立综合保税区。支持国家高新区跨区域配置创新要素,提升周边区域市场主体活力,深化区域经济和科技一体化发展。鼓励有条件的地方整合国家高新区资源,打造国家自主创新示范区,在更高层次探索创新驱动发展新路径。

(十四)融入全球创新体系

面向未来发展和国际市场竞争,在符合国际规则和通行惯例的前提下,支持国家高新区通过共建海外创新中心、海外创业基地和国际合作园区等方式,加强与国际创新产业高地联动发展,加快引进集聚国际高端创新资源,深度融合国际产业链、供应链、价值链。服务园区内企业"走出去",参与国际标准和规则制定,拓展新兴市场。鼓励国家高新区开展多种形式的国际园区合作,支持国家高新区与"一带一路"沿线国家开展人才交流、技术交流和跨境协作。

六、营造高质量发展环境

(十五)深化管理体制机制改革

建立授权事项清单制度,赋予国家高新区相应的科技创新、产业促进、人才引进、市场准入、项目审批、财政金融等省级和市级经济管理权限。建立国家高新区与省级有关部门直通车制度。优化内部管理架构,实行扁平化管理,整合归并内设机构,实行大部门制,合理配置内设机构职能。鼓励有条件的国家高新区探索岗位管理制度,实行聘用制,并建立完善符合实际的分配激励和考核机制。支持国家高新区探索新型治理模式。

(十六)优化营商环境

进一步深化"放管服"改革,加快国家高新区投资项目审批改革,实行企业投资项目承诺制、容缺受理制,减少不必要的行政干预和审批备案事项。进一步深化商事制度改革,放宽市场准入,简化审批程序,加快推进企业简易注销登记改革。在国家高新区复制推广自由贸易试验区、国家自主创新示范区等相关改革试点政策,加强创新政策先行先试。

(十七)加强金融服务

鼓励商业银行在国家高新区设立科技支行。支持金融机构在国家高新区开展知识产权投融资服务,支持开展知识产权质押融资,开发完善知识产权保险,落实首台(套)重大技术装备保险等相关政策。

大力发展市场化股权投资基金。引导创业投资、私募股权、并购基金等社会资本支持高成长企业发展。鼓励金融机构创新投贷联动模式,积极探索开展多样化的科技金融服务。创新国有资本创投管理机制,允许园区内符合条件的国有创投企业建立跟投机制。支持国家高新区内高成长企业利用科创板等多层次资本市场挂牌上市。支持符合条件的国家高新区开发建设主体上市融资。

(十八)优化土地资源配置

强化国家高新区建设用地开发利用强度、投资强度、人均用地指标整体控制,提高平均容积率,促进园区紧凑发展。符合条件的国家高新区可以申请扩大区域范围和面积。省级人民政府在安排土地利用年度计划时,应统筹考虑国家高新区用地需求,优先安排创新创业平台建设用地。鼓励支持国家高新区加快消化批而未供土地,处置闲置土地。鼓励地方人民政府在国家高新区推行支持新产业、新业态发展用地政策,依法依规利用集体经营性建设用地,建设创新创业等产业载体。

(十九)建设绿色生态园区

支持国家高新区创建国家生态工业示范园区,严格控制高污染、高耗能、高排放企业入驻。加大国家高新区绿色发展的指标权重。加快产城融合发展,鼓励各类社会主体在国家高新区投资建设信息化等基础设施,加强与市政建设接轨,完善科研、教育、医疗、文化等公共服务设施,推进安全、绿色、智慧科技园区建设。

七、加强分类指导和组织管理

(二十)加强组织领导

坚持党对国家高新区工作的统一领导。国务院科技行政部门要会同有关部门,做好国家高新区规划引导、布局优化和政策支持等相关工作。省级人民政府要将国家高新区作为实施创新驱动发展战略的重要载体,加强对省内国家高新区规划建设、产业发展和创新资源配置的统筹。所在地市级人民政府要切实承担国家高新区建设的主体责任,加强国家高新区领导班子配备和干部队伍建设,并给予国家高新区充分的财政、土地等政策保障。加强分类指导,坚持高质量发展标准,根据不同地区、不同阶段、不同发展基础和创新资源等情况,对符合条件、有优势、有特色的省级高新区加快“以升促建”。

(二十一)强化动态管理

制定国家高新区高质量发展评价指标体系,突出研发经费投入、成果转移转化、创新创业质量、科技型企业培育发展、经济运行效率、产业竞争能力、单位产出能耗等内容。加强国家高新区数据统计、运行监测和绩效评价。建立国家高新区动态管理机制,对评价考核结果好的国家高新区予以通报表扬,统筹各类资金、政策等加大支持力度;对评价考核结果较差的通过约谈、通报等方式予以警告;对整改不力的予以撤销,退出国家高新区序列。

国务院办公厅关于进一步做好稳外贸稳外资工作的意见

(2020年8月12日　国办发〔2020〕28号)

各省、自治区、直辖市人民政府,国务院各部委、各直属机构:

当前国际新冠肺炎疫情持续蔓延,世界经济严重衰退,中国外贸外资面临复杂严峻形势。为深入贯彻习近平总书记关于稳住外贸外资基本盘的重要指示批示精神,落实党中央、国务院决策部署,做好

"六稳"工作,落实"六保"任务,进一步加强稳外贸稳外资工作,稳住外贸主体,稳住产业链供应链,经国务院同意,现提出以下意见:

一、更好发挥出口信用保险作用

中国出口信用保险公司在风险可控前提下,积极保障出运前订单被取消的风险。2020年年底前,中国出口信用保险公司根据外贸企业申请,可合理变更短期险支付期限或延长付款宽限期、报损期限等。(财政部、商务部、银保监会、中国出口信用保险公司按职责分工负责)

二、支持有条件的地方复制或扩大"信保+担保"的融资模式

鼓励有条件的地方支持政府性融资担保机构参与风险分担,对出口信用保险赔付额以外的贷款本金进行一定比例的担保,商业银行在"信保+担保"条件下,合理确定贷款利率。(各地方人民政府,财政部、商务部、银保监会、中国出口信用保险公司按职责分工负责)

三、以多种方式为外贸企业融资提供增信支持

充分发挥国家融资担保基金和地方政府性融资担保机构作用,参与外贸领域融资风险分担,支持、引导各类金融机构加大对小微外贸企业融资支持。(各地方人民政府,财政部、商务部、人民银行、银保监会按职责分工负责)

鼓励银行机构结合内部风险管理要求,与资质较好的外贸类服务平台进行合作,获取贸易相关信息和资信评估服务,优化贸易背景真实性审核,更好服务外贸企业。(各地方人民政府,商务部、银保监会按职责分工负责)

四、进一步扩大对中小微外贸企业出口信贷投放

更好发挥金融支持作用,进一步加大对中小微外贸企业的信贷投放,缓解融资难、融资贵问题。(各地方人民政府,财政部、商务部、人民银行、银保监会、进出口银行按职责分工负责)

五、支持贸易新业态发展

尽快推动在有条件的地方新增一批市场采购贸易方式试点,力争将全国试点总量扩大至30个左右,带动中小微企业出口。(商务部牵头,各地方人民政府,国家发改委、财政部、海关总署、税务总局、市场监管总局、外汇局按职责分工负责)

充分利用外经贸发展专项资金、服务贸易创新发展引导基金等现有渠道,支持跨境电商平台、跨境物流发展和海外仓建设等。鼓励进出口银行、中国出口信用保险公司等各类金融机构在风险可控前提下积极支持海外仓建设。(商务部牵头,财政部、银保监会、进出口银行、中国出口信用保险公司按职责分工负责)

深入落实外贸综合服务企业代办退税管理办法,不断优化退税服务,持续加快退税进度。加大对外贸综合服务企业的信用培育力度,使更多符合认证标准的外贸综合服务企业成为海关"经认证的经营者"(AEO)。(商务部、海关总署、税务总局按职责分工负责)

六、引导加工贸易梯度转移

鼓励有条件的地方结合当地实际,通过基金等方式,支持加工贸易梯度转移。培育一批东部与中西部、东北地区共建的加工贸易产业园区。借助中国加工贸易产品博览会等平台,完善产业转移对接机制。鼓励中西部、东北地区发挥优势,承接劳动密集型外贸产业。(各地方人民政府,财政部、商务部按职责分工负责)

七、加大对劳动密集型企业支持力度

对纺织品、服装、家具、鞋靴、塑料制品、箱包、玩具、石材、农产品、消费电子类产品等劳动密集型产品出口企业,在落实减税降费、出口信贷、出口信保、稳岗就业、用电用水等各项普惠性政策基础上进一步加大支持力度。(各地方人民政府,国家发改委、

工业和信息化部、财政部、人力资源和社会保障部、商务部、中国人民银行、税务总局、银保监会、进出口银行、中国出口信用保险公司按职责分工负责)

八、助力大型骨干外贸企业破解难题

研究确定大型骨干外贸企业名单，梳理大型骨干外贸企业及其核心配套企业需求，建立问题批办制度，推动解决生产经营中遇到的矛盾问题，在进出口各环节予以支持，“一企一策”做好服务。研究在风险可控前提下，对大型骨干外贸企业进一步加快出口退税进度的支持措施。（商务部牵头，工业和信息化部、海关总署、税务总局、进出口银行、中国出口信用保险公司按职责分工负责)

九、拓展对外贸易线上渠道

推进“线上一国一展”，支持和鼓励有能力、有意愿的地方政府、重点行业协会举办线上展会。用好外经贸发展专项资金，在规定范围内，支持中小外贸企业开拓市场，参加线上线下展会。发挥好国内商协会、驻外机构、海外中资企业协会作用，积极对接国外商协会，帮助出口企业对接更多海外买家。（各地方人民政府，外交部、工业和信息化部、财政部、商务部按职责分工负责)

十、进一步提升通关便利化水平

持续优化口岸营商环境，继续巩固压缩货物整体通关时间成效，进一步推动规范和降低进出口环节合规成本，在有条件的口岸推广口岸收费“一站式阳光价格”，提升口岸收费透明度和可比性。加大对出口企业提供技术贸易措施咨询服务力度，助力企业开拓海外市场。推进扩大油脂油料、肉类、乳品市场准入，促进进口，保障市场供应。（海关总署负责)

十一、提高外籍商务人员来华便利度

在严格落实好防疫要求前提下，继续与有关国家商谈建立“快捷通道”，为外贸外资企业重要商务、物流、生产和技术服务急需人员往来提供便利。继续对符合条件的来华复工复产外国人全面实施“快捷通道”。参照“快捷通道”有关做法，本着“防疫为先、确保必需、压实责任、体现便利”原则，对来华从事必要经贸、科技等活动的外国人做出便利性安排。支持地方结合当地市场采购贸易方式特点，开通专有通道，便利外商入市采购，优先安排在华常驻外商尽快返华入市。在做好疫情防控的前提下，逐步有序恢复中外人员往来。按照国务院联防联控机制部署，分阶段增加国际客运航班总量，在防疫证明齐全的情况下，适度增加与我主要投资来源地民航班次，便利外籍商务人员来华。（各地方人民政府，外交部、国家发改委、商务部、移民局、民航局按职责分工负责)

十二、给予重点外资企业金融支持

外资企业同等适用现有 15 000 亿元再贷款再贴现专项额度支持。加大对重点外资企业的金融支持力度，进出口银行 5 700 亿元新增贷款规模可用于积极支持符合条件的重点外资企业。各省区市商务主管部门摸清辖区内重点外资企业融资需求及经营情况，及时与银行业金融机构共享重点外资企业信息，加强各地外资企业协会等机构与银行业金融机构的合作，推动开展“银企对接”，银行业金融机构按市场化原则积极保障重点外资企业融资需求。（各地方人民政府，人民银行、商务部、银保监会、进出口银行按职责分工负责)

十三、加大重点外资项目支持服务力度

对全国范围内投资额 1 亿美元以上的重点外资项目，梳理形成清单，在前期、在建和投产等环节，内外资一视同仁加大用海、用地、能耗、环保等方面服务保障力度。（各地方人民政府，商务部、国家发改委、自然资源部、生态环境部按职责分工负责)

十四、鼓励外资更多投向高新技术产业

推动高新技术企业认定管理和服务的便利化，进一步加强对外商投资企业申请高新技术企业认定

的培训和宣传解读，着重加强对疫情防控等应急领域企业的政策服务，吸引更多外资投向高新技术和民生健康领域。（科技部牵头，财政部、税务总局按职责分工负责）

十五、降低外资研发中心享受优惠政策门槛

降低适用支持科技创新进口税收政策的外资研发中心专职研究与试验发展人员数量要求，鼓励外商来华投资设立研发中心，提升引资质量。（财政部牵头，商务部、税务总局按职责分工负责）

各地区、各部门要以习近平新时代中国特色社会主义思想为指导，增强“四个意识”、坚定“四个自信”、做到“两个维护”，坚决贯彻党中央、国务院决策部署，提高站位、积极作为、狠抓落实。各地区要结合实际，完善配套措施，认真组织实施，推动各项政策在本地区落地见效。各部门要按职责分工，加强协作、形成合力，确保各项政策落实到位。

国务院关于实施金融控股公司准入管理的决定

（2020 年 9 月 13 日　国发〔2020〕12 号）

各省、自治区、直辖市人民政府，国务院各部委、各直属机构：

为加强对非金融企业、自然人等主体控股或者实际控制金融机构的监督管理，规范金融控股公司行为，防范系统性金融风险，现做出如下决定：

一、对金融控股公司实施准入管理

中华人民共和国境内的非金融企业、自然人以及经认可的法人控股或者实际控制两个或者两个以上不同类型金融机构，具有本决定规定情形的，应当向中国人民银行提出申请，经批准设立金融控股公司。

1. 本决定所称金融控股公司，是指依照《中华人民共和国公司法》和本决定设立的，控股或者实际控制两个或者两个以上不同类型金融机构，自身仅开展股权投资管理、不直接从事商业性经营活动的有限责任公司或者股份有限公司。

2. 本决定所称金融机构的类型包括：

（1）商业银行（不含村镇银行，下同）、金融租赁公司；

（2）信托公司；

（3）金融资产管理公司；

（4）证券公司、公募基金管理公司、期货公司；

（5）人身保险公司、财产保险公司、再保险公司、保险资产管理公司；

（6）国务院金融管理部门认定的其他机构。

3. 本决定所称应当申请设立金融控股公司的规定情形，是指具有下列情形之一：

（1）控股或者实际控制的金融机构中含商业银行的，金融机构的总资产不少于人民币 5 000 亿元，或者金融机构总资产少于人民币 5 000 亿元但商业银行以外其他类型的金融机构总资产不少于人民币 1 000 亿元或者受托管理的总资产不少于人民币 5 000 亿元；

（2）控股或者实际控制的金融机构中不含商业银行的，金融机构的总资产不少于人民币 1 000 亿元或者受托管理的总资产不少于人民币 5 000 亿元；

（3）控股或者实际控制的金融机构总资产或者受托管理的总资产未达到上述第 1 项、第 2 项规定的标准，但中国人民银行按照宏观审慎监管要求认为需要设立金融控股公司。

二、设立金融控股公司的条件和程序

1. 申请设立金融控股公司，除应当具备《中华人民共和国公司法》规定的条件外，还应当具备以下

条件：

（1）实缴注册资本额不低于人民币50亿元，且不低于所直接控股金融机构注册资本总和的50.0%；

（2）股东、实际控制人信誉良好，且符合相关法律、行政法规及中国人民银行的有关规定；

（3）有符合任职条件的董事、监事和高级管理人员；

（4）有为所控股金融机构持续补充资本的能力；

（5）有健全的组织机构和有效的风险管理、内部控制制度等其他审慎性条件。

2. 中国人民银行应当自受理设立金融控股公司申请之日起6个月内做出批准或者不予批准的书面决定；决定不予批准的，应当说明理由。

经批准设立的金融控股公司，由中国人民银行颁发金融控股公司许可证，凭该许可证向市场监督管理部门办理登记，领取营业执照。未经中国人民银行批准，不得登记为金融控股公司，不得在公司名称中使用“金融控股”“金融集团”等字样。

依照本决定规定应当设立金融控股公司但未获得批准的，应当按照中国人民银行会同国务院银行保险监督管理机构、国务院证券监督管理机构提出的要求，采取转让所控股金融机构的股权或者转移实际控制权等措施。

3. 金融控股公司变更名称、住所、注册资本、持有5.0%以上股权的股东、实际控制人，修改公司章程，投资控股其他金融机构，增加或者减少对所控股金融机构的出资或者持股比例导致控制权变更或者丧失，分立、合并、解散或者破产，应当向中国人民银行提出申请。中国人民银行应当自受理申请之日起3个月内做出批准或者不予批准的书面决定。

三、其他规定

1. 本决定施行前已具有本决定规定应当申请设立金融控股公司情形的，应当自本决定施行之日起12个月内向中国人民银行申请设立金融控股公司。逾期未申请的，应当按照中国人民银行会同国务院银行保险监督管理机构、国务院证券监督管理机构提出的要求，采取转让所控股金融机构的股权或者转移实际控制权等措施。

2. 非金融企业或者经认可的法人控股或者实际控制的金融资产占其并表总资产的85.0%以上且符合本决定规定应当申请设立金融控股公司情形的，也可以依照本决定规定的设立金融控股公司条件和程序，申请将其批准为金融控股公司。

3. 中国人民银行根据本决定制定设立金融控股公司条件、程序的实施细则，并组织实施监督管理，可以采取相关审慎性监督管理措施。

本决定自2020年11月1日起施行。

国务院办公厅关于以新业态新模式引领新型消费加快发展的意见

（2020年9月21日　国办发〔2020〕32号）

各省、自治区、直辖市人民政府，国务院各部委、各直属机构：

近年来，中国以网络购物、移动支付、线上线下融合等新业态新模式为特征的新型消费迅速发展，特别是2020年新冠肺炎疫情发生以来，传统接触式线下消费受到影响，新型消费发挥了重要作用，有效保障了居民日常生活需要，推动了国内消费恢复，促进了经济企稳回升。但也要看到，新型消费领域发展还存在基础设施不足、服务能力偏弱、监管规范滞后等突出短板和问题。在常态化疫情防控条件下，为着力补齐新型消费短板、以新业态新模式为引领加快新型消费发展，经国务院同意，现提出以下意见。

一、总体要求

(一)指导思想

在以习近平同志为核心的党中央坚强领导下,以习近平新时代中国特色社会主义思想为指导,全面贯彻党的十九大和十九届二中、三中、四中全会精神,坚持稳中求进工作总基调,坚持新发展理念,坚持以供给侧结构性改革为主线,坚持以改革开放为动力推动高质量发展,扎实做好“六稳”工作,全面落实“六保”任务,坚定实施扩大内需战略,以新业态新模式为引领,加快推动新型消费扩容提质,坚持问题导向和目标导向,补齐基础设施和服务能力短板,规范创新监管方式,持续激发消费活力,促进线上线下消费深度融合,努力实现新型消费加快发展,推动形成以国内大循环为主体、国内国际双循环相互促进的新发展格局。

(二)基本原则

1. 坚持创新驱动、融合发展。深入实施创新驱动发展战略,推动技术、管理、商业模式等各类创新,加快培育新业态新模式,推动互联网和各类消费业态紧密融合,加快线上线下消费双向深度融合,促进新型消费蓬勃发展。

2. 坚持问题导向、补齐短板。针对新型消费基础设施不足、服务能力偏弱等问题,充分调动中央和地方两个积极性,进一步加大软硬件建设力度,加强新装备新设备生产应用,优化新型消费网络节点布局,加快补齐发展短板。

3. 坚持深化改革、优化环境。以深化“放管服”改革、优化营商环境推动新型消费加快发展,打破制约发展的体制机制障碍,顺应新型消费发展规律创新经济治理模式,系统性优化制度体系和发展环境,最大限度激发市场活力。

4. 坚持市场主导、政府促进。使市场在资源配置中起决定性作用,以市场需求为导向,顺应居民消费升级趋势,培育壮大各类新型消费市场主体,提升新型消费竞争力。更好发挥政府作用,为新型消费发展提供全方位制度和政策支撑。

(三)主要目标

经过3~5年努力,促进新型消费发展的体制机制和政策体系更加完善,通过进一步优化新业态新模式引领新型消费发展的环境、进一步提升新型消费产品的供给质量、进一步增强新型消费对扩内需稳就业的支撑,到2025年,培育形成一批新型消费示范城市和领先企业,实物商品网上零售额占社会消费品零售总额比重显著提高,“互联网+服务”等消费新业态新模式得到普及并趋于成熟。

二、加力推动线上线下消费有机融合

(四)进一步培育壮大各类消费新业态新模式

建立健全“互联网+服务”、电子商务公共服务平台,加快社会服务在线对接、线上线下深度融合。有序发展在线教育,推广大规模在线开放课程等网络学习模式,推动各类数字教育资源共建共享。积极发展互联网健康医疗服务,大力推进分时段预约诊疗、互联网诊疗、电子处方流转、药品网络销售等服务。深入发展在线文娱,鼓励传统线下文化娱乐业态线上化,支持互联网企业打造数字精品内容创作和新兴数字资源传播平台。鼓励发展智慧旅游,提升旅游消费智能化、便利化水平。大力发展智能体育,培育在线健身等体育消费新业态。进一步支持依托互联网的外卖配送、网约车、即时递送、住宿共享等新业态发展。加快智慧广电生态体系建设,培育打造5G条件下更高技术格式、更新应用场景、更美视听体验的高新视频新业态,形成多元化的商业模式。创新无接触式消费模式,探索发展智慧超市、智慧商店、智慧餐厅等新零售业态。推广电子合同、电子文件等无纸化在线应用。(国家发改委、教育部、工业和信息化部、交通运输部、商务部、文化和旅游部、国家卫生健康委、广电总局、体育总局、国家邮政局、国家药监局等部门按职责分工负责)

(五)推动线上线下融合消费双向提速

支持互联网平台企业向线下延伸拓展,加快传统线下业态数字化改造和转型升级,发展个性化定制、柔性化生产,推动线上线下消费高效融合、大中小企业协同联动、上下游全链条一体发展。引导实体企业更多开发数字化产品和服务，鼓励实体商业通过直播电子商务、社交营销开启“云逛街”等新模式。加快推广农产品“生鲜电子商务+冷链宅配”“中央厨房+食材冷链配送”等服务新模式。组织开展形式多样的网络促销活动，促进品牌消费、品质消费。（国家发改委、工业和信息化部、住房城乡建设部、农业农村部、商务部、国家邮政局等部门按职责分工负责）

（六）鼓励企业依托新型消费拓展国际市场

推动电子商务、数字服务等企业“走出去”，加快建设国际寄递物流服务体系，统筹推进国际物流供应链建设，开拓国际市场特别是“一带一路”沿线业务，培育一批具有全球资源配置能力的国际一流平台企业和物流供应链企业。充分依托新型消费带动传统商品市场拓展对外贸易、促进区域产业集聚。持续提高通关便利化水平，优化申报流程。探索新型消费贸易流通项下逐步推广人民币结算。鼓励企业以多种形式实现境外本土化经营，降低物流成本，构建营销渠道。（国家发改委、交通运输部、商务部、人民银行、海关总署、税务总局、国家邮政局、国家外汇局等部门按职责分工负责）

三、加快新型消费基础设施和服务保障能力建设

（七）加强信息网络基础设施建设

进一步加大5G网络、数据中心、工业互联网、物联网等新型基础设施建设力度，优先覆盖核心商圈、重点产业园区、重要交通枢纽、主要应用场景等。打造低时延、高可靠、广覆盖的新一代通信网络。加快建设千兆城市。推动车联网部署应用。推动城市信息模型（CIM）基础平台建设，支持城市规划建设管理多场景应用，促进城市基础设施数字化和城市建设数据汇聚。加大相关设施安全保障力度。（国家发改委、工业和信息化部、自然资源部、住房城乡建设部等部门按职责分工负责）

（八）完善商贸流通基础设施网络

建立健全数字化商品流通体系，在新兴城市、重点乡镇和中西部地区加快布局数字化消费网络，降低物流综合成本。提升电商、快递进农村综合水平，推动农村商贸流通转型升级。补齐农产品冷链物流设施短板，加快农产品分拨、包装、预冷等集配装备和分拨仓、前置仓等仓储设施建设。推进快递服务站、智能快件箱（信包箱）、无人售货机、智能垃圾回收机等智能终端设施建设和资源共享。推进供应链创新应用，开展农商互联农产品供应链建设，提升农产品流通现代化水平。鼓励传统流通企业向供应链服务企业转型。（国家发改委、住房城乡建设部、交通运输部、农业农村部、商务部、国家邮政局等部门按职责分工负责）

（九）大力推动智能化技术集成创新应用

在有效防控风险的前提下，推进大数据、云计算、人工智能、区块链等技术发展融合，加快区块链在商品溯源、跨境汇款、供应链金融和电子票据等数字化场景应用，推动更多企业“上云上平台”。积极开展消费服务领域人工智能应用，丰富5G技术应用场景，加快研发可穿戴设备、移动智能终端、智能家居、超高清及高新视频终端、智能教学助手、智能学伴、医疗电子、医疗机器人等智能化产品，增强新型消费技术支撑。（国家发改委、工业和信息化部、人民银行、广电总局、银保监会等部门按职责分工负责）

（十）安全有序推进数据商用

在健全安全保障体系的基础上，依法加强信息数据资源服务和监管。加大整合开发力度，探索数据流通规则制度，有效破除数据壁垒和“孤岛”，打通传输应用堵点，提升消费信息数据共享商用水平，更好为企业提供算力资源支持和优惠服务。探索发展消费大数据服务。（国家发改委、工业和信息化部、国家统计局等部门按职责分工负责）

（十一）规划建设新型消费网络节点

围绕国家重大区域发展战略打造新型消费增长极，培育建设国际消费中心城市，着力建设辐射带动能力强、资源整合有优势的区域消费中心，加强中小型消费城市梯队建设。规划建设城乡融合新型消费

网络节点,积极发展“智慧街区”“智慧商圈”。深化步行街改造提升工作,鼓励有条件的街区加快数字化改造,提供全方位数字生活新服务。优化百货商场、购物中心、便利店、农贸市场等城乡商业网点布局,引导行业适度集中。完善社区便民消费设施,加快规划建设便民生活服务圈、城市社区邻里中心和农村社区综合性服务网点。(国家发改委、工业和信息化部、自然资源部、住房城乡建设部、农业农村部、商务部等部门按职责分工负责)

四、优化新型消费发展环境

(十二)加强相关法规制度建设

出台互联网上网服务管理政策,规范行业发展。顺应新型消费发展规律,加快出台电子商务、共享经济等领域相关配套规章制度,研究制定分行业分领域的管理办法,有序做好与其他相关政策法规的衔接。推动及时调整不适应新型消费发展的法律法规与政策规定。(国家发改委、工业和信息化部、司法部、商务部、市场监管总局等部门按职责分工负责)

(十三)深化包容审慎和协同监管

按照包容审慎和协同监管原则,为新型消费营造规范适度的发展环境。强化消费信用体系建设,构建以信用为基础的新型监管机制。完善跨部门协同监管机制,实现线上线下协调互补、市场监管与行业监管联接互动,加大对销售假冒伪劣商品、侵犯知识产权、虚假宣传、价格欺诈、泄露隐私等行为的打击力度,着力营造安全放心诚信消费环境,促进新型消费健康发展。(国家发改委、工业和信息化部、商务部、市场监管总局等部门按职责分工负责)

(十四)健全服务标准体系

推进新型消费标准化建设,支持和鼓励平台企业、行业组织、研究机构等研究制定支撑新型消费的服务标准,健全市场监测、用户权益保护、重要产品追溯等机制,提升行业发展质量和水平。(国家发改委、工业和信息化部、商务部、市场监管总局等部门按职责分工负责)

(十五)简化优化证照办理

进一步优化零售新业态新模式营商环境,探索实行“一照多址”。各地对新申请食品经营(仅限从事预包装食品销售)的,可试点推行告知承诺制。各地可结合实际,在保障食品安全的前提下,扩大推行告知承诺制的范围。(市场监管总局牵头,国家发改委等部门按职责分工负责)

五、加大新型消费政策支持力度

(十六)强化财政支持

各级财政通过现有资金渠道、按照市场化方式支持新型消费发展,促进相关综合服务和配套基础设施建设。研究进一步对新型消费领域企业优化税收征管措施,更好发挥减税降费政策效应。(国家发改委、工业和信息化部、财政部、人力资源和社会保障部、税务总局等部门按职责分工负责)

(十七)优化金融服务

深化政银企合作,拓展新型消费领域投融资渠道。鼓励金融机构按照市场化原则,在风险可控前提下,结合新型消费领域相关企业经营特点,积极开发金融产品和服务。优化与新型消费相关的支付环境,鼓励银行等各类型支付清算服务主体降低手续费用,降低商家、消费者支付成本,推动银行卡、移动支付在便民消费领域广泛应用。完善跨境支付监管制度,稳妥推进跨境移动支付应用,提升境外人员境内支付规范化便利化水平。支持符合条件的企业通过发行新股、发行公司债券、“新三板”挂牌等方式融资。发展股权投资基金,推动生产要素向更具前景、更具活力的新型消费领域转移和集聚。(国家发改委、财政部、人民银行、银保监会、证监会等部门按职责分工负责)

(十八)完善劳动保障政策

鼓励发展新就业形态,支持灵活就业,加快完善相关劳动保障制度。指导企业规范开展用工余缺调剂,帮助有“共享用工”需求的企业精准、高效匹配人力资源。促进新业态新模式从业人员参加社会保险，提高参保率。坚持失业保险基金优先保生活，通过发放失业保险金、一次性生活补助等多措并举，加快构建城乡参保失业人员应发尽发、应保尽保长效机制。（国家发展改革委、财政部、人力资源社会保障部、国家医保局等部门按职责分工负责）

六、强化组织保障

（十九）加强组织领导

充分发挥完善促进消费体制机制部际联席会议制度作用，加强组织领导和统筹协调，国家发展改革委牵头组织实施，强化部门协同和上下联动，加快研究制定以新业态新模式引领新型消费加快发展的具体实施方案和配套措施，明确责任主体、时间表和路线图，形成政策合力。（国家发展改革委等各有关部门按职责分工负责）

（二十）强化监测评估

加强新型消费统计监测，聚合各类平台企业消费数据，强化传统数据与大数据比对分析，及时反映消费现状和发展趋势，提高政策调控的前瞻性和有效性。完善政策实施评估体系，综合运用第三方评估、社会监督评价等多种方式，科学评估实施效果，确保各项举措落到实处。（国家发展改革委、商务部、市场监管总局、国家统计局等部门按职责分工负责）

（二十一）注重宣传引导

创新宣传方式，丰富宣传手段，加强支持新型消费发展相关政策宣传解读和经验推广，倡导健康、智慧、便捷、共享的消费理念，营造有利于新型消费良性发展的舆论氛围。（国家发展改革委、商务部、市场监管总局、广电总局、国务院新闻办等部门按职责分工负责）

各地区、各有关部门要以习近平新时代中国特色社会主义思想为指导，增强“四个意识”、坚定“四个自信”、做到“两个维护”，坚决贯彻党中央、国务院决策部署，充分认识培育壮大新业态新模式、加快发展新型消费的重要意义，认真落实本意见各项要求，细化实化政策措施，优化制度环境，强化要素保障，持续扩大国内需求，扩大最终消费，为居民消费升级创造条件。

国务院办公厅关于印发新能源汽车产业发展规划（2021—2035年）的通知

（2020年10月20日　国办发〔2020〕39号）

各省、自治区、直辖市人民政府，国务院各部委、各直属机构：

《新能源汽车产业发展规划（2021—2035年）》已经国务院同意，现印发给你们，请认真贯彻执行。

新能源汽车产业发展规划（2021—2035年）

发展新能源汽车是我国从汽车大国迈向汽车强国的必由之路，是应对气候变化、推动绿色发展的战略举措。2012年国务院发布《节能与新能源汽车产业发展规划（2012—2020年）》以来，中国坚持纯电驱动战略取向，新能源汽车产业发展取得了巨大成就，成为世界汽车产业发展转型的重要力量之一。与此同时，中国新能源汽车发展也面临核心技术创新能力不强、质量保障体系有待完善、基础设施建设仍显滞后、产业生态尚不健全、市场竞争日益加剧等问题。为推动新能源汽车产业高质量发展，加快建设汽车强国，制定本规划。

第一章　发展趋势

第一节　新能源汽车为世界经济发展注入新动能

当前，全球新一轮科技革命和产业变革蓬勃发展，汽车与能源、交通、信息通信等领域有关技术加速融合，电动化、网联化、智能化成为汽车产业的发展潮流和趋势。新能源汽车融汇新能源、新材料和互联网、大数据、人工智能等多种变革性技术，推动汽车从单纯交通工具向移动智能终端、储能单元和数字空间转变，带动能源、交通、信息通信基础设施改造升级，促进能源消费结构优化、交通体系和城市运行智能化水平提升，对建设清洁美丽世界、构建人类命运共同体具有重要意义。

近年来，世界主要汽车大国纷纷加强战略谋划、强化政策支持，跨国汽车企业加大研发投入、完善产业布局，新能源汽车已成为全球汽车产业转型发展的主要方向和促进世界经济持续增长的重要引擎。

第二节　中国新能源汽车进入加速发展新阶段

汽车产品形态、交通出行模式、能源消费结构和社会运行方式正在发生深刻变革，为新能源汽车产业提供了前所未有的发展机遇。经过多年持续努力，我国新能源汽车产业技术水平显著提升、产业体系日趋完善、企业竞争力大幅增强，2015 年以来产销量、保有量连续 5 年居世界首位，产业进入叠加交汇、融合发展新阶段。必须抢抓战略机遇，巩固良好势头，充分发挥基础设施、信息通信等领域优势，不断提升产业核心竞争力，推动新能源汽车产业高质量可持续发展。

第三节　融合开放成为新能源汽车发展的新特征

随着汽车动力来源、生产运行方式、消费使用模式全面变革，新能源汽车产业生态正由零部件、整车研发生产及营销服务企业之间的“链式关系”，逐步演变成汽车、能源、交通、信息通信等多领域多主体参与的“网状生态”。相互赋能、协同发展成为各类市场主体发展壮大的内在需求，跨行业、跨领域融合创新和更加开放包容的国际合作成为新能源汽车产业发展的时代特征，极大地增强了产业发展动力，激发了市场活力，推动形成互融共生、合作共赢的产业发展新格局。

第二章　总体部署

第一节　总体思路

以习近平新时代中国特色社会主义思想为指引，坚持创新、协调、绿色、开放、共享的发展理念，以深化供给侧结构性改革为主线，坚持电动化、网联化、智能化发展方向，深入实施发展新能源汽车国家战略，以融合创新为重点，突破关键核心技术，提升产业基础能力，构建新型产业生态，完善基础设施体系，优化产业发展环境，推动我国新能源汽车产业高质量可持续发展，加快建设汽车强国。

第二节　基本原则

市场主导。充分发挥市场在资源配置中的决定性作用，强化企业在技术路线选择、生产服务体系建设等方面的主体地位；更好发挥政府在战略规划引导、标准法规制定、质量安全监管、市场秩序维护、绿色消费引导等方面作用，为产业发展营造良好环境。

创新驱动。深入实施创新驱动发展战略，建立以企业为主体、市场为导向、产学研用协同的技术创新体系，完善激励和保护创新的制度环境，鼓励多种技术路线并行发展，支持各类主体合力攻克关键核心技术、加大商业模式创新力度，形成新型产业创新生态。

协调推进。完善横向协同、纵向贯通的协调推进机制，促进新能源汽车与能源、交通、信息通信深度融合，统筹推进技术研发、标准制定、推广应用和基础设施建设，把超大规模市场优势转化为产业优势。

开放发展。践行开放融通、互利共赢的合作观，扩大高水平对外开放，以开放促改革、促发展、促创新；坚持“引进来”与“走出去”相结合，加强国际合作，积极参与国际竞争，培育新能源汽车产业新优势，深度融入全球产业链和价值链体系。

第三节　发展愿景

到 2025 年，中国新能源汽车市场竞争力明显增强,动力电池、驱动电机、车用操作系统等关键技术取得重大突破,安全水平全面提升。纯电动乘用车新车平均电耗降至12千瓦时/百公里,新能源汽车新车销售量达到汽车新车销售总量的20.0%左右,高度自动驾驶汽车实现限定区域和特定场景商业化应用,充换电服务便利性显著提高。

力争经过15年的持续努力,中国新能源汽车核心技术达到国际先进水平,质量品牌具备较强国际竞争力。纯电动汽车成为新销售车辆的主流,公共领域用车全面电动化,燃料电池汽车实现商业化应用,高度自动驾驶汽车实现规模化应用,充换电服务网络便捷高效,氢燃料供给体系建设稳步推进,有效促进节能减排水平和社会运行效率的提升。

第三章　提高技术创新能力

第一节　深化"三纵三横"研发布局

强化整车集成技术创新。以纯电动汽车、插电式混合动力(含增程式)汽车、燃料电池汽车为"三纵",布局整车技术创新链。研发新一代模块化高性能整车平台,攻关纯电动汽车底盘一体化设计、多能源动力系统集成技术,突破整车智能能量管理控制、轻量化、低摩阻等共性节能技术,提升电池管理、充电连接、结构设计等安全技术水平,提高新能源汽车整车综合性能。

提升产业基础能力。以动力电池与管理系统、驱动电机与电力电子、网联化与智能化技术为"三横",构建关键零部件技术供给体系。开展先进模块化动力电池与燃料电池系统技术攻关,探索新一代车用电机驱动系统解决方案,加强智能网联汽车关键零部件及系统开发,突破计算和控制基础平台技术、氢燃料电池汽车应用支撑技术等瓶颈,提升基础关键技术、先进基础工艺、基础核心零部件、关键基础材料等研发能力。见专栏1。

专栏1　新能源汽车核心技术攻关工程

序　号	内　容
1	实施电池技术突破行动。开展正负极材料、电解液、隔膜、膜电极等关键核心技术研究,加强高强度、轻量化、高安全、低成本、长寿命的动力电池和燃料电池系统短板技术攻关,加快固态动力电池技术研发及产业化
2	实施智能网联技术创新工程。以新能源汽车为智能网联技术率先应用的载体,支持企业跨界协同,研发复杂环境融合感知、智能网联决策与控制、信息物理系统架构设计等关键技术,突破车载智能计算平台、高精度地图与定位、车辆与车外其他设备间的无线通信(V2X)、线控执行系统等核心技术和产品
3	实施新能源汽车基础技术提升工程。突破车规级芯片、车用操作系统、新型电子电气架构、高效高密度驱动电机系统等关键技术和产品,攻克氢能储运、加氢站、车载储氢等氢燃料电池汽车应用支撑技术。支持基础元器件、关键生产装备、高端试验仪器、开发工具、高性能自动检测设备等基础共性技术研发创新,攻关新能源汽车智能制造海量异构数据组织分析、可重构柔性制造系统集成控制等关键技术,开展高性能铝镁合金、纤维增强复合材料、低成本稀土永磁材料等关键材料产业化应用

第二节　加快建设共性技术创新平台

建立健全龙头企业、国家重点实验室、国家制造业创新中心联合研发攻关机制,聚焦核心工艺、专用材料、关键零部件、制造装备等短板弱项,从不同技术路径积极探索,提高关键共性技术供给能力。引导汽车、能源、交通、信息通信等跨领域合作,建立面向未来出行的新能源汽车与智慧能源、智能交通融合创新平台,联合攻关基础交叉关键技术,提升新能源汽车及关联产业融合创新能力。

第三节　提升行业公共服务能力

依托行业协会、创新中心等机构统筹推进各类创新服务平台共建共享,提高技术转移、信息服务、人才培训、项目融资、国际交流等公共服务支撑能力。应用虚拟现实、大数据、人工智能等技术,建立汽车电动化、网联化、智能化虚拟仿真和测试验证平台,提升整车、关键零部件的计量测试、性能评价与检测认证能力。

第四章　构建新型产业生态

第一节　支持生态主导型企业发展

鼓励新能源汽车、能源、交通、信息通信等领域企业跨界协同，围绕多元化生产与多样化应用需求，通过开放合作和利益共享，打造涵盖解决方案、研发生产、使用保障、运营服务等产业链关键环节的生态主导型企业。在产业基础好、创新要素集聚的地区，发挥龙头企业带动作用，培育若干上下游协同创新、大中小企业融通发展、具有国际影响力和竞争力的新能源汽车产业集群，提升产业链现代化水平。

第二节　促进关键系统创新应用

加快车用操作系统开发应用。以整车企业需求为牵引，发挥龙头企业、国家制造业创新中心等创新平台作用，坚持软硬协同攻关，集中开发车用操作系统。围绕车用操作系统，构建整车、关键零部件、基础数据与软件等领域市场主体深度合作的开发与应用生态。通过产品快速迭代，扩大用户规模，加快车用操作系统产业化应用。见专栏2。

专栏2　车用操作系统生态建设行动

序号	内　容
1	适应新能源汽车智能化应用需求，鼓励整车及零部件、互联网、电子信息、通信等领域企业组成联盟，以车用操作系统开发与应用为核心，通过迭代升级，提升操作系统与应用程序的安全性、可靠性、便利性，扩大应用规模，形成开放共享、协同演进的良好生态

推动动力电池全价值链发展。鼓励企业提高锂、镍、钴、铂等关键资源保障能力。建立健全动力电池模块化标准体系，加快突破关键制造装备，提高工艺水平和生产效率。完善动力电池回收、梯级利用和再资源化的循环利用体系，鼓励共建共用回收渠道。建立健全动力电池运输仓储、维修保养、安全检验、退役退出、回收利用等环节管理制度，加强全生命周期监管。见专栏3。

专栏3　建设动力电池高效循环利用体系

序号	内　容
1	立足新能源汽车可持续发展，落实生产者责任延伸制度，加强新能源汽车动力电池溯源管理平台建设，实现动力电池全生命周期可追溯。支持动力电池梯次产品在储能、备能、充换电等领域创新应用，加强余能检测、残值评估、重组利用、安全管理等技术研发。优化再生利用产业布局，推动报废动力电池有价元素高效提取，促进产业资源化、高值化、绿色化发展

第三节　提升智能制造水平

推进智能化技术在新能源汽车研发设计、生产制造、仓储物流、经营管理、售后服务等关键环节的深度应用。加快新能源汽车智能制造仿真、管理、控制等核心工业软件开发和集成，开展智能工厂、数字化车间应用示范。加快产品全生命周期协同管理系统推广应用，支持设计、制造、服务一体化示范平台建设，提升新能源汽车全产业链智能化水平。

第四节　强化质量安全保障

推进质量品牌建设。开展新能源汽车产品质量提升行动，引导企业加强设计、制造、测试验证等全过程可靠性技术开发应用，充分利用互联网、大数据、区块链等先进技术，健全产品全生命周期质量控制和追溯机制。引导企业强化品牌发展战略，以提升质量和服务水平为重点加强品牌建设。

健全安全保障体系。落实企业负责、政府监管、行业自律、社会监督相结合的安全生产机制。强化企业对产品安全的主体责任，落实生产者责任延伸制度，加强对整车及动力电池、电控等关键系统的质量安全管理、安全状态监测和维修保养检测。健全新能源汽车整车、零部件以及维修保养检测、充换电等安全标准和法规制度，加强安全生产监督管理和新能源汽车安全召回管理。鼓励行业组织加强技术交流，梳理总结经验，指导企业不断提升安全水平。

第五章　推动产业融合发展

第一节　推动新能源汽车与能源融合发展

加强新能源汽车与电网（V2G）能量互动。加强高循环寿命动力电池技术攻关，推动小功率直流化技术应用。鼓励地方开展V2G示范应用，统筹新能源汽车充放电、电力调度需求，综合运用峰谷电价、新能源汽车充电优惠等政策，实现新能源汽车与电网能量高效互动，降低新能源汽车用电成本，提高电网调峰调频、安全应急等响应能力。

促进新能源汽车与可再生能源高效协同。推动新能源汽车与气象、可再生能源电力预测预报系统信息共享与融合，统筹新能源汽车能源利用与风力发电、光伏发电协同调度，提升可再生能源应用比例。鼓励"光储充放"（分布式光伏发电—储能系统—充放电）多功能综合一体站建设。支持有条件的地区开展燃料电池汽车商业化示范运行。

第二节　推动新能源汽车与交通融合发展

发展一体化智慧出行服务。加快建设涵盖前端信息采集、边缘分布式计算、云端协同控制的新型智能交通管控系统。加快新能源汽车在分时租赁、城市公交、出租汽车、场地用车等领域的应用，优化公共服务领域新能源汽车使用环境。引导汽车生产企业和出行服务企业共建"一站式"服务平台，推进自动代客泊车技术发展及应用。

构建智能绿色物流运输体系。推动新能源汽车在城市配送、港口作业等领域应用，为新能源货车通行提供便利。发展"互联网+"高效物流，创新智慧物流营运模式，推广网络货运、挂车共享等新模式应用，打造安全高效的物流运输服务新业态。

第三节　推动新能源汽车与信息通信融合发展

推进以数据为纽带的"人—车—路—云"高效协同。基于汽车感知、交通管控、城市管理等信息，构建"人—车—路—云"多层数据融合与计算处理平台，开展特定场景、区域及道路的示范应用，促进新能源汽车与信息通信融合应用服务创新。

打造网络安全保障体系。健全新能源汽车网络安全管理制度，构建统一的汽车身份认证和安全信任体系，推动密码技术深入应用，加强车载信息系统、服务平台及关键电子零部件安全检测，强化新能源汽车数据分级分类和合规应用管理，完善风险评估、预警监测、应急响应机制，保障"车端—传输管网—云端"各环节信息安全。

第四节　加强标准对接与数据共享

建立新能源汽车与相关产业融合发展的综合标准体系，明确车用操作系统、车用基础地图、车桩信息共享、云控基础平台等技术接口标准。建立跨行业、跨领域的综合大数据平台，促进各类数据共建共享与互联互通。见专栏4。

专栏4　智慧城市新能源汽车应用示范行动

序号	内　容
1	开展智能有序充电、新能源汽车与可再生能源融合发展、城市基础设施与城际智能交通、异构多模式通信网络融合等综合示范，支持以智能网联汽车为载体的城市无人驾驶物流配送、市政环卫、快速公交系统（BRT）、自动代客泊车和特定场景示范应用

第六章　完善基础设施体系

第一节　大力推动充换电网络建设

加快充换电基础设施建设。科学布局充换电基础设施，加强与城乡建设规划、电网规划及物业管理、城市停车等的统筹协调。依托"互联网+"智慧能源，提升智能化水平，积极推广智能有序慢充为主、应急快充为辅的居民区充电服务模式，加快形成适度超前、快充为主、慢充为辅的高速公路和城乡公共充电网络，鼓励开展换电模式应用，加强智能有序充电、大功率充电、无线充电等新型充电技术研发，提高充电便利性和产品可靠性。

提升充电基础设施服务水平。引导企业联合建立充电设施运营服务平台，实现互联互通、信息共享与统一结算。加强充电设备与配电系统安全监测预警等技术研发，规范无线充电设施电磁频谱使用，提高充电设施安全性、一致性、可靠性，提升服务保障水平。

鼓励商业模式创新。结合老旧小区改造、城市更新等工作，引导多方联合开展充电设施建设运营，支持居民区多车一桩、临近车位共享等合作模式发展。鼓励充电场站与商业地产相结合，建设停车充电一体化服务设施，提升公共场所充电服务能力，拓展增值服务。完善充电设施保险制度，降低企业运营和用户使用风险。

第二节 协调推动智能路网设施建设

推进新一代无线通信网络建设，加快基于蜂窝通信技术的车辆与车外其他设备间的无线通信(C—V2X)标准制定和技术升级。推进交通标志标识等道路基础设施数字化改造升级，加强交通信号灯、交通标志标线、通信设施、智能路侧设备、车载终端之间的智能互联，推进城市道路基础设施智能化建设改造相关标准制定和管理平台建设。加快差分基站建设，推动北斗等卫星导航系统在高精度定位领域应用。

第三节 有序推进氢燃料供给体系建设

提高氢燃料制储运经济性。因地制宜开展工业副产氢及可再生能源制氢技术应用，加快推进先进适用储氢材料产业化。开展高压气态、深冷气态、低温液态及固态等多种形式储运技术示范应用，探索建设氢燃料运输管道，逐步降低氢燃料储运成本。健全氢燃料制储运、加注等标准体系。加强氢燃料安全研究，强化全链条安全监管。

推进加氢基础设施建设。建立完善加氢基础设施的管理规范。引导企业根据氢燃料供给、消费需求等合理布局加氢基础设施，提升安全运行水平。支持利用现有场地和设施，开展油、气、氢、电综合供给服务。见专栏5。

专栏5 建设智能基础设施服务平台

序号	内 容
1	统筹充换电技术和接口、加氢技术和接口、车用储氢装置、车用通信协议、智能化道路建设、数据传输与结算等标准的制修订，构建基础设施互联互通标准体系。引导企业建设智能基础设施、高精度动态地图、云控基础数据等服务平台，开展充换电、加氢、智能交通等综合服务试点示范，实现基础设施的互联互通和智能管理

第七章 深化开放合作

第一节 扩大开放和交流合作

加强与国际通行经贸规则对接，全面实行准入前国民待遇加负面清单管理制度，对新能源市场主体一视同仁，建设市场化、法治化、国际化营商环境。发挥多双边合作机制、高层对话机制作用，支持国内外企业、科研院所、行业机构开展研发设计、贸易投资、基础设施、技术标准、人才培训等领域的交流合作。积极参与国际规则和标准制定，促进形成开放、透明、包容的新能源汽车国际化市场环境，打造国际合作新平台，增添共同发展新动力。

第二节 加快融入全球价值链

引导企业制定国际化发展战略，不断提高国际竞争能力，加大国际市场开拓力度，推动产业合作由生产制造环节向技术研发、市场营销等全链条延伸。鼓励企业充分利用境内外资金，建立国际化消费信贷体系。支持企业建立国际营销服务网络，在重点市场共建海外仓储和售后服务中心等服务平台。健全法律咨询、检测认证、人才培训等服务保障体系，引导企业规范海外经营行为，提升合规管理水平。

第八章 保障措施

第一节 深化行业管理改革

深入推进“放管服”改革，进一步放宽市场准入，实施包容审慎监管，促进新业态、新模式健康有序发展。完善企业平均燃料消耗量与新能源汽车积分并行管理办法，有效承接财政补贴政策，研究建立与碳交易市场衔接机制。加强事中事后监管，夯实地方主体责任，遏制盲目上马新能源汽车整车制造项目等乱象。推动完善道路机动车辆生产管理相关法规，建立健全僵尸企业退出机制，加强企业准入条件保持情况监督检查，促进优胜劣汰。充分发挥市场机制作用，支持优势企业兼并重组、做大做强，进一步提高产业集中度。

第二节 健全政策法规体系

落实新能源汽车相关税收优惠政策，优化分类交通管理及金融服务等措施。推动充换电、加氢等基础设施科学布局、加快建设，对作为公共设施的充电桩建设给予财政支持。破除地方保护，建立统一开放公平市场体系。鼓励地方政府加大对公共服务、共享出行等领域车辆运营的支持力度，给予新能源汽车停车、充电等优惠政策。2021年起，国家生态文明试验区、大气污染防治重点区域的公共领域新增或更新公交、出租、物流配送等车辆中新能源汽车比例不低于80%。制定将新能源汽车研发投入纳入国有企业考核体系的具体办法。加快完善适应智能网联汽车发展要求的道路交通、事故责任、数据使用等政策法规。加快推动动力电池回收利用立法。

第三节　加强人才队伍建设

加快建立适应新能源汽车与相关产业融合发展需要的人才培养机制，编制行业紧缺人才目录，优化汽车电动化、网联化、智能化领域学科布局，引导高等院校、科研院所、企业加大国际化人才引进和培养力度。弘扬企业家精神与工匠精神，树立正向激励导向，实行股权、期权等多元化激励措施。

第四节　强化知识产权保护

深入实施国家知识产权战略，鼓励科研人员开发新能源汽车领域高价值核心知识产权成果。严格执行知识产权保护制度，加大对侵权行为的执法力度。构建新能源汽车知识产权运营服务体系，加强专利运用转化平台建设，建立互利共享、合作共赢的专利运营模式。

第五节　加强组织协同

充分发挥节能与新能源汽车产业发展部际联席会议制度和地方协调机制作用，强化部门协同和上下联动，制定年度工作计划和部门任务分工，加强新能源汽车与能源、交通、信息通信等行业在政策规划、标准法规等方面的统筹，抓紧抓实抓细规划确定的重大任务和重点工作。各有关部门要围绕规划目标任务，根据职能分工制定本部门工作计划和配套政策措施。各地区要结合本地实际切实抓好落实，优化产业布局，避免重复建设。行业组织要充分发挥连接企业与政府的桥梁作用，协调组建行业跨界交流协作平台。工业和信息化部要会同有关部门深入调查研究，加强跟踪指导，推动规划顺利实施。

国务院办公厅关于推进对外贸易创新发展的实施意见

（2020年11月9日　国办发〔2020〕40号）

各省、自治区、直辖市人民政府，国务院各部委、各直属机构：

对外贸易是中国开放型经济的重要组成部分和国民经济发展的重要推动力量。为深入贯彻党中央、国务院关于推进贸易高质量发展的决策部署，经国务院同意，现就推进对外贸易创新发展提出如下意见：

一、总体要求

以习近平新时代中国特色社会主义思想为指导，全面贯彻党的十九大和十九届二中、三中、四中、五中全会精神，坚持新发展理念，坚持以供给侧结构性改革为主线，坚定不移扩大对外开放，稳住外贸外资基本盘，稳定产业链供应链，进一步深化科技创新、制度创新、模式和业态创新。围绕构建以国内大循环为主体、国内国际双循环相互促进的新发展格局，加快推进国际市场布局、国内区域布局、经营主体、商品结构、贸易方式等“五个优化”和外贸转型升级基地、贸易促进平台、国际营销体系等“三项建设”，培育新形势下参与国际合作和竞争新优势，实现外贸创新发展。

二、创新开拓方式，优化国际市场布局

优化国际经贸环境。坚定维护以世界贸易组织

为核心的多边贸易体制,坚决反对单边主义和保护主义,支持世界贸易组织必要改革,积极参与国际贸易规则制定。推动《区域全面经济伙伴关系协定》(RCEP)尽早签署。加快推进中日韩自由贸易协定、中国—海合会自由贸易协定谈判,积极商签更多高标准自由贸易协定和区域贸易协定。

推进贸易畅通工作机制建设。落实好已签署的共建"一带一路"合作文件,大力推动与重点市场国家特别是共建"一带一路"国家商建贸易畅通工作组、电子商务合作机制、贸易救济合作机制,推动解决双边贸易领域突出问题。

利用新技术新渠道开拓国际市场。充分运用第五代移动通信(5G)、虚拟现实(VR)、增强现实(AR)、大数据等现代信息技术,支持企业利用线上展会、电商平台等渠道开展线上推介、在线洽谈和线上签约等。推进展会模式创新,探索线上线下同步互动、有机融合的办展新模式。

提升公共服务水平。加大对重点市场宣传推介力度,及时发布政策和市场信息。加强国别贸易投资法律政策研究。建设跨境贸易投资综合法律支援平台。做好企业境外商务投诉服务。提升商事法律、标准体系建设等方面服务水平。

三、发挥比较优势,优化国内区域布局

提高东部地区贸易质量。加强京津冀协同发展,围绕雄安新区建设开放发展先行区的定位,全面对标国际高标准贸易规则。以长江三角洲区域一体化发展战略为依托,打造高水平开放平台。以上海自由贸易试验区临港新片区为载体,进一步提升浦东新区开放水平,打造更具国际竞争力的特殊经济功能区。以广州南沙、深圳前海、珠海横琴等重大合作平台为重点,加强贸易领域规则衔接、制度对接,推进粤港澳市场一体化发展。

提升中西部地区贸易占比。支持中西部地区深度融入共建"一带一路"大格局,构筑内陆地区效率高、成本低、服务优的国际贸易通道。加快边境经济合作区和跨境经济合作区建设,扩大与周边国家经贸往来。实施黄河流域生态保护和高质量发展战略,推动成渝地区双城经济圈建设,打造内陆开放战略高地。积极推进中西部地区承接产业转移示范区建设。培育和建设新一批加工贸易梯度转移重点承接地和示范地。

扩大东北地区对外开放。支持东北地区开展大宗资源性商品进出口贸易,探索设立大宗资源性商品交易平台。发挥装备制造业基础优势,积极参与承揽大型成套设备出口项目。落实好中俄远东合作规划,稳步推进能源资源、农林开发等领域合作项目,加强毗邻地区贸易和产业合作,发挥大图们倡议等合作机制作用,提升面向东北亚合作水平。

创新区域间外贸合作机制。以国家级新区、承接产业转移示范区为重点,建立产业转移承接结对合作机制。鼓励中西部和东北重点地区承接产业转移平台建设,完善基础设施,建设公共服务平台,提升承接产业转移能力。完善东中西加工贸易产业长效对接机制,深化中国加工贸易产品博览会等平台功能,加强投资信息共享,举办梯度转移对接交流活动。

四、加强分类指导,优化经营主体

培育具有全球竞争力的龙头企业。在通信、电力、工程机械、轨道交通等领域,以市场为导向,培育一批具有较强创新能力和国际竞争力的龙头企业。引导企业创新对外合作方式,优化资源、品牌和营销渠道。构建畅通的国际物流运输体系、资金结算支付体系和海外服务网络。

增强中小企业贸易竞争力。开展中小外贸企业成长行动计划。推进中小企业"抱团出海"行动。鼓励"专精特新"中小企业走国际化道路,在元器件、基础件、工具、模具、服装、鞋帽等行业,鼓励形成一批竞争力强的"小巨人"企业。

提升协同发展水平。发挥行业龙头企业引领作用,探索组建企业进出口联盟,促进中小企业深度融入供应链。支持龙头企业搭建资源和能力共享平台。引导企业与境外产业链上下游企业加强供需保障的互利合作。稳存量,促增量,充分发挥外资对外贸创新发展的带动作用。

主动服务企业。建立和完善重点外贸外资企业联系服务机制。发挥贸促机构、行业商协会作用,共

同推动解决企业遇到的困难和问题。

五、创新要素投入，优化商品结构

保护和发展产业链供应链。保障在全球产业链中有重要影响的企业和关键产品生产出口，维护国际供应链稳定。拓展重点市场产业链供应链，实现物流、商流、资金流、信息流等互联互通。推进供应链数字化和智能化发展。搭建应急供应链综合保障平台。提升全球产业链供应链风险防控能力。积极参与和推动国际产业链供应链保障合作。

推动产业转型升级。实施新一轮技术改造升级工程。开展先进制造业集群培育试点示范，创建一批国家制造业高质量发展试验区。加快推进战略性新兴产业集群建设。鼓励企业实施绿色化、智能化、服务化改造。提高农业产业竞争力，建设一批农产品贸易高质量发展基地。

优化出口产品结构。积极推动电力、轨道交通、通信设备、船舶及海洋工程、工程机械、航空航天等装备类大型成套设备开拓国际市场。提高生物技术、节能环保、新一代信息技术、新能源、机器人等新兴产业的国际竞争力。推动纺织、服装、箱包、鞋帽等劳动密集型产品高端化、精细化发展。提升农产品精深加工能力和特色发展水平，扩大高附加值农产品出口。

提高出口产品质量。加强全面质量管理，严把供应链质量关。加强质量安全风险预警和快速反应监管体系建设。建设一批重点出口产品质量检测公共服务平台。加快推进与重点出口市场认证证书和检测结果互认。鼓励企业使用国际标准和国外先进标准，充分利用国际认可的产品检测和认证体系，按照国际标准开展生产和质量检验。

优化进口结构。适时调整部分产品关税。发挥《鼓励进口技术和产品目录》引导作用，扩大先进技术、重要装备和关键零部件进口。支持能源资源产品进口。鼓励优质消费品进口。加强对外农业产业链供应链建设，增加国内紧缺和满足消费升级需求的农产品进口。扩大咨询、研发设计、节能环保、环境服务等知识技术密集型服务进口和旅游进口。

六、创新发展模式，优化贸易方式

做强一般贸易。扩大一般贸易规模，提升产品附加值，增强谈判、议价能力。鼓励企业加强研发、品牌培育、渠道建设，增强关键技术、核心零部件生产和供给能力。在有条件的地区、行业和企业建立品牌推广中心，鼓励形成区域性、行业性品牌。

提升加工贸易。加大对加工贸易转型升级示范区和试点城市的支持力度，培育认定新一批试点城市，支持探索创新发展新举措。提升加工贸易技术含量和附加值，延长产业链，由加工组装向技术、品牌、营销环节延伸。支持保税维修等新业态发展。动态调整加工贸易禁止类商品目录。

发展其他贸易。落实促进边境贸易创新发展政策，修订《边民互市贸易管理办法》。制订边民互市进口商品负面清单，开展边民互市进口商品落地加工试点。培育发展边境贸易商品市场和商贸中心。支持边境地区发展电子商务。探索发展新型贸易方式。支持在自由贸易港、自由贸易试验区探索促进新型国际贸易发展。

促进内外贸一体化。优化市场流通环境，便利企业统筹用好国际国内两个市场，降低出口产品内销成本。鼓励出口企业与国内大型商贸流通企业对接，多渠道搭建内销平台，扩大内外销产品“同线同标同质”实施范围。加强宣传推广和公共服务，推动内销规模化、品牌化。

七、创新运营方式，推进国家外贸转型升级基地建设

健全组织管理。依托各类产业集聚区，加快基地建设，做大做强主导产业链，完善配套支撑产业链，增强供给能力。建立多种形式的基地管理服务机构。

建设公共服务平台。依托研究院所、大专院校、贸促机构、行业商协会、专业服务机构和龙头企业，搭建研发、检测、营销、信息、物流等方面的公共服务平台。

八、创新服务模式，推进贸易促进平台建设

办好进博会、广交会等一批综合展会。对标国

际一流展会,丰富完善中国国际进口博览会功能,着力提升国际化、专业化水平,增强吸引力和国际影响力,确保“越办越好”。研究推行中国进出口商品交易会线上线下融合办展新模式。拓展中国国际服务贸易交易会、中国国际高新技术成果交易会等展会功能。优化现有展会,培育若干知名度高、影响力大的国际展会。

培育进口贸易促进创新示范区。充分发挥示范区在促进进口、服务产业、提升消费等方面的示范引领作用。提升监管水平,加强服务创新。研究建立追踪问效、评估和退出机制。

九、创新服务渠道,推进国际营销体系建设

加快建立国际营销体系。鼓励企业以合作、自建等方式,完善营销和服务保障体系,开展仓储、展示、批发、销售、接单签约及售后服务。推进售后云服务模式和远端诊断、维修。重点推动汽车、机床等行业品牌企业建设国际营销服务网点。

推进国际营销公共平台建设。充分发挥平台带动和示范作用,助力企业开拓国际市场。研究建立评估及退出机制。建设国际营销公共服务平台网络,共享平台资源。

十、创新业态模式,培育外贸新动能

促进跨境电商等新业态发展。积极推进跨境电商综合试验区建设,不断探索好经验好做法,研究建立综合试验区评估考核机制。支持建设一批海外仓。扩大跨境电商零售进口试点。推广跨境电商应用,促进企业对企业(B2B)业务发展。研究筹建跨境电商行业联盟。推进市场采购贸易方式试点建设,总结经验并完善配套服务。促进外贸综合服务企业发展,研究完善配套监管政策。

积极推进二手车出口。建立健全二手车出口管理与促进体系,扩大二手车出口业务,完善质量检测标准,实行全国统一的出口检测规范。强化二手车境外售后服务体系建设,鼓励有条件的企业在重点市场建立公共备品备件库,提高售后服务质量。培育和支持二手车出口行业组织发展。

加快发展新兴服务贸易。加快发展对外文化贸易,加大对国家文化出口重点企业和重点项目的支持,加强国家文化出口基地建设。加快服务外包转型升级,开展服务外包示范城市动态调整,大力发展高端生产性服务外包。加强国家中医药服务出口基地建设,扩大中医药服务出口。

加快贸易数字化发展。大力发展数字贸易,推进国家数字服务出口基地建设,鼓励企业向数字服务和综合服务提供商转型。支持企业不断提升贸易数字化和智能化管理能力。建设贸易数字化公共服务平台,服务企业数字化转型。

十一、优化发展环境,完善保障体系

发挥自由贸易试验区、自由贸易港制度创新作用。扩大开放领域,推动外向型经济主体及业务在自由贸易试验区汇聚。推动出台海南自由贸易港法。以贸易自由化便利化为重点,突出制度集成创新,研究优化贸易方案,扎实推进海南自由贸易港建设,制定海南自由贸易港禁止、限制进出口的货物、物品清单,清单外货物、物品自由进出;出台海南自由贸易港跨境服务贸易负面清单,进一步规范影响服务贸易自由便利的国内规制,为适时向更大范围推广积累经验。

不断提升贸易便利化水平。进一步简化通关作业流程,精简单证及证明材料。创新海关核查模式,推进“网上核查”改革。进一步完善国际贸易“单一窗口”功能,推进全流程作业无纸化。建立更加集约、高效、运行通畅的船舶便利通关查验新模式,加快推进“单一窗口”功能覆盖海运和贸易全链条。

优化进出口管理和服务。完善大宗商品进出口管理。有序推动重点商品进出口管理体制改革。加强口岸收费管理,严格执行口岸收费目录清单制度,持续清理规范进出口环节涉企收费。降低港口收费,进一步减并港口收费项目,降低政府定价的港口经营服务性项目收费标准。积极推动扩大出口退税无纸化申报范围,持续加快出口退税办理进度。扩大贸易外汇收支便利化试点,便利跨境电商外汇结算。

强化政策支持。在符合世界贸易组织规则前提

下，加大财政金融支持力度。用好外经贸发展专项资金，推动外贸稳中提质、创新发展。落实再贷款、再贴现等金融支持政策，加快贷款投放进度，引导金融机构增加外贸信贷投放，落实好贷款阶段性延期还本付息等政策，加大对中小微外贸企业支持。充分发挥进出口信贷和出口信用保险作用，进一步扩大出口信用保险覆盖面，根据市场化原则适度降低保险费率。

加强国际物流保障。确保国际海运保障有力，提升国际航空货运能力，促进国际道路货运便利化。提升中欧班列等货运通道能力，加强集结中心示范工程建设，以市场化为原则，鼓励运营企业完善境外物流网络，增强境外物流节点的联运、转运和集散能力，拓展回程货源，提高国际化运营竞争力。鼓励港航企业与铁路企业加强合作，积极发展集装箱铁水联运。

提升风险防范能力。统筹发展和安全，切实防范、规避重大风险。坚持底线思维，保障粮食、能源和资源安全。努力构建现代化出口管制体系。严格实施出口管制法。优化出口管制许可和执法体系，推动出口管制合规和国际合作体系建设。完善对外贸易调查制度，丰富调查工具。健全预警和法律服务机制，构建主体多元、形式多样的工作体系。健全贸易救济调查工作体系，提升运用规则的能力和水平。完善贸易摩擦应对机制，推动形成多主体协同应对的工作格局。研究设立贸易调整援助制度。

加强组织实施。加强党对外贸工作的全面领导。充分发挥国务院推进贸易高质量发展部际联席会议制度作用，整体推进外贸创新发展。商务部要会同有关部门加强协调指导，各地方要抓好贯彻落实。重大情况及时向党中央、国务院报告。

国务院部门规章

政府购买服务管理办法

（2020年1月3日　中华人民共和国财政部令第102号公布　自2020年3月1日起施行）

第一章　总　则

第一条　为规范政府购买服务行为，促进转变政府职能，改善公共服务供给，根据《中华人民共和国预算法》《中华人民共和国政府采购法》《中华人民共和国合同法》等法律、行政法规的规定，制定本办法。

第二条　本办法所称政府购买服务，是指各级国家机关将属于自身职责范围且适合通过市场化方式提供的服务事项，按照政府采购方式和程序，交由符合条件的服务供应商承担，并根据服务数量和质量等因素向其支付费用的行为。

第三条　政府购买服务应当遵循预算约束、以事定费、公开择优、诚实信用、讲求绩效原则。

第四条　财政部负责制定全国性政府购买服务制度，指导和监督各地区、各部门政府购买服务工作。

县级以上地方人民政府财政部门负责本行政区域政府购买服务管理。

第二章　购买主体和承接主体

第五条　各级国家机关是政府购买服务的购买主体。

第六条　依法成立的企业、社会组织（不含由财政拨款保障的群团组织），公益二类和从事生产经营活动的事业单位，农村集体经济组织，基层群众性自治组织，以及具备条件的个人可以作为政府购买服务的承接主体。

第七条　政府购买服务的承接主体应当符合政府采购法律、行政法规规定的条件。

购买主体可以结合购买服务项目的特点规定承接主体的具体条件，但不得违反政府采购法律、行政法规，以不合理的条件对承接主体实行差别待遇或者歧视待遇。

第八条　公益一类事业单位、使用事业编制且由财政拨款保障的群团组织，不作为政府购买服务的购买主体和承接主体。

第三章　购买内容和目录

第九条　政府购买服务的内容包括政府向社会公众提供的公共服务，以及政府履职所需辅助性服务。

第十条　以下各项不得纳入政府购买服务范围：

（1）不属于政府职责范围的服务事项；

（2）应当由政府直接履职的事项；

（3）政府采购法律、行政法规规定的货物和工程，以及将工程和服务打包的项目；

（4）融资行为；

（5）购买主体的人员招、聘用，以劳务派遣方式用工，以及设置公益性岗位等事项；

（6）法律、行政法规以及国务院规定的其他不得作为政府购买服务内容的事项。

第十一条　政府购买服务的具体范围和内容实行指导性目录管理，指导性目录依法予以公开。

第十二条　政府购买服务指导性目录在中央和省两级实行分级管理，财政部和省级财政部门分别制定本级政府购买服务指导性目录，各部门在本级指导性目录范围内编制本部门政府购买服务指导性目录。

省级财政部门根据本地区情况确定省以下政府购买服务指导性目录的编制方式和程序。

第十三条 有关部门应当根据经济社会发展实际、政府职能转变和基本公共服务均等化、标准化的要求，编制、调整指导性目录。

编制、调整指导性目录应当充分征求相关部门意见，根据实际需要进行专家论证。

第十四条 纳入政府购买服务指导性目录的服务事项，已安排预算的，可以实施政府购买服务。

第四章 购买活动的实施

第十五条 政府购买服务应当突出公共性和公益性，重点考虑、优先安排与改善民生密切相关，有利于转变政府职能、提高财政资金绩效的项目。

政府购买的基本公共服务项目的服务内容、水平、流程等标准要素，应当符合国家基本公共服务标准相关要求。

第十六条 政府购买服务项目所需资金应当在相关部门预算中统筹安排，并与中期财政规划相衔接，未列入预算的项目不得实施。

购买主体在编报年度部门预算时，应当反映政府购买服务支出情况。政府购买服务支出应当符合预算管理有关规定。

第十七条 购买主体应当根据购买内容及市场状况、相关供应商服务能力和信用状况等因素，通过公平竞争择优确定承接主体。

第十八条 购买主体向个人购买服务，应当限于确实适宜实施政府购买服务并且由个人承接的情形，不得以政府购买服务名义变相用工。

第十九条 政府购买服务项目采购环节的执行和监督管理，包括集中采购目录及标准、采购政策、采购方式和程序、信息公开、质疑投诉、失信惩戒等，按照政府采购法律、行政法规和相关制度执行。

第二十条 购买主体实施政府购买服务项目绩效管理，应当开展事前绩效评估，定期对所购服务实施情况开展绩效评价，具备条件的项目可以运用第三方评价评估。

财政部门可以根据需要，对部门政府购买服务整体工作开展绩效评价，或者对部门实施的资金金额和社会影响大的政府购买服务项目开展重点绩效评价。

第二十一条 购买主体及财政部门应当将绩效评价结果作为承接主体选择、预算安排和政策调整的重要依据。

第五章 合同及履行

第二十二条 政府购买服务合同的签订、履行、变更，应当遵循《中华人民共和国合同法》的相关规定。

第二十三条 购买主体应当与确定的承接主体签订书面合同，合同约定的服务内容应当符合本办法第九条、第十条的规定。

政府购买服务合同应当明确服务的内容、期限、数量、质量、价格，资金结算方式，各方权利义务事项和违约责任等内容。

政府购买服务合同应当依法予以公告。

第二十四条 政府购买服务合同履行期限一般不超过1年；在预算保障的前提下，对于购买内容相对固定、连续性强、经费来源稳定、价格变化幅度小的政府购买服务项目，可以签订履行期限不超过3年的政府购买服务合同。

第二十五条 购买主体应当加强政府购买服务项目履约管理，开展绩效执行监控，及时掌握项目实施进度和绩效目标实现情况，督促承接主体严格履行合同，按照合同约定向承接主体支付款项。

第二十六条 承接主体应当按照合同约定提供服务，不得将服务项目转包给其他主体。

第二十七条 承接主体应当建立政府购买服务项目台账，依照有关规定或合同约定记录保存并向购买主体提供项目实施相关重要资料信息。

第二十八条 承接主体应当严格遵守相关财务规定，规范管理和使用政府购买服务项目资金。

承接主体应当配合相关部门对资金使用情况进行监督检查与绩效评价。

第二十九条 承接主体可以依法依规使用政府购买服务合同向金融机构融资。

购买主体不得以任何形式为承接主体的融资行为提供担保。

第六章 监督管理和法律责任

第三十条 有关部门应当建立健全政府购买服务

监督管理机制。购买主体和承接主体应当自觉接受财政监督、审计监督、社会监督以及服务对象的监督。

第三十一条 购买主体、承接主体及其他政府购买服务参与方在政府购买服务活动中，存在违反政府采购法律法规行为的，依照政府采购法律法规予以处理处罚；存在截留、挪用和滞留资金等财政违法行为的，依照《中华人民共和国预算法》《财政违法行为处罚处分条例》等法律法规追究法律责任；涉嫌犯罪的，移送司法机关处理。

第三十二条 财政部门、购买主体及其工作人员，存在违反本办法规定的行为，以及滥用职权、玩忽职守、徇私舞弊等违法违纪行为的，按照《中华人民共和国预算法》《中华人民共和国公务员法》《中华人民共和国监察法》《财政违法行为处罚处分条例》等国家有关规定追究相应责任；涉嫌犯罪的，移送司法机关处理。

第七章 附 则

第三十三条 党的机关、政协机关、民主党派机关、承担行政职能的事业单位和使用行政编制的群团组织机关使用财政性资金购买服务的，参照本办法执行。

第三十四条 涉密政府购买服务项目的实施，按照国家有关规定执行。

第三十五条 本办法自2020年3月1日起施行。财政部、民政部、工商总局2014年12月15日颁布的《政府购买服务管理办法(暂行)》(财综〔2014〕96号)同时废止。

网络安全审查办法

(2020年4月13日 国家互联网信息办公室 中华人民共和国国家发展和改革委员会 中华人民共和国工业和信息化部 中华人民共和国公安部 中华人民共和国国家安全部 中华人民共和国财政部 中华人民共和国商务部 中国人民银行 国家市场监督管理总局 国家广播电视总局 国家保密局 国家密码管理局令第6号公布 自2020年6月1日起实行)

第一条 为了确保关键信息基础设施供应链安全，维护国家安全，依据《中华人民共和国国家安全法》《中华人民共和国网络安全法》，制定本办法。

第二条 关键信息基础设施运营者(下称“运营者”)采购网络产品和服务，影响或可能影响国家安全的，应当按照本办法进行网络安全审查。

第三条 网络安全审查坚持防范网络安全风险与促进先进技术应用相结合、过程公正透明与知识产权保护相结合、事前审查与持续监管相结合、企业承诺与社会监督相结合，从产品和服务安全性、可能带来的国家安全风险等方面进行审查。

第四条 在中央网络安全和信息化委员会领导下，国家互联网信息办公室会同中华人民共和国国家发展和改革委员会、中华人民共和国工业和信息化部、中华人民共和国公安部、中华人民共和国国家安全部、中华人民共和国财政部、中华人民共和国商务部、中国人民银行、国家市场监督管理总局、国家广播电视总局、国家保密局、国家密码管理局建立国家网络安全审查工作机制。

网络安全审查办公室设在国家互联网信息办公室，负责制定网络安全审查相关制度规范，组织网络安全审查。

第五条 运营者采购网络产品和服务的，应当预判该产品和服务投入使用后可能带来的国家安全风险。影响或者可能影响国家安全的，应当向网络安全审查办公室申报网络安全审查。

关键信息基础设施保护工作部门可以制定本行业、本领域预判指南。

第六条 对于申报网络安全审查的采购活动，运营者应通过采购文件、协议等要求产品和服务提供者配合网络安全审查，包括承诺不利用提供产品和服务的便利条件非法获取用户数据、非法控制和操纵用户设备，无正当理由不中断产品供应或必要的技术支持服务等。

第七条 运营者申报网络安全审查，应当提交以下材料：

(1)申报书；

(2)关于影响或可能影响国家安全的分析报告；

(3)采购文件、协议、拟签订的合同等；

(4)网络安全审查工作需要的其他材料。

第八条 网络安全审查办公室应当自收到审查申报材料起，10个工作日内确定是否需要审查并书面通知运营者。

第九条 网络安全审查重点评估采购网络产品和服务可能带来的国家安全风险，主要考虑以下因素：

(1)产品和服务使用后带来的关键信息基础设施被非法控制、遭受干扰或破坏，以及重要数据被窃取、泄露、毁损的风险；

(2)产品和服务供应中断对关键信息基础设施业务连续性的危害；

(3)产品和服务的安全性、开放性、透明性、来源的多样性，供应渠道的可靠性以及因为政治、外交、贸易等因素导致供应中断的风险；

(4)产品和服务提供者遵守中国法律、行政法规、部门规章情况；

(5)其他可能危害关键信息基础设施安全和国家安全的因素。

第十条 网络安全审查办公室认为需要开展网络安全审查的，应当自向运营者发出书面通知之日起30个工作日内完成初步审查，包括形成审查结论建议和将审查结论建议发送网络安全审查工作机制成员单位、相关关键信息基础设施保护工作部门征求意见；情况复杂的，可以延长15个工作日。

第十一条 网络安全审查工作机制成员单位和相关关键信息基础设施保护工作部门应当自收到审查结论建议之日起15个工作日内书面回复意见。

网络安全审查工作机制成员单位、相关关键信息基础设施保护工作部门意见一致的，网络安全审查办公室以书面形式将审查结论通知运营者；意见不一致的，按照特别审查程序处理，并通知运营者。

第十二条 按照特别审查程序处理的，网络安全审查办公室应当听取相关部门和单位意见，进行深入分析评估，再次形成审查结论建议，并征求网络安全审查工作机制成员单位和相关关键信息基础设施保护工作部门意见，按程序报中央网络安全和信息化委员会批准后，形成审查结论并书面通知运营者。

第十三条 特别审查程序一般应当在45个工作日内完成，情况复杂的可以适当延长。

第十四条 网络安全审查办公室要求提供补充材料的，运营者、产品和服务提供者应当予以配合。提交补充材料的时间不计入审查时间。

第十五条 网络安全审查工作机制成员单位认为影响或可能影响国家安全的网络产品和服务，由网络安全审查办公室按程序报中央网络安全和信息化委员会批准后，依照本办法的规定进行审查。

第十六条 参与网络安全审查的相关机构和人员应严格保护企业商业秘密和知识产权，对运营者、产品和服务提供者提交的未公开材料，以及审查工作中获悉的其他未公开信息承担保密义务；未经信息提供方同意，不得向无关方披露或用于审查以外的目的。

第十七条 运营者或网络产品和服务提供者认为审查人员有失客观公正，或未能对审查工作中获悉的信息承担保密义务的，可以向网络安全审查办公室或者有关部门举报。

第十八条 运营者应当督促产品和服务提供者履行网络安全审查中做出的承诺。

网络安全审查办公室通过接受举报等形式加强事前事中事后监督。

第十九条 运营者违反本办法规定的，依照《中华人民共和国网络安全法》第六十五条的规定处理。

第二十条 本办法中关键信息基础设施运营者是指经关键信息基础设施保护工作部门认定的运营者。

本办法所称网络产品和服务主要指核心网络设备、高性能计算机和服务器、大容量存储设备、大型数据库和应用软件、网络安全设备、云计算服务，以及其他对关键信息基础设施安全有重要影响的网络产品和服务。

第二十一条 涉及国家秘密信息的,依照国家有关保密规定执行。

第二十二条 本办法自2020年6月1日起实施,《网络产品和服务安全审查办法(试行)》同时废止。

新化学物质环境管理登记办法

(2020年4月29日 中华人民共和国生态环境部令第12号公布 自2021年1月1日起施行)

第一章 总 则

第一条 为规范新化学物质环境管理登记行为,科学、有效评估和管控新化学物质环境风险,聚焦对环境和健康可能造成较大风险的新化学物质,保护生态环境,保障公众健康,根据有关法律法规以及《国务院对确需保留的行政审批项目设定行政许可的决定》,制定本办法。

第二条 本办法适用于在中华人民共和国境内从事新化学物质研究、生产、进口和加工使用活动的环境管理登记,但进口后在海关特殊监管区内存放且未经任何加工即全部出口的新化学物质除外。

下列产品或者物质不适用本办法:

(1)医药、农药、兽药、化妆品、食品、食品添加剂、饲料、饲料添加剂、肥料等产品,但改变为其他工业用途的,以及作为上述产品的原料和中间体的新化学物质除外;

(2)放射性物质。

设计为常规使用时有意释放出所含新化学物质的物品,所含的新化学物质适用本办法。

第三条 本办法所称新化学物质,是指未列入《中国现有化学物质名录》的化学物质。

已列入《中国现有化学物质名录》的化学物质,按照现有化学物质进行环境管理;但在《中国现有化学物质名录》中规定实施新用途环境管理的化学物质,用于允许用途以外的其他工业用途的,按照新化学物质进行环境管理。

《中国现有化学物质名录》由国务院生态环境主管部门组织制定、调整并公布,包括2003年10月15日前已在中华人民共和国境内生产、销售、加工使用或者进口的化学物质,以及2003年10月15日以后根据新化学物质环境管理有关规定列入的化学物质。

第四条 国家对新化学物质实行环境管理登记制度。

新化学物质环境管理登记分为常规登记、简易登记和备案。新化学物质的生产者或者进口者,应当在生产前或者进口前取得新化学物质环境管理常规登记证或者简易登记证(以下统称登记证)或者办理新化学物质环境管理备案。

第五条 新化学物质环境管理登记,遵循科学、高效、公开、公平、公正和便民的原则,坚持源头准入、风险防范、分类管理,重点管控具有持久性、生物累积性、对环境或者健康危害性大,或者在环境中可能长期存在并可能对环境和健康造成较大风险的新化学物质。

第六条 国务院生态环境主管部门负责组织开展全国新化学物质环境管理登记工作,制定新化学物质环境管理登记相关政策、技术规范和指南等配套文件以及登记评审规则,加强新化学物质环境管理登记信息化建设。

国务院生态环境主管部门组织成立化学物质环境风险评估专家委员会(下称"专家委员会")。专家委员会由化学、化工、健康、环境、经济等方面的专家组成,为新化学物质环境管理登记评审提供技术支持。

设区的市级以上地方生态环境主管部门负责对本行政区域内研究、生产、进口和加工使用新化学物质的相关企业事业单位落实本办法的情况进行环境监督管理。

国务院生态环境主管部门所属的化学物质环境管理技术机构参与新化学物质环境管理登记评审，承担新化学物质环境管理登记具体工作。

第七条 从事新化学物质研究、生产、进口和加工使用的企业事业单位，应当遵守本办法的规定，采取有效措施，防范和控制新化学物质的环境风险，并对所造成的损害依法承担责任。

第八条 国家鼓励和支持新化学物质环境风险评估及控制技术的科学研究与推广应用，鼓励环境友好型化学物质及相关技术的研究与应用。

第九条 一切单位和个人对违反本办法规定的行为，有权向生态环境主管部门举报。

第二章 基本要求

第十条 新化学物质年生产量或者进口量10吨以上的，应当办理新化学物质环境管理常规登记（下称“常规登记”）。

新化学物质年生产量或者进口量1吨以上不足10吨的，应当办理新化学物质环境管理简易登记（下称“简易登记”）。

符合下列条件之一的，应当办理新化学物质环境管理备案（下称“备案”）：

（1）新化学物质年生产量或者进口量不足1吨的；

（2）新化学物质单体或者反应体含量不超过2.0%的聚合物或者属于低关注聚合物的。

第十一条 办理新化学物质环境管理登记的申请人，应当为中华人民共和国境内依法登记能够独立承担法律责任的，从事新化学物质生产或者进口的企业事业单位。

拟向中华人民共和国境内出口新化学物质的生产或者贸易企业，也可以作为申请人，但应当指定在中华人民共和国境内依法登记能够独立承担法律责任的企业事业单位作为代理人，共同履行新化学物质环境管理登记及登记后环境管理义务，并依法承担责任。

本办法第二条规定的医药、农药、兽药、化妆品、食品、食品添加剂、饲料、饲料添加剂、肥料等产品属于新化学物质，且拟改变为其他工业用途的，相关产品的生产者、进口者或者加工使用者均可以作为申请人。

已列入《中国现有化学物质名录》且实施新用途环境管理的化学物质，拟用于允许用途以外的其他工业用途的，相关化学物质的生产者、进口者或者加工使用者均可以作为申请人。

第十二条 申请办理新化学物质环境管理登记的，申请人应当向国务院生态环境主管部门提交登记申请或者备案材料，并对登记申请或者备案材料的真实性、完整性、准确性和合法性负责。

国家鼓励申请人共享新化学物质环境管理登记数据。

第十三条 申请人认为其提交的登记申请或者备案材料涉及商业秘密且要求信息保护的，应当在申请登记或者办理备案时提出，并提交申请商业秘密保护的必要性说明材料。对可能对环境、健康公共利益造成重大影响的信息，国务院生态环境主管部门可以依法不予商业秘密保护。对已提出的信息保护要求，申请人可以以书面方式撤回。

新化学物质名称等标识信息的保护期限自首次登记或者备案之日起不超过5年。

从事新化学物质环境管理登记的工作人员和相关专家，不得披露依法应当予以保护的商业秘密。

第十四条 为新化学物质环境管理登记提供测试数据的中华人民共和国境内测试机构，应当依法取得检验检测机构资质认定，严格按照化学物质测试相关标准开展测试工作；健康毒理学、生态毒理学测试机构还应当符合良好实验室管理规范。测试机构应当对其出具的测试结果的真实性和可靠性负责，并依法承担责任。

国务院生态环境主管部门组织对化学物质生态毒理学测试机构的测试情况及条件进行监督抽查。

出具健康毒理学或者生态毒理学测试数据的中华人民共和国境外测试机构应当符合国际通行的良好实验室管理要求。

第三章 常规登记、简易登记和备案

第一节 常规登记和简易登记申请与受理

第十五条 申请办理常规登记的，申请人应当提交以下材料：

（1）常规登记申请表；

（2）新化学物质物理化学性质、健康毒理学和生态毒理学特性测试报告或者资料；

（3）新化学物质环境风险评估报告，包括对拟申请登记的新化学物质可能造成的环境风险的评估，拟采取的环境风险控制措施及其适当性分析，以及是否存在不合理环境风险的评估结论；

（4）落实或者传递环境风险控制措施和环境管理要求的承诺书，承诺书应当由企业事业单位的法定代表人或者其授权人签字，并加盖公章。

前款第二项规定的相关测试报告和资料，应当满足新化学物质环境风险评估的需要；生态毒理学测试报告应当包括使用中华人民共和国的供试生物按照相关标准的规定完成的测试数据。

对属于高危害化学物质的，申请人还应当提交新化学物质活动的社会经济效益分析材料，包括新化学物质在性能、环境友好性等方面是否较相同用途的在用化学物质具有相当或者明显优势的说明，充分论证申请活动的必要性。

除本条前三款规定的申请材料外，申请人还应当一并提交其已经掌握的新化学物质环境与健康危害特性和环境风险的其他信息。

第十六条 申请办理简易登记的，申请人应当提交以下材料：

（1）简易登记申请表；

（2）新化学物质物理化学性质，以及持久性、生物累积性和水生环境毒性等生态毒理学测试报告或者资料；

（3）落实或者传递环境风险控制措施的承诺书，承诺书应当由企业事业单位的法定代表人或者其授权人签字，并加盖公章。

前款第二项规定的生态毒理学测试报告应当包括使用中华人民共和国的供试生物按照相关标准的规定完成的测试数据。

除前款规定的申请材料外，申请人还应当一并提交其已经掌握的新化学物质环境与健康危害特性和环境风险的其他信息。

第十七条 同一申请人对分子结构相似、用途相同或者相近、测试数据相近的多个新化学物质，可以一并申请新化学物质环境管理登记。申请登记量根据每种物质申请登记量的总和确定。

两个以上申请人同时申请相同新化学物质环境管理登记的，可以共同提交申请材料，办理新化学物质环境管理联合登记。申请登记量根据每个申请人申请登记量的总和确定。

第十八条 国务院生态环境主管部门收到新化学物质环境管理登记申请材料后，根据下列情况分别做出处理：

（1）申请材料齐全、符合法定形式，或者申请人按照要求提交全部补正申请材料的，予以受理；

（2）申请材料存在可以当场更正的错误的，允许申请人当场更正；

（3）所申请物质不需要开展新化学物质环境管理登记的，或者申请材料存在法律法规规定不予受理的其他情形的，应当当场或者在5个工作日内做出不予受理的决定；

（4）存在申请人及其代理人不符合本办法规定、申请材料不齐全以及其他不符合法定形式情形的，应当当场或者在5个工作日内一次性告知申请人需要补正的全部内容。逾期不告知的，自收到申请材料之日起即为受理。

第二节 常规登记和简易登记技术评审与决定

第十九条 国务院生态环境主管部门受理常规登记申请后，应当组织专家委员会和所属的化学物质环境管理技术机构进行技术评审。技术评审应当主要围绕以下内容进行：

（1）新化学物质名称和标识；

（2）新化学物质测试报告或者资料的质量；

（3）新化学物质环境和健康危害特性；

（4）新化学物质环境暴露情况和环境风险；

（5）列入《中国现有化学物质名录》时是否实施新用途环境管理；

（6）环境风险控制措施是否适当；

（7）高危害化学物质申请活动的必要性；

（8）商业秘密保护的必要性。

技术评审意见应当包括对前款规定内容的评审结论，以及是否准予登记的建议和有关环境管理要求的建议。

经技术评审认为申请人提交的申请材料不符合

要求的，或者不足以对新化学物质的环境风险做出全面评估的，国务院生态环境主管部门可以要求申请人补充提供相关测试报告或者资料。

第二十条 国务院生态环境主管部门受理简易登记申请后，应当组织其所属的化学物质环境管理技术机构进行技术评审。技术评审应当主要围绕以下内容进行：

（1）新化学物质名称和标识；

（2）新化学物质测试报告或者资料的质量；

（3）新化学物质的持久性、生物累积性和毒性；

（4）新化学物质的累积环境风险；

（5）商业秘密保护的必要性。

技术评审意见应当包括对前款规定内容的评审结论，以及是否准予登记的建议。

经技术评审认为申请人提交的申请材料不符合要求的，国务院生态环境主管部门可以要求申请人补充提供相关测试报告或者资料。

第二十一条 国务院生态环境主管部门对常规登记技术评审意见进行审查，根据下列情况分别做出决定：

（1）未发现不合理环境风险的，予以登记，向申请人核发新化学物质环境管理常规登记证（下称“常规登记证”）。对高危害化学物质核发常规登记证，还应当符合申请活动必要性的要求；

（2）发现有不合理环境风险的，或者不符合高危害化学物质申请活动必要性要求的，不予登记，书面通知申请人并说明理由。

第二十二条 国务院生态环境主管部门对简易登记技术评审意见进行审查，根据下列情况分别做出决定：

（1）对未发现同时具有持久性、生物累积性和毒性，且未发现累积环境风险的，予以登记，向申请人核发新化学物质环境管理简易登记证（下称“简易登记证”）；

（2）不符合前项规定登记条件的，不予登记，书面通知申请人并说明理由。

第二十三条 有下列情形之一的，国务院生态环境主管部门不予登记，书面通知申请人并说明理由：

（1）在登记申请过程中使用隐瞒情况或者提供虚假材料等欺骗手段的；

（2）未按照本办法第十九条第 3 款或者第二十条第 3 款的要求，拒绝或者未在 6 个月内补充提供相关测试报告或者资料的；

（3）法律法规规定不予登记的其他情形。

第二十四条 国务院生态环境主管部门做出登记决定前，应当对拟登记的新化学物质名称或者类名、申请人及其代理人、活动类型、新用途环境管理要求等信息进行公示。公示期限不得少于 3 个工作日。

第二十五条 国务院生态环境主管部门受理新化学物质环境管理登记申请后，应当及时启动技术评审工作。常规登记的技术评审时间不得超过 60 日，简易登记的技术评审时间不得超过 30 日。国务院生态环境主管部门通知补充提供相关测试报告或者资料的，申请人补充相关材料所需时间不计入技术评审时限。

国务院生态环境主管部门应当自受理申请之日起 20 个工作日内，做出是否予以登记的决定。20 个工作日内不能做出决定的，经国务院生态环境主管部门负责人批准，可以延长 10 个工作日，并将延长期限的理由告知申请人。

技术评审时间不计入本条第二款规定的审批时限。

第二十六条 登记证应当载明下列事项：

（1）登记证类型；

（2）申请人及其代理人名称；

（3）新化学物质中英文名称或者类名等标识信息；

（4）申请用途；

（5）申请登记量；

（6）活动类型；

（7）环境风险控制措施。

对于高危害化学物质以及具有持久性和生物累积性，或者具有持久性和毒性，或者具有生物累积性和毒性的新化学物质，常规登记证还应当载明下列一项或者多项环境管理要求：

（1）限定新化学物质排放量或者排放浓度；

（2）列入《中国现有化学物质名录》时实施新用途环境管理的要求；

（3）提交年度报告；

（4）其他环境管理要求。

第二十七条 新化学物质环境管理登记申请受理后，国务院生态环境主管部门做出决定前，申请人可以依法撤回登记申请。

第二十八条 国务院生态环境主管部门做出新化学物质环境管理登记决定后，应当在20个工作日内公开新化学物质环境管理登记情况，包括登记的新化学物质名称或者类名、申请人及其代理人、活动类型、新用途环境管理要求等信息。

第三节 常规登记和简易登记变更、撤回与撤销

第二十九条 对已取得常规登记证的新化学物质，在根据本办法第四十四条规定列入《中国现有化学物质名录》前，有下列情形之一的，登记证持有人应当重新申请办理登记：

（1）生产或者进口数量拟超过申请登记量的；

（2）活动类型拟由进口转为生产的；

（3）拟变更新化学物质申请用途的；

（4）拟变更环境风险控制措施的；

（5）导致环境风险增大的其他情形。

重新申请办理登记的，申请人应当提交重新登记申请材料，说明相关事项变更的理由，重新编制并提交环境风险评估报告，重点说明变更后拟采取的环境风险控制措施及其适当性，以及是否存在不合理环境风险。

第三十条 对已取得常规登记证的新化学物质，在根据本办法第四十四条规定列入《中国现有化学物质名录》前，除本办法第二十九条规定的情形外，登记证载明的其他信息发生变化的，登记证持有人应当申请办理登记证变更。

对已取得简易登记证的新化学物质，登记证载明的信息发生变化的，登记证持有人应当申请办理登记证变更。

申请办理登记证变更的，申请人应当提交变更理由及相关证明材料。其中，拟变更新化学物质中英文名称或者化学文摘社编号（CAS）等标识信息的，证明材料中应当充分论证变更前后的化学物质属于同一种化学物质。

国务院生态环境主管部门参照简易登记程序和时限受理并组织技术评审，做出登记证变更决定。其中，对于拟变更新化学物质中英文名称或者化学文摘社编号（CAS）等标识信息的，国务院生态环境主管部门可以组织专家委员会进行技术评审；对于无法判断变更前后化学物质属于同一种化学物质的，不予批准变更。

第三十一条 对根据本办法第四十四条规定列入《中国现有化学物质名录》的下列化学物质，应当实施新用途环境管理：

（1）高危害化学物质；

（2）具有持久性和生物累积性，或者具有持久性和毒性，或者具有生物累积性和毒性的化学物质。

对高危害化学物质，登记证持有人变更用途的，或者登记证持有人之外的其他人将其用于工业用途的，应当在生产、进口或者加工使用前，向国务院生态环境主管部门申请办理新用途环境管理登记。

对本条第一款第2项所列化学物质，拟用于本办法第四十四条规定的允许用途外其他工业用途的，应当在生产、进口或者加工使用前，向国务院生态环境主管部门申请办理新用途环境管理登记。

第三十二条 申请办理新用途环境管理登记的，申请人应当提交新用途环境管理登记申请表以及该化学物质用于新用途的环境暴露评估报告和环境风险控制措施等材料。对高危害化学物质，还应当提交社会经济效益分析材料，充分论证该物质用于所申请登记用途的必要性。

国务院生态环境主管部门收到申请材料后，按照常规登记程序受理和组织技术评审，根据下列情况分别做出处理，并书面通知申请人：

（1）未发现不合理环境风险的，予以登记。对高危害化学物质，还应当符合申请用途必要性的要求；

（2）发现有不合理环境风险，或者不符合高危害化学物质申请用途必要性要求的，不予登记。

国务院生态环境主管部门做出新用途环境管理登记决定后，应当在20个工作日内公开予以登记的申请人及其代理人名称、涉及的化学物质名称或者类名、登记的新用途，以及相应的环境风险控制措施和环境管理要求。其中，不属于高危害化学物质的，在《中国现有化学物质名录》中增列该化学物质已登记的允许新用途；属于高危害化学物质的，该化学物

质在《中国现有化学物质名录》中的新用途环境管理范围不变。

第三十三条 申请人取得登记证后，可以向国务院生态环境主管部门申请撤销登记证。

第三十四条 有下列情形之一的，为了公共利益的需要，国务院生态环境主管部门可以依照《中华人民共和国行政许可法》的有关规定，变更或者撤回登记证：

（1）根据本办法第四十二条的规定需要变更或者撤回的；

（2）新化学物质环境管理登记内容不符合国家产业政策的；

（3）相关法律、行政法规或者强制性标准发生变动的；

（4）新化学物质环境管理登记内容与中华人民共和国缔结或者参加的国际条约要求相抵触的；

（5）法律法规规定的应当变更或者撤回的其他情形。

第三十五条 有下列情形之一的，国务院生态环境主管部门可以依照《中华人民共和国行政许可法》的有关规定，撤销登记证：

（1）申请人或者其代理人以欺骗、贿赂等不正当手段取得登记证的；

（2）国务院生态环境主管部门工作人员滥用职权、玩忽职守或者违反法定程序核发登记证的；

（3）法律法规规定的应当撤销的其他情形。

第四节 备 案

第三十六条 办理新化学物质环境管理备案的，应当提交备案表和符合本办法第十条第 3 款规定的相应情形的证明材料，并一并提交其已经掌握的新化学物质环境与健康危害特性和环境风险的其他信息。

第三十七条 国务院生态环境主管部门收到新化学物质环境管理备案材料后，对完整齐全的备案材料存档备查，并发送备案回执。申请人提交备案材料后，即可按照备案内容开展新化学物质相关活动。

新化学物质环境管理备案事项或者相关信息发生变化时，申请人应当及时对备案信息进行变更。

国务院生态环境主管部门应当定期公布新化学物质环境管理备案情况。

第四章 跟踪管理

第三十八条 新化学物质的生产者、进口者、加工使用者应当向下游用户传递下列信息：

（1）登记证号或者备案回执号；

（2）新化学物质申请用途；

（3）新化学物质环境和健康危害特性及环境风险控制措施；

（4）新化学物质环境管理要求。

新化学物质的加工使用者可以要求供应商提供前款规定的新化学物质的相关信息。

第三十九条 新化学物质的研究者、生产者、进口者和加工使用者应当建立新化学物质活动情况记录制度，如实记录新化学物质活动时间、数量、用途，以及落实环境风险控制措施和环境管理要求等情况。

常规登记和简易登记材料以及新化学物质活动情况记录等相关资料应当至少保存 10 年。备案材料以及新化学物质活动情况记录等相关资料应当至少保存 3 年。

第四十条 常规登记新化学物质的生产者和加工使用者，应当落实环境风险控制措施和环境管理要求，并通过其官方网站或者其他便于公众知晓的方式公开环境风险控制措施和环境管理要求落实情况。

第四十一条 登记证持有人应当在首次生产之日起 60 日内，或者在首次进口并向加工使用者转移之日起 60 日内，向国务院生态环境主管部门报告新化学物质首次活动情况。

常规登记证上载明的环境管理要求规定了提交年度报告要求的，登记证持有人应当自登记的次年起，每年 4 月 30 日前向国务院生态环境主管部门报告上一年度获准登记新化学物质的实际生产或者进口情况、向环境排放情况，以及环境风险控制措施和环境管理要求的落实情况。

第四十二条 新化学物质的研究者、生产者、进口者和加工使用者发现新化学物质有新的环境或者健康危害特性或者环境风险的，应当及时向国务院生态环境主管部门报告;可能导致环境风险增加的,应当及时采取措施消除或者降低环境风险。

国务院生态环境主管部门根据全国新化学物质环境管理登记情况、实际生产或者进口情况、向环境排放情况,以及新发现的环境或者健康危害特性等,对环境风险可能持续增加的新化学物质,可以要求相关研究者、生产者、进口者和加工使用者,进一步提交相关环境或者健康危害、环境暴露数据信息。

国务院生态环境主管部门收到相关信息后,应当组织所属的化学物质环境管理技术机构和专家委员会进行技术评审;必要时,可以根据评审结果依法变更或者撤回相应的登记证。

第四十三条 国务院生态环境主管部门应当将新化学物质环境管理登记情况、环境风险控制措施和环境管理要求、首次活动情况、年度报告等信息通报省级生态环境主管部门;省级生态环境主管部门应当将上述信息通报设区的市级生态环境主管部门。

设区的市级以上生态环境主管部门,应当对新化学物质生产者、进口者和加工使用者是否按要求办理新化学物质环境管理登记、登记事项的真实性、登记证载明事项以及本办法其他相关规定的落实情况进行监督抽查。

新化学物质的研究者、生产者、进口者和加工使用者应当如实提供相关资料,接受生态环境主管部门的监督抽查。

第四十四条 取得常规登记证的新化学物质,自首次登记之日起满5年的,国务院生态环境主管部门应当将其列入《中国现有化学物质名录》,并予以公告。

对具有持久性和生物累积性,或者持久性和毒性,或者生物累积性和毒性的新化学物质,列入《中国现有化学物质名录》时应当注明其允许用途。

对高危害化学物质以及具有持久性和生物累积性,或者持久性和毒性,或者生物累积性和毒性的新化学物质,列入《中国现有化学物质名录》时,应当规定除年度报告之外的环境管理要求。

本条前三款规定适用于依照本办法第三十三条规定申请撤销的常规登记新化学物质。

简易登记和备案的新化学物质,以及依照本办法第三十四条、第三十五条规定被撤回或者撤销的常规登记新化学物质,不列入《中国现有化学物质名录》。

第四十五条 根据《新化学物质环境管理办法》(环境保护部令第7号)的规定取得常规申报登记证的新化学物质,尚未列入《中国现有化学物质名录》的,应当自首次生产或者进口活动之日起满5年或者本办法施行之日起满5年,列入《中国现有化学物质名录》。

根据《新化学物质环境管理办法》(国家环境保护总局令第17号)的规定,取得正常申报环境管理登记的新化学物质,尚未列入《中国现有化学物质名录》的,应当自本办法施行之日起6个月内,列入《中国现有化学物质名录》。

本办法生效前已列入《中国现有化学物质名录》并实施物质名称等标识信息保护的,标识信息的保护期限最长至2025年12月31日止。

第五章 法律责任

第四十六条 违反本办法规定,以欺骗、贿赂等不正当手段取得新化学物质环境管理登记的,由国务院生态环境主管部门责令改正,处1万元以上3万元以下的罚款,并依法依规开展失信联合惩戒,3年内不再受理其新化学物质环境管理登记申请。

第四十七条 违反本办法规定,有下列行为之一的,由国务院生态环境主管部门责令改正,处1万元以下的罚款;情节严重的,依法依规开展失信联合惩戒,1年内不再受理其新化学物质环境管理登记申请:

(1)未按要求报送新化学物质首次活动情况或者上一年度获准登记新化学物质的实际生产或者进口情况,以及环境风险控制措施和环境管理要求的落实情况的;

(2)未按要求报告新化学物质新的环境或者健康危害特性或者环境风险信息,或者未采取措施消除或者降低环境风险的,或者未提交环境或者健康危害、环境暴露数据信息的。

第四十八条 违反本办法规定,有下列行为之一的,由设区的市级以上地方生态环境主管部门责令改正,处1万元以上3万元以下的罚款;情节严重的，依法依规开展失信联合惩戒，1年内不再受理其新化学物质环境管理登记申请：

（1）未取得登记证生产或者进口新化学物质，或者加工使用未取得登记证的新化学物质的；

（2）未按规定办理重新登记生产或者进口新化学物质的；

（3）将未经国务院生态环境主管部门新用途环境管理登记审查或者审查后未予批准的化学物质，用于允许用途以外的其他工业用途的。

第四十九条 违反本办法规定，有下列行为之一的，由设区的市级以上地方生态环境主管部门责令限期改正，处1万元以上3万元以下的罚款；情节严重的，依法依规开展失信联合惩戒，1年内不再受理其新化学物质环境管理登记申请：

（1）未办理备案，或者未按照备案信息生产或者进口新化学物质，或者加工使用未办理备案的新化学物质的；

（2）未按照登记证的规定生产、进口或者加工使用新化学物质的；

（3）未办理变更登记，或者不按照变更内容生产或者进口新化学物质的；

（4）未落实相关环境风险控制措施或者环境管理要求的，或者未按照规定公开相关信息的；

（5）未向下游用户传递规定信息的，或者拒绝提供新化学物质的相关信息的；

（6）未建立新化学物质活动等情况记录制度的，或者未记录新化学物质活动等情况或者保存相关资料的；

（7）未落实《中国现有化学物质名录》列明的环境管理要求的。

第五十条 专家委员会成员在新化学物质环境管理登记评审中弄虚作假，或者有其他失职行为，造成评审结果严重失实的，由国务院生态环境主管部门取消其专家委员会成员资格，并向社会公开。

第五十一条 为新化学物质申请提供测试数据的测试机构出具虚假报告的，由国务院生态环境主管部门对测试机构处1万元以上3万元以下的罚款，对测试机构直接负责的主管人员和其他直接责任人员处1万元以上3万元以下的罚款，并依法依规开展失信联合惩戒，3年内不接受该测试机构出具的测试报告或者相关责任人员参与出具的测试报告。

第六章 附 则

第五十二条 本办法中下列用语的含义：

（1）环境风险，是指具有环境或者健康危害属性的化学物质在生产、加工使用、废弃及废弃处置过程中进入或者可能进入环境后，对环境和健康造成危害效应的程度和概率，不包括因生产安全事故、交通运输事故等突发事件造成的风险。

（2）高危害化学物质，是指同时具有持久性、生物累积性和毒性的化学物质，同时具有高持久性和高生物累积性的化学物质，或者其他具有同等环境或者健康危害性的化学物质。

（3）新化学物质加工使用，是指利用新化学物质进行分装、配制或者制造等生产经营活动，不包括贸易、仓储、运输等经营活动和使用含有新化学物质的物品的活动。

第五十三条 根据《新化学物质环境管理办法》（环境保护部令第7号）和《新化学物质环境管理办法》（国家环境保护总局令第17号）的规定已办理新化学物质环境管理登记的，相关登记在本办法施行后继续有效。

第五十四条 本办法由国务院生态环境主管部门负责解释。

第五十五条 本办法自2021年1月1日起施行，原环境保护部发布的《新化学物质环境管理办法》（环境保护部令第7号）同时废止。

企业发展概况

2020 年发展和改革工作综述

中国宏观经济研究院　姜鑫民

2020 年是中华人民共和国历史上极不平凡的一年。面对严峻复杂的国际形势、艰巨繁重的国内改革发展稳定任务,特别是新冠肺炎疫情的严重冲击,以习近平同志为核心的党中央统揽全局,保持战略定力,准确判断形势,精心谋划部署,果断采取行动,付出艰苦努力,及时做出统筹疫情防控和经济社会发展的重大决策,扎实做好"六稳"工作、全面落实"六保"任务,经济运行稳定恢复,就业民生保障有力,经济社会发展主要目标任务完成情况好于预期。中国经济运行逐季改善、逐步恢复常态,在全球主要经济体中唯一实现经济正增长,脱贫攻坚战取得全面胜利,决胜全面建成小康社会取得决定性成就。

2020 年也是"十三五"规划收官之年。经过 5 年持续奋斗,中国经济社会发展取得新的历史性成就,"十三五"规划主要目标任务胜利完成。经济总量越过 1 000 000 亿元大关,居民收入基本同步增长。人均国内生产总值超过 1 万美元,165 项重大工程项目基本完成,国家发展物质基础更加雄厚。中国经济实力、科技实力、综合国力和人民生活水平又跃上新的大台阶,全面建成小康社会胜利在望,中华民族伟大复兴向前迈出了新的一大步。

一、坚持把人民生命安全和身体健康放在第一位,抗疫斗争取得重大战略成果

(一)全力以赴做好疫情防控救治工作

按照坚定信心、同舟共济、科学防治、精准施策的总要求,坚持全国一盘棋,迅速成立中央应对疫情工作领导小组,向湖北派出中央指导组,充分发挥国务院联防联控机制作用,举全国之力开展武汉保卫战、湖北保卫战,快速阻断本土疫情传播。明确"四早""四集中"要求,费用全部由国家承担,着力提高收治率和治愈率、降低感染率和病亡率。开展联防联控和群防群控,各省(自治区、直辖市)相继启动重大突发卫生事件一级响应,组织干部力量下沉抓好社区防控,引导各类社会组织、专业社会工作者和志愿服务力量依法有序参与疫情防控和社会服务。扎实做好医疗物资保障和生活必需品保供稳价工作,快速实现口罩等医疗防护物资、医疗救治设备、医治床位从严重短缺到基本满足疫情防控需要;千方百计协调解决重点物资生产核心岗位用工,保障粮油与肉禽蛋菜奶等食品的市场供应和价格基本稳定,多措并举确保能源供应安全稳定,有效保障医疗废物、废水安全处置。注重科研攻关和临床救治、防控实践相协同,第一时间研发出核酸检测试剂盒,加快有效药物筛选和疫苗研发,国产疫苗接种正式启动,充分发挥科技对疫情防控的支撑作用。针对境外疫情扩散蔓延,加强输入性风险防控,做好对境外中国公民关心关爱,开辟临时航班有序接回中国在外困难人员。

(二)毫不放松抓好常态化疫情防控

适时将全国总体防控策略调整为"外防输入、内防反弹",推动防控工作由应急性超常规防控向常态化防控转变,健全及时发现、快速处置、精准管控、有效救治的常态化防控机制。充分利用现代信息技术,广泛应用健康码识别,持续提升常态化疫情防控精准性,有效保障企业正常生产和居民正常生活。面对局部点状疫情反弹,坚持分区分级防控,有针对性调整区域疫情风险等级,及时开展流行病学调查和大数据追踪溯源。着力查补薄弱环节,持续提升新冠病毒核酸检测能力,盯紧冷链物流等重点行业加强防控。

(三)深入推进疫情防控国际合作

本着公开、透明、负责任的态度,认真履行国际

义务，最早向世界通报疫情，第一时间发布新冠病毒基因序列等信息，第一时间公布诊疗方案和防控方案，坚定支持世界卫生组织发挥领导作用。开设疫情防控网上知识中心并向所有国家开放，公开发布 8 版诊疗方案、7 版防控方案，毫无保留同各方分享防控和救治经验。发起中华人民共和国成立以来规模最大的全球人道主义行动，向世界卫生组织和联合国全球人道主义应对计划提供支持，为有需要的 34 个国家派出 36 支医疗专家组，向 150 个国家和 13 个国际组织提供抗疫援助。发挥抗疫物资最大供应国优势，全年向 200 多个国家提供了超过 2 200 亿只口罩、23 亿件防护服、10 亿人份检测试剂盒。积极推进药物、疫苗研发合作和国际联防联控，帮助发展中国家克服疫情带来的困难。

二、围绕市场主体的急需制定和实施宏观政策，经济运行持续稳定恢复

面对历史罕见的冲击，我们在“六稳”工作基础上，明确提出“六保”任务，特别是保就业保民生保市场主体，以保促稳、稳中求进。立足国情实际，既及时果断又保持定力，坚持不搞“大水漫灌”，科学把握规模性政策的平衡点，加大宏观政策应对力度，经济发展的内生动力、平衡性和可持续性进一步增强。

（一）主要指标好于预期

1. 2020 年国内生产总值 1 015 986 亿元，按可比价格计算，比上年增长 2.3%。分季度看，一季度同比下降 6.8%，二季度增长 3.2%，三季度增长 4.9%，四季度增长 6.5%。见图 1、图 2。

2. 全年城镇新增就业 1 186 万人，比上年少增 166 万人。年底全国城镇调查失业率为 5.2%，城镇登记失业率为 4.2%。全国农民工总量 28 560 万人，比上年下降 1.8%。其中：外出农民工 16 959 万人，下降 2.7%；本地农民工 11 601 万人，下降 0.4%。见图 3。

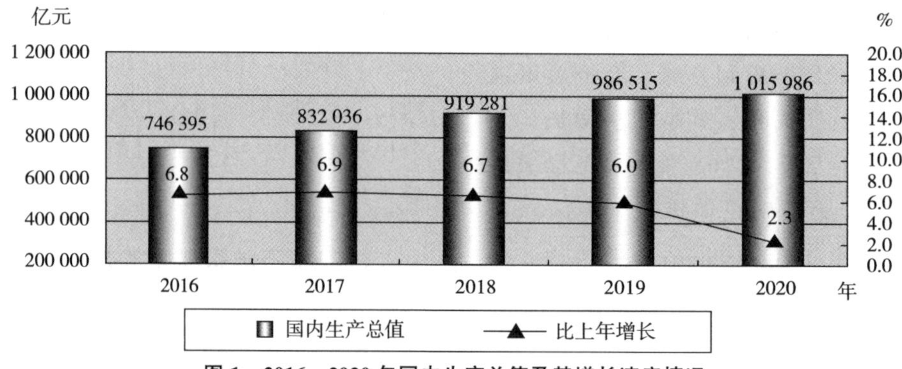

图 1　2016—2020 年国内生产总值及其增长速度情况

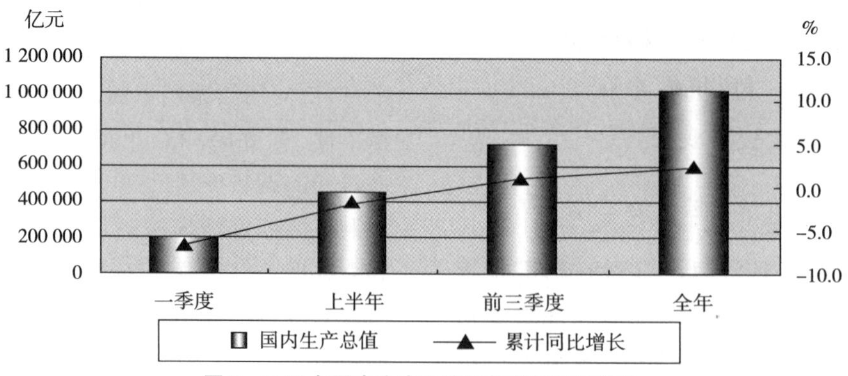

图 2　2020 年国内生产总值及其增长速度情况

数据来源：国家统计局。

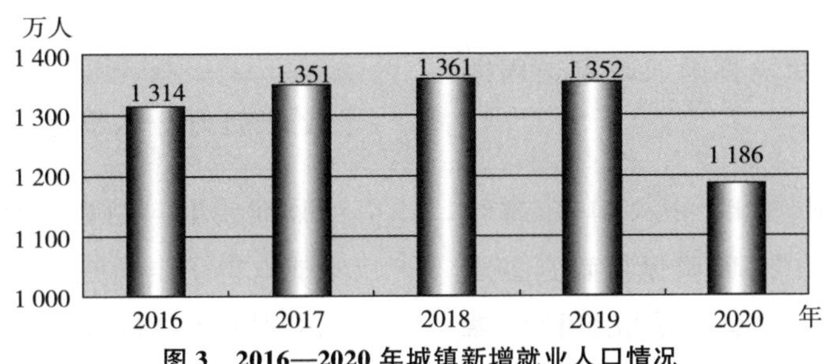

图 3　2016—2020 年城镇新增就业人口情况

3. 货物进出口增长较快，贸易结构不断改善。2020 年 11 月，货物进出口总额 30 919 亿元，同比增长 7.8%。其中：出口 17 995 亿元，同比增长 14.9%；进口 12 924 亿元，同比下降 0.8%。进出口相抵，贸易顺差 5 071 亿元。2020 年 1—11 月，货物进出口总额 290 439 亿元，同比增长 1.8%。其中：出口 161 291 亿元，同比增长 3.7%；进口 129 148 亿元，同比下降 0.5%。贸易结构调整优化。2020 年 1—11 月，机电产品出口同比增长 5.4%，占出口额的 59.3%，发挥了出口支柱作用。一般贸易进出口占进出口总额的比重为 59.9%，比上年同期提高 0.8 个百分点。民营企业进出口占进出口总额的比重为 46.4%，比上年同期提高 4.0 个百分点。

4. 全年居民消费价格比上年上涨 2.5%。工业生产者出厂价格比上年下降 1.8%。工业生产者购进价格比上年下降 2.3%。农产品生产者价格比上年上涨 15.0%。12 月，70 座大中城市新建商品住宅销售价格同比上涨的城市为 60 座，下降的为 10 座。见图 4。

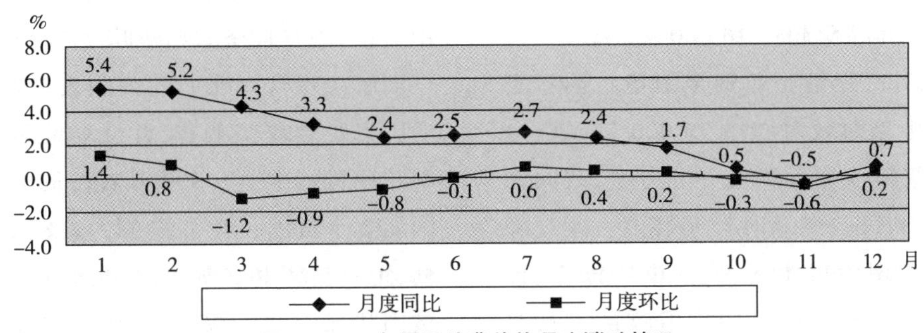

图 4　2020 年居民消费价格月度涨跌情况

数据来源：国家统计局。

5. 年底国家外汇储备 32 165 亿美元，比上年年底增加 1 086 亿美元。全年人民币平均汇率为 1 美元兑 6.897 4 元人民币，比上年升值 0.02%。见图 5。

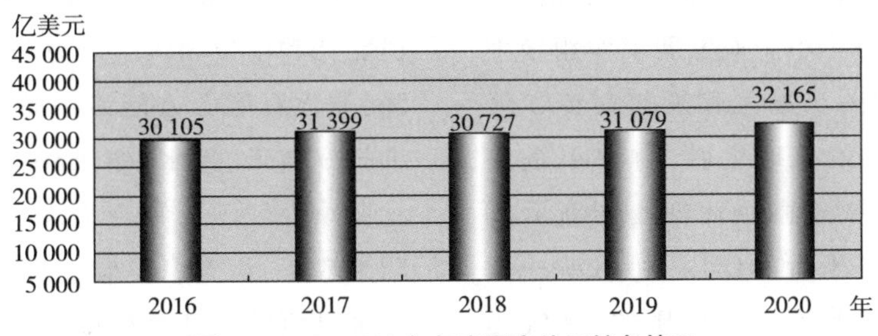

图 5　2016—2020 年年底国家外汇储备情况

数据来源：国家统计局。

（二）加强宏观谋划，积极发挥财政政策逆周期调节作用

建立财政资金直达机制，按照“中央切块、省级细化、备案同意、快速直达”的原则，确保财政资金直达市县基层、直接惠企利民。健全直达资金监督监控制度，加快直达资金预算下达。全力做好抗疫特别国债发行工作，10 000 亿元抗疫特别国债于 2020 年 7 月 30 日前顺利发行。加快地方政府专项债券发行使用，推动建设一批专项债券重大项目，积极发挥债券资金促进经济社会发展的作用。

（三）助企纾困政策有效实施

1. 减轻税费，降低企业的税收负担。减税降费红利深度释放，实施阶段性大规模减税降费，阶段性减免小规模纳税人增值税，阶段性减免养老、失业、工伤三项社会保险单位缴费部分，减半征收职工医疗保险单位缴费部分，落实住房公积金阶段性支持政策，全年为市场主体减负超过 26 000 亿元。

2. 加大金融支持，纾解企业资金困境。创新宏观政策实施方式，中央财政对新增 20 000 亿元资金建立直达机制，省级财政加大资金下沉力度，共同为市县基层落实惠企利民政策及时补充财力。通过降低存款准备金率、中期借贷便利、公开市场操作、再贷款再贴现、创新直达实体经济的货币政策工具等方式，共推出 90 000 多亿元的货币支持措施。通过贷款市场报价利率（LPR）改革推动社会融资成本下降。大型商业银行普惠小微企业贷款增长 50.0%以上，全年金融系统向实体经济让利 15 000 亿元。

3. 优化服务，进一步增强中小微企业发展信心。① 要充分发挥国务院促进中小企业发展工作领导小组办公室的协调作用，进一步加大政策的宣传和落实力度，推动各项惠企政策落地生效，为中小企业“续命延寿”。② 充分发挥小微企业创业创新示范基地和中小企业公共服务平台的作用，利用新一代信息技术为中小企业复工复产提供优质的、高效的线上和线下服务。

4. 协同配套，畅通产业链。充分发挥产业链龙头企业牵引作用，带动产业链上下游配套中小企业协同复工复产，促进大中小企业融通发展。

三、坚决打好三大攻坚战，主要目标任务如期完成

瞄准突出问题和薄弱环节狠抓政策落实，脱贫攻坚战取得了全面胜利，污染防治力度不断加大，重大风险得到有效防控。

（一）脱贫攻坚战取得了全面胜利

2020 年脱贫攻坚，实施挂牌督战，项目资金向“三区三州”等深度贫困地区倾斜。针对疫情、汛情对脱贫攻坚带来的不利影响，优先支持贫困劳动力务工就业，多渠道扩大以工代赈实施规模，加大产业扶贫和就业扶贫力度，强化产销对接和科技帮扶，开展消费扶贫行动，及时落实兜底保障等帮扶措施。出台易地扶贫搬迁后续扶持若干政策措施，“十三五”960 多万人易地扶贫搬迁建设任务全面完成。着力巩固“三保障”成果，统筹运用基本医保、大病保险和医疗救助等制度保障，有效减轻贫困人口就医费用负担，脱贫攻坚农村危房改造扫尾工程按期完成，全面解决现行标准下的贫困人口饮水安全问题。开展国家脱贫攻坚普查，建立防止返贫监测和帮扶机制。现行标准下 9 899 万农村贫困人口全部脱贫，全国 832 个贫困县全部摘帽，12.8 万个贫困村全部出列，绝对贫困和区域性整体贫困得到解决。在全球贫困状况依然严峻、一些国家贫富分化加剧的背景下，中国提前 10 年实现《联合国 2030 年可持续发展议程》减贫目标。

（二）污染防治攻坚战圆满完成阶段性目标

1. 在节能减排方面，2020 年，单位国内生产总值能耗和单位国内生产总值二氧化碳排放量继续下降，非化石能源占能源消费总量比重达 15.9%。继续打好蓝天、碧水、净土保卫战，持续实施重点区域秋冬季大气污染综合治理，开展夏季臭氧（O_3）污染防治攻坚，积极稳妥推进北方地区冬季清洁取暖，有序推进钢铁行业超低排放改造，扎实推进柴油货车污染治理，积极推进“公转铁”“公转水”。

2. 在环境空气质量方面，全国地级及以上城市空气质量优良天数比率达 87.0%。长江、黄河等大江大河重点流域及渤海等重点海域环境质量加快改

善，饮用水水源保护和城市黑臭水体治理力度加大，地表水质量达到或好于Ⅲ类水体比例达83.4%，劣Ⅴ类水体比例降至0.6%。

3. 在土壤环境方面，全国受污染耕地安全利用率和污染地块安全利用率双双超过90.0%，顺利完成"十三五"目标。推动受污染耕地和污染地块安全利用。持续实施农业农村污染治理攻坚，全面开展"无废城市"建设试点，扎实推进污水资源化利用、塑料污染治理、医疗废物处置，推动资源循环利用基地和大宗固体废弃物综合利用基地建设，基本实现固体废物零进口目标。加快构建现代环境治理体系，实现全国固定污染源排污许可全覆盖。

4. 在生态系统状况方面，扎实推进国家生态文明试验区建设。强化生态保护修复，持续开展大规模国土绿化行动，深入推进三江源、祁连山等重点区域综合治理，森林草原防灭火、湿地保护等重要生态系统保护管理能力有效提升。中国森林覆盖率达到23.0%，自然保护地面积占全国陆域国土面积的18.0%，初步划定的生态保护红线面积约占陆域国土面积的25.0%以上。深入推进生态保护红线监管工作。创建绿色产业示范基地，推广先进绿色技术。

（三）防范化解重大风险取得良好成效

稳妥化解地方政府债务风险，持续推进结构性去杠杆，坚决遏制地方政府隐性债务增长。及时处置一批重大金融风险隐患，各类高风险金融机构得到有序处置，影子银行风险持续收敛，"精准拆弹"有力有效，互联网金融风险有效防控，逐步建立多元化的债券违约处置机制，初步建立系统重要性金融机构、金融控股公司、金融基础设施等统筹监管框架，防范化解重大金融风险攻坚战取得重要阶段性成果，金融市场运行平稳有序。

据统计，截至2020年年底全国民营企业贷款余额是500 000亿元，同比增长了14.0%，普惠型小微企业的贷款余额是153 000亿元，增速高于各项贷款增速18.1个百分点。

四、持续深化供给侧结构性改革，产业结构调整迈出新步伐

坚持把发展经济着力点放在实体经济上，经济质量效益和核心竞争力不断提高。

（一）制造业高质量发展扎实推进

1. 持续推进创新能力建设。2020年以来，在稀土材料、高性能医疗器械、集成电路、先进印染等领域新建了四家国家制造业创新中心，以市场化方式组织产业链上下游开展联合攻关。重点领域创新取得新突破，5G手机芯片投入使用，北斗导航系统实现全球组网，以高技术、智能化、柔性化为代表的先进制造业不断培育壮大。

2. 强化产业基础能力建设。深入实施工业强基工程，加快基础技术和产品攻关突破和应用，提升产业基础高级化水平，高密度封装覆铜板等一批基础领域瓶颈短板得到初步缓解，低残余应力航空铝材等部分关键基础产品和材料打破国外垄断。

3. 保持产业链供应链稳定。疫情期间，组建跨部门制造业产业链，协同复工复产专班，搭建重点行业产业链对接平台，跟踪22条重点产业链，调度保障131家核心企业，带动了上下游约60万家中小企业复工复产。实施产业链提升工程，着力补短板、锻长板，打通产业链供应链断点、堵点，防止产业链断链，5G、新能源汽车等重点产业链核心竞争力不断增强。

4. 大力改造提升传统产业。加大企业技术改造和设备更新力度，编制2020年技术改造升级导向计划，与国开行联合实施制造业专项贷款，推动重大技术改造项目建设，提升发展质量和效益。

5. 加快培育发展新兴产业。大力发展信息消费等新型消费，发展数字经济新业态新模式。服务机器人，充换电桩等新兴产品保持高速增长，5G等新型基础设施建设加速产业数字化转型，为形成新发展格局凝聚了数字力量。

6. 着力培育优质企业群体，建立健全优质企业梯度培育体制，加快培育具有全球竞争力的领航企业、在细分领域全球领先的制造业单项冠军企业和一批专精特新"小巨人"企业。截至目前，已遴选发布417家制造业单项冠军和248家专精特新"小巨人"企业，企业的核心竞争力加快提升。

7. 全年规模以上工业中，高技术制造业增加值比上年增长7.1%，占规模以上工业增加值的比重为

15.1%；装备制造业增加值增长6.6%，占规模以上工业增加值的比重为33.7%。

（二）现代服务业发展迈出坚实步伐

积极构建优质高效、竞争力强的服务产业体系。出台进一步推进服务业改革开放发展的指导意见，组织首批先进制造业和现代服务业融合发展试点，积极推动产业共性技术研发、工业设计、总集成总承包、全生命周期管理、检验检测认证等生产性服务业发展。全年规模以上服务业中，战略性新兴服务业企业营业收入比上年增长8.3%。全年高技术产业投资比上年增长10.6%。

（三）农业供给侧结构性改革进一步深化

实施藏粮于地、藏粮于技战略。农业基础设施条件不断改善，完成8 000万亩高标准农田年度建设任务。农业科技支撑不断加强，农作物耕种收综合机械化率达到71.0%。动植物保护能力提升工程深入实施，农业防灾减灾能力不断增强。区域化布局、规模化经营、标准化生产、社会化服务、品牌化营销成为农业发展的新趋势，有效提高了土地生产率、劳动生产率。积极推进土地托管、代耕代种、生产服务外包等规模经营方式，全国农村承包耕地流转达到5.6亿亩。金融支农投入稳步增加，年底涉农贷款余额389 500亿元，增长10.7%。

稳定粮食生产，粮食产量连续6年保持在13 000亿斤以上，实现谷物基本自给、口粮绝对安全。加强粮食供需形势分析研判，进一步完善粮食储备调控体系。完善粮食“产购储加销”协同保障机制，优化储备品种结构和区域布局，建立政府储备规模动态调整机制，支持建设234个粮食仓储物流和应急项目，不断提升粮食仓储能力、提高粮食流通效率，多环节全链条系统化减少粮食产后损失。及时跟踪研判生猪市场形势变化，加强动物防疫基础设施建设，做好非洲猪瘟常态化防控，生猪生产加快恢复，聚焦重要时段投放中央冻猪肉储备，有效保障了猪肉等重要民生商品的供应。“菜篮子”“果盘子”等产品数量充足，均衡供应能力明显增强。

（四）提升能源安全保障能力，深入推进能源转型

2020年在“四个革命、一个合作”能源安全新战略指引下，中国能源转型发展和产供储销体系建设深入推进，供给体系不断完善，煤电油气供应保障能力稳步提升，安全风险总体可控，能够满足经济社会发展正常需要，并经受住了新冠肺炎疫情等突发情形的冲击和考验。

1. 不断优化煤炭产能结构，积极推进煤电油气产供储销体系建设，进一步增强紧缺矿产资源自主保障能力，推动国内油气增储上产，加强油气储备能力和重大电力工程建设。

2. 持续构建多元化电力生产格局。开展煤电风光储一体化试点，在煤炭和新能源资源富集的西部地区，稳妥推进煤电建设，发布实施煤电规划建设风险预警，严控煤电新增产能规模，按需合理安排应急备用电源和应急调峰储备电源。充分发挥煤电调峰能力，促进清洁能源多发满发。支持清洁能源发电大力发展，加快推动风电、光伏发电补贴退坡，推动建成一批风电、光伏发电平价上网项目，科学有序推进重点流域水电开发，打造水风光一体化可再生能源综合基地。安全发展先进核电，发挥电力系统基荷作用。2020年，常规水电装机达到3.4亿千瓦左右，全国大电网基本实现联通，西电东送能力达到2.6亿千瓦。风电、光伏发电装机均达到2.4亿千瓦左右。装机规模保持世界第一，非化石能源发电装机规模增长到9.8亿千瓦。持续开展电力系统灵活性改造，风电、光伏发电和水能利用率均提高到96.0%以上。

3. 积极推动国内油气稳产增产。坚持大力提升国内油气勘探开发力度，支持企业拓宽资金渠道，通过企业债券、增加授信额度以及通过深化改革、扩大合作等方式方法，推动勘探开发投资稳中有增。加强渤海湾、鄂尔多斯、塔里木、四川等重点含油气盆地勘探力度，夯实资源接续基础。推动东部老油气田稳产，加大新区产能建设力度。加快页岩油气、致密气、煤层气等非常规油气资源勘探开发力度，保障持续稳产增产。

五、坚定实施扩大内需战略，强大国内市场加快形成

（一）消费基础作用进一步增强

新一轮技术革命及“互联网+”广泛应用，正在推

动新一轮消费创新，创造新的消费热点、消费模式，形成消费的供给端。以互联网、移动通信、云计算、大数据、物联网为代表的现代信息技术快速发展和广泛应用，提供了新产品、新服务，使网络信息消费、文化娱乐消费、体验式消费等成为新的消费热点。电子商务、网购、O2O 的快速发展，提供了新的消费平台，形成了新的消费模式。“互联网+”与产业的深度融合发展，还可以实现消费与生产制造、流通服务的深度融合，推动消费的智能化、个性化，形成消费驱动新产品、新服务、新技术、新业态、新模式发展，推动供给端变革和经济结构优化升级。

2020 年中国积极支持以新业态新模式引领新型消费加快发展，加快培育建设国际消费中心城市，文化和旅游消费、信息消费试点示范有序推进，养老托育等服务消费扩容提质，电子商务进农村综合示范深入实施。稳定和扩大汽车等大宗消费，提振餐饮消费，农村消费潜力进一步释放。加快废旧家电回收体系建设，推动家电更新消费。全年社会消费品零售总额达 392 000 亿元。全国网上零售额达 118 000 亿元，增长 10.9%，其中，实物商品网上零售额增长 14.8%，占社会消费品零售总额的 24.9%。

（二）投资关键作用进一步发挥

出台推动基础设施高质量发展的意见、推动都市圈市域（郊）铁路加快发展的意见，加大“两新一重”领域投资力度，开工建设川藏铁路等一批重大工程。加快下达中央预算内投资计划，及时调整优化结构，进一步集中力量办好国家层面的大事、难事、急事。重点支持公共卫生等疫情暴露的短板弱项和铁路、公路、水运、机场、重大水利、重大科技和能源基础设施、城镇老旧小区改造等领域建设。扩大地方政府专项债券使用范围，支持国家重大战略项目建设。用好向民间资本推介项目长效机制，支持民间投资参与重大工程建设。启动基础设施领域不动产投资信托基金（REITs）试点，盘活基础设施存量资产。深化投资审批制度改革，积极探索投资项目承诺制，多个审批环节统一受理、同步评估、并联审批有序推进。全年固定资产投资（不含农户）增长 2.9%，对经济恢复增长发挥了重要作用。

（三）现代流通体系加快建设

推动现代物流业高质量发展，新布局建设 22 个国家物流枢纽。优化发展环境促进生鲜农产品流通，面向特色农产品优势产地、集散地布局建设 17 个国家骨干冷链物流基地，“通道+枢纽+网络”的现代物流运行体系加快形成。创新物流服务模式，鼓励“互联网+”货运物流新业态健康规范发展，促进物流业制造业深度融合、创新发展。统筹降低流通领域制度性交易成本、技术性成本，积极推动物流降本增效。着力畅通供需循环，深入挖掘和激发国内市场需求潜力，内需对经济增长的拉动力稳步提升。

六、深入推进创新驱动发展，科技实力进一步提升

（一）创新能力建设进一步加强

2020 年中国改革创新持续深化，发展潜能有效激发，重大科技成果不断涌现。同时，以企业为主体的技术创新体系不断完善，创新发展第一动力深入人心。全年研究与试验发展经费支出 24 426 亿元，比上年增长 10.3%，与国内生产总值之比为 2.4%，比上年提高 0.2 个百分点。授予专利权 363.9 万件，比上年增长 40.4%。年底每万人口发明专利拥有量预计达 15.8 件，比上年年底增加 2.5 件。世界知识产权组织报告显示，2020 年中国继续位列全球创新指数排名第 14 位，是前 30 名中唯一的中等收入经济体。

1. 重大科技成果持续涌现，“嫦娥四号”首次登陆月球背面，“嫦娥五号”任务首次实现中国地外天体采样返回，中国首次火星探测任务“天问一号”探测器成功发射，500 米口径球面射电望远镜（FAST）正式开放运行，“北斗三号”全球卫星导航系统正式开通，量子计算原型系统“九章”成功研制，全海深载人潜水器“奋斗者”号完成万米深潜，国产首艘万吨级驱逐舰南昌舰入列，大型水陆两栖飞机“鲲龙”AG600 海上首飞成功，长征八号运载火箭首飞试验成功。国家实验室相继挂牌，新一代人工智能、量子通信与量子计算机、脑科学和类脑研究等“科技创新 2030—重大项目”加快部署实施，深度参与热核聚变实验堆计划等国际大科学计划。

2. 创新平台建设加速推进,国家围绕数字经济、生物医药、新能源、航天产业等未来先导产业,建设一批国家产业创新中心、工程研究中心、技术创新中心、制造业创新中心和企业技术中心。高能同步辐射光源、硬X射线自由电子激光、未来网络试验设施等国家重大科技基础设施加快建设。加快培育创新型领军企业,促进龙头企业从规模优势转向创新优势。聚焦5G网络、人工智能、生命健康等新兴产业,发挥各地区要素禀赋优势,加快优化新生产力布局。培育先进产业集群,探索产业体系从"大而全"转向"专而精",深层次嵌入全球产业大循环,积极参与全球产业链竞争。打造面向全球的产业创新高地,推进产业、资本、高端人才等创新资源集聚,形成全球生产网络中的技术转化中心。

(二)关键核心技术攻关深入推进

实施"揭榜挂帅"等机制,积极探索完善社会主义市场经济条件下关键核心技术攻关新型举国体制,打好关键核心技术攻坚战,加快解决"卡脖子"问题,保持产业链供应链安全稳定。不断创新支持方式,强化企业创新主体地位,激励企业加大研发投入,支持企业联合科研院所和上下游企业开展技术研发。统筹布局国家重大科技基础设施,强化基础研究和应用基础研究,推动产出一批重大原始创新成果和前沿引领技术,夯实事关长远发展的创新能力基础。

(三)新产业新业态逆势成长

国家战略性新兴产业集群发展工程深入实施,推动民用空间基础设施加快建设,数据中心、工业互联网等新型基础设施建设稳步推进,集成电路产业有序发展。推动产业数字化智能化改造,推进国家数字经济创新发展试验区建设,开展数字化转型伙伴行动、中小企业数字化赋能专项行动、数字经济新业态培育行动,带动更多中小微企业"上云用数赋智"。传统产业数字化转型持续推进,电商扶贫力度不断加强。

(四)重点区域创新高地建设加快推进

1. 京津冀协同发展取得显著成效:北京国际科技创新中心建设全面加速;京津冀国家技术创新中心揭牌;"人才共享"正在使整个区域成为创新高地。

2. 长三角收获了一揽子科创硕果:具有全球影响力的科技创新中心在上海形成基本框架;73项自主可控进口替代成果在浙江形成;量子钻石原子力显微镜等在安徽问世。

3. 粤港澳大湾区创新协同步伐加快:国际科技创新中心建设进展顺利,广深港澳科技创新走廊加快形成;支持港澳高校和科研机构参与广东省财政科技计划;建成科技资源共享服务平台。

4. 成渝地区双城经济圈建设迈入快车道:启动建设西部(重庆)科学城、西部(成都)科学城;设立双城经济圈科创母基金,联合实施重点研发项目15个;95个政务服务事项实现"一网通办"。

(五)创新创业创造新生态持续构建

全国复制推广第三批20项全面创新改革经验。采取线上线下相结合的方式举办2020年全国双创活动周,布局建设第三批双创示范基地。聚焦创业带动就业,开展社会服务领域创业就业示范。加大创业担保贷款政策实施力度。全年日均净增市场主体4.1万户,其中企业1.3万户。

七、深入实施乡村振兴战略,农业农村发展势头持续向好

(一)形成科技高端、标准高端、品质高端、品牌高端的现代农业发展新格局

1. 优质农产品供给能力显著提升。优势特色产业加快发展,农业标准化生产全面推行,农产品供给结构更趋合理、供给能力明显提高。农业标准化生产覆盖率达到70.0%以上,农产品抽检合格率达到97.0%以上,基本实现主要农产品质量可追溯。

2. 农业科技支撑能力显著提升。农科教深度融合,科技研发水平明显提高,农业科技成果转化能力明显增强。主要农作物良种覆盖率保持在98.0%以上,主要农作物耕种收综合机械化水平达到93.0%,农业科技进步贡献率达到60.0%。

3. 农产品市场竞争能力显著提升。区域品牌、企业品牌、产品品牌体系基本形成,农产品市场份额

不断扩大。农业可持续发展能力显著提升。2020年年底,全国绿色、有机和地理标志农产品有效用标主体23 639家,产品50 295个,实物总量约1.5亿吨。

4. 强化农产品质量安全监管。健全农兽药残留限量标准,严格农业投入品使用,实施“治违禁促提升”专项行动,建设农产品质量全程可追溯体系,加大质量安全监管执法力度,农产品质量安全合格率连续多年稳定在97.0%以上。农业生产方式加快转变,灌溉用水、化肥、农药使用总量实现负增长,农业废弃物基本实现资源化利用。农业资源系统修复、综合治理成效明显,生态环境持续改善。

(二)农村产业融合发展深入推进

2020年农业部大力推动农村产业融合发展,不断提升乡村产业发展水平。

1. 创建农村产业融合发展示范园。2017年开始,国家发改委同有关部门启动国家农村产业融合发展示范园创建认定工作,截至目前,共认定200个国家级农村产业融合发展示范园。

2. 建设现代农业产业园区。推动中央财政支持建设100个优势特色产业集群、200个国家现代农业产业园、1 100多个农业产业强镇。

3. 开展“一村一品”示范村镇遴选认定。累计认定十批3 274个全国“一村一品”示范村镇,不断提升特色农业品牌化、标准化水平。

4. 完善农业社会化服务体系。在科研院校开展重大农技推广服务试点,组织开展基层农技推广体系改革创新试点,大力推广农业生产托管,不断完善农业社会化服务体系。

(三)美丽宜居乡村建设全力推进

深入实施村庄清洁行动,制定完善农村厕所革命、生活污水和生活垃圾治理相关标准规范,农村人居环境整治三年行动方案目标任务顺利完成,农村卫生厕所普及率超过68.0%,农村生活垃圾进行收运处理的行政村比例超过90.0%。强化水电路等农村基础设施短板领域和薄弱环节建设,推动农村公共基础设施管护体制改革。完成新一轮农网改造,能源普遍服务水平大幅提升。鼓励试点乡镇以科学合理规划为前提,通过整体推进农用地整理、建设用地整理和乡村生态保护修复,优化生产、生活、生态空间格局。试点村庄可结合村庄规划和全域土地综合整治,统筹考虑村庄厕所、污水、垃圾、道路、绿化、广场游园、综合服务中心、河塘整治等标准配置,推动农村基础设施的规划、建设、管理“一体化”发展。

八、强化民生兜底,人民群众基本生活得到切实保障

针对疫情带来的民生问题,通过加大投入、落实政策、织密扎牢社会保障网,不断提升人民群众获得感幸福感安全感。全国居民人均可支配收入实际增长2.1%。

(一)就业优先政策落细落实

就业是民生之本、财富之源。保市场主体也是为稳就业保民生。在深化“放管服”等关键领域改革上下功夫,持续优化营商环境,降低制度性交易成本。要加强创新创业项目对接,释放高校毕业生等群体的创新创业潜力,以创业创新带动就业,促进新业态发展和灵活就业。

加大减负、稳岗、扩就业支持力度,帮扶受疫情影响的重点行业、中小微企业和个体工商户等市场主体纾困,扩大有效投资增加就业。多渠道做好重点群体就业工作,支持大众创业万众创新带动就业,在家政服务、养老托育、乡村旅游、家电回收等社会服务领域开展双创带动就业示范行动,推进返乡入乡创业高质量发展。支持多渠道灵活就业,扩大个体经营、国有企事业单位招聘、基层项目招聘、升学入伍、就业见习等吸纳就业规模,促进高校毕业生市场化社会化就业。

重点瞄准农民工、贫困地区劳动力等重点群体,深入挖掘各类市场主体的用工需求,加快释放就业岗位;加大职业技能培训支持力度,拓宽农民工和贫困地区劳动力就地就近就业渠道;强化民生兜底保障,充分考虑疫情冲击带来的影响,将困难群众按规定纳入低保、特困人员供养、临时救助等政策保障和就业援助范围。支持建设53个区域性公共实训基地,提升重点群体就业技能。

（二）健康中国建设扎实推进

1. 健康中国行动启动实施，深入开展爱国卫生运动，综合防控儿童青少年近视，积极推进"一老一小"健康服务，居民健康素养水平明显提升。区域医疗中心建设启动，医联体建设和县域综合医改稳步推进，84.0%的县级医院达到二级及以上医院水平。每千人口医疗卫生机构床位数预计 6.5 张。现代医院管理制度建设持续推进，公立医院耗材加成全面取消。医教协同不断深化，医师区域注册制度建立完善，每千人口执业（助理）医师数预计 2.9 人，每万人口全科医生数预计 2.8 人。药品、医用耗材集中采购和使用改革协同推进，短缺药品保供稳价扎实推动，基本药物数量由 520 种增加到 685 种。

2. 健康影响因素干预力度不断加大，全民健康素养水平稳步提高。围绕健康知识普及、合理膳食、全民健身、控烟、心理健康促进等专项行动，全方位采取有效干预措施，大力倡导文明健康生活方式，着力提升群众健康素养。2020 年全国居民健康素养水平达到 23.2%，较 2018 年 17.1%提升了 6.1 个百分点。健全完善重点人群健康保障体系，强化健康服务，全生命周期健康维护能力持续提升。2020 年，全国孕产妇死亡率下降到 10 万分之 16.9，婴儿死亡率下降到 5.4‰。针对心脑血管疾病、癌症、慢性呼吸系统疾病等重大慢性病，以及各类重点传染病、地方病，持续强化疾病防控措施，有效遏制疾病发病率上升趋势，成功打赢新冠肺炎疫情的阻击战。

3. 全社会共建共享健康理念不断强化，健康中国行动品牌效应逐步显现。健全健康科普"两库一机制"，广泛开展宣传推广，推进健康中国行动专网建设，打造宣传倡导的重要平台，发出权威科学声音。组织开展"健康中国行动——各地行"品牌传播、健康中国行动标识征集、全国知识竞赛等活动，组织聘任健康中国行动形象大使和评选"健康达人"，不断扩大健康中国行动的影响力。

（三）社会保障体系进一步完善

1. 2020 年，参加城镇职工基本养老保险和城乡居民基本养老保险人数达 10 亿人。企业职工基本养老保险基金中央调剂比例从 3.5%提高到 4.0%，实现省级统收统支，退休人员基本养老金稳步提高。职工基本医疗保险、城乡居民基本医疗保险和大病保险制度更趋完善，医保扶贫成效显著，医保药品目录动态调整有序推进。通过工伤保险为 185 万工伤职工及供养亲属提供待遇保障。

2. 失业保险保障范围进一步扩大，阶段性实施失业补助资金政策、阶段性扩大失业农民工保障范围，全年共有 1 337 万人领取到不同项目的失业保险。全年向 608 万户企业发放失业保险稳岗返还 1 042 亿元，惠及职工 1.6 亿人。加强困难群众兜底保障，适度扩大低保覆盖范围，做到"应保尽保"；出台救助"扩围"政策，及时启动社会救助和保障标准与物价上涨挂钩联动机制，对因疫致困、未参保失业人员加大救助帮扶，实现"应救尽救"，因疫情新纳入低保、特困供养近 600 万人，实施临时救助超过 800 万人次。

3. 教育文化、医疗卫生、体育健身等社会事业全面进步。2020 年，九年义务教育巩固率为 95.2%，高中阶段毛入学率为 91.2%，均比上一年有所提高。2020 年年底，全国共有医疗卫生机构 102.3 万个，卫生技术人员 1 066 万人，比上年年底增加 51 万人。全国共有 8 177 家医疗卫生机构提供新型冠状病毒核酸检测服务，总检测能力达到 1 153 万份/天。体育健身设施不断完善，2020 年年底，全国共有体育场地 371.3 万个，比上年年底增加 16.9 万个，全年全国 7 岁及以上人口中经常参加体育锻炼人数比例达 37.2%。

4. 城镇老旧小区改造全面推进，已开工改造城镇老旧小区 4 万个，涉及居民 736 万户。保障性安居工程建设持续推进，棚户区改造新开工 209 万套；大中城市公租房继续发展，城镇困难群众住房保障不断加强。有力有序做好防汛抢险救援工作。

（四）推动出台国家基本公共服务标准

1. 截至 2020 年年底，城乡居民最低生活保障平均标准分别达到了 678 元/人·月和 5 962 元/人·年，基本养老保险、基本医疗保险、失业保险和工伤保险的参保人数分别达到了 10 亿人、13.6 亿人、2.2 亿人和 2.7 亿人。

2. 学前教育毛入学率、九年义务教育巩固率、高中阶段教育毛入学率分别达到85.2%、95.2%、91.2%，普通高等教育本专科招生967.5万人，研究生招生110.7万人。

3. 为65岁以上老年人提供能力综合评估。为经济困难老年人提供养老服务补贴；为经认定生活不能自理的经济困难老年人提供护理补贴；为80岁以上老年人发放高龄津贴。据不完全统计，截至上年年底，全国共有3 000多万老年人享受了福利补贴、护理补贴和高龄津贴，有效缓解了部分老年人实际生活困难。

4. 继续实施残疾人两项补贴制度，惠及1 153万困难残疾人和1 433万重度残疾人，为残疾人提供服务设施数预计4 403个。家政服务提质扩容深入推进。修订未成年人保护法，妇女儿童权益保障工作不断加强。

5. 支持特困人员供养服务设施建设。促进养老托育服务健康发展的意见、建立健全养老服务综合监管制度促进养老服务高质量发展的意见出台，普惠养老专项行动继续实施，各类养老床位数达到823.8万张。普惠托育服务设施建设持续推进。

九、加快构建区域协调发展新机制，区域发展格局进一步优化

更加注重发挥区域比较优势，着力促进城乡融合发展，区域优势互补、协调发展的格局持续优化，主体功能区战略稳步推进，“多规合一”的国土空间规划体系正在形成。

（一）以人为核心的新型城镇化扎实推进

1. 深化户籍制度改革，以城市存量农业转移人口为重点，不断放宽户籍准入限制，完善差别化落户政策。全面取消城区常住人口300万以下城市落户限制，放开放宽城区常住人口300万以上城市落户限制，推动采取积分落户制的城市把居住和社保缴纳年限作为主要积分项。

2. 强化基本公共服务保障，以公办学校为主将农业转移人口随迁子女纳入流入地义务教育保障范围。将非户籍常住人口纳入保障性住房体系，提高农业转移人口住房保障水平。聚焦智能制造、家政服务等用工矛盾突出行业开展大规模职业技能培训，提高农民工就业居住稳定性。

3. 健全农业转移人口市民化机制，完善财政转移支付与农业转移人口市民化挂钩政策，建立财政性建设资金对吸纳落户较多城市的基础设施投资补助机制，建立城镇建设用地年度指标同吸纳农业转移人口落户数量挂钩机制。依法保障进城落户农民农村土地承包权、宅基地使用权、集体收益分配权，畅通“三权”自愿有偿市场化退出渠道。

（二）区域重大战略深入实施

1. 纵深推进京津冀协同发展，积极稳妥疏解北京非首都功能，高标准高质量推进雄安新区规划建设，加快北京城市副中心建设，持续实施协同发展重大项目，加大京津冀地区城际铁路规划建设力度。目前，首都规划体系的“四梁八柱”已初步形成，雄安新区已经进入大规模开发建设阶段，前11月固定资产投资增长19.6倍，拉动河北省投资增长超过3.0个百分点，京雄城际全线开通运营，北京到雄安仅需50分钟。北京城市副中心高水平规划建设，前11月完成投资增长12.7%，市级行政中心已正式迁入，城市绿心森林公园开园，环球主题公园一期主体工程竣工，《北京市通州区与河北省三河、大厂、香河三县市协同发展规划》印发实施。京津冀区域产业链创新链加快构建，截至2020年10月，北京累计退出一般制造业企业2 154家，疏解提升区域性批发市场和物流中心773个；中关村企业在天津、河北两地设立的分支机构累计超过8 300家；北京流向津冀的技术合同成交额累计超过1 200亿元。京津冀核心区1小时交通圈、相邻城市间1.5小时交通圈基本形成，天津港2020年海铁联运吞吐量突破80万标准箱，增长超过40.0%。区域大气污染协同治理成效显著，北京空气质量取得标志性、历史性突破，2020年$PM_{2.5}$累计浓度为38微克/立方米，创下2013年监测以来最低值，在京津冀大气污染传输通道“2+26”城市中浓度持续保持最优。

2. 扎实推进长江经济带发展，源头上系统开展生态环境修复和保护大力实施城镇污水垃圾、化工污染、农业面源污染、船舶污染以及尾矿库治理“4+

1”工程，长江流域重点水域“十年禁渔”全面启动，深入开展绿色发展试点示范，长江保护法正式出台。

推动长江经济带发展和共建“一带一路”的融合，完善自由贸易试验区布局，建设更高水平开放型经济新体制。截至2020年年底长江经济带经济社会发展取得历史性成就，尤其是长江经济带经济总量占全国的比重，已从2015年的42.3%提高到2020年前三季度的46.6%。

3. 稳步推进粤港澳大湾区建设，实施粤港澳大湾区城际铁路建设规划，基础设施和规则机制互联互通取得新进展，《深圳建设中国特色社会主义先行示范区综合改革试点实施方案（2020—2025年）》出台实施。

汇聚国家战略科技力量，加强关键核心技术攻关，实施重点领域研发计划，布局新一代通信与网络等9大专项，着力构建“1+1+4+4+N”战略创新平台体系。

据统计，粤港澳大湾区国家、省重点实验室数量分别达到21家（占全省70.0%）、241家（占全省61.0%）；省级新型研发机构达到63家，连续5年居全省第一。其中：由钟南山院士领衔创建的呼吸领域国家实验室先行在广州成立，粤港澳大湾区国家技术创新中心总部落户科学城，同时湾区生物岛实验室等4家省实验室汇聚了32位院士，累计获得国家、省级项目29项，引进建设10余家高水平研究院，其中10家已获省级高水平创新研究院认定，占全省83.0%，基础研究占R&D经费比重达13.9%，创历史新高，接近世界先进国家水平。

截至2020年年底，深圳前海实际利用外资43.1亿美元，占全国3.0%、占广东省18.3%，进出口实现了逆势增长。

4. 扎实推进长三角一体化发展，推进重大平台建设和跨区域合作，积极构建协同创新网络体系，持续深化生态环境共保联治，提升基础设施互联互通水平，加快公共服务便利共享。黄河流域生态保护和高质量发展规划纲要印发实施。截至2020年年底，在交通基础设施互通、科技创新和产业协作、生态环境共保联治和公共服务便利共享上都取得了好的成绩。

（1）17条道路省际断头路中，6条已通车；长三角高铁营业里程超6 000公里；10个有轨道交通城市实现“一码通行”；三省一市建成5G基站超过18万个，约占全国总数的25.0%；5G在工业互联网、车联网等重点领域创新应用示范项目超过1 000个；浙沪联络线一期、浙苏天然气管道联通、淮南—南京—上海1 000千伏特高压交流输电工程过江通道等重大能源基础设施项目建成并投入运营。

（2）长三角科技资源共享服务平台集聚重大科学装置22个、科学仪器35 546台（套），总价值超过431亿元，平台累计访问量达120万人次；首届长三角科技成果联合拍卖会举办，60项科技成果完成交易，金额突破1.3亿元。

（3）长三角“一网通办”正式开通，至2020年年底，实现104个政务服务事项在41座城市跨省市通办，开通550个专窗办理点，6类交通运输电子证照和驾驶证、行驶证电子证照实现互认应用；41座城市实现医保“一卡通”；联网定点医疗机构8 000余家，门诊直接结算总量已超278万人次，涉及医疗总费用7亿元。

十、持续拓展对外开放范围、领域和层次，开放型经济新体制加快构建

有力克服新冠肺炎疫情和外部环境诸多不确定性，坚持实施更大范围、更宽领域、更深层次对外开放。

（一）稳外贸稳外资力度加大

海关总署发布数据显示，2020年，中国货物贸易进出口总值321 600亿元人民币，比上年增长1.9%。其中：出口179 300亿元，增长4.0%；进口142 300亿元，下降0.7%；贸易顺差37 000亿元，增加27.4%。吸引外资1 444亿美元。扩大出口信用保险覆盖范围，增加出口信贷投放，完善出口退税政策，稳定加工贸易，支持边境贸易创新发展。贸易新业态新模式加快发展，增设46个跨境电子商务综合试验区，跨境电商零售进口试点扩大至86座城市和海南全岛，新增17个市场采购贸易方式试点，积极探索保税维修、离岸贸易等新业务。第三届中国国际进口博览会、中国国际服务贸易交易会成功举办，

在网上举办第127届、128届广交会。共同落实中美第一阶段经贸协议工作稳步推进。全国和自贸试验区外资准入负面清单分别缩减至33条和30条，进一步放宽服务业、制造业、农业领域外资准入。出台2020年版鼓励外商投资产业目录，扩大鼓励外商投资范围。制定海南自由贸易港外资准入负面清单，海南投资自由化便利化水平进一步提高。北京新一轮服务业扩大开放综合试点继续深化。

（二）共建"一带一路"稳步推进

统筹推进疫情防控和"一带一路"境外项目建设，境外投资保持总体平稳。与非洲联盟签署共建"一带一路"合作规划。国际产能合作和第三方市场合作不断深化。中巴经济走廊成功统筹防疫与生产，成为"一带一路"重大项目"两手抓""两不误"的标杆。缅甸皎漂经济特区、中阿（联酋）产能合作示范园等取得积极进展，雅万高铁和匈塞、中老、中泰铁路等互联互通项目扎实推进。健康丝绸之路、绿色丝绸之路、数字丝绸之路建设深入推进。中欧班列保持安全稳定畅通运行，开行数量超1.2万列，逆势增长50.0%，综合重箱率达98.4%。

（三）对外开放高地建设取得新成效

海南自由贸易港建设总体方案出台实施，政策制度框架加快建立。增设北京等3个自贸试验区，推动浙江自贸试验区扩区。向全国复制推广自贸试验区37项制度创新成果，累计复制推广260项。新设12个综合保税区，将7个其他形式的海关特殊监管区整合优化为综合保税区。设立广西百色、新疆塔城重点开发开放试验区。

（四）参与全球经济治理迈出新步伐

在联合国、二十国集团、亚太经合组织、金砖国家等重要多边平台积极提出中国主张和中国方案。推动区域全面经济伙伴关系协定、中柬自贸协定、中欧地理标志协定等正式签署，中国—毛里求斯自贸协定按时生效实施。中欧投资协定谈判如期完成，中国—挪威、中国—摩尔多瓦自贸协定谈判加快推进。提出《全球数据安全倡议》，推动数字经济国际合作与交流。积极发展全球伙伴关系，推进大国协调合作，深化同周边国家关系，加强同发展中国家团结合作。

2020年国民经济运行态势综述

国家发展和改革委员会经济运行调节局

2020年是"十三五"规划的收官之年，面对严峻复杂的国际形势、艰巨繁重的国内改革发展稳定任务，特别是新型冠状病毒肺炎疫情（下称"新冠肺炎疫情"）的严重冲击，各地区各部门坚持以习近平新时代中国特色社会主义思想为指导，全面贯彻党的十九大和十九届二中、三中、四中、五中全会精神，按照党中央、国务院决策部署，沉着冷静应对风险挑战，坚持高质量发展方向不动摇，统筹疫情防控和经济社会发展，扎实做好"六稳"工作，全面落实"六保"任务，经济运行稳定恢复、好于预期，在全球主要经济体中唯一实现经济正增长。发展目标任务全面完成，脱贫攻坚战取得全面胜利，决胜全面建成小康社会取得决定性成就，交出一份人民满意、世界瞩目、可以载入史册的答卷。

一、疫情防控和社会发展统筹有力，国民经济再上新台阶

经济恢复走在世界前列。受新冠肺炎疫情冲击，一季度国内生产总值同比下降6.8%，但在以习近平同志为核心的党中央坚强领导下，各地区各部门认真贯彻落实党中央、国务院决策部署，全国上下统筹推进疫情防控和经济社会发展各项工作，特别是做好"六稳"（即稳就业、稳金融、稳外贸、稳外资、

稳投资、稳预期)工作、落实“六保”任务(即保居民就业、保基本民生、保市场主体、保粮食能源安全、保产业链供应链稳定、保基层运转),疫情防控形势持续向好,中国本土新冠肺炎疫情传播基本阻断,复工复产加快推进,关系国计民生的基础行业和重要产品稳定增长,基本民生得到较好保障,经济社会发展大局稳定。在此基础上,二季度增速转为增长3.2%,三、四季度保持4.9%和6.5%的高速增长,走出了一条令世界惊叹的V型曲线,成为推动全球经济复苏的主要力量。

全年经济总量稳定增长。2020年,国内生产总值1 015 986亿元,比上年增长2.3%。分产业看,第一产业增加值77 754亿元,同比增长3.0%;第二产业增加值384 255亿元,同比增长2.6%;第三产业增加值553 977亿元,同比增长2.1%。分需求看,资本形成总额拉动国内生产总值提高2.2个百分点;货物和服务净出口拉动国内生产总值提高0.7个百分点;受新冠肺炎疫情影响,最终消费支出占GDP的比重为54.3%,比上年下降1.5个百分点。人均国内生产总值72 447元,比上年增长2.0%。面对新冠肺炎疫情冲击,中国构筑起疫情防控的坚固防线,统筹做好经济社会发展工作,取得了率先控制住疫情、率先复工复产、率先实现经济正增长的显著成绩,展现了中国经济的强大韧性和抗冲击能力。

二、三大攻坚战取得决定性成果,发展底色更加亮丽

脱贫攻坚全面收官。2020年,较大幅度增加财政扶贫资金投入。对工作难度大的贫困县和贫困村挂牌督战,精准落实各项帮扶措施。优先支持贫困劳动力稳岗就业,帮助返乡贫困劳动力再就业,努力稳住务工收入。加大产业扶贫力度,深入开展消费扶贫。加强易返贫致贫人口监测和帮扶。年初剩余的551万农村贫困人口全部脱贫、52个贫困县全部摘帽。全年贫困地区农村居民人均可支配收入12 588元,实际增长5.6%,增速分别比全国居民和全国农村居民快3.5个、1.8个百分点。根据国家脱贫攻坚普查结果,中西部22省(自治区、直辖市)建档立卡户全面实现“两不愁”(即不愁吃、不愁穿)“三保障”(即义务教育有保障、基本医疗有保障、住房安全有保障)。

污染防治成效显著。2020年,完成污染防治攻坚战阶段性目标任务。长江、黄河、海岸带等重要生态系统保护和修复重大工程深入实施,生态建设得到加强。在监测的337个地级及以上城市中,全年空气质量达标的城市占59.9%,比重比上年提高13.3个百分点。细颗粒物($PM_{2.5}$)未达标城市年平均浓度37微克/立方米,比上年下降7.5%。全国地表水考核断面中,全年水质优良(Ⅰ~Ⅲ类)断面比例为83.4%,比上年提高8.5个百分点;劣Ⅴ类断面比例为0.6%,下降2.8个百分点。全年近岸海域海水水质达到国家一、二类海水水质标准的面积占77.4%,三类海水占7.7%,四类、劣四类海水占14.9%。在开展城市区域声环境监测的324个城市中,全年声环境质量好的城市占4.3%,较好的占66.4%,一般的占28.7%,较差的占0.6%。

防范化解重大风险扎实推进。2020年,牢固树立底线思维,抓实化解地方政府隐性债务风险工作。年底全国地方政府债务余额256 615亿元,控制在全国人大批准的限额之内。防范化解金融风险攻坚战取得重要阶段性成果。P2P平台已全部“清零”,各类高风险金融机构得到有序处置,影子银行规模缩减,资管产品风险明显收敛,同业关联嵌套持续减少。建立健全跨境资金流动宏观审慎管理框架。统筹监管系统重要性金融机构和金融控股公司取得重大进展。系统性金融风险上升势头得到有效遏制,金融脱实向虚、盲目扩张得到根本扭转。全年银行业共处置不良资产30 200亿元。银行保险机构流动性总体保持平稳,商业银行流动性覆盖率146.5%,保险公司经营活动现金流同比增长106.5%。通过发行优先股、永续债、二级资本债等工具补充商业银行资本13 400亿元,银行业新提取拨备19 000亿元,同比多提取1 139亿元。拨备覆盖率182.3%,贷款拨备率3.5%,均保持较高水平。

三、供给侧结构性改革扎实推进,发展协调性稳步提高

继续深化供给侧结构性改革应对多变形势。

2020 年,实施的更大规模减税降费政策取得明显成效。全年新增减税降费超过 25 000 亿元,各类企业的获得感和满意度普遍较高,有力拉动了消费、投资、就业增长。大众创业万众创新蓬勃发展,新增市场主体快速增长。各级政府着力推进职能转变,监管方式不断完善,营商环境持续优化,形成"放管服"三管齐下、互为支撑的良好局面,进一步激发经济活力。全年经济活力指数为 324.1,比上年增长 17.4%。从主要构成指标看,全国新登记注册市场主体数量 2 502 万户,比上年净增 124.6 万户,增长 5.2%;日均新登记企业 2.2 万户,年底市场主体总数达 1.4 亿户,折射出经济复苏良好势头。全年全国工业产能利用率 74.5%,比上年下降 2.1 个百分点。其中:采矿业产能利用率 75.0%,下降 0.1 个百分点;制造业产能利用率 78.4%,上升 0.4 个百分点;电力、热力、燃气及水生产和供应业产能利用率 74.3%,上升 0.7 个百分点。年底商品房待售面积 49 850 万平方米,比上年年底增加 29 万平方米。其中:商品住宅待售面积 22 379 万平方米,减少 94 万平方米。

产业结构优化升级。2020 年,三次产业增加值占 GDP 的比重分别为 7.7%、37.8%和 54.5%。与上年相比,第一产业比重提高 0.6 个百分点,第二产业比重下降 0.8 个百分点,第三产业比重提高 0.2 个百分点,经济结构持续优化。从对经济增长的贡献率来看,三次产业的贡献率分别为 9.5%、43.3%和 47.3%,三次产业分别拉动经济增长 0.2 个、1.0 个和 1.1 个百分点。受新冠肺炎疫情影响,第三产业对经济增长的贡献率比上年下降 16.2 个百分点。

新动能保持较快发展。2020 年,中国经济发展新动能指数为 440.3,比上年增长 35.3%。规模以上高技术制造业增加值增速比规模以上工业快 4.3 个百分点,一批专精特新"小巨人"企业加速成长。规模以上高技术服务业企业营业收入增速比规模以上服务业企业快 9.0 个百分点。网络经济加速发展,助推新动能发展壮大。网络经济指数达 1 323.6,比上年大幅增长 54.8%。在线办公、远程问诊、无接触配送等业务广泛开展,线下企业纷纷"触网"开拓线上业务,消费新业态新模式保持快速发展。全年电子商务平台交易额 372 000 亿元,按可比口径计算,比上年增长 4.5%。消费需求不断释放,新消费模式拉动网络消费快速增长。适应疫情防控要求下出现的消费新需求,网络零售新业态不断涌现,消费场景深入拓展,线上消费快速发展。全年网购替代率为 81.0%,在上年提高 0.2 个百分点的基础上进一步提高 0.4 个百分点。

四、改革开放持续深化,发展潜能有效激发

全面开放蹄疾步稳。2020 年,在国际大变局中,中国对外开放的大门不仅没有关闭,而且越开越大。中国主动加强抗疫国际合作,积极参与经济全球化,在危机中育新机、于变局中开新局,不仅稳住了外贸外资基本盘,而且推动了全方位高水平对外开放新格局加快形成,对外经贸发展提质增效。利用外资表现亮眼。率先控制住疫情,及时推进复工复产,加之强大的产业配套能力和持续优化的营商环境,外商直接投资加速流入中国,利用外资规模逆势增长。全年外商直接投资(不含银行、证券、保险领域)新设立企业 38 570 家,比上年下降 5.7%。实际使用外商直接投资金额 10 000 亿元,比上年增长 6.2%。其中:高技术产业实际使用外资 2 963 亿元,同比增长 11.4%,利用外资含金量继续提高。《区域全面经济伙伴关系协定》成功签署,中欧投资协定如期达成,高标准自贸网络建设成效显著。目前,中国已与 26 个经济体签署了 19 个自贸协定。共建"一带一路"成效显著。"一带一路"沿线国家对华直接投资(含通过部分自由港对华投资)新设立企业 4 294 家,同比下降 23.2%;对华直接投资金额 574 亿元,同比下降 0.3%。

创新发展潜能不断激发。2020 年,研究与试验发展经费支出 24 426 亿元,比上年增长 10.3%,与国内生产总值之比为 2.4%,比上年提高 0.2 个百分点。其中,基础研究经费 1 504 亿元,比上年增长 12.6%,持续保持较快增长。世界知识产权组织报告显示,2020 年中国继续位列全球创新指数排名第 14 位,是前 30 名中唯一的中等收入经济体。全年成功完成 35 次宇航发射。"嫦娥四号"首次登陆月球背面,"嫦娥五号"完成月表采样返回。中国首次火星探测任务"天问一号"探测器成功发射。500 米口

径球面射电望远镜(FAST)正式开放运行。北斗三号全球卫星导航系统正式开通。全海深载人潜水器“奋斗者”号完成万米深潜。量子计算原型系统“九章”成功研制。

科技强国势头正劲。2020 年,全国授予专利权 363.9 万件,比上年增长 40.4%。2020 年,每万人口发明专利拥有量达 15.8 件,比上年年底增加 2.5 件。国家科技重大专项共安排 198 个项目(课题),国家自然科学基金共资助 4.57 万个项目。年底,正在运行的国家重点实验室 522 个,国家工程研究中心(国家工程实验室)350 个,国家企业技术中心 1 636 家,大众创业万众创新示范基地 212 家。PCT 专利申请受理量 7.2 万件。有效专利 1 219.3 万件,其中,境内有效发明专利 221.3 万件。全年商标注册 576.1 万件,比上年下降 10.1%。全年共签订技术合同 55 万项,技术合同成交金额 28 252 亿元,比上年增长 26.1%。

五、农业生产再创新高,畜禽产量整体上行

粮食产量再创新高。2020 年,全国粮食总产量 66 949 万吨,比上年增长 0.9%,增产 565 万吨。其中:夏粮产量 14 286 万吨,同比增长 0.9%;早稻产量 2 729 万吨,同比增长 3.9%;秋粮产量 49 934 万吨,同比增长 0.7%。分品种看,稻谷产量 21 186 万吨,同比增长 1.1%;小麦产量 13 425 万吨,同比增长 0.5%;玉米产量 26 067 万吨,同比持平略减;大豆产量 1 960 万吨,同比增长 8.3%。棉花产量 591 万吨,同比增长 0.4%。油料产量 3 586 万吨,同比增长 2.6%。糖料产量 12 028 万吨,同比下降 1.2%。茶叶产量 293 万吨,同比增长 5.6%。水产品产量 6 549 万吨,同比增长 1.0%。其中:养殖水产品产量 5 215 万吨,同比增长 3.0%;捕捞水产品产量 1 330 万吨,同比下降 5.0%。

猪牛羊肉和禽蛋奶产量稳定增长。2020 年,生猪生产逐步恢复,年底存栏 40 650 万头,比上年年底增长 31.0%;能繁殖母猪存栏比上年年底增长 35.1%。全年猪肉产量 4 113 万吨,比上年下降 3.3%。年底牛存栏 9 562 万头,比上年年底增长 4.6%。全年肉牛出栏 4 565 万头,比上年增长 0.7%;牛肉产量 672 万吨,同比增长 0.8%;牛奶产量 3 440 万吨,同比增长 7.5%。年底羊存栏 30 655 万只,比上年年底增长 1.9%。全年羊出栏 31 941 万只,比上年增长 0.8%;羊肉产量 492 万吨,同比增长 1.0%。年底家禽存栏 67.8 亿只,比上年年底增长 4.0%。全年家禽出栏 155.7 亿只,比上年增长 6.3%;禽肉产量 2 361 万吨,同比增长 5.5%;禽蛋产量 3 468 万吨,同比增长 4.8%。

种植结构调整优化。2020 年,粮食种植面积 11 677 万公顷,比上年增加 70 万公顷。其中:稻谷种植面积 3 008 万公顷,同比增加 38 万公顷;小麦种植面积 2 338 万公顷,同比减少 35 万公顷;玉米种植面积 4 126 万公顷,同比减少 2 万公顷。棉花种植面积 317 万公顷,同比减少 17 万公顷。油料种植面积 1 313 万公顷,同比增加 20 万公顷。糖料种植面积 157 万公顷,同比减少 4 万公顷。全年新增耕地灌溉面积 43 万公顷,新增高效节水灌溉面积 160 万公顷。

农产品生产者价格上涨较多。2020 年,全国农产品生产者价格比上年上涨 15.0%。分季度看,一季度上涨 39.0%,二季度上涨 21.1%,三季度上涨 14.8%,四季度上涨 1.9%,涨势逐季回落。分类别看,农业产品生产者价格上涨 2.8%,饲养动物及其产品价格上涨 32.4%。分品种看,玉米、大豆生产者价格分别上涨 7.6%和 5.5%,稻谷、小麦价格分别上涨 0.8%和 0.5%;蔬菜价格上涨 5.2%;活牛和活羊价格分别上涨 10.5%和 10.4%;生猪价格上涨 55.7%。

六、工业生产持续发展,投资拉动强劲有力

工业生产效益成果喜人。2020 年,全部工业增加值 313 071 亿元,比上年增长 2.4%。规模以上工业增加值增长 2.8%。规模以上工业中,分经济类型看,国有控股企业增加值增长 2.2%;股份制企业增长 3.0%,外商及港澳台商投资企业增长 2.4%;私营企业增长 3.7%。分三大门类看,采矿业增加值增长 0.5%,制造业增长 3.4%,电力、热力、燃气及水生产和供应业增长 2.0%。装备制造业呈现集群化、信息化和智能化发展态势,增加值增速比规模以上工业

快3.8个百分点。从产品产量看，工业机器人、新能源汽车、集成电路、微型计算机设备同比分别增长19.1%、17.3%、16.2%和12.7%。规模以上工业企业实现利润64 516亿元，增长4.1%。企业每百元营业收入中的成本为83.89元，减少0.11元。年底企业资产负债率56.1%，比上年年底下降0.3个百分点。

固定资产投资稳步回升。2020年，全社会固定资产投资527 270亿元，比上年增长2.7%。固定资产投资（不含农户）518 907亿元，同比增长2.9%。分领域看，基础设施投资同比增长0.9%，制造业投资同比下降2.2%，房地产开发投资同比增长7.0%。分区域看，东部地区投资同比增长3.8%，中部地区投资同比增长0.7%，西部地区投资同比增长4.4%，东北地区投资同比增长4.3%。分产业看，第一产业投资同比增长19.5%，第二产业投资同比增长0.1%，第三产业投资同比增长3.6%。民间投资289 264亿元，同比增长1.0%。房地产开发投资141 443亿元。其中：住宅投资104 446亿元，同比增长7.6%。全国商品房销售面积176 086万平方米，同比增长2.6%；商品房销售额173 613亿元，同比增长8.7%。

高技术产业和社会领域投资增长较快。2020年，高技术产业投资比上年增长10.6%，增速比固定资产投资（不含农户）投资快7.9个百分点。高技术制造业投资同比增长11.5%，其中，医药制造业、计算机及办公设备制造业投资同比分别增长28.4%和22.4%。高技术服务业投资同比增长9.1%，其中，电子商务服务业、信息服务业投资同比分别增长20.2%和15.2%。社会领域投资同比增长11.9%，增速比固定资产投资（不含农户）快9.0个百分点，其中卫生、教育投资同比分别增长29.9%和12.3%。

七、市场消费持续恢复，稳定发展条件持续优化

市场销售平稳恢复。2020年，社会消费品零售总额391 981亿元，比上年下降3.9%。其中：限额以上单位消费品零售额143 323亿元，同比下降1.9%。按经营单位所在地分，城镇消费品零售额339 119亿元，同比下降4.0%；乡村消费品零售额52 862亿元，同比下降3.2%。按消费类型分，餐饮收入39 527亿元，同比下降16.6%；商品零售352 453亿元，同比下降2.3%。网上零售额117 601亿元，同比增长10.9%。其中：实物商品网上零售额97 590亿元，同比增长14.8%，占社会消费品零售总额的比重为24.9%，比上年提高4.0个百分点。

传统服务业基本恢复疫前水平。2020年，服务业生产经营在年初大幅下滑后，呈现逐季恢复态势，主要指标持续改善，市场信心不断增强。批发和零售业增加值95 686亿元，比上年下降0.5%。住宿和餐饮业增加值15 971亿元，同比下降13.1%。租赁和商务服务业增加值31 616亿元，同比下降5.3%。规模以上服务业企业营业收入同比增长1.9%，利润总额同比下降7.0%。货运量473亿吨，同比增长0.3%。货物周转量202 211亿吨公里，同比增长1.4%。港口完成货物吞吐量145亿吨，同比增长4.3%。其中：外贸货物吞吐量45亿吨，同比增长4.0%。港口集装箱吞吐量26 430万标准箱，同比增长1.2%。中欧班列开行超过12 400列，同比增长50.0%。

现代服务业增势良好。2020年，金融业增加值84 070亿元，比上年增长7.0%。信息传输、软件和信息技术服务业增加值37 951亿元，同比增长16.9%。电信行业完成业务总量136 758亿元，同比增长28.1%。全国电话用户总数177 598万户，其中，移动电话用户159 407万户。移动电话普及率为113.9部/百人。固定互联网宽带接入用户48 355万户，增加3 427万户。年底移动互联网用户数13.5亿户，比上年年底增长2.3%。全年移动互联网用户接入流量1 656亿GB，比上年增长35.7%。互联网上网人数9.9亿人，其中手机上网人数9.9亿人。互联网普及率为70.4%，其中农村地区为55.9%。软件和信息技术服务业完成软件业务收入81 616亿元，按可比口径计算，比上年增长13.3%。

新业态新模式快速扩张。疫情催生新型商业模式，推动线上线下加速融合，5G、人工智能、物联网等新技术得到了广泛应用，短视频、直播带货等在线娱乐、在线营销逆势增长，远程办公、在线教育、互联网医疗等新模式成长壮大，为经济发展注入新的活力。2020年，全国新建开通5G基站超过60万个，终端连

接数突破2亿,实现全国所有地级以上城市覆盖。全国人工智能核心产业规模达到3 251亿元,比上年增长16.7%;年底人工智能相关企业数量达到6 425家。“十三五”期间全国物联网总体产业规模保持20.0%的年均增长率。截至2020年,物联网产业规模突破17 000亿元。疫情推动直播电商行业进入井喷期,全年淘宝直播带来的GMV(即网站的成交金额)超过人民币4 000亿元。

八、全面开放力度加大,对外经贸保持增长

对外贸易结构持续优化。2020年,货物进出口总额322 215亿元,比上年增长2.1%。其中:出口179 279亿元,同比增长4.0%;进口142 936亿元,同比下降0.2%。进出口相抵,顺差为36 342亿元,比上年增加7 223亿元。机电产品出口同比增长6.0%,占出口总额的59.4%,比重比上年提高1.1个百分点。一般贸易进出口占进出口总额的比重为59.9%,比上年提高0.9个百分点。民营企业进出口增长11.1%,占进出口总额的比重为46.6%,比上年提高3.9个百分点。

对主要贸易伙伴进出口平稳增长。2020年,贸易伙伴更趋多元。东盟跃升为中国最大货物贸易伙伴,全年对东盟出口额26 550亿元,比上年增长7%;进口额20 807亿元,同比增长6.9%。对欧盟出口额27 084亿元,同比增长7.2%;进口额17 874亿元,同比增长2.6%。对美国出口额31 273亿元,同比增长8.3%;进口额9 342亿元,同比增长10.3%。对日本出口额9 880亿元,同比增长0.1%;进口额12 076亿元,同比增长2.0%。对韩国出口额7 785亿元,同比增长1.8%;进口额11 981亿元,同比下降0.2%。

服务贸易有所下降。2020年,服务进出口总额45 643亿元,比上年下降15.7%。其中:服务出口19 357亿元,同比下降1.1%;服务进口26 286亿元,同比下降24.0%。服务进出口逆差6 929亿元,同比下降53.9%。知识密集型服务进出口占服务进出口总额的比重达44.5%,比上年提高9.9个百分点。

防疫物资出口有力支持全球抗疫斗争。充分发挥全球抗疫物资最大供应国的作用,积极开展抗疫国际合作,尽己所能向全球200多个国家和地区提供和出口防疫物资。2020年3—12月,全国海关共验放出口包括口罩在内的纺织品、医疗器械、药品等主要疫情防控物资价值4 385亿元,拉动整体出口增长1.9个百分点。出口笔记本电脑、平板电脑、家用电器等“宅经济”产品25 100亿元,比上年增长8.5%,拉动整体出口增长1.3个百分点。这充分展示了中国负责任大国形象,为全球抗疫斗争做出了重要贡献。

九、居民消费价格涨幅从高点逐步回落低位回升,全年物价走势基本平稳

消费领域价格涨幅回落。2020年,CPI比上年上涨2.5%,涨幅比上年回落0.4个百分点。食品价格上涨10.6%,涨幅扩大1.4个百分点,影响CPI上涨约2.2个百分点,是推动CPI上涨的主要因素。食品中,在非洲猪瘟疫情、周期性因素等共同作用下,猪肉价格上涨49.7%,涨幅扩大7.2个百分点,影响CPI上涨约1.6个百分点,占CPI总涨幅的六成多。在猪肉价格上涨带动下,牛肉和羊肉价格分别上涨14.4%和8.5%,合计影响CPI上涨约0.11个百分点。由于夏季多地发生洪涝灾害,加之冬季持续低温,全年鲜菜价格上涨7.1%,影响CPI上涨约0.2个百分点。受上年对比基数较高影响,鲜瓜果和鸡蛋价格分别下降11.1%和10.8%,合计影响CPI下降约0.3个百分点。其他食品中,水产品价格上涨3.0%,禽肉类价格上涨2.2%,粮食和食用植物油等价格基本稳定。

非食品价格总体变动较小。2020年,非食品价格比上年上涨0.4%,涨幅比上年回落1.0个百分点,影响CPI上涨约0.3个百分点。非食品中,受需求偏弱及国际原油价格走低影响,工业消费品价格由上年上涨0.6%转为下降0.8%。其中:汽油、柴油和液化石油气价格同比分别下降14.1%、15.4%和4.8%;家用器具、鞋类和服装价格同比分别下降1.8%、0.8%和0.1%。受新冠肺炎疫情影响,服务消费受到一定抑制,服务价格上涨0.6%,涨幅比上年回落1.1个百分点。其中:飞机票、景点门票和宾馆住宿等出行类服务价格同比分别下降18.2%、

5.5%和4.2%。全年扣除食品和能源价格的核心CPI上涨0.8%,涨幅比上年回落0.8个百分点。

十、财政收入稳定恢复,金融政策运转有序

财政收入好于预期。2020年,全国一般公共预算收入182 914亿元,比上年下降3.9%。其中:中央一般公共预算收入82 771亿元,同比下降7.3%;地方一般公共预算本级收入100 143亿元,同比下降0.9%。全国税收收入154 312亿元,同比下降2.3%;非税收入28 585亿元,同比下降11.7%。全国一般公共预算支出245 679亿元,同比增长2.9%。创新设立财政资金直达机制,确保资金直达市县基层、直接惠企利民,全年下达资金17 000亿元。

融资规模增长明显。2020年,社会融资规模增量348 000亿元,按可比口径计算,比上年多92 000亿元。年底社会融资规模存量2 848 000亿元,按可比口径计算,比上年年底增长13.3%。其中:对实体经济发放的人民币贷款余额1 716 000亿元,同比增长13.2%。年底全部金融机构本外币各项存款余额2 184 000亿元,比年初增加202 000亿元。其中:人民币各项存款余额2 126 000亿元,同比增加196 000亿元。全部金融机构本外币各项贷款余额1 784 000亿元,同比增加198 000亿元。其中:人民币各项贷款余额1 727 000亿元,同比增加196 000亿元。人民币普惠金融贷款余额215 000亿元,同比增加42 000亿元。主要农村金融机构人民币贷款余额215 886亿元,同比增加25 210亿元。

金融服务蓬勃发展。年底,全部金融机构人民币消费贷款余额495 668亿元,同比增加55 994亿元。广义货币供应量(M_2)余额2 187 000亿元,比上年年底增长10.1%;狭义货币供应量(M_1)余额626 000亿元,同比增长8.6%;流通中货币(M_0)余额84 000亿元,同比增长9.2%。全年各类主体通过沪深交易所发行债券(包括公司债、可转债、可交换债、政策性金融债、地方政府债和企业资产支持证券)筹资84 777亿元,比上年增加12 791亿元。全国中小企业股份转让系统挂牌公司8 187家,全年挂牌公司累计股票筹资339亿元。全年发行公司信用类债券142 000亿元,比上年增加35 000亿元。全年保险公司原保险保费收入45 257亿元,比上年增长6.1%。支付各类赔款及给付13 907亿元。

十一、资源管理严谨有序,节能减排成效明显

土地利用更加合理。2020年,全国国有建设用地供应总量65.8万公顷,比上年增长5.5%。其中:工矿仓储用地16.7万公顷,同比增长13.6%;房地产用地15.5万公顷,同比增长9.3%;基础设施用地33.7万公顷,同比增长0.3%。水资源总量31 605亿立方米。完成造林面积693万公顷,其中:人工造林面积300万公顷,占全部造林面积的443.3%。种草改良面积283万公顷。新增水土流失治理面积6.0万平方公里。

能耗下行已成大势。2020年,能源消费总量49.8亿吨标准煤,比上年增长2.2%。煤炭消费量增长0.6%,原油消费量增长3.3%,天然气消费量增长7.2%,电力消费量增长3.1%。煤炭消费量占能源消费总量的56.8%,比重比上年下降0.9个百分点;天然气、水电、核电、风电等清洁能源消费量占能源消费总量的24.3%,提高1.0个百分点。重点耗能工业企业单位电石综合能耗下降2.1%,吨钢综合能耗下降0.3%,单位电解铝综合能耗下降1.0%,每千瓦时火力发电标准煤耗下降0.6%。全国万元国内生产总值二氧化碳排放下降1.0%。

十二、稳就业、保民生有力有效,居民收入稳定增长

就业形势总体稳定。2020年,城镇新增就业1 186万人,完成全年目标的131.8%。年底全国城镇调查失业率为5.2%,与上年年底持平;其中25~59岁人口调查失业率为4.7%,与上年年底持平。年均城镇调查失业率为5.6%,低于6.0%左右的预期目标。城镇登记失业率为4.2%,低于5.5%左右的预期目标。全年农民工总量28 560万人,比上年减少517万人,下降1.8%。其中:本地农民工11 601万人,比上年下降0.4%;外出农民工16 959万人,比上年下降2.7%。农民工月均收入水平4 072元,比上年增长2.8%。

居民收入与经济同步增长。2020年,财政兜底

保障力度加大，全国居民人均转移净收入比上年名义增长 8.7%。全年全国居民人均可支配收入 32 189 元，比上年名义增长 4.7%，扣除价格因素实际增长 2.1%，与经济增长基本同步。按常住地分，城镇居民人均可支配收入 43 834 元，名义增长 3.5%，扣除价格因素实际增长 1.2%；农村居民人均可支配收入 17 132 元，名义增长 6.9%，扣除价格因素实际增长 3.8%。城乡居民人均收入比值为 2.56，缩小 0.08。

社会保障体系不断完善。年底，全国参加城镇职工基本养老保险人数 45 638 万人，比上年年底增加 2 150 万人。参加城乡居民基本养老保险人数 54 244 万人，比上年增加 978 万人。参加基本医疗保险人数 136 101 万人，比上年增加 693 万人。全国领取失业保险金人数 270 万人。参加工伤保险人数 26 770 万人，比上年增加 1 291 万人。其中：参加工伤保险的农民工 8 934 万人，比上年增加 318 万人。参加生育保险人数 23 546 万人，比上年增加 2 129 万人。全国共有 805 万人享受城市最低生活保障，3 621 万人享受农村最低生活保障，447 万人享受农村特困人员救助供养，全年临时救助 1 341 万人次。全年资助 8 990 万人参加基本医疗保险，实施直接救助 7 300 万人次。国家抚恤、补助退役军人和其他优抚对象 837 万人。年底，全国共有各类提供住宿的社会服务机构 4.1 万个，其中养老机构 3.8 万个，儿童服务机构 735 个。社会服务床位 850.9 万张，其中养老服务床位 823.8 万张，儿童服务床位 9.8 万张。社区服务中心 2.9 万个，社区服务站 39.3 万个。

总的来看，2020 年国民经济运行稳定恢复，稳就业保民生成效显著，决战脱贫攻坚取得决定性胜利，“十三五”规划圆满收官，全面建成小康社会胜利在望。同时应看到，新型冠状病毒肺炎疫情变化和外部环境存在诸多不确定性，中国经济恢复基础还需积蓄巩固。2021 年是“十四五”开局之年，是第二个百年奋斗目标新征程的开启之年。我们要立足新发展阶段，贯彻新发展理念，构建新发展格局，更紧密团结在以习近平同志为核心的党中央周围，高举中国特色社会主义伟大旗帜，深入贯彻落实十九届五中全会和中央经济工作会议精神，增强机遇意识和风险意识，准确识变、科学应变、主动求变，坚持深化供给侧结构性改革这条主线，坚持扩大内需这个战略基点，着力培育强大国内市场，持续强化科学战略支撑，加快打造更高水平的对外开放，积极畅通国民经济循环，确保“十四五”开好局、起好步。

（审稿：尹　英
撰稿：吴　洋）

2020 年自由贸易发展综述

国家发展和改革委员会对外经济研究所

2020 年全球经济经历突如其来的新冠肺炎疫情冲击，引发比 2008 年更为严重的经济衰退；全球贸易和投资大幅萎缩，产业链供应链受到严重冲击。在主要经济体中，中国成为唯一一个实现增长的国家；中国货物贸易基本保持稳定，服务贸易由于跨境旅行服务大幅收缩出现较大下滑。中国自由贸易港和自由贸易试验区改革创新进入新阶段，海南自由贸易港建设总体方案发布实施，自由贸易试验区由 18 个增至 21 个，“十三五”规划圆满收官。11 月，中国成功举办第三届国际进口博览会，习近平主席指出，中国将秉持开放、合作、团结、共赢的信念，坚定不移全面扩大开放，让中国市场成为世界的市场、共享的市场、大家的市场，推动世界经济复苏，为国际社会注入更多正能量。15 个成员国签署《区域全面经济伙伴关系协定》（RCEP），中欧如期完成双边投资协定谈判。

一、中国自由贸易发展基本情况

2020年,尽管受到新冠肺炎疫情的严重冲击,中国外贸进出口仍然延续了2017—2019年的走势,继续保持增长。2020年,中国货物进出口322 000亿元,同比增长1.9%,其中:出口同比增长4.0%,进口同比下降0.7%,对经济增长贡献率达到28.0%。按美元计算,中国的外贸规模已经达到46 000亿美元,国际市场份额达到14.7%,贸易规模和国际市场份额双双创历史新高。对"一带一路"沿线国家、东盟、APEC成员进出口同比分别增长1.0%、7.0%、4.1%。2020年,中国服务进出口总额46 000亿元,同比下降15.7%;但国际市场份额由上年的6.6%提高到6.8%。2020年中国营商环境提升至全球第31位。中国对外贸易呈现以下特征。见图1。

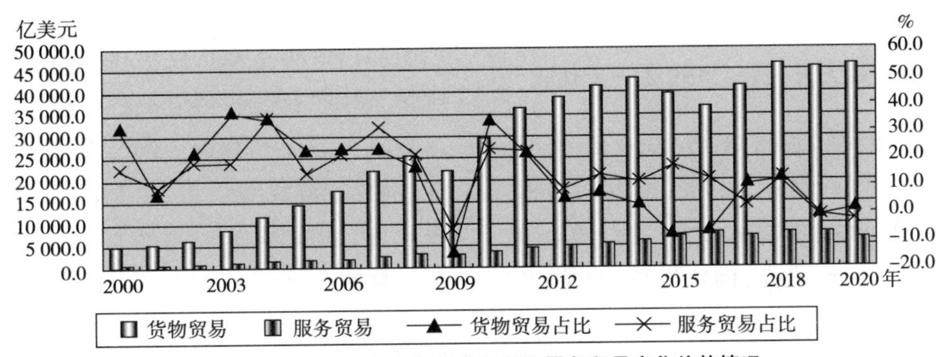

图1 2000—2020年中国货物贸易和服务贸易变化趋势情况

(一)货物进出口规模创历史新高,为全球抗疫做出重要贡献

2020年,全球经济增长和国际贸易受新冠疫情严重冲击,中国外贸发展外部环境复杂严峻。在这样困难的情况下,中国货物进出口在年中实现了回稳向好,展现了强大韧性。一季度对外贸易下滑明显,货物进出口同比下降6.4%,出口同比下降11.4%。3月出现回升迹象,出口降幅较1—2月收窄4.8个百分点。货物进出口从2020年6月起连续7个月实现正增长,全年进出口、出口总值双双创历史新高,成为全球唯一实现货物贸易正增长的主要经济体,货物贸易第一大国地位进一步巩固。2020年,中国积极发挥抗疫物资最大供应国优势,向200多个国家和地区提供超过2 200亿只口罩、23亿件防护服和10亿人份检测试剂盒,为全球抗疫做出重要贡献。

(二)货物贸易占全球份额创历史新高,外贸依存度持续下降

2009年,中国货物出口占全球比重接近9.6%,超过德国成为全球最大货物出口国。2013年中国货物进出口总额占全球比重达到11.1%,超过美国成为全球最大的货物贸易国;2015年中国货物进出口占全球比重达到创纪录的11.9%,其中:出口占比接近13.8%。2020年,中国货物进出口占全球的比重为14.7%,再创新高;其中,出口占比15.8%,进口占比11.5%。中国外贸依存度和出口依存度持续下降。2006年,中国外贸依存度和出口依存度分别上升到64.2%和35.4%的峰值,之后开始进入下降通道。2010年,分别下降到48.8%和25.9%;2020年外贸依存度下降到31.6%,出口依存度下降到15.9%。见图2。

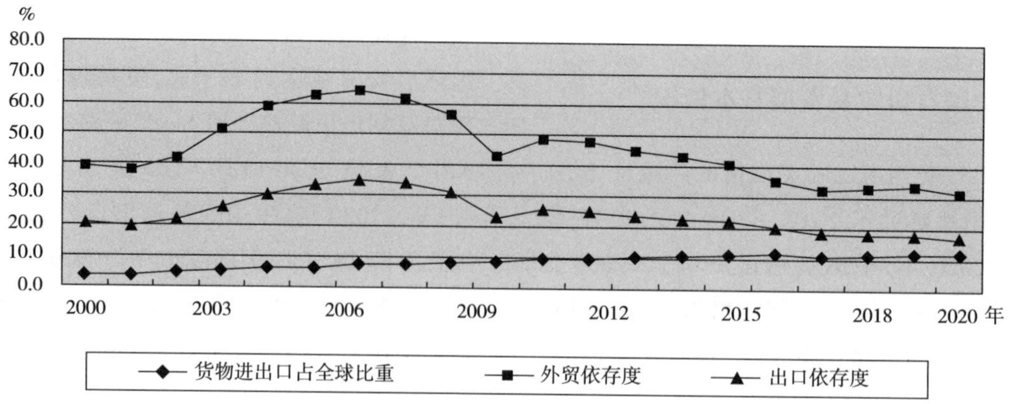

图 2　2000—2020 年中国货物进出口占全球比重及外贸依存度变化趋势情况

（三）一般贸易比重上升，贸易方式进一步优化

2020 年中国一般贸易进出口 193 000 亿元，同比增长 3.4%，占进出口总值的 59.9%，比 2019 年提升 0.9 个百分点，比 2008 年高 12.7 个百分点。其中：一般贸易出口 107 000 亿元，同比增长 6.9%；进口 86 000 亿元，同比下降 0.7%。医疗防疫用品等一般贸易出口为全球抗疫提供了重要的物资保障，对维护全球产业链和供应链稳定做出了重要贡献，贸易竞争力进一步提升。加工贸易进出口 76 000 亿元，同比下降 3.9%，占 23.8%。比上年低 1.4 个百分点，比 2008 年低 17.3 个百分点，贸易方式持续优化。见图 3。

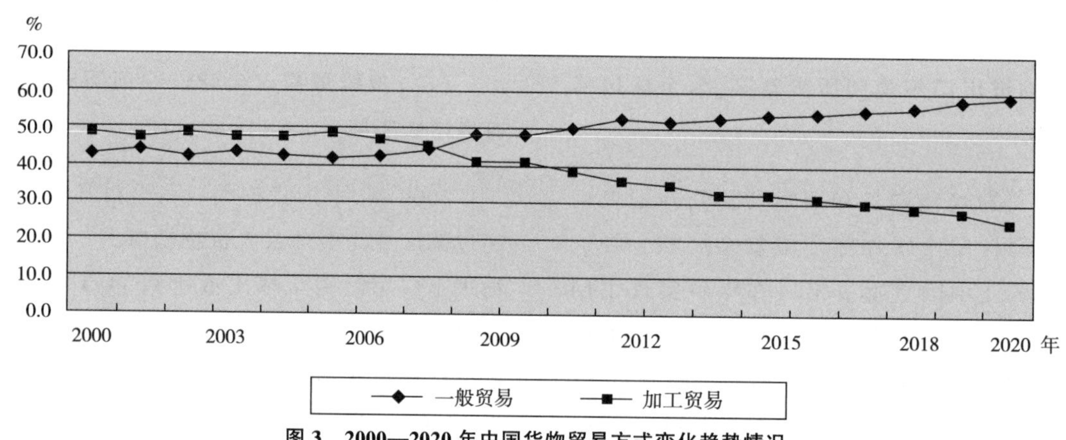

图 3　2000—2020 年中国货物贸易方式变化趋势情况

（四）外贸主体活力增强，民营企业份额稳步提升

2008 年以来，民营企业成为推动外贸发展的重要力量，2015 年民营企业在出口中的比重由 2008 年的 26.7%快速提高到 45.2%，首次超过外资企业。2020 年，有进出口实绩企业数量 53.1 万家，同比增长 6.2%；民营企业进出口 150 000 亿元，增长 11.1%，占外贸总额比重提升至 46.6%，比上年高 3.9 个百分点；民营企业全年进出口、出口增速分别高出整体增速 9.2 和 8.3 个百分点，外贸主体地位更加巩固，成为稳外贸的重要力量。外商投资企业进出口 124 400 亿元，占 38.7%。国有企业进出口 46 100 亿元，占 14.3%。

（五）贸易结构优化，机电产品和高新技术产品出口比重上升

2020 年，中国机电产品出口 106 600 亿元，同比增长 6.0%，占出口总值 59.4%，比上年高 1.1 个百分点。高新技术产品出口 53 700 亿元，同比增长 6.5%，占出口总值 29.8%。其中：笔记本电脑、家用电器、医疗仪器及器械出口快速增长，分别达 20.4%、24.2%、41.5%。纺织服装等七大类劳动密集型产品出口 35 800 亿元，同比增长 6.2%。其中：包括口罩在内的纺织品快速增长，出口 10 700 亿元，

同比增长30.4%。

(六)贸易伙伴更趋多元,东盟成为中国第一大贸易伙伴

2020年,中国前五大贸易伙伴依次为东盟、欧盟、美国、日本和韩国,进出口分别为47 400亿元、45 000亿元、40 600亿元、22 000亿元和19 700亿元,同比分别增长7.0%、5.3%、8.8%、1.2%和0.7%。一季度开始,东盟取代欧盟成为中国第一大贸易伙伴,促进中国外贸市场多元化。中国继续保持美国、欧盟、日本、东盟等主要经济体的最大贸易伙伴。中国对“一带一路”沿线国家进出口93 700亿元,同比增长1.0%。

(七)外贸新业态更加活跃,带动作用进一步增强

近年来,随着数字经济的深入发展,跨境电商、市场采购贸易、外贸综合服务等外贸新业态进入高速发展阶段,进出口比重明显上升。2020年,新冠肺炎疫情在全球肆虐,为跨境电商等外贸新业态发展创造了更大空间。全年跨境电商进出口16 900亿元,同比增长31.1%,市场采购出口增长25.2%。中欧班列全年开行12 400列,发送货物113.5万标准箱,同比分别增长50.0%和56.0%。高水平开放创新平台外贸引领带动作用明显。全年综合保税区进出口同比增长17.4%,自由贸易试验区进出口同比增长10.7%,海南自由贸易港免税品进口同比增长80.5%。

(八)服务贸易收缩,知识密集型服务贸易占比上升

2020年,受新冠肺炎疫情等多种因素的影响,中国服务进出口总额45 600亿元,同比下降15.7%。其中,服务出口19 400亿元,同比下降1.1%;进口26 300亿元,同比下降24.0%;服务贸易逆差6 929亿元,同比下降53.9%。旅行服务是导致服务贸易下降的主要因素,全年进出口10 200万元人民币,同比下降48.3%。其中:旅行服务出口下降52.1%,进口同比下降47.7%。剔除旅行服务,中国服务贸易进出口增长2.9%;其中:出口增长6.0%,进口基本保持稳定。知识密集型服务贸易占比提高。2020年,中国知识密集型服务进出口20 300亿元,同比增长8.3%,占服务进出口的比重达到44.5%,提升9.9个百分点。其中:知识密集型服务出口10 700亿元,同比增长7.9%,占服务出口总额的比重达到55.3%,提升4.6个百分点;出口增长较快的领域是知识产权使用费、电信计算机和信息服务、保险服务,同比分别增长30.5%、12.8%和12.5%。知识密集型服务进口9 630亿元,同比增长8.7%,占服务进口总额的比重达到36.6%,提升11.0个百分点;进口增长较快的领域是金融服务、电信计算机和信息服务,同比分别增长28.5%、22.5%。总体看,中国服务进出口增速降幅逐季收窄,服务出口明显好于进口,贸易逆差减少,知识密集型服务贸易占比提高。中国服务进出口总额在全球的占比由上年的6.6%提高到6.8%,上升0.2个百分点。其中,服务出口额占全球的比重由4.6%提升到5.6%,上升了1.0个百分点。

二、中国海南自由贸易港建设起步,自由贸易试验区建设迈入新阶段

2013年中国决定在上海进行自由贸易试验区建设,2015年自由贸易试验区建设扩大到天津、福建和广东。2017年又批准辽宁、浙江、河南、湖北、重庆、四川和陕西7个自由贸易试验区建设方案。2018年决定海南全岛建设自由贸易试验区。2019年同意建设上海自由贸易试验区临港新片区,批准设立山东、江苏、广西、河北、云南、黑龙江6个自由贸易试验区。2020年发布海南自由贸易港建设总体方案,批准设立北京、湖南和安徽自由贸易试验区,发布浙江自由贸易试验区扩展区域方案,中国自由贸易试验区数量增加到21个。

(一)中国(海南)自由贸易港

2020年海南自由贸易试验区建设进入第3年,国家公布《海南自由贸易港建设总体方案》,标志着海南由自由贸易试验区建设正式转入自由贸易港建设的新阶段。总体方案要求,到2025年,初步建立以贸易自由便利和投资自由便利为重点的自由贸易

港政策制度体系。营商环境总体达到国内一流水平，市场主体大幅增长，产业竞争力显著提升，风险防控有力有效，适应自由贸易港建设的法律法规逐步完善，经济发展质量和效益明显改善。到2035年，自由贸易港制度体系和运作模式更加成熟，以自由、公平、法治、高水平过程监管为特征的贸易投资规则基本构建，实现贸易自由便利、投资自由便利、跨境资金流动自由便利、人员进出自由便利、运输来往自由便利和数据安全有序流动。营商环境更加优化，法律法规体系更加健全，风险防控体系更加严密，现代社会治理格局基本形成，成为中国开放型经济新高地。到21世纪中叶，全面建成具有较强国际影响力的高水平自由贸易港。

2020年，海南自由贸易港建设起步，重点开展了以下四方面工作。第一，加快重大政策落地。发布实施企业和个人所得税优惠、进口原辅料和交通工具及游艇“零关税”正面清单、高端紧缺人才清单管理办法等政策。新发布四批32项制度创新案例。制定31项营商环境年度行动计划，出台政府与市场主体交往“六要和六不准”。第二，争取更多早期收获。新增市场主体增长30.9%，新设企业增长113.7%，位列全国第一，总部企业累计入驻64家。离岛免税“新政”促进全年销售额实现倍增。项目集中签约315个，集中开工538个。引进人才12.2万人，比上年增长177.0%。洋浦港集装箱年吞吐量突破百万标箱，银行业存款余额突破万亿元。自由贸易港知识产权法院正式办公。第三，滚动推进先导性项目。全球动植物种质资源引进中转基地完成首单业务，“中国洋浦港”国际船舶登记22艘，乐城先行区进口特许药械品种引进120例，离岸新型国际贸易收支增长10倍。最后，提升监管和风险防范水平。社会管理信息化平台初具全天候、实时性实战能力。打掉离岛免税品“套（代）购”走私团伙39个。

（二）中国（上海）自由贸易试验区

2020年上海自贸试验区建设进入第8年。上海自贸试验区围绕党中央的重大战略部署先后推进实施了1.0版、2.0版、3.0版等三个总体方案，进一步深化自贸区试验区制度创新、改革集成，不断增创国际开放合作和竞争新优势，为上海加快打造国内大循环中心节点和国内国际双循环战略链接发挥更大作用，具体表现在四个方面：

1. 投资环境进一步优化。代理记账许可审批改革取得明显成效。率先建立健全《浦东新区代理记账行业综合监管办法》及配套制度，依托代理记账行业综合监管平台，实现可视化、智能化、协同化、精准化的全过程闭环监管，改革后由原来3个工作日压缩至0.5个工作日，部分变更和备案事项实现即到即办，审批效率全市领先。海关优化服务推动首票中欧班列运输整车入区，优化通关流程，充分发挥“汽车保税仓储+集中汇总征税”组合政策优势和“大车拉小车”模式，完成4台意大利法拉利整车运输。

2. 金融市场进一步开放。自由贸易账户功能持续发挥，首批保险机构接入自贸区试验区分账核算单位，自此实现银行、证券、保险三类金融机构全覆盖。截至2020年年底，累计开立FT账户13.2万个，全年跨境人民币结算总额54 311.8亿元，比上年增长4.3%，占全市比重为41.4%；跨境人民币境外借款总额6.7亿元，比上年下降84.2%。上海首单自贸区人民币债券获批发行。

3. 贸易服务体系不断完善。2020年8月30日，国务院正式批复同意上海外高桥保税物流园区转型为上海外高桥港综合保税区。自贸文投平台作用显现，先后推出艺术品进出口批文申办5个工作日完成、艺术品进境免除CCC证明、艺术品进出境备案免除文广局批文等贸易便利化创新措施，进出境文化艺术品量从上年的61件增加至2020年的2 234件，占全国总量90.0%，保税区文化艺术品累计进出境货值逾480亿元。

4. 重点产业蓬勃发展。2020年，自贸试验区高技术产业产值达2 905.8亿元，比上年增长6.7%，其中汽车制造、电子信息、生物医药等行业同比分别增长37.6%、9.5%、2.1%。

（三）广东、天津、福建自由贸易试验区建设继续深化

2020年广东、天津、福建自贸试验区建设进入第6年，也是三大自贸区实施深化改革方案的第3年。

1. 广东自贸试验区。广东自贸试验区累计形成584项制度创新成果，348项在全省复制推广，41项在全国复制推广。2020年，广东自贸试验区固定资产投资1 292.1亿元；税收收入1 019亿元，增长27.6%；外贸进出口3 412.8亿元，同比增长4.1%；新设外资企业3 146家，实际利用外资79.4亿美元，以全省6/10 000的土地面积贡献了广东全省1/4的外资企业和1/3的实际外资。

广州南沙片区坚持以制度创新打响“南沙品牌”。自贸试验区累计形成689项制度创新成果，其中43项、112项和202项分别在全国、全省、全市复制推广。商事登记确认制、财政管理、土地节约集约利用等3项工作获国务院督查激励。发布首个自贸区制度创新地方规范性文件和突破性改革创新程序规定，率先推行自主有税申报、复杂涉税事项税收事先裁定，“一支队伍管执法”南沙模式走在全国前列。营商环境在世行体系下全球模拟排名由2017年的第51名提升至2019年的第24名，开办企业、获得电力、登记财产、执行合同等指标全国领先。粤港澳全面合作示范区建设初见成效。建设全国首个常态化粤港澳规则对接平台，推进实施一批与港澳规则衔接工作事项。启用全国首个粤港澳科技创新团体标准服务平台。深化与深圳前海合作，共同打造粤港澳合作发展核心平台。积极开展多元化国际交流合作，成功举办国际金融论坛（IFF）全球年会、全球贸易与知识产权创新论坛等高端国际会议。跨境贸易便利化水平提质升级。南沙保税港区升级为综合保税区，获批设立国家进口贸易促进创新示范区，落地启运港退税等重大政策，推出功能集成度最高的国际贸易“单一窗口”，首创三大数字贸易服务平台。

深圳前海蛇口片区探索制度创新展示体验区建设，经济保持韧性。推出制度创新“展示体验区”建设，形成12条制度创新案例。2020年，前海蛇口片区市场主体活跃。新增企业1.3万家，同比增长19.5%，增速自上半年后由负转正，市场主体活跃度持续回暖。实际使用外资保持稳定。实际使用外资46.3亿美元，占深圳市53.3%，占广东省19.7%，占全国3.2%，贡献与上年基本持平。自贸片区注册企业增加值增长9.4%，营收百强注册企业增长面达62.0%，企业发展韧性强。

横琴自贸片区510余项改革举措落地实施。横琴国际休闲旅游岛获批建设，粤澳跨境金融合作（珠海）示范区挂牌，外商投资股权投资企业试点落地。跨境办公、跨境通勤、跨境医保、跨境创业等创新举措深入实施，粤澳合作产业园、粤澳合作中医药科技产业园、横琴澳门青年创业谷等平台的集聚效应不断显现。横琴成为内地澳企最集中区域，累计注册澳资企业3 575家。跨境政务服务达338项。

2. 天津自贸试验区。天津自贸区向全国复制推广37项试点经验和实践案例。天津在全国率先实施“一个部门、一颗印章”审批等多项创新举措。在以“加减法”推进“放管服”改革的过程中，实现“证照分离”改革全覆盖，在48个行业实行“一企一证”综合改革，精简合并申报审批流程60.0%以上。融资租赁是天津自贸试验区的一大亮点，产业集聚效应领跑全国。在优化航空金融产业配套方面，形成“租赁+买卖”“租赁+维修”“租赁+改装”，以及未来“租赁+拆解”的飞机资产处置模式全覆盖。天津自贸试验区大力推动贸易自由便利和通关流程去繁就简，通过建成国际贸易“单一窗口”，落实百余项通关监管创新措施，通关时间比2017年压缩了50.0%，与广东南沙、上海浦东、广东前海、上海临港位列全国贸易便利化前5位。天津自贸试验区用占全市1.0%的土地，吸引了占全市5.5%的市场主体，贡献了占全市30.0%进出口额，近14.0%税收和超过40.0%实际利用外资额，成为促进全市高质量发展的重要引擎。

3. 福建自由贸易试验区。福建自贸区的总体方案和深化方案试验任务完成率超过95.0%，累计推出实施创新举措17批480项，全国首创196项，复制拓展284项，对台先行先试102项。共有34项试点经验被国务院及国务院办公厅发文在全国复制推广。6项入选全国自贸“最佳实践案例”。福建自贸试验区累计新增企业10.4万户，注册资本22 600亿元人民币，分别是挂牌前的6.7倍、10.2倍。新增外资企业4 416家，合同外资325.7亿美元，分别占全省同期的34.9%、38.4%。以不到全省1/1 000的面积，引进全省近40.0%新增外资，贡献了1/6的外贸进出口额。“丝路海运”作为中国首个以航运为主题的“一带一路”国际综合物流服务品牌和平台，开行至今已累计开通 70 条“海丝”航线，覆盖近 30 个国家 50 余个港口；累计开行超过 2 000 个航次。

（四）第三批 7 个自由贸易试验区建设开放创新特点

浙江、辽宁、河南、湖北、重庆、四川和陕西第三批 7 个自由贸易试验区建设进入第 5 年，总体方案确定的试点任务基本落实。

1. 浙江自由贸易试验区。浙江自贸区率先实现赋权扩区，跨入全国自由贸易试验区改革创新的前列。国务院发布《关于支持中国（浙江）自由贸易试验区油气全产业链开放发展的若干措施》，成为党的十九大以来国家层面首次聚焦自由贸易试验区全产业链出台的政策文件，在第三批自由贸易试验区建设中第一个获得国家赋权。之后，浙江出台《关于支持中国（浙江）自由贸易试验区油气全产业链开放发展的实施意见》。中央全面深化改革委员会第 14 次会议、中央政治局常委会会议先后审议通过《中国（浙江）自由贸易试验区扩展区域方案》。国务院批复同意浙江自贸试验区扩区并公布《中国（浙江）自由贸易试验区扩展区域方案》。

浙江制定了《中国（浙江）自由贸易试验区深化改革开放实施方案》，围绕“五大功能定位”，实施更大范围、更宽领域、更深层次对外开放，把浙江自贸试验区打造成为新时代畅通国内大循环、联通国内国际双循环的战略枢纽。到 2025 年，基本建立与“五大功能定位”和开放型经济发展程度相适应的制度体系。到 2035 年，形成大宗商品、新型国际贸易、航运物流、数字经济、先进制造业等领域成熟的制度成果，实现更高水平的贸易和投资自由化便利化，全面提升综合金融服务水平，营商环境达到国际一流，建成高水平开放、国际化发展、现代化建设的自由贸易试验区。自贸试验区实施范围共 239.5 平方公里，包括舟山（120 平方公里）、宁波（46 平方公里）、杭州（37.5 平方公里）、金义（36 平方公里）4 个片区。浙江自贸试验区与周边区域、开放平台联动发展，在全省范围内形成“自由贸易试验区+联动创新区+辐射带动区”的改革创新高质量发展新格局。

2. 辽宁自由贸易试验区。辽宁自贸区紧紧围绕放管服改革、贸易便利化、投资自由化、金融开放创新和服务国家战略等开展制度创新，创造了 113 项改革创新经验经省政府批准在全省复制推广，其中 12 项实践效果突出的创新经验经国务院批准在全国复制推广。在国家第六批 37 项改革创新经验中，辽宁省推出的“出入境人员综合服务一站式平台”“飞机行业内加工贸易保税货物便捷调拨监管模式”“进出口商品智慧申报导航服务”“多领域实施‘包容免罚’清单模式”“出版物发行业务许可与网络发行备案联办制度”等 5 项创新经验入选。

辽宁自贸办明确要求三个片区都要组建制度创新工作专门团队，充分了解企业诉求，开展制度创新工作。在辽宁省政府最新推出的 46 项改革创新经验中，“出口货物检验检疫证书‘云签发’平台”“海关‘无感稽查’模式”“谎报匿报四步稽查法”“中欧班列‘三优两并’通关模式创新”“易制毒化学品运输管理创新模式”等创新案例，得到了企业和有关部门的充分认可，具备较强的复制推广价值。

3. 河南自由贸易试验区。河南自贸区总体方案提出的 160 项改革任务已经完成 159 项，充分发挥了改革开放试验田的作用。自贸试验区以“两体系一枢纽”建设为中心，统筹国际国内、强化内捷外畅，助推全省形成空中、陆上、海上、网上四条丝绸之路“四路并举”的开放通道，推进建设服务于“一带一路”的现代国际综合交通枢纽，是中国唯一一个以交通物流为战略特色的自贸试验区。郑州—卢森堡货航在中欧防疫物资运输中发挥重要作用，郑州机场货邮吞吐量增速居全国大型机场首位。中欧班列（郑州）集结中心示范工程、洛阳和开封综合保税区等开放平台获批建设。

在政府职能改革方面，打造以“一网通办”前提下为核心的政务服务体系品牌。贸易便利化方面的改革主要集中在三个方面，一是“国际贸易单一窗口”服务模式创新；二是海关特殊监管区域整合优化措施；三是探索“一线放开、二线安全高效管住”的通关监管模式创新。河南自贸试验区累计入驻企业 9.5 万家，注册资本 11 100 亿元，郑州、开封、洛阳 3 个片区入驻企业数分别是成立前的 3.3 倍、33 倍和 3.5 倍，当前自贸试验区现阶段仍以国内资本集聚为主，未来将进一步发挥自贸试验区在国内国际双循环新发展格局的纽带作用，拓宽招商引资渠道。

4. 湖北自由贸易试验区。湖北自贸区累计发布5批199项制度创新成果，包括77条改革试点经验和122个实践案例，其中23项制度创新成果全国推广。2020年，湖北自贸区受到新冠肺炎疫情严重冲击和影响，商务部出台24条具体措施支持湖北自贸试验区发展，包括建设国家外贸转型升级基地、开展跨境电商零售进口试点，支持相关片区建设跨境电子商务综合试验区。宜昌、襄阳综合保税区获批设立。“楚贸通”“楚贸展”外贸数字化平台加快应用推广。在全国现有274条改革试点经验中，已有271条在湖北省落地实施，总体复制推广率达到98.9%。湖北已形成移植式、适应式、创新式、合并式、协作式、迭代式、优化式7大复制推广模式。

通过复制推广“依托电子口岸公共平台建设国际贸易单一窗口，推进单一窗口免费申报机制”等改革试点经验，湖北国际贸易“单一窗口”已成为中部地区应用项目最多、功能最全的省级电子口岸平台，主要业务覆盖率持续达到100%。湖北国际贸易“单一窗口”注册企业达1.4万家，累计办理通关业务超过1亿单，申报时间减少到最短5分钟，录入数据项减少2/3以上，17种原产地证书可以自助打印，40种监管证件全部实现联网核查，通关时效提升30.0%以上。

5. 重庆自由贸易试验区。重庆自贸区总体方案确定的151项改革试点任务已全部落实，适用于重庆的41项国家深化改革创新措施落实率达90.0%，复制推广适用重庆的206项国家改革试点经验和典型案例，复制推广率为94.0%。累计探索形成创新成果240余项，56项在全市范围推广，内陆物流大通道开拓、海关特殊监管区域“四自一简”等案例，已在全国推广。

重庆自贸区发挥改革开放新高地作用，获批全国第四个首次进口药品和生物制品口岸以及资本项目收入结汇支付便利化、平行汽车进口、铁路运邮等试点政策。推进“多证合一”“证照分离”改革和工程建设项目审批制度改革，探索权限下放“基层点菜”，41项市级管理权限下放到各片区，取消行政审批14项，审批改备案8项，实施告知承诺60项，优化审批服务455项。全面实施外商投资负面清单管理，外资项目备案实现“立等可取”，覆盖率达到100%。企业开办时间压缩至3个工作日内。在全国率先推出全程电子退库系统，区域内正常出口业务平均办理时限仅5.3个工作日，低于全国10个工作日的平均水平。重庆自贸试验区集聚了全市约1/5进出口企业，贡献全市约70.0%的进出口贸易总额，吸引了超全市40.0%的外商直接投资总额。

6. 四川自由贸易试验区。四川自贸区已探索形成600余项制度创新成果，11项在全国复制推广，55项在全省复制推广。在自由贸易试验区改革试点国家第六批37项改革成果中，四川自贸试验区探索形成的“增值税小规模纳税人智能辅助申报服务”“企业‘套餐式’注销服务模式”“空铁联运一单制货物运输模式”“冰鲜水产品两段准入监管模式”“分布式共享模式实现‘银政互通’”5项入选。

这些成果全部是解决经济发展痛点的创新举措。企业“套餐式”注销服务模式整合了营业执照和多种经营许可证件，并设置“套餐式”注销服务专区，凡符合条件的企业，完成20天注销公示后，一次性提交《营业执照》和许可证件原件及相关资料，即可实现市场主体整体退出。“空铁联运一单制货物运输模式”打破了铁路和航空联运壁垒，创新设计使用空铁联运一单制单证，大幅提高了物流效率。这些措施进一步激活了市场活力，自贸试验区累计新设企业超过10万家、注册资本超过11 000亿元，贡献全省近1/3的外商投资企业、1/10的进出口、1/20的新增企业。

7. 陕西自由贸易试验区。陕西自贸区165项试点任务已全面实施，在优化营商环境、提升投资贸易自由化便利化水平、深化金融领域开放创新、聚集特色优势产业、加强“一带一路”国家经济合作及人文交流、推进区域协同发展等多个方面，形成创新案例511个。其中：大型机场运行协调新机制、“全球云端”零工创客共享服务平台等21项改革创新成果被国务院或国家相关部委发文在全国复制推广，83项改革创新成果在全省复制推广。

西安区域依托区位、科教文卫等优势，按照共商、共建、共享的原则，不断健全政府对话、企业合作和民间互动，与“一带一路”沿线国家开展多层次、多领域的合作。西安与天津、青岛、宁波等沿海港口合作开行了陆海联运班列，实现与海上丝绸之路的无缝衔接。积极推进中欧国际合作产业园建设,带动博世、宝马、阿尔斯通等更多优质欧洲企业加大投资。建立哈萨克斯坦农产品原料基地、阿拉山口加工贸易集散中心,形成互为支撑、协同发展的中哈农业跨国合作体系。杨凌片区是唯一一个以推动现代农业国际合作交流为主要特色的自贸片区,先后与全球60多个国家在现代农业领域建立了合作关系,其中开展合作的“一带一路”沿线国家超过50个。陕西自贸区以全省不足1/1 700的土地面积,实现了新增企业数占全省新增企业数1/14,创造了全省7/10的进出口贸易额,吸引了全省近1/6的外商投资企业,实际利用外资占到全省的近1/2。

(五)第四批6个自由贸易试验区建设进入第2年

1. 山东自由贸易试验区。山东自贸区112项试点任务进展顺利,实施率为91.0%。探索形成60项制度创新成果,其中7项具有全国首创性。选定了首批36项创新案例在全省复制推广,其中:贸易转型升级案例11项、营商环境案例9项、海洋经济案例7项、创新驱动发展案例5项、金融创新案例4项,具有首创性、时效性、集成性三大特点。济南、青岛、烟台三个片区大力开展差异化探索,在海工装备、海洋生物种质、涉海金融服务、国际合作园区、便利化通关合作等方面先行先试、探索创新。济南片区在全国率先建立“数字保险箱”,已为万余家企业和两万多个人建立数字保险箱。青岛片区创新“进口大宗商品智慧鉴定监管模式”,将重量鉴定、抽查验证、机构日常监管、第三方采信监管等4项职能集成优化,大幅度提高海关监管效能。

2. 江苏自由贸易试验区。江苏自贸区124项改革试点任务启动实施或初见成效,任务落地率达到94.0%。下放一批省级权限,一次性赋予自贸试验区273项省级管理事项,其中:南京片区221项,苏州片区124项,连云港片区171项。三大片区持续强化制度创新,在加快政府职能转变、促进投资贸易便利化、推动实体经济创新发展等方面先行先试,探索实施全国全省首创改革举措60余项,先后总结形成了115项创新性强、成效明显、广受市场主体好评的经验做法。其中:3项在全国推广,4项在国家相关部委完成备案。首批选定20项改革试点经验和20项创新实践案例在全省开展复制推广。

3. 广西自由贸易试验区。广西自贸区在“放管服”改革、投资自由化、贸易便利化、通关便利化、金融创新、现代服务业创新发展、通道门户建设等七个方面,取得了成效。在“放管服”方面,企业对开办企业、办理施工许可、获得电力的满意度分别达到了80.4%、90.0%、86.6%。在投资自由化方面,全面落实“外资准入负面清单+外商投资信息报告”制度。自贸试验区120项试点任务完成58项,总体成效率达48.3%。其中,有24项取得显著成效,显著成效率为20.0%;有34项取得阶段性成效。形成工程建设项目分阶段审批、“边民合作社+落地加工”模式等6项全国先进或创新案例,承诺制全覆盖审批、跨境劳务金融服务等4项全区创新性案例。

4. 河北自由贸易试验区。河北自贸区是全国唯一一个跨省市的自贸试验区,形成192项各片区共性制度创新清单和一批符合各片区功能定位的个性制度创新清单,并在投资贸易便利化、金融创新、政府职能转变等方面进行先行先试。在贸易便利化方面,形成了海事静态业务“两集两同”办理新模式,首次将9类项海事静态业务的办理模式由串联审批改为并联办理,实现了同时受理、同步审核;在金融创新方面,雄安片区在全球首创“5G+场景”智慧金融服务新模式,首次实现5G切片技术在金融机构的商用;在京津冀协同发展方面,大兴机场片区廊坊区域和北京区域首创综合保税区跨境共商共建共享模式,为全国建设跨界综合保税区提供可借鉴可推广的经验。

5. 云南自由贸易试验区。云南自贸区围绕106项改革试点任务,梳理形成37项可复制推广实践案例。开启一、二级市场规范边民互市模式,实现边民互市跨境结算全流程电子化。出台16项金融改革创新制度文件,推动跨境人民币业务创新发展。在全省率先开展“货物贸易电子单证审核”业务。开立省内首单电子营业执照账户和首单自贸区外汇NRA账户结汇业务。首次在云南省开放商业保理业务。创新市场主体信用修复机制,建立“统一行政处罚公示时限”制度,实行包容审慎监管。按市场化方式设立专业化投资基金。昆明片区率先启动“全类型市场主体刻章政府买单”服务，为企业提供“线上+线下”的工商登记“证照分离”、纳税申报“套餐式”和社会保险“五险合一”服务。红河片区与辖区内多家银行开展“银税互动”合作，挂牌成立首家边境贸易服务中心，货物贸易外汇收支便利化改革试点工作率先落地。德宏片区74项行政审批事项全部实现网上受理、办理和反馈，并创新外籍人员服务管理，研发推出胞波卡，为外籍务工人员提供高效便捷服务。三个片区先后挂牌成立公共法律服务中心，为企业和群众提供仲裁、调解、国际法律培训等公共法律服务。

6. 黑龙江自由贸易试验区。黑龙江自贸区89项改革试点任务实施86项，实施率达96.6%；形成67项创新实践案例，发布首批省级十佳创新案例。三个片区全力推动互联网+政务服务，在负面清单、外资企业登记注册便利化、一网通办、容缺受理、不见面审批等方面大胆创新。哈尔滨片区对照世界银行标准引入第三方权威评估机构开展营商环境评价和优化，深度推进“一枚印章管审批”“证照分离”全覆盖、“承诺即开工”升级版等政策制度创新，“四小场所”在“以照为主、承诺代证”模式下，从受理审批到开展经营的时间从15个工作日降为“零”。黑河、绥芬河片区在政务体系建设、出入境便利化、信用体系建设等方面取得了显著成效，国际贸易“单一窗口”申报达100%。

（六）第五批3个自由贸易试验区建设起步

2020年，国务院决定在北京、湖南、安徽设立自由贸易试验区，印发了总体方案，明确了战略定位、空间布局、发展目标、主要任务和措施。

1. 北京自由贸易试验区。国家要求北京自贸试验区以制度创新为核心，以可复制可推广为基本要求，全面落实中央关于深入实施创新驱动发展、推动京津冀协同发展战略等要求，助力建设具有全球影响力的科技创新中心，加快打造服务业扩大开放先行区、数字经济试验区，着力构建京津冀协同发展的高水平对外开放平台。自贸试验区的实施范围119.7平方公里，涵盖三个片区：科技创新片区31.9平方公里，国际商务服务片区48.3平方公里（含北京天竺综合保税区5.5平方公里），高端产业片区39.5平方公里。

2. 湖南自由贸易试验区。国家要求湖南自贸试验区以制度创新为核心，以可复制可推广为基本要求，全面落实中央关于加快建设制造强国、实施中部崛起战略等要求，发挥东部沿海地区和中西部地区过渡带、长江经济带和沿海开放经济带结合部的区位优势，着力打造世界级先进制造业集群、联通长江经济带和粤港澳大湾区的国际投资贸易走廊、中非经贸深度合作先行区和内陆开放新高地。自贸试验区的实施范围119.8平方公里，涵盖三个片区：长沙片区80平方公里（含长沙黄花综合保税区2平方公里），岳阳片区19.9平方公里（含岳阳城陵矶综合保税区2.1平方公里），郴州片区19.8平方公里（含郴州综合保税区1.1平方公里）。

3. 安徽自由贸易试验区。国家要求安徽自贸试验区以制度创新为核心，以可复制可推广为基本要求，全面落实中央关于深入实施创新驱动发展、推动长三角区域一体化发展战略等要求，发挥在推进“一带一路”建设和长江经济带发展中的重要节点作用，推动科技创新和实体经济发展深度融合，加快推进科技创新策源地建设、先进制造业和战略性新兴产业集聚发展，形成内陆开放新高地。自贸试验区的实施范围119.9平方公里，涵盖三个片区：合肥片区65平方公里（含合肥经济技术开发区综合保税区1.4平方公里），芜湖片区35平方公里（含芜湖综合保税区2.2平方公里），蚌埠片区19.9平方公里。

三、中国自由贸易新特征

2020年，15个成员国签署《区域全面经济伙伴关系协定》（RCEP），达成为全球规模最大的自贸区。完成中欧投资协定谈判，成为中欧关系的重要里程碑。继续举办第三届国际进口博览会。构建高标准自贸区网络，签署中柬自贸协定，推进中日韩以及与挪威、以色列、海合会等自贸谈判，到2020年年底，中国与26个国家和地区签署了19个自贸协定，伙伴遍及亚洲、拉美、大洋洲、欧洲和非洲。

（一）《区域全面经济伙伴关系协定》（RCEP）落地

2020年11月，15个成员国历时8年最终签署

《区域全面经济伙伴关系协定》(RCEP),标志着世界上人口最多、成员结构最多元、发展潜力最大的自贸区建设取得重大突破。

RCEP 是一个全面现代、高质量和互惠的自由贸易协定。协定分 20 章包括自贸协定的基本特征、货物贸易、服务贸易、投资准入以及相应规则。协定包括电子商务、知识产权、竞争政策、政府采购、中小企业等内容。在货物贸易方面,RCEP 货物贸易的开放水平达 90. 0%以上。在投资方面,RCEP 用负面清单的方式进行投资准入谈判。互利互惠则主要体现在货物贸易、服务贸易、投资和规则领域方面都实现了利益平衡,特别是协定还纳入了经济技术合作等方面的规定,给予老挝、缅甸、柬埔寨等最不发达国家一些过渡期的安排,包括为这些成员国提供更有利的条件,让他们能够更好地融入区域经济一体化。

RCEP 是对现有的各个"10+1"自贸协定集体的升级,将会形成区域内统一的规则体系,有助于降低经营成本,减少经营的不确定风险,构建本区域内的供应链和价值链,有助于相关成员吸引区域外的投资。

(二)完成中欧投资协定谈判

2020 年 12 月,中欧领导人共同宣布如期完成中欧投资协定谈判,成为中欧关系的重要里程碑。中欧投资协定对标国际高水平经贸规则,着眼于制度型开放,是一项平衡、高水平、互利共赢的协定。

平衡体现在三个方面,一是双方做出开放承诺的同时十分注重保留必要的监管权;二是双方既注重促进双边投资合作,也强调投资需有利于可持续发展。

高水平主要体现为,双方致力于促进投资自由化便利化,达成了高水平的谈判成果。协定涉及领域远远超越传统双边投资协定,谈判成果涵盖市场准入承诺、公平竞争规则、可持续发展和争端解决四方面内容。

互利共赢主要体现为,双方达成了高水平和互惠的市场准入承诺,所有的规则也都是双向适用的,将为企业打造公平竞争的环境,惠及中欧双方企业乃至全球企业。

(三)第三届国际进口博览会成功举办

2020 年 11 月,第三届进博会开幕式暨虹桥国际经济论坛主论坛在上海举行,习近平主席发表主旨演讲,体现了中国继续扩大开放的信心与决心,彰显了中国愿同国际社会一道建设开放型世界经济、构建人类命运共同体的责任担当。虹桥国际经济论坛五场分论坛同步举行,60 余位嘉宾围绕"营商环境""人工智能""WTO 改革""电子商务"及"70 年中国发展与人类命运共同体"等五大议题开展深入交流讨论。本届论坛共有 4 500 多位全球政商学研各界嘉宾参加,发出了响亮的"虹桥声音",成为共同维护自由贸易和多边主义的重要舞台。

(撰稿:王海峰)

2020 年产业布局与结构调整情况综述

国家工业信息安全发展研究中心工业经济所

2020 年,面对严峻复杂的国际形势、艰巨繁重的改革发展稳定任务特别是新冠肺炎疫情的严重冲击,以习近平同志为核心的党中央统揽全局,精准研判,有力应对疫情防控,做出统筹疫情防控和经济社会发展的重大决策部署,扎实做好"六稳""六保",保障国内大局总体稳定。中国经济运行逐季改善、逐步恢复常态,三次产业稳步增长,重点领域去产能持续推进,企业兼并重组政策取得突破,区域经济展现强大韧性,产业布局优化和结构升级迈出坚实有力步伐。

一、一、二、三产业实现稳步增长,产业结构进一步优化

2020 年,受新冠肺炎疫情影响,全球经济遭受严

重冲击。中国迅速控制住疫情,推动企业复工复产,经济发展率先复苏,并成为全球唯一实现正增长的主要经济体,产业发展和结构调整取得新进展。

(一)三次产业均实现增长

根据《2020年国民经济和社会发展统计公报》,2020年全年国内生产总值1 015 986亿元,比上年增长2.3%。其中:第一产业增加值77 754亿元,同比增长3.0%;第二产业增加值384 255亿元,同比增长2.6%;第三产业增加值553 977亿元,同比增长2.1%。第一产业增加值占国内生产总值比重为7.7%,比上年提高8.5个百分点;第二产业增加值比重为37.8%,比上年降低3.1个百分点;第三产业增加值比重为54.5%,比上年提高1.1个百分点,高于第二产业16.7个百分点。2020年全年国民总收入1 009 151亿元,比上年增长1.9%。全国万元国内生产总值能耗比上年下降0.1%。全员劳动生产率为117 746元/人,比上年提高2.5%。

(二)新产业新业态新模式逆势成长

数字技术与制造业加速融合,新动能快速成长,推动产业结构进一步优化升级。2020年,高技术制造业增加值比上年增长7.1%,占规模以上工业增加值的比重为15.1%;装备制造业增加值增长6.6%,占规模以上工业增加值的比重为33.7%;规模以上战略性新兴服务业企业营业收入比上年增长8.3%,网上零售额117 601亿元,按可比口径计算同比增长10.9%;全年高技术产业投资比上年增长10.6%;新能源汽车产量145.6万辆、同比增长17.3%,集成电路产量2 614.7亿块、同比增长29.6%。

(三)高端装备取得一系列成就

北斗三号最后一颗组网卫星升空成功,历时10年完成全面组网部署。中国首次火星探测任务"天问一号"探测器发射升空,将一次实现"环绕、着陆、巡视"目标。中国自主研发的水陆两栖飞机"鲲龙"AG600首飞成功,标志着自研大飞机领域重大突破。"华龙一号"全球首堆——中核福清核电5号机组首次并网成功,创造了全球第三代核电首堆建设的最佳业绩,标志着中国打破了国外核电技术垄断,正式进入核电技术先进国家行列。3GPP系标准成为唯一被国际电信联盟认可的5G标准,华为是该标准的重要参与者,打破欧美垄断;截至2020年年底,中国已建成开通超过71.8万个5G基站,全面领先于其他国家。中国环流器二号M装置(HL-2M)在成都建成并实现首次放电,标志着自主掌握了大型先进托卡马克装置的设计、建造、运行技术,为中国核聚变堆的自主设计与建造打下坚实基础。中国量子计算原型机"九章"问世,攻克了高品质光子源、高精度锁相、规模化干涉三大技术难题,使中国成为全球第二个实现"量子优越性"的国家。

二、重点领域持续去产能,"十三五"目标全面完成

进入"十三五"收官之年,在总量性去产能任务提前完成的基础上,中国持续推进重点领域系统性去产能、结构性优产能,推动"十三五"任务全面完成,为产业结构调整取得实效奠定良好基础。

(一)主管部门细化重点领域年度任务要求

国家发改委、工业和信息化部等6部门联合印发《关于做好2020年重点领域化解过剩产能工作的通知》,要求尚未完成"十三五"去产能目标的地区和中央企业确保去产能任务在2020年年底前完成,进一步明确了2020年钢铁、煤炭、煤电领域化解过剩产能工作要点。钢铁领域,依法依规关停退出落后冶炼产能,严格按照《产业结构调整指导目录(2019年本)》及国家取缔"地条钢"有关要求,于2020年12月31日前全面取缔违规使用中(工)频炉生产不锈钢、工模具钢的现象,严防"地条钢"死灰复燃和已化解过剩产能复产。煤炭领域,分类处置30万吨/年以下煤矿,认真执行《30万吨/年以下煤矿分类处置工作方案》,按照严格执法关闭一批、实施产能置换退出一批、升级改造提升一批的要求,加快退出低效无效产能。煤电领域,淘汰关停不达标的落后煤电机组(含燃煤自备机组),严控煤电新增产能规模,2020年年底全国煤电装机规模控制在11亿千瓦以内。国家能源局向各地下达2020年任务,计划淘汰煤电产能733.4万千瓦。

（二）去产能工作取得积极成效

截至2020年年底，全国提前两年完成压减粗钢产能1.5亿吨目标，彻底出清危害行业多年的"地条钢"1.4亿吨以上，累计退出"僵尸企业"粗钢产能6 474万吨，使落后产能应退尽退，产能利用率恢复至合理水平；累计退出煤矿5 500处左右、退出落后煤炭产能10亿吨/年以上，安置职工100万人左右，超额完成化解过剩产能目标，2017—2020年全国煤炭消费比重由60.4%降至57.0%左右；累计关停水泥产能3亿吨，平板玻璃1.5亿重量箱，淘汰治理无望的小型燃煤锅炉约10万台，重点区域35蒸吨/小时以下燃煤锅炉基本清零，淘汰关停落后煤电机组2 000万千瓦以上。

（三）重点省份去产能任务落实扎实有力

湖北省2020年引导8家钢铁企业整体关停退出，压减粗钢产能780万吨。河北省提出2020年压减粗钢产能1 400万吨，"十三五"期间，累计实现压减退出粗钢产能8 212.4万吨，是国家下达任务的1.7倍；化解水泥、平板玻璃、焦化过剩产能1 194.9万吨、4 999万重量箱、3 144.4万吨，超额完成任务。山东省累计压减粗钢产能2 110万吨、生铁970万吨、焦化2 800万吨，关闭退出煤炭产能3 767万吨、电解铝违规产能321万吨。山西省累计退出煤炭过剩产能15 700万吨，煤炭先进产能占比达到68.0%，关停煤电机组425.6万千瓦。河南省2020年化解煤炭过剩产能486万吨，关停落后煤电机组210万千瓦，"十三五"期间，累计化解煤炭过剩产能6 820万吨，淘汰落后煤电机组近600万千瓦、占全国同期总量的1/5。江苏2020年关停淘汰落后煤电机组120.5万千瓦，超额完成年度任务，"十三五"期间累计淘汰关停落后煤电机组4 119 250千瓦。

三、再融资新规陆续出台，疫情主导下并购规模下滑

2020年，中国围绕上市公司再融资陆续发布新政策，促进资本市场稳定健康发展，支持上市公司做优做强。但政策利好短期内难以完全抵消疫情冲击等因素影响，全年中国企业并购重组交易总体呈下滑态势。

（一）并购重组重大政策陆续颁布

2月，证监会陆续发布上市公司证券发行管理办法等再融资新规和并购重组配套融资与再融资新规衔接政策，优化非公开发行制度安排，支持上市公司募集配套资金恢复生产经营。3月以来，证监会集中修改发布部分证券期货规章、规范性文件，对上市公司、非上市公众公司的收购管理办法、重大资产重组管理办法等进行修改，提高证券监管透明度和法治化水平。10月，国务院发布《关于进一步提高上市公司质量的意见》，进一步规范上市公司经营和治理，解决上市公司突出问题，明确提出要促进市场化并购重组，推动上市公司做优做强。

（二）中企并购案例数量规模双下降。中企并购市场整体呈现下滑态势

根据投中研究院数据，2020年共计完成3 331笔并购交易，同比下降1.16%；披露金额的有2 335笔，交易总金额为2 404.7亿美元，同比下降21.8%。完成并购的案例主要集中在能源及矿业、制造业等领域。其中：能源及矿业共完成交易额154.2亿美元，占比近35.0%；制造业共完成交易额93.3亿美元；汽车、金融、公用事业、消费升级领域分别完成交易额63.3亿美元、54.9亿美元、37.8亿美元、36.1亿美元。上市公司并购力度有所降低。Wind数据显示，2020年，A股上市公司发起重大并购重组226起、当年已完成125起、完成非资产出售并购重组89起，分别较上年减少22起、32起、35起；按已披露金额计算，已完成的并购重组交易总额为5 269.9亿元，较上年下降31.5%。大额并购数量较上年缩减。2020年，超10亿美元规模完成并购交易33笔，较上年减少7笔。超1亿美元完成并购案例368笔，较上年减少58笔。

（三）"走出去"合作步伐放缓

投中研究院数据显示，2020年，中企跨境并购案例155笔，其中：出境并购119笔，同比下降34.3%，披露交易金额显著降低，从上年的378.6亿美元降低到239.6亿美元，下降36.7%。并购交易主要集

中在能源及矿业、文化传媒、公用事业、医疗健康、建筑建材、制造业等行业。代表性并购案例包括:能源及矿业领域,华润资本与KKR集团为主的投资财团收购英国领先垃圾处理公司Viridor,交易金额为52.7亿美元;文化传媒领域,腾讯控股牵头、腾讯音乐娱乐集团等参与的财团收购美国环球音乐集团10.0%股权,交易金额33.1亿美元;公用事业领域,国家电网收购西班牙能源集团持有的智利第一大配电和第二大输电企业CGE公司96.0%股权,交易金额为30.3亿美元;医疗健康领域,上海莱士以跨境换股方式收购西班牙基立福全资子公司GDS血液检测公司,交易金额为19亿美元,成为首例民营上市公司跨境换股并购交易。

四、区域经济展现强大韧性,区域协同发展稳步推进

面对新冠肺炎疫情冲击,中国区域经济韧性凸显,区域重大战略持续推进,区域产业集群化发展趋势进一步强化,区域协调发展取得积极进展。

(一)四大区域板块发展韧性强

东部地区2020年实现生产总值525 700亿元,占全国比重51.8%。外向型经济稳住了外贸基本盘,利用外资规模逆势增长,广东、江苏、上海、浙江实际利用外资分别增长6.5%、8.6%、6.2%、16.4%。中部地区受疫情影响较为突出,生产总值占全国比重下降0.3个百分点,河南、湖北、内蒙古增速低于全国平均水平。承接长三角等东部地区产业转移继续推进。2020年,沪苏浙在安徽投资增长16.7%,占安徽全省比重53.1%,同比提升1.9个百分点。西部地区生产总值同比增长3.3%,增速居首。西部大开发和对外开放深入推进,中欧班列全年开行12 400列,同比增长50.0%;开行西部陆海新通道班列3 600列,同比增长73.0%。东北地区在维护国家国防安全、粮食安全、生态安全、能源安全、产业安全的地位进一步凸显。

(二)区域重大战略落实取得新成就

1. 京津冀协同发展取得明显成效。2020年,北京疏解一般制造企业113家、累计达2 872家,疏解提升市场和物流中心58个、累计达811个。天津引进北京企业投资项目676个,到位资金1 262.3亿元,占全市国内招商引资到位额43.1%。河北累计承接京津转入单位3 377个。长江经济带成为绿色发展主战场。上海崇明、湖北武汉、重庆广阳岛、江西九江、湖南岳阳结合资源禀赋探索绿色发展新路子,浙江丽水、江西抚州深入推进生态产品价值实现机制试点。粤港澳大湾区建设取得阶段性成效。港澳现代服务业与珠三角先进制造业互促共进,产业竞争力不断增强。广深港、广珠澳科技创新走廊建设加快推进,一批重大科技成果实现转化应用。长三角一体化发展形成新格局。三省一市通过签署《共同创建长三角国家技术创新中心的框架协议》、市场监管科技一体化发展等"7+1"合作协议等,加强政策协同衔接,推动一体化发展。黄河流域生态保护和高质量发展上升为国家战略。10月,中共中央、国务院印发《黄河流域生态保护和高质量发展规划纲要》,开创黄河流域生态保护和高质量发展新局面。

2. 先进制造业集群培育取得积极进展。集群竞赛持续开展。工业和信息化部围绕新一代信息技术等重点领域启动第二批先进制造业集群竞赛初赛,除东部省份外,安徽、湖南、陕西、吉林等地积极参与,全国共有135家集群参加了2019年、2020年两批初赛,44家集群胜出。一批高水平集群涌现。浙江杭州数字安防集群依托北大信息技术高等研究院联合组建智慧视频安防制造业创新中心和智慧视频技术产业联盟,联合龙头企业设立10亿元规模的产业投资基金支持专用芯片、人工智能算法等核心技术研发,集群协同创新取得明显成效。湖北武汉节能与新能源智能网联汽车集群组织核心零部件企业协同开发电池、电机、电控、电动附件和域控制器等零部件模块,强化从研发到制造的紧密协作,打造紧密协作的产业链。

(三)"一带一路"国际合作取得丰硕成果

商务部数据显示,2020年,中国与"一带一路"沿线国家货物贸易总额达13 500亿美元,占总体货物贸易总额的29.1%;与"一带一路"沿线国家完成服务进出口额844.7亿美元,中国国际进口博览会、中国进出口商品交易会、中国国际服务贸易交易会

等平台活动有序开展；在全球对外直接投资同比缩水35.0%的背景下，中国境内投资者在“一带一路”沿线58个国家直接投资占同期总额的14.0%，较上年提升0.3个百分点，促进了相关国家疫情后经济的恢复。

（撰稿：陈　健　冯　媛）

2020年大企业发展综述

中国企业联合会　中国企业家协会　课题组

2020年9月，中国企业联合会、中国企业家协会参照国际通行做法，连续第19年发布中国企业500强，连续第16年发布中国制造业企业500强和中国服务业企业500强，并在此基础上连续第10年发布中国跨国公司100大，连续第2年发布战略性新兴产业领军企业100强。“三个500强”榜单涵盖了中国不同产业、不同地区共计1 081家大企业，是一个包含了97 500家子公司、36 100家分公司、参股26 400家企业的庞大企业生态群体。

2019年，世界经济增长低迷，国际经贸摩擦加剧，中国坚持稳中求进，经济运行总体平稳，发展质量稳步提升，主要预期目标较好实现，为全面建成小康社会打下了坚实基础。全年实现国内生产总值991 000亿元，即将迈过百万亿元门槛。按平均汇率折算，经济总量达到144 000亿美元，人均GDP首次突破1万美元。但发展中面临的困难挑战增多，经济下行压力加大，国内生产总值6.1%的增速为近年新低。中国大企业认真贯彻新发展理念，积极应对风险挑战，主动推动转型升级，保持了稳健发展态势，在世界大企业中的地位进一步提升，入围世界500强企业数量达到新的高度。但与国际领先企业相比，在产业分布、发展质量、创新能力上仍有较大差距。2020年以来，新冠肺炎疫情突袭，给世界各国带来重大冲击，国际贸易投资萎缩，产业链供应链循环受阻，全球经济陷入20世纪30年代以来最为严重的衰退，中国发展面临的风险和挑战急剧增加。当前和今后一个时期，中国大企业要清醒地认识到，压力前所未有，挑战长期存在，要正视差距与困难，保持战略定力，学会在一个更加不确定的世界中谋求发展，努力培育参与国际竞争与合作的新优势，在新的发展阶段，在构建新的发展格局中发挥更大作用，实现更好发展。

一、2020中国大企业发展的趋势与特征

2020中国企业500强继续保持较好发展态势。营业收入保持中高速增长，资产规模中低速扩张；净利润总体保持增长，亏损面均不同程度收窄，利润率指标有升有降；千亿级企业首次突破200家，研发投入首次超过10 000亿元，研发强度达到历史高位；实体经济降负债持续推进，并购重组保持活跃，产业结构持续优化，战略性新兴产业较快发展，新动能加快培育，专利质量不断改善，产业发展话语权继续提升；世界级企业大幅增加，国际地位进一步提高，国际化经营深入推进，100大跨国公司平均跨国指数创下历史新高。

（一）营业收入中高速增长，资产规模中低速扩张

1. 营业收入中高速增长，入围门槛持续提高。三个500强营业收入增速均有所回落。2020中国企业500强营业收入总额为860 200亿元，较上年（指2019中国企业500强，下同）增长了8.8%，增速回落2.4个百分点。中国服务业企业500强营业收入增速高于制造业企业500强。2020中国制造业企业500强营业收入总额为374 200亿元，增长7.2%，增速下滑2.5个百分点。2020中国服务业企业500强营业收入总额413 300亿元，增长9.9%，增速下降1.5个百分点。

三个500强的入围门槛均有明显提高。2020中

国企业500强的入围门槛为359.6亿元,较上年提高36.4亿元。2020中国制造业企业500强入围门槛为100.7亿元,较上年提高12.2亿元。2020中国服务业企业500强入围门槛为54.8亿元,较上年提高5.2亿元。

2.资产规模中低速扩张,降负债持续推进。三个500强资产规模保持中低速增长态势。中国企业500强和服务业企业500强资产增速回落,制造业企业500强资产总额增速有所提升。2020中国企业500强资产总额为3 123 500亿元,较上年增长4.4%,增速回落4.7个百分点。39家具有高负债经营特征的银行、保险、多元化金融企业的资产合计达到1 925 900亿元,占全部500强资产的61.7%,较上年下降2.7个百分点。2020中国制造业企业500强资产总额为391 900亿元,较上年增长7.5%,增速提高0.6个百分点。2020中国服务业企业500强资产总额为2 681 600亿元,较上年增长3.7%,增速下降3.2个百分点。

中国企业500强非银企业、服务业企业500强资产负债率下降,但制造业企业100强资产负债率有所回升。2020中国企业500强平均资产负债率为83.9%,自身同比下降0.5个百分点,比上年500强降低0.8个百分点;其中:非银企业的平均资产负债率为71.5%,自身同比下降0.3个百分点,比上年500强非银企业降低1.1个百分点。2020中国企业500强中国有非银企业的资产负债率为72.7%,民营非银企业的资产负债率为73.6%。2020中国制造业企业500强平均资产负债率为65.4%,较上年提高2.7个百分点。2020中国服务业企业500强平均资产负债率为88.0%,较上年降低0.4个百分点。

(二)亏损面均有所收窄,实体企业绩效趋于好转

1. 净利润增速各异,亏损面均有所收窄。中国企业500强、服务业企业500强净利润较快增长,制造业企业500强净利润负增长。2020中国企业500强实现净利润(指归属母公司所有者净利润,下同)38 924.1亿元,较上年增长10.2%,增速小幅回落0.1个百分点。2020中国制造业企业500强实现净利润9 751.2亿元,较上年500强下降0.2%,增速大幅下滑19.6个百分点。2020中国服务业企业500强实现净利润29 970.8亿元,增长11.7%,增速提升8.3个百分点。

三个500强亏损面均收窄,亏损额有减有增。2020中国企业500强中,亏损企业有27家,亏损面为5.4%,亏损面收窄。27家企业合计亏损243.2亿元,亏损额较上年明显减少,企业平均亏损额从18亿元大幅下降至9亿元。2020中国制造业企业500强有28家企业亏损,较上年减少6家;28家企业合计亏损661.2亿元,较上年增亏286.8亿元。2020中国服务业企业500强有19家企业亏损,较上年减少4家,亏损额55.3亿元,较上年减少293.6亿元。

2.净资产利润率不同程度下降,实体企业与银行盈利差距持续缩小。净资产利润率均下降,收入利润率有升有降。2020中国企业500强净资产利润率为9.5%,比上年500强下降0.1个百分点;收入利润率为4.5%,比上年500强小幅提高0.1个百分点。2020中国制造业企业500强净资产利润率为2.5%,较上年下降8.0个百分点;收入利润率为2.6%,比上年下降0.2个百分点。2020中国服务业企业500强净资产利润率为9.8%,较上年下降0.1个百分点;收入利润率为7.3%,较上年下降0.1个百分点。

非银企业与银行盈利差距进一步缩小。2020中国企业500强中39家金融企业实现营业收入、净利润为125 800亿元、18 100亿元,分别占全部企业的14.6%、46.5%。其中:18家银行的净利润为14 400亿元,占全部企业的36.9%,银行在中国企业500强净利润中的占比持续回落。2020中国企业500强中非银行企业的净资产利润率为8.7%,提高了0.4个百分点;银行净资产利润率为11.3%,降低了1.1个百分点;一升一降,非银行企业与银行净资产利润率差距进一步缩小。

(三)千亿级企业突破200家,战新业务较快发展

1. 千亿级企业继续增加,兼并重组保持活跃。2020中国企业500强中营业收入规模在1 000亿元以上的企业数量为217家,比上年的194家增加了24家,增加企业数量再创新高。在千亿俱乐部中,还有8家营业收入超过万亿元的超大型企业集团;中

国石化、中国石油和国家电网的营业收入都在25 000亿元以上；其中建设银行、农业银行成为万亿级企业的新成员。这217家千亿级企业共实现营业收入697 800亿元，占全部企业的81.1%，占比提高了3.6个百分点。其中：国有企业150家，比上年增加13家；民营企业67家，比上年增加10家。

2020中国企业500强中共有167家企业报告了2019年并购重组数据，报告企业数比上年减少了15家；合计报告并购重组次数1 072次，比上年增加了72次，并购重组次数连续第2年增加。有并购重组活动企业的平均并购重组次数从上年的5.5次增至6.4次。所有制方面，国有企业积极参与并购重组，104家国有企业完成了567次并购重组；但从企业平均并购次数看，国有企业为5.5次，远低于民营企业的8.1次。行业方面，66家服务业企业共完成了699次并购重组，远多于74家制造业企业的275次和27家其他行业企业的98次。

2. 战新业务实现更快发展，产业结构持续优化。战新业务规模实现更快扩张，但盈利水平低于中国企业500强。2020中国战新领军企业100强共实现战新业务收入67 100亿元，与上年100强相比增长9.8%，占100家企业全部营业收入的比重为29.2%；战新资产总额突破100 000亿元，比上年100强增长26.6%；实现战新业务利润3 901.7亿元，比上年100强增长9.4%，占100家企业利润总额的34.6%。尽管战新业务的利润总额增速慢于中国企业500强，但营业收入与资产总额增速均明显快于中国企业500强。

中国企业500强产业结构持续调整升级。传统产业入围数量持续减少，2020中国企业500强中黑色冶金企业减少了7家；相反，现代服务业与先进制造业入围数量不断增加，现代金融企业增加了1家，多元化投资企业增加了1家，先进制造业企业增加了6家。48家新进企业中，服务业企业23家，比制造业企业多2家。

（四）研发投入首破万亿元，专利质量持续提高

1. 研发投入首次突破万亿元，研发强度达到历史最高。研发投入首次突破万亿元。2020中国企业500强有431家企业提供了研发数据，比上年增加了5家；合计投入研发费用10 754.1亿元，同比大幅增长了17.0%，与上年500强相比增加了10.1%，2020中国企业500强研发投入已经占2019年全国企业R&D经费16 921.8亿元的63.6%。企业研发投入意愿有所增强，绝大多数企业的研发投入持续增长。

2020中国企业500强平均研发强度为1.6%，比上年500强提高了0.01个百分点，达到历史最好水平。从长期趋势看，自2010中国企业500强以来，企业平均研发强度呈现出先降后升态势。通信设备制造业在研发强度、人均研发费用、平均研发费用的行业排名中，都高居首位。广东在区域研发强度排名中继续保持领先。

2. 专利质量持续提高，积极参与国际标准制定。专利和发明专利拥有量、发明专利占比持续提升。2020中国企业500强中有396家企业提供了专利数据，与上年持平；共拥有专利123.9万件，较上年增长11.9%，增速较上年下降4.1个百分点；共拥有发明专利48.4万件，比上年500强增长了19.4%。华为继续在专利数量、发明专利数量方面保持领先地位。专利总量中，发明专利占比为39.1%，较上年提高了2.5个百分点，发明专利占比已经连续7年提高，专利质量稳步提升。

积极参与国际标准制定。2020中国企业500强共有332家企业申报了企业参与标准制定情况，多年来共参与63 573项标准制定；其中参与国内标准制定55 182项，参与国际标准制定7 571项。从行业看，通信设备制造业明显处于领先地位，表现出较为突出的产业发展国际影响力；通信设备制造业合计参与了5 354项国际标准制定，远高于排名第2位的电信服务业的1 128项。家用电器制造业是参与国际标准制定数量排行前五的唯一传统制造业，合计参与了125项国际标准制定。轨道交通设备及零部件制造业为115项，半导体、集成电路及面板制造业为101项，分别位于行业第4位、第5位。中兴通讯、中国移动、海尔集团、中国中车、北京电子分别居于前述5个行业榜首。

（五）世界级企业不断涌现，国际化水平有所提升

1. 中国企业在世界500强中数量优势更加稳

固。上榜中国企业数量超过美国,但营业收入占比低于美国。2020世界500强中的中国企业数量再创新高,上榜数量连续14年增加,从上年的129家增至133家,中国企业上榜数量连续第2年超过了美国(121家)。中国133家上榜企业中,内地企业为121家,比上年增加5家,与美国并驾齐驱;中国香港地区3家,中国台湾地区9家。2020世界500强中,中国内地企业和美国企业营业收入分别占全部500强企业的23.9%和29.5%;与上年相比,中国企业的营业收入占比微降0.04个百分点,而美国企业则提升了0.7个百分点。

中美两国企业已经超过世界500强的50.0%,合计数量为254家,遥遥领先于其他经济体。日本上榜企业为53家,增加1家;德国有27家企业上榜,比上年减少2家;法国有31家企业上榜,与上年持平;英国有21家企业上榜,比上年增加5家,是除中国外企业数量增加最多的国家。

2020世界500强有26家企业首次上榜或重新上榜,其中:8家中国企业再次或首次上榜,新进企业数量比上年减少5家。中国已经连续多年成为世界500强新进企业最重要的培育摇篮。中国新进企业为上海建工、深圳投资控股、盛虹控股、山东钢铁、上海医药、广西投资、中国核工业和中煤能源;其中:4家为能源化工类企业,2家投资类企业,1家医药企业,1家建筑施工类企业。

2. 中国企业在世界500强中排名整体持续提升。上榜中国企业排名整体上升。中国石化、国家电网、中国石油分列2020世界500强榜单的第2位、第3位、第4位。有25家中国企业进入前100强(内地企业24家),比上年增加1家;其中有13家中国企业进入前50强(内地企业12家),比上年增加2家。133家上榜中国企业中,除8家新入围企业外,排名变化值的平均值为6.3个名次。有67家中国企业排名上升,平均上升了24.4个名次,其中62家内地企业排名平均上升了21.3个名次;有55家中国企业排名下降,平均下降15.5个名次,其中48家内地企业排名平均下降15.8个名次。上榜中国内地企业中排名上升的企业明显多于排名下降的企业,且平均上升名次远大于平均下降名次。

部分领域企业国际地位突出。2020世界企业500强中国内地企业涉及29个行业。在这29个行业中,中国企业有32家进入行业前三。尤其是在商业银行、金属产品、工程与建筑、房地产4个行业,中国企业囊括了行业前三;炼油行业的前两位也都是中国企业。民营企业再获新进展。2020世界企业500强中,来自内地的民营企业有24家;其中4家民营企业进入世界500强前100强,比上年增加1家;平安保险排名世界500强第21位,上升了8位;华为由第61位上升到第49位,太平洋建设集团由第97位提升至第75位;正威国际由第119位跃升至第91位。

3. 国际化经营稳步推进。跨国指数逆势连升。2020中国跨国公司100大的平均跨国指数为16.1%,较上年提高0.1个百分点,连续6年提高;而同期世界跨国公司100大的跨国指数为55.8%,比上年下降2.3个百分点,受逆全球化影响连续两年下降。100家企业的海外资产占比、海外营业收入占比、海外员工占比分别为16.8%、21.3%、10.2%,海外资产占比、海外员工占比分别下降0.2个百分点、0.5个百分点,海外营业收入占比提高1.1个百分点。2020中国跨国公司100大入围门槛为120.2亿元,较上年增长22.0%。

国际化布局持续优化。中国已经是全球第二大对外投资国,2019年中国共对全球166个国家和地区的5 791家境外企业开展了非金融类直接投资,对外直接投资金额为1 106亿美元。截至2019年年底,中国超27 500家境内投资者在全球188个国家(地区)设立对外直接投资企业4.4万家,全球80.0%以上国家(地区)都有中国的投资,境外直接投资存量22 000亿美元,年底境外企业资产总额72 000亿美元。对外直接投资结构持续优化,主要流向租赁和商务服务业、制造业、批发和零售业,房地产业、体育和娱乐业非理性投资得到遏制。跨国并购重点行业正从传统制造业和资源型行业向高技术水平和高附加值的新兴产业转变。截至2019年12月,中国已与167个国家和国际组织签署199份共建"一带一路"合作文件,与44个国家建立了双边投资合作工作组。

二、当前中国大企业持续发展面临的主要挑战

(一)全球疫情持续蔓延加大了中国经济向好发展的外部压力

新冠肺炎疫情的突袭,成为2020年全球经济最大的黑天鹅事件。这也是中华人民共和国成立以来遭遇的传播速度最快、感染范围最广、防控难度最大的一次重大突发公共卫生事件,对中国经济社会发展的冲击前所未有。在党中央、国务院坚强领导下,中国采取果断举措阻断了疫情传播链,率先实现对疫情的有效控制,企业复工复产稳步推进。但在全球范围内,很多国家与地区的新冠肺炎疫情仍在继续,甚至有进一步蔓延的态势。有专家判断,全球新冠肺炎第一波疫情的高峰期还没到来,而且可能还要做好应对年内爆发第二波疫情的准备。世界卫生组织指出,新冠肺炎疫情导致了史上最严重的全球卫生紧急状态。

新冠肺炎疫情对经济的不利冲击,是多方位的、深层次的。首先,为切断疫情的传播蔓延,最有效的方式就是阻断潜在风险人员的流动,或是要求保持安全社交距离,这一措施的实施,必然会对企业生产运营产生直接冲击;越是疫情严重的地区,对经济活动的不利影响也就越大。其次,在疫情的全面冲击下,消费显著萎缩。一方面,经济活动的减少,将在事实上削弱人们的消费能力;另一方面,居家防疫措施的实施,也无疑会直接减少居民消费,尤其是会减少服务消费。最后,还会对国际经济活动产生重大影响。一方面,为阻断疫情的国际传播,国际贸易、商务活动与人员往来会减少;另一方面,消费水平的下降,也会导致对进口产品需求的减少。也就是说,一国或地区的疫情爆发,不仅会对当地经济活动产生重大不利影响,还将通过国际贸易的传导,对国际产业链上下游经济体的生产运营产生明显影响;而且越是外向型经济,这种不利影响可能越大。

国际机构认为疫情将带来全球经济的衰退,在主要经济体中唯有中国能实现全年GDP的正增长。世界银行最新一期《全球经济展望》报告预测,2020年全球经济将在新冠肺炎的冲击下衰退5.2%,是全球150年来最为严重的四次衰退之一;其中发达经济体经济将收缩7.0%,新兴市场和发展中经济体经济将下滑2.5%。世界贸易组织预计,2020年因新冠病毒大流行病的影响,世界贸易往来将下降13.0%,最坏的情况下甚至可能下降32.0%。但与此同时,国际机构普遍看好中国经济增长前景。世界银行预测,由于新冠肺炎疫情得到较好控制,2020年中国经济将增长1.6%。国际货币基金组织预测中国经济将增长1.0%。英国《经济学人》预测,中国将是2020年唯一实现增长的大型经济体。

中国经济已经在1—8月展现了复苏向好的积极迹象。1—8月,全国规模以上工业增加值同比增长0.4%,增速实现由负转正;货物出口总额同比增长0.8%,增速同样首次由负转正。8月社会消费品零售总额同比增长0.5%,增速年内首次由负转正。但在肯定经济实现抗疫增长成绩的同时,也要高度重视国际新冠肺炎疫情持续蔓延给中国经济持续向好发展可能带来的不利影响。一方面,疫情重灾区经济活动的萎缩,必然对中国外向型企业产生重大直接冲击,进而影响到中国企业在国内生产经营活动的顺利开展;另一方面,疫情让许多发达国家的企业估值下降,为防止外国"趁机收购国家关键资产和技术",美国、澳大利亚、西班牙、印度及欧盟等国家与地区密集出台投资规定,限制外国投资,这也将直接对中国企业进行国际化布局、掌控国际资源产生显著不利影响,这相应会影响国际国内两大循环的畅通。

(二)中美摩擦加剧,推升了企业复苏发展的不确定性

特朗普政府针对中国的政策调整,升级了中美关系的紧张程度。前几年的经贸摩擦问题在艰难的谈判之中好不容易取得一些积极进展,但第一阶段经贸协议尚未有效落实,新冠肺炎疫情和美国总统换届大选的到来,又一次将中美关系推上了美国舆论和政党之争的风口浪尖。对当前的美国政府和参选政党来说,攻击和抹黑中国,成为赢得选票、转移民众关注的共同策略。在此导向下,特朗普与美国政府自年初以来,一直在持续出台对中国进行严格压制的政策举措。这些施压举措,既有经济贸易领

域的，也有外交与军事领域的。美国白宫发布的《美国对中国战略方针》，将成为中美关系螺旋式下降的关键推手。总体上看，美国各政党都已经是走到了“逢中必反”的新阶段。在此前的中美经贸摩擦中，中美经贸脱钩还只是潜在可能的最坏结果，但目前看来，中美全面脱钩可能都已经成为美国政府的决策选项之一。至少有以下几件事，值得高度关注。尽管这些极端事件并不见得一定会真的发生，但提前有所预防，总比毫无准备要好。

一是美国单独或裹挟西方国家对中国实施全面技术压制。美国对中国的技术压制，已经逐步走向常态化了，有越来越多的中国企业，被美国列入了“实体清单”。据统计，被列入“实体清单”的中国企业已经超过300家。这些企业都是技术领先的企业，代表着中国技术进步的方向，也代表着中国企业的未来。随着英国日前将华为排除在本国5G领域之外，意味着可能会有更多西方国家被迫追随美国对中国实施技术压制。这种联合压制态势一旦形成，将对中国企业构成极大压力。

二是滥用美元霸权，将部分中国企业，极端情况下将所有中国企业排除在SWIFT系统之外。目前，SWIFT已经不再只是传统跨境支付服务系统，也是美国政府搜集相关信息的重要来源，以及对其他国家实施制裁的重要工具。不少国家都曾被美国利用SWIFT实施过制裁，经济、金融活动就受到了显著影响。如果中美冲突继续升级，美国政府可能会考虑将中国与SWIFT系统脱钩的可能选项。

三是单独或联合其他国家，试图将中国企业排除出全球产业链供应链。2019年以来，美国一方面在游说美资企业撤离中国，而且后续日本跟进采取了类似举措；另一方面在恶意毒化国际经济合作环境，污蔑中国资本与企业正在进行一场“经济闪电战”“进行全球经济侵略”“要打劫美国”，无理指责中国产品影响“国家安全”，无端散布“中国在全球进行信息监视与审查”的谣言，并采取了一些排挤中国企业的不公平措施。近期，更是有一些西方政客大肆鼓吹全球“去中国化”，甚至声称要给搬离中国的企业提供“搬家费”。显然，他们的目的就是试图将中国企业排除在全球产业链供应链之外。

（三）货币宽松与需求不足对政策引导提出新要求

早在2019年，许多国家就已经开启了新一轮货币宽松政策。2020年以来，为应对新冠肺炎疫情对经济增长的不利影响，加快实现经济重启与复苏，各国进一步采取了降息等释放更多流动性的货币政策。中国企业的快速复苏振兴，同样也得益于中央银行宽松货币政策的支持。据央行统计数据显示，2020年上半年，社会融资规模增量累计为208 300亿元，比上年同期多增62 200亿元。截至6月底，金融机构人民币各项贷款余额1 652 000亿元，同比增长13.2%；广义货币（M_2）余额2 134 900亿元，同比增长11.1%，比上年同期高2.6个百分点；狭义货币（M_1）余额604 300亿元，同比增长6.5%，比上年同期高2.1个百分点；流通中货币（M_0）余额79 500亿元，同比增长9.5%，上半年净投放现金2 270亿元。

货币的相对宽松，不仅仅是给受疫情严重冲击的企业提供了一个喘息调整的机会，也给企业创造了继续投资甚至是加大投资的机会。尽管上半年疫情在中国曾经大面积肆虐，但中国企业的投资并没有长时间受到冲击；相反，在经历了1—2月的大幅下挫后，全国固定资产投资增速逐月稳定回升。3—6月环比分别增长6.1%、6.2%、5.9%和5.9%。从中央企业看，3—6月的投资增速分别为4.1%、11.8%、13%、21.2%，增速逐月提高。据统计，2020年上半年，资本形成总额拉动GDP增长1.5个百分点，其中二季度资本形成总额更是拉动GDP增长了5.0个百分点。投资成为三驾马车中唯一对GDP做出正向贡献的力量。

与货币宽松和投资持续增长相对应的，是有效需求的不足。一方面，出口增长乏力，尽管出口自4月以来连续3个月保持同比正增长，但增速分别只有3.5%、1.4%、0.5%；另一方面，国内消费需求也同样不景气，整个上半年都处于同比负增长态势。总体上看，上半年中国经济的复苏，处于供给端复苏领先、消费端复苏滞后的局面。消费持续落后的复苏是不可持续的，必须采取有力举措促进消费增长，为供给端持续复苏打开更大空间。如果后续消费不能加快增长，实体企业在实业领域的投资增长将直接受到压制。一方面是信贷环境宽松,大企业较为容易获得金融机构低成本信贷资金,另一方面大企业却又面临账上资金无处可投的尴尬局面。这可能会导致大企业从金融机构获得的较为充裕的低成本资金回流到金融体系,用于购买金融机构理财产品。为促使新增信贷资金真正进入实体经济领域,并在实体经济领域形成有效投资,需有关部门加强政策引导,并采取可行措施增加有效需求。

(四)中小企业普遍承压阻碍国内产业链畅通

中小企业在市场中总体上处于弱势地位,不仅抗风险能力弱,而且自已能力也不强;一旦遭遇外部市场环境的重大变化,中小企业很容易陷入经营困局,甚至最终走向破产倒闭。新冠肺炎疫情给中小企业带来的冲击之大,是前所未有的。疫情导致中小企业普遍面临订单减少、开工延后、流动资金不足等问题,资金链紧张成为复工复产首先要解决的问题。

二季度以来,随着疫情逐步得到控制,全国各地企业开始加快复工复产步伐。从整个复工复产进度监测情况看,显然大型企业的复工复产明显好于中小企业。中央企业早在2月底复工复产率就已经超过90.0%。3月基本上全面实现了复工复产;但截至5月18日,全国规模以上工业企业平均开工率和复岗率才分别回升至99.1%和95.4%,而全国中小企业复工率尚只有91.0%,全国中小企业的复工进度明显慢于大型企业。更何况,对绝大多数中小企业来说,复工复产只是迈出了脱困发展的艰难第一步,市场和资金仍是横亘在中小企业发展道路上的突出障碍。

现代产业体系的发展,更加注重产业生态圈的建设。在产业内部,既需要畅通产业链的循环,也需要促进大中小企业的融合发展。在这种错综复杂的产业链共生共荣关系中,大型企业的持续发展与中小企业紧密相关。尤其是产业体系中关键环节中小企业经营状况的波动,将通过供应链对上下游企业的生产经营产生影响。事实上这种关联影响在上半年的复工复产进程中已经得到了充分体现。由于产业链各环节复工复产进度的不同步,严重拖累了整个产业的复工复产进度。也正是因为如此,二季度以来国务院及相关部委都高度重视推动产业链协同复工复产,同时也引发了对优化产业链区域布局的高度关注。

中小企业发展,已经不再只是中小企业自身的问题,也是关联到大企业发展与产业链畅通的问题,必须将保中小企业提升到新的战略高度。如果各级政府与大企业不能共同想办法解决影响中小企业发展的市场与资金问题,任由中小企业经营状况恶化,甚至是引发中小企业大面积的倒闭潮,这将会导致相关产业链循环出现中断,并影响到产业链中大企业的正常运营。

三、新形势下大企业进一步做优做强的对策建议

2021年是“十三五”规划收官之年,也是“十四五”规划谋局之年,中国将在全面建成小康社会的基础上,开启全面建设社会主义现代化国家新征程,加快形成以国内循环为主、国内国际循环相互促进的新发展格局。大企业是国家综合实力和竞争力的重要支撑。新形势下,大企业既面临着大变革、大调整创造的发展新机遇,也面临着更加复杂多变、不确定性因素明显增多的新环境。培育参与国际竞争与合作的新优势,提高发展质量,发挥更大作用,实现更好发展,是新发展阶段中国大企业必须担当的责任和使命。

(一)精准分析发展环境,科学制定“十四五”企业发展规划

凡事预则立,不预则废。科学谋划好“十四五”时期的发展具有十分重要的意义。目前,各级政府及其相关部门都在紧锣密鼓地制定“十四五”经济、社会、科技、卫生等国家或部门、行业发展规划。企业尤其是大企业,应当根据企业发展具体情况,在有效对接政府部门有关规划方向与目标的基础上,科学制定本企业的“十四五”发展规划。大企业的“十四五”规划,应该至少包括如下主要内容:一是要明确“十四五”高质量发展的主要经济指标的目标值,以及实现目标的具体路径;二是明确“十四五”技术发展方向,提出研发投入增长目标,设定关键技术、核心技术突破目标;三是要明确“十四五”结构调整

的基本思路，既要对产业与产业链布局结构调整做出科学安排，也要对区域布局结构调整做出合理规划；四是要对落实“十四五”国家与地方政府重大发展战略做出部署，确保企业规划服从并体现国家战略意图。

对企业未来发展环境进行全面、精准分析是科学制定企业发展规划的前提。“十四五”时期，企业所面临的将是百年未有的大变局，无论是国际环境，还是国内环境，都与以往有着根本性的改变。一方面，在国际上，中美关系将发生重大不利变化，紧密合作的基础越来越脆弱，关系的紧张将常态化，在特定领域的有限烈度内的局部冲突或时有发生；国际经济关系也更加复杂化，贸易保护主义存在抬头趋势，国际需求的增长空间日益变窄，企业发展可能更多需要依靠中国市场的内需；新冠肺炎疫情的国际蔓延可能还会继续，并将对国际政治经济发展产生深远影响。另一方面，在国内市场，消费面临阶段性饱和压力，依靠消费快速增长提供生产增长空间的机会将不复存在，企业将被迫从规模扩张路径转向效益质量路径；消费升级将成为主流，品质品牌将成为消费关注重点；完成产业链、价值链跃升成为对企业的根本要求；5G及相关技术的发展将加快推进产业结构的演进，传统产业转型与被淘汰的压力将进一步加大；在产业关系上，单打独斗式的发展不再可行，产业生态圈日益重要，产业链、供应链的整体循环对企业持续发展的影响更为突出。

“十四五”时期，大企业必须学会在危机中育新机、在变局中开新局，在高度不确定性的环境中，准确把握企业发展方向，合理确定企业发展目标，科学谋划企业发展道路，大力弘扬企业家精神，持续开创企业发展新局面。

（二）强化创新驱动，坚持创新链、产业链协同发展

建设社会主义现代化强国，创新将成为最关键的动力，引进、模仿、改良对经济发展的重要性将显著下降。大企业应当主动用自主创新的确定性，来应对外部环境的不确定性。

大企业应将创新战略提升到前所未有的高度，始终强化创新驱动。既要积极开展技术创新、产品创新，也要不断推进管理创新、商业模式创新、业态创新、制度创新与文化创新；将创新树立为企业所有人员的共同理想与追求，将创新打造成推动企业发展最根本的力量，将创新作为构建与强化企业核心竞争优势的关键基石。一是持续不断提高企业研发强度。当前大企业的研发强度尽管已经有了一定程度的提高，但总体上看仍处于较低水平，不足以支撑中国尽快在产业核心技术、关键技术上取得重大突破。二是优化创新投入结构。要增加基础研发投入，要集中资金进行关键技术、核心技术攻关。三是做好创新人才管理。既要注重引进，更要重视培养优秀创新人才；要突破时空界限，只求所用不求所有，多渠道整合全球创新人才；既要拥有创新人才，更要用好创新人才。四是完善创新机制。要加强创新经费管理，让有限创新投入形成更多高质量创新产出；建立市场化创新激励机制，让创新者合理分享创新成果。五是做好创新成果应用与储备管理。要加快将创新成果进行商业化应用；技术研发要做到研发一批、储备一批、在用一批，能够持续有效支撑迭代升级。六是坚持产业链与创新链协同发展。要围绕产业链部署创新链，以创新突破推动产业链发展；围绕创新链布局产业链，以创新成果优化产业链布局。

（三）加快向产业链、价值链中高端迈进，增强竞争力与话语权

中国具有全球最为完整的产业体系，产业链也相对较为完整。除了少数“卡脖子”领域之外，中国在绝大多数产业链条上都有布局。但一个突出的短板就是，中国企业在产业链价值链上总体上都处于中低端地位，并且在先前的很长一段时间，中国不少产业都在事实上处于低端锁定状态。产业链价值链上的低端化，显著影响了中国产业与企业的国际竞争力，绝大多数中国企业不得不依靠低成本来应对国际企业的竞争，并相应获取微薄的经营利润。

“十四五”时期，大企业必须带领中国企业尽快走出产业低端锁定陷阱，整体上向全球产业链价值链的中高端跃升。只有在整体上完成了向全球产业链中高端的跃升，才能有效增强中国产业与企业的国际竞争力，提升中国企业与产业的盈利水平，并确保中国产业发展的安全。当前欧美部分国家对中国

产业与企业发展的压制，表面上看是技术压制，实质上也是产业链价值链高端对产业链价值链低端的压制。由于他们掌控了全球产业链价值链的高端环节，因此拥有了全球产业发展的更多话语权，所以可以凭借这一地位优势对中国产业与企业的发展采取压制措施。

向产业链价值链中高端迈进，有两条路径、四个维度。两条路径，一是技术创新，二是资源整合；四个维度，则分别是产业基础维度、产业结构维度、产业价值维度、产业链水平维度。产业基础的高级化、产业结构的高度化、产业发展的高价值化和产业链水平的现代化都可以推动完成向产业链价值链中高端的跃升。具体来说，技术创新可以推动产业基础技术水平提升、产业结构向现代化方向演进、产业整体新增价值含量增加和产业链现代化水平提升；而资源整合则可以借助存量资源配置的优化调整，或是新优势资源的进入，来达成技术创新所能实现的目标。所以，对中国大企业来说，迈向全球产业链中高端，必须坚持"技术创新与资源整合"两条腿走路、"产业基础、产业结构、产业价值、产业链水平"四维度突破相结合。与此同时，大企业在提链强链的具体进程中，还要对产业链进行深度梳理，切实做好产业链补断点、强短板的各项工作。

（四）全面提升效率效益，打造一批高质量发展一流示范企业

高质量发展和打造具有全球竞争力的世界一流企业，是新时代党中央对中国大企业发展提出的新要求。"十三五"时期，已经有一批优秀大企业在转型高质量发展和建设具有全球竞争力世界一流企业的实践中进行了探索，取得了一些积极成果。"十四五"时期，中国大企业应围绕上述发展新要求，不断深化改革，持续推进创新，全面提升效率效益，着力打造一批高质量发展一流示范企业。这些企业，将是彰显中国大企业全球竞争力与综合实力的关键力量，也应当是所有中国企业对标学习的标杆企业。

高质量发展具有丰富内涵，至少应该包含如下主要内容：技术先进、品质优良且具有高附加价值、效率效益领先、风险可控、可持续、履行社会责任。可以将上述内容归结为企业高质量发展的五个维度：效率效益、技术创新、转型升级、运营风控、社会责任。世界一流企业目前并没有一个统一的定义，但总体上可以认为，世界一流企业应当是引领全球行业技术发展、在国际资源配置中占主导地位、在全球产业发展中具有话语权和影响力的领军企业，应当是在效率、效益和产品服务品质等方面的领先企业，应当是在践行新发展理念、守法重信、履行社会责任等方面拥有全球知名品牌形象的典范企业。显然，世界一流企业与高质量发展之间有很多的共同点。二者都是以技术创新为驱动力的、效率效益卓越的企业。所以，对打造高质量发展一流示范企业来说，除了狠抓技术创新之外，就是要全面提升效率效益。

从横向比较看，当前中国企业的效率效益还处于较低水平。除极少数领域外，中国大企业的诸多盈利指标都明显落后美国同行大企业。所以，尽管中国大企业近年来确实在转型高质量发展、打造具有全球竞争力的世界一流企业上取得了一些进展，但离真正的高质量发展还有较大差距，绝大多数的中国大企业都称不上是具有全球竞争力的世界一流企业。"十四五"期间，中国大企业需要付出更大的努力，力争在转型高质量发展、打造具有全球竞争力世界一流企业上有所突破，能够推出一批高质量发展一流示范企业。为此，一是要大力推进企业的转型升级，以优质产品提升企业竞争力，同时增强企业盈利能力，改善企业财务绩效水平。二是加强企业管理，持续提升管理水平，包括提高运营风险管理能力；以管理提升保障运营，以管理效率提升企业绩效。三是要充分利用好互联网、大数据，以现代先进信息技术来提高生产效率、管理效率、营销效率，从而改善企业盈利水平。四是优化资源配置与盘活低效无效资产，提高资源利用效率，加快资金周转。五是着眼于长期可持续发展，积极承担与履行社会责任，减少污染排放，关注员工成长，实现企业与自然、人类社会协同发展。

（五）聚焦发展战略性新兴产业，抢占未来战略制高点

与传统产业相比，战略性新兴产业具有两方面的特点：一是产业发展更加依赖于技术创新的突破；二是全球各国都是站在新的起跑线上，在起跑线上的差距没有传统产业那么大，而且往往都没有一个在全球具有绝对竞争优势的领先者。在传统产业领域，落后者只能是在弯道减速时的一瞬间抓住机会加速超车；而在战略性新兴产业领域，发展中国家的企业，完全可以通过变道来完成超车。

虽然从产业体量规模上看，战略性新兴产业在中国经济中所占的份额还比较小，还不足以与来自传统产业的主要支柱产业相提并论；但在中央及地方政府的大力推动下，大量资本纷纷进入到战略性新兴产业领域，助推了相关产业的快速发展。即使是在疫情的严重冲击下，2020 年上半年规模以上工业中战略性新兴产业增加值依然实现了同比增长 2.9%，而同期全部规模以上工业增加值同比下降 1.3%。对中国经济的长期持续发展来说，战略性新兴产业具有重要战略意义。一是为增强中国经济、产业与企业国际竞争力抢占先机，持续推动中国经济增长，助推中国加快迈向全球最大经济体；二是培育新的支柱产业，实现支柱产业转型升级，夯实中国经济在全球化竞争中持续发展的基础。归根究底，大力发展战略性新兴产业，就是要为中国经济的持续发展占得战略先机，掌控战略制高点。

“十四五”时期，大企业应当更多聚焦于发展战略性新兴产业，通过培育壮大战略性新兴产业，实现企业转型升级与产业结构调整，打造企业收入与利润新的可靠增长点。特别是国有大型企业，更应在战略性新兴产业发展中发挥先行军作用。大企业发展战略性新兴产业，应从以下几个方面集中发力：一是用好增量资本，调整存量资本；一方面积极寻找与把握战略性新兴产业投资发展机会，增加对战略性新兴产业的资本投入；另一方面，梳理现有投资，对存量投资进行战略性调整，适当从低端传统产业领域退出，将所释放出来的资金投向战略性新兴产业领域。二是集中力量进行技术突破；加大战略性新兴产业技术研发投入力度，将企业研发重点与科研资金投入向战略性新兴产业领域适当倾斜；打造开放性研发平台，充分整合利用全球研发资源。三是充分发挥产业基金作用；联合设立战略性新兴产业投资发展基金，带动更多社会资本参与战略性新兴产业发展。四是协同开展市场培育，共促产业持续健康发展；避免低水平重复投资，坚持差异化发展，加强行业与企业自律，共同把好产品质量关，以优质产品加快市场成长。

（六）围绕畅通国际国内双循环，开创国际化经营新局面

中央提出加快形成“以国内大循环为主体、国内国际双循环相互促进的新发展格局”，既是在国内外环境发生显著变化的大背景下，就推动中国开放型经济向更高层次发展做出的重大战略部署，也是在当前大变局下，指导中国企业与产业克服困难与挑战，实现持续稳定发展的具体策略安排。国际政治与经济的不确定性倒逼我们必须畅通国内大循环，并以国内循环为主来保障中国产业与企业的平稳发展。关键领域的短板，全球融合发展以及构建人类命运共同体的需要，决定了中国需要以国际循环作为国内循环的补充。

大企业应在畅通国际国内双循环中充当主力军，通过主动带动中小企业融合发展、创新发展，来加快形成以国内循环为主、国际国内循环相互促进的发展新格局。大企业不仅要为国内消费者提供优质供给，更要在国际市场进行布局、展开竞争、获取收益；应当将国内市场的更多空间让给无力进行国际市场开拓的中小微企业，更多担当在国际市场上彰显中国参与和中国贡献的角色，带头落实好“走出去”战略和“一带一路”倡议，在整合利用国际国内两个市场、两种资源上发挥关键作用。尽管一些国家出于本国政治斗争需要，给中国企业与资本的国际参与设置了重重障碍，甚至进行了联合打压；但中国大企业不应被这些暂时性的困难所吓倒，不能就此停下国际化布局的脚步。相反，中国大企业更应按照党中央关于加快形成国际国内双循环发展新格局的新要求，奋力开创国际化经营新局面。

开创国际化经营新局面，并非一朝一夕可以一蹴而就的事，大企业必须审慎谋划，稳妥推进；既要善于抢抓国际市场机遇，更要善于管控国际经营风险。中国大企业在国际市场上育新机、开新局，应做好如下主要工作：一是优化国内市场与国际市场关系，坚持以国内市场为主导，以国际市场为补充，国际市场的布局与发展必须服务于国内市场的需要。二是以补断点、强短板为基本遵循，推进国际产业链供应链布局。国际业务的投资布局，应当作为国内业务的补充与延伸。三是将“高起点、高质量”作为国际化布局的决策标准，避免在国际市场进行低水平投资，要尽量寻求进入全球产业链、价值链的中高端环节，力求国际化经营可以带来高投资回报。四是坚持多元化布局。要以全球化为导向，既不放弃欧美市场，也要进入亚非拉等地新兴国家市场；既要坚持已有阵地，更要开辟新市场。五是强化东道国政策研究，及时、准确预判政策走向，并提前采取应对举措，回避或弱化政策变化所带来的不利影响。六是服务国家重大战略，秉承打造人类命运共同体理念，加大“一带一路”沿线国家投资力度，与东道国企业共同分享沿线国家经济发展红利。

（七）加强合规管理，建立适应跨国经营公司治理结构

合规管理要求企业的生产经营活动不仅要遵守法律法规，而且要遵循有关规则和准则。近年来，合规管理已经从反腐败专项合规扩展到全面合规，包括制裁合规、竞争合规、金融合规、贸易合规、数据保护合规、知识产权合规等。合规已经成为企业参与全球竞争必须跨越的门槛，是企业重要的软实力。优秀跨国公司的通行做法是通过建立有效合规管理体系，应用体系化、制度化管理工具来应对合规风险。中国企业开展国际化经营，必须加强合规管理；特别是在当前政治经济环境下，做好合规管理显得尤为重要。一是建立健全合规管理体系。包括设立合规管理组织机构，制定经营过程中响应外部法律法规及国际通行规则的各项合规管理政策，将合规培训、合规绩效考核、自我监督系统等制度化，以及开展合规文化建设。二是确保合规管理体系有效。要确保合规管理制度设计良好，能够被执行，且在执行中产生良好效果。在实施海外投资项目前，做好扎实调研和风险评估工作，制定严密投资方案和风险应对预案，避免非理性跨国经营行为，最大限度降低海外经营风险负面影响。在项目实施过程中，遵守东道国法律法规，采取正当方式进行市场竞争，依法依规使用他人技术或商标，避免侵犯知识产权；尊重东道国文化，避免因不同国家间的风俗习惯、价值观以及宗教信仰等方面差异对企业产生负面影响。

建立适应跨国经营的公司治理结构，对企业利用跨国经营网络内不同国家经济环境差异来应对全球不确定性至关重要。国家间的市场环境存在显著差异，跨国公司管理者和监督者拥有的国际市场相关知识对管理和监督跨国经营活动具有重要影响。中国跨国公司应提高其公司治理的国际化水平，实现对跨国经营活动更加有效的监督和管理。具体措施包括：聘用具有海外背景的经理人、董事和监事；加强对公司经理人、董事以及监事的国际市场知识培训与交流；引入海外战略投资者，优化公司股权结构。母公司与海外子公司之间的关系影响企业利用跨国经营网络应对外部环境不确定性的效果。跨国公司应厘清母公司和海外子公司之间错综复杂的关系。如通过合资与联营等方式，设置恰当的海外子公司股权结构；通过平衡外派员工和东道国本土员工比例，构建高水平的海外子公司管理团队，从而实现既能有效控制海外子公司又能保持其灵活性的经营目标。要在跨国公司内部构建完善的跨国经营制度体系。通过建立健全境外投资决策、授权管理以及财务管理等内部规章制度，明确跨国经营各个环节的责任主体，从而进一步使跨国公司的内部治理结构制度化、规范化。

2020 年国资委系统监管企业经济运行情况综述

国务院国有资产监督管理委员会

2020 年，全国国资委系统监管企业（下称“国资系统监管企业”）在以习近平同志为核心的党中央坚强领导下，以习近平新时代中国特色社会主义思想为指导，坚决贯彻落实党中央、国务院决策部署，积极应对各类风险困难挑战，全力以赴投入新冠肺炎疫情防控，认真做好“六稳”工作、落实“六保”任务，在复工复产、稳定产业链供应链等方面发挥了重要作用，为中国率先控制疫情、率先复工复产、率先实现经济增长做出了积极贡献。

一、经营实力稳步增长

近年来，国资系统监管企业一手抓疫情防控，一手抓生产经营，多措并举稳生产、稳经营、稳市场，经营规模和竞争实力延续增长态势。2020 年年底国资系统监管企业资产总额 2 347 000 亿元，比上年增加 334 000 亿元，增长 16.6%；净资产 784 000 亿元，比上年增加 116 000 亿元，增长 17.4%；2020 年全年固定资产投资 82 000 亿元，比上年增加 20 000 亿元，增长 32.5%，约占全社会固定资产投资额的 15.9%。2021 年美国《财富》杂志公布的世界 500 强企业中，共有 82 家国资系统监管企业上榜，其中：中央企业有 49 家上榜，3 家企业入围前 5 名；地方监管企业有 33 家上榜。见图 1。

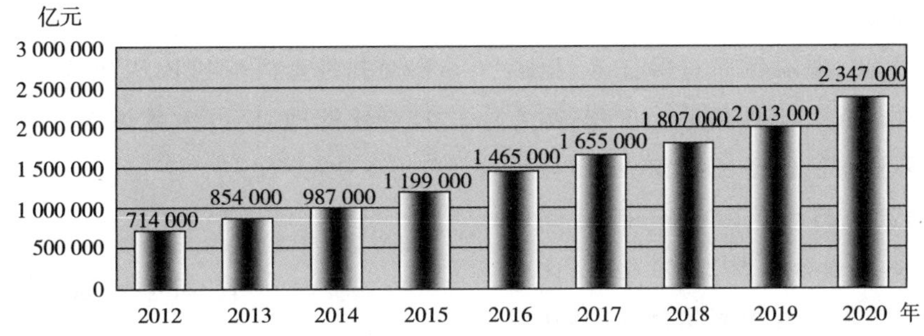

图 1　2012—2020 年国资系统监管企业资产总额情况

二、经济效益企稳回升

在新冠肺炎疫情肆虐全球、世界经济陷入严重衰退、外部环境更加复杂严峻的情况下，国资系统监管企业紧紧围绕落实“六稳”“六保”工作任务，攻坚克难、坚强拼搏，多措并举开拓市场提质增效，努力推动经济效益一步步企稳回升。2020 年国资系统监管企业实现营业总收入 604 000 亿元，比上年增加 14 000 亿元，增长 2.3%；实现利润总额 36 000 亿元，净利润 26 000 亿元，与上年均基本持平；归属于母公司所有者的净利润 15 000 亿元，比上年增长 1.0%。其中：中央企业实现利润总额 19 000 亿元，比上年增长 0.5%，实现净利润 14 000 亿元，比上年增长 2.4%。见图 2、图 3。

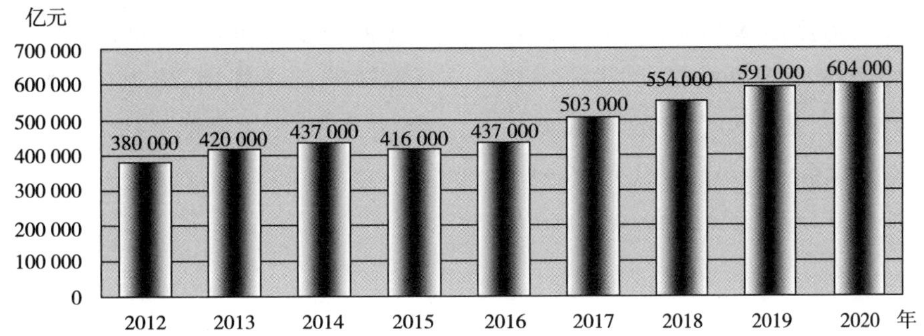

图 2　2012—2020 年国资系统监管企业营业总收入情况

图 3 2012—2020 年国资系统监管企业净利润情况

三、圆满完成国有资本保值增值任务

2020 年,国资系统监管企业千方百计克服疫情影响,聚焦实业、突出主业,坚决保质量保任务、抢进度抢工期,扎实推进国家重大项目和重大工程,国有资本规模持续壮大,保值增值任务圆满完成,彰显了国民经济中坚力量的责任担当。2020 年年底,国资系统监管企业国有资本总量合计 572 000 亿元,比上年增长 18.9%,其中:企业经营积累增加 14 000 亿元;因国家追加投资、资本溢价、无偿划入等客观因素增加 53 000 亿元;因无偿划出、自然灾害损失、上交国有资本经营收益等客观因素减少 18 000 亿元。扣除客观增减因素后,2020 年国资系统监管企业平均国有资本保值增值率为 102.9%。

四、发展质量明显改善

近年来,国资系统监管企业按照高质量发展要求,加大科技创新投入力度,扎实推进国有企业改革和风险防范,积极解决历史遗留问题,发展质量进一步提高。一是研发投入力度明显加大,2020 年国资系统监管企业研发经费投入 12 000 亿元,占全国研发经费投入的 48.4%。二是劳动生产效率明显提升,2020 年国资系统监管企业全员劳动生产率 44.4 万元/人,比上年增加 4 万元/人,增长 10.0%。三是降杠杆防风险成效显现,2020 年年底国资系统监管企业资产负债率 66.6%,较 2016 年年底下降 1.9 个百分点。四是剥离办社会职能和解决历史遗留问题基本完成,全国国有企业“三供一业”、市政社区分离移交和教育医疗机构深化改革基本完成,退休人员社会化管理、厂办大集体改革职工安置完成率均超过 90.0%。

五、社会贡献持续增加

国资监管系统企业坚持算大账、算长远账、算政治账,在实现自身发展的同时,积极履行社会责任,在落实国家宏观调控政策、参与全面脱贫和防疫救灾等方面,发挥了主力军和先锋队作用;在助力上下游企业复工复产、促进产业链供应链安全稳定等方面,突出了“稳定器”“压舱石”的责任担当,不断为国家经济社会发展做贡献。2020 年国资系统监管企业实际上交税费 36 000 亿元,上交国有资本收益 3 670.3 亿元,两者合计占全国财政收入的 21.5%。每年国资系统监管企业保障就业人数超过 3 000 万人,职工基本养老保险、基本医疗保险、失业保险等覆盖面均超过 90.0%。2020 年,中央企业坚决落实国家政策助企纾困,降电价、降气价、降资费、降路费、降房租,努力降低全社会运行成本近 2 000 亿元。

(撰稿:李泓全)

2020年国有大型企业改革重组情况综述

国务院国有资产监督管理委员会企业改革局

2020年，国务院国有资产监督管理委员会始终坚持以习近平新时代中国特色社会主义思想为指导，全面贯彻党的十九大、十九届二中、三中、四中、五中全会精神，认真落实党中央、国务院决策部署，围绕全国国资国企“一盘棋”，指导带动全国国资系统增强“四个意识”、坚定“四个自信”、做到“两个维护”，围绕“六稳”工作要求，在疫情防控、生产经营、改革创新、党的建设等各项工作上取得积极成效。

一、统筹疫情防控与改革发展，生产经营持续向好

2020年，面对新冠肺炎疫情突袭、世界经济陷入严重衰退，全国国资系统坚决贯彻落实党中央、国务院决策部署，统筹推进疫情防控和经营发展各项重点工作，为中国率先控制疫情、率先复工复产、率先实现经济增长由负转正，为决战脱贫攻坚、决胜全面小康、实现第一个百年奋斗目标做出重要贡献。2020年全国国资系统监管企业营业收入595 000亿元、净利润26 000亿元，其中：中央企业实现营业收入303 000亿元，净利润14 000亿元，地方监管企业实现营业收入292 000亿元，净利润12 000亿元。

在抗疫大战大考中，全国国资系统第一时间响应，坚决服务大局，不讲条件、不计代价、不畏艰难全力投入抗疫斗争，在疫情防控的人民战争、总体战、阻击战中冲锋在前，为抗疫取得重大战略成果做出了突出贡献。在武汉抗疫主战场，湖北省国资委带领全省国有企业奋战在抗疫一线，中国建筑等企业以极限速度建成火神山医院和雷神山医院，中央企业所属在鄂医院全部投入紧急救治，有关中央企业和河北、吉林、贵州以及厦门等地组织企业医务人员千里驰援。面对人民群众基本生活需要，煤电油气、通信航空、粮油贸易等企业克服一切困难保障基础产品和民生服务。中央企业落实国家助企纾困政策，主动降电价、降气价、降资费、降路费、降房租，全年整体降低社会运行成本1 965亿元。面对防疫物资紧缺急需，国有企业以“没有条件创造条件也要上”的战时状态紧急转产扩能，新兴际华集团等迅速转产扩产医用防护服和口罩，国机集团、兵器工业集团等紧急研制口罩机、压条机等生产设备，中国石化等快速扩产熔喷布等原材料，有力保障生产供应、遏制价格炒作。北京、上海、浙江、福建、广东等地也指导企业紧急转产、扩产防疫物资和关键生产设备。针对疫情排查救治等关键难题，国药集团等企业率先研制核酸检测试剂盒、提出恢复期血浆疗法、加快推进疫苗研发应用，新冠灭活疫苗获批附条件上市，电子、通信等企业及时推出“一网畅行”“一码防控”等大数据服务，为常态化疫情防控提供科技支撑。

在坚决顶住疫情冲击和内外部条件变化带来的压力同时，全国国资系统也迎来“十三五”圆满收官，发展质量明显提高。“十三五”末，全国国资系统监管企业资产总额和所有者权益分别为2 183 000亿元和719 000亿元，较“十二五”末分别增长82.1%、80.3%；“十三五”时期，国资系统监管企业营业收入、利润总额年均增长分别为7.4%、10.7%。全国国资系统在科技创新、落实重大战略、履行社会责任等方面积极行动。天问一号、嫦娥五号、奋斗者号、北斗三号等一大批具有世界先进水平的重大科技成果先后涌现。深度参与京津冀协同发展、长江经济带发展、粤港澳大湾区以及海南自由贸易港建设等重大区域战略实施，主动对接地方规划，全力推动一批重大项目落地实施。奋力推进产业扶贫、就业扶贫、消费扶贫，中央企业定点帮扶的246个国家扶贫开发县全部脱贫摘帽，定点帮扶的12 000多个扶贫村、扶贫点全面实现脱贫。

二、绘制国企改革三年蓝图，推动重点任务取得新成效

坚决贯彻落实习近平总书记关于深化国企改革的重要指示，坚持改革不停步、不放松，主动加强改革谋划，指导全国国资系统以改革增活力、强动力，以更大力度推动国企改革再出发。

（一）扎实做好国企改革三年行动方案的起草工作并推动落实

系统总结党的十八届三中全会以来国企改革成效经验，充分听取有关方面意见建议，全力推动国企改革三年行动方案研究起草工作。2020 年 6 月 30 日，习近平总书记主持召开中央深改委第十四次会议，审议通过《国企改革三年行动方案》，为新时期深化国企改革提供了根本遵循。方案印发后，迅速传达学习并组织推动落实，对实施国企改革三年行动进行全面动员部署，掀起国有企业改革再出发的热潮。

（二）扎实推进重点领域改革

持续完善中国特色现代企业制度，中央企业公司制改革基本完成，地方国资委监管一级企业公司制改革完成率达 98.8%。配合中央组织部研究起草《关于中央企业在完善公司治理中加强党的领导的若干意见（试行）》，2020 年 12 月 30 日，习近平总书记主持召开中央深改委第十七次会议审议通过。制订中央企业董事会工作规则、董事会和董事评价办法等规范性文件，进一步规范董事会建设。北京、云南等地制定出台省属企业党委前置研究讨论重大经营管理事项指导意见。河北、四川等地出台外部董事管理办法和履职指引，制定省属企业深化落实董事会职权改革方案。海南、甘肃等地在省属企业全面建立外部董事占多数的董事会。广西全面规范董事会运行机制，建立健全董事会专门委员会及其运行制度。不断完善市场化经营机制，制定中央企业三项制度改革试评估方案，对 93 家中央企业进行量化评估和“扫描画像”，推动企业对标诊断、改进提升。江苏在建立董事会的省属商业一类子企业全面推行经理层任期制和契约化管理。陕西在省属企业全面推行员工公开招聘。福建、重庆等地指导省属企业对所出资企业开展中长期激励梳理评估。

（三）稳步推进混合所有制改革和股权多元化

系统梳理和积极解决混改工作中存在的认识不清、“为混而混”“一混了之”等问题，完善混改操作规范。完成东航集团股权多元化改革，引入中国人寿、上海久事、中国旅游集团、中国国新等 4 家战略投资者 310 亿元资金。内蒙古、广东等地制定省属企业混改指引，细化混改操作规范。江苏、湖南等地指导推进具备条件的商业一类子企业进行混改。福建以改制上市为主要形式积极稳妥推进混合所有制改革，省属控股上市公司达 16 家。

（四）进一步深化国有资本投资、运营公司改革

指导成立中国国有企业混合所有制改革基金，总规模达 2 000 亿元。33 个地方改组组建国有资本投资、运营公司 107 家，在优化国有资本布局结构、激发市场主体活力等方面发挥重要作用。黑龙江、青岛等地指导推进国有资本投资、运营公司对出资企业董事会的授权放权工作，内蒙古将 5 方面 14 项出资人权力授予包钢、蒙能、交投等国有资本投资公司试点企业董事会，向国有资本运营公司董事会授予 10 项出资人权力。

（五）深入开展改革专项工程

全面开展对标世界一流管理提升行动，在实践中总结推广中国电科所属中电海康、中国石化所属镇海炼化、国机集团所属中国电研等一批改革典型。上海、深圳、沈阳深入推进区域性综改试验，“双百行动”涌现出万华化学、上海医药、云天化股份、深控投等一批改革尖兵，66 户地方科改示范企业积极推进改革方案落地，东北地区国资国企改革逐步深入，持续激发企业高质量发展的活力动力。

三、深化供给侧结构性改革，加快国有资本布局优化调整

贯彻习近平总书记关于深化供给侧结构性改

革、打造高质量供给体系的重要指示，持续深化供给侧结构性改革，指导全国国资系统做好增量、优化存量，加快实现高质量发展。

（一）聚焦主责主业发展实体经济

以研究制定国资国企“十四五”规划为契机，构建覆盖中央企业、地方国有企业的全国国资系统三级规划体系，强化全国国资监管“一盘棋”，系统梳理中央企业主责主业，推动国有资本更多投向实体经济特别是制造业，有效发挥国有经济在优化结构、畅通循环、稳定增长中的重要作用。会同发展改革委、财政部起草《关于新时代推进国有经济布局优化和结构调整的意见》，经中央深改委第十六次会议审议通过，为国有经济布局优化和结构调整明确了战略导向、重点领域、机制手段，成为当前和今后一个时期推进国有经济布局优化、结构调整的纲领性文件。

（二）扎实推动重组整合

积极稳妥推进装备制造、化工等领域中央企业重组，完成中国宝武对中钢集团实施托管，理顺上海诺基亚贝尔管理关系，组建中国南水北调集团、中国绿发集团，中检集团完成转隶，顺利完成国家管网集团资产重组和股权多元化改革。大力推动煤电资源区域整合试点工作，5 家发电企业对西北五省（自治区）煤电资源分别实施集中管理。中国宝武重组太钢、重钢，年产钢突破 1 亿吨，浙江省整合省属企业旅游类资产成立浙旅投集团，山东省重组组建山东能源集团、山东高速集团，进一步发挥“1+1>2”的重组效应。

（三）深入推进“瘦身健体”

建立中央企业压减工作长效机制，到 2020 年年底累计减少法人 17 063 户，减少比例 32.7%，管理层级控制在 5 级以内。圆满完成中央企业钢铁煤炭去产能工作，2020 年完成煤炭去产能 510 万吨、整合盘活煤炭产能 3 000 万吨。加快处置“僵尸企业”，纳入中央企业“处僵治困”工作范围的 2 041 户僵尸企业实现经营扭亏，基本完成主体工作任务。持续推动“两非”“两资”退出，促进企业更加聚焦主责主业，提高核心竞争力。陕西全年处置“僵尸企业”123 户，清理“两非”“两资”106 户。辽宁、河南等地建立政府法院联动机制，推动纳入名单的“僵尸企业”全面出清。

（四）基本完成剥离办社会职能和解决历史遗留问题主体任务

截至 2020 年年底，国有企业分离移交“三供一业”、市政设施、社区管理职能、教育医疗机构改革超过 99.0%，厂办大集体企业安置职工完成总体任务 99.2%，国有企业退休人员社会化管理完成 94.1%。吉林、广东、重庆等地退休人员社会化管理工作完成率达 100%。

四、加强国有资产监管，切实增强系统性针对性有效性

深入贯彻党的十九届四中全会关于形成以管资本为主的国有资产监管体制的决策部署，落实改革国有资本授权经营体制方案要求，不断完善监管体制机制，持续提升监管效能。

（一）进一步加强国资监管法治机构建设

深入学习贯彻习近平法治思想，落实法治建设第一责任人职责，全面落实《国务院国资委推进国资监管法治机构建设实施方案》，基本完成 6 方面 24 项主要任务。全面开展权责清单运行评估，梳理调整权责事项，推进新版清单编制工作。制定规范性文件 16 件，出台党委规范性文件 5 件。

（二）加快转变国资监管职能

以管资本为主科学界定国有资产出资人监管边界，推动国有企业真正成为独立市场主体。江苏修订印发《省国资委出资人审批事项清单（2020 年版）》，已累计取消、下放审批事项 19 项，精简幅度达 56.0%。

（三）进一步加大监督力度

完善业务监督、综合监督、责任追究三位一体的监督工作格局，指导推动中央企业不断完善内控体系、内部审计和境外国资监管等制度。各地持续健

全监管制度，目前已普遍制定监管权责清单并持续动态完善，全部出台违规经营投资责任追究制度。宁夏、大连等地全面梳理规章制度文件，推进立改废释工作。深圳积极推进企业国有资产监督管理条例的立法工作。监管方式上，贵州、青海、新疆、新疆生产建设兵团等地制定实施国资监管工作提示函、国资监管通报工作规则等机制。北京、山西、内蒙古、上海、山东、宁波、深圳等地积极推进国资监管数字化智能化，28 个地方实现与国务院国资委的网络通、数据通。

（四）加强对地方国资监管工作的指导监督

组织召开地方国资委负责人会议和年中视频座谈会，专门举办全国国资委系统构建国资监管大格局研讨培训班，进一步加强国资监管工作体系建设。指导推动经营性国有资产集中统一监管，全国省级经营性国有资产集中统一监管比例超过 91.0%，24 个地方超过 95.0%，其中上海、甘肃、青岛等地已基本实现全覆盖。

五、加强党的领导党的建设，为国有企业改革发展提供坚强保证

坚决贯彻落实新时代党的建设总要求，深入开展"中央企业党建巩固深化年"专项行动，深化落实全国国有企业党的建设工作会议精神，持续推动中央企业党的建设往实里走、往深处抓，为统筹疫情防控和经营发展提供了有力保证。

（一）完善践行"两个维护"的体制机制

国务院国资委党委和中央企业党委（党组）坚持以政治建设为统领，加强党对国资央企的全面领导，扎实开展中央企业党建巩固深化年专项行动，持续深化巡视整改，通过抓党建、强党建推动践行"两个维护"的制度和机制进一步完善，企业党委（党组）把方向、管大局、保落实的领导作用进一步落实，党的建设与生产经营进一步融合，基层组织政治功能和组织力进一步增强，正风肃纪反腐进一步深化。吉林、海南、西藏等地推动省属企业全面建立第一议题制度及跟进督办制度。宁夏建立党员领导干部带头讲党课、宣讲理论、做形势报告的常态化机制，实施习近平新时代中国特色社会主义思想入脑入心工程。

（二）夯实基层组织建设

抓紧抓实国有企业基层党组织工作条例贯彻落实，紧紧围绕服务企业生产经营，以提升组织力为重点，突出政治功能，切实加强基层组织建设，充分发挥基层党组织和广大党员在应对重大突发事件、承担急难险重任务中的战斗堡垒和先锋模范作用。湖南组织地方国有企业深入开展"千名书记联项目"和"党员先锋行"活动，累计创效 25 亿元以上。河南打造 22 个基层服务型党组织示范点，推广标杆党支部 100 个。陕西集中整治系统 180 个基层软弱涣散党组织，切实推进省属企业党建工作质量全面进步、全面过硬。

（三）纵深推进党风廉政建设和反腐败斗争

贯彻习近平总书记在十九届中央纪委四次全会上的重要讲话精神，落实全面从严治党主体责任，把党风廉政建设和反腐败斗争不断向纵深推进。一体推进不敢腐、不能腐、不想腐，坚持不懈纠治"四风"。强化对境外腐败、利益输送、涉租寻租、化公为私等问题专项整治，下大力气解决靠企吃企突出问题。各地深入落实全面从严治党要求，配合查处了一批国企腐败大案要案，持续推进巡视及巡视整改工作，国有企业风清气正的良好政治生态加快形成。国有企业党的领导党的建设不断加强，充分展现了国有企业的政治优势。

（审稿：张学勇
撰稿：孙博宇）

2020年中小企业和民营经济发展综述

工业和信息化部中小企业局

中小企业和民营经济高度重叠、互为主体，是国民经济和社会发展的生力军，是扩大就业、改善民生、促进创业创新的重要力量，是提升产业链、供应链稳定性和竞争力的关键环节，是解决关键核心技术“卡脖子”问题的重要力量，是构建新发展格局的有力支撑，具有举足轻重、事关全局的重要作用。党中央、国务院历来高度重视中小企业和民营经济发展，在财税金融、营商环境、公共服务等方面出台一系列政策措施，取得积极成效。

一、基本情况

2020年，受突如其来的新冠肺炎疫情严重影响，一季度中小企业生产经营出现断崖式下跌，随着疫情防控和有序复工复产，二季度以来呈现快速恢复性增长态势，全年中小企业经济运行企稳回升，生产和效益实现增长。

（一）中小企业经济运行情况

1. 中小企业数量稳步增长。统计局数据显示，2020年全年新登记市场主体2 502万户，日均新登记企业2.2万户，年底市场主体总数达1.4亿户，较2015年的7 746.9万户大幅增长。2020年年底，规模以上中小工业企业37.5万户，比2015年年底增加1.0万户，增长2.7%，占全部规模以上工业企业数量的97.9%，比2015年年底提高0.5个百分点。

2. 营业收入实现增长。统计局数据显示，2020年，规模以上中小企业营业收入同比增长0.7%，比同期大型企业营业收入增速（0.9%）低0.2个百分点，占规模以上工业企业营业收入的58.1%，比上年提高1.4个百分点。其中，中型企业同比增长1.6%；小型企业同比增长0.1%。见图1。

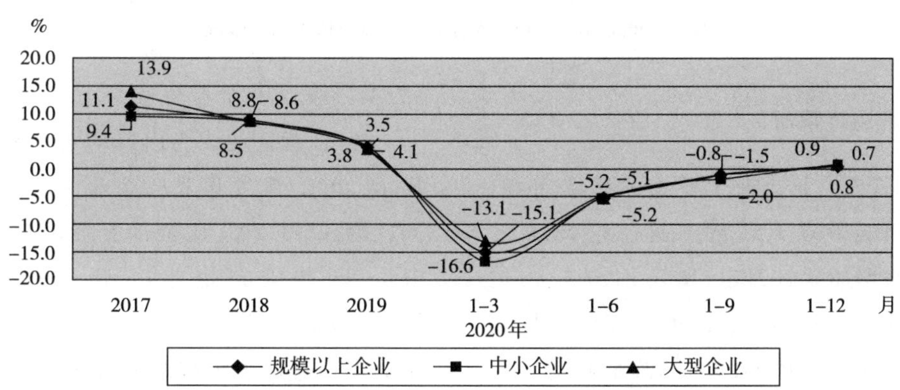

图1 2017—2020年规模以上企业、中小企业和大型企业营业收入增速情况

3. 利润增速超过上年同期。2020年，规模以上中小企业利润总额同比增长8.7%（同期大型企业同比下降1.3%），占规模以上企业利润总额的56.7%，比2019年提高2.4个百分点。其中，中型企业利润总额同比增长9.5%；小型企业同比增长8.0%。中小企业营业收入利润率为5.9%，比上年同期提高0.3个百分点，比大型企业（6.3%）低0.4个百分点，其中中型企业、小型企业分别为7.0%、5.2%。见图2。

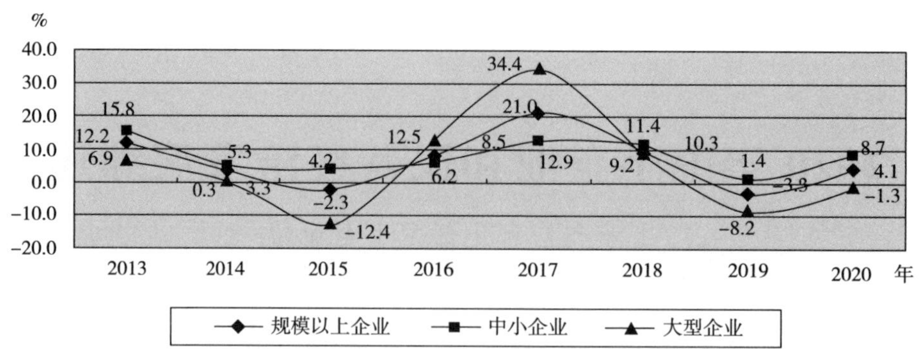

图 2　2013—2020 年规模以上企业、中小企业和大型企业利润总额增速情况

4. 中小企业亏损面较高。2020 年年底，规模以上中小工业企业亏损面为 17.4%，比上年年底扩大 1.5 个百分点，比同期大型企业亏损面（14.1%）高 3.3 个百分点。其中：中型企业亏损面 17.8%，小型企业亏损面 17.3%。亏损中小企业亏损总额 6 172.9 亿元，同比下降 2.1%（上年同期同比增长 8.9%），同期大型企业亏损额同比增长 12.0%。

5. 从业人员同比下降。2020 年年底，规模以上中小企业从业人员 4 941.9 万人，占规模以上企业从业人员的 67.5%，同比下降 3.4%，降幅比上年年底收窄 0.8 个百分点；比同期大型企业降幅（−2.5%）高 0.9 个百分点。其中：中型企业、小型企业从业人员分别为 2 035.7 万人、2 906.2 万人，同比均下降 3.4%。分地区看，东部、中部、西部和东北地区从业人员同比分别下降 3.8%、3.3%、2.3%和 2.3%。见图 3。

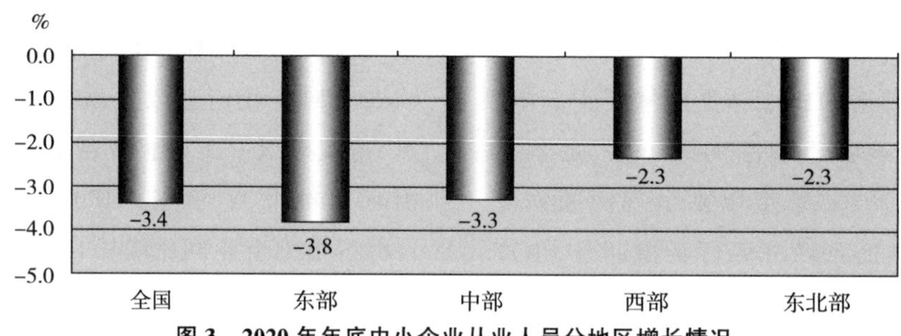

图 3　2020 年年底中小企业从业人员分地区增长情况

（二）民营经济运行情况

1. 规模以上私营工业企业主要指标持续向好。2020 年年底，中国规模以上私营工业企业 25.8 万家，比 2015 年年底增加 4.6 万家，增长 21.7%，占全部规模以上企业比重为 67.4%，比 2015 年年底提高 10.7 个百分点。2020 年，规模以上私营企业实现营业收入同比增长 0.7%，增速比上年回落 4.9 个百分点，占全部规模以上企业营业收入的比重为 35.8%，与上年同期持平；实现利润总额同比增长 3.1%，增速比上年提高 0.9 个百分点，占规模以上企业利润总额的比重为 31.4%，比上年同期低 0.3 个百分点；营业收入利润率为 5.3%，比上年提高 0.1 个百分点，比同期国有控股企业（5.4%）低 0.1 个百分点，比外商及港澳台商控股企业营业收入利润率（7.3%）低 2.0 个百分点。

2. 私营企业成为出口的主力军。海关总署数据显示，2020 年，中国私营企业出口总值 97 000 亿元，同比增长 13.2%，比全部企业出口增速高 9.1 个百分点，同期国有企业（−11.3%）、外商投资企业（−3.1%）、其他企业（−10.3%）同比均下降。私营企业出口总值占全部企业的 54.1%，比上年提高 4.4 个百分点。

3. 民间固定资产投资低速增长。国家统计局数据显示，2020 年，民间固定资产投资同比增长 1.0%，增速比上年（4.7%）下降 3.7 个百分点，比全国固定资产（不含农户）投资增速（2.9%）低 1.9 个百分点，其中，制造业民间投资同比下降 4.6%，上年同期同比增长 2.8%。民间固定资产投资占全国固定资产投资的比重为 55.7%，比上年同期下降 0.7 个百分点。

（三）中小企业发展面临的主要问题

1. 订单不足是制约企业生产经营的主要问题。工业和信息化部中小企业局问卷调查显示（下称“调查显示”），2020 年 12 月，中小企业国内订单指数和出口订单指数分别为 46.3、41.0，较上年同期分别降低 0.8 个和 4.4 个百分点。其中，反映国内订单减少的企业比例（25.7%）比订单增加的企业比例（18.3%）高 7.4 个百分点，反映出口订单减少的企业比例（33.0%）比订单增加的企业比例（14.9%）高 18.1 个百分点。

2. 应收账款增速高位运行，企业现金流压力较大。统计局数据显示，2020 年年底，规模以上中小企业应收账款 104 000 亿元，同比增长 21.1%，增速比上年同期提高 15.8 个百分点，远高于大型企业的 6.1%。应收账款平均回收期为 54.7 天，比上年同期多 8.5 天，远高于大型企业的 46.4 天。其中：中型企业 52.4 天，小型企业 56.2 天。调查显示，2020 年 12 月，31.5%的中小企业反映流动资金紧张，较上年同期升高 3.0 个百分点。

3. 用工下降与招工难并存。统计局数据显示，2020 年年底，规模以上中小企业从业人员数量同比下降 3.4%，比大型企业降幅高 0.9 个百分点；全国 31 个省（自治区、直辖市）中，有 28 个省（自治区、直辖市）从业人员数量同比下降。同时，有招工需求的中小企业面临招工不足问题，调查显示，2020 年 12 月，44.0%的中小企业有招工需求，较上年同期升高 1.9 个百分点；其中 32.4%的中小企业招到所需人员的比例不足 50.0%。

4. 要素成本压力加大，企业亏损面上升。受国内外多重复杂因素的影响，2020 年以来原材料价格持续大幅上涨，对多数处于产业链中下游的中小企业带来很大压力，生产经营受到严重影响。调查显示，2020 年 12 月，中小企业原材料购入价格指数和能源购入价格指数分别为 69.1 和 58.0，分别较上年同期提高 8.4 个和 2.0 个百分点。统计局数据显示，2020 年年底，规模以上中小企业亏损面为 17.4%，比上年年底扩大 1.5 个百分点；全国 31 个省（自治区、直辖市）中，4 个省亏损面超过 30.0%，江苏省、浙江省、山东省和广东省亏损面分别为 18.6%、18.5%、21.4%和 19.4%，均高于全国平均水平。2020 年小型企业营业收入利润率为 5.2%，比大型企业（6.3%）、中型企业（7.0%）分别低 1.1 个和 1.8 个百分点。

二、2020 年促进中小企业发展工作情况

2020 年，面对突如其来的新冠肺炎疫情和复杂严峻的国内外形势，中小企业生产经营面临巨大挑战。习近平总书记多次做出重要指示、批示，强调要加大对中小企业的帮扶力度，救助政策要精准落地，帮助中小企业渡过难关。李克强总理多次主持召开国务院常务会议，研究部署针对中小企业的纾困措施。刘鹤副总理两次召开国务院促进中小企业发展工作领导小组会议，加快落实各项政策。工业和信息化部作为国务院负责中小企业促进工作综合管理部门和国务院促进中小企业发展工作领导小组办公室，会同各部门各地区认真贯彻落实党中央、国务院的决策部署，推动中小企业民营企业复工复产、健康发展，各项工作取得积极成效。

（一）着力推动中小企业有序复工复产

2 月 9 日印发《工业和信息化部关于应对新冠肺炎疫情帮助中小企业复工复产共渡难关有关工作的通知》（工信明电〔2020〕14 号）。加强大数据监测、在线调研、快速调查，分析研判中小企业运行态势，全面了解复工复产和惠企政策落实情况，做好政策研究和储备。配合国办在国家政务服务平台建立“小微企业和个体工商户服务专栏”，联合中国政府网设立“应对疫情支持中小企业政策库”，发布《支持中小企业应对新冠肺炎疫情政策指引》，上线“中小企业规模类型自测”小程序，方便各地和中小企业享受政策，截至 2020 年年底，累计提供超过 100 万次测试服务。

（二）着力推动惠企政策的研究制定与落实

1. 发挥领导小组办公室协调作用，推动出台对小微企业减免增值税、提高部分产品出口退税率、延长交通运输和餐饮住宿等企业所得税亏损结转年

限、阶段性减免企业社保费、缓缴住房公积金、免收收费公路通行费、降低企业用电用气价格、减免房租等系列惠企措施，全年为企业减负超过 26 000 亿元，联合国家发改委等 6 部门印发《关于支持民营企业加快改革发展与转型升级的实施意见》(发改体改〔2020〕1566 号)，营造支持民营企业发展的良好舆论氛围。

2. 持续开展清理拖欠民营企业中小企业款项专项行动，截至 2020 年年底，累计推动政府、事业单位、国有企业清偿民营企业中小企业欠款超过 8 500 亿元，纠正了一些政府部门和大型国有企业利用优势地位以大欺小、拖欠账款行为。推动出台《保障中小企业款项支付条例》，通过召开新闻发布会、举办培训班、组织专家撰写解读文章等形式，加大宣贯力度。印发《关于做好〈保障中小企业款项支付条例〉施行工作的通知》(工信厅企业函〔2020〕225 号)，督促各有关部门和单位抓好落实。完善违约拖欠中小企业款项登记(投诉)平台功能。

3. 健全相关制度。经国务院同意，7 月 24 日我部会同国家发改委等 17 部门印发《关于健全支持中小企业发展制度的若干意见》(工信部联企业〔2020〕108 号)，提出了 25 条具体措施，并印发部门分工及落实举措，抓好具体落实。经刘鹤副总理批准，11 月 6 日以领导小组办公室名义印发《国务院促进中小企业发展工作领导小组办公室工作制度》(工信厅企业〔2020〕46 号)。

4. 抓好政策落实。抓好领导小组会议重点任务落实，强化阶段性政策与制度性安排相结合，狠抓政策落地，使企业应享尽享。委托第三方机构对全国 31 座参评城市开展 2019 年度中小企业发展环境试评估，将试评估情况向各地进行了反馈，并向社会公开发布试评估部分成果。此外，11 月对全国 12 个省开展促进中小企业发展实地督查，推动中小企业惠企政策落实。

5. 开展中小企业划型标准规定修订工作。会同统计局等部门在课题研究、调查分析和数据测算基础上，研究提出《中小企业划型标准规定(修订初稿)》及说明。

(三)着力推动中小企业专精特新发展

1. 加强专精特新“小巨人”企业培育。累计培育专精特新“小巨人”企业 1 832 家，28 个省级中小企业主管部门出台了“专精特新”中小企业培育认定办法，累计培育认定 3 万多家；26 个省份为“专精特新”中小企业提供资金支持，形成各地共同推进“专精特新”企业培育工作的格局。

2. 开展中小企业数字化赋能专项行动。印发《中小企业数字化赋能服务产品及活动推荐目录(第一、二期)》，发布电商平台、疫情防控等 10 类、223 家服务商的 254 项服务产品及活动。总结推介一批数字化赋能标杆中小企业和实践案例，示范带动更多中小企业加快数字化、网络化、智能化转型。发动电商平台，依托平台资源、渠道和技术优势，助力中小企业降成本、拓市场、稳就业。

3. 联合财政部举办 2020 年“创客中国”中小企业创新创业大赛。共举办区域赛 35 场、专题赛 17 场，参赛项目超过 25 000 个，较上年增长 60.0%。累计举办近 800 场对接活动，超过 1 300 个项目获得了 110 多亿元投资，115 家银行为参赛项目提供了近 15 亿元的授信，491 个龙头企业与 895 个项目达成合作协议。

4. 落实《促进大中小企业融通发展三年行动计划》，会同财政部新支持第三批开发区打造大中小企业融通型等 21 家创新创业特色载体，形成“龙头企业+孵化”共生共赢生态。

(四)着力优化中小企业公共服务体系

1. 印发《关于开展 2020 年中小企业公共服务体系助力复工复产重点服务活动的通知》(工厅企业函〔2020〕72 号)，推动服务机构提升服务实效。2020 年认定公告国家小型微型企业创业创新示范基地 117 家，向社会公示 2020 年度国家中小企业公共服务示范平台 214 家。开展 2020 年技术类示范平台享受支持科技创新进口税收政策申报和 2018 年批次平台的复审，目前具有免税资格的平台达 31 家。

2. 联合民政部印发《关于开展志愿服务促进中小企业发展的指导意见》，建立中小企业志愿服务体系，构建专家志愿者队伍。

3. 开展“企业微课”线上培训，在疫情期间为中小企业免费送政策、送技术、送管理。自 2 月 11 日上线以来，上线 700 多门课程，累计访问量超过

4 100 万人次。继续实施企业经营管理人才素质提升工程,克服疫情影响全年完成 1 800 名中小企业领军人才培训。

4. 完善中小企业管理咨询专家信息库,委托中国企业联合会举办线上中小企业管理咨询专家知识更新研修班、中小企业管理咨询义诊活动等,为中小企业开展管理咨询。

5. 与教育部联合开展 2020 年网上中小企业“百日招聘”高校毕业生活动,引导和鼓励高校毕业生到优质中小企业工作,近 1. 6 万家企业发布了 25 万个工作岗位。

6. 与中国光大集团共同签署《促进中小企业发展战略合作协议》,在综合金融、创业创新、新基建建设、国际交流等方面加强双方合作,共促中小企业发展。此外,与中央统战部等共同开展全国抗击新冠肺炎疫情民营经济先进个人表彰活动,表彰 100 位抗击疫情民营经济先进个人,其中包括中小企业出资人 30 位。

(五)着力缓解中小企业资金紧张

1. 联合人民银行、银保监会等部门出台对中小微企业贷款阶段性延期还本付息、强化中小微企业金融服务、加大小微企业信用贷款支持等 4 个文件。2020 年银行业金融机构累计对 66 000 亿元贷款实施延期还本付息;累计发放普惠小微信用贷款 39 000 亿元,同比增加 16 000 亿元;截至 2020 年年底,小微企业续贷余额达 22 500 亿元,同比增长 56. 4%。工业和信息化部办公厅印发加快推动金融支持中小微企业复工复产政策落实、进一步加强中小微企业金融服务政策落实 2 个通知,指导各地加强政企银对接,推动政策精准有效落地。

2. 联合财政部安排 30 亿专项资金对小微企业融资担保业务实施降费奖补。该政策实施 3 年来,惠及效应持续扩大,形成了“面扩、量增、费降”的效果,平均年化担保费率由 2017 年的 1. 8%降至上年的 1. 43%。与银保监会等 7 部门印发《关于做好政府性融资担保机构监管工作的通知》(银保监发〔2020〕39 号),推动政府性融资担保机构完善绩效评价体系,提高风险容忍度。

3. 与财政部共同推动国家中小企业发展基金有限公司于 6 月在上海注册设立,公司注册资本 357. 5 亿元,其中中央财政出资 152. 5 亿元。

4. 与人民银行等部门联合印发《关于规范发展供应链金融支持供应链产业链稳定循环和优化升级的意见》,持续推动小微企业应收账款融资。

5. 印发《关于做好优质中小企业上市培育工作的通知》(工信厅企业函〔2020〕66 号),与金融机构联合开展优质中小企业上市融资服务对接、债券融资辅导对接等活动,引导优质中小企业对接资本市场。举办金融知识普及教育培训班,引导地方帮助小微企业强化融资技能,提高融资能力。

(六)着力推动中小企业交流合作

1. 加强 G20、APEC、东盟—中日韩、中欧等双多边机制合作,宣传中国推动疫情精准防控和帮助受影响中小企业渡过难关的政策举措。推动将中国支持中小企业发展经验做法纳入《G20 数字经济部长应对新冠肺炎声明》。与德方签署《关于开展中小企业经营管理人员培训合作备忘录(2020—2022)》,加强两国优秀中小企业管理人员交流合作。参加第 50 次 APEC 中小企业工作组会议、第 26 次 APEC 中小企业部长会议和第 11 次中欧中小企业政策对话会,推动加强中小企业领域合作方面共识。

2. 会同中国银行继续落实《促进中小企业国际化发展五年行动计划(2016—2020 年)》,在全球共举办 70 场跨境撮合对接会,吸引来自 125 个国家和地区的 3 万余家企业参加。

3. 推动中外中小企业合作区建设。组织举办中国—中东欧国家中小企业复工复产视频信息交流会议,组织全国 13 个中外中小企业合作区等近 300 家企业参与线上交流对接,签订合作备忘录 29 个,达成合作意向 19 个。与山东省人民政府联合举办 2020 中德中小企业合作交流大会。支持青岛创建“一带一路”中小企业合作区,培育“一带一路”(威海)中小企业合作区、中欧(重庆)中小企业合作区,引导区内中小企业集聚全球技术、人才、资金等创新要素资源,提升企业国际竞争力。

4. 采取线上线下结合方式在中东欧、东盟与日韩及香港举办“创客中国”国际中小企业创新创业大赛境外分站赛。

三、中小企业发展面临的新形势及下一步工作重点

（一）面临的新形势

当今世界正经历百年未有之大变局，国际经济政治格局复杂多变，逆全球化趋势持续，传统国际经济循环明显弱化、甚至是受阻。受新冠肺炎疫情等因素的影响，全球产业链供应链遭遇冲击、面临重构，中小企业转型升级、开拓市场面临挑战加大。国内经济结构调整任务艰巨，"碳达峰""碳中和"目标下生态环境保护压力加大，中小企业传统发展模式难以为继。中小企业综合素质还不能适应高质量发展要求，企业内部治理结构有待完善和规范，创新能力和专业化水平不高，迫切需要提升发展质量。同时，2021 年也是中国"十四五"开局之年，新发展理念的贯彻落实，将推动现有的中小企业政策体系更加完善、新的支持政策陆续出台，为中小企业优化升级，提升创新能力、竞争力和综合实力提供有力的政策保障。新发展格局的逐步构建，将促进国内国际市场布局、商品结构、贸易方式不断优化，居民消费水平和层次不断提升，现代流通体系不断健全，有利于充分发挥中国国内超大规模市场优势，为中小企业创新发展营造新的市场空间。有效市场和有为政府的更好结合，将推动高标准市场体系加快建设，公平竞争机制不断完善，同时加速转变政府职能，持续推进"放管服"改革，为中小企业提供更为有利的发展环境。新一轮科技革命和产业变革，将改变以往的资源配置方式、生产组织方式和价值创造方式，引导传统产业优化升级、未来产业加速形成，推动创新资源加速向中小企业汇聚，促进中小企业成长为创新重要发源地。中小企业必须牢固树立"创新、协调、绿色、开放、共享"发展理念，增强发展动力、厚植发展优势，努力在危机中育新机、于变局中开新局。

（二）2021 年工作重点

2021 年，工业和信息化部将坚持以习近平新时代中国特色社会主义思想为指导，全面贯彻党的十九大和十九届二中、三中、四中、五中全会精神和中央经济工作会议精神，深入贯彻新发展理念，充分发挥国务院促进中小企业发展工作领导小组办公室的综合协调作用，会同有关部门全面实施《中华人民共和国中小企业促进法》，围绕进一步优化政策体系、服务体系和发展环境三个领域，聚焦着力缓解中小企业融资难融资贵，着力加强中小企业合法权益保护两个重点，紧盯提升中小企业专业化能力和水平这一目标，构建中小企业"321"工作体系，支持中小企业成长为创新重要发源地，促进中小企业工作迈上新台阶。

1. 进一步优化政策体系。不断完善促进中小企业健康发展的政策体系，抓好惠企政策落实。编制"十四五"促进中小企业发展规划。做好中小企业划型标准规定修订工作。进一步探索利用大数据开展中小企业运行监测分析，加强形势研判，及时发现苗头性、倾向性问题，加强政策研究，丰富政策储备。

2. 进一步优化服务体系。继续培育认定国家中小企业公共服务示范平台和国家小型微型企业创业创新示范基地。完善中小企业公共服务一体化平台，发展中小企业志愿服务专家队伍，为中小企业发展提供全方位服务。抓好人才培养，继续做好中小企业经营管理领军人才培训、中德中小企业经营管理人员培训，丰富"企业微课"内容，构建线上线下相结合培训体系。发挥双多边合作机制，办好中博会暨中小企业国际合作论坛、APEC 中小企业技术交流暨展览会等重大活动，推进对外交流合作。

3. 进一步优化发展环境。加强部门联动和统筹协调，推动各地强化促进中小企业发展协调机制建设，推动惠企政策落地见效。抓好中小企业发展环境第三方评估，推动各地开展本地区第三方评估工作，形成上下联动、横向协同、覆盖全国的评估体系。开展中小企业发展宣传报道优秀作品征集发布活动，引导和动员各类新闻媒体加强惠企政策宣传，不断优化中小企业发展环境。

4. 着力缓解中小企业融资难融资贵。落实金融惠企政策，加强政企银对接，及时推动出台金融支持中小企业接续政策。发挥工业和信息化部战略合作银行作用，推动加大对小微企业信贷投放，扩大首贷、信用贷、无还本续贷政策惠及面，降低融资成本。落实小微企业融资担保业务降费奖补政策。拓宽中小企业直接融资渠道，发挥国家中小企业发展基金引领作用，加强优质中小企业上市培育，加大对种子

期、初创期成长型中小企业的支持力度。

5. 着力加强中小企业合法权益保护。切实抓好《保障中小企业款项支付条例》的宣传解读和贯彻落实,优化违约拖欠款项登记(投诉)平台功能,制定投诉处理办法。搭建中小企业规模类型测试平台,研究制定中小企业规模类型认定办法,便利各地认定自测、匹配相应政策。继续实施中小企业知识产权战略推进工程,保护中小企业创新成果。将中小企业权益保护情况纳入中小企业发展环境评估,压实责任,推动各地做好工作。

6. 着力提升中小企业专业化能力和水平。实施中小企业专业化能力提升工程,通过3~5年时间,带动孵化百万家创新型中小企业,培育十万家省级"专精特新"中小企业,遴选公告万家专精特新"小巨人"企业。发展中央财政资金引导作用,支持专精特新"小巨人"企业发展,推动"小巨人"企业加快向单项冠军、领航企业发展,有序提升优质企业群体数量。继续办好"创客中国"中小企业创新创业大赛,深入开展数字化、工业设计、"三品"战略赋能中小企业工作,推动大中小企业融通创新。

(撰稿:周可心)

2020年民营企业发展综述

中国民营经济研究会

党的十八大以来,以习近平同志为核心的党中央高度重视民营经济发展工作,提出了一系列新理念新思想新战略,团结带领民营经济人士坚定不移听党话、跟党走,鼓励支持引导民营经济健康发展,民营经济的地位持续提升、作用更加凸显。

进入2020年,受国际国内多种因素的叠加影响,特别是新冠肺炎疫情对经济社会的严重冲击,民营企业生存发展压力普遍较大、风险挑战明显增多,民营企业出现预期不稳、信心不足,中国民营经济发展面临一定的挑战。随着中国逐步迈入新发展阶段,民营经济发展的历史性新机遇随之而来。在这种大背景下,为更好地促进民营企业发展,亟待从理论层面、制度层面、实践层面进一步总结和回顾2020年中国民营经济发展状况,适时做些前瞻性研判和分析,为中国民营经济未来的健康成长提供一些参考。

一、民营企业对社会经济发展的贡献

党的十八大以来,国家为鼓励民营经济发展出台一系列支持政策,民营经济得以快速发展,党的十九大就民营经济高质量发展做出系列重要论述,民营经济呈现更加健康的发展势头,民营经济"56789"的重大贡献日益凸显。

(一)民营经济在就业、创新、进出口等领域领衔国有、外商投资等企业

改革开放40余年,民营经济从无到有,从小到大,从弱到强,已成为中国社会主义市场经济发展中的重要力量。2018年习近平总书记在民营企业座谈会上指出:"中国经济发展能够创造中国奇迹,民营经济功不可没!"当前民营经济呈现出显著的'56789'的特征,即整个经济体系中,中国民营经济贡献了50.0%以上的税收、60.0%以上的国内生产总值、70.0%以上的技术创新成果、80.0%以上的城镇劳动就业、90.0%以上的企业数量。

一是私营企业及个体吸纳就业人数占比持续攀升,乡村地区尤为显著。

随着民营经济的快速发展,吸纳就业的能力亦在持续加强,当前,民营经济领域已成为中国创业、就业的重要领域。据统计,2019年,私营企业个体吸纳城乡就业人数超4亿人,占城乡总就业人数的50.0%以上。同时,带动乡村就业增长速度明显超过城镇,2016年以来,私营企业和个体带动乡村就业

人数同比增长保持在10.0%以上，对中国实现乡村振兴战略有重要的推动作用。

二是私营企业进出口同比增长领涨其他企业，2021年同比增长持续在30.0%以上。2015年至今，私营企业、国有企业和外商投资企业外贸发展总体趋势保持一致，2019年以来，私营企业进出口累计同比持续高于同期国有企业、外商企业进出口累计同比。2020年一季度，疫情生产活动停滞，供需双弱，私营企业进出口同比回落幅度显著低于国有企业、外商投资企业。后继随着疫情防控的常态化，复产复工有序推进，私营企业外贸较于国有企业、外商投资企业更快反弹，2021年私营企业进出口同比增长持续保持在30.0%以上，成为拉动中国外贸增长的重要力量。

三是私营企业创新能力更为活跃，科研投入力度及成果应用效果显著强于国有企业。“十三五”期间，中国科技创新力量喷涌而出，“十四五”期间创新战略更是提升到前所未有的高度。叠加当前国际矛盾复杂多变，全球化受阻，科技封锁，产业链回流，供应链重构等多种形势错综复杂，企业创新势在必得。较于国有企业，民营企业创新能力更为活跃，在研发投入、高新区企业数量、实现收入等方面均占有一定的优势。

从研发投入来看，和国有企业相比，私营企业研发投入力度更大。2012年至今，私营企业研发投入力度明显加大，而同期国有企业研发投入力度呈现下降趋势，两者研发投入差距愈发拉大。至2018年，私营企业R&D经费占全国总经费的比重首次超过30.0%，后延续提升态势，2020年，私营企业R&D经费是国有企业的36倍。

2010年以来，高新区企业数量快速增长，高新区私营企业数量增速更为显著，成为中国高新技术企业发展的重要主体。2015年以来，高新区私营企业数量年均增速保持在10.0%以上，至2019年高新区私营企业数量近7万个，是国有企业数量的1.2倍。在企业数量不断增长的同时，经济指标亦跟随亮眼，2019年，高新区私营企业总收入超过600 000亿元，同比增长16.0%，实现净利润超过30 000亿元，同比增长9.0%。

（二）民营经济积极参与国家“一带一路”等重大战略

2021年5月，国家发改委新闻发布会上表示支持民营企业参与国家重大战略。支持引导民营企业参与“一带一路”建设，支持民营企业积极投资建设集中式或分布式新能源、大容量储能设施，开展“风光水火储一体化”“源网荷储一体化”示范项目建设。

2013年首次提出“一带一路”国家战略至今，民营企业在“一带一路”高质量发展中发挥了重要作用。据全国工商联统计，2020年，民营企业500强中，有191家企业参与了“一带一路”建设，主要以制造业和基础设施为主。同时，民营企业通过参与“一带一路”国家大格局，对自身也是一个锻炼和规范的重大机会。走出去的民营企业在国际化的发展中不断积累经验，在变化日益急速的国际环境中，竞争能力、应变能力、经营能力得以持续提升，逐渐发展为世界知名企业，诸如腾讯、阿里、华为等一大批世界知名企业，为后继中国民营企业参与“一带一路”建设打下坚实的基础。

2015年至今，中国对“一带一路”沿线国家投资增长显著，承包工程亦有所稳步推进。2020年年初，承包工程累计值同比增长超一倍，后续受新冠肺炎疫情影响，同比虽有所下滑，但绝对值仍据相对高位水平。从出口来看，自2015年，随着中国和“一带一路”沿线国家贸易往来逐步紧密，海上丝路出口贸易指数延续上升趋势，至2021年9月，海上丝绸出口贸易指数为234.3个点，为2015年以来最高值。

（三）积极履行社会责任，在重大突发公共安全事件中贡献力量

2020年初，一场突如其来的新冠肺炎疫情席卷全国。民营企业纷纷响应国家号召，主动参与新冠肺炎防疫工作。疫情期间，根据全国工商联医药商会统计，仅该商会组织下的会员企业捐款、捐物累计金额达8亿元，部分民营医药、医疗企业纷纷响应政府号召，临时改造生产车间制作口罩、防护服等防疫用品，并通过特批运输通道送到所需城市，全国民营连锁药店54万家，疫情期间90.0%以上没有停止营业。特别是，中国科兴集团，于2020年1月28日启

动新冠肺炎疫苗研制行动。在中央的关怀支持下，科兴公司仅用77天就完成了疫苗临床前研究全部工作，进入临床试验，为抗击疫情做出了突出的贡献。

2020年新冠肺炎疫情突袭至今，我们要继续毫不放松抓好常态化疫情防控，奋力夺取抗疫斗争的全面胜利。当前，疫情仍在全球蔓延，国内零星散发病例和局部疫情扩大的风险仍然存在，夺取抗疫斗争全面胜利还需要付出持续努力，期待在未来，民营经济在国家重大公共卫生事件中可以发挥更加重要作用。

二、新发展阶段，民营企业面临的新挑战新机遇

"十四五"规划纲要明确提出中国经济转向高质量发展阶段，进入新发展阶段，中国经济社会发展中出现诸多新的趋势性特征，民营企业既面临更大的挑战，新战略、新举措也为民营企业带来历史性新机遇。民营企业要顺应经济发展大潮，及时调整企业经营策略，以应对新的挑战，抓住历史性机遇，推动自身快速发展。

（一）新发展阶段，中国民营企业面临的挑战

一是碳达峰、碳中和战略下，传统行业民营企业面临着转型升级的挑战。《2030年前碳达峰行动方案》明确指出，到2025年非化石能源消费占总能源消费比值的20.0%，到2030年该比值为25.0%。即碳中和将成为未来中国经济发展的主线，能源转型升级带动制造业再造，传统行业必将面临升级阵痛期。从全产业链来看，各行业各领域均将基于绿色化视角进行生产，在当前市场化、多元化生态补偿机制尚不健全的情况下，诸如采矿业、电力、热力、燃气等传统行业必将要面对转型升级的挑战 。

二是国内外多重因素共同影响，中国民营企业海外投资面临一定的挑战。当前中国民营企业参与"一带一路"的行业主要是基础设施及制造业，尤其是基础设施领域，均普遍存在周期长，投入高等特点，而当前中国对民营企业在使用大额外汇、资本流动方面面临一些难度，致部分项目无法实现资金的顺利对接，同时，外汇市场的波动也在一定程度上增加了民营企业的财务成本的困窘；同时，海外部分国家政治、经济风险加剧，中国民营企业的合法利益面临威胁。如欧美国家对中国企业的投资戒备心较重，设置了复杂的法律、行政程序，FDI及绿地投资面临日益苛刻的审查风险，东南亚、南亚地区的政治、安全等问题较为突出，非洲恐怖主义带来的安全威胁短时难以消除，中亚地区随着塔利班的卷土重来面临着政治、经济重建的困境等等，在此背景下，中国民营企业海外投资面临着复杂的风险与挑战。

三是中小企业银行贷款仍在低位，加之经济仍存不确定性，民间投资增速面临一定挑战。

2010年以来，金融机构对小微企业贷款余额增速在前期高点呈现持续下滑趋势，2019年普惠金融虽然在一定程度上缓解了小微企业贷款困境，贷款余额增速虽有所提振但仍未根本性解决小微企业融资"难且贵"的问题。

民营企业融资难问题尚未实现根本性解决，提振民间投资根源不牢，一定程度上导致民间投资增速下滑。同时，民间投资增幅与经济增速走势存有高度一致性，即民间投资对经济增长有着显著的推动作用；中国经济状况亦会影响民间投资，经济增速回落期间，民间投资信心不足。数据显示，2016—2019年，民间投资同比增速回落至个位区间，2020年受新冠肺炎疫情影响，同比更是在负增长区间，2021年在民营企业生产活动逐步恢复，发展愈发稳定，加之上年低基数的影响，民间投资增速转负为正。后期全球经济下行压力加大，中国亦存有较大不确定性，民间投资意愿不足，仍存有下滑预期。

四是数字化转型时期，中小微企业发展面临一定挑战。企业数字化转型升级是一项复杂的系统工程，在软硬件购买、系统运维、设备升级、人才培养等方面需要持续投入大量时间和资金，而大部分中小企业并不具备相应的实力和基础。多数中小企业自身资金有限、生存压力大，对于投资大、周期长、见效慢的数字化转型升级，单纯依靠自身资本投入几乎难以为继。从外部看，融资难一直是中小企业发展的难题，很多小微企业是通过民间借贷、内部集资解决资金问题，迫于成本压力不愿意将有限的资金投入到数字化建设。

与此同时，民营中小企业现有的管理技术水平也难以满足中小企业数字化转型升级需求。一方面，中小企业自身技术水平不高，难以满足企业数字化平台的开发、部署、运营和维护需求，同时对数据缺乏有效采集，数据分析水平也难以满足生产流程优化、精准化营销、商业模式创新等需求。另一方面，目前市场上的数字化升级改造服务大多是提供通用型解决方案，无法满足中小企业个性化、一体化需求。

人才储备严重不足也是不同行业民营中小企业数字化转型路上的“拦路虎”。很多中小企业主要负责人对数字化认识仍不充分，只了解一些概念，摸不清转型升级路径。大部分中小企业尚未建立数字化人才培养体系，在生产、营销、运营、管理等环节都缺乏数字化人才的支撑，制约了数字化转型升级速度。与此同时，中小企业存在吸纳数字化人才困境，面临招不来、用不起、留不住人才的难题。中小企业想通过自身努力实现数字化转型难度大，急需国家的政策扶持和帮助。

对于很多企业来说数字化转型的过程中都会遇到一些普遍性难点：普遍没有高水平的数字化战略，如果企业的决策者没有意识到数字化转型的紧迫性和重要性，那么企业的数字化转型就不会成功。数字时代的竞争要求企业领导对数字技术和新兴商业模式具有高度敏感的洞察力，经常反省和调整公司的战略。数字化转换的领导能力和问责制度意味着数字化转换必须得到高级管理层的支持和授权；普遍缺乏数字化转型的文化，很多企业在推进数字化转型的过程中，并没有赋予新的数字化内涵的企业文化，或者在各部门人员的认识上不统一，盲目开始转型。这样，在没有充分准备的情况下开始就会带来一系列强大的阻力，导致企业数字化转型的失败；普遍没有合适的平台，在企业数字化转型中，业务需求变化迅速，新技术层出不穷，数字系统需要稳步扩张，平稳演进。封闭的系统或平台将严重阻碍数字转型。一个笨重僵化的技术平台很难快速响应数字经济时代的客户需求。在以数字化、网络化、智能化为特征的新一轮数字化转型过程中，适合企业的技术平台发挥着重要作用；普遍没有系统的设计能力，缺乏顶层的系统设计，数字化转型就不会成功。如果认为数字化就是去系统完善一条业务线，跟随纯硬件供应商或者没有行业经验的开发者去从事数字化，很容易把数字化转化为信息化。

五是新旧企业家更替，新一代企业家成长仍需要多方关注。市场活力来自于人，特别是来自于企业家，来自于企业家精神。改革开放 40 多年来，中国民营经济之所以能从小到大、从弱到强，是与广大民营企业家辛勤劳动、不懈奋斗分不开的。从 1980 年，温州的章华妹领到了第一张个体工商户营业执照；到 1987 年，全国城镇个体工商等各行业从业人员已经达 569 万人；截至 2017 年年底，中国民营企业数量超过 2 700 万家，个体工商户超过 6 500 万户。如今，随着时代的飞速发展，这一代的老企业家业已功成名就，逐渐开始退休走入幕后，而新生代的企业家则开始走向台前独当一面。随之而来的苦恼就是，新老两代企业家的交棒却并非那么顺畅。

中国老企业家普遍面临二代接班的问题，而真正实现顺利接班的尚属少数，大部分家族企业还处于磨合过程中。本应是“青蓝接力”，但目前不少家族企业却出现“青蓝不接”的情况。究其原因，主要是：兴趣差异，有过半数民营企业接班人对接班没有兴趣；理念差异，多数接班家族企业的青年企业家反映与父辈的最大矛盾冲突体现在管理理念的不同，一代企业家不肯完全放手让二代建立现代化职业经理人的管理模式；经历差异，虽然二代企业家普遍接受了良好的教育，但多数缺少基层经验、带领团队经验和生产经营管理能力，需要在实践中不断磨炼和积累。因此，更好地帮助新生代企业家健康成长，顺利地接管企业，实现自身健康成长的同时，确保企业健康发展，是关系到中国民营企业健康成长的一件大事。

（二）中国民营经济面临的历史性新机遇

一是减碳力度、政策进一步深化要求下，清洁能源行业发展进入快车道。据申万行业公布，截至 2021 年 11 月 12 日，光伏设备指数为 34 514，市盈率为 61.7 倍，风电设备指数为 13 281，市盈率为 30.8 倍，两者较年初增长均近一倍。在减碳力度明显加大的当下，清洁能源发展进入快车道，尤其是 2021 年以来，发展更为迅速。

二是北交所设立适逢其时,有效带动创新性中小企业直接融资。2013年,中国设立新三板,鉴于投资门槛过高、交易量释放不足,中小企业直接融资功能未能如愿发挥。2021年北交所成立,有望为创新型中小企业直接融资打开新局面,特别是专精特新的中小企业。另外,企业上市门槛有所降低,有望吸引更多企业入驻,培育一批"专精特新"中小企业,引领中小企业创新、健康发展,为中国经济发展贡献新的力量。11月15日,北交所正式开市,新股表现亮眼,如N同心暴涨近5倍,N志晟暴涨近3倍,创新中小企业直接融资迎来关键机遇。见表1。

"专精特新"是未来中小企业发展的方向,北交所的设立表明,资本市场在支持"专精特新"中小企业融资发展方面加大了支持力度,创新服务模式,真正提升中小企业直接融资比重,有效解决中小企业融资"难且贵"的历史难题。

表1 北交所开市当天新股涨幅

名 称	现 价 /元	涨跌幅 /%	名 称	现 价 /元	涨跌幅 /%
N同心	23.45	493.67	N中设	10.81	140.22
N大地	31.40	261.75	N汉鑫	37.80	136.25
N志晟	23.05	238.97	N广道	28.75	134.69
N晶赛	56.53	208.57	N中寰	30.00	123.05
N恒合	19.88	148.50	N科达	27.60	112.31

数据来源:wind,中国民营经济研究会综合整理。

三是在RCEP有序推进下,民营企业迎来进入超大规模的海外市场的同时,更加深入扎根广阔的国内市场。一方面,RCEP的有序推进助力民营企业更好的"走出去"。近期习近平总书记在第四届中国国际进口博览会开幕式上发表主旨演讲时表示,区域全面经济伙伴关系协定(RCEP)国内核准率先完成。商务部表示,RCEP全面生效实施后,将带动全球近1/3的经济体量形成统一的超大规模市场,为区域乃至全球经济增长注入强劲动力。民营企业必将受惠其中,在货物贸易进出口、投资领域及营商环境等方面均迎来巨大机遇,未来在很大程度上降低企业成本。另一方面,国内强大的内需市场是民营企业强力支撑。2021年10月,中国社会消费零售总额超过40 000亿元,同比增长4.9%,中国有着世界上最大的消费市场,同时中国是一个拥有14亿人口,4亿中等收入群体的大国。未来,随着中等收入群体的进一步扩大,中国将进一步释放出更大的消费潜力,为民营企业提供强有力的内需支撑。

四是在乡村振兴大战略下,民营企业在农村建设、农企进驻等领域的发展迎来历史性机遇。民营企业在投入农村基础设施及公共服务建设,农村环保工程建设,积极参与农村交通、供气、供水等基础设施建设工程,加快农村网络、物流基础设施建设,推进农村数字化建设,推进农产品仓储保鲜、冷链物流等的建设等领域迎来重大机遇。未来民营企业可在农村垃圾运输车,垃圾收、储设备等方面积极布局,在农畜牧业经营中的污染处理、节水灌溉、养殖场污水、废物集中处理,秸秆回收转化等领域亦将持续发力;在当前城乡公共服务差距进一步拉大,民营企业在农村教育、医疗构建方面迎来参与机会,如民营幼儿园在合理安排、合适费用的前提下进驻农村地区,优化农村幼儿园的教学资源;在当前碳达峰、碳中和要求下,民营企业应科学评估构建农村现代能源体系,优化农村能源供给结构,太阳能、光伏等企业应因地制宜对乡村地区开发利用,推进能源消费升级,积极稳妥推进农村散煤替代、煤改气工程,实现节能减排与升级换代的双目标。

本地民营企业可充分利用自身资源及人力优势,在当地政府的相关政策扶持下,积极整合上下游资源,优化产业链结构,发展成为当地龙头企业;利用好"互联网+"引入新产业、新业态,创新农产品电商消费模式,相应的电商平台、物流企业等公司发挥积极带头作用,带动组织、培训农户电商相关知识,完善农产品物流与产销体系,因地制宜打造当地品牌效应，根据当地实际情况，进行产业规划，打出特色品牌；民营企业要充分发挥好农业产业园、农业加工园等平台优势，推动农产品初加工、精加工、深加工等产业的发展，提升产品附加值，坚持完善农村产业链条，促进农产品生产、加工、储藏、运输于一体的产业集群，鼓励运输业、仓储业、物流业、农产品加工业等企业在农村投资建厂。

三、支持民营经济健康发展的建议

当前，中国已进入加快推进高质量发展、加速构建新发展格局、努力推动共同富裕取得实质性进展的新发展阶段。进一步深化支持中国中小民营企业健康发展，面临着许多新情况新问题，需要进一步完善顶层设计，采取针对性措施予以推动解决

一是要积极打造可预期的营商环境。建议在全国推广清廉民企建设和新官理旧账机制。借鉴浙江、江苏等地区在清廉民企和“理旧账”的成功经验，加强和改进非公有制企业党的建设工作。发挥党组织和党员的清廉引领作用，将全面从严治党的工作落实到民营企业中去，引导企业在经营活动中不踩红线、不行贿，树立规则意识和法治意识，加强自律；同时，通过引导广大企业将诚信廉洁、守法经营的发展理念融入企业制度、文化和经营活动中，带动企业乃至行业共同向善；加大力度解决企业历史遗留问题，让企业“有恒产有恒心”。推动建立信用受损企业、入黑名单企业和破产重整企业信用修复、污点销号机制，帮助企业“重整旗鼓”。

二是要深入探索新生代企业家教育传承模式。建议针对年轻企业家群体特点，开发形式新颖、为新生代企业家乐于接受的教学课程，增加思想政治工作的实效性。强化党建引领，大力实施政治领航，逐步提高新生代党员企业家比例。建立新生代民营企业家人才库，以行业独角兽、专精特新和隐形冠军、新产业、新技术、新业态、新模式等新经济领域为重点，及时发现政治素质高、创新能力强、发展潜力大的新生代企业家，根据梯队需求实施差异化培养。建立健全企业家代际传承的长效机制，持续加大“青蓝新学”教育投入，不断探索新的有效传承教育模式。

三是要集中各方力量，积极推动民营企业数字化转型升级。通过财政基金引导、贷款贴息、优先保障工业用地等多种途径，进一步鼓励支持创新型中小企业发展，补强产业链、供应链。同时注重发挥创新型中小企业的示范带动作用，引导传统制造业企业适应数字化智能化转型大趋势，加快推进转型、努力向高质量发展跃升。

要进一步统一认识，把消除中小企业数字鸿沟作为重要战略目标，摆上重要日程，国家要统一制定专项规划并切实落实到位。要通过各种教育和培训措施提高中小企业对数字化转型的必要性、重要性和如何转型的认识，把引进 IT、IoT、AI 和改革企业治理和管理、改革传统文化结合起来，以实现创新发展、高质量增长的转型目标；要使数字工具易于应用，降低运行成本是推进中小企业数字化的关键。政府要制定推动 IT 服务企业为中小企业提供数字化转型服务的方案和措施，引导他们立足于中小企业的转型诉求，为中小企业开发和提供成本低廉的 IT 工具和优质服务；要制定转型配套政策。各级政府要真正了解中小企业在转型中的难点、痛点，有针对性地制定支持政策，在培训、融资、财税、降低转型制度成本方面，对转型企业提供全面支持，以激励中小企业加快转型的积极性。在对 IT 服务公司提供政策支持时，要注意扶持的出发点，不是为了满足其自身的发展要求，而是要以有效帮助中小企业数字转型为目标，防止出现政府出钱“培育了”IT 服务公司，却没有解决中小企业转型需求端问题，以至于出现政策目标和实施效果相乖离的现象，必须要加强转型的组织领导。国家和地方都要设立专门领导机构，建议相关部门会同 IT 供应商、高等院校、商会行业协会等工商团体等通力合作，共同推进中小企业数字化。要制定数字化进度和效果的考核指标，根据转型发展动态，及时调整政策措施。

四是要推进高水平对外开放，帮助民营企业“走出去”主动融入区域经济一体化、国内国际供应链产业链中去。近年来，一批批民营企业“走出去”，提升了自身的国际竞争力，还助力相关国家发展经济、扩大就业、改善民生，实现互利共赢发展。一方面要强化引导，当前各种不确定因素增加，一些企业家对“走出去”心生疑虑、多有顾忌；对此，各地各部门要

引导民营企业进一步强化信心，把握大势，顺应潮流，进一步对接国家战略，尤其是把握好“一带一路”建设深入推进的历史机遇，敢于去世界市场的汪洋大海中冲浪击水；此外，要引导民营企业进一步修炼“内功”，不断加强企业自身能力建设，主动适应市场多元化需求，探索外贸新业态新模式，积极转型升级优化重组，增强市场竞争力；另一方面要强化服务保障，水深、浪急之处，可以经风雨、见世面、壮筋骨。但做好服务保障、防范风险，同样重要。应该看到，民营企业在纷繁复杂的国际环境中仍面临不少“痛点”，比如抵御风险能力较弱，融资难、融资贵问题依然存在等。对此，各地各部门要坚持问题导向、需求导向，积极创新方法手段，营造更好环境。比如进一步完善鼓励民营企业参与“一带一路”建设的激励机制，分发更多政策红包；比如继续深化“放管服”改革，促进贸易便利化水平不断提升；比如构建更为及时有效的风险监测预警和防范体系，为民营企业提供符合其特点的风险防范服务。

五是要积极鼓励民营企业参与医疗、卫生、养老、住房、救助等高水平优质公共服务供给。促进民营企业从业人员参加社会保险与医疗保险，建立健全民营企业困难职工帮扶机制，探索公建民营、民建公助、委托代理等方式提高公共服务的专业化水平；鼓励民营资本下乡参与乡村振兴建设，探索民营经济在东西部协作和对口支援的产业合作、劳务协作和飞地经济等方面的帮扶机制，发挥行业协会商会在民营企业缩小城乡区域发展差距的协调与监督作用；支持民营企业以创业带动就业、拓展民营企业从业人员增收空间、创新民营企业要素参与分配机制、扩大中等收入群体、构建和谐劳工关系，鼓励民营企业在新发展阶段，顺应新发展要求，将企业的发展与国家的发展相结合，引导企业嵌入到国家发展的大格局中去，帮助民营经济在建设中国特色社会主义经济中发挥更大的作用。

（撰稿：郭　金　方　肖）

2020年吸收外商直接投资综述

商务部国际贸易经济合作研究院外国投资研究所

一、2020年中国外商投资宏观政策导向和重点目标

因为全球新冠肺炎疫情和国内外经贸形势的不确定性，为认真贯彻习近平总书记关于统筹推进疫情防控和经济社会发展工作等重要讲话精神，2020年政府工作报告对外资工作部署的总体目标是：推进更高水平对外开放，稳住外资基本盘。

（一）2020年发布的有关外资的重要政策文件

2020年中国政府发布的关于外资的文件主要包括：国家发改委发布《关于应对疫情进一步深化改革做好外资项目有关工作的通知》，商务部发布《关于应对疫情进一步改革开放做好稳外资工作的通知》，国务院办公厅发布的《关于进一步做好稳外贸稳外资工作的意见》，以及商务部发布的《外商投资企业投诉工作办法》等，涉及以下几方面内容：

1. 支持外资项目和外资企业复工复产。2020年年初，因为新冠肺炎疫情导致不少企业的正常生产经营受到严重冲击和影响，为此必须首先建立健全应对新冠肺炎疫情工作机制，统筹好疫情防控和复工复产，把外资项目和外资企业复工复产作为重要工作。其次，强化属地责任，分级分类，因地制宜，指导外资企业在做好防疫工作前提下有序复工复产，尽快恢复正常生产经营秩序。

2. 推动更高水平对外开放。一是落实准入前国民待遇加负面清单制度，进一步压减外资准入负面清单条目；二是进一步扩大《鼓励外商投资产业目录》，聚焦促进制造业高质量发展，进一步扩大鼓励

范围，引导外资更多投向先进制造业、新兴产业、高新技术、节能环保等领域；三是推进自贸试验区、自由贸易港的开放高地建设，更好地发挥扩大开放先行先试作用；四是扩大服务业改革开放部署，深入推进北京市服务业扩大开放综合试点，研究在全国进一步扩大服务业开放试点；五是推动国家级经开区创新提升，突出高质量发展，突出对外开放导向，精简优化考核评价指标体系；六是推动区域开放发展，落实西部大开发、东北振兴、中部崛起、京津冀协同发展、长江经济带发展、长三角一体化发展、粤港澳大湾区建设战略举措。

3. 进一步推进商务领域“放管服”改革。首先，提高外资项目备案便利化程度。全面实行告知性备案、在线办理。简化外资项目核准手续，取消五类附件材料，推行不见面办理，新冠肺炎疫情期间可以容缺受理。其次，简化外资项目核准手续。项目单位提交项目申请报告，除规定内容外，无须附企业财务报表、资金信用证明、环境影响评价审批文件、节能审查意见、国有资产出资确认文件等，并且采取多种方式保障疫情期间加快办理。再次，实施外商投资信息报告办法。会同市场监管部门实施《外商投资信息报告办法》等规定，做好工作衔接，完善数据接口，不断优化工作流程，切实减轻企业负担，确保信息报告制度有效运行。最后，健全事中事后监管制度。加快推动政府职能转变，在简政放权的同时，加强事中事后监管，加快建立健全统一开放、竞争有序的现代化市场体系，推进跨部门“双随机、一公开”监管，推行“互联网+监管”。

4. 持续优化外商投资环境。2020 年中国不断优化外商投资环境，首要的工作重点是，全面落实《外商投资法》及其配套规定，继续清理、修订、废止与外商投资法不相符的法规、规章和规范性文件，确保对外商投资的各项规定都能够更好地细化落地。包括加大对《外商投资法》及其实施条例的宣传解读和培训力度，确保外商投资促进、保护和管理的各项制度有效实施；持续推进外商投资法规文件“立改废”；完善外国投资者战略投资上市公司管理制度；落实外资企业依法平等享受各类支持政策、平等参与标准制定和政府采购等制度，着力营造内外资公平竞争的法治环境。其次，是进一步提升通关便利化水平。持续优化口岸营商环境，继续巩固压缩货物整体通关时间成效，进一步推动规范和降低进出口环节合规成本，在有条件的口岸推广口岸收费“一站式阳光价格”，提升口岸收费透明度和可比性。最后，提高外籍商务人员来华便利度。在严格落实好防疫要求前提下，继续与有关国家商谈建立“快捷通道”，为外贸外资企业重要商务、物流、生产和技术服务急需人员往来提供便利。继续对符合条件的来华复工复产外国人全面实施“快捷通道”。

5. 落实外商投资企业投诉工作办法。根据商务部发布《外商投资企业投诉工作办法》，具体工作流程包括：一是建立健全投诉方式，制定或修订完善本省（自治区、直辖市）投诉办事指南并对外公布。二是增强工作透明度。对外公布投诉规则、投诉方式、投诉处理时限等有关要求，及时将本省（自治区、直辖市）投诉工作相关制度等予以公布。三是完善投诉工作网络。参照国家层面做法，确定、汇总本省（自治区、直辖市）县级以上投诉工作机构的地址、电话和传真号码、电子邮箱等信息对外公布。四是及时更新相关信息，本省（自治区、直辖市）投诉工作机构相关联系信息因机构改革、人员变动等发生变化，应于 7 个工作日内书面告知商务部（外资司）以及全国外资投诉中心，并及时对外更新发布。五是加强督促和指导。督促本省（自治区、直辖市）各级投诉受理机构及时受理并推动解决外商投诉事项，确保投诉工作机构有效发挥作用。商务部将定期、不定期对省级投诉工作机构运行情况进行督促检查，并予以通报。见表 1。

表 1　2020 年中国发布的涉及外资的政策法规情况

发布时间	发布机构和政策文件名称
2020 年 3 月 9 日	国家发改委《关于应对疫情进一步深化改革做好外资项目有关工作的通知》
2020 年 4 月 1 日	商务部《关于应对疫情进一步改革开放做好稳外资工作的通知》
2020 年 6 月 23 日	国家发改委、商务部《外商投资准入特别管理措施（负面清单）》（2020 年版）

续表

发布时间	发布机构和政策文件名称
2020年6月23日	国家发改委、商务部《自由贸易试验区外商投资准入特别管理措施(负面清单)》(2020年版)
2020年7月8日	商务部办公厅《关于加强协作联动 推动加大金融支持稳外贸稳外资促消费力度的工作通知》
2020年8月5日	国务院办公厅《关于进一步做好稳外贸稳外资工作的意见》
2020年8月31日	商务部《外商投资企业投诉工作办法》
2020年9月7日	国务院《关于深化北京市新一轮服务业扩大开放综合试点建设国家服务业扩大开放综合示范区工作方案的批复》
2020年9月30日	商务部办公厅《关于请完善外商投资企业投诉相关工作制度的函》
2020年12月27日	国家发改委、商务部《鼓励外商投资产业目录(2020年版)》
2020年12月31日	国家发改委、商务部《海南自由贸易港外商投资准入特别管理措施(负面清单)》(2020年版)
2020年12月31日	中国人民银行、国家发改委、商务部、国务院国资委、银保监会、外汇局《关于进一步优化跨境人民币政策 支持稳外贸稳外资的通知》

资料来源:根据中国政府网站、国家发改委网站、商务部网站等整理。

(二)外资稳存量促增量的具体措施

2020年中国进一步深化对外开放、持续优化投资环境,稳定外商在华长期发展信心,具体措施如下:

1. 帮扶企业纾困和复工复产。通过设立外资企业复工复产工作专班,精准解决外资企业复工复产困难问题。对于已投产项目,要帮助协调返岗、物流、物资等问题,尽快恢复产能。对于在建项目,要做好工程建设保障、审批事项衔接,力争整体项目进度不受影响。对于前期项目,要创新工作方法,支持项目方远程办理各项手续,尽快进入实施阶段。要主动联系外资企业,协调解决复工复产障碍,各项援企政策统一适用于外资企业。对于重点外资企业要采取“一对一”精准帮扶。给予重点外资企业金融支持。外资企业同等适用现有15 000亿元再贷款再贴现专项额度支持。加大对重点外资企业的金融支持力度,进出口银行5 700亿元新增贷款规模可用于积极支持符合条件的重点外资企业。

2. 继续扩大行业开放度。从2020年版外资准入负面清单看,全国负面清单从2019年的40条压缩至33条,自贸试验区负面清单从37条压缩至30条,进一步放宽外资准入,提升了服务业、制造业、农业领域开放水平。从服务业扩大开放看,国务院批复同意关于深化北京市新一轮服务业扩大开放综合试点,建设国家服务业扩大开放综合示范区的工作方案。主要任务是推进在服务业重点行业领域深化改革扩大开放,包括深化科技服务领域改革、推进数字经济和数字贸易发展、加强金融服务领域改革创新、推动互联网信息服务领域扩大开放、促进商贸文旅服务提质升级、推动教育服务领域扩大开放、提升健康医疗服务保障能力、推进专业服务领域开放改革。

3. 提高引资质量和效益。首先,加大重点外资项目支持服务力度。对全国范围内投资额1亿美元以上的重点外资项目,加大用海、用地、能耗、环保等方面服务保障力度。其次,鼓励外资更多投向高新技术产业,推动高新技术企业认定管理和服务的便利化。最后,降低外资研发中心享受优惠政策门槛。降低适用支持科技创新进口税收政策的外资研发中心专职研究与试验发展人员数量要求,鼓励外商来华投资设立研发中心,提升引资质量。

4. 加强外商投资服务和促进工作。一是创新招商引资方式。充分运用信息化手段,通过远程推介、视频会议、网上洽谈、“云签约”等在线招商方式,持续加大招商引资力度。二是建立健全外商投资服务信息平台。编制发布外商投资指引,宣介投资环境,及时公布各类法规政策、办事指南和投资项目信息等。三是办好中国国际进口博览会、中国国际投资贸易洽谈会等重大展会,充分发挥投资促进平台功能,开展形式多样的招商引资、项目推介活动。四是加强多双边投资促进机制建设。统筹做好疫情防控和经贸往来国际协调与合作,及时沟通信息,对接合作项目,尽最大可能减少国际疫情蔓延对外商投资的不利影响。有条件的地方要加强与外国地方政府或投资促进机构的联系,建立工作机制,搭建国际合作交流平台。

二、2020年中国吸收外资的基本情况分析

2020年虽然受新冠肺炎疫情严重冲击、中美大国紧张冲突、跨国公司调整全球产业链供应链等影响,外资依然看好中国,中国吸引外资呈现低开高走、逆势增长的态势,引资规模再创历史新高。

(一)总体状况与特征

1. 中国实际利用外资再创新高。2020年,中国成功应对新冠肺炎疫情带来的严重冲击,在全球跨国直接投资大幅下降的背景下,全年实际使用外资逆势增长,实现了引资总量、增长幅度、全球占比"三提升",圆满完成稳外资工作目标。2020年,新设外资企业38 570家,同比下降5.7%;全国实际使用外资9 999.8亿元人民币,同比增长6.2%,折合1 443.7亿美元,同比增长4.5%,引资规模再创历史新高。(不含银行、证券、保险领域,下同)。见图1、表2、图2、表3。

图1 2010—2020年中国实际使用外资金额情况

数据来源:根据商务部历年公布数据制作。

表2 2020年1—12月中国实际吸引外资金额(非金融类)和新设立外商企业数量

2020年	实际使用外资金额/亿美元	实际使用外资金额同比/%	新设立外商投资企业/家	数量同比/%
1月	126.8	2.2	3 485	-25.0
1—2月	194.2	-10.4	4 347	-33.2
1—3月	312.0	-12.8	6 944	-27.8
1—4月	413.4	-8.4	9 676	-25.8
1—5月	512.1	-6.2	12 448	-24.4
1—6月	679.3	-4.0	15 742	-21.8
1—7月	769.8	-2.3	—	—
1—8月	890.0	-0.3	22 602	-18.4
1—9月	1 032.6	2.5	26 367	-14.6
1—10月	1 150.9	3.9	29 530	-11.6
1—11月	1 294.7	4.1	33 536	-8.7
1—12月	1 443.7	4.5	38 570	-5.7

数据来源:商务部公布数据。

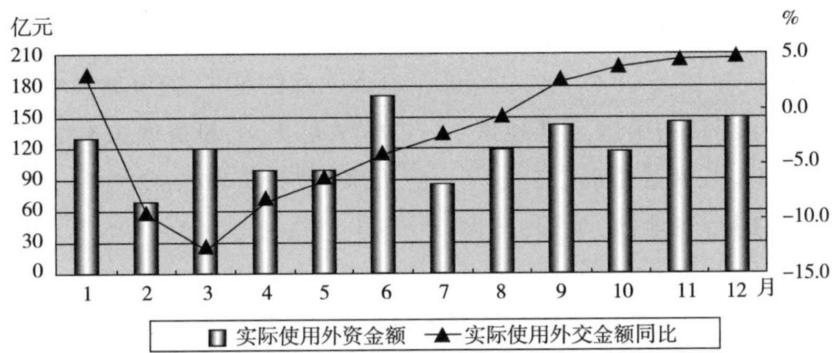

图 2　2020 年 1—12 月中国外商直接投资月度增长情况

数据来源：商务数据中心。

表 3　2020 年中国吸引外资分结构（非金融类）情况

单位：亿美元

项　目	设立企业家数		实际使用外资	
	1—12 月	同比/%	1—12 月	同比/%
合　计	**38 570**	**-5.7**	**1 443.7**	**4.5**
外商直接投资	38 570	-5.7	1 443.7	4.5
中外合资企业	9 290	-7.8	294.8	-7.2
中外合作企业	5	-92.9	5.4	60.1
外资企业	27 622	-9.5	1 045.7	11.7
外商投资股份制	55	-53.0	37.5	-53.7
合作开发	0	-100.0	6.2	-63.2
合伙企业	1 111	1 134.4	42.6	61.7
其　他	487	—	11.5	—

注：未包括银行、保险、证券领域吸收外商投资数据。

2. 服务业使用外资保持较高增长。从行业看，2020 年中国制造业实际使用外资 2 156 亿元，同比下降 10.8%，占比 21.6%。服务业实际使用外资 7 767.7 亿元人民币，同比增长 13.9%，占比 77.7%。高技术产业吸收外资同比增长 11.4%，高技术服务业同比增长 28.5%，其中：研发与设计服务、科技成果转化服务、电子商务服务、信息服务同比分别增长 78.8%、52.7%、15.1%和 11.6%。见表 4。

表 4　2020 年外商直接投资各行业（不含银行、证券、保险领域）及增速情况

行　业	企业数/家	比上年增长/%	实际使用金额/亿元	比上年增长/%
总　计	**38 570**	**-5.7**	**9 999.8**	**6.2**
其中：农、林、牧、渔业	493	-0.4	40.0	4.9
制造业	3 732	-30.8	2 156.0	-10.8
电力、热力、燃气及水生产和供应业	260	-11.9	217.0	-9.4
交通运输、仓储和邮政业	592	0.2	347.0	12.1
信息传输、软件和信息技术服务业	3 521	-18.0	1 133.0	13.3
批发和零售业	10 812	-21.9	819.0	33.3
房地产业	1 190	13.3	1 407.0	-12.5
租赁和商务服务业	7 513	30.1	1 838.0	22.6
居民服务、修理和其他服务业	447	23.8	21.0	-42.4

数据来源：国家统计局网站。

3. 主要来源地保持稳定。从外资来源地看,对华投资前 15 位国家和地区,投资增长 6.4%,占比 98.0%,包括"一带一路"沿线国家、中国香港地区、新加坡、英属维尔京、韩国、日本、开曼群岛、荷兰、美国、中国澳门地区、德国、中国台湾地区、英国、萨摩亚、瑞士、法国。其中:来自中国香港地区外资 1 057.9 亿美元,投资增长 9.9%;来自新加坡的外资 76.8 亿美元,投资增长 1.2%;来自荷兰的外资 25.5 亿美元,投资增长 42.3%。见表 5。

表 5 吸引外资分国别/地区(非金融类)情况

单位:亿美元

国别/地区	设立企业家数		实际使用外资	
	1—12 月	同比/%	1—12 月	同比/%
合 计	**38 570**	**-5.7**	**1 443.7**	**4.5**
"一带一路"沿线国家	4 254	-23.6	81.2	0.0
中国香港地区	15 602	-12.7	1 057.9	9.9
新加坡	1 146	-7.7	76.8	1.2
英属维尔京	271	-10.9	52.0	4.8
韩 国	2 014	-4.5	36.1	-34.8
日 本	799	-20.1	33.7	-9.3
开曼群岛	130	0.8	27.7	8.5
荷 兰	139	-23.6	25.5	42.3
美 国	1 642	-5.3	23.0	-14.2
中国澳门地区	2 531	133.7	22.0	26.9
德 国	466	-17.1	13.5	-18.3
中国台湾地区	5 105	-2.8	10.0	-37.3
英 国	547	-14.5	9.8	14.1
萨摩亚	110	-44.2	8.0	-32.5
瑞 士	81	-22.9	6.5	1.4
法 国	288	-17.5	5.1	-35.4

注:按实际使用外资金额大小排序,选取前 15 位国家(地区),不含经自由港转投资数据。

4. 区域增长较为均衡。从外资区域分布看,2020 年中国东、中、西部地区新设外商投资企业数量占比分别为 88.2%、5.5%、6.3%,实际使用外资金额占比分别为 85.4%、5.9%,5.4%。东部地区吸收外资增长 8.9%,占比 88.4%,其中:江苏、广东、上海、山东、浙江等主要引资省(直辖市)分别同比增长 5.1%、6.5%、6.6%、20.3%和 18.3%。东北地区和中西部地区部分省增长明显,辽宁、湖南、河北等省同比分别增长 13.7%、28.2%和 35.5%。

(二)面临的挑战和困难

1. 新冠肺炎疫情导致 2020 年全球外国直接投资大幅下降。2020 年突发的新冠肺炎疫情给全球经济、国际贸易、国际投资、商务活动等带来了严重的影响。全球要素流动受到疫情很大限制,为了有效防止国内人员流动和跨境人员流动中增加疫情扩散,多国政府都出台了前所未有的限制社交聚会、停止交通运输、停业停产、封城,封锁边境和严格管控跨境人员流动等严格措施,外商投资活动受到了严重影响。2021 年 6 月联合国贸发会议(UNCTAD)发布《2021 年世界投资报告》指出,2020 年全球外国直接投资下降了 35.0%,从 2019 的 15 000 亿美元降至 10 000 亿美元。此次的投资锐降局面,比 2008—2009 年全球金融危机之后的投资低谷还要严重。新冠肺炎疫情导致的封锁减缓了现有投资项目,而经济衰退的前景迫使跨国企业重新评估新项目。其中:发达经济体的外国直接投资下降了 58.0%,发展中经济体的外国直接投资更有弹性,仅下降 8.0%,主要受益于亚洲的外国直接投资较为强劲。

2. 受疫情影响 2020 年上半年中国引资严重受

挫。从2020年中国吸引外资情况看，上半年引资大幅受挫。1—2月，中国实际使用外资1 344亿元人民币，同比下降8.6%（折194.2亿美元，同比下降10.4%）。其中：1月实际使用外资875.7亿元人民币，同比增长4.0%；2月实际使用外资468.3亿元人民币，同比下降25.6%。中国吸收外资由升转降的主要原因是受到新冠肺炎疫情冲击的影响，叠加春节假期因素，导致人流物流不畅，企业大面积停工停产，投资活动受限，投资者等待观望情绪加重。按美元计，1—3月同比下降12.8%，1—4月同比下降8.4%，1—5月同比下降6.2%，1—6月同比下降4.0%，1—7月同比下降2.3%，1—8月同比下降0.3%。1—9月中国实际利用外资增速才转负为正。

3. 中美等大国关系冲突对“稳外资”产生一定的负面影响。2020年美国加快了对华脱钩和军事威慑的步伐，美国盟友英、法、德、加、澳、日、印等国与中国的外交摩擦和地缘政治矛盾也在上升，这对外商在华投资产生一定的负面影响。2020年以来，美国加快了对华全面脱钩的步伐，主要表现为七个方面：一是把疫情责任推给中国；二是呼吁美企撤离中国；三是通过《外国公司问责法案》，迫使“中概股”企业退市；四是不断发布针对中国企业的出口管制清单；五是限制中国赴美人员交流和科技合作；六是以国家安全之名排斥中国企业参与欧美市场竞争；七是利用航母和军机进行军事威慑。美国的上述行为使在华外资特别美资企业产生一定的负面预期，不利于中国“稳外资”。

4. 外资依然看好中国，但是中国面临产业链外迁压力。疫情以来跨国公司调整全球投资，更加重视保障产业链的安全和供应链的韧性。中国面临产业链外迁压力，但外资依然看好中国。跨国公司以效率和成本为核心的全球化，逐步转变为以供应链和产业链“安全”优先的全球本地化、短链化，从而引发全球上下游产业链的重新布局，中国面临产业链外迁的压力。与此同时，由于中国快速控制疫情，成为全球经济恢复增长最快的国家，美欧日等外资继续看好中国市场。

5. 香港地区骚乱影响其国际金融地位，驻港外企撤离中企进驻。改革开放以来，香港地区作为国际自由港和国际金融中心在中国外资来源地中占有非常重要的地位。2019年香港地区的“反修例”运动快速演变为街头打砸烧暴力骚乱，香港地区局势的动荡和社会骚乱，严重影响了香港金融业、旅游业和商贸服务业。香港地区在国际金融、国际投资和国际旅游中的地位明显下降。香港地区2017年吸收外商投资1 110亿美元，全球第3名。2019年香港吸收全球外商投资680亿美元，降为全球第7名，吸引外资规模下降39.0%。同时根据香港地区统计局公布的数据，2020年与2019年相比，境外驻港的外资公司数量上呈现出外资撤走，中资进驻的趋势。见表6。

表6　驻香港公司数量变化及来源地排名情况

单位：家

地　区	2020年	2019年	增幅/%
中国内地	1 986	1 799	10.3
日　本	1 398	1 413	-1.0
美　国	1 283	1 344	-4.5
英　国	665	713	-6.7
新加坡	453	446	1.5
德　国	400	420	-4.7

数据来源：香港政府统计处《2020年境外母公司驻港公司统计调查报告》。

三、2020年外资发展经验总结和未来工作重点

（一）外资逆势增长的经验

1. 迅速控制疫情扩散，为外资企业正常经营提供保障。2020年年初新冠肺炎疫情的突袭使全球及中国的经贸投资遭受严重冲击。以习近平同志为核心的党中央统筹推进新冠肺炎疫情防控和经济社会发展工作，发挥强大的组织保障和社会动员能力，变压力为动力、善于化危为机，在较短的时间内取得了“抗击疫情”重大胜利，有序恢复生产生活秩序这是中国吸引外资的基本前提。另外，中国还出台多项措施，助力企业复工复产，做好“六稳”工作，落实“六保”任务，特别是在稳外资方面精准施策，发挥中国超大市场的吸引力和经济强大韧性的优势，不断创新外贸模式和吸引外资的新模式，在多国陷入疫情危机之时，中国成为全球抗疫物资的重要保障国和全球投资的“避风港”。

2. 开放决心仍然不变，并且加快了开放速度。2020年以来，面对疫情常态化和日益复杂严峻的国际形势，从开放战略布局和各项保障措施和制度支撑来看，中国的开放决心仍然不变，并且加快了开放速度。从战略布局看，对内党中央提出加快形成以国内大循

环为主体、国内国际双循环相互促进的新发展格局。对外 2020 年 11 月 15 日《区域全面经济伙伴关系协定》(RCEP)的签署,不但为外商投资提供更大的市场准入,也加强了区域经济合作。同时中国政府积极准备加入 CPTPP,为中国的开放争取更大国际空间。

从具体支撑措施看,中国落实外商投资法及其实施条例、缩短外商投资负面清单、扩大鼓励外商投资产业指导目录,赋予自贸试验区和海南自贸港更大的改革自主权,继续优化营商环境,召开第三届进博会等,以坚定的实际行动体现了中国同世界各国分享市场机遇、推动世界经济复苏的愿望。

(二)未来外资发展的预判和工作重点

1. 全球经济的复苏和疫情发展将是影响中国引资重要外部因素。全球外国直接投资的前景高度不确定,将取决于经济复苏速度,疫情常态化以及新冠病毒升级变异的可能性等因素。根据 2020 年 10 月 27 日联合国贸发组织报告《第 36 期全球投资趋势监测报告》(UNCTAD:No. 36GlobalInvestmentTrend Monitor),各国采取的封锁隔离措施和全球经济严重衰退的前景,导致外国直接投资大幅缩水。全球经济的缓慢复苏和外国直接投资的大幅下降,将影响并拖累中国吸收外资规模与增幅。

2. 2021 年中国利用外资的目标。2021 年是“十四五”规划开局之年,中国将加快构建以国内大循环为主体、国内国际双循环相互促进的新发展格局,中国开放的大门只会越开越大,将为世界各国企业在华发展提供更加广阔的空间。新的一年,在持续保持引资总量基本稳定的基础上,着力优结构、提质量,坚决稳住外贸外资基本盘,推动利用外资工作在构建新发展格局中迈好第一步、呈现新气象。

3. 2021 年中国利用外资的政策建议。面对未来更多不确定性的挑战,建议中国 2021 年的外资工作重点要围绕“开放和创新”展开。一是建议加强与美国沟通对话,为中美两国管控矛盾冲突和外交关系复苏进行铺垫;二是要稳扎稳打,对标 RCEP 的各项承诺及措施,深化国内改革,为中国尽快加入 CPTPP 做好准备;三是继续发挥自贸试验区、自贸港、高新区和经开区的开放创新平台的作用,制度的开放创新和关键核心技术的研发创新要齐头并进。四是破除各类障碍、壁垒,加快形成国内自由公平竞争的大市场,畅通国际和国内双循环。

(撰稿:张　菲)

2020 年企业境外投资与境外企业发展综述

商务部国际贸易经济合作研究院对外投资合作研究所

2019 年年底以来,由严重急性呼吸道综合征冠状病毒 2 型(SARS-CoV-2)引起的“新型冠状病毒肺炎”①(下称“新冠肺炎疫情”)突然在全球爆发。这种主要通过呼吸道飞沫传播、接触传播,具有高度“人传人”特性的冠状病毒疫情的爆发,给因经济全球化而深度交融的世界各国都带来了巨大的影响,经济全球化的发展在面临速度放缓、规则重构、单边主义和保护主义抬头等诸多困境的同时又出现了新的挑战。世界卫生组织(WHO)数据显示,截至 2020 年年底,全球新冠肺炎累计确诊病例超 8 147 万人,累计死亡病例近 180 万人。受新冠肺炎疫情冲击,2020 年世界经济出现深度衰退。据国际货币基金组织估算,2020 年全球 GDP 增长率按购买力平价(PPP)计算约为-4.4%,是二战后世界经济最大幅度的产出萎缩。

国际直接投资亦呈现断崖式下跌。疫情不仅使投资机会减少,而且令已有的国际投资项目不得不推迟甚至取消。根据联合国贸发会议(UNCTAD)发

① 该名称是疫情突袭初期中国对该疾病的叫法,2020 年 2 月 11 日,世界卫生组织(WHO)正式将该疾病命名为 Corona Virus Disease 2019,即 2019 冠状病毒病,英文缩写为 COVID-19。

布的《世界投资报告2021》,2020年全球外国直接投资(FDI)受新冠肺炎疫情冲击下降了35.0%,倒退回了2005年的水平,仅10 000亿美元。其中:流向欧洲和北美的FDI分别下降80.0%和42.0%;由于中国和印度等经济体驱动,流向亚洲的FDI有所回弹,增长了4.0%,占当年全球外国直接投资总量的50.0%,成为2020年唯一实现正增长的地区。中国仍是发展中经济体最大的吸收外资和对外投资国,2020年中国吸收外资流量仍居美国之后,蝉联全球第二,但差距已缩小至70亿美元。

面对突如其来的新冠肺炎疫情,作为最早受到疫情影响的国家之一,中国企业遭受了不小的冲击,特别是许多中小企业,在不得不停工停产的境况下难以为继。对于开展"走出去"业务的中国企业来说,2020年是艰难的一年。根据中国商务部、国家统计局、国家外汇管理局发布的《2020年度中国对外直接投资统计公报》,2020年中国对外直接投资流量1 537.1亿美元,同比增长12.3%,流量规模首次跃升为全球第一,在全球流量占比突破两成。2020年,中国对外承包工程新签合同额2 555.4亿美元,同比下降1.8%;当年完成营业额1 559.4亿美元,同比下降9.8%,近10年来首次出现负增长。2020年中国派出各类劳务人员30.1万人,较上年减少18.6万人,年底在外各类劳务人员62.3万人,同比下降37.2%,当年劳务人员实际收入53.8亿美元,同比减少15.3%。在新冠肺炎疫情冲击叠加全球贸易摩擦的大背景下,作为全球主要经济体中唯一实现经济正增长的国家,中国对外投资合作各项业务在艰难中奋力前行,向更高目标迈进。

一、2020年中国对外投资合作基本情况

(一)对外直接投资

面对新冠肺炎疫情冲击,中国政府及时做出统筹疫情防控和经济社会发展的重大决策,推动对外投资业务实现逆势增长。

1. 对外直接投资逆势增长,流量首次位居全球第一。从投资流量来看,2020年中国对外直接投资1 537.1亿美元,同比增长12.3%,在新冠肺炎疫情全球蔓延、全球对外直接投资流量大幅收缩的背景下实现逆势增长,流量规模首次跃升全球第一。由于中国境外企业经营情况良好,当年收益再投资创历史最高值(716.4亿美元),占同期中国对外直接投资流量的46.6%。从双向投资情况看,2020年中国对外直接投资流量略高于吸引外资规模(1 493.4亿美元)。见图1。

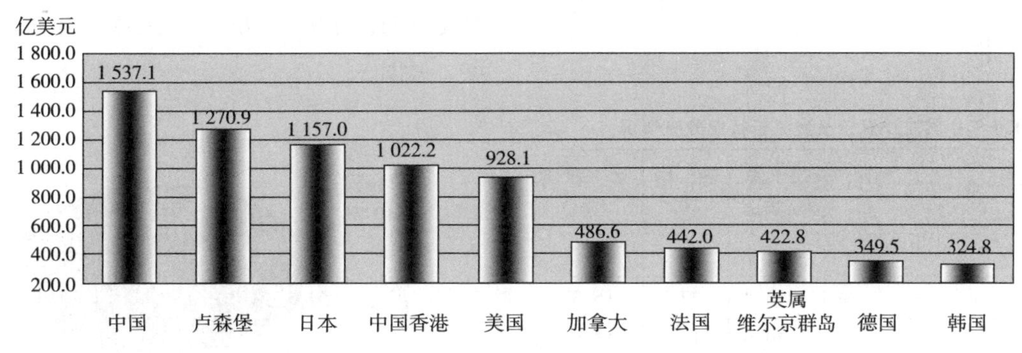

图1 2020年全球对外直接投资流量排名前10位的国家(地区)

从投资存量来看,截至2020年年底,中国对外直接投资存量25 806.6亿美元,居全球第3位,排在美国(81 000亿美元)、荷兰(38 000亿美元)之后,占全球外国直接投资流出存量总额的6.6%,较上年提高0.2个百分点,与美国的差距进一步缩小。中国对外投资分布在全球189个国家(地区),覆盖全球80.0%以上的国家(地区)。

2. 并购交易规模创近年新低,结构持续优化。2020年,中国企业在61个国家(地区)共实施并购项目513起,较上年增加46起,实际交易总额282亿美元,同比下降17.7%,已连续第4年下降,仅为历史最高时期(2016年并购金额1 353.3亿美元)的1/5。其中:直接投资164.8亿美元,占并购总额的58.4%,境外融资117.2亿美元,约占41.6%。2020

年中国对外投资并购主要分布在电力/热力/燃气及水的生产和供应业、制造业和交通运输/仓储和邮政业三大领域，三大行业并购金额占当年并购总金额的71.0%。其中：中国长江电力股份有限公司44.5亿美元收购秘鲁Luz Del Sur S. A. A配电公司为当年最大并购项目。从并购金额来看，秘鲁、美国、智利、中国香港、开曼群岛、加拿大、法国、巴西等是中国企业对外投资并购的主要目的地。

3. 对卫生和社会工作领域投资大幅增长，流向文化/体育和娱乐、住宿和餐饮、教育等领域的投资明显下降。2020年，受新冠肺炎疫情影响，中国流向卫生和社会工作领域的投资显著增长，实现投资流量6.4亿美元，同比增长了178.3%，是当年投资增幅最大的领域。同样受疫情影响，各国纷纷出台限制人员流动、航空禁令等封闭性政策措施，全球客、货流动受阻，流向农/林/牧/渔等资源型行业及流向文化/体育和娱乐、住宿和餐饮、教育等服务型行业的投资显著下降。从存量来看，2020年年底，中国对外直接投资存量规模上千亿美元的行业仍为租赁和商务服务业（8 316.4亿美元）、批发和零售业（3 453.2亿美元）、信息传输/软件和信息技术服务业（2 979.1亿美元）、制造业（2 778.7亿美元）、金融业（2 700.6亿美元）和采矿业（1 758.8亿美元），存量合计占存量总额的85.2%，比重进一步增加0.4个百分点。见表1。

表1 2020年中国对外直接投资流量行业分布情况

行业	流量/亿美元	同比/%	比重/%
租赁和商务服务业	387.2	-7.5	25.2
制造业	258.4	27.7	16.8
批发和零售业	230.0	18.3	15.0
金融业	196.6	-1.5	12.8
信息传输、软件和信息技术服务业	91.9	67.7	6.0
建筑业	80.9	114.0	5.3
交通运输、仓储和邮政业	62.3	60.6	4.0
采矿业	61.3	19.5	4.0
电力、热力、燃气及水的生产和供应业	57.7	49.1	3.7
房地产业	51.9	51.8	3.4
科学研究和技术服务业	37.3	8.7	2.4
居民服务、修理和其他服务业	21.6	29.3	1.4
农、林、牧、渔业	10.8	-55.7	0.7
卫生和社会工作	6.4	178.3	0.4
水利、环境和公共设施管理业	1.6	-40.7	0.1
教育	1.3	-80.0	0.1
住宿和餐饮业	1.2	-80.0	0.1
文化、体育和娱乐业	-21.3	0.0	-1.4
合计	1 537.1	12.3	100.0

数据来源：《2020年度中国对外直接投资统计公报》。

4. 对大洋洲投资减少30.0%，对拉美投资大幅增长。从流量洲别分布来看，2020年，中国除对大洋洲直接投资减少30.3%外，对其他地区直接投资都有不同程度的增长。其中对拉丁美洲投资增幅最大，投资金额166.6亿美元，同比增长160.7%，占当年流量的10.8%，主要是对秘鲁、智利、巴西等拉美国家大额并购项目较多，开曼群岛（85.6亿美元）、英属维尔京群岛（69.6亿美元）和阿根廷（4亿美元）是拉丁美洲吸引中国企业对外直接投资最多的国家（地区）。与此同时，中国对“一带一路”沿线国家的投资也有所增长，当年实现直接投资225.4亿美元，同比增长20.6%，占比较上年提升一个百分点。见图2。

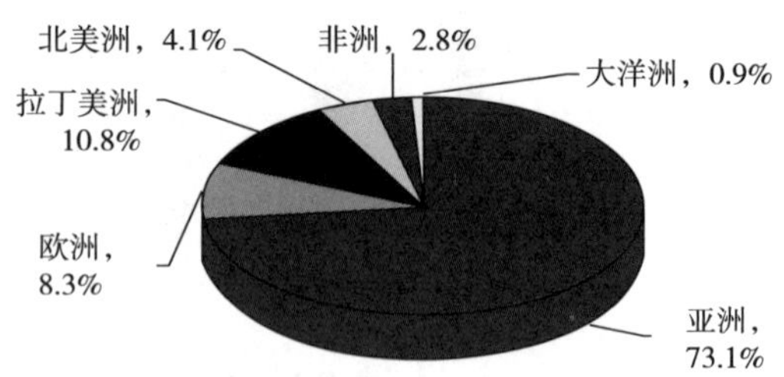

图2 2020年中国对外直接投资流量地区分布情况

5. 中央企业对外投资增长较快，地方企业投资占比超60.0%。2020年，中央企业和单位对外非金融类直接投资流量492亿美元，其中中央企业对外投资470.5亿美元，同比增长26.3%。地方企业对外投资848.5亿美元，同比下降5.4%，占比63.3%。各地方对外非金融类投资均有不同程度的下降，特别是东北三省降幅最大，同比下降51.6%，比重进一步缩小至 0.7%。广东、上海和浙江为当年对外直接投资流量排名前三位的省(直辖市),金额均超百亿美元,占地方对外直接投资流量的半数以上。其中:广东是中国拥有境外企业数量最多的省份,占境外企业总数的 19.3%。

(二)对外承包工程

面对复杂严峻的国际形势和新冠肺炎疫情的严重冲击,中国对外承包工程企业按照党中央、国务院及有关部门的决策部署,围绕构建新发展格局,统筹推进境外企业项目人员疫情防控和对外投资合作改革发展,在逆境中实现业务平稳推进。2020 年,商务部首次向社会公开发布系统性、权威性和专业化的《2020 年度中国对外承包工程统计公报》,系统梳理了 40 多年来中国对外承包工程的发展历程,并重点分析了 2020 年度中国对外承包工程业务的发展情况。

1. 新签合同额和完成营业额首次出现双降。2020 年新冠肺炎疫情全球大流行,对世界经济造成严重冲击,也给涉及境外工程投融资、设计咨询、设备采购、建设施工、运营管理等一系列活动的对外承包工程业务带来了巨大影响,国际承包工程市场发包额大幅减少。《2020 年度中国对外承包工程统计公报》显示,2020 年,中国企业在 184 个(地区)开展了对外承包工程业务,当年签订合同 9 933 份,新签合同额 2 555.4 亿美元,同比下降 1.8%;完成营业额 1 559.4 亿美元,同比下降 9.8%,为近 10 年来首次出现负增长。2020 年中国承包工程企业新签合同额上亿美元项目共 514 个,较上年增加 8 个,无上百亿美元特大项目。当年单项合同最大金额项目为中国铁建股份有限公司承揽的泰国东部经济走廊(EEC)连接 3 个机场高速铁路项目(合同金额 49.3 亿美元)。见表 2。

表 2　2020 年新签合同额规模上百亿美元的企业情况

序　号	企业名称	新签合同额/亿美元	序　号	企业名称	新签合同额/亿美元
1	中国水电建设集团国际工程有限公司	285.8	5	中国土木工程集团有限公司	150.4
2	中国建筑集团有限公司	255.1	6	华为技术有限公司	123.4
3	中国铁建股份有限公司	251.1	7	中国中铁股份有限公司	118.4
4	中国港湾工程有限责任公司	154.4	8	中国葛洲坝集团股份有限公司	118.0

资料来源:《2020 年度中国对外承包工程统计公报》。

2. 市场格局保持稳定,非洲市场强势回归。2020 年,中国对外承包工程业务 80.0%以上仍集中在亚洲和非洲地区。据商务部统计,2020 年中国企业在亚洲地区新签合同额 1 429.7 亿美元,较上年同期增长 1.3%,占当年新签合同总额的 56.0%,持续发挥市场“稳定器”的重要作用。非洲市场 2020 年回归势头向好,新签合同额达 679 亿美元,同比增长 21.4%。在新冠疫情全球蔓延、世界经济大幅收缩的大背景下,可谓成绩相当出色。与此相对,欧洲、美洲和大洋洲地区 2020 年新签合同额普遍下滑,其中北美洲当年新签合同额仅 11.4 亿美元,同比下降 58.7%。

从完成营业额来看,由于上年欧洲市场新签合同额增长迅猛,2020 年完成营业额以 139.6 亿美元的成绩收官,增幅达 31.3%。2020 年完成营业额排名前 10 位的国家(地区)分别是:阿拉伯联合酋长国、中国香港、巴基斯坦、印度尼西亚、马来西亚、沙特阿拉伯、孟加拉国、阿尔及利亚、俄罗斯联邦和澳大利亚。见表 3。

“一带一路”沿线国家新签对外承包工程项目合同 5 611 份,新签合同额 1 414.6 亿美元,占当年新签合同总额的 55.4%,较上年下降 8.7%;完成营业额 911.2 亿美元,同比下降 7.0%。

3. 新签项目 80.0%集中在基础设施领域,废水(物)处理项目保持强势增长。2020 年,中国企业承揽的境外基础设施类工程项目 5 500 多个,累计新签合同额 2 000 余亿美元,占当年合同总额的 80.0%。一般建筑跃升为 2020 年中国对外承包工程第一大行业,新签合同额 640.1 亿美元,同比增长 37.9%,占当年新签合同总额的 25.0%;一般建筑业新签项目主要集中在民用多户单元住宅类项目,作为中国企业最早涉足且份额较大的领域,当年新签合同356份,累计合同额302.5亿美元,完成营业额82.6亿美元。此外,废水(物)处理项目近年来因环保要求提高而需求日盛,继上年实现成倍增长后,2020年继续保持强势增长,新签合同额40亿美元,同比增幅达218.7%,比重较上年提升1.1个百分点。其中:固体废弃物处理项目最多,新签合同额占比超60.0%。

表3 2020年中国对外承包工程业务分洲别情况表

	新签合同额/亿美元	当年比重/%	同比增幅/%	完成营业额/亿美元	当年比重/%	同比增幅/%
亚洲	1 429.7	56.0	1.3	891.4	57.2	-9.2
非洲	679.0	26.6	21.4	383.3	24.6	-16.7
欧洲	208.9	8.2	-35.3	139.6	8.9	31.3
拉丁美洲	148.4	5.8	-25.3	78.9	5.1	-32.2
北美洲	11.4	0.4	-58.7	14.7	0.9	15.7
大洋洲	78.0	3.0	-5.5	51.5	3.3	-1.2

数据来源:《2020年度中国对外承包工程统计公报》。

4. 骨干企业抵御外部冲击能力较强,国际化水平仍有待提升。2021年,有78家中国企业上榜美国《工程新闻纪录》(ENR)"全球最大250家国际承包商"榜单。上榜的中国企业实现国际营业总额1 074.6亿美元,同比下降8.9%,但降幅低于250家企业的整体降幅(11.1%),表明中国骨干承包商抵御外部风险能力相对较强。同时这也表现出中国企业的国际化程度仍处于较低水平。上榜的78家中国企业平均国际营业额为13.78亿美元,平均国际业务占比(国际营业额/全球营业额)为9.6%。其中:位列榜单前十的中国企业平均国际营业额为77.5亿美元,平均国际业务占比10.9%,与榜单前十的外国企业平均国际业务比重(68.6%)仍有较大差距。从长远来看,中国对外承包工程企业仍需进一步提高国际化水平,继续扩大国际市场份额,积极探索延伸上下游产业链,推进企业"投建营一体化"转型升级,实现更高质量的发展。见表4。

表4 2020年完成营业额20亿美元以上的企业

序号	企业名称	完成营业额/亿美元	序号	企业名称	完成营业额/亿美元
1	华为技术有限公司	122.5	7	中国交通建设股份有限公司	49.5
2	中国建筑集团有限公司	107.6	8	中国化学工程股份有限公司	42.2
3	中国中铁股份有限公司	71.1	9	中国路桥工程有限责任公司	38.2
4	中国铁建股份有限公司	63.0	10	中国石油工程建设有限公司	22.3
5	中国水电建设集团国际工程有限公司	55.7	11	中国葛洲坝集团股份有限公司	21.0
6	中国港湾工程有限责任公司	53.8	12	中国土木工程集团有限公司	20.6

资料来源:《2020年度中国对外承包工程统计公报》。

(三)对外劳务合作

受新冠肺炎疫情影响,2020年中国对外劳务合作业务全面收缩。疫情严重冲击人员跨境流动,各国纷纷出台限制人员流动的措施,外派劳务人员在签证办理、工作许可、按期回国等方面面临诸多困难。面对严峻的外部环境,中国企业积极调整业务模式,求新求变,应对疫情挑战,为后疫情时代开展对外劳务合作业务充分做好前期布局。

1. 业务规模受新冠疫情影响严重萎缩。受疫情影响,部分境外企业经营状况恶化,减产、停工、破产现象时有发生,用工需求严重萎缩,境外劳务人员健康安全保障成难题，境内劳务人员出国意愿降低，多重因素影响对外劳务合作业务整体规模。据中国商务部统计，2020 年中国对外劳务合作业务派遣规模大幅收窄，期末在外各类劳务人员数量大幅减少，仅有 62.3 万人，同比下降 37.2%。当年派出各类劳务人员 30.1 万人，较上年减少 18.6 万人。其中：承包工程项下派出 13.9 万人，同比下降 34.1%；劳务合作项下派出 16.2 万人，同比下降 41.3%，当年劳务人员实际收入 53.8 亿美元，同比减少 15.3%。

2. 各洲劳务人员数量平均降幅超 40.0%。2020 年中国对外劳务合作规模受新冠疫情影响大幅收紧，各洲均呈下降态势，平均降幅超过 40.0%。年底在外各类劳务人员数量按区域分布依次为：亚洲（46 万人）、非洲（10.4 万人）、拉丁美洲（2.8 万人）、欧洲（2.1 万人）、大洋洲（0.7 万人）和北美洲（0.3 万人），其中：北美洲受疫情及复杂政治环境等多重因素影响，劳务人员数量降幅最大，高达 72.7%。年底在外劳务人员主要分布在中国澳门、日本、新加坡、中国香港、沙特阿拉伯、印度尼西亚、阿尔及利亚、老挝、巴基斯坦和阿拉伯联合酋长国等国家和地区。其中：日本、新加坡和中国港澳地区以接收劳务项下人员为主，沙特阿拉伯、印度尼西亚、阿尔及利亚、老挝、巴基斯坦等以接收工程项下劳务人员为主。见图 3。

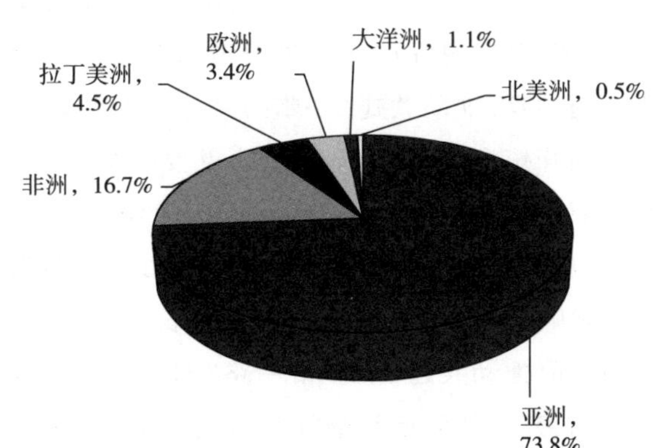

图 3　2020 年年底中国对外劳务合作各类人员区域分布情况

3. 企业主动求变应对疫情叠加行业转型期。近年来，境内外收入差距不断缩小，当前各国别市场疫情防控成效不一，中国对外劳务合作企业面临劳务人员出国意愿降低、在外劳务人员管理难度加大和疫情期间项目运作周期过长等现实困难，整个行业迎来转型发展阶段。2020 年，中国企业为应对疫情挑战，主动求变，广泛运用“互联网+”模式，推动自身业务转型升级。部分企业通过延伸产业链向跨境人力资源综合服务商转型，将对外劳务合作与国内职业教育培训、劳务人员回国再就业等业务相结合，多种业务模式互相促进，共同发展。还有一些企业积极开拓国际高端劳务市场，搭建院校与国际人力资源市场对接合作平台，拓展劳务人员招募渠道，为后疫情时代业务复苏和发展做好前期布局。

二、中国企业对外投资合作面临的挑战与机遇

2020 年是中华人民共和国历史上极不平凡的一年，新冠肺炎疫情影响广泛而深远，世界经济在陷入低迷期后叠加疫情影响，不稳定性不确定性明显增加，单边主义、保护主义、霸权主义持续对世界的和平与发展构成威胁。国际货币基金组织（IMF）在 2020 年 10 月发布的《世界经济展望报告》中强调：全球经济面临的危机远未结束，全球经济复苏前景很可能是“漫长、不均衡且高度不确定的”。为有效应对百年未有之大变局，中国企业应增强机遇意识和风险意识，以“十四五”时期中国建设更高水平的对外开放平台为契机，科学应变、主动求变，在危机中育先机、于变局中开新局，抓住历史机遇，应对风险挑战。

（一）疫情下的压力与挑战

1. 短期内对外投资合作外部环境仍不容乐观。新冠肺炎疫情使本已陷入低迷的世界经济“雪上加霜”，且短期内难以恢复，严重冲击全球投资体系。全球经济增长势头减弱，国际市场消费者需求逐渐回落，欧美国家贸易保护主义不断抬头和升温，“逆全球化”思潮暗流涌动，一些地区区域与民族冲突等风险事件频发，部分新兴国家投资环境恶化，东道国投资审查和经营管控趋严等诸多不利因素，进一步加剧了全球市场的复杂多变和不确定性风险，严重威胁对外贸易和投资环境，给中国企业海外经营带来许多困难和风险。2021 年 4 月中国社科院发布的《中国海外投资国家风险评级报告（2021）》显示，在中国企业对外直接投资前 10 大目的地中，澳大利

亚、美国和英国等国的排名明显下降,其中澳大利亚因外国投资审查趋严、中澳关系急剧降温排名降幅最大,而英国由于偿债能力和政治风险指标下降明显已从低风险降为中等风险级别。2021 年 5 月 11 日,联合国经济和社会事务部发布的《世界经济形势与展望》中期报告指出,许多国家新冠肺炎感染率激增和疫苗接种进展不足影响世界经济的广泛复苏,对大多数国家而言,疫情远未结束,最脆弱经济体将面临长期经济困境,许多发展中国家的经济产出要到 2022 年或 2023 年才能恢复到疫情前水平。面对不容乐观的经济形势以及日益趋严的外资审查机制,短期内中国对外投资合作仍存在较大的不稳定性和不确定性。

2. 融资瓶颈突出,新项目开发动力不足。受新冠肺炎疫情影响,部分发展中国家债务负担沉重,提出债务重组要求,主权债务违约风险明显加大。联合国贸发会议 2020 年 3 月发布的《新冠肺炎疫情对全球外国直接投资的影响》报告指出,疫情使得本已高企的全球债务负担“雪上加霜”,各国政府为应对危机、扶持经济,纷纷出台大额财政计划和宽松的货币政策,国家债务负担加剧,以主权为担保方式的融资空间进一步缩小。出于风险防控的需要,国际金融机构不得不暂缓或停止基建项目贷款,国际基建资金缺口持续扩大,企业均面临融资空间收窄和融资成本上升的现实问题。从设备、原材料及中间品供给来看,与投资相关的设备和货物进出口检验检疫严格程度上升,出于保障疫情重点物资的运输需要,其他产品的运力下降或迟缓,也影响了投资开工和持续经营。

3. 对外劳务合作业务面临双重压力。由于全球经济不景气,各国就业压力不断攀升,近年来对外劳务合作业务始终面临外籍劳工引进门槛提高、签证困难、市场趋于饱和、人工成本升高、地区局势不稳定等种种问题,新冠肺炎疫情的肆虐蔓延更加大了用工企业的管理难度,部分企业经营状况恶化,在外劳务人员的生命健康安全受到威胁,开展对外劳务合作困难重重。尽管全球经济形势正在好转,但新冠疫情造成的“断层”仍将持续,德尔塔病毒还在迅速传播,新变种病毒可能再次出现,疫情持续时间仍有诸多不确定性。面对不利的外部环境,企业应继续强化疫情防控管理,想尽办法保障在外劳务人员的生命财产安全,增强劳务人员赴海外工作的意愿和信心。与此同时,企业应积极探索转型发展道路,拓宽上下游业务渠道,综合“互联网+”等多种业务模式,加速向跨境人力资源综合服务商转型,为后疫情时代的业务复苏和行业发展做好准备。

(二)新时期的战略与机遇

1. 不均衡复苏是疫后世界经济的总趋势。全球主要经济体经济回暖,国际贸易和工业生产的复苏将为 2021 年国际直接投资增长提供有力支撑。据联合国贸发会议预测,2021 年全球外国直接投资流量有望回弹增长 10.0%~15.0%,2022 年可能回到 2019 年 15 000 亿美元的水平。国际货币基金组织(IMF)2021 年 10 月最新预测显示,全球经济正在持续复苏,预计 2021 年将增长 5.9%,2022 年将增长 4.9%。尽管不同国家、不同行业企业和不同社会群体受新冠疫情影响不同,疫后经济复苏将呈现阶梯性不均衡发展,但复苏仍是“主旋律”。在世界经济复苏的大背景下,随着新一轮科技和产业革命的孕育兴起,国际分工体系加速演变,全球价值链深度重塑,这些新变化给中国企业在全球范围内配置资源、促进企业“走出去”发展、推进国际区域经济合作提供了难得的战略机遇。

2. 深耕“一带一路”仍是中国企业海外发展的重点方向。“十四五”规划明确指出“坚持实施更大范围、更宽领域、更深层次对外开放,促进国际合作,实现互利共赢,推动共建‘一带一路’行稳致远”是新时期中国开拓合作共赢新局面的重要目标。“一带一路”倡议提出 8 年多来,与沿线国家的国际投资稳步增长,疫情前年均增长率约 16.7%,2020 年尽管受到疫情影响,对沿线国家的投资仍增长两成。可见,由中国政府推动共建的“一带一路”对中国企业稳定境外市场、开辟新的增长空间起着至关重要的作用。

2020 年 11 月 15 日,中日韩、东盟、澳新等 15 国签署了《区域全面经济伙伴关系协定》(RCEP),为后疫情时代区域内基础设施的投资建设营造了有利的政策环境。2020 年 12 月 16 日,中国与非洲联盟签署了《中华人民共和国政府与非洲联盟关于共同推进“一带一路”建设的合作规划》。至此,中国已与 138 个国家、31 个国际组织签署了 202 份共建“一带一路”合作文件。新时期政府推动对外投资合作高质量发展的政策设计将更加全面，中国企业参与“一带一路”建设将获得更多政策支持。

3. 数字经济和绿色发展引领未来行业发展。随着新一轮科技革命和产业变革的深入发展，数字经济逐渐成为未来全球经济增长的新引擎，各国纷纷将数字经济视为重大战略机遇，国际合作与竞争面临新形势。新冠肺炎疫情防控凸显了统计大数据、人工智能、医疗产品研发及基于互联网技术的电子商务平台等“新基建”的重要作用，中国企业应抓住海外数字基础设施市场机遇，积极参与东道国数字惠民、数字金融、数字治理、远程医疗等民生项目，结合疫后复工复产需求开展云经济合作，融入数字经济的全球产业链。此外，绿色发展也是近年来科技和产业革命的重要方向，“碳中和”问题成为国际社会关注的焦点，国际贸易投资中的绿色规则正加速演进。中国企业应把绿色理念贯穿到对外投资合作的全过程，积极履行环保责任，加快绿色技术创新，充分挖掘绿色市场机遇，提前布局低碳经济、数字经济、生物经济等领域，探索数字化与绿色化融合发展的新业态、新模式，形成新时期对外投资合作的市场竞争力。

4. 把握“双循环”发展新格局，提升企业国际化水平。面对日趋复杂的国内外形势，党中央果断做出构建“以国内大循环为主体、国内国际双循环相互促进的新发展格局”的重大战略调整。“十四五”规划中明确提出要“实行高水平对外开放，开拓合作共赢新局面”，表明中国进一步加强对外开放的决心不变，畅通国内国际双循环的总趋势不变，推动对外投资合作业务高质量发展的目标不变。因此，参与对外投资合作的企业应坚定信心，依托国内市场在信息通信、电力、交通、化工、冶金、建材等行业的全产业链优势，把握“双循环”发展新格局，积极迎接后疫情时代新一轮的发展机遇，不断提升自身竞争力和国际化水平，早日实现转型升级。

（撰稿：张　爽）

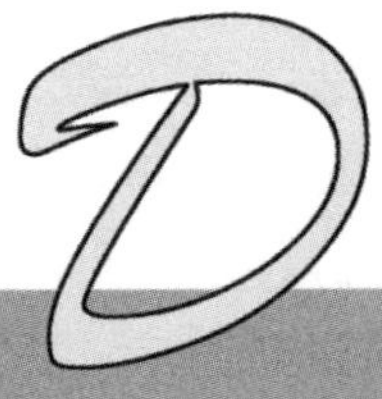

行业发展概述

2020 年电力行业发展综述

中国电力企业联合会

2020 年,中国电力行业坚持以习近平新时代中国特色社会主义思想为指导,全面贯彻党的十九大和十九届二中、三中、四中、五中全会精神,按照党中央、国务院决策部署,积极推进电力企业疫情防控和复工复产,为全社会疫情防控和复工复产、复商复市提供坚强的电力保障;积极推进构建以新能源为主体的新型电力系统建设,为推动实现国家碳达峰碳中和目标做出积极贡献。

一、电力消费与生产供应

2020 年,全国全社会用电量 75 214 亿千瓦时①,比上年增长 3.2%,增速比上年下降 1.2 个百分点;全国人均用电量 5 331 千瓦时/人,比上年增加 145 千瓦时/人;全国电力供需形势总体平衡,部分地区有富余,局部地区用电高峰时段电力供应偏紧,疫情防控期间电力供应充足可靠,为全社会疫情防控和国民经济发展提供坚强电力保障。见图 1。

截至 2020 年年底,全国全口径发电装机容量 220 204 万千瓦,比上年增长 9.6%。其中:水电 37 028 万千瓦,比上年增长 3.4%(抽水蓄能 3149 万千瓦,比上年增长 4.0%);火电 124 624 万千瓦,比上年增长 4.8%(煤电 107 912 万千瓦,比上年增长 3.7%;气电 9 972 万千瓦,比上年增长 10.5%);核电 4 989 万千瓦,比上年增长 2.4%;并网风电 28 165 万千瓦,比上年增长 34.7%;并网太阳能发电 25 356 万千瓦,比上年增长 24.1%。见图 2。

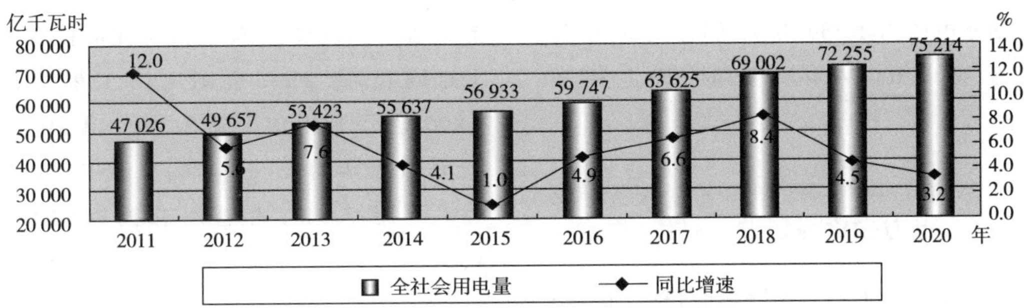

图 1　2011—2020 年全国全社会用电量及其增速情况

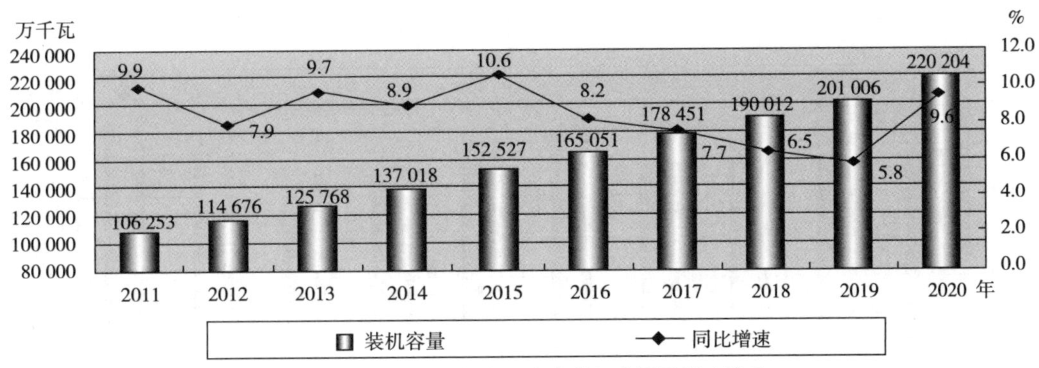

图 2　2011—2020 年全国发电装机容量及增速情况

① 2020 年电力数据均来自中电联 2020 年度统计数据(简称“年报数据”),数据因四舍五入的原因存在总计与分项合计不等的情况,后同。

2020 年,全国全口径发电量为 76 264 亿千瓦时,比上年增长 4.1%,增速比上年下降 0.7 个百分点。其中:水电 13 553 亿千瓦时,比上年增长 4.1%(抽水蓄能 335 亿千瓦时,比上年增长 5.0%);火电 51 770 亿千瓦时,比上年增长 2.6%(煤电 46 296 亿千瓦时,比上年增长 1.7%;天然气 2 525 亿千瓦时,比上年增长 8.6%);核电 3 662 亿千瓦时,比上年增长 5.0%;并网风电 4 665 亿千瓦时,比上年增长 15.1%;并网太阳能发电 2 611 亿千瓦时,比上年增长 16.6%。见图 3。

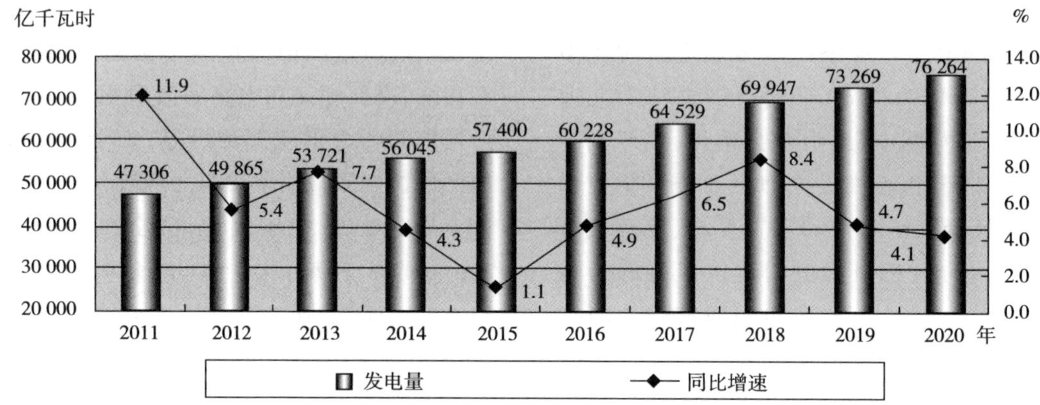

图 3 2011—2020 年全口径发电量及增速情况

截至 2020 年年底,初步统计全国电网 220 千伏及以上输电线路回路长度 79.4 万千米,比上年增长 4.6%;全国电网 220 千伏及以上变电设备容量 45.3 亿千伏安,比上年增长 4.9%;全国跨区输电能力达到 15 615 万千瓦(跨区网对网输电能力 14 281 万千瓦;跨区点对网送电能力 1 334 万千瓦)。2020 年全国跨区送电量完成 6 474 亿千瓦时,比上年增长 13.3%。

二、电力投资与建设

2020 年,全国主要电力企业合计完成投资 10 189 亿元,比上年增长 22.8%。全国电源工程建设完成投资 5 292 亿元,比上年增长 29.5%。其中,水电完成投资 1 067 亿元,比上年增长 17.9%;火电完成投资 568 亿元,比上年下降 27.3%;核电完成投资 379 亿元,比上年下降 18.0%;风电完成投资 2 653 亿元,比上年增长 71.0%;太阳能发电完成投资 625 亿元,比上年增长 62.2%。全国电网工程建设完成投资 4 896 亿元,比上年下降 2.3%。其中,直流工程 532 亿元,比上年增长 113.4%;交流工程 4 188 亿元,比上年下降 7.5%,占电网总投资的 85.5%。见图 4、图 5。

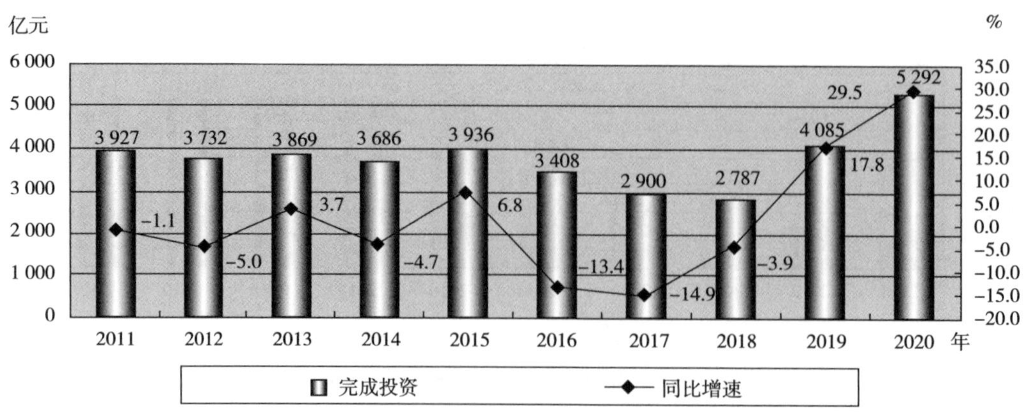

图 4 2011—2020 年全国电源工程建设完成投资及增速情况

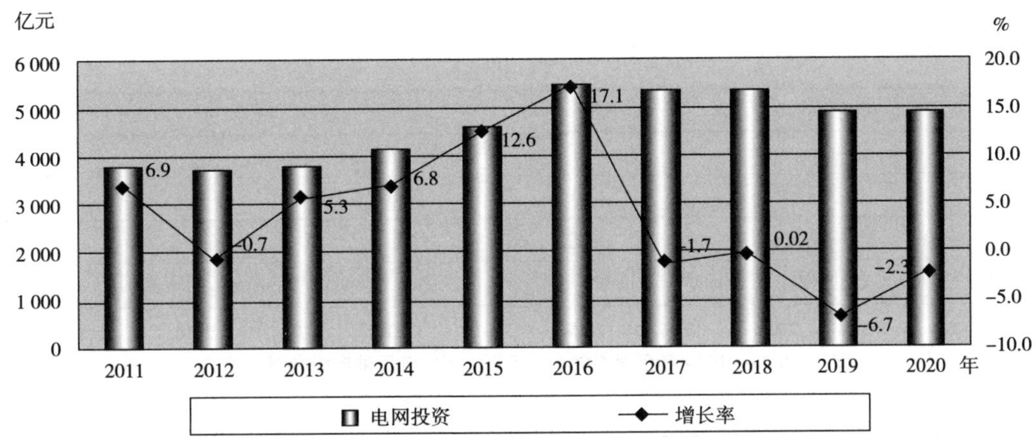

图 5　2011—2020 年全国电网工程建设完成投资及增速情况

2020 年，全国新增发电装机容量 19 144 万千瓦，比上年多投产 8 643 万千瓦。其中，新增水电 1 313 万千瓦（新增抽水蓄能 120 万千瓦），新增火电 5 660 万千瓦（新增煤电 4 030 万千瓦，燃气 824 万千瓦），新增核电 112 万千瓦，新增并网风电装机容量 7 211 万千瓦，新增并网太阳能发电装机容量 4 820 万千瓦。见图 6。

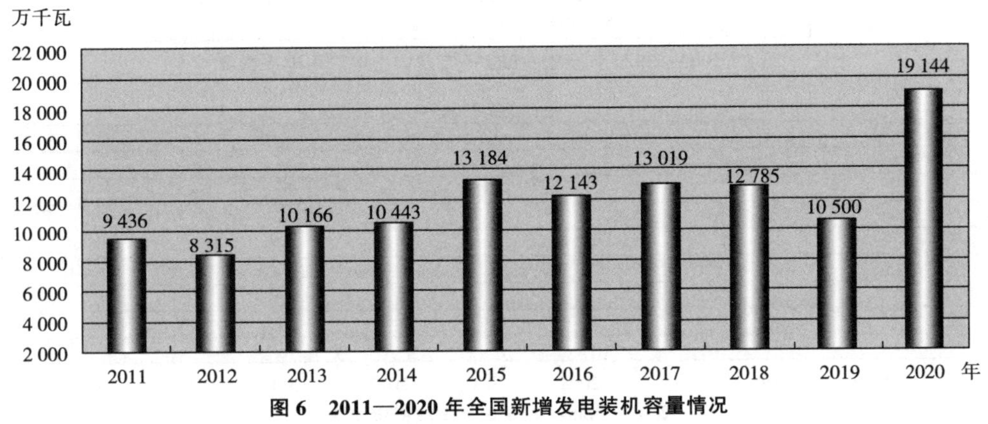

图 6　2011—2020 年全国新增发电装机容量情况

2020 年，全年新增交流 110 千伏及以上输电线路长度和变电设备容量 57 237 千米和 31 292 万千伏安，分别比上年下降 1.2% 和 2.0%。全年新投产直流输电线路 4 444 千米，新投产换流容量 5 200 万千瓦。

三、电力绿色发展

截至 2020 年年底，全国全口径非化石能源发电装机容量 98 566 万千瓦，比上年增长 16.8%。2020 年，非化石能源发电量 25 830 亿千瓦时，比上年增长 7.9%。达到超低排放限值的煤电机组约 9.5 亿千瓦，约占全国煤电总装机容量 88.0%。全年累计完成替代电量 2 252.1 亿千瓦时①，比上年增长 9.0%，且替代电量逐年提高。

2020 年，全国 6 000 千瓦及以上火电厂供电标准煤耗 304.9 克/千瓦时，比上年降低 1.5 克/千瓦时；全国 6 000 千瓦及以上电厂用电率 4.7%，比上年下降 0.02 个百分点；全国线损率 5.6%，比上年下降 0.3 个百分点。见图 7、图 8、图 9。

① 国家电网和南方电网统计口径。

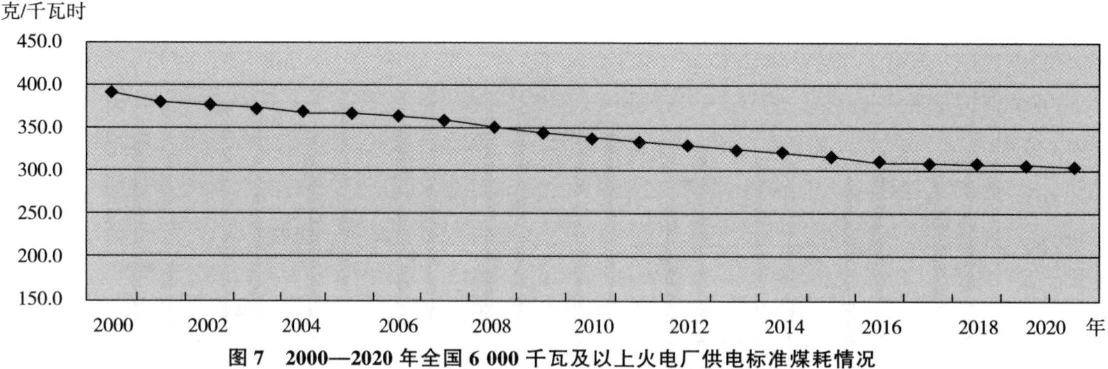

图 7　2000—2020 年全国 6 000 千瓦及以上火电厂供电标准煤耗情况

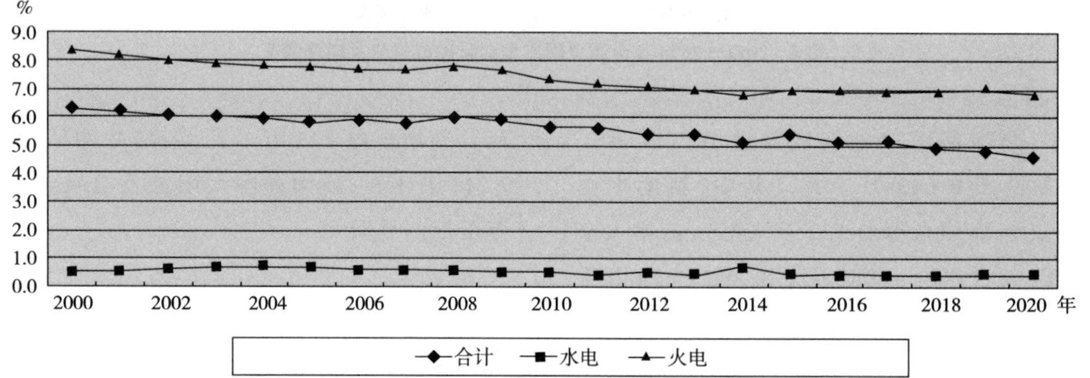

图 8　2000—2020 年全国 6 000 千瓦及以上电厂用电率情况

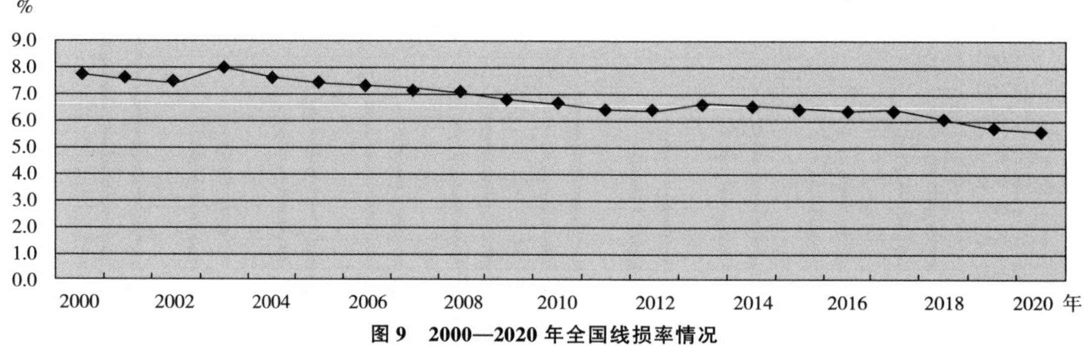

图 9　2000—2020 年全国线损率情况

2020 年，全国电力烟尘、二氧化硫、氮氧化物排放量分别约为 15.5 万吨、78 万吨、87.4 万吨，分别比上年下降 15.1%、12.7%、6.3%；单位火电发电量烟尘、二氧化硫、氮氧化物排放分别为 0.032 克/千瓦时、0.160 克/千瓦时、0.179 克/千瓦时，分别比上年下降 0.006 克/千瓦时、0.027 克/千瓦时、0.016 克/千瓦时。见图 10、图 11、图 12。

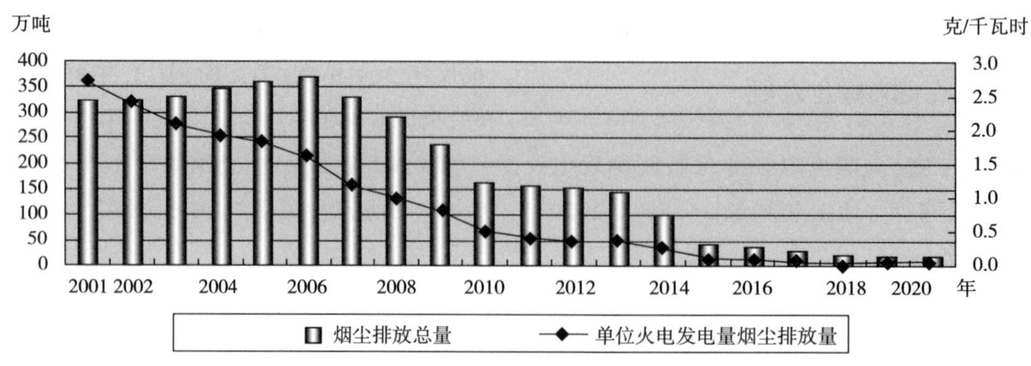

图 10　2001—2020 年电力烟尘排放情况

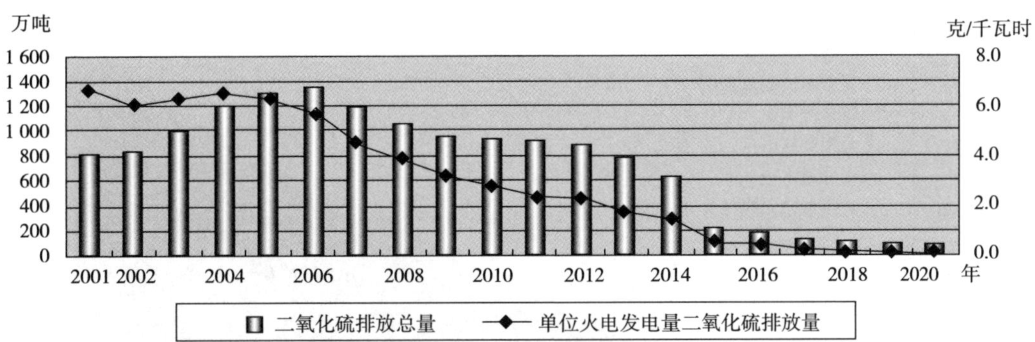

图 11　2001—2020 年电力二氧化硫排放情况

注：电力二氧化硫排放量统计范围为全国装机容量 6 000 千瓦及以上火电厂。

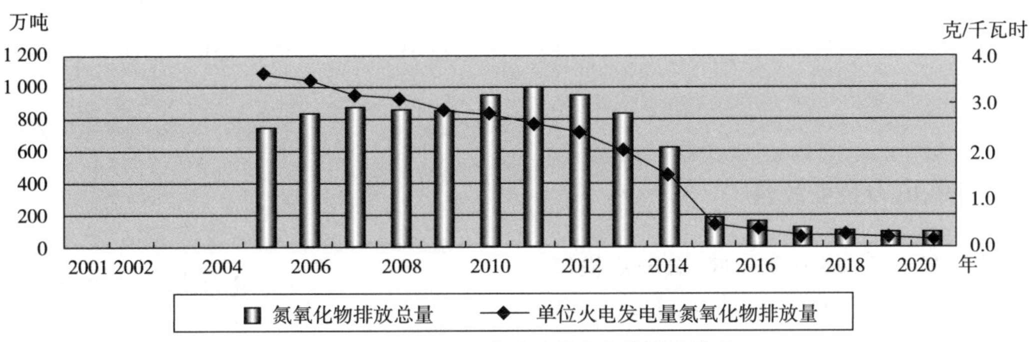

图 12　2001—2020 年电力氮氧化物排放情况

注：电力氮氧化物排放量统计范围为全国装机容量 6 000 千瓦及以上火电厂。

2020 年，全国单位火电发电量二氧化碳排放约 832 克/千瓦时，比 2005 年下降 20.6%；全国单位发电量二氧化碳排放约 565 克/千瓦时，比 2005 年下降 34.1%。以 2005 年为基准年，从 2006 年到 2020 年，通过发展非化石能源、降低供电煤耗和线损率等措施，电力行业累计减少二氧化碳排放约 185.3 亿吨。其中：非化石能源发展贡献率为 62.0%，供电煤耗降低对电力行业二氧化碳减排贡献率为 36.0%，降低线损的二氧化碳减排贡献率为 2.6%。见图 13、图 14。

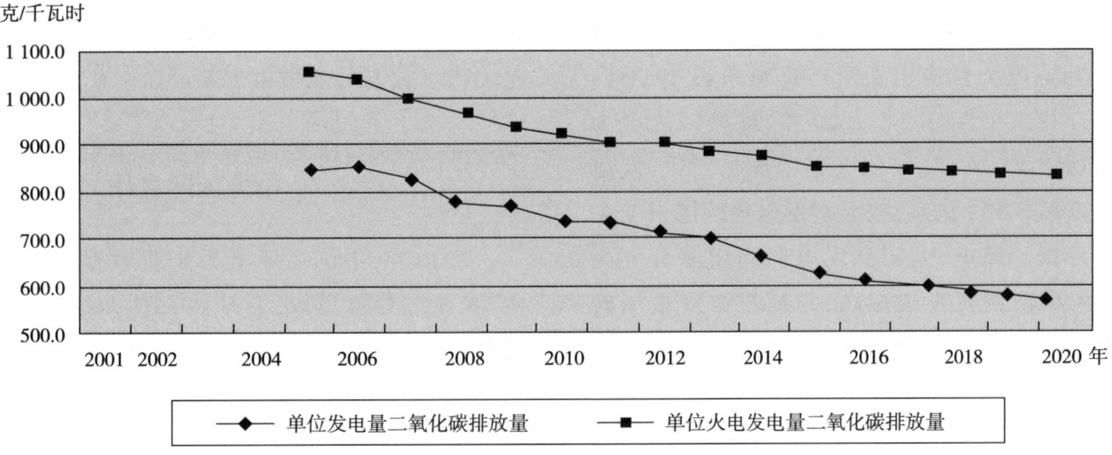

图 13　2001—2020 年电力二氧化碳排放量情况

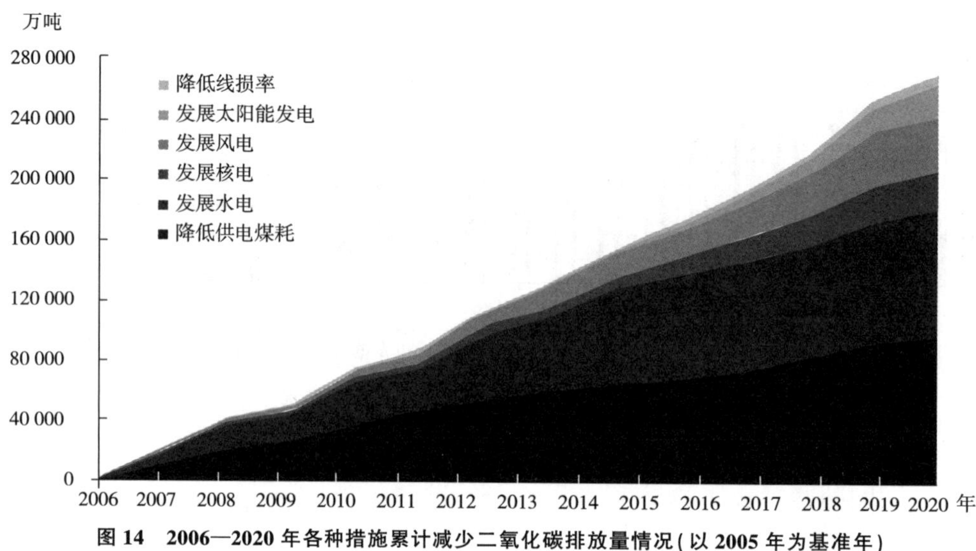

图 14　2006—2020 年各种措施累计减少二氧化碳排放量情况(以 2005 年为基准年)

四、电力企业经营

根据国家统计局统计,2020 年年底,全国规模以上电力企业资产总额 165 813 亿元,比上年增长 5.8%。其中:发电企业资产总额 94 724 亿元,比上年增长 4.2%;电力供应企业资产总额 71 089 亿元,比上年增长 7.9%。

2020 年,规模以上电力企业负债总额 95 971 亿元,比上年增长 4.7%。其中:发电企业负债总额比上年上升 1.9%(火电企业负债总额比上年下降 3.4%,水电企业负债总额比上年上升 4.5%);电网企业负债总额比上年增长 10.0%。规模以上电力企业资产负债率为 57.9%,比上年降低 0.6 个百分点。其中:发电企业资产负债率为 64.5%,比上年降低 1.5 个百分点;电力供应企业资产负债率为 49.1%,比上年上升 0.9 个百分点。2020 年,规模以上电力企业利润总额 4 010 亿元,比上年增长 2.8%。发电企业利润总额 3 523 亿元,但大型发电集团煤电业务继续总体亏损。风电、太阳能发电利润增速分别为 16.3%和 3.0%,但现金流短缺,导致企业资金周转困难。电力供应企业利润总额 486 亿元,比上年下降 49.6%;亏损企业亏损额为 210 亿元,比上年增长 42.7%。

五、电力市场化改革

2020 年,国家制定出台了省级电网和区域电网第二监管周期(2020—2022 年)输配电价,公布了第五批增量配电业务改革试点,电力市场建设进一步推进。

2020 年,全国各电力交易中心组织完成市场交易电量[①] 31 663 亿千瓦时,同比增长 11.7%。其中:全国电力市场电力直接交易电量[②]合计为 24 760 亿千瓦时,比上年增长 13.7%,占全社会用电量比重为 32.9%,比上年提高 2.8 个百分点,占电网企业售电量比重为 40.2%,比上年提高 3.3 个百分点。全国电力市场化交易规模再上新台阶。

六、电力国际合作

2020 年,中国主要电力企业对外直接投资总金额 78.5 亿美元,同比上升 84.3%;对外直接投资项目共 32 个,主要涉及火电、新能源、水电、输变电、矿

① 指电力交易中心组织开展的各品类交易电量的总规模,分为省内交易和省间交易,其中省内交易包括省内电力直接交易、发电权交易、抽水蓄能交易和其他交易;省间交易包括省间电力直接交易、省间外送交易(网对网、网对点)、发电权交易和其他交易。以交易的结算口径统计。

② 指符合市场准入条件的电厂和终端购电主体通过自主协商、集中竞价等直接交易形式确定的电量规模,包括省内电力直接交易电量和省间电力直接交易(外受)电量。当前仅包括中长期交易电量,以交易的结算口径统计。

产资源及储能等领域，为项目所在地直接创造5.9万个就业岗位。

2020年，中国主要电力企业年度新签合同项目131个，合同金额271.7亿美元，同比增长12.8%，为当地创造就业岗位3.2万个。新签境外工程承包项目涉及51个国家和地区，其中：亚洲和非洲项目占比最多，分别为59.5%和21.3%。

2020年，中国主要电力企业年度出口电力装备总额22.3亿美元，比上年降低10.1%；其中：设备直接出口总额4.2亿美元，境外工程带动装备出口总额18.1亿美元。电力技术服务出口总额11.2亿美元，同比减少14.5%；其中：直接出口技术服务5.3亿美元，境外工程带动出口技术服务5.9亿美元。

截至2020年年底，中国与俄罗斯、蒙古国、越南和缅甸等周边国家跨国电力交易初步实现。初步统计，中国与邻国合计完成电量交换87亿千瓦时，比上年增长1.8%。其中：购入电量45亿千瓦时，增长1.4%；送出电量42亿千瓦时，增长2.2%。

（撰稿：刘　亮）

2020年煤炭工业发展综述

中国煤炭工业协会

2020年是“十三五”收官之年，煤炭行业迈上了推动供给侧结构性改革、实现高质量发展的新征程。5年来，面对错综复杂的宏观环境、艰巨繁重的改革发展任务，特别是新冠肺炎疫情的严重冲击，煤炭行业坚持以习近平新时代中国特色社会主义思想为指导，深入贯彻国家能源安全新战略，着力推动煤炭安全高效智能化开采和清洁高效集约化利用，着力推动体制机制创新，着力推动科技创新，着力推动产业转型升级，去产能目标任务超额完成，产业结构持续优化，新旧动能加快转换，供给体系质量显著增强，煤炭经济运行总体平稳，煤炭清洁化利用水平大幅提升，煤炭“兜底保障”根基更加稳固，为谱写新时代煤炭工业高质量发展新篇章奠定了坚实基础。

一、2020年主要指标完成情况

（一）原煤产量

2020年原煤产量39亿吨，同比增长1.4%，其中规模以上煤炭企业原煤产量38.4亿吨，同比增长0.9%。

（二）煤炭消费

据国家统计局数据，2020年全国煤炭消费量同比增长0.6%。从主要耗煤行业分析测算，电力行业、钢铁行业、建材行业、化工行业耗煤分别同比增长0.8%、3.3%、0.2%、1.3%，其他行业耗煤同比下降4.6%。

（三）煤炭运输量

2020年全国铁路累计发运煤炭23.6亿吨，同比下降3.9%。主要港口发运煤炭7.5亿吨，同比下降3.3%。

（四）煤炭进出口

2020年全国煤炭进口量30 400万吨，同比增长1.5%，创2014年以来新高；出口319万吨，同比下降47.1%；净进口3亿吨，同比增长2.0%。

（五）煤炭价格

2020年动力煤中长期合同（5 500大卡下水煤）全年均价为543元/吨，同比减少12元/吨；5 500大卡动力煤价格最低470元/吨，经过短期波动后回落到600元/吨以下；CCTD山西焦肥精煤综合售价全年平均1 309元/吨，同比减少187元/吨。

（六）经济效益

2020年，全国规模以上煤炭企业营业收入

20 001.9 亿元,同比下降 8.4%,利润总额 2 222.7 亿元,同比下降 21.1%。

(七)安全生产

2020 年全国煤矿发生死亡事故 122 起、死亡 225 人,同比分别下降 28.2%和 28.8%;百万吨死亡率 0.059,同比下降 28.9%。

二、行业发展特点

(一)煤炭去产能目标任务超额完成,煤炭资源开发布局持续优化,新兴产业和生产服务性产业加快发展,现代化产业体系建设取得新进展

2020 年政府工作报告指出,在新冠肺炎疫情防控常态化前提下,坚持稳中求进工作总基调,坚持新发展理念,坚持以供给侧结构性改革为主线,坚持以改革开放为动力推动高质量发展,坚决打好三大攻坚战,加大"六稳"工作力度,保居民就业、保基本民生、保市场主体、保粮食能源安全、保产业链供应链稳定、保基层运转,坚定实施扩大内需战略,维护经济发展和社会稳定大局,确保完成决战决胜脱贫攻坚目标任务,全面建成小康社会。

2020 年 6 月,国家发改委等 3 部门发布《关于做好 2020 年重点领域化解过剩产能工作的通知》(发改运行〔2020〕901 号),提出坚持持续推进煤炭上大压小、增优汰劣的总体要求,指出坚决淘汰不具备安全环保条件、不符合产业政策的落后产能。坚持产能置换长效机制,引导低效无效产能有序退出。深入推进煤炭行业"放管服"改革,加快推动在建煤矿投产达产,合理有序释放先进产能,实现煤炭新旧产能有序接替。统筹推进煤电联营、兼并重组、转型升级等工作,促进煤炭及下游产业健康和谐发展。着力加强煤炭产供储销体系建设,持续提升供给体系质量,增强能源保障和应急调控能力。充分发挥市场配置资源的决定性作用,不断完善现代煤炭交易市场体系,进一步降低交易成本、提高市场效率。

截至 2020 年年底,全国累计退出煤矿 5 500 处左右、退出落后煤炭产能 10 亿吨/年以上,安置职工 100 万人左右,超额完成《国务院关于煤炭行业化解过剩产能实现脱困发展的意见》(国发〔2016〕7 号)提出的化解过剩产能奋斗目标。2020 年西部地区煤炭产量 23.3 亿吨,占全国的 59.7%,比 2015 年提高 5.0 个百分点;中部地区占全国的 33.4%,下降了 1.4 个百分点;东部地区下降了 2.3 个百分点;东北地区下降 1.3 个百分点。从大型基地和区域煤炭产量变化看,2020 年,14 个大型煤炭基地产量占全国总产量的 96.6%,比 2015 年提高 3.6 个百分点。内蒙古、山西、陕西、新疆、贵州、山东、安徽、河南等 8 个省(自治区)煤炭产量超亿吨,原煤产量共计 35 亿吨,占全国的 89.7%,其中,晋陕蒙 3 省(自治区)原煤产量 27.9 亿吨,占全国的 71.5%。全国煤炭净调出省(自治区)减少到晋陕蒙新 4 个省(自治区),其中,晋陕蒙 3 省(自治区)调出煤炭 17.3 亿吨左右,中国煤炭生产重心加快向资源禀赋好、开采条件好的"晋陕蒙地区"集中。截至 2020 年年底,全国煤矿数量减少到 4 700 处以下、平均单井(矿)产能提高到 110 万吨/年以上,大型现代化煤矿成为全国煤炭生产的主体。全国建成年产 120 万吨以上的大型现代化煤矿 1 200 处以上,产量占全国的 80.0%左右,其中,建成年产千万吨级煤矿 52 处,产能 8.2 亿吨/年;年产 30 万吨以下的小煤矿数量、产能分别下降到 1 000 处以下、1.1 亿吨/年左右,煤炭供给质量显著提升。新能源、新材料、先进制造、科技环保、现代金融等产业不断培育发展,形成一批新兴产业增长新引擎。人工智能、大数据、机器人等现代信息技术与煤炭开发利用深度融合,煤矿数字化智能化绿色化转型全面提速。截至 2020 年年底,建成 400 多个智能化采掘工作面,采煤、钻锚、巡检等 19 种煤矿机器人在井下实施应用,71 处煤矿列入国家首批智能化示范建设煤矿,新兴产业和生产服务性产业加快发展。

(二)煤炭经济运行形势复杂多变,供需阶段性错位失衡矛盾突出,市场现货价格出现较大幅度波动,中长期价格稳定在合理区间

2020 年年初,突如其来的新冠肺炎疫情对中国经济社会发展造成严重冲击。煤炭行业讲政治、顾大局、讲奉献,积极应对新冠肺炎疫情挑战,做好常态化疫情防控和安全生产工作,加快推进煤矿复工复产。煤炭企业充分发挥国家能源支柱企业的责任

担当,尽快实现了复工复产,3 月中旬,国家能源、中煤能源、陕煤化等亿吨级企业煤矿复工复产率达到100%。同时,煤炭企业主动对接运力和下游企业,严格执行煤炭中长期合同及"基础价+浮动价"的定价机制,重点保障了湖北等重点疫区及东北、京津冀等地区的煤炭供应。入冬后,用电需求快速增长,国家电网用电负荷创历史新高,电煤需求增加,煤炭供需出现结构性偏紧,煤炭市场价格快速上涨。在保障疫情防控和安全生产的前提下,全行业全力挖潜增产,保供应、稳价格、保民生,煤炭企业春节期间坚持正常生产,保障煤炭中长期合同履约,全国煤炭供应保持相对高位,社会存煤总量企稳回升,煤炭市场价格已快速回归至合理区间。2021 年煤炭中长期合同签约量达到 21 亿吨,占全国煤炭产量的 50.0%以上。中长期合同制度和"基础价+浮动价"定价机制,发挥了维护煤炭经济平稳运行的压舱石作用。

(三)煤炭科技创新能力显著增强,煤炭清洁高效利用步伐加快

"十三五"期间,全行业获得国家科技奖励 22 项,"400 万吨/年煤间接液化成套技术创新开发及产业化"项目荣获国家科技进步特等奖,"煤制油品/烯烃大型现代煤化工成套技术开发及应用"项目荣获国家科技进步一等奖;获得中国专利奖共 51 项,其中:金奖 3 项,银奖 2 项;获得煤炭行业科技奖 1 491 项,其中:特等奖 5 项,一等奖 162 项。全行业建成国家级、省部级和行业级研发平台达 170 余家,其中:国家重点实验室和国家工程技术研究中心共 23 家。煤炭清洁生产机制不断完善,充填开采、保水开采、煤与瓦斯共采、无煤柱开采等煤炭绿色开采技术得到推广,煤炭资源回收率显著提升。2020 年,原煤入洗率达到 74.1%,比 2015 年提高 8.2 个百分点。煤炭洗选加工技术快速发展,千万吨级湿法全重介选煤技术、大型复合干法和块煤干法分选技术、细粒级煤炭资源的高效分选技术、大型井下选煤排矸技术和新一代空气重介干法选煤技术成功应用。2020 年,矿井水综合利用率、煤矸石综合利用处置率、井下瓦斯抽采利用率达到 78.7%、72.2%、44.8%,比 2015 年分别提高 11.2 个、8.0 个、9.5 个百分点;土地复垦率达到 57.0%左右,提高 9.0 个百分点;大型煤矿原煤生产综合能耗 10.5 千克标煤/吨,下降 11.0 个百分点;煤矸石及低热值煤综合利用发电装机达 4 200 万千瓦,增加 900 万千瓦,年利用煤矸石达到 1.5 亿吨。燃烧电厂超低排放改造持续推进。截至 2020 年年底,全国燃煤电厂完成超低排放和节能改造 9.5 亿千瓦,占全国燃煤电厂总装机的 76.0%左右。具有自主知识产权的高效煤粉型锅炉技术得到推广应用,锅炉燃料燃烬率达到 98.0%,比普通燃煤锅炉提高 28.0 个百分点,主要污染物排放指标达到天然气锅炉排放标准。

(四)煤矿安全生产形势持续稳定好转,矿区生态文明建设稳步推进

煤矿安全生产方面,煤矿安全法律法规标准体系不断完善,煤矿安全生产责任制度体系不断健全,安全科技装备水平大幅提升,安全生产投入大幅增加,煤矿职工安全培训不断强化,深入推进煤矿安全生产违法违规行为专项整治行动、煤矿安全生产专项整治三年行动等,促进了煤矿安全生产形势持续稳定好转。矿区生态文明建设方面,全行业牢固树立"绿水青山就是金山银山"理念,持续推进矿区生态环境修复治理,矿区大气、水、土壤、绿化等生态环境质量稳定向好,建成了以开滦南湖中央生态公园、徐州潘安湖湿地公园、神东国家级水土保持生态基地为代表的一批国家矿山公园、近代工业博览园和国家生态旅游示范区,矿区主要污染物排放总量持续减少,生态环境品质得到新提升,促进了矿区资源开发与生态环境协调发展。

三、几点建议

从煤矿行业自身改革发展实际和未来发展方向分析,还面临一些突出的矛盾和问题。一是矿区可持续发展面临挑战。受煤炭资源赋存条件、企业特点和区域性差异的影响,煤炭资源开采条件差、开采历史长的老矿区和资源枯竭型企业,经济效益差、人才流失严重、转型发展困难。二是煤炭产能总体宽松与结构性紧张并存。受季节性煤炭供需格局变化、水电出力不均衡、风电光伏不稳定等多重因素影响,全国煤炭产能总体宽松与区域性、品种性和时段性供应紧张的问题并存。三是去产能煤矿资产债务处置与职工安置难度大。2016年以来，全国淘汰关闭了大批煤矿，关闭煤矿资产债务处置缺乏可操作的政策依据，资产债务处置难、企业融资难，老矿区职工安置任务重、难度大。四是煤炭行业向生产服务型转变仍面临制约。虽然部分企业已经在探索煤矿专业化服务模式，但相关法律法规依然存在障碍，亟待研究建立煤炭行业由生产向生产服务型转变的法律法规体系和配套体制机制。

“十四五”时期，煤炭行业必须转变观念，树立新发展理念，准确把握新发展阶段的新特征新要求，加快向生产智能化、管理信息化、产业分工专业化、煤炭利用洁净化转变，加快建设以绿色低碳为特征的现代化经济体系，促进煤炭工业高质量发展，为国民经济和经济社会发展提供坚实可靠的能源保障。

（一）提高矿区地质保障程度

加大大型整装煤田地质勘探与评价工作力度，为资源枯竭矿区产能转移和矿井接续提供基础。加大生产煤矿深部区勘探力度，为矿井水平延伸、提高矿井服务年限提供支持。为适应煤矿智能化开采和大型现代化煤矿安全生产需要，加大煤矿采区综合地质与精细化勘探力度，为煤矿智能化开采和安全生产提供保障。

（二）优化煤炭资源开发布局

根据中国煤矿区开发历史、资源潜力、区域经济特征，结合14个大型煤炭生产基地建设实际，科学评价14个大型煤炭基地的资源禀赋、先进产能建设、环境容量等，合理分类确定大基地功能，研究提出大基地产能建设规模，优化开发布局，提高保障能力。

（三）推动煤炭产业转型升级

化解过剩产能、淘汰落后产能、建设先进产能，建设和改造一大批智能化煤矿。促进煤炭产品结构调整，推动产销协同，促进煤炭定制化生产。推动煤炭组织结构调整，建设大型煤炭企业集团，提高产业集中度，完善上下游协同发展机制，提升煤炭产业链协同水平，培育新的增长点，促进发展方式由数量、速度型向质量、效益型转变。

（四）推动煤炭科技创新发展

加强对煤炭绿色智能开采、煤矿重大灾害防控、煤炭清洁高效转化等基础理论研究，提高煤炭科技原始创新能力。以煤炭安全智能化开采和清洁高效集约化利用为主攻方向，以技术升级示范为主线，以国家能源战略技术储备和产能储备为重点，深入推进核心技术攻关；加快智能工厂和数字化车间建设，推动智能化成套装备与关键零部件、工业软件研发；推进煤炭行业两化深度融合，促进行业向人才技术密集型转变。

（五）推动矿区生态文明建设

因地制宜推广充填开采、保水开采、煤与瓦斯共采等绿色开采技术，鼓励原煤全部入选（洗）。做好黄河流域煤炭资源开发与生态环境保护总体规划和矿区规划，实现煤炭资源开发、建设、生产与生态环境保护工程同步设计、同步实施，提高矿区生态功能，建设绿色矿山。统筹考虑煤炭矿区建设历史、对区域经济社会发展的影响与生态功能区范围设计，对生态功能区与煤炭矿区重叠区域的保护性开发与关闭退出进行科学评价，实现煤炭资源开发与经济社会、生态环境协调发展。

（六）推进煤炭清洁高效利用

加强商品煤质量管理，严格执行商品煤质量标准，严格控制限制硫分、灰分、有害元素等指标，严格限制劣质煤销售和使用。健全商品煤质量监管体系，建立完善煤炭生产流通消费全过程质量跟踪监测和管理机制。支持煤炭分质分级梯级利用，从源头上控制污染物排放，提高煤炭资源综合利用效率和价值。根据经济性、技术可行性和生态环境容量适度发展现代煤化工，发挥煤炭的工业原料功能，有效替代油气资源，保障国家能源安全。支持富油煤资源勘查和评价，研究富油煤矿区资源科学开发、综合利用规划，打通煤油气、化工和新材料产业链，拓展煤炭全产业链发展空间。

（七）推动煤炭智慧物流体系建设

发挥5G、大数据、信息化和智能化技术优势，加快发展煤炭现代物流大数据、推动现代化煤炭市场交易体系建设。加快物联网、移动互联等先进技术在煤炭物流领域的应用，推动煤炭物流标准化建设，提高煤炭物流专业化管理和服务能力。推动煤炭行业大数据体系建设，促进煤炭产供储销体系与行业大数据融合，构建全国煤炭产供需与主要产煤省区、主要中转地、大型企业有机结合的煤炭智慧物流网络系统。研究适合煤炭产品标准化、规格化、参数化的运输方式和数据化管理模式，提高煤炭物流效率，降低物流成本。创新煤炭封闭运输方式，发展煤炭绿色物流。

（八）推动老矿区转型发展

建立政府、企业、社会共同参与的采煤沉陷区治理体系，推行市场化运作、科学化治理模式。充分发挥老矿区土地、厂房、资源等优势，培育发展新产业、新产品、新业态，推动老矿区及企业转型发展。支持资源枯竭矿区组建专业化煤炭生产服务型队伍，参与主要产煤省区大型现代化煤矿建设和生产运营，促进煤炭生产方式由生产型向生产服务型转变。鼓励大型煤炭企业建立老矿区振兴发展基金，支持煤炭企业跨行业、跨区域、跨所有制兼并重组，稳妥解决老矿区企业的历史遗留问题。

（九）深化国际交流与合作

统筹国内国际两个大局，把握国内外两个市场、两种资源，遵循多元合作、互利共赢原则，鼓励煤炭企业走出去，深度参与“一带一路”建设，培育一批具有较强国际竞争力的煤炭跨国企业。建立国际贸易及技术信息交流平台与机制，积极开展煤炭加工制造等先进技术的国际交流与合作。鼓励进口优质煤炭，严格控制低热值煤、高硫煤等劣质煤进口。支持企业开展境外资源开发利用、技术服务和人才培训，多渠道开展国际业务。鼓励煤炭生产、煤机制造、煤矿建设企业，发挥优势参与境外煤矿建设、技术服务以及运营管理，带动先进工艺技术和大型成套装备出口，提升我国煤炭工业国际竞争力。

（十）强化煤矿安全与职业健康

坚持以人为本、生命至上理念，坚持依靠科技创新和管理、装备、培训并重，建立责任全覆盖、管理全方位、监管全过程的煤矿安全生产综合治理体系，健全煤矿安全生产长效机制。完善煤矿安全生产法律法规标准体系，加强煤矿职业安全与健康监管机制建设；加强对水、火、瓦斯、煤尘、顶板、冲击地压等灾害防治，全面提高灾害预防和综合治理水平。围绕尘肺病等职业危害防治，开展关键技术攻关；建立完善煤矿职业病防治机制和信息化监管平台，健全完善煤矿职业病防治支撑体系。

（审稿：汤家轩
撰稿：何尚森）

2020年机械工业发展综述

中国机械工业联合会

2020年是“十三五”规划收官之年，也是极不平凡的一年。面对严峻复杂的国内外环境，特别是新冠肺炎疫情的严重冲击，机械工业认真贯彻落实党中央、国务院统筹推进疫情防控和经济社会发展工作的决策部署，主动作为、承压前行。行业企业积极投身疫情防控、快速推进复工复产，生产经营秩序在二季度得以基本恢复。全年在国家减税降费、助企扶企、稳定就业等政策支持下，机械工业生产回稳向好、收入与利润增速超过预期，但行业投资低迷状态仍在延续，年末应收账款和库存的上升对企业资金周转构成压力。

一、2020 年机械工业经济运行情况

（一）增加值增速稳步回升

国家统计局数据显示，2020 年全年机械工业增加值增速同比增长 6.0%，比一季度、上半年和前三季度分别回升 25.0 个、7.5 个和 2.2 个百分点，且高于全年全国工业和制造业增加值增速 3.2 个和 2.6 个百分点，并高于年初预期。

机械工业主要涉及的 5 个国民经济行业大类中，电气机械和器材制造业增长 8.9%、汽车制造业增长 6.6%、专用设备制造业增长 6.3%、通用设备制造业增长 5.1%、仪器仪表制造业增长 3.4%；主要涉及的 52 个行业中类中 43 个增加值实现增长。

（二）产品生产逐步回升

年初受疫情影响，机械工业重点监测的 120 种主要产品生产大幅下降，1—2 月仅 2 种产品产量实现增长。此后随着复工复产的推进与企业生产的恢复，产量实现增长的产品数量持续增长。全年 62 种产品产量增长，占比 51.7%，超过半数；产量下降的产品有 58 种，占比 48.3%。见图 1、图 2。

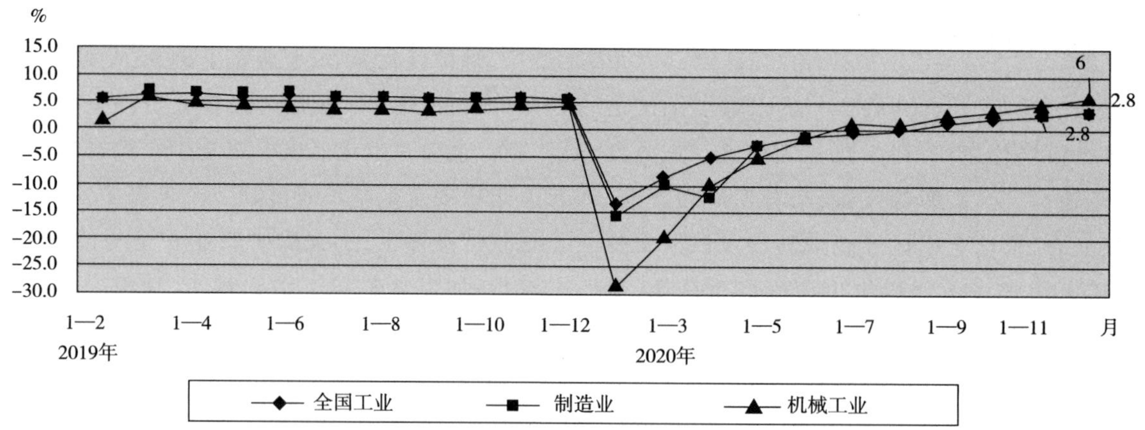

图 1　2019—2020 年 1—12 月全国工业、制造业和机械工业增加值增速情况

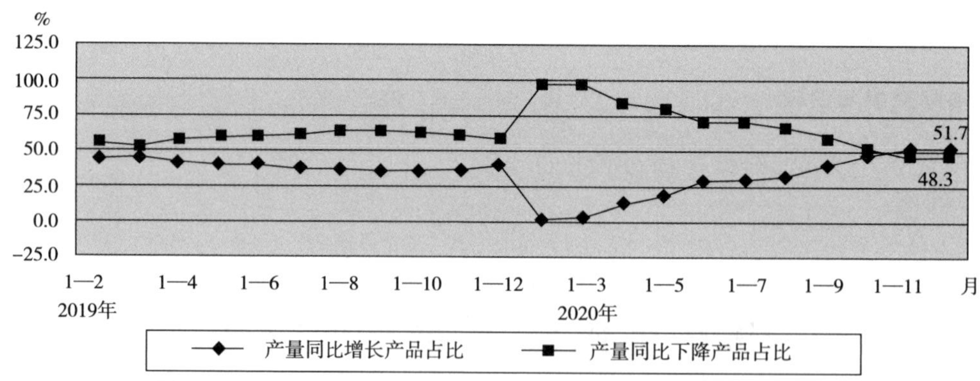

图 2　2019—2020 年 1—12 月机械工业重点监测产品产量增减变化情况

主要产品产销增减呈现以下特点：投资类产品市场恢复快于消费类产品市场恢复，当期已实现较为全面的恢复。具体看，一是得益于基建投资与能源项目的建设以及需求结构升级的带动，工程机械、发电和输变电设备产销保持快速增长，挖掘机产量增长 36.7%，发电机组产量增长 38.3%。二是利好政策的带动下主要农机产品生产持续回升，大、中型拖拉机产量分别增长 56.0% 和 17.7%。三是与物流、环保和智能制造相关的产品增速继续加快，工业机器人产量增长 20.7%。四是汽车产销微跌收官，据汽车工业协会统计，全年汽车产销累计同比分别下降 2.0% 和 1.9%，降幅比上年分别收窄 5.5 和 6.3

个百分点。其中:乘用车产销分别完成1 999.4万辆和2 017.8万辆,同比下降6.5%和6.0%,降幅比上年分别收窄2.7和3.6个百分点;商用车产销分别完成523.1万辆和513.3万辆,同比增长20.0%和18.7%,创历史新高。新能源汽车累计销售136.7万辆,同比增长10.9%。五是量大面广的通用型产品生产出现恢复。

(三)部分代表性产品产销情况

拖拉机:拖拉机是中国重要的农用机械,2020年以来,随着国内疫情得到防控,国内种植收益的提升拉动了农用机械的需求,同时,土地流转改革及规模化农业合作社的兴起,促使农业机械化率进一步提高,整体来看,国内拖拉机市场正逐步回暖,稳健增长。2020年大中型拖拉机产销整体扭转了近年来的下滑趋势,并逐步实现对小型拖拉机的替代,而小型拖拉机产量在总量中的比重已降至1/3左右。2020年大中型拖拉机累计生产34.6万台,同比增长23.0%;小型拖拉机生产17.8万台,同比下降47.2%。

机床:自2012年以来机床行业进入转型升级调整期,市场持续波动下行近8年时间。2020年,在经济不断恢复带动下,机床工具行业从3月开始逐步向好,经济运行总体上行。2020年行业转好的主要原因,一是经济大环境持续向好;二是市场周期性回升;三是重要下游市场发展向好,市场需求扩大。2020年全国金切机床产量44.6万台,同比增长5.9%。

发电设备:据机械工业发电设备中心统计,2020年全国发电设备累计产量11 488.9万千瓦,同比增长36.5%,产量仍稳居世界第1位。从产品类型看,火电机组产量5 027.3万千瓦,同比增长0.6%,占发电设备总产量的比重仍在首位,达43.8%,比上年下降15.6个百分点。清洁能源发电机组中,风电机组占清洁能源发电机组比重继续保持首位,完成产量4 585.1万千瓦,同比增长137.1%,占发电设备总产量的39.9%,占比较上年同期提高17.0个百分点;水电机组完成产量1 706.6万千瓦,与上年同期比较提升幅度较大,同比增长62.5%,占发电设备总产量的14.8%,占比较上年同期提高2.3个百分点;核电机组完成产量170万千瓦,同比下降61.2%,占发电设备总产量的比重为1.5%,占比较上年下降了3.7个百分点。综合看,“十三五”以来发电设备生产进入了调整期。在相关政策的影响下,调整力度加大,火电设备产量回落明显,2016年以来,火电机组产量占比首次下降至50.0%以下,与此同时,水电、风电等可再生能源规模进一步提升,中国能源供应体系正由以煤炭为主向多元化转变,可再生能源逐步成为新增电源装机主体。

汽车:2020年中国汽车产业好于预期,持续回暖。汽车产销量虽然连续第三年出现下滑,但同比增速已收窄至2.0%以内。新能源汽车销量由负转正。产销量与行业主要经济效益指标均呈现负增长,上半年降幅更明显,下半年逐渐好转。行业整体下降由多方面影响因素叠加所致:上半年是疫情高峰期,全国多地交通运输封锁,致使市场经济停摆;国Ⅵ提前实施和增值税下调,引发消费者对进一步降价预期,尤其是第六阶段排放标准提前实施对汽车市场造成巨大冲击,市场元气尚未完全恢复。据汽车工业协会统计,2020年汽车产销量分别为2 522.5万辆和2 531.1万辆,同比下降2.0%和1.9%,产销量继续连续12年蝉联全球第一。

(四)主要经济指标回升超预期

2020年,机械工业营业收入至9月累计增速由负转正,全年实现营业收入226 000亿元,同比增长4.5%,增速较全国工业高3.7个百分点;利润总额至7月累计增速由负转正,全年实现利润总额15 000亿元,同比增长10.4%,高于年初预期,增速较全国工业高6.3个百分点。见图3、图4。

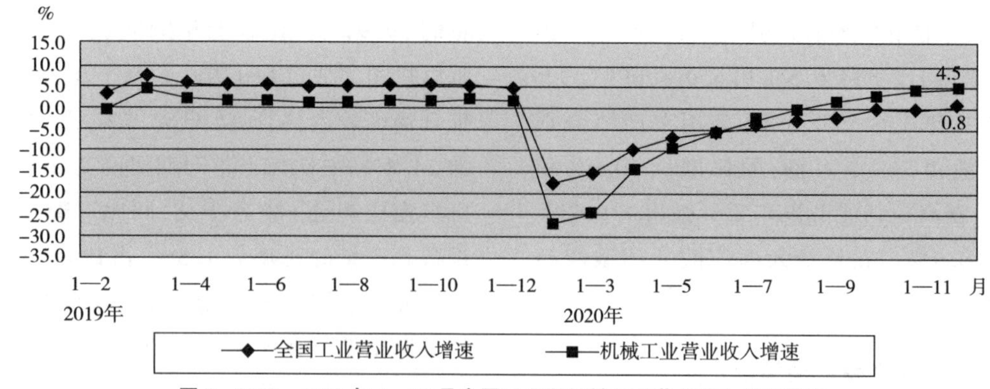

图 3　2019—2020 年 1—12 月全国工业和机械工业营业收入增速情况

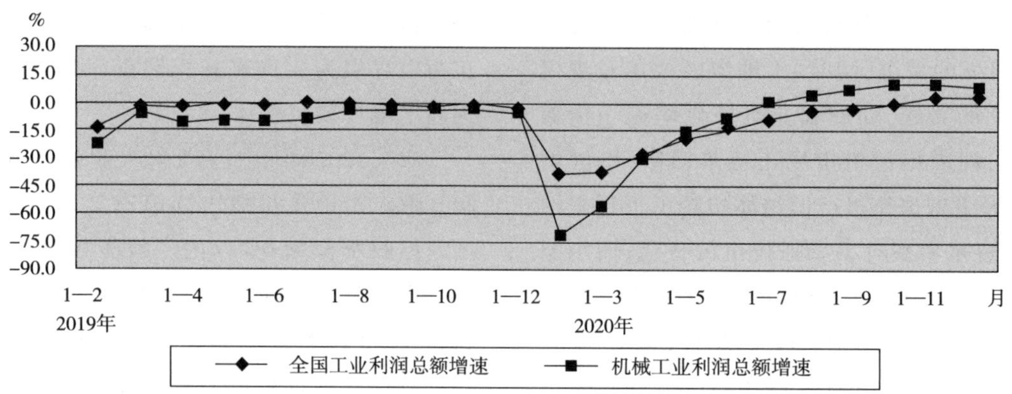

图 4　2019—2020 年 1—12 月全国工业和机械工业利润总额增速情况

2020 年机械工业营业收入利润率为 6.4%，比上年提升 0.4 个百分点，高于同期全国工业 0.3 个百分点。

(五)分行业运行总体向好

全年机械工业 14 个分行业中，12 个分行业营业收入实现同比增长，其中：工程机械和机器人与智能制造行业增速超过 20.0%，农业机械、内燃机和电工电器行业增速在 7.0%左右，仅文办设备和民用机械行业营业收入同比下降；11 个分行业利润总额实现同比增长，其中：工程机械和机器人与智能制造行业利润增速超过 30.0%，内燃机、机床工具、重型矿山行业利润增速在 20.0%左右，仅内燃机、文办设备和食品包装机械行业利润同比下降。

(六)外贸进出口实现微增

在复杂的国际贸易环境下，机械工业对外贸易总额年底实现同比由负转正。2020年机械工业累计实现进出口总额 7 847 亿美元，同比增长 1.5%。其中进口 3 177 亿美元，同比增长 0.9%，14 个分行业中农业机械、仪器仪表、文化办公设备、电工电器、机械基础件、食品包装机械和民用机械 7 个分行业进口金额同比增长；出口 4 670 亿美元，同比增长 2.0%，14 个分行业中农业机械、仪器仪表、石化通用、电工电器、食品包装机械、汽车和民用机械 7 个行业出口金额同比增长。全年机械工业累计实现贸易顺差 1 494 亿美元，较上年增加 61 亿美元。

(七)行业运行景气回升

机械工业景气指数的编制涵盖生产、投资、外贸、经效等多个维度，综合反映机械工业的运行情况。受疫情冲击，2 月机械工业景气指数下降至 70.4，此后持续回升，11 月重回临界值之上，12 月机械工业景气指数为 101.4，反映出年底机械工业行业运行已回升至景气区间之内。

二、行业运行中存在的主要问题

(一)需求疲软、产成品库存上升

虽然国内企业生产经营秩序持续改善,但市场需求尚未全面恢复。下半年全国固定资产投资增速由负转正,但其中与机械产品密切相关的设备工器具投资同比下降依然显著,截至年底降幅仍为7.1%。此外由于生产与销售恢复节奏不同,导致机械工业产成品库存持续上涨,9月后增速持续在两位数水平,年底增速达到11.5%。

(二)货款回收难度增大

随着销售的回暖,进入下半年后机械工业应收账款增长明显。截至年底,全行业应收账款总额已达54 000亿元,占全国工业应收账款总额的近1/3,同比增长16.0%,增幅已连续7个月达到两位数。从分行业看,应收账款快速增长的情况较为普遍,其中农业机械、工程机械和机器人与智能制造3.0个分行业增速超过20.0%。由此导致流动性压力加大,年底机械工业流动资金周转率为1.5次,较上年放慢0.05次,也低于全国工业0.3次。

(三)行业投资低位收官

2020年机械工业固定资产投资持续下降,三季度后降幅虽出现明显收窄,但截至年底机械工业涉及的5个国民经济行业大类固定资产投资金额均同比下降。其中专用设备制造业下降2.3%、通用设备制造业下降6.6%、仪器仪表制造业下降7.1%、电气机械和器材制造业下降7.6%、汽车制造业下降12.4%仍为两位数下降。机械工业固定资产投资显著滞后于全国固定资产投资2.9%的增速。同时机械工业民间投资复苏更为迟缓,比行业平均水平低1.0~3.0个百分点。

(四)汇率波动影响出口企业效益

2020年以来人民币持续升值,至年底人民币兑美元已较年初升值6.0%左右,由此影响出口企业的收入与利润。中国机械工业联合会重点联系企业数据显示,部分出口企业财务费用大幅增长,显著高于同期利息费用的增长,经调研主要均由汇率变化导致的汇兑损失引起。

(五)产品价格普遍走低

12月,机械工业生产者出厂价格同比下降0.9%,较11月降幅收窄0.1个百分点,全年持续在下降1.0个百分点左右波动。其中:通用设备制造业下降0.7%、专用设备制造业下降0.5%、汽车制造业下降0.4%、电气机械和器材制造业下降1.2%、仪器仪表制造业下降0.2%。

三、推动高质量发展不断深入

(一)战略性新兴产业的带动作用增强

2020年机械工业中战略性新兴产业相关行业合计实现营业收入172 000亿元,同比增长5.1%;实现利润总额11 000亿元,同比增长13.1%。战略性新兴产业营业收入和利润总额同比增速均高于同期机械工业平均增速,分别向上拉动行业收入和利润增长3.8个和9.8个百分点,对全行业实现较快恢复发挥积极的带动作用。机械工业战略性新兴产业相关行业在全行业中的占比持续提升,2020年营业收入和利润占比分别为75.1%和77.0%,比2018年(可比口径最早年份)分别提高2.9个和7.5个百分点。

(二)研发体系建设加速

中国机械工业坚持创新驱动发展战略,行业技术创新体系进一步加强。2016—2020年,共分3批批准建设机械工业工程研究中心和重点实验室48家,其中:工程研究中心24家,重点实验室23家,机械工业创新中心1家。截至2020年年底,已挂牌运行和正在筹建的创新平台241家,其中:工程研究中心129家,重点实验室111家,创新中心1家。通过持续的发展,这些创新平台已在核心基础零部件制造、成形加工装备制造、工业机器人检测等方面取得了突破性进展。

(三)重大装备有新突破

在创新驱动战略推动下,一批具有较高技术含量的重大技术装备实现突破发展。自主设计建造的三代核电"华龙一号"全球首堆——福清核电5号机组成功并网发电，核心零部件全部实现国产制造。装机总容量达1 600万千瓦的白鹤滩水电站为目前世界上在建规模最大、单机容量最大的水电站，水电站的设备制造全部实现国产化。昌吉—古泉±1 100千伏特高压直流输电工程双极全压通电成功，张北可再生能源±500千伏柔性直流电网的投运，标志着中国特高压直流输电成套设备和柔性直流电网居国际领先水平。中海油惠州石化120万吨/年乙烯装置一次试车成功，其关键设备乙烯三机（裂解气压缩机、丙烯压缩机、乙烯压缩机）全部由国内企业制造。工程机械实现了掘进机械整机系统集成技术的产业化应用，15米及以上超大直径泥水盾构和超小直径（≤4.5米）盾构实现了施工应用。

（四）转型升级步伐加快

智能制造发展迅速。企业对智能化发展的内生动力增强，数字化制造已在机械各领域大范围推广应用。工程机械骨干企业相继构建了自身的数字化研发体系、管理体系和服务体系，推动了研发、管理与服务的升级。部分农机企业通过应用管材激光切割机、焊接机器人、环保涂装生产线等先进设备，提高了加工制造能力，保证了产品一致性。

服务型制造快速发展。在用户的个性化需求、降本增效、提高盈利的期望驱动下，一批机械企业紧抓发展机遇，向"产品+服务"的方向发展，提供越来越多的高附加值服务，工业设计、融资租赁、节能服务、信息技术服务等生产性服务业逐步壮大。工程机械重点企业大力推进由工程机械到"工程机械+"的转型，向主机、服务、配件、租赁、大修等全方位价值链经营转变。电工行业部分骨干企业凭借长期专注技术研发能力和齐全的产品链优势，整合设计、研发、制造等资源，提供一体化产品解决方案和工程服务，积极开展国内外的EPC工程承包项目。

绿色发展渐成共识。随着绿色发展理念逐渐深入人心，绿色制造在机械各行业积极推广，取得了显著成效。通过对中国机械工业联合会重点联系企业的统计，万元产值能耗由2015年的0.029 9吨标准煤，下降到2019年的0.019 6吨标准煤，下降比例达34.5%。一批风机、泵、压缩机等制造企业大力开发节能产品，面向建材、冶金、纺织等工业领域通用机械产品存量市场，采用租赁、合同能源管理等多种方式对在用高耗能产品进行节能改造，提供节能减排系统解决方案。内燃机整机再制造企业已形成具有特色的发展模式，尤其是部分试点示范企业持续投入使再制造产业规模不断扩大，初步形成了高效的回收体系和运营模式。

四、2021年行业发展走势的预判

（一）主要分行业走势预判

汽车行业：从经济、政策、市场等多方面综合考虑，2020年或将是中国汽车市场的谷底年份，2021年将实现恢复增长，全年产销增长4.0%左右，其中乘用车增长7.5%左右、商用车下降10.0%左右。

电工电器行业：2020年电源与电网投资规模预计无法持续，但随着民生领域以及基础设施建设和智能制造相关市场的带动，量大面广的交流电机、变压器、电线电缆等产品的市场回暖，预计2021年行业整体仍将延续平稳发展的势头，营业收入增长5.0%左右、利润增长6.0%左右。

石化通用设备行业：基于国内外发展环境，预计2021年行业营业收入和利润的增幅在2.0%~3.0%左右。

重型矿山设备行业：2020年下半年以来行业在手合同及市场订单与上年基本接近，其中冶金设备订货下降、矿山设备订货持平、起重设备订单增长，综合预计2021年运行将基本平稳，全年增速在4.0%以内。

机床工具行业：2020年四季度金切机床已有走出谷底的趋势，预计后期将进入新一轮的增长周期。2021年机械行业将呈现平稳恢复性的增长，主要经济指标增幅在5.0%左右。

农业机械行业：2021年国家仍将继续加大支持农业生产的力度，因此农机工业将保持2020年良好的发展势头，行业运行总体谨慎乐观。

工程机械行业：由于已多年高速增长，2021年工程机械行业平稳发展的难度将进一步增大，市场变化存在多种可能性，不可期望过高，预计全年营业收入增长10.0%水平。

仪器仪表行业：市场需求情况良好，预计2021年运行总体平稳，全年增幅在5.0%左右。

（二）全行业走势预判

2020年国家大规模的投资对拉动机械工业运行回暖发挥了至关重要的作用，同时各级政府的消费激励政策也起到了积极作用。但应该看到，虽然近期机械工业主要指标逐月回升，但行业运行依然困难，市场需求疲软订单不足，年底回升形势较好的行业也存在产成品库存高企、应收账款增长等问题。

展望2021年，投资的强力拉动效用将难以持续、消费的带动作用仍存较大不确定性、外贸出口在国际疫情反弹的背景下未能形成有效支撑，行业运行的外部环境依然严峻。同时，2020年下半年机械工业两位数高增长的基数也给2021年下半年带来压力。综合分析：预计2021年机械工业经济运行总体将呈现前高后平的走势，工业增加值、营业收入和实现利润增速在6.0%左右，外贸进出口力争保持基本平衡。

（撰稿：李晓佳）

2020年钢铁行业运行情况综述

中国钢铁工业协会

2020年，面对严峻复杂的国际形势，艰巨繁重的国内改革发展稳定任务，特别是新冠肺炎疫情的严重冲击，党中央精心谋划、科学决策，举国上下同心协力，经济运行持续稳定恢复，使中国成为全球唯一实现正增长的主要经济体，经济总量迈上百万亿元新台阶，为钢铁工业发展提供了难得机遇。在党中央的坚强领导下，在需求拉动和多方努力下，广大企业攻坚克难、勇攀高峰，各项工作取得新成绩，行业稳健运行，钢材产销两旺，钢材价格及钢铁企业效益持续回升，呈现出相对良好的运行态势，发展质量进一步提高。

一、经济总量超百万亿，钢材需求创新高

2020年，面对复杂形势，中国统筹疫情防控和经济社会发展，经济运行持续稳定恢复，国内生产总值一季度同比下降6.8%，二、三、四季度同比分别增长3.2%、4.9%、6.5%，全年达到1 016 000亿元，首次迈上百万亿元大台阶，比上年增长2.3%。同时，经济结构发生较大变化，与钢铁消费密切相关的经济指标持续好转，推动了钢材消费量增长。

工业增速逐季回升。12月，规模以上工业增加值同比增长7.3%，较上月加快0.3个百分点，高于上年同期0.4个百分点。2020年，全国规模以上工业增加值比上年增长2.8%，较上年同期回落2.9个百分点。

分季度看，一季度同比下降8.4%，二、三、四季度同比分别增长4.4%、5.8%、7.1%，呈现逐季稳步回升态势。分门类看，采矿业、制造业以及电力、热力、燃气及水生产和供应业增加值比上年分别增长0.5%、3.4%、2.0%，三大门类全年均实现增长。其中：装备制造业增加值比上年增长6.6%，增速与上年基本持平，高于全部规模以上工业平均水平3.8个百分点，对全部规模以上工业增长贡献率达70.6%。从产能释放看，全国工业产能利用率为74.5%，其中四季度达78.0%，为2013年以来高点。

固定资产投资稳步回升。2020年，全国固定资产投资比上年增长2.9%。分阶段看，1—2月投资同比下降24.5%，自3月起逐步回升，至前三季度增速实现由负转正，四季度继续回升。从三大投资领域看，基础设施投资比上年增长0.9%；制造业投资比上年下降2.2%；房地产开发投资比上年增长7.0%。

2020年，房地产开发投资累计完成额141 443亿元（占固定资产投资完成额比重为27.3%，占比较

上年同期上升 3.3 个百分点），同比增长 7.0%，较上年同期回落 2.9 个百分点。房地产开发实际投资累计完成额 96 991.1 亿元，同比增长 7.2%，增速较上年同期回落 0.8 个百分点。房地产开发名义投资累计同比增速呈加速上升态势。

钢材消费创出新高。经济增长特别是重点用钢行业的快速回升，促进了钢材需求增长。据测算，2020 年，主要用钢行业钢材实际消费 97 200 万吨，比上年增长 7.0%，其中：建筑业比上年增长 10.0%，制造业比上年增长 4.0%。全国钢材消费折合粗钢表观消费量 10.4 亿吨，比上年增长 9.1%。

二、牢记初心使命，全力以赴同心抗疫

面对新冠肺炎疫情考验，全国钢铁行业听党指挥，迅速行动，全力以赴，在应急保供、医疗援助、复工复产、稳定产业链供应链等方面发挥了重要作用。

中国宝武集团、鞍山钢铁、中国五矿集团、建龙集团、新兴际华集团、荣程集团、方大钢铁集团、普阳钢铁、日照钢铁、柳州钢铁、敬业集团、津西钢铁等第一时间向湖北捐出大额善款，太原钢铁、鞍山钢铁、包头钢铁、本溪钢铁、酒泉钢铁、山东钢铁、河北钢铁、安阳钢铁、首钢集团、重庆钢铁、新余钢铁等第一时间派遣医护人员支援抗疫最前线。身处战疫“主战场”的武汉钢铁、鄂城钢铁、大冶特钢等抗疫保产、勇担社会责任“两不误”，紧急驰援火神山、雷神山医院建设，全力保证当地医院供氧和居民生活用电。据不完全统计，钢铁行业累计向湖北捐款超过 16.3 亿元，捐助口罩超过 205 万个，防护服超过 22 万件，钢材超过 1.1 万吨，派出 7 支医疗队，医护人员 111 人。

当新冠肺炎疫情在全球蔓延，中国钢铁企业第一时间支援海外伙伴。河北钢铁援助塞尔维亚，德信钢铁有限公司援助印度尼西亚，建龙马来西亚东钢援助当地政府，敬业集团援助英国钢铁，荣程集团援助意大利、日本等，南京钢铁援助韩国、西班牙等合作伙伴，马鞍山钢铁援助法国瓦顿公司，建邦集团援助达涅利集团，十一冶将抗疫经验带给巴基斯坦……中国钢铁行业与世界同行风雨同舟，携手前行，谱写了一曲曲健康无界、大爱无疆的国际抗疫合作赞歌。

三、粗钢产量超 10 亿吨，集中度有所提高

在国内新冠肺炎疫情最严重时期，钢铁工业是开工率最高的工业行业，粗钢产量仅 3 月同比下降 1.7%，对国民经济平稳运行起到了重要的托底作用。新冠肺炎疫情缓解后，钢铁需求逐步恢复，钢铁产能充分释放，9 月创出粗钢日均产量 308.5 万吨的历史单月最高水平，并逐步消化了远高于历史同期水平的钢材库存。钢铁工业的平稳发展，钢材产品产量的增长，不仅满足了建筑业、制造业用钢总量增长和结构变化，特别是高端装备制造业快速发展对钢铁产品的需求，更重要的是为下游用钢行业复工复产，为实现国民经济正增长做出了突出贡献。

2020 年，全国生产生铁 88 752.4 万吨，较上年增长 4.3%；生产粗钢 105 299.9 万吨，较上年增长 5.2%；生产钢材（含重复材）132 489.2 万吨，较上年增长 7.7%。

全年生产焦炭 47 116.1 万吨，较上年增长 0.04%；铁矿石原矿 86 671.7 万吨，较上年增长 3.7%；铁合金 3 419.6 万吨，较上年下降 2.7%。2020 年，钢铁协会会员企业生产生铁、粗钢、钢材分别为 7.5 亿吨、8.4 亿吨和 8.0 亿吨，同比分别增长 5.8%、5.6%和 7.3%。

分季度看，粗钢产量同比一季度增长 1.2%，二季度增长 1.7%，三季度增长 10.3%，四季度增长 8.8%。

分月度看，受新冠肺炎疫情影响，3 月粗钢产量同比下降，其他各月均同比增长。

分省（自治区、直辖市）看，全国具备粗钢冶炼能力的 28 个省（自治区、直辖市）中，有 25 个省（自治区、直辖市）粗钢产量同比增长。其中，河北、江苏、山东、山西、安徽几个产钢大省增量居全国前五位。

分类型看，重点统计钢铁企业粗钢产量同比增加 4 437.9 万吨、增长 5.6%，占总增量的 85.9%；其他企业粗钢产量同比增加 731.5 万吨、增长 3.5%，占总增量的 14.2%。反映出大型企业是推动粗钢增长的主要力量。

分品种看，在 22 大类钢材品种中，钢筋、中厚宽

钢带、线材(盘条)、棒材、热轧薄宽钢带等5大品种产量占比居前。特厚板、热轧薄板、厚钢板、中厚宽带钢、棒材5个品种产量增幅较高,分别增长23.5%、16.3%、12.2%、12.2%、11.8%。上述情况体现了制造业复苏和重点领域投资对部分钢材品种生产的拉动作用。

从产业集中度看,2020年粗钢产量排前10位的钢铁企业分别是中国宝武集团、河北钢铁集团、江苏沙钢集团、鞍山钢铁集团、建龙钢铁集团、首钢集团、山东钢铁集团、德龙钢铁集团、华菱钢铁集团、方大钢铁集团,这10个企业粗钢产量合计41 300万吨,占全国的比重为39.2%,比上年的36.3%提高了近3.0个百分点,为"十三五"期间的最高水平。见图1。

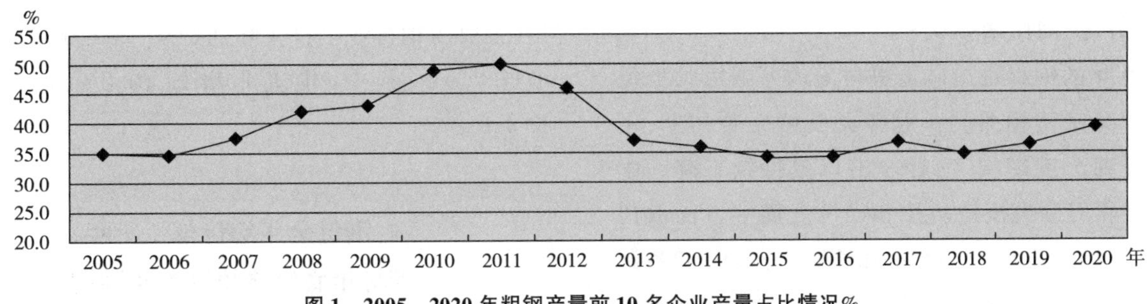

图1　2005—2020年粗钢产量前10名企业产量占比情况%

从全球看,2020年世界粗钢产量约为18.4亿吨,同比下降0.2%,其中,中国内地粗钢产量占世界粗钢产量的比重为57.3%。世界生铁产量约为13.8亿吨,同比下降1.4%,中国内地生铁产量占世界生铁产量的比重为64.3%。

2020年,排名前10位产钢国家与上年相比变化不大,俄罗斯粗钢产量超过美国,列第4位,土耳其粗钢产量超过德国,列第7位。

主要产钢国家中,印度、日本、美国、韩国、德国、巴西粗钢产量均较上年有不同程度下降,降幅最大的是美国,产量较上年下降了17.0%。见表1。

表1　2016—2020年全球产钢前10位国家情况

单位:百万吨

排　名	2016年		2017年		2018年		2019年		2020年		
	国　家	产　量	国　家	产　量	国　家	产　量	国　家	产　量	国　家	产　量	增长率/%
1	中　国	822.3	中　国	803.8	中　国	929.0	中　国	995.4	中　国	1 053.0	5.2
2	日　本	110.7	日　本	105.1	印　度	109.3	印　度	111.4	印　度	99.6	-10.6
3	美　国	88.2	印　度	89.0	日　本	104.3	日　本	99.3	日　本	83.2	-16.2
4	印　度	87.3	美　国	78.8	美　国	86.6	美　国	87.8	俄罗斯	73.4	2.6
5	韩　国	71.5	俄罗斯	70.9	韩　国	72.5	俄罗斯	71.9	美　国	72.7	-17.2
6	俄罗斯	71.5	韩　国	69.7	俄罗斯	72.1	韩　国	71.4	韩　国	67.1	-6.0
7	德　国	42.9	德　国	42.7	德　国	42.4	德　国	39.6	土耳其	35.8	6.0
8	土耳其	34.0	巴　西	33.3	土耳其	37.3	土耳其	33.7	德　国	35.7	-10.0
9	巴　西	33.9	土耳其	31.5	巴　西	35.4	巴　西	32.6	巴　西	31.0	-4.9
10	乌克兰	27.2	乌克兰	23.0	意大利	24.5	伊　朗	25.6	伊　朗	29.0	13.4

数据来源:2016—2019年数据来源于《中国钢铁统计》(2020),2020年数据来源于《中国钢铁工业统计月报》(2020年12月)。

注:表中中国为中国内地,不包括中国香港、中国澳门、中国台湾地区,下同。

四、坯材进口总量增加,钢材出口总量下降

2020 年,中国累计出口钢材 5 367 万吨,同比下降 16.5%。钢材出口自 5 月起出现大幅下降,主要与国外新冠肺炎疫情蔓延有关。全年累计进口钢材 2 023 万吨,同比增长 64.4%;累计进口钢坯约 1 800 万吨,同比增长约 5 倍;累计进口铁矿砂及精矿 117 010 万吨,同比增长 9.5%。

2020 年的钢材进出口走势与国内外新冠肺炎疫情防控状况密切相关。新冠肺炎疫情突袭初期,钢材出口受到严重影响,钢材净出口量持续下降。中国率先在新冠肺炎疫情防控和经济发展等方面取得突破后,市场需求较旺,价格相对稳定,吸引了各国钢铁企业。从 5 月起,中国钢材进口量大幅增长。6—9 月,因钢材出口量下降、钢坯及钢材进口量大幅增加,中国一度为粗钢净进口。这一反常态势虽然随着 10 月后国外新冠肺炎疫情的阶段性缓解而逐步反转,但对全年的进出口总量形成重大影响。

钢材进出口价格方面,全年累计出口平均价格 847 美元/吨,同比上涨 1.3%;累计进口钢材平均价格为 832 美元/吨,较上年同期进口均价下降 29.5%。与钢材进出口量变化相伴的是钢材进出口价格的变化。2020 年 6—11 月,国内钢材进口价格低于出口价格,再现 2009 年 4—5 月曾出现的价格倒挂现象,四季度进出口价差逐步收窄,12 月由负转正。

五、全年钢材库存高位回落,低于前两年同期

2020 年 12 月底,20 大城市五大品种钢材社会库存 730 万吨,比上年同期减少 275 万吨,降幅 27.4%。

受新冠肺炎疫情期间钢材供求错配影响,2020 年 2 月钢材库存达历史峰值。此后,随着下游复工复产推进,钢材库存逐步回落。但从 12 月中旬起,钢协监测库存呈现增加趋势。截至 2021 年 1 月上旬,监测的钢厂库存 1 303 万吨,环比增长 12.0%,同比增长 24.0%;社会库存 771 万吨,环比增长 5.6%。这与季节因素和近期新冠肺炎疫情反弹密切相关。

重点统计钢铁企业库存 1 162 万吨,较 2020 年内最高值减少 886 万吨,降幅 43.3%。2020 年 12 月期间,钢厂库存略有上升,但较年内 2 000 多万吨的最高值回落近 900 万吨。

钢材消费创出新高。经济增长特别是重点用钢行业的快速回升,形成了较高的钢材需求。据测算,全年全国钢材消费折合粗钢表观消费量 10.4 亿吨(同比增长 9.1%),日均表观消费量 284 万吨。2020 年,主要用钢行业钢材实际消费 97 200 万吨,比上年增长 7.0%,其中,建筑业增长 10.0%,制造业增长 4.0%。

六、钢材全年均价低于上年,钢材年底价格超过上年同期

12 月底,中国钢材价格指数(CSPI)为 129.1 点,比上年同期上升 23.0 点,升幅 21.7%。其中,CSPI 长材指数为 128.6 点,比上年同期上升 18.9 点,升幅 17.3%;CSPI 板材指数为 133.2 点,比上年同期上升 28.7 点,升幅 27.4%。中国钢材价格指数在年底超过上年同期,增幅在 20.0%左右。

从 2020 年各周情况看,中国钢材价格指数(CSPI)在多数时间低于上年同期。2020 年 1—4 月期间,国内钢材价格呈下行走势,5—12 月持续上升,11—12 月升幅较大。10 月后,钢材价格指数超过上年同期。

总体来看,2020 年 1—12 月,CSPI 国内钢材价格指数平均值为 105.6 点,同比下降 2.4 点,降幅 2.2%。其中,长材指数平均值为 109.8 点,同比下降 4.2 点,降幅 3.7%;板材指数平均值为 103.6 点,同比下降 0.6 点,降幅 0.6%。全年钢材综合累计平均结算价格为 3 643 元/吨,较上年同期降低 79 元/吨,降幅 2.1%。

2020 年 12 月,钢铁协会监测的八大钢材品种均高于上年同期水平,高线、螺纹钢、角钢、中厚板、热轧卷板、冷轧薄板、镀锌板、热轧无缝管每吨价格分别同比上涨为 581 元(涨幅 14.9%)、503 元(涨幅 13.5%)、463 元(涨幅 11.7%)、754 元(涨幅 19.8%)、710 元(涨幅 18.0%)、1 374 元(涨幅 30.9%)、885 元(涨幅 17.5%)、495 元(涨幅

10.5%)。涨幅最为明显的钢材品种为冷轧薄板。

七、进口铁矿石量价皆升，其他原燃料均价下降

2020年全年，其他主要原燃料价格均高于上月。其中：国产铁精矿785元/吨，较上年上涨11.4%；进口粉矿793元/吨，较上年上涨10.4%；炼焦煤1 227元/吨，较上年下降11.1%；冶金焦1 883元/吨，较上年下降5.3%；喷吹煤811元/吨，较上年下降12.0%；动力煤561元/吨，较上年下降4.9%；废钢2 420元/吨，较上年上涨1.2%。除铁矿石和废钢外，其他主要原燃料采购价格均低于上年。

从铁矿石供应情况看，全年国内累计生产铁矿石86 700万吨，同比增长3.7%，增量约为3 000万吨，折合铁精粉不足1 000万吨，总体增长乏力。累计进口铁矿石11.7亿吨，同比增长9.5%；累计进口均价101.65美元/吨，同比增长7.2%。见表2。

表2　2016—2020年进口铁矿石平均价格

美元/吨

分　类	2016年	2017年	2018年	2019年	2020年
铁矿石	56.3	71.0	71.0	94.9	101.7

数据来源：根据海关总署公布的进口量及进口金额计算得出。

截至12月底，进口铁矿石港口库存为12 400万吨，较上年同期减少284万吨，降幅2.2%。

八、钢铁投资同比增长，铁矿投资同比下降

2020年1—12月累计，黑色金属冶炼和压延加工业投资累计增长26.5%，增速较上年同期加快0.6个百分点。经初步调研，投资主要用于搬迁、环保和智能制造方面。黑色金属矿采选业固定资产投资累计完成额同比下降10.3%，上年同期为同比增长2.5%。

民间投资中，2020年1—12月，投向黑色金属冶炼和压延加工业固定资产投资累计同比增长27.5%，是上年13.4%增速的一倍多；投向黑色金属矿采选业固定资产投资累计完成额同比下降10.5%，上年同期为同比增长8.2%。2020年年底，民间资本投向黑色冶炼业投资增速达到了近3年投资增速的最高值，但民间资本投向黑色金属矿采选业投资增速却整体呈现波动下降态势。

九、会员企业利润正增长，行业运行质量进一步改善

2020年全年，重点统计钢铁企业销售收入46 733.1亿元，同比增长10.9%；实现利税3 063.2亿元，同比增长7.1%；利润总额2 058.8亿元，同比增长6.7%；销售利润率4.4%，同比下降0.2个百分点。

12月底，钢铁协会会员钢铁企业资产负债率62.3%，较上年同期下降0.2个百分点。企业银行短期借款同比下降6.7%，长期借款同比增长29.0%，企业长贷增加、短贷减少，资本结构持续改善。应收账款净额同比增长12.2%，应付账款净额同比增长6.7%；存货占用资金同比增长10.7%，其中产成品资金占用同比增长12.3%。期间费用累计同比增长2.2%，其中销售费用同比下降5.7%，管理费用同比增长2.7%，财务费用同比下降11.6%，研发费用同比增长32.7%。

2020年，在铁矿石价格大幅度上涨的情况下，钢铁企业利润总额高于上年，主要得益于几方面因素。一是除铁矿石、废钢之外的其他原燃材料均价低于上年；二是钢铁产能利用率提升，拉低了固定费用；三是企业销售费用同比下降5.7%、财务费用同比下降11.6%，这与国家政策调整和企业管理水平提升密切相关。

十、绿色发展深入推进，节能减排绩效提升

钢铁企业迎难而上，积极采用先进的节能环保清洁生产技术装备，不断推进超低排放升级改造，持续提升节能环保水平。首钢迁钢公司投资20多亿

元进行超低排放改造，成为生态环境部认可的首家实现钢铁生产全工序超低排放的 A 级企业，太钢集团、首钢京唐、邢台德龙、山钢日照、新兴铸管、宝武梅山、河北纵横等钢铁企业也已完成超低排放改造和评估监测工作在钢铁协会官网上公示。宝钢股份荣获第十届中华环境奖。14 家钢铁企业跻身"清洁生产环境友好企业"。德龙、安钢、三钢、方大等企业的厂区已成为 4A、3A 级景区。

2020 年，钢铁企业继续加大环保投入，实施大规模超低排放改造，推广应用先进节能减排技术，节能环保绩效进一步提升。重点统计企业吨钢综合能耗为 545.27 千克标煤/吨，同比下降 1.2%；吨钢耗新水同比下降 4.3%；化学需氧量同比下降 10.1%；二氧化硫排放量同比下降 14.4%；钢渣利用率同比提高 1.0 个百分点；焦炉煤气利用率同比提高 0.1 个百分点。

十一、勇担责任使命，助力决胜脱贫攻坚

在统筹疫情防控和稳定生产经营的过程中，全行业勇担责任使命，为打赢三大攻坚战贡献了钢铁力量。按照党中央的统一领导和部署，钢铁企业全力以赴决战决胜脱贫攻坚，通过产业扶贫、消费扶贫、教育扶贫等多种措施，不仅"输血"而且"造血"，帮助贫困地区如期脱困。

沙钢与贵州沿河自治县未脱贫出列贫困村签订结对帮扶协议，攻坚脱贫最难啃的"硬骨头"。中国宝武以消费扶贫带动对口帮扶贫困县产品扩大市场，董事长陈德荣亲自网络直播带货。鞍钢集团针对扶贫点实际需求精准对接，积极探索多渠道、多层次、多形式的立体帮扶措施，帮助新疆塔县正式退出贫困县序列，塔县境内塔吉克族实现脱贫摘帽。首钢集团推进产业扶贫项目 2 个，投资建立扶贫车间带动当地 300 人就业，并从对口帮扶地区采购 3.2 亿元钢铁原辅料。河钢集团依托产业带动的"造血"式扶贫，通过河钢供应链电商平台、扶贫专柜、专业公司、合作社免费使用注册商标等方式，帮农户打开销售渠道。太钢集团与 15 个定点贫困村建立了贫困户农特产品包销协议，探索出一条消费扶贫进企业的新路。建龙集团向黑龙江省铁力市捐赠 5 000 万元，用于建设脱贫攻坚产业项目，带动 2 017 户贫困群众脱贫。酒钢集团帮扶的 10 个贫困村全部脱贫，并将继续帮扶 10 个村 1 848 户 7 494 人严防返贫回贫。

（撰稿：谢聪敏）

2020 年石油和化学工业发展综述

中国石油和化学工业联合会

2020 年是极不平凡的一年。新冠肺炎疫情突袭，全球经济急剧恶化，产业链供应链遭受重挫。在党中央坚强领导下，石油和化工行业经济运行迅速终止了下滑局面，呈现稳定恢复态势。经济结构明显改善，增长动力不断集聚，市场逐步回暖，主要经济指标企稳向好。但是，油气开采业效益持续恶化；国际宏观经济环境依然严峻复杂。

一、主要经济指标完成情况

据统计，2020 年，石油和化工行业规模以上企业工业增加值同比增长 2.2%；营业收入 110 800 亿元，同比下降 8.7%；利润总额 5 155.5 亿元，同比下降 13.5%；进出口总额 6 297.7 亿美元，同比下降 12.8%；全国油气总产量 3.7 亿吨（油当量），同比增长 5.3%；原油加工量 6.7 亿吨，同比增长 3.0%；主要化学品总产量增幅约 3.6%。

（一）行业增加值和营业收入增速下降

2020 年，石油和化工行业增加值增长趋势呈现 V 字形。受新冠肺炎疫情影响，前两个月下降到-9.5%。随着疫情得到逐步控制，行业增加值

逐月恢复，在三季度实现增长后，增速开始逐步加快。

国家统计局数据显示，截至12月底，石油和化工行业规模以上企业26 039家，比上年年底减少232家。全年增加值同比增长2.2%，较上年下降2.6个百分点。其中：化学工业增加值增长3.6%，较上年降低1.2个百分点；炼油业增长1.1%，较上年降低3.2个百分点；石油和天然气开采业下降3.3%，较上年降低9.3个百分点。

2020年全行业规模以上企业实现营业收入110 800亿元，同比下降8.7%，占全国规模工业营业收入的10.4%。其中：化学工业营业收入65 700亿元，同比下降3.6%；炼油业营业收入33 800亿元，同比下降15.4%；石油和天然气开采业营业收入8 665.4亿元，同比下降17.6%。在化学工业中，基础化学原料、合成材料营业收入同比分别下降5.2%、6.7%，专用化学品制造同比增长1.6%，农药制造同比增长6.1%，肥料制造同比下降5.6%，涂（颜）料和煤化工产品制造同比分别下降4.2%和14.7%，橡胶制品和化学矿采选同比分别下降0.8%和14.2%。见图1、图2。

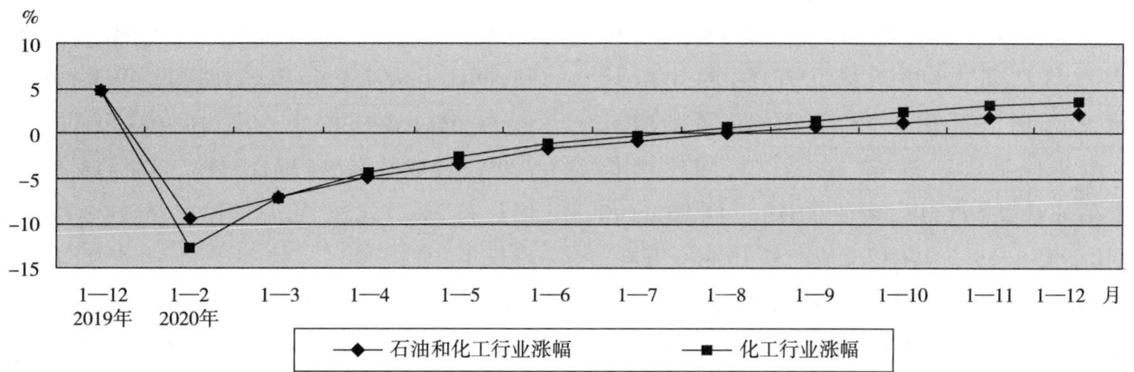

图1 2019—2020年1—12月石油和化学工业增加值增长走势情况

数据来源：国家统计局。

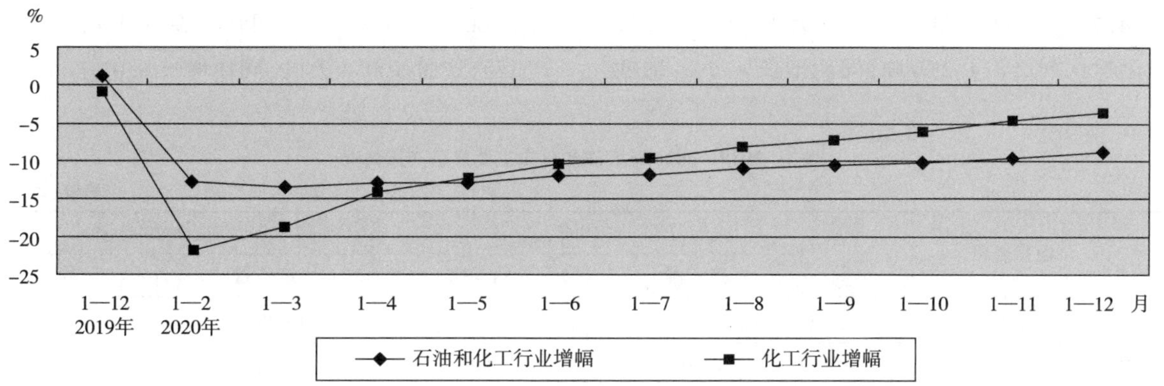

图2 2019—2020年1—12月石油和化学工业营业收入增长走势情况

数据来源：国家统计局。

（二）能源生产保持平稳较快增长，主要化学品产量保持平稳

据统计，2020年全国原油天然气总产量36 500万吨（油当量），同比增长5.3%；主要化学品总量增长约3.6%，相比上年降低1.0个百分点。见图3。

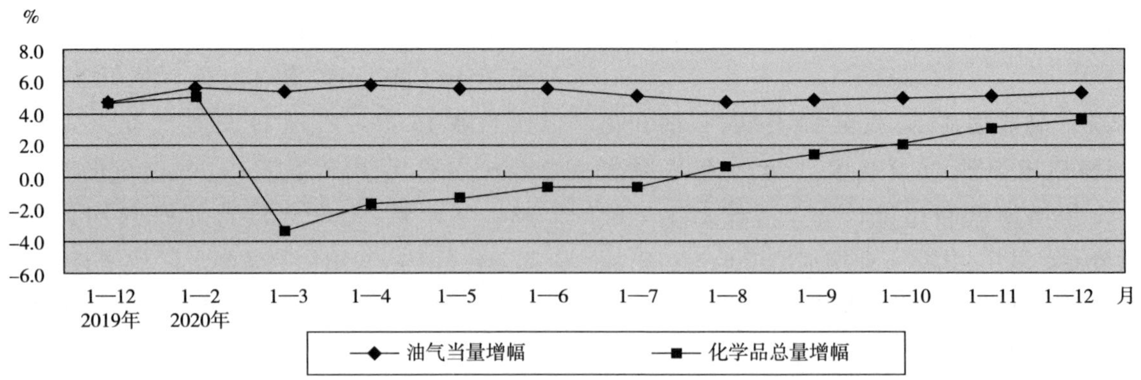

图 3　2019—2020 年 1—12 月全国油气当量和主要化学品产量增长走势情况

数据来源:国家统计局。

原油生产增长基本平稳,天然气保持较快增速。2020 年,全国原油产量 19 500 万吨,同比增长 1.6%;天然气产量 1 888.5 亿立方米,同比增长 9.8%;液化天然气产量 1 332.9 万吨,同比增长 11.4%。全年原油加工量 67 400 万吨,同比增长 3.0%;成品油产量(汽、煤、柴油合计,下同)33 100 万吨,同比下降 8.1%。其中:柴油产量 15 900 万吨,同比下降 4.6%;汽油产量 13 200 万吨,同比下降 6.6%;煤油产量 4 049.4 万吨,同比下降 23.2%。

重点化学品生产总体实现较快增长。2020 年,全国乙烯产量 2 160 万吨,同比增长 4.9%;纯苯产量 1 042 万吨,同比增长 8.6%;甲醇产量 4 984 万吨,同比增长 4.7%;涂料产量 2 549.1 万吨,同比增长 2.6%;化学试剂 2 824.2 万吨,同比增长 4.5%;硫酸产量 8 332.3 万吨,同比下降 1.2%;烧碱产量 3 643.2 万吨,同比增长 5.7%;纯碱产量 2 812.4 万吨,同比下降 2.9%;单晶硅产量 49.8 万吨,同比增长 73.5%;合成树脂产量 10 400 万吨,同比增长 7.0%;合成纤维单(聚合)体产量 7 418.8 万吨,同比增长 8.2%。此外,轮胎外胎产量 81 800 万条,同比增长 1.7%。

农用化学品总产量微幅下降。2020 年,全国化肥总产量(折纯,下同)5 395.8 万吨,同比下降 0.9%。其中:氮肥产量 3 679.1 万吨,同比增长 2.7%;磷肥产量 1 004.6 万吨,同比下降 6.9%;钾肥产量 710.8 万吨,同比下降 7.0%。全年农药原药产量(折 100%)214.8 万吨,同比下降 1.1%,其中除草剂(原药)产量 100.4 万吨,同比增长 6.0%。见表 1。

表 1　2019—2020 年石油和化工主要产品产量情况

单位:万吨、%

项目名称	2019 年		2020 年	
	产　量	同　比	产　量	同　比
原　油	19 101.4	0.8	19 492.0	1.6
天然气(亿立方米)	1 736.2	9.8	1 888.5	9.8
原油加工量	65 198.1	7.6	67 440.8	3.0
成品油	36 031.6	0.2	33 126.0	-8.1
汽　油	14 120.7	1.9	13 171.7	-6.6
煤　油	5 272.6	10.6	4 049.4	-23.2
柴　油	16 638.3	-4.0	15 904.9	-4.6
硫　酸(折 100%)	8 935.7	1.2	8 332.3	-1.2
烧　碱(折 100%)	3 464.4	0.5	3 643.2	5.7
纯　碱	2 887.7	7.6	2 812.4	-2.9

续表

项目名称	2019 年		2020 年	
	产 量	同 比	产 量	同 比
乙 烯	2 052.3	9.4	2 160.0	4.9
纯 苯	861.8	-2.1	1 042.0	8.6
精甲醇	4 936.3	0.4	4 984.0	4.7
合成树脂及共聚物	9 574.1	9.3	10 355.3	7.0
合成橡胶	733.8	11.0	739.8	0.5
合成纤维单体	5 515.1	10.4	5 684.9	8.6
合成纤维聚合物	1 890.8	8.6	1 733.9	6.8
化肥总计(折纯)	5 624.9	3.6	5 395.8	-0.9
氮 肥(折含 N 100%)	3 577.3	5.3	3 679.1	2.7
磷 肥(折含 $P_2O_5$100%)	1 211.7	-6.9	1 004.6	-6.9
钾 肥(折含 K_2O100%)	762.2	11.7	710.8	-7.0
轮胎外胎(万条)	84 226.2	1.9	81 847.7	1.7

数据来源:国家统计局。

产能利用率有所降低。2020 年,化学工业产能利用率为 74.5%,较上年降低 0.7 个百分点;石油和天然气开采业产能利用率为 90.1%,较上年降低 1.1 个百分点。

(三)能源消费有所减缓,主要化学品增速接近上年水平

总体看,2020 年能源消费较上年有所减缓,但仍属较快增速;主要化学品消费在下半年恢复增长后,逐步加快,接近上年水平。数据显示,2020 年,中国原油天然气表观消费总量 10.3 亿吨(油当量),同比增长 6.1%,增速较上年回落 1.6 个百分点;主要化学品表观消费总量增长约 4.6%,同比微降 0.4 个百分点。见图 4。

原油和天然气消费增长放缓。2020 年,国内原油表观消费量 7.4 亿吨,同比增长 5.6%,增速较上年回落 1.7 个百分点,对外依存度 73.5%;天然气表观消费量 3 253.6 亿立方米,增幅 7.3%,回落 1.4 个百分点,对外依存度 42.0%。2020 年,国内成品油表观消费量 2.9 亿吨,同比下降 6.6%,降幅较上年扩大 3.9 个百分点。其中,柴油表观消费量 1.4 亿吨,下降 4.1%;汽油表观消费量 1.2 亿吨,降幅 7.0%;煤油表观消费量 3 317.5 万吨,下降 14.5%。

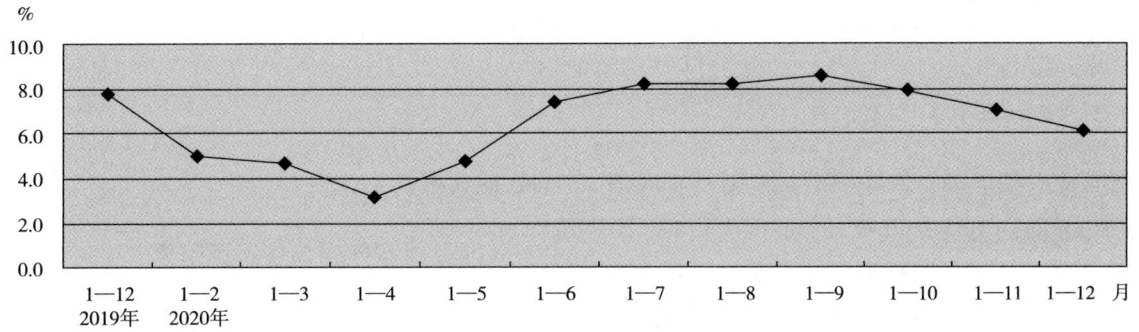

图 4 2019—2020 年 1—12 月油气表观消费总当量增长走势情况

数据来源:中国石油和化学工业联合会。

基础化学原料消费有所加快，合成材料增长小幅放缓。数据显示，2020年，基础化学原料表观消费总量同比增长3.0%，增速较上年加快0.7个百分点。其中，无机化学原料增长1.3%，有机化学原料增长6.0%。主要基础化学原料中，乙烯表观消费量2 348.3万吨，同比增长1.7%；纯苯表观消费量1 251.5万吨，增幅8.8%；甲醇表观消费量6 272.5万吨，增长7.5%；硫酸表观消费量8 223.6万吨，下降0.5%；烧碱表观消费量3 532.1万吨，增长5.8%；纯碱表观消费量2 710.2万吨，下降2.2%。2020年，合成材料表观消费总量增长8.3%，增速较上年回落1.3个百分点，总的看，仍属较快增速。其中，合成树脂表观消费量1.34亿吨，增长8.4%；合成纤维单（聚合）体表观消费总量8 310.8万吨，增幅7.9%。见表2。

表2　2019—2020年石油和化工主要产品表观消费量情况

单位：万吨

产品名称	表观消费量		同比±%
	2020年	2019年	
原　油	73 569.0	69 698.2	5.6
天然气（亿立方米）	3 253.6	3 031.4	7.3
成品油	28 988.8	31 031.7	-6.6
汽　油	11 619.6	12 498.2	-7.0
煤　油	3 317.5	3 878.0	-14.5
柴　油	14 051.7	14 655.5	-4.1
硫　酸（折100%）	8 223.6	8 266.3	-0.5
烧　碱（折100%）	3 532.1	3 338.9	5.8
纯　碱	2 710.2	2 771.0	-2.2
乙　烯	2 348.3	2 308.1	1.7
纯　苯	1 251.5	1 149.9	8.8
精甲醇	6 272.5	5 833.8	7.5
合成树脂及共聚物	13 426.4	12 387.6	8.4
合成橡胶	1 406.6	1 279.1	10.0
合成纤维单体	6 766.9	6 312.9	7.2
合成纤维聚合物	1 543.9	1 391.5	10.9
化肥总计（折纯）	4 835.7	4 924.6	-1.8
氮　肥（折含N 100%）	3 054.6	3 012.3	1.4
磷　肥（折含$P_2O_5$100%）	592.4	632.1	-6.3
钾　肥（折含K_2O100%）	1 187.5	1 259.8	-5.7

数据来源：中国石油和化学工业联合会。

化肥消费小幅下降。2020年，全国化肥表观消费量（折纯，下同）4 835.7万吨，同比下降1.8%，上年为增长3.6%。其中：氮肥表观消费量3 054.6万吨，同比增长1.4%；磷肥表观消费量529.4万吨，同比下降6.3%；钾肥表观消费量1 187.5万吨，同比下降5.7%；磷酸二铵（实物量）表观消费量864.3万吨，同比增长12.5%。

（四）投资降幅总体逐步收窄

据国家统计局数据，2020年，化学原料和化学制品制造业固定资产投资同比下降1.2%，2019年投资同比增长4.2%；石油和天然气开采业投资同比下降

29.6%;石油及其他燃料和煤炭加工业投资增长9.4%。见图5。

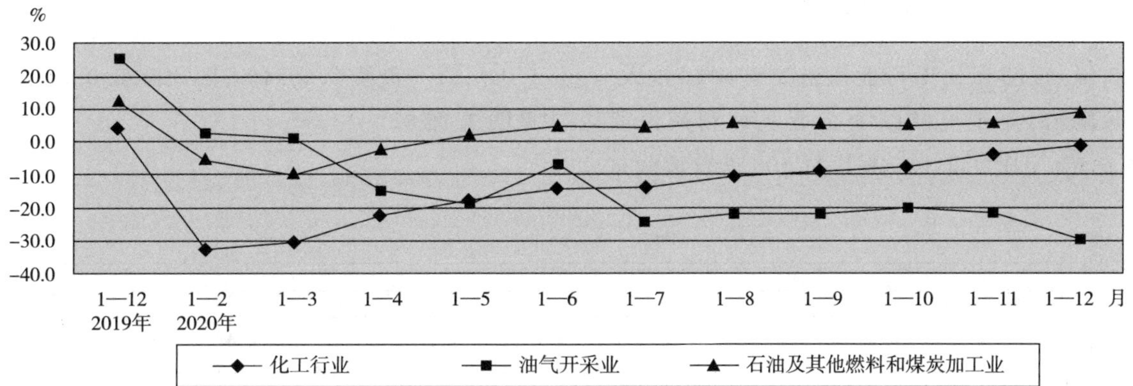

图5 2019—2020年1—12月石油和化工行业投资增长走势情况

数据来源:国家统计局。

(五)进出口贸易降幅较大

2020年,中国石油和化工行业对外贸易起伏波动强烈,总体降幅较大。海关数据显示,全年行业进出口总额6 297.7亿美元,同比下降12.8%,占全国进出口总额的13.6%。其中:出口总额2 095亿美元,同比下降7.7%;进口总额4 202.7亿美元,同比下降15.1%。贸易逆差2 107.7亿美元,同比缩小21.4%。

2020年12月,全行业进出口总额559.4亿美元,同比下降15.3%。其中:出口额207.1亿美元,同比增长0.3%;进口额352.3亿美元,同比下降22.4%。贸易逆差145.3亿美元,同比缩小41.3%。

出口总额中,有机化学原料、专用化学品等占比上升,橡胶制品和成品油下降。2020年,有机化学原料、专用化学品和农药分别出口467亿美元、204.3亿美元和76.2亿美元,同比分别下降1.4%、增长7.9%和56.9%,分别占全行业出口总额的22.3%、9.8%和3.6%,较上年分别提高1.4个、1.6个和1.5个百分点。2020年,橡胶制品和成品油(汽煤柴合计)出口额分别为430.2亿美元和195.9亿美元,同比分别下降10.8%、40.4%,分别占全行业出口总额的20.5%和9.4%,较上年分别降低0.8个和5.1个百分点。出口结构继续改善。

原油和天然气进口有所减缓。2020年,国内进口原油5.4亿吨,同比增长7.2%,增速较上年回落2.3个百分点;进口金额1 802.1亿美元,同比下降24.5%。进口天然气1 416.8亿立方米,同比增长5.1%,增速较上年回落2.2个百分点;进口金额335.3亿美元,同比下降20.0%。见图6。

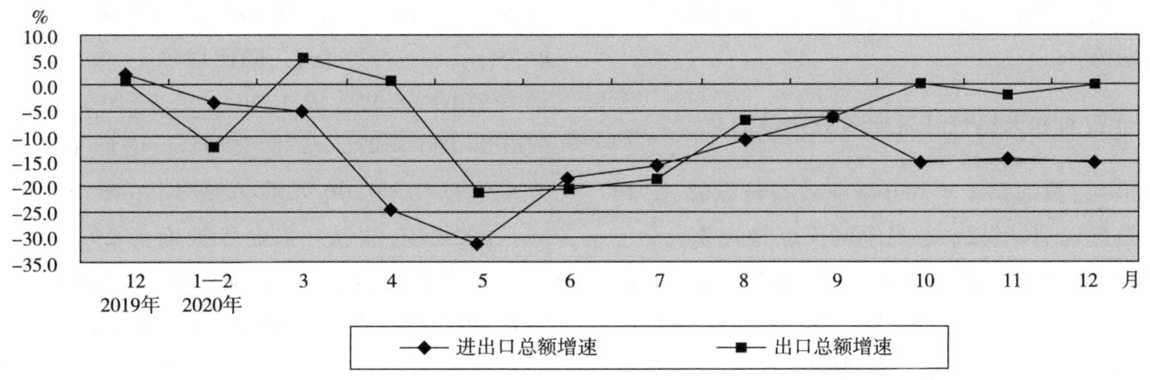

图6 2019—2020年石油和化学工业进出口总额增长走势情况

数据来源:国家统计局。

二、行业效益情况

2020 年,石油和化工行业效益整体降幅较大。统计数据显示,全年规模以上企业实现利润总额 5 155.5 亿元,同比下降 13.5%。每 100 元营业收入成本 82.96 元,较上年增加 0.35 元;亏损企业亏损额 1 993.1 亿元,同比增长 8.5%;全行业亏损面为 17.7%,同比持平;资产总计 138 200 亿元,增长 5.0%;资产负债率 55.1%,同比降低 0.6 个百分点。见图 7、图 8。

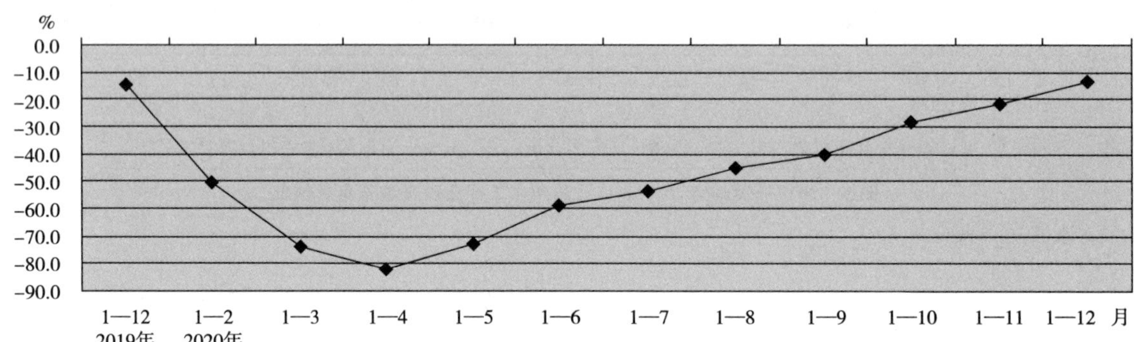

图 7　2019—2020 年 1—12 月石油和化工行业利润总额增长走势情况

数据来源:国家统计局。

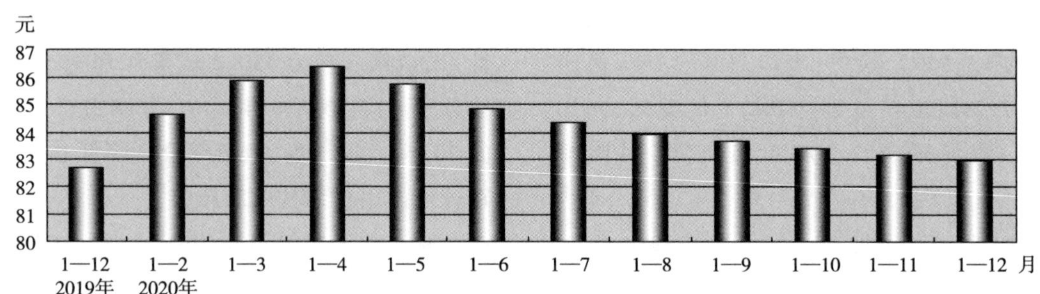

图 8　2019—2020 年 1—12 月石油和化工行业 100 元营业收入成本变化情况

数据来源:国家统计局。

2020 年,全行业营业收入利润率为 4.7%,同比降低 0.3 个百分点;毛利率为 17.0%,降低 0.4 个百分点。产成品存货周转天数为 18.2 天;应收账款平均回收期为 34.4 天。

(一)石油和天然气开采业效益持续恶化

2020 年,石油和天然气开采业效益持续恶化,利润降幅为有记录以来最大,目前尚无好转迹象。

利润持续大幅下降。截至 12 月底,石油和天然气开采业规模以上企业 365 家,累计实现利润总额 270.9 亿元,同比下降 82.3%。其中:石油开采利润净亏损 49.4 亿元,上年为盈利 1 196.1 亿元;天然气开采利润总额 306.5 亿元,降幅 7.8%;油气开采辅助活动利润 13.8 亿元,同比增长 212.0%。

单位成本大幅攀升,亏损企业亏损额高位运行。2020 年,石油和天然气开采业营业成本 6 978.2 亿元,同比下降 3.4%;每 100 元营业收入成本达到 80.5 元,创近年来新高,同比增加 11.8 元。其中,石油开采 100 元收入成本 80.4 元,增加 17.3 元;天然气开采 100 元收入成本 56.7 元,增加 1.1 元;油气开采辅助活动 100 元收入成本 93.6 元,下降 0.5 元。2020 年,油气开采业亏损面为 29.6%,同比扩大 8.4 个百分点;亏损企业亏损额 791 亿元,同比增加 202.6%;资产总计 24 500 亿元,增长 0.4%,资产负债率 48.6%,同比上升 1.0 个百分点;应收票据及账款 837.8 亿元,增长 1.3%;产成品资金 100 亿元,下降 8.9%。数据还显示,全年油气开采业财务费用下降 4.3%,管理费用下降 7.4%。

2020年,石油和天然气开采业营业收入利润率仅为3.1%,同比下降11.5个百分点;毛利率为19.5%,下降11.8个百分点。产成品存货周转天数为5.5天,应收账款平均回收期为34.4天。见图9、图10。

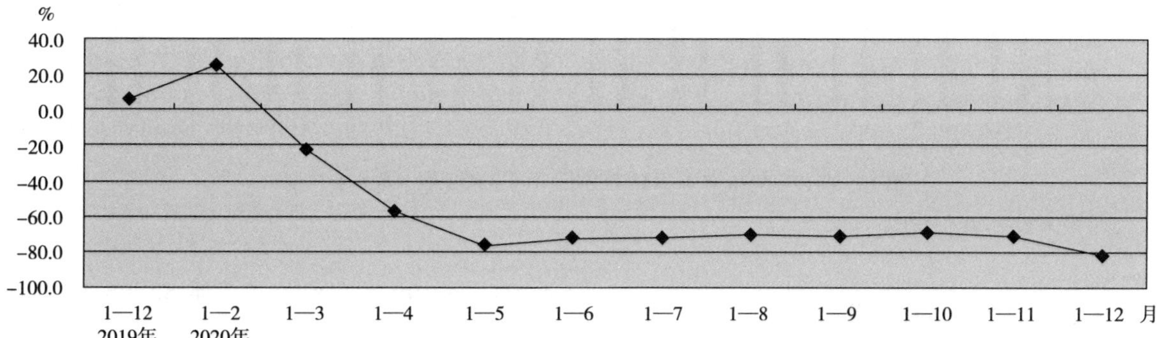

图9　2019—2020年1—12月石油和天然气开采业利润总额变化情况

数据来源:国家统计局。

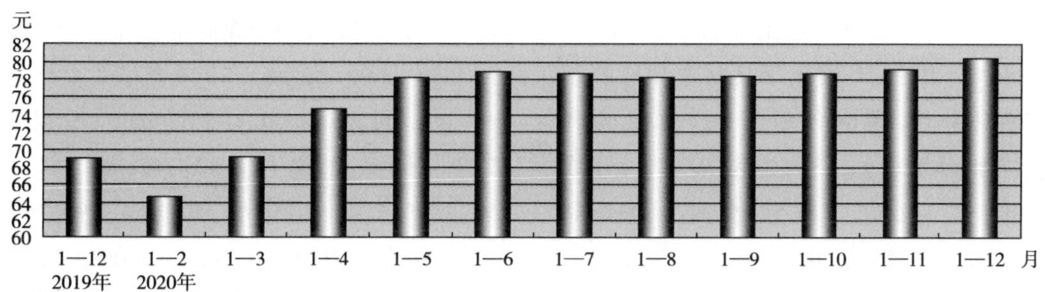

图10　2019—2020年1—12月石油和天然气开采业100元营业收入成本变化情况

数据来源:国家统计局。

(二)炼油业扭亏为盈,盈利不断扩大

利润回升加快。截至12月底,炼油业规模以上企业1 086家,累计实现利润总额476.7亿元,同比下降45.6%,利润回升进一步加快。

单位成本下降,企业亏损情况不断改善。1—12月,炼油业营业成本27 800亿元,同比下降16.3%。每100元营业收入成本82.2元,同比下降0.8元。2020年,炼油业亏损面为28.3%;亏损企业亏损额396.1亿元,同比上升108.2%;资产总计26 600亿元,增长5.7%,资产负债率62.6%,同比上升0.3个百分点;应收票据及账款1 413亿元,同比下降16.1%;产成品资金892.7亿元,下降7.1%。此外,全年炼油业财务费用上升4.1%,管理费用上升1.6%。

1—12月,炼油业营业收入利润率为1.4%;毛利率为17.8%,上升0.3个百分点。产成品存货周转天数为13.3天;应收账款平均回收期为14.7天。见图11、图12。

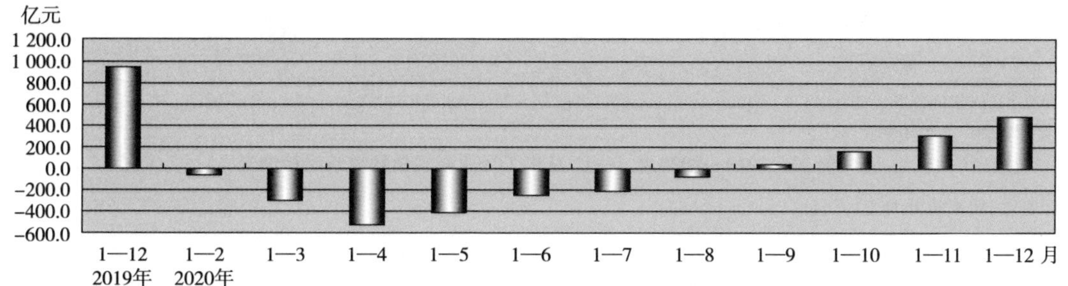

图11　2019—2020年1—12月炼油业利润总额增降变化情况

数据来源:国家统计局。

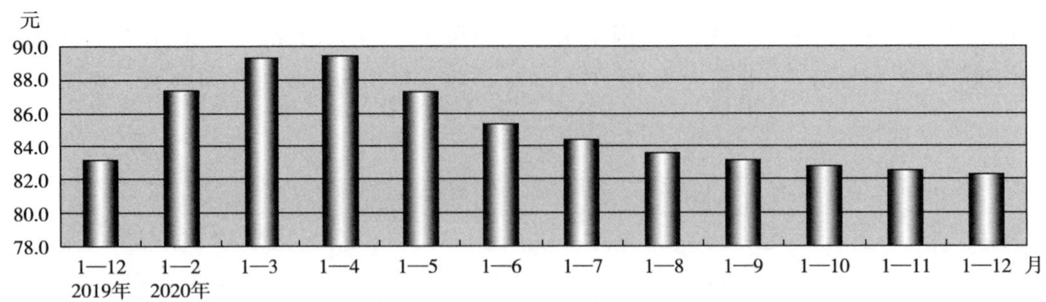

图 12　2019—2020 年 1—12 月炼油业 100 元营业收入成本变化情况

数据来源：国家统计局。

（三）化学工业效益实现显著增长

利润总体增幅较高。截至 12 月底，化工行业规模以上企业 22 973 家，较上年减少 362 家，累计实现利润总额 4 279.2 亿元，同比增长 25.4%，上年为下降 13.9%。其中，专用化学品制造和橡胶制品利润总额增速较快，利润分别为 931.8 亿元和 489.3 亿元，同比分别增长 13.4% 和 39.6%；合成材料制造利润 933.3 亿元，增幅 5.0%；农药制造利润 191.6 亿元，增长 0.5%。此外，基础化学原料制造利润 1 058.3 亿元，下降 2.6%；涂（颜）料制造利润 437.3 亿元，下降 2.9%；肥料制造利润 236.7 亿元，上年为亏损；化学矿采选利润 20.3 亿元，下降 9.8%；煤化工产品制造净亏损 19.4 亿元，比上年增亏近 11 亿元。

单位成本下降，亏损企业亏损状况显著改善。2020 年，化工行业营业成本 55 000 亿元，同比下降 4.5%；每 100 元营业收入成本 83.66 元，同比减少 0.81 元。其中，基础化学原料制造每 100 元营业收入成本为 85.13 元，合成材料制造 85.55 元，专用化学品制造 82.37 元，涂（颜）料制造 78.62 元，肥料制造 85.77 元，橡胶制品 80.75 元，煤化工产品制造为 93.39 元。2020 年，化工行业亏损面为 17.0%，同比缩小 0.1 个百分点；亏损企业亏损额 778.4 亿元，同比下降 42.7%；资产总计 82 900 亿元，增长 6.4%，资产负债率 54.6%，同比下降 1.3 个百分点。2020 年，化工行业应收票据及账款 7 843.9 亿元，同比增长 9.8%；产成品资金 3 064.7 亿元，增幅 2.0%。此外，全年财务费用和管理费用分别下降 4.3% 和 3.5%。

2020 年，化工行业营业收入利润率为 6.5%，同比提高 1.5 个百分点；毛利率为 16.3%，提高 0.8 个百分点。产成品存货周转天数为 21.4 天；应收账款平均回收期为 41.2 天。见图 13、图 14。

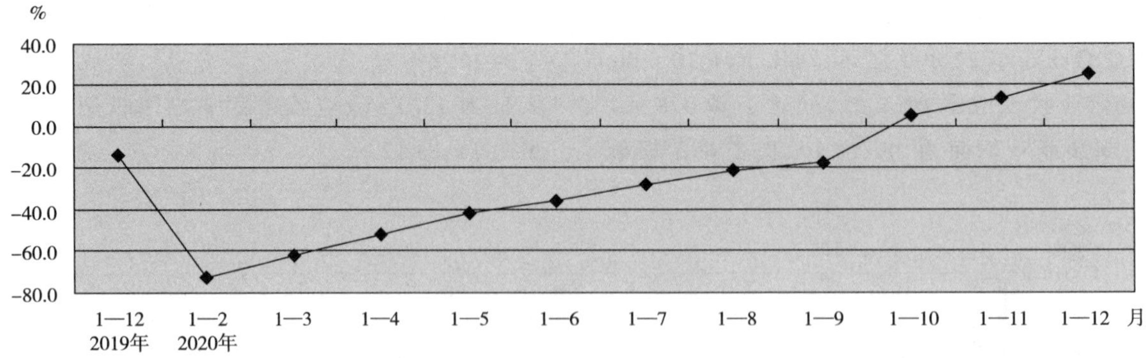

图 13　2019—2020 年 1—12 月化工行业利润总额增长走势情况

数据来源：国家统计局。

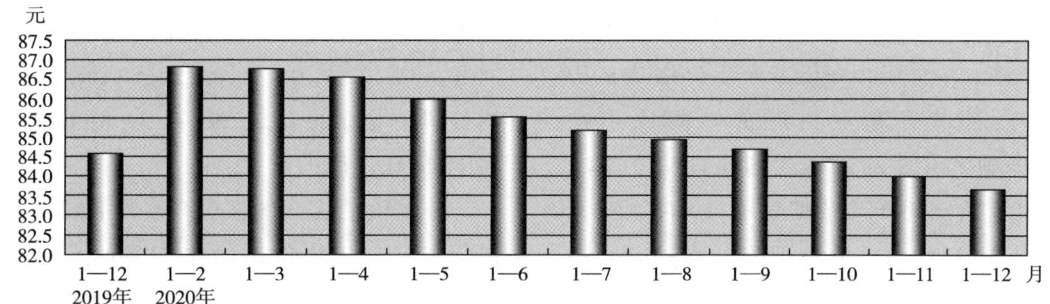

图 14　2019—2020 年 1—12 月化工行业 100 元营业收入成本变化情况

数据来源:国家统计局。

三、主要市场走势

2020 年,石油和主要化学品市场波动剧烈,价格走势呈现过山车行情。国家统计局价格指数显示,全年石油和天然气开采业价格总水平同比下跌 27.4%,化学原料和化学品制造业跌幅 5.9%。见图 15。

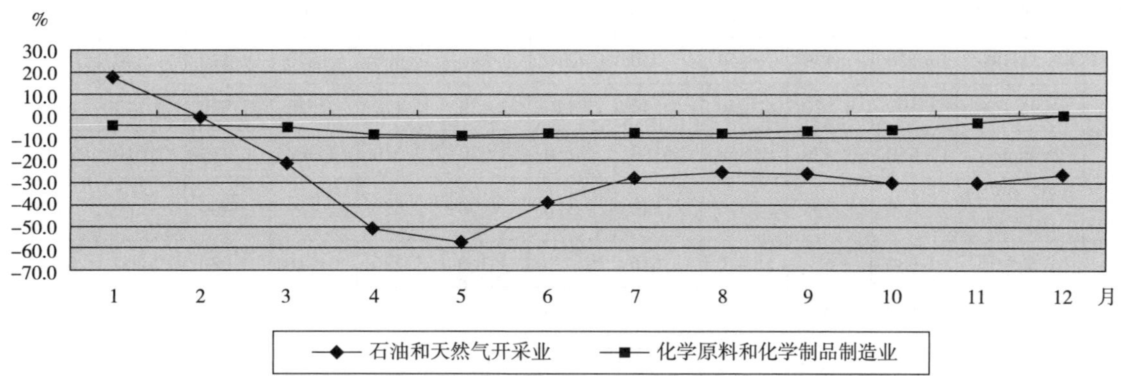

图 15　2020 年 1—12 月油气开采和化工行业生产者出厂价同比走势情况

数据来源:国家统计局。

2020 年,国际原油市场剧烈震荡,总体跌幅较大。全球疫情及沙特打响价格战严重冲击油价。从走势看,一季度价格急剧下挫,WTI 价格一度跌到了-37.63 美元/桶,创造了历史最低值。5 月起国内外地区封锁逐步解禁,厂家逐步复工,原油需求提升,使得价格回暖至 40 美元/左右,此后基本在 40~50 美元/桶的水平震荡调整。2020 年,WTI 原油均价为 39.51 美元/桶,同比下跌 30.7%;布伦特原油均价 41.74 美元/桶,跌幅 35.1%;迪拜原油均价 42.18 美元/桶,下跌 33.6%;胜利原油均价 45.13 美元/桶,跌幅 25.5%。见图 16。

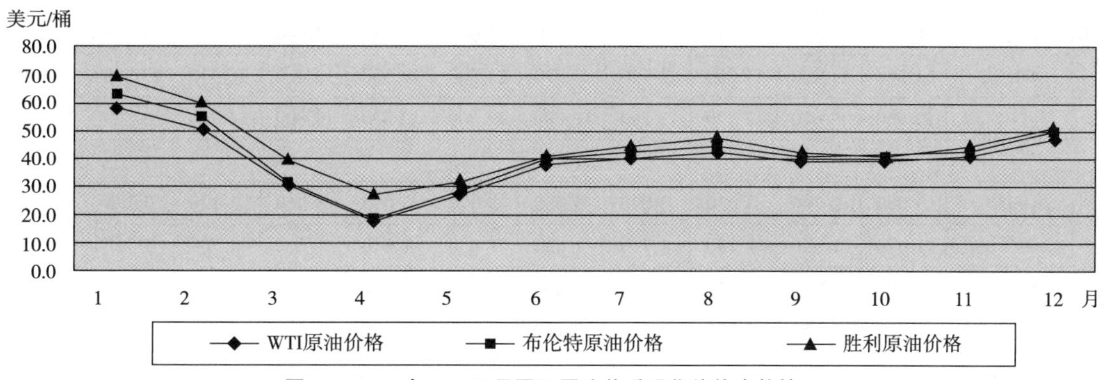

图 16　2020 年 1—12 月国际原油普氏现货价格走势情况

数据来源:中国石油和化学工业联合会。

具体来看，上半年，国内化工品价格同样受疫情影响而大幅下降，4—5月部分化工产品价格降至历史低点。5月，油气开采业出厂价格同比下跌57.6%，化学原料和化学品制造业同比跌幅9.2%。根据联合会跟踪监测的产品数据显示，39种主要无机化学原料中，市场月均价同比下降的有29种，84种主要有机化学原料中，市场月均价同比下降的达到70种。随着复工复产的有序推动、叠加出口超预期等所带来的需求端的复苏，国内化工品价格逐渐回升。到12月，在39种主要无机化学原料中，市场均价同比上涨的有20种；在84种主要有机化学原料中，同比上涨的有42种。

全年化工品价格总水平整体下降。39种主要无机化工品中年均价格同比下降的有21种，占比达79.5%；84种主要有机化工品中年均价格同比下降的有67种，占比达79.8%。见表3。

表3 2020年部分重要石化产品价格情况

单位：元/吨

产品名称	等级/规格	1月	2月	3月	4月	5月	6月	7月	8月	9月	10月	11月	12月
一、无机化工原料													
硫　酸	98.0%净水	260	280	300	310	290	280	270	300	310	320	290	340
盐　酸	≥31.0%	120	130	150	230	210	290	320	340	290	280	310	300
硝　酸	≥98.0%	1 590	1 570	1 550	1 540	1 440	1 420	1 470	1 520	1 500	1 540	1 660	1 940
片　碱	≥96.0%	2 650	2 520	2 350	2 180	2 150	1 980	2 010	1 960	1 910	2 010	2 000	1 930
液　碱	32.0%离子膜	630	590	570	540	510	500	510	480	460	480	490	480
纯　碱	重灰	1 680	1 650	1 620	1 610	1 420	1 300	1 330	1 510	1 880	2 060	1 980	1 680
纯　碱	轻灰	1 560	1 540	1 570	1 520	1 350	1 250	1 260	1 370	1 670	1 850	1 780	1 450
二、有机化工原料													
乙烯(美元)	CFR东北亚	792	766	627	383	571	781	817	743	810	820	859	982
丙　烯	98.0%	6 780	6 680	6 040	6 290	6 510	6 740	6 700	6 930	7 280	7 400	7 060	7 880
丁二烯	≥99.5%	8 180	7 400	6 030	4 060	4 210	3 720	3 620	4 730	5 930	7 010	9 500	9 240
纯　苯	石油级	5 850	5 646	4 560	2 990	3 270	3 540	3 170	3 390	3 400	3 410	3 890	4 430
对二甲苯	一级，净水	6 800	6 510	5 920	4 300	4 000	4 100	4 740	4 640	4 600	4 510	4 300	4 300
甲　醇	一级，净水	2 150	2 130	1 860	1 670	1 620	1 600	1 550	1 630	1 750	1 850	2 020	2 190
乙二醇	优等品	5 200	4 860	4 230	3 490	3 610	3 680	3 620	3 700	3 920	3 840	3 730	3 910
环氧丙烷	工业一级	9 890	9 220	8 720	8 050	8 970	9 530	10 250	12 450	15 900	18 100	17 060	17 570
环氧氯丙烷	优等品	14 200	13 400	10 860	9 340	10 450	10 790	10 000	9 900	11 040	11 260	11 900	12 470
精对苯二甲酸	优等品	4 930	4 660	3 850	3 290	3 430	3 640	3 560	3 600	3 500	3 370	3 240	3 510
TDI	80/20	11 580	11 400	11 000	9 990	10 770	11 300	10 500	12 460	16 440	17 500	14 800	12 700
聚合MDI		12 960	13 070	12 370	11 290	12 200	12 300	12 800	13 800	16 700	18 800	21 900	18 400
三、化　肥													
液　氨	≥99.8%	3 080	2 740	3 030	3 090	3 080	3 070	3 050	3 060	3 120	3 170	3 090	3 220
尿　素	≥46.0%	1 670	1 660	1 750	1 710	1 660	1 650	1 640	1 660	1 700	1 710	1 800	1 830
磷酸一铵	55.0%	1 890	1 910	2 010	2 060	1 890	1 860	1 890	1 910	1 860	1 880	1 970	2 090
磷酸二铵	国产64.0%	2 200	2 150	2 210	2 200	2 170	2 150	2 190	2 210	2 260	2 310	2 370	2 420
氯化钾	国产60.0%	2 210	2 150	2 120	2 180	2 080	2 010	1 840	1 820	1 890	1 930	2 010	2 050
氯化钾	进口60.0%	2 280	2 250	2 230	2 270	2 210	2 150	2 050	2 040	2 100	2 150	2 180	2 170

续表

产品名称	等级/规格	1月	2月	3月	4月	5月	6月	7月	8月	9月	10月	11月	12月
四、合成树脂													
聚氯乙烯	SG5	6 860	6 760	6 220	5 520	5 750	6 270	6 420	6 490	6 610	6 820	7 560	8 230
PVC 型材	建筑级	8 210	8 150	7 630	7 390	7 580	7 720	7 850	7 650	7 780	7 750	7 820	7 850
低压聚乙烯	5000S	7 860	7 480	7 260	7 030	7 090	7 480	8 150	8 180	8 630	8 480	8 460	8 520
高压聚乙烯	2426H	8 030	7 830	7 570	7 340	7 470	7 960	8 830	8 860	10 100	10 360	11 000	11 780
聚丙烯	T30S,拉丝	7 670	7 510	6 860	7 360	7 580	7 780	7 980	7 900	8 100	8 070	8 480	8 710
ABS	0215A,通用级	13 500	13 400	12 300	10 900	11 400	13 100	13 150	13 320	14 910	16 050	18 500	17 400
环氧树脂	6101	20 100	19 500	16 800	16 100	17 200	18 800	17 990	17 550	19 300	20 400	25 100	28 020
五、合成纤维单体													
己内酰胺	≥99.0%	11 100	10 900	9 900	8 530	9 290	10 200	9 900	9 470	9 520	9 440	10 100	11 010
丙烯腈	≥99.0%	11 800	10 800	9 500	7 650	7 430	8 430	7 720	7 960	8 080	8 420	9 400	10 700
六、合成橡胶													
顺丁橡胶	一级	11 300	10 800	9 450	7 800	7 830	7 650	8 160	8 090	8 630	9 390	10 900	11 260
丁苯橡胶	1502	11 410	11 100	9 520	8 030	8 230	8 040	8 080	8 100	8 720	9 640	11 600	11 930
七、轮　胎													
轿车子午胎	215/55R16	619	621	616	611	604	617	611	607	617	623	647	656

数据来源:中国石油和化学工业联合会。

(撰稿:赵国伟)

2020年轻工业发展综述

中国轻工业联合会教育法规部

一、行业运行情况

2020年,是轻工业发展史上极不平凡的一年,面对百年未有之大变局,面对新冠肺炎疫情的"大考",全国轻工行业,认真落实党中央国务院"六稳""六保"战略部署,以党建统领全局,坚持稳中求进工作总基调,坚持新发展理念,坚持供给侧结构改革为主线,敢于担当、勇于创新、善作善成,克服多重困难,当年轻工行业生产持续稳步恢复、消费需求逐步回暖、出口形势好于预期、盈利水平进一步提升,为国家抗疫情、稳就业、稳外贸、保民生、促发展做出了重要的贡献,"十三五"规划任务圆满收官。但受国内外经济环境等多重因素影响,轻工行业经济稳定运行面临诸多风险和挑战,主要经济指标仍处于负增长区间,轻工业增加值、营业收入、利润、出口交货值、投资等多项发展指标水平低于全国工业,仍处于恢复状态。

2020年轻工行业全部工业企业累计实现营业收入229 000亿元,其中:规模以上工业企业累计实现营业收入195 000亿元,同比下降1.7%。在规模以上工业企业中:农副食品加工、食品制造、塑料制品、家电、造纸、皮革及羽绒6个行业规模以上工业企业营业收入均超过10 000亿元,占整个轻工行业规模以上企业营业收入的63.9%。其中:农副食品加工行业营业收入48 000亿元,食品制造行业营业收入20 000亿元,塑料制品行业营业收入19 000亿元,家电行业营业收入15 000亿元,造纸及纸制品行业营业收入13 000亿元,皮革及羽绒行业营业收入10 000亿元。

轻工行业全部工业企业累计实现利润16 000亿元,其中:规模以上工业企业累计实现利润13 000亿元,同比增长3.6%。在规模以上工业企业中:农副食品加工、酿酒、食品制造、塑料制品、家电5个行业规模以上工业企业利润总额均超过1 000亿元,占整个轻工行业规模以上企业利润的59.6%。其中:农副食品加工行业利润总额2 001亿元,酿酒行业利润总额1 792亿元,食品制造行业利润总额1 791亿元,塑料制品行业利润总额1 215亿元,家电行业利润总额1 157亿元。

轻工行业规模以上工业企业营业收入利润率为6.9%,高于同期全国工业利润率0.8个百分点。其中:酿酒行业营业收入利润率为21.5%,日化行业营业收入利润率为10.5%,饮料行业营业收入利润率为10.5%,采盐行业营业收入利润率为9.6%,食品制造行业营业收入利润率为9.1%,家电行业营业收入利润率为7.8%,轻工机械行业营业收入利润率为7.7%,玻璃、陶瓷行业营业收入利润率为7.1%。

轻工行业规模以上工业企业累计完成出口交货值25 000亿元,同比下降4.9%。家电、塑料制品、皮革及羽绒、农副食品、文体、家具、工美、金属制品、食品制造9个行业的出口交货值超过1 000亿元,占整个轻工行业规模以上企业出口交货值的75.4%。其中:家电行业出口交货值4 430亿元,塑料制品行业出口交货值2 420亿元,皮革及羽绒行业出口交货值2 335亿元,农副食品加工行业出口交货值2 143亿元,文体行业出口交货值1 894亿元,家具行业出口交货值1 554亿元,工美行业出口交货值1 526亿元,金属制品行业出口交货值1 443亿元,食品制造行业出口交货值1 015亿元。

产品产量。从全年产量看,得益于疫情有效控制和市场需求逐步回暖,部分家电类产品、电池、自行车、酒精、纸浆产量涨幅居前。具体轻工产品产量情况见下表。

表　2020年全国轻工行业主要产品产量

产品名称	单　位	产　量	比上年增长(%)
原　盐	万　吨	5 364.07	-1.11
小麦粉	万　吨	8 431.95	0.48
大　米	万　吨	10 983.64	1.30
饲　料	万　吨	29 355.03	11.68
其中:配合饲料	万　吨	16 825.55	13.41
混合饲料	万　吨	3 576.96	6.82
精制食用植物油	万　吨	5 476.22	2.54
成品糖	万　吨	1 427.70	-2.72
鲜、冷藏肉	万　吨	2 554.11	-9.98
冷冻水产品	万　吨	702.04	-12.93
糖　果	万　吨	311.68	-0.42
速冻米面食品	万　吨	334.34	10.19
方便面	万　吨	556.80	1.02
乳制品	万　吨	2 780.38	2.84
其中:液体乳	万　吨	2 599.43	3.28
乳　粉	万　吨	101.23	-9.43
罐　头	万　吨	863.54	-7.92

续表

产品名称	单 位	产 量	比上年增长(%)
酱 油	万 吨	700.78	3.65
冷冻饮品	万 吨	213.77	-5.56
食品添加剂	万 吨	1 057.00	2.42
发酵酒精(折96度,商品量)	万千升	924.25	24.26
饮料酒	万千升	4 476.49	-6.33
其中:白 酒(折65度,商品量)	万千升	740.73	-2.46
啤 酒	万千升	3 411.11	-7.04
葡萄酒	万千升	41.33	-6.00
软饮料	万 吨	16 347.33	-7.73
其中:碳酸饮料类(汽水)	万 吨	1 971.25	4.72
包装饮用水类	万 吨	8 685.88	-10.66
果汁和蔬菜汁饮料类	万 吨	1 519.97	-7.65
精制茶	万 吨	222.11	-7.97
羽绒服	亿 件	1.00	-24.43
轻 革	万平方米	57 731.05	-7.28
皮革服装	万 件	5 391.00	-24.65
天然毛皮服装	万 件	390.00	-23.63
皮革鞋靴	亿 双	35.43	-15.33
家 具	万 件	91 221.04	-1.03
其中:木质家具	万 件	32 157.27	0.99
金属家具	万 件	40 438.54	-1.14
软体家具	万 件	6 839.64	-2.47
纸浆(原生浆及废纸浆)	万 吨	1 620.37	20.22
机制纸及纸板(除外购原纸加工纸)	万 吨	12 700.63	0.78
其中:未涂布印刷书写用纸	万 吨	571.19	4.70
其中:新闻纸	万 吨	100.93	-6.70
涂布类印刷用纸	万 吨	695.19	-2.93
卫生用纸原纸	万 吨	461.82	-5.41
箱纸板	万 吨	1 394.70	6.67
纸制品	万 吨	6 859.71	-2.35
其中:瓦楞纸箱	万 吨	3 170.84	-3.31
合成洗涤剂	万 吨	1 108.84	7.67
其中:合成洗衣粉	万 吨	354.92	4.14
塑料制品	万 吨	7 603.22	-6.45
其中:塑料薄膜	万 吨	1 502.95	-6.37
其中:农用薄膜	万 吨	77.39	-3.59
泡沫塑料	万 吨	256.57	0.54
塑料人造革、合成革	万 吨	323.07	-3.03
日用塑料制品	万 吨	651.09	-2.74
日用玻璃制品	万 吨	733.01	-6.94

续表

产品名称	单 位	产 量	比上年增长(%)
玻璃包装容器	万 吨	1 761.75	-5.65
玻璃保温容器	万 个	13843	-13.63
卫生陶瓷制品	万 件	20 358.96	-5.35
不锈钢日用制品	万 吨	188.59	-7.74
衡器(秤)	万 台	10 508.97	29.51
塑料加工专用设备	万 台	32.84	-19.17
饲料生产专用设备	万 台	21.63	-18.25
两轮脚踏自行车	万 辆	4 436.76	24.32
电动自行车	万 辆	2 966.09	29.67
锂离子电池	万只(自然只)	1 884 548.26	14.41
铅酸蓄电池	万千伏安时	27 735.60	16.14
碱性蓄电池	万只(自然只)	40 167.55	-1.31
原电池及原电池组(非扣式)	亿 只	408.38	0.58
太阳能电池	万千瓦	15 728.64	30.30
家用电冰箱	万 台	9 014.71	8.36
家用冷柜(家用冷冻箱)	万 台	3 024.39	49.56
房间空气调节器	万 台	21 064.59	-8.26
家用电风扇	万 台	23 160.62	5.93
家用吸排油烟机	万 台	3 412.34	-2.19
电饭锅	万 个	15 098.53	-29.81
家用电热烘烤器具	万 个	31 092.99	22.19
电冷热饮水机	万 台	1 634.05	-6.28
微波炉	万 台	9 321.58	10.21
家用洗衣机	万 台	8 041.87	3.86
家用电热水器	万 台	4 237.48	-2.69
家用吸尘器	万 台	13 382.89	16.27
家用燃气灶具	万 台	3 850.79	-2.17
家用燃气热水器	万 台	2 098.82	6.84
电光源	亿 只	226.92	43.35
其中:白炽灯泡	亿 只	8.86	-24.23
荧光灯	亿 只	5.22	-37.46
灯具及照明装置	万套(台、个)	427 563.65	-6.52
钟	万 只	11 120.75	-18.27
表	万 只	8 558.56	-36.24
眼镜成镜	万 副	77 763.32	-10.45

轻工行业规模以上工业企业数占全国工业的28.4%,资产总额占全国工业的13.7%,营业收入占全国工业的18.3%,利润总额占全国工业的20.7%。全国轻工行业规模以上企业出口交货值占全国出口交货值的20.3%。

二、编制“十四五”规划

聚行业之力组织编制《轻工业“十四五”高质量发展指导意见》《轻工业技术进步“十四五”发展指

导意见》《食品工业技术进步"十四五"发展指导意见》和《轻工装备技术进步"十四五"发展指导意见》。在《指导意见》编制过程中体现了开门问策、集思广益,把加强顶层设计和行业发展实际统一起来,数易其稿,政府官员、行业院士、院校教授和重点企业代表数百人次参与其中,贡献智慧和力量,切实把行业期盼、群众智慧、专家意见、企业诉求充分吸收到4个《指导意见》编制中来,为轻工业"十四五"发展提供发展指引。

三、推动行业科技进步

开展科技奖励工作,开展2020年度轻工业科技奖励,收到申报项目487项,最终授奖项目227项。由中国轻工业联合会推荐的2020年度国家科技奖提名5项已进入获奖公示名单。创新工作机制,成立"轻工业科技成果鉴定中心",修订《中国轻工业联合会科技成果鉴定办法》。全年完成成果鉴定项目104项。开展科技创新体系建设工作,完成第二批44家中国轻工业工程技术研究中心认定工作,并对首批87家重点实验室开展复评工作。组织研究行业重大研发方向,征集上报轻工业重点领域"十四五"行业重大研发需求方向54个。完成"面向2035年的材料领域科技发展战略研究"轻工行业内容,凝练完成造纸、皮革、塑料和表面活性剂行业轻工材料领域重点研究内容。征集和向工信部报送轻工业"十四五"重大工程储备项目134个,涉及家电等28个行业,总投资额3 250亿元。向科技部推荐国家重点研发计划项目3项。向国家知识产权局推荐参评中国专利奖项目4项。向工信部组织推荐国家中小企业公共服务示范平台4家并获批,推荐入围百项团体标准示范项目2项。向市场监管总局推荐《家用移动机器人性能评估方法》获得标准项目二等奖。

四、推进绿色发展

节水工作方面,完成酵母等6个高耗水行业取水定额标准报批稿。承担工信部节能司委托的高耗水行业节水行动计划工作支撑项目。制定"十四五"轻工行业节水标准体系框架。26个项目列入2020年工信部节能与绿色制造标准专项,下达绿色制造行标计划18项。配合《"十四五"工业绿色发展规划》编制工作,提出"十四五"工业绿色发展政策建议。完成《轻工行业绿色设计产品标准体系建设方案》,涉及20个大类98个领域。提出"十四五"期间可制定的绿色设计产品团体标准384项。

五、优化标准体系

成立标准化工作委员会,加强制度建设、基础建设、规范管理、组织建设,提升工作水平。全面梳理标委会组织信息,建立标委会信息库、换届信息库。完成39人次人选考察和造纸等20个标委会95名委员调整。组建日杂、眼视光、轻机等3个标委会。调整地毯、服装洗涤机械、文具等3个标委会的秘书处承担单位。加大强制性标准整合精简力度,申报立项21项。经过5年的努力,轻工行业推动454项强制性标准(含计划)压缩至80余项,强制性标准整合任务基本完成。开展了63项国际标准转化。中国主导制定轻工领域国际标准(含计划)共97项,其中2020年表面活性剂等领域新发布10项国际标准。截至2020年年底,轻工现行标准共6 279项(其中国标2 749项,行标3 530项)。新立项标准325项,完成报批355项,公告发布391项。批复团标计划46项,涉及14个领域。目前中国轻工联已发布4项团标,审核完成10项团标。

六、推进"三品"行动计划

质量提升方面,加强家电等领域新技术、新产品标准的制定等。在消费者关注度高的儿童用品等领域新立项了18项产品和检测方法国家标准。检测方面,审核检测机构资质认定变更申请82项。组织21个专家组前往现场开展评审。召开国家轻工业检测机构座谈会,完成轻工检测机构发展分析报告,开展14家检测机构36个项目的能力验证工作。计量方面,完成家电和皮革领域的7项计量技术规范(制定6项,修订1项)的立项申报。完成皮革等领域的11项计量技术规范审查并报批。品牌方面,积极支持海尔、格力、好孩子等单位参评入选中国工业大奖。承接工信部“2020 年轻工行业质量品牌提升”项目。完成轻工行业第五批制造业单项冠军企业限定性条件论证，9 家企业被评为单项冠军示范企业，3 家企业的产品被评为单项冠军产品。推进 2020 年质量信得过班组建设和优秀质量管理小组活动，评选出轻工 32 个质量信得过班组和 52 个优秀质量管理小组。发布《升级和创新消费品指南（轻工　第七批）》，发布升级和创新消费品 98 个（其中升级消费品 49 项，创新消费品 49 项），截至 2020 年年底共评出七批 431 个产品。推进品牌授权。组织 IP 授权企业在行业展会进行 IP 授权专题演讲、宣传，不断扩大品牌联盟和品牌授权工作的影响力。

七、规范建设产业集群

科学规划集群布局，制定了产业集群总量布局规划。适应疫情防控新形势，采取线上视频会议、地方来京汇报、专家实地复评三种方式开展复评工作。统筹协调资源，合力共建集群，落实淘汰机制，取消不合格产业集群。按照产业集群共建管理办法的规定，2018 年 3 月以来，已累计取消 6 批次 31 个产业集群称号。完成 55 个（新共建 15 个、复评 40 个）产业集群的考（复）评工作，产业集群总数达到 282 个。推动产业集群公共服务能力建设，新认定轻工行业中小企业公共服务平台 12 个。

八、为政府服务

参加全国人大财经委、国家发改委、工信部、商务部、统计局等国家部委会议（含视频电话会）25 次，提供行业运行等各类材料 71 篇。向国家发改委运行局报送行业信息 377 篇。受国家发改委、工信部等部委委托，承担《轻工行业投资形势分析》《轻工行业产业转移与区域合作研究》《产业转移政策制定及相关支撑工作》《产业结构调整、产业链协调发展研究》《2020 年轻工行业质量品牌提升》《2021 年工业品关税调整建议》《轻工行业工业设计标准框架研究》等有关产业政策、质量管理等多项软课题任务。向国家发改委报送《“十四五”轻工业发展形势分析及对策研究》《海南自由贸易港鼓励类产业目录（2020 年本征求意见稿）》修改意见。向商务部报送《鼓励进口技术和产品目录（征求意见稿）》修订意见。向生态环境部报送《污染影响类建设项目综合重大变动清单（试行）（征求意见稿）》修改意见。向应急管理部报送《工贸企业粉尘防爆安全规定（草案征求意见稿）》修改意见。向工信部报送《征求 2021 年工业品关税调整建议》。

九、完成职业技能竞赛

举办轻工职业技能竞赛动员大会，部署全年度轻工职业技能竞赛工作，对各项大赛进行总动员，表彰全国轻工技术能手，颁发“轻工大赛优秀组织奖”和“突出贡献奖”，为轻工大赛培训裁判员 300 多名。完成 24 个轻工国家二类大赛项目，12 个行业 24 个职业（工种）总决赛。向人社部申请组建第 46 届世界技能大赛选拔赛中国轻工联代表队，获批成为全国首届职业技能大赛世赛选拔赛 4 个行业代表队之一。组织轻工行业开展 5 个工种选拔赛，遴选出 5 个工种的 5 位选手组成中国轻工联代表队参加世赛选拔。5 位选手获得了两金、两银、一铜的好成绩，全部进入 2022 年世赛选拔赛集训队。中国轻工联代表队被人力资源和社会保障部授予“优秀组织奖”。组织“湘绣”和“中国陶瓷技艺——拉坯绝技”2 个项目参加“全国首届职业技能大赛中华绝技”展演活动，组织“中国传统图案传承与创新应用”等 6 个项目参加全国首届职业技能大赛展示交流。“中国陶瓷技艺——拉坯绝技”跻身中华十大绝技。

十、加大人才培养力度

推动轻工职业技能等级自主评价，制定《轻工行业职业技能等级评价工作实施方案（试行）》等多个制度性文件，批准了 25 个轻工行业协会为首批轻工行业职业技能等级评价总站，批准 16 个鉴定站、鉴定基地为首批评价直属基地。搭建了中国轻工职业能力评价网和轻工职业技能等级评价在线管理系统。举办了 2 期全国轻工行业职业技能等级评价考评员培训，共 880 余名学员参训。成功获批成为首批人社部职业技能等级认定试点机构，14 个职业被纳入试点职业。中国轻工联成为教育部“1+X”试点的首批行业协会之一。做好职业资格鉴定工作,全年共鉴定各等级技能人员近3万人次。组织开展2019—2020年度中小企业经营管理人才培训系列工作。组织完成智能生物制造高级研修班,有69家单位的74位学员参加研修。推进全国轻工职业教育教学指导委员会换届工作。启动轻工类工程教育专业认证工作,成立“轻工类专业认证委员会(筹)”,开展轻工类工程教育专业认证。完成“十三五”职业教育国家规划教材建设工作。完成首届全国教材建设奖评选工作和第二批新工科研究与实践项目推荐。完成2018—2019年度中国轻工业职业教育奖项评选,共推荐第二届“中国轻工业职业教育教学成果奖”26项、“中国轻工业职业教育教学名师奖”9名,以及第一届“中国轻工业职业教育青年教学能手”15名、“中国轻工业职业教育优秀论文”27篇。

十一、“十三五”轻工业发展成就及存在问题

大国地位稳步提升。轻工行业认真贯彻落实党中央、国务院决策部署,坚持稳中求进工作总基调,深化改革,扩大开放,有效应对国际国内各种风险挑战,在推动行业高质量发展方面取得了显著进展,为国家稳增长、稳外贸、稳就业做出了重要的贡献,稳固了世界轻工生产大国、消费大国、出口大国地位。

总量稳居工业前茅。2016—2020年轻工行业主营业务收入年均增长4.4%,实现利润年均增长6.7%,主营业务收入总量位居全国工业前列。2020年轻工业规模以上企业占全国工业13.7%资产,实现营业收入占全国工业的18.3%,利润总额占全国工业的20.7%,企业出口交货值占全国的20.3%。

创新能力持续增强。轻工行业已创建国家重点实验室21个、国家工程(技术)研究中心23个、国家级企业技术中心203个;轻工业重点实验室127个,轻工业工程技术研究中心103个,轻工业工业设计中心36家。成果不断涌现,其中获国家级科技进步奖13项,中国轻工业联合会科技奖励项目939项。在设计、研发、专利、管理、营销模式等多方面创新取得成效。

产品结构升级优化。实施“三品”战略,极大地调动了行业积极性,品种丰富度、品质满意度、品牌认可度明显提升,推出7批《升级和创新消费品指南(轻工)》431个,引导消费升级。中高端产品份额提升,以兼并收购等多种方式参与更深层次国际竞争。已制定国标、行标6 000余项,承担了国际标准化组织秘书处6个,担任主席5人、副主席2人、秘书长5人,主导制定近百项国际标准,在国际标准领域发挥了更大的作用。

集群优势综合体现。初步形成优势互补高质量发展的区域经济布局,建成产业集群282个,产业集群建设进一步规范,产业基础能力和产业链水平不断提升,产业集群主营业务占轻工业40.0%。

绿色发展成效显著。在节水、绿色设计、绿色制造、绿色供应链管理、清洁生产、污染防治、综合利用、制定清洁生产评价指标体系等方面发力,环保技术被广泛应用,提前完成减排各项任务和减排指标。

国际竞争能力提升。积极应对贸易摩擦,调整出口结构,出口保持持续增长,出口年均增长7.0%,高于全国1.0个百分点。在巩固传统出口市场同时,加强对“一带一路”沿线国家出口,年均增长5.5%。加速融入全球产业链,进行研发、制造、品牌布局,以多种形式参与更深层次国际竞争,竞争能力和水平进一步提升。

人才支撑作用加强。依托重大专项、重点项目、产学研联盟等建成一批高科技人才培养基地,培育一支具有较强创新能力和创新精神的科技、技术技能、管理人才队伍。稳步开展职业技能鉴定和技能大赛,表彰全国轻工业劳动模范、先进集体、先进工作者,评审第七届中国工艺美术大师和推荐两届“轻工大国工匠”。

轻工业的发展虽然取得较大成绩,但仍面临较多发展不平衡不充分的问题:一是产品低端供给相对过剩,中高端供给不足,部分规模效益显著的行业产业集中度不高。二是部分行业创新驱动不足、技术水平处在中低端。部分原材料、技术、高端装备等仍需进口。三是产品整体质量水平低于国际先进水平,品牌竞争力还较弱,国际著名品牌还不多。四是人才结构不平衡,中高级专业人才供给不足,制造、装配、标准、工艺、维修、服务、设计以及企业管理运营、国际化等各方面均存在专业人才缺口现象。五

是发展环境有待改善。国际发展环境严峻，存在诸多风险和挑战。国内市场竞争秩序有待规范，中小企业发展困难较多，打击假冒伪劣及保护知识产权需要加强，行业协会运作有待完善的法律支持等。

（撰稿：李培松）

2020 年纺织工业经济运行综述

中国纺织工业联合会产业部

一、2020 年纺织行业经济运行情况

2020 年是中国全面建成小康社会和“十三五”规划的收官之年，也是纺织行业发展过程跌宕起伏的一年。新冠肺炎疫情在全球蔓延，引发世界经济陷入自 2008 年金融危机以来最为严重的衰退，国际市场需求大幅萎缩；新冠肺炎疫情突袭初期，中国生产生活秩序受到全面影响，内需一度大幅下滑，工业生产面临开工不足、供应链运转不畅等问题。

在复杂严峻的形势下，纺织行业认真贯彻落实党中央、国务院决策部署，努力克服了新冠肺炎疫情冲击，有序推进复工复产，竭力保障防疫物资供给，以稳定、优质的产业链、供应链体系为基础，有力服务了疫情防控大局和国民经济与社会发展需要。纺织行业坚持深化转型升级，努力化解各种风险冲击，主要运行指标降幅持续收窄，经济运行态势平稳回升，出口贸易在防疫物资拉动下实现超预期增长。2020 年纺织工业主要经济运行指标见表 1。

表 1　2020 年纺织工业主要经济运行指标分季度累计变化情况

单位：%

主要指标	一季度	上半年	前三季度	全　年
工业增加值（规模以上）	-16.5	-6.7	-4.6	-2.6
国内市场：服装鞋帽针纺织品限额以上零售额	-32.2	-19.6	-12.4	-6.6
穿类商品网上零售额	-15.1	-2.9	3.3	5.8
纺织品服装出口额	-19.7	0.8	6.8	9.6
固定资产投资完成额	-38.0	-27.3	-20.8	—
营业收入（规模以上）	-25.4	-16.4	-12.1	-8.8
利润总额（规模以上）	-44.2	-19.0	-12.1	-6.4

资料来源：国家统计局、中国海关。

（一）行业景气逐季回升

2020 年一季度，由于新冠肺炎疫情突袭，国内生产生活开展受限，纺织行业景气度明显下滑。3 月以来，随着企业复工复产稳步推进，产业链、供应链循环逐步畅通，市场订单有所改善，行业景气度回升至荣枯线以上，企业经营信心稳步恢复向好。根据中国纺织工业联合会调查数据，2020 年二季度、三季度和四季度，行业景气指数分别为 51、61.5 和 61.3，主要分项指标情况见图 1。

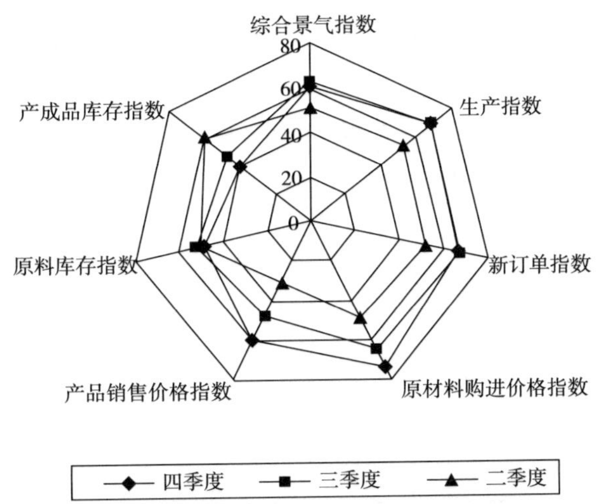

图 1　2020 年纺织工业景气指数及分项指标情况

资料来源：中国纺织工业联合会产业经济研究院。

（二）生产情况稳步恢复

受新冠肺炎疫情影响，2020 年春节过后，纺织企业开工时间与正常情况相比推迟 10 天左右，复工初期普遍面临交通物流受阻、防疫物资采购困难、用工短缺等困难。根据中国纺联复工复产调查数据，2 月 7—10 日，纺织行业复工企业数占比仅 10.0%，且大多为生产或转产口罩、防护服等防护用品企业。3 月以来，纺织开工企业和复工人数比例稳步持续提升，到 4 月底，全行业 90.0%以上企业已实现复工，产业链供应链运转基本恢复正常。

复工复产初期，由于市场订单严重不足，出口订单下滑尤为突出，纺织企业产能利用水平总体偏低，生产增速较上年同期大幅放缓。但自二季度起，在防疫物资需求增长和内需消费稳步回暖带动下，纺织行业生产形势逐季回升。根据国家统计局数据，2020 年纺织行业规模以上企业工业增加值同比减少 2.6%，增速低于上年 5.0 个百分点，但降幅较 2020 年前三季度和年初 1—2 月的低点分别收窄 2.0 个和 23.0 个百分点。产业链主要环节中，产业用纺织品行业在口罩、防护服等防疫物资带动下，工业增加值同比大幅增长 54.1%，增速较上年提升 47.2 个百分点，成为支撑纺织行业生产回升的首要力量。化纤行业、长丝织造行业及家用纺织品行业生产恢复正增长，2020 年工业增加值增速分别为 2.2%、4.1%和 1.1%。服装和纺机行业生产未能扭转负增长态势，2020 年工业增加值同比分别下降 9.0%和 6.6%。各行业工业增加值增长情况见图 2。

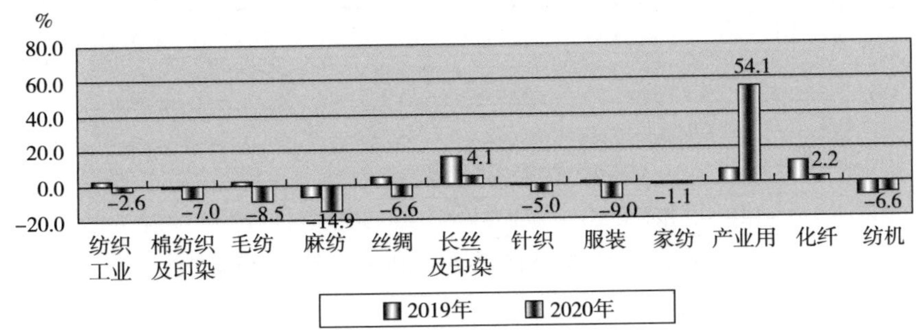

图 2　2019—2020 年纺织规模以上企业分行业工业增加值增速情况

资料来源：国家统计局。

主要大类产品中，仅有非织造布和化纤产量实现增长，其余产品产量均较上年有所下降。2020 年，规模以上企业非织造布产量为 579.1 亿吨，同比增长 15.8%；全社会化纤产量为 6 126.5 万吨，同比增长 4.1%。全社会纱、布产量分别为 2 618.3 万吨和 460.3 亿米，同比分别减少 7.4%和 17.1%，规模以上企业服装产量为223.7亿件,同比减少7.7%。见表2。

表2 2020年规模以上纺织企业主要大类产品产量情况

产品名称	单 位	产 量	同 比(%)	较上年变化(百分点)
纱	万 吨	2 618.3	-7.4	-1.3
布	亿 米	460.3	-17.1	0.5
印染布	亿 米	525.0	-3.7	-6.5
非织造布	万 吨	579.1	15.8	5.9
服 装	亿 件	223.7	-7.7	-4.4
化学纤维	万 吨	6 126.5	4.1	-5.8

注:纱、布和化纤产量为国家统计局《2020年国民经济和社会发展统计公报》公布的全社会产品产量,其他产品均为规模以上企业产量。

资料来源:国家统计局。

(三)内需市场持续回暖

国内新冠肺炎疫情突发初期,关闭实体商业、居家隔离、减少社交活动等防疫措施使得纺织服装类商品内需消费在一季度出现大幅下滑。二季度以来,随着经济生活有序恢复,居民消费活动日渐活跃,在国家各项促进消费政策的良好支持下,纺织行业内需市场销售逐季改善。纺织品服装内需增速走势详见图3。

国家统计局数据显示,2020年全国限额以上单位服装鞋帽、针纺织品零售额同比减少6.6%,降幅较前三季度收窄5.8个百分点,8月以后单月零售额一直保持正增长。网络零售由于符合新冠肺炎疫情之下安全、便捷的消费需要,销售规模恢复更为迅速,到7月底全国网上穿类商品零售规模已超过上年同期水平,全年同比增长5.8%,增速较前三季度加快2.5个百分点。互联网与纺织供应链深度融合,直播电商、社交电商等业态创新有力促进了消费回补,纺织品服装的消费需求在线上得到释放。根据淘宝及天猫平台成交数据,2020年女装、男装、童装及家用纺织品成交额同比分别增长24.0%、16.4%、15.4%和26.9%。

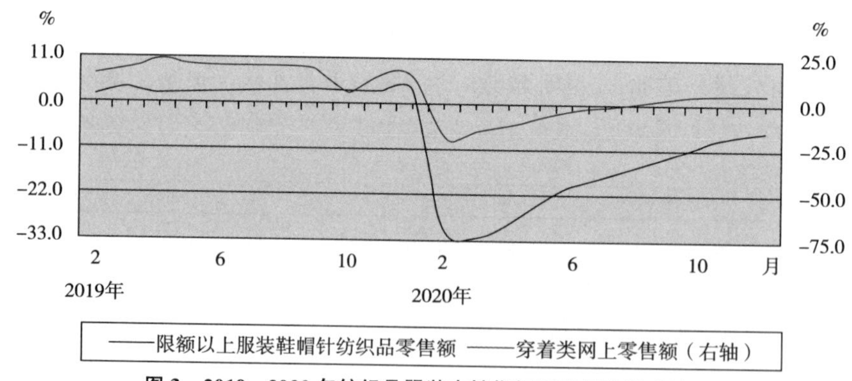

图3 2019—2020年纺织品服装内销指标累计同比增速情况

资料来源:国家统计局。

(四)出口竞争力稳定释放

2020年,随着新冠肺炎疫情在全球范围扩散蔓延,美国、日本和欧盟等主要经济体消费能力、商业环境及消费意愿均受到显著冲击,消费需求大幅萎缩。在疫情引发国际市场下滑、国际供应链受阻的情况下,中国新冠肺炎疫情防控率先取得积极成效,为纺织行业发挥完整产业体系和优质供给能力优势提供了坚实基础,纺织品服装出口稳步回升,防疫物资也对出口增长发挥了重要拉动作用。据中国海关统计数据，2020年中国纺织品服装出口总额为2 912.2亿美元，同比增长9.6%，增速较上年回升11.5个百分点，达到2015年以来的历史较高水平，见图4。

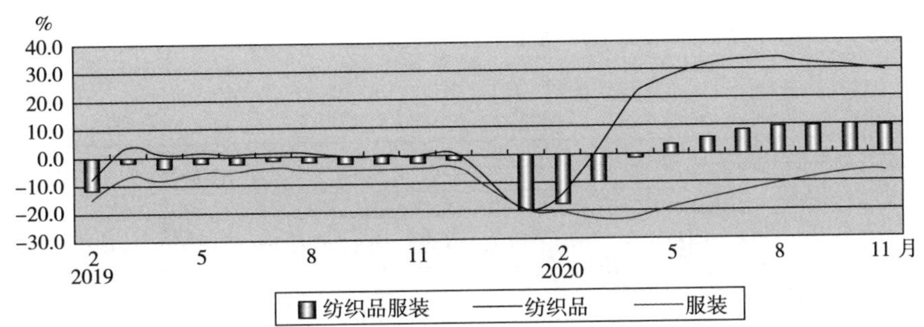

图4　2019—2020年中国纺织品服装出口金额累计增速情况

资料来源：中国海关。

纺织品出口实现快速增长，口罩等防疫物资拉动作用突出。2020年，中国共出口纺织品1 538.4亿美元，同比增长29.2%；其中：口罩出口额约占35.0%。服装出口逐步好转，全年出口额共计1 373.8亿美元，同比降幅收窄6.4%，自8月起单月出口额均实现正增长。由于纺织品出口实现快速增长，纺织行业出口产品结构发生改变，纺织品出口额首次超过服装，占出口总额的比重达52.8%，比上年提高7.5个百分点，服装出口额占比则下调至47.2%。

依托稳定、优质的供给能力，中国纺织品服装在主销市场所占份额实现回升，扭转了近年来直接出口所占国际市场份额有所下滑的局面。相关统计数据显示，2020年中国在美国、欧盟和日本纺织品服装进口市场所占份额分别为33.0%、43.9%和58.6%，较上年分别提升0.2个、13.1个和3.3个百分点。

(五)质量效益逐步修复

随着内外市场需求逐步回暖，以及国家大规模减税降费等助企纾困政策措施显效，纺织企业经济效益在经历年初大幅下滑后，呈现稳步修复、改善的态势。根据国家统计局数据，2020年全国3.4万户规模以上纺织企业实现营业收入45 190.6亿元，同比下降8.8%，降幅较前三季度和1—2月分别收窄3.3个和20.7个百分点；实现利润总额2 064.7亿元，同比下降6.4%，降幅较前三季度和1—2月分别收窄5.7个和46.9个百分点。规模以上纺织企业营业收入利润率为4.6%，较年初2.2%的水平大幅改善，并超过上年0.2个百分点。见图5。

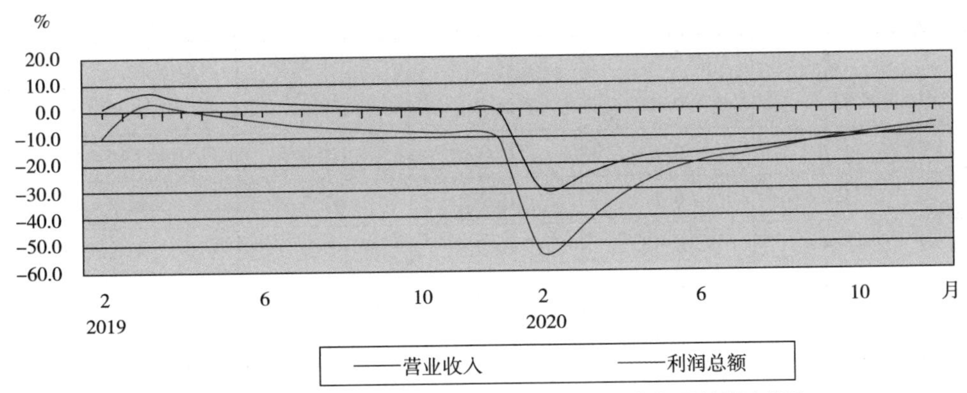

图5　2019—2020年规模以上纺织企业主要效益指标累计增速情况

资料来源：国家统计局。

但是，由于新冠肺炎疫情造成市场需求总体疲弱，产业链超70.0%环节全年利润降幅仍然达到20.0%左右，产业链上游行业利润修复情况较下游行业略差。棉纺织、化纤行业效益下滑态势明显，

2020年利润总额同比分别下降18.4%和15.1%。产业链终端的产业用和家用纺织品行业盈利能力表现突出，利润总额同比分别增长203.2%和14.7%，营业收入利润率分别为11.4%和5.6%，居于产业链各环节前列。此外，服装业和纺机行业的营业收入利润率分别达到4.7%和7.6%，均高于纺织行业平均水平。见图6。

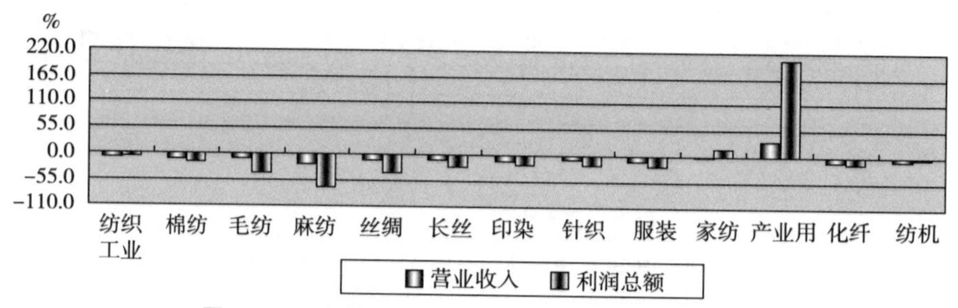

图6　2020年纺织分行业主要效益指标累计增速情况

资料来源：国家统计局。

随着效益逐步修复，纺织企业运行质量较年初也有所改善，但经营压力仍然较大。2020年，规模以上纺织企业亏损面为22.7%，亏损企业亏损额同比增长26.8%，较2月底分别回落13.6个和2.7个百分点；总资产周转率和产成品周转率分别为1.1次/年和13.2次/年，同比分别放缓11.6%和10.9%；三费比例为7.0%，较上年提高0.2个百分点。见表3。

表3　2020年规模以上纺织企业主要运行质量指标

行　业	营业收入利润率		产成品周转率		总资产周转率	
	2020年/%	同比增减/百分点	2020年/次/年	同比增减/百分点	2020年/次/年	同比增减/百分点
纺织行业	4.6	0.2	13.2	-1.6	1.1	-0.1
棉纺织	3.5	-0.2	13.5	-1.4	1.1	-0.2
毛纺织	1.9	-1.0	6.2	-0.9	0.9	-0.1
麻纺织	1.8	-2.9	6.8	-2.2	1.1	-0.2
丝　绸	2.7	-1.1	7.9	-2.0	1.0	-0.1
长丝织造	2.9	-0.6	7.8	-2.1	1.0	-0.1
印　染	4.8	-0.5	17.1	-4.5	0.9	-0.2
针　织	4.3	-0.6	14.7	-1.6	1.3	-0.1
服　装	4.7	-0.6	12.7	-1.6	1.2	-0.1
家用纺织品	5.6	0.7	13.4	-2.3	1.2	-0.1
产业用纺织品	11.4	6.4	20.4	-0.4	1.4	0.1
化学纤维	3.3	-0.2	16.4	-1.5	0.9	-0.2
纺织机械	7.6	0.3	11.3	-2.6	0.7	-0.1

资料来源：国家统计局。

（六）投资规模明显萎缩

2020年，由于市场需求明显萎缩，企业效益大幅下滑，纺织行业投资规模出现明显下降。随着复工复产及市场信心好转，纺织行业投资降幅逐月收窄，但仍显著低于上年同期水平。根据国家统计局数据，2020年纺织全产业链投资规模均呈下滑态势，纺织业、服装业和化纤业投资额同比分别下降6.9%、

31.9%和19.4%，纺织业降幅较上年收窄2.0个百分点；服装业和化纤业降幅分别较上年加深33.7个和5.3个百分点，见图7。

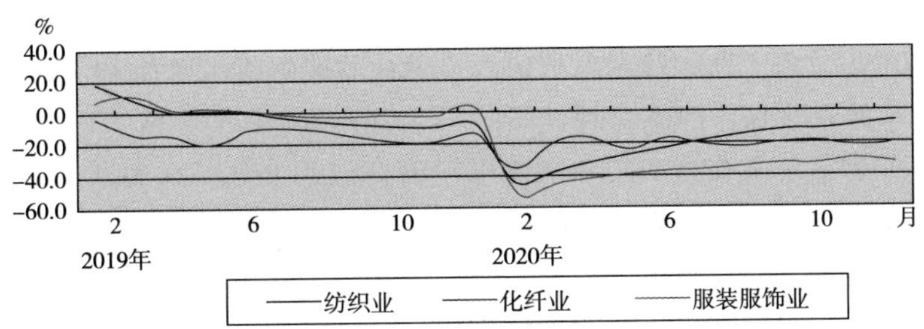

图7　2019—2020年纺织分行业固定资产投资额增速情况

资料来源：国家统计局。

分地区来看，东部地区投资规模总体有所下滑，仅浙江省纺织业、化纤业投资额同比分别增长3.8%和25.3%，广东省化纤业同比增长92.1%；上海市在石化项目投资带动下，化纤业同比大幅增长66.6倍。中部地区服装业投资呈萎缩态势，仅湖南省实现同比增长11.3%，安徽省、河南省和湖北省服装业投资降幅均超过30.0%。西部地区投资回暖态势较为明显，重庆市纺织业和化纤业投资额同比分别增长25.7%和55.9%，四川省纺织业和服装业投资额同比分别增长131.6%和17.4%，新疆维吾尔自治区纺织业投资额实现21.8%的较快增长。见表4。

表4　2020年中国部分省（自治区、直辖市）固定资产投资情况

单位：%

省（自治区、直辖市）	纺织业	服装服饰业	化纤业
全国总计	-6.9	-31.9	-19.4
福建省	-21.2	-31.8	-22.1
浙江省	3.8	-1.7	25.3
江苏省	-2.5	-53.9	-13.6
山东省	-22.6	-42.8	-39.9
广东省	-11.7	-66.6	92.1
安徽省	9.0	-32.5	-10.5
江西省	-3.5	-10.1	-16.5
河南省	-0.3	-33.1	-12.3
湖北省	-36.0	-44.4	-8.9
湖南省	-20.3	11.3	-15.6
重庆市	25.7	-50.2	55.9
陕西省	61.7	16.9	-3.0
四川省	131.6	17.4	-11.2
新疆维吾尔自治区	21.8	-5.4	-22.9

资料来源：国家统计局。

二、2020年纺织行业运行中存在的主要问题

（一）国内外市场需求明显不足

2020年以来，中国内需市场呈现改善迹象，但仍未完全恢复至新冠肺炎疫情前的水平，海外市场需求更为低迷。根据纺织企业景气指数调查结果，市场需求不足持续成为2020年纺织企业生产经营面临的最突出的问题。国际市场需求不足问题更为突出，1~4季度，分别有62.7%、61.1%、46.0%和44.2%的企业反馈国际市场需求不足对企业生产经营影响突出。相关统计数据则显示，2020年美国服

装服饰零售额同比下降26.0%，日本纺织品服装零售额同比下降21.4%，欧盟纺织品服装零售额同比下降24.4%。

市场需求不足，一方面，是由于新冠肺炎疫情引发全球经济衰退，对居民就业及收入产生直接冲击造成消费疲弱；另一方面，新冠肺炎疫情期间各国普遍采取居民居家隔离、减少外出及聚集活动的防控措施，引发了消费场景改变，造成纺织品服装需求显著下滑，这一以往罕有的消费新变化对纺织行业的市场反应能力形成了重要考验。

（二）企业经营压力尚未彻底缓解

受新冠肺炎疫情影响，纺织企业生产经营压力持续加大。产业链上游环节效益压缩明显，2020年棉纺织、毛纺织、麻纺织和丝绸业利润降幅分别达到18.4%、39.7%、69.3%和37.6%，营业收入利润率较上年分别下滑0.2个、1.0个、2.9个和1.1个百分点。由于市场需求改善乏力，企业库存压力普遍加大，产销衔接仍然欠佳。2020年，麻纺织、长丝织造和印染业产成品周转率同比分别放缓24.6%、20.8%和20.7%，均显著高于行业平均水平。在市场需求不足、资金周转缓慢等因素影响下，纺织企业应收账款规模也有所增加。根据国家统计局数据，2020年，全国3.4万户规模以上纺织企业应收票据及应收账款同比增长10.3%，增速较上年提高12.8个百分点，应收票据及应收账款周转天数为41.8天，较上年增加7.3天。

（三）人民币较快升值加大出口压力

2020年下半年，人民币兑美元汇率进入升值通道，年底汇率较6月初，升值幅度超过8.0%，增加了出口企业结汇损失和订单亏损风险。受市场需求疲弱影响，纺织服装产品价格总体走低，出口企业的利润空间难以消化人民币持续、快速升值增加的汇率成本。年底前后，随着海外新冠肺炎疫情反复造成需求下滑，市场进入订单淡季，部分企业出现了慎接出口订单的情况，这一现象在盈利能力相对薄弱的中小企业中更为突出，部分出口型中小企业因出口订单无法盈利而减产。

（审稿：赵明霞
撰稿：张 倩 牛爽欣）

2020年建材工业发展综述

中国建筑材料联合会

2020年，面对国际形势复杂、国内市场需求结构调整，特别是年初突发的新冠肺炎疫情，对建材行业经济运行产生重大冲击和影响，一季度建材行业主要经济运行指标出现大幅下降。在党中央、国务院正确决策和坚强领导下，建材行业攻坚克难、积极应对，实现了疫情防控和复工复产的统筹推进，从二季度开始行业经济运行形势稳定恢复，到三季度末建材全行业基本摆脱疫情影响，全年运行恢复稳定，主要生产经营指标实现增长。

一、2020年建材行业经济运行情况

（一）建材行业主要经济效益指标实现增长

2020年规模以上建材行业主要经济效益指标实现增长。据国家统计局数据，2020年规模以上建材行业实现营业收入51 000亿元[①]，同比增长0.8%，增速比上年回落10.7个百分点；实现利润总额4 572.2亿元，同比增长4.2%，增速比上年回落9.3

① 本文中所用数据如无特别说明均来自国家统计局。

个百分点；规模以上建材行业销售利润率达到9.0%，同比上涨0.3个百分点。虽然全年营业收入和利润总额增速均为2016年以来最低，但营业收入、利润总额实现双增长，新冠肺炎疫情影响对全行业经济运行的冲击得到较好应对。见图1。

2020年规模以上建材行业主要经济效益指标总体呈现“前低后高”的运行特征。在新冠肺炎疫情影响下，一季度规模以上建材行业营业收入、利润总额同比分别下降17.1%、31.4%，随着企业复工复产及经济恢复的不断加快，建材行业经济运行二季度降幅缩至10.0%以内，上半年同比仅分别下降4.2%、5.8%。从下半年开始，规模以上建材行业主要经济效益指标回升明显，规模以上建材行业营业收入、利润总额分别在11月、9月止跌回升，实现增长（见图2）。经过努力，全年规模以上建材行业营业收入增长率与全国规模以上工业增长率实现持平，实现利润总额增长率高于全国规模以上工业企业0.1个百分点。

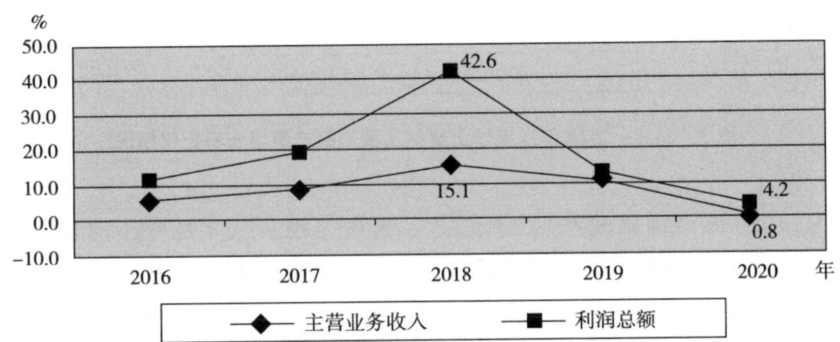

图1 2016—2020年规模以上建材行业主营业务收入及利润总额增速情况

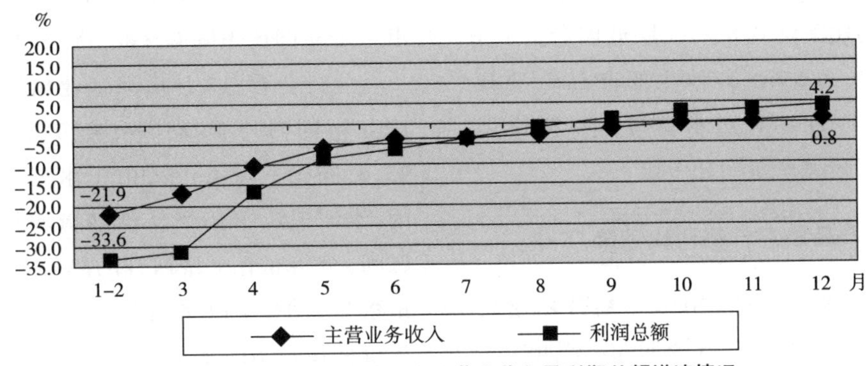

图2 2020年规模以上建材行业营业收入及利润总额增速情况

营业收入增长前五的行业分别为平板玻璃行业、矿物纤维及制品行业、轻质建筑材料行业、隔热保温材料工业和技术玻璃行业，下降较多的行业为砖瓦和建筑砌块行业。利润总额增长前五的行业分别为平板玻璃行业、矿物纤维及制品业、黏土和砂石开采行业、隔热保温材料工业和防水建筑材料行业，下降较大的为纤维增强塑料工业和砖瓦和建筑砌块行业。

在建材主要行业中，营业收入增长率超过全国规模以上工业的建材子行业有平板玻璃工业、矿物纤维及制品工业、混凝土与水泥制品工业、防水建筑材料工业、隔热保温材料工业和建筑技术玻璃工业；利润总额增长率超过全国规模以上工业的建材子行业有平板玻璃工业、矿物纤维及制品工业、混凝土与水泥制品工业、防水建筑材料工业、隔热保温材料工业、技术玻璃工业、黏土和砂石开采工业。

（二）建材主要产品产量保持增长

在建材行业重点监测的建材产品中，水泥排水管、水泥电杆、钢化玻璃、中空玻璃、玻璃纤维布、卫生陶瓷、砖、瓦、大理石板材、花岗岩板材、石膏板等11种产品产量同比下降，其他主要产品产量保持增长，除玻璃纤维纱、建筑用石、萤石等产品产量增长超过10.0%以外，其他产品产量增长均在10.0%以内。由于上年建材产品生产情况较好叠加2020年新冠肺炎疫情原因，建材绝大多数产品产量增长率比上年同期下降，部分产品下降幅度较大，全年仅有5种产品增长率比上年上升。见图3。

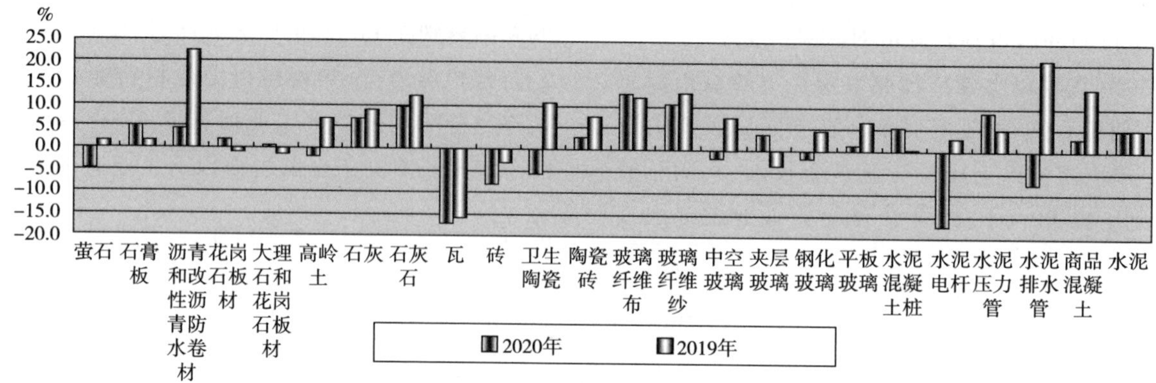

图3　2019—2020年规模以上建材主要产品产量增长率变化情况

据国家统计局数据，2020年全国水泥产量24亿吨，同比增长2.5%，增幅比上年回落2.4个百分点。根据国家统计局月报统计数据，2020年规模以上平板玻璃产量9.5亿重量箱，同比增长1.3%，钢化玻璃产量5.3亿平方米，同比下降1.8%，中空玻璃产量1.5亿平方米，同比下降0.8%，夹层玻璃产量1.1亿平方米，同比增长3.5%。其他主要产品中混凝土、陶瓷砖、沥青和改性沥青防水卷材产量同比增长，大理石和花岗石板材产量同比下降。

（三）全年建材产品出厂价格同比下降

受市场供大于求关系影响，2020年初开始建材及非金属矿产品出厂价格指数持续回落，至四季度有所企稳。从4月开始建材月平均出厂价格持续低于上年同月平均出厂价格，全年累计平均出厂价格指数从10月进入同比下降区间。12月，中国建材及非金属矿工业出厂价格指数114.2，比年初下降1.7个基点，环比上涨0.6%，同比下降1.8%，全年平均出厂价格同比下降0.3%。见图4、图5。

分行业看，12月水泥工业出厂价格指数112.5，比上年同月下降8.7%，全年平均出厂价格指数95.6，同比下降4.4%，由于水泥供需和年初疫情原因，水泥工业主要产品价格指数年初以来进入下降区间，至年底有平稳回升的趋势，全年平均出厂价格指数为2016年以来最低。2020年全国平板玻璃出厂价格指数102.9，比上年上涨10.0%。受新冠肺炎

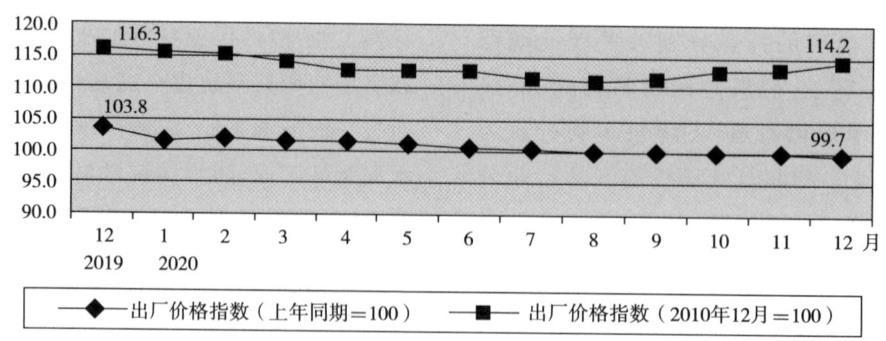

图4　2019—2020年规模以上建材及非金属矿行业出厂价格指数情况

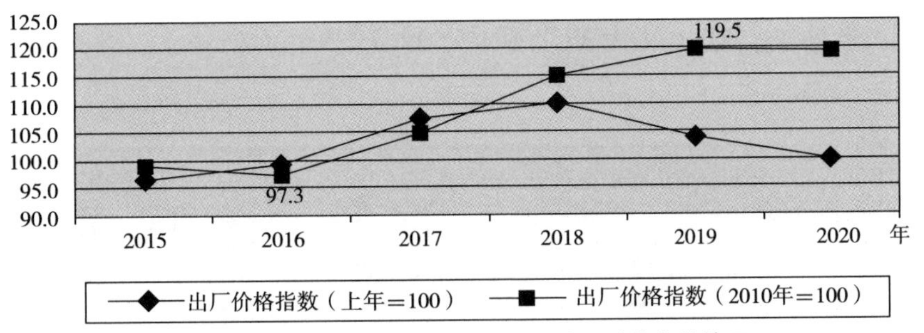

图5 2015—2020年建材及非金属矿出厂价格指数情况

疫情影响，2020年前5个月平板玻璃出厂价格连续下降，平板玻璃价格指数一度低至75.9，6月止跌回升，上半年累计跌幅达到16.1%。下半年在市场需求等多种因素共同作用下，平板玻璃出厂价格指数持续上涨，9月突破100，超过新冠肺炎疫情前水平。四季度价格指数上涨明显加快，年底出厂价格指数123.7，达到历史最好水平。需要说明的是，平板玻璃出厂价格大幅上涨，除市场等因素外，平板玻璃产品结构的优化，如光伏玻璃、汽车玻璃原片等价值量提升也是重要因素之一。其他行业中，混凝土与水泥制品、防水建筑材料、轻质建筑材料、隔热保温材料、黏土和砂石开采、建筑用石开采、技术玻璃等行业全年平均出厂价格实现增长，建材其他行业出现不同程度的下降。

（四）建材行业固定资产投资恢复增长

据国家统计局数据，2020年非金属矿采选业固定资产投资同比增长6.2%，6月开始恢复增长，比上年降低31.0个百分点。非金属矿制品业固定资产投资同比下降3.0%，降幅比一季度收窄30.6个百分点，比上年降低16.6个百分点。从行业监测情况看，混凝土与水泥制品、墙体材料、建筑用石等行业的产业结构调整和规模化发展仍然是建材行业投资的主要驱动力。见图6。

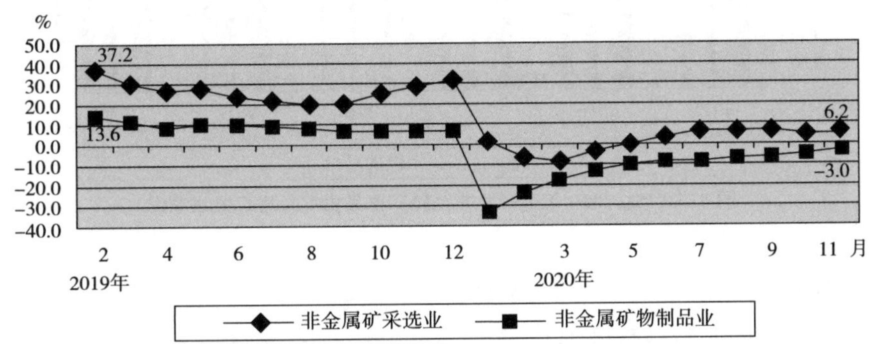

图6 2019—2020年限额以上非金属矿采选业和非金属矿物制品业固定资产投资累计同比增长速度情况

（五）建材及非金属矿商品出口金额增长，进口金额下降

2020年，中国建材及非金属矿商品出口①金额387.5亿美元，同比增长4.1%（见图7），建材及非金属矿商品平均离岸价格同比下降11.3%，是出口金额增长相对较低的主要因素。建材及非矿主要出口商品中，防水建筑材料、黏土砂石类商品量价齐增，水泥制品商品出口数量增长，离岸价格出现下降，而砖瓦及建筑砌块、石灰石、石膏采选和制品、建筑用石类商品出口数量下降，离岸价格上升，水泥和水泥熟料、轻质建筑材料、建筑技术玻璃、矿物纤维和复合材料、建筑卫生陶瓷等商品出口量价均降。其中，2020年中国对美出口建材及非金属矿商品金额36亿美元，同比下降5.0%，对美出口金额占出口总额比重为9.3%，比上年下降0.9个百分点。出口欧盟

① 本文中所用进出口数据如无特别说明均来自海关总署全国海关信息中心。

成员国和金砖成员国累计金额比上年分别下降14.7%和4.6%。

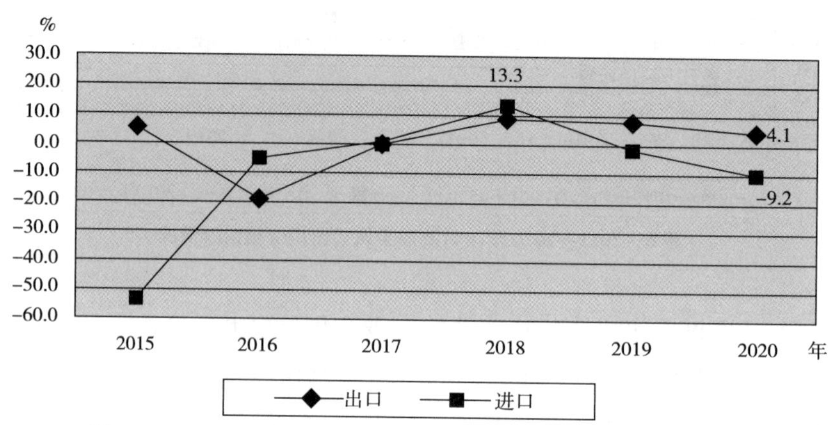

图 7 2015—2020 年建材及非金属矿商品出口及进口金额增长率情况

2020 年，建材及非金属矿商品进口金额 211.5 亿美元，同比下降 9.2%（见图 8）。其中，防水建筑材料、黏土和砂石、建筑用石、建筑卫生陶瓷进口数量同比有所下降，水泥制品、建筑卫生陶瓷、其他非金属采选和制品产品进口价格同比下降幅度明显，而水泥和水泥熟料、石灰石、石膏采选和制品进口增长大幅上涨，特别是水泥熟料进口增长尤为明显。

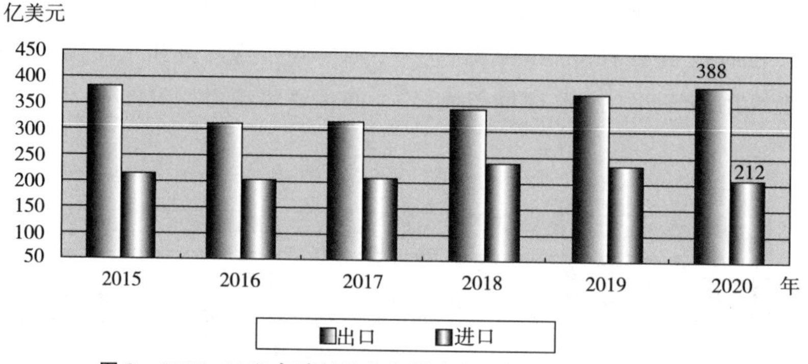

图 8 2015—2020 年建材及非金属矿商品出口及进口金额情况

在水泥价格及市场需求驱动下，中国已经成为东南亚各国主要出口目的国，水泥熟料已经连续 3 年进口大幅增长。2020 年中国进口水泥熟料总量为 3 337 万吨，同比增长 47.0%，增长迅猛。其熟料进口来源国主要为越南、印度尼西亚、泰国和日本。2020 年越南向中国进口熟料 1 980 万吨，占熟料总进口量的 59.0%，印度尼西亚、泰国和日本分别占总进口量的 10.0%、9.9%和 8.2%。

2020 年，中国建材及非金属矿商品进出口差额为 176 亿美元，由于国际新冠肺炎疫情和汇率变动影响，进口建材商品价格低于上年水平，是进口金额下降的主要因素，而出口价格下降速度小于进口价格下降速度，则保证了年度出口的稳定增长。

二、建材行业经济运行中的积极变化

（一）建材产品市场结构多元化特征日益显现

当前建材行业产业体系，主要是伴随着中国经济发展和基础设施体系建设而发展形成，投资长期以来都是建材行业发展的主要驱动力。近年来，随着中国国民经济结构调整以及产业链延伸和产业融合发展，建材市场呈现明显的多元化发展。投资市场比重从 20 世纪末的 85.0%左右降至 2020 年的 60.0%，在下游需求升级、行业技术进步以及产业融合发展共同作用下，建材细分市场快速发展，建材产品呈现多元化发展，并逐渐成为航空航天、国防科工、电子信息、新能源等领域的重要原材料，在国民经济的更多领域发挥着重要作用。

(二)建材行业产业结构持续优化

随着中国国民经济增速放缓以及固定资产投资增速回落，建材传统产业大规模扩张的阶段已经结束，国民经济结构调整加快建材产业结构转变，在终端消费逐步升级以及产业发展规律共同作用下，建材产业链持续调整，下游加工制品业发展加快。目前建材内部各产业间产品转化形成的销售额占销售额的比重达25.0%左右，2018年规模以上建材加工制品业营业收入占比超过基础材料产业，2020年达52.6%。产业链的延伸、产品结构多元化发展以及技术装备水平的提升，使建材产品质量和内在价值明显提升，智能化、高端化产品发展良好。优质陶瓷卫浴、技术玻璃、复合材料等产品出口价值已经与中国进口的高端产品相当。

(三)建材行业规模以上企业结构有所优化

受市场环境变化等因素影响，2018年、2019年规模以上建材企业数量连续下降。但随着建材行业产业结构调整步伐的加快，建材加工制品业得到较快速度增长，由此带来了加工玻璃、复合材料、防水建材等行业规模以上企业数量逐步增加，使2020年规模以上建材企业数量增至3.4万家。见图9。

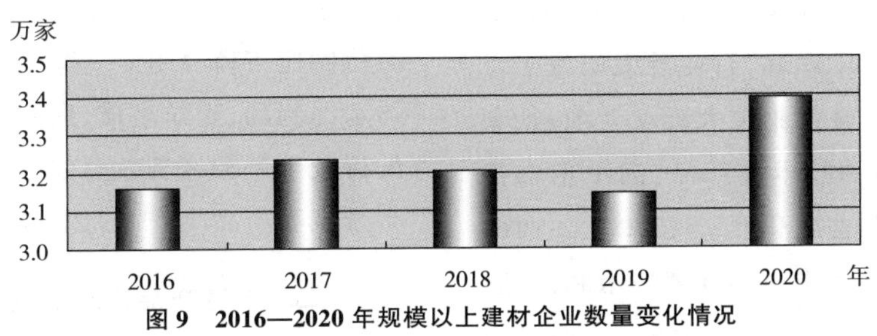

图9　2016—2020年规模以上建材企业数量变化情况

在建材各主要产业中，2020年混凝土与水泥制品工业规模以上企业数量比2019年增加了1 777家，主要以商品混凝土企业为主，这也成为建材行业规模以上企业数量增长的最大因素。其他建材主要行业中，墙体屋面材料、黏土和砂石开采工业、石灰石膏工业等建材加工制品类行业规模以上企业数量分别增加了350家、115家和114家，建筑卫生陶瓷工业、矿物纤维和复合材料工业等行业受市场因素影响分别减少了73家、6家，同样，水泥工业也增加了63家规模以上企业。充分反映了面对国内外经济形势的变化，建材行业供给侧结构性改革不断加快，产业结构不断优化，适应市场的能力有所强化。见图10。

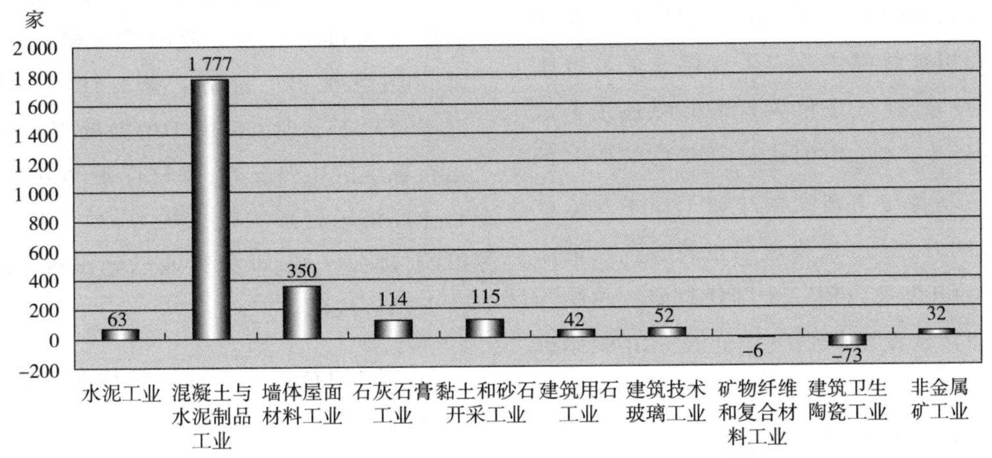

图10　2020年建材各主要行业规模以上企业数量增减情况

（四）坚持科技创新，推进行业高水平发展有成果

建材工业围绕转换发展动能、转变发展方式，加快实施产业基础再造和产业链提升，重点转向高端、高附加值、产业链发展，全面推进绿色低碳发展，布局新兴产业，不断增强科技实力水平，全方位推动建材高质量发展。目前建材行业规模以上企业研发投入占营业收入的 0.8%，低于工业规模以上企业平均水平。根据普查数据，2018 年建材行业规模以上企业新产品开发项目数、新产品销售收入分别占规模以上工业企业的 0.3%、2.0%，规模以上企业申请发明专利 7 704 件，有效发明专利数 20 702 件，占规模以上工业企业的 2.1%、1.9%。

2020 年，在积极争取国家重点科技支持方面，建材联合会组织征集国家“十四五”行业重大研发需求并向科技部报送 50 项建材行业重大研发专项；征集建材工业鼓励推广应用的技术和产品，向工信部推荐了“高强度玻璃纤维池窑化生产技术”“SYT65（T1000G 级）超高强度碳纤维”等 43 项技术和产品。积极承担工信部《先进无机非金属“卡脖子”产品目录》课题研究，共梳理凝练出 28 项“十四五”期间建议重点扶持的产品，提出了政策建议。争取到国家发改委将山亚南方水泥、中联玻璃两个项目列入 2020 年技改专项，分别获得补助资金 4 336 万元和 4 367 万元。经过联合会和全行业的共同努力，建材行业科技创新工作成果丰硕，凯盛君恒突破中性硼硅 5.0 药用玻璃产业化关键技术，打破了国外垄断，填补了国内空白，有效缓解了国内新冠疫苗包装瓶短缺的状况；四川玻纤集团攻克了连续玄武岩纤维池窑拉丝关键技术，建成了世界首条万吨连续玄武岩纤维池窑拉丝生产线；中国建材研究总院研制的“超纯石英玻璃制备与高精度摆片加工技术及表征方法”、海螺集团开发的“袋装水泥包装装车发运无人化关键技术的开发及应用”、中国建材研究总院与清华大学承担的“水泥窑炉烟气中低温 SCR 脱硝催化剂的研发及工程应用”、天瑞新登郑州水泥有限公司研发的“水泥窑氮氧化物协同治理技术及关键装备的研发与应用”等多项行业科技成果取得突破，已在嫦娥五号及水泥等领域实现了工程化应用。

三、当前建材行业经济运行中存在的主要问题

（一）行业经济运行恢复中仍以投资拉动为主，消费需求相对偏弱

新冠肺炎疫情防控进入常态化以来，建材行业经济运行恢复明显。但终端消费市场恢复相对较慢，市场需求较为明显地依赖于启动较早且推动迅速的基建等领域的投资需求，这也导致建材行业经济运行表现出更加明显地投资拉动的运行特征。根据国家统计局公布数据，2020 年全国建筑安装工程固定资产投资同比增长 3.9%，房地产施工面积同比增长 3.7%，而房地产竣工面积同比下降 4.9%，降幅比上半年有所扩大，限上建筑装潢材料类商品零售类值同比下降 2.8%。与之相对应的，水泥、混凝土与水泥制品、建筑玻璃、防水建材等受投资直接影响的行业生产和经济效益恢复较快，而建筑卫生陶瓷、石膏板等产品生产及行业经济效益恢复相对缓慢。

（二）建材产品出厂价格同比下降，加大了行业经济运行压力

新冠肺炎疫情得到有效控制后，建材企业较早、较快的恢复生产，建材市场总体上持续呈现供大于求的供需关系，进一步加大了建材工业出厂价格持续下滑压力。2020 年，建材工业出厂价格同比下降 0.4%，从 10 月开始结束了 2017 年以来的持续上涨，进入下降区间，水泥、砖瓦和建筑砌块、轻质建材、石灰石膏、矿物纤维和复合材料、建筑卫生陶瓷、非金属矿采选和制品等行业出厂价格均比上年有所下降，其中水泥出厂价格下降 4.4%，建材出厂价格下降态势趋于显现。而由于价格近年来成为行业经济运行稳定的主要支撑，建材行业价格的走弱，已经对行业经济运行形成较大压力，对企业市场环境产生影响，部分区域、部分行业已经出现跨区域销售、降价促销等现象。

（三）建材行业应收账款问题较为突出，运行环境仍然偏紧

2020 年，建材行业应收账款净额达 11 000 亿元，比上年同期增长 31.5%。其中：混凝土与水泥制

品行业应收账款净额比上年同期增长 36.9%，占全行业应收账款比重达 62.3%，应收账款问题表现得最为突出。主要原因就是供大于求的市场关系以及下游市场投资规模减弱导致资金流动放缓。在建材各主要行业中，应收账款净额增长幅度最大的行业是黏土和砂石开采工业，应收账款净额比上年同期增长 95.7%，其他行业应收账款净额也都不同程度地较往年有较大幅度增长。同时，除矿物纤维和复合材料工业产成品库存有所下降以外，建材各行业都有所增加，增加最为明显的仍是黏土和砂石开采工业、混凝土与水泥制品行业。这表明虽然建材行业在外部形势变化情况下经营环境趋紧的迹象有所显现。

（四）建材行业、企业分化明显加大

近年来，建材行业产业结构呈现投资驱动类产业规模比重加大、各行业经济效益向头部企业集中的特点，行业发展的马太效应显现。一方面，随着国民经济结构深度调整，2016 年以来投资对行业拉动作用再次加大，消费和外贸市场对行业拉动作用有所减弱，在疫情影响下这一趋势更加突出。2020 年规模以上水泥和水泥制品行业营业收入、利润总额占规模以上建材行业比重分别达 54.6%和 59.2%，比上年占比分别上升 0.51 个百分点和下降 2.6 个百分点，建材行业受投资驱动发展更加明显。另一方面，受市场总量增长放缓、市场竞争压力加大等因素影响，企业分化进一步明显，大企业集团对市场的影响力和盈利能力进一步增强。据中国建筑材料联合会对 15 家以水泥为主营业务的重点企业前三季度利润总额占规模以上水泥行业利润总额比重达到 64.0%，其中前 5 家占比达 55.0%，3 家防水建材企业利润总额占比达 66.1%，2 家玻璃纤维企业利润总额占规模以上行业比重达 45.8%，与之相对的是中小企业面临明显生产经营压力。

四、有关政策建议

（一）进一步促进政策效应持续稳定释放

随着中国各领域生产秩序加快恢复，中国调控政策效应逐渐释放，并对建材市场逐渐形成有效支撑。建议继续保障基建、房地产等领域投资效应持续稳定释放和汽车、电子消费领域政策稳定，促进装饰装修市场进一步恢复，使政策尽快转化为实际需求，形成对建材行业经济运行的有效支撑。

（二）统筹推进产业结构调整，加快培育消费领域增长动力

当前建材产业仍处于动力转换、产业结构调整的关键时期，从行业长远发展，仍要加快培育消费领域动力增长。建议：一是进一步推动建材行业供给侧结构性改革，积极推动水泥等传统产业通过产业链延伸形成上下联动发展模式，进一步发挥市场在资源配置中的主体作用，并积极鼓励向水泥窑协同处置等环保产业转型，使建材行业融入社会大循环中，同时统筹玻璃、玻璃纤维制品、建卫陶瓷、新型墙体材料等产业结构调整，引导其向节能、智能、功能、高端等方向实现多元化发展，适应或引导相关消费领域变化。二是加快引导和培育消费市场，如通过提升强制性规范标准、鼓励政府采购等措施培育引导形成既符合社会发展需求方向又符合产业发展方向的市场，如强制推广低辐射镀膜玻璃等绿色节能建筑材料在建筑上的应用等，推动消费市场升级，激发消费市场潜力。

（三）加强对建材产品价格的监测与引导，促进形成与供需关系相适应的价格调节机制

2021 年以来建材价格持续走弱，对行业效益的支撑作用明显弱化，进而转为影响行业经济效益波动的重要影响因素。因此建议加强建材产品尤其是水泥等大宗产品价格的监测与监督，通过适当引导水泥等过剩产能行业有序、合规发挥生产能力，有序调整后续错峰生产政策等，推动建材行业建立与供需关系相适应的价格调节机制，防止因供过于求引起的市场竞争加剧，甚至无序竞争，保障建材产品价格稳定波动。

（四）优化企业融资信贷环境，进一步发挥金融对实体经济的支撑作用

一是建议银行取消行业歧视性政策限制，对建材行业企业的贷款给予一定程度的放开，不再根据行业性质对企业的贷款审批进行限制，而是根据企

业的实际经营、资金状况给企业评级，按照风险可控、商业可持续原则加大信贷支持力度。尤其是向战略性新兴产业和先进制造业领域倾斜，对一批看得准、有发展机遇的重点企业加强支持，帮助企业实现技术和产业领域的快速突破。二是建议鼓励银行建设全国中小企业信息服务平台，整合政府、创投、市场服务机构等资源，有效区分目标客户和融资需求，实现需求—资源的有效对接，加大对中小企业中长期融资渠道的支持。三是建议加大对场外市场票据的监管力度，取消半年期以上的承兑汇票或者取消承兑汇票，把银行的收益回馈给实体经济。调研过程中，有的企业甚至建议全部取消承兑汇票制度。

（五）坚决杜绝按照“两高一资”进行产业划分并差别对待，形成公平公正的行业发展环境

近年来，由于被戴上“两高一资”的“帽子”，建材行业在正常发展和转型过程中在要素配置、政策支持、优惠补贴等方面均受到不公正待遇，其中不仅包括水泥等高载能行业，技术玻璃、复合材料等新兴产业也受到牵连，导致建材产业发展和产业链延伸受阻，同时也受到许多区域的排斥和限制发展。然而建材作为各方面建设都不可或缺的基础材料产业，在支撑国内大循环过程中具有不可替代的重要作用，同时其在社会大循环中“纳固利废”的产业特性和环保优势发挥有限，因此在制定产业发展政策和规划中应科学、统筹考虑建材行业的发展定位，坚决杜绝仅仅因为“两高一资”产业划分就限制其发展的现状，为建材行业发展布局优化和产业结构调整营造公平、公正的政策环境。

（审稿：孙星寿
撰稿：刘　杨）

2020年有色金属工业运行状况综述

中国有色金属工业协会

2020年，面对突如其来的新冠肺炎疫情，在以习近平同志为核心的党中央坚强领导下，有色金属行业统筹推进疫情防控和复工复产工作，有效推进控产能、促转型，加快高端产业发展，推动行业向高质量发展。2020年，有色金属工业在一季度探底后，从二季度起走出恢复性向好的态势。2020年有色金属工业生产、效益及铜、铝年均价格好于上年水平，但固定资产投资及出口额低于上年水平。“十三五”期间，有色金属生产、消费稳中有升，投资稳中趋降，2020年规模以上有色金属企业效益明显回升。

一、2020年有色金属工业运行状况

（一）有色金属生产、消费平稳增长

1. 2020年10种常用有色金属冶炼产品产量稳中有升，铜、铝材产量从4月起恢复正增长，6种精矿产量从5月起恢复正增长。2020年，中国10种有色金属产量首次超过6 000万吨大关，达到6 079万吨，同比增长3.5%。其中：一季度增长2.1%，上半年增长2.9%，前三个季度增长3.5%。其中：精炼铜产量1 003.1万吨，同比增长2.5%；原铝产量3 725.3万吨，同比增长3.6%。6种精矿金属产量763.4万吨，同比增长3.4%。氧化铝产量7 285.1万吨，同比增长0.4%。铜材产量1 842.6万吨，同比增长4.2%；铝材产量4 452.4万吨，同比增长4.7%。

2. “十三五”期间有色金属生产保持平稳增长。“十三五”期间，中国10种有色金属产量总体保持平稳增长的态势，年均增长3.4%。其中，精炼铜产量年均增长4.7%，原铝产量年均增长3.4%。氧化铝产量年均增长4.3%，铜材产量年均增长4.1%，铝材产量年均增长4.3%。见图1、图2、图3。

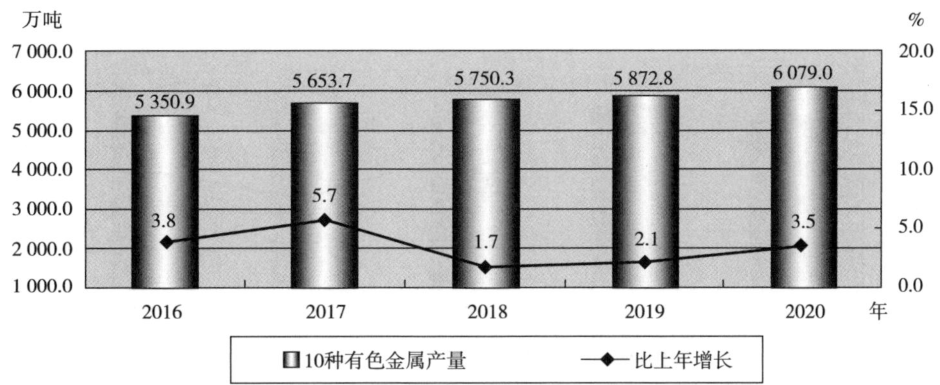

图 1 "十三五"期间中国 10 种有色金属产量及增长情况

数据来源:CNIA、国家统计局。

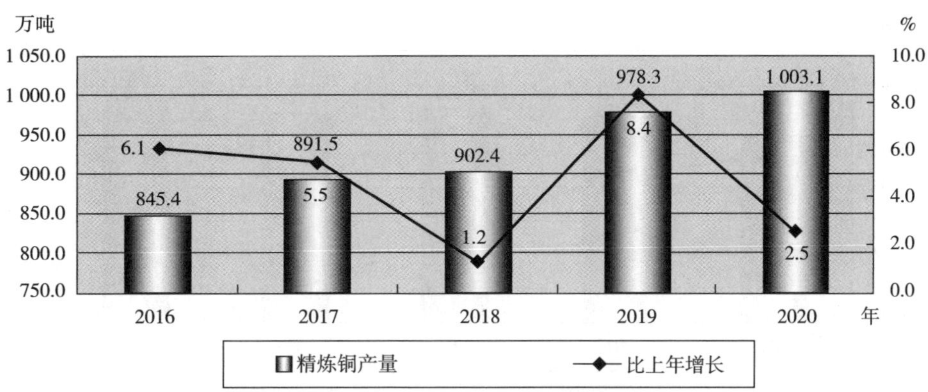

图 2 "十三五"期间精炼铜材产量及增长情况

数据来源:CNIA、国家统计局。

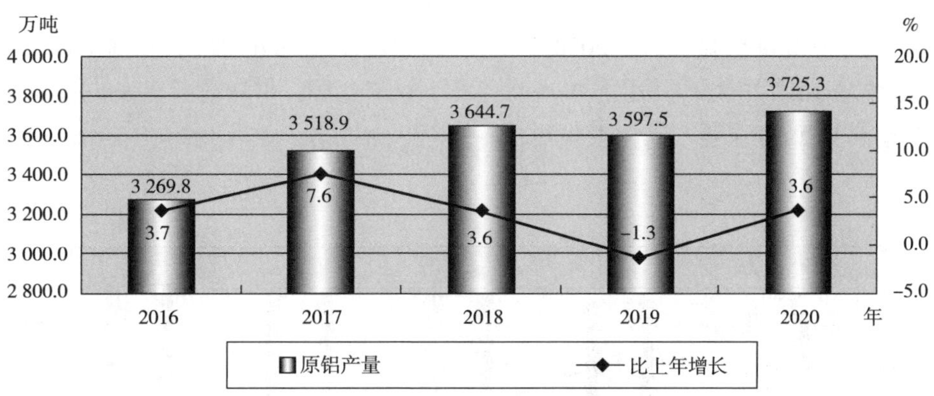

图 3 "十三五"期间原铝产量及增长情况

数据来源:CNIA、国家统计局。

3. 精炼铜、原铝消费量增加。2020 年,中国精炼铜消费量为 1 290 万吨,比上年增长 4.9%;原铝消费量为 3 780 吨,比上年增长 5.3%。"十三五"期间,中国精炼铜年消费量增加约 300 万吨,年均增长 5.4%;原铝年消费量增加约 830 万吨,年均增长 5.1%。见图 4、图 5。

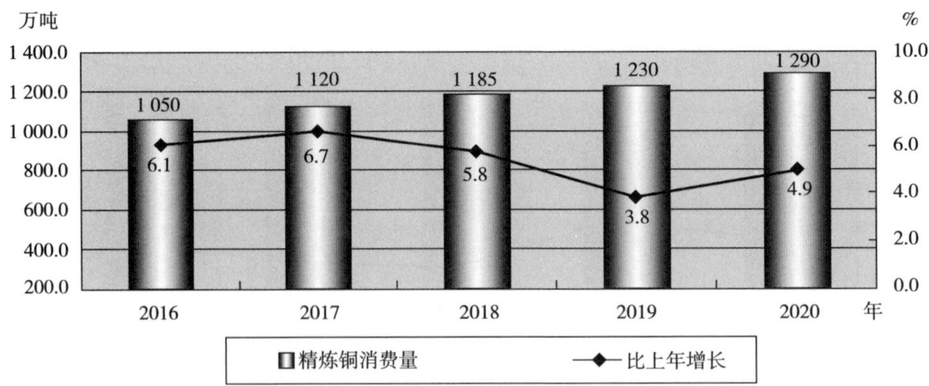

图 4 "十三五"期间精炼铜消费量及增长情况

数据来源:CNIA、国家统计局。

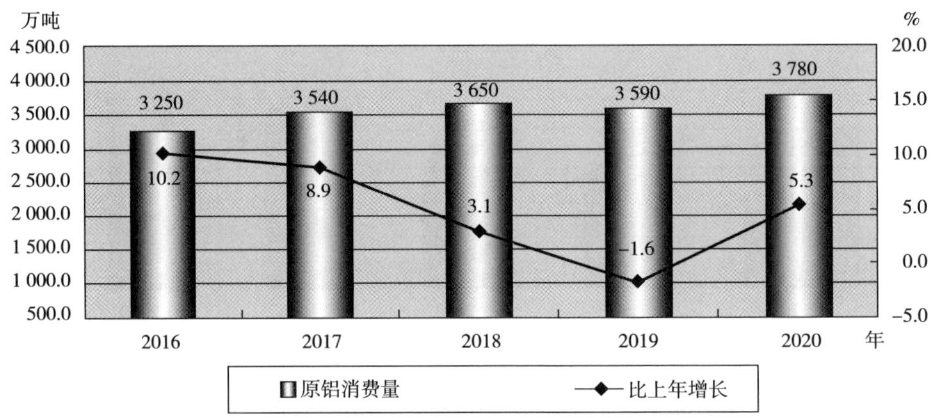

图 5 "十三五"期间原铝消费量及增长情况

数据来源:CNIA。

4. 全铜、全铝人均消费量明显提升。2020 年,中国全铜人均年消费量 10.2 千克/人,比上年增长 3.4%;全铝人均年消费量 28.9 千克/人,比上年增长 5.3%。"十三五"期间,中国全铜人均年消费量增加 2.0 千克/人,年均增长 4.5%;全铝人均年消费量增加 5.8 千克/人,年均增长 4.6%。见图 6、图 7。

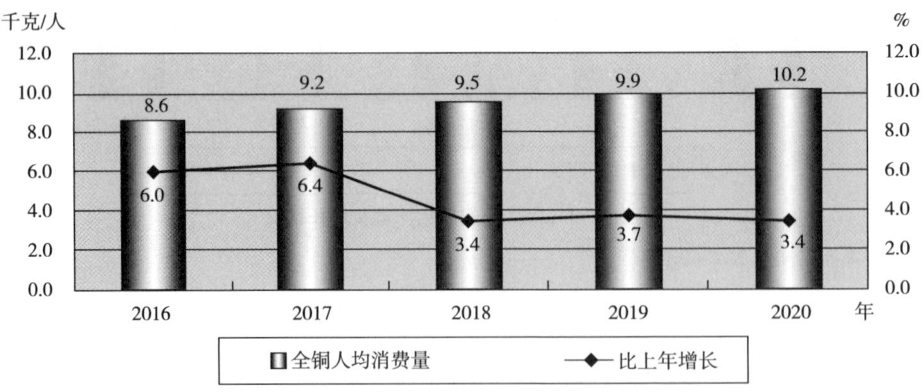

图 6 "十三五"期间全铜人均消费量及增长情况

数据来源:CNIA。

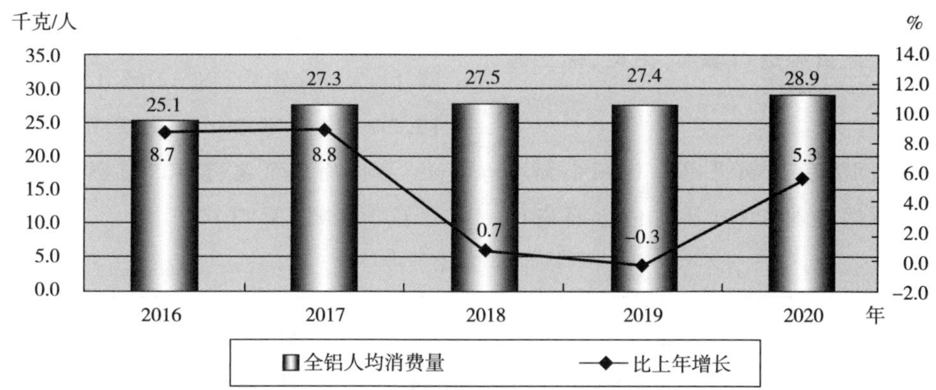

图 7 “十三五”期间全铝人均消费量及增长情况

数据来源：CNIA。

（二）2020 年投资降幅逐步收窄，“十三五”期间投资稳中趋降

1. 2020 年有色金属投资降幅逐步收窄。据国家统计局新统计方法统计，2020 年有色金属工业（包括独立黄金企业）完成固定资产总投资额同比下降 1.0%。其中，一季度下降 11.4%，上半年下降 8.9%，前三个季度下降 7.0%。其中：矿山采选完成固定资产投资同比下降 4.0%；冶炼和压延加工完成固定资产投资同比下降 0.4%。见图 8。

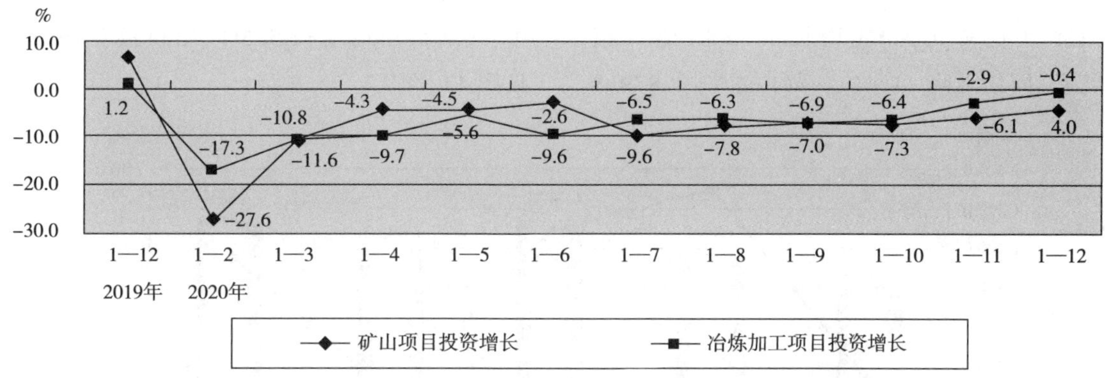

图 8 2019—2020 年有色金属矿山及冶炼加工项目投资同比增长情况

数据来源：国家统计局。

2. “十三五”期间完成固定资产投资稳中趋降。“十三五”期间，中国有色金属工业完成固定资产投资总体呈稳中趋降的态势，年均下降 2.6%。分年度看，2016 年、2017 年比上年下降，2018 年、2019 年比上年小幅回调，2020 年比上年小幅回落。见图 9。

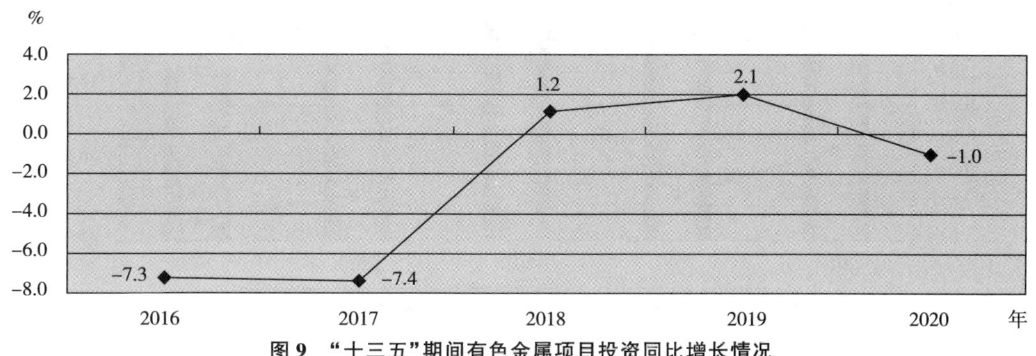

图 9 “十三五”期间有色金属项目投资同比增长情况

数据来源：国家统计局。

（三）有色金属矿产资源进口增加，铝材、稀土等出口回落

1. "十三五"期间有色金属进出口总额小幅增长。根据海关统计数据整理，2020 年有色金属进出口贸易总额（含黄金贸易额）1 542.4 亿美元，同比下降 11.3%。其中：进口额 1 250.5 亿美元，下降 13.2%；出口额 291.9 亿美元，下降 2.2%。"十三五"期间有色金属进出口总额（含黄金贸易额）年均增长 3.4%。见图 10。

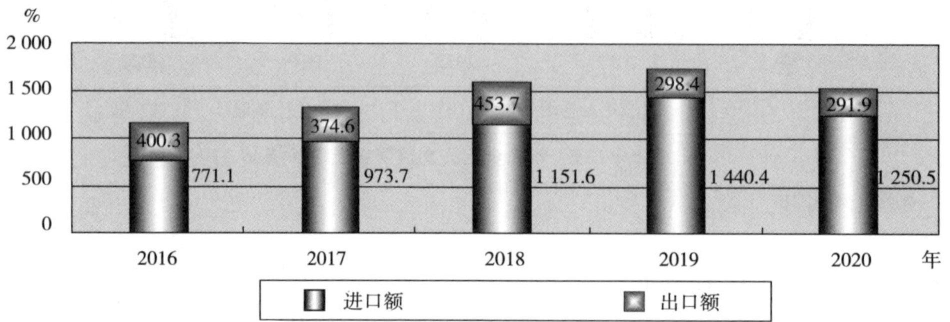

图 10 "十三五"期间有色金属（含黄金）进出口额变化情况

数据来源：CNIA、海关总署。

2. 2020 年，有色金属进出口贸易总额（不含黄金贸易额）1 329.8 亿美元，同比增长 7.7%。其中：进口额 1 136.3 亿美元，同比增长 13.2%；出口额 256.5 亿美元，同比下降 11.6%。贸易逆差为 879.8 亿美元，同比增长 23.4%。"十三五"期间有色金属进出口总额（不含黄金贸易额）年均增长 3.3%。其中：进口额年均增长 5.5%，出口额年均下降 1.3%。见图 11、图 12。

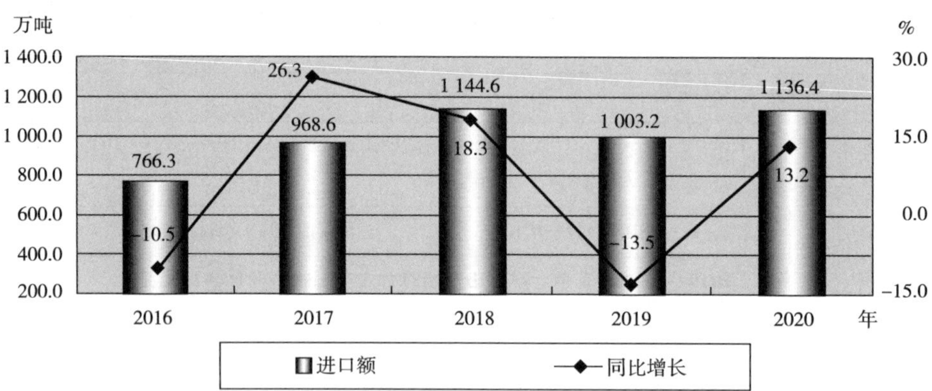

图 11 "十三五"期间有色金属（不含黄金）进口额变化情况

数据来源：CNIA、海关总署。

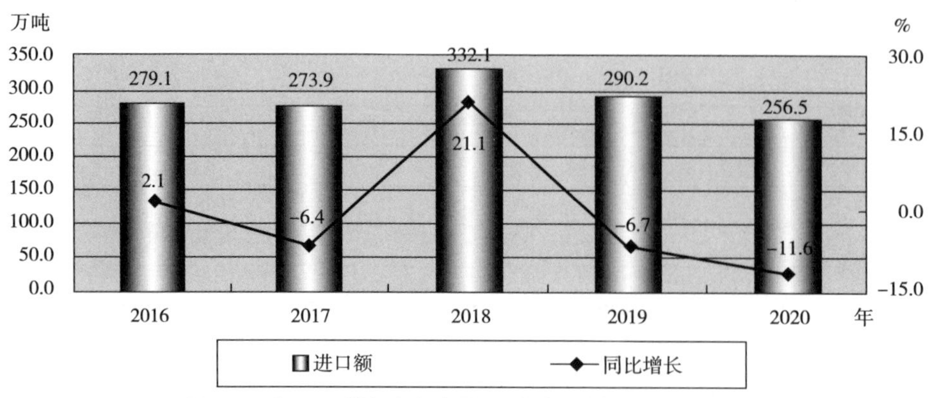

图 12 "十三五"期间有色金属（不含黄金）出口额变化情况

数据来源：CNIA、海关总署。

3. 未锻轧铜进口大幅增长，铜废碎料进口下降。2020 年，铜产品进口额为 823.2 亿美元，同比增长 18.9%，占有色金属产品（不含黄金贸易额）进口额的比重为 72.4%；出口额为 54.9 亿美元，同比下降 9.3%。铜产品贸易逆差为 768.3 亿美元，占有色金属贸易逆差的 87.3%。2020 年，进口铜精矿实物量 2 178.7 万吨，同比下降 0.9%；进口粗铜（阳极铜）103 万吨，同比增长 36.4%；进口未锻轧铜 501.6 万吨，同比增长 34.9%；进口铜材 61.6 万吨，同比增长 22.4%；进口铜废碎料实物量 94.4 万吨，同比下降 36.5%。2020 年，出口未锻轧铜 21.2 万吨，同比下降 32.9%；出口铜材 53.8 万吨，同比增长 2.7%。2020 年，净进口未锻轧铜 489.4 万吨，同比增长 43.8%。

“十三五”期间，中国铜精矿进口量年均增长 10.3%，未锻轧铜进口量年均增长 6.2%，铜废碎料进口实物量年均下降 23.7%。见图 13、图 14。

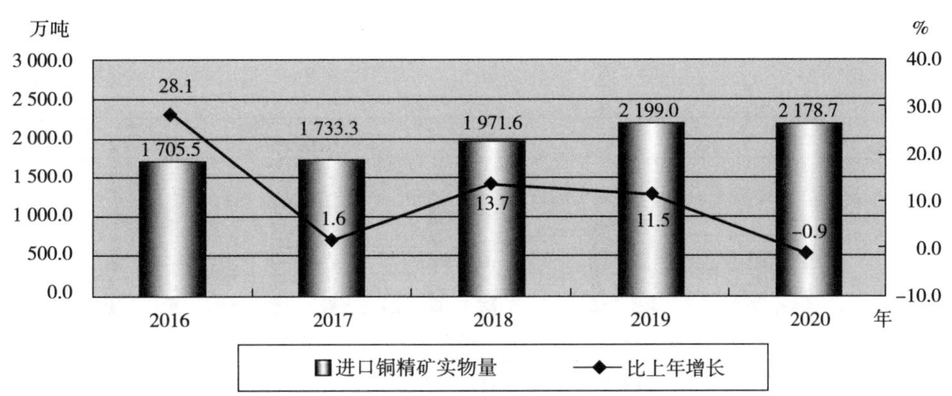

图 13 “十三五”期间进口铜精矿及增长情况

数据来源：CNIA、海关总署。

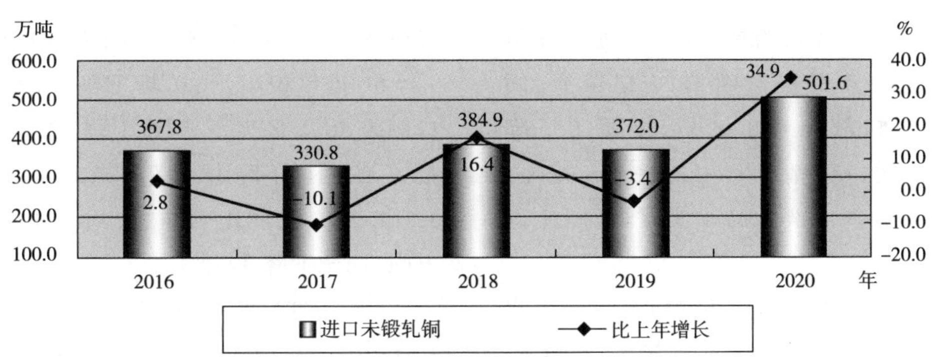

图 14 “十三五”期间进口未锻轧铜及增长情况

数据来源：CNIA、海关总署。

4. 进口铝土矿增加，出口铝材下降。2020 年，铝产品进口额为 136.6 亿美元，同比增长 28.2%；出口额为 135.1 亿美元，同比下降 13.6%，占有色金属产品（不含黄金贸易额）出口额的比重为 52.4%。2020 年，进口铝土矿 11 155.8 万吨，同比增长 10.8%；进口氧化铝 380.6 万吨，同比增长 131.3%；进口未锻轧铝 229.8 万吨，同比增长 6.9 倍；进口铝材 40.7 万吨，同比增长 14.7%；进口铝废料实物量 82.5 万吨，同比下降 40.8%。2020 年，出口氧化铝 15.5 万吨，同比下降 43.8%；出口未锻轧铝 23.4 万吨，同比下降 61.2%；出口铝材 462.6 万吨，同比下降 9.9%。2020 年，净出口铝材 422.9 万吨，同比下降 15.3%。

“十三五”期间，中国铝材出口量总体呈前增后降，2018 年出口量达到 523.3 万吨后，2019 年、2020 年持续下降，但“十三五”期间仍年均增长 1.9%。“十三五”期间，中国铝土矿进口量年均增长 14.7%，铝废料进口实物量年均下降 16.9%。见图 15、图 16。

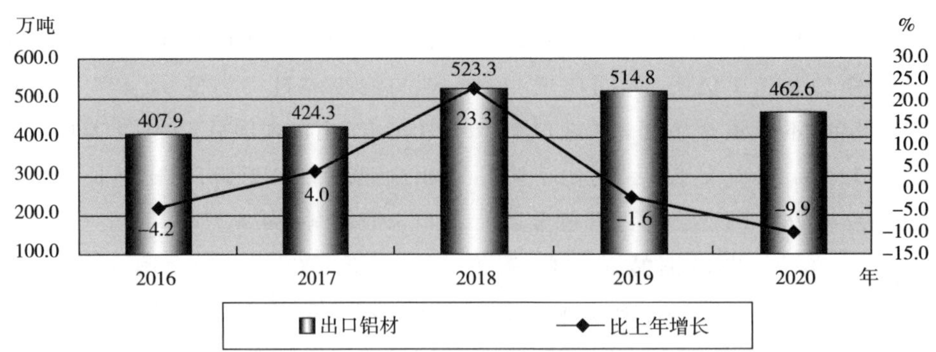

图 15 "十三五"期间出口铝材及增长情况

数据来源:CNIA、海关总署。

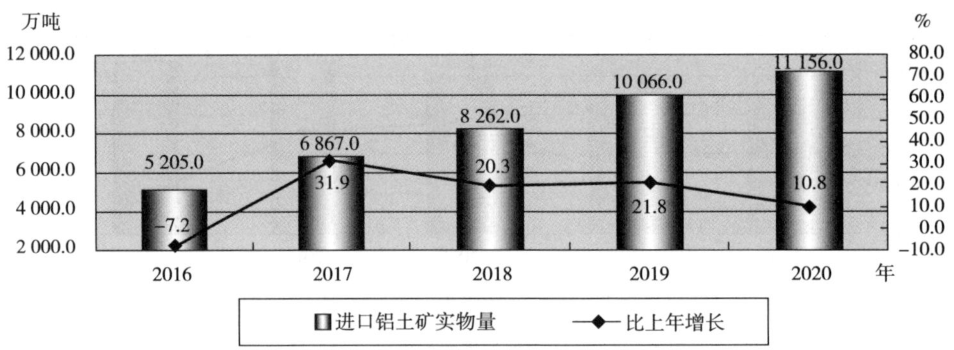

图 16 "十三五"期间进口铝土矿及增长情况

数据来源:CNIA、海关总署。

5. 进口未锻轧铅、锌及铅精矿减少,进口锌精矿增加。2020 年,铅产品进口额 18.3 亿美元,同比下降 25.2%;出口额为 0.3 亿美元,同比下降 61.6%。2020 年,进口铅精矿实物量 133.5 万吨,同比下降 17.2%;进口未锻轧铅 6.5 万吨,同比下降 64.5%。

2020 年,锌产品进口额 44.2 亿美元,同比下降 3.8%;出口额为 1.5 亿美元,同比下降 35.3%。2020 年,进口未锻轧锌 61.5 万吨,同比下降 11.2%;进口锌精矿实物量 382.2 万吨,同比增长 20.4%。

6. 进口镍矿、钴矿均下降。2020 年,镍产品进口额为 56.2 亿美元,同比下降 27.3%;出口额为 5.4 亿美元,同比下降 38.2%。2020 年,进口镍矿实物量 3 912.2 万吨,同比下降 30.3%;进口未锻轧镍 13.2 万吨,同比下降 32.2%。

"十三五"期间,中国镍矿进口量 2019 年高达 5 615.9 万吨,2020 年回落为 3 912.2 万吨,但"十三五"期间仍年均增长 2.2%。见图 17。

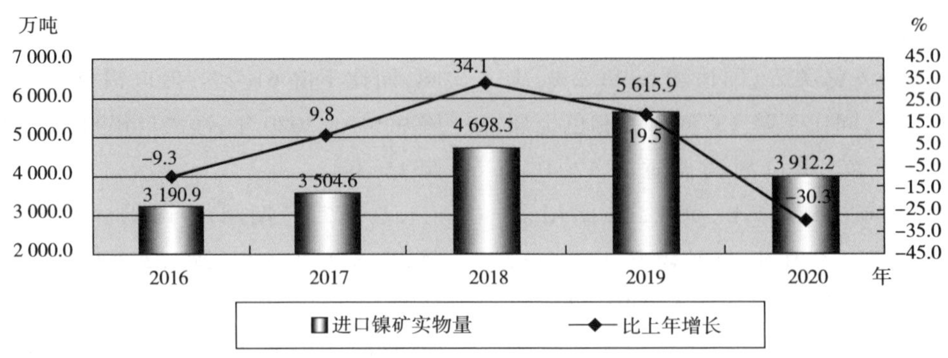

图 17 "十三五"期间进口镍矿及同比增长情况

数据来源:CNIA、海关总署。

2020年,钴产品进口额为2.3亿美元,同比下降23.9%;出口额为1.8亿美元,同比下降18.0%。2020年进口钴矿实物量为5.3万吨,同比下降41.7%;进口钴及钴制品为488吨,同比下降21.1%。

7. 镁产品出口减少,钛矿进口增加。2020年,镁产品出口额为9.6亿美元,同比下降16.2%。2020年,出口未锻轧镁为31.1万吨,同比下降12.0%;出口镁粒、粉6.9万吨,同比下降18.0%;出口镁材及制品为7 617吨,同比下降0.5%。

2020年,钛产品进口额为10.7亿美元,同比增长0.2%。2020年,进口钛矿实物量为301.4万吨,同比增长15.3%;进口海绵钛为4 723吨,同比下降33.8%。"十三五"期间,中国钛矿进口量年均增长9.9%。

8. 进口钨锡锑矿下降、进口钼矿增长,多数钨、钼、锡、锑冶炼加工产品出口下降。2020年,钨产品进口额为0.9亿美元,同比下降7.6%;出口额为3.2亿美元,同比下降57.9%。2020年,进口钨矿实物量为1 954吨,同比下降31.3%;出口钨材及钨制品量为4 383吨,同比下降15.5%;出口钨酸盐为2 802吨,同比下降47.2%;出口氧化钨及氢氧化钨为3 968吨,同比下降49.4%。

2020年,钼产品进口额为5.2亿美元,同比增长59.0%;出口额为4.4亿美元,同比下降3.6%。2020年,进口钼矿实物量为40 003吨,同比增长88.5%;出口钼矿实物量为2 356吨,同比下降39.1%。2020年,出口钼材及钼制品为4 241吨,同比下降21.5%;出口钼酸盐为2 080吨,同比增长20.5%;出口氧化钼及氢氧化钼为2 356吨,同比下降39.1%。"十三五"期间,中国钼矿进口量年均增长23.4%。

2020年,锡产品进口额为9.6亿美元,同比增长17.6%;出口额为1.3亿美元,同比增长13.2%。2020年,进口锡矿实物量为15.8万吨,同比下降11.2%;出口未锻轧锡为4 484吨,同比下降26.9%。

2020年,锑产品进口额为1.3亿美元,同比下降19.8%;出口额为2.4亿美元,同比下降27.8%。2020年,进口锑矿实物量为4.3万吨,同比下降31.6%;出口未锻轧锑为8 105吨,同比下降36.2%;出口氧化锑为37 457吨,同比下降11.1%;出口硫化锑为244吨,同比下降77.2%。

9. 稀土出口额回落、进口额增加。2020年,稀土产品进口额为5.1亿美元,同比增长51.4%;出口额为3.4亿美元,同比下降21.9%。2020年,出口稀土金属及氧化物35 448吨,同比下降23.5%。"十三五"期间中国稀土出口呈前增后降的态势。见图18。

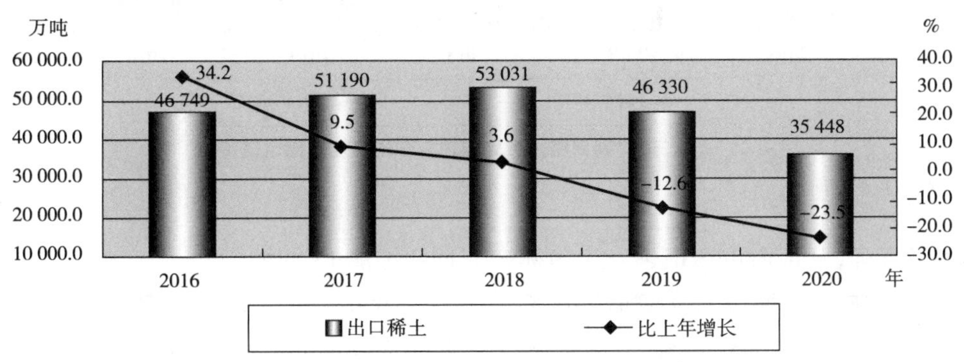

图18 "十三五"期间出口稀土及同比增长情况

数据来源:CNIA、2019—2020海关总署。

黄金进口额下降、出口额增长,银产品进口额、出口额均增长。2020年,未锻轧银、银首饰及零件进口额为16.2亿美元,同比增长22.0%;出口额为31.3亿美元,同比增长65.2%。

2020年,黄金进口额为114.2亿美元,同比下降73.9%;出口额为35.4亿美元,同比增长332.1%。

(四)主要金属品种价格筑底后反弹,铜、铝年均价高于上年均价

1. 铜价筑底后率先反弹,收盘价创"十三五"期

间年底收盘价的新高。2020 年年底 LME 及上期所三月期铜收盘价分别为 7 766 美元/吨和 57 870 元/吨，比上年年底收盘价分别上涨 24.9%和 17.2%。12 月，LME 三月期铜均价为 7 771.5 美元/吨，环比回升 9.8%，同比上涨 27.7%；上期所三月期铜均价为 57 960 元/吨，环比回升 9.0%，同比上涨 18.6%；国内现货市场铜均价 57 931.5 元/吨，环比回升 9.1%，同比上涨 19.3%。见图 19。

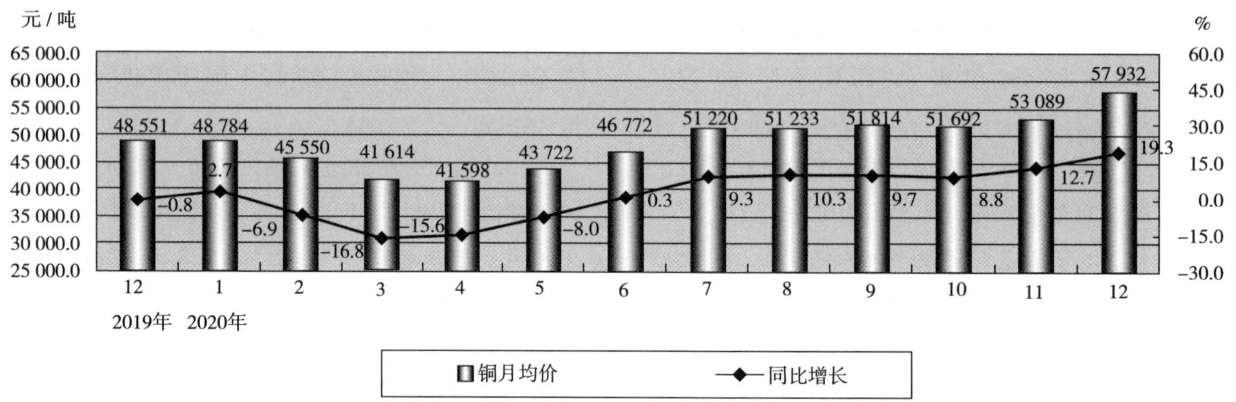

图 19　2019—2020 年国内市场铜现货月均价及同比增速情况

数据来源：CNIA、海关总署。

2020 年年底 LME 及上期所三月期铜收盘价分别为“十三五”期间年底收盘价的最高值。2020 年国内现货市场铜年均价 48 752 元/吨，同比上涨 2.1%。国内铜现货市场年均价为“十三五”期间第三高。见图 20。

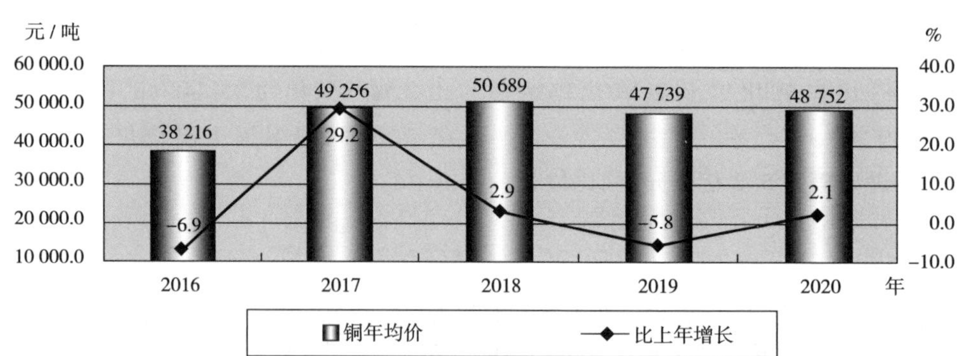

图 20　“十三五”期间国内市场铜现货年均价及同比增速情况

数据来源：CNIA 。

2. 铝价筑底后反弹，且国内市场铝价好于国际市场。2020 年年底 LME 及上期所三月期铝收盘价分别为 1 979.5 美元/吨和 15 265 元/吨，比上年年底收盘价 LME 下降 0.9%、上期所上涨 8.9%。12 月，LME 三月期铝均价为 2 028.9 美元/吨，环比回升 4.3%，同比上涨 14.0%；上期所三月期铝均价为 15 770.2 元/吨，环比回升 5.2%，同比上涨 13.1%；国内现货市场铝均价 16 480 元/吨，环比回升 5.4%，同比上涨 15.0%。

2020 年年底 LME 三月期铝收盘价仅次于 2017 年年底收盘价 2 268 美元/吨，为“十三五”期间年底收盘价的次高值，上期所三月期铝收盘价为“十三五”期间年底收盘价的最高值。2020 年国内现货市场铝年均价 14 193 元/吨，同比上涨 1.7%。国内现货市场铝年均价，为“十三五”期间的第三高。见图 21。

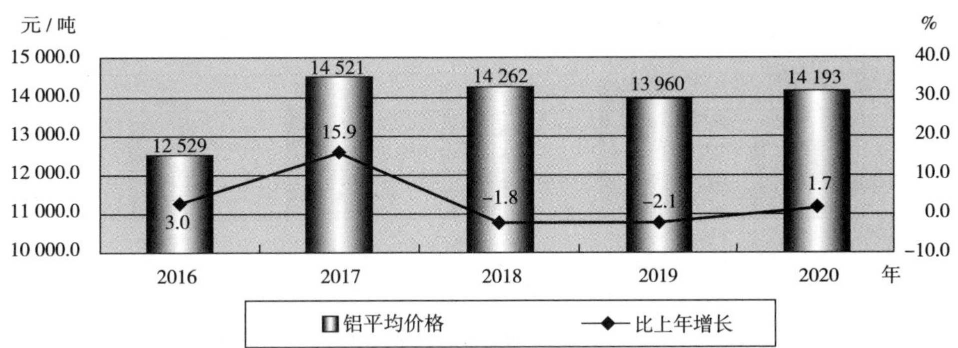

图 21 "十三五"期间国内市场铝现货年均价及增长速度情况

数据来源:CNIA。

3. 国内外市场铅价筑底后反弹。2020 年年底 LME 及上期所三月期铅收盘价分别为 1 994 美元/吨和 14 740 元/吨,比上年年底收盘价 LME 上涨 0.1%、上交所下降 2.3%。12 月 LME 三月期铅均价为 2 028.6 美元/吨,环比回升 5.1%,同比回升 5.9%;12 月上期所三月期铅均价为 14 927.2 元/吨,环比回升 1.1%,同比下跌 0.8%;12 月国内现货市场铅均价 14 805.4 元/吨,环比回落 0.1%,同比下跌 3.2%。

2020 年国内现货市场铅年均价 14 770 元/吨,同比下跌 11.3%,跌幅比上年收窄 1.7 个百分点。见图 22。

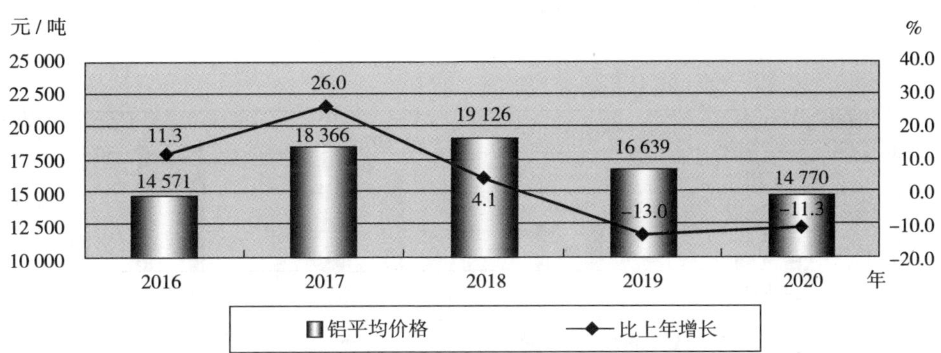

图 22 "十三五"期间国内市场铅现货年均价及增长速度情况

数据来源:CNIA。

4. 三月期锌收盘价高于上年末收盘价。2020 年年底 LME 及上期所三月期锌收盘价分别为 2 751.0 美元/吨和 20 600 元/吨,比上年年底收盘价分别上涨 19.3% 和 14.3%。12 月 LME 三月期锌均价为 2 809.2 美元/吨,环比回升 4.7%,同比上涨 23.8%;12 月上期所三月期锌均价为 21 392.8 元/吨,环比回升 4.3%,同比上涨 17.8%;12 月国内现货市场锌均价 21 753 元/吨,环比回升 4.6%,同比上涨 17.1%。

2020 年国内现货市场锌年均价 18 496 元/吨,同比下跌 9.7%,跌幅比上年收窄 3.8 个百分点。见图 23。

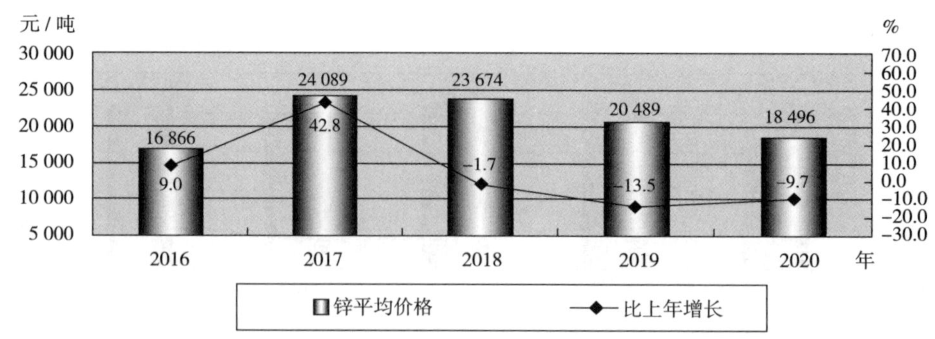

图 23 “十三五”期间国内市场锌现货年均价及增长速度情况

数据来源:CNIA 。

(五)规模以上有色金属企业实现利润明显好于上年

1. 规模以上有色金属企业实现利润逐季度回升。根据国家统计局初步统计, 2020 年 8 607 家规模以上有色金属工业企业(包括独立黄金企业)实现营业收入 58 266.5 亿元,同比增长 3.9%;实现利润总额 1 833.2 亿元,同比增长 19.2%。其中:独立矿山企业实现利润 353.7 亿元,同比增长 14.7%;冶炼企业实现利润 787.9 元,同比增长 17.3%;加工企业实现利润 691.5 亿元,同比增长 23.9%。其中:一季度实现利润 153.3 亿元,同比下降 31.4%;二季度实现利润 340 亿元,环比增长 121.8%,同比下降 23.0%,上半年实现利润下降 25.8%;三季度实现利润 607.4 亿元,环比增长 78.6%,同比增长 50.2%,前三个季度实现利润增长 2.9%;四季度实现利润 732.5 亿元,环比增长 20.6%,同比增长 56.2%。见图 24。

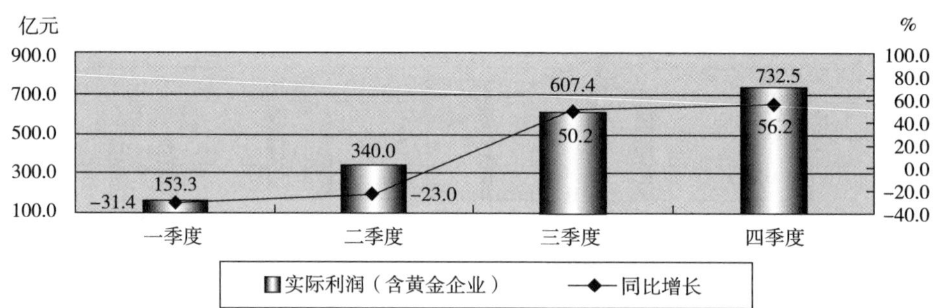

图 24 2020 年规模以上有色金属(含黄金企业)企业季度盈利及增长速度情况

数据来源:国家统计局、CNIA。

“十三五”期间,规模以上有色金属企业(含黄金企业)实现利润 2016 年、2017 年增长,2018 年、2019 年下降,2020 年按可比口径计算明显回升。见图 25。

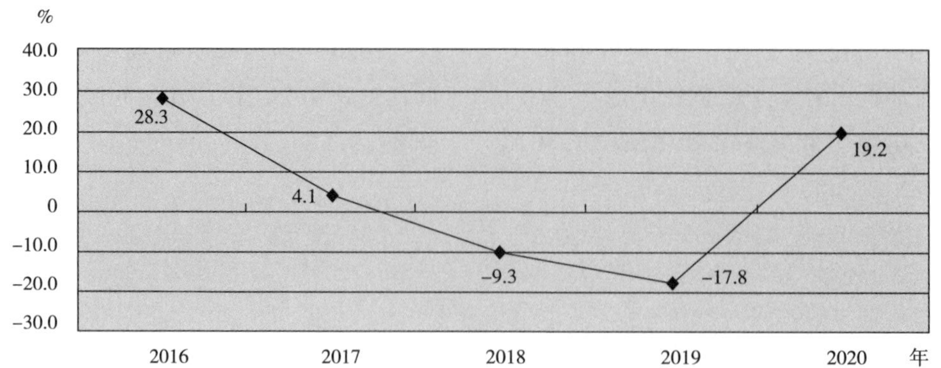

图 25 “十三五”期间规模以上有色金属(含黄金企业)企业实现利润增长速度情况

数据来源:国家统计局、CNIA。

2020年,8 263家规模以上有色金属工业企业(不包括独立黄金企业,下同)实现营业收入53 706.9亿元,同比增长3.0%;实现利润总额1 611.5元,同比增长14.9%。其中:独立矿山企业实现利润236.8亿元,同比增长2.4%;冶炼企业实现利润683.2元,同比增长11.5%;加工企业实现利润691.5亿元,同比增长23.9%。其中:一季度实现利润116.3亿元,同比下降40.2%;二季度实现利润281.6亿元,环比增长142.1%,同比下降30.7%,上半年实现利润下降34.0%;三季度实现利润544.7亿元,环比增长93.4%,同比增长47.2%,前三个季度实现利润下降3.1%;四季度实现利润668.9亿元,环比增长22.8%,同比增长55.7%。见图26。

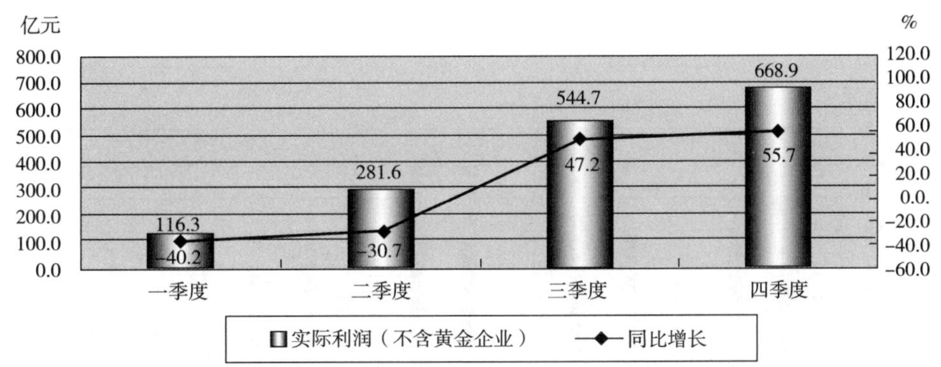

图26 2020年规模以上有色金属(不含黄金企业)企业季度盈利及增长速度情况

数据来源:国家统计局、CNIA。

2. 亏损企业亏损额下降。2020年,8 263家规模以上有色金属工业企业中亏损企业1 797家,亏损户数较上年增加53家;亏损面为21.7%,比上年扩大0.6百分点;2020年亏损企业亏损额377.8亿元,同比减亏13.0%。

3. 企业库存周转速度加快。2020年年底,8 263家规模以上有色金属工业企业存货额为6 046.8亿元,同比增长2.7%。其中产成品库存额1 663.8亿元,同比增长5.8%。2020年,规模以上有色金属工业企业库存周转天数为44.7天,比一季度加快12.1天,比上半年加快2.7天,比前三个季度加快1.5天。其中:产成品库存周转天数为12.2天,比一季度加快3.8天,比上半年加快1天,比前三个季度加快0.5天。

4. 企业资金周转速度提升。2020年年底,8 263家规模以上有色金属工业企业应收账款为3 625.9亿元,同比增长18.4%。2020年,规模以上有色金属工业企业应收账款周转天数为25.7天,比一季度加快6.7天,比上半年加快2.4天,比前三个季度加快1.1天。

5. 资产负债率略有下降。2020年年底,8 263家规模以上有色金属工业企业资产总额为44 863.6亿元,同比增长0.4%,负债总额为27 701.8亿元,同比下降1.6%。2020年年底,规模以上有色金属工业企业资产负债率为61.8%,比上年下降了1.3个百分点。

6. 百元收入成本费用减少,降本增效取得初步成效。2020年,8 263家规模以上有色金属工业企业每百元营业收入中的成本为92.3元,比上年减少0.3元;每百元营业收入中的三项费用为3.5元,比上年减少0.4元。即,每百元营业收入中的成本费用为95.8元,比上年减少0.7元。见图27、图28。

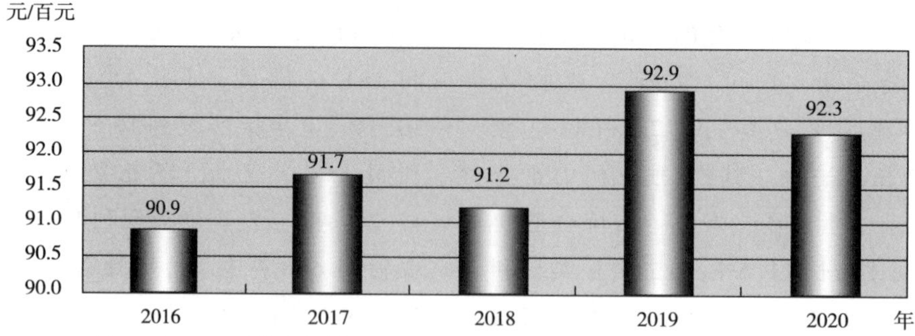

图 27 "十三五"期间规模以上有色金属企业百元营业收入中成本增减情况

数据来源：国家统计局、CNIA。

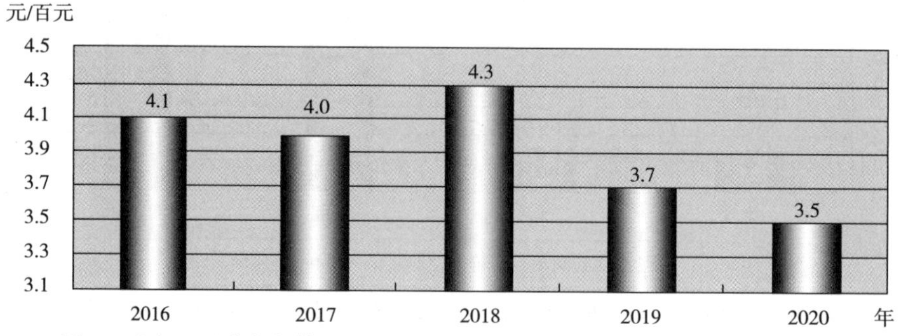

图 28 "十三五"期间规模以上有色金属企业百元营业收入中三项费用增减情况

数据来源：国家统计局、CNIA。

（六）单位产品能耗下降

1. 2020 年单位产品能耗比上年有降有增。2020 年，原铝综合交流电耗为 13 518.5 千瓦时/吨，同比减少 6.5 千瓦时/吨；铜冶炼综合能耗为 270.8 千克标准煤/吨，同比减少 15.6 千克标准煤/吨；铅冶炼综合能耗为 331 千克标准煤/吨，同比减少 0.7 千克标准煤/吨；电解锌冶炼综合能耗为 818.8 千克标准煤/吨，同比增加 14.4 千克标准煤/吨。

2. "十三五"期间单位产品能耗下降。"十三五"期间，中国原铝综合交流电耗年均下降 0.1%，铜冶炼综合能耗年均下降 1.9%，铅冶炼综合能耗年均下降 3.7%，电解锌冶炼综合能耗年均下降 1.5%。见图 29、图 30、图 31、图 32。

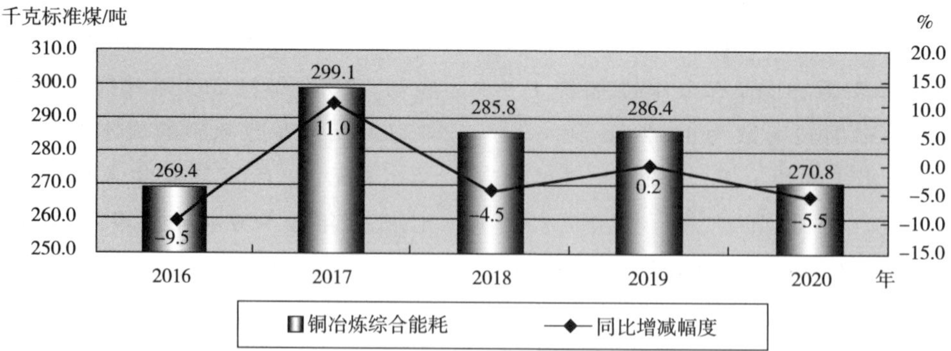

图 29 "十三五"期间铜冶炼产品综合能耗及增减幅度情况

数据来源：CNIA。

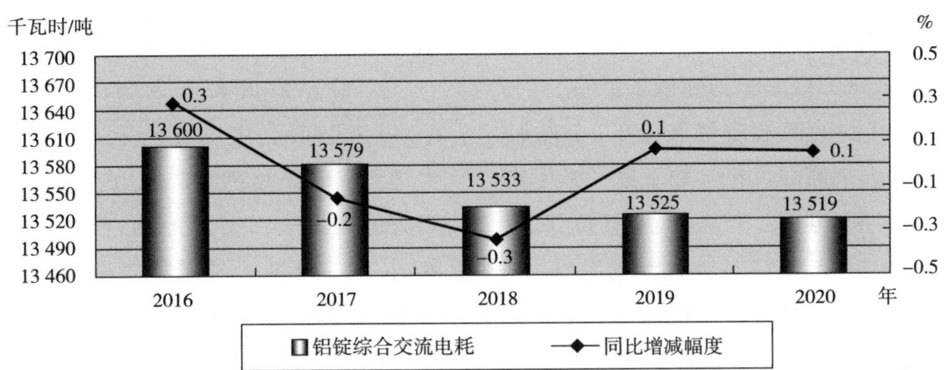

图 30 "十三五"期间电解铝综合交流电耗及增减幅度情况

数据来源:CNIA。

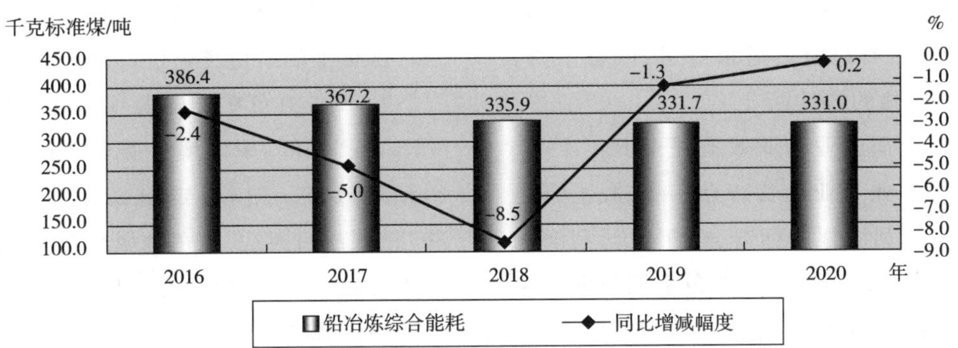

图 31 "十三五"期间铅冶炼产品综合能耗及增减幅度情况

数据来源:CNIA。

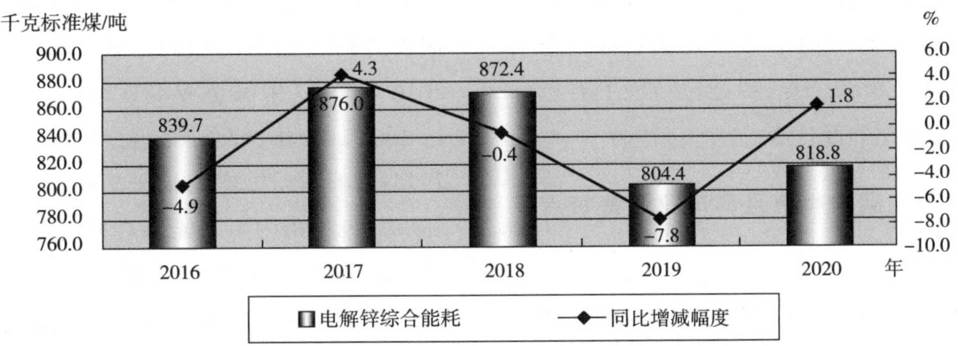

图 32 "十三五"期间电解锌综合能耗及增减幅度情况

数据来源:CNIA。

二、有色金属工业运营特点

(一)2020 年有色金属工业运营特点简析

1. 有色金属工业率先走出探底后恢复性向好态势。2020 年面对突如其来的新冠肺炎疫情,有色金属工业率先呈现出探底后恢复性向好的态势。10 种常用有色金属冶炼产品产量稳中有升,铜、铝材产量从 4 月恢复正增长,6 种精矿产量从 5 月恢复正增长。2020 年中国 10 种常用有色金属冶炼产品产量首次超过 6 000 万吨,占全球主要有色金属的比重稳定在 50.0%以上,在全球有色金属总量规模领先优势十分突出,推动世界有色金属工业发展的作用进一步显现。

2. 受新冠肺炎疫情影响有色金属价格跌入低谷后率先止跌回升。2020 年国内外市场铜、铝、铅、锌价格变化特点:一是受疫情影响 3—4 月有色金属价格跌入低谷,从 5 月起开始明显回升,12 月主要金属品种价格已超过疫情前的价格水平;二是 2020 年国内现货市场铜、铝年均价比上年实现正增长；三是总体看国内市场有色金属价格好于国际市场。

2020年在突如其来的新冠疫情袭击下，全球股市暴跌，有色金属等大宗商品价格大幅下跌。3月美国股市10天内“熔断”4次，3月国内铜价下跌26.0%，铝价下跌20.0%。为应对金融市场暴跌，世界主要金融机构相继出台宽松的货币政策，大幅度增加流动性投放力度。由于世界金融市场流动性增加，金融市场迅速回升，具有金融属性的有色金属价格也率先止跌回升。从有色金属供求关系看，随着国内疫情防控向好态势逐步巩固，下游消费企业复工复产加快，国内对有色金属需求好转，库存下降，支撑了有色金属价格的持续回升。

3. 规上有色金属工业企业效益好于上年水平。2020年有色金属工业企业运营特点：一是规上有色金属工业企业实现利润逐季回升，全年实现利润明显好于上年盈利水平；二是34个有色金属行业小类中，实现利润增长或减亏的行业小类达25个，占73.5%；三是百元营业收入成本费用下降，降本增效的效果显现；四是企业库存及资金周转速度逐季加快；五是铝、黄金等金属品种对规模以上有色企业利润增长的拉动明显，其中铝拉动规模以上有色金属企业利润增长14.2个百分点，黄金拉动规上有色金属企业利润增长5.5个百分点。

（二）“十三五”期间有色金属工业运营特点及分析

1.“十三五”期间新旧动能转换已成为推动产业发展的新动力。“十三五”期间有色金属工业由低端向高端、由高速向高质量转型取得初步成效。一是加快高端材料的进口替代，不断提升关键铝合金材料自主可控能力，为嫦娥四号、长征五号、北斗导航等重点工程及新一代战机、国产航母等重大装备提供材料保障；二是一批民用飞机、汽车用铝板带项目建成投产，支持了大飞机、铝结构汽车等高端制造业的发展；三是铸轧法铜管生产技术提升，单根铸坯突破32米，重量达1.6吨；四是“全海深载人潜水器用钛合金载人舱研制”项目填补钛及钛合金领域多项国际技术空白，为中国载人深潜装备制造提供了关键材料支撑；五是光伏、动力电池的发展，为多晶硅、动力电池材料发展提供了新动能。

2. 绿色发展在有色金属产业取得重要进展。“十三五”期间，中国有色金属工业绿色发展取得重要进展。一是绿色制造能力不断增强。在京津冀及周边地区大气污染防治圈、汾渭平原大气污染防治圈、长江三角洲大气污染防治圈内的有色金属冶炼企业、碳素制造企业等已经执行最低限值的污染物排放标准。二是重金属污染防治取得进步。国家制订了铜、铅锌、锡锑等重金属冶炼清洁生产技术推行方案，有色金属工业企业严格执行国家约束性减排指标，确保重金属污染物稳定、达标排放。三是不符合环保标准的有色废料进口得到有效控制。

3. 境外有色矿产资源项目建设取得重要进展。“十三五”期间，中国境外有色矿产资源项目开发取得预期效果。随着“走出去”战略实施与“一带一路”倡议项目落地，有色金属行业一批重大项目相继开工运营，达产达标。这一时期，刚果（金）和赞比亚的铜钴资源项目、几内亚铝土矿项目、印尼镍资源项目、秘鲁铜资源项目、澳大利亚锂资源项目建设，已经形成规模，且投资效果初步显现。中国铜、铝等加工项目的境外投资力度加大，中国境外投资建设的铜管、铜棒、铝型材项目获得世界同业的认可。到2020年年底，中国企业境外铜矿山金属权益产能接近200万吨/年，镍金属权益产量在30万吨/年以上，均超过国内生产能力；铝土矿权益产能接近7 000万吨/年，也与国内生产能力基本相当。

4. 国内再生有色金属资源供应进一步提升。“十三五”期间，国内废旧有色金属资源回收利用体系逐步规范化，国内再生资源的地位进一步提升。一是2020年国内回收再生铜资源约为235万吨，“十三五”期间年均增长5.9%，占再生铜供应量的比重达到75.7%，比“十二五”末期提高了17.7个百分点。二是2020年国内回收再生铝资源约为600万吨，“十三五”期间年均增长8.0%，占再生铝供应量的比重达到89.0%，比“十二五”末期提高了18.0个百分点。三是2020年中国再生铅供应量约为245万吨，“十三五”期间年均增长9.6%。再生铅占精铅的比重提高到45.0%，所占比重比“十二五”末期提高了10.0个百分点。

5.“十三五”期间有色金属行业完成固定资产投

资额缓中趋降。改革开放以来，尤其是“十五”“十一五”“十二五”时期有色金属固定资产投资持续大幅度增长。到“十二五”末有色金属冶炼及常用加工项目产能已出现过剩或饱和。“十三五”期间有色金属冶炼及常用加工项目投资下降，是化解产能过剩政策效果的显现，即产能过剩的冶炼项目投资下降，对有效化解产能过剩起到积极作用。“十三五”期间有色金属项目投资下降的客观原因：一是在等量减量置换的冶炼产能时，单位产能投资明显减少。如，每吨电解铝产能投资成本已由前些年的 1 万元左右降到 5~6 千元。二是企业到海外投资建矿获得国内短缺的矿产资源，以及部分加工项目也转移到东南亚投资建厂。按统计规定海外项目投资未纳入国内有色金属项目投资统计范围。三是国内基础研究薄弱、缺乏高新项目储备，以及根据行业分类规定部分高深有色金属加工及制品项目投资也未纳入有色金属行业投资统计范围。

6. 贸易摩擦及新冠疫情对有色金属出口影响显著。“十三五”期间有色金属进出口贸易的特点：一是有色金属出口额连续两年下降。二是“十三五”期间中国铝材和稀土出口呈前增后降的态势。三是“十三五”期间中国进口铜、铝矿山原料及铜冶炼产品均明显增长。其中：铜精矿进口年均增长 10. 3%，铝土矿进口年均增长 14. 7%，未锻轧铜及铜材进口年均增长 6. 8%。四是除大量铜、铅、锌精矿，铝土矿，红土镍矿，钴矿，钛矿外，中国传统优势资源钨、钼、锡、锑及稀土矿也需进口。

7. 企业管理水平提升，百元营业收入中三项费用下降。“十三五”期间，有色金属企业的管理水平提升，规模以上有色金属企业百元营业收入中的管理费用、财务费用和营业费用等三项费用明显减少，支撑企业的盈利能力回升。“十三五”末的 2020 年规模以上有色金属工业企业百元营业收入中三项费用为 3. 53 元，比“十二五”末的 2015 年减少了 0. 79 元。其中：百元营业收入中的管理费用减少了 0. 29 元，百元营业收入中的财务费用减少了 0. 37 元，百元营业收入中的营业费用减少了 0. 14 元。

8. 有色金属企业的地位明显提升。“十三五”期间，通过深化供给侧结构性改革，中国有色金属企业的实力显著增强，国际地位明显提升。2020 年《财富》杂志评选的世界 500 强企业中中国有色金属企业有 8 家，占当年世界 500 强企业中全球有色金属企业 14 家的 57. 1%，占当年世界 500 强企业中的中国(不包括港澳台企业)企业 118 家的 6. 8%。

（撰稿：王华俊）

2020 年电信业发展综述

工业和信息化部

2020 年，面对新冠肺炎疫情的严重冲击，中国通信业坚决贯彻落实党中央、国务院决策部署，全力支撑疫情防控工作，积极推进网络强国建设，实现全国所有地级城市的 5G 网络覆盖，新型信息基础设施能力不断提升，为加快数字经济发展、构建新发展格局提供有力支撑。

一、总体情况

2020 年，全国电信业务总量[①]完成 15 000 亿元，同比增长 20. 0%；电信业务收入累计完成 13 600 亿元，同比增长 3. 9%；三家基础电信企业和中国铁塔

① 按照上年不变单价计算，下同。

股份有限公司共完成固定资产投资 4 085 亿元。规模以上互联网和相关服务企业（简称“互联网企业”）完成业务收入 12 838 亿元，同比增长 12.5%。

全年电话用户总数为 17.6 亿户。其中：移动电话用户净减 727 万户，总数降至 15.9 亿户，普及率[①]为 112.9 部/百人；固定电话用户净减 912 万户，总数降至 18 200 万户，普及率为 12.9 部/百人。

基础电信企业互联网宽带接入用户全年净增 3 427 万户，总数达 48 400 万户，100Mbps 及以上宽带用户比重达到 89.9%。互联网企业共发展互联网宽带接入用户 3 898 万户，同比增长 7.8%，占全国宽带接入用户总数的比重为 7.5%。互联网覆盖范围进一步扩大，已建成全球最大规模光纤和移动通信网络，全面落实网络提速降费，持续推动流量高速增长。

全国光缆线路长度全年净增 430 万公里，达到 5 169 万公里。局用交换机容量同比下降 3.7%，降至 6 924 万门。移动电话交换机容量净增 2 034 万户，达到 27.5 亿户。基础电信企业互联网宽带接入端口增加 3 027 万个，累计达到 94 600 万个。互联网企业宽带接入端口达 5 769 万个，同比增长 17.9%。国际互联网出口带宽[②]增至到 11 511 397Mbps，同比增长 30.4%。

2015—2020 年电信业主要指标发展情况见下表。

表　2016—2019 年电信业主要指标发展情况

指标名称	单　位	2016 年	2017 年	2018 年	2019 年	2020 年	平均增长率/%
一、综合指标							
电信业务总量	亿　元	15 616.9	27 596.7	65 633.9	106 810.1	15 038.2	—
电信业务收入	亿　元	12 001.5	12 636.9	13 005.7	13 096.1	13 600.0	2.5
电信固定资产投资	亿　元	3 739.1	3 725.2	3 507.3	3 654.1	4 085.2	1.8
二、电信用户							
固定电话用户	万　户	20 662.4	19 375.7	19 208.5	19 103.3	18 190.8	-2.5
移动电话用户	万　户	132 193.4	141 748.8	156 609.8	160 134.5	159 407.0	3.8
互联网宽带接入用户	万　户	29 720.7	34 854.0	40 738.2	44 927.9	134 851.9	4.3
其中：移动互联网用户	万　户	109 395.0	127 153.7	127 481.5	131 852.6	48 355.0	10.2
三、电信业务使用情况							
固定电话主叫通话时长	亿分钟	2 277.2	1 842.0	1 499.5	1 206.5	1 026.0	-14.7
移动电话通话时长	亿分钟	56 599.0	54 004.7	51 125.2	47 826.2	44 964.5	-4.5
移动短信业务量	亿　条	6 670.9	6 641.4	11 398.6	15 066.4	17 795.7	
移动互联网接入流量	万 GB	937 863.5	2 459 380.0	7 090 039.3	12 199 200.6	16 556 817.2	77.6
四、通信能力							
光缆线路长度	万公里	3 042.1	3 780.1	4 316.8	4 741.2	5 169.2	11.2
局用交换机容量	万　门	22 441.6	18 398.8	11 440.4	7 189.7	6 923.8	-21.0
移动电话交换机容量	万　户	218 540.0	242 185.8	259 453.1	272 523.7	274 567.1	4.7
移动电话基站数	万　个	559.4	618.7	667.2	841.0	931.0	10.7
互联网宽带接入端口	万　个	71 276.9	77 599.1	86 752.3	91 578.0	94 604.7	5.8
互联网国际出口带宽	Mbps	6 640 291.0	7 320 180.0	7 371 738.0	8 827 751.0	11 511 397.0	11.6

① 普及率采用第七次全国人口普查数据计算得到，下同。
② 数据来源：第 47 次中国互联网络发展状况统计报告，CNNIC。

续表

指标名称	单 位	2016 年	2017 年	2018 年	2019 年	2020 年	平均增长率/%
五、通信服务水平							
固定电话普及率	部/百人	14.9	13.9	13.8	13.6	12.9	—
移动电话普及率	部/百人	95.6	102.0	112.2	114.4	112.9	—
(固定)互联网宽带接入普及率	部/百人	21.5	25.1	29.2	32.1	34.3	—

注:1. 2016—2019 年电信业务总量按照 2015 年不变单价测算,2020 年电信业务总量按照上年不变单价测算。

2. 移动短信业务量自 2018 年起调整统计口径,5 年平均增长率不可计算。

3. 互联网国际出口带宽数据来源于 CNNIC 发布的《第 47 次中国互联网络发展状况统计报告》。

二、行业保持平稳运行

(一)电信业务收入增速回升,电信业务总量较快增长

2020 年电信业务收入累计完成 13 600 亿元,比上年增长 3.9%,增速同比提高 3.2 个百分点。按照上年价格计算的电信业务总量 15 000 亿元,同比增长 20.0%。见图 1。

(二)固定通信业务较快增长,新兴业务驱动作用明显

2020 年,固定通信业务实现收入 4 692 亿元,比上年增长 13.0%,在电信业务收入中占比达 34.5%,占比较上年提高 2.8 个百分点,占比连续 3 年提高。见图 2。

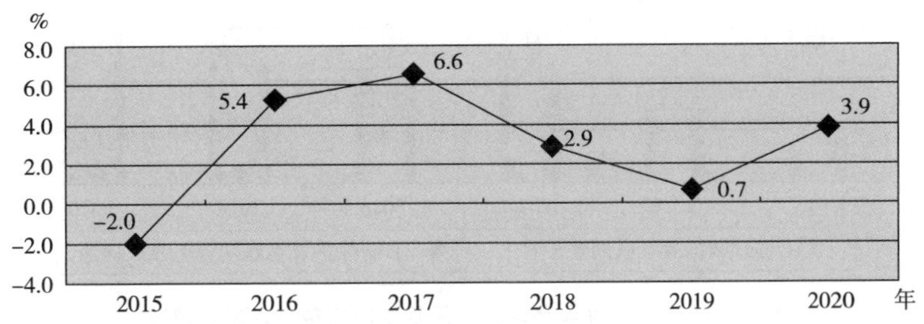

图 1 2015—2020 年电信业务收入增长情况

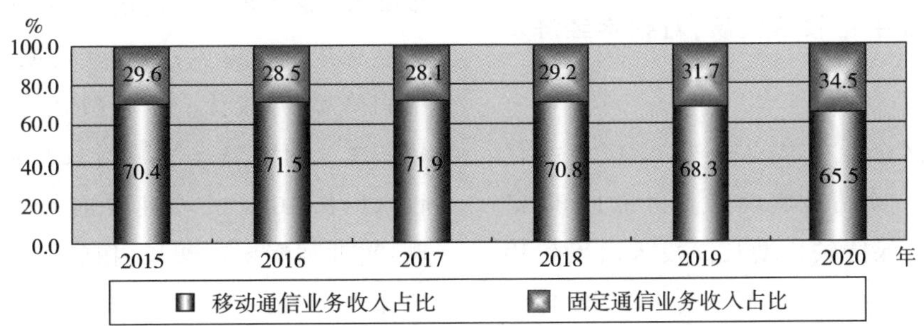

图 2 2015—2020 年移动通信业务和固定通信业务收入占比情况

应用云计算、大数据、物联网、人工智能等新技术,大力拓展新兴业务,使固定增值及其他业务的收入成为增长第一引擎。2020 年,固定数据及互联网业务实现收入 2 370 亿元,比上年增长 8.9%,在电信业务收入中占比由上年的 16.6%提升至 17.4%,拉动电信业务收入增长 1.5 个百分点,对全行业电信业务收入增长贡献率达 37.9%;固定增值业务实现收入 1 737 亿元,比上年增长 26.4%,在电信业务收入中占比由上年的 10.5%提升至 12.8%,拉动电信业务收入增长 2.8 个百分点,对收入增长贡献率达 71.0%。其中:数据中心业务、云计算、大数据以及物联网业务收入比上年分别增长 22.4%、91.0%、

34.7%和23.2%；IPTV（网络电视）业务收入334亿元，比上年增长13.6%。见图3。

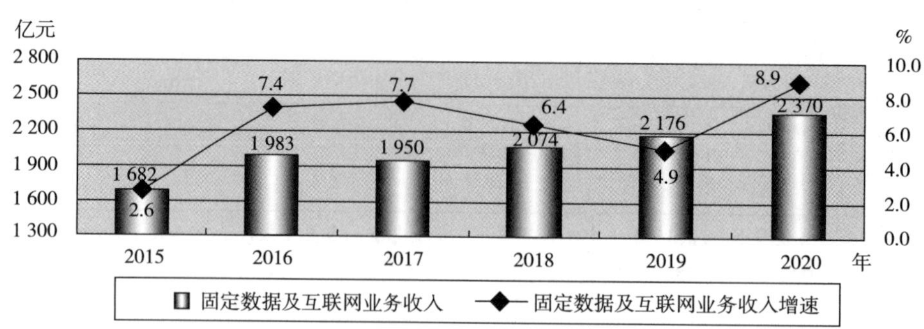

图3　2015—2020年固定数据及互联网业务收入发展情况

（三）移动通信业务占比下降，数据及互联网业务仍是重要收入来源

2020年，移动通信业务实现收入8 908亿元，比上年下降0.4%，在电信业务收入中占比降至65.5%。其中：移动数据及互联网业务实现收入6 204亿元，比上年增长1.8%，在电信业务收入中占比为45.6%，拉动电信业务收入增长0.8个百分点，对收入增长贡献率为21.0%。见图4。

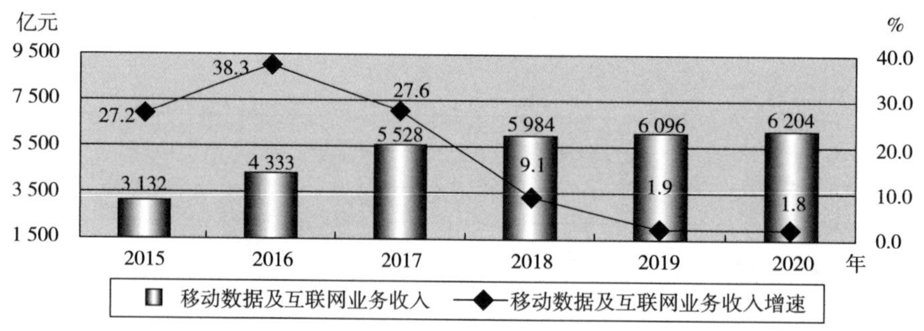

图4　2015—2020年移动数据及互联网业务收入发展情况

（四）互联网企业平稳较快发展，对数字经济发展提供了有力支撑

2020年，互联网企业完成业务收入12 838亿元，同比增长12.5%。全行业实现营业利润1 187亿元，同比增长13.2%，保持较快增长。投入研发费用788亿元，同比增长6.0%，增速低于上年同期17.1个百分点。

2020年，互联网企业共完成信息服务（包括网络音乐和视频、网络游戏、新闻信息、网络阅读等服务在内）收入7 068亿元，同比增长11.5%，增速低于上年同期11.2个百分点，在互联网业务收入中占比为55.1%。其中：音视频服务领域高速增长态势逐步降温，业务收入同比增长29.4%，增速较前三季度回落9.7个百分点；由于营业成本增长高达22.9%，利润降幅仍较大；研发费用领先行业，同比增长45.7%。网络游戏领域增长呈前高后低态势，业务收入增长10.9%，增速较前三季度回落3.5个百分点；实现利润率正增长，扭转上年同期亏损局面。新闻和内容服务类企业的业务收入同比增长9.3%，扭转前10个月下滑局面，实现利润仍下降15.8%。

随着5G、大数据、人工智能和云计算等新技术应用加快，新型基础设施更加完备，拉动互联网数据服务（含数据中心业务、云计算业务等）实现收入200亿元，同比增长29.5%，增速高于互联网业务收入17.0个百分点。见图5。

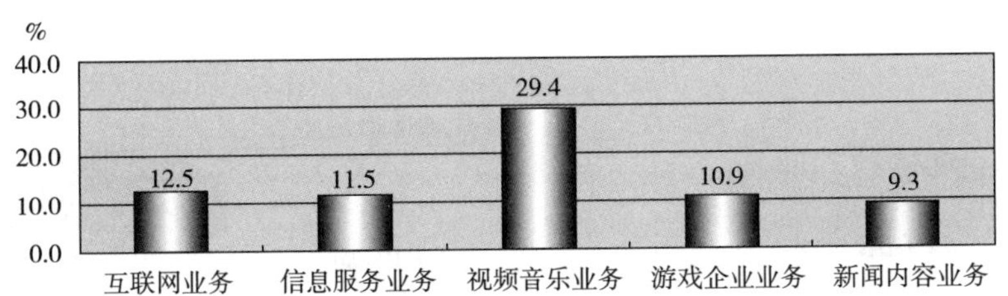

图 5　2020 年各业务收入同比增速情况

三、网络提速和普遍服务向纵深发展

(一)4G 用户渗透率超八成,5G 用户发展迅猛

2020 年,全国电话用户净减 1 640 万户,总数回落至 17.8 亿户。其中:移动电话用户总数 159 400 万户,全年净减 728 万户,普及率为 112.9 部/百人。4G 用户总数达到 12.9 亿户,全年净增 679 万户,占移动电话用户数的 80.8%。固定电话用户总数 18 200 万户,全年净减 913 万户,普及率降至 12.9 部/百人。见图 6、图 7。

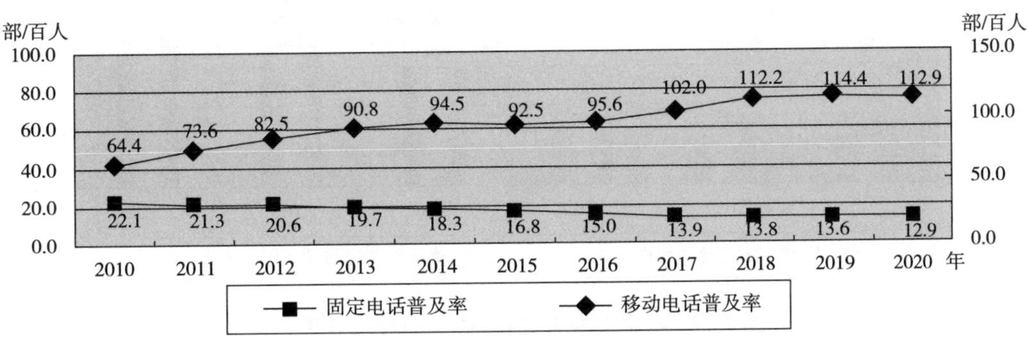

图 6　2010—2020 年固定电话及移动电话普及率发展情况

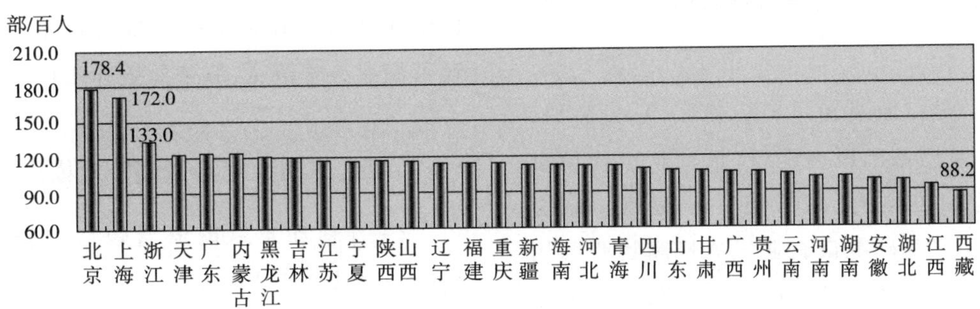

图 7　2020 年各地区移动电话普及率情况

(二)百兆宽带已近 90.0%,加快向千兆宽带接入升级

网络提速步伐加快,千兆宽带服务推广不断推进。截至 2020 年年底,三家基础电信企业的固定互联网宽带接入用户总数达 48 400 万户,全年净增 3 427 万户。其中:100Mbps 及以上接入速率的固定互联网宽带接入用户总数达 43 500 万户,全年净增 5 074 万户,占固定宽带用户总数的 89.9%,占比较上年年底提高 4.5 个百分点;1 000Mbps 及以上接入速率的用户数达 640 万户,比上年年底净增 553 万户。见图 8。

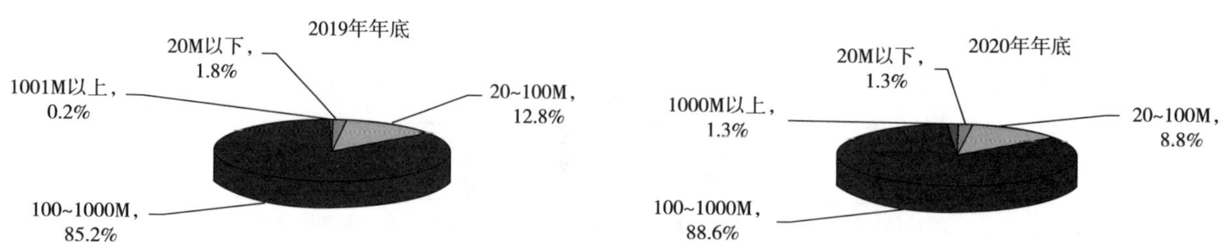

图 8　2019—2020 年固定互联网宽带各接入速率用户占比情况

（三）电信普遍服务持续推进，农村宽带用户较快增长

截至 2020 年年底，全国农村宽带用户总数达 14 200 万户，全年净增 712 万户，比上年年底增长 5.3%。全国行政村通光纤和 4G 比例均超过 98.0%，电信普遍服务试点地区平均下载速率超过 70M，农村和城市实现“同网同速”。见图 9。

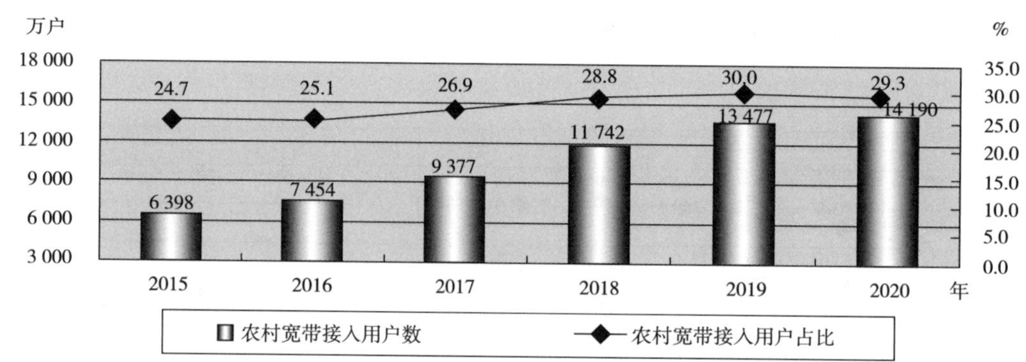

图 9　2015—2020 年农村宽带接入用户及占比情况

（四）新业态加快发展，蜂窝物联网用户数较快增长

促进转型升级，加快 5G 网络、物联网、大数据、工业互联网等新型基础设施建设，推动新一代信息技术与制造业深度融合，成效进一步显现。截至 2020 年年底，三家基础电信企业发展蜂窝物联网用户达 113 600 万户，全年净增 10 800 万户，其中应用于智能制造、智慧交通、智慧公共事业的终端用户占比分别达 18.5%、18.3%、22.1%。发展 IPTV（网络电视）用户总数达 31 500 万户，全年净增 2 120 万户。

（五）携号转网服务全面实施，移动转售用户规模下降

2020 年，移动转售用户总数为 10 200 万户，全年净减用户 2 206 万户，转售用户的月户均流量（DOU）为 3.14GB/户·月，不足基础电信企业用户 DOU 的 1/3。2020 年携号转网服务全面推开，推动运营商业务规范化，服务质量和用户体验不断提升。

四、移动数据流量消费规模继续扩大

（一）移动互联网流量较快增长，月户均流量（DOU）跨上 10GB 区间

受新冠肺炎疫情冲击和“宅家”新生活模式等影响，移动互联网应用需求激增，线上消费异常活跃，短视频、直播等大流量应用场景拉动移动互联网流量迅猛增长。2020 年，移动互联网接入流量消费达 1 656 亿 GB，比上年增长 35.7%。全年移动互联网用户均流量（DOU）达 10.3GB/户·月，比上年增长 32.4%；12 月 DOU 高达 11.92GB/户·月。其中：手机上网流量达到 1 568 亿 GB，比上年增长 29.6%，在总流量中占 94.7%。见图 10、图 11。

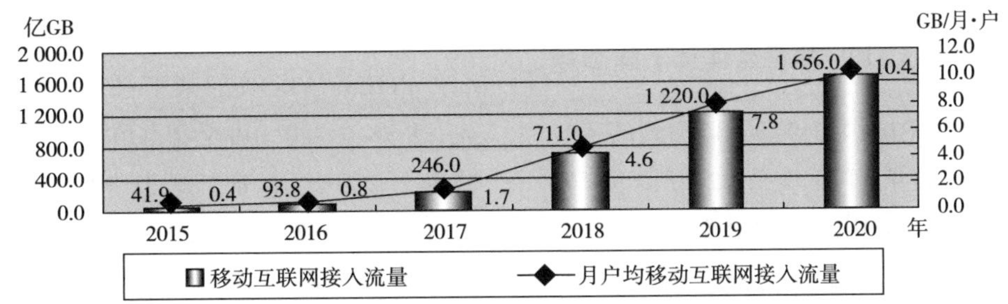

图 10　2015—2020 年移动互联网流量及月 DOU 增长情况

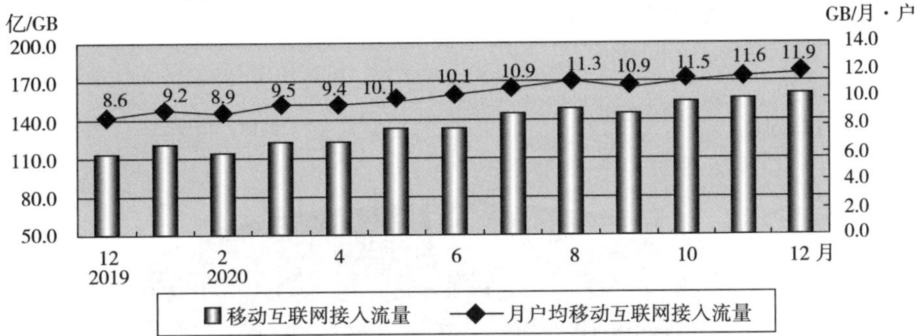

图 11　2019—2020 年移动互联网接入当月流量及当月 DOU 情况

(二)移动短信业务量收仍不同步,话音业务量继续下滑

2020 年,全国移动短信业务量比上年增长 18.1%,增速较上年回落 14.1 个百分点;移动短信业务收入比上年增长 2.7%,移动短信业务量收增速差从上年的 33.0%下降至 15.4%。互联网应用对话音业务替代影响继续加深,2020 年全国移动电话去话通话时长 22 400 亿分钟,比上年下降 6.2%。见图 12、图 13。

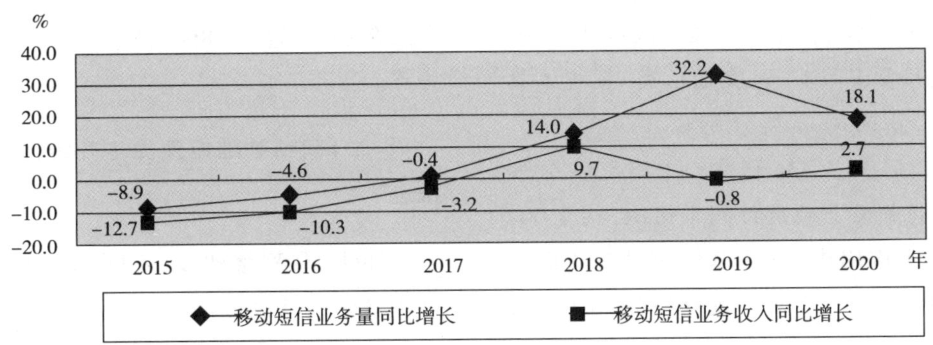

图 12　2015—2020 年移动短信业务量和收入增长情况

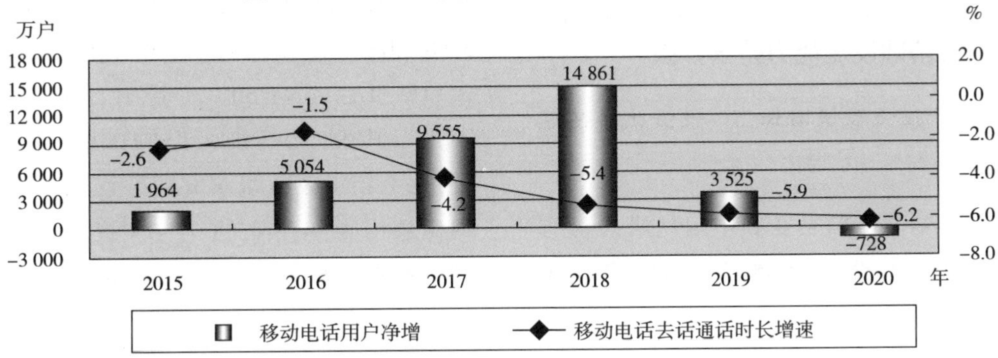

万户
%
18 000
15 000
12 000
9 000
6 000
3 000
0
-3 000
2.0
0.0
-2.0
-4.0
-6.0
-8.0
1 964
-2.6
5 054
-1.5
9 555
-4.2
14 861
-5.4
3 525
-5.9
-728
-6.2
2015
2016
2017
2018
2019
2020
年
移动电话用户净增
移动电话去话通话时长增速

图 13　2015—2020 年移动电话用户和通话量增长情况

（三）移动应用程序（APP）数量整体呈下降态势

截至2020年年底，中国国内市场上监测到的APP数量为345万款，比上年同期减少22万款，下降6.0%。其中，本土第三方应用商店APP数量为205万款，苹果商店（中国区）APP数量超过140万款。

截至2020年年底，移动应用规模排在前4位种类（游戏、日常工具、电子商务、生活服务类）的APP数量占比达59.2%，其他社交通信、教育等10类APP占比为40.8%。其中：游戏类APP数量继续领先，达88.7万款，占全部APP比重为25.7%，比上年减少2.2万款；日常工具类、电子商务类和生活服务类APP数量分别达50.3万、34万和31万款，分列移动应用规模第二、三、四位，占全部APP比重分别为14.6%、9.9%和9.0%。见图14。

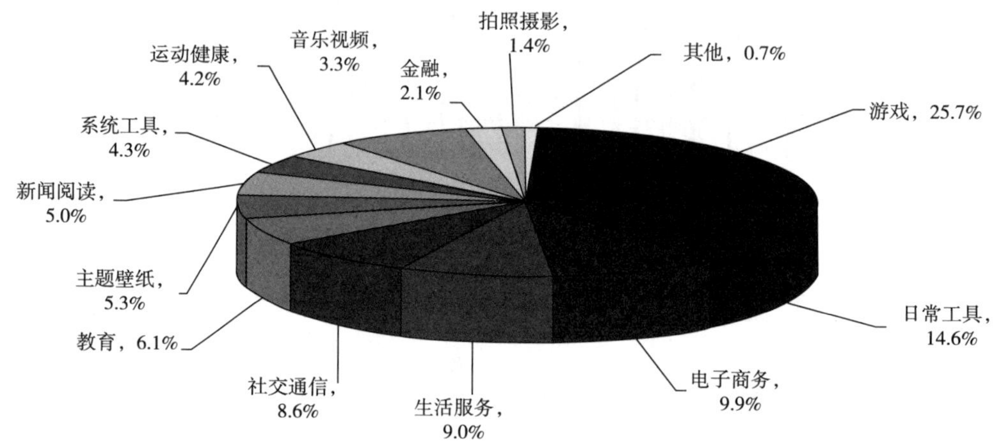

图14　2020年中国市场上各类移动应用程序（APP）占比情况

截至2020年年底，中国第三方应用商店在架应用分发总量达到16 040亿次。其中：游戏类下载量达2 584亿次，排第1位；音乐视频类下载量达1 993亿次，排第2位；日常工具类、社交通信类、系统工具类、生活服务类、新闻阅读类分别以1 798亿次、1 790亿次、1 493亿次、1 434亿次、1 245亿次分列第3~7位，电子商务类下载量首超千亿次，达1 007亿次。在其余各类应用中，下载总量超过500亿次的应用还有金融类（806亿次）、教育类（690亿次）和拍照摄影类（586亿次）。

五、网络基础设施能力持续升级

（一）固定资产投资较快增长，5G投资比重快速提升

2020年，三家基础电信企业和中国铁塔股份有限公司共完成固定资产投资4 085亿元，比上年增长12.0%，增速同比提高7.8个百分点。其中：移动通信的固定资产投资稳居首位，投资额达2 159亿元，占全部投资的52.8%，占比较上年提高5.0个百分点。

（二）网络基础设施优化升级，5G网络建设稳步推进

加快5G网络建设，不断消除网络覆盖盲点，提升网络质量，增强网络供给和服务能力，新一代信息通信网络建设不断取得新进展。2020年，新建光缆线路长度428万公里，全国光缆线路总长度已达5 169万公里。截至2020年年底，互联网宽带接入端口数量达到94 600万个，比上年年底净增3 027万个。其中：光纤接入（FTTH/0）端口达到8.8亿个，比上年年底净增4 361万个，占互联网接入端口的比重由上年年底的91.3%提升至93.0%。xDSL端口数降至649万个，占比降至0.7%。见图15。

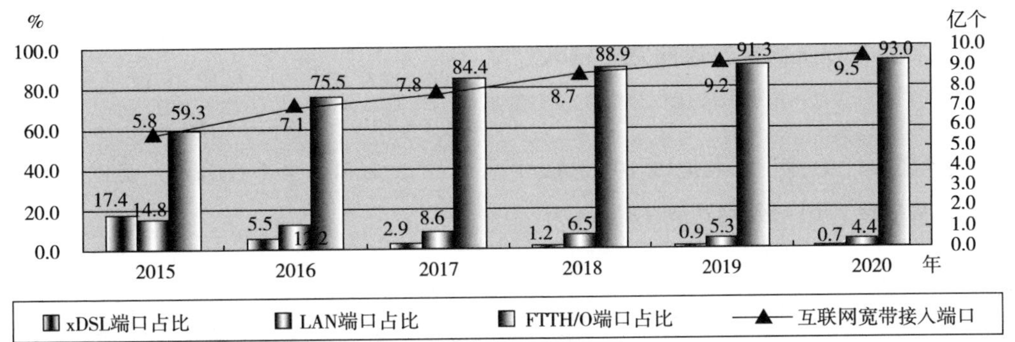

图 15　2015—2020 年互联网宽带接入端口发展情况

2020 年，全国移动通信基站总数达 931 万个，全年净增 90 万个。其中：4G 基站总数达到 575 万个，城镇地区实现深度覆盖。5G 网络建设稳步推进，按照适度超前原则，新建 5G 基站超 61 万个，全部已开通 5G 基站超过 71.8 万个，其中：中国电信和中国联通共建共享 5G 基站超 33 万个，5G 网络已覆盖全国地级以上城市及重点县市。见图 16。

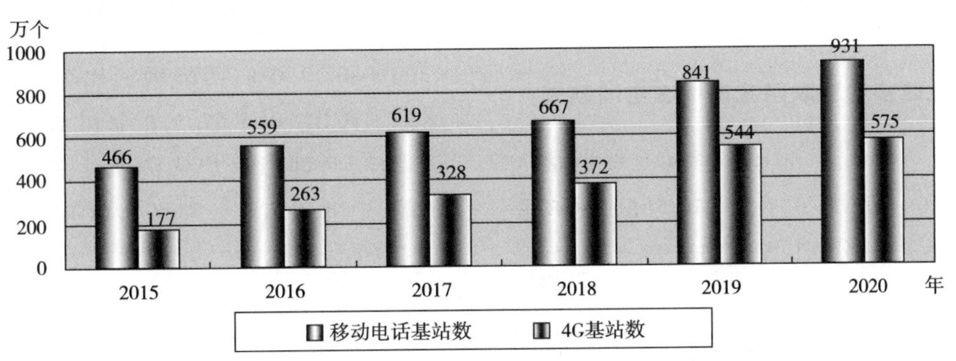

图 16　2015—2020 年移动电话基站发展情况

六、东、中、西部地区协调发展

(一) 分地区电信业务收入份额较为稳定

2020 年，东部、西部地区电信业务收入占比分别为 51.0%、23.8%，均比上年提升 0.1 个百分点；中部占比为 19.6%，与上年持平；东北地区占比为 5.6%，比上年下滑 0.2 个百分点。见图 17。

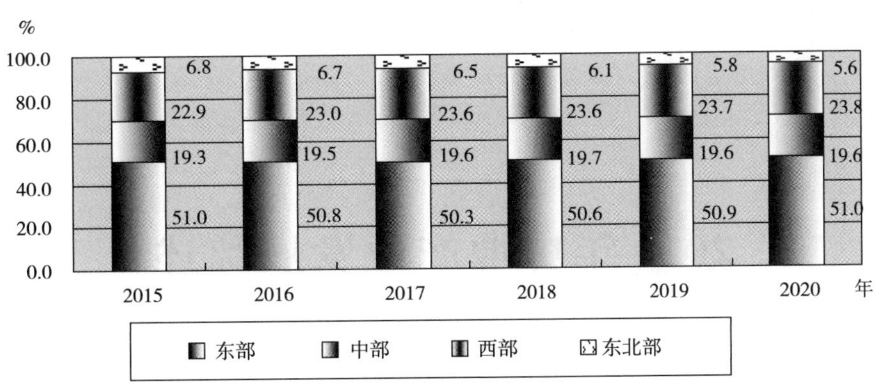

图 17　2015—2020 年东、中、西、东北部地区电信业务收入比重情况

（二）东北地区百兆及以上固定互联网宽带接入用户占比领先

截至2020年年底，东、中、西、东北地区100Mbps及以上固定互联网宽带接入用户分别达到18 618万户、10 838万户、11 386万户和2 620万户，在本地区宽带接入用户中占比分别达到88.9%、90.8%、90.3%和91.2%，占比较上年分别提高2.8个、4.9个、7.0个和3.7个百分点。见图18。

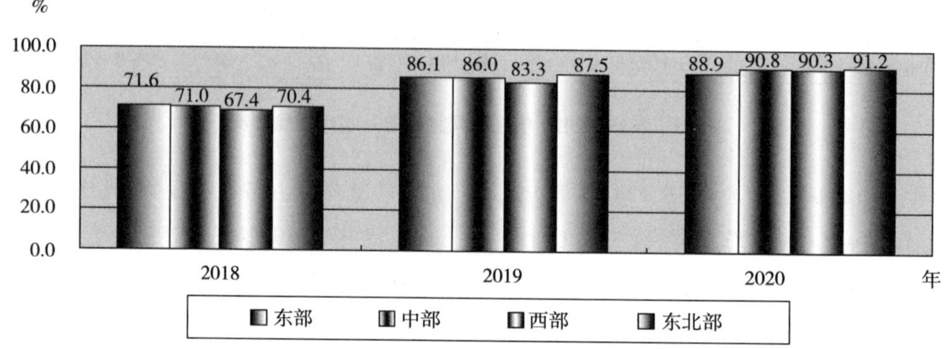

图18 2018—2020年东、中、西、东北部地区100Mbps及以上固定宽带接入用户渗透率情况

（三）西部地区移动互联网流量增速全国领先

2020年，东、中、西、东北地区移动互联网接入流量分别达到700亿GB、357亿GB、505亿GB和93.4亿GB，比上年分别增长31.9%、36.5%、42.3%和29.0%，西部增速比东部、中部和东北增速分别高出10.4个、5.8个和13.3个百分点。12月当月，西部当月户均流量达到13.8/户·月，比东部、中部和东北分别高2.0GB、3.3GB和3.8GB。见图19。

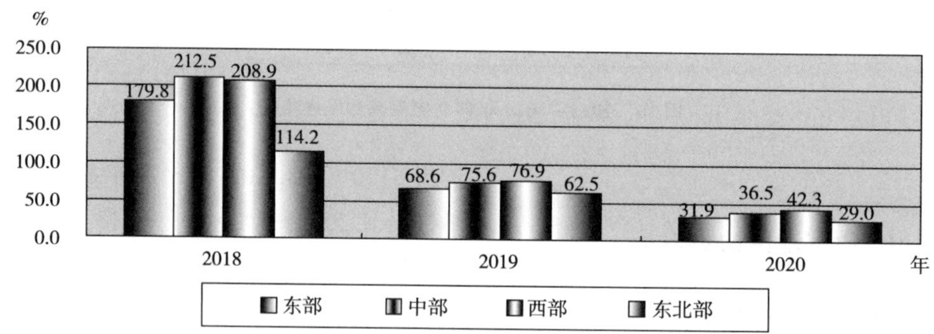

图19 2018—2020年东、中、西、东北部地区移动互联网接入流量增速情况

（审稿：贾　佳
撰稿：李永萍　赵小杰）

2020年房地产业发展综述

中国房地产业协会

2020年受新冠肺炎疫情影响，房地产行业各项指标年初出现较大跌幅，随着国内经济持续稳步复

苏，房地产行业呈现出较强的发展韧性，各项指标跌幅不断收窄，开发投资、商品房销售面积及金额、施工面积、土地成交价款等主要指标继续创历史新高。房地产企业市场集中度进一步提升。

一、房地产调控政策连续、稳定

2020 年房地产政策坚持“房子是用来住的、不是用来炒的”定位，保持调控政策的连续性、稳定性，严格落实城市主体责任。政策更关注民生福祉，解决好大城市住房突出问题，加快租赁住房建设。房地产金融监管依然从严。主要政策方向有：

1. 要求从各地实际出发，采取差异化调控措施，及时科学精准调控，确保房地产市场平稳健康发展。要坚持问题导向，高度重视当前房地产市场出现的新情况新问题；要全面落实城市政府主体责任，发现问题要快速反应和处置，及时采取有针对性的政策措施。

2. 高度重视保障性租赁住房建设，提出加快完善长租房政策，逐步使租购住房在享受公共服务上具有同等权利，大力发展政策性租赁住房等。

3. 强化房地产金融监管，防范系统性风险。实施房地产金融审慎管理制度，防止资金违规流入房地产市场。监管层提出控制房地产行业的有息债务增长，并设置“三条红线”。央行发文建立银行业金融机构房地产贷款集中度管理制度。

4. 利好行业中长期发展方面，提出严禁大规模无序房地产开发；进一步推进新型城镇化建设和城乡融合发展、推进西部大开发、加快开展县城城镇化补短板强弱项工作；出台下放土地审批权、加快老旧小区改造、加强城市与建筑风貌管理等政策。

5. 行业细分领域方面，推动文旅、物业、绿色建筑等发展。出台鼓励性政策，引导地方开展采购绿色建材、提升绿色建筑品质提升试点工作和开展文化和旅游消费试点示范工作，明确支持物业服务企业发展线上线下生活服务，鼓励物业服务企业由物的管理向居民服务转型升级。

二、房地产投资回稳

2020 年全年，全国房地产开发投资 141 443 亿元，比上年增长 7.0%。其中：住宅投资 104 446 亿元，比上年增长 7.6%；办公楼投资 6 494 亿元，比上年增长 5.4%；商业营业用房 13 076 亿元，比上年下降 1.1%。住宅投资占房地产开发投资的比重为 73.8%。见图 1。

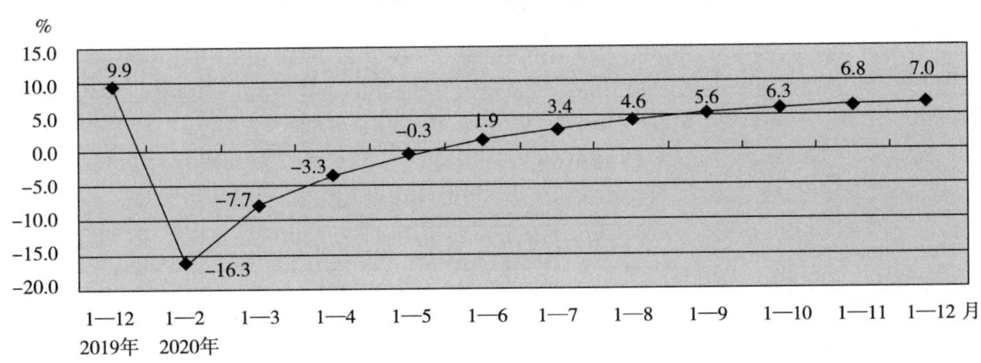

图 1　2019—2020 年全国房地产开发投资增速情况

数据来源：国家统计局。

2020 年，东部地区房地产开发投资 69 313 亿元，比上年增长 7.7%；中部地区投资 27 588 亿元，比上年增长 9.6%；西部地区投资 30 186 亿元，比上年增长 16.1%；东北地区投资 5 107 亿元，比上年增长 8.2%。见表 1。

表 1 2020 年全国房地产开发投资地区情况

单位：亿元、%

地　区	完成投资	比　重	同　比	住宅投资	比　重	同　比
东部地区	74 564	52.7	7.6	53 598	51.3	7.5
中部地区	28 802	20.4	4.4	22 661	21.7	5.7
西部地区	32 654	23.1	8.2	24 133	23.1	10.0
东北部地区	5 423	3.8	6.2	4 053	3.9	5.4

数据来源：国家统计局。

三、开发企业到位资金情况向好

2020 年，房地产开发企业到位资金 193 115 亿元，比上年增长 8.1%。其中：国内贷款 26 676 亿元，比上年增长 5.7%；利用外资 192 亿元，比上年增长 9.3%；自筹资金 63 377 亿元，比上年增长 9.0%；定金及预收款 66 547 亿元，比上年增长 8.5%；个人按揭贷款 29 976 亿元，比上年增长 9.9%。见图 2、表 2。

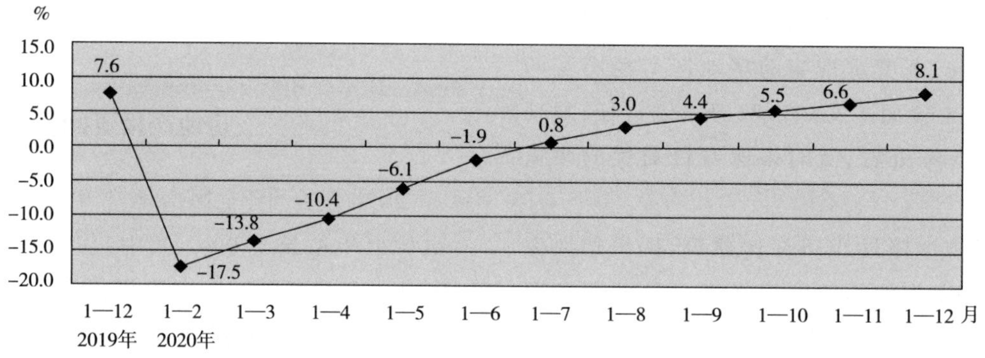

图 2 2019—2020 年全国房地产开发企业到位资金增速情况

数据来源：国家统计局。

表 2 2020 年全国房地产业实际到位资金情况

单位：亿元、%

指　标	绝对值	同　比	占　比
本年实际到位资金小计	193 115	8.1	100.0
#国内贷款	26 676	5.7	13.8
#利用外资	192	9.3	0.1
#自筹资金	63 377	9.0	32.8
#定金及预收款	66 547	8.5	34.5
#个人按揭贷款	29 976	9.9	15.5

数据来源：国家统计局。

四、土地购置面积下降、成交价款上涨

2020 年，房地产开发企业土地购置面积 25 536 万平方米，比上年下降 1.1%；土地成交价款 17 269 亿元，比上年增长 17.4%；土地成交均价为 6 763 元/平方米，每平方米较上年上涨 1 067 元。

五、施工规模增加，新开工、竣工规模下降

2020 年，房地产开发企业房屋施工面积 926 759 万平方米，比上年增长 3.7%。其中：住宅 655 558 万平方米，比上年增长 4.4%；办公楼 37 084 万平方米，比上年下降 0.5%；商业营业用房 93 198 万平方米，

比上年下降 7.2%。

房屋新开工面积 224 433 万平方米，比上年下降 1.2%。其中：住宅 164 329 万平方米，比上年下降 1.9%；办公楼 6 604 万平方米，比上年下降 6.8%；商业营业用房 18 012 万平方米，比上年下降 4.9%。

房屋竣工面积 91 218 万平方米，比上年下降 4.9%。其中：住宅 65 910 万平方米，比上年下降 3.1%；办公楼 3 042 万平方米，比上年下降 22.5%；商业营业用房 8 621 万平方米，比上年下降 20.3%。

六、商品房销售面积、销售金额再创新高

2020 年，商品房销售面积 176 086 万平方米，比上年增长 2.6%。其中：住宅销售面积 154 878 万平方米，比上年增长 3.2%；办公楼销售面积 3 334 万平方米，比上年下降 10.4%；商业营业用房销售面积 9 288 万平方米，比上年下降 8.7%。商品房销售额 173 613 亿元，比上年增长 8.7%。其中，住宅销售额 154 567 亿元，比上年增长 10.8%；办公楼销售额 5 047 亿元，比上年下降 5.3%，商业营业用房销售额 9 889 亿元，比上年下降 11.2%。

全国商品房销售均价 9 860 元/平方米，比上年增长 5.9%，其中，住宅 9 980 元/平方米，比上年增长 7.5%。见图 3、表 3。

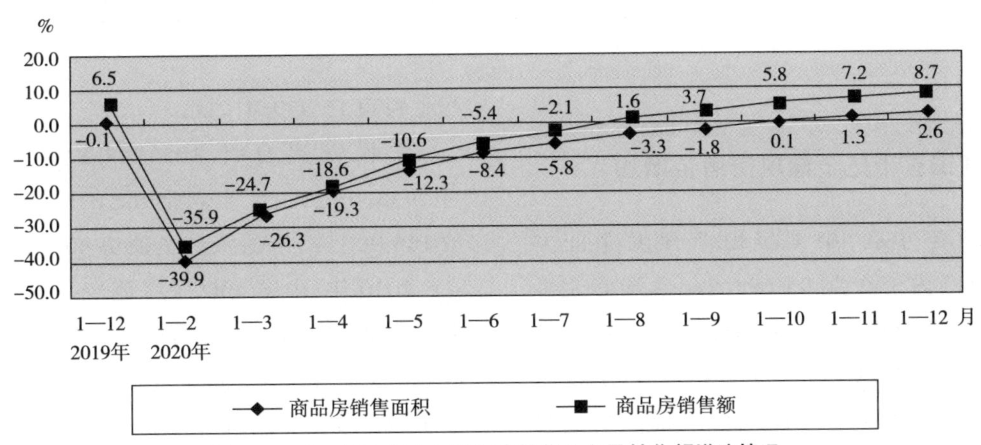

图 3　2019—2020 年全国商品房销售面积及销售额增速情况

数据来源：国家统计局。

表 3　2020 年东、中、西部和东北部地区房地产销售情况

地区	商品房销售面积		商品房销售额	
	绝对数/万平方米	同比增长/%	绝对数/亿元	同比增长/%
全国总计	**176 086**	**2.6**	**173 613**	**8.7**
东部地区	71 311	7.1	95 690	14.1
中部地区	49 078	-1.9	35 854	1.0
西部地区	48 628	2.6	36 257	5.1
东北部地区	7 069	-5.8	5 812	-1.5

数据来源：国家统计局。

七、商品房库存整体稳定

2020 年年底，商品房待售面积 49 850 万平方米，比上年年底增加 29 万平方米。其中：住宅待售面积 22 379 万平方米，较上年年底减少 94 万平方米；办公楼待售面积 3 796 万平方米，较上年年底减少 4 万平方米；商业营业用房待售面积 12 934 万平方米，较上年年底减少 348 万平方米；其他用房待售面积 10 741 万平方米，较上年年底增加 475 万平方米。见表 4。

表 4 2016—2020 年年底待售商品房情况

分 类		2016 年	2017 年	2018 年	2019 年	2020 年
全国商品房待售面积	(万平方米)	69 539.0	58 923.0	52 414.0	49 821.0	49 850.0
#住 宅		40 257.0	30 163.0	25 091.0	22 473.0	22 379.0
#办公楼		3 631.0	3 664.0	3 649.0	3 800.0	3 796.0
#商业营业用房		15 838.0	15 204.0	13 793.0	13 282.0	12 934.0
商品房待售面积同比	(%)	-3.2	-15.3	-11.0	-4.9	0.1
#住宅同比		-11.0	-25.1	-16.8	-10.4	-0.4
#办公楼同比		10.8	0.9	-0.4	4.1	-0.1
#商业营业用房同比		8.0	-4.0	-9.3	-3.7	-2.6
商品房待售面积占比	(%)	100.0	100.0	100.0	100.0	100.0
#住宅占比		57.9	51.2	47.9	45.1	44.9
#办公楼占比		5.2	6.2	7.0	7.6	7.6
#商业营业用房占比		22.8	25.8	26.3	26.7	25.9
#其他用房占比		14.1	16.8	18.8	20.6	21.6

数据来源:国家统计局。

八、年度销售千亿金额规模房企增加

截至 2019 年年底,中国房地产开发企业共 99 544 个。其中:内资企业 95 691 个(含国有企业 671 个),港澳台投资企业 2 664 个,外商投资企业 1 189 个。从业人员 293.7 万人;主营业务收入 110 239.8 亿元(土地转让 874.1 亿元,商品房销售 104 126.4 亿元,房屋出租 1 539.3 亿元,其他 3 699.9 亿元);主营业务税金及附加 7 420.6 亿元;营业利润 15 439.4 亿元。

实收资本合计 105 248.8 亿元;资产总计 947 935.6 亿元;负债合计 762 035.2 亿元;所有者权益 185 900.4 亿元;资产负债率 80.4%。

2020 年,中国 500 强房地产开发企业全年销售金额达到 117 000 亿元,同比增长 10.5%;销售面积达到 7.9 亿平方米,同比增长 5.5%。进入千亿房企达 43 家,较上年增加 9 家。碧桂园全年实现销售业绩 7 888 亿元,位于榜首,其次恒大、万科也超过 7 000 亿元,融创、保利超过 5 000 亿元。见表 5。

表 5 2020 年千亿企业销售金额情况

排 名	公司名称	销售金额/亿元	排名	公司名称	销售金额/亿元
1	碧桂园	7 888.0	13	金地集团	2 426.0
2	中国恒大	7 035.0	14	旭辉集团	2 310.0
3	万科地产	7 011.2	15	中国金茂	2 237.0
4	融创中国	5 750.0	16	金科集团	2 234.9
5	保利发展	5 028.0	17	中南置地	2 232.1
6	中海地产	3 634.4	18	阳光城	2 180.1
7	绿地控股	3 567.0	19	绿城中国	2 146.0
8	世茂集团	3 003.1	20	中梁控股	1 688.2
9	华润置地	2 850.3	21	融信集团	1 551.7
10	招商蛇口	2 780.1	22	正荣集团	1 530.2
11	龙湖集团	2 706.0	23	龙光集团	1 497.0
12	新城控股	2 521.6	24	富力地产	1 496.6

续表

排　名	公司名称	销售金额/亿元	排名	公司名称	销售金额/亿元
25	佳兆业	1 435.2	35	新力地产	1 196.4
26	雅居乐	1 381.5	36	远洋集团	1 183.4
27	滨江集团	1 363.6	37	禹洲集团	1 049.7
28	荣盛发展	1 358.0	38	蓝光发展	1 036.3
29	奥园集团	1 330.1	39	合景泰富	1 036.1
30	祥生集团	1 306.0	40	新希望地产	1 031.0
31	建发房产	1 296.8	41	中骏集团	1 015.2
32	中国铁建	1 273.4	42	首开股份	1 015.0
33	美的置业	1 260.8	43	时代中国	1 004.0
34	华发股份	1 205.0			

数据来源:CRIC。

2020 年,TOP500 房地产开发企业总资产均值为 829.9 亿元,同比增长 16.6%,增速较上年回落 1.3 个百分点;净资产均值为 178.8 亿元,同比增长 17.9%,增速较上年上升 1.8 个百分点。

2020 年,TOP500 房地产开发企业营业收入均值达 183 亿元,同比增长 10,4%。营业成本均值 139 亿元,同比增长 17.1%。净利润均值达 11 亿元,同比下降 11.1%,净利润均值增速近年来首次为负。同时,TOP500 房地产开发企业三费均值达 12 亿元,三费占营业收入的比重为 12.1%,同比增长 0.2%。其中财务费用增幅较大,同比增长 18.0%。

2020 年,TOP500 房企平均存货货值为 473.8 亿元,同比增长 10.9%,增速回落 8.5 个百分点。TOP500 房企整体存货货值继续保持稳健增长,但增长速度连续两年出现下滑。存货货值增速下滑一方面是行业整体规模增速放缓,另一方面受"三道红线"等政策因素的影响。TOP500 房地产开发企业存货周转率均值为 0.11,较上年降低 0.02;整体流动资产周转率均值为 0.14,与上年持平;总资产周转率均值为 0.10,较上年降低 0.01。

九、房地产开发景气指数

房地产开发景气指数持续回升,走势趋稳。见图 4。

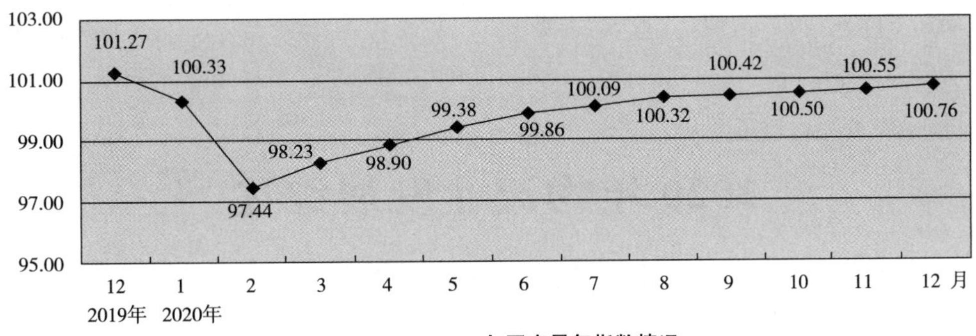

图 4　2019—2020 年国房景气指数情况

数据来源:国家统计局。

十、房地产贷款增速回落，融资渠道多样

2020 年年底，人民币房地产贷款余额 495 800 亿元，同比增长 11.7%，比上年年底增速低 3.1 个百分点；全年增加 51 700 亿元，占同期各项贷款增量的 26.1%，比上年全年水平低 7.9 个百分点。房地产开发贷款余额 119 100 亿元，同比增长 6.1%，增速比上年年底低 4.0 个百分点；其中，保障性住房开发贷款余额 46 500 亿元，同比增长 1.0%，增速比上年年底低 5.7 个百分点。个人住房贷款余额 344 400 亿元，同比增长 14.6%，增速比上年年底低 2.1 个百分点。

除此之外，2020 年投向房地产行业的信托余额 22 800 亿元，同比下降 15.8%；私募股权基金在房地产领域投资金额为 270.9 亿元，同比增长 91.7%；房地产行业股票市场首发、增发和配股融资规模为 797.2 亿元，同比增长 87.2%；发行债券 562 只（不包括资产证券化产品），累计发行金额 5 610.3 亿元，同比增长 12.3%；截至 2020 年年底，不动产资产证券化产品的存续规模已达到 8 809.5 亿元，累计发行笔数 709 笔。

十一、房地产税收及土地收入继续上涨

2020 年土地和房地产相关税收中，契税 7 061 亿元，同比增长 13.7%；土地增值税 6 468 亿元，同比增长 0.1%；房产税 2 842 亿元，同比下降 4.9%；耕地占用税 1 258 亿元，同比下降 9.5%；城镇土地使用税 2 058 亿元，同比下降 6.2%。房地产“五税”总收入 19 687 亿元，同比增长 2.3%。

2020 年，国有土地使用权出让收入 84 142 亿元，同比增长 15.9%；国有土地使用权出让收入相关支出 76 503 亿元，同比增长 1.0%。

十二、保障房建设顺利完成目标

2020 年 10 月，党的十九届五中全会提出，有效增加保障性住房供给，扩大保障性租赁住房供给。12 月，中央经济工作会议提出，要高度重视保障性租赁住房建设。12 月 3 日，韩正副总理在住房和城乡建设部调研时强调，要以保障性租赁住房为着力点，完善基础性制度和支持政策，加强住房保障体系建设。住房和城乡建设部认真贯彻落实党中央、国务院决策部署，2020 年年底召开的全国住房和城乡建设工作会议要求，扩大保障性租赁住房供给，做好公租房保障，支持人口净流入的大城市发展共有产权住房。

2020 年全国棚改计划开工 194 万套，实际开工 209 万套，超额完成年度计划，完成投资 11 000 亿元。“十三五”期间，全国棚改累计开工超过 2 300 万套，帮助 5 000 多万居民出棚进楼。截至 2020 年年底，3 800 多万困难群众住进公租房，累计 2 200 多万困难群众领取了租赁补贴，低保、低收入住房困难家庭基本实现应保尽保，中等偏下收入家庭住房条件有效改善。

（撰稿：李战军　骆　彬）

2020 年物流业发展综述

中国物流与采购联合会

2020 年，面对新冠肺炎疫情冲击和复杂国际形势，物流行业统筹疫情防控和现代物流体系建设，物流运行快速反弹稳定恢复，交出了一份不同寻常的成绩单，为中国经济运行率先由负转正做出了重要贡献。

一、物流行业总体运行情况

（一）社会物流总额迈上新台阶

2020 年全国社会物流总额 3 001 000 亿元，按可

比价格计算,同比增长3.5%。分季度看,一季度、上半年和前三季度增速分别为-7.3%、-0.5%和2.0%,物流规模增长持续恢复,四季度增速回升进一步加快,基本恢复到正常水平。见图1。

2020年,物流业总收入105 000亿元,同比增长2.2%。物流业总收入增速自三季度由负转正,四季度以来呈现加速回升态势,恢复至上年水平。

12月中国物流业景气指数为56.9%,继续保持高位运行,公路物流、仓储、快递物流、电商物流等各项指数均处于扩张区间,物流业的强大韧性,为中国经济运行率先由负转正做出了重要贡献。见图2。

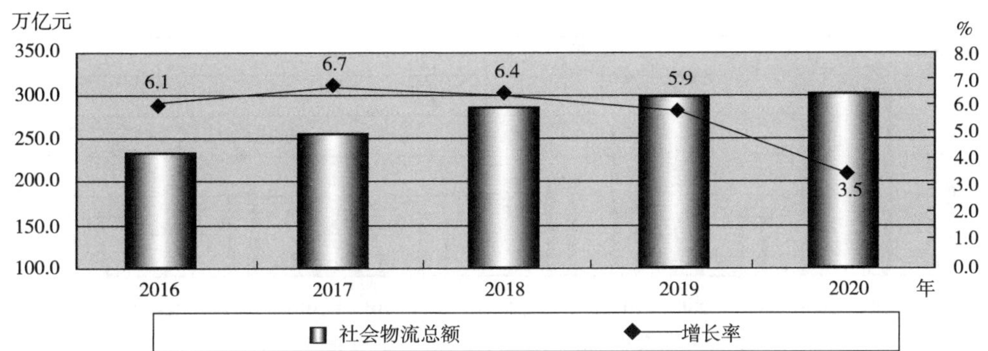

图1　2016—2020年社会物流总额及增长情况

数据来源:中国物流信息中心。

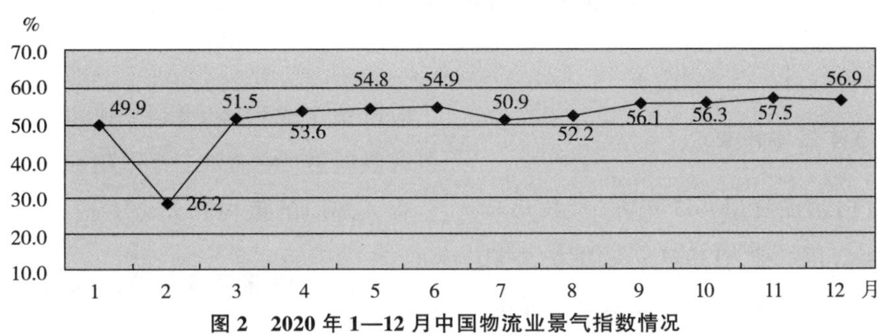

图2　2020年1—12月中国物流业景气指数情况

数据来源:中国物流信息中心。

(二)结构持续调整优化

从需求结构看,工业品物流总额2 699 000亿元,按可比价格计算,同比增长2.8%;农产品物流总额46 000亿元,增长3.0%;单位与居民物品物流总额98 000亿元,增长13.2%;进口货物物流总额142 000亿元,增长8.9%;再生资源物流总额16 000亿元,增长16.9%,物流需求结构持续调整优化。见图3。

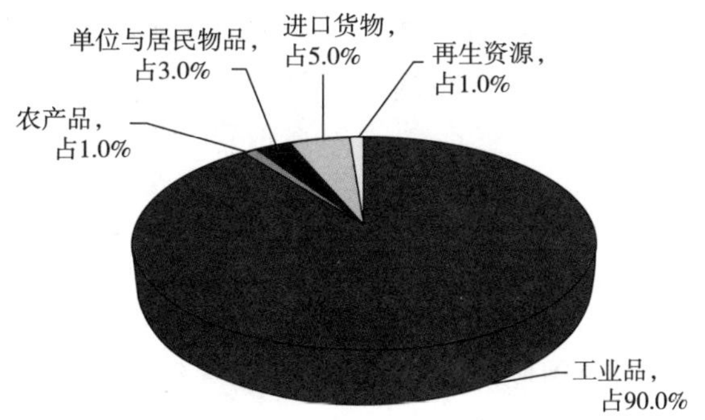

图3　2020年社会物流总额结构情况

数据来源:中国物流信息中心。

（三）社会物流成本增势趋缓

2020 年，受新冠肺炎疫情影响，各地不同的管控措施造成物流通道不畅，部分区域资源紧缺，服务时效放缓，疫情防控相关措施带动物流成本上升。相关部门力推降本增效，通过收费公路免收通行费等政策切实降低企业成本。2020 年，社会物流总费用 149 000 亿元，同比增长 2.0%，增长速度持续放缓趋稳。社会物流总费用与 GDP 的比率 14.7%，5 年间下降 1.3 个百分点，物流降本增效成果显著。见图 4。

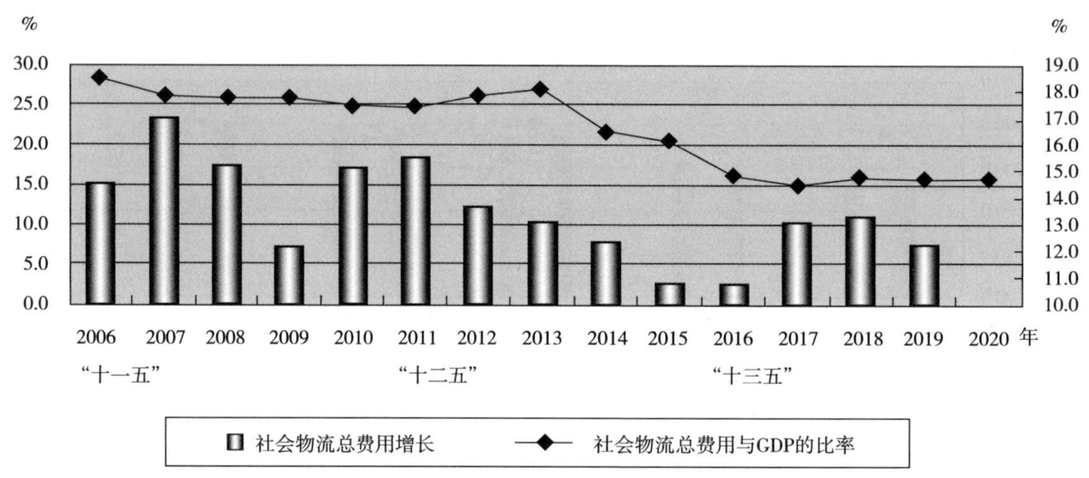

图 4　2006—2020 年中国社会物流总费用及与 GDP 的比率情况

数据来源：中国物流信息中心。

（四）货运规模总体基本恢复

2020 年，全年货物运输总量 463 亿吨，货物运输周转量 197 000 亿吨公里。全年港口完成货物吞吐量 145 亿吨，比上年增长 4.3%，其中外贸货物吞吐量 45 亿吨，增长 4.0%。港口集装箱吞吐量 26 430 万标准箱，增长 1.2%。

（五）基础工作得到新提高

到 2020 年，全国物流标准化技术委员会已制定发布国家标准 77 项，行业标准 57 项，团体标准 23 项，国际标准推进取得实质性突破。教育培训工作有新提升。2020 年，供应链管理专业正式进入教育部本科专业目录。目前，全国已有 698 个本科物流专业点和 2 000 多个中高职物流专业点。

二、物流行业政策环境建设

2020 年受新冠肺炎疫情冲击，国内国际物流出现“断链”问题，国内疫情防控应急物资运输保障和国际产业链供应链安全受到较大影响。保产业链供应链稳定成为“六保”工作之一，运输物流作为产业链供应链“生命线”的作用充分显露，得到国务院及有关部门的重视和大力支持。

（一）保通保畅政策力保物资运输

国务院及时提出全力保障公路路网顺畅运行、有序恢复公路运输服务、切实做好应急物资运输等三个基本要求，明确提出严禁擅自封闭高速公路出入口等“五个严禁”。交通运输部提出“一断三不断”和“三不一优先”的要求，开通绿色通道政策，保障防疫应急物资和人员运输车辆及重要生产生活物资运输车辆顺畅通行。公安部交管局要求严格落实疫情防控应急运输各项交通保障措施，部署各地构筑无缝衔接的“绿色通道”，保障应急运输车辆优先通行。

（二）航空货运保障供应链安全

受新冠肺炎疫情影响，国际国内客运航班大批停运，导致传统依赖客机腹舱的航空物流无法开展。3 月 24 日，国务院常务会议部署进一步提升中国国际航空货运能力，努力稳定国际供应链。民航局成立了促进航空物流业发展的工作领导小组，重点推进6项举措。一是持续降低国际航空货运成本。出台了五方面十六条政策措施，包括免征民航发展基金，降低机场收费、空管收费和航空煤油进销差价等，对承运重大专项运输任务的货运航班和包机给予补贴。二是简化货运航线航班审批。三是鼓励客运航空公司使用客机执行全货运航班。四是采用“点对点”货运包机的形式，解决客运“减量”后通达性不足的问题。五是加强“运贸对接”，会同商务部建立外贸外资企业与航空运输企业供需精准对接机制。六是针对具有重要战略意义的运输需求，及时启动重大航空运输保障机制。通过各项政策措施的激励，航空货运能力得到大幅提升。

（三）冷链物流安全受到重视

新冠肺炎疫情发生以后，多个省份在进口冷链食品或包装物检出新冠病毒核酸阳性，进口冷链食品疫情传播安全风险显现。国务院应对新型冠状病毒肺炎疫情联防联控机制综合组发布了《冷链食品生产经营过程新冠病毒防控消毒技术指南》。海关总署会同交通运输部、卫生健康委、市场监管总局等部门研究制定了《进口冷链食品预防性全面消毒工作方案》，对冷链物流的消杀环节做了更为具体的规定。交通运输部通知要求加强冷链物流渠道新冠肺炎疫情防控，切实强化国际冷链集装箱运输管理，全力做好冷链货物运输船舶、车辆等运输装备消毒工作。市场监管总局上线运行全国进口冷链食品追溯管理平台，接入全国平台试运行的9个省（直辖市），冷链食品首站进口量占全国90.0%以上，基本实现进口冷链食品的全链条信息化追溯。

作为国家出台的首个冷链物流强制性标准的《食品安全国家标准食品冷链物流卫生规范》（GB 31605—2020）强制性国家标准，2020年10月正式发布，更加有力地防控新冠病毒造成的食品污染。随着新冠肺炎疫情的常态化防控工作要求，消杀成本正在成为冷链物流企业生产经营的重要负担之一。各地加大对进口冷链食品集中仓储消杀和检测的要求，并陆续出台了相关财政补贴政策。

（四）国际供应链物流强化保障

疫情期间暴露出中国产业国际供应链安全稳定的问题，交通运输部会同外交部、工业和信息化部、商务部等12个部门，在国务院复工复产推进工作机制下成立国际物流专班，协调解决疫情期间和复工复产期间国际物流存在的问题，提升国际货运能力，做好保通保供保运工作。按照运力资源充足、网络覆盖健全、运输组织高校、经营信誉良好的原则，经各有关部门及延边省份交通运输主管部门推荐，确定54家企业作为第一批国际物流运输重点联系企业，并提出了相关工作要求，协调推进自主可控、安全可靠的国际物流网络建设。

（五）安全生产整治正式启动

2020年4月，国务院安委会印发《全国安全生产专项整治三年行动计划》，在全国部署开展安全生产专项整治三年行动，明确了2个专题实施方案、9个专项整治实施方案。时间从2020年4月启动至2022年12月结束。道路运输安全整治由交通运输部、公安部牵头。重点是超限超载治理、货车非法改装治理和危险货物运输车辆治理，并提出，到2022年基本消除货车非法改装、“大吨小标”等违法违规突出问题。

（六）绿色发展落实“双碳”目标

2020年作为蓝天保卫战、柴油货车污染防治攻坚战和运输结构调整三年行动计划的收官之年，各项工作加大推进力度，切实减少移动源排放污染，对行业长期影响持续显现。高排放货车淘汰更新提速。按照柴油货车污染防治攻坚战要求，各地纷纷制定老旧柴油货车和燃气车淘汰更新目标及实施计划，采取经济补偿、限制使用、加强监管执法等措施，加快淘汰国Ⅲ及以下排放标准的柴油货车。汽车排放检验与维护制度加快实施。按照《柴油货车污染治理攻坚战行动计划》要求，生态环境部、交通运输部、市场监管总局等三部门建立实施汽车排放检验与维护制度。快递包装加快绿色转型。相关部门推动在《电子商务法》《固体废物污染环境防治法》《快递暂行条例》《邮政业寄递安全监督管理办法》中增设了快递包装绿色治理条款。11月底，国务院办公厅转发《国家发展改革委等部门关于加快推进快递包装绿色转型意见的通知》，明确了未来5年的工作目标。

三、物流行业基础设施建设

2020年,传统物流基础设施建设和数字化为特征的新基建均保持高位运行。重大交通及物流基础设施建设发挥了重要的"压舱石"作用,有力保障了复工复产和物流市场升级发展。

(一)交通基础设施

1. 铁路领域。2020年,全国铁路固定资产投资完成7 819亿元,投产新线4 933公里,其中高速铁路2 521公里。路网规模上,全国铁路营业里程达到146 300公里;全国铁路路网密度达到152.3公里/万平方公里。高铁营业里程达到3.8万公里,"四纵四横"高铁网提前建成,"八纵八横"高铁网加密成型。中国已建成了世界上最现代化的铁路网和最发达的高铁网,为发展高铁快运等快捷货运产品奠定了坚实基础。2020年国铁集团大力推动专用线建设,正式实施《铁路专用线设计规范》。

2. 公路领域。2020年,全国公路水路投资25 417亿元、全国新改(扩)建高速公路12 713公里。到2020年年底,中国高速公路总里程达16万公里,继续稳居世界第1位。国家高速公路网主线基本建成,覆盖约99.0%的城镇人口20万以上城市及地级行政中心。全国公路总里程达519.8万公里。

3. 水路领域。全国公路水运固定资产投资完成25 900元,完成全年投资目标任务的143.8%,也就是同比增长了43.8%。内河水运通道服务保障能力提升,建成长江干线武汉至安庆段6米水深航道,推进引江济淮航运工程、京杭运河浙江段三级航道整治工程等。2020年水路货运增量5.7亿吨,沿海港口大宗货运公路运输量减少约3.7亿吨,三批70个多式联运示范工程完成集装箱多式联运量480万标箱(TEU)。2020年,全国沿海港口集装箱铁水联运量共完成668.5万标箱,同比增长30.1%;内河港口集装箱铁水联运量完成18.7万标箱,同比增长12.4%

4. 民航机场。2020年航空货运补短板深入推进,民航局在2020年发布《中国民航四型机场建设行动纲要(2020—2035年)》,全面贯彻落实习近平总书记关于四型机场(平安机场、绿色机场、智慧机场、人文机场)建设的指示要求。民航局发布《关于加强民用运输机场总体规划工作的指导意见》提出,到2050年建成全方位的民航强国。

(二)物流基础设施

2020年,中国物流园区(基地)、联运枢纽、自贸区和保税区升级发展,加速科技赋能,为物流产业升级发展提供了有力的基础支撑,在保产业链供应链安全发展发挥了重要作用。

1. 物流园区。冷链物流园区建设再获政策加持。国家发改委发布2020年17家国家骨干冷链物流基地建设名单,农业农村部实施"农产品仓储保鲜冷链物流设施建设工程"。《关于加快推进铁路专用线建设的指导意见》有序落实,铁路专线铁路入园区数量明显提升。数字科技赋能现代物流园区发展。5G、大数据、物联网、云计算等技术被更多地应用到物流园区。物流园区示范工作带动园区互联。国家发展改革委、自然资源部印发《关于开展第三批物流园区示范工作的通知》,组织开展第三批示范物流园区评审。

2. 联运枢纽。2020年10月,国家发改委、交通运输部联合印发《关于做好2020年国家物流枢纽建设工作的通知》(发改经贸〔2020〕1607号),共有22个物流枢纽入选2020年国家物流枢纽建设名单(见下表)。目前,两部委共布局建设了45个国家物流枢纽,覆盖全国27个省(自治区、直辖市)。国家物流枢纽联盟于2020年11月12日在青岛成立,并召开了联盟第一届理事会,发布了《青岛宣言》,将加快国家物流枢纽之间互联成网。

表 2020年国家物流枢纽建设名单

序 号	所在地	国家物流枢纽名称
1	北京市	北京空港型国家物流枢纽
2	河北省	唐山港口型(生产服务型)国家物流枢纽

续表

序　号	所在地	国家物流枢纽名称
3	内蒙古自治区	满洲里陆上边境口岸型国家物流枢纽
4	吉林省	长春生产服务型国家物流枢纽
5	江苏省	苏州港口型国家物流枢纽
6	安徽省	芜湖港口型国家物流枢纽
7	山东省	济南商贸服务型国家物流枢纽
8	河南省	洛阳生产服务型国家物流枢纽
9	湖北省	武汉港口型国家物流枢纽
10	湖南省	岳阳港口型国家物流枢纽
11	广东省	佛山生产服务型国家物流枢纽
12	广西壮族自治区	钦州—北海—防城港港口型国家物流枢纽
13	重庆市	重庆陆港型国家物流枢纽
14	四川省	遂宁陆港型国家物流枢纽
15	贵州省	贵阳陆港型国家物流枢纽
16	云南省	昆明商贸服务型国家物流枢纽
17	陕西省	延安陆港型国家物流枢纽
18	青海省	格尔木陆港型国家物流枢纽
19	新疆维吾尔自治区	阿拉山口陆上边境口岸型国家物流枢纽
20	大连市	大连港口型国家物流枢纽
21	青岛市	青岛商贸服务型国家物流枢纽
22	深圳市	深圳空港型国家物流枢纽

3. 自贸区及保税区。2020年，虽然遭遇美国贸易霸凌和新冠肺炎冲击，但中国率先控制疫情，进出口贸易活跃，保税物流发展取得了历史上最好的成绩。海关总署进一步落实国务院2019年出台的《关于促进综合保税区高水平开放高质量发展的若干意见》。

截至2020年12月底，全国31个省(自治区、直辖市)现有海关特殊监管区域160个。其中：保税港区2个，综合保税区147个，保税区9个，出口加工区1个，珠澳跨境工业区(珠海园区)1个。全国海关特殊监管区域总规划面积超445平方公里。国务院批复同意设立北京大兴国际机场综合保税区，成为全国唯一一个跨省份综合保税区，也是北京市第二个综合保税区。

四、行业企业发展情况

(一)抗击疫情维护物流生命线

面对新冠肺炎疫情冲击，广大物流企业积极响应党中央、国务院及有关部门保通保畅政令，知难而进，积极参与抗疫物资和生活必需品的仓储、运输、分拨、配送，有效筑起了应急保供的“生命线”。物流市场3月进入景气区间，12月中国物流业景气指数为56.9%，继续高位运行，物流市场基本恢复到往年正常水平。其中，中小微型物流企业的业务量指数、新订单指数、主营业务利润指数、从业人员指数在下半年持续上升，展现行业回升基础改善，企业具备发展韧性。

(二)物流企业集中度有所提高

受年初新冠肺炎疫情等因素影响，部分中小物流企业退出市场，物流市场集中度有所提升，头部物流企业竞争力进一步增强。截至2020年年底，全国A级物流企业达到6 882家，其中规模型5A级企业367家。50强物流企业物流业务收入合计11 000亿元，占物流业总收入的10.5%，进入门槛提高到37.1亿元，比2019年增加4.5亿元。电商快递、零担快运、合同物流、航空货运、国际航运、港口物流等领域企业集中度有所加强，一批物流企业成功上市。2020 年民营物流企业 50 强在 2019 年物流业务收入达到 4 443 亿元，同比增长 24.1%，民营物流 50 强门槛为 8.7 亿元，比上年增加 0.3 亿元。

（三）物流资本趋向头部企业

2020 年物流相关资本收紧，资本活跃度低于 2019 年。在相关消费物流市场，如电商快递、生鲜冷链、同城货运等领域仍受资本推崇。据不完全统计，2020 年国内物流供应链行业共发生成规模的投融资事件 144 起，已公布投资金额总计约 807 亿元。资本趋于投向头部企业。在快递市场，京东物流 30 亿元全资收购跨越速运，韵达快递战略投资德邦快递。在零担快运市场，安能物流、则一物流、德坤物流等获得过亿元融资。国货航、南航货运均在 2020 年完成混改。

（四）创新科技应用赋能物流

物流市场加速智能化、自动化升级发展。山东港口青岛港与中国中车长江集团长江公司在青岛港全自动化集装箱码头举行前湾港区智能货运空轨项目签约仪式，标志着全球首创的首条多式联运智能空轨集疏运系统（AITS）落地山东港口青岛港。物流领域科技创新能力不断增强。华为、旷世等企业竞向推进相关物流科技应用，加速物流数字化、智能化发展。由京东集团自主研发的无人仓调度算法应用入围 Franz Edelman 杰出成就奖，成为该奖项设立 50 年来首次有中国物流供应链领域的企业入围。

（五）供应链管理服务创新发展

供应链创新与应用试点企业发挥示范效应。2020 年，商务部等 8 部门印发《关于进一步做好供应链创新与应用试点工作的通知》，提出重点做好加强供应链安全建设、加快推进供应链数字化和智能化发展、促进稳定全球供应链、助力决战决胜脱贫攻坚和充分利用供应链金融服务实体企业等五个方面工作。试点企业充分发挥龙头带动作用，中国物流与采购联合会首批 A 级供应链服务企业出炉，引导供应链内部企业管理向行业供应链管理服务发展。

五、物流技术与装备市场

2020 年，物流行业数字化转型，加速大数据、云计算、人工智能、物联网、5G、无人驾驶等新技术应用。数字化、智能化物流装备和设施得到更广泛的应用，加速推动物流高质量发展。

（一）主要物流装备

1. 载货汽车。2020 年，在汽车市场整体遇冷的情况下，载货汽车市场逆势上涨。在消费物流等需求带动下，2020 年货车产销增速同比超过 20.0%，带动整体车市向好发展。货车产销分别完成 477.8 万辆和 468.5 万辆，同比分别增长 22.9%和 21.7%，占全部商用车销量的 91.3%。

2. 叉车市场。受益于国内新冠疫情得到迅速控制，国内制造业及物流业等率先复工复产，叉车市场需求快速增长。2020 年度，中国叉车全年总销售量居然高达 800 239 台，首次突破 80 万台，国内销售量突破 60 万台大关，继续成为全球排名第一的叉车超级生产大国和销售大国，国内销售量与出口均出现大幅度的增长。2020 年电动类叉车合计销售量是 410 257 台，与上年相比增长 37.4%。

3. 托盘市场。2020 年中国托盘年产量、托盘市场保有量和循环共用托盘池规模均以较高速度增长。2020 年中国托盘年产量约为 3.4 亿片，同比增长 13.3%；托盘市场保有量达到 15.5 亿片，同比增长 6.9%；循环共用托盘池规模超过 2 800 万片，同比增长 12.0%。木托盘产量逐渐降低，塑料托盘产量逐年提升，木托盘产量和塑料托盘产量约占托盘总产量的 80.0%左右。

4. 货架市场。近年来，货架产量持续提升，年复合增长率超过 11.8%，同时无人货架快速发展。受益电商物流、智能立体仓库等需求拉动，2020 年，货架行业加速向智能化、信息化、无人化、高位自动化方向发展。据艾媒咨询数据，2020 年中国无人货架市场规模或达到 25.4 亿元，相比上年 16.9 亿元，同比增长 50.3%。货架生产也从长三角、珠三角等经济发达地区逐步向华中等地区发展。

5. 新能源汽车。顶层规划推进。2020 年 11 月，国务院办公厅正式印发《新能源汽车产业发展规划(2021—2035年)》明确提出到2035年,纯电动汽车成为新销售车辆的主流。部署了推动产业融合发展等5项任务,这也推进了新能源车在物流领域的应用。补贴退坡实施。2020年4月,财政部、工信部、科技部等《关于完善新能源汽车推广应用财政补贴政策的通知》,2020—2022年补贴标准分别在上一年基础上退坡10.0%、20.0%、30.0%。路权开放加码。2020年4月,财政部、工信部、科技部等《关于完善新能源汽车推广应用财政补贴政策的通知》,推动落实新能源汽车免限购、免限行、路权等支持政策,加大柴油货车治理力度,提高新能源汽车使用优势。

(二)主要物流技术

1. 云计算与大数据。2020年新基建和智慧物流发展带动云计算技术在物流与供应链领域的应用。国家发改委、中央网信办印发《关于推进"上云用数赋智"行动培育新经济发展实施方案》,明确提出,"大力培育数字经济新业态,深入推进企业数字化转型,打造数据供应链,以数据流引领物资流、人才流、技术流、资金流,形成产业链上下游和跨行业融合的数字化生态体系"。

2020年,数字科技赋能现代物流迅速发展。京东物流依托大数据、5G、区块链、人工智能等前沿技术,打造"批发零售全渠道交易管理+产地销地智能基地管理+全程运输配送物流管理"三个业务管理平台,通过数字化、智能化供应链实现蔬菜生鲜产品的品牌化、精细化、可追溯的管理升级。

2. 物联网。商业应用加速普及。截至2020年年底,全国经营范围含物联网的企业达44万余家。物流溯源应用成效显著。2020年因疫情导致国内物联网应用需求扩大,特别是在防疫、环境监测、冷链物流以及货物溯源等方面物联网需求增幅较快。应用RFID等物联网技术在物品溯源方面成效显著,通过RFID标签与物品紧密关联,可追溯物资的整个物流流程,让生产、运输、销售之间信息(物资来源、动态)对等、透明化,极大地提升了物资流通的安全性。

3. 人工智能。自主创新不断突破。从2011—2020年全球人工智能专利申请量521 264件,总体上呈逐年上升趋势。中国人工智能领域的专利申请量389 571,位居世界第一,占全球总量的74.7%,是排名第二美国的8.2倍。中国在自然语言处理、芯片技术、机器学习等10多个AI子领域的科研产出水平居于世界前列。在人工智能技术(AI)和物联网技术(IoT)得到较快发展下,人工智能技术与物联网在实际应用中探索出"AIoT"即"AI+IoT"。AIoT技术在仓储环节可以利用算法能力与设备解决人、机器设备以及系统的跨平台集成,然后去管理、连接,最终通过人工智能等技术进行智能调度。

4. 区块链。据中物联区块链应用分会综合多方资料统计分析,2020年中国物流与供应链产业区块链平台上链总额约45 000亿元,上链率1.5%,较上年的17 000亿元大幅增长。其中:物流与供应链金融上链总额约21 000亿元,占比46.0%。物流追踪与产品溯源上链总额约11 000亿元,占比24.0%。物流及相关应用占比领先。据中物联区块链应用分会对2020年全国披露的区块链应用项目(数字货币除外)不完全统计分析显示,物流与供应链领域区块链应用所占比例约32.0%,虽较上年的34.0%略有下降,但仍是各领域中占比最高的。

5. 自动驾驶。惠政加持引导市场发展。2020年4月,工信部发布了《2020年智能网联汽车标准化工作要点》,提出建立智能网联汽车标准制定和实施评估机制。2020年中国无人驾驶发展正式进入L3级时代。L3为有条件自动驾驶,可解放双手,驾驶员不必一直监控系统,但必须时刻保持警惕并在必要时进行干预。物流领域应用仍存瓶颈。目前技术较为成熟的是无人配送,很多研发相关技术的企业已经进入了无人配送产品的小批量生产阶段,规模较大的已经超过上百辆。

六、运输物流市场的发展

(一)公路货运市场

公路货运市场整体逐渐恢复。2020年,中国货物运输总量463亿吨,货物运输周转量196 700亿吨公里,其中:公路货运量342.6亿吨,小幅下滑0.3个百分点,仍然占货运总量的74.0%。受新冠肺炎疫情影响,公路货运量单月同比增速2月快速下探到38.4%的负增长,5月即转正,此后增速继续加快。

12 月单月增速达到 9.7%，处于较快增长区间。公路货运市场需求持续调整，消费物流需求继续保持较高增长速度，持续快速增长的快递市场对公路货运市场中的整车运输、快递运输、零担快运、城市配送等细分领域均有较强拉动作用。而服务于线下零售的合同物流、零担专线、城市配送等细分领域仍受到一定冲击影响。

（二）铁路货运市场

2020 年，铁路系统聚焦交通强国、铁路先行，深入实施货运增量行动，进一步推进运输结构调整和供给侧结构性改革，有力有效应对各种风险挑战。铁路货运规模持续扩大。2020 年国家铁路日均装车达 16.1 万车，创历史最好水平，单日装车纪录不断刷新，最高日达 178 256 车。2020 年全社会铁路货物运输总量达到 44.6 亿吨，同比增长 3.2%，货物运输周转量达到 30 371.8 亿吨公里，同比增长 1.0%。稳步推进货运结构调整。铁路货运量占全社会货运量的比重由 2016 年的 7.7% 提高到 2020 年的 9.9%，铁路货物周转量占比由 2016 年的 12.8% 提高到 2020 年的 15.4%。铁路物流品牌发展逆势上扬。中欧班列品牌效应不断凸显。2020 年中欧班列全路累计开行 12 400 列，同比增长 50.0%，年度开行数量首次突破 1 万列。

（三）水路货运市场

1. 集装箱运输市场。2020 年，全球集装箱海运量 19 300 万 TEU，同比下跌 1.9%。全球集装箱船队总运力规模达到 2 296.9 万 TEU，同比增长 2.9%。2020 年中国出口集装箱运价综合指数（CCFI）均值为 984.4，上半年运价整体表现相对平稳，下半年运价逆势攀升，12 月底攀升至 1 658.6 点，创近 12 年来新高。

2. 干散货运输市场。市场发展，国际干散货海运贸易快速回温，运力增速持续放缓。在全球疫情得到良好控制的前提下，国际干散货市场受益于全球工业经济复苏全面回暖。国际干散货海运运价大幅反弹，迎来“牛市”发展机遇。交付运力在近年来新船订单大幅下滑的大背景下仍继续放缓，国际干散货运力预计再下一档，实现金融危机以来的新低速。国际干散货航运市场在需求反弹、运力供给放缓的预期下，预计有不俗表现。

3. 港口物流市场。沿海港口货物吞吐量实现预期增长。2020 年沿海港口吞吐量同比增长 3.3%（外贸增长 4.0%、内贸增长 2.7%），实现预期增长，较 2019 年放缓 1.0 个百分点，累计增速自 6 月由负转正以来。上半年与下半年走势均超出预期。全年走势前低后高，月度不平衡性加大。上半年沿海港口受疫情冲击超乎预期。港口建设投资保持高速增长，能力适应性回归至基本适应水平。

（四）航空货运市场

受新冠肺炎疫情影响，2020 年中国航空运输周转量为 780 多亿吨公里，同比下降约 39.0%，航空货运市场遭受冲击。3 家航空企业亏损均超过百亿元，合计亏损达 370 亿元。三大航空积极推进航空货运市场改革发展，由于中国采取积极有效的疫情防控措施，在航空货运方面，民航局积极推进“客改货”、开辟国内外货机“绿色通道”、提供政府补贴等一系列政策措施，使得中国民航 2020 年在全球率先触底反弹，成为全球恢复最快、运行最好的航空市场。2020 年 1—12 月的运输量呈现明显的“√”型增长，2020 年全年，全行业共完成货邮运输量 670 多万吨，恢复至上年同期的 89.8%；其中国际航线完成货邮运输量 223 万吨，恢复至上年同期的 92.2%。民航运输总周转量已经连续 15 年位居世界第 2 位，服务能力显著增强。

（五）仓储服务市场

市场呈现先抑后扬的态势。前期由于受新冠疫情管控的影响，仓储行业下滑态势明显，但是从 4 月后，随着国内新冠疫情得到有效控制，仓储业开始呈现上扬态势。与此同时，随着仓储行业的转型，以及相关投融资的放缓，仓储行业也呈现出内部竞争加剧，行业向智能化仓储、绿色仓储等进行深度转型的局面。仓储业利润增长趋势下降。2020 年国内仓储行业业务利润增长趋势明显下降。仓储地产呈现寡头竞争格局。2020 年，中国仓储地产企业主要有普洛斯、万纬等企业，普洛斯占据市场第 1 位置，市场份额达到了 30.0%以上。海外仓高速发展，2020 年中国海外仓数量超过 1 800 个,增速达 80.0%。

(审稿:周志成
撰稿:杨达卿)

2020 年交通运输业发展综述

交通运输部档案馆

2020 年是中华人民共和国历史上极不平凡的一年,这一年,全行业在以习近平同志为核心的党中央坚强领导下,全面贯彻党的十九大和十九届二中、三中、四中、五中全会精神,众志成城、艰苦奋斗,在危机中育新机、于变局中开新局,统筹推进疫情防控和经济社会发展交通运输各项工作,加快建设交通强国。全年交通运输行业取得了疫情防控阶段性胜利,交通运输主要指标稳定恢复,基础设施网络加快完善,运输装备不断升级,运输结构持续优化,基本完成了"两通"和"十三五"规划目标任务,取消了高速公路省界收费站并实现平稳运行,实现了交通固定资产投资逆势增长,开工建设了川藏铁路等重大标志性工程,向党和人民交出了一份合格的答卷,为如期实现全面建成小康社会目标,乘势而上开启全面建设社会主义现代化国家新征程提供了坚实有力的支撑,为实现"十四五"开好局、起好步奠定了坚实基础。

全年公路、水路营业性客运量分别为 689 400 万人次、1.5 亿人次,城市公共交通客运量 8 719 200 万人次;铁路旅客发送量 220 300 万人次。全年公路、水路营业性货运量分别完成 3 426 400 万吨和 76.2 亿吨;铁路货物发送量 455 200 万吨;民航货邮运输量 240.2 万吨;快递业务量 255.4 亿件。完成乡道及以上公路安全生命防护工程 18.5 万公里、危桥改造 6 692 座。自 2010 年 8 月 25 日至 2020 年年底,民航实现运输航空连续安全飞行"120+4"个月,累计安全飞行 8 943 万小时的安全新纪录。全年共组织协调水上搜救行动 1 758 次,成功搜救遇险船舶 1 110 艘、遇险人员 10 834 人,人命搜救成功率 95.7%。

铁路运输

一、运输生产

(一)旅客运输

全国铁路旅客发送量完成 220 349 万人,比上年减少 145 700 万人,下降 39.8%。其中:国家铁路 216 694 万人,比上年下降 39.4%。全国铁路旅客周转量完成 8 266.2 亿人公里,比上年减少 6 440.5 亿人公里,下降 43.8%。其中:国家铁路 8 258.1 亿人公里,比上年下降 43.2%。见表 1、图 1、图 2。

表 1　全国铁路旅客运输量情况

指　标	单　位	2020 年	比上年/±%
旅客发送量	万　人	220 349.0	-39.8
国家铁路	万　人	216 694.0	-39.4
旅客周转量	亿人公里	8 266.2	-43.8
国家铁路	亿人公里	8 258.1	-43.2

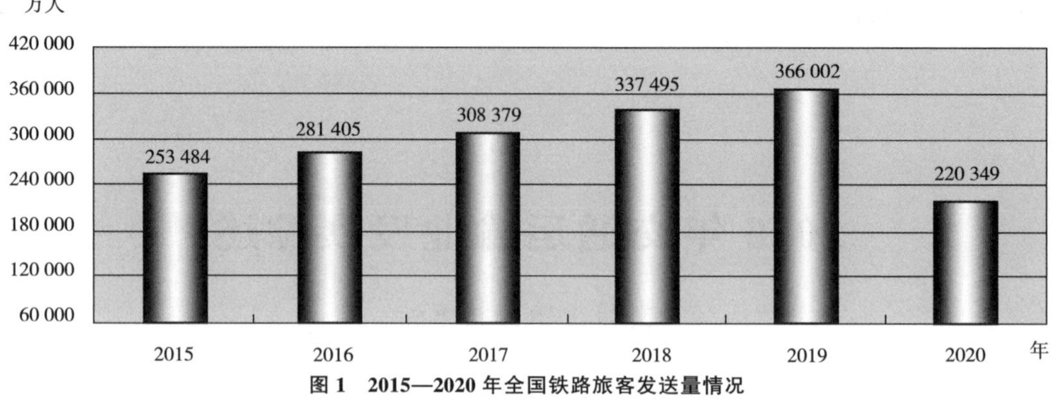

图 1　2015—2020 年全国铁路旅客发送量情况

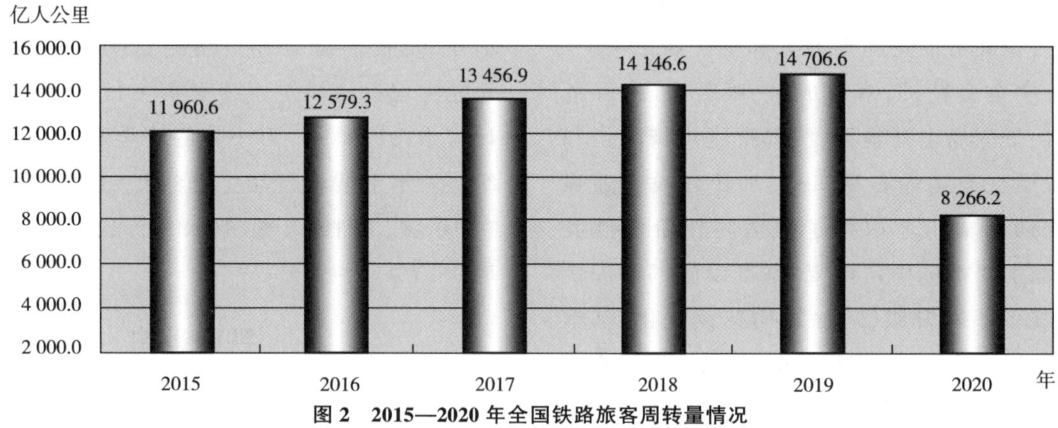

图 2　2015—2020 年全国铁路旅客周转量情况

(二)货物运输

全国铁路货运总发送量完成 455 236 万吨，比上年增加 1.4 亿吨，增长 3.2%。其中：国家铁路 358 102 万吨，比上年增长 4.1%。全国铁路货运总周转量完成 30 514.5 亿吨公里，比上年增加 297.1 亿吨公里，增长 1.0%。其中：国家铁路 273 978 300 万吨公里，比上年增长 1.4%。见表 2、图 3、图 4。

表 2　全国铁路货物运输量情况

指　标	单　位	2020 年	比上年/±%
货运总发送量	万　吨	455 236.0	3.2
国家铁路	万　吨	358 102.0	4.1
货运总周转量	亿吨公里	30 514.5	1.0
国家铁路	亿吨公里	27 397.8	1.4

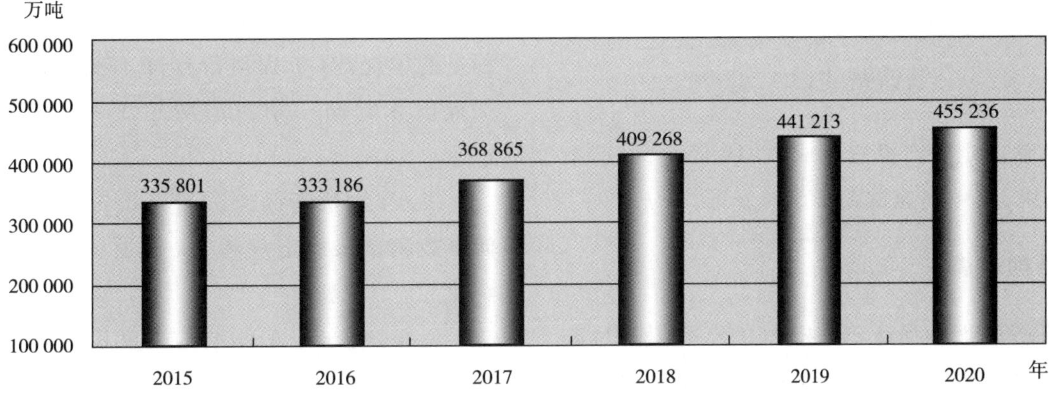

图 3 2015—2020 年全国铁路货运总发送量情况

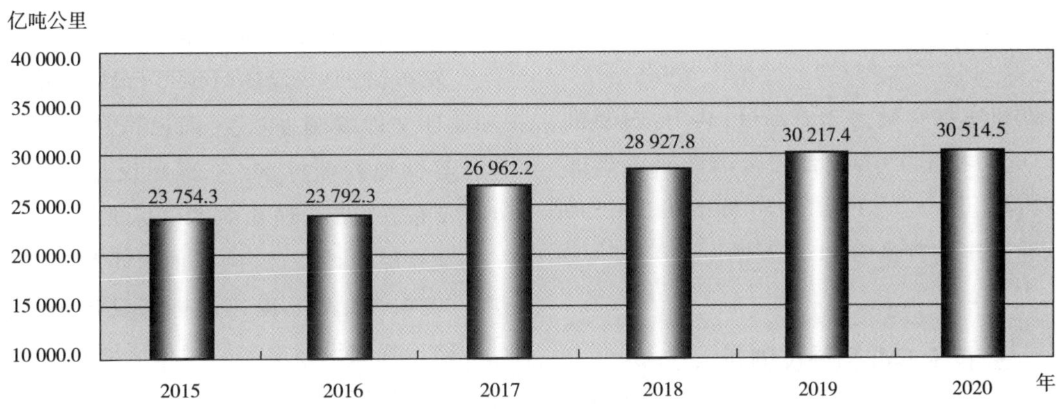

图 4 2015—2020 年全国铁路货运总周转量情况

(三)换算周转量

全国铁路总换算周转量完成 38 780.7 亿吨公里,比上年减少 6 143.4 亿吨公里,下降 13.7%。其中:国家铁路 35 655.9 亿吨公里,比上年下降 14.2%。见图 5。

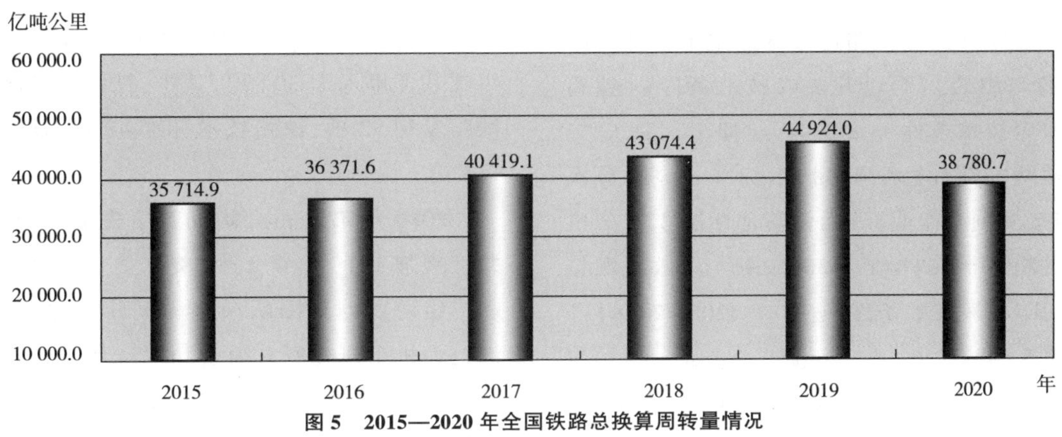

图 5 2015—2020 年全国铁路总换算周转量情况

(四)运输安全

全年全国铁路未发生铁路交通特别重大、重大事故;发生较大事故 13 件,同比增加 9 件。铁路交通事故死亡人数比上年下降 14.5%。

二、铁路建设

全国铁路固定资产投资完成 7 819 亿元，投产新线 4 933 公里，其中高速铁路 2 521 公里。

（一）路网规模

全国铁路营业里程达到 146 300 公里，其中：高速铁路营业里程达到 3.8 万公里；复线率 59.5%；电化率 72.8%；西部地区铁路营业里程 5.9 万公里。全国铁路路网密度 152.3 公里/万平方公里。

（二）移动装备

全国铁路机车拥有量为 2.2 万台，其中：内燃机车 8 000 台，电力机车 13 800 台。全国铁路客车拥有量为 7.6 万辆，其中：动车组 3 918 标准组、31 340 辆。全国铁路货车拥有量为 91.2 万辆。

三、技术标准和科技创新

（一）重要技术标准制（修）订

经国家标准委审批发布《标准轨距铁路限界》系列标准、《机车车辆火灾报警系统》等铁道国家标准 17 项。

发布铁道行业标准（技术标准）公告 9 批 69 项和 5 项标准修改单，包括《350 千米/小时高速电动车组通用技术条件》《高速铁路道岔制造技术条件　第 1 部分：制造与组装》《自动化驼峰技术条件》《铁路煤炭运输抑尘技术条件　第 1 部分：抑尘剂》《电气化铁路接触网零部件》系列等技术标准 66 项，首次发布《铁路接发列车作业》等运营管理标准 3 项，《机车车辆真空断路器》（TB/T 3430-2015）、《散装颗粒货物运输用防冻液技术条件》（TB/T 3208-2008）等标准修改单 5 项。

发布铁道行业标准（工程建设标准）公告 7 批，《市域（郊）铁路设计规范》和铁路工程施工安全系列技术规程等工程建设标准 15 项。局部修订《铁路工程设计防火规范》《铁路照明设计规范》《铁路旅客车站设计规范》工程建设标准 3 项。废止《铁路隧道辅助坑道技术规范》等工程建设标准 27 项。

发布铁路工程造价标准公告 2 批，《铁路工程工程量清单规范》工程造价标准 1 项，局部修订《铁路工程预算定额　第三册隧道工程》工程造价标准 1 项。

发布《钢轨断面检测量具检定规程》《接触网几何参数测量仪检定规程》等铁道行业计量规程规范 4 项。

发布《动车组车体结构强度设计及试验》《合金钢组合辙叉》《铁路信号故障-安全原则》等铁道行业标准（技术标准）英文译本 14 项。经国家标准委审批发布《内燃机车通用技术条件》《铁路 T 梁架桥机》等铁道国家标准英文译本 9 项。

发布《铁路建设项目预可行性研究、可行性研究和设计文件编制办法》《高速铁路安全防护设计规范》等铁道行业标准（工程建设标准）英文译本 33 项，发布《铁路工程基本术语标准》俄文译本 1 项和《高速铁路设计规范》阿拉伯语译本 1 项、泰语译本 1 项。发布《铁路工程建设标准汉语阿拉伯语词典》《铁路工程建设标准汉语印尼语词典》等铁路工程建设标准词典 2 项。

（二）科技创新获奖情况

国家铁路局开展首批铁路行业科技创新基地申报及认定，共认定“宽带移动信息通信铁路行业重点实验室”等铁路行业重点实验室 7 个，“高速列车本构安全技术铁路行业工程研究中心”等铁路行业工程研究中心 10 个。铁路重大科技创新成果库 2020 年度共评审入库 304 项，其中：铁路科技项目 50 项、铁路专利 52 项、铁路技术标准 49 项、铁路科技论文 153 篇。

2020 年第二届全国创新争先奖公布，铁路行业共获奖牌 1 个、奖章 1 个、奖状 2 个，分别为：复兴号动车组研发创新团队获全国创新争先奖牌；中车株洲电力机车研究所有限公司冯江华获全国创新争先奖章；西南交通大学张卫华、王开云获全国创新争先奖状。

2020 年第二十一届中国专利奖公布，铁路行业共有 30 项专利获奖，其中：中南大学“铁路大风监测预警系统及方法”、株洲中车时代电气股份有限公司“一种用于动车组的快速粘着控制方法”、中铁工程装备集团有限公司“隧道联络通道用盾构机及其联络通道掘进方法”获中国专利金奖；中车青岛四方机车车辆股份有限公司、中国铁路总公司联合申报的“轨道车辆车头（2014-3）”获外观设计金奖；此外另获中国专利银奖 4 项，中国专利优秀奖 21 项，外观设计优秀奖 1 项。

2020 年全国科普工作先进集体和先进工作者公布，中国铁道科学研究院集团有限公司铁道科学技术研究发展中心获全国科普工作先进集体，北京交通大学魏庆朝获全国科普工作先进工作者称号。

铁路行业“TB/T 3487—2017《交流传动电力机车》等 2 项标准”荣获 2020 年中国标准创新贡献奖标准项目奖三等奖。

四、节能减排

（一）综合能耗

国家铁路能源消耗折算标准煤 1 548.8 万吨，比上年减少 87.3 万吨，下降 5.3%。旅客发送量受新冠肺炎疫情影响大幅下降，客车上座率低，造成单位运输工作量综合能耗 4.4 吨标准煤/百万换算吨公里，比上年增加近 0.5 吨标准煤/百万换算吨公里，增长 11.3%。单位运输工作量主营综合能耗 4.3 吨标准煤/百万换算吨公里，比上年增加 0.5 吨标准煤/百万换算吨公里，增长 12.6%。见图 6。

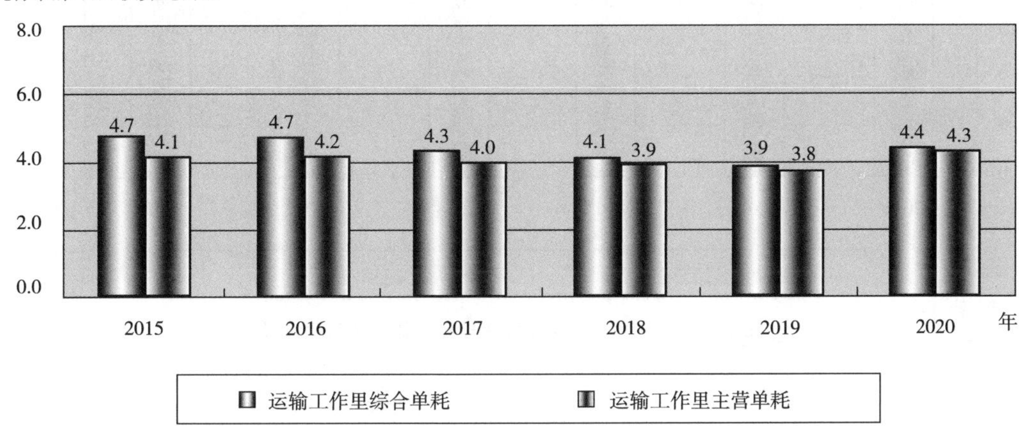

图 6　2015—2020 年国家铁路运输工作量综合单耗、主营单耗情况

（二）主要污染物排放量

国家铁路化学需氧量排放量 1 634 吨，比上年减排 98 吨，降低 5.6%。二氧化硫排放量 3 271 吨，比上年减排 2 014 吨，降低 38.1%。见图 7。

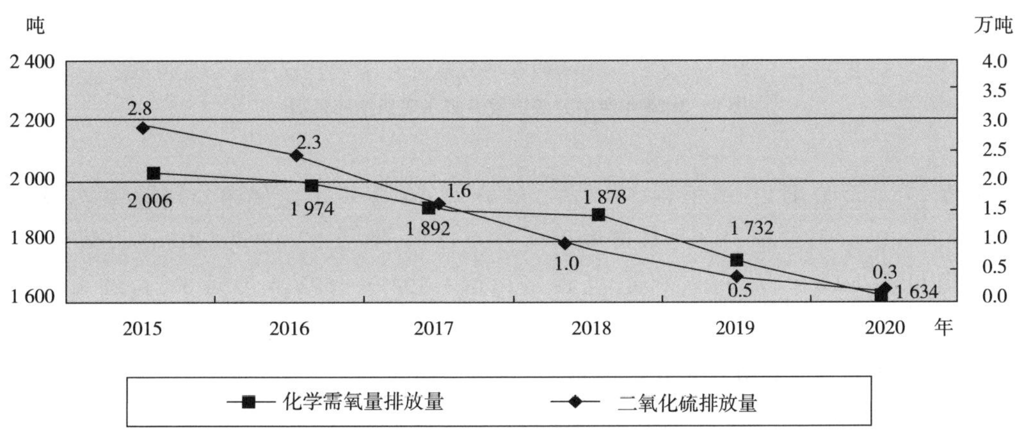

图 7　2015—2020 年国家铁路化学需氧量、二氧化硫排放量情况

公路水路运输

一、基础设施

（一）公路

年底全国公路总里程 5 198 100 公里，比上年年底增加 185 600 公里。公路密度 54.2 公里/百平方公里，增加 1.9 公里/百平方公里。公路养护里程 514.4 万公里，占公路总里程 99.0%。见图 8。

年底全国四级及以上等级公路里程 494.5 万公里，比上年年底增加 24.6 万公里，占公路总里程比重为 95.1%，提高 1.4 个百分点。二级及以上等级公路里程 702 400 公里，增加 30 400 公里，占公路总里程比重为 13.5%，提高 0.1 个百分点。高速公路里程 16.1 万公里，增加 1.1 万多公里；高速公路车道里程 72.3 万公里，增加 5.4 万公里。国家高速公路里程 11.3 万公里，增加 4 400 公里。见图 9。

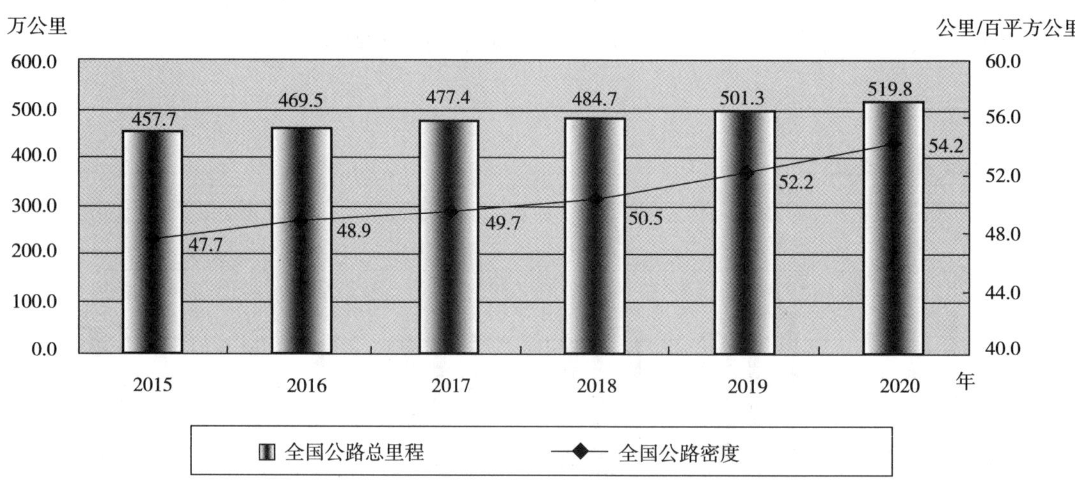

图 8　2015—2020 年全国公路总里程及公路密度情况

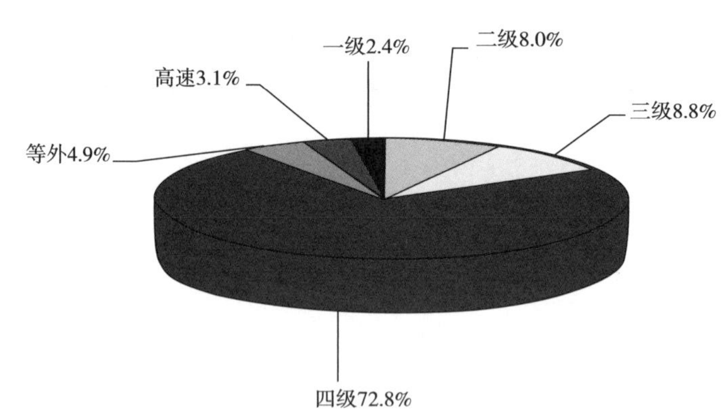

图 9　2020 年全国公路里程分技术等级构成情况

年底国道里程 37.1 万公里，省道里程 38.3 万公里。农村公路里程 438.2 万公里，其中：县道里程 66.1 万公里、乡道里程 123.9 万公里、村道里程 248.2 万公里。

年底全国公路桥梁 91.3 万座、6 628.6 万延米，比上年年底分别增加 3.5 万座、565.1 万延米，其中：特大桥梁 6 444 座、1 163 万延米，大桥 119 935 座、3 277.8 万延米。全国公路隧道 21 316 处、2 199.9 万延米，增加 2 249 处、303.3 万延米，其中：特长隧道 1 394 处、623.6 万延米，长隧道 5 541 处、963.3 万延米。

（二）水路

1. 内河航道。年底全国内河航道通航里程

127 700 公里，比上年年底增加 387 公里。等级航道里程 67 300 公里，占总里程比重为 52.7%，提高 0.2 个百分点。三级及以上航道里程 14 400 公里，占总里程比重为 11.3%，提高 0.4 个百分点。见图 10。

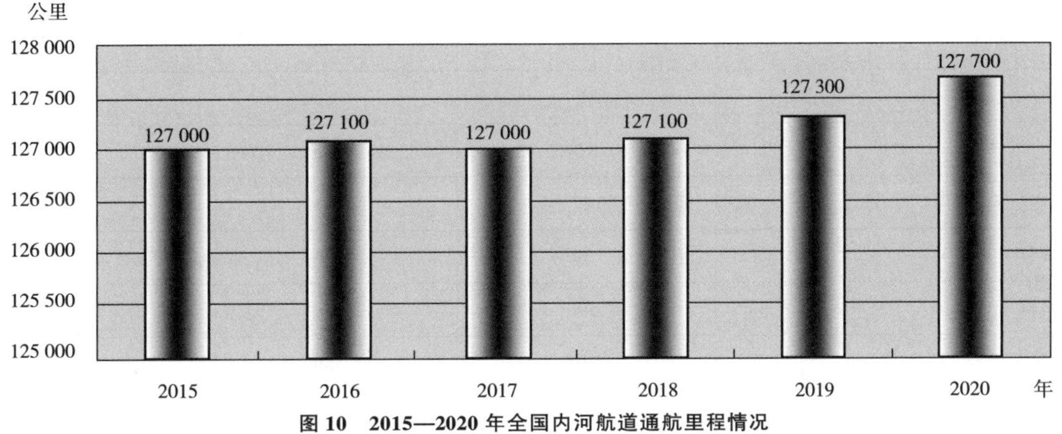

图 10　2015—2020 年全国内河航道通航里程情况

各等级内河航道通航里程分别为：一级航道 1 840 公里，二级航道 4 030 公里，三级航道 8 514 公里，四级航道 11 195 公里，五级航道 7 622 公里，六级航道 17 168 公里，七级航道 16 901 公里。等外航道里程 60 400 公里。

各水系内河航道通航里程分别为：长江水系 64 736 公里，珠江水系 16 775 公里，黄河水系 3 533 公里，黑龙江水系 8 211 公里，京杭运河 1 438 公里，闽江水系 1 973 公里，淮河水系 17 472 公里。

2. 港口。年底全国港口生产用码头泊位 22 142 个，比上年年底减少 751 个。其中：沿海港口生产用码头泊位 5 461 个，减少 101 个；内河港口生产用码头泊位 16 681 个，减少 650 个。

年底全国港口万吨级及以上泊位 2 592 个，比上年年底增加 72 个。其中：沿海港口万吨级及以上泊位 2 138 个，同比增加 62 个；内河港口万吨级及以上泊位 454 个，同比增加 10 个。见表 3。

表 3　全国港口万吨级及以上泊位数量情况

单位：个

泊位吨级	全国港口	比上年增加	沿海港口	比上年增加	内河港口	比上年增加
合　计	**2 592**	**72**	**2 138**	**62**	**454**	**10**
1~3 万吨级（不含 3 万）	865	6	672	2	193	4
3~5 万吨级（不含 5 万）	437	16	313	16	124	0
5~10 万吨级（不含 10 万）	850	28	725	22	125	6
10 万吨级及以上	440	22	428	22	12	0

年底全国万吨级及以上泊位中，专业化泊位 1 371 个，比上年年底增加 39 个；通用散货泊位 592 个，同比增加 33 个；通用件杂货泊位 415 个，同比增加 12 个。见表 4。

表 4　全国万吨级及以上泊位构成情况
（按主要用途分）

单位：个

泊位用途	2020 年	2019 年	比上年增加
专业化泊位	1 371	1 332	39

续表

泊位用途	2020 年	2019 年	比上年增加
#集装箱泊位	354	352	2
煤炭泊位	265	256	9
金属矿石泊位	85	84	1
原油泊位	87	85	2
成品油泊位	147	143	4
液体化工泊位	239	226	13
散装粮食泊位	39	39	0
通用散货泊位	592	559	33
通用件杂货泊位	415	403	1

二、运输装备

(一)公路

年底全国拥有公路营运汽车 1 171.5 万辆。拥有载客汽车 61.3 万辆、1 840.9 万客位;拥有载货汽车 1 110.3 万辆、15 784.2 万吨位,其中:普通货车 414.1 万辆、4 660.8 万吨位,专用货车 50.7 万辆、596.6 万吨位,牵引车 310.8 万辆,挂车 334.6 万辆。见图 11。

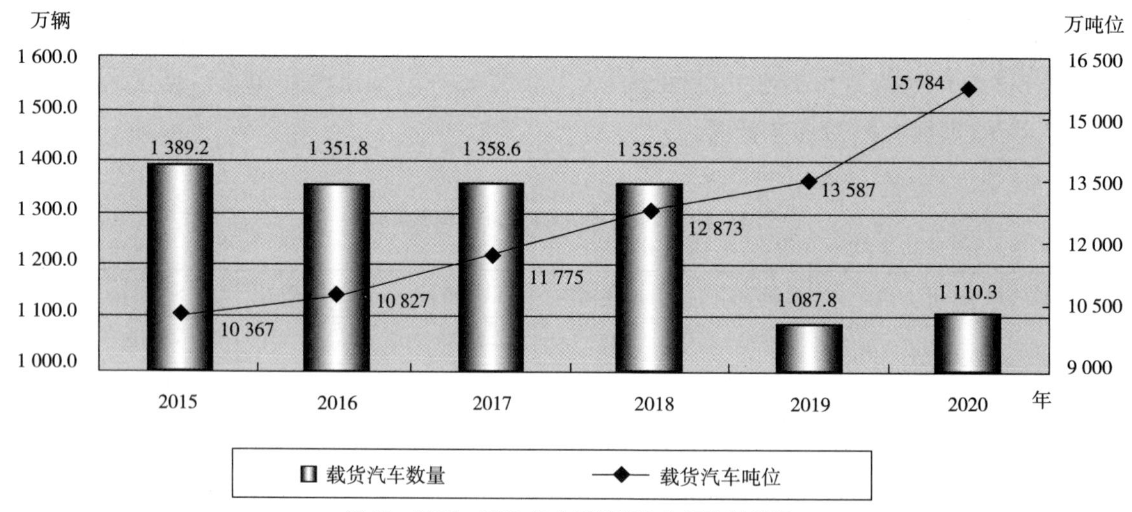

图 11 2015—2020 年全国载货汽车拥有量情况

(二)水路

年底全国拥有水上运输船舶 12.7 万艘,比上年年底下降 3.6%;净载重量 27 060.2 万吨,增长 5.4%;载客量 86 万客位,下降 2.9%;集装箱箱位 293 万标准箱,增长 30.9%。见图 12、表 5。

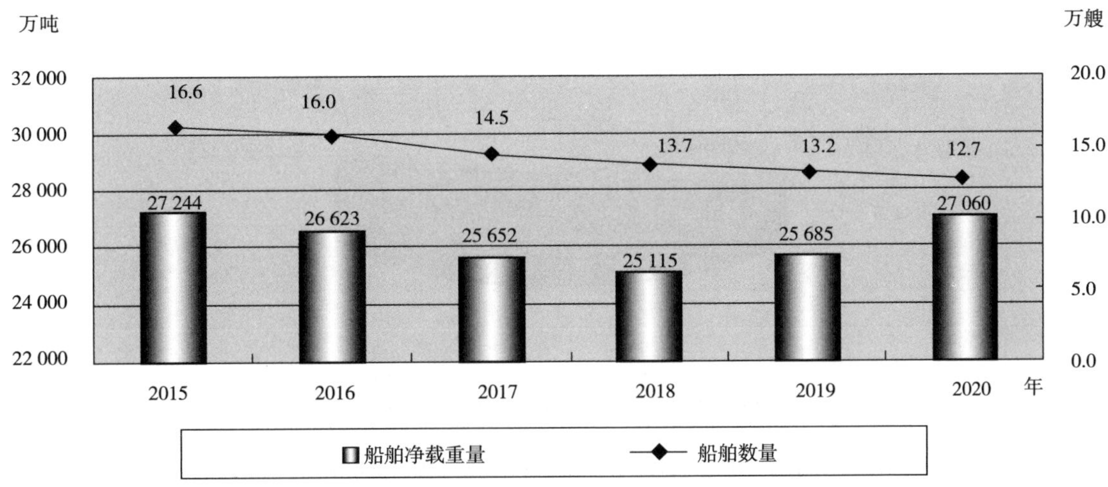

图 12　2015—2020 年全国水上运输船舶拥有量情况

表 5　全国水上运输船舶构成情况

（按航行区域分）

指　标	单　位	实　绩	比上年增长(%)
内河运输船舶			
运输船舶数量	万　艘	11.50	-3.8
净载重量	万　吨	13 673.02	4.5
载客量	万客位	60.07	-4.2
集装箱箱位	万 TEU	51.31	31.0
沿海运输船舶			
运输船舶数量	艘	10 352.00	-0.1
净载重量	万　吨	7 929.83	12.0
载客量	万客位	23.63	0.6
集装箱箱位	万 TEU	60.91	-3.7
远洋运输船舶			
运输船舶数量	艘	1 499.00	-9.9
净载重量	万　吨	5 457.30	-1.2
载客量	万客位	2.29	-3.3
集装箱箱位	万 TEU	180.80	48.9

（三）城市客运

年底全国拥有城市公共汽电车 704 400 辆，比上年年底增长 1.6%。拥有城市轨道交通配属车辆 49 424 辆，同比增长 20.6%。拥有巡游出租汽车 139.4 万辆，同比增长 0.2%。拥有城市客运轮渡船舶 194 艘，同比下降 13.4%。见图 13、表 6。

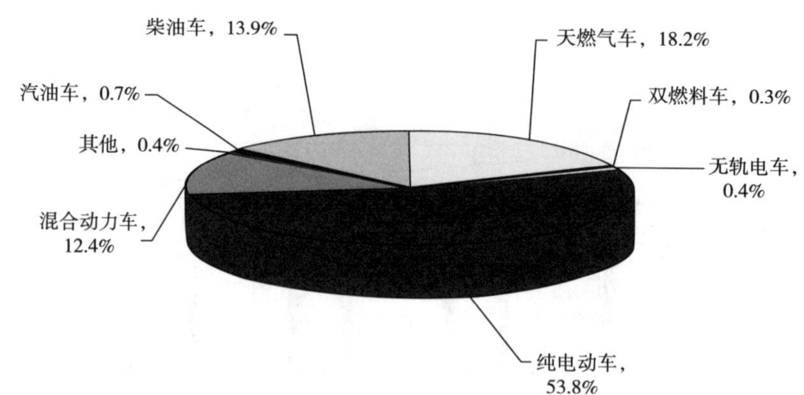

图 13　2020 年公共汽电车分燃料类型构成情况

表 6　2015—2020 年全国城市客运装备拥有量情况

年　份	公共汽电车 /万辆	轨道交通配属车辆 /辆	巡游出租汽车 /万辆	城市客运轮渡船舶 /艘
2015 年	56. 18	19 941	139. 25	310
2016 年	60. 86	23 791	140. 40	282
2017 年	65. 12	28 707	139. 58	264
2018 年	67. 34	34 012	138. 89	250
2019 年	69. 33	40 998	139. 16	224
2020 年	70. 44	49 424	139. 40	194

三、运输服务

(一)公路

全年完成营业性客运量 689 400 万人，比上年下降 47. 0%，完成旅客周转量 4 641 亿人公里，同比下降 47. 6%。完成营业性货运量 3 426 400 万吨，比上年下降 0. 3%，完成货物周转量 60 171. 9 亿吨公里，同比增长 0. 9%。全年机动车年平均交通量为 14 395 辆/日，比上年下降 1. 8%，年平均行驶量为 318 301 万车公里/日，同比下降 4. 6%。

(二)水路

全年完成客运量 1. 5 亿人，比上年下降 45. 2%，完成旅客周转量 33 亿人公里，同比下降 58. 0%。完成货运量 76. 2 亿吨，比上年下降 3. 3%，完成货物周转量 105 834. 4 亿吨公里，同比下降 2. 5%。其中：内河货运量 38. 2 亿吨、货物周转量 15 937. 5 亿吨公里；海洋货运量 380 100 万吨、货物周转量 89 896. 9 亿吨公里。

全国港口完成旅客吞吐量 4 418. 8 万人，比上年下降 49. 3%。其中：内河港口完成 74. 6 万人，下降 85. 3%；沿海港口完成 4 344. 2 万人，下降 47. 1%。

全国港口完成货物吞吐量 145. 5 亿吨，比上年增长 4. 3%。其中：内河港口完成 50. 7 亿吨，增长 6. 4%；沿海港口完成 94. 8 亿吨，增长 3. 2%。完成集装箱铁水联运量 687 万 TEU，增长 29. 6%。见表 7。

表 7　2020 年全国水路货物吞吐量情况

类　别	单　位	自年初累计	比上年增长/%
货物吞吐量	亿　吨	145. 50	4. 3
按内外贸分			
外　贸	亿　吨	44. 96	4. 0
内　贸	亿　吨	100. 54	4. 4

续表

类　别	单　位	自年初累计	比上年增长/%
按主要货类分			
其中:煤炭及制品	亿　吨	25.56	-2.7
石油、天然气及制品	亿　吨	13.10	7.9
金属矿石	亿　吨	23.41	5.5
集装箱	亿 TEU	2.64	1.2
内　河	亿 TEU	0.30	-0.5
沿　海	亿 TEU	2.34	1.5

(三)城市客运

年底全国城市公共汽电车运营线路 70 643 条,比上年年底增加 4 913 条,运营线路总长度 148.2 万公里,增加 14.6 万公里。分方式看,公交专用车道 16 551.6 公里,增加 1 599.9 公里;城市轨道交通运营线路 226 条,增加 36 条,运营里程 7 354.7 公里,增加 1 182.5 公里,其中:地铁线路 189 条、6 595.1 公里,轻轨线路 6 条、217.6 公里;城市客运轮渡运营航线 83 条,减少 5 条,运营航线总长度 323.4 公里,减少 74.5 公里。

全年完成城市客运量 871.9 亿人,比上年下降 31.8%。分方式看,公共汽电车客运量 442.4 亿人、运营里程 302.8 亿公里,分别下降 36.1%和 14.5%;轨道交通客运量 175.9 亿人,同比下降 26.3%;巡游出租汽车客运量 253.3 亿人,同比下降 27.2%;客运轮渡客运量 0.4 亿人,同比下降 47.1%。见图 14、图 15。

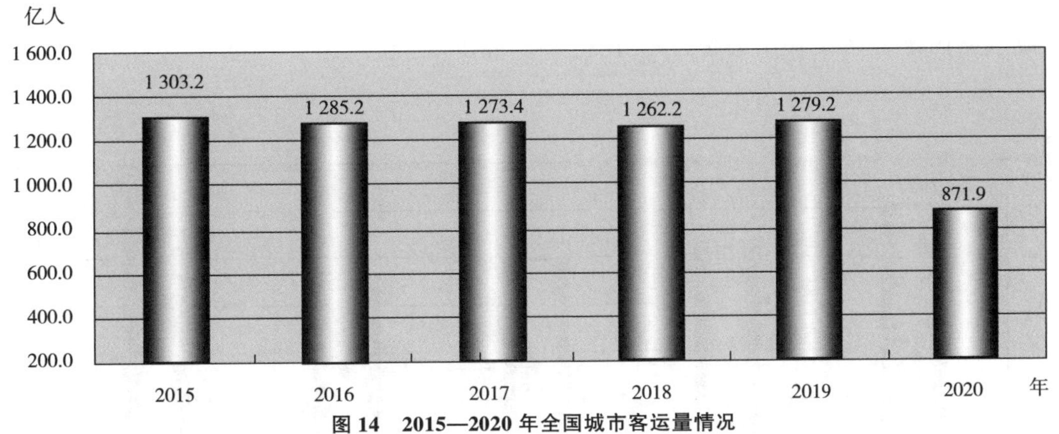

图 14　2015—2020 年全国城市客运量情况

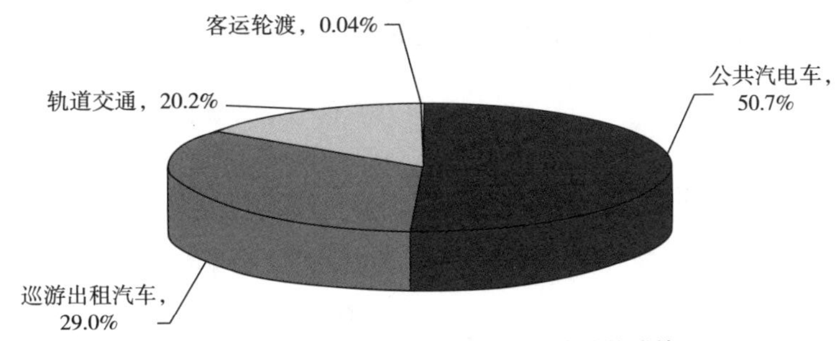

图 15　2020 年全国城市客运量分运输方式构成情况

四、交通固定资产投资

(一)公路建设

全年完成公路固定资产投资 24 312 亿元,比上年增长 11.0%。其中:高速公路完成 13 479 亿元,同比增长 17.2%;普通国省道完成 5 298 亿元,同比增长 7.6%;农村公路完成 4 703 亿元,同比增长 0.8%。见图 16。

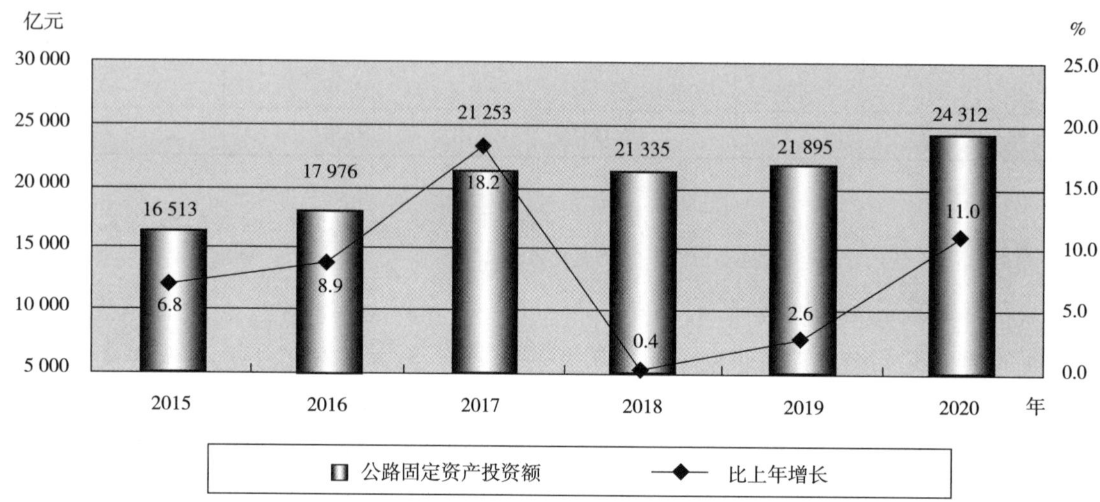

图 16 2015—2020 年全国公路建设投资额及增长速度情况

(二)水路建设

全年完成水路固定资产投资 1 330 亿元,比上年增长 17.0%。其中:内河完成 704 亿元,增长 14.8%;沿海完成 626 亿元,增长 19.5%。见图 17。

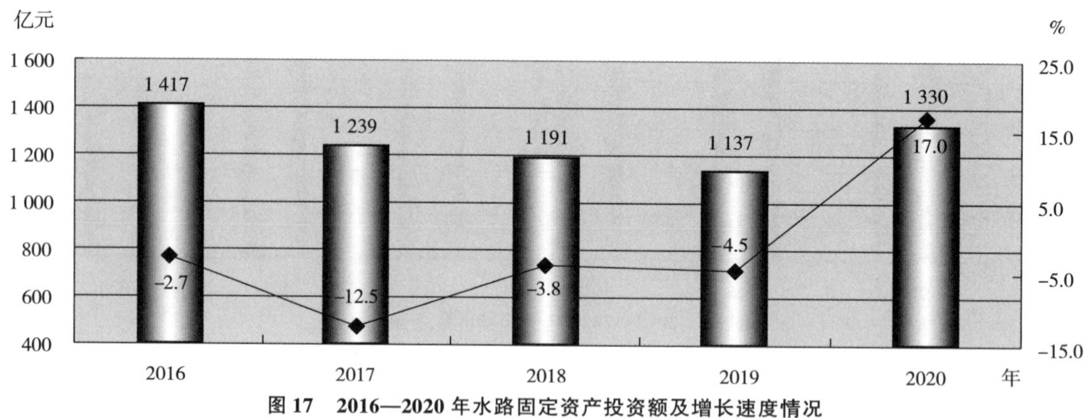

图 17 2016—2020 年水路固定资产投资额及增长速度情况

(三)其他

全年完成公路水路支持系统及其他建设投资 241 亿元。

五、生产安全

全年共发生运输船舶水上交通事故(等级事故)138 件,同比增长 0.7%,死亡失踪 196 人,同比增长 26.5%,沉船 76 艘,同比增长 65.2%。全国各级海上搜救中心共组织、协调搜救行动 1 793 次,在中国搜救责任区内成功搜救 66 艘中外遇险船舶、1 515 名中外遇险人员。

全年未发生公路水运工程建设领域重、特大事故,发生公路水运建设领域生产安全事故 74 起,同比增长 10.4%,死亡 94 人,同比下降 14.5%。

六、科技创新

全年铁路领域认定行业重点实验室7个,行业工程研究中心10个。全年公路水路领域重点单位研究与试验发展(R&D)经费投入233亿元。年底公路水路领域共有56个行业重点实验室、86个行业研发中心,比上年年底分别增加1个和16个;共有19个协同创新平台。本年新认定13个野外科学观测研究基地。

民航运输

一、运输航空

(一)运输周转量

2020年,全行业完成运输总周转量798.5亿吨公里,比上年下降38.2%。国内航线完成运输总周转量587.7亿吨公里,比上年下降29.2%,其中:港澳台航线完成3.2亿吨公里,比上年下降81.1%;国际航线完成运输总周转量210.8亿吨公里,比上年下降54.5%。见图18。

图18 2016—2020年民航运输总周转量情况

全行业完成旅客周转量6 311.3亿人公里,比上年下降46.1%。国内航线完成旅客周转量5 868.9亿人公里,比上年下降31.1%,其中:港澳台航线完成12.8亿人公里,比上年下降92.0%;国际航线完成旅客周转量442.4亿人公里,比上年下降86.1%。见图19。

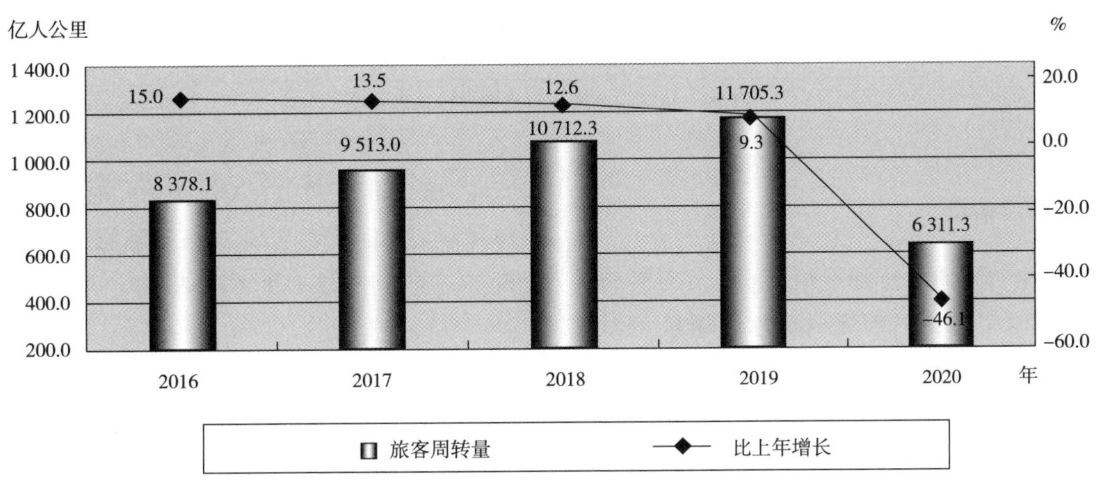

图19 2016—2020年民航旅客周转量情况

全行业完成货邮周转量 240.2 亿吨公里，比上年下降 8.7%。国内航线完成货邮周转量 67.9 亿吨公里，比上年下降 13.6%，其中：港澳台航线完成 2.1 亿吨公里，比上年下降 26.4%；国际航线完成货邮周转量 172.3 亿吨公里，比上年下降 6.7%。见图 20。

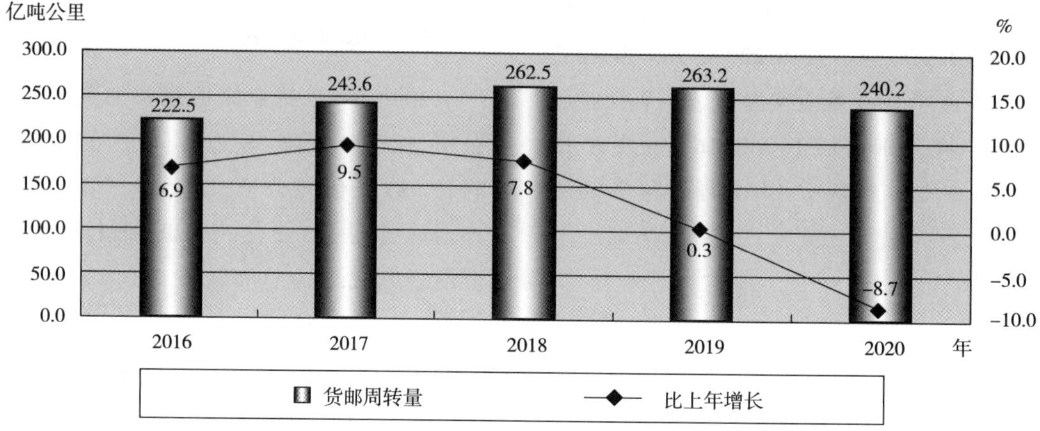

图 20 2016—2020 年民航货邮周转量情况

（二）旅客运输量

2020 年，全行业完成旅客运输量 41 777.8 万人次，比上年下降 36.7%。国内航线完成旅客运输量 40 821.3 万人次，比上年下降 30.3%，其中：港澳台航线完成 96.1 万人次，比上年下降 91.3%；国际航线完成旅客运输量 956.5 万人次，比上年下降 87.1%。见图 21。

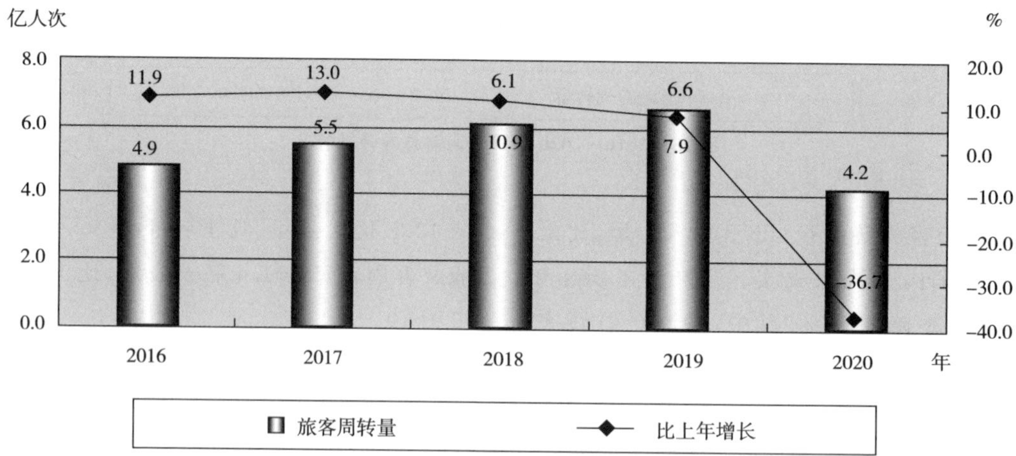

图 21 2016—2020 年民航旅客运输量情况

（三）货邮运输量

2020 年，全行业完成货邮运输量 676.6 万吨，比上年下降 10.2%。国内航线完成货邮运输量 453.5 万吨，比上年下降 11.3%，其中：港澳台航线完成 17.6 吨，比上年下降 20.9%；国际航线完成货邮运输量 223.1 万吨，比上年下降 7.8%。见图 22。

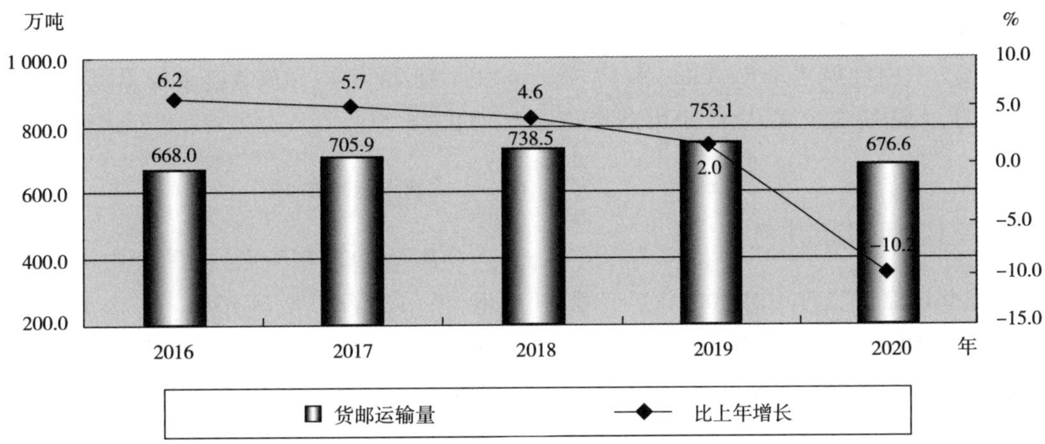

图 22　2016—2020 年民航货邮运输量情况

(四)飞行小时和起飞架次

2020 年,全行业运输航空公司完成运输飞行小时 876.2 万小时,比上年下降 28.8%。国内航线完成运输飞行小时 788.2 万小时,比上年下降 20.5%,其中:港澳台航线完成 3.6 万小时,比上年下降 82.3%;国际航线完成运输飞行小时 88 万小时,比上年下降 63.3%。

2020 年,全行业运输航空公司完成运输起飞架次 371.1 万架次,比上年下降 25.3%。国内航线完成运输起飞架次 357.3 万架次,比上年下降 20.2%,其中:港澳台航线完成 1.7 万架次,比上年下降 80.3%;国际航线完成运输起飞架次 13.8 万架次,比上年下降 71.8%。

2020 年,全行业运输航空公司完成非生产飞行小时 3.4 万小时,其中:训练飞行 1.1 万小时;完成非生产起飞架次 5.6 万架次。

(五)运输航空企业数量

截至 2020 年年底,全国共有运输航空公司 64 家,比上年年底净增 2 家。按不同所有制类别划分:国有控股公司 49 家,民营和民营控股公司 15 家。在全部运输航空公司中,全货运航空公司 11 家,中外合资航空公司 9 家,上市公司 8 家。

(六)运输机队

截至 2020 年年底,民航全行业运输飞机期末在册架数 3 903 架,比上年年底增加 85 架。见表 7。

表 7　2020 年运输飞机数量情况

单位:架、%

飞机分类	飞机数量	比上年增加	在运输机队占比
合　计	**3 903**	**85**	**100. 0**
客运飞机	3 717	72	95. 2
宽体飞机	458	1	11. 7
窄体飞机	3 058	61	78. 3
支线飞机	201	10	5. 1
货运飞机	186	13	4. 8

(七)航线网络

2020 年,全国共有定期航班航线 5 581 条,国内航线 4 686 条,其中:港澳台航线 94 条,国际航线 895 条。按重复距离计算的航线里程为 1 357.7 万公里,按不重复距离计算的航线里程为 942.6 万公里。

2020 年,定期航班国内通航城市(或地区)237 个(不含香港、澳门和台湾地区)。全国航空公司国际定期航班通航 62 个国家的 153 个城市，内地航空公司定期航班从 25 个内地城市通航香港，从 17 个内地城市通航澳门，大陆航空公司从 43 个大陆城市通航台湾地区。

（八）运输航空（集团）公司生产

2020 年，中航集团完成飞行小时 200.1 万小时。完成运输总周转量 194.5 亿吨公里，比上年下降 38.9%；完成旅客运输量 9 024.6 万人次，比上年下降 36.7%；完成货邮运输量 177.3 万吨，比上年下降 13.4%。

2020 年，东航集团完成飞行小时 158.8 万小时。完成运输总周转量 142.2 亿吨公里，比上年下降 43.7%；完成旅客运输量 7 461.9 万人次，比上年下降 42.7%；完成货邮运输量 117.7 万吨，比上年下降 19.9%。

2020 年，南航集团完成飞行小时 207.7 万小时。完成运输总周转量 208 亿吨公里，比上年下降 36.3%；完成旅客运输量 9 685.6 万人次，比上年下降 36.1%；完成货邮运输量 146.1 万吨，比上年下降 17.2%。

2020 年，海航集团完成飞行小时 119.5 万小时。完成运输总周转量 101.8 亿吨公里，比上年下降 49.4%；完成旅客运输量 6 401.6 万人次，比上年下降 43.6%；完成货邮运输量 57.2 万吨，比上年下降 32.1%。

2020 年，其他航空公司共完成飞行小时 190.2 万小时。完成运输总周转量 152 亿吨公里，比上年下降 21.9%；完成旅客运输量 9 204.2 万人次，比上年下降 24.5%；完成货邮运输量 178.4 万吨，比上年增长 26.5%。

（九）运输机场

截至 2020 年年底，中国境内运输机场（不含香港、澳门和台湾地区）241 个，比上年底净增 3 个。2020 年新增机场有玉林福绵机场、于田万方机场、重庆仙女山机场。2020 年，安康五里铺机场迁至安康富强机场。

颁证运输机场按飞行区指标分类：4F 级机场 13 个，4E 级机场 38 个，4D 级机场 38 个，4C 级机场 147 个，3C 级机场 4 个，3C 级以下机场 1 个。

2020 年，全行业全年新开工、续建机场项目 114 个，新增跑道 4 条，停机位 377 个，航站楼面积 170.8 万平方米。截至 2020 年年底，全行业运输机场共有跑道 265 条，停机位 6 621 个，航站楼面积 1 799.8 万平方米。

（十）机场业务量

2020 年，全国民航运输机场完成旅客吞吐量 8.6 亿人次，比上年下降 36.6%。其中：2020 年东部地区完成旅客吞吐量 4.3 亿人次，比上年下降 39.8%；中部地区完成旅客吞吐量 1 亿人次，比上年下降 34.8%；西部地区完成旅客吞吐量 2.8 亿人次，比上年下降 30.8%；东北地区完成旅客吞吐量 0.5 亿人次，比上年下降 41.0%。见图 23。

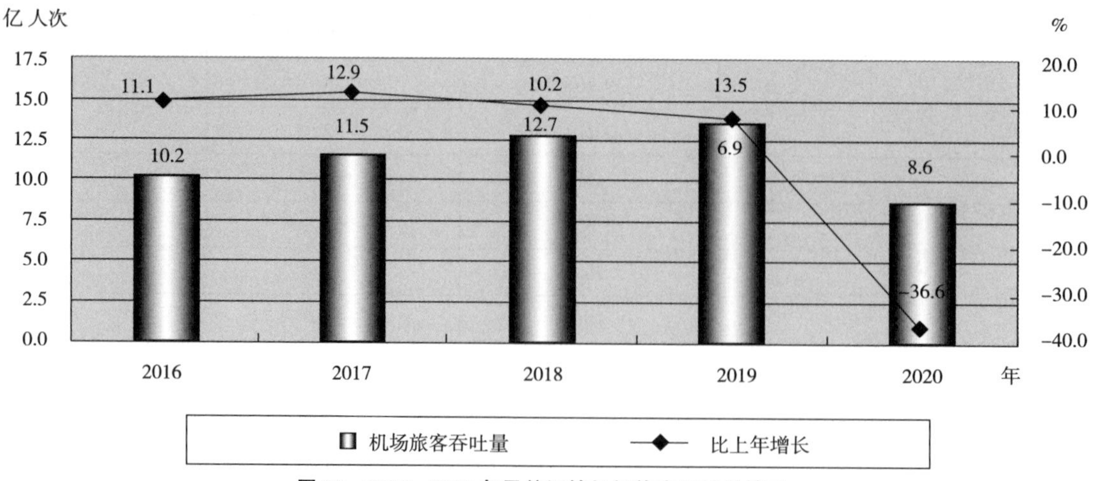

图 23　2016—2020 年民航运输机场旅客吞吐量情况

2020年全国民航运输机场完成货邮吞吐量1 607.5万吨，比上年下降6.0%。其中：2020年东部地区完成货邮吞吐量1 168.4万吨，比上年下降6.2%；中部地区完成货邮吞吐量137.2万吨，比上年增长10.0%；西部地区完成货邮吞吐量252万吨，比上年下降9.7%；东北地区完成货邮吞吐量49.9万吨，比上年下降17.3%。见图24。

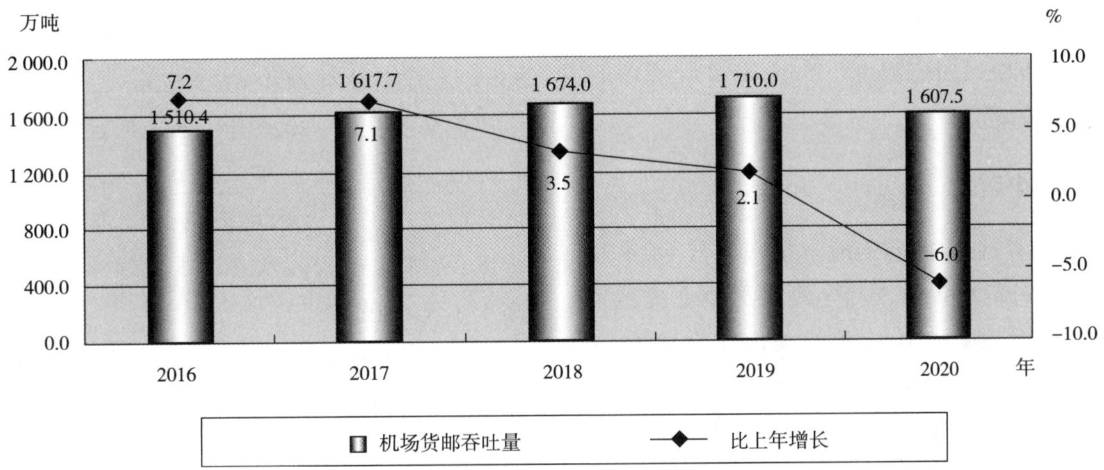

图24　2016—2020年民航运输机场货邮吞吐量情况

2020年，全国民航运输机场完成起降架次904.9万架次，比上年下降22.4%。其中：运输架次745.8万架次，比上年下降24.4%。见图25。

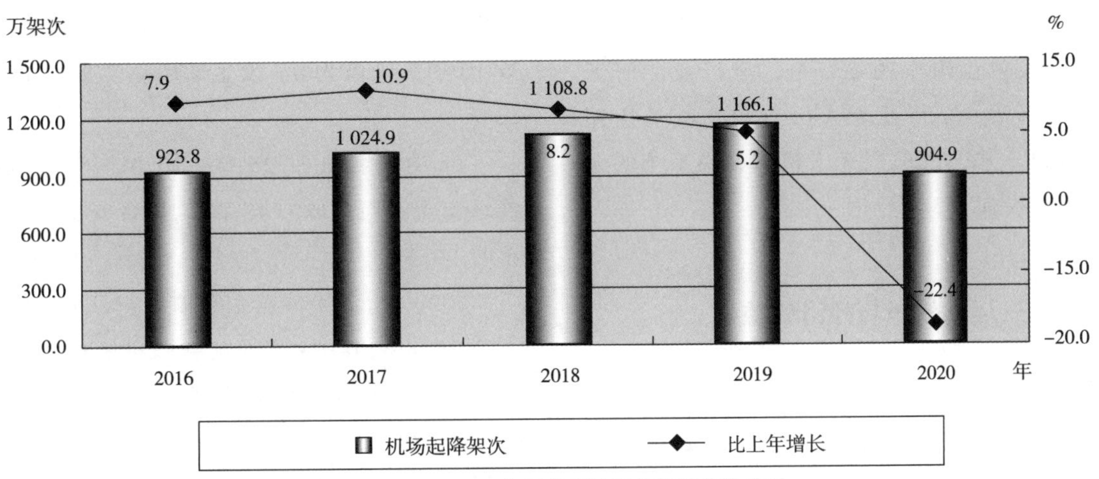

图25　2016—2020年民航运输机场起降架次情况

2020年，年旅客吞吐量100万人次以上的运输机场85个，其中：北京、上海和广州三大城市机场旅客吞吐量占全部境内机场旅客吞吐量的18.2%，比上年降低4.2个百分点。年货邮吞吐量1万吨以上的运输机场59个，其中：北京、上海和广州三大城市机场货邮吞吐量占全部境内机场货邮吞吐量的44.0%，比上年降低2.5个百分点。

二、通用航空

（一）通用航空企业数量

截至2020年年底，获得通用航空经营许可证的通用航空企业523家。其中：华北地区111家，东北地区45家，华东地区131家，中南地区120家，西南地区64家，西北地区33家，新疆地区19家。

(二)机队规模

2020年年底,通用航空在册航空器总数达到2 892架,其中,教学训练用飞机1 018架。

(三)通航机场

2020年,新增通用机场93个,全国在册管理的通用机场数量达到339个。

(四)飞行小时

2020年,全行业完成通用航空生产飞行98.4万小时,比上年下降7.6%。其中:载客类作业完成9万小时,比上年下降10.0%;作业类作业完成15.1万小时,比上年下降6.2%;培训类作业完成36.9万小时,比上年下降4.4%;其他类作业完成4.2万小时,比上年下降20.7%;非经营性完成33.2万小时,比上年下降9.0%。

(五)无人机情况

截至2020年年底,全行业无人机拥有者注册用户约55.8万个,其中:个人用户约49.8万个,企业、事业、机关法人单位用户约6万个。全行业注册无人机共51.7万架。全行业无人机有效驾驶员执照达到88 994本。参与民航局无人机云交换系统的无人机飞行小时共有183万小时。

三、运输效率与经济效益

(一)运输效率

2020年,全行业在册运输飞机平均日利用率为6.5小时,比上年减少2.8小时。其中:大中型飞机平均日利用率为6.6小时,比上年减少2.9小时;小型飞机平均日利用率为4.1小时,比上年减少2.3小时。正班客座率平均为72.9%,比上年降低10.3个百分点。正班载运率平均为66.5%,比上年降低5.1个百分点。

(二)经济效益

据初步统计,2020年,全行业累计实现营业收入6 246.9亿元,比上年下降41.1%;利润总额-974.3亿元,比上年减少1 519.4亿元。其中:航空公司实现营业收入3 755亿元,比上年下降41.9%;利润总额-794.5亿元,比上年减少1 051.9亿元。机场实现营业收入883亿元,比上年下降28.1%;利润总额-233亿元,比上年减少400亿元。保障企业实现营业收入1 608.9亿元,比上年下降44.8%;利润总额53.1亿元,比上年减少67.5亿元。

据初步统计,2020年,全行业运输收入水平为4.2元/吨公里,比上年降低0.4元/吨公里。其中:客运收入水平4.9元/吨公里,比上年降低0.5元/吨公里;货邮运输收入水平2.5元/吨公里,比上年提高1.1元/吨公里。

据初步统计,2020年,民航全行业应交税金191.5亿元,比上年减少208.5亿元。

四、航空安全与服务质量

(一)航空安全

2020年,民航安全运行平稳可控,运输航空百万架次重大事故率10年滚动值为0,亿客公里死亡人数10年滚动值为0。发生通用航空事故18起,死亡13人。

自2010年8月25日—2020年年底,运输航空连续安全飞行"120+4"个月,累计安全飞行8 943万小时。

2020年,全年共发生运输航空征候440起,同比下降22.8%,其中:运输航空严重征候4起,同比下降66.7%。严重征候和责任原因征候万时率分别为0.004 6和0.022 8,各项指标均较好控制在年度安全目标范围内。2020年,全行业共有49家运输航空公司未发生责任征候。

(二)空防安全

2020年,全国民航安检部门共检查旅客4.1亿人次,检查旅客托运行李1.7亿件次,检查航空货物(不含邮件、快件)5.7亿件次,检查邮件、快件2亿件次,处置编造虚假恐怖威胁信息非法干扰事件27起,查处各类安保事件10 669起,确保了民航空防持续安全。民航实现18年空防安全零责任事故记录。

（三）航班正常率

2020年，全国客运航空公司共执行航班352.1万班次，其中：正常航班311.6万班次，平均航班正常率为88.5%。主要航空公司共执行航班241.9万班次，其中：正常航班214.8万班次，平均航班正常率为88.8%。全国客运航班平均延误时间为9分钟，同比减少5分钟。

（四）服务质量

截至2020年年底，233个机场和主要航空公司可实现"无纸化"出行；39家千万级机场国内旅客平均自助值机比例达2.2%；在8家航空公司、29家机场开展跨航司行李直挂试点；20家航空公司的654架飞机能够为旅客提供客舱网络服务，其中：11家航空公司的213架飞机同时具备了空中接入互联网能力；航空货运电子运单使用达到182.2万票；12326民航服务质量监督电话开通，国内航空公司投诉响应率达100%。2020年，旅客对航空公司和机场服务满意度分别为4.3分和4.4分（满分5分）。

邮政服务

一、业务发展

全年邮政行业业务总量完成21 053.2亿元，同比增长29.7%。全年邮政行业业务收入（不包括邮政储蓄银行直接营业收入）完成11 037.8亿元，同比增长14.5%。

（一）邮政寄递服务业务

2020年邮政寄递服务业务量完成255.4亿件，同比增长3.3%；邮政寄递服务业务收入完成406.3亿元，同比下降5.2%。

全年函件业务量完成14.2亿件，同比下降34.6%；包裹业务量完成2 030.6万件，同比下降5.8%；订销报纸业务完成165.4亿份，同比下降1.6%；订销杂志业务完成7.1亿份，同比下降2.3%；汇兑业务完成960.7万笔，同比下降41.4%。

（二）快递业务

快递业务快速增长。全年快递服务企业业务量完成833.6亿件，同比增长31.2%；快递业务收入完成8 795.4亿元，同比增长17.3%。见图26。

快递业务收入在行业中占比继续提升。快递业务收入占行业总收入的比重为79.7%，比上年提高1.9个百分点。

同城快递业务小幅增长。全年同城快递业务量完成121.7亿件，同比增长10.2%；实现业务收入766.4亿元，同比增长1.9%。

异地快递业务快速增长。全年异地快递业务量完成693.6亿件，同比增长35.9%；实现业务收入4 531.3亿元，同比增长15.0%。

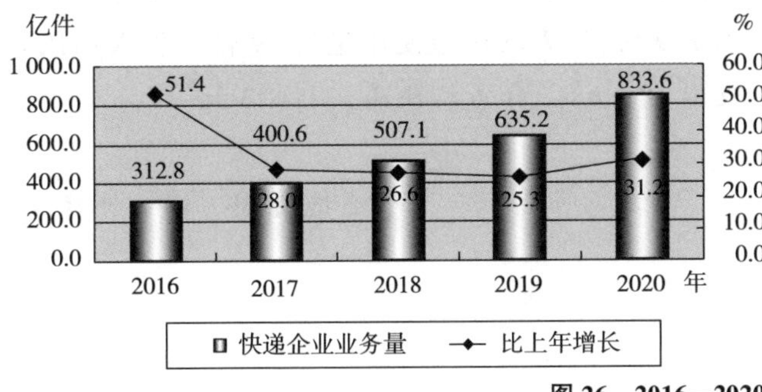

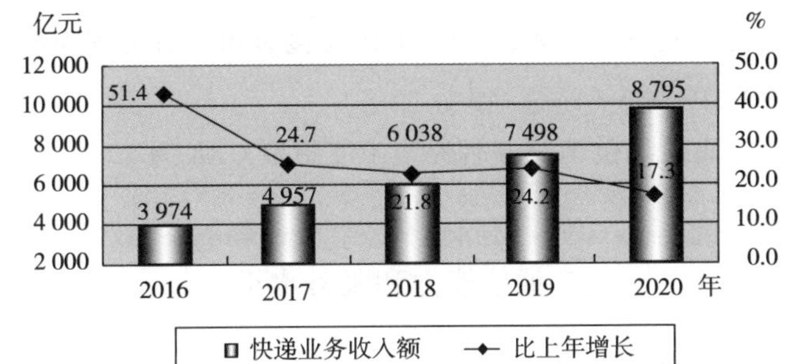

图26　2016—2020年快递业务发展情况

国际/港澳台快递业务持续增长。全年国际/港澳台快递业务量完成18.4亿件，同比增长27.7%；实现业务收入1 073.4亿元，同比增长43.6%。

异地业务占比提升。同城、异地、国际/港澳台快递业务量占全部比例分别为14.6%、83.2%和2.2%，业务收入占全部比例分别为8.7%、51.5%和12.2%。

东、中、西部地区各项快递业务均保持了持续稳定的增长势头,中部地区业务增长持续提速,市场份额继续上升。全年东部地区完成快递业务量661.9亿件,同比增长30.8%;实现业务收入6 999.5亿元,同比增长16.4%。中部地区完成快递业务量111.2亿件,同比增长36.1%;实现业务收入1 045亿元,同比增长23.8%。西部地区完成快递业务量60.5亿件,同比增长27.7%;实现业务收入750.9亿元,同比增长17.7%。东、中、西部地区快递业务量比重分别为79.4%、13.3%和7.3%,快递业务收入比重分别为79.6%、11.9%和8.5%。

快递业务量排名前5位的省份依次是广东、浙江、江苏、山东和河北,其快递业务量合计占全部快递业务量的比重达到65.8%,较上年前5位占比下降0.1个百分点。快递业务收入排名前5位的省份依次是广东、上海、浙江、江苏和山东,其快递业务收入合计占全部快递业务收入的比重达到65.5%,较上年同期下降1.3个百分点。

快递业务量排名前15位的城市依次是金华(义乌)、广州、深圳、上海、杭州、北京、揭阳、东莞、苏州、泉州、成都、汕头、温州、宁波和石家庄,其快递业务量合计占全部快递业务量的比重达到54.6%。

快递业务收入排名前15位的城市依次是上海、广州、深圳、杭州、北京、金华(义乌)、东莞、苏州、成都、揭阳、佛山、天津、泉州、宁波、武汉,其快递业务收入合计占全部快递业务收入的比重达到58.0%。

国有、民营、外资企业业务量占全部快递与包裹市场比重分别为10.0%、89.8%、0.2%,国有、民营、外资企业业务收入占全部快递与包裹市场比重分别为8.7%、86.0%、5.3%。

快递与包裹服务品牌集中度指数CR8为82.2。

二、通信能力和服务水平

(一)机构设备

全行业拥有各类营业网点34.9万处,其中设在农村的11.1万处。快递服务营业网点22.4万处,其中设在农村的7.1万处。全国拥有邮政信筒信箱10万个,比上年年底减少2万个。全国拥有邮政报刊亭总数1.1万处,比上年年底减少0.2万处。

全行业拥有国内快递专用货机124架,比上年同期增加8架。全行业拥有汽车35万辆,比上年同期增长6.7%,其中快递服务汽车25.4万辆,比上年同期增长7.1%。

(二)通信网路

全国邮政邮路总条数3.7万条,比上年年底增加978条。邮路总长度(单程)1 187.4万公里,比上年年底减少35.3万公里。全国邮政农村投递路线10.1万条,比上年年底减少1 265条;农村投递路线长度(单程)410.4万公里,比上年年底减少9.5万公里。全国邮政城市投递路线10.7万条,比上年年底增加3 922条;城市投递路线长度(单程)219.4万公里,比上年年底减少1.6万公里。全国快递服务网路条数20.7万条;快递服务网路长度(单程)4 091.4万公里。

(三)服务能力

全行业平均每一营业网点服务面积为27.5平方公里;平均每一营业网点服务人口为0.4万人。邮政城区每日平均投递2次,农村每周平均投递5次。全国年人均函件量为1件,每百人订有报刊量为7.9份,年人均快递使用量为59件。年人均用邮支出781.8元,年人均快递支出623元。

(撰稿:佟　峰　于佳玫)

企业管理综述

2020年企业社会责任与诚信建设综述

中国企业联合会雇主工作部

2020年是中国历史上极不平凡的一年。面对严峻复杂的国际形势、艰巨繁重的国内改革发展稳定任务特别是新冠肺炎疫情的严重冲击,党中央、国务院统筹决策,全面部署,领导中国沉着冷静应对风险挑战,坚持高质量发展方向不动摇,统筹疫情防控和经济社会发展,中国经济运行逐季改善、逐步恢复常态,在全球主要经济体中唯一实现经济正增长。中国各类企业更加注重企业与经济、社会、环境共同可持续发展,抗击疫情,复工复产,积极参与扶贫攻坚、污染防治、创新驱动、区域振兴等国家战略,实现了企业可持续发展,为国民经济发展做出了积极贡献。与此同时,面对复杂多变的国际经济环境,国内经济面临多种矛盾相互交织的新挑战,特别是新冠肺炎疫情形势的不容乐观,中国企业诚信建设和社会责任领域也面临诸多挑战,应积极采取各项应对措施。

一、中国企业诚信和社会责任的新进展

(一)政府部门高度重视企业社会责任和诚信建设工作

国家领导人高度重视社会责任和诚信建设。7月21日下午,中共中央总书记、国家主席习近平在京主持召开企业家座谈会并发表重要讲话。他强调希望大家诚信守法。习主席指出:“诚者,天之道也;思诚者,人之道也。”人无信不立,企业和企业家更是如此。社会主义市场经济是信用经济、法治经济。企业家要同方方面面打交道,调动人、财、物等各种资源,没有诚信寸步难行。由于种种原因,一些企业在经营活动中还存在不少不讲诚信甚至违规违法的现象。法治意识、契约精神、守约观念是现代经济活动的重要意识规范,也是信用经济、法治经济的重要要求。企业家要做诚信守法的表率,带动全社会道德素质和文明程度提升。11月10日,国家主席习近平在北京以视频方式出席上海合作组织成员国元首理事会第二十次会议并发表重要讲话。习近平强调,大家一起发展才是真发展,可持续发展才是好发展。我们要秉持创新、协调、绿色、开放、共享的发展理念,拓展务实合作空间,助力经济复苏、民生改善。

11月25日,国务院总理李克强在国务院常务会议上明确指出,市场经济首先是信用经济,信用经济必须是法治经济。要通过推进社会信用体系建设,加强诚信建设、营造公平诚信的市场环境和社会环境。他强调,要坚持依法合规、保护权益、审慎适度、清单管理,规范和完善失信约束制度,有序健康推进社会信用体系建设。

2020年,中国社会信用体系建设取得积极进展。完善和规范是信用工作主线,中央多次部署完善社会信用体系建设工作,完善社会信用体系建设迈出坚实步伐、信用法治建设扎实深入推进、信用支撑金融服务实体经济发展成效明显、告知承诺制全面推行助力营商环境优化、构建与高质量发展相适应的新型监管机制提上重要议事日程、中央文明委开展新一轮诚信缺失突出问题专项治理行动、宣传文化活动为全社会积极营造良好的诚信氛围、多个顶层设计文件或专题会议强调加强政务诚信建设。

2020年也是国务院发布《优化营商环境条例》开始实施之年。在优化营商环境过程中,信用建设发挥着重要的支撑作用。《优化营商环境条例》提出,国家加强社会信用体系建设,持续推进政务诚信、商务诚信、社会诚信和司法公信建设,提高全社会诚信意识和信用水平,维护信用信息安全,严格保护商业秘密和个人隐私。

5月17日,新华社授权发布的《中共中央 国务院关于新时代加快完善社会主义市场经济体制的意见》提出,构建适应高质量发展要求的社会信用体系和新型监管机制。完善诚信建设长效机制,推进信

用信息共享，建立政府部门信用信息向市场主体有序开放机制。健全覆盖全社会的征信体系，培育具有全球话语权的征信机构和信用评级机构。实施“信易+”工程。完善失信主体信用修复机制。

5月25日，全国人民代表大会常务委员会委员长栗战书在第十三届全国人民代表大会第三次会议上作的《全国人民代表大会常务委员会工作报告》显示，十三届全国人大二次会议主席团交付有关专门委员会审议的制定社会信用法议案涉及的立法项目已列入立法规划（立法工作计划），标志着社会信用法立法项目提上日程，将护航社会信用体系建设纵深推进。

9月9日，中央财经委员会第八次会议提出，要完善社会信用体系，加快建设重要产品追溯体系，建立健全以信用为基础的新型监管机制。

9月，国家主席习近平提出：“中国将提高国家自主贡献力度，采取更加有力的政策和措施，二氧化碳排放力争于2030年前达到峰值，努力争取2060年前实现碳中和。”

12月，中央经济工作会议首次将“做好碳达峰、碳中和工作”作为2021年重点任务。

12月7日，中共中央对外发布的《法治社会建设实施纲要（2020—2025年）》提出，加快推进社会信用体系建设，提高全社会诚信意识和信用水平。完善企业社会责任法律制度，增强企业社会责任意识，促进企业诚实守信、合法经营。健全公民和组织守法信用记录，建立以公民身份证号码和组织机构代码为基础的统一社会信用代码制度。完善诚信建设长效机制，健全覆盖全社会的征信体系，建立完善失信惩戒制度。结合实际建立信用修复机制和异议制度，鼓励和引导失信主体主动纠正违法失信行为。加强行业协会商会诚信建设，完善诚信管理和诚信自律机制。完善全国信用信息共享平台和国家企业信用信息公示系统，进一步强化和规范信用信息归集共享。加强诚信理念宣传教育，组织诚信主题实践活动，为社会信用体系建设创造良好环境。

12月18日，《国务院办公厅关于进一步完善失信约束制度，构建诚信建设长效机制的指导意见》（国办发〔2020〕49号）正式对外发布。该《指导意见》提出，按照依法依规、保护权益、审慎适度、清单管理的总体思路，进一步规范和健全失信行为认定、记录、归集、共享、公开、惩戒和信用修复等机制，推动社会信用体系迈入高质量发展的新阶段，更好发挥社会信用体系在支撑“放管服”改革和政府职能转变、营造公平诚信的市场环境和社会环境等方面的积极作用。截至2020年12月初，上海、河北、辽宁、浙江、山东、河南、湖北、陕西、天津等9个省（直辖市）已出台省级社会信用相关地方性法规。

12月，中央全面深化改革委员会第十七次会议通过《环境信息依法披露制度改革方案》，指出环境信息依法披露是重要的企业环境管理制度，是生态文明制度体系的基础性内容。

（二）有关机构和行业组织深入推进企业社会责任工作

2020年，社会组织和行业组织的平台和示范作用日益凸显，成为推动企业社会责任和诚信建设的有力推动者。

11月12日，由中国社会责任百人论坛、中国企业社会责任报告评级专家委员会主办，责任云评价中心承办的“2020中国企业社会责任报告峰会”在京举办，国务院国资委、中国电力企业联合会、中国煤炭协会等机构，中国石化、华润集团、中国三星、现代汽车集团（中国）等企业代表近150余人出席本次大会。

11月13日，由国务院国资委主办、中国社会责任百人论坛及国投集团承办的中央企业社会责任报告集中发布活动在京召开。97家中央企业、地方国企代表等300余人参加了本次活动。会上，中国社会科学院课题组组长钟宏武博士解读了《中央企业社会责任蓝皮书（2020）》《中央企业海外社会责任蓝皮书（2020）》《中央企业抗击新冠肺炎疫情案例集》。国务院国资委党委委员、秘书长彭华岗与会致辞并指出，2020年以来，中央企业承担了比以往更多更重更紧迫的社会责任，做出了更大更好更突出的社会贡献，得到了社会各界的充分认可，无愧为大国重器、中流砥柱。在统筹推进新冠肺炎疫情防控和经济社会发展工作中，中央企业充分发挥了顶梁柱和国家队作用。

11月27日，在“2020第二届中国益公司责任力年度论坛”上，腾讯原子智库与中国社会科学院经济研究所课题组联合发布了《2020 中国企业社会责任力报告》。报告显示，企业责任力指数整体处于追赶者阶段，11 家企业达到卓越者水平；各行业责任力差异较大，制造业、房地产和物流行业处于领先者阶段；从行业特征来看，公益力指数处于卓越者阶段的企业以金融企业数量最多。报告显示，制造业、房地产和物流行业领先，金融、科技、汽车、日化和食品乳品处于追赶者最多，医药、互联网和新零售也有不少企业在追赶者阶段。

12 月 10 日，为展现中国企业对联合国可持续发展目标贡献，弘扬企业家精神，联合国全球契约组织中国网络在北京召开可持续发展目标中国企业峰会，中国企业联合会、中国企业家协会常务副会长兼理事长朱宏任，中国上市公司协会会长宋志平、联合国全球契约组织亚太区总代表刘荫等嘉宾参会并致辞。来自联合国相关机构、国内外知名大型企业、研究机构和各地企联主要负责人、媒体代表约 200 人受邀与会。本次峰会以“新格局 新发展 新动能”为主题。峰会通过主旨演讲、优秀企业经验介绍、可持续发展目标先锋人物及最佳实践表彰等形式，多方位探讨企业如何秉承可持续发展理念。中国企业联合会、中国企业家协会常务副会长兼理事长朱宏任在致辞中表示，全球契约中国网络作为联合国全球契约组织在中国的地方网络将继续进一步发挥平台优势，充分借助联合国和可持续发展领域各方力量和资源，推动国内外企业的交流与合作，协助企业在实现可持续发展过程中发现新的商机，宣传推广中国企业可持续发展优秀实践，展示中国企业对中国和全球可持续发展的贡献，为可持续发展目标的达成贡献中国智慧和力量。峰会上同时公布“2020 可持续发展目标(中国)先锋”名单；“2020 实现可持续发展目标企业最佳实践”名单。并向入选企业代表颁发了荣誉证书及新成员证书。随后启动“青年 SDG 创新者项目”启动仪式。

12 月 10 日，2019 中国企业可持续发展大会暨中国工业行业企业社会责任报告发布会在山东省枣庄市开元凤鸣山庄召开。发布会得到了工信部、人社部等国务院有关部门以及联合国全球契约组织、联合国工业发展组织的大力支持，中国煤炭、机械、钢铁、石化、轻工、纺织、建材、有色、电力 等 9 家全国性工业行业协会(联合会)协办。

(三)社会责任报告发布数持续增长，报告质量明显提升

第十三届中国企业社会责任报告国际研讨会发布的 2020 年中国企业社会责任报告显示，2011—2016 年，报告数量增长迅速。近 3 年，报告数量趋于稳定。2020 年 1 月 1 日—10 月 31 日，搜集到各类社会责任报告 1 903 份，其中：非企业组织报告 97 份，企业报告 1 806 份。发布第 5 ~ 10 次的报告最多，占比 35. 2%，较上年有所下降。首次发布的报告占比 12. 5%，较上年略有上升。报告发布主体所属行业最多的是制造业，占比 38. 4%，较上年占比和 2018 年占比略有降低；其次为金融、信息技术、电力、房地产业，占比分别为 9. 6%、8. 4%、7. 1% 和 6. 1%。国有及国有控股企业有 879 家，占比 50. 8%。民营企业有 571 家，占比 33. 0%。外资及港澳台企业有 192 家，占比 11. 1%。

通过分析搜集到的 1 800 多份报告，发现呈现以下特征：一是“十三五”期间中国企业社会责任报告质量处于稳步发展状态，报告综合指数保持在 1 300 点水平，近 3 年报告质量和优秀水平以上报告数量基本持平。二是报告完整性、实质性和可读性水平相对较高，并在相对较高的基期水平基础上有所提升，其中可读性增长显著；报告可信性、创新性和可比性水平相对较低，与基期相比，创新性增长显著，可信性有较大幅度提升。三是与基期相比，报告更加重视对环境、客户、供应商、同行、媒体等利益相关方的履责信息披露，客户隐私保护、降污减排、社区志愿者活动、教育帮扶、捐赠救灾等关键议题披露相对充分。四是 2009 年至今，必尽责任信息、应尽责任信息和愿尽责任信息披露率分别稳定在 50. 0%、30. 0% 和 20. 0% 左右，这反映了当前中国企业社会责任信息披露整体仍处在依法合规为主的发展阶段。五是与基期相比，各行业社会责任报告指数均呈现上升趋势。其中交通运输仓储业、房地产业报告质量提升最显著。六是中央企业报告质量始终处于高水平，引领中国社会责任报告发展。国有控股企业、外资及港澳台企业、民营企业报告质量持续提升。七是世界500强中国企业和中国500强企业报告质量显著高于中国企业平均水平，且报告质量提升速度快于中国企业平均水平。超过40.0%中国500强企业从未发布过社会责任报告。八是不同行业、性质、规模企业社会责任报告之间的质量差距均呈现缩小趋势，得分较低报告的质量发展呈现快速追赶态势。九是非上市公司发布报告的质量高于上市公司，但发布报告的数量和占比呈现显著的下降趋势。非上市公司中，制造业企业、民营企业、国有控股企业发布报告显著减少。十是内地在港上市公司报告质量高并连年提升，显著高于沪深上市公司报告水平。沪深上市公司报告水平低于报告整体平均水平。

（四）国有企业继续在履行社会责任方面发挥示范和带动作用

《中央企业社会责任蓝皮书（2020）》显示，在为疫情防控提供有力支撑同时，中央企业带头推进差异化、精准化复工复产，加大有效投资，认真落实国家政策助企纾困，积极推进“抗疫稳岗扩就业”专项行动，3月基本实现全面复工复产，上半年完成固定资产投资超万亿元，减费让利降低社会运行成本超过1 200亿元，累计招录413.4万人。

新冠肺炎疫情期间，中央企业筹集捐款超过26亿元。以中建三局为代表的60多家中央企业所属单位10天建成火神山医院，12天建成雷神山医院，600多名央企所属医院医护人员驰援湖北。同时，央企紧急转产扩产医疗物资，迅速有效突破医疗物资扩能瓶颈。中国石化快速建成年产能超万吨的熔喷布生产基地；国机集团从零起步10天研制成功首台平面口罩机；国药集团新冠病毒灭活疫苗研发进度全球领先；石油石化、电力、煤炭等企业克服重重困难坚决做到不断油、不断气、不限电，通讯企业全力维护通信网络畅通；航空企业执飞包机确保医护人员和医疗物资及时运达；物资供应有关企业公开承诺价格不涨、质量不降、供应不断。

此外，中央企业全力以赴打好精准脱贫攻坚战，2019年以来投入和引进无偿帮扶资金超过80亿元，央企产业扶贫基金募集资金314亿元。抗击疫情中开展消费扶贫专项行动和帮扶定点扶贫县农民工就业专项行动，努力帮助贫困群众解决农产品滞销、外出务工难等突出困难，2020年以来已购买和帮助销售贫困地区农产品43.6亿元。

在大疫未止、大汛又至的时期，中央企业积极调动资源参与多地防汛抗洪，为救灾救险、恢复重建、维护群众生命财产安全做出重要贡献。在海外运营中，中央企业一方面抓早抓细抓实，强化境外疫情防控，全力保障境外员工生命健康；一方面力所能及地支持当地防控工作，向全世界展示了负责任大国企业的良好形象，为服务“一带一路”建设和国家外交大局做出积极贡献。

（五）环境社会和治理日益成为社会责任的重要方面

2020年，随着商道融绿、富时罗素等环境社会和治理评级机构对更多A股上市公司实施环境社会和治理评级，环境社会和治理评级将会被国内更多主流金融机构所认识、接纳和运用。基于环境社会和治理评级信息研发的环境社会和治理主题基金、环境社会和治理指数与环境社会和治理指数基金都会快速增加。

对上市公司来说，环境社会和治理评级提供了一个不同于财务指标的新标杆，从公司治理、污染排放、能源效率、劳工关系、社区关系等非财务指标角度来衡量公司价值。财务指标的传统标杆与环境社会和治理这一新标杆两相结合，无疑可以更全面评估公司的持续运营能力。因此，环境社会和治理评级将会客观上促进上市公司的治理水平，特别是对环境、社会等议题的治理。

目前在国内很多上市公司，环境社会和治理评级的归口部门往往在投资者关系部，因此投资者关系部与社会责任部门的沟通会更加频密。对社会责任经理来说，这是向公司展现社会责任价值的良好机遇。社会责任经理要尽快提升自身专业水平，理解环境社会和治理与社会责任的关系。

二、当前中国企业社会责任面临的新情况和问题

当前，企业履行社会责任和加强诚信建设方面，还存在一些突出问题和新挑战，已成急需应对的重

大挑战。

（一）一些重点行业企业失信和合规管理问题突出

2020 中国网络诚信大会上发布的《中国网络诚信发展报告》显示，当前网络诚信建设面临新的挑战，一是网络谣言。数据显示，91.3%的被调查者经常或有时遇到网络谣言。2020 年新冠肺炎疫情突袭初期，网上就出现了各种谣言，对部分群众产生误导。二是虚假宣传。数据显示，87.3%的被调查者经常或有时遇到虚假信息。三是泄露个人隐私。数据显示，仅有 14.8%的被调查者表示从未遭遇个人信息泄露。四是网络恶意营销。数据显示，92.2%的被调查者认为目前“标题党”现象非常严重或比较严重。一些人群为了一己私利，炒作“标题党”文章博取流量，必须重拳整治。五是网络诈骗。数据显示，仅有 24.5%的被调查者表示从未遭遇网络诈骗。网络诈骗事关人民群众生命财产安全，必须坚决防范、严厉打击。

《中国年度企业合规蓝皮书（2020）》显示，2019—2020 年全球重大合规事件、出口管制、数据保护、行政执法与刑事司法的同时，新增加了反垄断、环境健康安全、金融证券和知识产权保护等热点内容。在汽车领域，汽车售后市场和进一步细分的地域市场可能引起执法关注。《汽车业反垄断指南》指出，在个案中界定汽车售后市场，汽车品牌是需要考虑的一个重要因素。因此，在整体销售市场不具有支配地位的汽车厂商在汽车售后市场可能被认定为具有市场支配地位，汽车厂商应避免以下行为：限制经销商和维修商外采售后配件，强制二者接受不合理的售后配件销售目标、库存品种和数量等。平台经济领域的反垄断指南通过后，蓝皮书梳理了企业需要关注的十个新问题，分别是大数据杀熟；“二选一”；个人数据的收集与共享；屏蔽竞争对手或拒绝开放 API 接口；平台红包与补贴；搜索降权；通过设置弹窗、操作必经步骤等捆绑销售产品或服务；轴辐协议；最惠国待遇条款；明确 VIE 架构及未达申报标准的交易也属于监管范围。蓝皮书认为，大型互联网平台企业在反垄断、个人信息保护、反不正当竞争、知识产权、投融资、反腐败等多个领域存在合规风险，企业应全面审视其生态系统内的各个业务模式，避免类似的高风险行为。从环境保护行政执法趋势看，执法越来越活跃。在污染环境罪刑事执法方面，呈现出以下特点：刑事执法力度不减；金属设备制造、废物利用处理、化工、矿业等行业仍属高风险行业；企业管理人员被判刑罚比例较高；污染环境的违法行为类型多样；发案线索绝大部分来自行政执法；单位被判处罚金额大，涉案人员具备适用缓刑的空间。

（二）企业社会责任体系高质量建设和合规管理仍需不断加强

第十三届中国企业社会责任报告国际研讨会发布的 2020 年中国企业社会责任报告显示，对收集的 1 800 多份社会责任报告研究发现，相关报告普遍缺乏对实质性议题管理过程的信息披露，主要体现在最高管治机构对实质性议题管理的领导，以及实质性议题管理的目标、计划、流程和结果方面的信息披露。不到 1/3 的企业披露社会责任管理架构和公司高层参与社会责任管理情况，较少报告能够将社会责任理念和企业的发展战略相结合。报告整体对实质性议题的管理仍停留在对实质性原因进行说明的阶段，缺乏企业如何系统管理实质性议题的进一步说明。披露实质性议题管理方法与评估体系的报告比例进一步减少，企业对社会责任实质性管理和评估方面的信息披露水平较为薄弱。

北京大学陈瑞华教授认为，以国有企业的合规管理体系建设为范例，目前困扰中国企业建立有效合规计划的因素主要有以下四个：第一，合规的职能定位。迄今为止，尽管国务院国资委和国家发改委强力推动在中央国有企业建设合规管理体系，但合规部门的职能定位仍然存在模糊不清的问题。大多数国有企业的合规部门都没有独立设置，要么设置在纪委之下，要么与审计部门合署办公，要么设置在“风控部”之下。结果，合规部门的独立性和权威性难以得到保障，既无法将合规风险的防范问题纳入最高管理层的视野，也难以向董事会及时报告合规管理问题。第二，合规防范机制。在建立合规管理体系过程中，国有企业通常只是制定一种较为空泛的合规管理规范或员工行为准则，而没有针对企业的性质、合规风险重点领域以及关键的风险点，建立有针对性的合规防范体系。第三，违规行为识别机制。中国企业普遍缺乏有效识别合规风险的机制。除了合规部门无法及时向最高决策层报告以外，企业部门也没有建立有效的违规报告制度。中国特有的企业文化，决定了那种源自西方的企业员工向合规部门或最高管理层报告合规风险和违规事件的制度，在中国企业内部几乎没有存在的空间。第四，合规危机的应对机制。中国企业普遍缺乏对合规危机的有效应对机制。在违规事件发生、监管部门介入之后，一些公司不采取及时有效的补救措施，动辄采取逃避监管、伪造证据或者以欺骗方式应对监管，甚至在应对这类调查过程中继续采取一些违法违规行为。

（三）技术变革给企业伦理和企业社会责任带来的新挑战

在数智化时代，数智技术的广泛渗透和深度应用，一方面为解决全球性重大社会问题和可持续发展挑战提供了全新的解决方案，为企业参与解决社会问题、开展社会责任管理与实践提供了新思路、新方法和新手段，另一方面也引致了数字鸿沟扩大、算法焦虑、人工智能伦理争议、信息隐私保护难度增大、平台垄断等许多新的社会问题，对经济社会的健康可持续发展形成新的挑战。2020 年，数据安全与隐私保护是科技尤其是互联网行业的重点合规议题。预计监管部门将持续高压打击贩卖个人数据、信息和隐私的黑色产业链。不当收集个人信息、缺少隐私协议或收集使用个人信息范围描述不清的 APP 会面临极高法律风险。忽视大数据的伦理道德问题进而引起负面影响和社会排斥的例子并不少见。2020 年社会对“文明码”的拒绝和对小区安装刷脸识别系统说“不”等事件的爆发，都再一次说明，在研发和应用大数据技术的过程中，必须考虑技术应用的社会可行性和可接受性。

随着人工智能、基因编辑等新技术日新月异，不少技术都可以运用到 CSR 场景中。譬如区块链技术在食品溯源、透明公益就有较好的应用前景。但技术是双刃剑，既能带来福音，也会伴生伦理隐忧。在“无人区”探索的科技企业有必要秉持审慎、稳健原则，充分评估技术应用所产生的环境与社会影响。2019 年，上交所在《科创板股票上市规则》中也强调了这一点，要求上市公司严格遵守科学伦理规范，尊重科学精神，恪守应有的价值观念、社会责任和行为规范。

三、企业社会责任和诚信建设的对策建议

（一）加大法律规范和行政监管，不断优化营商环境，创造企业履行社会责任良好舆论氛围

一是加强统筹，着力构建包含法规支撑、信用标准、诚信监管、行业自律、企业内控、社会监督等六大子系统的网络诚信建设体系。二是共践共行，推动形成部门管理责任到位、属地管理责任落实、企业主体责任压实、社会共同责任清晰的诚信建设协同治理新格局。三是综合施策，充分运用法治引领、技术支撑、信用监督等多种手段推动诚信建设。四是厚植根基，通过深化教育引导、强化实践养成、营造社会氛围，积极培育具有中国特色的诚信文化。五是主流媒体应把握好正确舆论导向，帮助更多的企业了解其社会责任的内容与要求，引导和加强企业履行社会责任的宣传报道，展示优秀企业家牢记家国情怀、紧跟时代脉搏、凝聚社会正能量的作为，营造好鼓励企业家投身社会建设的舆论氛围。

（二）深入理论研究，加强企业合规管理，加大信息披露，全面提升企业社会责任体系建设能力

要推进企业履行社会责任的理论研究与探索，明确企业社会责任的方向和目标。经过长期的发展，中国企业社会责任内涵越来越丰富，社会公众对企业履行社会责任的要求也越来越高，企业在创造利润、提供就业岗位的同时，还要在参与公益慈善、推动脱贫攻坚、保护生态环境、助力乡村振兴等方面发挥更大更积极的作用。中国发展仍然处于重要战略机遇期，对于企业履行社会责任的方向、目标、路径等，需要深入开展调查研究，帮助其为构建新发展格局、推动高质量发展、促进共同富裕贡献应有的力量。

企业应全面梳理所在行业及地区的社会信用相关法律法规，在明确期望实现的社会信用体系目标的基础上，建议企业为确保所有与企业信用评级相

关的法律、法规、标准的具体要求和变化能够及时、有效地反馈至企业内部，企业应指定部门作为企业内信用评级牵头部门，负责牵头建立统一的、分层级、分类别的企业信用评级监管法规库，牵头各业务部门及时跟进信用评级相关监管规定的变化情况，按照业务领域，收集适用的法律、法规、标准，建立和维护满足时效性要求的信用评级监管法规库。

不断提升运营透明度，推动社会责任信息披露水平在“十四五”期间迈上新台阶，加强对社会责任信息披露的战略性认识。从企业议题管理的目标、计划、流程和结果等方面，加强对实质性议题管理过程的信息披露，提升报告管理性。通过社会责任信息披露反映企业在社会责任指标体系建设、量化管理方面的进展，促进企业社会责任管理提升，增强报告可比性。更加重视污染防治、生物多样性与生态系统保护、温室气体管理等环境议题，员工健康安全、职业发展等员工议题，帮助供应商提升社会责任水平等供应商议题的信息披露，增强报告实质性。

加强企业社会责任信息披露，深化对社会责任信息披露重要性的认识。一是认真规划企业可持续发展顶层设计，系统指导企业社会责任实践。从管理理念、制度、组织架构到具体行动和实践，制定完整、系统的整体设计和行动路线，不断指导企业社会责任各项工作和实践的逐步改进。二是提升环境、社会和公司治理信息披露水平，进一步提升履责信息披露质量。上市公司应按照《环境、社会及管治报告指引》要求，帮助企业加强风险管理、改善融资能力、提高供应链需求能力、降低运营成本等，实现环境、社会和经济效益间的平衡，服务企业的可持续发展。三是履行企业公民义务，创新解决社会问题，提升公众获得感、幸福感、安全感。企业应当承担更重要的社会角色，更好发挥优秀企业公民的作用，解决社会发展过程中的问题，破解社会发展难题，增进民生福祉，切实满足人民群众对美好生活的向往。四是提升责任品牌建设能力，更好推进高质量发展。目前企业社会责任及可持续发展等指标逐渐成为衡量企业品牌影响力日益重要的参考依据。企业应继续思考品牌定义，融合创新品牌体验和业务模式、不断提升管理实践能力，成为推进社会高质量发展和建设美好生活的新动力。

企业应在建设“零碳国家”中承担主体责任，我们预计企业减碳意识将大面积觉醒，将有越来越多企业提出“零碳”目标。面对低碳转型浪潮，企业要做好自身能力建设，开展碳核算，制定科学的减排目标，在工艺、技术方面转型升级，实施节能减排行动，实现高质量发展。

（三）推动科技向善，促进企业利用数字化承担更大社会责任

企业在技术变革面前洞察行业发展的未来方向，更重要的是，这些型塑未来组织和社会形态的变革者，能够具有强烈的责任感、使命感以及正确的价值观，敏锐地捕捉到外界变化对社会各方面的影响，通过商业模式的创新对组织的变革，将技术进步带来的红利均等地分配到社会的各个层面，推动社会和谐发展。在企业层面，应推动由“利益至上”向“商业向善”转变。企业是技术商业化的主体，数字经济智能经济发展中的诸多问题都是企业受到过度商业利益驱动造成的，长期以来的“利益至上”和股东利润最大化思想导致许多数智企业漠视商业伦理而出现社会责任缺失。这意味着由“利益至上”转向“商业向善”对于数智企业的商业伦理回归和社会责任治理至为关键。在社会层面，应推动由“物质主义”向“社会向善”转变。一方面，技术和企业都嵌入于一定的社会构造中，主流的社会思潮对技术创新和应用方向、企业价值观与经营行为具有深刻影响；另一方面，商业生态系统思维和实践在数字经济智能经济中更加凸现，与之相关联的生态位成员和更广泛的社会主体，其负责任的意识和行为如责任消费、责任投资、责任采购、责任生活，对于打造负责任的商业生态系统以及更大范围的负责任的社会生态系统都息息相关。

总之，站在新的历史起点上，广大企业应坚守信仰，诚实守信，积极履行社会责任，广泛参与社会治理，积极推进碳达峰、碳中和，当好生态文明践行者、美丽中国建设者，积极投身建立解决相对贫困的长效机制，在实现中华民族伟大复兴中国梦的伟大历史进程中，继续当好重要的推动者、参与者、贡献者。

（撰稿：马　超）

2020 年企业家成长与发展调查报告

中国企业家调查系统

2020 年在应对新冠肺炎疫情重大危机中中国企业做出了巨大贡献，体现了中国企业和企业家的韧性、责任担当与创新等企业家精神。为了解企业家对外部危机与企业家精神的认识和评价，研究组织韧性与创新的内涵及其关系，探索危机下企业应对挑战和持续创新的关键，为政府决策和学术研究提供参考依据，2020 年 8—10 月，中国企业家调查系统组织实施了“2020 · 中国企业经营者问卷跟踪调查”。调查目标的具体情况见表 1、表 2、表 3。

表 1　调查样本基本情况

单位：%

行业	农、林、牧、渔业	1.1	经济型类	国有企业	3.1
	采矿业	0.7		集体企业	0.6
	制造业（详见表 2）	52.3		私营企业	34.0
	电力、热力、燃气及水的生产和供应业	2.6		股份合作企业	3.6
	建筑业	9.6		股份有限公司	17.5
	交通运输、仓储和邮政业	1.9		有限责任公司	37.3
	信息传输、软件和信息技术服务业	5.5		其他内资企业	0.8
	批发和零售业	11.3		外商及港澳台投资企业	3.1
	住宿和餐饮业	2.5		民营企业	88.3
	房地产业	3.3			
	租赁和商务服务业	2.0	盈亏	盈利企业	36.2
	其他行业	7.2		持平企业	22.6
地区	东部地区企业	64.6		亏损企业	41.2
	中部地区企业	19.1			
	西部地区企业	16.3	生产状况	超负荷生产企业	2.7
规模	大型企业	8.5		正常运作企业	77.5
	中型企业	25.7		半停产企业	18.7
	小型企业	65.8		停产企业	1.1

注：

1. 其他行业包括：金融业，科学研究和技术服务业，水利、环境和公共设施管理业，居民服务、修理和其他服务业，教育，卫生和社会工作，文化、体育和娱乐业等行业。

2. 东部地区包括：京、津、冀、辽、沪、苏、浙、闽、鲁、粤、桂、琼 12 省（自治区、直辖市）；中部地区包括：晋、蒙、吉、黑、皖、赣、豫、鄂、湘 9 省（自治区）；西部地区包括：渝、蜀、黔、滇、藏、陕、甘、宁、青、新 10 省（自治区、直辖市）。

表 2　调查样本中制造业基本情况

序号	制造业细分	占比/%	序号	制造业细分	占比/%
1	农副食品加工业	2.2	17	橡胶及塑料制品业	5.8
2	食品制造业	2.6	18	非金属矿物制品业	5.1
3	酒、饮料和精制茶制造业	1.6	19	黑色金属冶炼及压延加工业	1.9
4	烟草加工业	0.0	20	有色金属冶炼及压延加工业	1.2
5	纺织业	5.1	21	金属制品业	6.5
6	纺织服装、服饰业	3.3	22	通用设备制造业	8.5
7	皮革、毛皮、羽毛及其制品和制鞋业	2.0	23	专用设备制造业	11.2
8	木材加工及木、竹、藤、棕、草制品业	2.0	24	汽车制造业	3.4
9	家具制造业	1.4	25	铁路、船舶、航空航天及其他运输设备制造业	0.5
10	造纸及纸制品业	2.6	26	电气机械及器材制造业	5.9
11	印刷和记录媒介复制业	0.9	27	计算机、通信及其他电子设备制造业	3.3
12	文教、工美、体育及娱乐用品制造业	2.2	28	仪器仪表制造业	1.7
13	石油加工、炼焦及核燃料加工业	0.8	29	其他制造业	4.2
14	化学原料及化学制品制造业	7.9	30	废弃资源综合利用业	0.9
15	医药制造业	3.0	31	金属制品、机械及设备修理业	1.1
16	化学纤维制造业	1.2			

表 3　调查对象基本情况

单位:%

性别	男	92.5	文化程度	初中或以下	2.4
	女	7.5		中专、高中	11.7
年龄	44 岁及以下	27.0		大　专	31.5
	45~49 岁	15.9		大学本科	39.1
	50~54 岁	15.0		硕　士	13.7
	55 岁及以上	42.1		博　士	1.6
	平均年龄(岁)	51.9			
所学专业	文史哲法律	5.8	现任职务	董事长	54.0
	经　济	22.0		总经理	51.0
	管　理	38.1		厂　长	2.1
	理工农医	23.1		党委书记	7.3
	其　他	11.0		其　他	11.5

注:由于存在职务兼任情况,因此现任职务比例合计大于100%。

调查显示,新冠肺炎疫情重大危机,进一步要求企业保持韧性的同时持续创新,这已然成为未来经济持续健康稳定发展的核心保障。①新冠肺炎疫情严重影响企业,尤其对中小企业和民营企业造成明显冲击,企业盈利呈现出明显下滑的趋势。企业面临的外部环境出现新的挑战,未来发展不确定性增强,资源、环境约束不断加大,人才匮乏问题依然未能得到改善。②实施降本增效改革措施成效显著,企业的社保税费负担与人工成本等困难与2012年比明显得到改善。③企业组织韧性中的危机感知能力较强,危机适应能力相对较低,这主要受到企业"能人"与外部危机应对专业人士等第三方服务机构发展程度的影响。④组织韧性与企业创新具有显著的相关关系。组织韧性高的企业更倾向选择突破式创新模式，更具有创新性、主动性和风险承担性，更有可能实施探索与利用并举的双元创新战略，同时，组织韧性显著提升企业创新绩效，尤其是显著提高了产品或服务质量、提升对健康和安全的影响、扩大了产品或服务的类别，以及增强了企业在业务流程上的灵活性，而在降低单位产出的劳动力成本、减少单位产出材料和能源的消耗方面作用较弱。⑤企业家期望：从政府层面，健全国家应急管理体系、深化改革开放、完善社会保障体系，为企业发展创造更好环境；企业自身应对危机需要未雨绸缪，灵活调动资源，创新应对危机的方式方法，坚持长期导向，制定并充分发挥应对危机/紧急事件计划的作用，多措并举应对资金链危机，转危为机、增强企业文化氛围；从企业长期发展来看，加强学习、修炼内功，健全治理结构，加快数字化转型，提升管理水平，创新核心商业模式，增强研发创新能力，培育和发展融合线上线下新渠道的市场营销能力，创新商业模式，全面提升核心竞争力，为推动更高水平开放型经济新体制的形成，增强社会文明程度，推进民生福祉新高度而努力奋斗。

一、新冠肺炎疫情下企业的外部环境与经营发展挑战

（一）新冠肺炎疫情初期严重影响企业，超过40.0%企业亏损或严重亏损

关于疫情对宏观经济的负面影响，受访企业认为“影响很大”的占37.2%，认为“影响较大”的占49.4%，认为“影响不大”或“没有影响”的占13.4%，对比2003年“非典”时期疫情刚开始的调查的相同题目，企业家认为“影响很大”的仅占3.4%，“影响较大”的占40.4%，“影响不大”或“没有影响”的占56.2%，说明此次疫情对企业的影响更加严重。

同时，企业家对实现2020年原定企业年度增长目标信心不足。认为实现企业原定年度增长目标“有一定难度”的占50.0%，认为“无法实现”的占28.8%，只有18.5%的企业家认为“可以实现”。分组来看，大型企业、国有企业认为“可以实现”的比重相对较高，这表明疫情对中小企业、民营企业的冲击更为明显。

年度调查的结果与上述结果形成一定程度的对比。2009—2020年的企业家预计盈利和实际盈利呈现出不断波动的特点，受到新冠肺炎疫情与全球经济下滑的影响，2020年企业实际盈利确实呈现出明显下滑的趋势。仅有36.2%的企业在2020年上半年实现了盈余，22.6%的企业能够实现收支平衡，超过40.0%的企业处于亏损或严重亏损的状态。然而，企业家对下半年盈利状况的预测呈现出上升趋势，评价值从2.94上升到3.43，与2018年、2019年的半年预期值接近，体现出在疫情逐渐得以控制的情况下对经济发展的乐观态度。见表4。

表4　企业盈利状况

单位：%

年份		较大盈利	略有盈余	收支平衡	亏损	严重亏损	评价值
2020年	上半年实际	5.6	30.6	22.6	34.5	6.7	**2.94**
	下半年预计	10.2	45.0	24.6	17.6	2.5	**3.43**
2019年	上半年实际	7.0	43.8	25.8	22.1	1.27	**3.33**
	下半年预计	7.5	48.5	24.6	17.5	2.0	**3.42**
2018年	上半年实际	6.8	45.1	26.9	19.4	1.8	**3.36**
	下半年预计	7.4	48.8	26.5	15.2	2.2	**3.44**
2017年	上半年实际	8.3	45.3	26.0	18.5	1.8	**3.40**
	下半年预计	10.6	50.5	24.6	12.2	2.2	**3.55**
2016年	上半年实际	5.9	45.3	23.3	22.5	3.1	**3.29**
	下半年预计	7.4	48.8	26.6	14.3	3.0	**3.44**

续表

年份		较大盈利	略有盈余	收支平衡	亏损	严重亏损	评价值
2015年	上半年实际	5.2	41.0	23.5	26.2	4.0	**3.17**
	下半年预计	6.0	43.8	26.3	20.1	3.8	**3.28**
2014年	上半年实际	5.9	45.8	21.9	23.7	2.7	**3.29**
	下半年预计	6.9	49.8	23.4	17.0	2.9	**3.41**
2013年	上半年实际	5.3	43.6	22.8	25.6	2.8	**3.23**
	下半年预计	8.0	46.1	25.4	18.5	1.9	**3.40**
2012年	上半年实际	4.5	45.2	22.1	24.5	3.7	**3.22**
	下半年预计	5.4	46.1	25.1	19.9	3.6	**3.30**
2011年	上半年实际	8.0	50.7	20.3	19.1	1.9	**3.44**
	下半年预计	8.3	51.1	23.2	15.2	2.2	**3.48**
2009年	上半年实际	7.0	44.4	20.5	24.8	3.3	**3.27**
	下半年预计	9.8	51.8	22.3	14.5	1.7	**3.54**

(二)降本增效改革成效显著,外部环境出现新的挑战,不确定性增强

调查数据表明,2020年企业经营发展过程中遇到的困难和压力主要表现在人工成本(62.1%)、企业利润率太低(35.9%)、资金紧张(35.8%)、缺乏人才(33.1%)、社保、税费负担过重(30.2%)和能源、原材料成本上升(30.0%)等方面。

与2012年的数据对比,党的十八大以来企业经营发展遇到的主要困难明显得到改善的依次是:"社保、税费负担过重"(下降21.6%)、"人工成本上升"(下降13.2%)、"企业利润率太低"(下降8.9%)、"国内需求不足"(下降6.8%)、"出口需求不足"(下降4.9%);略有改善的依次是:"缺乏创新能力"(下降2.4%)、"整个行业产能过剩"(下降2.4%)、"能源、原材料成本上升"(下降1.3%)以及"遭受侵权等不正当竞争"(下降1.0%)。同时,企业经营发展的某些困难存在增强的情况。例如,"资源、环境约束较大"上升4.4%、"地方政府干预较多"上升4.1%、"缺乏人才"上升3.4%、"未来影响企业发展的不确定因素太多"上升1.7%、"资金紧张"上升0.8%、"企业招工困难"上升0.5%以及"企业领导人发展动力不足"上升0.4%。见表5。

表5　企业经营发展中遇到的主要困难

单位:%

分类	2020年	2012年	2020—2012年	2011年	2010年
人工成本上升	**62.1**	75.3	-13.2	79.0	72.5
企业利润率太低	**35.9**	44.8	-8.9	39.1	—
资金紧张	**35.8**	35.0	0.8	38.8	42.1
缺乏人才	**33.1**	29.7	3.4	32.8	47.8
社保、税费负担过重	**30.2**	51.8	-21.6	43.3	47.3
能源、原材料成本上升	**30.0**	31.3	-1.3	57.7	56.0
未来影响企业发展的不确定因素太多	**29.1**	27.4	1.7	19.9	—
整个行业产能过剩	**28.5**	30.9	-2.4	22.9	26.9
企业招工困难	**22.8**	22.3	0.5	28.9	—
国内需求不足	**18.7**	25.5	-6.8	7.7	10.6

续表

分 类	2020 年	2012 年	2020—2012 年	2011 年	2010 年
政府政策多变	**13.3**	—	—	—	—
资源、环境约束较大	**12.8**	8.4	4.4	8.2	18.1
缺乏创新能力	**11.4**	13.8	-2.4	11.2	24.6
地方政府干预较多	**10.5**	6.4	4.1	6.1	6.8
企业领导人发展动力不足	**8.2**	7.8	0.4	7.1	9.2
国际贸易保护加剧	**7.7**	—	—	—	—
出口需求不足	**6.7**	11.6	-4.9	5.2	7.7
遭受侵权等不正当竞争	**5.0**	6.0	-1.0	7.6	11.5
缺乏投资机会	**3.3**	3.2	0.1	2.9	4.9

(三)疫情后创新文化更加宽容失败,但鼓励冒险有所下降,中西部地区“山寨”与模仿创新比例增加

调查显示,全国总体上对创新失败的容忍度,2020年相较于2016年、2015年的调查结果有明显上升。认为企业所在地对创新失败的容忍度“很低”的企业家占6.7%,“较低”的占33.6%,“较高”的占50.3%,“很高”的占9.3%。从区域来看,东部地区对创新失败的容忍度较高(评价值为3.31),与2015年相比,中部地区对创新失败的容忍度增长较快。

对企业所在地鼓励冒险精神和开拓进取程度的调查表明,认为企业所在地对鼓励冒险、开拓进取的程度“很低”的企业家占7.0%,“较低”的占43.2%,“较高”的占41.1%,“很高”的占8.7%。总体而言,相比较于2016年,2020年社会对冒险精神和开拓进取的鼓励程度有所下降,体现出疫情可能对人们风险承受能力的影响较大。见表6。

表6 企业家对所在地区域创新文化的判断

单位:%

分类		年份	很低	较低	较高	很高	评价值
对创新失败的容忍度	总体	**2020 年**	**6.70**	**33.60**	**50.30**	**9.30**	**3.28**
		2016 年	6.45	49.53	38.89	5.14	3.03
		2015 年	6.40	43.00	45.30	5.30	3.12
	东部地区企业	**2020 年**	6.45	32.00	52.00	9.55	3.31
		2016 年	5.86	52.43	37.12	4.59	3.01
		2015 年	6.10	40.00	48.60	5.30	3.16
	中部地区企业	**2020 年**	7.76	37.50	45.26	9.48	3.21
		2016 年	7.03	45.35	42.40	5.22	3.07
		2015 年	6.20	50.10	39.60	4.10	3.02
	西部地区企业	**2020 年**	6.60	35.53	49.75	8.12	3.24
		2016 年	7.56	45.66	40.06	6.72	3.07
		2015 年	8.00	44.10	41.10	6.80	3.08

续表

分类		年份	很低	较低	较高	很高	评价值
鼓励冒险和开拓进取的程度	总体	**2020年**	**7.00**	**43.20**	**41.10**	**8.70**	**3.14**
		2016年	5.43	33.42	54.05	7.10	3.29
		2015年	8.80	54.40	32.20	4.60	2.91
	东部地区企业	**2020年**	7.36	41.60	42.64	8.40	3.15
		2016年	4.82	33.84	54.55	6.79	3.29
		2015年	8.60	53.00	33.90	4.50	2.93
	中部地区企业	**2020年**	5.63	46.32	38.53	9.52	3.15
		2016年	5.69	32.35	55.13	6.83	3.29
		2015年	8.10	57.90	29.00	5.00	2.89
	西部地区企业	**2020年**	7.11	45.69	38.07	9.14	3.12
		2016年	7.02	33.43	51.12	8.43	3.26
		2015年	10.30	54.80	30.30	4.60	2.87

对"山寨"产品接受程度和企业间产品模仿程度的调查表明,认为当地对"山寨"产品的接受程度"很低"的企业家占3.2%,"较低"的占25.5%,"较高"的占47.9%,"很高"的占23.4%,说明超过七成企业家认为企业所在地对"山寨"产品的接受程度较高,相较于2015、2016年调查结果,呈现出增强趋势。从区域来看,东部地区对"山寨"产品的接受程度较大,而中西部地区对"山寨"产品的接受程度增长较快。

对企业间产品模仿程度的调查显示,认为企业间产品模仿程度"很高"的企业家占4.9%,"较高"的占22.5%,"较低"的占52.1%,"很低"的占20.5%,说明总体上企业间相互模仿产品的程度较高,与2015、2016年的调查相比,略有增加。从区域来看,西部地区企业间相互模仿产品的程度较高,中部地区企业间相互模仿产品的程度增长较快。见表7。

表7 企业家对所在山寨产品的接受程度及企业间产品模仿程度的认知

单位:%

分类		年份	很低	较低	较高	很高	评价值
对山寨产品的接受程度	总体	**2020年**	**3.20**	**25.50**	**47.90**	**23.40**	**3.64**
		2016年	3.00	34.51	44.40	18.10	3.47
		2015年	2.60	38.30	42.90	16.20	3.41
	东部地区企业	**2020年**	3.63	24.12	47.99	24.25	3.66
		2016年	2.71	31.46	48.19	17.63	3.51
		2015年	2.20	35.90	45.50	16.40	3.45
	中部地区企业	**2020年**	2.18	29.69	45.85	22.27	3.60
		2016年	3.19	38.95	39.86	18.00	3.41
		2015年	2.60	41.10	38.90	17.40	3.39
	西部地区企业	**2020年**	2.55	26.02	50.0	21.43	3.63
		2016年	3.65	38.48	38.20	19.66	3.42
		2015年	4.10	43.00	38.70	14.20	3.29

续表

分类		年份	很低	较低	较高	很高	评价值
企业间产品模仿程度	总体	**2020 年**	**20.50**	**52.10**	**22.50**	**4.90**	**2.65**
		2016 年	17.40	60.92	19.54	2.14	2.58
		2015 年	18.90	61.70	16.40	3.00	2.54
	东部地区企业	**2020 年**	20.77	53.03	21.94	4.26	2.62
		2016 年	18.05	62.20	17.69	2.06	2.55
		2015 年	19.10	62.30	16.10	2.50	2.53
	中部地区企业	**2020 年**	23.91	45.65	23.48	6.96	2.67
		2016 年	17.79	60.59	19.37	2.25	2.58
		2015 年	19.60	58.90	18.00	3.50	2.57
	西部地区企业	**2020 年**	15.38	55.90	23.59	5.13	2.73
		2016 年	14.81	57.26	25.64	2.28	2.69
		2015 年	17.00	63.50	15.40	4.10	2.58

注:"很低"得分为1,"很高"得分为4,此处转为5分制。评价值越高,表明对山寨产品的接受程度或企业间产品模仿程度越高,区域创新氛围越差。

二、组织韧性及其影响因素

(一)企业组织韧性的危机感知能力较强,危机适应能力受到企业"能人"与危机应对专业人士等中介服务市场发展的影响

组织韧性是能够让组织消除压力,维持凝聚力,从挫折中复原,进而有效应对管理危机的结构性、程序性的动力。此次问卷调查主要从危机感知能力与危机适应能力两个维度考察企业的组织韧性。

调查结果表明,企业在"情境感知"的维度上得分较高,评价值为3.90(5分制),绝大多数企业家"比较同意"或"很同意",他们的企业"拥有能够从危机中学习的组织文化"(评价值为3.79)、"高层管理者积极地关注企业可能存在的问题"(评价值为3.99)、"明确规定危机中和危机之后重要事项的优先次序"(评价值为3.88)以及"积极监控外部环境,对潜在问题做好提前准备"(评价值为3.95)。

危机适应能力测量的是在危机发生的时候企业应对危机的措施、方案与可选择资源。调查显示,企业在"适应能力"的维度上得分相对较低,评价值为3.63,其中,"能与同行合作共同应对危机"和"能很快从日常模式切换到危机应对模式"评价值超过平均值(3.63),分别为3.69和3.80,而"如果关键人物不在,总有其他人可以代替他们"和"当出现危机时,很容易获得专业人士的帮助",两项得分低于平均值(3.63),分别为3.56和3.43,说明中国企业的组织韧性受限于企业"能人",以及外部专业人士等中介服务市场的发展。见表8。

表8 企业组织韧性

单位:%

分类	很不同意	较不同意	比较同意	很同意	评价值
组织韧性:情境感知					**3.90**
拥有能够从危机中学习的组织文化	1.4	9.9	73.3	15.5	3.79
高层管理者积极地关注企业可能存在的问题	0.7	6.3	66.5	26.5	3.99
明确规定危机中和危机之后重要事项的优先次序	0.8	9.0	69.7	20.5	3.88
积极监控外部环境,对潜在问题做好提前准备	0.4	6.7	69.8	23.1	3.95
组织韧性:适应能力					**3.63**

续表

分类	很不同意	较不同意	比较同意	很同意	评价值
能与同行合作共同应对危机	2.6	17.2	62.6	17.6	3.69
能很快从日常模式切换到危机应对模式	1.4	12.6	67.0	19.0	3.80
如果关键人物不在,总有其他人可以代替他们	2.9	22.7	61.2	13.2	3.56
当出现危机时,很容易获得专业人士的帮助	5.5	28.2	53.4	12.9	3.43

分组比较分析发现,民营企业在组织韧性的适应能力维度得分较低,均值3.60,显著低于国有企业(均值3.73)和外资企业(均值3.71),在0.05水平上显著,这种差异主要来源于在危机出现时,民营企业更难获得专业人士的帮助(均值3.40)。在企业规模方面,大型企业在组织韧性的环境感知维度得分较高(均值4.02),显著高于中型企业(均值3.93)和小型企业(均值3.87),这种差异主要来源是否有能够从危机中学习的组织文化。在企业区位上,东部地区企业较少"拥有能够从危机中学习的组织文化"(均值为3.75),中部地区企业更能"明确规定危机中和危机之后重要事项的优先次序"(均值为3.98)。在适应能力方面,西部地区企业更"能与同行合作共同应对危机"(均值为3.83)。见表9。

表9 组织韧性与企业特征交叉分析

	企业性质				企业规模				企业区位			
	国企	民企	外企	P值	大型	中型	小型	P值	东部	中部	西部	P值
组织韧性:情境感知	**3.94**	**3.89**	**3.94**	**0.84**	**4.02**	**3.93**	**3.87**	**0.016**	**3.88**	**3.97**	**3.90**	**0.077**
拥有能够从危机中学习的组织文化	3.76	3.79	3.75	0.755	**3.90**	**3.84**	**3.75**	0.039	**3.75**	**3.86**	**3.84**	0.045
高层管理者积极地关注企业可能存在的问题	4.03	3.98	4.11	0.417	4.11	4.03	3.95	0.055	3.96	4.04	4.00	0.394
明确规定危机中和危机之后重要事项的优先次序	3.84	3.86	3.93	0.499	4.00	3.90	3.85	0.078	3.85	3.98	3.84	0.066
积极监控外部环境,对潜在问题做好提前准备	3.96	3.94	3.95	0.581	4.06	3.95	3.93	0.119	3.94	4.00	3.93	0.318
组织韧性:适应能力	**3.73**	**3.60**	**3.71**	**0.041**	**3.72**	**3.64**	**3.60**	**0.167**	**3.59**	**3.66**	**3.68**	**0.117**
能与同行合作共同应对危机	3.75	3.69	3.64	0.833	3.73	3.69	3.69	0.900	**3.64**	**3.76**	**3.83**	0.005
能很快从日常模式切换到危机应对模式	3.79	3.78	3.89	0.205	3.94	3.83	3.76	0.064	3.76	3.85	3.84	0.211
如果关键人物不在,总有其他人可以代替他们	3.70	3.54	3.79	0.089	3.59	3.58	3.55	0.904	3.56	3.59	3.53	0.721
当出现危机时,很容易获得专业人士的帮助	**3.68**	**3.40**	**3.51**	0.045	3.61	3.45	3.39	0.069	3.40	3.43	3.51	0.289

(二)技术竞争强度与市场竞争的过程显著提升组织韧性,而市场竞争结果的负面预期显著降低组织韧性

针对行业环境与组织韧性的相关关系分析表明,市场竞争相关的要素与组织韧性相关性存在方向上的差异。例如,"企业失败的可能性很高"与组织韧性呈现负相关关系(相关系数r = -0.09,在0.01水平上显著),而"竞争非常激烈"(相关系数r = 0.13,在0.01水平上显著)以及"新进入的企业很多"(相关系数r = 0.19,在0.01水平上显著),均与组织韧性显著正相关。

在技术竞争方面,组织韧性呈现出一致的规律,"技术变化很快""技术变化是影响企业发展的重要因素"和"新技术的涌现和新产品的推出很普遍"都与组织韧性的相关性较强,相关系数分别为r=0.22、r=0.24和r=0.27,都在0.01水平上显著,这表明技术竞争强度提升组织韧性。

从行业环境的具体得分来看，超过八成的企业家“较同意”或“很同意”“竞争非常激烈”，但是仅有28.2%的企业家“较同意”或“很同意”“企业失败的可能性很高”，两个维度的评价值得分差异较大（1.25= 4.11-2.86），反映出大部分的企业家认为市场竞争的过程很激烈，但对结果预期较为乐观。此外，近六成的企业赞同在本行业“技术变化很快”以及“新技术的涌现和新产品的推出很普遍”，反映出当前行业发展依靠技术驱动的比例较高。因此，66.6%的企业家赞同“技术变化是影响企业发展的重要因素”，评价值呈现出略有增强的趋势。见表10。

表10 行业环境与组织韧性的关系分析

单位：%

分类	年份	很不同意	较不同意	中立	较同意	很同意	评价值	与组织韧性相关性
企业失败的可能性很高	**2020年**	**12.4**	**24.5**	**34.9**	**21.6**	**6.6**	**2.86**	**-0.09****
	2019年	12.7	22.5	35.8	23.8	5.4	2.87	
	2015年	19.7	33.4	25.0	18.1	3.9	2.53	
竞争非常激烈	**2020年**	**1.1**	**3.6**	**13.8**	**46.2**	**35.3**	**4.11**	**0.13****
	2019年	0.4	3.0	15.5	54.1	27.1	4.05	
	2015年	0.9	4.2	11.0	54.2	29.8	4.08	
新进入的企业很多	**2020年**	**5.6**	**15.0**	**34.1**	**30.4**	**14.9**	**3.34**	**0.19****
	2019年	4	17.8	31.8	35.2	11	3.31	
	2015年	4.7	17.4	27.3	38.3	12.4	3.37	
技术变化很快	**2020年**	**2.5**	**9.9**	**29.8**	**38.1**	**19.7**	**3.63**	**0.22****
	2019年	1	6.1	28.4	47.3	17.2	3.74	
	2015年	0.9	8.3	27.9	44.8	18.2	3.71	
技术变化是影响企业发展的重要因素	**2020年**	**2.3**	**8.4**	**22.7**	**40.7**	**25.9**	**3.80**	**0.24****
	2019年	1.1	5.6	23.9	48.2	19.3	3.73	
	2015年	0.9	7.8	22.2	49.7	19.4	3.79	
新技术的涌现和新产品的推出很普遍	**2020年**	**2.6**	**8.8**	**29.2**	**40.1**	**19.4**	**3.65**	**0.27****
	2019年	1.3	7.4	30.8	45.7	14.9	3.66	
	2015年	1.1	9.9	29.0	47.3	12.8	3.61	

注：**表示 $P \leqslant 0.05$。

从企业类型分析，国企、民企和外企在“企业失败的可能性很高”方面存在显著差异（LSD 差异比较在0.01水平上显著），具体来说，国有企业面临较低水平的失败可能性（评价值为2.53），其次是外资企业（评价值为2.78），而面临较高水平失败可能性的是民营企业（评价值为2.89）。在市场竞争的过程以及技术竞争的强度方面，三种类型的企业面临的行业环境统计上不存在显著差异。

从企业规模看，企业所处的发展阶段不同，企业家对行业环境的压力感受度与创新需求也不同。对比大型企业（评价值为2.70）、中型企业（评价值为2.79）和小型企业（评价值为2.90），小型企业认为企业运营过程中失败的可能性更高。与企业的失败认知呈相反趋势，小型企业（评价值为4.08）、中型企业（评价值为4.14）和大型企业（评价值为4.23）中，大型企业认为行业内竞争更为剧烈。中型企业认为新进入的企业更多。此外，分析还发现大型企业更看重“技术变化”（评价值为3.95）。

从区域看，东部、中部和西部地区的企业在面对竞争压力和技术变化上没有显著差异。调查还表明，高科技企业和非高新技术企业在市场竞争的过程和结果方面都不存在显著差异，两者的差异主要体现在技术竞争强度上,高科技企业在技术不确定、技术变革重要性以及新技术涌现等方面均显著高于非高科技企业。见表11。

表11　行业环境与企业特征交叉分析

分　类	企业性质			企业规模			企业区位			高科技企业	
	国企	民企	外企	大型	中型	小型	东部	中部	西部	非高科技企业	高科技企业
企业失败的可能性很高	2.53	2.89	2.78	2.70	2.79	2.90	2.88	2.81	2.81	2.85	2.86
竞争非常激烈	3.98	4.13	4.00	4.23	4.14	4.08	4.09	4.16	4.13	4.09	4.15
新进入的企业很多	3.14	3.36	3.25	3.24	3.44	3.32	3.30	3.38	3.47	3.36	3.29
技术变化很快	3.58	3.64	3.39	3.79	3.66	3.59	3.61	3.68	3.65	3.53	3.87
技术变化是影响企业发展的重要因素	3.73	3.81	3.68	3.95	3.81	3.77	3.79	3.82	3.79	3.68	4.08
新技术的涌现和新产品的推出很普遍	3.51	3.67	3.41	3.81	3.63	3.64	3.64	3.69	3.65	3.60	3.78

(三)企业文化塑造组织韧性,民营经济的企业文化务实"双高"

企业文化在危机中帮助企业诠释和塑造周边环境,并赋予特定的含义,为企业应对危机指明方向。本次调查从个体主义和集体主义两个维度考察企业文化。针对企业文化与组织韧性的相关关系分析表明,企业文化的两个维度与组织韧性均显著正相关:个体主义的企业文化与组织韧性的相关系数为0.475(在0.001水平上显著),集体主义的企业文化组织韧性的相关系数为0.460(在0.001水平上显著)。

针对企业文化的调查表明,集体主义的企业文化评价值(3.25)略高于个体主义的企业文化评价值(3.18)。具体来说,在个人主义企业文化中,超过九成的企业家认为其企业文化"重视在团队中表现卓越的员工个人"(95.5%)以及"鼓励每一位员工实现他们独特的潜力"(90.9%)。而在集体主义的企业文化中,超过九成的企业家认为其企业文化"保护忠诚的员工"(96.9%)以及"领导和员工共同改进工作方法"(95.6%)。见表12。

表12　企业文化与组织韧性的关系分析

单位:%

	很不同意	较不同意	比较同意	很同意	评价值	与组织韧性相关性
企业文化:个人主义					**3.18**	**0.475*****
鼓励每一位员工实现他们独特的潜力	1.5	7.7	57.5	33.4	3.23	
公司重视在团队中表现卓越的员工个人	0.9	3.7	53.3	42.2	3.37	
员工重视他们在工作中的独立自主性	2.0	12.4	60.5	25.2	3.09	
公司鼓励员工相互竞争	2.1	17.2	58.0	22.7	3.01	
企业文化:集体主义					**3.25**	**0.460*****
公司会更加保护忠诚的员工	0.6	2.5	45.6	51.3	3.48	
领导和员工共同改进工作方法	0.3	4.1	54.6	41.0	3.36	
每位员工都分担和公司休戚与共的责任	1.3	10.2	54.0	34.5	3.22	
公司决策会考虑尽可能多的员工的意见	1.0	12.5	57.3	29.2	3.15	
有关发展的重大决定,公司会通知到每位员工	3.0	19.6	49.8	27.6	3.02	

注:*** 表示P≤0.01。

调查显示，民营企业比国有企业更具有个人主义倾向的企业文化，民营企业更“鼓励每一位员工实现他们独特的潜力”（评价值为3.25）以及“公司重视在团队中表现卓越的员工个人”（评价值为3.38）。同时，民营企业也比国有企业和外资企业更具有集体主义倾向的企业文化，民营企业“公司会更加保护忠诚的员工”（评价值为3.50），“领导和员工共同改进工作方法”（评价值为3.38），以及“每位员工都分担和公司休戚与共的责任”（评价值为3.24）。见表13。

表13 企业文化与企业特征交叉分析

分类	企业性质			企业规模			企业区位		
	国企	民企	外企	大型	中型	小型	东部	中部	西部
鼓励每一位员工实现他们独特的潜力	3.09	3.25	3.11	3.25	3.22	3.23	3.20	3.28	3.29
公司重视在团队中表现卓越的员工个人	3.28	3.38	3.18	3.43	3.37	3.36	3.35	3.37	3.42
员工重视他们在工作中的独立自主性	3.01	3.10	2.95	3.05	3.06	3.11	3.08	3.10	3.12
公司鼓励员工相互竞争	2.96	3.02	3.00	3.07	2.99	3.01	2.98	3.05	3.10
公司会更加保护忠诚的员工	3.27	3.50	3.32	3.34	3.46	3.50	3.47	3.47	3.50
领导和员工共同改进工作方法	3.19	3.38	3.26	3.31	3.34	3.38	3.35	3.39	3.37
每位员工都分担和公司休戚与共的责任	3.10	3.24	2.89	3.22	3.22	3.21	3.18	3.28	3.29
公司决策会考虑尽可能多的员工的意见	3.06	3.16	3.03	3.10	3.08	3.18	3.14	3.19	3.13
有关发展的重大决定，公司会通知到每位员工	3.04	3.02	3.00	2.96	2.97	3.04	3.01	3.06	3.00

（四）务实进取型企业家增强组织韧性，职业倦怠、负面情绪的企业家削弱组织韧性，小型、科技型企业受影响较大

企业领导是组织韧性形成和发挥作用的关键环节，本次调查采用了关于命运认知的成熟量表测量企业家对于环境的认知。相关关系分析表明，企业家的“务实进取型”价值观与组织韧性显著正相关（均在0.001水平上统计显著）。调查数据显示，48.1%的企业家非常认同“命运会照顾努力的人”这一说法，38.5%的企业家非常认同“通过行动可以掌握自己的命运、实现愿望”。81.0%的企业家则属于务实进取型，他们认为凭借自身的努力可以弥补命运中的缺憾，超过80.0%的企业家认为环境中有的部分可以改变，有的不可以改变，如果命运没有给予最好的，就靠自己的努力做到极致，剩下的事情交由命运决定。见表14。

表14 企业家价值观与组织韧性关系分析

单位：%

分类	很不同意	较不同意	中立	较同意	很同意	评价值	与组织韧性相关性
我应当将命运所已经给予的运用到最佳	3.4	4.3	25.9	37.5	28.9	3.84	0.16***
命运会照顾那些努力的人	3.7	2.3	10.7	35.2	48.1	4.22	0.19***
通过行动，我可以掌握命运，实现我的愿望	3.4	3.2	16.0	38.8	38.5	4.06	0.24***
我的努力可以弥补我命运中的缺憾	3.2	2.6	13.2	43.4	37.6	4.10	0.24***
如果命运没有给我最好的，就把我已有的做到极致	3.3	1.4	11.2	35.6	48.5	4.25	0.21***
努力将自己能做的做到最好，剩下的事情交给命运	4.4	3.2	12.3	33.3	46.9	4.15	0.14***

注：*** 表示 $P \leq 0.01$。

不同性别、年龄、学历、企业规模、企业性质的企业家对于通过行动可以掌握命运、实现愿望的看法不存在明显差异,而不同地区的企业家对此看法存在明显差异。其中,西部地区的企业家在“务实进取”价值观上的得分较高(4.27),显著高于东部地区(4.07)和中部地区(4.06)的企业家。见表15。

表15　企业家价值观分组比较分析

分　类		均　值	P值	LSD差异比较
总　体		**4.10**		
男	①	4.22	0.132	
女	②	4.09		
44岁及以下	①	4.16	0.078	
45~54岁	②	4.13		
55岁及以上	③	4.04		
大专及以下	①	4.26	0.522	
大学本科	②	4.11		
硕士及博士	③	4.07		
大型企业	①	4.08	0.785	
中型企业	②	4.08		
小型企业	③	4.11		
国有企业	①	4.14	0.863	
民营企业	②	4.10		
外资企业	③	4.07		
东部地区企业	①	4.07	**0.006**	①<③;②<③
中部地区企业	②	4.06		
西部地区企业	③	4.27		
非高科技企业	①	4.07	0.322	
高科技企业	②	4.12		

本次调查还考察了企业家的职业倦怠状况,表明企业家的职业倦怠与组织韧性显著负相关(均在0.001水平上统计显著)。调查结果表明,44.1%企业家会有时感到工作带来的身心疲惫,13.9%的企业家经常感到身心疲惫,而很少一部分企业家(8.0%)十分或者总是感觉身心疲惫、难以负荷,比较少的企业家(8.8%)会意识到工作带来崩溃感的状况。企业家对于工作本身的兴趣程度和热情,64.7%的企业家对于工作仍保持和以往一样的兴趣和热忱,73.9%的企业家很少或者几乎没有对自己所做的工作持怀疑态度,超过3/4的企业家仍然持续关心自己所做工作的贡献度。见表16。

表16　企业家职业倦怠与组织韧性的关系分析

单位:%

分　类	几乎没有	很少	有时	经常	十分频繁	总是	评价值	相关系数
工作让我感到身心疲惫	10.7	23.4	44.1	13.9	4.1	3.9	2.89	-0.16***
下班时我感到精疲力竭	12.9	29.6	37.2	12.6	4.2	3.5	2.76	-0.16***
早晨起床不得不面对一天的工作,我感到很累	19.3	37.5	26.5	10.8	2.9	3.1	2.50	-0.18***
整天工作对我来说压力非常大	14.4	30.1	33.7	14.7	3.0	4.2	2.74	-0.14***

续表

分类	几乎没有	很少	有时	经常	十分频繁	总是	评价值	相关系数
工作让我有快要崩溃的感觉	40.9	31.9	18.4	5.6	1.3	1.9	2.00	-0.17***
我对工作越来越不感兴趣了	39.3	31.2	20.6	5.6	1.7	1.5	2.04	-0.22***
我对工作不像之前那么热心了	33.4	31.3	25.6	6.2	2.0	1.5	2.16	-0.24***
我对自己所做工作的意义持怀疑态度	43.2	30.7	17.9	4.7	1.7	1.8	1.96	-0.23***
我对自己所做工作的贡献越来越不关心	42.6	32.6	16.0	5.6	1.5	1.7	1.96	-0.21***

注：*** 表示 P≤0.01。

分组比较看，不同性别、学历和企业性质的企业家在职业倦怠上不存在明显差异，而在年龄和企业规模、企业地区、是否为高科技企业上存在明显差异。其中，44 岁及以下、小型企业、东部地区企业和高科技企业的企业家感知到的负面情绪显著较高，得分分别是 2.48，2.39，2.38 和 2.39，均高于平均值 2.34。见表 17。

表 17　企业家职业倦怠比较分析

分类		均值	P 值	LSD 差异比较
总体		**2.34**		
男	①	2.35	0.087	
女	②	2.17		
44 岁及以下	①	2.48	**0.002**	①>③
45~54 岁	②	2.34		
55 岁及以上	③	2.24		
大专及以下	①	2.34	0.977	
大学本科	②	2.34		
硕士及博士	③	2.33		
大型企业	①	2.18	**0.014**	①<③；②<③
中型企业	②	2.25		
小型企业	③	2.39		
国有企业	①	2.37	0.822	
民营企业	②	2.33		
外资企业	③	2.41		
东部地区企业	①	2.38	**0.054**	①>③
中部地区企业	②	2.26		
西部地区企业	③	2.23		
非高科技企业	①	2.20	**0.001**	①<②
高科技企业	②	2.39		

本次报告还针对企业家的负面情绪进行了调查分析。数据显示，整体而言，超过 70.0%（75.4%）的企业家“很少”或“有时”出现负面情绪，“从未出现过”和“经常出现”负面情绪的企业家占比较少，分别为 12.4%和 12.2%。表明中国企业家整体对企业、市场以及宏微观经济发展具有比较积极的心态和情绪。针对负面情绪细分维度的分析表明，“烦躁易怒”“心情沮丧”“悲观失望”“挫折感强”“疑虑重

重”这五个子维度的分布与整体接近结果较为一致，而“压力很大”和“疲惫不堪”这两个子维度上“经常出现”负面情绪的企业家占比明显增多，近30.0%企业家经常出现“压力很大”的情绪，16.0%的企业家则经常出现“疲惫不堪”的情绪。见表18。

表18　企业家负面情绪与组织韧性的关系分析

单位:%

分　类	从未出现过	很少出现	有时出现	经常出现	评价值	相关系数
企业家负面情绪	**12.4**	**35.2**	**40.2**	**12.2**	**2.53**	**-0.19*****
烦躁易怒	6.3	32.4	50.4	10.9	2.66	-0.12***
心情沮丧	11.8	38.7	41.3	8.2	2.46	-0.19***
压力很大	3.3	17.3	49.6	29.7	3.06	-0.05
悲观失望	24.5	42.7	27.5	5.3	2.14	-0.22***
挫折感强	14.4	45.8	34.3	5.5	2.31	-0.19***
疲惫不堪	9.8	29.1	45.0	16.0	2.67	-0.16***
疑虑重重	16.6	40.5	33.2	9.7	2.36	-0.19***

注:*** 表示P≤0.01。

分组分析发现，55岁及以上的企业家对负面情绪感知的评价值(2.43)低于总样本的均值(2.53)，而44岁及以下和45~54岁的企业家出现负面情绪的频率则显著高于55岁及以上的企业家，也高于样本均值。大型(均值为2.46)和中型(均值为2.46)企业领导者出现负面情绪的频率无显著差异，但均显著低于小型企业领导者出现负面情绪的频率(均值为2.56)。此外，非高科技企业(均值为2.57)的领导者出现负面情绪的频率也显著高于高科技企业(均值为2.43)。见表19。

表19　企业家负面情绪比较分析

分　类		均　值	P 值	LSD 差异比较
总　体		**2.53**		
男	①	2.51	0.793	
女	②	2.53		
44岁及以下	①	2.62	**0.000**	①>③;②>③
45~54岁	②	2.57		
55岁及以上	③	2.43		
大专及以下	①	2.52	0.632	
大学本科	②	2.53		
硕士及博士	③	2.57		
大型企业	①	2.46	**0.026**	②<③
中型企业	②	2.46		
小型企业	③	2.56		
国有企业	①	2.57	0.678	
民营企业	②	2.53		
外资企业	③	2.47		

续表

分类		均值	P值	LSD差异比较
东部地区企业	①	2.55	0.397	
中部地区企业	②	2.50		
西部地区企业	③	2.55		
非高科技企业	①	2.57	**0.001**	①>②
高科技企业	②	2.43		

三、组织韧性与企业创新的关系分析

(一)组织韧性高的企业更倾向选择突破式创新模式

为了解企业组织韧性与企业创新模式的关系,本次调查专门统计2020年企业销售中各类产品和服务的占比,结果显示受访企业中"传统产品或服务"占比为53.6%,"改良产品或服务"占比为26.4%。其中,"近5年新创产品或服务"占比已达到26.8%。上述结果表明,近半数企业注重创新,并努力利用突破式创新模式实现企业产品与服务的创新。组织韧性与企业创新模式的相关关系呈现不同的规律。例如,组织韧性与"传统产品或服务占比"呈负相关关系(相关系数r=-0.04,在0.001水平上显著),同时与渐进式创新——"改良产品或服务占比"显著负相关(相关系数r=-0.03,在0.001水平上显著),而与突破式创新,"近5年新创产品或服务占比"显著正相关(相关系数r=0.06,在0.001水平上显著)。见表20。

表20 组织韧性与创新模式相关性分析

分类	年份	平均占比/%	与组织韧性相关性
传统产品或服务占比	2020年	53.60	-0.04***
	2016年	54.11	
	2015年	56.20	
改良产品或服务占比	2020年	26.40	-0.03***
	2016年	22.98	
	2015年	22.80	
近5年新创产品或服务占比	2020年	26.80	0.06***
	2016年	29.19	
	2015年	28.00	

注:*** 表示P≤0.01。

(二)组织韧性促进企业创业导向,大型、高科技企业创业导向更强,民营企业在业务拓展方面更为谨慎

面对新冠肺炎疫情严峻的挑战,企业采取的响应策略各有不同。相关关系分析表明,组织韧性与企业创业导向的创新性、主动性、与风险承担性均显著正相关(在0.001水平上显著)。调查显示,从评价值来看,创业导向的主动性维度评价值较高,评价值为3.36,其次是创新性,评价值为3.31,随后是风险承担性,评价值为2.88。见表21。

表 21 组织韧性与企业创业导向相关性分析

单位:%

分类	很不符合	较不符合	一般	比较符合	完全符合	评价值	与组织韧性相关性
创业导向:创新性						**3.31**	
重视研发,技术领先和创新	15.1	11.7	30.4	23.6	19.2	3.20	0.15***
过去五年,很多新产品/服务投入市场	6.0	9.9	37.5	28.5	18.1	3.43	0.20***
产品/服务变化很大	7.2	10.3	41.2	26.9	14.4	3.31	0.25***
创业导向:主动性						**3.36**	
面对竞争对手,先发制人	5.0	8.0	40.4	28.8	17.7	3.46	0.25***
经常首先引入新产品/服务,新的管理及运营方法等	4.8	9.5	34.8	31.9	19.1	3.51	0.31***
希望取代竞争者	11.6	9.7	45.5	22.8	10.4	3.11	0.11***
创业导向:风险承担性						**2.88**	
投资高风险高回报的项目	16.0	15.2	51.5	12.4	4.9	2.75	0.13***
由于环境的不确定性,需要大刀阔斧地行动,以实现企业的目标	14.9	16.2	45.1	16.7	7.1	2.85	0.18***
采取大胆、进取的姿态,以最大程度地挖掘潜在机会	11.8	13.9	42.8	21.0	10.5	3.05	0.20***

注:*** 表示 $P \leq 0.01$。

从企业性质分析,外资企业的主动性更强,"希望取代竞争者"评价值得分较高(3.50),风险承担性也较高,"由于环境的不确定性,需要大刀阔斧地行动,以实现企业的目标"评价值得分较高(3.34)。与此对应,民营企业在拓展业务方面的谨慎程度显著高于国有和外资企业。从企业规模来看,大型企业在创业导向的创新性、主动性、风险承担性等各项维度上的得分普遍高于中型或小型企业。此外,创业导向在高科技企业中显著高于非高科技企业。见表 22。

表 22 企业创新战略与企业特征交叉分析

分类	企业性质			企业规模			企业区位			高科技企业	
	国企	民企	外企	大型	中型	小型	东部	中部	西部	非高科技企业	高科技企业
重视研发,技术领先和创新	3.13	3.20	3.41	3.41	3.24	3.16	3.26	3.05	3.13	3.03	3.64
过去五年,很多新产品/服务投入市场	3.33	3.44	3.37	3.74	3.48	3.37	3.45	3.42	3.35	3.26	3.84
产品/服务变化很大	3.30	3.31	3.41	3.66	3.36	3.24	3.31	3.30	3.32	3.18	3.63
面对竞争对手,先发制人	3.43	3.46	3.63	3.71	3.50	3.41	3.47	3.46	3.44	3.36	3.72
经常首先引入新产品/服务,新的管理及运营方法等	3.41	3.51	3.66	3.75	3.55	3.48	3.51	3.56	3.44	3.38	3.82
希望取代竞争者	3.20	3.08	3.50	3.31	3.24	3.02	3.14	3.05	3.04	3.00	3.36
投资高风险高回报的项目	2.88	2.73	3.05	3.02	2.79	2.70	2.75	2.75	2.75	2.67	2.94
由于环境的不确定性,需要大刀阔斧地行动,以实现企业的目标	3.09	2.81	3.34	3.17	2.91	2.78	2.85	2.83	2.89	2.73	3.13
采取大胆、进取的姿态,以最大程度地挖掘潜在机会	3.19	3.03	3.16	3.35	3.16	2.96	3.05	3.10	2.98	2.94	3.31

(三)组织韧性有利于企业实施探索与利用并举的双元创新战略,大型、高科技企业作用更加明显

相关关系分析表明,组织韧性与探索式和利用式创新战略均显著正相关。调查显示,企业在探索式创新战略的得分评价值为3.89,而在利用式创新战略的得分评价值为4.06,说明大部分企业仍偏重于利用式创新战略。具体来说,76.8%企业家认为公司"主要搜集当前市场的信息",81.9%的企业家认为自己的企业"关注改进现有产品的质量",以及80.4%的企业家表示公司"强调积累解决当前市场和产品问题的经验"。

在探索式创新战略方面,79.0%的企业家认为自己的企业"不断寻求新的市场信息",63.4%的企业家认为他们的企业"关注产品的大规模更新",以及74.2%的企业家认为"仔细观察市场中的技术发展态势"比较或非常符合公司情况。见表23。

表23 创新战略与组织韧性关系分析

单位:%

分 类	非常不符合	较不符合	一般	比较符合	非常符合	评价值	与组织韧性相关性
探索式创新战略						**3.89**	
不断寻求新的市场信息	2.2	1.8	17.0	52.4	26.6	3.99	0.30**
关注产品的大规模更新	2.1	5.9	28.6	43.0	20.4	3.74	0.34**
仔细观察市场中的技术发展态势	1.6	3.4	20.8	48.9	25.3	3.93	0.36**
利用式创新战略						**4.06**	
主要搜集当前市场的信息	1.4	2.2	19.6	50.6	26.2	3.98	0.32**
关注改进现有产品的质量	1.8	1.8	14.5	46.8	35.1	4.12	0.29**
强调积累解决当前市场和产品问题的经验	1.7	1.6	16.4	48.0	32.4	4.08	0.33**

注:** 表示P≤0.05。

进一步分组对比发现,大型企业更为"仔细观察市场中的技术发展态势"(评价值为4.08),同时注重"搜集当前市场的信息"(评价值为4.13),高科技企业在各个维度上均显著高于非高科技企业。见表24。

表24 创新战略分组比较分析

	企业性质			企业规模			企业区位			高科技企业	
	国企	民企	外企	大型	中型	小型	东部	中部	西部	非高科技企业	高科技企业
不断寻求新的市场信息	3.90	4.01	3.92	4.12	4.05	3.95	3.99	3.97	4.05	3.95	4.12
关注产品的大规模更新	3.61	3.75	3.71	3.86	3.77	3.71	3.72	3.71	3.82	3.69	3.85
仔细观察市场中的技术发展态势	3.82	3.94	4.05	4.08	4.02	3.88	3.93	3.87	4.01	3.87	4.09
主要搜集当前市场的信息	3.89	3.99	3.95	4.13	4.03	3.94	3.96	3.97	4.08	3.97	4.01
关注改进现有产品的质量	4.03	4.12	4.24	4.22	4.17	4.08	4.12	4.10	4.13	4.08	4.22
强调积累解决当前市场和产品问题的经验	3.98	4.09	4.00	4.08	4.12	4.06	4.05	4.06	4.20	4.05	4.15

（四）组织韧性显著提升企业创新绩效，且创新作用“开源”强于“节流”

相关关系分析表明，组织韧性显著促进企业创新绩效，与创新绩效的各个维度均正相关，并且在0.001水平上统计显著。调查发现，企业家认为，创新发挥作用较大的维度主要包括：“提高了产品或服务质量”（评价值为3.73）、“提高了对健康和安全的影响”（评价值为3.59）、“提高了生产或服务在业务流程上的灵活性”（评价值为3.58）以及“扩大了产品或服务的类别”（评价值为3.50）。而在“降低了单位产出的劳动力成本”（评价值为3.27）和“降低了单位产出的材料和能源的消耗”（评价值为3.31）方面作用较弱。见表25。

表25　组织韧性与创新绩效的关系分析

单位：%

分　类	没有作用	作用较小	中等	作用较大	作用很大	评价值	与组织韧性相关性
扩大了产品或服务的类别	2.3	10.9	36.9	34.6	15.3	3.50	0.42***
进入了新市场或提高了市场份额	3.0	12.8	35.5	35.1	13.6	3.43	0.41***
提高了产品或服务质量	1.6	5.5	29.0	46.0	17.9	3.73	0.43***
提高了生产或服务在业务流程上的灵活性	1.4	7.1	36.6	41.7	13.2	3.58	0.45***
降低了单位产出的劳动力成本	3.2	15.1	42.4	30.0	9.5	3.27	0.35***
降低了单位产出的材料和能源的消耗	2.9	13.7	42.4	31.4	9.6	3.31	0.37***
降低了对环境的负面影响	3.1	10.6	39.2	34.9	12.3	3.43	0.39***
提高了对健康和安全的影响	2.7	7.7	34.1	38.9	16.7	3.59	0.41***

注：*** 表示P≤0.01。

进一步分组比较分析发现，创新在大型企业以及高科技企业发挥的作用更强，而企业性质以及区位对创新的作用没有影响。见表26。

表26　创新绩效分组比较分析

分　类	企业性质			企业规模			企业区位			高科技企业	
	国企	民企	外企	大型	中型	小型	东部	中部	西部	非高科技企业	高科技企业
扩大了产品或服务的类别	3.47	3.51	3.32	3.73	3.54	3.45	3.50	3.48	3.50	3.37	3.82
进入了新市场或提高了市场份额	3.43	3.44	3.29	3.68	3.47	3.39	3.43	3.42	3.46	3.31	3.75
提高了产品或服务质量	3.78	3.74	3.53	3.92	3.79	3.68	3.71	3.79	3.75	3.65	3.95
提高了生产或服务在业务流程上的灵活性	3.65	3.59	3.34	3.68	3.65	3.54	3.57	3.56	3.65	3.53	3.72
降低了单位产出的劳动力成本	3.37	3.27	3.22	3.40	3.29	3.25	3.26	3.25	3.34	3.23	3.38
降低了单位产出的材料和能源的消耗	3.40	3.30	3.27	3.51	3.33	3.28	3.28	3.30	3.43	3.27	3.41
降低了对环境的负面影响	3.54	3.42	3.35	3.62	3.49	3.38	3.40	3.46	3.50	3.36	3.58
提高了对健康和安全的影响	3.56	3.59	3.65	3.75	3.71	3.53	3.56	3.66	3.65	3.54	3.73

四、提升组织韧性、有效应对危机，保证企业健康持续发展

（一）未雨绸缪、灵活调动资源，创新应对危机的方式方法

为了渡过疫情难关，超过半数的企业会加强与老客户、供应商的沟通（68.7%）和内部培训（59.3%）。创新商业模式（41.9%）和供应链的优化（37.2%）也是企业会考虑的两大措施。25.9%的企业在应对危机时会选择减少用工。只有极少数企业（2.8%）会考虑临时转型，投入到应急行业。

相关关系分析表明，企业的组织韧性越高，在应对疫情时，越可能选择“创新商业模式”（相关系数 r=0.07，在 0.01 水平上显著）、“优化供应链”（相关系数 r=0.07，在 0.01 水平上显著）、“转为远程网上办公模式”（相关系数 r=0.07，在 0.01 水平上显著）以及“全员降低薪酬”（相关系数 r=0.22，在 0.001 水平上显著），更少可能选择“加强与老客户、供应商的沟通”（相关系数 r=-0.08，在 0.01 水平上显著）以及“加强内部培训，增强凝聚力”（相关系数 r=-0.12，在 0.001 水平上显著）。见表 27。

表 27　企业的疫情应对措施

分　类	比重 /%	与组织韧性相关性
加强与老客户、供应商的沟通	68.7	-0.08**
加强内部培训，增强凝聚力	59.3	-0.12***
创新商业模式	41.9	0.07**
优化供应链	37.2	0.07**
减少用工	25.9	-0.04
转为远程网上办公模式	13.7	0.07**
高管主动降薪，员工不降薪	9.2	0.05
全员降低薪酬	6.2	0.22***
临时转型应急行业（如口罩等）	2.8	-0.03

注：** 表示 P≤0.05，*** 表示 P≤0.01。

调查显示，为应对疫情，国企更偏好采用远程办公模式（26.7%）和降低员工薪酬（13.3%），民企（26.8%）和外企（31.6%）则较多选择减少用工，展现出的韧性的方面也是不同的。按照规模分析，大型企业多采取内部培训（68.6%）、创新商业模式（49.5%）和优化供应链（49.5%）等措施，中型企业和小型企业选择措施的侧重点均与之类似。按企业区位分析，中部（68.1%）和西部（67.5%）的企业都选择加强内部培训，增加凝聚力来应对疫情，这些都是企业具备韧性的表现。见表 28。

表 28　企业应对疫情措施的比较分析

分　类	企业性质				企业规模				企业区位			
	国企	民企	外企	P 值	大型	中型	小型	P 值	东部	中部	西部	P 值
全员降低薪酬	**13.3**	**5.5**	**10.5**	0.015	6.7	4.1	6.9	0.219	6.7	6.0	4.4	0.493
减少用工	**21.1**	**26.8**	**31.6**	0.049	**14.3**	**19.4**	**29.9**	0.000	26.8	24.7	23.6	0.592
临时转型应急行业（如口罩等）	1.1	2.7	5.3	0.514	**4.8**	**0.6**	**3.3**	0.020	2.8	24.7	23.6	0.659
优化供应链	33.3	37.3	39.5	0.769	**49.5**	**45.7**	**32.3**	0.000	36.2	38.7	39.4	0.613
高管主动降薪，员工不降薪	8.9	9.5	7.9	0.700	**6.7**	**11.1**	**8.7**	0.301	8.8	11.5	7.9	0.359
转为远程网上办公模式	**26.7**	**12.2**	**21.1**	0.001	**25.7**	**15.2**	**11.6**	0.000	13.1	11.5	18.7	0.062
加强与老客户、供应商的沟通	57.8	69.1	73.7	0.092	60.0	70.2	69.2	0.128	68.6	64.7	73.9	0.116
加强内部培训，增强凝聚力	67.8	58.7	47.4	0.119	**68.6**	**67.6**	**54.9**	0.000	54.6	68.1	67.5	0.000
创新商业模式	42.2	41.9	26.3	0.107	**49.5**	**47.3**	**38.7**	0.008	41.4	41.3	44.3	0.735

（二）加大企业管理与运营的数字化程度，提升企业管理水平

本次调查考察了企业的内部管理与运营在数字化方面的状况，分析表明，数字化管理与运营的水平越高，企业的组织韧性越强（均在0.01水平上显著）。调查结果显示，超过半数的企业公司目前的内部管理已经在中等程度上实现了数字化。在业务管理方面，有将近85.0%的企业家认为自己的企业已经拥有中等及以上程度的数字化运营能力。对于企业数字化系统的成熟度，有9.1%的企业家认为数字化系统很大程度上已经趋于成熟，而24.5%的企业家则认为他们的企业数字化系统还不够完善。对于数字化在企业中的应用情况，有76.4%的企业家认为数字化已经在企业决策中起到了非常重要的作用，仅有6.6%的企业家认为数字化没有起到重要作用。有八成左右的企业家认同数字化提高了企业的管理效率和财务绩效。见表29。

表29　企业数字化管理及运营情况

单位：%

分　类	没有	←	中等程度	→	很大程度	评价值	与组织韧性相关性
内部管理（员工数据、办公流程、内部交流等）	5.4	11.4	51.2	17.8	14.4	3.24	0.24***
业务管理（客户数据、业务流程、产品/服务质量管理等）	3.7	11.7	48.1	22.3	14.3	3.32	0.24***
企业数字化系统逐渐趋于成熟	6.9	17.6	45.9	20.5	9.1	3.07	0.25***
对企业数据进行整合分析，从中获取有价值的信息	5.3	15.7	47.5	21.0	10.5	3.16	0.26***
数字化已经在企业决策中起到非常重要的作用	6.6	17.0	40.4	22.1	13.9	3.20	0.26***
数字化改进了企业管理效率	6.0	14.6	38.8	26.2	14.4	3.28	0.27***
数字化提高了企业的财务绩效	5.0	13.9	38.8	26.4	15.8	3.34	0.28***

注：*** 表示P≤0.01。

从分组比较看，外企的数字化管理能力在各个方面都是较好的，其次是国企，而民企数字化程度和质量表现较差。随着企业规模的增大，数字化管理程度在各方面都在增加，尤其是在内部管理上的评价值是3.8分，大型企业利用数字化改进企业管理效率和提高企业的财务绩效方面表现较好，分别是3.63和3.58分。对于不同区位的企业，仅在内部管理上面存在明显差异，即东部地区企业在内部管理的数字化上程度较高（评价值为3.28），西部地区企业次之（评价值为3.25），较低的是中部地区企业（评价值为3.13）。此外，高科技企业在数字化程度的各方面都要显著高于非高科技企业。见表30。

表30　企业数字化管理比较分析

内　容	企业性质			企业规模			企业区位			高科技企业	
	国企	民企	外企	大型	中型	小型	东部	中部	西部	非高科技企业	高科技企业
内部管理（员工数据、办公流程、内部交流等）	3.49	3.21	3.58	3.80	3.42	3.11	3.28	3.13	3.25	3.13	3.51
业务管理（客户数据、业务流程、产品/服务质量管理等）	3.48	3.29	3.59	3.72	3.48	3.20	3.35	3.25	3.29	3.23	3.54
企业数字化系统逐渐趋于成熟	3.25	3.04	3.45	3.49	3.26	2.95	3.10	3.03	3.03	3.00	3.25

续表

内　容	企业性质			企业规模			企业区位			高科技企业	
	国企	民企	外企	大型	中型	小型	东部	中部	西部	非高科技企业	高科技企业
对企业数据进行整合分析，从中获取有价值的信息	3.26	3.13	3.58	3.49	3.31	3.06	3.18	3.17	3.08	3.11	3.27
数字化已经在企业决策中起到非常重要的作用	3.31	3.18	3.55	3.54	3.37	3.09	3.20	3.23	3.16	3.11	3.40
数字化改进了企业管理效率	3.37	3.27	3.58	3.63	3.46	3.17	3.28	3.29	3.30	3.19	3.51
数字化提高了企业的财务绩效	3.41	3.32	3.63	3.58	3.54	3.23	3.33	3.39	3.32	3.27	3.50

(三)坚持长期导向，制定并充分发挥应对危机/紧急事件书面计划作用

企业是否具有长期导向的发展理念，是企业足够有“韧性”的基础，即以非短期目标为导向、具备从容应对危机的能力。相关分析表明，企业长期导向与组织韧性显著正相关(相关系数 r=0.24，在 0.001 水平上显著)。调查表明，22.3%的企业有“1 年以内计划”，38.4%的企业有“3 年以内规划”，18.6%的企业有“5 年以内规划”，2.1%的企业有“10 年以内规划”，而仅有 2.6%的企业有“10 年以上规划”。由此说明，绝大多数(84.0%)的企业具有书面长期规划，而这其中以 3 年以内的规划最为常见，18.6%的企业具有中期发展规划(3～5 年)，而具有 5 年以上长期规划的企业较少。纵向比较来看，企业长期导向的评价值逐年递减，2015 年评价值仍略高于中等水平(3.02)，而到 2020 年评价值降为 1.76，与 2015 年相比下降 42.0。见表 31。

表 31　企业长期导向

单位：%

长期导向	2020 年	2019 年	2017 年	2016 年	2015 年
1 年以内计划	22.3	17.2	10.0	12.8	6.6
3 年以内规划	38.4	38.1	14.0	12.9	6.0
5 年以内规划	18.6	25.7	40.7	35.3	44.7
10 年以内规划	2.1	3.8	25.2	30.1	29.6
10 年以上规划	2.6	1.7	5.8	5.1	6.2
评价值	1.8	1.9	2.9	2.9	3.0

当发生紧急事件时，企业是否制定书面计划且该计划是否有效，是衡量危急时刻企业“韧性”的重要指标。关于企业是否有应对危机书面计划的调查显示，超过半数企业有应对危机的书面计划(52.5%)，少量企业没有书面计划(42.6%)，还有极少数企业不清楚是否有书面计划(4.9%)。在有紧急事件书面计划的企业中，大多数企业的书面计划都发挥过作用(49.0%)，表现较强的组织韧性。见表 32。

表 32　企业应对危机/紧急事件的书面计划

单位：%

内　容	有	没有	不清楚
是否有应对危机/紧急事件的书面计划	52.5	42.6	4.9
应对危机/紧急事件的计划是否发挥过作用	49.0	43.7	7.3

从企业类型来看，多数国有企业都有紧急事件的书面计划(70.0%)，其次是外资企业(65.8%)，而民营企业仅有 49.6%的企业有此书面计划。从企业规模来看，规模越大的企业，书面计划越完备，其中大型企业(68.9%)和中型企业(67.5%)大多都有书面计划。见表 33。

表 33　应对危机/紧急事件书面计划的不同企业比较分析

单位：%

分　类	有	没有	不清楚	P 值
总　体	**52.5**	**42.6**	**4.9**	
国有企业	70.0	21.1	8.9	**0.000**
民营企业	49.6	46.1	4.4	
外资企业	65.8	26.3	5.3	

续表

分 类	有	没有	不清楚	P 值
大型企业	68.9	24.5	6.6	**0.000**
中型企业	67.5	29.3	3.2	
小型企业	44.6	50.1	4.9	
东部地区企业	50.5	44.0	5.5	0.084
中部地区企业	56.3	40.7	3.0	
西部地区企业	56.2	39.4	4.4	

调查分析表明，大多数大型企业(65.3%)和中型企业(61.8%)制定的应急计划均可以有效发挥作用，较少数的小型企业(41.6%)可以制定有效的应急计划。相比于国有企业和民营企业，外资企业中内部制定的应急计划发挥作用更大，其中有58.1%的计划发挥过作用，41.9%的计划未发生过作用。从企业区位分布来看，东部地区应急计划发挥过作用的企业比重(44.3%)显著低于中部地区企业(58.2%)和西部地区企业(57.2%)。见表34。

表 34　应对危机/紧急事件计划发挥作用的不同企业比较分析

单位:%

分 类	有	没有	不清楚	P 值
总 体	**49.0**	**43.7**	**7.3**	
国有企业	57.3	32.9	9.8	0.258
民营企业	47.6	44.9	7.4	
外资企业	58.1	41.9	0.0	
大型企业	65.3	29.5	5.3	**0.000**
中型企业	61.8	32.2	6.0	
小型企业	41.6	50.3	8.1	
东部地区企业	44.3	47.8	7.9	**0.001**
中部地区企业	58.2	37.1	4.6	
西部地区企业	57.2	34.9	7.8	

(四)多措并举应对资金链危机，提升市场营销和研发创新能力，转危为机、增强企业文化氛围，全面提升核心竞争力

危机是检验企业核心竞争力的试金石，本次报告调查显示，企业家认为，受疫情影响增加的核心竞争能力中，前三项依次是“市场营销能力”(52.5%)、“研究与开发能力”(43.1%)以及“经营组织能力”(42.4%)。而在企业家所认为的受疫情影响削弱的企业核心竞争能力前三项依次“资金投入能力”(54.7%)、“核心商业模式”(31.4%)以及“研究与开发能力”(29.1%)。见表35。

表 35　疫情对企业核心竞争能力的影响

单位:%

内 容	增强的核心竞争能力	削弱的核心竞争能力
研究与开发能力	43.1	29.1
生产制造能力	33.3	26.7
市场营销能力	52.5	28.5
经营组织能力	42.4	20.9
资金投入能力	14.9	54.7
企业文化氛围	22.9	21.3
战略决策能力	25.8	18.3
动态适应能力	29.7	26.2
核心商业模式	14.6	31.4

进一步分析表明，疫情影响下的国有企业显著增强的企业核心竞争能力是研发与开发能力(55.2%)；而外企显著增强的核心竞争能力是生产制造能力(60.0%)。大型企业显著增强的企业核心竞争能力是企业文化氛围(33.3%)。按企业区位分析，东部地区企业选择“研究与开发能力”的比重相对较高(45.8%)，中部地区企业更倾向于增强资金投入能力(21.2%)，而西部地区更显著增强的是动态适应能力(36.8%)。见表36。

针对有所削弱的企业核心竞争能力按照企业性质、企业规模、企业区位分析，在疫情影响下，大型企业显著削弱的核心竞争能力是动态适应能力(41.0%)。另外，东部企业显著削弱的企业核心竞争能力是生产制造能力(28.9%)。见表37。

表 36 增强的企业核心竞争能力

单位:%

内 容	企业性质				企业规模				企业区位			
	国企	民企	外企	P 值	大型	中型	小型	P 值	东部	中部	西部	P 值
研究与开发能力	**55.2**	**41.0**	**37.1**	0.002	48.9	44.7	41.7	0.357	**45.8**	**40.9**	**35.1**	0.034
生产制造能力	**28.6**	**33.2**	**60.0**	0.004	25.6	31.4	35.0	0.152	35.2	29.8	29.8	0.209
市场营销能力	53.9	52.1	45.7	0.579	50.0	48.7	54.2	0.273	52.9	52.0	51.2	0.912
经营组织能力	43.4	43.4	25.7	0.140	42.2	43.9	41.8	0.841	40.7	42.9	48.5	0.177
资金投入能力	14.5	14.9	17.1	0.980	11.1	16.3	14.9	0.492	**13.7**	**21.2**	**12.3**	0.019
企业文化氛围	22.4	22.7	28.6	0.871	**33.3**	**26.5**	**20.1**	0.005	21.5	25.8	25.1	0.335
战略决策能力	21.1	26.6	22.9	0.599	34.4	26.5	24.3	0.114	26.4	23.2	26.3	0.663
动态适应能力	25.0	29.4	42.9	0.282	23.3	29.2	30.8	0.341	**28.2**	**28.8**	**36.8**	0.082
核心商业模式	17.1	14.6	11.4	0.878	18.9	15.2	13.8	0.423	15.2	11.6	15.7	0.413

表 37 削弱的企业核心竞争能力

单位:%

内 容	企业性质				企业规模				企业区位			
	国企	民企	外企	P 值	大型	中型	小型	P 值	东部	中部	西部	P 值
研究与开发能力	27.5	29.8	24.1	0.828	23.1	27.0	30.7	0.263	29.1	25.0	34.0	0.198
生产制造能力	28.6	26.0	21.4	0.214	26.9	29.1	25.8	0.624	**28.9**	**24.4**	**21.0**	0.097
市场营销能力	37.1	28.0	35.7	0.114	23.1	30.7	28.3	0.426	28.4	26.4	30.9	0.668
经营组织能力	24.6	20.1	25.0	0.561	28.2	19.6	20.5	0.242	20.6	23.8	19.0	0.526
资金投入能力	43.5	56.0	53.6	0.208	57.7	52.2	55.2	0.625	52.5	55.8	61.7	0.104
企业文化氛围	17.1	20.6	34.5	0.104	19.0	20.4	21.9	0.784	21.2	22.7	20.4	0.867
战略决策能力	26.1	17.0	21.4	0.162	10.3	19.6	18.8	0.156	17.4	22.7	16.7	0.247
动态适应能力	30.4	26.1	28.6	0.764	**41.0**	**24.3**	**25.1**	0.008	27.1	26.7	22.2	0.444
核心商业模式	21.7	31.7	41.4	0.220	26.6	33.0	31.4	0.566	31.4	33.7	29.0	0.651

(五)加强学习、修炼内功,健全治理结构、加强控制,建立防火墙隔离机制,应对未来可能危机

本次报告调查显示,在企业家针对未来类似情况的应对策略中,前五项依次排名是“保持良好的现金流”(66.7%)、“加强学习,修炼内功”(50.5%)、“建立预警方案,提前应对”(49.4%)、“建立关爱员工身心健康的保障机制”(45.5%),以及“监控环境,预期预判”(38.3%)。

相关分析表明,企业的组织韧性越高,企业家越有可能关注“加强学习,修炼内功”(相关系数 r=0.15,在 0.001 水平上统计显著)、“健全治理结构和控制”(相关系数 r=0.11,在 0.01 水平上统计显著)以及“建立防火墙隔离危机”(相关系数 r=0.06,在 0.05 水平上统计显著),而较少注意“设立危机管理部门”(相关系数 r=-0.12,在 0.001 水平上统计显著)。见表 38。

进一步比较分析发现,民营企业更加强调“保持良好的现金流”策略的重要性(69.0%),大型规模企业更倾向于制定“健全治理结构和控制”(47.6%)与“设立危机管理部门”(21.9%)的策略,而小型企业更倾向于制定“与其他企业搞好关系”(19.0%)的策略。东部地区的企业家更倾向于“建立防火墙隔离危机”(12.1%),中部地区更强调“与政府保持良好关系”(44.1%)以及“保持良好的现金流”(68.6%)。见表 39。

表 38　应对疫情的未来策略

内　容	比例/%	与组织韧性相关分析
保持良好的现金流	66.7	0.01
加强学习,修炼内功	50.5	0.15***
建立预警方案,提前应对	49.4	0.02
建立关爱员工身心健康的保障机制	45.5	0.03
监控环境,预期预判	38.3	0.04
注重履行社会责任	36.7	0.05

续表

内　容	比例/%	与组织韧性相关分析
健全治理结构和控制	35.8	0.11**
与政府保持良好关系	35.6	-0.04
设立危机管理部门	17.1	-0.12***
与其他企业搞好关系	16.6	0.04
建立防火墙隔离危机	10.6	0.06*

注:* 表示 P≤0.1, ** 表示 P≤0.05, *** 表示 P≤0.01。

表 39　应对疫情的未来策略的交叉分析

单位:%

内　容	企业性质				企业规模				企业区位			
	国企	民企	外企	P 值	大型	中型	小型	P 值	东部	中部	西部	P 值
监控环境、预期预判	37.1	37.1	54.1	0.090	37.1	39.4	38.0	0.879	39.5	34.3	38.3	0.357
建预警方案、提前应对	53.9	48.7	51.4	0.803	56.2	48.6	48.8	0.341	47.0	54.7	52.2	0.081
建立防火墙隔离危机	11.2	10.1	18.9	0.375	15.2	11.4	9.6	0.184	**12.1**	**7.2**	**8.5**	0.058
健全治理结构和控制	37.1	34.8	51.4	0.154	**47.6**	**36.6**	**34.0**	0.022	37.2	32.6	33.8	0.354
设立危机管理部门	20.2	16.6	24.3	0.517	**21.9**	**20.8**	**15.1**	0.028	16.1	18.2	19.9	0.392
与政府保持良好关系	36.0	35.4	37.8	0.986	29.5	36.6	36.0	0.387	**33.2**	**44.1**	**35.3**	0.009
注重履行社会责任	38.2	36.9	35.1	0.952	32.4	37.2	37.0	0.631	35.7	39.8	36.8	0.517
与其他企业搞好关系	11.2	17.2	8.1	0.235	**7.6**	**13.2**	**19.0**	0.002	15.7	17.4	18.9	0.519
保持良好的现金流	**50.6**	**69.0**	**54.1**	0.001	62.9	69.1	66.3	0.456	68.1	68.6	59.2	0.046
加强学习,修炼内功	42.7	51.5	43.2	0.338	50.5	53.0	49.5	0.574	49.9	49.6	53.7	0.601
建立关爱员工身心健康的保障机制	50.6	46.1	35.1	0.176	43.8	46.4	45.3	0.892	45.2	44.9	47.3	0.852

(六)健全国家应急管理体系、深化改革开放、完善社会保障体系,为企业发展创造更好环境

在新冠肺炎疫情初期,中国企业家调查系统开展了关于企业期望政府应对措施的调查。调查显示,关于对政府的政策建议,排在前5位的是“健全国家应急管理体系”(71.2%)、“加大减税降费”(70.0%)、“强化公共卫生法治保障”(59.0%)、“重视企业家的贡献,保护企业家积极性”(47.3%)、“降低企业融资成本”(46.6%)。企业家选择“加快落实民企28条”(39.5%)、“加大简政放权力度”(33.6%)、“优化公平竞争的市场环境”(32.5%)、“给予部分受疫情影响受损严重行业财政贴息”(30.8%)的比重也相对较高,选择比重均超过30.0%以上。见表40。

表 40　为了更好地促进企业发展,在新冠肺炎疫情之后,企业家最希望

单位:%

分　类	比　重	分　类	比　重
健全国家应急管理体系	71.2	提高政府办事效率	29.1

续表

分 类	比 重	分 类	比 重
加大减税降费	70.0	减轻租金压力	27.6
强化公共卫生法治保障	59.0	完善法治环境	23.0
重视企业家的贡献，保护企业家积极性	47.3	对参与捐赠企业和个人行为给予所得税抵扣	22.5
降低企业融资成本	46.6	按不可抗力，处理或放宽部分贷款及订单合同	22.1
加快落实民企28条	39.5	释放流动性，减轻现金流压力	19.7
加大简政放权力度	33.6	参照金融危机“五缓四减三补贴”政策	17.1
优化公平竞争的市场环境	32.5	深化国企改革	9.3
给予部分受疫情影响受损严重行业财政贴息	30.8	加快产权制度改革	5.3

2021年是“十四五”的开局之年，调查数据显示，企业家认为“十四五”期间促进消费稳定增长的最为重要的三条途径依次是“完善社会保障体系”（76.9%）、“对企业和个人减税”（73.5%）、“促进民营企业发展”（72.1%）。同时，超过三成的企业家认为“引导促进服务性消费”（36.9%）和“增加对低收入人群补贴”（36.1%），也是促进消费稳定增长的主要途径。超过20.0%的企业家认为，“加快新型城镇化进程”（27%）、“加快电商等新经济发展”（22.2%）、“普遍提高工资水平”（20.8%）以及“提高国企红利上缴比重”（19.7%），也与消费增长密不可分。此外，13.7%的企业家认为“鼓励信贷消费”，12.4%的企业家认为“提高粮食等农产品价格”与消费增长有联系。仅有10.8%的企业家认为“推动住房刚性需求增长”可促进消费增长。见表41。

表41 “十四五”期间促进中国消费稳定增长的主要途径

单位：%

分 类	比 重	分 类	比 重
完善社会保障体系	76.9	普遍提高工资水平	20.8
对企业和个人减税	73.5	提高国企红利上缴比重	19.7
促进民营企业发展	72.1	鼓励信贷消费	13.7
引导促进服务性消费	36.9	提高粮食等农产品价格	12.4
增加对低收入人群补贴	36.1	推动住房刚性需求增长	10.8
加快新型城镇化进程	27.0	促进奢侈品消费	0.8
加快电商等新经济发展	22.2		

2020年全国企业文化建设最佳实践企业综述

中国企业联合会企业文化建设委员会

习近平同志指出：“实现中华民族伟大复兴，必须坚定中国特色社会主义道路自信、理论自信、制度自信、文化自信”；“坚定文化自信，是事关国运兴衰、事关文化安全、事关民族精神独立性的大问题。”党的十九大报告指出："文化是一个国家、一个民族的灵魂。文化兴国运兴，文化强民族强。"为深入贯彻落实党的十九大和十九届二中、三中、四中全会精神，积极践行社会主义核心价值观，大力总结推广优秀企业文化建设经验，中国企业联合会组织开展了"全国企业文化最佳实践企业"宣传推广活动，引起了企业界、学术界和新闻界的广泛关注，得到了广大企业和企业家的认可支持。通过对"全国企业文化最佳实践企业"先进经验的宣传推广，一方面促进了"全国企业文化最佳实践企业"的品牌塑造和传播，提高了企业的品牌知名度和美誉度；另一方面打造了企业文化建设标杆，树立了企业文化典型，为中国企业界提供了可供借鉴的企业文化范例，推动了中国的企业文化建设。

2020年先后有中国石油西南油气田公司、华能澜沧江水电股份有限公司糯扎渡水电厂、国机集团苏美达股份有限公司、南方电网广东中山供电局等4家企业被授予"全国企业文化最佳实践企业"。这4家企业的企业文化特色鲜明、体系健全、成效显著，不同程度反映了中国企业文化现状，体现了企业文化发展趋势，具有较好的示范性和推广意义。其共同点有以下两方面：

一、坚持党建引领，确保企业文化正确方向

2020年被授予"全国企业文化最佳实践企业"的4家企业均为央企下属单位。党的领导是国有企业的"根"和"魂"。用党建引领企业文化建设是现代企业制度下，党建工作与企业文化建设同向融合发展的创新。同时，党建工作与企业文化建设同向发力，实现机制对接、制度对接、工作对接，就可以不断把党的思想政治优势、组织优势和群众工作优势，转化为企业的文化优势和竞争优势。企业文化建设和党建工作是相辅相成、辩证统一的关系。党建工作通过充分发挥党组织的政治核心作用，确保企业文化始终沿着正确方向发展；企业文化建设则可以丰富党建文化内涵，巩固党建工作成果。新时代企业文化建设必须坚持党建引领，通过卓有成效的党建工作，使企业文化持续增强企业的向心力和凝聚力。中国石油西南油气田公司的文化建设，无论是在大会战的文化萌生阶段，还是在改革开放浪潮下的文化探索和发展阶段，一直到当今新时代的文化创新阶段，始终注重发挥党的领导作用，明确党委在文化建设中的主体责任，将企业文化建设作为党建工作的"硬任务"，纳入党建指标考核体系。坚持领导班子率先垂范、以身作则，带头践行企业文化理念；坚持党建与文化工作同部署、同实施，以党建引领保证文化建设方向；坚持围绕企业发展大局开展企业文化建设，通过开展多种形式的活动，让广大干部员工感受到党的关怀、文化的魅力，从而形成凝聚全员的强大力量。华能澜沧江水电股份有限公司糯扎渡水电厂始终认真落实上级有关企业党建的要求，坚持把党的建设融入企业发展各方面，扎实做好企业党建工作，取得了良好成效，为企业赢得了强大的组织优势、竞争优势、发展优势。他们坚持党委中心组学习"九个有"要求不松懈，扎实开展"三会一课""主题党日"活动，加强对习近平新时代中国特色社会主义思想的学习领会，不断用先进理论武装头脑、指导行动；把企业党建工作纳入企业发展规划，与企业生产经营同研究、同部署、同考核，健全落实管党治党体系，压实管党治党责任；以党建引领企业文化建设，通过开展丰富多彩的企业文化活动，凝聚共识、统一意志，引领广大员工同心同德推动企业高质量发展。

二、坚持构建特色企业文化，推动企业健康发展

文化是一个国家、一个民族的灵魂。在企业的成长过程中，企业文化融汇了企业的历史积淀和岁月印记，不仅是企业的灵魂，也是企业生存和发展的内生动力。企业文化是企业的灵魂，渗透于企业的经营管理活动之中，是推动企业持续发展的不竭动力。企业文化与品牌文化在内涵上是一致的，品牌文化与企业文化具有高度的关联性，如果没有企业文化，品牌文化就难以为继；如果没有品牌文化，企业文化的外部延展就会逐渐与社会发展脱节。建立企业文化品牌需要长期的努力和坚守。中国石油西南油气田公司积极践行中国石油"奉献能源，创造和谐"的企业宗旨，沉淀形成了独具特色的"合气文化"，并持之以恒用企业文化引领和推动企业健康持

续发展。西南油气田以“和合共生,气美家国”为核心的“合气文化”,格局高、立意远、作用大,诠释了一代代西南油气田人不畏艰险、埋头苦干的意志品质和不忘初心、砥砺前行的高尚情怀。多年来,西南油气田把“和合共生”理念根植于企业管理实践中,促进了员工成长、企业发展、社会和谐,形成了多方共赢的良好局面。华能澜沧江水电股份有限公司糯扎渡水电厂始终坚持践行华能集团“三色文化”、澜沧江公司“三色水文化”理念,在文化建设实践中不断丰富企业文化内容,彰显自身特色,总结提炼形成了“水电胜境 华能荣光”的品牌文化理念体系。通过建立健全文化落地落实机制,使文化在打造安全、效益、和谐、美丽、智慧、奋斗的糯扎渡电厂上发挥了重要作用,得到了广大干部职工的认同。国机集团苏美达股份有限公司作为混合所有制改革的先行企业,高度重视企业文化建设,始终坚持文化铸魂、文化强企,把优秀的文化基因融入生产经营、改革发展的方方面面,融入企业管理的各个环节,企业文化发挥了润物无声的重要作用,汇聚了企业发展的强大力量。苏美达在企业的运营过程中,以文化自信站稳市场,以文化力量搏击竞争,以文化领衔开拓创新,在企业文化建设上做出了突出的成绩。南方电网广东中山供电局始终秉持南方电网公司企业文化理念,并在文化建设实践中不断丰富企业文化内容,彰显自身特色,围绕深化“一个理念”、强化“三大载体”、抓好“三个植入”,总结提炼形成了以南网文化为核心、传承广东电网历史、富有香山文化特色的中山供电企业文化体系。通过建立健全文化运行机制,使文化在打造安全、可靠、智能、高效的电网建设工作中发挥了重要作用,得到了广大干部职工的认同。

近年来,中国企业联合会在不断拓展服务领域、加大服务力度的过程中,积极致力于推进中国企业文化建设。其中,宣传推广全国企业文化最佳实践企业就是一项重要的服务工作。通过树立先进典型,搭建交流平台,引导广大企业学习借鉴先进企业的成功经验,有力地推动了全国企业文化建设工作。

(撰稿:陈瀚舟)

2020 年企业信息化建设综述

中国电子信息产业发展研究院中小企业研究所　杨东日

2020 年,中国企业信息化公共基础建设稳步推进,信息化基础资源持续增长,IP 地址数量持续增加,“. CN”域名数量占比近半,国际出口带宽数持续增长。为进一步提高企业信息化水平,持续推进信息化和工业化深度融合,中国国家部委等相关部门出台了多项信息化相关政策,为信息化创新发展注入了强大活力。就企业信息化重点行业发展来看,2020 年,中国通信业稳步发展,软件和信息技术服务业呈平稳向好发展态势,互联网和相关服务业保持平稳较快增长态势。就规模以上企业来看,在新一代信息技术加速产业变革、赋能企业转型升级下,中国企业信息化基础持续巩固,信息化管理不断深化,企业互联网应用得到深入推广。

一、企业信息化公共基础情况

(一)基础资源持续增长

截至 2020 年 12 月,中国 IPv4 地址数量为 38 923 万个,IPv6 地址数量 57 634 块/32,较 2019 年底增长 13.3%,稳居世界前列;域名总数为 4 198 万个,其中“. CN”域名总数为 1 897 万个,占中国域名总数的 45.2%。国际出口带宽为 11 511 397Mbps,较 2019 年年底增长 30.4%。[①] 见表 1。

① 资料来源:中国互联网络信息中心。

表 1　2019 年 12 月—2020 年 12 月互联网基础资源对比情况

分　类	单　位	2019 年 12 月	2020 年 12 月
IPv4	个	387 508 224	389 231 616
IPv6	个	50 877	57 634
域　名	个	50 942 295	41 977 611
其中:. CN 域名	个	22 426 900	18 970 054
国际出口带宽	Mbps	8 827 751	11 511 397

数据来源:国家互联网信息办公室。

(二)IP 地址数量持续增加

截至 2020 年 12 月,中国 IPv6 地址数量为 57 634 块/32,较上年年底增长 13.3%。见图 1。

截至 2020 年 12 月,中国 IPv4 地址数量为 38 923 万个,较 2019 年年底增长 0.4%。见图 2。

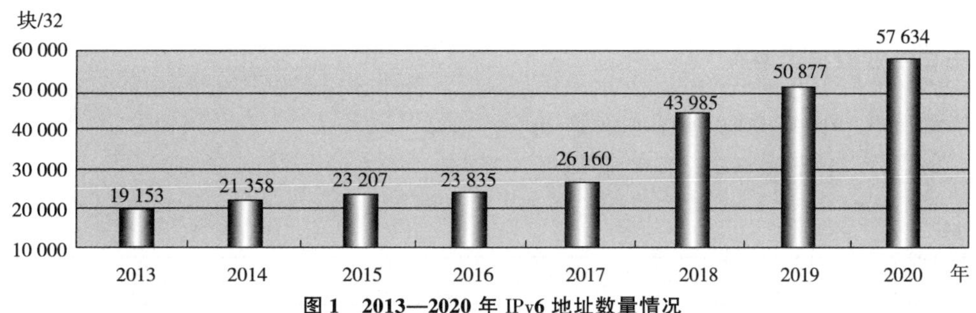

图 1　2013—2020 年 IPv6 地址数量情况

数据来源:国家互联网信息办公室。

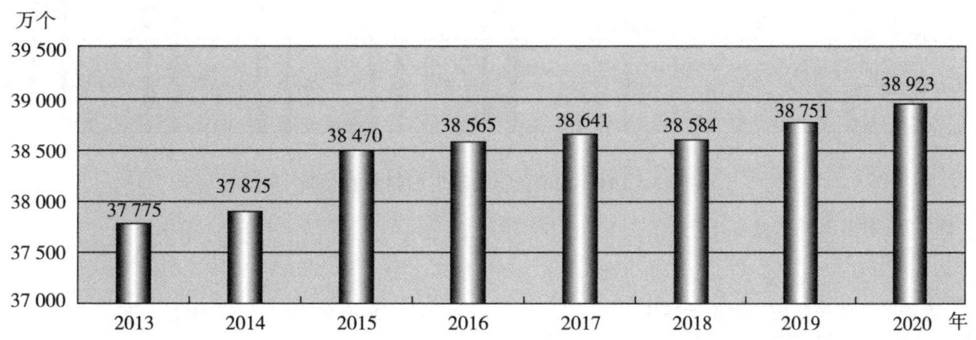

图 2　2013—2020 年 IPv4 地址数量情况

数据来源:国家互联网信息办公室。

(三)“. CN”域名数量占比近 50.0%

截至 2020 年 12 月,中国域名总数为 4 198 万个。其中:“. CN”域名数量为 1 897 万个,占中国域名总数的45.2%;“. COM”域名数量为1 263万个,占中国域名总数的 30.1%;“. 中国”域名数量为 170 万个,占中国域名总数的 4.1%;新通用顶级域名(NewgTLD)数量为 745 万个,占中国域名总数的 17.7%。① 见表 2、表 3。

① 资料来源:中国互联网络信息中心。

表2　分类域名数情况

分　类	数　量/个	占域名总数比例/%
.CN	18 970 054	45.2
.COM	12 630 968	30.1
.中国	1 703 082	4.1
.NET	938 792	2.2
.ORG	145 656	0.3
.BIZ	21 583	0.1
.INFO	31 445	0.1
NEWgTLD	7 446 046	17.7
其　他	89 985	0.2
合　计	41 977 611	100.0

数据来源：国家互联网信息办公室。

表3　分类“.CN”域名数情况

分　类	数　量/个	占“.CN”域名总数比例/%
.CN	16 274 907	85.8
.COM.CN	2 136 939	11.3
.NET.CN	285 579	1.5
.ORG.CN	150 474	0.8
.ADM.CN	85 281	0.4
.GOV.CN	17 930	0.1
.AC.CN	12 341	0.1
.EDU.CN	6 422	0.0
其　他	181	0.0
合　计	18 970 054	100.0

数据来源：国家互联网信息办公室。

（四）国际出口带宽数持续增长

截至2020年12月，中国国际出口带宽数为11 511 397Mbps，较上年年底增长30.4%。见图3、表4。

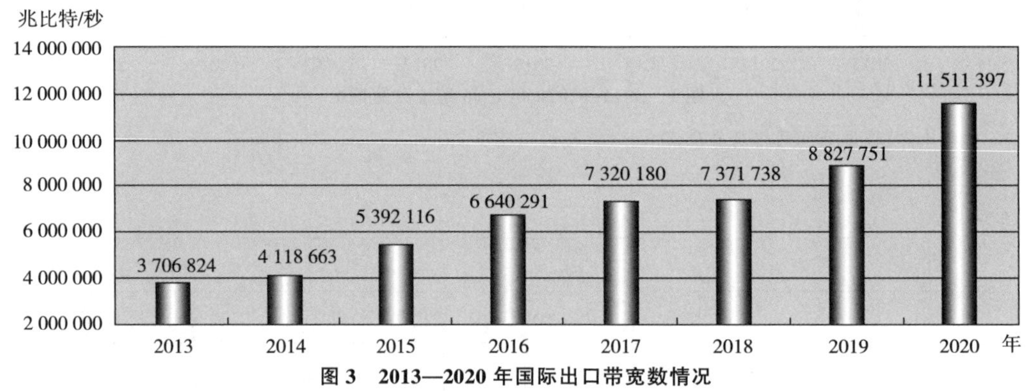

图3　2013—2020年国际出口带宽数情况

数据来源：国家互联网信息办公室。

表4　主要骨干网络国际出口带宽数情况

分　类	国际出口带宽数/兆比特/秒
中国电信中国联通中国移动	11 243 109
中国科技网	114 688
中国教育和科研计算机网	153 600
合　计	11 511 397

数据来源：国家互联网信息办公室。

（五）网络销售总量持续扩大

自2013年起，中国已连续8年成为全球最大的网络零售市场。2020年，中国网上零售额达117 600亿元，较上年增长10.9%。其中：实物商品网上零售额97 600亿元，占社会消费品零售总额的24.9%。截至2020年12月，中国网络购物用户规模达78 200万户，较2020年3月增加7 215万户，占网民整体的79.1%。随着以国内大循环为主体、国内国际双循环的发展格局加快形成，网络零售不断培育消费市场新动能，通过助力消费“质”“量”双升级，推动消费“双循环”。在国内消费循环方面，网络零售激活城乡消费循环；在国际国内双循环方面，跨境电商发挥稳外贸作用。此外，网络直播成为“线上引流+实体消费”的数字经济新模式，实现蓬勃发展。直播电商成为广受用户喜爱的购物方式，66.2%的直播电商用户购买过直播商品。

二、企业信息化政策环境

为进一步提高企业信息化水平，持续推进信息化和工业化深度融合，2020 年，国家相关部门出台了多项信息化相关政策，为信息化创新发展注入强大活力。见表 5。

表 5　2020 年国家关于企业信息化政策梳理

发文机关	文　名	文　号	发布日期
工业和信息化部信息技术发展司	工业和信息化部办公厅关于运用新一代信息技术支撑服务疫情防控和复工复产工作的通知	工信厅信发〔2020〕4 号	2020-02-19
工业和信息化部办公厅	工业和信息化部办公厅关于印发《工业数据分类分级指南(试行)》的通知	工信厅信发〔2020〕6 号	2020-03-04
工业和信息化部办公厅	工业和信息化部办公厅关于推动工业互联网加快发展的通知	工信厅信管〔2020〕8 号	2020-03-20
工业和信息化部	工业和信息化部关于开展 2020 年 IPv6 端到端贯通能力提升专项行动的通知	工信部通信函〔2020〕57 号	2020-03-23
工业和信息化部	工业和信息化部关于推动 5G 加快发展的通知	工信部通信〔2020〕49 号	2020-03-24
工业和信息化部办公厅	工业和信息化部办公厅关于公布 2020 年大数据产业发展试点示范项目名单的通知	工信厅信发函〔2020〕47 号	2020-03-26
工业和信息化部办公厅	工业和信息化部办公厅关于组织开展支撑疫情防控和复工复产的工业互联网平台解决方案征集工作的通知	工信厅信发函〔2020〕 82 号	2020-04-28
工业和信息化部办公厅	工业和信息化部办公厅关于深入推进移动物联网全面发展的通知	工信厅通信〔2020〕25 号	2020-05-07
工业和信息化部	工业和信息化部关于工业大数据发展的指导意见	工信部信发〔2020〕67 号	2020-05-13
工业和信息化部办公厅	工业和信息化部办公厅关于组织开展第二届中国工业互联网大赛的通知	工信厅信发函〔2020〕189 号	2020-08-14
工业和信息化部办公厅	工业和信息化部办公厅关于举办 2020 年全国工业 APP 和信息消费大赛的通知	工信厅信发函〔2020〕205 号	2020-08-27
工业和信息化部办公厅	工业和信息化部办公厅关于开展 2020 年信息消费示范城市申报和动态管理工作的通知	工信厅信发函〔2020〕211 号	2020-09-15
工业和信息化部办公厅	工业和信息化部办公厅关于召开两化融合暨工业互联网平台大会的通知	工信厅信发函〔2020〕242 号	2020-10-16
工业和信息化部办公厅	工业和信息化部办公厅关于组织开展 2020 年制造业与互联网融合发展试点示范项目申报工作的通知	工信厅信发函〔2020〕240 号	2020-10-19
工业和信息化部 应急管理部	关于印发《“工业互联网+安全生产”行动计划(2021-2023 年)》的通知	工信部联信发〔2020〕157 号	2020-10-19
工业和信息化部信息通信管理局	工业和信息化部办公厅关于组织开展 2020 年工业互联网试点示范项目申报工作的通知	工信厅信管函(2020)255 号	2020-11-03
工业和信息化部	工业和信息化部办公厅关于组织开展移动物联网应用优秀案例征集活动的通知	工信厅通信〔2020〕268 号	2020-12-01
工业和信息化部	工业和信息化部关于印发《工业互联网标识管理办法》的通知	工信部信管〔2020〕204 号	2020-12-28
工业和信息化部办公厅	工业和信息化部办公厅关于组织报送企业上云工作情况及典型案例征集工作的通知	工厅信发〔2020〕1023 号	2020-12-29

数据来源：赛迪智库整理。

三、企业信息化重点行业发展情况①

（一）通信业发展情况

2020年，面对新冠肺炎疫情的严重冲击，中国通信业坚决贯彻落实党中央、国务院决策部署，全力支撑新冠肺炎疫情防控工作，积极推进网络强国建设，实现全国所有地级城市的5G网络覆盖，新型信息基础设施能力不断提升，为加快数字经济发展、构建新发展格局提供有力支撑。

1. 总体运行情况。电信业务收入增速回升，电信业务总量较快增长。2020年电信业务收入累计完成13 600亿元，比上年增长3.6%，增速同比提高2.9个百分点。按照上年价格计算的电信业务总量15 000亿元，同比增长20.6%。见图4。

固定通信业务较快增长，新兴业务驱动作用明显。2020年，固定通信业务实现收入4 673亿元，比上年增长12.0%，在电信业务收入中占比达34.5%，占比较上年提高2.8个百分点，占比连续3年提高。见图5。

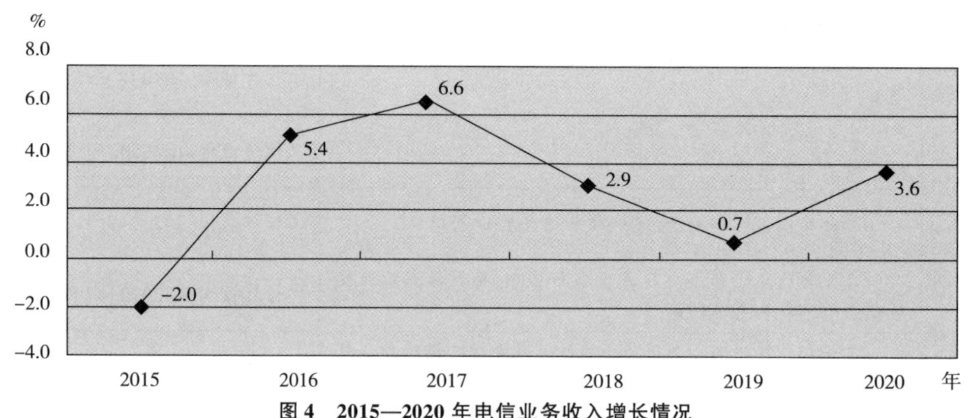

图4　2015—2020年电信业务收入增长情况

数据来源：国家工业和信息化部。

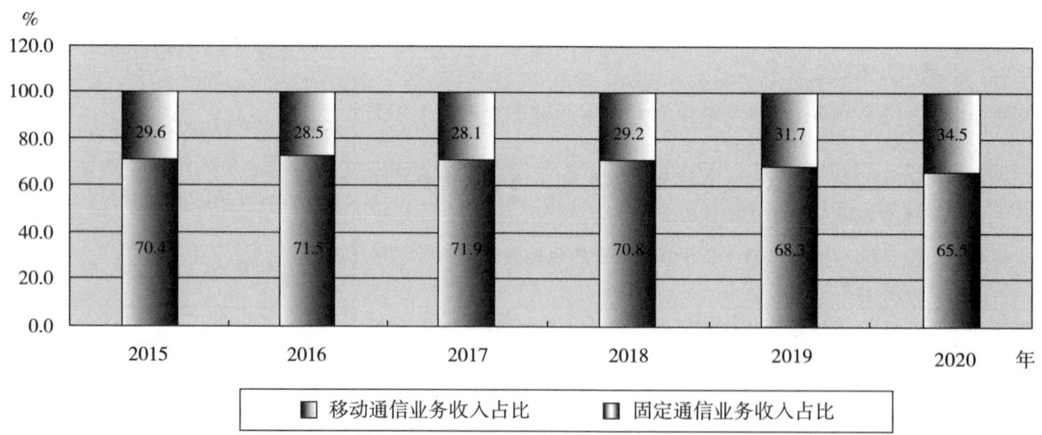

图5　2015—2020年移动通信业务和固定通信业务收入占比情况

数据来源：国家工业和信息化部。

应用云计算、大数据、物联网、人工智能等新技术，大力拓展新兴业务，使固定增值及其他业务的收入成为增长第一引擎。2020年，固定数据及互联网业务实现收入2 376亿元，比上年增长9.2%，在电信业务收入中占比由上年的16.6%提升至17.5%，拉动电信业务收入增长1.5个百分点，对全行业电信

① 资料来源：工业和信息化部运行监测局。

业务收入增长贡献率达 42.9%；固定增值业务实现收入 1 743 亿元，比上年增长 26.9%，在电信业务收入中占比由上年的 10.5%提升至 12.9%，拉动电信业务收入增长 2.8 个百分点，对收入增长贡献率达 79.1%。其中：数据中心业务、云计算、大数据以及物联网业务收入比上年分别增长 22.2%、85.8%、35.2%和 17.7%；IPTV（网络电视）业务收入 335 亿元，比上年增长 13.6%。见图 6。

移动通信业务占比下降，数据及互联网业务仍是重要收入来源。2020 年，移动通信业务实现收入 8 891 亿元，比上年下降 0.4%，在电信业务收入中占比降至 65.5%，比 2017 年峰值时回落 6.4 个百分点。其中：移动数据及互联网业务实现收入 6 204 亿元，比上年增长 1.7%，在电信业务收入中占比由上年的 46.6%下滑到 45.7%，拉动电信业务收入增长 0.8 个百分点，对收入增长贡献率为 22.3%。见图 7。

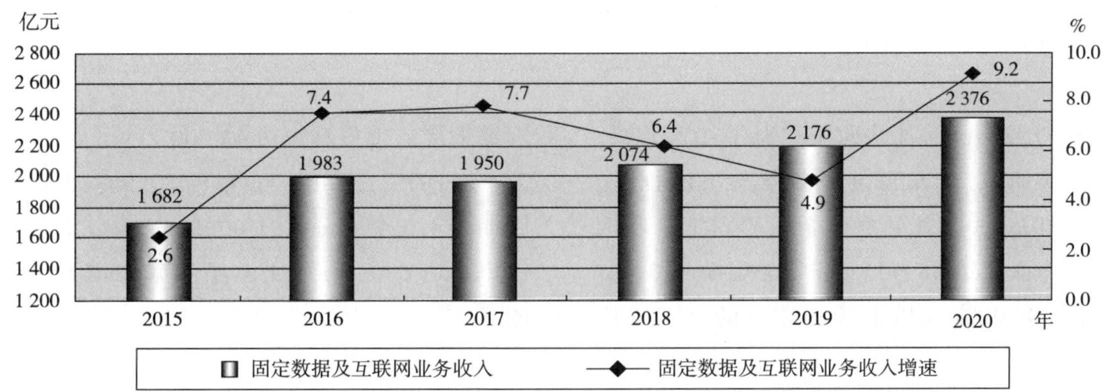

图 6　2015—2020 年固定数据及互联网业务收入发展情况

数据来源：国家工业和信息化部。

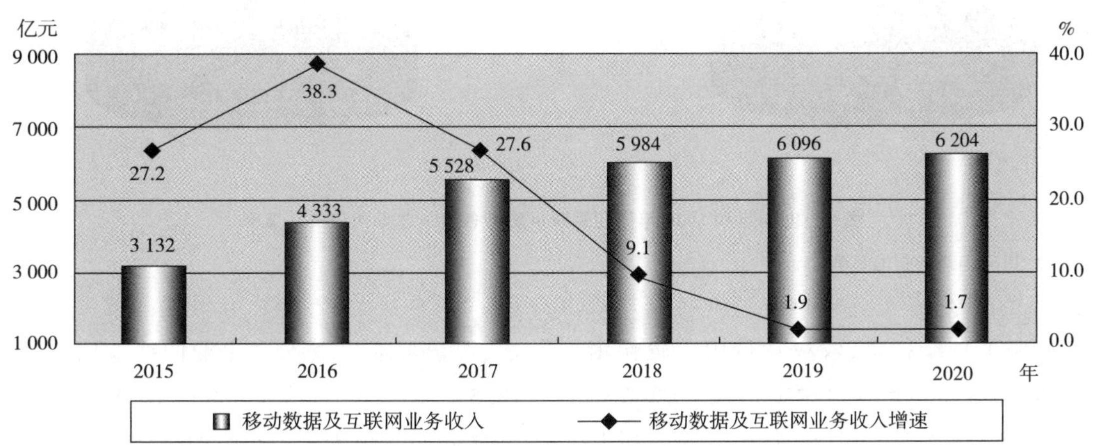

图 7　2015—2020 年移动数据及互联网业务收入发展情况

数据来源：国家工业和信息化部。

2. 分业务运行情况看：

一是网络提速和普遍服务向纵深发展。移动电话用户规模小幅下降，4G 用户渗透率超八成。2020 年，全国电话用户净减 1 640 万户，总数回落至 17.8 亿户。其中：移动电话用户总数 15.9 亿户，全年净减 728 万户，普及率为 113.9 部/百人，比上年年底回落 0.5 部/百人。4G 用户总数达到 12.9 亿户，全年净增 679 万户，占移动电话用户数的 80.8%。固定电话用户总数 1.8 亿户，全年净减 913 万户，普及率降至 13 部/百人。见图 8。

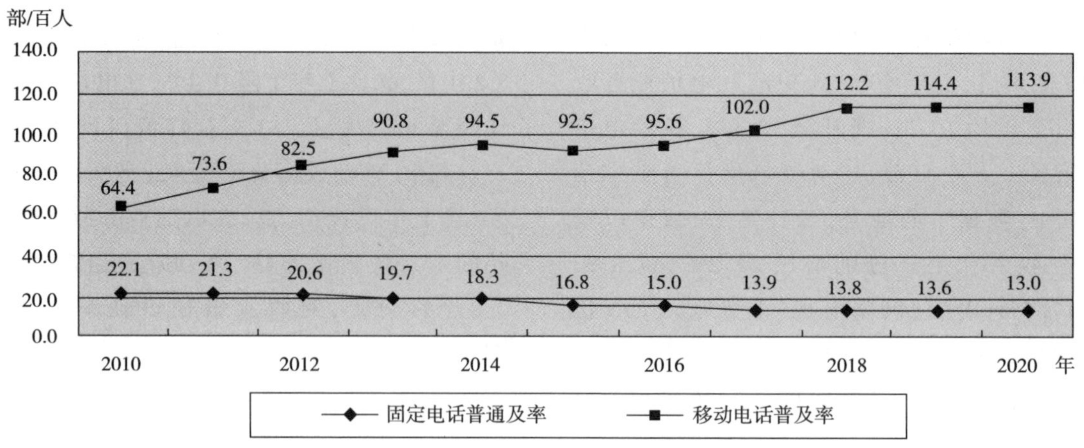

图 8　2010—2020 年固定电话及移动电话普及率发展情况

数据来源：国家工业和信息化部。

百兆宽带已近九成，加快向千兆宽带接入升级。网络提速步伐加快，千兆宽带服务推广不断推进。截至 2020 年年底，3 家基础电信企业的固定互联网宽带接入用户总数达 48 400 万户，全年净增 3 427 万户。其中：100Mbps 及以上接入速率的固定互联网宽带接入用户总数达 43 500 万户，全年净增 5 074 万户，占固定宽带用户总数的 89.9%，占比较上年年底提高 4.5 个百分点；1 000Mbps 及以上接入速率的用户数达 640 万户，比上年年底净增 553 万户。见图 9。

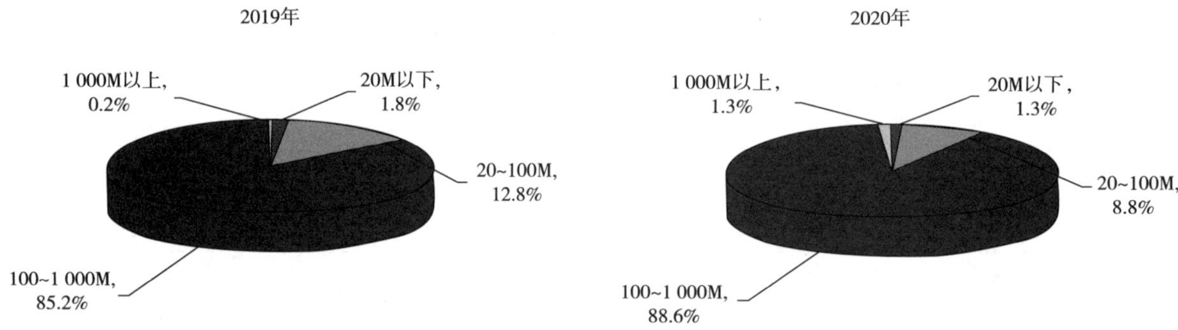

图 9　2019 年和 2020 年固定互联网宽带各接入速率用户占比情况

数据来源：国家工业和信息化部。

电信普遍服务持续推进，农村宽带用户较快增长。截至 2020 年年底，全国农村宽带用户总数达 14 200 万户，全年净增 712 万户，比上年年底增长 5.3%。全国行政村通光纤和 4G 比例均超过 98.0%，电信普遍服务试点地区平均下载速率超过 70M，农村和城市实现“同网同速”。见图 10。

新业态加快发展，蜂窝物联网用户数较快增长。促进转型升级，加快 5G 网络、物联网、大数据、工业互联网等新型基础设施建设，推动新一代信息技术与制造业深度融合，成效进一步显现。截至 2020 年年底，三家基础电信企业发展蜂窝物联网用户达 11.4 亿户，全年净增 1.1 亿户，其中：应用于智能制造、智慧交通、智慧公共事业的终端用户占比分别达 18.5%、18.3%、22.1%。发展 IPTV（网络电视）用户总数达 31 500 万户，全年净增 2 120 万户。

二是移动数据流量消费规模继续扩大。移动互联网流量较快增长，月户均流量（DOU）跨上 10GB 区间。受新冠肺炎疫情冲击和“宅家”新生活模式等影响，移动互联网应用需求激增，线上消费异常活跃，短视频、直播等大流量应用场景拉动移动互联网流量迅猛增长。2020 年，移动互联网接入流量消费达 1 656 亿 GB，比上年增长 35.7%。全年移动互联网月户均流量（DOU）达 10.4GB/户·月，比上年增长 32.0%；12 月 DOU 高达 11.9GB/户·月。其中：

手机上网流量达到 1 568 亿 GB，比上年增长 29.6%，在总流量中占 94.7%。见图 11。

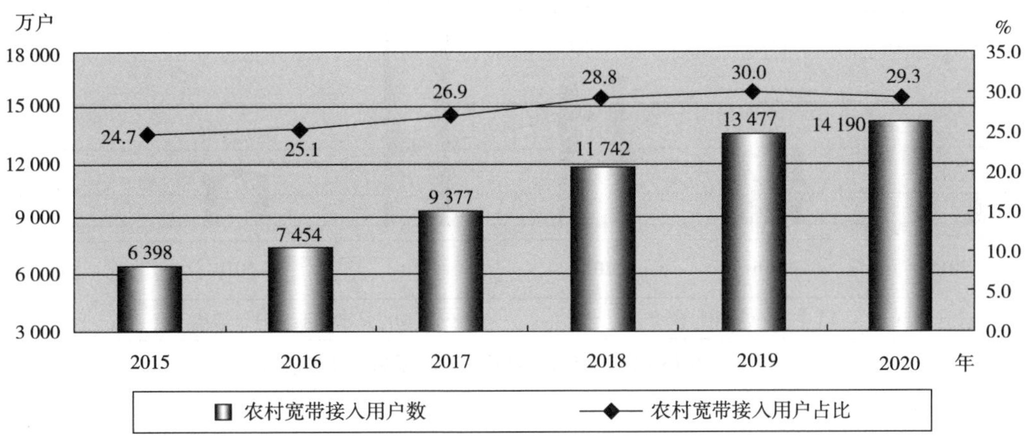

图 10　2015—2020 年农村宽带接入用户及占比情况

数据来源：国家工业和信息化部。

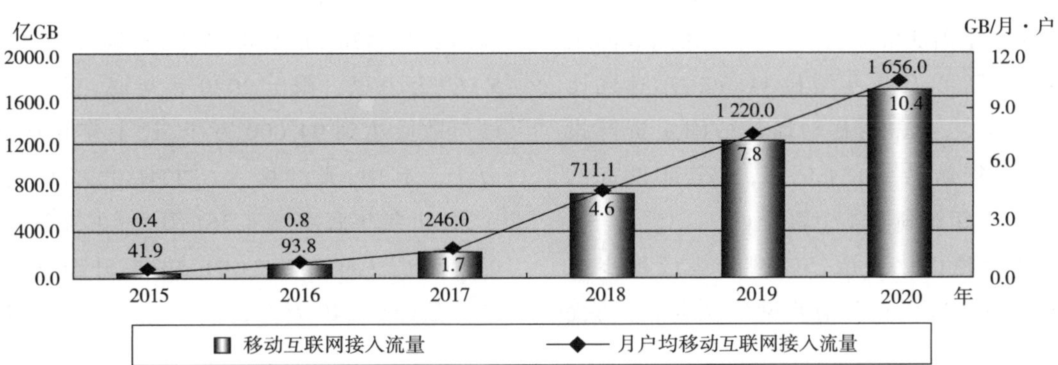

图 11　2015—2020 年移动互联网流量及月 DOU 增长情况

数据来源：国家工业和信息化部。

移动短信业务量收仍不同步，话音业务量继续下滑。2020 年，全国移动短信业务量比上年增长 18.1%，增速较上年下降 14.1 个百分点；移动短信业务收入比上年增长 2.4%，移动短信业务量收增速差从上年的 33.0%下降至 15.7%。互联网应用对话音业务替代影响继续加深，2020 年全国移动电话去话通话时长 22 400 亿分钟，比上年下降 6.2%。见图 12、图 13。

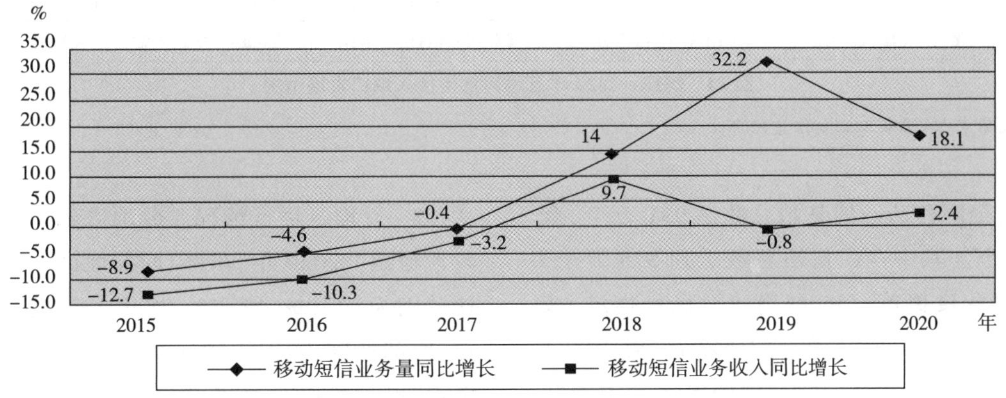

图 12　2015—2020 年移动短信业务量和收入增长情况

数据来源：国家工业和信息化部。

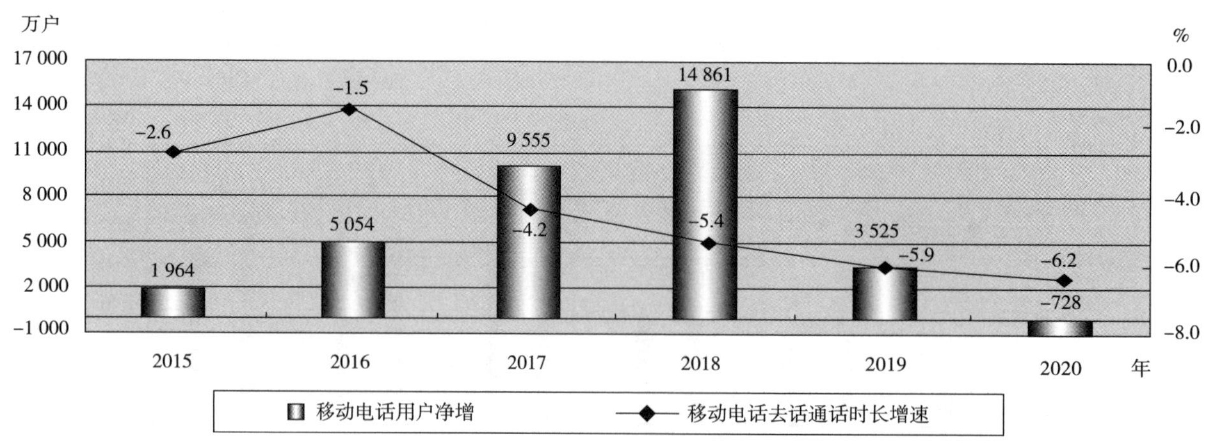

图 13　2015—2020 年移动电话用户和通话量增长情况

数据来源:国家工业和信息化部。

三是网络基础设施能力持续升级。固定资产投资较快增长,移动投资比重持续上升。2020 年,3 家基础电信企业和中国铁塔股份有限公司共完成固定资产投资 4 072 亿元,比上年增长 11.0%,增速同比提高 6.3 个百分点。其中:移动通信的固定资产投资稳居首位,投资额达 2 154 亿元,占全部投资的 52.9%,占比较上年提高 5.1 个百分点。

网络基础设施优化升级,5G 网络建设稳步推进。加快 5G 网络建设,不断消除网络覆盖盲点,提升网络质量,增强网络供给和服务能力,新一代信息通信网络建设不断取得新进展。2020 年,新建光缆线路长度 428 万公里,全国光缆线路总长度已达 5 169 万公里。截至 2020 年年底,互联网宽带接入端口数量达到 94 600 万个,比上年年底净增 3 027 万个。其中:光纤接入(FTTH/0)端口达到 8.8 亿个,比上年年底净增 4 361 万个,占互联网接入端口的比重由上年年底的 91.3%提升至 93.0%。xDSL 端口数降至 649 万个,占比降至 0.7%。见图 14。

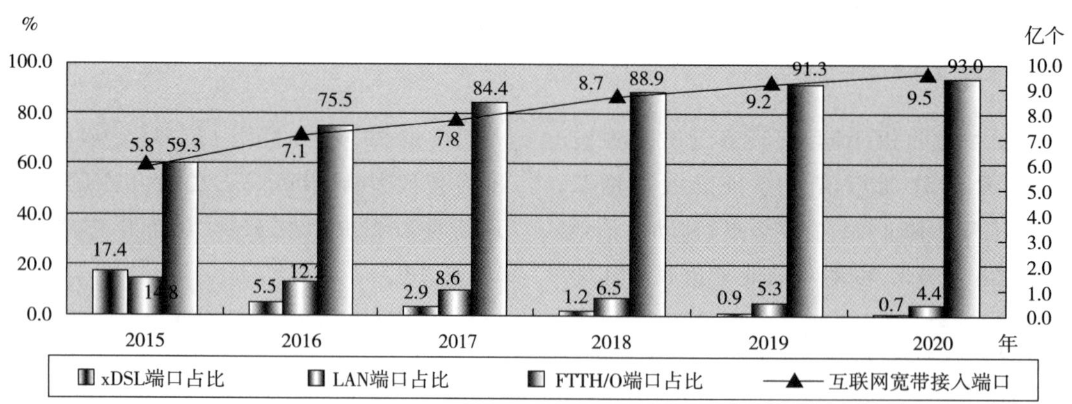

图 14　2015—2020 年互联网宽带接入端口发展情况

数据来源:国家工业和信息化部。

2020 年,全国移动通信基站总数达 931 万个,全年净增 90 万个。其中:4G 基站总数达到 575 万个,城镇地区实现深度覆盖。5G 网络建设稳步推进,按照适度超前原则,新建 5G 基站超 60 万个,全部已开通 5G 基站超过 71.8 万个,其中:中国电信和中国联通共建共享 5G 基站超 33 万个,5G 网络已覆盖全国地级以上城市及重点县市。见图 15。

3. 分地区运行情况。分地区电信业务收入份额较为稳定。2020 年,东部、西部地区电信业务收入占比分别为 51.0%、23.7%,均比上年提升 0.1 个百分点;中部地区占比为 19.6%,与上年持平;东北部地区占比为 5.6%,比上年下滑 0.2 个百分点。见图 16。

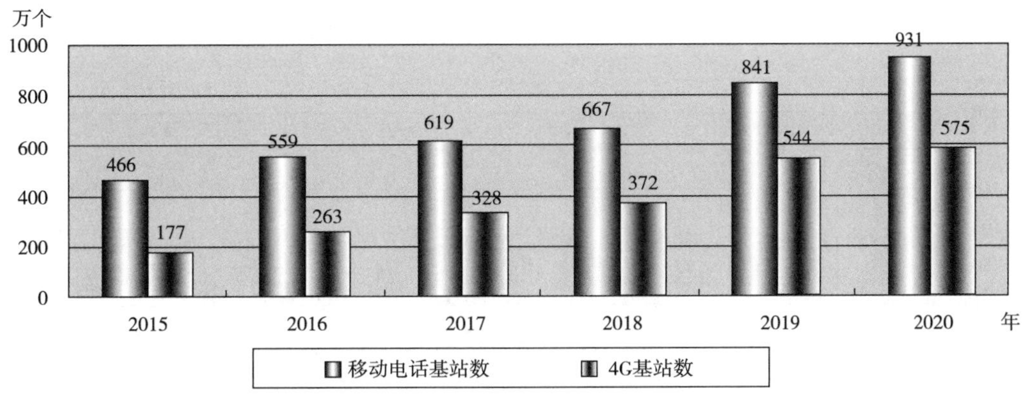

图 15　2015—2020 年移动电话基站发展情况

数据来源:国家工业和信息化部。

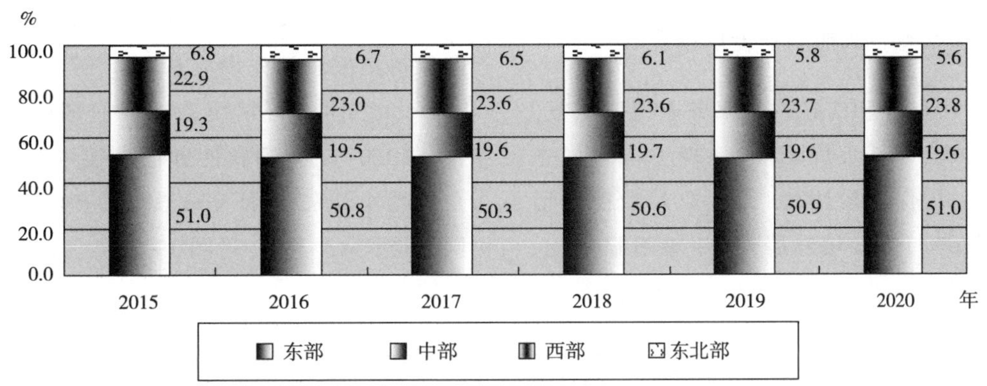

图 16　2015—2020 年东、中、西、东北部地区电信业务收入比重情况

数据来源:国家工业和信息化部。

东北地区百兆及以上固定互联网宽带接入用户占比领先。截至 2020 年年底,东、中、西、东北部地区 100Mbps 及以上固定互联网宽带接入用户分别达到 18 618 万户、10 838 万户、11 386 万户和 2 620 万户,在本地区宽带接入用户中占比分别达到 88.9%、90.8%、90.3%和 91.2%,占比较上年分别提高 2.8 个、4.9 个、7 个和 3.7 个百分点。见图 17。

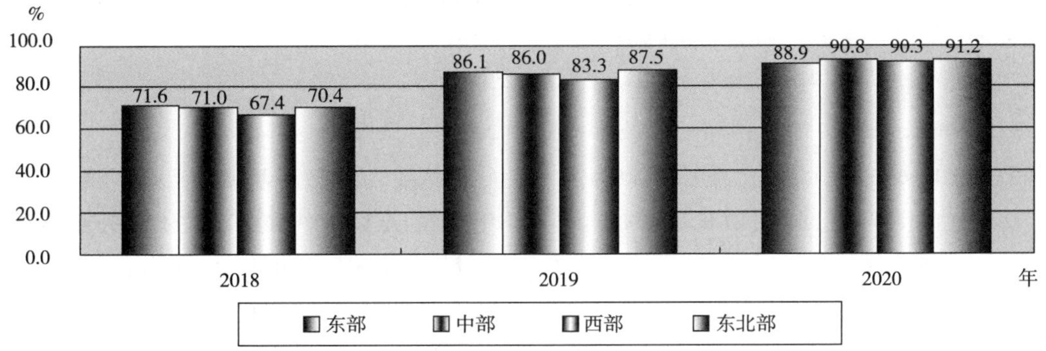

图 17　2018—2020 年东、中、西、东北部地区 100Mbps 及以上固定宽带接入用户渗透率情况

数据来源:国家工业和信息化部。

西部地区移动互联网流量增速全国领先。2020 年,东、中、西、东北部地区移动互联网接入流量分别达到 700 亿 GB、357 亿 GB、505 亿 GB 和 93.4 亿 GB,比上年分别增长 31.9%、36.5%、42.3%和 29.0%,西部地区增速比东部、中部和东北部地区增速分别高出 10.4 个、5.8 个和 13.3 个百分点。12 月,西部地区户均流量达到13.8/户·月，比东部、中部和东北部地区分别高2.0GB、3.3GB和3.8GB。见图18。

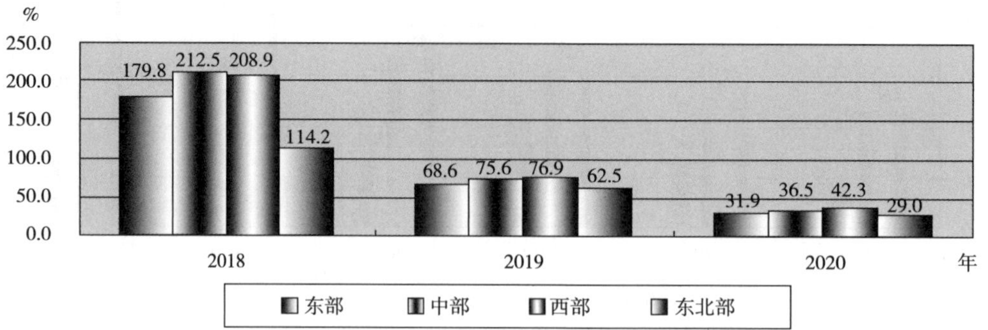

图18　2018—2020年东、中、西、东北部地区移动互联网接入流量增速情况

数据来源：国家工业和信息化部。

（二）软件和信息技术服务业发展情况

2020年，中国软件和信息技术服务业持续恢复，逐步摆脱新冠肺炎疫情负面影响，呈现平稳发展态势。收入和利润均保持较快增长，从业人数稳步增加；信息技术服务加快云化发展，软件应用服务化、平台化趋势明显；西部地区软件业增速较快，东部地区保持集聚和领先发展态势。

1. 总体运行情况。软件业务收入保持较快增长。2020年，全国软件和信息技术服务业规模以上企业超4万家，累计完成软件业务收入81 616亿元，同比增长13.3%。见图19。

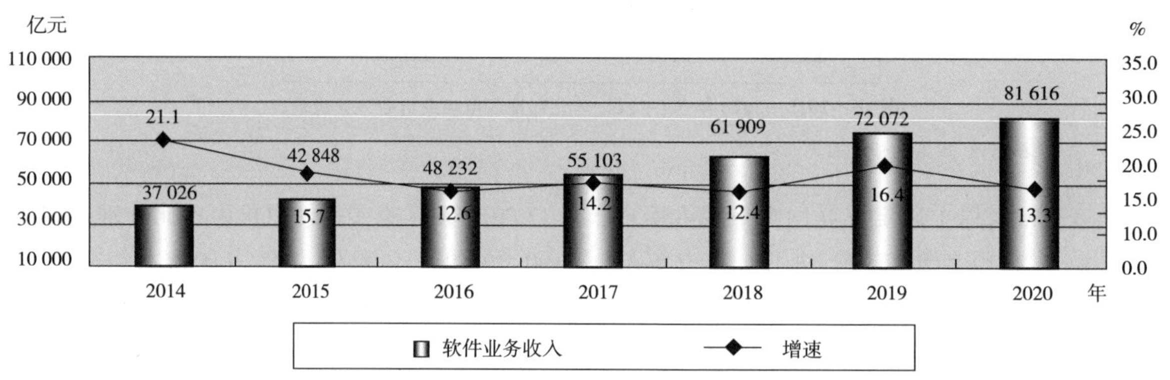

图19　2014—2020年软件业务收入增长情况

数据来源：国家工业和信息化部。2020年为快报数。

利润增速稳步增长。2020年软件和信息技术服务业实现利润总额10 676亿元，同比增长7.8%；人均实现业务收入115.8万元，同比增长8.6%。见图20。

软件出口形势低迷。2020年，全国软件和信息技术服务业实现出口478.7亿美元，同比下降2.4%。见图21。

从业人数稳步增加，工资总额逐步恢复。2020年年底，全国软件和信息技术服务业从业人数704.7万人，比上年年底增加21万人，同比增长3.1%。从业人员工资总额9 941亿元，同比增长6.7%，低于上年平均增速。见图22、图23。

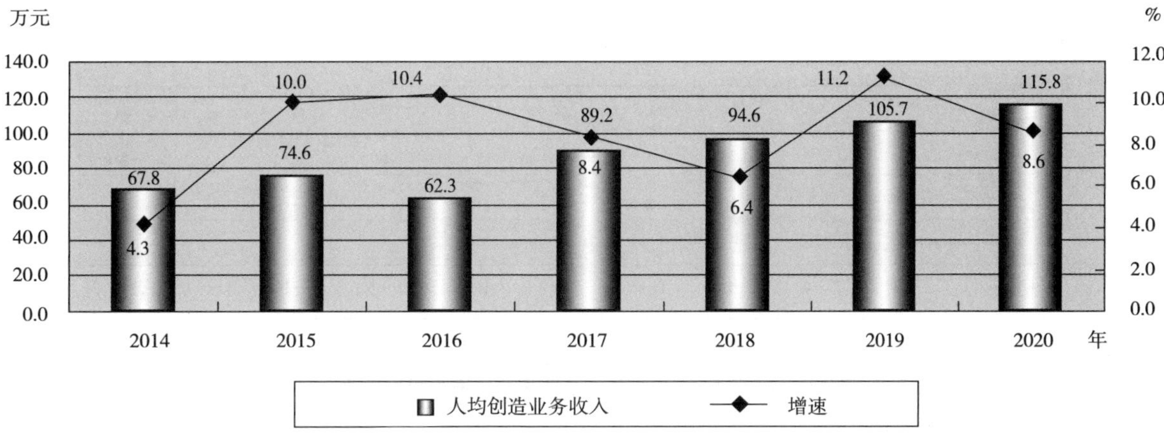

图 20　2014—2020 年软件业人均创收情况

数据来源：国家工业和信息化部。2020 年为快报数。

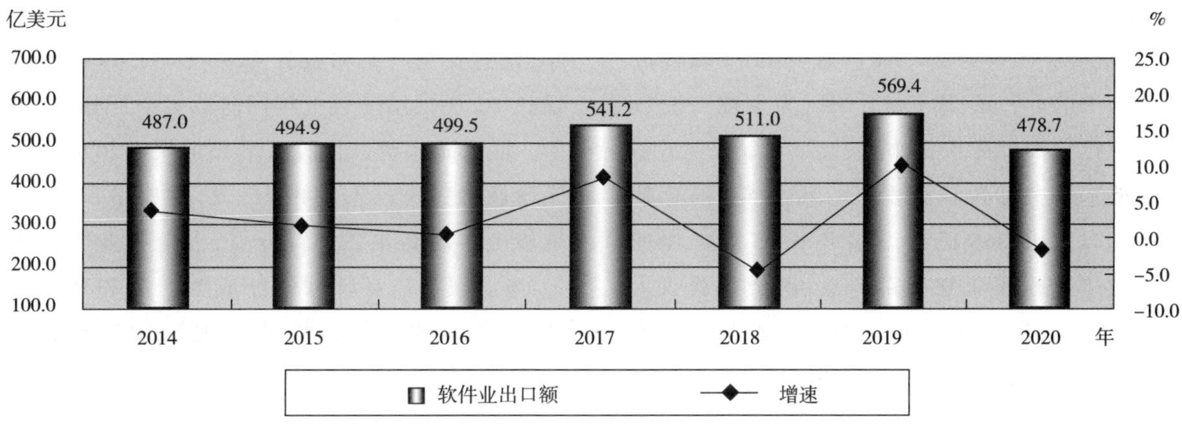

图 21　2014—2020 年软件业务出口增长情况

数据来源：国家工业和信息化部。2020 年为快报数。

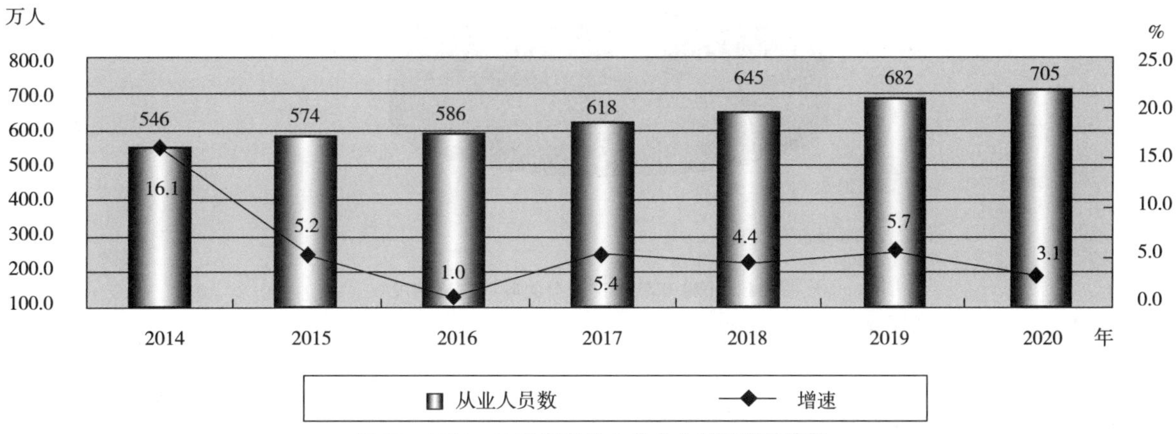

图 22　2014—2020 年软件业从业人员数变化情况

数据来源：国家工业和信息化部。2020 年为快报数。

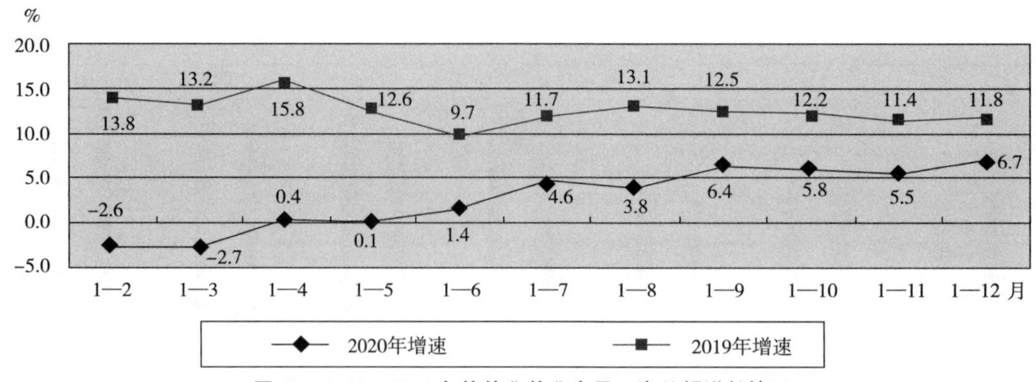

图 23　2019—2020 年软件业从业人员工资总额增长情况

数据来源：国家工业和信息化部。

2. 分领域情况。软件产品收入实现较快增长。2020 年，软件产品实现收入 22 758 亿元，同比增长 10.1%，占全行业比重为 27.9%。其中：工业软件产品实现收入 1 974 亿元，增长 11.2%，为支撑工业领域的自主可控发展发挥重要作用。

信息技术服务加快云化发展。2020 年，信息技术服务实现收入 49 868 亿元，同比增长 15.2%，增速高出全行业平均水平 1.9 个百分点，占全行业收入比重为 61.1%。其中：电子商务平台技术服务收入 9 095 亿元，同比增长 10.5%；云服务、大数据服务共实现收入 4 116 亿元，同比增长 11.1%。

信息安全产品和服务收入增速略有回落。2020 年，信息安全产品和服务实现收入 1 498 亿元，同比增长 10.0%，增速较上年回落 2.4 个百分点。

嵌入式系统软件收入增长加快。2020 年嵌入式系统软件实现收入 7 492 亿元，同比增长 12.0%，增速较上年提高 4.2 个百分点，占全行业收入比重为 9.2%。嵌入式系统软件已成为产品和装备数字化改造、各领域智能化增值的关键性带动技术。见图 24。

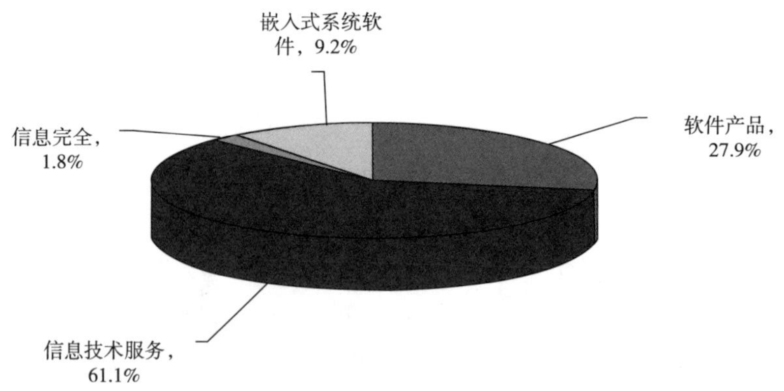

图 24　2020 年软件产业分类收入占比情况

数据来源：国家工业和信息化部。

3. 分地区情况。东、西部地区软件业增长较快。2020 年，东部地区完成软件业务收入 65 561 亿元，同比增长 14.2%，占全国软件业的比重为 80.0%。中部和西部地区完成软件业务收入分别为 3 726 亿元和 9 999 亿元，同比增长 3.9% 和 14.6%；占全国软件业的比重为 5.0% 和 12.0%。东北部地区完成软件业务收入 2 330 亿元，同比增长 1.9%，占全国软件业的比重为 3.0%。见图 25。

主要软件大省保持稳中向好态势，部分中、西部省（直辖市）快速增长。软件业务收入居前 5 名的北京、广东、江苏、浙江、上海共完成收入 53 516 亿元，占全国软件业比重的 65.6%，占比较上年提高 2.0 个百分点。软件业务收入增速高于全国平均水平的省（直辖市）有 15 个，其中增速高于 20.0% 的省份集中在中、西部地区，包括青海、海南、贵州、宁夏、广西等省(自治区)。见图 26。

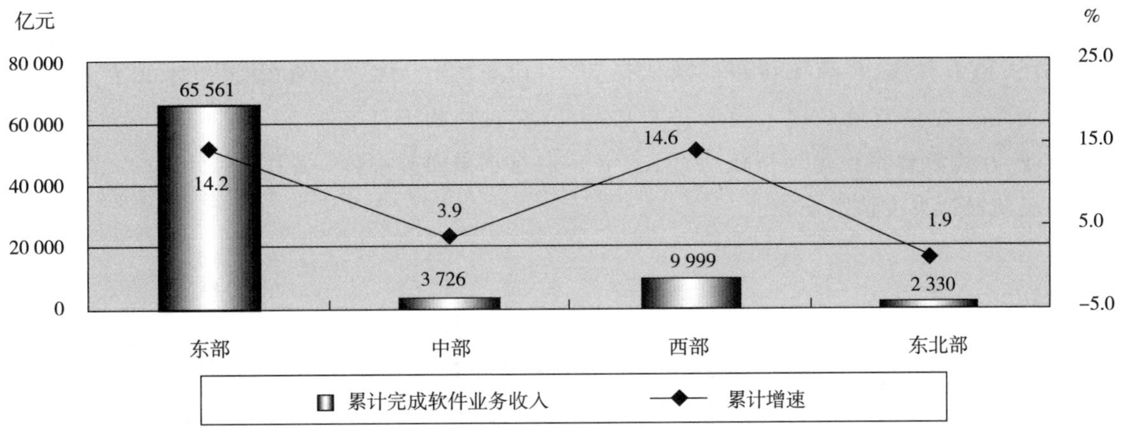

图 25　2020 年软件业分区域增长情况

数据来源：国家工业和信息化部。

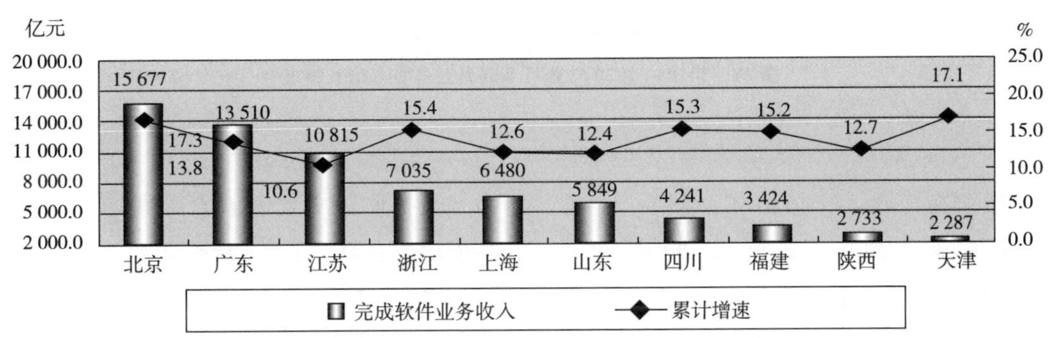

图 26　2020 年前 10 位省(直辖市)软件业务收入增长情况

数据来源：国家工业和信息化部。

重点城市软件业集聚发展态势更加明显。2020 年，全国 4 个直辖市和 15 个副省级中心城市实现软件业务收入 59 636 亿元，同比增长 16.4%，占全国软件业的比重为 85.9%，占比较上年提高 2.8 个百分点。其中：副省级城市实现软件业务收入 43 682 亿元，同比增长 13.0%，占全国软件业的比重为 53.5%。见图 27。

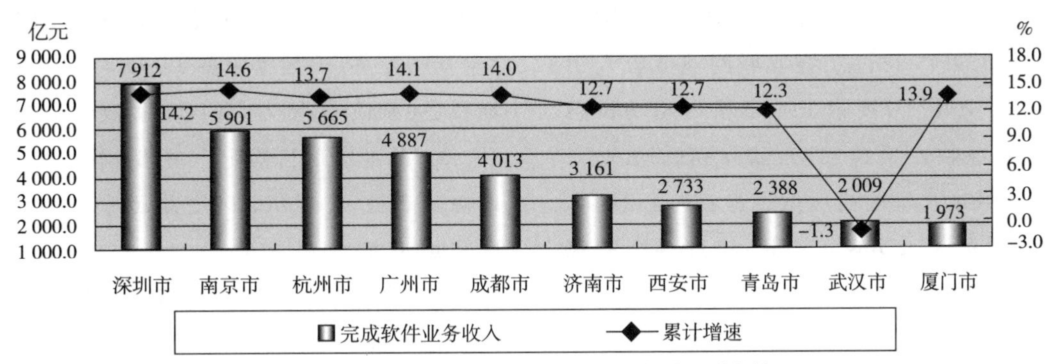

图 27　2020 年前 10 位中心城市软件业务收入增长情况

数据来源：国家工业和信息化部。

（三）互联网和相关服务业发展情况

2020年数据显示，互联网和相关服务业发展态势平稳，业务收入稳中有落，利润保持两位数增长，研发费用增速回落。细分领域呈现不同增长态势，音视频服务企业、在线教育平台等保持较快增长，生活服务平台等受新冠肺炎疫情影响较大。

1. 总体运行情况。互联网业务收入增长稳中有落。2020年，中国规模以上互联网和相关服务企业（简称“互联网企业”）完成业务收入12 838亿元，同比增长12.5%。全年增速整体低于上年水平，月度呈现前四个月低速增长、5—7月增速达到高点、再逐月小幅回落态势。见图28。

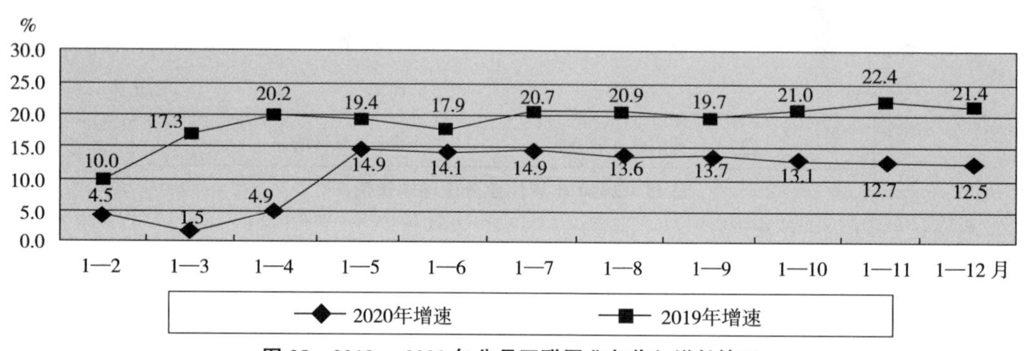

图28　2019—2020年分月互联网业务收入增长情况

数据来源：国家工业和信息化部。

行业利润增速高于收入。2020年，规模以上互联网企业实现营业利润1 187亿元，同比增长13.2%，增速低于上年同期3.7个百分点；得益于成本控制较好，营业成本仅增长2.4%，行业营业利润高出同期收入增速0.7个百分点。

研发费用增速回落。2020年，规模以上互联网企业投入研发费用788亿元，同比增长6%，增速低于上年同期17.1个百分点。

2. 分业务运行情况。信息服务收入增速稳中有落，音视频服务增长较快。2020年，互联网企业共完成信息服务收入7 068亿元，同比增长11.5%，增速低于上年同期11.2个百分点，在互联网业务收入中占比为55.1%。其中：音视频服务领域高速增长态势逐步降温，业务收入增速回落，研发费用领先行业；网络游戏领域增长呈前高后低态势；新闻和内容服务类企业的业务收入实现正增长；以提供搜索服务为主的企业业务仍低迷。

互联网平台服务收入增长平稳，其中在线教育及生产服务类平台增速较快。2020年，互联网平台服务企业实现业务收入4 289亿元，同比增长14.8%，增速低于上年同期10.1个百分点，占互联网业务收入比为33.4%。其中：以在线教育服务为主的企业受疫情反复等因素影响增长提速，业务收入高速增长；网络销售平台企业的业务收入增速较1—11月有所回落，直播带货、社交团购等线上销售方式持续活跃；以提供生活服务平台服务为主的企业受近期疫情影响，业务收入再次下滑；以提供生产制造和生产物流平台服务为主的企业收入持续较快增长。

互联网接入服务收入增速回落，互联网数据服务收入增势突出。2020年，互联网企业完成互联网接入及相关服务收入447.5亿元，同比增长11.5%，增速低于上年同期20.8个百分点；互联网数据服务（包括云服务、大数据服务等）收入199.8亿元，同比增长29.5%，增速较上年同期提高3.9个百分点。

3. 分地区运行情况。中部地区互联网业务收入增幅回落明显，西部地区增速回升。2020年，东部地区完成互联网业务收入11 227亿元，同比增长14.8%，增速较上年同期回落9.0个百分点，占全国（扣除跨地区企业）互联网业务收入的比重为91.9%，比上年同期提高0.7个百分点。中部地区完成互联网业务收入448.1亿元，同比增长3.4%，增速较上年同期回落53.1个百分点。西部地区完成互联网业务收入497.2亿元，同比增长6.9%，增速较上年同期回落 15.2 个百分点。东北部地区完成互联网业务收入 47.1 亿元，同比增长 9.1%，扭转前 11 个月持续负增长局面。

主要省（直辖市）实现平稳较快增长，其他省（直辖市）发展态势分化。2020 年，互联网业务累计收入居前 5 名的省（直辖市）是广东（增长 5.2%）、北京（增长 21.5%）、上海（增长 20.9%）、浙江（增长 24.4%）和江苏（增长 8.0%），共完成互联网业务收入 10 706 亿元，同比增长 15.1%，增速超过全国平均水平 2.6 个百分点，占全国（扣除跨地区企业）比重达 87.6%，占比较上年同期提高 0.8 个百分点。全国互联网业务收入增速实现正增长的省（自治区、直辖市）有 21 个，其中宁夏增速超过 30.0%，安徽、内蒙古、黑龙江等 3 个省（自治区）降幅超过 10.0%。

4. 中国移动应用程序（APP）数量增长情况。移动应用程序（APP）数量持续小幅减少。截至 2020 年年底，中国国内市场上监测到的 APP 数量为 345 万款，比 11 月减少 1 万款，环比下降 0.3%。其中：本土第三方应用商店 APP 数量为 205 万款，苹果商店（中国区）APP 数量为 140 万款。12 月，新增上架 APP 数量 8 万款，下架应用 9 万款。

游戏类应用规模保持领先。截至 2020 年年底，移动应用规模排在前 4 位种类的 APP 数量占比达 59.2%，其他生活服务、教育等 10 类 APP 占比为 40.8%。其中：游戏类 APP 数量继续领先，达 88.7 万款，占全部 APP 比重为 25.7%，比上月增加 2 万款。日常工具类和电子商务类 APP 数量分别达 50.3 万和 34 万款，分列二、三位，生活服务类 APP 数量超过社交通讯类，达到 31 万款，上升为第 4 位。

游戏类应用分发总量居首位。截至 2020 年年底，中国第三方应用商店在架应用分发总量达到 16 040 亿次。其中：游戏类下载量达 2 584 亿次，排第 1 位，环比增长 6.0%；音乐视频类下载量达 1 993 亿次，排第 2 位；日常工具类、社交通信类、系统工具类、生活服务类、新闻阅读类分别以 1 798 亿次、1 790 亿次、1 493 亿次、1 434 亿次、1 245 亿次分列第 3~7 位，电子商务类下载量首超千亿次，达 1 007 亿次。在其余各类应用中，下载总量超过 500 亿次的应用还有金融类（806 亿次）、教育类（690 亿次）和拍照摄影类（586 亿次）。

四、第四次全国经济普查企业信息化建设

据 2019 年 12 月发布的第四次全国经济普查结果显示，中国规模以上企业信息化基础持续巩固，信息化管理不断深化，互联网应用深入推广。[①]

（一）信息化基础持续巩固

1. 平均每家企业计算机拥有量首次超过 50 台。第四次全国经济普查数据显示，98.5 万家规模以上企业中，有 98.2 万家在生产经营和管理中使用计算机，占全部被调查企业的 99.6%，与上年持平。使用计算机 5 038.1 万台，比上年增长 6.2%；平均每家被调查企业使用计算机 51.1 台，比上年增加 2.1 台；每百名员工使用计算机 28.7 台，比上年增加 2.4 台。

分行业看，平均每家企业使用计算机数排名前五的行业分别为信息传输、软件和信息技术服务业，电力、热力、燃气及水生产和供应业，教育，采矿业，科学研究和技术服务业，平均每家企业使用计算机数分别为 309.5 台、170.5 台、143.1 台、117.5 台、117.3 台。

2. 70.0%企业拥有专职信息技术人员。第四次全国经济普查数据显示，69.7 万家企业有专职信息技术人员，占被调查企业的 70.7%，共有信息技术人员 409 万人。平均每家被调查企业拥有信息技术人员 4.2 人，每百名员工中信息技术人员 2 人。

分行业看，信息技术人员集中度最高的行业为信息传输、软件和信息技术服务业，平均每家企业拥有信息技术人员 64 人，每百名员工中信息技术人员为 27 人。其他行业每百名员工中信息技术人员在 2 人左右，分布较为平均。

3. 企业信息化投入超过 6 500 亿元。第四次全国经济普查数据显示，有 82.7 万家企业进行信息化

① 资料来源：国家统计局。

投入,占被调查企业的 83.9%,比上年提高 11.5 个百分点。信息化投入金额共计 6 533.5 亿元,比上年增长 18.4%。其中:一次性投入 3 529.6 亿元,比上年降低 2.6%;运营维护投入 3 003.9 亿元,比上年增长 58.4%。

(二)信息化管理不断深化

1. 80.0%以上企业实现财务管理信息化。第四次全国经济普查数据显示,从信息化管理的应用看,在企业内部管理上,有 84.4%的被调查企业实现财务管理信息化,32.8%的企业实现人力资源管理信息化,与上年基本持平。

分行业看,实现财务管理信息化的企业中,比例最高的 5 个行业分别为电力、热力、燃气及水生产和供应业(91.0%),信息传输、软件和信息技术服务业(89.9%),采矿业(87.1%),科学研究和技术服务业(87.0%),水利、环境和公共设施管理业(87.0%)。

2. 40.0%以上企业实现购销存管理信息化。第四次全国经济普查数据显示,在企业生产销售中,43.8%的被调查企业实现购销存管理信息化,18.0%的企业实现生产制造管理信息化,与上年基本持平。

分行业看,实现购销存管理信息化的企业中,比例最高的五个行业分别为卫生和社会工作(61.6%),批发和零售业(58.9%),制造业(56.9%),电力、热力、燃气及水生产和供应业(44.9%),采矿业(42.9%)。

3. 30.0%以上企业实现客户关系管理信息化。第四次全国经济普查数据显示,在企业经营辅助活动中,31.4%的被调查企业实现客户关系管理信息化,10.5%的企业实现物流配送管理信息化,与上年基本持平。

分行业看,实现客户关系管理信息化的企业中,比例最高的 5 个行业分别为信息传输、软件和信息技术服务业(44.1%),居民服务、修理和其他服务业(37.7%),批发和零售业(33.5%),住宿和餐饮业(33.4%),租赁和商务服务业(33.3%)。

(三)互联网应用深入推广

1. 移动宽带接入率超过两成。第四次全国经济普查数据显示,有 98.1 万家企业使用互联网,占被调查企业的 99.5%,与上年持平。在使用互联网的企业中,采用宽带接入的有 97.6 万家,占使用互联网企业数的 99.5%,与上年持平。其中:接入固定宽带的企业有 87.2 万家,占宽带接入企业数的 89.4%,比上年降低 1.4 个百分点;接入移动宽带的企业有 19.7 万家,占 20.2%,比上年提高 3.6 个百分点。

2. 90.0%企业通过互联网进行信息沟通。第四次全国经济普查数据显示,企业通过互联网开展交流沟通、获取或发布信息的比例保持较高水平。有 88.8 万家利用互联网收发电子邮件,占使用互联网企业数的 90.5%,与上年基本持平;有 51.3 万家利用互联网了解商品和服务信息,占 52.3%,比上年提高 0.3 个百分点;有 50.3 万家从政府机构获取信息,占 51.3%,与上年持平。

3. 通过互联网进行内部管理的企业比例提高。第四次全国经济普查数据显示,在使用互联网的企业中,通过互联网辅助内部管理、提升工作效率的比例有所上升。有 38.9 万家利用互联网招聘员工,占 39.6%,比上年提高 2.5 个百分点;有 28.2 万家通过互联网培训员工,占 28.7%,比上年提高 2.2 个百分点;有 17.2 万家拨打互联网电话或召开视频会议,占 17.5%,比上年提高 2.0 个百分点。

4. 80.0%企业通过互联网进行商务活动。第四次全国经济普查数据显示,企业通过互联网开展商务活动的比例上升。有 76.4 万家使用网上银行,占使用互联网企业数的 77.9%,比上年提高 2.7 个百分点;有 36.7 万家通过互联网提供客户服务,占 37.4%,比上年提高 2.1 个百分点;有 14 万家在线提供产品,占 14.2%,比上年提高 0.8 个百分点;有 81.8 万家利用互联网开展宣传和推广活动,占 83.4%,比上年降低 1.0 个百分点。

5. 40.0%以上规上工业企业在生产过程中使用互联网或内部网络。第四次全国经济普查首次对规模以上工业企业,在生产过程中使用互联网或内部网络的情况进行了调查。调查显示,36.5 万家规模以上工业企业中有 16.5 万家,在生产过程中使用互联网或内部网络,占 45.1%。

2020 年企业劳动关系状况综述

中国企业联合会雇主工作部

2020 年,面对严峻复杂的国际形势、艰巨繁重的国内改革发展稳定任务特别是新冠肺炎疫情的严重冲击,以习近平同志为核心的党中央统揽全局,保持战略定力,准确判断形势,精心谋划部署,果断采取行动,付出艰苦努力,及时做出统筹疫情防控和经济社会发展的重大决策。各地区各部门坚持以习近平新时代中国特色社会主义思想为指导,全面贯彻党的十九大和十九届二中、三中、四中、五中全会精神,按照党中央、国务院决策部署,沉着冷静应对风险挑战,坚持高质量发展方向不动摇,统筹疫情防控和经济社会发展,扎实做好"六稳"工作,全面落实"六保"任务,中国经济运行逐季改善、逐步恢复常态,在全球主要经济体中唯一实现经济正增长,脱贫攻坚战取得全面胜利,决胜全面建成小康社会取得决定性成就,交出一份人民满意、世界瞩目、可以载入史册的答卷。在劳动关系领域,国家相关部门出台了一系列政策,千方百计采取措施鼓励和支持企业复工复产,积极化解和妥善处置劳动关系风险和矛盾,劳动关系保持总体和谐稳定。但国际疫情仍在蔓延,全球经济复苏的不确定性上升,国际环境依然复杂严峻,国内经济恢复的基础尚不牢固,一些大企业经营困难,债务违约风险上升;部分服务业和小微企业转型乏力,运转不畅,生产经营还面临着比较多的困难;一些地方政府财政吃紧,解决企业负担重等问题有心无力。经济领域的负面影响持续向劳动关系领域传导,部分地区劳动关系基础不稳,潜伏着较为严重的隐患;劳动争议案件数量仍保持高位运行,且处于上升态势;劳动争议类型更加复杂,主体更加多元。加之科技进步带来产业发展模式的深度调整,劳动关系领域矛盾进一步加剧,构建和谐劳动关系工作的重要性更加凸显。

一、劳动关系立法与政策出现新变化

2020 年,劳动关系、就业、人力资源市场和社会保险方面的法规与政策又发生不少新的变化。民法典出台对劳动关系领域法律体系的构建与完善起着不可忽视的作用,除了直接适用于劳动关系缔结、履行和解除以及争议解决的一些相关条款外,民法典的规定对于劳动法律规范体系整体而言也起着奠基、补遗和兜底的作用。新冠肺炎疫情前后,在"六稳""六保"方针指引下,稳定和促进就业政策力度得到进一步加强。同时,农民工就业和权益保护、社会保险体系全覆盖和优化重组等方面出台一系列相关政策与法规。此外,人社部还继续着手清理部门规章和规范性文件设定的证明事项材料,加强便民服务,会同最高院等部门出台进一步加强劳动人事争议调解仲裁法律援助工作的政策,为弱势群体得到更多法律救济提供方便。

(一)民法典出台对劳动关系领域意义重大

2020 年 5 月 28 日,十三届全国人大三次会议表决通过了《中华人民共和国民法典》(下称"民法典"),自 2021 年 1 月 1 日起施行。婚姻法、继承法、民法通则、收养法、担保法、合同法、物权法、侵权责任法、民法总则同时废止。民法典被称为"社会生活的百科全书",是新中国第一部以法典命名的法律,在法律体系中居于基础性地位,也是市场经济的基本法。民法典共 7 编、1 260 条,各编依次为总则、物权、合同、人格权、婚姻家庭、继承、侵权责任,以及附则。虽然调整劳动关系领域的法律规范主要来源于《劳动法》《劳动合同法》《社会保险法》等具有强烈公共属性的社会法系统,部分内容还具有行政监管的属性,但其在调整劳动者与用人单位这一对平等民事主体之间的法律关系时，仍然需要与民法典的基本精神相吻合。

（二）新冠肺炎疫情防控期间的劳动用工相关政策

2020年春节前后，一场前所未有的新冠肺炎疫情突袭武汉并迅速在全国蔓延，严重危及人民群众生命安全和身体健康。在党中央的坚强领导和统一指挥下，全国人民众志成城、团结一心，掀起了一场坚决打赢新冠肺炎疫情防控阻击战的人民战争。为深入贯彻习近平总书记关于做好疫情防控工作重要指示精神，落实党中央、国务院决策部署，切实做好疫情防控期间人力资源市场管理工作，促进就业和人力资源有序流动、维护劳动关系稳定，纾解企业困难，推动企业复工复产，人社部联合多部委或通过其办公厅于2020年1月下旬至3月发布了一系列疫情防控期间劳动关系、人力资源和就业等方面的新政策。

1. 2020年1月24日，人社部办公厅以“人社厅明电〔2020〕5号”文发布了《关于妥善处理新型冠状病毒感染的肺炎疫情防控期间劳动关系问题的通知》。《通知》对疫情期间劳动报酬发放、劳动合同终止、劳动争议处理等重要问题进行明确，切实起到减少疫情防控期间劳动纠纷的积极作用。

2. 2020年2月5日，人社部会同教育部、财政部、交通部、国家卫健委以明电的形式发布了《关于做好疫情防控期间有关就业工作的通知》。《通知》要求有力确保重点企业用工，做好返岗复工企业和劳动者的疫情防控，关心关爱受疫情影响严重的重点地区劳动者，支持中小微企业稳定就业，完善高校毕业生就业举措，推广优化线上招聘服务等。

3. 2020年2月7日，人社部与全国总工会、中国企业联合会/中国企业家协会、全国工商联共同发布了《关于做好新型冠状病毒感染肺炎疫情防控期间稳定劳动关系支持企业复工复产的意见》。《意见》对灵活处理疫情防控期间的劳动用工问题，协商处理疫情防控期间的工资待遇等问题，提出了明确的原则和处理方案。同时提出采取多种措施减轻企业负担，统筹各方力量加大对企业的指导服务力度，充分发挥了三方机制在保企业、保就业、保稳定中的独特作用。

4. 2020年2月6日，人社部办公厅发布了《关于做好新型冠状病毒感染的肺炎疫情防控期间人力资源市场管理有关工作的通知》。《通知》的主要事项为：一是暂停现场招聘会等活动；二是强化网络招聘等线上服务；三是合理安排现场服务；四是做好人力资源服务许可备案等工作；五是做好流动人员人事档案服务工作；六是加强人力资源市场监测；七是加大人力资源市场监管力度。

2020年2月18日，人社部办公厅发布了《关于切实做好新冠肺炎疫情防控期间人力资源服务有关工作的通知》。《通知》的主要事项为：一是加强重点单位用工服务；二是强化线上求职招聘；三是拓展线上培训；四是加强人力资源管理咨询服务；五是做好疫情防控人社政策宣讲；六是切实关心关爱职工；七是强化产业园区协同服务；八是加强人力资源服务需求监测。

5. 为了方便疫情防控期间劳动合同的订立，各地都在鼓励以电子形式订立劳动合同。2020年3月4日，人社部办公厅就北京市人社局关于在疫情防控期间开展劳动合同管理电子化工作的请示做出明确答复，指出用人单位与劳动者协商一致，可以采用电子形式订立书面劳动合同，并对电子劳动合同的使用规范、法律效力等做出规定。

6. 2020年3月18日，国务院办公厅发布了《关于应对新冠肺炎疫情影响强化稳就业举措的实施意见》（国办发〔2020〕6号）。《意见》从更好实施就业优先政策、引导农民工安全有序转移就业、拓宽高校毕业生就业渠道、加强困难人员兜底保障、完善职业培训和就业服务和压实就业工作责任等6个方面做出重要指示。

7. 受新冠肺炎疫情影响，网络招聘等线上服务逐渐成为主流招聘模式。为促进网络招聘服务业态健康有序发展，2020年12月18日，人社部以部令第44号公布了《网络招聘服务管理规定》，该规定自2021年3月1日起施行，对人力资源服务机构在中华人民共和国境内通过互联网等信息网络，以网络招聘服务平台、平台内经营、自建网站或者其他网络服务方式，为劳动者求职和用人单位招用人员提供的求职、招聘服务进行了全面规范。

（三）稳定与促进就业的相关政策

就业是民生之本、财富之源。这些年来中国就业形势一直保持总体平稳，但国内外风险挑战增多，稳就业压力加大。新冠肺炎疫情的突袭给稳就业工作带来了严峻的挑战。但在党中央、国务院的领导下，国内疫情很快得到有效控制。随后，在“六稳”“六保”方针的指引下，稳定和促进就业政策力度得到进一步加强。

1. 2020 年 5 月 9 日，人社部会同财政部以“人社部发〔2020〕30 号”文发布了《关于实施企业稳岗扩岗专项支持计划的通知》。《通知》主要从以下两个方面开展一系列举措。一是加大稳岗返还力度。加快落实失业保险稳岗返还政策，支持参保企业不裁员、少裁员。二是拓宽以工代训范围。支持企业面向新吸纳劳动者开展以工代训，扩岗位、扩就业。

2. 为加强对共享用工的指导和服务，促进共享用工有序开展，进一步发挥共享用工对稳就业的作用，2020 年 9 月 30 日，人社部办公厅发布了《关于做好共享用工指导和服务的通知》。《通知》在企业间开展共享用工，进行用工余缺调剂合作，对解决用工余缺矛盾、提升人力资源配置效率和稳就业等方面发挥了积极作用。

（四）职业技能人才培养与发展相关立法与政策

1. 为深入贯彻习近平总书记关于健全技能人才培养、使用、评价、激励制度的重要指示精神，深化技能人才评价制度改革，2020 年 11 月 7 日，人社部办公厅发布《关于支持企业大力开展技能人才评价工作的通知》（人社厅发〔2020〕104 号），主要内容有：一是支持企业自主开展技能人才评价；二是企业自主确定评价范围；三是企业自主设置职业技能等级；四是依托企业开发评价标准规范；五是企业自主运用评价方法；六是积极开展职业技能竞赛评价；七是贯通企业技能人才职业发展；八是提升企业评价服务能力；九是加强质量督导和服务保障工作。

（五）扶持和保护农民工权益的立法与政策

农民工作为劳动者中的相对弱势群体，常常面临着就业歧视、不充分就业、劳动报酬低、被拖欠工资、劳动保护不足、依法维权能力弱等一系列问题。为此，国务院与人社部等相关部门也一直关注农民工就业和权益保护问题，先后出台了一系列相关政策与法规。

1. 为贯彻落实党中央、国务院决策部署，扎实做好“六稳”工作，全面落实“六保”任务，确保决战决胜脱贫攻坚，大力提升广大农民工职业技能和就业创业能力，2020 年 5 月 28 日，人社部开始启动实施农民工稳就业职业技能培训计划。计划实施的对方范围覆盖了在岗农民工、城镇待岗和失业农民工、农村新转移劳动力、返乡农民工、贫困劳动力等。其中：以企业为主的农民工培训计划主要是组织开展在岗和待岗农民工以工代训，实现以训稳岗。

2. 2020 年 8 月 6 日，人力部联合国家发改委等共 15 部门以“人社部发〔2020〕61 号”发布《关于做好当前农民工就业创业工作的意见》。《意见》要求：首先要稳定现有就业岗位。其次要创造更多就业机会。最后要支持多渠道灵活就业。在农民工权益保障方面，《意见》要求指导督促企业依法招工用工，加强农民工劳动保障权益维护，依法严厉打击恶意欠薪等违法行为。加大涉劳动报酬等劳动争议处理力度，依法为农民工提供法律援助服务，支持农民工与用人单位协商化解矛盾纠纷。加大日常监察执法力度，坚决纠正针对湖北等受疫情影响严重地区农民工的就业歧视。科学合理界定互联网平台企业责任，维护平台就业农民工劳动保障权益。

（六）其他相关立法与政策

1. 2020 年 2 月 20 日，经国务院同意，人社部、财政部、税务总局以“人社部发〔2020〕11 号”文发布了《关于阶段性减免企业社会保险费的通知》。《通知》的减免范围包括企业基本养老保险、失业保险、工伤保险等三项社会保险的单位缴费部分。《通知》减轻了企业负担，有力地支持了企业复工复产。

2020 年 6 月 22 日，人社部再次会同财政部和税务总局，以“人社部发〔2020〕49 号”文发布了《关于延长阶段性减免企业社会保险费政策实施期限等问题的通知》。《通知》要求各地将“‘人社部发〔2020〕11 号’文三项社会保险单位缴费部分免征的政策，延长执行到 2020 年 12 月底。”进一步帮助企业特别是中小微企业应对风险、渡过难关,减轻企业和低收入参保人员的缴费负担。

2. 为认真落实中央关于全面推进依法治国的重大战略部署,统筹推进疫情防控与经济社会发展,加快处理各类涉疫情劳动人事争议,进一步满足人民群众特别是贫困劳动者对调解仲裁法律援助工作的需要,根据中央关于完善法律援助制度的有关精神和《法律援助条例》相关规定,2020 年 6 月 22 日,人社部会同司法部、财政部以“人社部发〔2020〕52 号”发布了《关于进一步加强劳动人事争议调解仲裁法律援助工作的意见》。《意见》提出要建立健全调解仲裁法律援助协作机制,扩大调解仲裁法律援助范围,规范调解仲裁法律援助程序,健全便民服务机制。加强劳动人事争议调解仲裁法律援助工作(下称“调解仲裁法律援助工作”),保障符合条件的劳动者特别是贫困农民工及时获得法律援助服务,对于维护劳动者合法权益、确保法律正确实施、促进社会公平正义具有重要意义。近年来,一些地方主动采取措施加强调解仲裁法律援助工作,取得了良好效果。但与人民群众日益增长的法律援助需求相比,调解仲裁法律援助工作还存在协作机制有待健全、保障机制不够完善等问题。

二、劳动力市场总体平稳

2020 年,受新冠肺炎疫情的直接影响,中国经济发展面临了严峻的挑战,劳动力市场也出现了较大波动,随着复工复产的有序进行,下半年,企业发展快速复苏改善,劳动力市场呈现“总体平稳、逐步回暖、好于预期”的发展趋势。总体来看,国内劳动力市场仍然延续需求略大于劳动力供给,供求总体保持平衡的态势。制造业等第二产业行业用工需求以及多数第三产业行业用人需求仍然较大;市场对具有技术等级和专业技术职称劳动者的用人需求均大于供给;营销员、餐厅服务员、快递员、商品营业员等职业的用人需求较大。

(一)劳动人口数量和比例下降,社保负担日益加大

第七次全国人口普查数据显示,2020 年中国总人口为 141 178 万人,较 2010 年增长了 7 205 万人。2020 年全年出生 1 200 万人,出生率为 8.5‰。近 3 年来出生人口持续下降,且劳动人口数量及比例继续下降。2020 年中国 15~64 岁劳动人口的比例为 68.6%,与 2010 年 74.5%的比例相比较,下降了 5.9 个百分点。同时,劳动人口绝对数量和占总人口比例均有所下降。第七次人口普查数据显示,2020 年中国育龄妇女总和生育率为 1.3,处于较低水平。2020 年中国 0~14 岁的人口占比为 18.0%,较 2010 年增长了 1.4 个百分点,这部分增长主要是受到“二孩”放开政策的影响。但随着育龄妇女数量持续减少、“二孩”政策效应逐步减弱,人口出生率也将持续走低,中国劳动人口的数量和所占比例持续减少的趋势短期内不会改变。出生人口和劳动人口的下降凸显了老龄化问题的严重,老龄化程度加深,对中国未来一个时期的社会保障带来较大压力,难度进一步增加。2020 年中国 65 岁及以上人口数量为 19 060 万人,占总人口比重为 13.4%,较 2010 年上升了 4.5 个百分点。据国家统计局、人力资源和社会保障部发布的数据显示,中国领取养老保险金的人数持续增加,年均增长率为 7.3%。

(二)劳动力素质不断提高,劳动力质量不断改善

随着中国平均受教育程度不断改善,人力资本素质持续提升。第七次全国人口普查数据显示,2020 年中国最高学历为大专及以上文化的占总人口比重为 15.5%,最高学历为高中包括中专文化的占总人口比重为 15.1%。中国人力资源竞争力正在由总量优势向人均优势转变。中国新增劳动力平均受教育年限逐步提高,高层次人才数量和比例都不断提升。随着劳动人口受教育水平的提高,中国的“人口红利”将逐步向“人才红利”转变,劳动力质量的变化,将进一步推动中国宏观经济发展方式转变、产业结构升级、全要素生产力提升,同时促进人口质量提高。

(三)城镇化带动劳动力流动更趋活跃

中国城镇化水平加速提升。第七次全国人口普查数据显示,2020 年中国常住人口城镇化率达到了 63.9 %。按照中国经济和社会发展状况预计,城镇

化率将保持上升趋势。在城镇化水平加速提高的过程中，劳动力流动更趋活跃。据第七次全国人口普查数据显示，2020 年中国流动人口规模为 3.8 亿人，较 2010 年增长了 70.1%，流动人口增长数量速度加快。2020 年人户分离人口规模为 49 276 万人，其中：市辖区内人户分离人口为 11 694 万人，跨省流动人口为 12 484 万人。与 2010 年数据相比，人户分离人口规模提高了 88.5%，市辖区内人户分离人口规模提高了 192.7%，流动人口规模提高了 69.7%。随着中国经济的发展，人口流动的趋势更加明显，流动规模持续扩大，劳动力市场配置化水平不断提升。

（四）劳动力市场供需先低后高，需求略大于供给

据中国人力资源市场信息监测中心对 84 个城市的公共就业服务机构市场的供求信息统计显示，2020 年第一季度求职者有 333.7 万人，而用人单位招聘的各类人员有 459.4 万人，岗位空缺和求职人数的比率达到 1.3，与上季度相比增长了 0.4，与上年同期相比增长了 0.3；2020 年第四季度的岗位空缺与求职人数比例为 1.5，与上季度相比增长了 0.1，与上年同期相比增长了 0.3。2020 年劳动力市场的供求变化，因为年初受到前所未有的新冠肺炎疫情的影响，劳动力市场岗位需求数量和求职数量均有较大的下降，2020 年第一季度岗位需求数量 522.3 万个，较上年同期下降 39 万个，下降比例为 7.0%，求职人数 323.2 万人，较上年同期下降 115.3 万人，下降比例为 26.3%；岗位需求数量第二季度同比下降 61.7 万个，下降比例为 12.3%，环比下降 15.5%，求职人数第二季度同比下降 19.0%，环比基本持平。随着企业复工复产水平不断提高，第四季度岗位需求数量同比增加 32.0%，环比增长 13.1%，求职人数同比增长 10.1%，环比增长 4.3%，岗位需求数量和求职人数都呈现出报复性反弹态势。同时，在公共就业服务机构市场招聘的人数大于求职人数的状况依然持续，2020 年受新冠肺炎疫情影响，求人倍率突破 1.2 的高位。分季度来看，一至四季度，用人单位通过公共就业服务机构招聘各类人员的需求量均大于进入市场的同期求职人数量，即岗位空缺量大于求职人数。求人倍率第一季度最高，达到 1.6，创历史新高，第二季度最低，达到 1.3，第四季度又上升至 1.5。

（五）东中西部岗位供求继续出现分化

根据人力资源和社会保障部、中国人力资源市场信息监测中心《2020 年百城市公共就业服务机构市场供求状况分析》，2020 年，各大区域市场需求均大于供给。受新冠肺炎疫情影响，与上年同期相比，东、中部地区市场供求人数均有所减少，二季度甚至出现较大幅度下降。此后随着复工复产的各项鼓励政策落地，三、四季度供求人数逐步回稳。东、中、西部三大区域市场需求人数也呈现出先降后升的态势。第四季度东部市场需求人数稳中有升、求职人数有所减少，中、西部市场供求人数均有较大幅度增长。

（六）行业用人需求受疫情影响，不同程度出现从抑制到反弹的过程

根据人力资源和社会保障部、中国人力资源市场信息监测中心《2020 年百城市公共就业服务机构市场供求状况分析》，2020 年，从行业需求看，一季度各生产性行业和大部分服务性行业市场用人需求均有所增长。二季度卫生社会保障和社会福利业、交通运输仓储和邮政业、教育等公共服务行业用人需求保持增长；受新冠肺炎疫情影响，租赁和商务服务业、住宿和餐饮业、制造业、居民服务和其他服务业、批发和零售业等传统行业用人需求减少人数较多。三季度随着复工复产的有序进行，除建筑业外的各类生产性行业用工需求均有所增长，文化体育和娱乐业、住宿和餐饮业、房地产业等服务性行业用人需求有所增长。四季度制造业等第二产业行业用工需求人数普遍回升；多数第三产业行业用人需求增长，居民服务修理和其他服务业、信息传输软件和信息技术服务业、批发和零售业等行业用工需求增长较快。

（七）市场对具有技术等级和专业技术职称劳动者的用人需求均大于供给

根据人力资源和社会保障部、中国人力资源市场信息监测中心《2020 年百城市公共就业服务机构市场供求状况分析》,2020 年一至四季度,市场对具有技术等级和专业技术职称劳动者的用人需求均大于供给,专业技术人员、高级工程师、高级技师、高级技能人员的需求缺口较大;对普工、初级技能人员、技术员的用人需求有所增长。截至 2020 年四季度,40.8%的市场用人需求对技术等级或职称有明确要求。

三、就业形势基本保持平稳

2020 年,面对突如其来的新冠肺炎疫情,广大企业和职工在以习近平同志为核心的党中央坚强领导下,坚决贯彻党中央决策部署,共克时艰,多渠道做好就业工作,支持大众创业万众创新带动就业。在十分困难的情况下,通过各方面的积极努力,2020 年就业形势逐季好转、总体稳定、好于预期。全年城镇新增就业 1 186 万人。12 月城镇调查失业率 5.2%,年底城镇登记失业率 4.2%,均低于预期控制目标。2020 年,政府部门强化就业优先政策,创新实施 28 项突破性政策,打出减负、稳岗、扩就业的政策组合拳。重点群体就业扎实推进,新增市场主体恢复快速增长,创造了大量就业岗位。同时,由于新冠疫情仍未结束,防控形势依然严峻,带来就业形势更加复杂,稳就业压力十分沉重。

(一)就业形势逐步改善,就业大局总体稳定

2020 年,针对新冠肺炎疫情和经济下行影响,各部门各地区扎实推进稳就业工作,更大规模减税降费减轻企业负担,取消针对灵活就业的不合理限制,鼓励创业创新带动就业,突出做好重点群体就业,全面加强各项就业服务,推动各项就业预期目标顺利完成。2020 年年底全国就业人员 75 064 万人,同比下降 0.5%,其中:城镇就业人员 46 271 万人,同比增长 2.3%。全国就业人员中,第三产业就业比重继续扩大。

(二)积极出台抗疫稳就业的政策措施

2020 年疫情发生以来,中国政府及时采取果断措施,统筹疫情防控与经济社会发展,采取了一系列政策措施减少疫情冲击,稳定就业。中央在明确提出加大"六稳"工作力度的同时,提出"六保"任务,并将保居民就业,置于"六保"之首,进一步明确和凝聚就业优先共识。在政策上,强调要实施好就业优先政策,全面落实稳就业举措,加强宏观政策调节,强化经济、社会、就业政策协调联动,出台了一系列政策措施。据不完全统计,2020 年中央和政府各部门出台就业相关政策超过 100 多项。这些政策措施的制定出台,进一步完善了就业优先政策体系和运行机制。各方面政策围绕援企、减负、稳岗、扩就业等,努力保住市场用工主体,保住重点群体就业,稳住就业基本盘,确保就业局势总体稳定。

(三)共享经济对稳就业保民生的作用凸显

2020 年在疫情冲击和复杂的内外部环境条件下,中国就业形势能够保持总体稳定并好于预期,共享经济做出了巨大贡献。因为新冠肺炎疫情期间,共享经济提供了大量灵活就业岗位,在拓宽就业渠道、增强就业弹性、增加劳动者收入等方面发挥了重要作用。根据国家信息中心《中国共享经济发展报告 2021》提供的数据显示,2020 年中国共享经济参与者人数约为 8.3 亿人,其中服务提供者约为 8 400 万人,同比增长约 7.7%;平台企业员工数约 631 万人,同比增长约 1.3%。疫情使得线下活动受限,而利用互联网线上技术的直播短视频、知识分享等领域强劲增长,这些领域的用工需求也随之大幅提升。《报告》提供的数据显示,2020 年春节复工后一个月内,直播相关兼职岗位数同比增长 166.1%,是全职岗位增速的两倍多。

(四)农民工就业出现新变化和新特点

根据国家统计局《2020 年农民工监测调查报告》显示,2020 年全国农民工总量 28 560 万人,比上年减少 517 万人,下降 1.8%,规模为上年的 98.2%。其中:外出农民工 16 959 万人,比上年减少 466 万人,下降 2.7%;本地农民工 11 601 万人,比上年减少 51 万人,下降 0.4%。在外出农民工中,年底在城镇居住的进城农民工 13 101 万人,比上年减少 399 万人,下降 3.0%。2020 年农民工群体就业表现出了一些新的变化和新的特点。一是农民工总量减少。二是农民工自身特质发生变化。女性和有配偶的比例

下降。三是农民工平均年龄增加。四是农民工平均学历上升。五是外出农民工流动数量和流入地区发生变化。流动总量下降,流动半径缩小。六是农民工输出地发生变化,东部地区输出人数大幅减少,占农民工总体减少量50.0%以上。七是农民工输入地发生变化,由东部地区向中西部地区转移。八是农民工从事第三产业的比重持续提升。

(五)大学生就业形势比较严峻

在新冠肺炎疫情的冲击下,就业市场波动,给大学生就业带来了不少难题。大学生对就业的偏好也发生了改变。2020年高校毕业生再创新高,达874万人,是2010年以来毕业生人数最高值,较2019年增加了40万人,同比增速约为4.8%。2011—2020年中国高校毕业生不断增加,2018年时全国高校毕业生首次突破了800万人,2019年时高校应届毕业生达834万人,较2018年增长14万人,同比增速约为1.7%。受新冠肺炎疫情冲击,2020年应届生需求人数减少,但随着毕业人数的增加,大学生就业市场供需矛盾突出,大学生就业形势紧张。

(六)退役军人灵活就业优抚政策体系逐步完善

2020年中国退役老兵人数超4 000万人,并以每年50万人左右的数量持续增加,转岗就业的岗位虽然也在不断增多,但仍然无法满足众多退役军人的需要。加上军人退役后面临“三无”问题,导致很多退役军人从事薪酬低、社会地位低、劳动密集型岗位,甚至还有很大一部分的退役军人处于待业失业状态。2020年拥军优抚工作更加注重顶层设计,推进各项工作有序进行,政策体系逐步完善,加入灵活就业新形式,退役军人就业工作取得了积极进展。

四、企业劳动用工取得新进展

2020年,新冠肺炎疫情全球大流行,对全球经济环境和就业环境造成重大负面影响。中国经济经受住了严峻的挑战,成为全球唯一实现正增长的主要经济体。全年就业形势逐季好转,劳动关系总体和谐稳定。“十三五”(2016—2020年)期间,全国城镇新增就业累计6 564万人,实现了比较充分就业。新冠肺炎疫情流行后,中国出台一系列扶助政策,政府、工会、企业代表组织及企业共同参与的协商协调机制积极发挥作用,在推动企业复工复产,稳定劳动关系和谐稳定方面发挥积极作用。同时,企业劳动用工也呈现一些新变化、新动向和新问题,劳动用工管理面临新的情况和挑战,应积极采取措施加以应对。

(一)用工需求日益多样化,管理更加多元化

当前,中国的经济已由高速增长阶段转向高质量发展阶段,同时随着时代的发展,互联网、大数据、人工智能和实体经济深度融合,在全球范围内引发的新一轮科技革命,并以前所未有速度转化为生产力,引领科技、经济和社会日新月异。伴随着技术的进步,新业态、新经济模式不断涌现,带来了新的用工形式的不断出现。在疫情防控的特殊时期,各种灵活就业形式在应对经济下行中显示出极强的生命力,并快速发展,逐步成为保就业的支柱性力量。弹性就业、零工经济、在线工作、共享员工等新型用工方式大量涌现,有效解决了阶段性用工难、复工难问题。共享用工在疫情时期提高了劳动力精准配置,提升了复工率。部分地方政府搭建了共享用工平台,帮助辖区内企业间进行人员余缺调剂。

《中国共享经济发展报告(2021)》显示,2020年中国共享经济参与者人数约为8.3亿人,其中服务提供者约为8 400万人。从国际上看,中国新就业形态也走在世界前列,在国际上具有重要影响。国际劳工组织报告显示,2019年全球数字劳工平台的收入至少达到520亿美元,其中中国占比为22.0%,位列世界第二,仅次于美国。新就业形态是共享经济发展的重要支撑,是扩大就业、增加居民收入的重要渠道,是满足居民需求、扩大内需的重要保障。

受新冠肺炎疫情影响,2020年2月初,盒马鲜生与云海肴、青年餐厅等餐饮企业合作,开启“共享员工”模式。数据显示,疫情期间,西贝、温莎KTV、大众出行等40多家企业超过5 000名员工加入盒马。此后,共享员工模式迅速被其他行业、企业复制,永辉、沃尔玛、物美等企业均与待岗员工的企业展开合作,参与双方则在一定程度上缓解了人手及财务压力。疫情下的灵活用工给企业更多生机,饿了么、美

团、京东等纷纷效仿。

《中国灵活用工发展报告(2021)》蓝皮书显示,2020年企业采用灵活用工比例同比增逾11.0%,达到55.7%,有近30.0%的企业表示稳定或扩大使用规模;超过3/4的企业主要出于“降低用工成本”这一动机使用灵活用工。灵活用工岗位主要集中在一般性技能、低协作、基础性岗位,但也有25.7%的企业在技术性、专业性岗位使用灵活用工。同时,蓝皮书指出灵活用工已经成为企业应对不确定性的保护伞。猎聘机构发布《2020年度热门领域就业洞察报告》中显示,2020年新冠肺炎疫情下,45.0%的企业采用了灵活用工。与2019年相比,59.6%的企业表示采用灵活用工的岗位增多。近一年来,灵活用工成为就业市场的亮点之一,尤其在疫情期间为企业降本增效、为个人的多样化就业提供了有力支撑。

根据亿欧智库《2020年灵活用工行业研究报告》,灵活用工市场规模近年来一直处于上升态势。其市场规模2019年为4 787.7亿元,2020年、2021年有望分别达到7 258.2亿元、9 916.7亿元。灵活用工在疫情下弥补了常规用工的不足,缓解了企业的用工困境。乾通互连发布的《2020中国多元化劳动关系市场研报》显示,聚焦多元化劳动关系这一备受社会关注的企业用工模式,分析中国多元化用工市场发展现状,洞察未来趋势,并分享了快消行业、餐饮行业知名企业,以及国资名企在多元用工领域的成功实践。智联招聘发布《2020雇佣关系趋势报告——新格局下的新就业形态》。报告显示,现在雇佣行为正朝短期、项目制方向转变。同时,多数企业都在采用“共享员工”“直播平台”等新型方式推动灵活就业,灵活化办公模式也展现出较大吸引力,而智能化也逐渐渗入到考核机制中。智联招聘数据显示,2020年第二季度,直播平台以347.8%的增速领跑灵活就业招聘需求。同时,调查中知识服务、生活配送、自媒体等行业也分别以75.6%、35.4%以及65.1%的增长率位居前列,成为人才招聘市场中珍贵的向阳板块。

受疫情、经济、政策、变化、技术发展等多重因素影响,多元化用工模式起到的价值不断凸显。仅从企业的角度来看,寻找适应外部环境变化和内部结构调整的用工模式势在必行。报告显示,有超过51.0%的人力资源部门认为多元化用工模式对于企业相当重要,除大型企业和集团性企业外,越来越多的中小企业也在尝试新型用工模式。多元化用工在很大程度上解决了企业降低综合用工成本、适配高峰用工需求、减轻管理负担和用工风险的问题,概括来说就是既能降本,又能增效。此次调查中,乾通互连共回收327份企业有效问卷,涉猎制造业、互联网业、零售业、广告传媒等多个行业。其中:互联网、文化科研和教育领域、广告传媒和中介咨询服务等处于前三位,使用多元化用工比例高。而随着经济发展数字化、网络化、智能化加剧,企业对知识技能型人才的需求不断攀升,在多元化用工中,企业对知识技能型人才需求占比高达63.0%。

(二)疫情期间,有关企业组织积极行动,指导企业加强非常时期用工管理

2020年,疫情期间,各个行业组织和商会协会指导企业稳步有序复工复产。如,中国企业联合会、中国企业家协会从劳动用工、工资待遇、企业减负、指导服务等方面提出了稳定劳动关系、支持企业复工复产的多项措施;中国建筑材料流通协会及时下发建材与家居行业做好恢复生产、贸易等工作的指导意见,对行业企业从短期复工到中期发展进行业务指导;中国麻纺织行业协会为会员企业、产业集聚地政府提供生产加工采购信息平台,推动供需信息对接。

为了帮助企业克服复工复产过程中面临的人力资源和劳动关系合规管理等方面的问题和挑战,中国企联与凯联律师事务所联合编写了《人力资源与劳动关系合规治理册 防控疫情 复工复产(一)(二)》,按照《劳动法》《社会保险法》《就业促进法》《突发事件应对法》《传染病防治法》等相关法律法规、部门规章以及国务院办公厅、人社部等有关部门为应对疫情专门发布的相关政策等相关文件精神,联系疫情期间企业人力资源与劳动关系合规操作实务,形成对10方面32个疑难问题的专业解答,供广大企业在疫情应对和复工复产实践中参考。

中国企联与北京大成律师事务所联合编写了《防控疫情复工复产,惠企纾困政策指南》。该指南系列推出了减费篇、降税篇、财政金融扶持篇、稳外

资篇、对外投资合作篇、稳外贸篇等，以问题解答的形式，为企业诠释各项扶持政策的具体适用，在指导广大企业积极应对疫情、复工复产的实践中发挥了积极作用。

中国企联还组织开展《人力资源与劳动关系合规治理》在线公益直播讲座，近万人在线收看。为进一步帮助企业正确处理劳动关系争议，加强风险防范，中国企联再次开展“常态化疫情防控下典型劳动争议处理与风险防范”在线直播活动。围绕企业延迟复工未续签劳动合同工资支付、企业停工期间员工支付工资、企业经营困难降薪问题、企业订单减少法定程序等常态化合规操作实务问题进行了讲解，并对网友提出的疑难问题进行专业解答。在线观看人数近90万人。

五、工资收入分配和社会保障制度改革持续深化

（一）2020年中国企业工资收入与分配的现状

2020年，面对新冠肺炎疫情、世界经济深度衰退等多重严重冲击，各地区、各部门贯彻落实党中央、国务院决策部署，统筹推进疫情防控和经济社会发展，扎实做好“六稳”工作，全面落实“六保”任务，有序推进复工复产，经济增长由负转正并逐季加快，保障了全国城镇单位就业人员平均工资稳步增长。

1. 据国家统计局发布数据显示，2020年中国居民可支配收入为32 189元，较上年名义增长了4.7%，实际增长了2.1%。人均可支配收入未受疫情影响，保持了稳步增加的态势。同时，2020年人均消费支出稳定增加。据国家统计局数据显示，2020年全国居民人均消费支出为21 210元，较上年名义下降1.6%，实际下降4.0%。

2. 2020年全国城镇非私营单位就业人员年平均工资为97 379元，比上年增长7.6%，增速比上年回落2.2个百分点，扣除价格因素实际增长5.2%；城镇私营单位就业人员年平均工资为57 727元，比上年增长7.7%，增速比上年回落0.4个百分点，扣除价格因素实际增长5.3%。城镇非私营单位就业人员平均工资增速为1984年以来最低点，城镇私营单位就业人员平均工资增速回落至2009年有统计以来的第二低点。在新冠肺炎疫情冲击下，城镇单位就业人员年平均工资仍然保持增长，反映出党中央、国务院统筹疫情防控和经济社会发展取得巨大成效。

3. 据国家统计局发布的2020年平均工资数据显示，全国城镇非私营单位就业人员年平均工资为97 379元；城镇私营单位就业人员年平均工资为57 727元。从是否为管理人员、工作区域、行业门类、登记注册类型来看，差距较大。一是中层及以上管理人员和社会生产服务人员工资差距大，东部地区和中部地区平均工资收入相差较大。二是不同行业间工资收入不同。三是不同登记注册类型企业间工资水平不同。

4. 从是否外出来看，本地农民工月均工资增速高于外出务工农民工。据国家统计局数据显示，2020年外出务工农民工平均每月收入4 549元，同比增长2.7%；本地农民工平均每月收入3 606元，同比增长3.0%。从外出务工地点来看，东部地区农民工月均工资增速最快。据国家统计局数据显示，2020年农民工在东部地区的平均月收入为4 351元，同比增长3.1%；在中部地区就业的平均月收入为3 866元，同比增长1.9%；在西部地区就业的平均月收入为3 808元，同比增长2.3%；在东北部地区就业的平均月收入为3 574元，同比增长3.0%。从行业分布情况来看，制造业农民工月均收入增速快于其他行业。据国家统计局数据显示，2020年农民工就业主要集中的六大行业平均月收入持续增长。其中：农民工从事制造业的平均月收入为4 096元，同比增长3.5%；从事交通运输仓储和邮政业的平均月收入为4 814元，同比增长3.1%；从事建筑业的平均月收入为4 699元，同比增长2.9%；从事住宿餐饮业的平均月收入为3 358元，同比增长2.1%；从事批发和零售业的平均月收入为3 532元，同比增长1.7%；从事居民服务修理和其他服务业的平均月收入为3 387元，同比增长1.5%。

5. 据《2020年大学生就业力报告》显示，毕业生期望薪酬主要集中在5 000~6 000元和4 000~5 000元两个区间，经测算平均期望薪酬约6 930元。具体来看，2020年毕业生期望薪酬总体呈正态分布，占比最高的区间在5 000~6 000和4 000~5 000元，分别达到22.0%和21.4%；而后，在6 000~7 000元区间

的占比为 13.4%，在 3 000~4 000 元区间的占比为 11.9%，在 7 000~8 000 元区间的占比为 11.5%。

新冠肺炎疫情之下，国家调整了社保缴纳水平与规则，劳动者可自行选择缴纳基数，减轻了劳动者社保缴纳压力，但失业率提升带来的失业保险支出增多和老龄化带来的养老保险压力不容小觑。

（二）2020 年中国企业社会保障与福利的现状

1. 据人社部数据显示，截至 2020 年年底全国基本养老、失业、工伤保险参保人数分别为 10 亿人、2.2 亿人、2.7 亿人。2020 年三项社会保险基金总收入 50 200 亿元，总支出 57 500 亿元，年底累计结余 61 300 亿元，基金运行总体平稳。全国社会保障卡持卡人数已达到 13.4 亿人，电子社保卡累计签发超过 3.6 亿张。2020 年中国社保单位缴纳、个人缴纳规则进行了一定调整，减免了用人单位部分税款，增加了个人缴纳基数灵活性。基本养老保险、失业保险和工伤保险三项社会保险基金参保人数不断上升。

2. 在新冠肺炎疫情冲击下，为缓解企业经营困难，国家采取了减免税收的优惠政策，全年社保收入下降，支出增加。据人社部 2020 年度人力资源和社会保障事业发展统计公报数据显示，2016 年以来，中国基本养老保险、失业保险、工伤保险三项社会保险基金收入持续上涨，2016 年收入为 39 957 亿元，2019 年达到 59 130 亿元，较 2016 年增加了 19 173 亿元，4 年间增长了 48.0%。同时，三项基本社会保险基金支出也处于上升趋势，2016 年支出为 35 591 亿元，2019 年达到 54 492 亿元，增加了 18 901 亿元，增长了 53.1%。2020 年，为应对疫情，国家采取了保就业、促民生一系列减税降费的政策，三项基金收入首次出现下降，基金支出大幅提高。2020 年基本养老保险、失业保险、工伤保险三项社会保险基金收入合计为 50 666 亿元，较 2019 年减少了 8 463 亿元，下降了 14.3 个百分点；三项基金支出合计为 57 580 亿元，较上年增加了 3 087 亿元，上升 5.7 个百分点。2020 年首次基金支出超过基金收入，当年基金收支差额为-6 914 亿元。

3. 近几年来，养老保险参保人数不断增多，城乡间差距减小，有利于保障社会的稳定运行。但随着中国生育率的持续下降，老龄抚养比增大，老龄化问题愈发突出，给养老保险带来了一定压力。

据国家统计局数据显示，2009—2020 年之间，中国人口出生率最高的年份为 2016 年，出生率为 13.0‰，较 2015 年提高了 0.9 个千分点，较 2009 年提高了 1.0 个千分点，人口出生率上升趋势明显。然而自 2016 年以后，中国人口出生率急剧下滑，2019 年年底，中国出生人口 1 465 万人，人口出生率为 10.8‰，较 2018 年下降 0.1 个千分点，较 2016 年下降 2.1 个千分点。2020 年年底，人口出生率为 8.5‰，创有统计以来新低，较 2019 年下降 2.3 个千分点。随着中国经济的发展，大大提升了中国医疗水平，延长了人均寿命，加上出生率的下降，导致老龄人口比重上升。据国家统计局数据显示，2010—2020 年，中国 65 岁及以上人口数量及比重呈逐步上升趋势。2019 年年底，中国 65 岁及以上人口数量约为 17 603 万人，较 2018 年增加了 945 万人，同比增长 5.7%，占总人口比重为 12.6%，较 2018 年提升了 0.7 个百分点。2020 年年底，中国 65 岁及以上人口数量约为 19 064 万人，较上年增加了 1 461 万人，同比增长 8.3%，占总人口比重为 13.5%，较上年提升了 0.9 个百分点。从老龄人口抚养比来看，据国家统计局数据显示，2010—2020 年老年人口抚养比呈逐步上升趋势。截至 2020 年，中国人口抚养比达到 19.7%，较上年提升了 1.9 个百分点，较 2010 年提升了 7.8 个百分点。这意味着劳动力的抚养负担越来越重。

4. 2020 年是中国全面建成小康社会和“十三五”规划收官之年。突如其来的新冠肺炎疫情对中国 GDP 增速冲击剧烈，进而影响就业市场造成大量失业，失业保险基金收入减少，支出增加。一是受疫情冲击，2020 年全年失业率较高。二是失业保险参保人数不断提升，2020 年受疫情影响领取人数达到新高峰。三是失业保险收入逐渐由顺差转为逆差。

六、协调劳动关系三方机制工作取得新进展

2020 年，国家三方四家领导高度重视，成员单位密切配合、戮力同心，通过下发系列文件、密切关注劳动关系态势、组织系列活动，切实发挥了国家协调

劳动关系三方机制在特殊时期的重要作用。

（一）合力支持企业复工复产，鼓励稳岗稳劳动关系

一是三方聚力指导企业复工复产。联合印发《关于做好新型冠状病毒感染肺炎疫情防控期间稳定劳动关系支持企业复工复产的意见》《关于应对疫情影响进一步做好集体协商工作的通知》等文件，引导企业力保疫情防控期间职工基本生活，倡导职工积极返岗复工投入生产。部署各地三方按照文件任务分工要求，开展服务企业共同行动，加大劳动用工、协商协调、和谐文化建设等指导服务，切实将支持企业复工复产、稳定劳动关系各项工作落到实处，有力地稳定了疫情防控期间的劳动关系。

二是出台政策鼓励企业稳岗稳劳动关系。印发《关于落实新冠肺炎疫情期间暂缓缴存农民工工资保证金政策等有关事项的通知》，政策施行期间，各地区共暂缓缴存农民工工资保障金188亿元，有力促进了施工企业复工复产和劳动者就业。先后颁布了有关妥善处理劳动关系、企业工资分配等多个政策文件和政策解答口径，明确了劳动关系处理、工作时间、休息休假、工资支付等方面的具体政策意见，通过统一解读口径、扩大政策宣传、加大咨询力度、加强企业指导等多种方式，帮助企业搞懂善用政策，鼓励企业稳岗稳劳动关系。

三是切实推动援企稳岗政策落实落地。搭建全国工会网上就业服务平台。开展“困难职工家庭高校毕业生就业暖心行动”，实现4万户困难职工家庭实名制、全覆盖，帮助实现就业1.1万人。印发《关于在做好“六稳”工作落实“六保”任务中充分发挥工会组织作用的意见》等一系列文件，编写《关于新冠肺炎疫情期间涉及劳动关系问题的问答》，指导各级工会维护职工合法权益，支持企业复工复产。编写《防控疫情复工复产人力资源和劳动关系合规治理手册》《防控疫情复工复产惠企纾困政策指南》等，组织“人力资源与劳动关系合规治理”等百万人在线收看的公益讲座，指导各级企联帮助企业用好援企稳岗政策，处理好特殊时期劳动关系领域问题。编印《劳动关系领域法律法规规章汇编》，开展“失业保险惠企政策进民企”特别推送活动，指导各级工商联、全国工商联直属商会加大对特殊时期企业劳动用工的指导服务。

（二）把握劳动关系发展态势，及时处理化解风险矛盾

一是多渠道多层次分析研判形势。开展争议案件处理形势分析，研判疫情对就业及劳动关系形势的影响。开展劳动关系舆情月度分析和劳动关系形势季度分析，并每月、季形成报告。开展涉疫情劳动关系政策实施效果评估，为调整完善政策提供重要支撑。依托全国总工会监测系统，定期对覆盖30个省（自治区、直辖市）、126个主要城市、近3 000家企业、170余万职工的劳动关系发展态势开展定点监测，并于春节后对3万家企业5.1万名职工开展网络问卷调查，研究分析复工复产过程中存在的就业及劳动关系问题，提出对策建议。通过企联系统开展3次制造业500强企业复工复产监测分析，及时抓取劳动关系舆情数据，形成《中国制造业500强企业复工复产情况及政策建议》《全国企业劳动关系舆情信息周报》等，供有关部门决策参考。通过工商联系统开展有1.5万家样本企业的民营企业劳动关系监测调查工作，形成年度劳动关系监测报告，并将监测中企业反映的有关情况，以信息形式专报中央。

二是健全风险防范化解相关制度。建立纵向报告和横向沟通机制，定期向中央政法委、公安部报送形势分析报告、重大矛盾纠纷排查化解情况报告，定期会商有关形势。指导地方建立劳动关系风险监测预警、定期会商研判制度。印发指导各地采取超常规措施，加速化解劳动争议案件存量，有效遏制增量的相关文件。指导地方工会综合运用工会劳动法律监督意见书和建议书等制度、劳动用工法律体检等手段，及时发现劳动关系苗头性、倾向性问题，做好预防预警、风险提示工作。建立健全劳动关系领域维护政治安全工作机制，组织实施职工队伍稳定风险专项排查化解活动。在11个地区试点开展“法院+工会”劳动争议案件诉调对接工作，与最高人民法院共同启动工商联商会调解服务平台，实现劳动争议等案件诉调衔接。研发商会调解APP、微信小程序，1 603家商会调解组织入驻，为化解企业劳动争议提供线上高效方式。

三是依法处理劳动关系领域有关问题及案件。2020 年,全国各级调解仲裁机构共处理争议案件 221.8 万件,调解成功率 70.6%,仲裁结案率 96.2%,仲裁终结率为 70.5%。全国“互联网+调解”服务平台共收到调解申请 3.5 万件,依法受理 2.2 万件,调解成功 1.2 万件。开通覆盖全国的“根治欠薪线索反映平台”,进一步打通维权“最后一公里”,为被欠薪劳动者提供“一网通办”式欠薪维权服务。各级劳动保障监察机构共主动检查用人单位 112.2 万户次,涉及劳动者 4 383.6 万人;协调处理案件 24.1 万件,立案查处 10.6 万件,督促用人单位为 58.5 万名劳动者补签劳动合同,为 64.8 万名劳动者追发工资等待遇 65.2 亿元;向社会公布重大劳动保障违法案件 2 456 件,将 911 户用人单位列入拖欠农民工工资“黑名单”;移送拒不支付劳动报酬涉嫌犯罪案件 2 570 件,公安机关立案 2 456 件。总体看,全国没有发生重大集体劳动人事争议案件和极端个案。

(三)持续加强治理能力建设,积极构建和谐劳动关系

一是启动劳动关系“和谐同行”能力提升三年行动。下发《关于印发<劳动关系“和谐同行”能力提升三年行动计划>的通知》并部署实施,启动实施和谐劳动关系百千万计划、重点企业用工指导计划、企业薪酬指引计划。对全国劳动关系系统 1 500 余名工作人员进行全覆盖式线上培训,推动提升劳动关系业务能力;对参与千户企业培育共同行动的各地三方四家工作人员 3 000 余人开展业务培训,提升各级三方工作人员在企业规范用工、集体协商协调、健全企业文化等方面的指导能力。

二是持续推进集体协商工作提质增效。编印《集体协商争议指导手册》,作为国家和地方三方工作人员内部工作参考。新发展货车司机、快递员等八大群体会员 219.6 万人,培育 106 个示范性区域性、行业性工会联合会。鼓励各地探索建立新业态行业劳动关系协商协调机制。继续推进实施集体协商“稳就业促发展构和谐”行动计划,将“同舟共济、共克时艰”作为集体协商春季“集中要约”行动主题。规范开展城市工会集体协商竞赛,全国共有 10 万多工会干部和职工代表参与,140 多万人次观看。下发专项补助资金 1 416 万元,指导各地加快专职集体协商指导员队伍建设。深入开展集体协商质效评估工作,编写下发《集体协商工作指导手册》,推广各地建立企业多层次多层级日常沟通协商机制和开展职工技能要素、创新成果参与企业分配协商的经验,总结各地推进快递、外卖等行业协商的探索经验。截至 2020 年年底,经人力资源社会保障部门审核累计有效的集体合同覆盖职工 1.4 亿人。

三是建立健全民主管理制度。制订《中华全国总工会关于推行企业集团职工代表大会制度的意见》,推动贯彻落实《2019—2023 年全国企业民主管理工作五年规划》《2019—2023 年职工代表培训规划》,建立全国职工代表培训师资库,举办全国厂务公开民主管理师资培训班。开展《当前企业民主管理工作的现状、问题和对策建议》专题调研并形成调研报告上报。推进国有企业混合所有制改革过程中严格履行民主程序。

四是多措并举促进劳动关系和谐。以千户企业培育共同行动为载体深入开展和谐劳动关系创建活动,从重评比转向重培育,指导各地面向企业就构建和谐劳动关系开展点对点培育指导服务。大力推进深化构建和谐劳动关系综合配套改革试点,在全国推广劳动关系公共服务等方面的创新举措。持续开展服务农民工公益法律服务行动,远程在线法律政策宣讲 3 022 场(次),参与职工 135.8 万人。组织《新发展格局下的企业人力资源管理与和谐劳动关系构建》等各类论坛,举办第二届民营经济法治建设峰会,继续开展清理拖欠民营企业中小企业账款第三方评估工作,持续推进“法律三进”“法治体检”活动,发布《中国民营企业社会责任报告(2020)》和优秀案例,引导企业树立法治观念,尊重和保障职工合法权益,促进劳动关系和谐稳定。

(四)加强工资分配宏观调控,优化工资指导服务方式

一是做好企业工资分配宏观指导有关工作。明确特殊时期最低工资标准调整和工资指导线发布要求。制定完成技能人才薪酬分配指引,为企业建立多层级的职业发展通道、健全符合技能人才特点的薪酬分配制度提供参考。开展最低工资评估工作,评估当前最低工资标准对低收入劳动者家庭生活的保障性以及企业承受能力，为2021年最低工资标准调整政策提供支撑。

二是充分发挥企业薪酬调查和信息发布制度作用。2020年连续两次面向社会公开发布薪酬价位信息，为不同行业企业和不同职业职工协商工资提供科学信息参考。按照“形成一系列研究报告、建成一个大数据库、打造一个信息服务平台、开发一系列出版物”的思路，大力加强数据运用和信息指引服务并取得积极进展。

（撰稿：周　欣）

2020年人力资源和社会保障工作综述

国家人力资源和社会保障部政策研究司

2020年，在以习近平同志为核心的党中央坚强领导下，全国人力资源社会保障系统坚持以习近平新时代中国特色社会主义思想为指导，全面贯彻党的十九大和十九届二中、三中、四中、五中全会精神，认真落实党中央、国务院决策部署，统筹疫情防控做好人力资源社会保障工作，主动作为、攻坚克难，圆满完成全年目标任务。

一、就业局势保持总体稳定

（一）就业目标任务全面完成

坚持把稳就业、保就业作为第一位的工作和重大政治责任，积极应对疫情的严重冲击，开展人社“战疫”十项行动，创新实施28项突破性政策，密集部署、狠抓落实，全年城镇新增就业1 186万人，调查失业率从2月的6.2%降至12月的5.2%，全年均值5.6%，年底城镇登记失业率4.2%，均低于预期控制目标，保持了就业局势总体稳定。

（二）稳就业政策措施进一步丰富完善

深入实施就业优先政策，认真贯彻国务院办公厅《关于应对新冠肺炎疫情影响强化稳就业举措的实施意见》（国办发〔2020〕6号）、《关于支持多渠道灵活就业的意见》（国办发〔2020〕27号）文件要求。会同有关部门印发《关于做好疫情防控期间有关就业工作的通知》（人社部明电〔2020〕2号）、《关于实施企业稳岗扩岗专项支持计划的通知》（人社部发〔2020〕30号）、《关于阶段性减免企业社会保险费的通知》（人社部发〔2020〕11号）、《关于扩大失业保险保障范围的通知》（人社部发〔2020〕40号）等，打出减负、稳岗、扩就业的政策组合拳。养老、失业、工伤三项社会保险共为企业减负15 400亿元。向608万户企业发放稳岗返还1 042亿元，受益企业户数是2019年的5倍。失业保险保障范围扩大到城乡所有参保失业人员，领取各项失业保险待遇人数1 337万人，比上年增加841万人。扩大创业担保贷款发放范围，提高贷款额度。支出就业补助和专项奖补资金千亿元。同时，建立24小时重点企业用工调度保障机制，帮助上万家重点企业解决急需用工55万人。实施农民工返岗“点对点”服务，通过专车、专列、包机等方式累计运送600多万农民工安全有序返岗。

（三）重点群体就业保持平稳

实施高校毕业生就业创业推进行动，会同相关部门印发《关于引导和鼓励高校毕业生到城乡社区就业创业的通知》（人社部发〔2020〕53号）、《关于应对新冠肺炎疫情影响实施部分职业资格“先上岗、再考证”阶段性措施的通知》（人社部发〔2020〕24号）等，继续实施高校毕业生“三支一扶”计划，各地共计发布“三支一扶”人员招募计划4万余名，开展“最美基层高校毕业生”先进事迹宣讲活动，高校毕业生总体就业率达到90.0%以上。全力做好农民工、退役军人、长江流域退捕渔民、就业困难人员等群体就业工作。

(四)公共就业服务和培训不断优化

开通全国统一的线上失业登记、毕业生求职登记等服务平台,发布就业补贴类政策清单和线上申领渠道。出台实施《网络招聘服务管理规定》(人社部令第44号)。集中资源、加大力度,开展百日千万网络招聘,举办各类线上招聘会近1.5万场,发布岗位信息2 761万人次。开展民营企业招聘月、大中城市联合招聘高校毕业生专场等专项服务活动,开展双创示范基地校企行活动,组织举办"中国创翼"创业创新大赛。开展人力资源服务行业促就业行动,在全国自贸区内试点开展人力资源服务许可告知承诺制审批,组织实施西部和东北地区人力资源市场建设援助计划,开展人力资源市场专项整治,积极推进诚信体系建设。深入实施职业技能提升行动,开展以工代训,各类补贴性职业技能培训超过2 700万人次。开展"互联网+职业技能培训",实施百日免费线上技能培训行动。

二、社会保障体系进一步完善

(一)社保覆盖范围持续扩大

继续加强参保扩面工作,截至2020年年底,基本养老、失业、工伤保险参保人数分别达到99 900万人、21 700万人、26 800万人,分别比2019年年底增加3 127万人、1 147万人、1 291万人。三项社会保险基金累计结余61 300元。社会保障卡应用范围持续拓展,持卡人数133 500万人,电子社保卡持卡人数3.6亿人。

(二)社保制度改革持续深化

所有省份均启动实施养老保险基金省级统收统支。企业职工基本养老保险全国统筹改革方案审议通过。基金中央调剂力度加大,调剂规模7 400亿元,有效均衡地区间基金收支结构性矛盾。被征地农民社会保障政策进一步健全完善。印发《工伤预防五年行动计划(2021—2025年)》,突出重点行业重点企业重点人员,更加注重事前预防。退休人员基本养老金和城乡居民基础养老金调整工作顺利完成,惠及超过1.2亿退休人员。为近1.7亿城乡老年居民提高基础养老金。失业保险、工伤保险待遇稳步提高。各项社保待遇按时足额发放。国家社会保险公共服务平台不断优化,提供9类28项全国统一服务,累计访问量超过15亿次。

(三)基金投资运营和监督管理工作扎实推进

所有省份均启动实施基本养老保险基金委托投资工作。印发《关于调整年金基金投资范围的通知》(人社部发〔2020〕95号),推进职业年金市场化运营,全国32个统筹区启动职业年金市场化投资运营,规模突破10 000亿元。强化基金风险防控,完善政策、经办、信息、监督四位一体风险防控体系,持续加强基金监督。所有省份均启动实施基本养老保险基金委托投资工作。印发《关于调整年金基金投资范围的通知》(人社部发〔2020〕95号),推进职业年金市场化运营,全国32个统筹区启动职业年金市场化投资运营,规模突破10 000亿元。强化基金风险防控,完善政策、经办、信息、监督四位一体风险防控体系,持续加强基金监督。

三、人才人事体制机制不断健全

(一)专业技术人才队伍建设不断加强

各系列职称制度改革稳步推进,累计出台20个系列职称改革意见。国家职业资格目录清单制度进一步健全完善。相关人才项目工程计划有序实施,新选拔4 998名享受政府特殊津贴专家、406名百千万人才工程国家级人选,专业技术人才知识更新工程完成培训140万人次。博士后工作创新力度不断加大。编制发布服务国家区域发展战略急需紧缺人才目录。积极开展新疆、西藏少数民族专业技术人才特殊培养工作。

(二)技能人才发展再上新台阶

出台《关于进一步加强高技能人才与专业技术人才职业发展贯通的实施意见》(人社部发〔2020〕96号),扩大高技能人才参加职称评审的贯通领域。全面推行职业技能等级认定制度,积极推动各类企业开展技能人才自主评价。完善新职业信息发布制度和职业分类动态调整机制，健全职业标准体系，发布互联网营销师等 25 个新职业，颁布 56 个国家职业技能标准。大力发展技工教育，公布 106 种国家级技工教育和职业培训教材目录，增补 31 个专业。建设 129 个国家级高技能人才培训基地、173 个国家级技能大师工作室。开展第十五届高技能人才评选表彰活动。举办第一届全国职业技能大赛，设 86 个比赛项目，共有 2 500 多名选手参赛。统筹开展全国行业职业技能竞赛，为技能人才发展营造良好氛围。

（三）事业单位人事管理、工资收入分配和表彰奖励工作稳步推进

会同相关部门印发《关于因履行工作职责感染新型冠状病毒肺炎的医护及相关工作人员有关保障问题的通知》（人社部函〔2020〕11 号）等，明确工资福利、职称岗位晋升、紧急补充医务人员、及时表彰等方面政策措施，加强抗疫“一线”人员支持保障。县以下事业单位管理岗位职员等级晋升制度改革取得积极进展，事业单位人事管理配套制度更加完善。高层次人才工资分配激励机制和公立医院薪酬制度改革扎实推进。圆满完成抗击新冠肺炎疫情重大表彰有关工作。

四、劳动关系保持总体和谐稳定

（一）根治欠薪工作力度持续加大

加强法治保障，强化日常执法和专项整治，各级劳动保障监察机构立案查处工资类劳动保障违法案件 5.5 万件，同比下降 5.1%。为 64.8 万名劳动者追发工资等待遇 65.2 亿元，涉及人数下降 22.0%，涉及工资金额下降 18.0%，成效持续巩固。向社会公布重大欠薪违法行为 1 804 件，将 911 个违法失信企业列入拖欠农民工工资“黑名单”管理。会同相关部门制定车辆登记、银行账户、不动产登记查询规定，完善保障农民工工资支付条例配套措施。组织开展 2019 年度省级政府保障农民工工资支付工作考核。扎实推进根治欠薪冬季专项行动，依托“根治欠薪进行时”平台，加强举报投诉线索转办督办。

（二）劳动关系协商协调工作不断加强

会同相关部门出台《关于做好新型冠状病毒感染肺炎疫情防控期间稳定劳动关系支持企业复工复产的意见》（人社部发〔2020〕8 号）等政策文件，积极推行集体协商，指导企业依法妥善处理劳动关系。不断完善劳动关系风险防范的形势分析、监测预警、应急处置机制。规范企业共享用工，推广电子劳动合同。深入推进和谐劳动关系创建活动，开展千户企业培育共同行动。深化构建和谐劳动关系综合配套改革试点取得积极进展。会同国家协调劳动关系三方部署实施劳动关系“和谐同行”能力提升三年行动计划。组织开展农民工工作督察，开展全国优秀农民工和农民工工作先进集体评选表彰活动。

（三）企业工资宏观调控和国企工资分配工作取得新进展

加强企业工资宏观调控，指导各地稳慎调整最低工资标准。完成企业薪酬调查工作，在国家层面首次发布薪酬价位信息。继续推进中央企业负责人薪酬制度和国有企业工资决定机制改革。研究制定技能人才薪酬分配指引，积极引导提高技能人才和一线工人待遇。

（四）劳动人事争议调解仲裁和劳动保障监察工作稳步推进

坚持预防为主、调解优先，加强调解员仲裁员队伍建设，制定法律政策适用指南，指导各地依法加快处理涉疫情争议案件。发布第一批劳动人事争议典型案例，统一裁审法律适用。会同相关部门印发《关于进一步加强劳动人事争议调解仲裁法律援助工作的意见》（人社部发〔2020〕52 号），加强劳动人事争议调解仲裁的法律援助工作。继续推广使用“互联网+调解”服务平台，全面推行“双随机、一公开”监管机制。

五、人社扶贫任务全面完成

（一）就业扶贫加力推进

聚焦“三区三州”和 52 个挂牌督战县，切实把促

进劳动力外出务工摆在突出位置，强化有组织劳务输出，努力把劳动力稳在当地、稳在企业、稳在岗位。人力资源服务机构举办扶贫专场招聘会1.1万场，提供岗位信息309万个。在外出农民工大幅减少的情况下，贫困劳动力务工规模达到3 243万人，比上年增长10.0%。积极拓展贫困劳动力就近就地就业渠道，会同相关部门印发《关于进一步用好公益性岗位发挥就业保障作用的通知》（人社部发〔2020〕38号），扩大光伏扶贫、保洁环卫、护路护林、防疫消杀等公益性岗位开发规模，组织实施易地扶贫搬迁就业帮扶、平台企业助力脱贫攻坚等4项专项行动，促进贫困劳动力就业增收。

（二）社保扶贫扎实有序

会同相关部门印发《关于进一步做好贫困人员基本养老保险应保尽保工作的通知》（人社厅发〔2020〕61号），通过政策发力，大数据找人，实现贫困人口基本养老保险应保尽保。全国6 098万建档立卡贫困人口参加基本养老保险，参保率持续保持在99.99%。为3 856万贫困人员代缴居民养老保险费，超过3 014万贫困老年人按月领取基本养老保险待遇，其中建档立卡贫困老人1 735万人。

（三）技能扶贫深入开展

全面开展贫困劳动力职业技能培训工作，完善补贴政策，提高培训针对性实效性。深入实施技能脱贫千校行动，技工院校招收贫困家庭学生约8万人。举办全国扶贫职业技能大赛。继续倾斜支持“三区三州”等深度贫困地区技工院校建设。

（四）人才人事扶贫持续发力

将职称“定向评价、定向使用”政策适用范围由“三区三州”拓展到52个挂牌督战县。遴选103个以脱贫攻坚为主题的各类示范性专家服务团，新设立11家国家级专家服务基地，举办以服务脱贫攻坚为主题的国家级高级研修班50期。

六、人社系统行风建设取得明显成效

（一）便民服务持续优化

不断深化“放管服”改革，进一步“清事项、减材料、压时限”，以“人社服务快办行动”为重要抓手提升为民服务水平，推进全国人社服务相关事项打包办、提速办、简便办、跨省办。继续做好“专业技术人员资格考试报名”和社保经办18项人社服务证明事项告知承诺制实施工作，进一步清减相关证明材料。全面推开人社政务服务“好差评”工作，实现服务事项、评价对象、服务渠道全覆盖。持续开展人社政策待遇“看得懂算得清”工作，促进政策公开透明。

（二）信息化水平进一步提高

依托人社政务服务平台，各类“不见面”服务快速推进，全国“一网通办”业务陆续增加。全国12333接听总量超1亿人次，综合接通率保持在80.0%以上。启动实施人社信息化便民服务创新提升行动，上线人社政务服务平台，开通44项全国性服务和306项地方特色服务，总访问量超过602亿人次。印发进一步优化人社公共服务切实解决老年人运用智能技术困难的实施方案，明确了7类涉老高频服务事项和20项具体工作。

（三）窗口单位经办服务能力持续提升

有序组织人社系统窗口单位业务技能练兵比武活动，开展在线练兵和省内比武，实现窗口人员全覆盖。健全问题发现机制，畅通问题反馈渠道，持续开展窗口调研暗访、厅局长走流程活动，不断推进问题整改，窗口队伍服务能力和水平得到新提高。

（审稿：郭　成
撰稿：张　伟）

重 点 企 业 风 采

（排序不分先后）

- ❖ 国家电网有限公司
- ❖ 中国建材集团有限公司
- ❖ 徐州矿务集团有限公司
- ❖ 河北鑫达集团
- ❖ 中国石油化工集团有限公司
- ❖ 中国宝武钢铁集团有限公司
- ❖ 海尔集团

国家电网公司
STATE GRID CORPORATION OF CHINA
国家电网有限公司
STATE GRID
CORPORATION OF CHINA
建设具有中国特色国

阿里电力天路

武汉雷神山

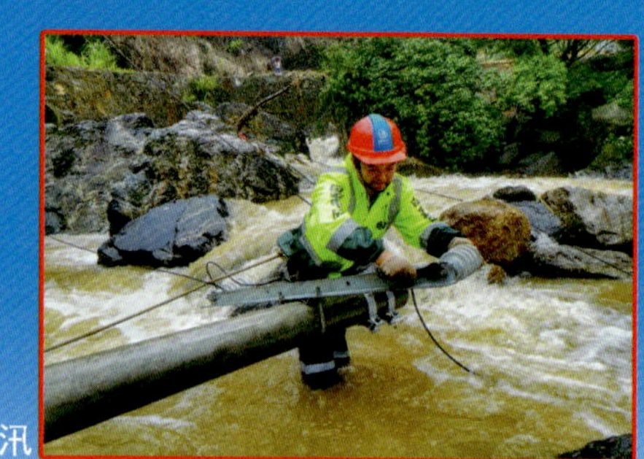

防汛

全力保障战疫供电——施工

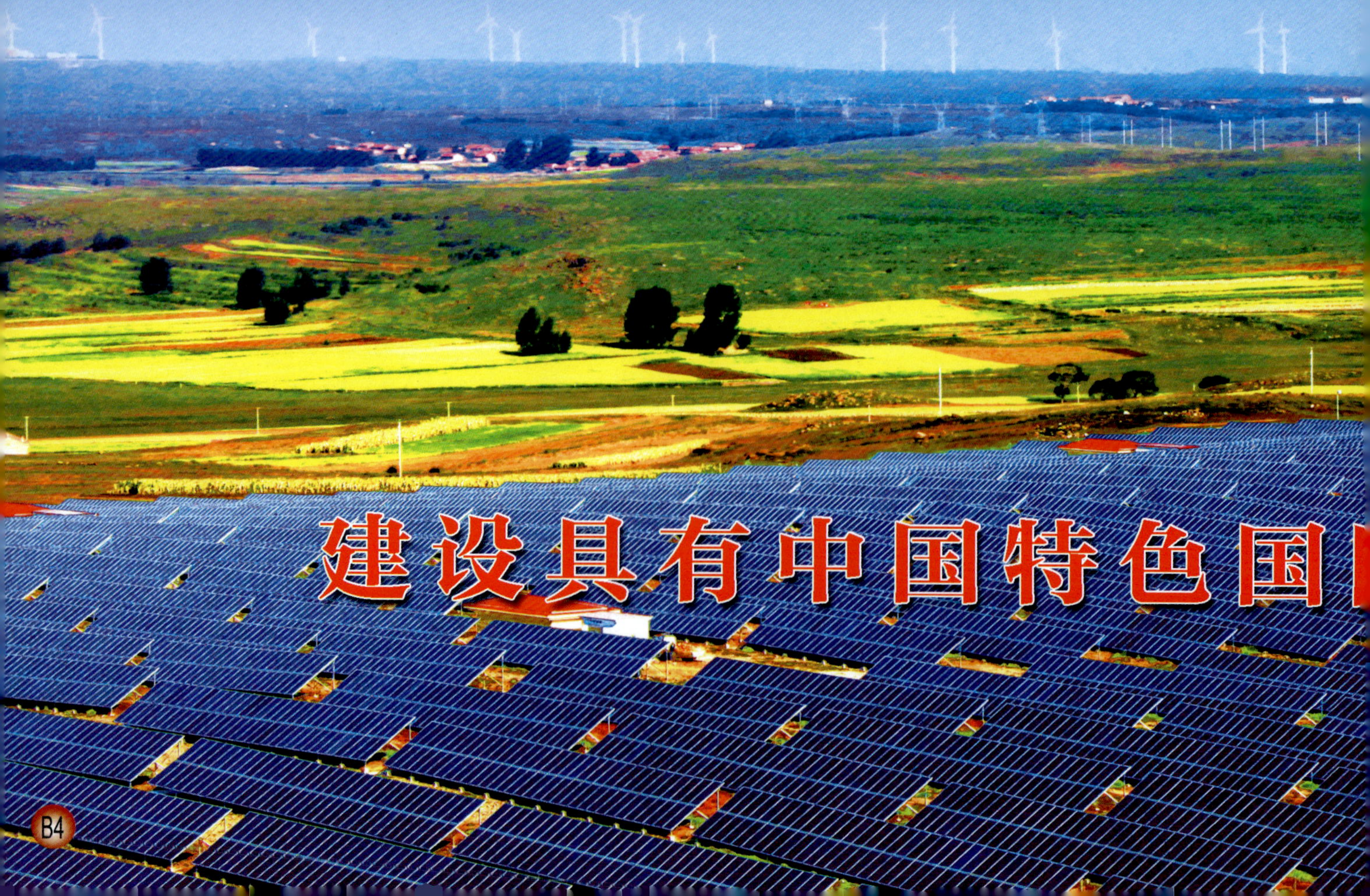

建设具有中国特色国

党群连心桥

全国首例特高压+5G基站

领先的能源互联网企业

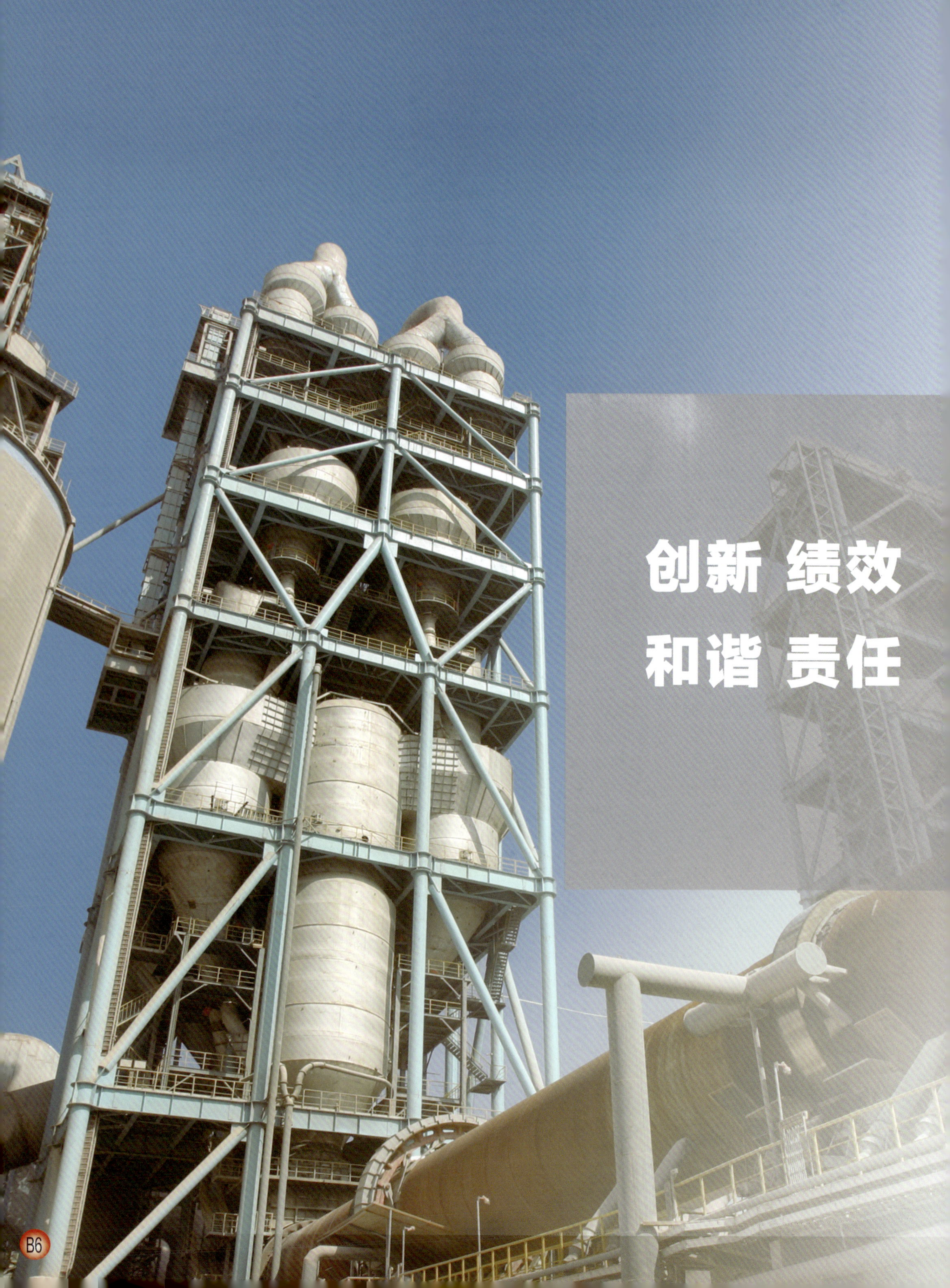

创新 绩效
和谐 责任

中国建材集团有限公司

China National Building Material Group Co.,Ltd.

中国建材集团有限公司是伴随我国改革开放成长起来的企业，始终坚持市场化道路，通过资本运营和联合重组迅速发展壮大，连续10年进入世界500强企业行列。

近年来，贯彻国家新发展理念，加快推进结构调整和转型升级，已由一家以水泥业务为主的建材企业，转化发展为水泥、新材料、工程技术服务三足鼎立的综合性建材和新材料产业投资集团。

www.cnbmltd.cm

徐州矿务集

全国老矿区转型发展大会在徐矿集团召开

中国能源化学地质工会系统产业工人队伍建设改革现场推进会在徐矿集团举行

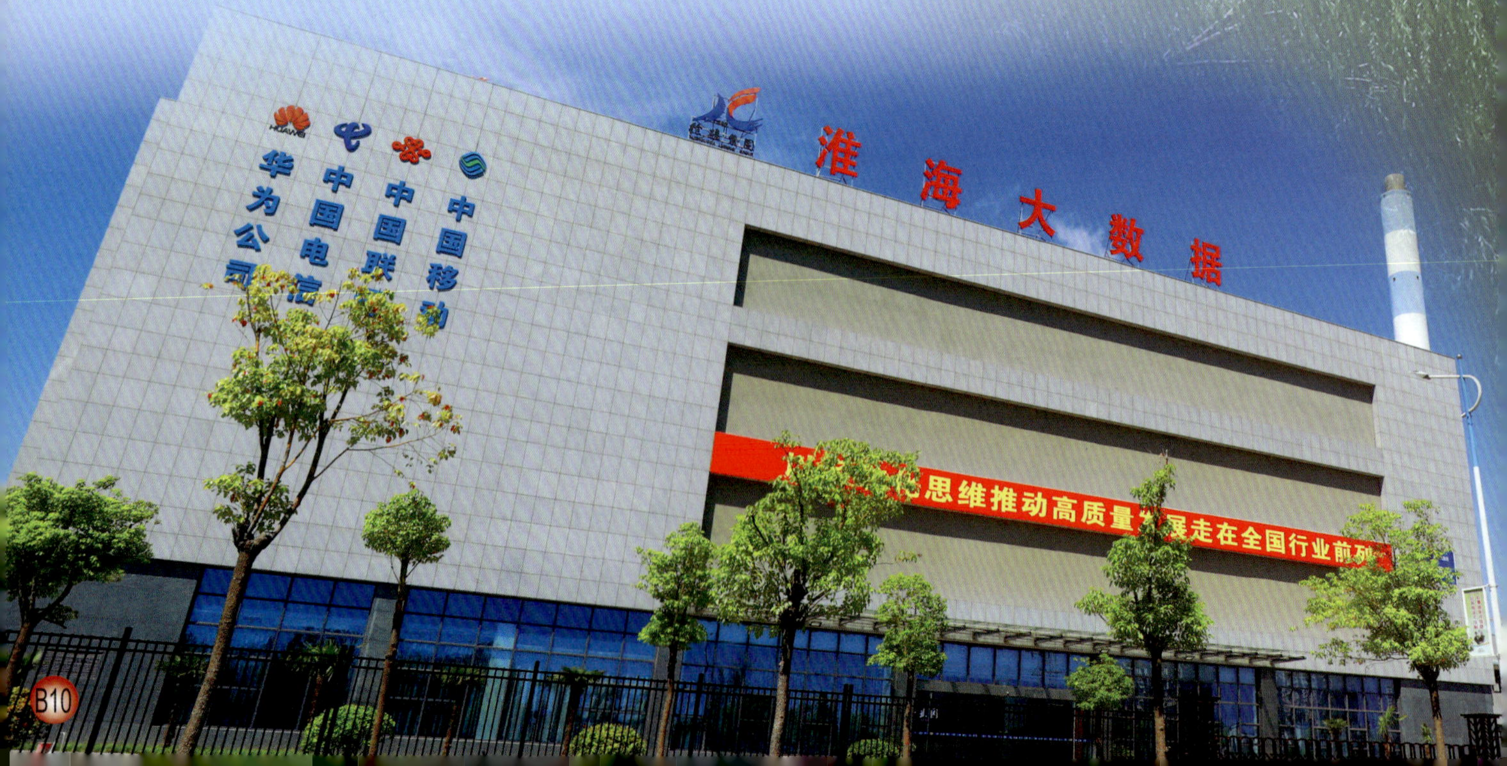

有限公司

表彰和奖励
煤炭行业科技
步做出突出贡
的组织和个人
特颁发此证书

中国煤炭工业科学技术奖

证书编号：2020-T01-D01

获奖等级：特等奖

获奖单位：徐州矿务集团有限公司

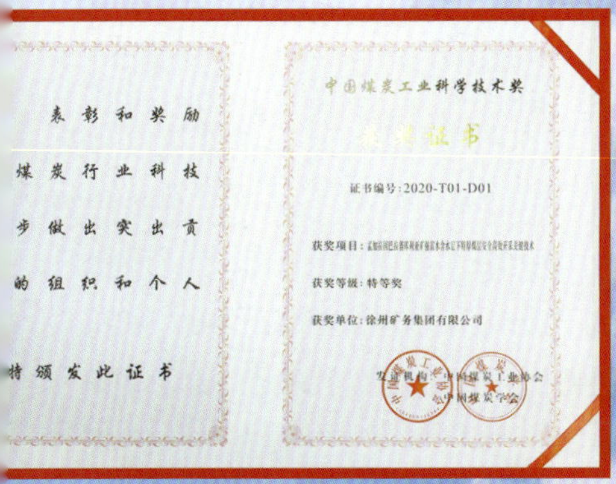

获2020年中国煤炭工业科学技术奖

徐州矿务集团

徐州矿务集团有限公司（下称“徐矿集团”）是具有139年历史的百年企业，中国民族工业的启蒙，华东地区重要能源供应基地，煤炭企业全球竞争力30强，能源企业全球竞争力500强，中国大企业500强。1970年以前隶属于原国家煤炭部，后为保障江苏能源供应划归江苏省政府管理；1998年经省政府批准改制为国有独资公司，是江苏省政府授权的国有资产投资主体，集煤炭、电力、煤化工、矿业工程、煤矿装备、能源服务外包于一体的特大型能源企业，拥有控参股子公司115家、分公司18家，在职职工4万人，总资产500亿元。

徐矿集团有着坚定的报国之志和为民情怀。以服务全省能源保障、融入地方发展、让全体徐矿人都能过上好日子为使命，聚焦煤电化核心主体产业，聚力土地铁路存量资源和品牌技术无形资源开发，布局了“蒙电送苏”“陕电送苏”“晋焦入苏”、新疆煤电化基地、“一带一路”能源服务基地和江苏省内清洁能源基地等六大能源基地，拥有煤炭资源量66亿吨，自有和服务外包煤炭产量5 000万吨，电力权益装机1 024万千瓦，2.1万人走出去到“一带一路”沿线国家和富煤省份开展能源服务外包。2017年以来，新的领导班子坚持党的领导、紧紧依靠职工，凝心聚力、稳中求进，累计实现经营性现金净流入超170亿元，实际创造经营利润120亿元，上缴税费130亿元，迈入了高质量发展良性轨道，长期遗留的历史问题基本化解，走出了一条资源枯竭型企业转型重生之路。

站在新时代起点上，徐矿集团将坚定以系统思维推动高质量发展走在行业前列为鲜明目标导向，坚持党的领导、坚守主业发展、坚定产业报国，扛牢扛稳扛好保障江苏能源安全重大使命，大力实施“五大倍增”计划，着力推进“十大体系”建设，努力建设政治能力强、发展能力强、治理能力强、创新能力强、为民能力强的“五强”新徐矿，奋力实现百年徐矿强起来的历史性跨越。

采煤塌陷地潘安湖湿地
成为国家生态旅游示范区

公司

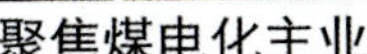

聚焦煤电化主业

华美热电公司——由“黑”到“白”再到“绿”的转型示范公司

在孟加拉国托管运行的一座现代化矿井——巴拉普库利亚煤矿

江苏威拉里新材料公司
——江苏科改、混改示范企业

鑫达集团
XINDA GROUP
鑫达集团
以实业报国
创百年强企

河北鑫达集团是一家集矿产采选、地产开发、钢铁冶金及上下游产业链实体贸易为一体的全国大型综合性民营企业。集团历经29年的创业与革新，在“以实业报国，创百年强企”的愿景指引下，凤凰涅槃、化蛹成蝶，现总资产已达718亿元。拥有钢铁事业部、精密铸造事业部、矿产事业部、地产事业部、贸易事业部五大实业板块。

钢铁事业部现年产量已达到1 450万吨铁、1 500万吨钢、1 500万吨材，主营产品有螺纹钢、圆钢、盘螺、盘圆、热轧带钢、H型钢、工字钢、角钢、槽钢、U型钢、钢板桩等；精密铸造事业部主要从事离心球墨铸管的生产与销售，年生产能力100万吨；矿产事业部已探明铁矿石总储量5亿吨，白云石9 000万吨，石灰石6 000万吨；地产事业部帝都花苑、帝都旺府小区已竣工入住，王府大厦等重点工程已竣工投用；贸易事业部业务范围覆盖全国30多个省(自治区、直辖市)，已具备完善的钢铁产业链条、健全的地产开发系统和庞大的营销网络。

与时俱进，智慧领航。在环保装备制造、数字化智能制造、互联网电商平台等领域拥有自主知识产权和专利638项。倾力打造了以政府为主导的智慧城市、定制化远程数字控制的智慧工厂、中鑫联电商平台、今日钢铁资讯平台，做足做强智慧经济。

热心公益，大爱担当。集团专门注册成立的河北鑫达慈善基金会，成立至今，用于赈济灾区、捐资助教、扶危济困等捐款已达8 000余万元；特别是直接捐款1 606万元助力地方新冠肺炎疫情防控工作。

河北鑫达集团

HEBEI XINDA GROUP

1个国家CNAS认可质量检测中心　2个国家AAA级工业旅游景区

4个省工业企业研发机构　2个河北省绿色工厂　3个河北省绿色矿山　9家国家高新技术企业

全国钢铁A级竞争力特强企业　*中国钢铁工业20强*　*中国民营企业500强*

中国制造业民营企业500强　*中国制造业企业500强*　*中国钢铁工业先进集体*

河北鑫达集团
HEBEI XINDA GROUP

“低碳转型”鑫达之路

借助光伏能源清洁发电

应用先进清洁生产技术

提高余热余能自发电率

提高清洁能源使用比例

信息化实时监测碳排放

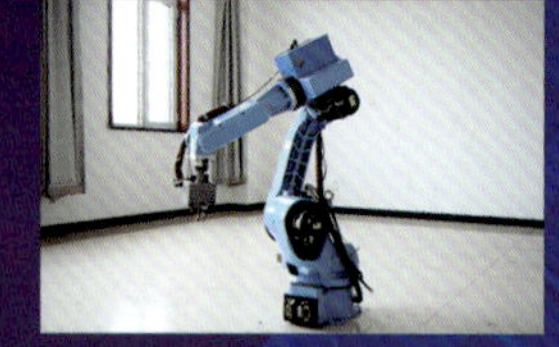
智慧智造实现极致的碳利用效率

打造绿色供应链

构建绿色低碳产业链

打造城市森林工厂

多方合作促进关键性技术创

河北鑫达钢铁智能制造架构

河北鑫达钢铁打造“8+2+1”智能制造架构：

企业资源管理系统（ERP）

生产管理与执行系统（MES）

物流管理系统（LES）

能源管理系统（EMS）

设备管理系统（EAM）

鑫达云商平台（EC）

无人值守计量系统（LWS）

数据采集系统（DAS）

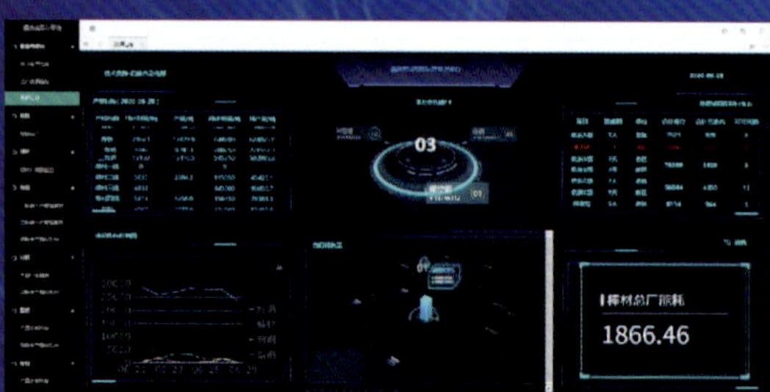
工艺大数据池

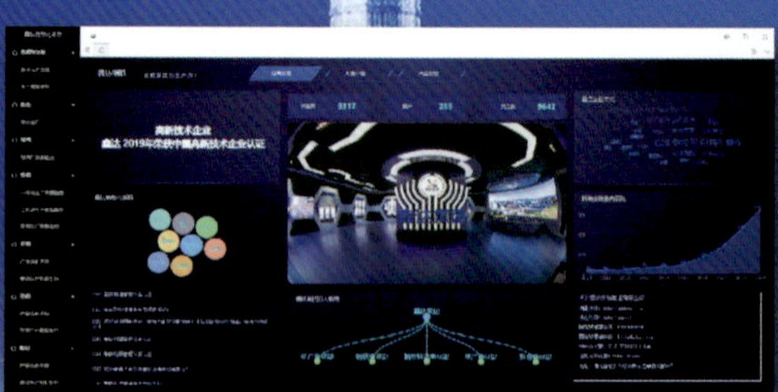
业务大数据池

1条智能产线，1批人工智能装备（机械手臂，机器人）

北鑫达集团钢铁事业部 要产品

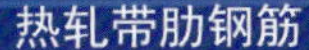

热轧带肋钢筋

盘圆

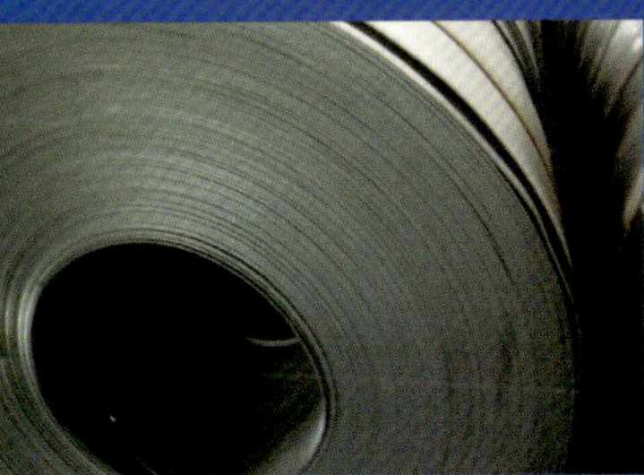

钢坯

热轧光圆钢筋

带钢

钢板桩

盘螺

H型钢

鑫达品牌知名度高，产品服务于大型建筑、起重运输机械、设备基 石油化工、桥梁闸坝、地铁工程、高速公路等各个行业，凭借过硬 品质，鑫达牌产品已经走出国门，H型钢已经远销韩国、新加坡、马来 亚、印度尼西亚、菲律宾等国家和地区。

目前，鑫达牌螺纹钢应用于被誉为“新世界七大奇迹”之一北京大 国际机场建设、北京地铁8号线隧道工程、中国特种飞行器研发中心主 大楼、清华大学园区、杭州地铁工程、长春市地铁6号线、百亿投资的 召城际高铁项目以及雄安新区K1快速路工程建设。同时还应用于天津 不高架桥、山西太原水利工程、2022年冬奥会张家口赛区项目、海南 三亚市政南山渔港中心桥梁等大型项目建设。

河北鑫达集团精密铸造事业部主要产品

球墨铸铁管

目前，球墨铸铁管应用于中建一局迁安市滦河—西沙河引水工程、乐亭城南供水厂改造输配水管网施工工程、正定县2020年度地下水超采综合治理农村灌溉水源置换项目、南水北调天津宁河分支农村饮用水工程、黑山县龙湾水库供水工程、沈阳中铁一局辽西北供水配套工程、赤峰市中心城区环城水系治理工程PPP项目、松原市龙坑引水工程、海南省五指山市新春水库输水工程等大型项目建设。

洁净能源

司

中国石油化工集团有限公司

BAOWU 中国宝武

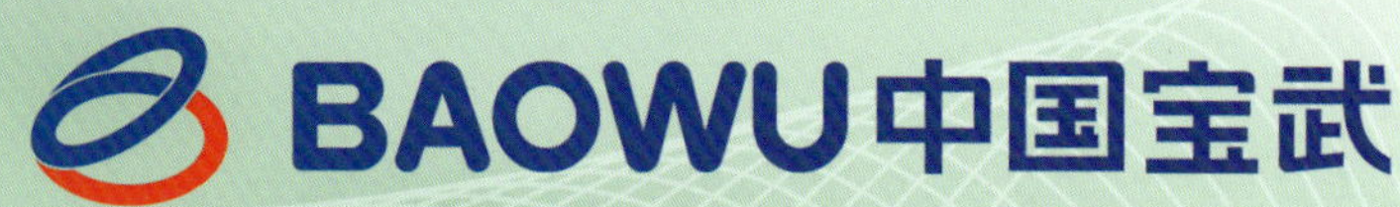

绿水青山就是金山银山

中国宝武深入贯彻绿色发展理念，致力于推动生产经营环节的节能减排，通过技术革新，打造环境友好型产品，推动节能绿色产业发展，共建美丽中国。

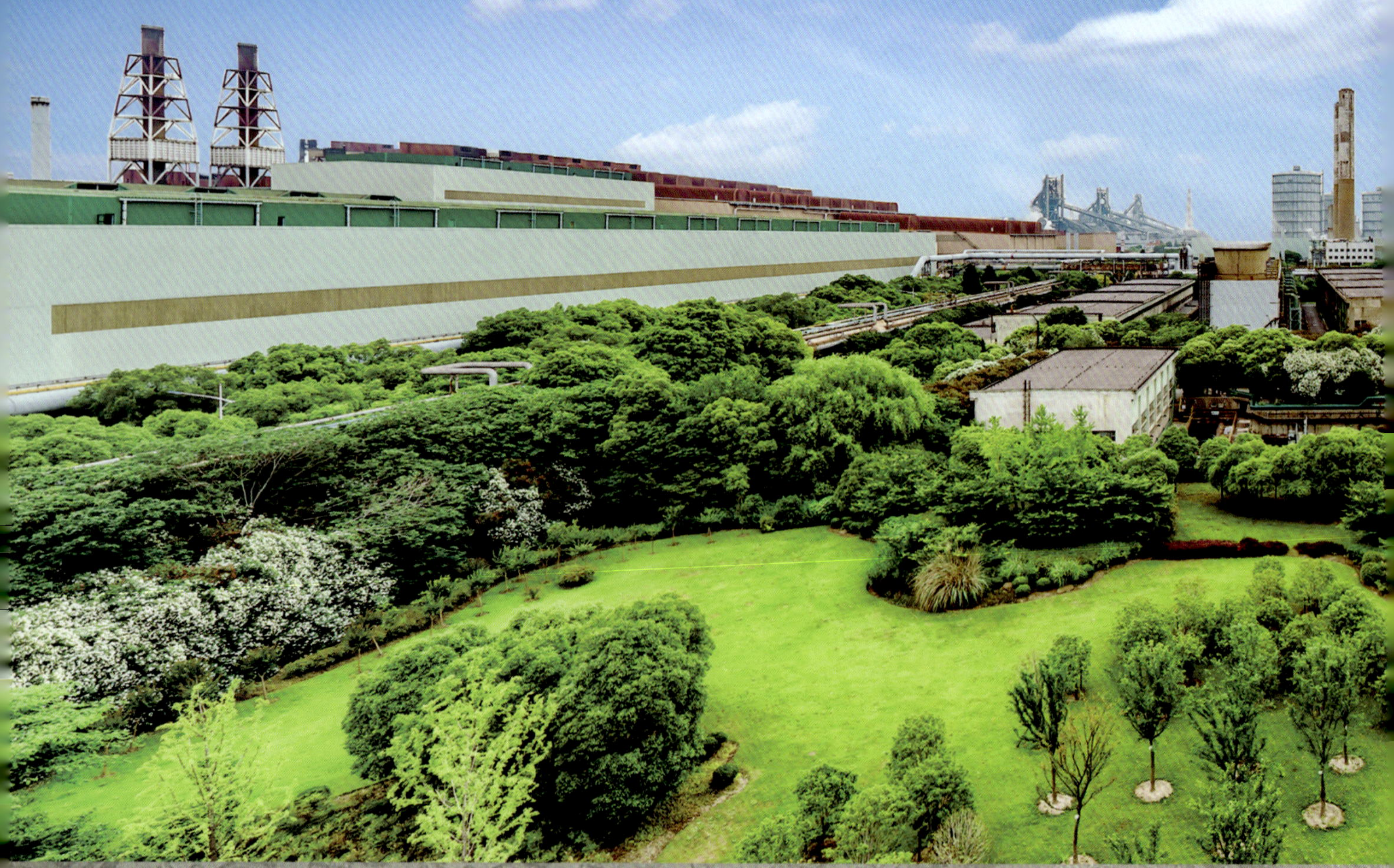

子公司“海尔智家”
入选《财富》全球受赞赏公司

连续11年稳居
欧睿国际世界家电品牌首位

连续18年稳居
中国品牌价值100强榜首

F

企业论坛

担当服务江苏能源安全保障重大使命 答好“强富美高”新江苏现代化建设徐矿答卷

徐州矿务集团有限公司

徐州矿务集团有限公司(下称“徐矿集团”)有着辉煌的历史和纯正的红色基因。1882年洋务运动大臣左宗棠在徐州利国开工业化开采之先河,1928年成立江苏企业中第一个特别党支部,抗美援朝期间矿工自觉集资捐献“贾汪号”战斗机,20世纪70年代徐州矿务局进入全国十大千万吨大局,80年代进入全国百强企业行列,革命、建设和改革开放时期创造过多项全国第一,为江苏经济社会发展做出过重要贡献,涌现出“王进喜”式的矿山铁人陆金龙、张建设等老一批全国劳模,多次受到毛主席和周总理的亲切接见。

徐矿集团具有139年煤炭开采历史的特大型省属能源集团,1970年以前隶属于原国家煤炭部,后为保障华东地区和江苏能源供应划归江苏省政府管理,1998年经江苏省政府批准改制为国有独资公司,是省政府授权的国有资产投资主体,产业涉及煤炭、电力、煤化工、矿业工程、煤矿装备、能源服务外包等,位列全球煤炭企业综合竞争力30强、全球能源企业综合竞争力500强、中国大企业500强,先后荣获全国五一劳动奖状、全国精神文明建设工作先进单位、全国学习型组织标兵单位、全国煤矿安全质量标准化公司、中国优秀企业文化奖、全国煤炭工业安全生产先进单位、全国煤炭工业科技创新先进单位等荣誉。

一、转型发展,焕发生机

进入新时期,面对转型和发展的双重任务,我们深入学习贯彻习近平新时代中国特色社会主义思想和党的十九大、十九届二中、三中、四中、五中全会精神,认真贯彻落实习近平总书记对江苏工作系列重要讲话指示精神和江苏省委十三届七次全会部署,筑牢理想信念,强化理论武装,持续解放思想,深入调查研究,在学思践悟中深刻认识到习近平新时代中国特色社会主义思想的科学真理性、坚强引领力和强大实践力,以新思想、新理念、新思维破解了制约企业发展的全局性、长期性、行业性的困境和难题,创出了具有产业代表、行业标杆、徐矿特色的发展路径和发展成效,探索走出一条老矿区转型发展的新路子,百年徐矿焕发新的生机与活力。

过去的5年,是徐矿困境突围、转型重生、走向高质量发展的5年。5年来,面对资源枯竭、企业亏损、职工失岗、濒临倒闭的艰难困境,我们以习近平新时代中国特色社会主义思想为指导,在省委省政府坚强领导下,在“争当表率、争做示范、走在前列”中创新发展、奋勇争先。在理念引领上,坚定不移推动新发展理念在徐矿落地生根,催生了“以满怀对党的忠诚举旗定向、以满眼都是资源理念经营企业、以满眼都是人才理念选人育人用人、以满腔家国情怀造福职工、以满满正能量凝聚人心”的具有徐矿特色的“五满”理念;在目标追求上,以保障江苏能源安全为最大使命,以高质量发展走在全国行业前列为最大责任,以让全体徐矿人都能过上好日子为最大追求;在工作方法上,认真践行群众路线,坚持从职工中来到职工中去,深入开展以走进基层、走进职工、走进困难群体,访民情、访问题、访对策,转变作风、转换思路、转型发展为主要内容的“走访转”活动;在路径载体上,确立了以煤电化为核心主业、以盘活存量资源和开发无形资源为两翼支撑的“一体两翼”总路径,在国内西部富煤省份和“一带一路”沿线国家布局了“蒙电送苏”“陕电送苏”“晋焦入苏”、新疆煤电化、“一带一路”能源服务、江苏清洁能源“六大基地”；在保障体系上，坚定两个“一以贯之”不动摇，实施铸魂、强基、战略、人才、护航“五大工程”，推进党的建设与生产经营深入融合。5年开拓奋斗，我们走出了一条资源枯竭型企业转型重生的“徐矿之路”，创出了全国煤炭老工业基地转型、关闭矿井重生、衰老矿区生态修复“三大样本”，举办了全国老矿区转型发展、全煤党建经营融合、全总能源化工地质系统产业工人建设改革“三大盛会”，取得了“五个走在前列”的发展成果。

二、老矿新貌，行业榜样

（一）5年迈上五大台阶，高质量发展走在全国行业前列

2017—2021年，实现了从稳下来、走出来到好起来，再到推动高质量发展强起来的历史性跨越，累计新增煤炭产能1 110万吨，新增装机容量432万千瓦，实现经营性现金净流入170亿元，创造经营利润120亿元，上缴税费130亿元。

（二）5年解决十大难题，高效能治理走在全国行业前列

以强烈的责任担当解决好历史遗留问题，偿还债务及利息103亿元，清理退出集体企业55家，处置“僵尸企业”78户，经营性亏损单位扭亏27家，清理非主业投资止损30亿元以上，处理遗留不良资产45亿元，生态治理投入48亿元，完成“三供一业”移交和退休人员社会化管理，截至目前，十大历史遗留问题基本解决。深入推进国企改革三年行动和对标世界一流管理提升行动，创新推进创效“造血”、创业“补血”、扭亏“止血”、融资“活血”、防控“抑血”等“五血疗法”，扎实推进党的领导、公司治理、安全生产、经营管理、投资管理、科技创新、风险管理、平台管理、民生保障、管党治党“十大体系”建设，治理体系和治理能力现代化走在前列。2021年7月，被国务院国资委评为国有重点企业管理标杆企业，在200家获评企业中，央企143家、地方国企57家，江苏省有3家企业入选。

（三）5年职工收入翻番，高品质生活走在全国行业前列

抓好底线、基本、质量“三大民生”，关注弱势群体、困难职工、特困家庭“三大群体”，做好涨工资、提待遇、美环境“三件大事”，5年来兑现了“不让一名职工下岗”的承诺，职工生活水平逐年提升，到2020年年底实现翻一番，位列全煤行业前列，用于改善民生支出超过40亿元。

（四）5年创出五个首位，改革创新走在全国行业前列

徐矿能源股份混改上市进展顺利，已完成混改和上市辅导，目前，上市申请得到中国证监会受理，有望成为近10年来煤炭行业首家IPO主体上市的企业；威拉里新材料公司成为江苏省唯一混改、科改“双改”示范企业；以“产改十条”为特色的产业工人队伍建设改革工作得到全国总工会高度认可，被授予全国首批产改示范单位；科技创新取得历史性突破，《孟加拉国巴拉普库利亚矿强富水含水层下特厚煤层安全高效开采关键技术》荣获中国煤炭工业协会科学技术特等奖，位列行业首位；徐矿集团张双楼矿建成全国首批、全省首家智能化示范煤矿。

（五）5年打造五大品牌，党建工作走在全国行业前列

党的建设全面加强，政治生态根本好转，创出了系列党建品牌。铸魂、强基、战略、人才、护航“五大工程”成为组织建设品牌，获评全煤行业党建工作品牌“最佳案例”，《“五满”理念引领百年徐矿转型重生》获评省国资系统“以高质量党建引领国企高质量发展100案例一等奖”；“人人是人才、人人能成才、人人展其才”的“三才”工作法成为人才工作品牌，在全省组织部长会议上进行经验交流；“讲大局、讲责任、讲规矩，修好忠诚心、事业心、进取心、感恩心、敬畏心”的“三讲五心”成为廉洁教育品牌，被评为全省纪检监察信访举报工作先进单位；“走访转”成为工作作风品牌，被评为优秀基层党建“书记项目”；“百年徐矿、业兴家旺”的“家文化”成为企业文化品牌，

在长三角企业文化创新发展论坛上进行交流。

未来5年，是徐矿集团站在新起点上推进强企跨越的5年，也是推进共同富裕的5年。我们将以习近平新时代中国特色社会主义思想为指导，认真贯彻省第十四次党代会精神，在争当表率、争做示范、走在前列中争先进位，扛稳扛好服务江苏能源安全保障、高质量发展走在前列、让全体徐矿人都能过上好日子“三大使命”，瞄准争当全国转型样板、管理标杆、改革示范“三大目标”，实施改革+对标、科技+资本、低碳+智能“三大行动”，推进资产总额、主业产量、营业收入、利税总额、职工收入“五个翻番”，努力打造推进共同富裕的“国企示范”，奋力实现百年徐矿强起来的历史性跨越，奋力交上“强富美高”新江苏现代化建设徐矿高分答卷！

以高质量党建引领高质量发展

安徽古井集团有限责任公司

自2017年建成全国首家“党建企业文化馆”之后，安徽古井集团有限责任公司（下称“古井集团”）每天都要接待络绎不绝的客人。这些客人来自全国各地，不仅有企业的经销商、核心客户，还有不少政府经济主管部门的负责人，慕名而来的各地企业经营管理人员。参观过后，所有客人几乎是众口一词，对古井党建工作给予高度评价。2018年12月，“全国酿酒产业首届党建文化工作交流会”在古井集团举行，来自全国30多家名酒企业、100多名代表在这里深入交流探讨了如何抓党建促发展的相关经验，他们对于古井以高质量党建引领企业高质量发展的做法，纷纷表示了认同和赞扬。

一馆窥全局，从中不难发现古井集团正在持续不断地将国有企业独特优势转化为发展优势。拥有1 400多名党员的古井集团，连续3年跨越百亿，即使在新冠肺炎疫情导致消费品市场大幅下跌的2020年，古井集团依然稳定发展，上缴税收近35亿元，始终保持安徽酒业龙头地位，为当地经济社会发展做出了积极贡献。古井集团党委先后获得“全国先进基层党组织”“全国企业党建工作先进单位”“全国创先争优先进基层党组织”等荣誉。取得如此成绩，除了优秀的产品和品牌，党建红色动力无疑为企业发展提供了强大动能。

一、把方向、管大局，全面落实党的建设总要求

古井集团党委坚持将党的政治建设放在首位，不断强化政治、思想、文化和战略的引领力，确保党的路线方针政策在古井落地生根。

（一）政治引领夯实发展根基

古井集团党委坚持以习近平新时代中国特色社会主义思想为指导，确立了“党建立企、党建兴企、党建稳企”工作宗旨，各级党组织认识到抓好党建是本职，不抓党建是失职，抓不好党建是不称职，这就进一步夯实了党建工作地位，从根本上解决了企业党建弱化淡化虚化边缘化问题，为企业发展打下了坚实的政治基础。

正是因为有了坚强的领导班子，在新冠肺炎疫情袭来之时，古井集团从上而下立刻响应上级部署，建立党员“1+N”包保机制，党员管理人员深入公司抗疫前线，组建应急物资协同党员突击队、防疫知识宣传党员先锋队等，防疫工作和复工复产均取得显著成效。同时，古井集团向社会捐献物资6 000余万元，履行社会责任，彰显了企业担当。

（二）思想引领坚定理想信念

党员思想有波动，员工挨批评了闹情绪等，这是工作中经常遇到的问题。在古井集团，各级党组织以培养“又红又专”的古井人为目标，运用“五小思政工作法”，讲清小道理、解决小问题、开展小活动、做好小事情、讴歌小人物，并通过广泛开展各类宣讲，引导员工积极传播正能量。强化思想政治工作者队

伍建设，现有政工任职资格人员、思想领航员、宣讲师、文化师200余名。

（三）文化引领打造精神高地

河南平顶山的古井经销商刘涛在参加古井企业文化师培训，聆听古井企业文化介绍之后这样感叹："通过实地参观和学习，切实感受到古井深厚的文化底蕴，和古井人诚信厚道的珍贵品质，这对我们的触动很大。"古井集团党委坚持以党建文化引领企业文化建设，大力弘扬"做真人，酿美酒，善其身，济天下"价值理念，着力营造"人正事正、公平公正、风清气正"的企业生态，实施"做政治上的明白人、事业上的老实人、生活上的朴素人"的做人标准，弘扬以"聂广荣先进事迹"为代表的古井工匠文化等。文以化人、日新其德，在浓厚的文化滋养下，有8名员工获得市级以上道德模范相关称号，企业被评为全国企业文化示范基地。

（四）战略引领积聚发展动能

古井集团党委将党的建设要求、企业文化和工作实际紧密结合起来，围绕不断满足人民日益增长的美好生活需要，致力于实现"贡献美酒、乐享生活"的美好愿景，确立了"以高质量党建引领高质量发展，奋进二百亿，再造一个'数字化、国际化、法治化'新古井"的"十四五"规划。各级党组织、党员、管理人员冲锋在前，团结带领万名古井员工紧盯目标任务，一级带着一级干，一级干给一级看。

二、三贴近、三注重，推动"两张皮"向"一盘棋"转变

古井集团党委坚持"三贴近、三注重"工作要求，充分发挥"两个作用"，为企业发展提供组织保障。

（一）贴近职工群众，注重解决事关职工群众利益的问题

在古井贡酒生产车间现场，拿着木锨上甑的不一定是基层员工，也有可能是党委班子成员，这是古井管理人员在"基层工作日"与员工同劳动的场景。为深入职工群众，古井集团设立了高管接待日、基层工作日、职工服务热线等，帮需解难、凝心聚力，不断聚集企业发展的员工力量。

（二）贴近工作实际，注重解决基层党建工作创新不够的问题

通过开展"最值得分享的党建好经验好办法"评比，激发基层组织党建自主创新活力。比如灌装是为古井贡酒披上"嫁衣"的关键工序，古井集团成品灌装中心党总支通过党员带头搭建竞技平台、创新平台、创效平台、展示平台，有效激发组织活力，2020年的标瓶酒生产效率同比提升12.5%，TPM管理成果荣获全国TnPM六项改善案例奖一等奖，这一经验被安徽省委组织部"微经验"平台推介。除此之外，党建共建、体验式培训、积分制党员轮训、"嵌入式"党建工作法等一系列创新做法均收到了实实在在的工作成效。

（三）贴近企业发展，注重解决党建与企业管理结合不紧密的问题

党建、业务"两张皮"怎么破？古井集团党委创新提出"五个融合"工作法，从目标、组织、职责、制度和执行5个层面，将党的建设和生产经营深入融合，各单位负责人"一岗双责"，将党建和业务工作同谋划、同部署、同推进、同考核，运用"党建+发展双百分"考核，推动"两张皮"拧成"一股绳"，形成了党建和业务同频共振、互融互促的良好工作局面。

三、讲忠诚、重实干，锻造"古井铁军"

人才是第一资源。古井集团党委严格落实党管干部、党管人才要求，坚持"忠诚、干净、担当""一品二能三勤四廉"的用人准则，强化干部管理、加大人才培养，为古井后百亿发展提供人才保障。

（一）执行"馒头给能干活的人吃、职位给有品性的人坐"的用人理念

古井集团党委在选人用人过程中，突出政治标准，严把干部选拔关键环节，防止"带病提拔"。强化管理人员年度考核结果运用，对考核等次为一般的单位负责人进行主体责任提醒谈话。在公共区

域公示管理人员日常考核结果，鼓励先进、鞭策后进，形成能者上、优者奖、庸者下、劣者汰的选人用人氛围。

（二）落实"人才比产品更重要，成长比成功更重要"的人才观

古井集团党委书记、董事长梁金辉曾提出"人才竞争是白酒行业的主要竞争之一"，"育人"自然是古井集团的一项主要任务。古井集团党委成立了人才工作领导小组，梁金辉亲自挂帅，研讨制定人才发展规划，创新人才育成模式。如，古井集团提出"大师智企、专家智企"的理念，首倡建立中国白酒健康研究院，聘请行业专家为企业技术顾问，注重高精尖人才培育。目前，古井集团拥有全国技术能手 2 人、国家级白酒评委 12 人、省领军人才 8 人、省特支计划人才 3 人、享受市政府津贴 10 人、安徽省技能大师工作室 2 家、亳州市技能大师工作室 7 家。再如，针对青年人，古井集团搭建"两池两道"，即：打造"工匠池""精英池"，打通"管理通道""技术通道"。可以说，青年人在古井拥有很大的成长成才平台。据统计，近两年，仅"技术通道"就有 500 余人"入道"，不断成长起来的年轻人将构成支撑古井未来发展的中流砥柱。

加强党的建设是国有企业的"根"和"魂"。只有根深魂固，才能行稳致远、不断壮大。古井集团的丰富实践告诉我们，高质量党建必然成为国有企业高质量发展的重要引擎，引领着国有企业在中华民族伟大复兴的征程上昂扬前行！

（撰稿：郑冬梅）

真藏实窖　诚待天下

安徽口子酒业股份有限公司

安徽口子酒业股份有限公司是以生产国优名酒而著称的国家酿酒重点骨干企业。

1949 年 5 月 18 日，人民政府赎买了私人酿酒作坊"小同聚"等酒坊，创立了"国营濉溪人民酒厂"（安徽口子酒业股份有限公司前身）。1951 年，国营濉溪人民酒厂在老濉河东岸"祥兴泰""协源公""协顺""协昌"等古酒坊基础上征地扩建。1997 年由淮北市口子酒厂、濉溪县口子酒厂合并成立安徽口子集团公司（下称"口子集团"）。2002 年 12 月，口子集团联合其他发起人股东发起成立安徽口子酒业股份有限公司（下称"口子酒业或公司"）。2015 年 6 月 29 日，口子窖在上交所成功挂牌，成为全国第 17 家、安徽第 4 家白酒上市企业。目前公司员工 4 000 余人，拥有首届中国酿酒大师等在内的技术创新队伍及一批国家级、省级的评酒勾兑专家和现代化的省级技术中心、博士后科研工作站以及省级技能大师工作室。

体质创新，激发企业活力

1948 年 11 月，淮北市境基本解放。1949 年 3 月，为恢复地区经济发展，在宿县地区政府和地区专卖处的指导和支持下，当地政府接收私人酿酒作坊"小同聚"；在此基础上，5 月 18 日，正式成立国营濉溪人民酒厂，为当时仅有的一家国营企业。中华人民共和国成立前夕，百业待兴，国家因势利导，推行行业公私合营，计划以 3 年时间恢复国民经济。在此时代背景下，行业实行专酿专卖政策，"德泉涌""福全""大盛"等私人酿酒糟坊纷纷并入"国营濉溪人民酒厂"，企业规模进一步扩大。

1970 年，淮北市成立。鉴于当时的市县两级财政体制，濉溪酒厂一分为二，各自发展为"淮北市口子酒厂"和"濉溪县口子酒厂"。1979 年，两家酒厂分别注册"濉溪"和"口子"商标。1983 年《商标法》施行，"两口子"因此打起近十年的"商标之战"，结果是两败俱伤、濒临倒闭。1997 年，在省、市两级政府的强力推动下，市、县两厂合并成立"安徽口子集团公司"，结束长期内耗，实现重组再生。

2002 年，省、市两级党委政府再次果断决策，设立"安徽口子酒业股份有限公司"，实施股份制改造，建立现代企业制度。口子的改制并不仅仅是一次简单的"扬弃"，深层次而言，实现了体制和机制的变革，使口子从根本上走上良性循环的发展之路。2008 年 5 月，为进一步借鉴国际先进的管理模式、理念、方法，实现生产集约化和专业化，提升企业综合竞争能力，推动企业规模化发展，成功引进美国高盛公司为战略合作伙伴。2015 年 6 月 29 日，安徽口子酒业股份有限公司成功登陆上海证券交易所 A 股市场，成为全国第 17 家、安徽第 4 家白酒上市企业，跨越出企业做大做强的关键一步。

精耕细作，谋求全国市场布局

1949 年中华人民共和国成立时，我国白酒的产量只有 10. 8 万吨，当时白酒不是作为消费品而是作为一种稀缺物资，由国营糖烟酒公司"统购统销"，因此各酒企市场份额比较单一、分散。到了 20 世纪七八十年代，由于白酒业本身基础薄弱，多年来在产能、技术上都存在严重不足，改革开放初期白酒市场是典型的卖方市场，凭票买酒、"走后门"买酒，成为中国老百姓最为深刻的记忆之一。

改革开放以后，随着经济体制由计划经济向社会主义市场经济的转变，整个国民经济稳步增长，消费市场日益繁荣，带动了白酒行业的快速发展。此时，口子酒由于客观原因错失"全国名酒"光环，口子酒在夹缝中求生，在南京、上海、芜湖等市场深受广大消费者的青睐。

然而，1997 年爆发的亚洲金融危机，白酒行业遭遇前所未有的冲击和挑战，口子酒业面临着市场经济的转型痛楚，同时商标之争让市、县两家酒厂濒临倒闭，失去了最佳发展期。到了 1997 年两厂合并之初，销售收入不足两亿，利税不到 2 000 万元，负债率高达 80. 0% 以上，有近 200 种系列产品，多数集中在中低档次，市场萎缩，处境艰难。面对激烈的市场竞争环境，1998 年，企业果断采取了强化内部管理、完善传统工艺、提升产品品质、重塑品牌形象等一系列举措，举全厂之力，强力推出口子窖产品，明确产品定位，规范销售行为，严肃市场纪律，创新销售模式，先后在合肥、南京、西安、郑州掀起销售高潮，迅速在国内提高了知名度，也让口子真正从安徽区域品牌跃升为全国有一定影响力的知名品牌。

从 2002 年开始，口子酒业的销售团队把"盘中盘模式"成功复制到了更多的省会城市。2005 年，口子酒业销售收入近 9 亿元，实现利税 2 亿多，产品覆盖全国 22 个省（自治区、直辖市），在全国酿酒行业重点骨干企业排名中上升到第 8 位。"口子窖模式"成为中国白酒现代市场运作最成功的案例之一。经过多年努力，口子酒业实现销售收入、利润等重要经济指标保持两位数字的良性增长，在全国白酒行业重点骨干企业中的位次不断攀升，营销网络分布于全国 30 个省（自治区、直辖市），在激烈的市场竞争中逐步站稳了脚跟，创造了良好的经济效益和社会效益。

创新技术，提升智能化水平

20 世纪 50 年代，安徽省濉溪酒厂通过更新技术设备，天锅冷却改为锡材卧式冷却器，抬筐改为独轮推车，人工翻糟晾糟改为地下通风机械化晾糟，人工出甑改为甩糟机出甑，地锅烧锅蒸馏改为蒸汽蒸馏，驴拉磨破碎改为破碎机破碎，手提水改为自来水，彻底告别"驴拉磨"的困难时期，在省内酿酒行业率先结束"人泼水，木锨扬，驴磨粮"的笨重操作。

包装方面，建厂初期，包装设施十分简陋，仍采用水盆、橡皮管、酒坛、木框及锤子进行成品酒灌装、包装等。到 20 世纪 80 年代，引进包装自动灌装线，实现从刷屏、装酒、压盖一套自动流水线，除贴标、装箱打捆外，基本实现自动化。20 世纪 90 年代，包装生产线引进贴标机，部分实现机械化贴标；引进包装自动灌装流水线，形成刷瓶，装酒，压盖自动流水线，基本实现包装自动化。

为深入贯彻落实中央、省、市关于推进建设制造强国战略，2017 年初，口子酒业在生产环节自动化改造方面进行了大胆的尝试和摸索，进一步解决了生产瓶颈，提升了生产的自动化、信息化程度。在酿酒方面，公司引进了智能机器人自动上甑系统，重点解决白酒酿造生产中的润粮蒸粮、装甑出甑、摊晾加曲等手工作业难题方面，进一步降低了劳动强度，实现了酒糟从出窖到再次入窖培养过程中“糟不落地”，保证了品质安全；在制曲方面，通过引进全自动控制系统，强化了成品曲入库培养管理，提高了原料的利用率；在包装方面，在洗瓶、罐装、喷码、打铆钉等关键环节上实施自动化改造，进一步提高了生产效率；在物流方面，筹建了自动化立体库系统，实现了成品及半成品出入库的自动装卸功能。未来，我们将大胆实施生产机械化、自动化、信息化，对白酒原料和产品的生产、运输、销售过程进行全方位的监测，在提升基酒品质基础上，提高生产效率，进一步增强企业产品竞争力和市场信誉度。

加大科技投入，树立大国兼香标准

在计划经济条件下，虽然政府给予企业自主发挥空间有限，束缚较多，但由政府主导的以品质为核心的名酒评选导向，为中国酒业日后的发展奠定了基础。因此，自建厂之日起，口子酒业在继承千百年来“大蒸大回”传统工艺的基础上，不断加强自主创新，技术成果取得了一个又一个突破。建厂初期，口子酒沿用明清“大蒸大回”古法，缸池并用，使用陶质沙缸发酵，全国少见，产量低，但出品优良；1958 年，以房艺武先生为首的技术革新小组，借鉴茅台经验，研制出特制口子酒，作为礼品参加国庆十周年庆典，迈入国宴用酒序列；1963 年，率先在全国白酒行业成功研制“人工老窖泥”培植技术；1977 年，成立安徽省首家白酒企业科研所；1986 年，科研项目“生化法人工老熟技术”通过国家科委鉴定；20 世纪 90 年代，投入巨资首创超高温制曲工艺，打破了传统制曲“沸点”，最高温升至 67℃以上，使口子窖酒不仅酱香突出，香气成分更高达七八十种，口子中温菊花红心曲和超高温曲创造性混用，既传承了口子酒历来既有特点，又让酒体更加醇和丰满。

1997 年，为稳定产品质量，保证口子窖酒的独特风格，我们对生产工艺进行了创新，改短期发酵为长期发酵，产量因工艺调整而降低，但品质取得了重大突破。1998 年，口子技术团队经数千次研发，成功调试出具有划时代意义的“复合兼香型”白酒五年型口子窖酒，一举打破了 1979 年以来形成的中国白酒香型格局，拓展出了白酒香型发展的一条新路，丰富了中国白酒香型的内涵，开启了兼香型白酒发展的新篇章，促进了兼香白酒的发展。

2002 年，“兼香型”口子窖酒被评为中国首个“国家原产地域保护产品”的兼香型白酒品牌；2007 年，《原产地域口子窖酒酿制标准》正式成为国家标准；2010 年，口子酒业成为兼香型白酒标委会秘书处承担单位，企业实现了由接受标准评判向制定评判标准的跨越，口子窖酒发展成为中国兼香型白酒的典型代表，引领兼香型白酒的快速发展，在全国的影响力不断提升。

近十几年来，为适应发展变化的消费需求，稳定产品质量，保证口子窖酒的独特风格，在继承传统工艺基础上，汲取各种香型酒生产工艺精华，以功能微生物为突破口，以制曲、酿酒、微生物分离应用、微量成分剖析工作为重点不断创新。改短期发酵为长期发酵，产量因工艺调整而降低，品质却得以显著提升；在借鉴传统“高温润料”基础上，创新发展为独有的“高温堆积润料”。制曲工艺上，通过多年的实践和摸索，不管是中温曲、高温曲，都相对完善了工艺技术参数，逐步形成了口子窖“三多一高一长”的复合兼香生产工艺，打造了品质稳定、风格鲜明、质量安全的产品特质。

以人为本，健全人才培养机制

人才是继承和发扬传统，推进科技创新的重要保障。70 年来，口子酒业已经形成酿酒人才宝库，已建有省级企业技术中心、省级博士后工作站、大师工作室等产、学、研相结合的创新平台，为酿酒人才培养和技术创新提供了重要载体。

建厂初期，素有“酒乡神舌”的房艺武曾担任第三届国家白酒评委，带领技术团队，经过多次反复实验，成功研制出人工培育老窖泥技术，打破了“非百年老窖不能出好酒”的神话；20 世纪 80 年代，范亚彰革新大曲酒传统生产工艺，于 1986 年成功攻克“生化法人工老熟白酒”技术难题，并通过国家技术鉴定；徐铁忠带领科技人员努力开发新产品，成功推出口子佳酿、相王御酒等新产品，广受消费者青睐。苏鲁豫皖“首届中国酿酒大师”张国强，师从房艺武，1998 年，带领技术团队，经过多次实验，推出具有划时代意义的“兼香”5 年型口子窖，一举改变了中国白酒的香型格局。

多年来，口子酒业创新用人机制，坚持内部培养为主，外部引进为辅，结合企业实际建立“传、帮、带”的人才培养体系，把人才培养作为各级管理人员绩效考核的重要内容，一大批年轻的大学毕业生已成长为生产、销售系统的管理人员和技术骨干。目前，我们拥有首届中国酿酒大师、中国白酒大师、中国白酒工艺大师各 1 名、安徽省首届酿酒大师 2 名，国家级白酒评委 6 名，省级白酒评委 16 名，形成了一支大师领衔、梯次配置的人才梯队。

扩容产能，促进企业可持续发展

1949 年中华人民共和国成立后，白酒行业由私人经营的传统酿酒作坊逐渐向规模化工业企业演变，但在计划经济体制下，白酒产业发展速度较为缓慢。初建厂时，酒厂年产大曲酒 84 吨。1950 年，“福泉”“仁源”等私人酿酒作坊的并入，使得濉溪酒厂生产规模大幅提高，日产量能达到 1 500 斤左右。1953 年，濉溪酒厂在“协顺”“协昌”等古酒坊基础上征地 150 亩扩建，1957 年建成并投产，为当时华东地区规模最大的酒厂，彻底结束了过去小作坊式生产的历史，厂址也由一个厂变为两个，厂房建设完全摆脱了过去“小作坊”式生产的落后局面，开始向大型工厂规模发展。

直到 20 世纪 80 年代，国家不再对白酒厂调拨粮食，酒企可以采用市场价格采购粮食之后，酒厂才开始进入到扩产之路。此时，市、县两家酒厂先后进行多次大规模的扩建工作。1979 年，濉溪县口子酒厂在濉溪北关外进行较大规模的扩建，筹建机械化车间及 3 000 吨贮酒库。1980 年，淮北市酒厂申请两次扩建，在三堤口厂区分别建成机械化酿酒车间、地下酒库等配套设施，从此淮北市酒厂形成了东、西两个厂区，厂区规模进一步扩大；20 世纪 90 年代，先后被认定为“国家大型企业”“全国食品工业 300 家最大企业”“中国 500 家最大工业企业”“安徽工业 50 强”等。

1997 年两厂合并时，口子集团拥有四个生产厂区，酿酒职工达到 1 300 余人，可实现产能达到 1.5 万吨，然而酿酒生产的 5 个厂区分布在濉溪新、老城的东南西北。由于各厂区建设的年代不同、资源配置不同，造成生产、管理十分不便，原料、物资、酿酒底锅水需频繁转运，各厂区均需布置独立的动力车间，能源消耗大；同时各厂区还需配置仓储、质量、保卫、后勤系统，人力物力费用高。由于厂区分散，给供、销客户送货、提货带来了不必要的麻烦，也加重了城市交通的负荷。

产能建设一是满足企业现有需求，二是布局未来，为企业的持续性发展打好基础。为保证市场供应和产品质量，我们陆续在老厂区新建和改造了部分酿酒车间。2008 年，在濉溪经济开发区启动了退城进区万吨优质白酒改造工程；2011 年起，原三分厂酿酒、包装陆续转移到溪河分厂。2013 年，溪河分厂年产原酒 11 650 吨，并且克服了窖龄短的不利因素，酒质有了明显提高；全年包装完成成品酒 592.7 万件，为供给市场提供了有力保障。

随着城市发展以及企业持续健康成长的需要，市委、市政府为口子酒业量身打造了“百亿口子”发展规划。2013 年，筹建口子酒文化博览园建设，通过发展口子酒文化观光游、体验游、休闲游，打造口子酒文化观光旅游示范区；11 月，口子酒业与杜集区人民政府签署协议，启动了口子产业园项目建设，2016 年 11 月正式开工建设，经过两年多的努力，2018 年 9 月，三堤口厂区酿酒、制曲系统整体完成搬迁工作，东山厂区酿酒、制曲正式投产，并取得不错的成绩。此时，口子工业园、口子酒文化博览园、口子产业园，“一企三园”初步布局完成，真正实现生产的集约化和专业化，增强企业的抗风险能力，为 50 亿元以上的销售规模奠定扎实的物质基础。

真藏实窖，提升口子窖品牌高度

“隔壁千家醉，开坛十里香”是明朝相山隐士任柔节赞美“口子酒”的传世佳句。“名驰冀北三千里，味占江南第一家”是众多善饮者给口子窖酒的评价，这也是对口子人执著追求的肯定，口子人用现代文明续写更加灿烂的口子文化，用独特和更加优美、更加香醇的口子窖酒奉献世人。

20世纪30年代，口子酒曾在津浦铁路沿线土特产展览会两夺白酒大奖，并发生了一件令人难忘的故事。1931年，濉溪商会会长李茂兰携口子酒赴京参展，因交通受堵迟至，被拒之门外，李茂兰心情沮丧地走在长安大街上，不小心酒瓶掉地，瓶碎酒洒，顿时香溢满街，行人闻香称绝，群拥展场，力推入展获准，终捧甲级名酒奖。

中华人民共和国成立之后，由于主观上的原因，口子酒曾三次与"中国名酒"失之交臂，使我们错失了大发展、大跨越的历史机遇。但是，不负众望，在历次白酒评比中，口子酒不负众望，1979年、1984年全国白酒评比会上被评为国家优质酒，1988年荣获国家质量奖。1990年荣获全国轻工浓香型白酒评比第1名。1992年获巴黎国际名优酒展评会金奖。1993年被评为中国名牌。1999年，口子窖酒又被列为国家名优白酒标准样品……创造着一个又一个佳绩。

群雄并起的业态诠释着一个不容置疑的事实：这就是品牌已成为各企业能否在激烈的市场竞争中获胜的关键。为了抢占高端市场、提高附加值，几十年来，口子酒业始终坚持把打造特色品牌作为企业长期发展的核心战略，由最初的"生活离不开那口子"，到"执信有恒，成功有道"的品牌号召，到"真藏实窖、原色原香"的品牌诉求，继而深化为"真藏实窖、诚待天下"的品牌主张，实现了从"口子酒"到"口子窖"的品牌跨越。今天的"口子窖"，依托历史、文化和产品优势，业已成为国内众多城市的主流消费品牌，为口子酒业腾飞新时代，从真藏实窖，迈向大国兼香，打造国民好酒的品牌可持续发展战略，奠定了坚实基础。

弘扬企业文化，履行社会责任

谁言寸草心，报得三春晖。口子酒业在发展过程中，时刻牢记自己承担的责任，在就业、纳税、公益等方面积极作为，为政府分忧，促社会和谐。

全力服务地方发展。口子酒业是淮北经济发展的"顶梁柱"，也是淮北民营企业中的龙头企业、明星企业。据不完全统计，自1999年以来，公司累计上缴税金约130亿元，连续多年位居安徽民营企业纳税百强榜前列，成为推动淮北转型发展的强劲力量。

公司与市粮食局、市粮食收储中心建立了长期稳定的合作关系，以高于国家保护价格从淮北农户中收购小麦、大麦，有力地支持了地方"三农"工作。同时，在新冠肺炎疫情期间，经济社会发展严重停摆，就业形势严峻，为社会稳定带来了巨大压力。面对这种情况，公司不仅没有因疫情影响裁员一人，反而广发"招贤令"，面向社会提供生产、管理等就业岗位近200个，在"保就业"的战略大局中贡献了口子力量。

积极参与社会事业。作为淮北民营企业的龙头，勇敢承担起稳定扩大就业的社会责任，每年面向淮北地区退伍军人、应届大学毕业生提供数百个就业岗位，帮助他们在口子成才、在口子发展，为他们成就梦想、实现价值提供了奋斗平台。

20年来，新增就业人员2 000余人，临时用工人员上万人次。先后资助淮北市"春蕾女童"、特殊教育事业、社会养老事业，扶助对口村镇，合作设立口子酒业助学基金，连续4年累计资助800万元用于贫困学子圆梦大学。2008年汶川地震中，公司一次性捐款1 000万元援助灾区。2011年，30年型口子窖上市拍卖所得100余万元全额捐赠希望工程。

迅速行动共战疫情。2020年春节期间，新冠肺炎疫情突袭，给我国经济社会发展带来了严峻考验。面对疫情持续蔓延的严重态势，口子酒业积极行动，在春节之前就通过多种渠道紧急采购医疗物资。一方面，争分夺秒，在国内采购额温枪等物资；另一方面，积极拓展货源，联系海外采购渠道，从俄罗斯、韩国等国家购买口罩、防护服等大量防疫物资。经过多方筹措，以上防护物资陆续送到淮北防疫一线，大大缓解了淮北防疫物资紧缺问题，更好地保障了一线医护人员的生命健康安全。2月10日，公司又通过安徽省和淮北市红十字会向安徽省和淮北市疫情防控应急指挥部分别捐款1 000万元，为支援疫情防控贡献了自己的力量。

严守绿色发展底线。始终致力于打造资源节约和环境友好型企业，用实际行动践行"绿水青山就是金山银山"理念。积极执行国际先进的环境管理标准，全面推行ISO 14001国际环境管理标准体系建设，一次性通过国家权威机构认证。推行清洁生产，从源头抓起，全过程控制污染，减少污染物产生。不断提高资源利用率，推动产品单耗由三级水平提高到超一级水平，实现了资源的节约和企业的可持续发展。

"天行健，君子当自强不息"。经过多年努力发展，口子酒业销售收入、利润等重要经济指标逐年保持良性增长，在全国白酒行业重点骨干企业中的位次不断攀升，创造了良好的经济效益和社会效益。先后荣获"淮北市环境保护先进单位""安徽省文明单位""安徽省就业工作先进单位""全国五一劳动奖状""全国产品和服务质量诚信示范企业""中国品牌100强""中国主板上市公司价值百强""安徽省百强企业""安徽省诚信企业""改革开放四十周年中国酒业领军企业""安徽省制造业综合实力50强企业""中国百强企业奖""安徽酒业领军企业奖""安徽省食品行业突出贡献企业""安徽省劳动保障诚信示范单位""安徽省民营企业百强排序10强企业"等多项荣誉。

基于价值引领和循环生态的工匠文化体系的构建与实施

中石化天津液化天然气有限责任公司

中石化天津液化天然气有限责任公司(下称"天津 LNG 公司")是中国石化与天津市南港开发公司于2012年合资注册的新能源公司。公司主要从事液化天然气接收站与码头的建设和运营；液化天然气、天然气、液化石油气以及石油化工产品的存储、加工和销售；冷能利用装置的建设和运营等。公司成立以来，荣获国家管理创新一等奖、中国石化集团公司优秀管理团队和优质工程奖，荣获天津市首批十佳"海河工匠"优秀企业培训基地等荣誉。

一、基于价值引领和循环生态的工匠文化体系的背景

(一)践行新时代社会主义特色文化的要求

党的十九大报告强调："文化自信是一个国家、一个民族发展中更基本、更深沉、更持久的力量。"企业文化正是一个国家的微观组织文化，它是这个国家民族文化的组成部分。

天津 LNG 公司以习近平新时代中国特色社会主义思想作为开展企业文化建设的行动指南，在推进新时代中国特色社会主义文化建设中，把培育价值引领和循环生态的工匠文化作为公司文化建设的中心任务，倡导敬业、精益、专注和创新的新时代工匠精神，引导干部员工把思想和行动、智慧和力量、信心和决心体现到完成公司各项目标任务上来，克服LNG 接收站项目建设周期短、工艺技术和关键设备依赖进口、缺乏生产运行经验等多重困难，用文化凝聚人心，用精神鼓舞士气，组织干部员工攻坚克难，有力保障和促进公司各项工作不断取得新的成效，实现新的突破。

(二)落实国家清洁能源发展战略的需要

天津 LNG 公司接收站项目是国家"十三五"重点项目，是国务院"稳增长、促改革、调结构、惠民生"重点督办项目，是国家实施清洁能源战略的重要组成部分，LNG 项目从2012年之前的可研到立项、批复、建设、投产，受到了党中央、国务院和社会各界的高度关注。2017年，习近平总书记、李克强总理就加快天津 LNG 接收站项目建设、确保华北地区群众温暖过冬做出一系列重要指示。天津 LNG 接收站的建成投产，对于进一步优化环渤海地区能源结构、促进区域经济、社会、生态的可持续发展具有重要意义和作用。

LNG 项目作为民生工程，坚持为人民服务的宗旨，将以人民为中心的发展思想落实到实际工作之中；天津 LNG 公司作为创新型公司，积极主动作为，

凝聚职工队伍,培育先进的企业文化,依靠全体员工下好先手棋、打好主动仗,在天然气保供中践行国家清洁能源战略。

(三)打造国内领先国际一流企业的基础

企业文化作为企业的灵魂,是推动企业发展的不竭动力。中国石化把打造世界领先的洁净能源公司作为新时期发展目标,坚定实施世界领先发展方略,落实价值引领、市场导向、创新驱动、绿色洁净、开放合作、人才强企六大发展战略,推动形成以能源资源为基础,以洁净油品、现代化工为两翼,以新能源、新材料、新经济为重要增长极的“一基两翼三新”产业格局。天津 LNG 公司持续深入贯彻落实习近平总书记关于“四个革命、一个合作”能源安全新战略和推进天然气产供储销体系建设的重要批示精神,进一步找准定位、着眼未来,努力扩大资源,积极拓展市场,凝聚职工队伍,培育企业文化,在中国石化“一基两翼三新”发展格局中承担更大责任,为保障国家能源安全做出新的更大贡献。

二、基于价值引领和循环生态的工匠文化体系的主要做法

其内涵:天津 LNG 公司培育的工匠文化立足于创建一流公司的发展目标,体现了新时代的工匠精神,主要集成了四种精神,即追求卓越、实施国产化战略的敬业精神;精益求精、打造精品工程的精益精神;严谨认真、苦干实干的专注精神;自力更生、践行循环发展的创新精神。这种工匠精神是天津 LNG 公司文化的核心,是推动公司高质量发展的内在动力。其主要做法:

(一)明确公司发展愿景,优化企业文化设计

天津 LNG 公司注重企业文化的整体设计:明确创建一流公司的发展目标,立足渤海湾,服务京津冀,把创一流管理、创一流服务、创一流环境、创一流文化作为公司的发展愿景,秉承以人为本、诚信规范的经营理念,凝聚发展共识,追求卓越品质,突出价值引领和循环生态发展,培育勇于创新、精益求精、严谨认真、苦干实干的具有时代特色的工匠文化。同时,天津 LNG 公司以打造“国内领先,国际一流”接收站为己任,紧紧围绕敬业、精益、专注和创新,努力总结、升华、塑造天津 LNG 的工匠精神和工匠文化,使公司的工匠文化成为指导一切工作的思想自觉和行为自觉,真正在工作中、在方方面面,把工匠精神发扬光大。

(二)发挥联合团队的技术攻关和研发优势,在追求卓越中弘扬敬业精神

天津 LNG 公司从 2012 年成立至今,栉风沐雨、艰苦奋斗,用心血和汗水,用付出和坚守铸就了业内品牌,这就是敬业精神。

我国 LNG 接收站建设起步较晚,其核心技术及主要设备、材料,主要依赖欧美、日本、韩国等外国承包商,引进成套包工艺技术费、主要设备和材料费、开车费、现场服务费等居高不下,供货周期长、服务不及时,维护成本高,无法满足我国 LNG 产业快速健康发展需要,成为 LNG 产业发展的最大瓶颈。

天津 LNG 公司践行价值最大化理念,有效推进国产化战略。通过搭建产学研一体化平台,组织国内实力雄厚的设计单位、科研院所、生产建设单位和设备材料供应商,以国产化为共同目标,组建项目群管理团队,攻克一系列技术堡垒,培育创新文化。公司以打造“国内领先、国际一流”LNG 接收站为目标,明确以工艺技术、关键设备和超低温材料为核心的国产化战略,开发具有完全自主知识产权的 LNG 接收站成套包工艺技术。

天津 LNG 公司组织联合团队进行技术攻关和研发。团队细化分工,成立了调研团队、设计团队、研发团队、试验团队、材料团队,5 个团队分工协作、攻坚克难,实现 LNG 关键设备和主要材料国产化;通过实行项目建设运营统一管理,优化设计施工方案,高标准建设一流 LNG 接收站;通过制定开车规划和开车方案,模拟操作演练,实现 LNG 接收站自主开车;通过优化细化生产操作、强化生产过程管理和应急管理,实现自主运营;天津 LNG 接收站通过有效实施国产化战略,实现 LNG 接收站自主设计、自主建造、自主开车、自主运营,为国内 LNG 接收站的建设运营提供技术积累和管理经验。

天津 LNG 公司致力于打破垄断,在艰苦的工作

条件下，作为 LNG 行业的后起之秀，积极推进国产化战略，拥有了一批 LNG 接收站核心专有技术，打破了国外技术壁垒和技术垄断，建成了中国石化首座具有自主知识全权、国产化程度最高的 LNG 接收站，提升了我国 LNG 产业领域的竞争力，促进了民族工业和民族制造业的发展与进步。

（三）打造精品工程和样板工程，在精益求精中体现品质精神

天津 LNG 公司致力于打造精品工程、样板工程，精心培育精品文化。无论干什么工作，也无论工作的大与小，工作的难与易，不做则罢，要做就做到最好。在践行精品文化过程中，坚持“事事高标准、件件出样板”，事争一流、誓争第一，把每一项具体工作当成是一项艺术品去加工、去创造、去精雕细刻。

安全管理精益求精：天津 LNG 公司始终坚持“零伤害”“零污染”“零事故”等安全管理理念，坚持以安全体系制度建设为基础，以“三关一检”工作为抓手，以安全风险管理与控制为核心，以施工直接作业环节安全管理为重点，高标准、严要求，自项目开工建设以来，安全平稳无事故。做到了全员培训上岗率 100%，承包商资质合格率 100%，人员持“双证”上岗率 100%，入场机具合格率 100%，重点工程双监护执行率 100%，重大施工作业方案评审率 100%。

质量管理精益求精：天津 LNG 公司牢固树立“百年大计，质量第一”理念，立足精细化质量管理来打造精品工程和样板工程，培育精品文化。公司结合 LNG 接收站项目建设特点和具体实际，通过完善体系制度建设，建立健全质量管理体系，从源头抓起，严把设计关、物资采购关、施工工序控制关，精细管理、持续改进，全面推进工程建设、试车投产质量工作的科学化、规范化和标准化，保证 LNG 接收站高质量建成，并一次投产成功。

投资管理精益求精：天津 LNG 公司树立“投资即成本”的理念，抓好源头投资控制管理，重点控制三个阶段，即规范发承包阶段、精细施工阶段和结算阶段投资控制管理，通过加强“事前、事中、事后”投资控制，从提高投资概算合理性、准确性、完整性上入手，加强投资计划管理、招投标及合同管理、资金预算管理、变更签证管理、结算审查管理，使工程项目投资得到有效控制，降低投资成本，提高投资收益，凸显投资价值最大化的精益文化。天津 LNG 公司通过严格控制项目建设投资，节约投资 5 亿多元。

投产管理精益求精：天津 LNG 接收站，是中国石化首座具有完全自主知识产权、国产化率最高的 LNG 接收站，大量新工艺、新技术、新设备、新材料的应用，给开车投产增加了诸多不确定因素，带来了较大困难和风险。公司强化投产准备，细化投产方案，按照“定人员、定时间、定任务、定措施、定考核”的“五定”原则，编制总体投产方案、生产操作规程和运行管理手册，全面梳理投产各项组织准备、管理准备和技术准备，组织“三查四定”、安全检查和开车投产确认，编制《投料试车实施细则》，细化开工投产组织措施、管理措施、技术措施和应急处置措施，分阶段、分步骤，定期组织桌面推演和现场实操演练，固化细化操作程序和操作方法，实现一次开车成功的多项纪录。

运行管理精益求精：天津 LNG 公司承担着生产经营和冬季天然气保供双重任务。针对公司人员新、投产时间短、系统运行缺乏长周期满负荷运行考验客观实际，公司精心组织、周密部署生产运营方案。对生产经营过程中可能出现的复杂状况和问题提前进行具有前瞻性的预判，提前进行有针对性的预防，提前进行可操作性的安排和演练；对全年生产运行计划、各项管理指标、提质增效的具体措施进行整体系统优化和实施过程中随时调整优化；对影响全年目标任务完成的关键环节，落实生产调度和生产指挥协调系统的责任单位和责任人，落实各单位的具体任务和目标，落实关键设备和关键控制的操作要点和操作方法。公司明确细化工作界面、工作职责、工作流程和工作标准，建立健全设备运行动态分析、维护、备品备件等管理制度；实行应急管理考核持证上岗，强化应急演练，提高全员应急处理能力，确保安稳长满优运行和冬季天然气保供的核心任务。

（四）开展全员全流程培训，在苦干实干中彰显专注精神

干一行爱一行，干一行专一行，是成功者的不二法则。天津 LNG 公司秉承严谨认真、苦干实干的专注精神，各项工作做出了实效，做成了名片，做出了影响力。

天津 LNG 公司高质量开展全员全流程培训，实现员工与企业共成长。我国 LNG 产业起步较晚，缺乏技术和管理人才，天津 LNG 公司遵循企业与员工共成长的理念，以打造中国 LNG 人才孵化器为目标，开展全员、全岗位、全专业综合技能普及培训，坚持自己动手编制培训教材和培训课件，使培训内容更具实用性、针对性和可操作性；建立有效培训激励机制，领导亲力亲为、率先垂范，做到“四个一样”，即：领导与学员提交作业一个样、闭卷考试一个样、现场认知一个样、考核标准一个样，营造比学赶帮超的浓厚学习氛围，公司组织全体员工通过线上、线下双轨学习，结合理论与现场反复印证，采取集中授课、小组分讲、一对一辅导、现场答疑等多种形式，通过闭卷考试和现场认知考核检验结果，员工培训优良率超过 80.0%，真正做到学有所获、学有所知、学有所悟、学有所用。公司立足自主实施的培训基地，既是实训基地，是公司员工提高技能、提升素质的学习场所，又是科教基地建设，是向全社会开放的关于清洁能源知识普及与传播的知识发源地，充分体现了责任意识、责任担当和奉献精神。

天津 LNG 公司通过开展全员全流程培训，着力为企业发展培养复合型人才，着力提升企业的核心竞争力，着力实现企业与员工共成长，着力打造提升具有天津 LNG 特色的工匠文化。

天津 LNG 公司高质量开展绿企创建工作，打造绿色生态站场。天津 LNG 公司把绿色企业创建工作确立为提升企业核心竞争力的一项重要战略选择进行统筹规划和强力推进，科学高质量制订了绿色企业创建的总体思路和总体方案，细化目标、任务和具体措施，进行了广泛动员和部署。以低碳、环保、节能、循环、生态为着力点，落实公司绿色企业创建三年行动计划纲要；以节能、降耗、减排为核心，落实公司绿色生产行动计划；以扩大清洁能源供给能力和可持续发展为目标，落实公司绿色发展行动计划；以技术进步和解决生产发展实际问题为导向，落实公司绿色科技行动计划；以采购过程“绿色、节能、低碳、环保”全生命周期管理为重点，落实公司绿色服务行动计划；以培育员工绿色环保意识和行为自觉为根本，落实公司绿色文化行动计划；以“水、气、声、渣、味”污染防治为重心，落实公司绿色监管行动计划；以“减量化、再利用、资源化”为原则，落实公司循环经济行动计划；以改善非生物环境、绿化美化、丰富生物多样性、建设生态水系为主题，落实公司生态系统创建行动计划。

天津 LNG 公司稳步推进花园式站场创建工作，营造良好工作和生活环境。天津 LNG 公司领导班子带领全体员工，立足创建世界一流企业的发展目标，上下同心，从项目建设到生产运行，从厂区绿化到基础设施，本着价值最大化和循环有效发展的原则，亲力亲为，低投入、高标准地建设天津 LNG 花园式生产和生活基地。采用国际标准，规范设计，标准施工，着力追求极致和现代，优化站场布局、完善功能设置、规范建设标准，以标准化工作为抓手，稳步推进花园式站场创建工作。公司组织“党员先锋队”与“标准化建设突击小分队”开展“美化站场”志愿活动，以“分解任务、逐步执行、全员推进、重在执行”和“层层分解、责任包干”的要求，充分发挥公司职工的聪明才智，从道路连锁块修整、预留区杂物清理、厂区绿化规划入手，通过设置功能牌、明确设施标识、规范外部视觉形象等，使场区室内外标准化建设以“整齐、规范、美观、适用、创新、无死角”为核心，梳理室内外标准化建设，积极共建美丽站场。自力更生为职工创造优美的工作和生活环境，公司组织干部员工开展排碱通道基础设施改造和地基土壤改良，亲自动手栽种树木，亲自动手打造小微湿地，亲自动手设计和制作休闲亭台，亲自动手为饲养的家禽制作禽舍，经过全体员工的辛勤劳动，建成了春有花、秋有果、绿树成荫、鸟语花香的花园式站场；天津 LNG 公司传承发扬南泥湾精神，实施“菜园子”工程，领导干部带头，全体员工参与，划分责任田，业余时间亲自动手种菜，在荒凉的海滩边种植了多种原生态蔬菜，不仅解决了员工生活问题，更增添了生活情趣。

（五）实施循环经济，在自力更生中彰显创新精神

天津 LNG 公司着力开拓和创建敢于创新、勇于创新、善于创新的创新文化，创新就是摒弃保守落后的传统思维模式和管理模式，因地制宜、因势利导、大胆尝试各种有效的管理模式，大胆进行管理创新和方法创新，最大限度地调动和发挥每位员工的主观能动性和创造性，让创新成为一种文化、一种常态和一种力量。

天津 LNG 公司始终坚持绿色发展理念，实施循环经济，优化资源配置，按照“减量化、再利用、资源化”的原则，构建循环经济示范区，让有限的资源在循环利用中产生最大的效益，体现最优的价值文化。

天津 LNG 公司立足长远，统筹规划发展蓝图。天津 LNG 公司在整体规划上，充分借鉴吸收国内外 LNG 接收站成功经验和成熟作法，兼收并蓄、开拓创新，打破传统思维，适应发展要求，按照“功能化整合、区域化集成、局部优化、生态建设”的总体要求，进行统筹规划，同时兼顾发展需要，建成 3 万～26.6 万立方米 LNG 船码头，为实现小型 LNG 运输船在内海、内河流域水上长距离运输创造了条件。优化规划设计，一期、二期工程同步规划，二期部分工程先期实施，在一期工程建设过程中，二期工程的地下工程、部分配套设施，一步实施到位，为二期扩建工程快速有效进行创造了条件。

天津 LNG 公司优化布局，打造多功能循环经济区。针对接收站一期工程临建设施，按“永临结合、多功能开发利用”原则进行规划建设，将一期临建设施作为永久性建筑进行规划与建设，既满足一期工程临时办公需要，又兼顾远期发展避免重复建设，避免了投产后临建拆除造成的资源浪费，节省临建拆除费用约 120 万元。在此基础上又把临建设施开发成为集培训基地、办公场所、运动场所和职工食堂为一体的多功能循环经济区，极大改善了员工的工作办公条件，既节约了投资，又提高了使用效率。

天津 LNG 公司践行循环生态发展理念，创建生态文明示范区。在天津 LNG 项目建设收尾阶段，针对厂区沉降严重、回填用土缺口大、费用高的现状，就地取土 35 558 立方米用于场内建设，节省投资约 600 万元，并将取土坑规划为景观水系，在满足施工需求的同时，既节约了项目投资，又为广大员工创造了优美的外部办公生活环境。天津 LNG 接收站景观池兼有应急消防水池和海上救生训练水池多种功能，为海水生态系统示范区。为解决站内淡水资源供需矛盾，天津 LNG 公司将站内冬季 SCV 冷凝水、夏季雨水进行收集，将日常污水等进行回用，通过小微湿地的蓄水功能和净化功能，进行淡水资源化利用，从而实现站内“污水零排放”。在建设小微湿地的过程中，立足自主、因地制宜，以满足陆上生物生存栖息及储水需要为重点建设淡水生态水系，以丰富生物多样性和绿化美化环境为目的营造植被系统，以改善非生物环境为基础实行 LNG 接收站小微湿地综合改造提升，构建淡水生态系统示范区。

三、基于价值引领和循环生态的工匠文化体系的主要成效

（一）天津 LNG 公司培育价值引领和循环生态的工匠文化，助推了国家天然气战略的有效实施

天津 LNG 接收站项目是国家推进生态文明建设、打赢蓝天保卫战三年行动计划和天然气产供储销体系建设的重要组成部分，对于我国加快天然气基础设施建设，提高天然气在一次能源供应中的比例，大力推进绿色发展、积极应对气候变化等生态环境问题具有重要意义。2017 年冬季，华北地区出现了严重气荒，日均缺口天然气 1 500 万立方米以上，冬季保供形势十分严峻，天津 LNG 接收站的顺利建成投产，充分发挥了快速灵活、周转速度快的强大应急调峰能力，从根本上缓解华北地区冬季供气紧张局面，避免了华北地区冬季出现的严重气荒，受到了国家部委和地方政府的充分肯定。2018 年 2 月一期工程为解决“气荒”而加速投产，2019 年 11 月二期气化外输扩能工程又为民生保供而应急投产。当前接收站日外输量高达 3 000 万立方米，槽车单日充装量近 400 车，成为华北地区当之无愧的保供主力，成为国家天然气产供储销体系建设的重要一环。有效弥补了华北地区冬季天然气调峰用气，保证了华北地区天然气冬季供气安全，避免了 2017 年华北地区冬季出现的严重气荒，受到了国家部委和地方政府的充分肯定。

（二）LNG 公司创建的价值引领和循环生态的工匠文化体系，助推公司实现了一流的业绩

天津 LNG 公司通过创建价值引领和循环生态的

工匠文化体系，建成了中国石化首座具有完全自主知识产权、国产化率最高（90.7%）、达到国际先进水平的LNG接收站；圆满完成了中国石化首次自主投产一次成功，并取得了多项成果；2018年“当年投产、当年达产、当年盈利”。2019年创造了接卸量增长（125.0%）全国最大等多项纪录，2020年生产加工量更是突飞猛进，连续两年位居全国第二。短短3年接卸量从289万吨连续提升到764万吨，利润从39 300万元提升至91 900万元，人均产值全国领先，创造了“天津LNG速度”。截至2020年年底，累计实现收入176 700万元，上缴税收23 400万元，利润91 900万元，经济效益显著。

同时，天津LNG公司荣获了第二十六届全国企业管理现代化创新成果一等奖等多项国家级、省部级成果，是天津市战略性新兴产业领军企业、天津市首批十家“海河工匠”企业培训中心，是集团公司优秀项目管理团队、有着“泰达百强”等多项重量级荣誉。软、硬实力不断增强，已成为国内储运行业兄弟单位竞相参观、交流的“网红”接收站。

（三）LNG公司先进的价值理念，培育了具有时代特色的天津LNG工匠精神

天津LNG公司在实践中秉承“文化就是一种习惯，习惯成自然，自然成文化”的理念，精心培育以“敬业、精益、专注和创新”为核心内容的特色文化，尊重、理解、关心、支持员工多层次价值追求，搭建全员培训平台，帮助实现个人职业规划和成长目标，发挥每名员工能量包效应，最大限度地调动和发挥每位员工的主观能动性和创造性，传承弘扬自力更生、苦干实干、以厂为家、爱厂如家的优良传统。公司通过创建价值引领和循环发展的工匠文化，建成了绿色生态花园式站场，建成了国内首个LNG接收站小微湿地，铸就了工匠精神，助推天津LNG公司高质量发展，受到了系统内外和社会各界的高度评价。

（撰稿：王西超　刘景俊　刘文婷　王海涛　盖　帅）

建立健全国际供应链管理体系　助力企业高质量发展

山东东明石化集团有限公司

习近平总书记在新时代中国特色社会主义思想著作中指出：中国将坚定不移扩大改革开放，放宽市场准入，持续优化营商环境，积极扩大进口，扩大对外投资，为世界经济稳定做出贡献。作为全球货物贸易第一大国，中国通过打出政策“组合拳”，稳住外贸基本盘的同时，也为全球产业链和供应链注入正能量。

山东东明石化集团有限公司（下称“东明石化”）位于山东省菏泽市东明县，1987年建厂，1997年改制成立现集团，作为一家混合所有制企业，经过30多年的稳健经营、优质管理、科学发展，现已拥有7 000名的员工队伍、460亿元的资产规模、1 500万吨/年原料油一次加工能力、2 000万吨/年输油管线、500万吨/年铁路专用线、330万吨仓储能力、5 000万标方LNG储气调峰设施，取得980万吨/年进口原油使用资质、原油非国营贸易进口资质和燃料油进口资质、成品油批发资质等齐全的能源经营牌照，开发自营加油站200余座，在北京、上海、香港及新加坡等地区均有分支机构，形成了集原油加工、石油化工、氯碱化工、精细化工、天然气化工及工程技术、房地产开发、成品油（气）销售、国际金融、国际贸易、国际投资、国际物流、基础设施、文化教育等为一体的、股权多元化的、特大型石油化工企业集团。2020年位居“中国企业500强”第186位。先后被授予全国文明单位、全国五一劳动奖状、中国管理创新价值品牌等百余项国家、省部级荣誉称号。集团“鲁昌”牌商标获得国家知识产权总局“驰名商标”裁定保护、“恒昌”牌聚丙烯、“路畅”牌道路石油沥青被评为“山东省著名商标”，“恒昌”牌聚丙烯被评为“山东省名牌产品”；“路畅”牌道路石油沥青通过

CCPC 交通产品认证。

东明石化是一家加工型企业,供应链关乎企业前途命运。东明石化集全员智慧,全面优化顶层设计,以打造国际一流供应链体系为目标,形成组织保障、流程优化、制度严格的管理体系;着眼全球资源分布,着力研究供应链网络规划,满足企业日益发展的需要。2015 年 7 月 6 日,国家发改委发布了《关于山东东明石化集团有限公司进口原油使用核查评估情况的公示》,确认东明石化可使用进口原油 750 万吨/年,标志着东明石化正式获得进口原油使用资质,也是首家获得该资质的非国有企业。值此,东明石化拉开了打造国际供应链、进入国际发展空间的序幕。

一、建立健全国际供应链管理体系

(一)科学调整高层决策、有效监督、质效运营的机制

成立规范的董事局、监事局、执行局的治理结构,董事局顶层设计与规划,监事局严格监督与监控,执行局狠抓落实与执行,为实现高效的国际供应链体系提供组织、机制保障。成立新加坡及中国香港等国际专业部门、由专业人员负责国际供应链全流程的优化调度,实时解决存在的各项问题,确保高效运行。构建完善的风险防控体系和涉外业务法律共享中心,搭建与国际一流律师事务所战略合作关系,为所有涉外法律业务提供高效服务,规避涉外业务的法律合规风险,满足原油、成品油、化工品、船运、LNG 等业务增长的需要。

(二)全面优化原料油供应链流程

从原料油采购计划开始,通过制定科学的原料油采购计划、原料油到港计划以及各环节物流计划,以计划为龙头,实时监控、优化整个原料油供应链,通过生产加工后评价进一步指导原料油采购和供应链优化。海外基地实现从一手资源装港地—国际航运—国内物流等全供应链的优化,保障生产基地原料供应,并取得较好效果。通过长约、现货合同直接从一手原油供应商采购。经受住油价大幅波动的不利因素,基本实现原油均衡计价,大幅降低原油采购成本。通过长约锁定南美巴西油、西非油、阿曼油长约资源的基础上,持续掌握南美重油、北美重油、非洲原油以及中东和远东原油一手资源,持续优化国际资源采购流程,提升一手资源的采购能力;实现端到端的有效链接,从一手资源采购—经济物流运输—安全低成本仓储。

(三)完善供应链管理制度、标准

集团专门制定《原料油供应链管理标准》《海外基地资金管理办法》《合同管理标准》,通过制度的规范,保证供应链的稳定、顺畅。以计划为主线,以考核为手段,对原油供应链执行情况进行监督考核,监督落实整个原料油供应链系统的计划执行情况。根据大船到港控制、靠泊优化情况对滞期费用情况按照权责对等原则监督考核,确保整个原料油供应链系统高效运行。

二、规划建设国际供应商网络

紧紧围绕“稳定系统炼厂原料供应,降低采购费用,把控市场风险,全方位优化供应链”的思路开展工作,全力搭建海外贸易平台,国际采购能力逐步增强。在原料采购原则方面,以“质优、价廉、量稳、可控”为总体目标,以“获取一手资源、获取优质资源、签订长约”为主要手段,与巴西国家石油、哥伦比亚国家石油、壳牌、安哥拉国家石油、伊拉克国家石油、阿曼国家石油等国际著名原油供应商签订长期供需合同,提高一手资源掌控能力;在原料采购渠道方面,与国际一流石油贸易商保持着长期战略友好合作,充分发挥各方的资源、市场、物流、资金等优势,通过易货贸易、资源调配、安排拼装等手段,实现全供应链中上游资源端的优化;在新油种采购方面,积极尝试拓展北海、加拿大、圭亚那等新渠道、新油种的采购,大力开发亚太市场、澳洲、中东等原油作为试炼油种;在第三方市场方面,积极开拓国际市场,通过谈大单、签长约的形式采购大宗油种、新油种、特殊油种等具有高性价比的原油。通过积极拓展采购渠道,逐步实现原油资源多元、质量优质、成本趋低的目的,实现与理念相同、价值观相投、战略发展方向一致的世界一流供应商,开展广泛的合作与交

流，构建供货稳定、互惠共赢的国际供应商网络。

三、采取措施精准采购

紧紧围绕“稳定系统炼厂原料供应，降低采购费用，把控市场风险，全方位优化供应链”的思路，与国际一流原油供应商签订长期供需合同，形成全供应链资源端的优化。充分利用 PIMS 和 AIMMS 等优化软件，构建原料油采购信息化系统，对原料油品质进行精准切割，通过对原料油硫含量、酸值、芳潜含量等质量指标分析，结合生产加工，提出原料油采购优化方案，根据生产所需采购被市场低估的原油，既满足生产需要，同时实现成本最低。从原料油采购计划入手，通过 PIMS 核算原料油加工效益，进行采购效益排序，AIMMS 进行大船到港组织优化，精确核算每船原料油到港时间，提前制定大船靠泊、疏港优化方案，优化港口岸罐和管道、火运、汽运等物流方式，争取大船到港后能够实现直靠，最大限度地降低原料油大船滞期费用，提升整个采购过程物流衔接，确保供应链优化运行。加强二次原料采购优化。积极开发新市场，建立长约客户，拓宽原料采购渠道，签订常柴长约，既能保证常柴质量及数量稳定供应，又能有效规避市场风险。采取安全管理模式，通过应急预案管理确保生产供应。为保证每年春节期间原料油供应，提前建立合理库存，制定《节前原料采购预案》，临近春节各原料运输车辆紧张，部分出货炼厂在春节期间降量生产，使原料采购受限。针对春节前备货召开专题会议，并根据各原料库存、生产情况制定春节期间安全库存及采购量，制定《原料采购应急预案》指导节前采购工作，建立合理库存保证春节期间原料的正常供应。积极推动乙醇铁路发运。为降低变性燃料乙醇的采购成本，稳定东北区域的采购渠道，经销公司积极推动乙醇铁路接卸，深入探讨细节问题，推进现有铁路设施改造。创建汽油调油信息卸车群，提升信息沟通及时性。为更好地平衡产、供、销体系，使销售部门能够及时掌握汽油调和进度，采购部门能够根据市场行情和使用情况优化汽油调和料采购及入库节点，生产部门依据销售需求调和汽油保证销售，通过建立调油信息传递群，每日联动调油计划，各生产厂区领导将当天调油信息及调和原料使用量发至群内，采购部门能够及时依据调油情况安排原料补充工作，有效保证调和料的及时入库，规避断油风险。

四、构建物流优化体系

（一）全方位的物流运输

1. 海运方面。利用集团在美湾、加勒比、西非、中东稳定的资源需求优势，每月大约 4～5 个 VLCC（超级油轮）的租船需求，在做好远程租船的基础上，研究开展 1～2 艘 VLCC 期租船业务，进一步降低运费，保障集团资源物流需求。同时，根据原油远东油及化工品业务规模，积极开展 MR、Aframax 船型及化工品船的期租业务探讨。随着深海原油产量不断提升，积极开展 DP（Dynamic Positioning）动力定位船投资研究，适时进入该领域投资；与世界拥有最多 VLCC 的航运公司——中国招商局轮船集团签署《全方位战略合作框架协议》，业务涉及中东、西非、南美、远东等遍布全球的主要港口。为东明石化的原料资源提供高质量的物流保障。

2. 管输方面。东明石化与中石油合资建设 2 000 万吨/年“日—东”原油输送管道，采取轻质原油单输、轻重质原油混输等模式，坚持能管输不火运的原则，排除大船靠泊、原油接卸的各种困难，确保管输的连续性、稳定性。

3. 火运方面。充分利用 500 万吨/年铁路自备专用线资源，加强车辆调度，优化请车计划，执行槽车充装上限阈值，提升火运运行效益。

4. 汽运方面。发挥山东昌顺达供应链有限公司的物流平台、东明县昌顺运输有限公司的汽运资源优势，充分调度利用车辆运行效率，实现汽运和生产区原油调和的灵活组织，确保生产加工安全稳定的原料供应。通过开源、节流、效率的举措，紧紧抓住安全物流、创造利润的关键，实现汽运物流效益的最大化。

（二）大数据的平台支撑

以集团需求为导向，密切结合物流信息化技术发展的新趋势和新方向，以发展与创立车货匹配、全程监控、信息追溯、数据汇集、电商物流一体化体系为长远目标。确保昌顺达供应链平台的高效、高质量运营，太平洋船运掌握全球物流信息，通过先进的模型及算法，精准预测3个月原料油采购计划，充分发挥原料油供应链平台大数据优势，对国际、国内原料油供应链数据整合、分析，提高采购灵活性，掌握国际、国内原料油采购动态，不断提升在供应链行业舞台上的作用与影响力，为国际供应链系统提供支撑和保障。

（三）高效、精准的检验手段

原料油大船到港后，按照港口要求，采用国际商检机构SGS/ITS/CCIC/英斯贝克等进行商检，对DES到港的原油采取国内商检和国际商检同步进行，以确保商检准确性。同时对大船进行采样，送至新海基地进行全面分析，总结油品自提单至到港油品性质变化情况，指导后续生产加工及原油采购。

进厂检验方面，成立了智慧物流园快检实验室，拥有高素质检验团队和一流的检测设备，检验人员15人，中高级技师占比80.0%以上；分析仪器总资产共263万元，配备近红外快速检测仪、硫氯硅一体机、自动蒸汽压、自动闪点、自动密度等高尖检测设备，为公司IQC进料质量保驾护航，确保进厂原料每项指标都能符合生产要求，进厂车辆及时分析、卸车，准确高效。各类原料油经过入厂分析检验以后，在符合生产质量要求和安全储存要求的前提下，严格按照卸车相关操作规程组织卸车入库，并对卸车流程采取三级确认制度，保障整个卸车环节安全平稳运行。

（四）安全的仓储保障

入厂前的各类物流设施采用封闭的管道输送，配合输油管道的防泄漏等安全监测系统，可及时发现漏油、偷油等情况，确保管输原料油的安全。火车专用线的运行，为火运原料油提供安全和质量保障。汽运原料油通过自有物流公司定点配送和一票制到厂等模式，整个物流环节在昌顺达供应链管理平台进行跟踪，确保到厂原料油质量和入库安全。

为确保原料油入库后的储存安全，除了一系列的安全保障制度外，在各原料油罐区都设有安全仪表系统、监控系统及配套的消防设施，操作人员通过DCS系统可以24小时进行监控，紧急切断阀可以保障特殊情况下的紧急切断，可燃气体报警等一系列安全仪表每时每刻都在监护着整个罐区的安全平稳运行。同时积极开展安全警示教育活动，防患于未然。

五、加强供应链队伍建设

按照“国际化、专业化”的要求，坚持外部引进与内部培养相结合的原则，执行“讲文凭更讲水平、讲职称更讲称职、讲资历更讲能力”的人才标准。在“赛马”过程中，培养忠诚企业、敢于担当、勇于奉献、能力超众、业绩突出的“千里马”，形成科学、高效、实用的国际供应链人才队伍培养体系，打造专业、敬业、高端的国际供应链优化团队。海外基地拥有经验丰富的国际金融、国际物流、国际贸易等50余人，熟悉全球原油资源分布、交易规则以及国际航运市场，通过团结、高效的团队合作，实现东明石化国际供应链的动态优化。建立国际商法、海事法等专业的国际法律人才团队。

东明石化国际供应链体系管理能力的提升推动整体从粗放式经营到集约型经营的转变，实现了国内大循环和国际国内双循环的新格局，为企业发展提供新的内生动力，提高了国际和国内市场上的竞争能力，为实现进军“世界500强”高质量发展的战略目标奠定坚实基础。

以发展丰富文化　以文化促进发展
不断推动中国生物改革发展实现新跨越

中国生物技术股份有限公司

中国生物技术股份有限公司(下称"中国生物")前身为北洋政府中央防疫处,始建于1919年。经过百年征程,今天的中国生物已经成长为我国乃至亚洲产品全、规模大,集科研、生产、销售以及研究生培养为一体的综合性生物制药企业,是全球第六人用疫苗研发生产企业;是中国血浆原材料采集量国内第一的血制企业;是中国最早生产抗体药物的企业,也是中国最早研发、生产、销售医学诊断产品和动物保健产品的企业。在改革发展中,中国生物高度重视文化力量,注重在实践中总结积淀文化,并通过文化凝聚人、引导人、激励人、塑造人,为自身发展提供了强大精神力量。在新冠疫情阻击战中,中国生物依托深厚积淀,发挥科技优势,取得了"十个率先"重大成果,成为全球唯一一家通过2条技术路线、独立自主研发出3款新冠疫苗的抗疫先锋;截至2020年年底,生产的新冠疫苗在90多个国家获批注册上市或紧急使用,获得欧盟GMP证书,国内首家纳入全球"紧急使用清单"。

一、以政治建设引领前进航向,铸牢文化之魂

从旧社会到新时代,对比一个世纪的发展变迁,中国生物深刻体悟了高举旗帜跟党走、党建引领促发展的理论威力和实践伟力。进入新时代,中国生物高举旗帜跟党走,将政治建设作为企业改革发展和文化建设的生命线,不断行稳致远,走向辉煌。

一是坚定跟党走的政治信仰。坚持以党委中心组学习带动基层党组织和党员学习,在政治理论和学习实践上下功夫,先后开展群众路线、"三严三实""两学一做"和"不忘初心、牢记使命"主题教育,利用微信公众号推送党校公开课,配发《习近平谈治国理政》(一、二、三卷)、《习近平新时代中国特色社会主义思想学习纲要》等学习书籍,通过自学、导学、交流、研讨、辅导等多种形式,让全面系统学、及时跟进学、深入思考学、联系实际学蔚然成风。将习近平总书记关于健康中国建设、公共卫生安全和生物安全的重要论述在学习中突出出来,引导大家牢记以人民健康为中心的理念。新冠肺炎疫情初期,党委主要领导就以承担国家责任,保障人民健康,在新冠肺炎阻击战中发挥央企主力军作用为主题,给全体员工远程讲党课,被学习强国、《人民日报》《光明日报》等刊发,引起强烈反响。

二是提升谋发展的政治能力。党委一班人坚持从习近平新时代中国特色社会主义思想中汲取政治营养,用以指导中国生物的改革发展。坚持规划先行,确立了六大业务板块协同推进,强主板、补短板、筑底板,全面融入生物医药大健康产业的战略布局,全面落实"亏损企业治理""降杠杆、减负债"等重点工作,组建了疫苗、血液制品、动物保健、抗体板块等研发中心,形成了联合实验室、科研孵化器等创新模式,构建了七大研发核心技术平台,在混合所有制改革、选人用人制度改革、薪酬分配制度改革、科研体制机制改革、股权投资基金、医药电商等方面打出了一套创新发展的"组合拳",企业体制机制创新、科技创新和管理创新都取得新突破,逐步形成了吸引和聚集各类优质创新要素的"强磁场",在国内生物医药行业市场竞争日益激烈的大背景下走出了一条创新发展的新路子。

三是践行国家队的政治担当。扛起民生健康责任是中国生物的历史使命。中国生物在国内最早研发生产疫苗。由于疫苗的接种使用,减少了3亿麻疹、脊灰、白喉、百日咳、乙脑、流脑、甲肝、破伤风、结

核等传染病病例，每年减少400万死亡病例和3 000万儿童感染乙肝。从2015年到2019年年底，中国生物累计供应了189 600万人份(剂次)免疫规划疫苗，占全国市场的80.0%，还提供了15 300万人份二类疫苗，为人民生命健康构筑了坚强屏障。先后参与抗击“非典”、应对“甲流”、阻击埃博拉等重大疫情，并为98抗洪、甘肃舟曲泥石流、四川汶川、青海玉树等救灾工作供应了包括疫苗、血液制品、传染病诊断制品等各种应急救灾产品，在国庆、奥运会、世博会等重大活动中承担应急保障任务，发挥了不可替代的专业支撑和稳定社会的作用。

二、以大战大考打磨精神意志，砥砺文化之锋

新冠肺炎疫情阻击战不仅是中华人民共和国成立以来我国遭遇的传播速度最快、感染范围最广、防控难度最大的重大突发公共卫生事件，更是检视企业文化在基层落实的“试金石”。在抗击疫情的战斗中，党委一声令下，党员骨干冲锋在前，逆行出征，在“可诊、可治、可防”三条战线上取得累累硕果，彰显了基层党组织的凝聚力、战斗力。

一是持之以恒建强组织力量。近年来，中国生物各级党组织严格执行《关于新形势下党内政治生活的若干准则》及国药集团、中国生物党委关于进一步加强党内政治生活制度文件的要求，“三基”建设基础更加牢固。新冠肺炎疫情突袭后，党委聚焦抗击疫情政治任务，第一时间研究印发了《关于加强党的领导为打赢疫情防控阻击战提供坚强政治保证的通知》，发动各级党组织，号召广大党员和职工迅速进入战时状态，全面投入疫情防控阻击战。在血液制品板块，从各地抽调精兵强将，向全国派出了43个采浆小组共156人，奔赴18个省(自治区、直辖市)，设立了50个血浆采集点，采集小组深入已经封城的武汉市区，到医院、卫生行政部门、血液管理中心讲解方案，取得支持，终于从医护人员身上采集到第一份康复者血浆，武汉最前沿成立了新冠肺炎康复者血浆采集临时党支部，4名关键时刻顶得上的骨干同志火线发展入党，也成为所有采浆工作者的榜样；在六大所，党支部发挥中坚堡垒作用，保生产、保供应，为复工复产做出了应有贡献；全系统号召党员对抗疫一线捐款，支持抗疫。各级党组织为抗疫取得重大战略成果奠定了坚实的组织基础。

二是牺牲奉献发挥模范作用。面对疫情，中国生物党员骨干冲锋在前，涌现出许许多多的感人事迹，为伟大抗疫精神书写了生动注解。疫苗是防疫的终极武器。疫苗研发团队根据职能和流程，把人员分为几个小组，24小时待在实验室，一组完成实验，二组马上顶上，环环相扣，首尾相接，不让一秒钟的时间白白流逝。实在困得受不了，就趴在书上打个盹，但一听到实验室的门响，就会条件反射一样马上蹦起来。一位80后的女科研人员，为了节约研发时间，少吃东西少喝水，后来干脆穿上了纸尿裤，每天在实验室里面一干就是19个小时，凌晨三四点钟才能脱下防护服，手机留言中，孩子带着哭腔抱怨都快忘了妈妈的样子了。有领导同志去看望慰问科研人员时问大家有什么要求，科研人员们异口同声，说希望哪天能放个假，可以好好睡一觉。一位科研人员说：“抗疫是对国家的一场大战大考，我为能参加这一重大历史事件而感到骄傲和自豪！”

三是科研攻关彰显责任担当。中国生物经过日夜奋战，艰苦努力，取得前所未有的“十个率先”重大成果：①生产的22种呼吸道检测试剂盒率先排除了已知病毒。②率先研发出的新冠病毒核酸分子检测试剂盒首批通过国家药监局认证和欧盟CE认证，列入世界卫生组织(WHO)应急使用清单。③率先提出并推动康复者血浆治疗方法获得国务院联防联控机制推荐使用，并被纳入国家卫健委等发布的《诊疗方案》。④率先研制出新冠感染特效药物——特异性免疫球蛋白，纳入了应急药品使用和国家储备。在北京新发地、新疆疫情，以及中国企业海外员工群体性感染中取得很好的临床治疗效果。⑤率先获得全球首个新冠灭活疫苗临床试验批件。⑥率先启动新冠灭活疫苗国际临床试验(Ⅲ期)。⑦率先建成全球最大的高等级生物安全生产设施，填补了国内空白。⑧率先获批疫苗紧急使用。⑨率先实现新冠疫苗国际注册上市，成为世界上第一个正式注册上市的新冠疫苗。⑩率先实现新冠疫苗国内附条件上市。这些科研成果，为战疫取得战略性成果发挥了重大作用。

三、以激励导向构建制度机制，筑牢文化之本

制度是实现企业文化落地的重要保障。中国生物着眼激发员工蓬勃朝气，在制度构建中立起能者上、优者奖、庸者下、劣者汰的鲜明导向，不仅有效激发了广大员工干事创业的积极性，还取得了人才队伍如春草怒生的良好局面。

一是让有能力的有位子。“十三五”期间，党委主导实施“良将工程”，从子公司领导班子成员入手，现职人员“全体起立”，公平、公正、公开竞聘上岗，将组织意愿、个人意愿、群众意愿有机结合，把过去的“伯乐相马”转化为“赛场赛马”。这一过程严把选人用人关，保证人选政治合格、作风过硬、廉洁不出问题。通过这项工程，选拔任用了一批业务精良、作风优良的领军人才，得到干部职工的拥护和好评。大家普遍认为公司出现了几个显著变化：观念变了，从“要我干”变成“我要干”；目标变了，从盯位子变成盯实绩；作风变了，从对个人负责到对事业负责。

二是让出成果的得奖励。大力推动科研体制机制改革，改进科研奖励制度，推进抗体板块体制改革，探索混合所有制项目公司改革，建立中生特色课题负责人（PI）制，有效激励了科技人员的工作积极性。制订《中国生物技术股份有限公司科研奖励条例》，突破性提出课题组模拟公司化运行的改革模式；对沉淀已久的疫苗项目进行混合所有制改革，激活了创新潜力，也实现了国有资产保值增值。充分利用资本手段，加强与中小创新型企业和研发机构合作，特别是一些“卡脖子”的关键技术难题，以项目为载体，通过设立合资公司，在整合各方优势资源的同时，充分发挥机制的灵活性，引导、孵育、加速创新型项目的转化上市。

三是让混日子的受处理。持续推动落实绩效考核评价“薪考5+1”办法，坚持“三个区分开来”，围绕上级决策部署贯彻执行、经营预算、重点工作任务完成和党建、纪检工作落实情况，坚持月度、季度、年度全过程跟踪考核、严格监督，建立负面清单、正面清单，未及时完成的下发督办令提醒，并视情况分别做出处理，几种情形叠加的加重处罚，违规违纪的一票否决，考核优秀的给予奖励。半年时间里重点任务提醒4次，条线任务提醒4次，降职2人次，1家子公司领导班子进行追责，公司向上争先的良好风气日渐浓厚。

四、以追思怀远赓续血脉传承，涵养文化之根

中国生物走过了100多年的发展历程，具有深厚的文化底蕴。企业坚持从历史解读中赓续中国生物的血脉传承，从品牌推广中彰显爱与责任价值观，从当下的攻坚克难任务中汲取时代精神，着力讲好三个故事。

一是讲好前贤的故事。2019年恰逢中国生物百年华诞。中国生物精心打造了一批文化建设项目，结合国庆策划开展了“双庆”系列文化活动。建成开放了国内第一家生物制品行业博物馆，通过文物展出、沉浸式观影、互动体验、场景复原等方式，全景式地展现了中国生物制品行业从艰难走向辉煌的发展历程，建馆以来，接待人数已超过3 000人，并挂牌成为“中华预防医学会健康科普基地”；与人民出版社合作，出版了国内第一部反映生物制品历史发展全景的《中国疫苗百年纪实》，并在“读书日”活动中，邀请行业顶级专家与作者、读者连线交流；推出了国内第一部记录生物制品行业历史大事件和重要人物的纪录片《相遇百年》，包括已经辞世的多位生物制品重量级专家在片中留下了宝贵影像；刊印了百年中生文化故事集、科技论文摘要汇编，创作了电影级宣传片《门》，生动展现了中国生物前辈们以身试药的奉献精神、只争朝夕的奋斗精神、勇于开拓的创新精神、甘坐冷板凳的钻研精神；创办了首届天坛医药健康院士论坛，在生物制品年会暨庆祝中国生物华诞一百周年大会之际组织了精彩纷呈的“相遇一百年，多彩新时代”文艺汇演，中生系统和相关生物制品企业300余名职工载歌载舞，向历史致敬，向先辈致敬，有效增进了传承先辈精神的行动自觉和身为中国生物人的自信自豪。

二是讲好品牌的故事。全面提升中国生物品牌影响力。组建中国生物媒体资源群，与央视科教频道、国资小新等开展深度合作，通过与强势媒体协同、公益活动参与、品牌故事展示，赋予其“人格化”属性，提升企业在社会公众心中的品牌形象和地位，

加强品牌与受众的情感关联。讲企业品牌故事，编印 2020 年社会责任报告，在首都机场和公交车站投放广告、订制特色文创产品、配合央视摄制科教系列片《永不停歇的疫战》，参与中国红十字会丝路博爱基金公益项目，制作品牌故事短视频，取得了较好传播效果。讲产品品牌故事，与中央电视台科教频道《创新进行时》节目合作推出三集纪录片《疫苗大解密》，开展直播连线 7 场，中国生物科学家连线行业权威，直播观看总量超千万人次，还通过参与行业综合展会、学术论坛、组织新产品上市发布会，精心培育市场产品大品种，做强做大产品品牌。讲人物品牌故事，积极开展科学家、企业家与基层品牌建设。例如宣传以汤飞凡、章以浩、赵铠、杨晓明、李秀玲（同时也是党的十九大代表）等为代表的优秀科学家、企业家品牌，宣传疫苗研发、生产团队，打造中生群星品牌，开展了两届"中生之星"评选表彰活动，建设并宣传国资委授予的"中央企业第一批基层示范党支部"，通过对先进典型的品牌塑造，为企业品牌赋能。充分运用多种手段讲好品牌故事，围绕中国生物百年主题纪录片制作系列短视频，在微信、微博、抖音等平台引发了热烈反响，形成了上下联动的局面，围绕党建、改革、业务、研发、科普等开展宣传报道，不仅品牌出来了，凝聚力也增强了。

三是讲好抗疫的故事。积极呼应抗疫这一社会焦点，及时向社会大众反馈中国生物的抗疫进程。拍摄了中国生物抗疫系列主题双语宣传片。组织了两场新冠肺炎防控媒体通气会，新冠诊断试剂报道形成超级传播，援助意大利战疫日记受到广泛关注，新冠灭活疫苗获批临床、新冠生产车间建成、国内和国际临床研究等系列报道引发热议。发起"寻找血浆捐献者、同做最美抗疫人"倡议，《康复者血浆治疗是个啥》微博平台播放量累计近 700 万次，相关央视新闻主持话题阅读超 8 500 万人次，科普视频《新冠灭活疫苗是个啥》被多家媒体和机构转发引用，在全社会引发广泛反响。结合全国儿童预防接种日，疫情期间在抖音平台开展"争做健康好苗苗"品牌传播活动，累积播放量 1.2 亿次，社会参与互动视频 1.3 万个，视频点赞达 88 万总次数，品牌 IP 的关注度不断攀升。

文化是更深沉、更持久的力量，是企业基业长青的根本支撑。中国生物将在国务院国资委、国药集团党委的坚强领导下，从历史与现实、改革与发展中汲取文化营养，持之以恒抓好企业文化各项建设，以企业文化建设的新成效催生改革发展的新跨越。

融产结合　创新发展

——目标世界级生物医药公司

上海医药集团股份有限公司董事长　周　军

把当下中国医药产业放在世界格局横向观察，放在全球 GDP 第二大国的位置，放在全球第二大医药消费市场的位置，中国医药产业在最近 5 年前后发生了巨大变化。创新药的审批数量在快速增长，创新药市场融资高度活跃，已有 5 家中国制药企业跻身 PharmExec《全球制药企业 50 强》，显示了中国医药产业创新已经从量变走向质变，步入到更高层次的发展阶段。

综观国家"十四五"规划，"生物医药/医药和医疗设备"多次出现在战略新兴产业、核心科技攻关、产业优化升级等重要板块，国家旨在做强生物医药产业，要形成并壮大从医药科研到成药的全产业链能力，这既是对当下生物医药企业的鞭策，也是新时代生物医药企业的担当和使命。上海医药集团股份有限公司（下称"上海医药"）作为我国医药行业的龙头企业，多年前就布局了创新发展、融产结合、集约化和国际化为核心的发展战略，紧抓改革机遇，推进创新实践。2021 年，企业位列《财富》世界 500 强第 437 位、《全球制药 50 强》第 42 位，身体力行推动行业高质量发展。

一、促转型，开放创新加快培育发展新动能

科技创新是生物医药产业发展的牛鼻子。作为以仿制药为主的传统药企，上海医药需要“练内功”和“聚外力”双管齐下，才能够实现“弯道超车”。上海医药在以科技创新为驱动的创新发展战略引领下，积极参与国家加快构建关键核心技术攻关新型举国体制，推进产品创新、业态创新、模式创新，加快培育发展新动能。

在创新发展战略引领下，上海医药研发投入逐年大幅提高，从2015年的6.2亿元，快速增长到2020年的19.7亿元，5年翻了3倍；创新药管线持续扩容，从2015年的16项快速增长到2020年的38项。

上海医药坚持创新形式不拘一格，加快建立开放创新体系，只要能够为我所用，特别是研发能力能够纳入上海医药体系中的，那就不分内外，自己的团队也可以，其他团队加入也可以，甚至产权或合作都可以谈。近几年来，上海医药与多家高校(上海交大医学院、复旦大学药学院、天津中医药大学等)、医疗机构(上海瑞金医院、上海儿童医学中心、上海市第十人民医院、四川华西医院等)、科研院所(中科院上海药研所等)共建“产学研”平台，成功转化了包括CAR-T细胞治疗等在内的多个前沿项目。

在上实集团携手优质民营资本参与天津市医药集团股份有限公司混合所有制改革后，上海医药联手天津医药、云南白药共同建立了“云天上 · 复兴中华优秀传统中医药产业联盟”，积极促进我国中医药事业的新时代发展。

二、把方向，融产结合提升发展能级

根据时代发展大势和行业变革趋势，上海医药于2017年初确立了“创新、集约化、融产结合和国际化发展”四大发展战略，依托上实集团优势，引领企业不断突破以往的常规发展模式。5年来，上海医药营收规模的快速增长在很大程度上获益于融产结合、创新发展战略的深入实施。

在融资引战方面，2018年，上海医药在港完成闪电配售，募集资金31.2亿港元；2021年年初，上海医药旗下的互联网电商平台上药云健康、创新金融支付平台镁信健康分别完成B轮融资，募资规模各超过10亿元；上海医药还积极深化股权结构多元化改革，拟通过定增方式引入云南白药和上海谭东(上实集团旗下企业)作为战略投资者，募资金额达到143.8亿元人民币，也是近5年以来A股和港股医药行业上市公司最大的再融资项目。

在并购合作方面，上海医药合理开展投资并购，2018年成功收购康德乐中国100%股权，一举奠定了医药商业全国第二的地位；作为基石投资人参与科创板的艾力斯、港股的豪森药业与赛生药业IPO，达成医药商业合作，实现投资与业务的联动互促。

三、布大局，重大项目提升贡献度和显示度

生物医药是国家新兴战略产业。上海医药积极筹划、推进了一批重大项目，探索布局行业发展的前沿领域，显著提升公司服务国家战略和上海发展的贡献度和显示度。

在生物药物领域，上海医药加快引进国际先进产品。2019年，在中俄两国领导人见证下，上海医药与俄罗斯领先的生物医药企业BIOCAD签约，成立合资公司开展研发合作，首批引进的3款抗体新药(PD-1、IL-17A、GITR)和3款生物类似药快速启动在华研发注册工作，其中PD-1抗体Prolgolimab已进入临床III期阶段。

在新冠肺炎疫苗领域，2020年，上海医药与康希诺生物达成战略合作，并于2021年投资15亿元在上海宝山区建设新冠肺炎疫苗生产基地，开展重组新型冠状病毒疫苗(5型腺病毒载体)研发和生产，目前项目已完成建设工作并进入试生产阶段，达产后年产疫苗不少于2亿剂。

在创新平台建设方面，上海医药加快建设总投资超80亿元的2020年上海市重大工程项目——上海医药生物医药产业创新基地(张江)项目，项目位于上海浦东新区张江路92号，规划总建筑面积超30万平方米，打造聚焦治疗性抗体、细胞治疗、基因治疗、微生态等领域的研发到中试产业化的重大科技基础设施与服务平台，将全面服务上海乃至国内外的研发机构和企业。此外，上海医药积极参与自贸区临港新

片区建设，已设立上海医药国际供应链中心，正在打造世界级的生物医药进出口供应链园区。

在投资基金平台方面，2020 年，上海医药作为有限合伙人参与由上实集团发起设立的总规模 500 亿元的上海生物医药产业股权投资基金（首期约 100 亿元），在优质标的识别、早期项目孵化、创新领域布局等多方面形成战略协同。

四、促改革，持续激发发展动力和创造活力

不断提升上海医药的市场化程度，这是企业坚定不移的战略。按照国家和上海市深化国资国企改革的决策部署，企业大力推动治理模式和市场化经营机制的健全完善，探索推出适配上海医药基因、适合行业特质、适应时代发展的体制机制创新举措。

上海医药坚持“人才是创新的第一资源”理念，持续推进选人、用人、育人和考核激励机制改革，切实解决经营团队动力机制和约束机制问题。2019 年，上海医药首次推出上市公司股权激励计划，向 210 名核心人员授予 2 560 万份股票期权，实现市场化激励机制改革从“0”到“1”的突破。同时，企业也不断加大领军人才、高端研发创新人才和国际化经营人才的引进力度，近 3 年通过市场化选聘引进超过 200 名药物研发、临床等方面人才，有效提升新药研发能力。

在参控股公司层面，上海医药也多头并进加快股权结构优化，促进各类资本各展所长，相互促进，共同发展。作为第一大股东，公司推动创新药企业复旦张江于 2020 年成功登陆科创板；与国内制剂方面的专家团队合作，组建了上海惠永药物研究公司，实行创始团队持股，成立两年即完成了 A 轮融资；与交大医学院教授团队等专家共建的多个混合所有制研发创新平台也已组建。

五、勇担当，坚守使命积极承担社会责任

在抗击 2020 年新冠肺炎疫情“大考”面前，上海医药充分发挥工商一体、产研一体的全产业链优势，全力以赴、使命必达。在上海，企业承担了抗击新冠肺炎医疗物资保障基地和采购平台的职责使命，在国内多个地区，企业也在药品和医疗物资的供应保障中发挥了“先锋队”“主力军”的重要作用。上海医药的工业企业生产保供了十大类、100 多个抗疫相关药品的供应，向湖北及全国各地捐赠医疗设备、呼吸机、抗疫药品等价值累计超过 2 600 万元，并于 2020 年 3 月收到了国务院应对新冠肺炎联防联控医疗物资保障组专门发来的感谢信。企业还积极投入抗疫科研攻关，联合国内知名院士、专家及医院临床机构开展了磷酸氯喹、硫酸羟氯喹、瑞德西韦、新冠肺炎疫苗等产品科研项目，得到了国家工信部的肯定和感谢，旗下产品硫酸羟氯喹、乌司他丁、荆银合剂进入“上海方案”。在抗疫战役的每个关键节点，上海医药都用行动证明了企业使命——“持之以恒，致力于提升民众的健康生活品质”绝不仅是一句口号。

在精准扶贫方面，上海医药积极响应中央扶贫号召，在大理弥渡县援建卫生所医疗服务站 14 所、培养 200 余名乡村医师、救助小儿先天性心脏病患儿 82 名，同时在当地建幼儿园、建学校、建公路、帮助种植中药材，助推当地经济发展，改善医疗卫生条件，提升民众生活质量。令人欣慰的是，2020 年 5 月 17 日，弥渡县正式退出贫困县行列。

过去的 5 年间，上海医药实现了跨越式发展，市场竞争力、影响力和美誉度显著提升。2020 年，上海医药克服新冠肺炎疫情的影响，营业收入达到 1 919 亿元，实现利润总额超 72 亿元，较 2015 年增长 71.0%。展望未来，上海医药在上实集团的指导、支持下，将以更快的速度、更大的动能发挥好生物医药产业发展的龙头和骨干作用，为强化科技创新策源和高端产业引领功能，加快生物医药产业高质量发展做出更多的积极贡献。

2020 年度东风汽车集团有限公司概况综述

东风汽车集团有限公司

概　况

东风汽车集团有限公司(下称“东风公司”)坚决贯彻落实党中央、国务院的重大决策部署,紧扣公司“治痛点、解难点、纾堵点,强弱项、强基础、强素质”的年度工作方针,统筹推进疫情防控和改革发展各项工作,2020 年销售汽车 345.8 万辆,销售收入达到 5 993 亿元,同比增长 3.2%。“两金”占用同比下降 4.4%,达成国务院国资委管控目标;“非正常两金”同比降幅超过 50.0%。截至年底,公司总资产达到 4 353 亿元,从业人员 13.7 万余人。

疫情防控与复工复产

面对新冠肺炎疫情,东风公司党委坚决贯彻落实党中央、国务院重大决策部署,牢记企业作为央企“国家队”的职责使命,把疫情防控作为头等大事和最重要的工作,按照“坚定信心、同舟共济、科学防治、精准施策”的总要求,结合湖北省、武汉市疫情情况和东风公司的实际,围绕“内防扩散、外防输出”两大任务,众志成城,严防死守,果断提出“一手抓防疫、一手抓复工”的应对策略,奋力夺取新冠肺炎疫情防控和经营发展的双胜利。东风商用车以最快速度,日夜奋战,完成 875 辆消杀车辆生产和交付任务;东风汽车股份有限公司、东风柳州汽车有限公司克服困难,分别生产 255 辆、358 辆防疫车辆驰援抗疫,充分展示了东风制造的硬核力量。东风公司携旗下 21 个单位向湖北省及 7 个地(市)捐赠款物共计 1.1 亿元,33 482 名党员为抗疫捐款 371.8 万元,81 227 名员工捐款 524.2 万元。其中:东风车城物流股份有限公司、风神物流有限公司、武汉东本储运有限公司紧急配送医用物资、救援物资,累计出动集装箱车辆 570 趟次、运输救援物资 14.1 万箱,竭力保障武汉及湖北抗疫战场“物资生命线”畅通。东风畅行科技股份有限公司迅速组建千车千人规模的抗疫志愿车队,累计行驶 424 万千米,服务 35 万余人次。东风公司疫情防控青年党员服务队在一线转运患者、守护养老院、卡点值守和配送物资,从 34 家疫情定点医院、方舱医院转运 601 名患者,向养老机构配送物资 26.5 吨,获评 2020 年“湖北青年五四奖章集体”称号。在中国汽车企业社会责任暨中国汽车战“疫”英雄谱颁奖典礼上,东风公司被授予“优秀战‘疫’担当企业”和“战‘疫’特别贡献企业”称号。

2020 年,东风公司增强战略定力,推动自主事业可持续发展,开展自主新能源车高端品牌建设,加速打造高端新能源汽车品牌“东风岚图”。东风商用车有限公司持续打造领先新优势,深入推动商用车“二次转型”,加快推进“骁龙”和大马力发动机项目,“东风”品牌商用车中、重卡商品进一步优化;轻型车销量跑赢大市,战略商品实现升级;“乘龙”品牌销量跑赢大市,重点区域和渠道能力实现突破;“华神”品牌发布全新商品平台,经营总体向好。打造全价值链、强矩阵式商品项目管理体系,强化项目责任制,构建可持续发展的自主乘用车事业体制机制。全力做好 G35 等车型上市工作。加大第四代东风猛士开发和军民融合工作力度。加强零部件与整车的协同,提升供应链自主可控能力。自主乘用车品牌焕新,各子品牌的定位进一步清晰,平台技术进一步增强。军品事业快速发展,第三代东风猛士 300 马力车型批量列装,第四代军车课题通过阶段性验收,军民融合项目加快推进。

围绕“五化+N”关键核心技术,加速推进国务院国资委“1025 专项”、东风公司“928 工程”和“8 大类 12 项”等技术项目,加大技术攻关力度,相关工作全部按计划完成。加快突破一批“卡脖子”技术难题,统筹推进共性技术协同研发,“五化一车四网”产业化应用见效,累计实现110余项新技术搭载和应用。L2+级自主乘用车量产上市, L4级自动驾驶车型Robotaxi示范运行,完成EEA3.0电子架构研发,支持5G及L3级自动驾驶, 5G港口无人驾驶集卡投入运营,为智能化行业领先奠定良好基础。

精准扶贫与企业履责

2020年,面对突如其来的新冠肺炎疫情,在自身处于疫情中心区域、生产停摆近两个月的情况下,东风公司深入学习贯彻习近平总书记在决战决胜脱贫攻坚座谈会上的重要讲话精神,对脱贫攻坚工作进行积极部署,确保防疫扶贫两手抓、两不误。围绕扶贫体系管理、扶贫组织建设、扶贫任务落实、扶贫模式创新等方面,全方位开展定点帮扶工作。公司主要领导及班子成员克服武汉封城、新疆防控升级等困难,先后赴广西马山、新疆柯坪开展扶贫工作调研,沟通协调工作,解决实际难题。并选派5名业务能力强、作风过硬的优秀扶贫干部赴柯坪县、马山县分别担任挂职副县长和驻村第一书记,当好推动当地脱贫致富的带头人。全年共向柯坪县、马山县投入扶贫资金1 267万元,较上年增长15.0%;引进帮扶资金571.9万元,完成任务要求的5.7倍;培训基层干部174名,培训技术人员214名。2020年3月,柯坪县经新疆维吾尔自治区人民政府批准,正式脱贫摘帽;2020年5月,马山县经广西壮族自治区人民政府批准,正式退出贫困县序列。自2016年以来,东风公司围绕基础设施建设、产业扶贫、教育扶贫、就业扶贫和消费扶贫等工作精准施策,在柯坪县和马山县共投入帮扶资金4 492万元,引进帮扶资金854.9万元,培训干部638人,培训技术人员1 007名,采购贫困地区农产品5 643万元,帮助销售农产品2 108万元。帮助引进企业8个,实际投资额达到9 910万元,并实施一批帮扶效果明显的项目。

东风公司推进实施社会责任“润”计划3.0,持续打造“东风梦想车”大赛和“东风润苗行动”等重点履责项目;助力打赢脱贫攻坚战,东风公司帮扶的4省8县(市)全部脱贫摘帽。企业2020社会责任发展指数综合评分85.2分,位列中国企业300强指数排名第10名,国有企业100强指数排名第8名,中国汽车制造行业第3名,荣获央企2020“精准扶贫奖”殊荣。

企业改革改制与混改工作

东风公司以实施《国企改革三年行动方案》为契机,结合公司实际,明确路线图、时间表、任务书及责任主体,制定发布《东风公司改革三年行动实施方案》,针对职能领域的107项和业务领域的97项改革任务加速展开。抓住资本市场深化改革重大机遇,推进企业A股创业板发行上市,回归A股,进一步打通融资渠道,为公司进一步规范治理奠定基础。

深入推进业务整合和战略重组:东风公司物流业务实现整合,东风汽车零部件(集团)有限公司和东风装备公司实现战略重组,东风启辰品牌纳入东风日产发展。东风公司持续深化“三项制度”改革。职业经理人制度加快推进,“总部机关化”问题专项整改加快推进,完善“压减”工作长效机制,推进“瘦身健体”,总部机构减少21.0%,编制减少32.0%。加快推进职业经理人制度。加速用工市场化,市场评价贡献,贡献决定报酬,有序推进关键岗位核心人才激励,灵活开展多种方式的中长期激励。稳步开展“双百行动”“科改示范行动”和国家发改委试点的混改工作,积极探索新业务领域的混改路径,持续推进混合所有制改革,不断推动和深化超额利润分享、分红权激励、股权激励等激励机制。东风畅行科技股份有限公司以“双百行动”为契机,2020年11月增资项目在上海联合产权交易所公开挂牌,成功引入非公有资本战略投资。增资完成后,顺利实现从国有全资向股权多元化的转变,成为央企、地方国企、社会资本、核心员工持股和优势互补的典型混合所有制企业,“双百行动”取得实质性突破。

东风公司积极推进重大专项任务,“处僵治困”第一阶段收官,6户重点亏损子企业扭亏,达成“压减”工作目标。剥离“两非”业务,主业进一步聚焦。积极稳妥降杠杆减负债。“两金”占用同比下降4.4%,达成国资委管控目标;“非正常两金”同比降幅超过50.0%。推动历史遗留问题彻底解决。完成退休人员管理社会化工作主体任务,职工基本医疗保险移交签订移交协议，做好职工基本医疗保险属地化、退休人员管理社会化、采暖收费市场化等收尾工作；“两供一业”维修改造任务全面完成，十堰基地采暖收费市场化改革稳步推进。

合规体系构建与经营风险防范

东风公司加强法治央企建设，努力建设治理完善、经营合规、管理规范、守法诚信的“法治东风”。加强成本精细化管控，严控各项费用性开支，严控非生产性支出。协同巡视、审计、合规评价和内控制度建设，进一步构建大合规体系。完善合规管理体系。以“一个平台、两个循环”为主线，建立架构合规、制度合规、执行合规、违规追责为一体的合规管理体系。公司首轮合规评价缺陷整改基本完成。坚决防范化解重大经营风险。统筹改革创新与发展稳定，重点针对公司 13 项重大重要风险，制定 63 项风险应对解决方案，对供应链风险等进行持续动态监控。突出主业，精壮主干，持续抓好“两非两资”剥离处置工作；加强产、销、存精准管控，强化人事费用率和全员劳动生产率管理，持续提升人事效率。

人才队伍与分配机制建设

加快重点领域人才队伍建设，实施数字化人才转型培育专项行动。深入开展营销人才培养，持续推进高素质员工队伍建设，加大高技能后备人才和创新领军人才培养力度。聚焦关键领域和岗位，开展各种形式的全员劳动竞赛。

东风公司技术中心实施“1118 人才工程”：培养 1 名院士、10 名领军人才、100 名行业知名专家和 800 名中高端人才。为使人才工程扎实落地，公司技术中心推出“领军人才计划”“领航人才计划”和“领率人才计划”，旨在打造素质精良的自主研发团队、管理卓越的运营团队和技艺精湛的技能团队。加强“五化”人才队伍建设，建强专业技术总师、副总师队伍，1 097 名公司级专家进入专业技术、高技能人才库。强化多元激励机制，新业务领域完善市场化薪酬分配机制，研发领域扩大实施项目制激励，试点实施模拟股份制激励。

党群工作

东风公司党委贯彻落实习近平总书记重要讲话、重要指示批示精神和党中央的重大决策部署，增强“四个意识”，坚定“四个自信”，做到“两个维护”，坚持从“两个基础”和“六种力量”的高度审视东风事业，自觉地担负起“国家队”的职责使命。巩固深化“不忘初心、牢记使命”主题教育成果，坚定信心，保持定力，加快改革创新，深化转型升级，奋力实现“三个领先、一个率先”，加快建设卓越东风和世界一流企业。着力推进中央巡视整改，纵深推进全面从严治党，贯彻落实“两个责任”，确保经营合规合纪合法。严肃查处一批违纪违法案，全面从严治党对保证生产经营健康发展的作用持续彰显。

东风公司党委充分发挥基层党组织的战斗堡垒作用和广大党员的先锋模范作用，纵深推进全面从严治党，压实“两个责任”，加快构建一体推进不敢腐、不能腐、不想腐的体制机制，营造风清气正的政治生态、干事创业的事业环境和“开心工作、快乐生活”的工作氛围，推动党建与生产经营深度融合，构建高质量党建引领高质量发展的新格局，为生产经营提供坚强有力的政治保障。

东风公司党委坚持“党建带工建、党建带团建”，充分发挥群团组织桥梁纽带作用。指导工会系统围绕当好“八心”工会主动作为，组织各级工会投入专项资金 1 094.1 万元，慰问防疫一线人员 3 570 人次。在全国人大代表、全国劳模、东风商用车有限公司员工王建清倡议下，企业劳模迅速通过微信筹款 5.6 万元，46 名劳模和近 700 名专兼职工会干部下沉社区，开展志愿服务 4 万个小时，服务居民 3.8 万户、10 余万人次；组织线上职业技能培训，开展各类小课堂 381 期，涵盖课程 100 多门，参与员工 8.1 万人次，深入开展“和衷共济保目标，岗位建功我争先”劳动竞赛和“安康杯”职业安全健康竞赛，为复工复产积蓄动能。指导共青团系统构筑防疫长城，发布《致东风青年抗疫倡议书》《助力复工复产志愿行动倡议书》，制定《在防控中发挥共青团生力军和突击队作用通知》，动员 8 万青年“以青春之我，勇担防疫复工之责”；指导各级团组织成立防控志愿服务队，招募320名青年、开展服务80余项；结合青年兴趣点，举办“我为单狂”线上营销比武、复工复产抖音大赛等活动；针对青年群体易受网络影响的特点，利用“青”字号新媒体矩阵开展线上思想引导100余次，为团员青年营造清朗的网络空间。

以改革创新推动企业高质量发展迈上新台阶

庆铃汽车(集团)有限公司

一、企业基本情况

庆铃汽车(集团)有限公司是我国汽车行业重点骨干企业，现已发展成为由中日合资、海外上市的庆铃汽车股份有限公司、中德合资的氢动力系统公司和12家中外合资企业、5家国有全资企业、2家混合所有制企业，共计21家子企业组成的商用卡车制造企业集团。主要生产国际先进技术质量水平的五十铃全系列商用卡车、庆铃自主品牌传统燃油和新能源商用卡车、五十铃100~520马力6大系列发动机以及博世氢燃料电池发动机。集团总资产150亿元，净资产115亿元。庆铃坚持三十年如一日专注于商用卡车主业，秉承“让更多用户使用世界水准的商用车”发展理念，始终坚持对外开放合作，坚持走质量效益型发展道路，已成为中国商用卡车行业技术质量领先企业。曾荣获“中国卡车10强”“重庆市首届市长质量管理奖”“重庆市技术创新示范企业”“2012—2014年重庆市优秀工业企业”第4名；“2013—2017年度重庆市国企贡献奖”；连续8年荣获“全国质量诚信标杆典型企业”；连续23年被评为“重庆工业企业50强”，获中国机械工业企业管理协会“管理进步示范企业”、国务院国资委“管理标杆企业”。

二、近年来开展的主要工作及成效

当前能源、通讯、人工智能技术叠加交织，汽车行业正在发生颠覆性变革和重构。庆铃深入践行新发展理念，培育创新能力、强化创新驱动、实施智能智造、深化机制改革，不断集聚企业发展新动能，推动企业高质量发展迈上新台阶。

(一)培育创新能力，强化自主创新

1. 改革创新机制，营造创新氛围。出台创新管理办法、对创新项目实施激励，营造人人可参与、处处有创新的氛围。一是制定《集团工艺技术创新、管理创新管理办法》，加大对原创性、发明性和经济效益明显的创新项目激励力度。“十三五”期间，2 166人/次员工开展小改小革活动3 250余项，创造经济效益14 800万元，实施创新奖励428万元。二是制定《产品创新项目管理及薪酬激励实施细则》，对新产品开发进行项目制管理，对参与新产品开发项目的担当团队实施激励，“十三五”期间，实施产品创新奖励135余项，奖励1 113万元。

2. 扩大创新队伍，增强创新能力。①多渠道引高才、育专才。一是修订《校园招聘管理办法》《社会招聘管理办法》，拓宽人才招聘渠道、规范人才引进流程；出台《高层次人才引进及待遇管理办法》，引进适应公司战略规划和产业发展需要的智能驾驶、新能源等领域紧缺的高层次人才。“十三五”期间，持续引进汽车领域等高精尖人才，集团研发队伍人员数量增长6.7倍。二是充分利用“企业、社会”两类资源，抓住“生产、开发”两个重点，分“基础、提升”两个阶段，围绕新能源汽车、智能网联汽车等内容，邀请知名专家对开发系统员工开展4 000余人次培训。②建体系配人才、用英才。一是搭建高效的研发体系，形成覆盖开发全过程的“1+4+1+2+1”研发体系，即“1”个汽车法规及公告对应体系；皮卡、轻卡、中重卡、新能源汽车“4”个产品研发体系；“1”个

发动机动力总成研发体系;"2"个试制、试验体系;"1"个氢燃料工作室;搭建起以产品企划室牵头,21个专业室支撑的全新研发组织。二是按专业门类聚焦、调配研发人才,推进全系列车辆的专业化研发,保障"上市一批、在研一批、筹划启动一批"的新产品研发投放机制有序运转。

3. 加大创新投入,健全创新环境。结合车辆研发需求,采购高低温交变湿热试验箱、气密性检测仪等先进的实验仪器,对研发车型开展 PEMS(实际道路行驶测量试验)、WHTC/WHSC/WNTE(柴油机排放限值试验)、真空泵 DVP 等试验,进行零部件试制、确定关键零部件选型、调校总成关键参数,不断提升产品性能。集团 R&D 逐年增加,从 2016 年的 1.5%提升到 2020 年的 3.9%。

4. 整合创新资源,打造创新生态圈。一是进一步扩大开放,深化与五十铃等全球商业伙伴的合作,加速世界先进产品和技术的引进。二是联合德尔福、中汽研、华为、百度等零部件配套商、科研院所、科技企业就智能网联、车路协同等课题进行协同创新。三是不断整合产业链资源,利用优质社会平台,外委开发,形成跨领域、大协作创新生态,提升集成创新能力。

5 年多来,以己为主研发 264 款五十铃牌产品、自主研发 39 款庆铃牌产品。企业已由"五十铃"单品牌支撑,转变为"五十铃+庆铃"双品牌支撑的发展格局。

(二)创新驱动发展,提升关键技术能力

1. 率先攻克燃油车技术难关。在行业内解决 OBD(车辆自动诊断系统)远程监控等多个技术难题,获得专利 413 件。一是满足排放法规要求,轻、中、重型全系列卡车国Ⅵ研发跨越国Ⅵa,提前 4 年直达国Ⅵb 标准。二是应用应力强化等新技术,推动商用车轻量化、轿乘化、智能化的发展,推出铃咖、TAGA H 等新产品。三是攻克国Ⅵ发动机后处理 SCR 系统温度过低等行业难题,实现五十铃 VC66 重卡、VL17 轻卡的现地化开发及量产。

2. 逐步掌握电动车核心技术。全系列产品实现高水平电动化,并开发拥有自主知识产权的整车控制系统芯片——"庆铃芯",车辆续航里程及 EKG(单位载质量能量消耗量)等关键参数优于国家标准,批量进入市政、环卫、公务、机场、城市配送等重点行业。其中:EVC61 重卡环卫车作为指定用车,出色完成国庆 70 周年庆典现场保障任务。

3. 掌握氢燃料汽车动力总成集成技术。高起点布局、发展氢燃料电池发动机和氢动力卡车,与德国博世在重庆成立其本土以外的首个氢燃料电池发动机合资公司。一是已实现氢燃料电池动力模块的开发、生产,现地化生产的氢燃料发动机已批量下线,关键参数已达到我国技术路线图 2025 年指标,将带动 300 余种零部件本地化生产。二是已顺利获取氢燃料电池商用卡车生产资质及 2 款氢动力商用车车型公告,2021 年 10 月氢动力卡车正式下线,带动上下游行业共同打通氢燃料汽车的制氢、运氢、储氢、加氢等全环节,率先联通"成渝氢走廊",完成国内首次氢动力卡车干线物流示范运行,为商业化推广奠定基础。

5 年来,持续加强核心技术攻关,技术和产品来源由过去单一依靠五十铃,转变为以己为主进行创新,零部件国产化率提升至 96.0%,带动配套企业实现 3 万余种零部件的轻量化、集成化升级。在补链、强链、铸链过程中,发挥国企带头、带动作用,有力保障产业链、供应链"双链"安全。

(三)融合应用大数据智能化,赋能企业高质量发展

1. 智能产线赋能制造升级。以自动化和数字化技术为主线,对工艺、装备进行智能化改造,将生产过程中质量、设备、物料等信息数据实时自动采集上传,实现了装备与生产控制管理系统的互通互联,在提高效率的基础上,大幅提高产品的一致性。"十三五"期间累计投入 13 亿元推进 MYY 变速箱等 7 个智能制造项目,涉及机加、焊接等工序的自动化改造 10 项,新建装配、检测等自动化产线 6 条,建成 4 个数字化车间。

2. 智能产品赋能应用升级。牵头开发的 L3 级 5G 自动驾驶智能物流配送车辆获得重庆市第一张商用车自动驾驶公开测试牌照,已在寸滩空港物流园区示范运行,物流企业可减少 60.0%人员,提升 15.0%出货效率。正有序推进自动驾驶环卫车辆在

西部自动驾驶开放测试基地、两江新区国家级车联网先导区等特定场景的运用。

3. 智能网联赋能服务升级。融合应用大数据技术，推出庆铃 IVI 车联网，实现定制化车辆从开发到交付全过程数字化传递，已接入车辆超 30 多万台，提供在线智能回复、指导 80 余万次，实现了厂、商、用户、车辆的信息联通交互，既为客户提供更快捷贴心的服务，又为优化产品设计获取第一手数据。

（四）深化机制改革，推动企业发展

1. 深入推进子公司市场化改革。一是加大授权放权力度。制定《集团与子公司权责事项清单、授权放权事项清单》，积极推动子公司市场化主体建设，提升主动经营能力和市场化发展水平。二是实施子公司经营层任期制和契约化管理。签订《任期经营业绩责任书》，立下军令状，明确责权利。“十三五”期间子公司出口产品不断提档升级、出口市场向高技术、高附加值发展，集团外销售收入年均增长 21.0%，利润年均增长 22.7%。

2. 积极推动混合所有制改革。一是吸纳具有专用车上装技术资源的优质社会力量，与耐德工业、兴永建设共同出资设立“重庆耐德永铃专用汽车有限公司”，专业发展高附加值环卫改装产业，推动专用车产品的轻量化、智能化、绿色化升级，实现销售 4 万余台。二是与东方鑫源成立销售服务公司，推动庆铃自主品牌快速量销。一年来新建成网点 129 家，覆盖全国 30 个省（自治区、直辖市）、145 个地级市。建立售后服务网络 272 家，覆盖 31 个省（自治区、直辖市）、173 个地级市，销服匹配率达 209.0%。自主品牌企业形象、产品品质得到了市场的广泛认可，目前自主品牌整车销售已达 7.9 亿元。

3. 扎实推动薪酬分配制度改革。建立健全与劳动力市场基本适应、与企业经济效益和劳动生产率挂钩的工资决定和分配机制，制定《岗位体系管理办法》、修订《薪酬及绩效体系管理办法》，设定不同类别人员的职级及任职条件、薪酬标准及水平。树立业绩优先、效率优先的薪酬分配导向，激发员工干事创业的热情。“十三五”期间企业为职工发放工资及缴纳“五险两金”年人均支出达 10.4 万元，较“十二五”增 53.0%。

庆铃集团将深学笃用习近平新时代中国特色社会主义思想，以敢为人先的进取意识、勇于担当的责任意识、时不我待的机遇意识，强化创新、深化改革，不断汇聚企业发展新动能，奋力建成国内一流、国际知名的综合性汽车产业集团，为中国经济续航加油，共同驶向高质量发展新时代。

改善经营品质　提升盈利能力
创建世界一流的通用机电集团公司

中车株洲电机有限公司

中车株洲电机有限公司是中国中车旗下一级核心企业。公司主要从事轨道交通、风力发电、工业驱动、新能源汽车驱动、输变电等领域电机、变压器专业化研制、销售及系统服务。2020 年年底，公司在册员工 3 762 人（含各子公司员工），其中本部员工 2 569 人。各类专业技术人员共 1 605 人，其中工程技术人员 849 人。高级技术职称人员 189 人，其中教授级高工 38 人。公司总体实行“总部+事业部”模式的“平台化+专业化”的组织架构。注册资本 13.4 亿元，净资产 32.6 亿元，总资产近 75.7 亿元。全年销售收入 100 亿元，利润 5.6 亿元（归属母公司净利润）。

改革改制

紧扣“改革突破”主题，把握“资源、治理、机制、激励”四项重点，分层分类推进“双百”改革工作。混合所有制改革走在前列，在浙江海宁、湖南株洲分别合资设立浙江中车尚驰、湖南中车尚驱2家子公司，顺利完成江苏公司、广州公司增资扩股。体制机制变革稳步推进，建立中长期激励机制，首次施行岗位分红激励，3家混改子公司实施核心员工持股；完成外部董事占多数的董事会建设；4家混改子公司完成职业经理人选聘。三项制度改革扎实推进，强化劳动用工管控，建立内部人力资源市场，开展合同履约评价，推进员工再培训、再就业。优化存量人员结构，落地绩效积分和职业等级晋升调薪机制。集团化战略管控持续深化，开展控参股子公司治理模式与管控机制研究。广泛推广矩阵式组织与项目化管理。完成供应链平台、财务平台建设，持续优化调整组织机构与职能职责，“小总部、大业务”组织形态进一步夯实。

科技创新

2020年共立项335项，其中公司级及以上项目122项，国家重点项目15项。筹建技术预研体系，推进前瞻及基础共性技术研究，磁/气浮轴承实现工程化技术成果转化，PI及CR薄膜完成自主化及装车，油位继电器和高压A端子治理完成技术攻关。整合政府、高校外部资源，推进高层次项目及知识产权成果工作。建设了《国家新材料生产应用示范平台》《高性能电机系统国家重点实验室》等平台；建立了首个海外研发中心——“中车株洲电机德国通用机电技术研发中心”；筹备建设了“研究院西南分院”；提升了公司的技术资源整合能力。完成国家重点研发项目申报2项，科技部《科技助力经济2020》项目申报2项，湖南省科技攻关项目1项，株洲市重大专项项目1项。全年完成专利申报188件，其中发明专利98件，海外专利申请18件。开展了直线电机、气浮及磁浮轴承等部分核心技术的专利检索查新及专利导航工作。成功完成国家知识产权示范企业考核及评价，获湖南省专利奖、盐城市专利奖各1项。完成发布国家标准1项、行业标准1项，团体标准3项。完成报批国家标准2项、行业标准5项、铁总标准2项。产品研发成果，600千米/小时高速磁浮列车、系列化标准地铁完成配套产品研制，国内首台8兆瓦直驱永磁、7.6兆瓦海上半直驱永磁风力发电机成功下线，150千瓦/10 000转/分气浮轴承高速永磁电机、1.9兆瓦船舶永磁电机研制成功。荣获中国机械工业科学技术特等奖，铁道学会科技特等奖，湖南省科学进步一等奖，首次获评“湖南省科技创新团队”，1人获评“湖南省科技领军人才”。

市场营销

坚持以市场战略引领资源配置，建强市场化能力。轨道交通业务，国铁市场占有率显著提升，350千米/小时标动高寒车项目获得长客股份部分市场份额；城轨业务规模同比呈现增长，检修服务新局面逐步打开。风电业务，完成“抢装”大考，国内直驱永磁市场持续领跑，双馈、异步和半直驱永磁业务取得历史新突破；“两海”布局加速深化；风电后服务市场合作深入推进。工业驱动业务，构建完善高压电机产业平台，获得冶金领域新突破；高速永磁电驱实现在五大领域的全面布局；煤矿防爆永磁电机业务加速培育。新能源汽车驱动业务，获得国外商用车电驱系统批量订单，完成乘用车集成电机开发及小批量供应。首次获得地铁牵引整流变压器批量订单；实现地铁动力变压器与轨旁变压器“零”突破。海外业务，实现独立及配套出口双增长；依托欧洲分公司建立部分关键进口件直采渠道，与多个海外客户建立了战略合作关系。

企业文化建设

强化顶层设计和目标引领，研究制定“十四五”企业文化建设规划以及管理提升三年行动方案。落地企业文化执行体系，规范子公司CIS建设，集团化文化管控着力推进。开展“辉煌五周年、盛迎党代会”以及“百亿业绩、百年基业”“五个一”系列活动，集聚正能量，提振精气神。策划“公司升格十周年非物质文化成果发布会”“唱响我的中国心——解密中国动力谷高质量发展”“国内首台船舶兆瓦级永磁发电机在公司下线”“我国出口欧洲最大直径盾构机，核心动力公司造”等数十篇专题报道在新华社、人民网等多家权威媒体发布；成功举办第四届中国国际高效电机高峰论坛暨公司产品推介会，线上参展汉堡风能展，拍摄央视《大国重器》专题纪录片，公司永磁技术登陆人民日报头版，“双百”混改企业挂牌广泛报道，受到外界高度关注。年内，公司获得中车“十三五”品牌建设创新奖以及“最佳传播声量奖”“传媒影响力优胜奖”，连续6年获得“全国企业文化建设示范单位”荣誉。

提升中国中车品牌形象，公司升格十周年非物质成果发布

1月6日，“拾光之旅 成器之道”公司升格十周年非物质成果发布会在株洲举行。该发布会，真实反映了国企改革所取得的创新成果，对传播先进的企业文化与管理经验，推动中国高端制造业走出国门具有深远的意义，将极大提升中国中车品牌形象。

公司党委督促疫情防控复工复产工作，保障“五零”防疫与生产经营目标达成

2月以来，为保证公司疫情防控“五零”目标的达成，取得战“疫”的全面胜利，保障全面复工复产，公司党委多次召开专题会议督促疫情防控复工复产工作。针对全面复工复产以来暴露出的问题，公司党委要求各单位在做好各项防疫工作的同时，“积极、稳妥、全面、高质量”推动公司各项经营发展工作，确保全年各项经营指标任务的圆满完成。截至12月30日，在公司党委领导下，公司生产经营与疫情防控两不误，实现了“五零”防疫与达成百亿年度生产经营目标。

献礼深圳改革开放40周年　国内首台船舶兆瓦级永磁发电机在公司成功下线

4月，国内首台混合动力船舶直流组网兆瓦级永磁发电机在公司成功下线，将首次应用于“海上看深圳”观光双体船上。

国内首台8兆瓦海上风力发电机组完成吊装

4月29日，国内首台具有完全自主知识产权的8兆瓦海上风电机组登上央视一套新闻联播。该风机机组的“动力心脏”——直驱永磁风力发电机由公司为其量身研制。

公司为我国出口欧洲最大直径盾构机“胜利号”提供核心动力

5月，中国出口欧洲最大直径盾构机“胜利号”在莫斯科地铁第三换乘环线东段大盾构项目枫叶大道站工区始发。其核心动力装备——12台350千瓦主驱动变频电机，由公司提供。

公司永磁风力发电机登陆南美“铜矿王国”

7月15日，公司首批次4台155~4.5兆瓦发电机完成试制，配套金风科技机组登陆南美“铜矿王国”——智利。该项目位于智利南部，装机容量144兆瓦，共32台发电机全部由公司提供。

“两海”战略布局，公司广东阳江海上风电基地正式奠基

8月18日，公司广东阳江海上风电基地项目正式奠基。该项目致力于打造集大功率、多路线海上风力发电机科研、生产、销售、服务及咨询为一体的海上风力发电机生产基地，意味着公司“两海”战略迈出一大步。

第四届中国国际高效电机系统节能高峰论坛暨公司产品推介会取得圆满成功

8月20—21日，公司携手《今日电机》平台共同举办的以“高效绿色节能、智能驱动未来”为主题的第四届中国国际高效电机系统节能高峰论坛暨中车株洲电机有限公司产品推介会在株洲召开并取得圆满成功。中国工程院院士刘友梅等我国高效电机及系统节能产业顶尖技术专家及行业代表应邀出席本次高峰论坛。

公司核心动力助力 400 千米/小时跨国互联互通高速动车组下线

10 月 21 日,国家重点研发计划“先进轨道交通”重点专项——400 千米/小时跨国互联互通高速动车组在中车长春轨道客车股份有限公司下线。其核心动力装备正是公司研制的 TQ800 永磁同步牵引电机。

公司再获“全国企业文化建设示范单位”荣誉称号

11 月 9—10 日,以“引领聚力创新——双循环新发展格局下的企业文化担当”为主题的 2020 中国企业文化建设峰会在广州隆重举行。此次峰会上,公司荣获“2020 年度企业文化建设示范单位”荣誉,公司董事长、党委书记周军军荣获“2020 年度企业文化建设功勋人物”荣誉。

公司荣获 2020 年度中国机械工业科学技术特等奖

12 月,根据中国机械工业联合会与中国机械工程学会发布文件,公司联合浙江大学开展的“非平稳载荷永磁电机近限设计技术及应用”项目荣获 2020 年度中国机械工业科学技术特等奖。

公司获得第 45 届国际质量管理大赛最高奖

12 月 3 日,第 45 届国际质量管理小组大会(International Convention on Quality Control Circles,简称 ICQCC)在孟加拉国圆满落下帷幕。由公司 Windbell QC 小组申报的“海上直驱永磁风力发电机磁极注胶脱泡新工艺研发”课题,从来自全球的 249 个 QC 小组中脱颖而出,获得国际质量管理小组大会最高奖项“PLATINUM AWARD”——铂金奖。

落实国企改革三年行动,公司旗下 4 家企业相继完成混改

12 月,值此举国上下学习宣传贯彻党的十九届五中全会精神之际,中国中车以推动高质量发展为主题,以改革创新为根本动力,全面部署深入实施国企改革三年行动。公司作为国企改革尖兵,在深化混合所有制改革上率先突破,旗下浙江中车尚驰电气有限公司和湖南中车尚驱电气有限公司相继挂牌成立,江苏中车电机有限公司混合所有制改革增资扩股项目、广州中车骏发电气增资扩股项目顺利摘牌。

公司荣获“2020 年全球 MIKE 奖”

12 月 23 日,2020 年全球 MIKE 奖评选结果公布,公司凭借在知识管理实施和创新方面的卓越表现,被评审委员会评选为 2020 年全球 MIKE 奖的获奖者之一。这是继 8 月公司获得国内 MIKE 卓越大奖后,代表中国地区企业与国际知名企业同台竞技,获得该奖项的全球大奖。

攻坚克难开新局　锐意进取创一流

中国东方航空集团有限公司

2020 年是人类发展史上不寻常的一年,也是行业经受重大考验的一年。面对国内外形势的深刻复杂变化特别是突如其来的新冠肺炎疫情,东航集团党组坚持以习近平新时代中国特色社会主义思想为指导,坚决贯彻落实习近平总书记重要讲话、重要指示精神和党中央、国务院决策部署,统筹推进疫情防

控和安全生产、改革发展等各项工作，以“三稳五加强八重点”工作部署为抓手，精准施策，扎实做好“六稳”工作，全面落实“六保”任务，经受住历史大考，有力稳住了发展基本面，公司防疫抗疫成效明显，安全形势稳中趋好，深化改革持续发力，复工达产强力推进，脱贫攻坚精准有力，党建优势充分彰显。我们经历艰难险阻，经过共同奋战，付出巨大努力，向党和人民交上了一份满意答卷。全年安全飞行158.7万小时、起落67.8万架次，截至年底连续安全飞行193个月，2 259万小时；总资产3 680亿元，运输机队规模733架，世界一流目标向前迈出新的一大步。

一、全力抗击新冠肺炎疫情

面对突如其来的新冠肺炎疫情，东航集团闻令而动，迅速围绕“贯彻落实中央决策部署、全力做好旅客服务保障、切实做好员工关爱防护”三条战线，全力投入到疫情防控的人民战争当中，在行业内实现多项第一：执行全国第一个疫情防控航班，执行中国第一班援外包机，承担全民航第一多的防疫运送任务。全年执行防疫运输包机1 090班，正班航班运输物资2.5万班，共运输防疫物资7万余吨，运送医护人员2.3万人次，接回滞留海外同胞12 584人次。在行业首创开发应用“线上旅客健康情况申报程序”，率先推出“三免”退改，做好每一个旅客触点的防控和服务工作。严格防控标准、防控程序，做好机组人员和地面员工健康防护。解决疫情期间员工照顾子女等实际困难，出台空勤人员预支小时费等务实举措，加强海外员工及其家属关爱防护。作为“疫情以来首家赴鄂现场对接支援的央企”，与湖北省委省政府商定四项重点帮扶举措。东航集团的工作受到党中央国务院的表彰，得到中组部、国资委、民航局、上海市、湖北省等上级部门和地方政府的高度肯定。

二、深化改革实现重大突破

改革的重头戏没有因为疫情而按下暂停键。东航集团成功拿下国企改革三年行动在央企集团层面股权多元化改革“首单”。制定具有行业特点、东航集团特色的国企改革三年行动实施方案，包括10个方面、50条、158项具体任务。东航物流混改上市进入冲刺阶段。中国联合航空、东航食品按照“目标不变、节奏调整”要求，开展资产评估等工作，稳妥有序推进混合所有制改革。构建集团层面科技创新决策体系，成立科学技术创新委员会，研发中心入选百户科技型企业“科改示范行动”。持续深化三项制度改革，探索“管总、主建、主战”分类考核办法，推进与核心指标挂钩的总额包干管控模式。通过一系列深化改革的组合拳，进一步激活企业发展的活力，壮大公司育先机开新局的动力。

三、精细管理充分显现成效

越是面对疫情冲击，越要把精细化管理作为重要工作抓紧抓实。在精细运行方面，精细评估跨水航段占比，定期调整无筏飞机数量，精细分析航班实际加水数据，精算餐食机供品实际重量，持续优化飞机性能。在财务管理方面，宣贯业财融合理念，形成业财融合工作方案。在人力资源方面，做好不同机队和单位间的飞行资源优化匹配；统筹客舱乘务人力资源，实施属地调配。在持续推进精细管理过程中，广大干部员工越来越认识到精细管理的重要作用，越来越积极主动参与精细管理，立足不同岗位、共同提升精细管理水平。

四、多措并举降低经营亏损

新冠肺炎疫情全球大流行给整个航空业带来巨大冲击，国际航协（IATA）曾预测，2020年全球航空公司将亏损1 185亿美元，相当于过去3年盈利总和。东航集团作为全球排名第七的航空公司，在极度严峻形势下，从集团层面到各条线、各领域、各单位，都在为减亏少亏付出艰巨努力。年初集团就明确“越是困难时期，越是迎难而上”的坚定决心，开展提质增效项目583项，增效78.2亿元。航空主业梯次决策、梯次恢复，把运力投足、把成本控严、把政策用好，各投资公司主动担当，自我加压，为经营业绩添砖加瓦，全年共完成运输总周转量142.7亿吨公里、旅客运输量7 458.3万人次、货邮运输量117.9万吨。

五、央企责任形象更加彰显

在防疫抗疫方面，东航集团获得“全国抗击新冠肺炎疫情先进集体”“全国抗击新冠肺炎疫情先进个人”“全国先进基层党组织”等荣誉，是中国民航获得全国抗疫先进表彰最多的单位。在服务国内大循环方面，集团在全行业率先推出“定制包机”，全力确保产业链供应链畅通，在全民航率先推出“客改货”创新供给举措，打造中国民航最大“客改货”宽体机队，成功保障“客改货”运输航班 6 568 班。推出“周末随心飞”等随心飞系列产品，取得良好经济效益、社会效益、品牌效益。支持民族航空产业发展，组建一二三航空，国产 ARJ21 飞机正式运营；立足服务京津冀协同发展和雄安新区建设，按计划转场大兴国际机场，打好基地建设运营接力战；服务“一带一路”建设，厦门分公司挂牌稳推筹备工作；投身海南自贸港建设，筹建三亚国际航空；全力服务保障第三届进博会。在脱贫攻坚方面，决不因疫情而影响脱贫攻坚的步伐和力度，在对口帮扶的云南沧源、双江两县提前脱贫摘帽基础上，扎实推进脱贫攻坚新的十项重点任务，举办东航消费扶贫周，消费扶贫超过 3 300 万元。集团党组研究形成乡村振兴战略方案，与云南临沧市签署乡村振兴战略协议，着力推进 25 个重点项目。持续推进车辆“油改电”及尾气改造工作，启动建设能源管理体系和环境管理体系，坚决打好蓝天保卫战。

六、党的建设得到全面加强

集团党组充分发挥把方向、管大局、保落实的领导作用，及时制定出台一系列决定、制度和办法，把党的政治优势和组织优势转化为制胜优势。集团 1 531 个基层党组织的广大党员奋战在抗疫第一线，战斗堡垒和先锋模范作用充分彰显。营造浓厚理论学习氛围，举办“习近平新时代中国特色社会主义思想专题研修班”，开展“四史”学习教育，与延安干部培训学院合作设立“东航革命传统教育基地”。出台激励广大干部新时代新担当新作为的细化 5 项正面清单与 6 项负面清单。坚定不移推进党风廉政建设和反腐败工作，发挥大监督效能，强化纪检、巡视、审计协作贯通、成果共享，紧盯重点领域、重点环节和重点岗位，坚决向“群众身边的不正之风和微腐败”亮剑。把疫情防控作为检验巡视整改和主题教育成效的重要内容，把党组关于做好疫情防控常态化“三稳五加强八重点”工作部署落实情况作为政治监督重点，认真做好四个专项整治，巡视反馈的 4 大类 12 方面问题，已全部完成整改。一年来，在战斗和考验面前，各级组织按照党组统一部署，冲锋在前、敢战善战；各投资公司、各分子公司战区主战，积极作为；宣传、群团、女工、统战、离退休工作进一步得到加强，广大干部员工更加凝心聚力、众志成城。

潮平两岸阔，风正一帆悬。站在新的历史起点，新发展阶段催人奋进、新发展理念指明方向、新发展格局赋予使命，东航集团将更加紧密团结在以习近平同志为核心的党中央周围，不忘初心、牢记使命，坚定信心、锐意进取，以优异成绩庆祝党的百年华诞，以实实在在的奋斗为中华民族伟大复兴做出新的更大贡献！

诚信为本　创新赋能

中储发展股份有限公司

中储发展股份有限公司（下称“中储股份”“中储”）秉承中国储运 60 年的光荣传统，继往开来，守正创新，正从传统储运企业向供应链服务企业转型升级。中储实体网络已覆盖全国 20 多个省（自治区、直辖市）的主要城市和主要经济区域，业务由最初的仓储、运输向现代物流、大宗商品供应链服务转型升级，涵盖智慧仓储、智慧运输、大宗商品供应链、消费品物流、工程物流、期现货交割物流、物流科技等领域。

中储作为新中国发展的历史见证者，近 60 年的发展历程孕育了务实诚信、勇于创新的企业精神，不忘初心，牢记使命，以服务国家战略为己任，正致力成为现代流通体系建设的主力军。

一、企业诚信

（一）引领行业诚信，发起“中国放心库”联盟倡议

计划经济时期，中储素有“国库”之称，承担着占全国物资流通总量 30.0%~40.0%的物资中转任务，在国内物资流通领域发挥着主渠道的作用，为中国社会经济发展做出了突出的贡献。转向市场经济的过程中，中储始终保持着“主体信用可靠”的口碑，不忘初心，牢记使命，履行央企担当之责，近年来更是积极打造“中国放心库”，推动仓储行业树立以诚信为本、以守法为根的经营理念。

2012 年上海钢贸危机集中爆发，2014 年“青岛港事件”爆发，仓储企业信用危机不断蔓延，涉事的仓储企业大多是民企，一些国企也卷入其中。对货主来说，一时间，在国内大宗商品仓储领域似乎难以找到一块净土。中储凭借几十年的诚信经营，被市场所期许，一些生产企业、商贸企业等新客户纷纷找到中储，将货物转入中储仓库。

在此背景下，中储秉承“物流天下服务社会”的使命，履行央企担当，发起“中国放心库”诚信联盟倡议，郑重向社会做出“存货不会短少、单据真实有效、盈余货物返还、服务优质高效”的公开承诺。

随着科技的飞速发展，中储紧跟时代步伐，通过自主或联合高科技公司研发了仓储管理系统、人工智能物联网系统、区块链电子仓单，并以此为基础打造了供应链协同服务平台等新一代技术服务体系，建立了中储数字化仓储应用场景，实现仓储数字化，使“中国放心库”的内涵升级，让广大客户更放心、更安心、更顺心。

（二）品牌引领，拥有国内国际主要期货交易所交割库资质

1993 年初，中储被确立为深圳期货交易所指定交割仓库，1998 年该所撤销后逐步演变为上海金属交易所指定仓库，同年 8 月，上海金属交易所、上海粮油商品交易所和上海商品交易所合并组建成上海期货交易所，中储即成为其主要交割库运营商。

当前，凭借长期以来的优质服务、良好品牌和国企信誉，中储与国内三大交易所，即上海期货交易所、大连商品交易所、郑州商品交易所建立了长期合作关系，是国内重要的期货交割库运营企业。截至 2021 年上半年，中储获批三大交易所期货商品核定库容 218 万吨，拥有交割网点 70 个，涵盖铜、铝、铅、锌、镍、锡等 24 个品种，各品种占全国同类品种总库容比重较大，其中 15 个品种均位列第一。

2016 年中储股份收购 Henry Bath（HB），业务拓至海外。HB 拥有 220 多年历史，是英国伦敦交易所（LME）最早的成员企业，当前其有色金属业务量在 LME 中排名第五，库存占 LME 全球交割量 8.0%以上。

未来，我们希望通过中储与 HB 集团，能为伦敦金属交易所和上海期货交易所搭建桥梁，实现国内国际互联互通、互利共赢。

二、企业创新

中储以国家战略为引领，以创新促转变，以转变促发展，在筑牢“底板”的同时，积极求新求变求发展，着力在改革重点领域和关键环节取得突破，不断开创新局面，积极探索企业高质量发展之路。

（一）中储智运——搭建数字物流服务平台，构建物流价值生态圈

长期以来，我国物流行业一直处于粗放式发展阶段，由于小农经济、熟人经济割裂了物流功能链条和服务生态圈，物流货运市场产业链的各方参与者若想在其间生存，唯有适应于市场。同时，物流货运行业“小散乱差”、区域分割、物流成本居高不下更是普遍存在的状态，而且企业信息化和标准化未普及

到所有企业，不同区域的企业，甚至同一区域不同企业之间缺乏统一的信息标准，在各个环节的衔接上难免增加成本的支出，以上种种成为实体企业减负增效难点，也是我国经济运行中的一个短板。

中储于2014年成立中储南京智慧物流科技有限公司（下称“中储智运”），利用移动互联网、云计算、大数据、人工智能等信息技术，构建数字物流基础设施平台，通过物流运力交易共享平台实现物流需求方、供给方之间的智能精准匹配与线上物流交易；通过网络货运平台实现物流全程的高效运作与管理；在此基础上，依托掌握的物流核心数据，利用区块链技术，构建聚合供应链上下游企业商品贸易、物流、支付结算、融资等各类数据元的一体化智能供应链公共服务平台，形成第三方可信数据元，实现供应链上下游各环节的高效流通与闭环管理，全面提升社会供应链运作效率。

“物流运力交易共享平台”实质是一个物流公共基础设施平台，平台利用数学模型及算法和互联网技术将货、运输工具（车、船、铁路、飞机）、场等物流要素数字化，将物流运力供需资源实现精准匹配，使返程时间、返程线路最切合的车和货实行自由交易，既提高返程车辆利用率，又减少油料消耗和碳排放；既减少车辆找配载市场、找货、等货时间和降低停车费、住宿费、信息费等各种费用，又能提高车辆实载效率、效益。平台的电商属性还能使得参与方直接通过平台进行物流运力的议价与交易，使物流运力交易在阳光下运行。

“网络货运平台”是核心业务平台，是国家在物流运输行业的试点项目，目的是规范行业管理，汇聚和生产大数据，为物流资源配置提供决策支持。平台在自身物流运力交易共享平台基础上，围绕大量货源、车源开展货运业务，完全承担运输责任、货物安全和全程管控与服务。平台通过智运罗盘、智运千里眼、智运客服、智运CRM等管理系统，实现每笔业务的“四流合一”（“物流”“信息流”“资金流”“票据流”），为客户提供安全、便捷、放心的一体化物流运输服务。平台通过业务开发、现场服务的代理、加盟、合资公司等，将传统的物流企业、运力、金融服务方、车辆供应方团结在一起，在基础公共平台上共同为物流事业做出贡献。

智能供应链公共服务平台在物流运力交易共享平台和网络货运平台的基础上，利用互联网、物联网与区块链技术，构建聚合供应链上下游企业物流、商品交易、支付结算、风险管理等各类数据元供应链数字解决方案的平台，为客户提供集软件、硬件、算法、区块链多种技术集成的供应链数字解决方案。

当前，经过6年多快速发展，中储智运平台已经整合270余万专业司机运力、15 000余家运输企业为22 000余家货主会员服务，平台业务覆盖31个省（自治区、直辖市），辐射全国455座城市，涵盖运输线路32 000余条。近年来，更是将业务延伸到国外，开通了杭州—英国伦敦、沈阳—美国旧金山、南京—加拿大温哥华、郑州—加拿大温哥华等国际包机航班，以及郑欧班列、长安号班列、蓉欧班列、渝新欧班列、苏州中欧班列，齐鲁号班列等重点班列线路。

（二）中储钢超——构建具有中储特色的钢铁供应链生态系统

中储以供应链理念为引领，围绕仓储物流主业，搭建了线上线下相结合的中储“钢超”供应链一体化服务平台。

中储“钢超”在战略引领下，依托“中国放心库”品牌优势，以钢铁数字化仓库为基础，以互联网和大数据技术为途径，集物流服务、贸易服务、金融服务、咨询服务等为一体的供应链协同服务平台。中储“钢超”由线上的交易交付平台和线下的实体物流平台组成，能为钢铁产业链上客户提供交易、仓储、运输、加工、信息咨询、市场等一体化服务，实现了业务线上化、单据电子化、流程标准化和布局网络化，极大地提高了钢铁交易、交付的安全性和便捷性，形成了涵盖钢厂、贸易商、次终端客户在内的钢铁物流良性生态圈。

目前，中储“钢超”已在西安、成都、兰州、天水、西宁、武汉、长沙、合肥、衡阳、贵阳、郑州、重庆、格尔木、运城等14座城市建立了业务网点，整合了包括陕西龙钢、山西太钢、安钢、华鑫源等在内的上游钢厂68家，线上注册客户近2 000家，业务采购入库物资累计350万吨，形成了区域协同发展的良好格局。

（三）中储货兑宝——以数字创新共建大宗商品供应链新生态

产品和技术是企业生存之本，中储从未停止过探索，通过数字化变革赋能现有传统仓库，为企业创新发展带来新动力。2019 年，中储携手京东科技，强强打造大宗商品供应链新生态。2020 年年初中储“货兑宝”平台上线，平台以中储数字化仓库为应用场景，通过线上资源整合、线下实物作业监控，结合物联网、互联网、人工智能物联网、区块链等新一代技术对供应链流程进行全方位管理。平台打通了作业初期的主体认证、筛查、征信；中期的交易、交付、结算；后期合同、发票存证等全流程数据链，通过建立可信数据池，实现数据可查询、可追溯、可取证，保障产业链、供应链数据安全。

“货兑宝”平台提出了智库云、仓单云、融资云、交货云、协同云“五朵云”的服务理念，为大宗商品流通领域提供在线仓储、安全交易、电子仓单融资、数据等服务，被广泛应用于物流界同行、产业大客户、银行、政府以及产业集聚区等客户。

栉风沐雨六十载，砥砺奋进开新篇。中储秉承诚信为本、创新赋能，勇于变革之精神，不忘初心，牢记使命，以服务国家战略为己任，以“打造现代流通体系建设主力军——大宗商品供应链协同服务商”为愿景，依托通达全国、辐射全球的物流网络，借助现代科技手段，拓展供应链服务空间，构建面向国内外的公共物流服务平台，持续创造新业绩，贡献中储力量。

（撰稿：吕　平）

行业领先的大宗商品智慧供应链集成服务商

物产中大金属集团有限公司

一、公司基本情况介绍

物产中大金属集团有限公司（原浙江物产金属集团有限公司）是业内领先的大宗商品智慧供应链集成服务商，2021 中国企业 500 强第 188 位、2021 中国服务业企业 500 强第 75 位，浙江省百强企业第 16 位、浙江省服务业百强企业第 5 位。

公司成立于 1963 年，总部位于杭州，前身是中国金属材料公司浙江省公司，隶属于浙江省物资局。在计划经济时代，主要负责国家统配物资的调拨。2003 年公司改制为国有控股的混合所有制企业，拥有 40 余家全资、控股及参股企业，与世界 70 余个国家拥有业务往来，经济实力、品牌影响力连续多年位于行业前列。母公司物产中大集团股份有限公司从 2011 年起连续 11 年入围世界 500 强，目前位列世界 500 强第 170 位，并于 2015 年上市（股票简称：物产中大，代码：SH600704）。

二、主要经营模式

公司主营钢材、炉料、油品、木材等产品，以配供配送、服务贸易、国际贸易、现期结合、供应链服务、金融服务等业态组合运作的综合服务能力见长。扎根大宗商品行业 58 年，公司已成长为大宗商品供应链集成服务商，围绕钢铁全产业链，提供原料供应、产品代理、配供配送、金融、物流、仓储等一揽子供应链集成服务；围绕客户的成本控制、材料匹配、资金、采销等需求，综合多种手段，为客户提供基础终端服务、智慧增值服务和供应链金融服务，与整个供应链条上的企业一道，互惠互利，共建平台化的生态体系。

公司以杭州总部为核心，在长三角、粤港澳、京津冀、成渝都市圈等核心经济城市群均有业务网点，服务华东、华南、东北、华北、中部、西部等大宗商品消费大区。在中国香港地区和新加坡、马来西亚共有 3 家境外子公司，服务范围远至欧洲、中东、东南亚、美洲等。

三、资质信誉

公司始终保持良好的企业信誉和服务标准，获得政府、行业、上下游客户颁发的多项荣誉。连续多年获"浙江省AAA级'守合同重信用'企业"，连续10年被杭州资信评估公司评为"AAA级"信用等级；2017年、2019年获"钢铁流通企业经营管理分级评定AAAAA级企业"荣誉；2018年、2019年被中国金属材料流通协会评为"年度中国钢材销售十强企业"；2020年获评成为首批浙江省重点进口平台之一；2021年跻身中国企业500强、浙江省百强企业；多次获得中交、中建、中冶等大型央企颁发的优秀供应商荣誉，与宝武、鞍钢、首钢、河钢、沙钢、德龙、建龙等大型钢厂保持良好合作关系。

四、近年发展

公司在"十三五"时期取得了高速发展态势，一跃成为年营收超1 000亿元的行业头部企业，朝着效益好、党建好的国企排头兵目标上不断前行。

(一)效益好

1. 聚焦主业。公司坚持聚焦大宗商品贸易主业，在"十三五"期间大力开启改革发展。剥离非主业板块，实现了规模与利润的大幅增长。"十三五"实物量规模同比"十二五"期末增长超78.9%，钢材销售规模增长100.7%，桥梁钢、特种钢、圆钢等多种高附加值品种涌现；铁矿石规模增长52.6%，油品多品种齐发力，完成规模增长3.8倍；拓展山西、内蒙古煤炭资源，煤炭规模增长3.4倍；木材延伸原木品类，规模实现2.4倍增长，水泥规模实现从无到有、年度实物量超100万吨的突破。公司"十三五"期间平均每年保持41.0%的利润复合增长，供应链集成服务主业创效占比超93.0%，同时，公司培育金融投资团队，抓优势行情，实现了对经营利润的良好补充。

2. 聚焦市场。公司倡导主动参与市场，聚焦重点钢厂、对总客户及优质终端的开发，推行"大客户""大项目"战略，不断深化上下游合作层次，形成了诸多战略同盟，进一步夯实产业根基。上游围绕头部钢铁企业，从简单代理向供应链集成服务升级，推动钢材采购与原料销售的有效联动，促进规模增长，形成宝武韶钢、八钢、新抚钢等重点钢厂的利益共同体，累计合作钢厂数量已达150余家，年度钢厂采购量超过1 300万吨，优质大型钢厂资源采购比例逐年稳步上升。下游紧抓基建增需大趋势，主动对接"长三角""珠三角""西部大开发"等国家重点战略，聚焦重点消费区域，通过总对总战略合作与智配平台创新等，与中交、中建、中铁、中铁建、国网、杭州地铁等央企、优质地方国企建筑单位形成紧密的战略合作伙伴关系，与客户共创价值，共同开发新市场，至"十三五"期末年度新增配送量较"十二五"收官翻番；同时，通过两家加工厂场提供钢材产品的剪切加工增值服务，以加工与贸易的联动，不断深化与奥的斯、美的、神华、吉利、海尔、帅康、老板等生产型终端的配送合作。

3. 聚焦商业模式升级。公司升级服务模式，强化运作能力，不断提升模式专业化水平与模式组合竞争能力，增加业务竞争壁垒。提高专业化发展水平，通过组织架构优化与调整，至"十三五"期末，形成7大事业部架构，以事业部的形式集中强化配送、服务贸易、进出口等业态专业化水平，"十三五"期间累计配送项目数量超1 000个。多模式组合抓市场机遇，根据市场行情灵活调整配送、自营、代理、现期等模式的比例，摆脱依靠单一模式的运作方式，扩大有效流量收益，涌现出一批年业绩超群的头部创效部门，提升了公司对复杂市场环境的适应力与竞争力。以三大海外平台为核心，利用国际与国内双市场的联动，完成大规模钢坯进口，促进2020年度进口规模提升至23.5亿美元，远超"十二五"进口总量。

(二)党建强

1. 坚持从严治党，为经营保驾护航。"十三五"期间"两学一做"学习教育及其常态化制度化深入人心，公司以"不忘初心、牢记使命"主题教育等活动为抓手，深入学习习近平新时代中国特色社会主义思想和党的十九大精神，坚持思想建党、理论强党。认真落实《中共中央关于加强党的政治建设的意见》，建立完善党委会议事规则，全面推进党建工作入章程,不断夯实党的执政基础、强化党的全面领导。

2. 坚持党员示范,以先锋带动群团工作发力。设立党员先锋岗,建立党群服务中心,规范化开展“三会一课”与主题党日活动,持续增强基层组织力。大力发展优秀、先进骨干成为党员,增强先进骨干党员力量的培育,提升支部建设的战斗力。探索实施“1+7+N”党建特色品牌创建工作,着力以高质量党建品牌建设融入中心,推动公司改革发展。

3. 强化政治监督,创造国企清廉底色。强化政治监督,严肃党内政治生活,优化党内政治生态。着力推进清廉国企建设,健全大监督工作格局,探索建立混改国企清廉促发展工作机制,一体推进不敢腐、不能腐、不想腐。

4. 弘扬企业文化,塑造文化引领的发展向心力。加强党委委员对基层的联系指导,切实关注关心一线员工。加强对群团工会工作的引领,深入实施“企业文化俱乐部计划”“美好生活计划”“公益行动计划”“民主管理创新计划”等,打造员工关爱的活动平台。以价值观为引领,不断凝聚形成公司“绩效文化”“创新文化”“廉洁文化”,着力激发员工内生动力。

五、“十四五”展望

2021 年“十四五”再起航,物产中大金属已明确在“价值创造、服务产业、区域聚焦、生态协同”的原则下,以供应链集成优化上下游资源配置;以智慧服务提升产业效能;以专业能力满足客户需求;以稳健增长实现股东价值;以国企担当回报社会责任;以“区域生态组织者、行业专业能力输出者、产业链流程优化者”三大服务者定位为目标抓手,朝着“行业领先的大宗商品智慧供应链集成服务商”愿景不断努力奋进。

(撰稿:徐　飚)

集团管控增活力　提质赋能促发展

成都航利科技集团有限责任公司

成都航利科技集团有限责任公司(下称“航利科技集团”)自成立以来,秉承“创新驱动、追求卓越”的企业宗旨,坚持走融合式发展道路,持续不断加强核心产业能力建设,打造顶级航空智造企业集团。在“十四五”开局之际,集团对未来战略思路、产业布局、战略目标进行梳理与定位。加快产业转型升级,实施由非相关多元化战略向聚焦航空产业的相关多元化战略调整,形成“航空产业核心层、非航产业配套层、投资服务支持层”的三层生态系统。积极推进非航民品产业向聚焦航空产业的战略布局调整与经营体制改革。

在规模发展提升的同时,强化集团管控,经营品质的同步提升。2020 年,航利科技集团突出“把方向、强监管、控风险”的集团管控理念,加强集团化管控在战略制定、重点经营绩效目标制定、中高层人力资源、财务与资金管控作用的发挥,以强化经营风险、财务资金管理两个抓手,全方位提升企业管理水平,增强子公司经营创新力、控制力、抗风险能力,集团经营品质进一步提升。

一、以“聚目标”为导向,为产业发展赋能

航利科技集团对下属的各级子公司实施以目标为导向的分类管理。在国际民航产业需求激降、国际油价断崖式下滑、市场收缩与低价竞争激烈等多重冲击下,统筹集团任务情况,及时调整管控方向与重点。密集开展国家、省、市年度政府工作报告以及西部大开发的指导意见解读。密切关注《国企改革三年行动方案(2020—2022 年)》、“新基建”“成渝双城经济圈”“大数据”“智能制造”等年度热点,为集团发展提供方向引领。

（一）航空主业"强核心"，蓬勃发展

抢抓国内航空市场发展机遇，加速航空零备件产业和航空智能制造设备核心主业发展，不断增强产业核心能力。集团下属的航利航空公司快速推进某型航空发动机高压涡轮盘国产化研制，关重零部件研制能力显著提升。积极融入工业部门体系，与航空发动机设计院所合作成立"喷嘴协同创新中心"，建有国内领先的"喷嘴设计制造中心"，提供航空、航天发动机及燃气轮机各类喷嘴类产品的设计、制造和维修一体化服务。承担中国航发、中船重工、航天科工等公司涡扇/涡轴/涡桨类发动机、辅助动力系统、燃气轮机的喷嘴研制任务，并为航空公司提供燃油喷嘴深度维修服务。航利装备公司按照"柔性化、便携化、集成化、标准化"的设计思路，已具备了国内领先的飞机和发动机维护、维修、检测所需的专用检测/试验设备、专用/特种工装、集成转运装备研制能力。同时，紧抓"数字化工厂"建设机遇，推进检测设备工装图谱化、模块化设计，开展自动、智能装备研发自主研发的便携式发动机综合检测台等 18 项产品获得国家专利，3 项新产品通过省级科技成果鉴定，2 项产品获得四川省机械工程学会提名推荐。

（二）非航产业"练内功"，稳健增长

突出内控成本与管理制度改革指向。通过优化内部成本；改进管理流程；预判项目承接风险；加快账款回收等措施，有效抵御外部环境对集团任务的影响。集团下属的航利电气公司加快业务转型，积极转换营销模式，提高资金回收效率；在业务选择上放弃资金风险大、利润低的业务，积极投入地方基建项目，稳定高端市场份额。航利阀门公司立足国内市场深挖油气市场，与中石油、中石化、中海油建立了稳定的合作关系。借助"一带一路"的东风，积极参与"一带一路"建设，探索新业态新模式、熟悉适应国际规则，成为中俄原油管道、印度国家石油公司天然气工程、尼日尔原油管道、中缅原油管道等国家重点工程项目供应方，多次在重大国际能源合作项目中担当重任。加快对现有扁体平板闸阀实施升级，优化和标准化阀座结构，降低铸钢成本，提供产品经济效益。航利建设公司稳步推进在建项目，高质量完成某航空产业园一系列重点项目施工建设。航利钢构公司承接了雅康高速兴康特大桥、成都市 2 环路高架桥等多个优质市政工程，省内知名度名列前茅。

二、以"塑文化"为引领，为集团凝聚力量

航利科技集团十分注重发挥企业文化的引领作用与凝聚作用，用理念引领创新发展，用文化规范员工行为，更加有力地促进战略型集团管控措施落地和实现集团公司的转型升级。在疫情与外部经济形势严峻的背景下，以文化建设为抓手，凝聚全员为克服困难而群策群力、主动作为。打造航利科技集团具有自身特色的企业文化，组织提炼并形成由集团公司企业文化理念、子公司文化理念及班组文化理念组成的三级文化理念体系。大力营造企业文化氛围，将企业文化核心理念体现在办公区域、OA 系统等相关载体上，编创集团宣传片、宣传手册及企业文化手册，增设企业文化墙，塑造良好的对外宣传形象，增强"航利"品牌影响力。组织制定下发《员工先进激励管理办法》，通过典型的示范引导，树立鲜明的工作导向。在集团内组织开展企业文化建设落地情况检查及效果测评工作，确保企业文化入脑入心、形成共识。

三、以"控风险"为核心，为健康发展护航

航利科技集团以实现国有资产保值增值为目标严控风险，聚焦主责主业，充分结合自身优势特点，为不断做强做优国有企业和国有资本夯实基础，确保集团稳定健康发展。

完成面向业务过程管控与服务的财务体系建设。建立会计核算共享中心、管理会计服务中心、资金结算中心的三中心运营体系。严控财务风险，保障对优势产业和优质项目提供财务支持，提供高效集约的资金结算服务。利用信息化手段建立财务核算共享模式，提高会计核算效率。推行财务 BP（Business Partner——事业伙伴）计划，全面推进会计共享服务中心与业务融合。为子公司提供业务运营分析、投资决策分析，优化内部控制设计等。有效控制子公司财务风险及相关营业费用支出，为子公司提

高经营决策效率与经营品质提供有效支撑。实现在战略支持、预算管理、成本管理、税务管理、投资管理、融资管理、绩效管理、信息管理、风险管理等九大方面,集团公司对关键重要业务的服务与全面管控。

抓实党风廉政建设,从严廉洁自律管理。集团各党支部坚持开展"以案讲纪、每月一课"活动,全员开展廉洁自律和工作纪律专题教育,时刻绷紧法纪这根弦。健全供应商年度评价机制,规范对外经济交往活动,确保符合廉政建设要求。常态化开展内部审计工作,有效运行基于强化经营活动合规性管理的内部控制体系。常态化开展多轮经营审计、专项审计,如为强化账款回收责任与力度,组织开展的应收账款专项审计等,有效税务筹划,助力产业健康发展。

"十三五"期间,航利科技集团作为国有企业,在新冠肺炎疫情及严峻国际形势下,面对宏观经济下行压力增大,外部市场波动等综合因素影响,积极应对行业竞争,通过内部挖潜实现了产业的平稳发展。进入"十四五",面对行业发展新格局,航利科技集团将进一步加强集团管控、创新方式方法,秉承主动求变的工作作风、改革攻坚的奋斗精神,"以航空智造创造价值,为航空保障贡献力量"为使命,按照"聚焦航空,军民融合,重塑产业;战略管控,转型升级,提质增效"的战略方针,通过自主创新、联合研发,大幅提升航空零备件研制能力、航空智能检测设备工装研制能力,全力保障航空装备保障需要;积极把握国有企业混改趋势,大胆探索非航产业体制机制变革,为国有企业的改革发展进行有益探索。

(撰稿:张　雨　刘艳楠)

以实干笃定初心　用奋进书写荣光

中国兵器工业集团武汉重型机床集团有限公司党委书记　董事长　杜琢玉

回顾"十三五",中国兵器工业集团武汉重型机床集团有限公司(下称"武重集团")以习近平新时代中国特色社会主义思想为指引,牢记习总书记2013年视察武重时的殷殷嘱托,认真贯彻落实集团公司的决策部署,坚持"机床与专机并重"的战略布局,立足发展"三大装备",致力于做平台、做精品,做最懂用户工艺的装备制造商、做最懂装备制造的技术服务商,积极实施经营模式的"三个转变",产业布局不断优化,质量效益不断提高,创新能力持续增强,改革发展党建工作扎实推进,以"国之重器"的使命担当端稳了自己的"粮食饭碗",为建设国际一流高端装备制造集团奠定坚实基础。

这是笃定前行、跨越发展的5年,公司规模实力不断增强,企业高质量发展态势更加凸显

在重型机床行业下行加剧、连续多年亏损的严峻形势下,武重集团从成长路径和市场拓展两个方面进行突破,坚持"技术引领、质量第一、每单必争、高效产出"的价值理念,有效应对了外部环境深刻变化、困难风险明显增多的多重挑战,完成了两次创业的目标任务,由保生存步入高质量发展的新阶段。自2016年实现扭亏盈利以来,连续保持规模效益双增长,新签订单年均增长16.0%,劳产率年均增长15.0%,成本费用率、经济增长值等指标均大幅改善,重型机床产品在风电、船舶细分市场占有率达到70.0%以上,整体经营质量效益稳居行业前列,成为引领行业发展的排头兵。公司获得中国兵器工业集团有限公司2020年度经济效益突出贡献专项奖。

这是创新驱动、勇攀高峰的5年,科技引领作用更加突出,服务国家战略能力进一步提升

武重扛起高端装备、短板装备、智能装备的国产

化“大旗”，承担国家科技专项18项，新产品贡献率年均突破60.0%，累计获得专利168项，主导及参与制定国家/行业标准71项。重点产品开发与关键技术攻关取得新进展，成功将重型装备主轴转速稳定在2 000转以上、高端装备转速达到3 500转的国际先进水平，顺利交付了高端船用机匣五轴加工中心、数字化移动式多功能制孔机床、大型海上风电轮毂加工用高精度铣镗加工中心等一批“高精智能”产品，实现了进口替代。军品专机研制能力实现新跃升，承接了重大国防科研工程项目、国内首台10兆级大型火箭搅拌摩擦焊接装备、ITER项目关键部件研制，攻克了大型非标异性零件高精加工等难题。智能制造和云平台建设取得新突破，个性化定制辙叉铣、铝锭铣等智能产品，承接了药筒机加自动化生产线、特种车体加工生产线等研制，“武重云”平台实现设备生命周期管理和客户服务效率提升。培育武重集团、善福公司、矿机公司三个高新技术企业。

这是谋篇布局、转型升级的5年，结构调整持续优化，机床与专机并重的产业结构全面构建

改造传统机床存量，瞄准数字化、网络化、智能化方向，机床产品结构由单件小批量向高端智能、批量化转型，占领了风电、船舶领域制高点，焕发了传统引擎新动力。培育提升专机增量，形成多型号的土压/泥水平衡/硬岩盾构机生产能力，建立起集加工制造、经营租赁、维修保养等为一体的盾构机产业链条，打造产业发展新引擎，并在行业内率先成立盾构机租赁中心。突破智能制造与服务型制造融合发展变量，推动产品产业与工业互联网、大数据等技术的融合建设，创新发展了机床维保一体化、矿山一体化运作模式，建成行业首家数字化车间，推进由单纯装备制造向制造服务的转型。“十三五”期间，专机业务由零起步到收入占比达30.0%，服务型制造收入占比超15.0%，重型机床、专机装备并重的产业结构基本成型。

这是全面改革、攻坚突破的5年，市场化改革成效明显，微观主体活力动力充分激发

深化供给侧结构性改革，持续推进瘦身健体、提质增效，围绕“三去一降一补”，铸锻公司、武重本部完成“处僵治困”专项工作，清算注销立车公司，关停低效产能锻造厂，“处僵治困”和民品“双降”专项工作全面完成。以“双百改革”为抓手，优化市场化管控模式，加大授权放权力度，先后出台采购、财务、生产、质量体系等多项改革方案，有力推动了子公司进一步落实主体责任、健全法人治理结构、提高经营管理水平。加快市场化经营机制建立，加大市场化选人用人力度，积极推进任期制和契约化管理，经市场化选聘的内部转任职业经理人7名。深化市场化薪酬体系改革，建立以价值创造为导向的薪酬分配体系，探索实施任期激励、国有科技型企业项目分红等中长期激励机制，扎实推动“总部机关化”问题专项整改，以市场化经营机制提升企业经营活力和市场竞争力。

这是人才兴企、聚力前进的5年，坚持党管干部、党管人才，以市场竞争为导向的干部人才队伍不断成长

大力实施“335”人才战略，建立完善各类人才选拔、任用、考核激励等专项制度，形成了经营管理人员、科技人员、技术人员的职业发展序列，全面激发各类人才活力，现有兵器首席科学家2名，兵器科技带头人2名，兵器青年科技带头人1名，公司科技带头人21名、骨干人才73名、管理、营销、党建、科技能手84名，公司技能带头人11人、“武重工匠”近300余名；公司荣获国务院政府特殊津贴、中华技能大奖、省政府专项津贴、湖北工匠、省首席技师、市技术能手人才50人次，建立国家及省市级技能大师工作室6个。

这是旗帜领航、厚植优势的5年，全面加强党的建设，以高质量党建引领高质量发展

以党的政治建设为统领，常态化开展贯彻落实习近平总书记视察武重重要讲话精神主题实践活动，严格落实“两个一以贯之”，扎实开展“两学一做”“不忘初心、牢记使命”等主题教育，先后开展“量质并重、质量首责”“战疫当先锋、夺取双胜利”等系列主题实践活动，干部职工群众干事创业的精气神大幅提振。着力抓实“三基”建设，健全基本制度，基层党建质量显著提升，组织开展了“党员创新工程”“党组织强基工程”“党员先锋岗”等系列活动，有力推动了党建工作与生产经营同频共振。2018—2020年，武重连续3年对定点扶贫地区云南省红河县开展定点扶贫工作，脱贫攻坚工作成绩显著。在新冠肺炎疫情大战大考中，武重集团全体党员干部职工不忘初心、牢记使命，践行了“顶梁柱、顶得住”的庄严承诺，发扬“把一切献给党”的人民兵工精神，彰显了央企“大国重器”的责任担当。近年来多次荣获中国兵器工业集团有限公司党建工作考核A级单位。

奋斗“十四五”，武重集团将深刻领会习近平总书记和党中央对国有经济和国有企业的战略部署，深入学习贯彻习近平总书记在庆祝中国共产党成立100周年大会上的重要讲话精神，深刻领会集团公司建设世界一流企业和先进兵器工业体系的宏伟蓝图，紧扣高质量发展主题，围绕构建新发展格局，服务国家战略，以更高的政治站位牢固树立兵器“一盘棋”思想，切实履行好强军首责，扛起重型装备国家队的职责使命，加快向科技创新型企业转型，加快推动产业结构升级（产品+）、发展模式升级（互联网+）、服务制造升级（服务+）、产业链现代化升级（产业链+），自觉履行好新时代武重集团的使命任务，实现新的更大的发展，成为国家战略需求和集团装备体系的重要支撑力量，为服务国家战略全局和集团发展大局中实现更大作为、做出更大贡献。

（一）把稳思想之舵，向着习近平总书记指引的方向坚定前行

坚持首位意识，服务国家战略急需和集团公司发展大局，承担好重型装备国家队的职责和使命，高质量完成重大国防科研工程项目、10米级燃料贮箱搅拌摩擦焊接系统、特种车体加工生产线等重大装备，在落实国家重大战略中发挥表率作用，成为党和国家最可信赖的骨干力量。

（二）把握发展主题，沿着高质量的发展道路坚定前行

坚持问题导向，把转型升级的立足点真正转到发展质量和效益上来。一是强化速度换挡，深化市场化运营体系改革，充分激发出广大干部职工的动力和活力，建立绩效薪酬和增加值强挂钩的考核评价机制，确保所有的生产经营活动都指向“效率最高、效益最大、效能最优”这一核心目标，将精益管理提升渗透到管理全流程、全链条。二是强化动力换挡，用全面创新的办法，围绕产业链部署创新链，加快两链融合，把两块“好铁”炼成一炉“好钢”，让科技创新真正成为推动企业高质量发展的关键变量。

（三）把准战略定位，朝着国际一流的高端装备制造集团坚定前行

瞄准这一愿景目标，武重产品结构优化的总体方向是：一是深入贯彻“机床与专机并重”发展战略，立足高端装备、短板装备和智能装备，全面替代进口设备和技术；二是补短板、锻长板，体系化突破一批行业“卡脖子”关键技术和核心功能部件，以科技创新引领产业升级；三是加快数字化、网络化、智能化转型，强化“数字”赋能，让存量产品更具生命力、增量产品更有活力；做强做优服务型制造，推动机床维保、盾构机经营租赁、矿山一体化等业务突破发展，加快建设国际一流的高端装备制造集团。

（四）坚决落实科技和管理“双轮驱动”，提高核心竞争力

一是完善产品研发体系，提升服务国家战略需求能力，面向高端装备、短板装备和智能装备发展需

求，发展“高精智能一代”产品，形成个性化定制和系统解决方案的能力，满足能源、船舶、航空航天、工程机械等各领域重点用户核心、关键和重大装备发展需求。承担航空航天、国防科技等领域军工装备研制及配套任务，在服务军民融合战略中提升大国重器的品牌和影响力。二是优化技术研究体系，实现核心技术自主可控。围绕产品“专精特优”发展要求，体系化突破基础共性技术、关键核心技术和基础制造工艺，攻克功能部件、关键技术、关重工艺、智能技术、产线技术等方面14项技术研究，构建结构合理、先进管用、自主可控的技术体系，提升武重产品技术含量和科技竞争力，为支撑国家重大战略需求、“三大装备”发展奠定基础。三是完善科技创新体制机制。完善激励和保障机制，充分激发科技人员的科技创新潜力和积极性，坚持产学研用相结合，优化创新要素配置，推进协同创新。以创新驱动生产效率的提高和产品性能的提升，促进新科技、新模式、新产品、新业态的出现，不断推动产业向价值链的中高端迈进，充分发挥国企在重大科技攻关、重大技术研究领域和战略性新兴产业的创新投入和引领作用。

以实干笃定初心，用奋进书写荣光。武重集团全体干部职工激情无畏、豪迈搏击，以“精于心 · 重在行”的实际行动，在逆境中书写了践行使命、彰显担当的奋进答卷，谱写了公司“十三五”发展的壮丽篇章。站在新起点，启航新征程，武重将牢记习近平总书记视察武重的谆谆教诲，扛起重型装备“国家队”的使命担当，聚焦主责主业，加快创新步伐，昂扬奋斗姿态，切实履行好强军首责，以优异的成绩迎接建党100周年、人民兵工创建90周年，奋力谱写公司“十四五”高质量发展新篇章。

用创新开创高质量发展新篇章

中联重科股份有限公司

29年的发展探索和创新实践，中联重科股份有限公司（下称“中联重科”）始终以持续创新和工匠精神传承科研基因，加速智能化、数字化、绿色化转型升级、加快国际化步伐，开创高质量发展新格局。

一、体制创新，打造混改样本

中联重科脱胎于建设部长沙建设机械研究院，其历史最早可追溯到成立于1956年的建筑工程部机械施工总局设计室，是中国创立最早的应用型研究院，集工程机械科研开发和行业技术归口于一体，为当时70.0%的中国工程机械企业提供了技术支持，在全国建设机械行业占有重要主导地位，被誉为“中国工程机械行业技术的发源地”。

1992年9月28日，时任长沙建设机械研究院副院长的詹纯新带领7名技术人员，借款50万元创办中联建设机械产业公司，传统科研院所转型为国际化高端装备制造企业的历史性嬗变由此开启。

从1997年开始股份制改造，到2000年深交所上市迈出混改实质性步伐，到2009年实现整体上市，再到登陆香港联交所实现资本国际化，中联重科始终以党建为基石、创新为灵魂、规范为前提、民主为保障、开放为关键，有序实施国有企业混合所有制改革，最终形成了湖南省国资委、管理团队和骨干员工、战略投资者、国际投资者及其他流通股东共同持股的混合所有制产权结构。

受益于积极混改，以50万元起家的中联重科活力迸发，实现持续迅猛发展，已成长为总资产逾1 000亿元的全球装备制造领军企业。

2021年，中联重科以显著的高质量发展跃升至全球装备制造行业前五强，并以865亿品牌价值连续18年荣登“中国500最具价值品牌”榜。

20多年来，中联重科先后经历了科技体制改革和国有企业改革两大攻坚战，从一个全额拨款的科研事业单位，改制为混合所有制企业，2014年被国务院认定为混改样板企业。

二、创新，推动高质量发展全面跨越

1993 年，中联重科成立后的第二年实现产值 400 万元，2020 年，中联重科实现营业收入 651.1 亿元，归属于上市公司股东净利润 72.8 亿元，刷新纪录并创历史最高水平，实现了高质量、可持续发展。

从 1993 年自行研制生产的首台混凝土机械产品成功下线，到全球起重能力最大 2 000 吨全地面起重机、全球最长 101 米碳纤维臂架混凝土泵车、全球最大水平臂上回转自升式塔式起重机、全球最高的登高平台消防车、中国首台 3 200 吨级履带式起重机、全球最大吨位内爬式动臂塔机，再到近年来行业首创的镂空臂架设计轻量化"凌云"系列泵车、全球首台纯电动汽车起重机、行业首创的远程虚拟操控塔式起重机等，中联重科陆续推出一大批"世界级"标志性产品，刷新了全球对中国制造的认知。

经过多年的创新发展，中联重科传承科研基因，已逐步成长为一家主导产品覆盖 11 大类别、70 个产品系列，568 个品种的全球化企业。

2014 年以来，中联重科大力实施"产品 4.0 工程"，技术创新成果涌现，有力推动了企业发展。截至目前，中联重科已有近 300 款 4.0 产品完成下线，4.0 产品在公司新产品销售占比达到 90.0%以上。

中联重科建筑起重机械市占有率稳居全球第 1 位和行业第 1 位，混凝土机械以及汽车起重机械市占有率稳居行业前 2 位。企业农业机械及农业板块，向智慧农机+智慧农业转型升级，新型建筑材料板块蓄势待发。

近年来，中联重科还顺应数字时代大势，以 4.0 智能产品为载体，通过物联网、大数据、移动互联网，深度融合传感、互联等技术连结设备、企业与客户，创新推动企业实现从"设备生产商"向"制造服务型企业"转型。

孕育并打造了集大数据、云计算、工业互联网、人工智能等新兴领域的研发、创新和运营为一体工业互联网公司——中科云谷，其自主研发的工业互联网平台，目前已连接超过 40 万台套价值千亿级别的设备资产。

同时，中联重科全方位布局智能制造，加速智能化、数字化、绿色化转型升级。

"十三五"期间，中联重科高空作业平台臂式智能产线、塔机智能工厂一期项目相继投产并高效运营，实现智能化、自动化、柔性化生产。

2021 年 5 月，塔机智能工厂全线投产，形成了一座"智能工厂"、二个"灯塔车间"、三座"智能立库"、四条"黑灯产线"的新布局，迈入全面智能制造新时代。同时，中联重科搅拌车智能制造产业园、液压关键元件产业园正加速建设。

作为中联重科"十四五"规划中的重要工程项目，以及企业落实"三高四新"战略打造的世界级智能制造产业高地，中联智慧产业城正加速推进，并于 2020 年年底下线了首台中大挖掘机产品，进入"边建设边投产"的全新阶段。

中联智慧产业城创新逾 150 项行业领先技术，建设超过 8 个全球领先的灯塔工厂，300 余条智能产线，全域覆盖 5G、首创行业 20 条"黑灯产线"，建成后将成为全球规模最大、品种最全的工程机械综合产业基地，也将是全球领先的高效之厂、生态之园、智慧之城。

2012 年，国际标准化组织起重机技术委员会（ISO/TC96）秘书处落户中联重科，成为我国工程机械行业第一个标准化秘书处。

截至 2021 年 6 月 30 日，中联重科累计申请专利 11 437 件，其中发明专利 4 409 件，在专利布局获得年度发明专利授权量、授权有效发明专利数等 6 个行业第一。

此外，中联重科还主导、参与制修订逾 400 项国家和行业标准，并累计主导、参与了 17 项国际标准的制修订，有效提升了中国工程机械行业的国际话语权，实现从输出技术和产品到输出国际标准的跨越。

中联重科不忘初心，打造先进制造的未来企业，构建全新的产业生态文明，助推中国装备制造朝着质量更高、效益更好、生态更优的方向发展，为中国创建世界一流企业，实现制造强国做出应有的、更大的贡献。

三、开放创新，谱写海外发展新篇章

走出国门，中联重科一马当先。早在 2001 年，中联重科就把战略目标定位在“做装备制造业世界级企业”,一方面苦练内功,牢牢抓住产品创新的根本;另一方面持续对外“走出去”,打开国际产能合作新空间。

当年,中联重科首开行业先例,整体并购英国保路捷公司,成为国内工程机械行业首个走出国门进行海外并购的企业。

近年来,中联重科积极响应国家号召,紧抓“一带一路”契机,大力实施海外战略并购和对外投资建厂,实现优势产能转移,巩固行业龙头地位。

深耕欧洲市场,大力推进海外本地化制造,与欧洲子品牌融合协同发展,形成海外本地化制造集群,展现了中联重科国际化从“走出去”到“走进去”的成功经验。

在“走出去”的实践中,中联重科坚持“做主、做深、做透”,大力实施“本地化”战略,实现全面融入、有效融合、全面协同、深度合作,“1+1>2”效应凸显。

收购意大利 CIFA 公司,成就了中联重科全球最大混凝土机械制造商的地位,收购案例被哈佛商学院教材收录。2018 年,中联重科收购全球塔机领先制造商德国 WILBERT,高起点踏入欧洲高端塔机市场。2020 年,中联重科收购德国百年农机具品牌 RABE,为打造高端农业机械装备再添动力。

目前,中联重科已在“一带一路”沿线国家建立了 9 个生产基地、20 个贸易平台、10 个备件中心库。

特别是在中白合作共建丝绸之路经济带的标志性工程——中白工业园,中联重科在中国、白俄罗斯两国元首的共同见证下,2015 年成为首批入驻该园的企业。

当前,中联重科白俄罗斯基地已运营投产,成为湖南制造企业在海外智能制造的典范。

目前,中联重科在全球 40 多个国家拥有分子公司及营销、科研机构,布局 100 多个销售网点,为全球 6 大洲 100 多个国家的客户持续不断地创造价值,形成了横穿欧亚大陆与亚洲新兴市场,以及纵贯美洲与非洲大陆的“两横两纵”海外格局。

制造业是一个国家强大与否的重要标志。身处装备制造业的中联重科,将始终一如既往地推进创新,加速智能化、数字化、绿色化转型升级,建设世界级的灯塔工厂,打造先进制造的未来企业,为中国制造闪耀世界、实现大国崛起贡献企业应有的力量。

创建世界一流示范企业　谱写高质量发展新篇章

中国宝武钢铁集团有限公司

中国宝武钢铁集团有限公司(下称“中国宝武”)的前身是始建于 1978 年 12 月的上海宝山钢铁总厂,后经历宝山钢铁(集团)公司、上海宝钢集团公司、宝钢集团有限公司等不同发展阶段,于 2016 年 12 月与武汉钢铁(集团)公司实施联合重组后揭牌成立。2019 年 9 月,中国宝武对马钢(集团)控股有限公司(下称“马钢集团”)实施联合重组;2020 年 10 月,对中国中钢集团有限公司(下称“中钢集团”)实施托管;12 月,正式成为重庆钢铁股份有限公司(下称“重庆钢铁”)实际控制人,完成对太原钢铁(集团)有限公司(下称“太钢集团”)的联合重组,对重庆钢铁(集团)有限责任公司(下称“重钢集团”)实施托管。中国宝武注册资本 527.9 亿元,资产规模 10 141 亿元,是国有资本投资公司试点企业。总部设在中国(上海)自由贸易试验区世博大道 1859 号。2020 年年底,中国宝武在册员工 227 007 人,在岗员工 187 595 人。

中国宝武以“成为全球钢铁业引领者”为愿景,以“共建高质量钢铁生态圈”为使命,以“诚信、创新、协同、共享”为公司价值观,致力于通过技术引领、效益引领、规模引领,打造以绿色精品智慧的钢铁制造业为基础,新材料产业、智慧服务业、资源环境业、产业园区业、产业金融业等相关产业协同发展的格局,形成“亿吨宝武”“万亿营收”能力,打造若干个千亿元级营业收入、百亿元级利润的支柱产业和一批百亿元级营业收入、十亿元级利润的优秀企业。

钢铁制造业是中国宝武的主营业务，以“引领全球钢铁产业发展”为目标，着重体现规模、技术、效益引领，通过行业重组整合提高产业集中度，积极推进智慧制造，成为世界一流的碳钢、特钢、不锈钢精品钢材智造服务商，实施绿色、精品、智慧、成本、规模经营战略。2020 年，钢铁制造业拥有宝山钢铁股份有限公司[下称“宝钢股份”，含宝钢股份直属厂部、上海梅山钢铁股份有限公司(下称“梅钢公司”)、宝钢湛江钢铁有限公司(下称“湛江钢铁”)、武汉钢铁有限公司(下称“武钢有限”)、黄石涂镀板有限公司(下称“黄石公司”)、宝钢日铁汽车板有限公司、广州 JFE 钢板有限公司等]，宝武集团中南钢铁有限公司[下称“中南钢铁”，含广东韶钢松山股份有限公司(下称“韶钢松山”)、宝武集团鄂城钢铁有限责任公司(下称“鄂城钢铁”)、重庆钢铁股份有限公司]，太钢集团[含太原钢铁(集团)有限公司、宝钢德盛不锈钢有限公司(下称“宝钢德盛”)、宁波宝新不锈钢有限公司(下称“宁波宝新”)]，以及马钢集团、宝钢集团新疆八一钢铁有限公司(下称“八一钢铁”)、宝武集团马钢轨交材料科技有限公司(下称“马钢交材”)等企业。钢产量首次突破 1 亿吨，居全球第一；产品广泛应用于汽车、机械、军工、家电、能源、电力、船舶、交通、海洋工程等行业。

新材料产业聚焦先进制造业发展和大国重器之需，重点推进新能源、海洋工程、航空航天等领域所需的镁、铝、钛等轻金属材料、特种冶金材料、金属包装材料及碳基、硅基和其他无机非金属材料产业化，提升高性能金属材料领域的差异化竞争优势。智慧服务业以大数据、云计算、人工智能技术为基础，打造数字化设计与咨询服务和工业装备智能运维服务业务，构建基于钢铁和相关大宗商品的第三方平台，为钢铁生态圈提供全生命周期智慧制造和服务的整体解决方案。资源环境业聚焦主业所需的矿产资源的开发、交易和物流业务，创新商业模式，构建全供应链的世界一流的矿产资源综合服务平台。依托城市钢厂的装备、技术和资源优势，以产城融合、城市矿山开发和资源综合利用为方向，形成专业化的行业和产城融合的环保产业。产业园区业以盘活集团存量不动产资源为出发点，通过与外部优势企业合资合作，打造新型产业园区，助力城市经济转型升级，保障老钢铁基地转型中员工新的职业发展，支撑钢铁生态圈建设。产业金融业打造专业化、市场化、平台化的产业金融服务体系，为钢铁生态圈提供供应链金融和资产管理等服务，进一步发挥产业公司的金融业务服务实体经济发展的功能和优势。

2020 年，中国宝武克服新冠肺炎疫情不利影响，持续深化推进供给侧结构性改革，以“三高两化”(高科技、高效率、高市场占有率、生态化、国际化)为路径推进高质量发展，全年完成工业总产值(现行价格)6 079.1 亿元，工业销售产值 6 029.4 亿元，资产总值 10 140.7 亿元，营业收入 6 737.4 亿元，实现利润总额 455.4 亿元，同比增利 110 亿元，营业收入、利润总额均创历史新高，上缴税费 256.1 亿元，净资产收益率 8.2%；铁产量 10 117.7 万吨，钢产量 11 528.8 万吨，商品坯材产量 11 262.9 万吨，商品坯材销量 11 261.4 万吨，出口钢材 453.1 万吨。期末资产总额 10 140.7 亿元，提前实现“万亿资产”规划目标。

全年，中国宝武研发投入率 2.8%，专利申请 3 779 件，其中发明专利 2 447 件。吨钢综合能耗 590 千克标准煤，较 2019 年同口径下降 1.7%；二氧化硫、化学需氧量和氮氧化物排放总量分别为 28 635 吨、1 887 吨和 68 106 吨，较 2019 年同口径分别下降 14.0%、10.0% 和 11.0%。对外捐赠 27 950 万元。中国宝武被纳入中央企业创建世界一流示范企业。在 2019 年度中央企业负责人经营业绩考核中，中国宝武获评 A 级企业，在中央企业排名第 14 位，较上年提升 12 位，考核得分和排名均为历史最好水平。位列美国《财富》世界 500 强榜单第 111 位，首次跃居全球钢铁企业首位。在美国《财富》(中文版)发布的“最受赞赏的中国公司”全明星榜上位列第 8 位。国际三大评级机构标准普尔、穆迪、惠誉继续给予全球综合性钢铁企业最高信用评级。

年内，中国宝武正式成为重庆钢铁实际控制人，完成对太钢集团的联合重组，对中钢集团、重钢集团实施托管。钢铁主业完善沿海沿江空间布局，优化钢铁产业结构，推进专业化、区域化、平台化公司建设,成立中南钢铁等平台公司。多元产业推进业务聚焦和专业化整合,包括:组建欧冶工业品股份有限公司;重组西藏自治区矿业发展总公司;构建大原料保障体系,组建宝武原料供应有限公司;推进吴淞科创园等重点地块规划和项目等。

一、疫情防控有序有力,复工复产卓有成效

2020年,中国宝武经受住了新冠肺炎疫情的考验。各单位全面开展疫情防控,推进复工复产。捐赠7 600万元助力抗击疫情,多渠道筹措抗疫物资,保障员工的健康安全;各单位严密组织,确保生产经营稳定。在鄂企业一边严抓抗疫,一边复工生产,在医用氧保障、工程建设项目材料供应、方舱医院建设等方面助力抗疫。多个个人与集体分获全国、中央企业、各省市抗击新冠肺炎疫情先进称号。

二、坚持"三个引领",进一步做强做优做大国有资本

(一)坚持规模引领,市场占有率不断提高

2020年,中国宝武继续推进资本运作:8月21日实施对太钢集团的联合重组,12月23日完成工商变更;10月19日,托管中钢集团;12月2日,成为重庆钢铁实际控制人;12月5日、17日,八一钢铁分别完成新兴铸管新疆有限公司和新疆伊犁钢铁有限责任公司的股权收购;12月21日,托管重钢集团。多元产业完成重组西藏自治区矿业发展总公司、宝钢金属增持南京云海金属股份有限公司、宝武炭材料科技有限公司(下称"宝武炭材")收购吉林精功碳纤维有限公司等一批项目。一批重要项目开工或投产:全球唯一完全面向新能源汽车行业的高等级无取向硅钢专业生产线——宝钢股份无取向硅钢产品结构优化项目开工建设;重庆钢铁七号转炉点火投产,四号连铸机新建项目开工建设;宝钢德盛1 780热轧热负荷试车;宝武炭材宝方炭材料科技有限公司10万吨超高功率石墨电极项目在兰州投产;宝武铝业科技有限公司一期项目30吨熔铸、2 500毫米冷轧机等生产线陆续投产,并启动二期规划;宝钢资源有限公司(下称"宝钢资源")马钢矿业罗河铁矿一期扩能工程建设项目开工建设。华宝信托有限责任公司获批新增QDII(合格境内机构投资者)额度1亿美元,累计20亿美元,位列国内信托行业第一。

(二)坚持技术引领,企业核心竞争力不断提升

2020年,中国宝武持续加大高水平研发投入,研发投入率为2.8%,同比提高0.2个百分点。完成智慧制造三年(2018—2020年)行动计划,基于工业互联网平台的智慧制造技术体系逐步完善,一批智慧制造示范项目脱颖而出,倒逼管理变革、流程再造、效率提升。编制并发布《中国宝武数智化专项规划》;推出工业互联网平台,支撑钢铁生态圈中智慧制造和智慧服务各类创新型企业业务的建设;启动工程数字化设计交付云平台关键技术研究和应用项目;中国宝武大数据中心建设初具规模,为生态圈互联互通提供数据保障,其中宝钢股份数据中心建成并投入运行。承担国家使命类产品的保供任务,专项攻关项目进展良好。研究绿色低碳制造核心关键技术,建立面向行业开放的低碳冶炼新工艺创新平台。形成高强度低屈强比耐候桥梁钢、轴重45吨重载车轮等一批具有行业影响力的科研创新成果,易成形、高性能耐磨钢产品(BW400QP)等8项新产品实现全球首发。在汽车轻量化、新能源等战略性新材料领域,汽车与航空用铝合金板带生产线投产,中间相沥青基碳纤维、低成本耐热压铸镁合金等新材料产品创新和应用技术实现重点突破;在金属及新材料包装领域,开发成功深冲覆膜铁罐等新产品。年内,中国宝武获中国科学技术协会(下称"中国科协")"积极贡献单位",是唯一企业科协获奖单位。太钢集团"宽幅超薄精密不锈带钢工艺技术及系列产品开发"项目获中国工业大奖,宝钢股份"BG系列高性能油气开采用管开发及应用"项目获中国工业大奖表彰奖,马钢集团、中钢集团邢台机械轧辊有限公司获中国工业大奖提名奖。马钢集团和马钢交材的两个项目获中国质量协会质量技术奖优秀奖。

(三)坚持效益引领,高质量发展再上新台阶

2020年,中国宝武钢产量、收入、利润、经营现金流等指标领跑全球钢铁企业。围绕"全面对标找差,创建世界一流"管理主题,对标优秀民营企业。各一

级子公司瞄准标杆企业对标找差，狠抓技术攻关和现场改善，营造上下同欲、对标找差、争创一流的氛围。宝钢股份通过成本削减创效益 37.7 亿元，实现宝武协同效益 37.6 亿元。韶钢松山综合铁钢比破 770 千克/吨，鄂城钢铁“破八见七”，马钢集团、湛江钢铁等“破九见八”，均创历史最好水平。

（四）常态化深入推进“瘦身健体”、低效无效资产处置等各项提质增效工作

2020 年，中国宝武完成法人压减 38 户，同比增长 50.0%，退出参股企业 50 户，同比增长 80.0%，回笼资金 24 亿元，完成 15 户管理层级压缩。完成“处僵治困”第二阶段 11 户子企业减亏 40.0% 的任务目标。

三、坚持“四化”发展，打造细分产业领域的头部企业

围绕“一基五元”战略布局，持续完善钢铁生态圈架构，在资产经营层推进“四化”（专业化整合、平台化运营、生态化协同和市场化发展），打造各自细分领域的头部企业。

（一）聚焦专业化整合，提升国有资本投资公司核心能力

以专业化整合为抓手，推进管理覆盖、业务整合和资产重组，提升企业效率效益。重点推进马钢专业化整合，整合项目按计划推进，战略协同效应显著，欧冶链金再生资源有限公司、宝武重工有限公司等新业务整合后实现市场规模扩大与业务结构升级，马钢专业化整合取得协同效益 9.2 亿元。金融板块完成宝钢集团财务有限责任公司和武汉钢铁集团财务有限责任公司、马钢集团财务有限公司的整合与托管，华宝都鼎（上海）融资租赁有限公司和马钢（上海）融资租赁有限公司整合、欧冶商业保理有限责任公司和马钢（上海）商业保理有限公司整合。宝钢资源托管马迹山港商务业务及梅钢矿业、八钢矿业等单元。专业化整合成为提升中国宝武国有资本投资公司核心能力的重要组成部分。

（二）推进平台化运营，探索“一总部多基地”管控模式

优化钢铁产业结构，推进宝钢股份、中南钢铁等 5 个专业化、区域化、平台化钢铁公司建设，提高资源要素集聚和配置能力。在原有多元板块平台公司的基础上，针对大宗原燃料、备品备件、冶金装备制造、废钢、工业气体、设备运维等业务建立相应的专业化平台公司。通过推进平台化运营，各平台公司在管理模式、商业模式和体制机制等方面突破创新，基本形成专业化聚焦和区域化协同相结合的“一总部多基地”管控模式。

（三）强化生态化协同，共建高质量钢铁生态圈

各单元聚焦网络化、数字化、智能化构建产业链集群，相互协同支撑，提高资源配置效率、制造能力、运营能力。宝钢股份、韶钢松山协同支撑重庆钢铁，建立体系化精准支撑攻关项目 30 个，实现协同效益 5 亿元。专业化平台公司之间全方位推进营销、采购、技术、智慧制造、绿色环保等协同共建。欧冶工业品股份有限公司作为第三方产业互联网平台，通过创新商业模式，提供采购共享服务，全年降低采购成本 6.5 亿元。

（四）加快市场化发展，打造一批行业领先的“单打冠军”

各子公司以专业化整合为基础，瞄准 20.0% 市场占有率和集团外业务占比超 50.0% 的目标，拓展市场份额。宝武炭材焦油加工规模实现全球第一，宝钢包装股份有限公司两片罐、宝武特种冶金有限公司镍基合金市场占有率均为国内第一。宝信软件股份有限公司成为多元板块首家完成“百十”（百亿元级营业收入、十亿元级利润）目标的公司，盈利能力稳居同行前列。宝武水务科技有限公司新签手持订单 36 亿元，其中集团外订单占比 25.0%。宝武集团环境资源科技有限公司矿粉产能为 1 700 万吨，矿粉行业龙头地位进一步巩固，还原铁粉的市场占有率为 20.0%。欧冶链金再生资源有限公司废钢规模 1 440 万吨，市场占有率快速提升。华宝证券进入 A 类券商行列，并取得保荐业务资格。

四、坚持深化改革，在重要领域和关键环节取得重大进展

（一）深化国有资本投资公司改革试点，推进公司治理体系和治理能力现代化

按照“管资本”定位，优化完善与国有资本投资公司相匹配的治理体系，培育相应的治理能力。以深化国有企业改革为出发点和落脚点，围绕“全面对标找差，创建世界一流”管理主题，推动“建设高质量钢铁生态圈、成为全球钢铁业引领者”战略目标等重点任务，推进中国宝武治理体系与治理能力现代化建设十大任务。优化一级子公司重大事项决策程序，“一企一策”充分授权、放权，完善股东大会、董事会事项决策流程及决策方式，落实差异化管控，完善权责对等的法人治理体系。

（二）国有企业改革发挥示范引领和突破带动作用

推进6家“双百企业”、2家“科改示范企业”有序实施综合改革，在股权多元化及混合所有制改革、健全市场化选人用人机制、强化市场化激励约束机制、激发创新动能等方面创新取得突破。宝武炭材新收购兼并项目全部落实非公资本参股，旗下子公司混合所有制改革比例逾60.0%。欧冶云商股份有限公司打造公众化产业互联网科技公司，推动IPO（首次公开募股）上市。宝钢包装股份有限公司在制罐业务板块和新项目团队中试点职业经理人改革，运用市场化的选人用人机制和科学合理的激励约束机制，进一步实现新一轮高质量发展。宝武特种冶金有限公司引入非公资本、管理资源，推进员工持股，迈出混合所有制改革第一步。

（三）稳妥推进剥离企业办社会职能和历史遗留问题解决

推进湖北地区大集体改革攻坚工作，落实马钢集团大集体改革新增任务，完成在职员工2.3万人妥善安置工作，基本完成厂办大集体改革任务。按时保质完成“三供一业”分离移交中央财政补助资金清算和收尾工作，获18亿元维修改造资金，维修改造工程全面完工。推进退休人员社会化管理工作，按期完成主体任务，累计实现社会化管理人员27.3万人，完成率为100%。

五、深化“三治四化”，实现绿色发展，追求绿色引领

2020年，安全生产形势总体平稳，未发生较大及以上事故；较2019年同口径比，工亡人数与事故总量实现双下降。推进“三治四化”（三治，即固体废物不出厂、废水零排放、废气超低排放；四化，即洁化、绿化、美化、文化）和“长江大保护”行动，塑造绿色、生态的城市钢厂，无重大环境突发事件。推进废气超低排，实施40个废气超低排改造项目，探索废水零排放，固体废物实现98.0%不出厂的目标。宝钢股份入围世界经济论坛新一轮全球制造业领域的18家“灯塔工厂”名单，成为唯一入选的中国钢铁企业。中国宝武在全国重点大型耗能钢铁生产设备节能降耗对标竞赛评比中，获评2个冠军炉、10个优胜炉和7个创先炉。

六、坚定推进三项制度改革，员工创造力和价值显著提升

坚持“双优化”和绩效导向并行，优化领导班子职数和领导人员配置。推动干部跨单位交流任职，实现一级子公司董事、监事“职务化”选派全覆盖。实现全口径人力资源优化9.3%。多渠道引进高层次紧缺人才268人。建立专家智库。推进产教融合，4家单位成为地方产教融合企业试点。探索建立“智造岗位”，推动智慧制造转型升级。坚持激励资源向奋斗奉献者倾斜、向最有价值员工集聚，持续优化分配策略。稳妥推进员工持股、科技型企业岗位分红工作。

全面开展“我为企业‘对标找差创一流’献一计”活动，全体职工献计近20万条，各单位开展劳动竞赛5 041项。6名职工当选全国劳动模范、24名职工当选省部级劳动模范，12个集体分获省部级模范集体、五一劳动奖状及“工人先锋号”称号；6名职工获评省部级工匠，2名职工获评中国机械冶金建材行业工匠。编写《劳模先进风采录》，收录888名中华人民共和国成立以来历届省部级以上劳动模范。职

新结出丰硕成果，获上海市科技进步奖二等奖 1 项，全国钢铁行业职工技术创新成果奖一等奖 1 项。武钢集团工会"'梦创工社'服务职工创业促进企业转型"项目成为 2020 年第六届全国大众创业万众创新活动优秀"双创"项目之一。

七、坚决落实党中央部署，助力打赢脱贫攻坚战

将脱贫任务作为重大政治任务和"一把手"工程，推进产业扶贫、教育扶贫、消费扶贫，并以党建引领助力脱贫攻坚。加大扶贫资金投入力度，全年投入资金较 2019 年再增长，投向"两不愁三保障"重点问题的资金数和帮助人口数是 2019 年的 2～3 倍。定点扶贫和对口支援的 10 个县全部实现脱贫摘帽。中国宝武获 2019 年中央单位定点扶贫工作成效"好"的最高等级评价。

（撰稿：张文良）

做精做强　求新求变　打造绿色高质量发展百年强企

河北鑫达集团

一、发展综述

河北鑫达集团于 1992 年开始迈出创业步伐，创立了唐山市鑫达工贸有限公司，开始经营白云石；2002 年迁安联钢鑫达钢铁生产出第一炉铁，开启了"钢铁"事业；2006 年，鑫达生产出第一炉钢，实现了由铁到钢的转变；2007 年，随着公司规模逐步扩大，成立吉林鑫达钢铁有限公司；2009 年，集团产业开始向多元化发展，成立唐山隆鑫房地产开发有限公司；2011 年，成立了迁安鑫达物流有限公司；2012 年，成立了河北巨鑫酒业有限公司。

到了 2015 年，钢铁市场持续低迷，河北鑫达集团董事长、总裁王全审时度势，提出了以"一切问题皆是管理问题，一切管理问题都是思想问题"的主题思想，确立 2015 年为"管理提升"年。2016 年确立为"改革创效年"，2017 年为"合作共赢"年，2018 为"强基固柢"年，2019 年为"强基固柢"完善提升年，2020 年为"强基固柢"拓展收获年，2021 年是强基创优年，我们新提出了"产业提质精益智能诚信共赢品牌强企"的主题思想。

历经风雨兼程的创业与革新，河北鑫达集团在"以实业报国创百年强企"的愿景指引下，凤凰涅槃、化蛹成蝶，现已发展成一家集矿产采选、地产开发、钢铁冶金及上下游产业链实体贸易为一体的全国大型综合性民营企业，总资产已达 718 亿元。连续跻身"全国钢铁 A 级竞争力特强企业""中国钢铁工业 20 强""中国制造业企业 500 强""中国民营企业 500 强""中国制造业民营企业 500 强""中国 500 最具价值品牌企业"榜单，荣膺"全国钢铁工业先进集体""河北省绿色工厂""河北省先进集体"等荣誉称号。

河北鑫达集团强基固柢，多元发展。鑫达人始终秉承"以实业报国创百年强企"的核心理念，积极融入"一带一路"、共融共通高质发展的大潮，现已拥有钢铁事业部、精密铸造事业部、矿产事业部、地产事业部、贸易事业部五大实业板块。

钢铁事业部拥有河北鑫达钢铁集团有限公司、吉林鑫达钢铁有限公司、唐山天茂实业集团有限公司等企业，现年产量已达到 1 450 万吨铁、1 500 万吨钢、1 500 万吨材，主营产品有螺纹钢、圆钢、盘螺、盘圆、热轧带钢、H 型钢、工字钢、角钢、槽钢、U 型钢、钢板桩等，主营各项产品已销往全国各地及马来西亚、印度尼西亚、菲律宾等东南亚国家和地区；迁安鑫达物流有限公司、东丰华运物流有限公司拥有重型卡车和各种工程机械 2 000 余台（辆），综合日运量达 100 000 余吨；精密铸造事业部拥有河北京东管业有限公司、辽宁京东管业有限公司等企业，主要从

事离心球墨铸管的生产与销售,年生产能力 100 万吨;矿产事业部已探明铁矿石总储量 5 亿吨,白云石 9 000 万吨,石灰石 6 000 万吨;地产事业部唐山隆鑫房地产开发有限公司帝都花苑、帝都旺府小区已竣工入住,王府大厦等重点工程已竣工投用;贸易事业部拥有天津天道金属集团有限公司、河北巨鑫酒业有限公司等多家企业,集团业务范围覆盖全国 30 多个省(自治区、直辖市),已具备完善的钢铁产业链条、健全的地产开发系统和庞大的营销网络。

河北鑫达集团与时俱进,智慧领航。鑫达集团现拥有 1 个国家 CNAS 认可质量检测中心,1 个国家 AAA 级钢铁工业园旅游景区,2 个省级工业企业研发中心,2 个河北省绿色工厂,3 个河北省绿色矿山,5 家国家高新技术企业。坚持以传统的钢铁产业发展为基石,以河北省工业企业研发机构鑫达技术中心和天道集团为基地,以智慧经济为抓手,转型发展战略新兴产业,已取得骄人成果。集团在环保装备制造、数字化智能制造、互联网电商平台等领域拥有自主知识产权和专利 545 项。河北京东管业有限公司还被评为“科技型中小企业”。

河北鑫达集团以互联网+为抓手,倾力打造以政府为主导的智慧城市、定制化远程数字控制的智慧工厂、中鑫联电商平台、今日钢铁资讯平台,做大做强智慧经济。

其中,智慧工厂无人连铸平台应用两台机器人同时更换长水口更是实现了行业全球首例!中鑫联云商平台于 2019 年 8 月上线试运营,累计上架冶金工业的各类原料和备品备件 35 万余种商品,注册用户 2 748 余家,分布在全国近 200 个城市和地区,交易总额已达 1 080 亿元。

河北鑫达集团热心公益,大爱担当。集团涅槃重生,不忘实业报国初心,积极回馈社会。专门注册成立的河北鑫达慈善基金会,举办了捐助特教学校、慰问孤寡老人、资助莘莘学子、帮扶重灾病患等一系列公益活动,彰显强企大爱担当,列入“唐山市十大公益企业”。成立至今,用于赈济灾区、捐资助教、扶危济困等捐款已达 8 000 余万元;特别是直接捐款 1 606 万元助力地方新冠肺炎防控工作。

二、管理创新

(一)项目建设创新

1. 2020 年,在大项目战略带动下,企业转型升级的步伐更加坚实,全年新增固定资产 33. 41 亿元。

2. 集团以项目建设促进绿色高质量发展,实现了储备一批、实施一批、投产一批的总体布局。全年共建设、续建各类环保改造升级、战略新兴产业、精品钢产业链条延伸项目 83 个,已竣工投入运营 31 个。其中,吉林鑫达 110 兆瓦亚临界发电项目顺利并网、焦电项目进入试生产阶段;河北鑫达烧结综合升级改造项目竣工投产;矿业集团安利矿业年产铁精粉 120 万吨的新选厂项目一期已经试车运行。

3. 一些较大重点技改项目正在按计划时间节点有序推进。省重点项目天道物流港公转铁项目已经全面展开,目前主线已具备通车条件;辽宁京东二期球墨铸管项目进展顺利,进入收尾阶段;智能炼钢、自动取样、自动检测、信息联网传输等智能制造项目和精益工段、精益产线、精益分厂等精益管理项目正在进入收官见效阶段,整体管理水平和竞争实力显著增长,精细化生产的理念已贯穿于生产经营各个环节,自主改善消除浪费已成为员工的自觉行动。

(二)环保管理创新

1. 为响应国家绿色发展号召,集团所属河北鑫达钢铁集团有限公司坚持以“创新绿色开放共赢”发展理念为统领,以“打造国家级绿色工厂”为目标,走好“绿色高质量发展之路”。近年来,鑫达在全面推行精益管理过程中,不断建立健全环境保护约束机制,完善“纵向到底、横向到边、纵横连锁”的三级环保管理网络,同时创新环保管理机制,目前公司修订完善了 10 余项环保制度,其中包含《环境保护管理办法》《危险废物管理办法》《放射源管理办法》《环保考核与奖励管理办法》《环保运维外包业务专业管理规定(试行)》。充分发挥制度的正激励作用,促进各分厂不断增强主动而为抓环保的思想意识,确保环保整体管理水平得到提升。

2. 河北鑫达钢铁集团有限公司成立超低排放领导架构,以国家环保政策、法规、标准为基准,制定了更为严格的内控标准，对废气、废水、噪声、固体废物等污染源及厂区周围环境质量开展实时监测，一经发现排放超标立即采取必要措施及相关问责机制，确保环保管理工作处于可控状态。为提高全体干部员工的绿色发展意识，公司从思想教育和舆论引导入手，责令环保部全方位、多层次开展环保法律法规以及环保设施操作技能的教育培训等活动。不断深化涵盖质量、环境、能源、测量和职业健康安全的一体化管理体系建设，持续问题整改，不断优化流程，保障了体系的有效运行。

（三）人才管理创新

1. 河北鑫达集团自 2020 年 7 月开始实施减员增效计划，通过现场逐岗核查定编，到 12 月 31 日共减编减员 3 044 人，月可节省人力成本 1 400 余万元，机构更精简合理，队伍更精干高效。逐步实现了资产质量持续优化、发展质量稳步提高的目标。

2. 在人才招聘方面，河北鑫达集团为解决退役军人的就业问题，牵头成立迁安市退役军人就业创业促进会，列规划、腾岗位、留位置、降门槛，在同等条件下，尽全力帮助社会解决退役军人就业，并免费向退役军人进行就业前初级职业技能培训，提供每月 300 元的退役军人补贴。近年来，集团共接收安置退役军人 1 100 余人。此外，集团还与各大高等院校开展合作，累计接收毕业生 700 余名。

三、技术创新

（一）环保项目改造、技术革新

1. 环保投入及治理效果：河北鑫达钢铁集团有限公司高度重视环境保护和循环经济发展，高度聚焦污染防治攻坚战，勇敢承担环保责任，以及国家对于钢铁行业各项工作要求。在环保方面累计投资 38 亿元，以严于国家标准将所有料场建成机械化全封闭料棚，采用最先进的鹰眼跟踪雾炮抑尘和干雾抑尘系统，棚口配备了车轮和车身清洗装置，有效管控无组织排放；各生产工序均配套建有各种除尘、烟气脱硫等环保设施，脱硝脱白项目已投入运行，现已实现严于国家超低排放标准、基本达到唐山地区超低排放标准，即颗粒物排放浓度基本达到≤5 毫克/牛立方米、二氧化硫排放浓度基本达到≤20 毫克/牛立方米、氮氧化物排放浓度基本达到≤30 毫克/牛立方米。

2. 有组织排放治理方面：①烧结、竖炉静电除尘加装高频脉冲电源，对脱硫设施进行塔体加高、增加喷淋层、加装烟气均布均流板等提标技术改造，并分别投建了湿式静电除尘器及烟气脱白设施，加大颗粒物及烟气可视化效果治理力度；另烧结工序投建烟气脱硝、进行烟气热风循环改造，进一步降低各污染物排放总量，同时保证了各项污染物达到超低排放标准。②各工序布袋除尘器进行升级改造，更换覆膜滤料、滤筒，增大过滤面积，降低过滤风速，实现了颗粒物超低排放。③高炉投建冲渣水渣沟乏汽消白设施、高炉煤气精脱硫设施，设备稳定运行至今，且运行数据满足唐山 2018 年第 38 号文件要求。④转炉一二三次除尘升级改造，目前转炉一次除尘均已改造成 LT 干法除尘，新建完成三次除尘，对一二次除尘不能完全补集的烟尘进行全面补集，保证转炉工序无烟尘外逸。⑤轧钢系统安装塑烧板除尘及水浴除尘，对粗、精轧工序进行全面治理。⑥4 号、5 号 100 兆瓦发电已完成除尘、脱硫建设，各污染物已实现超低排放。⑦216 带烧安装 SDA-FGD+SCR 脱硫脱硝除尘系统，保证污染物达标排放。

3. 无组织排放治理：①对所有除尘放灰系统进行升级改造，通过投建气力输送设备、购买吸排罐车，实现全程密闭运输，石灰、除尘灰不落地；并投建管状带式输送机，全面解决水渣车辆运输问题。②新建 9 座封闭料棚，实现块状、粉状、粘湿物料等进棚储存，无露天物料堆放；料棚内部按要求配置了智能雾炮、干雾抑尘设施，主要出口配套了电动门及车辆冲洗装置，确保装卸作业时料场处于全封闭状态及车体的及时清洗，满足车辆清洁运输要求。③高炉炉顶加装煤气均压放散回收设施、轧钢加热炉加装煤气引回燃烧设施、转炉一次排口加装伴烧式点燃装置，确保煤气全部点燃放散。

4. 建设环保智能管控中心：河北鑫达钢铁集团有限公司投资 1 000 余万元，建设环保智能管控中心。平台结合厂区主要工序和运输通道的空气微站、TSP 监测，附以环保监控视频等手段，接入各主要生产设施和除尘、脱硫、脱硝、雾炮、干雾抑尘等治理设施运行参数，有效掌握并科学分析有组织和无组织排放分布、浓度、变化规律等数据，并依据分析结果进行智能化、科学化的治理。同时，将环保在线检测站、门禁系统、清洁车辆运行轨迹、能源消耗等点位接入系统，结合倾斜摄影三维建模生成的环保GIS地图，实现污染物源头监控、车辆动态管理、效果实时检验的协同管控过程，为提高整体治理效率和降低治理工作管控难度提供有力支撑。

（二）节能降耗

1. 引进纳米润滑科技“雷士牌润滑油添加剂”。在唐山地区率先引进了高科技产品——纳米润滑科技“雷士牌润滑油添加剂”。产品由河北彤源环保有限公司研发生产，在河北鑫达钢铁集团有限公司使用节能效果明显。①该产品特色鲜明，优势凸显该产品工艺性能先进；使用操作简单；投入少寿命长。②产品性能稳定，效益显著。该润滑油主要应用于制氧机组、发电机组、高炉鼓风机等设备，经济技术指标改善显著。使用该技术匹配的节能减排产品延长润滑油的使用周期，减少固体废弃物的排放，节约标准煤797.5吨，减少二氧化碳排放达2 089.5吨，减少二氧化硫排放6.8吨，减少氮氧化物排放5.9吨；设备振动下降0.1毫米/秒；设备噪声降低4.2分贝（A）。

2. 河北鑫达钢铁集团有限公司高度重视节能降耗与资源综合利用，先后投资11.1亿元，建设两组100兆瓦高温超高压、三组50兆瓦高温高压煤气发电机组、一组110兆瓦超高温亚临界煤气发电机组、蒸汽余热发电机组，自发电率达到75.0%。

3. 工业企业作为用电大户，“节能降耗”任务也很艰巨。为实现循环经济和可持续发展，河北鑫达钢铁集团有限公司信息自动化部研发EMS能源管理系统，在能源动力厂全范围内布置DCS与PLC系统，实现用电消耗实时监控，使每一度电的使用都跃然“屏”上，有针对性地开展节能降耗工作，使每季度能源消耗费用降低8 000余万元。

（三）循环发展

1. 工业固废循环利用：河北鑫达钢铁集团有限公司对矿渣、钢渣、脱硫石膏、尾矿砂等在生产过程中产生的各种废弃物不轻易言弃。建设工业固废资源化处理厂，应用国内先进的生产设备和独有工艺技术，采用DCS系统智能化生产线，对矿渣、钢渣、脱硫石膏、尾矿砂等工业废弃物进行二次利用，产出矿渣微粉等高性能矿物掺合料，年可处理300万吨，实现了节能、减排、增效的“三赢”。

2. 生产污水循环利用：河北鑫达钢铁集团有限公司严控污染工业排水，斥资投建20 000立方米/天综合废水处理项目，建有调节池、高密度沉淀池、V型滤池，采用国内先进的物化沉淀与过滤结合处理技术，实现厂区生活污水和工业废水全部循环利用。目前，深度处理站进水规模为900立方米/小时，超滤设计额定出力为810立方米/小时，最大出力900立方米/小时，回收率≥90.0%；深度处理站反渗透出水规模确定为600立方米/小时，回收率≥75.0%，脱盐率≥98.0%。在专业仪器检验结果中，净水所有指标均已达到国家认证标准，达到饮用标准。

（四）智能制造

河北鑫达钢铁集团有限公司高度重视数智化建设，将炼钢总厂、型钢厂定为“互联网+”智能化产线创建试点单位，搭建了“8+2+1”的智能制造架构，即：企业资源管理（ERP）、生产管理与执行（MES）、物流管理（LES）、能源管理（EMS）、设备管理（EAM）、电子商务（EC）、无人计量（LWS）、数据采集（DAS）八类系统；工艺大数据、业务大数据两个大数据池及涵盖铁水包测温取样系统、终点预报系统、转炉下渣系统、连铸智能平台系统、大包无人平台机器人测温取样加覆盖剂、型钢表面质量检测系统等十余套智能系统、11台机械手臂已全部投入使用，智能制造水平已经达到了国内钢铁行业前列，为全流程绿色冶炼插上了科技的翅膀。同时全面完成IT基础平台建设，安全生产双重管控系统（SRP）、无组织粉尘治理系统、环保综合监管平台系统等多种业态成果斐然，为公司的节能环保提供了“智能台账”和“智慧大脑”。

（五）产品研发及质量创新

1. 河北鑫达钢铁集团有限公司长期推行提质增效工作，建立了河北省工业企业研发机构鑫达技术中心，并与北京科技大学、东北大学等国内知名研究机构和高校建立了深层次的产学研合作关系。在新产品研发、装备技改上多项成果取得重大突破。HRB400E 抗震螺纹钢，技术水平、质量水平达到行业先进，目前已批量运用于北京大兴国际机场、清华大学园区、冬奥会短道速滑场馆等重点工程，被雄安新区战略指挥部获准为“指定钢筋供应企业”；离心球墨铸管产品被雄安新区建设指挥部获准为“指定市政埋地管材生产企业”。H 型钢实现极限规格突破，技术填补行业空白，系列产品已远销国内各大市场并出口新加坡、印度尼西亚、马来西亚、菲律宾等 10 多个国家和地区。

2. 河北鑫达钢铁集团有限公司型钢厂自主研发的“300×300 规格 H 型钢”成功下线，成为全国第一家用矩形坯轧制 300×300 规格 H 型钢的企业，属于国内首创；也是首家用串列式轧机成功轧制 300×300 规格型钢的企业，其整体技术填补了行业空白，具有良好的推广应用价值、经济效益和社会效益。

3. 河北鑫达钢铁集团有限公司质量检测中心被中国合格评定国家认可委（CNAS）授予实验室认可证书；被河北省冶金行业协会授予“2021 年度河北冶金行业质量管理活动优秀企业”，获得十项优秀质量管理成果奖，荣获 8 项河北省第四届质量创新成果奖。

4. 技术、装备知识产权方面，河北鑫达集团总计拥有各项专利、软著权 545 项，其中，拥有发明专利 9 项，实用新型专利 284 项，软件著作权 252 项。

四、企业文化

（一）核心理念：以实业报国创百年强企

基本释义：河北鑫达集团，商贸起步，钢铁立业，精密铸造，矿山地产，物流酒业，多元并进，实体经济，日益壮大，普惠员工，造福乡梓，报效国家，永续发展。

河北鑫达集团，以“以实业报国创百年强企”为发展目标，立足钢铁板块，弘扬创新精神，打造一流的团队，制造一流的产品，营造一流的环境，创造一流的企业。

河北鑫达集团，以“实业报国”为己任，坚持把企业做强做精做久，实现企业同客户互利双赢，与社会发展同步，为打造百年鑫达品牌，跻身世界强企之林而不懈奋斗，为实现国家的“两个一百年”奋斗目标、实现中华民族伟大复兴的“中国梦”贡献一份力量。

（二）企业精神：诚信办企实在做人

基本释义：诚为办企之道，亦为做人之本，无信而不立。

河北鑫达集团，以人为本，用实在的人品创立鑫达绿色品牌，抢占市场新高地；以诚信为基，通过科学的完整体系建设，让每个领域臻于至善。

河北鑫达集团，以先做人后做事的理念，扶危济困，回馈社会，树立强企新形象；以科学创新发展为先导，瞄准前沿，统筹推进，实现绿色发展新跨越！

（三）企业目标：鑫达制造、鑫达创造走向全世界

基本释义：鑫达制造不再是简单的加工制作，而是要有规划、智能化、蕴初心的精工良制；鑫达创造是在鑫达制造的精工基础上，自主研发具有“高、精、特”个性的高端、精品、特殊用途品种钢，让每一件产品拥有鑫达的独一无二的品质、文化与精魂，以“鑫达创造”立于世界。

鑫达人永不满足于现状和“参与”，通过完美制造，增品种、提品质、创品牌，以创新精神着力探索“创造”的可能性。拓宽视野，开展个性化定制、智能化生产，培育精益求精的工匠精神。博采众长，去粗取精，通过“合作共赢”，瞄准国际国内行业新标准，将“鑫达创造”推向世界。

（四）发展理念：创新绿色开放共赢

基本释义：发展是解决一切问题的基础和关键，鑫达集团以创新发展为不竭动力，以绿色环境为发展目标，以开放心态为发展驱动，以共赢发展为永续理念，坚定不移的谋求开放创新、包容互惠的发展前景，构筑尊崇自然、绿色发展的生态体系。

坚持创新发展，把创新摆在企业发展全局的核心位置，为解决发展瓶颈问题提供不竭动力。

坚持绿色发展，树立“绿水青山就是金山银山”的发展理念，像对待生命一样对待生态环境，加大投入，强化监管，创建绿色工厂，打造绿色环境，创造绿色产品。

坚持开放发展,深化横纵对标学习,积极参与国际国内行业发展竞争,致力推动行业进步,让河北鑫达集团走出国门,面向世界。

坚持共赢发展,在经济全球化时代,面对竞争十分激烈残酷的市场,努力实施产业升级,打造共赢的经济基础,打破既得利益阻力,实现企业发展与社会效益、员工利益、合作伙伴利益的高度统一,进而促进企业可持续发展。

(五)品牌理念:绿色建材鑫达品牌

基本释义:鑫达集团以质量为根本,追求品质和精神价值,以绿色发展为使命,创建绿色工厂,锻造绿色建材,铸造绿色品牌,打造新时代大国品牌。

河北鑫达集团,以"守护一片蓝天"为使命,以绿水青山就是金山银山为发展宗旨,立足绿色建材生产,从产品设计、生产工艺、产品性能、资源配置到副产品回收利用,全方位,全天候抓好环境保护,践行绿色发展理念,为社会、为民众奉献安全环保优质的鑫达品牌产品。

河北鑫达集团,以建材为基础,以精品钢为主导,以质量为根本,在全生产周期内,生动的诠释"节能、环保、低碳、安全、便利和可循环"的生产理念,将"绿色"的"鑫达"品牌建设当作伟大的事业来经营,极致挖掘产品的环保性、安全性、可循环性,使之成为企业发展的新主流、新基石,生动的体现"实业报国"的发展胸怀和社会责任。

(六)人才理念:德才并举人尽其才尚贤用能同享成功

基本释义:河北鑫达集团,坚持以人为本,重视人才培养,德为先,才为本,让每一个人拥有自我发展的舞台;尊崇并重用贤能之士,并共享发展成果。

河北鑫达集团,坚持人才兴企战略,以企业发展和优厚的待遇吸引人才,以学以致用和灵活多样的形式培育人才,以把合适的人放在适合的岗位上留住人才。使每位员工都能在企业搭建的平台上施展才华,让企业与员工共同发展,共同进步,共享成功!

(七)企业哲学:创新力融合力品牌力发展力

基本释义:"四力"是鑫达人聚心聚力聚能的源泉和发向,创新是动力,融合是活力,品牌是魅力,发展是潜力。

创新力指企业发展贴近自身特点,追求更有效率、效果、效益的创新方式,这包括产品自身生产与开发的创新、推广的创新、合作的创新,营销的创新、渠道的创新等,是企业发展的不竭源动力。

融合力是在产品开发、产业链条上拓下延等方面强势打造融合发展的概念,以借势借力、整合资源、强化融合的力量,以更多的产品开发和服务保障为客户提供更多的选择空间,同样也给自己创造更强大的发展活力。

品牌力是在经历了创新力和融合力之后,实现"品牌"这个无形资产的建设、开发和维护,形成品牌力量,实现自身从资源节约型向可持续发展型的转变与切入;是企业和产品抢占市场高地的无穷魅力。

发展力凝聚"创新力融合力品牌力",企业在继续优化资源的基础上有所创新、有所超越并形成新的潜力发展体系,由结果走向效果,由组合走向整合,由声响走向影响。

(八)工作准则(八字方针):换位沟通担当责任

换位思考,能够实现全面客观地看问题,但是不能在换位中丢掉自身的原则和立场。换位思考,是在基本原则、基本制度、基本立场大前提下,实现的思路想法的灵活化和多样化。对自己多约束、多限制,对别人则应多宽容、多理解,这才是真正意义上的换位思考。

沟通配合,即沟通交流,包括生产单位与其他部门、部门与客户、个人与公司的沟通交流。提高执行力的关键,便是强化沟通交流,而沟通及时、沟通顺畅、沟通和谐是实现高效沟通的有效途径。各级干部员工,要能以沟通为钥匙,打开交流的大门,愿意实现心与心的交流,处理和维护好生产单位与后勤部室、部门与客户、个人与公司之间的良好沟通关系。

勇于担当,就是面对问题,不退缩,敢于迎难而上,这是一种精神,更是一种品格。面对难题,敢拼敢闯、敢为人先,在矛盾面前,敢抓敢管、敢于碰硬,在发展面前,要敢争敢抢、敢于胜利,在逆境中钻研出路,不断开创新的工作局面。

强化责任,就是要筑牢责任意识,一级抓一级,层层传导压力,把责任压下去、落到实处。各级干部员工要"不忘创业报国初心、不改峥嵘岁月痴心、牢记百年强企使命",全面树立企业发展的大局意识,主动把企业发展、部门发展作为自身的责任,这便是责任。而把该承担的责任看成是额外的负担,摒弃推卸责任、推诿扯皮、组织涣散、纪律松散,则是心中没有责任感的危险现象,那便会出问题,会有方向感缺失、偏离的风险。

(九)鑫达 logo 释义

基本释义:鑫达 Logo 以"鑫达"二字的拼音首写字母"XD"为原型,艺术化为两道星云状的"X"型环带拱卫着地球。寓意鑫达蓬勃的发展潜力,走向世界;又状如"义"字,展现集团诚信、大义的理念。

整个造型以深稳大方的蓝色为主色调,旨在打造绿水青山与守护蓝天;红与黄相间的配色热烈欢快,体现着集团多元又充满活力的发展方向。

环形中的深蓝色沉稳大方,寓意企业坚实的发展基础,代表着集团基础实业板块——矿业产业;天蓝色洁净清新,寓意企业以守候一片蓝天为己任,以绿色发展为核心理念,致力于环保发展,同时代表了集团支柱实业板块——钢铁产业及精密铸造事业;红色欢快热烈、富有感染力,寓意企业不竭的朝气与蓬勃的活力,同时红色代表了集团多元化产业之一的酒业事业;橙黄色吉祥繁荣、活力富足,具有庄严、尊贵、神秘的质感,寓意企业辉煌与灿烂的未来,也代表着集团多元化产业之一的房地产开发事业。

汉字"鑫"为吉,"达"为通,"鑫达",寓意企业前程通达致远。

选用方正正中黑字体,体现了集团企业的发展与众不同,体现着集团企业文化积淀的厚重,体现着集团钢铁主业磐石般的稳重,预示着河北鑫达集团正以稳健的步伐走上了规范化可持续发展之路。

河北鑫达集团栉风沐雨,劲风满帆。鑫达人以厚重丰富的企业文化内涵,继续发扬艰苦创业的拼搏精神、求真务实的工作作风,在"以实业报国创百年强企"的愿景指引下,坚持"创新绿色开放共赢"的发展理念,锁定"鑫达制造鑫达创造走向全世界"的发展目标,积极探索"规模精进、品牌发展、绿色制造、智能装备"的高质量发展之路,优化产业结构,深化精益管理,强化创新驱动,努力将河北鑫达集团打造成为具有强大核心竞争力、创新应变力、企业凝聚力、社会影响力和持续发展力的一流现代化综合强企。

绿色　智慧　人文　高科技　擘画南钢高质量发展新蓝图

南京钢铁集团有限公司

一、公司简介

南京钢铁集团有限公司(下称"南钢"),因钢铁报国而落成,由钢铁强国而发展。

南钢始建于 1958 年,是江苏钢铁工业摇篮、中国大型钢铁联合企业和国家战略布局的 18 家重点钢企之一。经过 60 多年深耕发展,已成为年产千万吨级优特钢生产能力的国家级高新技术企业。企业拥有正式员工 9 918 人,资产总额 613 亿元,近 10 年纳税总额近 200 亿元。以南钢为中心形成了上下游供应链、物流运输、生活服务等关联行业集聚发展的江北新区重要产业生态圈,带动社会就业规模 8 万人以上,为地方经济发展做出了重大贡献。

南钢全面贯彻五大发展新理念,努力构建金属新材料和新产业双主业发展新格局,坚定不移推进企业转型升级。集团营业收入连续 3 年突破千亿大关,综合竞争力稳居行业前列,连续 4 年被评为最高等级"A+级竞争力极强企业"。先后荣获全国质量奖、全国文明单位、改革开放 40 周年功勋企业、国家级绿色工厂、国家知识产权示范企业、国家工业互联网试点示范、“国家单项冠军产品”企业、中国十大卓越品牌钢铁企业、入选新华社民族品牌工程等重要荣誉。

2020年，南钢克服新冠肺炎疫情、汛情、中美贸易摩擦等不利因素，位列中国企业500强第148位，中国制造业第55位，南京市制造业第1位，进入全省第7大企业。

二、以绿色、智慧、人文、高科技擘画南钢高质量发展新蓝图

（一）绿色发展

“十三五”期间，南钢践行绿色、循环、低碳发展理念，投入80多亿元用于环保提升、超低排放改造和生态保护，环境质量显著提升。

1. 打造都市周边型绿色钢厂典范。烧结、焦化等工序全部实现脱硫脱硝，实施“煤进仓、矿进棚”项目，全面实现有组织超低排放。大力推进资源综合利用，集中污水处理中心率先引进国际先进微生物水处理技术实现深度处理；培育“无废产业”实现固废100%利用。南钢进行全工序超低排放评估，形成无组织、有组织全覆盖提升计划清单，瞄准超低排放验收关口精准应对施策。并荣获“国家级绿色工厂”“中国钢铁工业清洁生产环境友好型企业”“绿色发展标杆企业”等荣誉。

2. 全面打造“城市化+生态化”厂区环境。投入1亿元以上将70万平方米江岸滩涂覆绿建成了滨江生态湿地园、半马跑道、南京钢铁博物馆等工业文化旅游景点，在生态湿地园举办了南钢首届微马健康跑，将南钢特质融入大厂全域工业旅游工业文明小镇规划，并获评“江苏省工业文化旅游区”。

3. 持续降低能源消耗。“十三五”期间，南钢通过高质量的发展，高效管理和节能技术运用、改造，主要能源指标得到显著提高，吨钢综合能耗大幅下降。大力推进节能技术以及绿色能源应用，先后实施了富余煤气发电、烧结余热发电、40兆瓦光伏发电站及变频技术应用等项目建设。

（二）智能制造

“十三五”期间，南钢智能制造累计投入22亿元以上，已建成3个省级智能工厂和工业互联网标杆工厂、6个省级示范智能车间，并先后荣获国家级工业互联网试点示范、智能制造试点示范以及省工业互联网标杆工厂等国家、省市荣誉37项。行业首创JIT+C2M（Just In Time 准时制生产方式）智能制造新模式，利用理念创新、技术创新、模式创新，引领制造业高质量发展。

在客户端精准发力，为终端用户直接提供高效、便捷的个性化定制服务，面向全球建设C2M云商平台，提供无边界销售与服务，包括电子合同、电子物流、电子发票、电子质保等，实现线上线下无缝融合。首推E2E（ERP to ERP）产业链协同服务模式，运用工业互联网、5G、区块链等技术，使供应链上下游信息实时、安全、可信的无缝串接、供需双方计划互动、物流集配、设计协同，形成工业全要素、全价值链的互联互通，目前与徐工集团、三一重工、中石化等企业实现深度协同。

在制造端打造极致竞争力，建设满足客户个性化需求的全流程智能制造体系。建成世界首条专业加工高等级耐磨钢配件化、零件化、柔性化生产的“5G+工业互联网”智能工厂，实现对数控机床、工业机器人以及AGV小车等高端装备端到端集成，实现全球化定制配送，供应周期缩短了2/3，人员效率提高10倍、加工成本降低20.0%。建设一体化智慧中心，利用AI图像分析、设备在线监测、电子围栏等智能监测与模型诊断技术，应用300余个工业机理模型，并结合生产制造管控三维动态实景漫游技术，构建生产管理“一张图”，项目建成后预计480人将从现场操作岗位转移到智慧中心，实现远程化生产和无边界协同，为全省“5G+工业互联网”建设提供重要样板和示范借鉴。

（三）科技与管理创新

1. 管理创新激发组织活力。南钢勇当改革创新先锋，率先推行事业部制改革、数字化阿米巴经营、“合伙人制”等具有行业引领性重大创新举措，实现了组织和经营模式持续迭代和不断进化，调动了全体员工的积极性与内动力，最大限度释放创新潜能，有力助推高质量发展。企业近几年先后荣获国家、行业及省市管理创新成果一等奖30余项。

2. 科技创新破解“卡脖子”环节。近年来,南钢研发投入占比保持3.0%以上。已建成国际级、国家级及省级高端创新平台10个,与高校、客户建立企业级联合创新平台16个,与英国莱斯特大学、日本冶金、德国亚琛工业大学、意大利材料研究院、芬兰阿克北极、瑞典皇家冶金学院、俄罗斯黑色冶金、澳大利亚卧龙岗大学等国际顶级院所深入合作并取得了丰硕成果,开展了360余项产学研项目,形成了一系列核心产品、核心技术。

3. 产品助力大国重器建设。聚焦轨道交通、海洋工程、核电风电、石油石化、工程机械、新能源汽车等重点领域,打造中厚板、特钢、复合材料、国防装备四大精品特材基地。目前,109个产品达到国际领先或先进水平,52个产品获得国家及省部级重点新产品认定,70余个产品成为国内外Only1、No.1。2020年以来,多项产品实现首创、打破垄断、替代进口,成功生产世界上最宽的薄规格超级不锈钢板N08367、成功轧制世界最宽的Fe-36Ni(K93600)因瓦合金、成功开发世界最厚100毫米厚船用止裂钢等;9.0%Ni钢荣获国家制造业单项冠军产品、管线钢荣获国家级绿色设计产品。优势高端产品成功应用于可燃冰开采“蓝鲸Ⅰ/Ⅱ号”、第三代核电全球首堆示范工程“华龙一号”、川藏铁路藏木特大桥、南水北调工程、西北油气开采、北京冬奥会、独家供货中国首艘大型豪华邮轮、独家供货全球最大VLEC(超大型乙烷运输船)等多项大国重器和重点工程,以及江苏滨海液化天然气储站、南京长江五桥等省市重大项目和世界最大最先进光热发电站迪拜950兆瓦光热光伏混合发电项目、中俄天然气东线、克罗地亚跨海大桥等“一带一路”项目。

(四)人文及社会责任

1. 企业人文方面,坚持高质量党建引领高质量发展,行业率先开展效益分成、技术合伙、项目carry等激励机制,形成共创共享的全员“合伙人制”范式化管理;打造国内外驰名商标“双锤”,深得海内外认可;以退休协会为平台,为退休员工提供丰富多彩的业余生活,凝聚人心,打造和谐的内外部环境。

2. 积极履行社会责任,先后开展社区发展共建、乡村医生计划、南京市纾困基金、社区旧城改造等项目,投资达3亿元以上,并支持江苏女篮、江苏报告文学奖、“爱心暖冬”公益捐赠等活动,申报的民间文学《霸王山传说》正式入选第一批江北新区非物质文化遗产代表性项目名录,正在着手霸王山纪念馆等项目建设。

新冠肺炎疫情期间,南钢积极响应党和国家以“共同体”“一盘棋”理念打赢防控阻击战的号召,第一时间通过复星基金会向社会捐赠疫情防控资金1 000万元,同时向南京、武汉、海外、战略客户等捐赠红区防护服、N95口罩、额温枪等防疫物资33.5万件,职工捐款共计62万余元。南钢先后荣获江苏省抗疫先进个人、江苏省企业社会责任建设典范、第五届“社会价值共创”中国企业社会责任卓越案例评选“抗疫贡献奖”、钢铁行业抗疫英雄企业、战疫最美苏企等荣誉。

(五)新产业发展

立足钢铁主业做精做强同时,南钢积极践行高质量转型发展,已投资100亿元,控股32家优质企业,新兴产业集群效应初步显现。新材料、智能制造、能源环保、产业互联网等板块持续发力、不断深展,呈现高质量、高成长、高回报发展特点。同时,在市、区各级领导的关心、支持下,南钢转型升级产业基金成功落地,将更好助力南钢新产业的高速健康成长。

南钢新产业“十三五”期间,五大平台实现迅猛发展,金恒科技成功导入华为IPD研发体系,自主研发的全栈式工业互联网平台投入使用,荣获江苏省“数动未来”融合创新中心等称号。钢宝股份顺利进入创新层,科技+运营的数字化转型发展成果丰硕,营收和利润创历史新高,平台用户破1万家,成为首批入选江苏省“强链拓市”重点服务类合作平台并被江苏省商务厅授牌“电子商务示范企业”。鑫智链上线区块链综合服务平台,MRO平台交易量突破12亿,成为首批入选江苏省“强链拓市”综合服务类合作平台。鑫洋供应链加快无车、无船承运及港口、仓储生态圈打造,成功签约江北新区智慧贸易创新服务基地项目。柏中环境完成柏观科技、河北任丘等4个项目的投资,有力地推进了柏中向工业水领域的拓展,IPO工作稳步推进。

"十四五",南钢将进一步加快高质量转型发展,聚焦"绿色、智慧、人文、高科技"四大名片,嫁接全球资源,高标准建成"1+N"产业生态布局,高质量建设重大创新平台,高水平组织重大技术攻关,推动品牌升级、能力升级、模式升级,实现"价值主张与最优管理实践、技术与创新能力、全球化能力、品牌价值与品牌国际影响力、经营规模与行业地位、运营效率和经济效益"六个国际领先,打造双百亿利润、千亿美金管理市值的世界头部企业,引领中国制造业高质量发展。

2020年度福建省三钢(集团)有限责任公司概况综述

福建省三钢(集团)有限责任公司

企业概况

福建省三钢(集团)有限责任公司(下称"三钢集团")是一家年产钢1 200万吨和以钢铁业为主、多元产业并举的跨行业、跨地区、跨所有制的大型企业集团,旗下拥有三明本部、泉州闽光、罗源闽光、漳州闽光4个钢铁生产基地。2020年年底,三钢集团有职工17 200人,拥有资产总额525.9亿元,拥有全资及控股子公司17家(其中福建三钢闽光股份有限公司为上市公司),紧密型企业1家。

三钢集团主要产品有:高等级建筑材、中高等级金属制品材、中厚板材、中高等级机械制造用圆棒、优质合金热轧带钢。其中35MnBH合金结构钢热轧圆钢、钢筋混凝土用热轧带肋钢筋、低合金高强度结构钢等产品获得"金杯优质产品"称号。

三钢集团自1988年以来连年进入中国500强企业行列,三钢在"2020中国企业500强"中排名第341位,在"2020中国制造业企业500强"中排名第155位。三钢集团先后获得全国五一劳动奖状、全国文明单位、全国先进基层党组织、全国模范劳动关系和谐企业、全国质量管理先进企业、第一批国家级知识产权优势企业、中国钢铁工业科技工作先进单位、全国钢铁工业先进集体、首届"福建省政府质量奖"、福建省企(事)业信息化应用先进单位、福建省企业文化建设示范单位、福建省用户满意企业、福建省工商信用优异企业(AAA级)等荣誉称号。

生产经营情况

2020年,三钢集团产钢1 137.2万吨,生铁968.6万吨,钢材1 143万吨,焦炭208.7万吨,入炉烧结矿1 195.1万吨;完成工业总产值448.4亿元,实现营业收入535.8亿元,利润43.1亿元,税金11.8亿元。

战略发展

制定"十四五"发展规划初稿,与宏丰实业签订合作框架协议,完成闽光云商与恒源供水公司股权置换,完成劳服公司改革。

资本运作

三钢闽光收购福建罗源闽光钢铁有限责任公司,实现钢铁主业整体上市。加强上市公司市值管理,开展股份回购、新股申购等业务,维护市值稳定,三钢闽光信息披露工作再次获评A级。

项目建设

2020年4月,闽光云商漳州闽光电子交易平台上线运行;6月,福建三化元福新材料有限公司氟化氢一期项目投产;7月,山西闽光竞得酒钢翼城钢铁部分资产,年产4万吨高性能碳负极材料及焦化转型升级项目通过专家组论证，异地转型升级工作启动；8月，闽鹭矿业股权整合和采矿证办理全面完成；9月，罗源闽光2号烧结机投产，高炉、转炉具备热负荷试车条件。福建三钢推进本部焦炉升级改造、闽光大数据中心、圆棒大盘卷及泉州闽光烧结改扩建等项目。

系统运行

坚持以疫情防控为前提，稳妥实施稳工稳产，3月中旬，三钢集团复工率、复产率、产能利用率全部实现100%。统筹优化疫情期间生产检修，针对钢材社会库存高企问题，实行"检修提前，负荷不降"策略，为后续生产奠定基础，5月和7月，三钢集团铁、钢月产量两次刷新历史纪录。实时跟踪市场原燃料采购价格、钢材产品销售价格，实时测算各工序产品的成本和边际贡献，实时调整生产原料、燃料配比和品种规格，实现供、产、销快速联动。持续推进全流程降成本，三钢集团全年合计降本增效2.1亿元。

技术创新

加强自主知识产权管理，开展技术开发项目20项、通过验收12项；立项重点技术攻关项目23项、达到攻关目标17项，获省科技进步奖、冶金科技进步奖、全国技术标准优秀奖各1项，获得授权专利29项。推进产品研发，开发10B28、SWRCH10A、XM06BA冷镦钢、1.2311塑料模具钢、60Si2Mn弹簧钢等钢种。开展质量管理提升攻关，立项质量提升项目13项、达到攻关目标11项。

智能制造

制定智能制造总体规划，与西马克公司签订二棒智慧"灯塔"工程合作框架协议，2号板坯自动开浇项目投入使用，中板全过程质量跟踪系统一期、高新研发费用ERP归集信息系统、闽光云商电子签章系统上线运行，设备管理信息系统、档案数字化建设全面推进。

绿色钢铁

2020年，福建三钢完成环保超低排放改造项目58项，三明本部厂区平均降尘量同比降低2.4吨/平方千米·月，外排水合格率100%。强化二次能源综合利用，三明本部日均发电量同比增加7.2万千瓦时，自发电比例同比提高3.8个百分点。推进生态旅游三钢建设，"三供一业"分离移交环境提升改造、生活区主要道路"白改黑"等项目基本完成，游客中心投入使用，"闽光云生活"上线运行。福建三钢被评为第一批省级工业旅游示范基地和省级中小学生研学实践教育基地。

精细管理

2020年，福建三钢推进公司治理体系改革，启动组织结构及管控体系优化项目，完成初步方案。强化管理创新，立项重点管理创新项目9项、一般管理创新项目73项，1项获全国冶金企业管理现代化创新成果一等奖。强化安全管理，开展安全生产隐患大排查、大整治，实施安全生产专项整治三年行动、煤气安全整治三年行动以及房屋安全专项整治；强化外协作业安全管理，组建施工安全科，完善外协作业安全管理制度，加强施工现场巡查，实行外委施工单位安全约谈、考核制度。

党建工作

夯实党建基础，组织学习习近平新时代中国特色社会主义思想理论指导系列丛书，举办党的十九届五中全会精神培训，开展"厉行节约，反对浪费""围绕大修当先锋，我为党旗添光彩"等主题活动，"党群项目部"管理模式被确定为省国资系统示范建设党建品牌。

责任担当

主动融入地方政府新冠肺炎疫情防控工作大局，配合地方政府和社区开展防疫知识宣传，强化重点人群排查，落实防控措施，为福建省疫情防控定向捐赠，为罗源县疫情防控期间坚守岗位的高速卡口捐赠生活物资；实施定点帮扶，派出优秀人才赴挂点扶贫点专职开展扶贫帮扶工作，帮助发展经济、完善基础设施、促进增收；积极推进教育帮扶，资助困难职工子女上学，为所在地中小学校捐资改善教学条件；参与社会捐赠事业，开展军民共建，支持地方重点项目建设，积极参加慈善总会、扶贫基金会等专业慈善组织开展的捐赠活动。

创新自强　打造世界一流企业

中国建材集团有限公司党委书记　董事长　周育先

党的十九届五中全会公报提出“加快建设科技强国”，强调“坚持创新在我国现代化建设全局中的核心地位，把科技自立自强作为国家发展的战略支撑”，吹响了向科技进军的新号角，为中国创造注入强大新动力，为中国大国复兴征程开启新篇章。面对“双循环”新发展格局下如何参与国家战略创新体系和加快提升自身创新能力构建世界一流企业的重任，中国企业要深入思考“四个面向”的贯彻途径，在强化创新战略，探索创新机制，增强创新效率等关键方面实现突破。

一、以创新驱动战略为企业育先机

当今世界正经历百年未有之大变局，新一轮科技革命和产业变革如火如荼，科技创新已经成为决胜未来的制高点。对国民经济而言，科技创新是高质量供给、创造新需求、畅通国内大循环、实现国家富强的重要支撑。对企业而言，科技创新是产业基础高级化、产业链现代化、突破“卡脖子”技术、实现更高更大发展的重要支撑。高新材料是全面发展战略性新兴产业的基石，面对发达国家的严密封锁，材料企业必须自立自强，有所作为。

我们要登高望远，围绕“四个面向”，突出战略重点，加大投入，加强原始创新，强化自主创新，不断集成创新，积极协同创新，在传统材料领域加快向“数字化、智能化、绿色化、高端化”四化转型，在新材料领域日新月异、巩固优势、突破“卡脖子”封锁，在工程服务领域创新国内外经营与投资的思路与模式。大企业更要找准主要目标，迎难而上，在危机中培育先机，打造关键领域协同创新的大平台，助推国家关键战略领域的重大技术变革。

二、以机制创新赋能企业开新局

习近平总书记指出，构建新发展格局，要善于运用改革思维和改革办法。改革就是调整生产关系，激发人的创造力。坚持市场化改革方向，在体制机制上不断突破，是建设创新型国家的法宝，也是决定中国企业命运的关键一招。中办印发的国企改革三年行动方案为下一步国企改革指明了方向、绘就了施工图，也为民营企业、外资企业带来了前所未有的机遇。国有企业只有在机制上实现突破，才能真正凝心聚力，充分调动企业家、资金、技术、组织等要素的创新活力。

高新材料，研发周期长成本高、产业化难度大、投资回报周期长，需要优良机制来强化动力，化解阻力。我们要抓住政策机遇，积极动员加快推动改革试点，立足行业放眼世界，不断总结借鉴经验，锻造一系列适合材料行业和企业特色的优秀创新机制。除了做好技术创新、孵化、产业化等工作外，还要用足用好混合所有制、上市公司股权激励、员工持股等新机制，广泛联合，激发出科研人员和干部员工的创新力和活力，助推企业在变局中开拓新局，真正成为活力四射、生生不息的创新型企业。

三、以管理创新打造企业创新环境

企业依靠创新驱动内涵式增长实现高质量发展，但企业创新并不是孤立存在的，良好的创新环境，优秀的创新管理为创新开路架桥。我们既要优化配置好团队、资金、机制等资源，创造肥沃的创新土壤，也要大力弘扬科学家精神、工匠精神、专业精神，形成上下联动、重视创新的氛围。创新管理的关键之一是坚持战略理性和经济理性的平衡统一。创新投入既要与企业战略的核心方向高度一致，又要兼顾长远；既要注重产出效率和经济效益，又要尊重需要长期持续投入和高风险等内在的规律，取得实效，这非常考验经营管理水平。企业需要深入研究相关领域的技术前沿和创新规律，同时也要善于决断，高效执行，不断优化创新资源，动态调整创新步伐，积极提升自身资源调配和投资能力，才能提高企业创新的整体水平。企业管理要围绕创新驱动调整姿态，在考核上、激励上要加大关键核心技术攻关、重大科技成果产出、科技成果转化的激励力度，要尊重创新规律，建立容错机制，真正让科技人员“名利”双收、义无反顾投身到研发攻关中。

中国建材集团有限公司（下称“中国建材集团”）是我国建材领域的唯一央企，作为国有资本投资公司试点企业，我们正着力打造具有全球竞争力的世界一流材料产业投资集团。多年来中国建材集团坚持创新驱动硕果累累：在科技创新方面，我们充分发挥 26 家科研院所、3.8 万名科研人员的优势，创造了 12 500 多项有效专利，荣获 6 项国家科技进步一等奖；在机制创新方面，获得了 9 项国企改革试点，集团内混合所有制企业超过 1 100 家，占比超过 80.0%，2021 年又推出了中长期激励机制工具箱。通过聚焦创新前沿，长期坚守积累，中国建材集团在基础建材领域做强做优，让工业技术升级换代，让产品更环保更节能更智能，在新材料领域更是迅猛发展，实现了高性能碳纤维、高性能玻璃纤维、超薄电子玻璃、8.5 代 TFT-LCD 液晶玻璃基板、中性硼硅药用玻璃、铜铟镓硒光伏电池、碲化镉发电玻璃、图像光导识别材料、氮化硅陶瓷、锂电池隔膜、人工晶体等一大批新材料的“卡脖子”突破和工业化量产，成为国家战略创新的行业平台和重要力量。

企业是中国创造的中坚力量，材料企业是新时代的铺路石、先遣队，责任在肩、时不我待。中国建材集团将在做好抗疫战疫、复工复产、经营发展等各项工作、经营业绩实现两位数增长的基础上，积极发挥央企龙头带动作用，深化改革，坚持创新，自立自强，全面塑造发展新优势，努力打造具有全球竞争力的世界一流材料产业投资集团，为如期全面建成小康社会、实现第一个百年奋斗目标、开启全面建设社会主义现代化国家新征程做出积极贡献。

再立新标杆　再创新辉煌

中国化学工程第七建设有限公司

中国化学工程第七建设有限公司（下称“七化建”）成立于 1964 年，总部设在四川成都。作为中国化学工程集团的全资子公司，系中央在川的大型骨干施工企业，是实施“走出去”战略和共建“一带一路”的排头兵，是全球化工建设的领先者。七化建近 4 年连续被评为商务部中国对外承包“双百强”企业，2019 年新签合同额和营业收入分别排名第 6 位和第 18 位。七化建连续 3 年营收增长 40.0%以上，利润增长 30.0%以上。

七化建在国内承建了 600 多个化工、市政等工程，建成了我国第一套化肥装置、聚甲醛装置、多晶硅装置等，建成的合成氨/尿素总装置数和总生产能力居全球第一。在海外 20 多个国家和地区承建了 60 多个大中型工程，是中国企业首次以国际通行工程承包方式走出国门、成为国际化程度最高的建筑企业，建成了孟加拉国第一套大型化肥装置、俄罗斯第一个大型化工 EPC 项目等，且均以速度快、质量优受到所在国政府、业主及总包商一致好评。2019 年 10 月，七化建成功签署合同额近 1 000 亿元人民币的俄罗斯波罗的海化工综合体项目。该项目是全球最大的乙烯一体化项目，是目前全球石化领域单个合同额最大的项目，也是中国企业“走出去”最大单一合同额项目。

七化建拥有建筑、石油化工、市政公用、机电工程施工总承包壹级资质，钢结构、环保工程专业承包壹级资质，具有石油化工医药行业化工工程设计甲级资质，化工装置拆除施工企业安全服务能力甲级证书。同时还可承担公路、水利、火电等工程建设项目的施工，具有 EPC 总承包能力。七化建享有对外经营权，可开展国外工程承包、出口设备材料、外派劳务、兴办海外企业、国际贸易等国外经营合作业务。并通过了质量管理体系、环境管理体系、职业健康安全管理体系认证。

多年来，七化建先后荣获全国五一劳动奖状、国家优质工程金质奖、国家级最高质量奖——中国建设工程鲁班奖、国家首批境外工程鲁班奖、中华人民共和国成立 60 周年 100 项经典暨精品工程奖、国家级银质奖、全国建筑业先进企业、“十一五”科技进步与技术创新先进企业、全国建筑业 AAA 级信用企业、全国优秀施工企业、全国用户满意企业、对外开放工作取得突出成绩先进单位、全国质量服务诚信示范企业、全国建筑工程质量信得过企业、全国化工优秀施工企业、全国 AAA 级安全文明标准化工地等多项殊荣，拥有多项专利和专有技术。

七化建作为 1986 年第一个通过投标市场竞争率先打入国际市场的中国企业，驰骋 30 多年来先后在马来西亚、孟加拉国、巴基斯坦、乌兹别克斯坦、沙特、俄罗斯、越南、伊朗、尼日利亚等 20 多个国家开展业务，与国际知名的工程公司、总包商、所在国政府都建立了深厚的人脉关系和业务往来，熟悉国际建筑市场行情，了解相关国家的税收、法律、工程价格、人文、环境等。七化建海外平台可助力战略投资人快速拓展海外市场。

七化建紧紧围绕“建设成为具有全球竞争力的投资、建设、运营一体化国际型工程公司”的企业目标，始终坚持以品牌建设，引领企业高质量发展，在国际国内市场上成功打造了“七化建(CC7)”的靓丽名片。七化建是多个中国第一和世界第一的创造者，荣获了国家首批境外工程鲁班奖、中国石油和化学工业品牌培育示范企业、全国 AAA 级信用企业、全国石油和化工行业新闻宣传先进单位、首批四川省杰出品牌企业、四川省百强企业等殊荣。七化建良好的企业品牌形象为战略投资人提升知名度和美誉度。

七化建“国内国外两个市场、化工非化并举开发”的经营战略成效凸显，从跟跑国际工程公司到与全球竞争者并跑，再到领跑海外超大型工程项目建设，整合全球资源，成为行业佼佼者，连续 4 年被评为中国对外承包“双百强”企业、中国建筑业百强企业，实现国内国外两个市场相互促进良性循环发展的历史性飞跃。

一是加快国内外布局，扩大市场规模。国外，以正在执行的具有全球影响力的超大型项目为品牌建设的着力点，整合资源，聚集优势兵力，精心打造世界大型乙烯一体化项目——俄罗斯波罗的海乙烯 EPC 项目、世界大型炼油项目——尼日利亚丹格特炼油项目、欧洲大型的炼油综合体项目——俄罗斯 OMSK 炼油项目等品牌项目。国内，以正在执行的新疆中安信资、江苏盛虹炼化、天府新区道路等项目为品牌打造重点，拓展区域市场。2020 年 10 月，七化建成功签约中国重化工行业的首个外商独资项目——广东巴斯夫一体化项目，项目总投资额达 100 亿美元。12 月，七化建成功拿下云南文山新型城镇化(一期)EPC 项目金额近 50 亿元。

七化建积极探索产业布局，国内整体收购了一家甲级资质的设计院；国外收购了一家钢结构厂，在莫斯科购置了办公大楼。为七化建从单一施工企业向国际型工程公司实现华丽转身奠定了坚实基础。

二是深度融入全球产业链，做强生态圈。积极推进国内价值链，以全球价值链的深度整合，建立了国内国际双循环机制。通过进博会，扩大国际采购与合作，与法国艾默生、德国西门子等国际一流公司携手，为国外超大型工程进展提供有力保障。

三是加强朋友圈建设，建立互信合作机制。与日本三菱、德国巴斯夫、美国 CB&I、韩国大林、中信建设、中信保、中国进出口银行等国际国内知名公司和金融机构，长期保持良好的合作关系。建立高端交流平台，成功举办对外拓展30年国际项目合作交流会、“一带一路”国际项目合作交流会，携手100余家全球知名企业代表，谋求发展新动力；建立了超过100家国际国内客户及潜在客户的优质朋友圈，定期与业主、潜在的业主进行沟通联系。与俄罗斯、白俄罗斯、阿联酋、尼日利亚等10余个“一带一路”沿线国家和地区高层保持了密切的沟通。

四是融入新格局，开启新发展。坚持以投融资驱动项目落地，以成渝地区双城经济圈为中心，区域经营为纽带，服务雄安新区、长江经济带、粤港澳大湾区、成渝双城经济圈等国家战略，补短板，锻长板，融入“双循环”新发展格局。在全国布局了多个区域总部和综合公司，进一步强化央地合作，推动与政府平台、地方民企混改，促进地方经济发展，惠及民生，造福社会。转型发展方面。在站稳传统化工产业基础上，向市政基础设施、环保等有广阔发展前景的领域转。由单纯的施工，向EPC总承包升级，进而在此基础上，向产业链的两端延伸，由执行一般项目向执行超大型项目升级，由EPC向投融资、维护、运营升级。实现从低附加值水平的施工“劳作”向高附加值总承包业务提升，从资本积累到资本化运作以及投融资、运营跃升。业务创新方面。准确把握化工、石油化工行业发展方向，深入研究产业结构调整政策及规划，重点关注相关园区建设项目。强化投融资带动工程总承包工作的开展，加强与投融资机构合作，创新投融资模式。国外经营继续站稳传统化工市场，加大拓展基础设施市场的力度。

七化建发展目标：以改革和创新为动力，聚焦主业，着力发展建筑工程、环境治理业务，积极发展相关实业，以能源和环保等为重点，通过合资、并购、技术转让等方式，实现以新技术带动业务突破；走专业化发展道路，建立公司在化学工程、基础设施业务、环保业务领域专业化经营体系；走有限多元化发展道路，围绕主营业务，不断向产业链、价值链上下游延伸，发展拥有竞争性的、有价值的新业务；走国际化发展道路，立足在建项目的影响力和老客户的合作，大力开发国际基础设施工程总承包项目。通过不断优化经营布局、深挖市场资源，强推转型升级，突出投融资带动工程总承包，狠抓精细化管理，实现公司高质量超常规跨越式发展，将公司建设成为具有全球竞争力的投资、建设、运营一体化国际型工程公司。

海外市场战略：紧跟“一带一路”国家大格局，继续扩大东南亚、俄语区和中东地区的市场影响力，奋力开拓非洲市场、择机开发欧洲、南美洲等新兴市场；在巩固传统化工市场的同时，加大房建、基础设施和油气等领域的开发力度，择机进入环保、交通和能源等领域。

国内市场战略：不断优化国内市场经营布局、深挖市场资源，强推转型升级，突出投融资带动工程总承包，积极响应军民融合、长江大保护、粤港澳大湾区、海南自贸区等国家战略，重点抓住提质增效、节能环保、产能转移等市场机会，大力拓展特色小镇、城市综合管廊、海绵城市、田园综合体、文旅康养、大型综合体等基础设施业务，进一步扩大公司“非化”领域业务。

2021年，突出主业实业，形成以化工工程、基础设施等建筑工程为主，环境治理业务、实业为支撑协调发展的业务格局。

2023年，企业规模实力进一步增强，化学工程业务持续保持行业领先地位，基础设施业务快速发展，环境治理业务和实业支撑能力进一步稳固。

2025年，坚持“国内国外两个市场并举，化工非化多元领域并进”，打造“五个一流能力”：一流的公司治理能力、一流的卓越管理能力、一流的技术创新能力、一流的人力聚集能力、一流的国际经营能力。

2029年，建成投资、建设、运营一体化的国际型工程公司。业务领域进一步向上下游拓展，产业链进一步完整，公司发展质量、规模效益和企业软实力全面提升。

2049年，在中华人民共和国成立100周年、我国建成社会主义现代化强国实现第二个一百年奋斗目标时，七化建将建设成为具有全球竞争力的国际型工程公司。成为在国际资源配置中占一定地位、引领行业技术发展、在产业发展中具有话语权和影响力的领军企业，发展质量和效益的领先企业，在国际上拥有强大的品牌影响力，拥有卓越的产品和服务，成为基业长青的国际型工程公司。

聚焦主责主业　创新管理模式　引领高质量发展

广州市城市建设投资集团有限公司

一、企业简介

广州市城市建设投资集团有限公司(下称“广州城投”)成立于2008年,是专业从事城市基础设施投融资、建设、运营管理的国有大型企业集团,具有片区一体化开发和品质化运营的全产业链综合能力。广州城投积极发挥投融资主体、重大项目建设主体和品质化运营主体作用,秉承“建设智慧城市,共享美好生活”的愿景,依托投融建管一体化运作的核心竞争力,聚焦智慧基建、置业开发、文化旅游和金融投资等四大业务板块,在城市道路、特定区域开发、文化旅游、地下空间和全市综合管廊等方面,累计建设融投资达2 000亿元,出色完成1 300多个城市基础设施建设项目,为提升城市形象、强化城市功能、改善城市环境做出重大贡献,是广州市重大项目投融资建设、品质化运营主体的标兵,在广州实现老城市新活力“四个出新出彩”中发挥重大作用。

二、聚焦主责主业服务区域战略,实现高质量发展

(一)发挥大数据的资源优势,服务智慧广州建设

广州城投逐步形成投资建设运营智慧城市项目的突出优势,填补广州市属国企在智慧城市投资建设上的空白,为广州向“智慧城市综合运营商”的转型升级先行一步。

一是布局形成智慧城市产业生态。根据广州市委市政府部署,牵头与5家市属国企合资成立专业公司,服务广州市国家CIM平台和车联网建设试点,成为全市通信管道统建统管承接单位。广州城投内部已布局形成含专业公司在内的大数据产业集群,2020年智慧城市板块营收超过20亿元,初具规模。

二是积极提供智慧城市解决方案。2020年度,顺利推进智慧水务、智慧农业、智慧工地、智慧城管、智慧社区等解决方案。成功中标广州市“智慧排水”等3个信息化建设项目,积极推进基于CIM平台的智慧社区试点工作。

三是统筹推进智慧城市基础设施建设。广州城投融合集团内部智慧城市和建设开发两个业务板块的力量,积极推进全市通信管道统建统管任务承接;有序推进旗下大学城大数据存储中心、广州开发区科学城云数据中心以及重点片区综合管廊等投资建设运营,加快推进建设IDC机房二期5 000个机柜、琶洲智慧城市示范路段(包括5管孔公里通信管网、1个数据机房、10个智慧垃圾桶)以及高铁南站24个管道智能井盖等项目。

(二)整合广州市文化旅游资源,打造广州城市品牌

广州城投聚焦打造广州城市品牌名片、提升城市魅力和影响力,以旗下广州塔公司为主平台,整合珠江两岸文商旅资源,创新旅游运营模式,构建“景区驱动+平台发展+内容落地”的发展模式,致力打造国内一流、国际知名的以地标运营为核心的商旅文综合服务提供商。

一是创新“VR+旅游”运营模式。作为广州文化旅游的重要展示窗口,广州塔公司致力于推动全域旅游智慧化发展,坚持以创意文旅驱动城市活力,以多业态融合提升城市旅游品质,通过打造5G · VR创新融合体验项目,在科技+文旅跨界融合领域创新“VR+旅游”运营模式,引领数字化背景下文旅产业新浪潮。

二是整合广州文化产业资源。以广州塔为核心打造广州文旅融合创新示范区,联动发展广州东部城区的江塔游、潮墟、花城广场、海心沙、正在建设的

跨江人行景观桥、羊城广场，南部城区的海珠湿地、岭南印象园，西部城区的广州动物园海洋馆、越秀国际会议中心、流花展贸中心、花果山小镇，北部城区的帽峰山、矿泉山庄等景点景区和高素质物业，下一步拟结合广州市文化产业的发展，嫁接广州市文艺院团资源，形成东南西北组团发展、多点支撑的文旅产业格局。

（三）发挥融资投资建设功能，服务基础设施建设

一是坚持打造精品工程。积极响应广州市“三中心一体系”与三大核心枢纽的建设，通过 PPP、产业基金、融资租赁等多种融资模式多区域参与建设，牢牢把握城市建设主力军的地位，以追求卓越、精益求精的态度，打造经得起历史检验的精品工程。

二是有序推进政策性保障房建设。于 2017 年 11 月成立租赁公司，在上级部门的大力指导和支持下，加快广州东部片区政策性保障房建设，保障困难家庭住房，服务广州引进人才。

三是积极推进城市更新工作。认真落实市委全会精神，协同市、区两级国企，坚持产城融合、职住平衡、文化传承、生态宜居、交通便捷、生活便利，以绣花功夫推进城市更新工作，积极推进旧城、旧村改造。

（四）发挥重大产业投资功能，服务广州产业发展

广州城投发挥低成本融资优势，通过“基建+配建”产生的经营性收益反哺产业投资，建设新兴产业园区，推进重大产业项目落地，助力广州中长期产业发展目标。

一是积极参与广州市重大产业投资。积极响应中央省市推动央地经济深度融合、培育具有全球竞争力的世界一流企业的部署要求，代表广州市出资参与世界 500 强企业南航集团股权多元化改革项目；大力参与雪松控股集团下属雪松实业公司的“逆向混改”工作，扶持民营企业发展壮大；积极推进中国文化产业投资基金二期母基金及大湾区文化产业投资基金项目。

二是积极推进新兴产业科技园区建设。融合集团融投资建设优势，发起设立首期规模为 2 亿元的广州超高清视频产业基金，推动花果山超高清视频产业国家级创新示范园区完成升级改造。有序推进广清空港现代物流产业新城起步区建设，积极参与投资建设大学城中轴线数智科技城等产业园区，增强广州发展新动能，并为广州城投跟投新兴产业项目打开广阔空间。

三是积极推进产融结合项目良好运作。聚焦新一代信息技术、生物医药及高端医疗器械、智能制造新能源、新材料等产业领域，积极培育上市公司。通过下属两家投资平台推动包含小鹏汽车在内的 15 家公司上市美国纽交所，开拓药业上市香港联交所，洁特生物等 13 家企业上市科创板、中小板、创业板。

四是积极发挥“金融招商”效应。积极利用股权投资的方式，推动多家高新企业“落子”广州，不断补全产业链短板，开启以基金为抓手推动产业聚集的“金融招商”新模式，为广州引入工业互联网、人工智能、生物医疗等领域企业。

三、构建创新发展有效管理模式，提高管理效率

（一）发挥投融资平台优势，多元化融资放大国有资本

一是多渠道筹措低成本资金，保障发展资金需求。强化与金融机构的合作，与中国人寿、工商银行、国家开发银行等建立合作，获得银行存款、信托计划等授信额度支持。强化发债资金管理，拓展境内境外的发债渠道，降低财务成本。

二是推进资产证券化和资本运作，实现“资产—资本—资源”的良性循环。推进公共租赁住房资产证券化，力争 REITs 试点项目，积极推动广州塔等公司混改，将上市提上日程。发挥股权投资优势，服务广州 IAB 战略，设立新一代信息技术产业发展基金、冷泉港（广州）生物医药产业基金、广州物联网产业基金等 3 只百亿级 IAB 基金，投资云从科技、三孚新材料等潜力项目，助力本土“独角兽”发展，以基金形式助力广州国企发展。

三是创新政府引导基金合作模式，提高专业化管理水平。创新“政策引导+平台服务+市场服务”多层次、联动性的引导基金合作模式，坚持与广州本地城市支柱产业相结合、与广州市重点发展产业相

结合、与本地龙头企业主导产业相结合的“三结合”原则，专业化管理政府性基金。

（二）健全现代企业治理制度，推动深化改革创新发展

一是认真组织编制“十四五”规划，明确企业发展目标。结合集团发展实际，及时调整企业发展规划，确保企业可持续发展。

二是定期梳理完善企业管理制度体系，企业管理有章可循。广州城投坚持把健全规章制度作为加强现代企业治理的重要保障，定期开展制度梳理，修订广州城投《制度汇编》，堵塞漏洞，形成用制度管权管事管人的长效机制。

三是科学设置部门，规范部门职能职责。根据集团发展需要，及时调整部门设置，规范部门职能职责，明确工作模糊地带，减少推诿扯皮，提高企业效能。

（三）完善风险合规管理体系，切实做好风险防范举措

一是构建集团合规管理体系，积极推进合规管理建设。广州城投从组织体系、制度体系、风险管理机制和合规保障机制四个方面着手，在本部及子公司同步建立了覆盖治理层、管理层、执行层合规的三层管理组织架构，建立合规管理的“三道防线”，明确了执行层各业务及职能部门的合规管理职责，完成重点领域的法规梳理、制度对标及合规风险识别，形成了《合规管理手册》，建立“自评+审计”的合规评估模式，提升集团依法经营管理的水平。

二是完善全面风险管理制度，搭建三规合一制度框架。广州城投通过实现三个“一体化”，完善全面风险管理制度。首先，明确法务风控部作为风险及合规管理的归口部门，统筹风险管理体系及合规管理体系建设的工作，形成了风险及合规管理一体化的组织架构，避免多头管理，提高管理效率，实现组织架构一体化。其次，通过对风险识别、风险评估、风险应对、风险检查、风险报告等工作机制进行融合统一，避免了各防线各自管理，提升管理效率及风险管控的效果，实现工作机制一体化。最后，以规章制度的管理作为主要手段，通过外规内化工作，将外部法律法规要求纳入公司管理制度，并将风险管理及合规管理的具体要求嵌入日程运营的业务制度及流程中，实现管理制度一体化。

三是持续开展法律合规宣贯，深化全员合规经营意识。由集团董事长向全体员工发起合规倡议，促进合规文化润物细无声地在员工心中生根发芽。组织开展合规管理培训，提升员工对合规管理工作的重视程度。制作合规宣传栏，切实将合规文化融入城投集团现有的企业文化中，使“合规人人有责”“合规创造价值”等理念深入人心。

（四）落实从严治党主体责任，党建引领高质量发展

一是坚持用习近平新时代中国特色社会主义思想武装头脑。落实第一议题制度，通过集体学习、专家宣讲、各基层党组织通过专题学习会、“三会一课”等形式实现学习宣讲全覆盖。开展集团党校宣传项目建设，拍摄党建教育宣传片。

二是认真落实新时期管党治党各项任务。坚持把党风廉政建设与生产经营同部署、同落实，定期召开年度党建暨党风廉政建设和反腐败工作专题会，健全党的建设责任链条。推动下属企业将党的建设写入公司章程，落实党委“三重一大”前置研究事项。持续开展中央巡视和市委巡察反馈意见的整改，巩固“不忘初心、牢记使命”主题教育成果。组织开展公务用车、办公用房、公务接待专项检查。

三是扎实提升基层党组织的组织力。认真贯彻《中国共产党国有企业基层组织工作条例（试行）》，积极落实市委“令行禁止、有呼必应”基层党建工作格局，试行“星耀城投”党支部、党员评星定级，推进基层党支部和党员达标创优活动。推进党的组织和党的工作全覆盖。以“红联共建”为抓手，推进集团党委和基层党组织与合作企业开展红联建设，推动项目建设运营。积极推进花城广场城市党群驿站建设，“城投筑梦宜居广州”评为广州市属国企党建品牌。

“十四五”期间，广州城投将以“落实政府战略、服务民生需求、赋能城市发展”为根本使命，发挥国有资本投资公司功能，以国内一流智慧城市综合运营服务商为战略定位，不断延伸产业链条，创新产品服务，在服务广州新一轮发展中进一步做强做优做大，实现城市发展和企业发展的双赢。

乡村振兴+公益　展示民企初心与担当

广东鼎龙实业集团

广东鼎龙实业集团（下称“鼎龙集团”）始创于20世纪90年代，总部位于广州。集团以文旅产业、地产开发、贸易产业链、矿产业链四大产业为核心，多元产业融合发展，拥有A股上市公司鼎龙文化（002502. SZ）。荣膺2020中国企业500强第208位、2020中国民营企业500强第54位；2019—2020连续两年荣列中国文旅地产10强。

作为扎根广东的企业，鼎龙集团积极践行企业社会责任，以产业振兴、文化振兴、爱心捐赠等形式助力乡村振兴和公益事业。先后荣获“2020福布斯中国慈善榜”“2019年度广东扶贫济困红棉杯金杯”“宋庆龄基金会特别爱心合作伙伴”“扶贫济困十佳杰出贡献单位”“南方公益文化环保奖”等殊荣，2019年成为国家自然资源部海洋公益项目合作伙伴。截至2020年年底，鼎龙集团在公益事业投入累计约4亿元。

一、紧跟国家政策，发力乡村振兴

鼎龙集团秉承“投资一方、造福一方”的企业社会责任理念，将产业振兴作为乡村振兴主轴。2007年，鼎龙集团响应政府“回归工程”的号召，在湛江吴川投资建设鼎龙湾国际海洋度假区。建设情人沙滩风情街、水世界、牛仔小镇、星级酒店、旅居公寓、商业街等，在原本籍籍无名的小镇，打造出国家4A级旅游景区。

鼎龙集团注意到，鼎龙湾所在地具有优越的自然资源。但2018年以前，鼎龙湾所在的王村港镇下辖6个管理区，39条自然村，有8公里长的海岸线，但在滨海旅游产业导入前，这里的“海洋经济”更多的还是停留在养殖与海产品方面，第三产业没有得到发展，提供的就业机会也不多。鼎龙集团在建设鼎龙湾过程中，从规划到建设、运营阶段，全面考虑为当地乡村振兴导入资源、产业及人流等。

随着鼎龙集团的介入，尤其是2018年鼎龙湾水世界正式开业之后，王村港镇的产业格局肉眼可见的发生变化：主题公园、温泉小镇、商业小镇、星级酒店、海景公寓等多个业态陆续成型。鼎龙集团的投资也为当地提供了许多的岗位，带动了就业。产业发展起来了，对人才的需求自然不断增加，也为不同年龄段的村民提供了大量的基础岗位。鼎龙湾在辖区内将建成两个项目，整个碌西行政村的9条自然村，将有600多人可以在“家门口”解决就业问题，仅覃上村就能常年提供100多个就业岗位给村民，每年的人均可支配收入超过3万元。同时，也为许多年轻人返乡就业提供了更多的选择。

二、“大文旅+”“大康养+”，乡村振兴再添动能

只有产业发展才能激活经济，富裕农民，繁荣乡村，“农民富”的根本目标才会得以实现。2020年，鼎龙集团在广东省内累计捐赠6 400万元，用于支持乡村振兴事业的发展。今后，鼎龙集团还将继续支持扶贫济困和乡村振兴等公益事业。

随着城乡消费结构的优化升级，人民群众对优质农产品、生态产品、乡村旅游等的需求更加迫切，乡村经济将进一步加快转型升级，为企业参与乡村振兴提供了广阔的舞台和空间。作为我国社会经济发展重要支撑的民营企业，也正以敏锐的机遇意识，成为乡村振兴的坚强力量。

鼎龙集团近年来，在文旅产业基础上整合打造特色健康生态农业，开拓生活休闲和本土文化传承等，推动上下游产业链全面升级。以文旅项目为基地，整合周边乡村农业资源，打造大型生态农业产业

链,振兴乡村经济。同时,为了进一步实现乡村振兴,为产业发展注入更多活力,鼎龙集团正以"大文旅+""大康养+"产业模式为核心,探索文、旅、农融合发展的新业态。鼎龙湾此前与英国圣比斯公学签署了战略合作协议,圣比斯公学中国第三个校区将落户于鼎龙湾,这也意味着鼎龙湾不断拓展新业态融合并迈入多模式板块,开始由"一湾"向"一城"的蜕变。与此同时,鼎龙湾度假区更于2020年获评国家4A级旅游景区,这将进一步助力鼎龙集团充分发挥文旅产业价值,为文旅发展再添动能。

三、赋能非遗文化,助力传统文化振兴

乡村振兴,文化是基底。党中央一直强调,要弘扬中华优秀传统文化,要处理好继承和创造性发展的关系,要重点做好创新性转化和实践性发展,也指明了我国未来的文化建设事业的发展方向。2018年,中共中央国务院印发的《乡村振兴战略规划(2018—2022年)》就把文化振兴明确为乡村振兴战略的重点任务,当中指出:坚持以社会主义核心价值观为引领,以传承发展中华优秀传统文化为核心,推动乡村文化振兴。

为挖掘粤西非遗文化的魅力,让更多的非遗文化"飞"入寻常百姓家。集团积极探索乡村文化振兴,打造广东首个粤西非遗基地,截至2020年年底,连续5年举办"粤西非遗文化节",成为粤西乡村文化振兴示范点,开辟粤西文化产品供应及展销新模式。

自2016年起,鼎龙湾每年举办"粤西非遗暨年例文化节"活动,展示当地吴川三绝、雷州石狗、南派粤剧等粤西非遗文化,并联动政府、文化保护机构、民间艺人、主流媒体等,推动当地粤西传统文化"走出去"。2016—2019年四届"粤西非遗暨年例文化节",累计到场已超过千万人次。同时,"鼎龙湾粤西非遗暨年例文化节"打造数千人规模的年例正宴,以当地特色的海鲜大餐和独特的年例风俗节目为重头戏,复兴传统、留住乡愁,吸引全国各地游客关注当地文化。

鼎龙集团在鼎龙湾内专门打造了一个非遗文化基地,以展示当地极具特色的泥塑、糖画、木雕、飘色、扎狮头等传统手工艺类非物质文化遗产,并为当地非遗文化大师、民间手艺人提供平台,让非遗文化融入文旅产业发展,让大众看到背后所蕴藏的文化内涵。

多年来,鼎龙集团通过引入设计创新、提供平台、搭建渠道等方式,发展非遗文化产、学、研、游一体化的模式,促进非遗传承人与企业合作、与产业对接,通过自身的产业优势,带动非遗文化产品融入产业消费领域,推动当地非遗文化助力脱贫攻坚工作,促进文化振兴带动乡村振兴。

四、"输血"变"造血",探索民企乡村振兴新模式

乡村振兴是一项系统性工程,是人力、物力、财力的有机结合,是人才、资源、战略的有效统一,需要汇聚各方力量。龙头企业不仅是产业经济经营主体中的"精锐部队",也是加快转变乡村发展方式、推进乡村振兴的开路先锋。

鼎龙集团开展多方尝试,成功探索出乡村振兴新模式,通过多元产业融合助力乡村振兴。

一是把党建与扶贫结合起来。2015年"万企帮万村"行动正式发起,以民营企业为帮扶方,以建档立卡的贫困村、贫困户为帮扶对象,以签约结对、村企共建为主要形式,为打好扶贫攻坚战、全面建成小康社会贡献力量。鼎龙集团通过"党建+扶贫"的举措,深入开展"企帮村"工程,依托公司自身优势,吸纳了王村港镇20多名建档立卡贫困户就业,带动农村贫困劳动力就近就业。这样做有利于解决留守儿童和留守老人等社会问题,也有利于帮助贫困群众转变思想观念、树立自我脱贫信心,确保贫困群众有持续稳定的增收来源,最终实现精准、稳定、可持续脱贫,助推王村港镇全力打赢脱贫攻坚战。

二是从"输血"变为"造血"。不同于常见的结对帮扶,如通过直接捐赠送温暖、修建农村基础公共设施等"输血"。鼎龙集团正变"输血"为"造血",通过整个鼎龙湾多产业的融合,以产业融合、产业兴旺支撑农业农村现代化,塑造发展的内生动力,在城乡之间搭起产业通道,成为乡村振兴的建设性力量。

不仅是鼎龙湾项目,集团旗下多个文旅项目均从规划、建设到运营阶段,全面考虑为当地乡村振兴

导入资源、产业及人流。2019 年 4 月，鼎龙集团承办徐闻菠萝节活动，以乡村振兴战略为统领，深入推进美丽乡村建设和观光体验农业发展。同时，其在江西全南县打造的鼎龙 · 十里桃江项目，全面建成运营后，预计年接待游客 300 万人次，年实现旅游收入 30 亿元，间接带动就业 2 万人，全面带动当地乡村振兴。同时，鼎龙集团还捐赠 1 000 万元用于当地乡村振兴建设。

五、践行海洋保育公益，展民企社会担当

在企业多元发展的过程中，鼎龙集团一直以“海洋生活创想家”为企业定位，傍海而生的鼎龙湾也一直非常关注海洋环保问题，每年的“世界海洋日”前后都会发起“鼎龙全球海洋公益行系列活动”，并且定期开展海洋保护科普教育、组织海洋保护活动，以鼎龙湾为辐射点，让各地都行动起来，共同爱护美丽的海洋。2019 年 6 月，鼎龙集团在吴川举行“弘扬生态文明，共建美丽家园”主题党建活动暨“海”好有你环保净滩活动，动员员工代表参与，并联合广东海洋大学，湛江市技师学院，湛江财贸学校和化州职业技术学院超 300 名高校及媒体志愿者，共同用行动呼吁海洋保育，积极践行绿水青山就是金山银山的理念，呼吁社会各界人士“要像对待生命一样对待生态环境”。

鼎龙集团深谙：生态环境的好坏关系着人类生存与发展的质量，也是经济、政治、文化等社会发展的基础。加强生态环境建设，实现可持续发展，是我国在现代化建设进程中始终坚持的一项基本方针。

生态环境的建设离不开党坚强有力的领导，鼎龙集团在此过程中注重发挥党员干部自身的先锋模范作用，号召党员干部积极在群众中宣传环保理念，为建设祖国秀美山川出一份力，为百姓建设一个美好的绿色家园。在未来的发展中，鼎龙集团将始终坚持绿色发展理念，以海洋文化为始，充分挖掘海洋文明，探索和践行海洋保育，坚持人与自然和谐共生，通过可持续发展的“文旅+” 模式开发海洋，保护蓝色家园。

高质量发展是“十四五”乃至更长时期我国经济社会发展的主题，关系我国社会主义现代化建设全局。在企业的发展历程中，鼎龙集团始终坚持党建引领，凝聚发展动力，从乡村振兴到扶贫济困，从文化教育到环保生态，持续践行“投资一方，造福一方”的企业社会责任，为公益事业的发展贡献了重要的力量，获得了社会各界的反响和广泛好评，同时也闯出了一条高质量发展的康庄大道，成为民营企业飞跃发展的“精彩样本”。未来，鼎龙集团将继续把党建引领与企业发展融为一体，助推企业的跨越发展。

奋力谱写具有中国特色国际领先的能源互联网企业建设新篇章

国家电网有限公司

国家电网有限公司成立于 2002 年 12 月 29 日，是根据《公司法》设立的中央直接管理的国有独资公司，注册资本 8 295 亿元，资产总额 43 500 亿元，以投资建设运营电网为核心业务，是关系国家能源安全和国民经济命脉的特大型国有重点骨干企业。

公司经营区域覆盖我国 26 个省（自治区、直辖市），供电范围占国土面积的 88.0%，供电人口超过 11 亿人。2020 年，公司在《财富》世界 500 强中排名第 3 位。近 20 年来，公司持续创造全球特大型电网最长安全纪录，建成多项特高压输电工程，成为世界上输电能力最强、新能源并网规模最大的电网，专利拥有量连续 10 年位列央企第一。公司投资运营菲律宾、巴西、葡萄牙、澳大利亚、意大利、希腊、阿曼、智利和中国香港等 9 个国家和地区的骨干能源网，

连续16年获得国务院国资委业绩考核A级，连续8年获得标准普尔、穆迪、惠誉三大国际评级机构国家主权级信用评级，连续5年获得中国500最具价值品牌第一，连续10年专利申请量和累计拥有量位居央企第一。

2020年是极不平凡、极具挑战、极富成效的一年。面对突如其来的新冠肺炎疫情、复杂的国际形势和巨大的经济下行压力，面对自然灾害频发、网络攻击加剧带来的大电网安全风险考验，面对前所未有的量价齐跌严峻经营形势，面对艰巨繁重的发展改革稳定任务，公司上下以习近平新时代中国特色社会主义思想为指导，深入学习贯彻习近平总书记系列重要讲话和重要指示批示精神，坚决落实党中央、国务院决策部署，克服困难、勇挑重担，助力疫情防控取得重大战略成果，助力如期完成新时代脱贫攻坚目标任务，助力污染防治攻坚战取得决定性成就，有效抵御了严重洪涝灾害，大电网保持安全稳定运行，一批重点领域改革取得突破性进展，圆满完成国务院国资委下达的经营目标，在党和人民需要的关键时刻充分彰显了央企国家队“拉得出、顶得上、打得赢”的鲜明底色。

一、众志成城，在大战大考中展现责任担当

面对来势汹汹的新冠肺炎疫情，公司坚决贯彻中央统筹推进疫情防控和经济社会发展各项部署，第一时间启动应急响应，先后出台并实施7批59项举措，助力疫情防控和复工复产，扛起“大国重器”的责任。

全力保障抗疫供电。公司上下迅速投入这场没有硝烟的抗疫斗争，专业部门密切协同，党政工团齐心协力，各级单位层层落实。广大干部职工不畏艰险、勇挑重担、逆行出征，用最快速度建设配套供电设施，确保了医疗机构、防护用品生产企业等重点用户和广大人民群众的安全可靠供电，守护了万家灯火，为社会增添了暖色调。华中分部、湖北公司、武汉公司处在抗疫斗争最主要的战场，顶住了最大的压力，做出了最突出的贡献。公司总部和有关单位坚持一方有难、八方支援，充分发挥了集团化运作优势。

严密有效防控疫情。坚持以人为本、生命至上，实施科学精准防控策略，全力守护了152万名职工的生命健康。组建医疗专家组赴海外配合疫情防控，公司境外项目派驻人员保持零感染。

主动作为服务“六稳”“六保”。坚决贯彻中央“新基建”部署，加大特高压、充电桩等新型基础设施投入力度，2月率先开工建设陕北—湖北特高压直流、山西垣曲抽蓄电站等重点工程，带动产业链上下游复工复产。严格执行国家阶段性降电价政策，全年降低社会用能成本886亿元，2016年以来政策叠加年降低社会用能成本3 894亿元；主动扩招40.0%，提供就业岗位46 200个，为稳经济稳产业链稳就业做出重要贡献。创新电力大数据应用，发布复工复产指数，强化环保监测应用，为各级党委政府科学决策提供了有力支撑。

二、狠抓安全，在夯基固本上取得扎实成效

安全是基础、是底线、是生命线。公司深入学习贯彻落实习近平总书记关于安全生产重要论述，牢固树立安全发展理念，坚持人民利益至上，始终把安全生产放在首要位置，多措并举守牢安全生产“生命线”。

保证大电网安全稳定运行。加强重要输电断面和输电通道监控，动态优化电网运行方式，筑牢“三道防线”，保持特大型电网安全稳定运行最长纪录。圆满完成党的十九届五中全会、第三届进博会等重大保电任务。

扎实推进安全生产专项整治。精准“排雷”“拆弹”，持续消除重大风险隐患。深入开展基建施工现场“查风险、治违章、抓落实”安全大检查，全面开展安全生产巡查和“四不两直”督察，有效遏制了事故苗头。完成1 277支GOE套管、414台特高压分接开关隐患整治。全面消除线路跨高铁、跨输电通道隐患，集中开展森林草原输配电线路火灾隐患治理，圆满完成变电站消防设施隐患三年治理任务。

完善安全管理体系。细化全员安全责任清单，规范各级安委会运转，组织开展安全巡查。拧紧安全责任链条，建立周风险管控督查例会制度，建成各省公司安全管控中心和风险管控平台，全年管控电

网、基建、生产作业风险 3.5 万项。修订《安全奖惩规定》《事故调查规程》，树立严抓严管、奖惩分明的导向。健全数字化安全管控支撑体系，完善总部"1+26"应急预案体系，规范预警、响应、处置规则，公司获得全国应急普法知识竞赛一等奖。

全力以赴抢险救灾。面对 1998 年以来最严重的汛情和冬季多轮次寒潮袭击，公司建立 6 个月的应急值班机制，发布灾害预警 1 500 余次，科学组织预防、应对，整体做到了"灾害重、损失小"。面对夏季汛情，公司累计投入抢修人员 33 万人次，全力开展应急供电、设施抢修工作；面对冬季大范围雨雪冰冻灾害，公司战寒潮、融冰雪、除隐患，快速恢复受损供电设施；针对湖南、江西、南疆等地区迎峰度冬供电紧张形势，公司迅速出台 8 项举措，强化跨省区电力支援，落实需求侧管理措施，千方百计保障电力供应。

持续提升网络安全水平。建成全场景网络安全态势感知平台，监测拦截高危攻击 20 500 万次，消除高危安全漏洞 1 510 个。在公安部组织的"护网 2020"网络攻防演习中，以"零失分、溯源满分"取得全国防守方第 1 名。

三、积极作为，在助力小康中彰显脊梁作用

党的十八大以来，以习近平同志为核心的党中央顺应我国经济社会发展和广大人民群众新期待，提出了全面建成小康社会新的目标要求。公司坚决贯彻党中央、国务院决策部署，在建设具有中国特色国际领先的能源互联网企业的战略目标引领下，始终与光明同行、与时代共进，以充足可靠的电力供应、优质高效的供电服务为美好生活充电，为美丽中国赋能，在决胜全面建成小康社会的伟大进程中展现担当作为、贡献国网力量。

加快推进重点工程建设。走在经济高质量发展的小康路上，2020 年，公司自觉服务党和国家工作大局，始终坚持电力先行，开工 110 千伏及以上线路 5.2 万公里、变电（换流）容量 3.4 亿千伏安/亿千瓦，投产 5.3 万公里、3 亿千伏安/亿千瓦。南昌—长沙、荆门—武汉特高压交流、闽粤联网等重点工程获得核准。白鹤滩—江苏特高压直流、福建与金门联网大陆侧配套等工程开工建设。世界首个以输送清洁能源为主的特高压输电项目——青海—河南直流工程建成投运。中国水电之母——吉林丰满水电站完成重建。

助力决战决胜脱贫攻坚。公司坚持以人民为中心的发展理念，全面完成"三区三州"、抵边村寨等电网建设任务，定点帮扶的"四县一区"和公司系统 2 029 个帮扶点全部脱贫摘帽。以实际行动贯彻中央西藏、新疆工作座谈会精神，第一时间部署实施 20 项援藏、25 项援疆举措。第四条"电力天路"阿里联网工程建成投运，结束了我国大陆最后一个地级市孤网运行的历史。

助力污染防治扎实开展。积极服务新能源发展，新增风电、太阳能发电装机 1 亿千瓦，新能源利用率提升至 97.1%，全年消纳 5 872 亿千瓦时，相当于减排二氧化碳 4.5 亿吨。新完成 271 万户"煤改电"任务，实现长江沿线主要港口岸电基本覆盖。智慧车联网平台实现"百万桩"接入。江苏"全电厨房"、天津"智慧能源小镇"、河北"绿能云平台"、四川"智慧环保监测"、青海"绿电三江源"等创新实践亮点纷呈。

电力营商环境持续优化。贯彻国家优化营商环境条例，研究出台 9 项举措。创新应用转供电费码，配合政府清理规范转供电环节不合理加价。实施阳光业扩，推广"三省""三零"服务，为小微企业客户节省投资 207 亿元。创新供应链金融，释放供应商保证金 165 亿元。通过"网上国网"推行业务线上办、网上办、指尖办，提高了客户获得感和满意度。

四、完善战略，在系统谋划中锚定前进方向

2020 年，公司深入贯彻习近平总书记系列重要讲话和重要指示批示精神，洞察能源革命大趋势和互联网技术发展新形势，进一步明确了建设具有中国特色国际领先的能源互联网企业战略目标。

集中智慧完善战略蓝图。研究形成了以"五六三"战略框架、两个阶段目标、八大战略工程为主要内容的战略体系"四梁八柱"，发布了涵盖各单位战略落地实施方案的公司发展战略纲要。科学编制

“十四五”规划，创新开展能源互联网规划，调整综合计划体系，实现了规划计划与战略有机衔接。

全员发动干出精彩。突出战略导向，推动战略宣贯进基层、进站所、进一线，形成了上下齐心推动战略实施的生动局面。

五、迎难而上，在提质增效上实现了预期目标

公司坚决贯彻党中央决策部署，落实国务院国资委“三稳四保一加强”工作要求，深入开展提质增效专项行动，通过“八个全力”促提质，实现“八个增效”稳发展，打出开源节流、提质增效“组合拳”，在2020年各项因素叠加减利超过1 100亿元的情况下，将公司经营效益拉回到合理区间，实现了稳健经营和发展质量的持续提升。

内部挖潜成效显著。认真落实8个方面125项提质增效重点措施，电能替代完成电量增加，特高压直流通道平均利用时间提升，省间交易电量同比增长。建成“1233”新型资金管理体系，创造资金效益。“三项费用”同比下降。27家省公司电费回收率几乎全部达到100%以上。发挥供应链运营中心作用，盘活库存资金。强化合规管理，依法维权避免和挽回经济损失。

产业升级提速加力。全力打通产业链、价值链、创新链，显著提升了公司产业核心竞争力，培育了增长新动能。装备制造产业新签外部市场合同额同比增长。依托“电e金服”为产业链上下游提供低成本金融服务超千亿元。大力发展战略性新兴产业，能源电商、综合能源服务、电力芯片业务利润同比分别增长。积极服务“一带一路”建设，阿曼、智利电网并购项目顺利交割，巴基斯坦默拉直流全面建成并启动带电，国际业务利润逆势上扬、同比增长。

六、蹄疾步稳，在改革攻坚上取得多点突破

公司继续认真贯彻落实中央决策部署，坚定市场化方向，攻坚克难，开拓进取，全面完成“改革攻坚年”各项任务，统筹谋划、整体推动、重点突破，啃下了一批改革“硬骨头”。

电力改革取得重要成效。经营区域28家电力交易机构全部完成了股权多元化改革任务。积极推进全国电力市场建设。跨省区富余可再生能源电力现货交易实现全覆盖，山西、山东、浙江、福建、四川、甘肃等6家现货试点单位全部实现整月结算试运行。

国企改革取得重大进展。混合所有制改革引入社会资本，7家单位“双百行动”和2家单位“科改示范行动”扎实推进，国网信通、国网英大登陆资本市场。鲁能集团和鲁能体育改革、医疗疗养机构改革全面完成，退休人员社会化管理移交、省管产业深化改革完成主体任务。

内部改革迈出重要步伐。坚持总部抓总、基层做实，进一步解放思想，持续开展“三项制度”改革和“放管服”清单管理，大力实施“战略+运营”“战略+财务”差异化管控，强化放管赋能，促进权责匹配，激发了企业活力。结合数据治理、营配调贯通等工作，持续优化流程、改进管理。

七、坚持创新，在科技强企中积蓄发展动能

科技是国之利器，国家赖之以强，企业赖之以赢，人民生活赖之以好。公司始终坚持创新驱动发展，以与时俱进的精神、革故鼎新的勇气、坚忍不拔的定力，敢闯“无人区”，勇当攀登者，不断刷新电网技术的新纪录，努力实现高水平科技自立自强。2020年，公司坚持问题、目标和需求导向，谋篇布局、揭榜挂帅、攻坚拔寨，创新驱动发展的动力显著增强，形成了以科技创新重点突破推动战略目标落地的新局面。

启动实施“新跨越行动计划”。公司召开科技创新大会，出台一系列深化科研改革、强化创新激励等方面的硬核措施，加大基础研究和技术攻关力度，实施人才培养“三大工程”，公司上下创新活力进一步迸发。

核心技术攻关取得明显成效。国产±800千伏换流变用干式套管、±535千伏直流电缆、126千伏无氟开关研制成功，3 300伏IGBT、电力工控芯片等核心零部件研制取得重大进展，远海风电柔性直流并网送出成套设计技术取得全面突破。

新技术应用成果丰硕。建成投运世界首个具有

网络特性的±500 千伏张北柔直工程，创造了 12 项世界第一。初步建成电力北斗精准位置服务网。数据中台、物联平台和业务中台建设加快推进，网上电网、新能源云、基建数字化、现代智慧供应链等应用成效明显，通过数字化审计完成年度重点审计项目。公司获中国工业大奖 1 项、中国专利奖金奖 1 项、中国标准创新贡献奖一等奖 1 项，发明专利拥有量首次位列央企第一。

八、旗帜领航，在强根铸魂中锤炼电网铁军

公司始终坚持党的领导，坚持不懈加强党的建设，持之以恒强根铸魂，扎实推进“基层党建巩固提升年”工作，把党建独特优势转化为公司创新优势、竞争优势、发展优势，推动公司各项事业不断取得新突破。

坚持把政治建设摆在首位。公司党组认真落实“第一议题”制度，持续深入学习习近平总书记重要讲话和重要指示批示精神，全年召开 52 次党组会，开展 11 次党组理论学习中心组集中学习，对中央每一项部署要求，都做到第一时间学习领会、第一时间贯彻落实。各级党组织通过“三会一课”、主题党日等多种形式，强化理论武装，广大党员干部“四个意识”更加牢固，“四个自信”更加坚定，“两个维护”更加自觉。

“三基”建设不断强化。扎实推进“基层党建巩固提升年”各项工作，大力开展“党建+”工程，党的制度建设不断完善，基层基础持续夯实。全面完成干部考核评价综合调研。在抗疫保电、抢险救灾等急难险重任务中，领导干部指挥在前线，各级党组织和广大党员冲锋在火线，党旗始终飘扬在一线，党的政治优势和组织优势在大战大考中得到充分彰显。

正风肃纪不断深化。坚持“严”的主基调，一体推进不敢腐不能腐不想腐，坚决查处违纪违法问题，严格执行中央八项规定精神，推进政治监督具体化常态化，推动全面从严治党向基层延伸。中央巡视整改措施全部落实，设租寻租等专项整治和“总部机关化”问题整改全面完成。部署开展 2 轮党组巡视，发现并纠正了一批突出问题。

新闻宣传富有成效。认真落实意识形态责任制，坚持正确舆论导向，高频度、全方位、立体化开展主题传播，中央主流媒体报道 1.2 万余篇，其中央视新闻联播报道 62 篇，塑造了责任央企良好形象。

队伍建设持续加强。统战、团青、思想文化、保密、信访维稳、后勤等工作同步推进，营造了和谐稳定的发展环境。公司系统 1 个集体、1 个党组织、2 名同志获得全国抗击新冠肺炎疫情表彰，105 家单位荣获第六届全国文明单位，11 个先进典型获得全国学雷锋志愿服务表彰，72 名职工荣获全国劳动模范称号，公司荣获“中华慈善奖”。

2021 年是建党 100 周年，也是落实国家“十四五”规划、全面建设社会主义现代化国家开局之年。立足新发展阶段、贯彻新发展理念、构建新发展格局，公司将以更坚定的步伐向着具有中国特色国际领先的能源互联网企业的战略目标迈进，为“十四五”开好局、起好步提供坚强动力，为全面建设社会主义现代化国家做出更大贡献。

大力弘扬伟大建党精神　谱写“国之光荣”崭新篇章

中核核电运行管理有限公司党委书记　董事长　黄　潜

中核核电运行管理有限公司（下称“秦山核电”）是秦山核电基地的运行管理单位。实现安全发电 30 周年的秦山核电位于浙江省嘉兴市海盐县，是中国大陆第一座核电基地，1985 年开工建设，1991 年并网发电，目前共有 9 台机组，总装机容量 660 万千瓦，年发电量约 520 亿千瓦时，是我国目前已建成的机组数量最多、堆型最丰富、装机容量最大的核电基地，被誉为“国之光荣”。

2021 年是中国共产党百年华诞，也是秦山核电安全发电 30 周年。30 多年来，秦山核电在党的坚强

领导下，走出了一条中国特色的核电发展之路。党领导秦山核电的建设发展历程，是展示中国核工业"二次创业"和中国核电事业自力更生、安全发展、创新发展的重要窗口。

2003年，时任浙江省委书记习近平同志视察秦山核电，充分肯定核电为经济社会发展做出的重大贡献，强调要发展清洁能源，走可持续发展道路，并指出浙江省今后也肯定会是一个核电大省。

多年来，秦山核电荣获"全国爱国主义教育示范基地""全国五一劳动奖状""全国核科普教育基地"等百余项国家级荣誉。2020年获评"全国文明单位"，参加表彰大会的秦山核电党委书记、董事长黄潜受到习近平总书记亲切接见，并作代表发言。

在党的坚强领导下，走出一条中国特色的核电发展之路

浙江是习近平新时代中国特色社会主义思想的重要萌发地，秦山核电是中国核电的起航地，是中国核电的"红色根脉"和"红船"。在30多年的发展历程中，秦山核电创造了骄人的业绩，掌握了从胜利走向胜利的制胜法宝——"八个坚持"。

一是坚持党的领导，强"根"固"魂"铸就"国之光荣"。在党和国家领导人的高度关注、亲切关怀、大力支持和勉励指导下，秦山核电充分发挥集中力量办大事的制度优势，实现"零的突破"，铸就"国之光荣"。可以说，没有党的领导，就没有秦山核电，就没有发展。

二是坚持安全发展，确保核电安全万无一失。截至目前，秦山核电已连续安全运行140堆·年。9台机组运行业绩多年稳定处于世界先进水平，2020年8台机组WANO(世界核电运营者协会)综合指数满分，并列世界第一。

三是坚持创新发展，为中国核电科技自立自强贡献秦山智慧。多年来，秦山核电荣获了国家科技进步特等奖，拥有专利787项以及2项ISO国际标准，生产的国产化钴-60全面替代进口并在抗击新冠肺炎疫情中将医用防护用品灭菌周期从7~14天缩减到1天内。

四是坚持绿色发展，积极践行"绿水青山就是金山银山"理念。秦山核电已累计安全发电超过6 900亿千瓦时，相当于减排二氧化碳65 300万吨，植树造林433个西湖景区。

五是坚持人才强企，为中国核事业发展提供第一资源保障。在秦山核电，涌现了以中国科学院院士欧阳予、中国工程院院士叶奇蓁为代表的大批杰出人物，培养了中国大陆首批操纵员35人，输出2 500余名骨干、近100名核电高管，打造国家级大师工作室和院士工作站各1个。

六是坚持企地融合发展，与地方政府和人民群众共享发展成果。秦山核电累计投资833亿元，年缴税费约37亿元，带动核电关联企业近百家，年产值291亿元，吸纳就业2万余人。

七是坚持央企责任担当，积极履行社会责任造福人民。新冠肺炎疫情防控中，秦山核电实现"零确诊""零感染"，结对帮扶浙江3个村脱贫，推进核能供热和同位素技术应用等。

八是坚持"走出去"战略，助力构建新发展格局。秦山核电已承担巴基斯坦包括"华龙一号"海外首堆工程在内的6台机组的调试运行等，成为"南南合作的典范"。

秦山核电的建设和发展，是坚持党对核电事业坚强领导的结果

建设秦山核电是党中央的重要战略部署。1970年周恩来总理指出："从长远看，要解决上海和华东地区的用电问题，要靠核电。"1970年2月8日，上海市组织传达了周恩来总理关于建设核电的指示精神并研究了落实措施，秦山核电站工程即以"七二八工程"命名。其后，周恩来总理曾先后3次在中央专委会议上听取"七二八工程"情况汇报，并强调"建设第一座核电站的目的不仅在于发电，更重要的是通过这座核电站的研究、设计、建设、运行，掌握核电技术，培训人员，积累经验，为今后的发展打好基础"。

在秦山核电建设和发展过程中，邓小平、江泽民、胡锦涛等50余位中央领导同志均做出了重要指示批示，对秦山核电的建设发展给予了高度重视、关心、协调和指导。

习近平同志在浙江工作期间曾先后3次视察秦

山核电，对秦山核电发展成就给予充分肯定，为秦山核电未来发展擘画蓝图并寄予厚望。党的十八大以来，习近平总书记对中国核工业、中核集团和秦山核电做出了系列重要指示批示，为新时代秦山核电的发展指明了方向。2015 年习近平总书记就我国核工业创建 60 周年做出重要指示："核工业是高科技战略产业，是国家安全重要基石。要坚持安全发展、创新发展，坚持和平利用核能，全面提升核工业的核心竞争力，续写我国核工业新的辉煌篇章。"

从周恩来总理的殷切嘱托，到习近平总书记的勉励指导，秦山核电从无到有、从小到大、从弱到强，实现了从跟跑、并跑到领跑的跨越。

秦山核电的建设和发展，是不断加强党的建设的结果

1982 年 4 月"七二八工程筹建处"成立，同时成立了筹建处临时党委。秦山核电历届党委始终坚持党的领导、加强党的建设，为秦山核电发展壮大提供了坚强有力的政治保证、组织保证、人才支撑和精神动力。

一是加强党的政治建设，使秦山核电始终朝着正确的发展方向前进。充分发挥把方向、管大局、促落实作用，在工程筹建初期，秦山核电党委即以核工业创业史和"两弹一星"精神为主要内容，开展自力更生、艰苦奋斗教育，起到凝心聚力、团结鼓劲作用。党的十八大以来，深入学习贯彻习近平新时代中国特色社会主义思想，认真贯彻落实国有企业党的建设工作会议精神，坚持两个"一以贯之"，不断强"根"固"魂"。

二是加强基层党组织建设，不断增强党组织的凝聚力和战斗力，为秦山核电发展提供了坚强的组织保证。在秦山核电 30 万千瓦机组安装调试过程中，检修部仪控队的同志们仅用 1 个月就完成了 18 000 条电缆、20 多万个接头的校线、接线任务，且质量全部合格，与国外同类型核电站相比缩短工期 2 个月，该集体被授予"全国五一劳动奖状"；面对中国援建巴基斯坦恰希玛核电站的一次设备故障，以党员何少华为队长的维修团队打破国外技术封锁，成功研制出一整套水下检修方案，填补了国内空白。

三是加强领导班子和干部人才队伍建设，为秦山核电发展提供坚强的人才支持。公司历届党政领导班子带领秦山核电克服了建造、运行中遇到的"杜拉风波"等各种艰难险阻，创造卓越业绩，荣获"全国国有企业创建'四好'领导班子先进集体"等荣誉。高度重视干部人才队伍建设，坚持人才强企、强化人才培养，为我国核电人才培养做出了重要贡献。

四是加强企业文化和精神文明建设，提供强大精神动力。坚持以核安全文化为核心的企业文化建设，大力弘扬社会主义核心价值观，围绕"安全是核电站的生命"主题开展"百日安全生产"等主题活动，提炼卓越核安全文化准则，首创核职业领导力培训，探索建立"九微"文化体系等，获得"全国企业文化最佳实践企业""中国十大最具文化价值品牌""改革开放 40 年中国企业文化优秀单位"等荣誉。

通过 30 多年的努力，秦山核电圆满完成了周恩来总理提出的"掌握核电技术，培训人员，积累经验，为今后的发展打好基础"的期望和嘱托。

牢记初心使命，全力再造新秦山

站在新的历史起点，我们要继续牢记初心使命，走好秦山核电新的赶考之路——全力再造一个新秦山，谱写"国之光荣"崭新篇章，努力向党和国家交出一份新的更加优异的答卷！

一是立足"三新一高"，以习近平新时代中国特色社会主义思想武装头脑、指导实践、推动工作，奋力实现高质量发展。

把握我国经济已由高速增长阶段转向高质量发展阶段的定位，正视自身存在的问题和短板，积极对标一流，努力向高质量发展转变。完整、准确、全面贯彻新发展理念，重点关注创新发展，特别是自主创新，实施"创新 2025""自主 2025""数智 2025"，积极推进解决重大发展问题，把秦山更多的良好实践上升为国家标准、国际标准，努力实现高水平科技自立自强。

把握好"长三角一体化发展"和浙江高质量发展建设"共同富裕示范区"的国家战略机遇，充分发挥核能零碳优势，推进核电关联及核技术应用产业的科技创新、人才培养、项目招引，努力打造企地共荣、

高质量发展的“全国样本”;加强对外服务能力和影响力,集成开发更多的高质量对外服务产品,助力中国核电“走出去”发展,服务“一带一路”倡议,助力构建新发展格局。

二是以发展为第一要务,把握良好机遇、坚持系统观念、强化顶层设计,全力再造一个新秦山,成为世界核电运营管理的领跑者。

“十四五”期间,秦山核电将坚持“一体两翼”发展战略,按“1+1+2+4”发展思路统筹推进实现高质量发展:

一个秦山核电,即持续保持 9 台机组安全稳定经济环保运行,创造世界一流的运营业绩,成为世界核电运营管理的领跑者;

一个“新秦山”,即争取“十四五”实现一个新厂址落地,建设 6 台百万千瓦级核电机组,与当前秦山核电发电量相当;

两个“零碳城”,即建设环石浦港零碳产业园和中国(海盐)零碳未来城,打造“零碳能源,绿色发展”的国家级高质量发展示范区;

“四个基地”,即建设“清洁能源示范基地”“同位素生产基地”“核工业大数据基地”“核电人才培养基地”。

三是大力弘扬伟大建党精神,传承党的伟大精神和光荣传统,学史力行、狠抓落实,谱写“国之光荣”崭新篇章。

习近平总书记在七一重要讲话中,首次提出伟大建党精神并做出深刻阐释,号召全党继续弘扬光荣传统、赓续红色血脉,永远把伟大建党精神继承下去、发扬光大,在全党全社会激扬起继往开来、不懈奋斗的精神力量。

新时代新征程,秦山核电人将赓续伟大建党精神,传承党的伟大精神和光荣传统,增强“四个意识”、坚定“四个自信”、做到“两个维护”,不断提高政治判断力、政治领悟力、政治执行力,牢牢把握“两弹一艇”以来最重要的战略机遇期,重整行装再出发,为“再造一个新秦山”做好思想理论武装和艰苦斗争准备。

奋斗新时代、奋进新征程!站在迈向第二个百年奋斗目标新起点,秦山核电将继续坚持以习近平新时代中国特色社会主义思想为指导,坚持党的领导、加强党的建设,胸怀“两个大局”、牢记“国之大者”,大力弘扬伟大建党精神,传承和发扬“两弹一星”精神、“四个一切”核工业精神和“强核报国,创新奉献”的新时代核工业精神,学史力行、狠抓落实,追求卓越、超越自我,争做“两个确立”忠诚拥护者和“两个维护”示范引领者,谱写“国之光荣”崭新篇章,为助力实现“碳达峰、碳中和”目标,实现中核集团“三位一体”奋斗目标和中华民族伟大复兴做出新的更大贡献!

省级电网企业服务地方高质量发展的战略管理

国网江苏省电力有限公司

国网江苏省电力有限公司(下称“国网江苏电力”)是国家电网公司系统规模最大的省级电网公司之一。多年来,始终坚持“人民电业为人民”的企业宗旨,坚决贯彻国家电网公司“为美好生活充电,为美丽中国赋能”的公司使命,围绕江苏电网建设运营的核心业务,为全省 13 个地市、56 个县(区)的 4 621 万电力客户提供优质供电服务,为江苏经济社会发展提供坚强电力保障。

一、电网企业服务地方高质量发展的战略背景

党的十九大报告提出,我国经济已由高速增长阶段转向高质量发展阶段,江苏省委省政府坚持新发展理念,坚定不移地推动经济发展、改革开放、城乡建设、文化建设、生态环境、人民生活“六个高质量”发展。“六个高质量”发展从经济、社会、生态环境等维度对能源电力行业提出了新要求,需要电网

企业站在战略高度，主动认识地方高质量发展的重点、难点和痛点，转变思想认识，优化管理模式，以提升能源综合利用效率、挖掘能源行业发展新模式、新动能支撑经济高质量发展；以提供能源优质服务、支撑智慧城市治理、满足人民高质量用能需求适应社会高质量发展；以贯彻能源安全新战略，推动清洁低碳、安全高效的能源体系建设来推动生态环境高质量发展，以自身的转型发展来适应并承接地方高质量发展要求。

二、电网企业服务地方高质量发展的战略管理模式

国网江苏电力基于江苏“六个高质量”发展对能源转型的要求，主动变革传统的电网发展战略，从能源发展全局出发推动区域能源互联网建设，并在实践中形成了企业服务地方高质量发展的闭环战略管理体系，即以战略制定执行来承接地方高质量发展要求，以开放共享的举措引领地方高质量发展进程，以资源保障确保服务地方高质量发展举措落地见效。主要做法有：

（一）构建公司智库体系，主动感知地方高质量发展需求

将感知识别地方高质量发展需求作为工作起点，并将其上升为战略外部环境。国网江苏电力以企业自身的智库建设为依托，具体形成了三个研究体系，即“刚性机构+柔性组织”相结合的智库组织体系、“省市县三位一体”的情报分析体系、“顶层设计+问题导向”的课题研究体系，全方位开展前瞻研究、情报收集、课题攻关等工作，做到对地方高质量发展要求的全面感知、精准识别。

（二）动态修编战略内容，以公司战略承接地方高质量发展要点

国网江苏电力运用战略制定的科学方法，结合国家能源安全新战略、江苏“六个高质量”发展等外部环境和企业自身基础，明确“做驻苏央企的示范者，当服务‘强富美高’新江苏排头兵”的战略定位，提出“建设中国特色国际领先的能源互联网企业”的战略目标，以电网转型、业务转型、管理转型、经营转型为发展路径，丰富和完善公司发展战略，并对接国际一流企业，设定服务地方高质量发展的战略指标体系，定期评估持续改进，全方位承接地方高质量发展需求。

（三）健全战略传导体系，促进服务地方高质量发展举措层层落实

国网江苏电力从理念传导、行动传导、责任传导三个维度，构建战略内容传导体系，将服务地方高质量发展的理念和公司战略任务层层落实，推动企业全员在具体业务中理解、贯彻、践行公司战略，服务地方高质量发展。一是强化战略理念传导。对内创新战略宣贯模式，以战略培训、访谈等模式实现战略理念进专业、进基层。对外注重价值传播，连续19年开展年度优质服务主题活动，增进价值认同。二是推进战略行动传导。从省、市公司两个层面，制定公司年度战略重点任务，将服务地方高质量发展的要求落实到具体业务中。三是深化战略责任传导。以规章制度的形式明确公司内部各部门、各员工的职责分工，构建权责明晰的协同运作机制、全面覆盖的运营监测体系、广泛参与的会商机制，协同推进公司战略有效落地。

（四）开展创新服务行动，以开放举措推动地方高质量发展进程

服务地方高质量发展必须落实到具体服务举措中去，既是企业战略管理的出发点和落脚点，更是企业战略管理的重要内容。国网江苏电力着眼能源互联网生态全局，以开放共享的理念为政府、用户、企业等各方主体提供高质量的服务。一是面向政府提供决策咨询服务，政企协同推进重大战略落地。深入研究江苏能源布局，主动向省委省政府提出能源转型发展建议。贯彻长三角区域一体化战略部署，开展长三角电网协同发展规划研究，与浙江、上海等地电力公司紧密合作，与省委省政府加强沟通，共同推动跨省电网建设，将长三角一体化的要求在能源电力领域落细落实。二是面向用户提供优质电力服务，共享能源发展普惠成果。通过“三零”“三到户”服务、城区低压网格化综合服务、电力服务微信公众号等方法，实现了供电服务理念的转变和供电服务

体验的提升。建立现代供电服务体系，实现供电服务效率提升；优化供电服务渠道，实现供电服务质量提升。三是面向企业打造共享合作平台，共建能源行业高质量发展新形态。以江苏综合能源服务公司混改作为切入点，打造综合能源服务合作平台，吸引社会资本共建综合能源服务市场，推动能源变革。

（五）完善公司内部治理，保障服务地方高质量发展落地见效

科学合理的人、财、物资源配置是战略管理和服务行动的前提。国网江苏电力通过组织机构变革、配套体系建设完善公司内部治理，优化人财物的资源配置，切实保障服务地方高质量发展举措落地见效。

三、电网企业服务地方高质量发展的战略管理成效

从管理效益上来看，形成了服务地方高质量发展的战略管理方法，企业经营管理全面加强。经营业绩上，公司业绩考核连续 9 年保持国网系统 A 级第 1 名；连续七届获评省文明行业，省文明单位在市县公司实现全覆盖。外部评价上，公司服务地方高质量发展战略管理举措获得各级领导充分肯定。国家相关领导人批示肯定公司积极服务长三角一体化发展工作及在推动徐州煤炭资源枯竭地区转型发展中发挥的重要作用；省委领导批示肯定公司融入江苏高质量发展大局，在推动经济稳中有进、人民生活水平持续提升方面发挥了重要作用。

从经济效益上来看，合作共赢的能源生态初具雏形，有力促进了经济社会高质量发展。整个能源行业上下游都获取了巨大的经济福利，营商环境优化助力小微企业降本增效，2020 年全年降低客户用电成本近百亿元。全省综合能源服务市场活力进一步激发，能源互联网共享合作更加频繁。公司与海尔、美的、苏宁等公司共同推动居民家庭再电气化，提升居民能效水平；与中国铁塔股份有限公司江苏省分公司签订合作协议，共同开启“共享铁塔”的全新合作模式。

从生态效益上来看，大力推动能源结构转型，有力支撑了美丽江苏建设。通过电网关键网架补强，全省新能源消纳水平稳步提升，预计至 2025 年，江苏电网新能源消纳能力将提升到 5 000 万千瓦。区外清洁电力有序入苏，规划“十四五”引入区外清洁电力 5 600 万千瓦，折算减少燃煤消耗 9 700 万吨，减少碳排放 24 000 万吨。终端用能结构持续升级，推动江苏能耗总量和强度双控指标保质保量完成，全省电能占终端能源占比达到 31.0%左右，电气化水平达到美国、日本、德国等发达国家的水平。

践行“三个结合”嘱托　实现绿色高质量发展

华能伊敏煤电有限责任公司

2021 年是中国共产党成立 100 周年，也是华能伊敏煤电有限责任公司（下称“伊敏煤电”）开发建设 45 周年。45 年回眸，伊敏创业者当年那青葱勾画的“伊敏梦”，今天已傲立在草原的云霞中，45 年的开发建设，依然保持草原天蓝、水清、草碧、花香，实现了美丽与发展双赢，成为“生态环境优先”的榜样，为党和国家科学高效开发能源提供了绿色发展的示范样板。45 年伊敏煤电成功践行了党和国家“煤电联营”新时期能源建设发展战略，建成了煤电一体化大型中央企业，铸就了绿色发展、低碳发展、循环经济“伊敏模式”，获得了“全国开发项目水土保持示范工程”“国家资源节约型与环境友好型企业”“内蒙古节水示范企业”“内蒙古循环经济示范企业”等荣誉。

伊敏煤电美丽发展双赢，成为国家一种能源项目建设典型示范和方向性选择。伊敏煤电联营，展示了国家调整产业结构、创新能源科学组合新锐改革构思的成功落地，描绘了化石煤炭一次能源就地转化为产品电二次能源、从空中走向负荷需求侧的经济

效益气象,破解了呼伦贝尔边疆地区隔大兴安岭离发电企业遥远、铁路运力对运煤的瓶颈问题,促进了煤炭资源丰富的边疆地区工业化进程,为鄂温克族自治旗创全国少数民族经济第一强县增添了雄心壮志。

伊敏煤电以超然卓越的生态文明建设风姿,证明了发展与美丽双赢、发展不以牺牲环境为代价是完全可以做到的,树立了生态文明绿色又好又快发展美丽形象。2008 年 6 台 500 兆瓦以上超临界火力发电大功率机组实现烟气脱硫脱硝环保达标排放改造,被誉为"中国美丽电厂",2015 年,通过试点单位建设评估验收,成为国家级绿色矿山。2019 年,获得首届"绿色矿山"突出贡献奖。

2021 年 3 月 15 日,在中央财经委员会第九次会议上,习近平总书记强调,要把碳达峰、碳中和纳入生态文明建设整体布局。伊敏煤电深刻认识"双碳"发展大势,深刻认识煤炭行业是实现碳达峰目标、碳中和愿景的重点领域,将迎来巨大的产业变革期,同时也是最佳的发展窗口期。

伊敏煤电牢记习总书记"三个结合"嘱托,信心百倍抓住"双碳"战略机遇期,主动作为、大有可为,肩负起时代、历史赋予的使命,在"十四五"规划实施之年,切实落实华能内蒙古东部能源有限公司关于碳达峰、碳中和工作安排部署,科学谋划、躬身入局、积极作为,解决好生产经营发展与减排降碳关系,以碳达峰、碳中和为契机,产业升级、技术进步、管理创新,实现更高质量、更有效益、更可持续发展。

技术创新减碳

华能集团公司党组书记舒印彪指出,实现碳达峰、碳中和目标,实施再电气化是关键路径。伊敏煤电以"四化"为路径,以实施再电气化为突破口,打开低碳清洁生产方式新路径。2019 年开始,伊敏煤电与国家电网电动汽车服务公司开展深入合作,联合推进高寒地区矿用卡车电气化替代工作,2020 年 8 月,国内规模最大的纯电动矿用宽体重卡(载重 60 吨)在伊敏露天矿投入运行,2021 年该矿日均出动 25 台电动卡车进行剥离作业,单日运输量约 3 万立方米。截至目前,该矿电动卡车累计完成土方剥离 180 万立方米,消耗电能约 273 万千瓦时,单耗约为 1.5 千瓦时/立方米,运行成本仅为传统燃油卡车的 10.0%。据测算,单台车年度可完成剥离约 20 万立方米,节约柴油 80 吨,低碳清洁效应显著。

再电气化是华能伊敏煤电公司开展节能环保探索实施以电代油的又一成功典范。2007 年和 2019 年,伊敏煤电分别引进亚洲首套半连续采煤系统和全连续剥离系统,两套系统以电为驱动,每年可产煤 1 100 万吨,剥离物料 1 100(900)万立方米,能够抵消约 20 台自卸卡车运输任务,每年节约柴油约 8 000 吨,可减少碳排放量 24 920 吨。

伊敏煤电加大传统产业转型升级力度,2020 年 10 月公司综合服务中心智慧供热管理平台正式投运,工作人员通过这套系统能够全区域掌控热源、换热站状态,可以发现并及时处理各类事故,在达到智能、安全、高效目的的同时,大大减少了清水补水量,有效节能降耗。经统计,本采暖季单位供热量同比下降约 0.113 5GJ/平方米,降幅约 11.7%;单位耗电量同比下降 0.496 5 千瓦时 /平方米,降幅 12.8%;单位失水量同比下降 26.456 3 千克/平方米,降幅 54.2%,在智慧供热系统的帮助下,供热成本明显降低,供热效率和质量显著提升。

根植理念弃碳

习总书记强调,要增强全民节约意识、环保意识、生态意识,倡导简约适度、绿色低碳的生活方式,把建设美丽中国转化为全体人民自觉行动。伊敏煤电倡导全员低碳生活,实施清洁生产,从小事抓起,从身边做起,做环保理念的宣传者,绿色发展的实践者。

为营造"节支降耗,降本增效"的良好氛围,伊敏煤电从提升全员思想认识入手,常态化开展思想教育,通过电视、企业内网等媒介大力宣传环保治理工作的重要性;要求干部员工要提高政治站位,实施废旧物资回收分类处置再利用等措施;举办环保讲座,普及节能环保意识;开展全员健步走活动,倡导绿色低碳生活方式;购置新能源电动客车用于职工通勤,践行生态环保责任;号召党员干部模范带头争创节约先锋岗,着力建设资源节约型、环境友好型企业,强化精细管理,构建生态家园。

在生产过程中,伊敏煤电聚焦把节能环保措施与各生产系统合理匹配，积极开展边角煤开采、煤矸石的选采工作，“吃干榨尽”最大限度提高资源利用率和煤炭回收率。2020年伊敏露天矿深化煤炭选采工作，提升选采质量等工作，年累剔除夹矸298 269立方米，年累选采煤炭287 647吨，原煤发热量比年度设计增加了170大卡，实现能源二次利用、变废为宝，取得了较好的环境效益和经济效益。

生态修复去碳

伊敏煤电坚持走“开发中保护、保护中开发”道路，进入新时期更是把绿色发展理念的目标任务扛在肩上，深入践行“山水林田湖草生命共同体”和“绿水青山就是金山银山”的绿色发展理念，把绿色矿山建设作为实现高质量发展的台阶，一步步扎实攀登绿色发展、低碳发展的高峰。伊敏露天矿从腐殖土回收、地下水恢复、放坡覆土、增施有机肥、种植耐旱植被等方面做到了珍惜资源、尊重自然、因地制宜，达到了矿区和谐、恢复景观融入自然，经济、生态、社会效益同步提升的效果。截至2020年年底，累计完成绿化面积1 292.8公顷，可复垦区域复垦率100.0%。此外，多年来伊敏煤电积极开展美化亮化工程，逐年加大投入力度，在职工生活和办公区域种植各类花草树木，累计绿化面积933公顷，大量的植被能够有效吸收二氧化碳释放氧气，对实现碳中和具有积极作用。

2020年8月，华能内蒙古东部能源有限公司全面部署推进伊敏矿区生态修复示范区建设工作，计划投入资金预算3亿元，在伊敏建设面积约22平方公里生态修复示范区，进一步落实习近平总书记“三个结合”新内涵，切实把生态优先、绿色发展理念融入思想和行动中。

2021年以来，伊敏煤电以建设伊敏矿区生态修复示范区为契机，坚持“山水林田湖草生命共同体”“修复中超越原生态系统功能”“服务国家、服务社会、服务百姓”原则，学习借鉴外部经验、审查建设规划设计方案，依托原生草原本底，融合生态产业化与产业生态化，加快推进项目审核、招标、建设，力争打造全国矿山生态修复区标杆，让绿色脉动擦亮伊敏草原明珠。

结构调整除碳

在碳达峰、碳中和目标驱动下伊敏煤电从大局出发，顺应产业结构调整和能源转型升级大势，深入贯彻落实习近平总书记“四个革命、一个合作”的能源安全新战略，立足能源禀赋，深化能源领域战略性重组，优化国有资本布局结构，不断延长产业链、提升附加值，落实更严格的环保、能耗标准，推动绿色低碳循环发展，推动能源革命转型升级，奋力书写碳达峰、碳中和的合格答卷。

2021年5月26日，目前国内距离最长的供热项目——伊敏电厂至呼伦贝尔中心城区长距离供热工程开工。项目将72公里外的伊敏电厂热源引入市区，从而解决中心城区1 528万平方米供热需求，形成了以远离城市的电厂承担基础供暖负荷的清洁供暖模式。项目每年节约供暖能耗24.2万吨标准煤，每年压减燃煤消费约52.9万吨，减少二氧化碳排放超过68.8万吨，降低二氧化硫等常规污染物排放近万吨，能耗、碳排放、常规污染物排放实现“三降”，实现了“安全、清洁、经济”的“三赢”效果，推动了高寒地区供热领域的技术革命。把握低碳发展下的新增长点。

2016年6月伊敏煤电在伊敏露天矿排土场上建成的光伏电站顺利投运，光伏板熠熠生辉将太阳能转化为电能，同时排土场植被在光伏板的“庇护”下绿波荡漾，这种既节省用地促进生态治理建设，又实现零碳能源转换的“牧光互补”绿色低碳发展模式，是伊敏煤电碳达峰、碳中和做出的重要贡献。在此后的3年内，伊敏煤电相继新建两座光伏电站，实现72 400千瓦时的新能源光伏装机容量，截至目前，累计光伏发电37 500万千瓦时。

回首过去，45年来，在党的关怀照耀下，多少慷慨前行、多少砥砺奋进、多少梦想成真，形成的“伊敏模式”，融入了伊敏人的集体记忆，书写在伊敏发展的光辉史册。放眼今朝，伊敏煤电锚定“双碳”目标，乘党史学习教育东风，“重整行装再出发”，坚决扛起蒙东公司“台柱子”“压舱石”的光荣使命和神圣职责，以优异的绿色发展成绩向党的百年华诞献礼。

（撰稿：王　猛　高志森）

传承红色基因　推动绿色发展

国能大渡河流域水电开发有限公司

大渡河是一条红色的河、英雄的河，中国工农红军在这片热土留下了强渡安顺场、飞夺泸定桥、翻越夹金山、蹚过大草地等英雄壮举。

高峡出平湖、水电铸丰碑，为社会赋能、为经济助力。自 1966 年大渡河流域第一个水电站——龚嘴水电站开工建设以来，一代代大渡河人在党旗的照耀引领下，传承红色基因、牢记初心使命，全面贯彻落实“四个革命、一个合作”能源安全新战略，遵循集团公司“一个目标、三型五化、七个一流”发展战略，深入践行中央企业的政治、经济和社会责任，艰苦奋斗、开拓进取，走出了一条安全发展、绿色发展、创新发展的奋进之路，谱写了一段段催人奋进的拼搏奉献史、担当有为史、创新争先史、为民造福史，让这条英雄河流焕发出了“水能兴邦、电力报国”的熠熠光辉。国能大渡河流域水电开发有限公司（下称“大渡河公司”）先后荣获全国脱贫攻坚先进集体、全国五一劳动奖状、全国文明单位、全国模范职工之家、全国企业文化建设最佳实践企业等荣誉，大渡河公司党委被评为中央企业先进基层党组织。

坚持党建领航，永葆高质量发展的本色

坚持党的领导、加强党的建设，是国有企业的“根”和“魂”。

以一流党建引领一流企业建设，让党旗在大渡河上高高飘扬，是大渡河人最响亮的声音。

大渡河公司党委坚持把政治建设摆在首位，认真学习贯彻落实习近平总书记关于国有企业改革发展的重要论述，完善了党的领导与公司治理相统一的工作体系，建立了“第一议题”制度，确保习近平总书记重要指示批示精神在基层落地落实。

修订完善“三重一大”决策制度实施细则，建立健全重大事项党委前置研究机制，坚持党委研究分析重大问题、督促重点工作落实的常态化机制，形成了党委专题会研究机制、督办管理办法，实现了年初党建会部署、月度党委工作例会安排、党建工作提示、年度检查考核的党建工作闭环管理，全面发挥党委把方向、管大局、促落实领导作用。

践行“社会主义是干出来的”伟大号召，制定进一步推动党建与生产经营融合促进的工作措施，深化服务型党组织示范点、标杆党支部、党员示范岗“三位一体”建功行动，引导党员干部做合格党员、当干事先锋，让党旗在生产建设管理一线高高飘扬。

落实管党治党责任，以提升基层组织力为重点，加强干部队伍建设，创新党建工作模式，结合流域开发特点建立了水电工程“大党建”协作机制，探索建成智慧党建大数据风险管控平台、职工情绪智能感知平台、监督执纪数据中心，让监督更全面、决策更透明、管理更智能，保持了风清气正干事创业氛围。

开发清洁能源，擦亮高质量发展的底色

时光荏苒，岁月书写了荒山深谷、高峡平湖的战天斗地，座座水电站展现了大渡河人“水能兴邦、电能报国”的初心和使命。

大渡河干流河道全长 1 062 公里，天然落差 4 175 米，这条拥有巨大落差、丰沛水量、狭窄河谷的大河，蕴藏的开发装机容量达 3 368 万千瓦，是全国五大水电基地之一。

20 世纪 60 年代中期，1 万余名建设大军，响应祖国三线建设号召，从四面八方来到大渡河畔安营扎寨，拉开了当时西南第一座大型水电站——龚嘴电站建设的序幕。

第一代大渡河人经过艰苦卓绝的奋战，克服重重困难，在设计、施工、设备制造中创造了许多当时的“全国第一”：电站引水压力钢管直径 8 米；溢流闸

门每扇自重182吨;地下厂房高58米、宽24.5米,顶拱宽近29米;外径12.8米的发电机定子现场组装,一次性整体吊装……

1971年,龚嘴电站首台10万千瓦机组发电,1978年,总装机容量70万千瓦、设计年发电量34亿千瓦时的大型水电站全部建成投产,将当时分散的西南电网连缀成片,形成了安全稳定的电力供应网架。由此种下了大渡河人跨越半个世纪的水电梦想——开发大渡河水电清洁能源。

2000年,依托先期建成的龚嘴、铜街子水电站为母体,大渡河公司注册成立,按照“流域、梯级、滚动、综合”的开发方针,启动大渡河水电项目筹备建设。

2004年,瀑布沟工程开工建设,一大批标志性水电工程紧随其后,陆续筑坝而起。瀑布沟、深溪沟、吉牛、大岗山、枕头坝一级、猴子岩、沙坪二级7个项目先后实现高质量投产,到2021年公司装机容量跨越增长到1 173万千瓦,较成立之初增长近10倍,成为四川电力清洁能源供应的“压舱石”和“稳定器”;资产总额增长24倍,营业收入增长近13倍,为国家累计上缴税费超过214亿元,实现了国有资产保值增值。

江河不语,水电为载。那一座座巍峨耸立的大坝,那一道道高峡出平湖的景观,见证了大渡河流域开发的不凡轨迹。如今的大渡河被誉为“水电博物馆”,形成了种类型式多样的大坝坝型、发电机组和附属建筑物,如在建世界第一高坝——双江口水电站,建成世界抗震设防标准最高的高拱坝——大岗山水电站、世界已建成的第二高面板堆石坝——猴子岩水电站、国内单机容量最大的灯泡贯流式机组——沙坪二级水电站、亚洲最长的引水隧道电站——吉牛水电站、国内首座高水头生态鱼道电站——枕头坝一级水电站等。

建设智慧企业,提升高质量发展的成色

唯改革者进,唯创新者强,唯改革创新者胜。

在跨越发展的征途中,大渡河公司贯彻落实创新发展理念,勇当能源革命的排头兵,在业界首次系统提出智慧企业建设思路和理论体系,首次在大型国有企业进行探索与实践,打造了以智慧企业建设推进企业数字化转型的高质量发展新模式。大渡河公司智慧企业规划了“业务量化、集成集中、数据驱动、智能协同”的建设路径,打造“大感知”体系、建设“大传输”网络、构建“大存储”平台、提升“大计算”水平、培育“大分析”能力,构建了物理企业与数字企业协同运行模式,使企业呈现出了“风险识别自动化、决策管理智能化、纠偏升级自主化”的柔性组织形态和智慧企业管理模式。

在工程建设领域大力实施创新技术解决工程难题,加强水电核心关键技术攻关,先后攻克了高应力、高边坡、强地震、强渗透压等世界级施工难题,正在建设312米高的世界第一高坝双江口大坝,瀑布沟、大岗山等工程获得堆石坝国际里程碑工程、第十四届中国土木工程詹天佑奖、国家优质工程金质奖、第十七届中国土木工程詹天佑奖。

不仅用水创造源源不断的绿色能源,还要让水变得智慧起来。公司建成西南地区第一家正式投运的大型流域电站集控中心,开创了大型流域、大规模负荷以集控方式接入系统并网调度的先河,建成了覆盖电力生产全过程的大型流域梯级电站预报调控一体化平台。目前,远控机组达到33台,远控装机达1 075万千瓦,调度半径延伸至200千米以外,成为集团公司远控电站数、机组台数最多、装机规模最大的流域梯级电站调度中心,高居四川省电力企业首位。在国内首创应用多维智能调度决策支持技术,研发了瀑布沟、深溪沟、枕头坝多级电站经济调度控制(智能一键调)技术并首次在国内成功应用,一年减少约3万次负荷调节的工作量,实现三站全年负荷调节零干预,累计增发电量超过40亿千瓦时。到目前,大渡河实现了流域千万千瓦装机水电站智能自主运行。大渡河梯级水电站群智能运行创新实践,实现了防洪、地灾、安全生产流域化管理,增强了一体化保障能力,提升了水力资源利用效率,发挥了显著的经济效益、管理效益和社会效益。

通过智慧企业建设,有力推动了公司决策管理模式由刚性层级制向柔性数据驱动转变,全员整体劳动生产率提高75.0%,生产管理由人工化向智能化转变,指挥决策由经验化向数据化转变,风险防控由被动式向预判式转变。

运用智慧企业建设成果,大渡河公司成功提前4

小时预警四川石棉境内省道垮塌，提前4天预警四川丹巴境内山体垮塌，得到了当地政府的高度肯定，成功避免了重特大生命财产损失。

大渡河智慧企业建设成果经多名院士及行业专家鉴定，达到国际领先水平，先后获得国家科技进步奖二等奖、中国产学研合作创新成果一等奖、第24届全国企业管理现代化创新成果一等奖、中国电力创新奖一等奖、四川省科技进步奖一等奖等省部级以上奖励11项。

履行社会责任，彰显高质量发展的亮色

奉献清洁能源，建设美丽中国。开发建设好大渡河，是功在当代、利在千秋的绿色发展之路，是助力国家早日实现"碳达峰、碳中和"目标的低碳发展之路，也是沿江两岸共繁荣、共致富的幸福发展之路。

据测算，大渡河公司目前担负着四川省网统调水电超过1/4的电力供应，所属电站投产累计发电量超5 200亿千瓦时，减少二氧化碳排放36 400万余吨，减少标准煤使用9 300万余吨，节能减排效益显著，为地方经济社会发展注入了强劲的绿色清洁电能。

大渡河流域梯级水电站群在防洪、拦沙、供水等方面的综合效益也非常突出。以瀑布沟水库为例，每年能为长江中下游减少约2 400万吨的泥沙下泄，这种泥沙净化能力，能持续70~100年。

与青山绿水为伴，让青山绿水更美。公司坚持工程建设边开挖边支护边绿化，通过减少山体明挖，增加绿化面积，最大限度减少工程对环境的影响。定期打捞电站库区漂浮垃圾，修建垃圾池，统一分类处理，大规模绿化河岸和厂区，实施植树造林工程，建设生态文明水电站。

大渡河作为长江上游重要的流域生态屏障，公司目前建成了国内最高水头的生态鱼道工程和3个大型鱼类增殖站，连续10年开展增殖放流，在大渡河流域投放各类珍稀鱼苗累计665.4万尾，有效维护流域生物多样性，恢复长江上游水生生态，极大促进了水电开发与生态环境和谐发展。从2015年起，大渡河公司连年被评为四川省水土保持先进单位。

流域开发到哪里，爱心帮扶就跟进到哪里。从2006年起，大渡河公司在大渡河流域深入开展"同一条河、同一个家"爱心帮扶活动，15年来共计帮扶了大渡河流域2 080余名贫困学生，捐助希望学校26所和爱心医院22所，累计开展帮扶项目231项，捐赠支出达到1.7亿元，被誉为"四川历史上持续时间最长的专项帮扶行动"。

振兴老区、感恩同行。大渡河公司努力积极推动基础设施建设，在流域沿线复建等级公路约300千米，新建输电线路约700千米、通信线路约1 200千米，超10万移民搬进了新家。负责定点扶贫普格县以来，做强教育扶贫、做优产业扶贫、做实相关扶贫、做好流域扶贫，累计投入扶贫资金1.24亿元，实施项目41个，助力普格县成功脱贫摘帽。统筹推进四川省定点扶贫县峨边县、丹巴县和大渡河流域沿岸各区县扶贫工作，累计投入资金1 797.8万元，实施扶贫项目142个，促进流域沿线群众脱贫致富，让沿岸百姓共享水电开发成果。

胸怀千秋伟业，恰是百年风华。在中华民族伟大复兴的征程中，作为集团公司水电开发运营的主力军，大渡河人保持如磐信念，传承红色基因，实干、奉献、创新、争先，推动绿色发展，建设一流水电企业，保障能源安全稳定供应，为集团公司建设世界一流示范企业，为实现中华民族伟大复兴的中国梦做出新的更大的贡献！

提升大型发电集团市场竞争力的燃料供应链集中管理

中国华能集团燃料有限公司

中国华能集团燃料有限公司(下称“华能燃料公司”)成立于2010年12月,是隶属于中国华能集团有限公司(下称“华能集团”)的二级产业公司。华能燃料公司是华能集团进口煤、内贸下水煤的采购、供应主体,同时承担华能集团所属港口、航运企业的管理职能。华能燃料公司推进煤、路、港、运全供应链体系建设,成为集煤炭采购、运输、港口、航运经营管理、燃料全供应链管理于一体,具有国际竞争力的现代物流企业。2019年,华能燃料公司实现燃料供应量6 877万吨,航运货运量5 083万吨,港口吞吐量3 348万吨。

一、提升大型发电集团市场竞争力的燃料供应链集中管理背景

(一)全面深化改革加剧了行业竞争

近年来,在供给侧改革持续推进、新能源装机快速增长、电力市场化改革加速等背景下,煤电企业煤价高企、电量萎缩、电价降低,亏损面长期维持在50.0%以上,生存发展面临巨大挑战,竞争压力越来越大。华能集团是一家以煤电为主的发电企业,煤炭价格高企对企业经营带来非常大的影响。因此华能集团把燃料控价工作作为成本控制的核心,积极推进燃料领域改革,深挖降本潜能,细化内部管理,提高竞争力。

(二)燃料成本是传统发电企业的主要成本

煤电企业燃料成本占全部成本的70.0%左右,如何有效降低燃料成本,推动煤电企业重新回到可持续发展的轨道,保障煤电更好承担供电安全保障职责,是摆在以华能集团为代表的燃煤发电企业面前的一个重要课题。通过开展燃料供应链管理创新,加强燃料供应链集中管理,推动燃料管理各环节实现更加高效的组织协同、资源整合,从整体上提升效率、降低成本、增加利润,是煤电企业提质增效,提升市场竞争力的必然选择。

(三)整合集团资源发挥集约管理优势

华能集团燃料供应链齐全,燃料年采购额超过1 100亿元,价值挖掘潜力大。强化内部产业协同,发挥协同效益,对提升公司市场影响力和价值创造能力具有重要意义。同时,中国华能下水煤采购实行集团层面的计划、合同、调运、结算、支付“五统一”集中管理,为燃料供应链管理创新提供了体制机制保障。另外,中国是全球最大的煤炭生产国和消费国,但缺乏与之匹配的国际煤炭定价话语权。煤炭国际贸易大多以指数作为定价依据,而国内煤炭指数起步相对较晚,在国际市场的认可度不高。中国华能作为国内最大的进口煤终端用户,通过打造权威指数、搭建交易平台、组建进口煤联盟等多种方式,提升国际煤炭市场影响力和定价话语权,并依靠进口煤平抑国内市场煤价、控制燃料成本,是企业经营发展的内在要求。

随着近几年物联网、大数据、区块链技术等新技术的出现,极大地提升了大宗商品交易的规模效应。相应地,大数据、区块链等技术的应用场景也存在规模依赖,反过来对实体业务的规模也提出了更高要求。华能集团规模庞大的燃料采购体量、较为齐全的燃料供应、集中统一的燃料管理基础,为实现燃料管理的集约化运作,挖掘燃料管理供应协同效益,提升华能集团整体市场竞争力创造了条件。

二、提升大型发电集团市场竞争力的燃料供应链集中管理成果内涵和主要做法

华能燃料公司优化燃料供应链结构设计,搭建

辐射海外的燃料采购供应链，结合高效统一的物流协同，借助多种形式的供应链金融方式，依托华能集团发挥供应链主导作用，加强覆盖供应链各环节并向外延伸的风险管控，推动燃料供应链的集中管理变革，有效挖掘燃料管理供应链各环节效益，保障燃料采购成本降低，从而提升华能燃料公司乃至华能集团整体市场竞争力。主要做法如下：

（一）灵活采取多种合作方式，完善燃料供应链结构

一是通过股权合作，延伸供应链合作。华能燃料公司联手兖州煤业公司，在传统的以“中长期合同”为基础的合作模式上，以相互参股旗下平台公司的形式，创造性地实现了国有大型电力企业和国有大型煤炭企业“以股权合作为纽带”的上下游资源对接模式，加强了两个集团在资源、运力、金融等方面的全方位合作。

二是结合形势变化，优化原有供应链条。密切跟踪形势变化，利用新铁路线开通和铁路、运河运费下降等契机，不断延伸、重组原有供应链条。比如，抓住浩吉铁路开通、瓦日线运费下浮时机，开拓沿线优质资源，延伸、做强了原有供应链条。

（二）健全跨国供应链，保障海外资源供应

一是稳定国际供应渠道。建立印度尼西亚、俄罗斯等国际资源稳定供应渠道，积极开发有竞争力的进口煤 FOB 资源，与伊藤忠、摩科瑞、托克等国际知名矿商建立长期合作关系，形成海外资源“厂矿直供”模式，减少中间环节，降低了采购成本。

二是优化进口长协运作模式。优化 FOB 定价模式，灵活运用“基价+调整”、指数定价、小长协固定价、期现结合定价等方式，扩大人民币定价机制运用规模。

三是优化进口现货采购模式。建立“招标+跟标”现货供应模式。根据内部需求总量和外部供给情况，优化采购策略，择机、择量进行招标。剩余需求要求上游供应商以跟标形式供应，供应价格不高于同期招标价，实现全部需求以最低价格完成采购。

四是搭建华能海外电厂燃料直供链条。在上游资源方面，专门开拓俄罗斯、南非长协资源渠道，优化长协资源。在运力配置方面，发挥自有运力优势，由瑞宁航运公司专门承接巴基斯坦萨希瓦尔电厂供煤任务，根据电厂负荷计划和上游矿方生产计划，提前安排、优化运力结构，合理调整船期，在确保供应的同时降低成本。

（三）加强与物流企业协同，提高物流效率效益

一是加强与铁路企业合作。依托华能集团与铁总战略合作的政策优势，抓铁路运力资源。华能集团着力补足铁路运力“短板”，与国铁集团开展全面战略合作，在中央企业中率先与国铁集团签署战略合作协议。通过与国铁战略合作，华能有效增加了三方互保量，实现了运输结构调整、铁路运量增加，发挥了规模效应，同时强化了集团间信息沟通，大大提高了供应链协同水平。

二是推进航运产业协同。积极发挥平台化运营优势，依托自建的航运运力交易平台，优化运力配置。加强上游资源方与瑞宁航运公司的运贸协同，增加进口煤自运比例，保障运输安全。优选主力航线，强化统一调运，开展港口中转和“两港卸”等物流模式，降低物流成本。着力拓展非煤货种填补回程运输环节，通过“三角航线”运作模式，提高单船综合效益提升。加强船、货资源置换，实现船舶租金效益提升。

三是加强港口产业协同。充分发挥华能主要港口高标准设计、高起点建设、高效率运作优势，积极吸引上游资源在华能曹妃甸港过港装船，优化港口调运安排，提高装运效率，实现了四大矿资源在曹妃甸港装船规模不断提升。依托集团内外部港口和运力资源，开展了沿海、沿江、陆运战略储运基地建设，积极发挥“蓄水池”作用，建立常态化公共库存，2020年港口公共库存最高接近 100 万吨，有力发挥了市场价格稳定器作用。同时，优化下水煤供应结构，完成场地掺配近 500 万吨。

四是深入挖掘港航协同效益。新开发的下水资源全部在华能曹妃甸港进行中转，海进江资源全部在华能太仓港中转，提高中间环节资源掌控能力。积极利用华能自有港口遍布南北的地理位置优势，加强空间协同，挖掘航运效益。利用营口港接卸转运进口煤供应吉林、黑龙江区域电厂，实现东北内陆区域内外贸资源互补供应，减轻东北迎峰度冬保供压力。

（四）丰富供应链金融服务，合理降低成本

一是灵活选择供应链金融服务模式。优化供应链金融模式。华能燃料公司在传统供应链金融模式基础上，优化流程环节，减少金融机构参与，形成“核心企业+上游供应商”的双主体供应链金融模式，增加公司收益。加强内部产融协作。以曹妃甸公司为试点，会同华能集团旗下金融机构，优选上游供应商开展港口存货供应链金融业务，设计“煤炭仓单质押+交付结算”方案。通过与内部金融机构合作，将外部市场化行为伴随的信用风险转化为内部协同风险。通过加强内部产融协作，降低了集团“两金”占用水平，挖掘了存货效益。

二是运用多种工具、模式挖掘供应链效益。联合上游大型国有战略供应商，共同开展物流成本和远期汇率管理，优化内外部市场资源配置。探索开展期现结合业务，对进口煤进行套期保值，对冲进口市场价格波动风险。丰富进口煤采购定价工具，尝试开展 CFR 人民币远期信用证定价模式，规避了汇率波动风险。通过财务集中管理，优选支付模式。

三是充分利用优惠政策，优化资金安排，降低资金成本。2019 年，供应链公司充分发挥注册地政策优势，利用海南财税优惠政策和属地银行低成本融资待遇，统筹调配收付账期，做好资金计划安排，合理调配资金敞口，选用各种信贷产品，不断降低贷款利率，平均融资成本较基准利率下浮超过 10.0%。

（五）依托华能集团，发挥供应链主导作用

一是联合打造能源交易中心。积极响应习近平总书记号召，联合能源行业兄弟单位，以供应链公司为投资主体，联合重组了海南国际能源交易中心（这是海南自贸港今后唯一的能源交易场所）。2020 年，交易中心累计开户交易商 300 多家，交易额突破 1 160 亿元。

二是联合发布煤炭价格指数。依托中国电力企业联合会和曹妃甸地方政府，联合推动打造了 CECI 曹妃甸电煤采购指数。这个指数是国内唯一的基于发电侧、基于真实市场交易价格、每日发布的沿海电煤价格指数，填补了发电领域燃料价格指数的空白。曹妃甸指数每天由华能燃料公司负责采样报送，中电联负责发布。目前，指数已经纳入国家电煤长协定价体系，在现货采购方面也被越来越多的用户所采纳。

三是牵头组建进口煤采购联盟。牵头国内主要发电企业和部分煤炭企业，共同组成了国内唯一的进口动力煤采购联盟，统一对接开展进口动力煤采购。目前已制定联合采购方案，将有效降低国内发电集团进口煤采购成本。

（六）完善配套机制，保障燃料供应链高质量运转

一是建立市场研判体系，强化策略引领。发挥燃料供应链条各环节优势，加强市场研判，科学制定采购策略，积极引导市场预期和价格走势。

二是加强风险防控，实施风险敞口动态管理。建立广泛覆盖供应链各环节的风险识别体系，建立风险敞口评估和监控机制，强化供应商管理。通过预算、计划引领，提前组织资源，将风险管理向前延伸。

三是加强燃料供应链数字化建设。以燃料采购为核心，建立覆盖燃料全供应链的信息化体系，实现燃料采购、装港、调运、堆存、入厂等各个环节全过程在线管理。建立燃料招标平台、电厂燃料管理系统、航运交易信息系统等数字化平台，加快智慧供应链系统开发建设，打造行业领先的智慧燃料电商平台。

三、提升大型发电集团市场竞争力的燃料供应链集中管理效果

（一）实现了商业模式创新，提升了产业链现代化水平

通过研究成果的实施，建立了大型电力企业通过股权合作联合大型煤炭企业开展燃料直供的新供应模式，发挥上游煤矿的资源优势和下游电企的供应链要素优势，建立了大型国有电力企业、大型国有煤炭企业覆盖上下游各个环节的一体化供应链条。通过成立华能供应链公司，引入煤炭、物流、仓储、金融、信息等企业，充分整合内外部资源，实现供应链协同，保障了燃料供应质量，提高了燃料供应效率，有效降低了燃料采购风险和采购成本，提高了企业乃至集团整体的市场竞争力。

（二）降低了交易成本，取得了可观的经济效益

2020 年，华能供应链公司内贸煤采购成本较国内采购综合基准价低 6.8 元/吨；进口煤采购成本较全年市场基准价低 174 元/吨。全年共节约煤炭采购成本约 30 亿元。华能供应链公司成立以来，华能集团内部产业协同能力和全产业链盈利能力显著增强，瑞宁、瑞通、华鲁、时代等内部航运企业市场影响力逐渐扩大，运力池规模得到拓展，货运量和租船收益稳固提升；内部港口华能曹妃甸港、华能太仓港中转量增加、转运效率提升。

（三）吸引力全球资源要素，推动了更深层次的对外开放

通过组建进口煤采购联盟，国内用户进口采购行为的影响力日益提升。华能进口招标价格已经成为具有一定国际影响力的重要价格指标，受到了国内相关企业和国外上游矿方的高度关注，多次被国内企业作为对外谈判的重要参考依据，为国内企业在国际煤炭贸易中争取定价主动权发挥了重要作用。多个国内大型发电集团也表达了尽快开展进口煤联合采购乃至内贸联合采购的意向，未来国内大型企业在进口煤国际贸易中的议价能力有望不断增强。

联合发布 CECI 指数体系，是目前国内唯一的发电侧电煤价格指数体系，自发布以来，指数已被国家发改委纳入电煤中长协定价体系，被煤炭、电力企业广泛采纳作为电煤中长期采购合同的定价依据，在促进煤电和谐发展方面发挥了重要作用。

不忘初心谋发展　牢记使命勇担当　实干争先立潮头

——融控集团成立三周年纪实

青岛西海岸新区融合控股集团有限公司

自成立伊始，青岛西海岸新区融合控股集团有限公司（下称“融控集团”）以“做强做优做大企业”为最高使命，瞄准“争创国内一流资本运营集团”目标，坚持党建引领、创新驱动、高质量发展，深入践行经略海洋、融合创新等国家发展战略，优化国有资本战略投资布局，构建了“融”“投”“管”“运”“研”五位一体运营机制，开创了科学发展、创新发展、融合发展、高质量发展的新局面。资产总额、营业收入、利税总额分别是成立之初的 2.5 倍、9.3 倍、7 倍，荣列青岛综合企业 100 强、山东省品牌创新企业、中国服务业企业 500 强、全国 AAA 级诚信企业。

春华秋实，三年有成。融控集团坚持“心中有党、肩上有责、作中有为”的思想自觉和行动自觉高度统一，运用平台、创新、资本、市场“四大力量”，深耕股权投资、资本运营与金融服务，战略性新兴产业投资与运营，城市投资开发与运营，持续推动资源资产化、资产资本化、资本证券化，不断提升市场化、专业化、国际化水平，在做强、做优、做大的道路上一步紧跟一步。

一、转型创新、质量生长，开辟国资运营新模式

从管资产到管资本为主，做强做优做大国有资本。融控集团积极践行国企改革创新，以资本为纽带、以产权为基础，履行授权范围内的国有资本出资人职责，发挥资本经营和股权运作的杠杆作用，市场化、法治化、专业化整合盘活各类资源和资产，通过“质”和“量”上的发展，推动国资布局结构优化调整，实现国企“管资本”模式创新的实践探索和市场体系建设。

“压层级、提质量、强管控”，瘦身健体，提质增效。3 年来，融控集团聚力发挥国企航母编队雁阵效应，突出强化顶层设计和战略协同，构建“6+8”一级子公司架构体系（6 家持股+8 家直属），理顺股权监

管流程,优化股权结构,系统推进业务协同整合,形成了“三大核心业务”+“四种类型”+“五个协同”的集团化、专业化、市场化运营发展格局。“三大核心业务”即坚持市场逻辑、开放思维,深耕股权投资、资本运营与金融服务,战略性新兴产业投资与运营,城市投资开发与运营;“四种类型”即按照竞争类、园区类、功能类、研究类,对直属一级子公司实施分类管理及考核,有效发挥竞争类公司利润中心作用;“五个协同”即围绕资源协同、业务协同、产投协同、融资协同、风控协同,建立与持股公司协同创新机制,实现“融投产一体化”协同高质量发展。

“股权运作、基金投资、培育孵化”,做优存量,做大增量。聚力发挥国有资本市场化运作平台作用,依托“自有资本+基金集合资本”展开投资融资、产业培育,推动国有资本向重点行业、关键领域和优势企业集中,引导带动社会资本更好地服务区域经济发展与产业升级。参股、控股、并购双星、澳柯玛专用车、汇海科技、中荷智慧农业、明月海藻等产业头部企业及优质项目;发起、参与设立山东省科创新动能创业投资基金、青岛融合高精尖股权投资基金、青岛西海岸集成电路股权投资基金、青岛融合供应链产业基金、盛融创智(青岛)产业投资基金等20余只基金,引入正威国际贸易总部、转转全国总部、春雨国际总部、芯恩集成电路、复旦科技园等产业项目落户青岛,培育孵化美锦氢能、易触科技、诺森生物等一批科技型、成长性企业及高新技术成果转化项目,构建了覆盖科技创新、医养健康、文化旅游、金融贸易等领域的产业基金群生态圈,改善了国有资本分布结构和质量,实现国有资本在流动中保值增值。

精准发力、延补强链,引领产业投资新生态

以资引产、以融促产,落实国家区域战略实施产业投资布局,推进区域产业实现“延链”“补链”“强链”。一直以来,融控集团积极担负战略性新兴产业投资引领重任,聚焦山东省新旧动能转换“十强产业”、青岛市“956”产业体系、西海岸新区14条重点产业链,强化“资本对接+技术嫁接+市场衔接”,致力与世界500强、央企、地方国企、行业龙头企业、科研机构协同创新,发展壮大集成电路产业集群、人工智能产业集群、海洋生物与生命健康产业集群,逐步形成了智能制造、数字经济、生命健康、现代海洋等战略性新兴产业格局。

——拓展集成电路产业链,接齐“缺芯少屏”短板。与富士康科技集团共同投资建设的富士康半导体高端封测项目,运用世界领先的高端封装技术,封装目前需求量快速增长的5G通讯、人工智能等应用芯片。2020年4月签约,7月开工建设,12月主体封顶;2021年10月底竣工,年底投产;2025年达产,预计年产36万片,实现营收6亿元,并将持续发挥龙头牵引作用,打通芯片设计、制造和应用上下游,推动青岛市第三代半导体全产业链发展,形成集成电路产业集聚效应。同时,引入总投资285亿元的光电显示产业园落地青岛西海岸新区,助力打造中国北方光电显示产业发展高地。

——补强高端装备产业链,推进“智造”升级。与双星集团、幸汇国创联合打造的绿色智能矿山装备产业园项目,建立国家级绿色智能矿山装备研究院及运营总部、500亩生产基地,研发生产100吨级及以上大型电动无人矿车装备,实现矿山机械智能化、电动化、节能化、无人化,是国家矿山智能化发展的重要支柱项目。2021年6月底CIHIC-150T无人驾驶智能矿山自卸车样车实现下线,预计2022年3月投产,达产后年产智能矿车6 000辆,年产值900亿元。

——延伸大健康产业链,助力区域协调发展。股权投资微生态制剂研究及产业化示范项目——诺森生物益生菌项目,为项目技术研发、工程建设、科技创新和市场升级提供资金支持6 700万元,预计一期产值逾2亿元,二期产值逾5亿元。与诺森生物等联合打造的生命健康研发中心与生产基地,将汇聚健康领域的技术、人才要素,实现以资本力量赋能生命健康产业发展。同时,对口扶贫贵州安顺、甘肃陇南,协同社会资本搭建绿色生态大健康农业产业协作平台,实现以大健康产业服务“三农”发展,促进区域经济高质量协调发展。

——创新海洋产业集聚平台,链动全球资源要素。为集聚全球海洋产业资源,推动海洋经济高质量发展,2021年发起国际海洋产业资本配置行动,先后启动青岛国际海洋产业资本配置中心、青岛融合达索系统赋能创新中心、海洋工程开发中心,按照

"总部+分中心"体系运营,吸引了全球顶尖的专家学者、企业机构和国际组织共同参与,与世界500强和海洋领域龙头企业战略合作,实现人才链、科技链、产业链、资本链融合发展。

二、果敢担当、率先实干,助推城市能级新提升

"投资、建设、运营"一体化,对接青岛"打造成为开放、现代、活力、时尚之城"战略,推进实现城市转型和能级提升。3年来,融控集团积极发挥城市建设主力军作用,勇担战略性、先导性、示范性项目开发建设和投融资重任,主动参与覆盖教育、医疗、养老、商业、交通、市政等领域的基础设施投资和民生工程建设,助力青岛西海岸新区打造高质量发展引领区、改革开放新高地、城市建设新标杆、宜居幸福新典范。

2019年5月31日、7月12日,相继获得联合信用评级公司、中诚信证券评估公司AAA主体信用评级,成为青岛西海岸新区首家、青岛市第4家获此评级的城投类企业,标志着资本市场对融控集团综合实力和发展前景的充分肯定,进一步增强了企业投融资能力、国有资本运营能力和重大任务承担能力。当年新增融资196.2亿元,是年度目标值的163.5%,为城市基础设施项目、功能性项目和产业项目投资建设提供了有力资金保障。

2019年8月26日,中国(山东)自由贸易试验区青岛片区经国务院批复设立,融控集团承担山东自贸试验区青岛片区投资建设任务,担当青岛桥头堡国际商务区全域10平方千米开发建设主体,总投资600亿元。10月10日,山东自贸试验区青岛片区首批产业项目集中开工,由融合控股集团投资建设的青岛港贸中心项目开工。12月14日,青岛桥头堡国际商务区启动建设,首开区桥头堡国际创新中心项目奠基。2020年3月5日,青岛桥头堡国际商务区城市综合开发项目签约,"数字+智慧"打造未来典范之城。

2020年4月27日,中日(青岛)地方发展合作示范区经国家发改委批准设立,融控集团承担全域约10.7平方千米的建设运营主体,按照"一年启动、三年成形、五年成城"的总体目标,"一核突破、两翼展开、点线结合、整体推进",聚焦节能环保产业打造零碳示范区,加速攻坚土地一级整理、燃气配套工程、10千伏双路供电及环网柜工程、涉重废水处理厂工程、道路提升改造工程、地下管网工程及路基换填工程等市政基础设施配套,为产业招商、项目落地创造了良好环境。

此外,以新基建赋能城市发展,担当古镇口融合创新示范区、青岛经济技术开发区、交通商务区等区域开发建设任务;承担青岛西海岸新区人才住房一体化运作平台;中央美院青岛校区、中国海洋大学新校区、青岛大学附属医院分院等项目投资建设主体;教育、医疗产业市场化运营主体,持续高质量践行城市更新战略,不断为"创造美好新生活"贡献国企力量。

三、党建引领,文化铸魂,释放企业发展新活力

"党建强则企业强,党建兴则企业兴。"融控集团始终坚守"国企姓党"的政治立场,牢牢把握坚持党的领导、加强党的建设这一国有企业的"根"和"魂"不动摇,积极探索创新党建工作,把"根"与"魂"全面融入企业治理、业务发展、文化建设、风险防控等各个环节,将政治优势转化为发展优势,实现以党建引领促进企业创新发展。

"国有资本投资到哪里,党的建设就覆盖到哪里"。传承"支部建在连上"优良传统,将党支部建在部室、子公司、重大项目一线,已设立7个直属党支部,22个兼合(联合)式党支部,36个党员先锋岗和青年突击队;深入开展党建协同创新实践与互动,与中铁建工、中农科院、北京城建、中电建、上海国盛资本等国(央)企及民企联建共建,打造党建与业务深度融合的"战略+协同"平台;建立集团党委向党支部派驻支部副书记机制,创新成立融控系统联合团委,将党建触角延伸至每个神经末梢,实现党建业务"深融合"、党建工作"全覆盖"。

"党的建设加强到哪里,党建文化就覆盖到哪里"。三年来,融控集团高度自觉地践行"担当作为是国有企业的职责使命",拉得出、冲得上、打得赢,在践行国企使命,勇担责任中,形成了"勇担当、敢亮剑、善作为"的干事创业氛围,锤炼了招之即来、来之

能战、战之必胜的国企铁军队伍，锻造了以党建引领、实干铸就的特色“融(RONG)”文化，即坚持一种定力——党建引领；笃行四个内核——使命(R)、融合(O)、创新(N)、卓越(G)；夯实两大支撑——实干型人才队伍、协同性机制体制。

干在实处，走在前列，勇立潮头。忠诚担当、激情作为的融控人在党建创新、攻坚克难、资本运营等方面探索形成了一系列可复制可推广的经验案例，《融合控股：时刻心中有党始终肩上有责奋力作中有为》《用活资本力量加速科技创新产业升级在高质量发展轨道上疾驰》等130余篇专题文章在国家及省市区各级媒体刊发；《发挥平台优势，用活资本力量，践行战略使命，担当国企责任》获评山东省品牌创新成果奖；《党建引领、实干铸就的“融(RONG)”文化体系》获评全国企业优秀文化成果奖。

风正劲足，自当扬帆破浪；任重道远，更须策马扬鞭。回顾过往，我们满怀激情，一路高歌；展望未来，我们胸有成竹，信心百倍。站在新起点，融控集团将发扬勇于成功的进取精神、舍我其谁的责任精神、勇挑重任的担当精神、雷厉风行的效率精神，在打造一流国有资本运营集团道路上奋力开创高质量发展新局面。

“金融+科技+园区”特色经营　促进科技　产业良性循环

广州开发区控股集团有限公司

广州开发区控股集团有限公司(原广州凯得控股有限公司，下称“开发区控股”或“公司”)成立于1998年，总部位于广州科学城核心区，是广州开发区管委会为拓展资本运营和资产经营、优化产业结构、加速区域经济发展而设立的国有独资有限责任公司。

城投模式成功转型为“金融+投资+园区”独特模式

1998年公司以城投模式起步，紧紧抓住广州开发区大力搭建投融资平台的大势，为开发区取得第一笔15.8亿元大额银行贷款，并全面带动科学城大建设、大开发、大发展。2017年，黄埔区广州开发区大刀阔斧进行国企改革，促成了公司的第一次重要变革，从“广州凯得控股有限公司”更名为“广州开发区金融控股集团有限公司”。在原有的“金融+园区”两翼齐飞发展格局上奋力一跃，步入了转型升级模式。此后，公司逐步确立了科技金融服务、科技战略投资、科技园区运营，三大业务板块有机结合，协同发展的战略方向，并持续在金融、科技、园区三大领域探索，积累了丰富资源和经验。

2020年下半年，《关于实施金融控股公司准入管理的决定》《金融控股公司监督管理试行办法》一一出台，中国人民银行首次明确了金融控股公司的准入标准及监管要求。至此，“金控”成为一类金融牌照，相关业务要求愈发严格。此时“金控”的定义与公司的发展使命、愿景不尽吻合，开发区控股始终立足于服务粤港澳大湾区科技创新实体经济并直接参与产业资本和科技创新的过程。按照科技金融合作共赢的定位，公司再度转型、重新出发，于2021年1月正式更名为“广州开发区控股集团有限公司”。

成立23年来，开发区控股几经改革洗礼，成功从传统的城投公司转型为主业布局清晰，以科技金融为主业，涵盖金融、科技、园区三大板块的国有大型综合性企业集团。截至目前，公司注册资本103亿元，总资产1 179亿元。现有控股企业14家，参股企业超110家，是粤开证券(830899. OC)、穗恒运A(000531. SZ)和利德曼(300289. SZ)的控股股东。名列中国服务业企业500强榜单，具有国内最高“AAA”信用评级，以及穆迪“Baa1”、惠誉“BBB+”国际信用评级，旗下物业及管理园区面积超1 600万平方米。

在科技金融服务方面，目前公司拥有证券、保险、投资基金(种子、VC、PE 和并购等基金)、融资担保、小额贷款、融资租赁以及股权交易、知识产权交易、金融资产交易等多层次现代金融服务体系。在科技战略投资方面,重点瞄准了生物医药、新能源、新一代信息技术等战略性新兴产业。在科技园区方面,公司建设运营的 400 万平方米园区物业,包括创新创意大厦、孵化器、加速器、知识城国际驱动创新中心、粤港澳大湾区(广州)科技金融 CBD、粤港澳大湾区生物安全创新港等,为华南地区乃至全国规模最大的产业园区集群,入驻企业达到 600 多家,大部分为 IAB、NEM 等高新技术企业。公司将证券、保险、基金、担保、小贷、租赁等全链条金融服务链接至产业园区,为中小企业发展提供全方位的金融服务。之所以能够实现融合发展,一方面,我们比其他金融机构更懂得区内科技型中小企业的需求、痛点以及风险点等,能够提供恰到好处的金融服务。另一方面,公司已经把区域内的企业组织起来,并打造了闭环式投融资体系。

开发区控股始终坚持金融服务实体经济和科技创新的初心使命,聚焦生物医药、新能源、高端显示等战略性新兴产业,走出了一条以"金融+投资+园区"的独特模式促进科技、产业良性循环,推动区域经济社会高质量发展的特色之路。开发区控股持续高速发展,投资圈、朋友圈充盈着如百济神州、诺诚健华、小鹏汽车、LG 显示、和辉光电等一批产业明星,在提高产业基础高级化和产业链现代化水平,助力科技创新自强自立方面展现了国企的担当和作为。

用金融打通实体经济的毛细血管

"金融是实体经济的血脉,为实体经济服务是金融的天职,是金融的宗旨",开发区控股时刻牢记习近平总书记的这一重要论断,努力推动金融"活水"流向实体经济尤其是科技企业的"最后一公里"。公司所处的区域为大湾区科技创新最活跃的地区之一,截至 2021 年 9 月,黄埔区广州开发区的上市企业已累计达到 67 家,上市企业数量全市第一、国家级经开区第一,总市值超 12 000 亿元。为了更好地帮助科创企业用好资本市场,公司将首个收购的金融牌照锁定为券商牌照,对粤开证券的收购完成了公司科技金融服务链条上的一块重要拼图,填补了广州开发区总部级证券公司运营的空白,也为广州开发区乃至广州市金融力量的提升注入了新的动力。重新出发的粤开证券以打造一流精品特色券商为目标,将立足于粤港澳大湾区,为科技型创新型中小企业创造更优质的金融环境,推动区域经济高质量发展。

为解决民营科技型中小企业融资难、融资贵的问题,2019 年,公司历时 6 个月,大胆创新、审慎论证,创设了全国首单专利许可知识产权资产证券化产品,在深圳证券交易所完成发行设立。产品债项评级达到 AAAsf,全场认购倍数达 2.25 倍,产品发行票面利率为 4.0%,创 2019 年 3 年以上期限资产支持证券票面发行利率新低。产品通过资本市场验证企业专利价值,有效激发企业无形资产的融资功能,有助于拓宽企业融资渠道、降低融资成本,并能实现知识产权与金融资本的精准对接与有机融合,有效提升知识产权综合运用水平,具有极强的示范引领作用。

3 月,公司进一步组合类金融板块,成立了集多元化金融产品、政策咨询、信息共享于一体的综合性金融服务对接平台——广州凯得金融服务集团有限公司(下称"凯得金服集团"),融合了创投基金、小额贷款、融资担保、融资租赁、供应链金融、股权交易、金融资产交易、知识产权交易等科技金融服务,依托金融超市平台,对企业融资需求与金融机构产品进行高效撮合,切实以金融赋能实体经济,充分激发中小企业创新活力,充分体现了国企担当。凯得金服集团旗下形成的金融产品矩阵,累计为超 1 000 家中小企业提供融资服务,累计发放贷款近 40 亿元;为 500 家企业融资提供担保服务,累计金额超 100 亿元;累计为 45 家企业投放融资租赁金额超过 30 亿元;股权交易和知识产权交易实现融资超 1 100 亿元,实现流转超 21 亿元。

始终围绕产业开展金融服务与投资

"十四五"规划中明确提出,要加快构建以国内大循环为主体、国内国际双循环相互促进的新发展格局，而金融与实业的结合则是构建这一“双循环”格局不可或缺的部分。如何围绕产业开展投资与布局一直是开发区控股思考的问题。在整合科技产业资源的过程中，开发区控股充分发挥公司涵盖证券、保险、基金等完备科技金融服务链条、拥有牌照齐全的金融全产业链的优势，聚焦 IAB 等高新技术产业，推动了一批高科技创新企业和项目落地。

在生物医药领域，公司与纳斯达克及中国香港两地上市的百济神州合作独创了一种“百济模式”，以股债结合解决 10 亿元资金投入，科技风投债转股的方式为资金的退出提供了动态机制。并以百济模式为蓝本的合作方式，吸引了由中美双院士、西湖大学校长施一公院士担任科学顾问委员会的诺诚健华等众多生物医药项目落户广州开发区，为广州建设国际生物医药产业战略高地打下坚实基础。2021 年 8 月，开发区控股又携手绿叶集团全面布局疫苗大健康产业，通过共同推动项目落地，助力广州开发区打造一流生物医药产业集群，为疫情防控和国家生物安全贡献积极力量。

在新能源领域，正是瞄准了这个万亿级的蓝海市场，公司早早展开布局，经过多轮的考察调研、论证研究，锁定优质标的后果断出手，在新能源汽车上下游产业链条上多点开花。股债结合 40 亿投资在纽约和中国香港两地成功上市的小鹏汽车，并协助打造小鹏汽车智能网联汽车智造基地，为进一步补链延链强链，还相继投资了奥动新能源、重塑科技等头部企业，依托新能源汽车所带来的产业上下游延伸效应，推动开发区新能源产业集群的进一步壮大。多年来，开发区控股投向战略性新兴产业的资金累计约 200 亿元，同时还撬动了数倍的社会资本投入，带动了一批创新创业型企业发展，为供给侧结构性改革和培育经济发展新动能提供助力。

以价值园区构建高新技术产业载体

2018 年 10 月 24 日，习近平总书记亲临开发区控股管理运营的广州开发区科技企业加速器园区视察了解中小民营科技企业发展情况，提出“中小企业能办大事”。金融链接科技与园区是开发区控股区别于一般金融企业的最大特色。公司旗下建设运营的园区物业面积已超 400 万平方米，入驻企业超 600 家，大部分为 IAB、NEM 等高新技术企业，是华南地区规模最大的产业园区集群。这些园区不仅仅为高新技术企业入驻提供了物理载体，更重要的是，围绕“苗圃（众创空间）+孵化器+加速器”的企业成长链条，可充分链接开发区控股的科技金融服务，打造“产业孵化+创新投资+科技服务+园区管理”四位一体的科技生态圈和完整的价值投资服务链条，帮助企业实现创新成果落地和长远发展。同时，通过提供高品质的软硬件服务，着力打造一流科技价值园区，在公司运营管理的园区中，涌现了一批如明珞装备、迈普生物、黑格智造、禾信仪器等知名的高新技术企业。这些明星企业聚集了大量的高素质人才，产生了许多的高科技专利与成果，成为区域创新经济发展的源头和主力军。除此之外，黄埔区、广州开发区民营科技型中小企业创新金融服务超市也是公司在科技价值园区板块中浓墨重彩的一笔。该超市是具体贯彻落实习近平总书记视察广东和在民营企业座谈会上的重要讲话精神以及“民营 18 条”政策的务实举措，整合了旗下“硬件+软件”科技金融要素，集金融产品、物理载体、中介服务、政策咨询、信息共享等综合性科技金融服务于一体，成功筹建了服务中小企业一站式、标准化、个性化的科技金融综合性服务平台，对于缓解企业融资难、融资贵问题，提高投融产融对接效率具有重要意义。

强化“金融+科技+园区”模式，开创“十四五”新篇章

公司始终秉承“科技金融，和合共赢”的价值观，公司的发展使命是：以科技金融服务、科技战略投资、科技园区运营三大主力发展引擎为核心的现代化企业集团，通过对科技产业的赋能与经营，将广州开发区打造成具有国际影响力的科技创新高地。

“十四五”期间，开发区控股将以“对科技产业的赋能与经营将广州开发区打造成具有国际影响力的科技创新高地”为使命，聚焦“一条主线，三大板块，四类平台，五化发展”，力争到“十四五”规划末期，管理资产规模达 3 000 亿元，资产规模翻番，总资产超 2 000 亿元，资产证券化水平大幅提高，控股上市

公司市值达1 000亿元；培育一批上市公司，控股5家上市公司，战略参股5家上市公司；发展质量全面提升，进入中国服务业300强。

当今时代，世界格局的深刻变化凸显了我国科技自立自强的重要性，根植于粤港澳大湾区、扎根于广州开发区的开发区控股，更是需要担当起科技创新排头兵的重任，以一往无前的奋斗姿态、风雨无阻的精神状态，抢抓机遇，矢志创新，赶超发展，在新时代以新担当新作为为广州实现老城市新活力、“四个出新出彩”，为广东奋力实现“四个走在全国前列”、当好“两个重要窗口”，为粤港澳大湾区高质量发展贡献积极力量。

谋篇布局“十四五”　广州农商银行勾勒发展新图景

广州农村商业银行股份有限公司

2021年是“十四五”开局之年，也是全面建设社会主义现代化国家新征程的开启之年，站在“两个一百年”奋斗目标的历史交汇点回望，中国银行业经过在岁月长河里的不断摸索，如今已然在改革图新中屹立在世界金融版图之上。

在这段波澜壮阔的历史画卷中，作为支持地方经济先锋的农商银行也在迅速崛起，为区域图谱涂上浓墨重彩，发轫于“千年商都”的广州农村商业银行股份有限公司（下称“广州农商银行”），无疑成为画卷中重要的一笔。立足新发展阶段，广州农商银行于近期完成该行“十四五”发展战略规划的编制工作，勾勒发展新图景、激发增长新动能。

回望来路：跻身“万亿银行”

时间回溯至2009年，彼时的广州农商银行由广州市农村信用合作联社成功改制，开启逐梦之旅。

2010年，改制成功后的广州农商银行快速发展，总资产增至2 155.6亿元，各项存款余额达到1 848.6亿元，各项贷款余额为1 057.1亿元。

历经成长、蜕变和新生，广州农商银行由小到大、由弱到强。2017年，广州农商银行在香港联交所主板正式挂牌上市，成为广东省首家上市的地方性银行。从一家地方性银行，发展壮大为一家立足本土、辐射全国的优秀上市农商行，广州农商银行华丽转身。

在高质量发展的快车道上，广州农商银行跑出了“加速度”。截至2020年年底，该行资产规模达到10 278.7亿元，突破万亿元关口。各项存、贷款余额分别为7 784亿元、5 689亿元，实现净利润52.8亿元。综合实力位居全国农商银行前列，业务规模、盈利能力、资产质量行业领先。

岁月如歌，征途如虹。十余年来，广州农商银行实现了跨越式发展，品牌影响力也在节节攀升，连续多年荣膺中国银保监会“全国农村商业银行标杆银行”，连续11年入选英国《银行家》发布的“全球1 000家大银行”，2020年排名第159位，成为首家跻身全球银行200强的广东省区域性银行，入榜福布斯2020年“全球企业2000强”排行榜，总排名第905位。

不忘初心：添翼羊城建设

作为中国版图的“南大门”，羊城广州经济实力雄厚。广州农商银行作为区域经济发展的重要引擎，在实现自身跨越腾飞的同时，也在不断为建设美丽广州添砖加瓦。

作为小微企业的坚实伙伴，广州农商银行一直用心倾听企业声音。该行开展“携手共进 · 润企同行”重点客户走访活动，通过走访调研、列出难题共解清单、交流共建等举措，积极收集客户意见建议，并进行跟踪督办，为客户量身打造一站式综合金融服务方案，擦亮金融服务实体经济底色。

截至2020年年底，广州农商银行小微贷款余额

316.2亿元，增速36.0%，小微客户数24 554户，比年初增加7 147户。2020年投放的小微贷款298.6亿元，加权平均利率5.0%，低于上年同类业务投放加权平均利率（6.0%）。

凭借扎根农村的丰富经验和锐意创新的改革精神，广州农商银行始终站在“三农”金融第一线。2020年，在新冠肺炎疫情影响下“三农”业务发展遇到较大挑战。广州农商银行迎难而上，扎实推动三农工作稳健发展。截至2020年年底，该行涉农贷款规模达383.6亿元，较年初增加20.5亿元，增长率为5.7%；其中：普惠型涉农贷款规模达61.9亿元，较年初增长12.3亿元，增长率为24.9%。

民生无小事，枝叶总关情。2021年5月，新冠肺炎疫情突袭广州后，广州农商银行迅速启动疫情防控应急预案，做好金融服务“守护人”。彼时，95313客户服务中心位于荔湾区疫情中心，为确保95313客户服务“不掉线”，客户服务中心党支部的19名同志坚守岗位，用先锋模范行动践行“我是党员我先上”的精神。他们日夜驻扎在运营现场，7×24小时保证95313空中“金融航线”畅通无阻。

砥砺前行：擘画“十四五”新篇章

回首来路，广州农商银行在时代强音中激荡前行。放眼前程，广州农商银行正在擘画新的增长曲线。广州农商银行于近期完成该行“十四五”发展战略规划的编制工作，为“十四五”时期的发展锚定新方向。

发展战略规划强调，要保持战略定力，增强发展自信，与时代同频共振，在时代发展的潮流中实现高质量发展，走出质量更高、效益更好、结构更优、竞争力更强的发展新路。

在新发展起点，站在已经筑牢的“地基”之上，广州农商银行观大势研判后郑重“宣誓”：成为国内一流商业银行。未来5年，广州农商银行将更加强调对区域市场的深耕与对全量客户的经营，更加注重对资产质量的管控与对能力体系的重塑，更加聚焦对业务特色的打造与对产品货架的搭建，全力推进战略愿景与目标的实现。

面对百年未有之大变局，银行业任重道远。肩负时代使命的广州农商银行从初心出发，并结合对未来发展全局的统筹与谋划，在规划中明确提出未来5年将专注打造“1+4”战略体系，即在“一流”愿景引领下，重点布局乡村金融、产业金融、消费金融、财富金融四大特色业务，加快推进特色化发展，培育强化参与市场竞争的核心优势，从而打造高质量发展新引擎，激发稳健增长新动能。

在规划中，广州农商银行明确了四大特色业务的核心价值与经营策略。针对乡村金融，将构建以全链条服务与一体化经营为核心的“一纵一横”经营模式，夯实发展价值根基，筑牢资产压舱石。针对产业金融，将紧密围绕广州产业升级，创新经营模式，加强科技业务深度融合，做实做优综合经营。针对消费金融，将坚持“产品为王”理念，构建精细化营销体系和全渠道营销模式，优化升级资产结构，推动零售业务转型。针对财富金融，则将通过“从1到N”的体系化建设，提升客户黏性，做大中间收入，推进轻资本运营。

为构建与国内一流商业银行相适应的经营管理体制，加快推进战略目标的实现，广州农商银行同步推进深化改革工作，从经营管理模式、风险管理体系、选人用人机制、考核激励体系四个方面加大改革力度，为“十四五”发展战略规划的落地执行提供强有力的支持与保障。

其中，升级经营管理模式方面，广州农商银行将优化完善组织架构与营销管理模式，以客户为导向，强化综合经营与经营下沉，并整合管理资源，加强协同联动，提升组织效率，构建管理敏捷、运营高效的组织体制机制。

征程万里阔，奋斗正当时。展望未来，踏上“十四五”新征程，广州农商银行将坚定不移贯彻新发展理念，以高质量发展为主题，以支持实体经济、服务本土本源为根本，坚定地行走在“成为国内一流商业银行”的追梦路上。

走好高质量创新发展赶考路

广西北部湾银行股份有限公司

改革创新，是最鲜明的时代特色，也是广西北部湾银行的活力之源和高质量发展的关键一招。十三载砥砺奋进，广西北部湾银行股份有限公司（下称“北行”）在北部湾经济区开放开发的国家战略下应运而生，积极融入地方发展大局和时代大潮，屡屡于变局中开新局。如今，这家资产总额超 3 400 亿元、跻身世界银行 370 强的现代化商业银行，正以革故鼎新的魄力与担当，走好高质量创新发展的赶考路，书写省级商业银行服务壮美广西建设的新时代答卷。

创新，奏响战略转型的强音

迈过 2020 年这个不寻常的年份，放眼北行全辖，改革在破冰，架构在调整，业务在转型，产品在升级，活力在迸发。新战略推动新发展，北行集团资产总额、存款余额、贷款余额三年复合增长率分别达 24.6%、26.1%、29.2%，主营指标年均增幅逆势保持两位数增长，资产总额在全国城商行排名两年跃升 14 位，全球银行排名三年跃升 131 位……这一切的背后，都源于同一个“总开关”——战略转型。

2019 年以来，北行新一届领导班子以习近平新时代中国特色社会主义思想为引领，确立指引全行未来发展的重要纲领“336 新发展战略”，以地方城商行中鲜见的改革魄力，两年来先后完成了董事会、监事会、经营层换届，落地人力资源、绩效薪酬、等级行管理、流程银行建设、组织架构调整等一系列大刀阔斧的顶层设计变革，制约高质量发展的体制机制障碍从根本上被破除，在中国银保监会开展的银行保险机构公司治理监管评级评估中，北行公司治理评级结果位列全国前 20.0%，率先成为广西首家主体长期信用评级 AAA 级的城商行，公司治理体系和治理能力现代化“成色”显著提升。

坚持“立根固本”。北行全面从严治党不断向纵深推进，成立 14 个基层党委、纪委，基层党组织建设进一步标准化、规范化，成立北部湾银行党校，持续推进“OK 先锋”和“五型”特色党建建设，将党旗牢牢插在高质量发展最前线，稳中提速、稳中提质、稳中向好成为北行发展“新常态”。大力开展党史学习教育，北行认真学习贯彻习近平总书记视察广西时的重要讲话精神，抓好“十四五”规划落地实施与落实中央、自治区战略的有效衔接，形成 120 条“我为群众办实事”清单并有序落实，有力推动党史学习教育与改革发展普惠民生双融双促。

创新，激发金融科技的活力

创新发展的活力从哪来？一个目前全国城商行中规模庞大的超大型系统群建设项目，正在护航北部湾银行高质量发展。

“2020 年，北行一次性投产 1 个核心系统、1 个云数据中心、57 个新建系统、107 个配套系统并平稳运行，核心系统效率提升 16 倍，为北行奠定了金融科技的新基石、装上了业务创新的新引擎、树立了地方银行金融科技的新标杆。近 3 年来，北行金融科技投入年均增长超 1 亿元，未来将持续加大投入。”2021 年，北行在此基础上高标准推进覆盖前、中、后台领域 28 个新系统建设。随着数字小微系统、供应链金融系统、新决策引擎系统、RPA 机器人等项目相继投产，人工智能、OCR、生物识别等技术应用由点及面迅速扩大，北行强力推进数字化转型的战略意图正在变成现实。

猛药去疴，加速转型。北行在组织架构中首次设置了科技职能板块，并在业务条线组建敏捷开发团队，稳步推进开放银行建设，以客户为中心，将金融科技引入业务全流程、全领域，服务体验、内部管理持续提速增效，围绕“衣、食、住、行、游、娱、购、学、养、健”的多样化、组合化、智能化“金融+场景”服务多点开花，越来越多北行金融服务从“纸上”向“指间”转变。在大数据、云计算等新技术加持下，北行构建全新数字化风险管理模式，不良贷款率大幅优于全国、全区同业平均水平。

创新，彰显地方金融的担当

创新发展的支点在哪里？

作为“广西自己的银行”，北行牢记为实体经济、为社会发展服务的天职，立足广西特色优势，公司、零售、金融市场“三驾马车”齐头并进，聚焦服务大农业、大物流、医药、先进制造、金融冶炼、批发零售、建筑、环保等与广西发展大局高度契合的“八大行业”，全力做好传统产业、新兴产业、特色产业金融服务“三篇文章”，支持打造“工业树”“产业林”。2020 年以来累计投放超 1 100 亿元资金支持广西铝产业、先进制造、现代物流等产业，全行制造业贷款余额 195.5 亿元，投行业务投放量继续领先全区同业。

供应链金融业务一头连着行业支柱企业，一头连着民营小微企业、农户等上下游环节，正在架起北行服务实体经济、激活全产业链高质量发展的天桥。以广西重要特色产业糖业为例，2020 年以来北行创新形成“银行+糖企+蔗农”“金融+科技+糖业”金融支持模式，针对食糖产业季产年销、生产周期性较强、糖价波动明显及上游原料甘蔗种植户需要稳定回款的产业链痛点，从根本上解决链条上小微客户融资难、融资贵问题，对糖业产业授信超 100 亿元、信贷投放量超 76 亿元、蔗农贷款累计发放金额超 10 亿元，为糖业转型发展提供有力保障。目前北行供应链金融累计服务全区 44 家核心企业、477 家链属企业，实现业务平台化、线上化等新突破，大幅提升金融服务和风险把控能力。

服务广西打造国内国际双循环重要节点枢纽，北行聚焦西部陆海新通道、广西自贸试验区、面向东盟的金融开放门户建设，积极探索“贸易+物流+金融+科技”跨境金融创新新路子。落地铁海联运一单制等多个全区创新业务，成为中马钦州产业园金融创新首批试点银行等，大力推进跨境业务创新。截至目前，北行贸易融资投放量 223.3 亿元，国际结算量 48.1 亿美元，跨境人民币结算业务位列全区同业第 3 位。

13 年来，北行始终与广西发展同频共振，累计投放资金超 15 000 亿元支持广西经济发展，引金入桂超过 4 380 亿元。

创新，擦亮绿色发展的名片

习近平总书记视察广西时要求全区“在推动绿色发展上迈出新步伐”。北行紧密围绕国家“碳中和”“碳达峰”目标政策要求，走在前列谋新篇。

创新思路，北行先后制定《广西北部湾银行全面打造绿色金融体系发展方案》，发布本行首份《环境信息披露报告》，签署发起《绿色金融倡议书》，成功加入中小银行绿色金融联盟、中国银行业支持碳达峰碳中和目标专家工作组，与南宁市政府联合发起设立广西（南宁）碳金融与绿色发展创新联合实验室，成功落地全区首笔碳排放配额质押贷款、本行首笔固定资产类绿色贷款等，助力绘就广西绿水青山美丽画卷。

目前，北行绿色信贷余额达 89.8 亿元，绿色信贷余额 3 年复合增速达 66.0%。

创新，争当乡村振兴的先锋

树高千尺，根植厚土。巩固脱贫攻坚，聚力乡村振兴，北行在获得“全区脱贫攻坚先进集体”荣誉之后，创新城市金融反哺“三农”模式，以服务农业高质高效、乡村宜居宜业、农民富裕富足为主线，接续奋斗推动边疆民族地区乡村振兴。

北行挂牌成立乡村振兴部，出台《广西北部湾银行金融服务乡村振兴指导意见》，与自治区农业农村厅、自治区乡村振兴局签署三方合作框架协议，推出“家禽养殖贷”等特色金融服务，实行“一县一策”“一村一品”精准发力，积极助力发展标准化、规模化养殖，支持打造一批特色现代化农业产业集群，截至目前累计为 262 户农业企业投放贷款 64.9 亿元，“十四五”期间将向全区乡村振兴领域累计提供不低于 2 000 亿元的综合授信。

为打造城区与县域协调并进的金融服务格局，北部湾银行先后成立南宁分行、河池分行、贺州分行，县域机构增至 51 家、县域覆盖率达 72. 8%，在县域打造“1+2+3+N”的体系化网点布局，围绕县域特色优势产业加大县域支行资源配置，推出县域特色业务，加快投身乡村振兴主战场、构建主阵地、勇当主力军。加强电商服务平台建设，截至目前累计销售涉农产品近 1 000 万元，打通乡村振兴产品走向市场的“直达快车”。

打造丰富的产品货架，北行推出“快捷贷”“微链贷”“个体业主贷”等金融产品适配民营小微企业资金需求，做到“应贷尽贷”。“农链贷”“农村承包土地经营权贷款”两项产品分别获得自治区 2020 年度广西服务实体经济优秀信贷产品二、三等奖。截至目前，北行累计投放普惠小微企业信用贷款 33. 3 亿元，为 3 538 户小微企业解决融资难题；“桂惠贷”累计投向小微企业 35. 5 亿元。

创新，兑现服务民生的承诺

人民群众对美好生活的向往，就是北部湾银行的奋斗方向。

“看得见、听得到、操作更便捷了!”吴女士惊喜地发现，北行手机银行变得不一样了。这是北行把提升客户满意度作为检验党史学习教育成效的“试金石”，根据老年客户在字体、方言、操作等方面的独特需求，在广西城商行中率先推出“关怀版”手机银行。让百姓直观感到北行更有温度、更贴心，是该行线上线下的金融服务转型。

在线上，北行持续强化科技赋能，在广西地方银行中率先上线全渠道电子回单业务，先后上线云缴费、客户权益兑换平台等功能，全新“金融+生活”零售生态、开放支付场景服务让人眼前一亮。

在线下，北行加快网点智能化、轻型化转型，推进网点服务管理体系建设，智能柜台、高速大额存款机 8 种智能机具实现网点全覆盖，除个人业务外，部分对公业务也可通过智能机具高效完成，大大提高业务效率和客户体验。成立北行首家财富中心，持续提升金融服务品质。目前，北行个人客户总量达 852. 4 万户，手机银行客户数突破 200 万户，较年初增长 30. 0%，理财规模突破 320 亿元。

创新，栽好凤凰来栖的梧桐

梧桐茂兮，凤凰来栖。

北行将“打造地方金融人才培养平台”作为“三大新定位”之一，不断创新引才聚才育才机制，初步形成了市场化机制健全、岗位职级设置科学、劳动用工规范、激励约束有效的人力资源体系，着力打造复合型的金融科技人才队伍。

作为广西首家获批设立博士后创新实践基地的地方银行，北行创新人才培养模式，与复旦大学联合招收博士后研究人员，首批博士后人员已进站；与北京大学、中山大学、西南财大等高校开展战略合作，创设中国东盟金融研究院、博士后流动分站等新平台，成立金融研究院、北行培训中心、干部培训基地等多种载体，全力打造一流金融人才培养基地、金融决策高端智库、金融科技产学研孵化平台。目前，北行汇聚了毕业于国内外知名高校的博士、硕士 300 余人，科技人才占比持续提升，育人留人环境越来越好。

嘱托重如山，践诺须躬行。站在“十四五”发展征程的新起点上，北行将深入贯彻落实习近平总书记视察广西时的重要讲话精神，深入理解把握总书记对广西工作的“四个新”总要求，打造广西企业首选银行、全国标杆沿边银行、区域领先的专业化财富管理与普惠金融银行、数据与科技驱动的创新型银行，为建设新时代中国特色社会主义壮美广西做出新的更大贡献。

（撰稿：邓　璐　陆欣骅）

强化党建引领　加快创新转型
奋力开启"千亿再出发"新征程

无锡市国联发展(集团)有限公司

无锡市国联发展(集团)有限公司(下称"国联集团")成立于1999年,是无锡市人民政府出资设立的国有资本投资运营和授权经营试点国企集团,注册资本80.9825亿元。近年来,国联集团坚持以习近平新时代中国特色社会主义思想为指导,以党建为引领,对标一流、创新转型,实现了持续健康发展。2020年,国联集团完成营业收入224.9亿元、实现利润24.5亿元。截至2020年年底,国联集团总资产为1 240亿元、净资产为392亿元,位列2020年度中国服务业500强企业第245位,长三角服务业企业100强第78位。

一、履行国企责任,服务地方发展

国联集团始终围绕无锡市委、市政府部署要求开展工作,积极发挥国企引领示范作用,服务地方经济社会发展。一是助力"产业强市"主导战略实施。聚焦无锡重点发展的16个先进制造业产业集群和4个未来产业,加大投资服务力度。以锡虹联芯公司为平台,为华虹项目落地及运营提供支持。联合无锡高新区参与上市公司闻泰科技股份有限公司并购安世半导体,合作组建百亿规模半导体产业并购基金,牵引优质项目落地,助推无锡5G半导体产业发展。落实市政府与中国诚通控股集团有限公司的战略合作,推动中国国有企业结构调整基金(二期)落地无锡。二是做好综合金融服务。充分发挥金融平台优势,为无锡经济社会发展提供金融服务支持。完善"投、贷、保、中介服务"四位一体的综合金融服务体系,牵头组建市产业投贷联盟,推动金融机构与企业的有效沟通和对接服务。发起设立并管理运作无锡国企结构调整基金、太湖新兴产业成长基金、乡村振兴基金和专项纾困基金,服务地方企业发展。三是助力生态文明建设。先后实施无锡益多环保热电有限公司大修、惠联飞灰填埋场、市政污泥和蓝藻藻泥处置、餐厨垃圾处置、无锡惠联垃圾热电有限公司提标扩容等项目建设,保障无锡城市生活垃圾、固废安全处置,以实际行动服务"绿色无锡"建设。

二、聚焦核心主业,优化产业布局

国联集团坚持创新转型理念,加快业务整合提升步伐,形成金融、实业、投资"三驾马车"齐头并进的产业发展新布局。金融板块:建立起门类齐全的金融服务平台,积极开拓市场,形成立足无锡、覆盖江苏、辐射全国的业务布局,不断完善信息系统和管理机制,积极推进金融企业信息互通、资源共享,协同发展成效有效提升。实业板块:依托无锡华光环保能源集团股份有限公司(下称"华光环能")和无锡一棉纺织集团有限公司,瞄准环保能源、高档纺织等细分领域,打造行业龙头企业;布局生物医药大健康产业,研发运营"灵锡"城市综合APP,组建无锡人力资源集团有限公司,积极培育新的业务增长点。投资板块:组建无锡市金融创业投资集团有限公司(下称"金融创投集团"),并购一村资本有限公司,形成涵盖天使、VC、PE、产业并购等完整股权投资体系,加快打造市场化、专业化国有创投龙头企业。

三、持续深化改革,增强发展动能

国联集团落实国企改革三年行动计划部署,以国有资本投资运营公司改革试点为抓手,在现代企业制度建设、资产证券化、市场化机制改革等方面有效探索。一是完善现代企业制度。推进国联集团与无锡市国发资本运营有限公司的一体化运营,认真开展省级国有资本运营公司和市级授权经营体制改革试点,组建国联资本运营中心,招聘市场化团队,通过专业化运作,着力提升国有资本运营效率,更好发挥国有资本运营平台功能。按照现代企业制度要求,完善集团治理架构与体系,实现集团有效管控与被投资企业自主经营的统筹协调。二是加快资产证券化步伐。推动下属国联证券股份有限公司(下称"国联证券")于 2020 年 7 月 31 日在上海证券交易所挂牌交易,搭建 A+H 双融资平台,成为无锡市国资系统首家"A+H"两地上市企业。华光环能 2017 年实施重大资产重组,并在重组中实施员工持股,成为省内首家既实现整体上市又实施员工持股的国有控股上市公司。三是深化市场化机制改革。国联证券市场化选聘职业经理人团队,推动公司业务结构不断优化,取得多项创新业务资格,发展活力有效激发。华光环能对 251 名核心骨干实施股权激励,金融创投集团探索实施项目跟投、超额利润分成等办法,构建激励约束长效机制。

四、全面从严治党,服务中心大局

国联集团认真落实全面从严治党各项要求,切实抓好党的建设,以高质量党建护航高质量发展。一是打造"智慧链"党建品牌。依托信息技术手段和产融平台优势,与 10 家上市公司、10 家金融机构、10 家瞪羚科技企业等开展党建结对共建,以党建链引领组织链、信息链、人才链、资金链、产业链,形成党建共建生态圈,打造"365 智慧链"党建品牌,推动党建与业务发展深度融合。二是营造廉洁发展良好氛围。推进纪检监察体制改革,建立与派驻纪检监察组工作协调、联动机制,发挥监督合力,强化执纪问责,层层压实责任。加快建设"数字国联",将党风廉政、风险管理、监督检查嵌入信息化系统,强化信息技术"硬管控",减少权力运行"随意性",确保廉洁经营。三是凝聚推动发展合力。深入开展"三争两创一评"活动,激励干部员工在集团"千亿再出发"新征程中担当有为、贡献力量。组织开展员工嘉年华、职工美食节等活动,改造职工活动中心,建立"联青荟"服务阵地,搭建员工健康管理系统,发挥爱心基金作用做好困难职工帮扶,营造团结和谐、积极向上的企业氛围。

凝心聚力 16 年　阳光保险勇担时代责任

阳光保险集团股份有限公司

青山皆巍峨,壮心勇求索。

从 2005 年到 2021 年,这是我国保险市场疾步前行的 16 年,也是我国保险市场主体迅速崛起的 16 年,更是保险业奠定迈向高质量发展基础的 16 年。

从星星之火到燎原之势,保险理念已经在我国消费者的脑海中生根发芽;穿透科学技术的革新与迭代,交汇人口年龄结构的变迁,洞察客户需求、切中保障痛点、发展模式创新,照亮保险行业以及行业主体前行的道路。

栉风沐雨,朝乾夕惕。自 2005 年 7 月成立,16 年来,阳光保险坚持党建引领,坚守主业初心,始终以实业心态做金融,扎扎实实地积累企业的发展能力,实实在在地履行社会责任。

从历史照进现实,保险业阔步行进,转入高质量发展的新赛道。一家企业的命运和成长与党建引领、国家复兴、经济稳行休戚相关。只有顺应历史发展的规律与趋势,紧抓发展时机,勇担重任,奋楫笃行,才可终将抵达高质量发展的彼岸。

滚石上山，负重前行，阳光保险躬行16年，矢志保险保障、保险服务之发展，信念如磐。截至目前，阳光保险已发展成为集合阳光财险、阳光人寿、阳光信保、阳光资管、阳光融和医院等多家专业子公司，综合性的保险服务集团。旗下近3 000家机构网点，将保险服务覆盖到全国94.0%的地市和62.0%的县域，以专业、系统的风险管理解决方案，赢得了广泛信赖。

与此同时，践行企业责任的使命担当业已融入阳光保险的发展基因：截至上半年数据显示，阳光保险解决就业28万人，上缴税收超550亿元，在各项公益慈善事业中累计投入超4.8亿元。

保险，堪当社会的“稳定器”和经济之“助推器”。二者在阳光保险身上彰显无遗。截至目前，阳光为超4.2亿客户提供保险保障，累计承担社会风险14 700 000亿元，支付各类赔款超2 070亿元；2020年至今，累计为45家大型央企提供近4 000亿元的风险保障，为“一带一路”沿线102个项目提供900余亿元风险保障。

青衿之志履致远，发轫万里程可期。在党的建设“红色引擎”的引领下，在科技创新脉搏的涌动中，阳光保险早已立下“农民心态，工匠精神”的“愚公志”，确定科技赋能保险高质量发展的路线图，锚定“一切为了客户”的任务书，初心不改，戮力前行。

党建引领发展，赓续红色动能

“永远跟党走，是全体共产党员的永恒信念，是全体中国人民的坚定意志，是中华民族走向辉煌的历史抉择。听党话、跟党走，也是阳光人的共同心声，是阳光发展壮大、行稳致远，打造百年企业的根本保证和强大力量。”在阳光保险集团庆祝中国共产党成立100周年大会上，阳光保险集团党委书记、董事长张维功如是说。在他看来，党建是企业发展的“红色引擎”，非公企业尤应强化党建引领。

观阳光保险16年发展历程，亦以党的组织和政治优势转化为企业发展优势，见证了一部党建引领非公企业，促进企业稳步健康高质量的发展史。早在成立初期，阳光保险即同步成立了党的同级组织，并着力建设纵向到底、横向到边的党的组织体系。此后，公司业务开拓到哪里、机构开设到哪里，党的组织就同步建设到哪里。目前，阳光保险党委下辖395个党组织，实现了集团全系统党组织的整体覆盖。也正是基于此，阳光保险集团党委被评为广东省“先进基层党组织”、深圳市非公系统“党建工作示范点”，在公司发展过程中，党建已成为企业健康发展的重要保证和高质量发展的动力引擎。

山雄有脊，房固因梁。党支部是企业党建工作的基石，强基层、打基础是党的组织建设的长远之计和固本之举。阳光保险始终坚持各级机构党组织与经营班子同时配备，实施“双向进入、交叉任职”、党组织书记和经营班子负责人“一肩挑”模式的组织建设制度。通过制度保障使党建工作有效、深度的嵌入公司治理和经营管理，形成从集团到子公司、到省市机构，上下贯通、执行有力、有效运行的严密组织体系，把战斗堡垒建在企业经营链、创新链、服务链上，让党员在一线发挥带动作用。把党建工作融于企业发展之中，让党的政治优势在企业运营中充分发挥，阳光保险以自身实践，成为党建工作助推企业发展产生实实在在生产力的优异范例。

站在“两个一百年”的历史交汇点，作为一家金融骨干企业，阳光保险始终将党的宗旨意识融入企业“一切为了客户”的核心价值追求中。

“党艰苦卓绝的创业史和自强不息的奋斗史成为当代共产党人取之不尽、用之不竭的精神养分和动力源泉。阳光保险从零起步、自筹资金，历经艰难困苦创立；公司成立后以异乎寻常的努力状态，为国家解决就业28万人，缴纳税收550亿元，汲取的就是共产党人的奋斗精神，借助的是党的组织优势。”张维功这样回顾阳光的创业和发展。

在阳光，党员处处发挥着先锋引领作用，公司把党“全心全意为人民服务”的宗旨意识融入企业的发展文化，坚守保险主业，坚持“以客户为中心”，把全心全意为客户服务作为公司生存和发展的根本，实实在在地为客户提供风险保障，助客户解除后顾之忧。

“红色基因”蕴含无限生机，红色精神锻造“阳光品格”。党的非凡奋斗历程，形成了一系列伟大精神，构筑起了共产党人的精神谱系，为强党兴企提供了丰厚滋养。发挥“红色基因”之时代价值，阳光保险定期开展"四史"学习教育，基层党组织每年组织党员到红色基地开展一次教育等，形式多元、琳琅满目，将"红色基因"根植于员工思想、融入企业文化，形成以"敢于挑战，坚韧不拔""农民心态，工匠精神"等主要内容的核心企业文化。

"重温党的历史，固牢党的信仰，增强发展信心，把党的光荣历史作为科学发展的宝贵财富，把党的优良传统和伟大精神作为应对挑战的重要法宝，凝心聚力、奋力前行，谱写阳光高质量发展的新篇章。"党建引领的"红色引擎"正在让阳光保险焕发创新发展的无限动能。

保险主业坚守，创新笃行致远

以客户为中心，当为现代企业存在之根本理由，乃至唯一理由。

身为行业中"以客户为中心"的率先倡导者之一，阳光保险坚守主业，科技赋能，不断以客户洞察与科技实力优化着客户体验。

依托科技实力，围绕客户需求，阳光财险采用行业领先的"牛脸识别"技术，并通过向日葵农险 APP 进行线上化作业服务。"牛脸识别"技术赋予了每一头牛"身份证"，实现了"精准承保""精准理赔"，提升了农险承保验标的效率和质量。2020 年 10 月，阳光财险新疆分公司获得新疆地区农业保险经营资质，入围自治区和兵团 2021—2023 年招投标项目，取得新源县 4 个乡镇的政策性农业保险承办资格，将为当地农户提供涵盖小麦、奶牛等种、养殖险在内的预计 6 亿元的风险保障。

坚持"一切以客户需求为核心"，聚焦"智能投保、智能客服、智能理赔"，持续以科技与数据驱动创新，阳光保险打造了一键支付、快速理赔以及智能客服机器人"小阳"等特色服务，以畅通全流程的智慧服务让客户感知保险温度和速度，为客户营造高效、便捷的服务体验。

保险科技发展阔进，保险理赔正逐渐变得简单、快捷。阳光人寿绍兴中支仅用 11 分钟，便为客户范女士完成了一笔医疗保险金赔付。高效、便捷的服务让范女士惊叹不已。

在风险到来时，保险常常成为雪中送炭的使者；面对突如其来的变故，人人都是弱者。自主创业的周女士突遭丈夫离世的变故，丧失至亲叠加公司经营停滞，资金缺口一时难觅。源于周女士的丈夫在阳光保险拥有保额逾 165 万元保险产品，在理赔申请通过后 24 小时内，周女士及时获得 165.3 万元理赔款解了燃眉之急，护航家庭和公司的正常运行。

阳光保险成立 16 年，科技一贯被视作实现持续快速发展的核心。经国家人力资源社会保障部、全国博士后管理委员会批准，阳光保险博士后科研工作站获准设立，集团产学研一体化实现新跨越。

统计显示，截至 2020 年，阳光保险在科研方面年均投入超 10 亿元，已申请国内发明近百项。此外，阳光保险集团还与清华大学共同创立的创新研究中心，承担并完成了多个国家自然科学基金项目。

一个个片段，一项项技术，只是阳光保险围绕"以客户为中心"，以科技提升保险体验的一个缩影。

启幕一聚三强，奋战拓荒时代

科技、投资、大健康，夯实了 16 年来阳光保险勇闯拓荒时代的实践，彰显着一家金融企业历久弥新的匠心所在。

科技，是早已深植于阳光保险的内在发展基因。16 年来，阳光保险每个发展阶段无不镌刻着清晰而契合时代脉络的科技战略。数字化转型成为当下阳光保险科技战略实施的鲜明注脚。

打着科技烙印的阳光保险，数字化转型起始于 2016 年，2021 年，作为阳光保险"四五"的开局之年，集团数字化转型 2.0 成型，即"以客户洞察为核心，构建数字化客户洞察、数字化营销、数字化产品创新、数字化风控、数字化运营的五大能力"。"数字化转型是面向未来建立竞争优势的关键，要立足于生产力提升与客户价值创造，不是单纯的科技创新与应用，而是全方位的组织变革。"诚如阳光保险对数字化转型的上述定位，以释放全新的生产力为由的科技迭代，显示着阳光保险聚焦主业之初心和匠心。

数字化转型的实质是业务重塑，战略清晰，奋楫笃行，是为成效之保障。基于此，阳光绘就了清晰的发展路线图：2021 年完成全面数字化平台建设、2022—2023 年实现客户洞察价值最大化、2024—

2025 年全面实现五大能力。建立技术与业务高度融合的数字化转型组织机制正在演进。“科技创新以战略而非技术驱动,科技团队要心系战略、脑系技术、眼观现状、不忘初心,从技术改变现状到技术创造未来。”张维功将“农民心态,工匠精神”注入科技创新的实践领域。

投资,是驱动阳光保险稳健前行的又一个车轮。凭借专业的投资团队和“稳健、规范、专业”的投资理念,阳光资产投资收益连续 15 年位居行业前列。截至 2020 年年底数据显示,阳光资产平均投资收益率近 10.0%优于行业平均,受托管理资产规模超 5 600 亿元,用实实在在的投资能力、完备的投资资质、丰富的投资工具实现着投资端的价值体现。

在 5 月“中国保险业投资金牛奖”评选中,阳光资产管理的两支产品荣获“组合类保险资管产品金牛奖”,“阳光资产——成长精选资产管理产品(权益类)”“阳光资产——盈时 10 号资产管理产品(固定收益类)”两支产品,投资能力与管理实力在资管市场中得到充分的检验与认可。

在塑造大健康生态的实践中,阳光保险旗下首家保险系医院——阳光融和医院已将优质医疗服务百姓 5 年有余。作为保险业的第一家医院,自成立之初,就已显示出保险服务链条延伸至大健康领域的前瞻性。在医院的 5 年运营中,其优质的医疗资源和服务深受当地百姓交口称赞。

医院开诊三年即通过 JCI 第六版认证、HIMSS7 信息化评级、国内三级甲等综合医院评审三个极具价值的国际国内公认的认证评审。2020 年新冠肺炎疫情突袭后,阳光融和医院成为全国两万多家民营医院中唯一一家城市救治中心,扛起潍坊及周边地区新冠集中救治的重任。一脉相承阳光保险集团的“爱与责任”,阳光融和医院一天时间腾出“传染病救治楼”,两天时间完成所有设备安装调试,800 多人提交抗疫请战书,交出“住院新冠病人零死亡、一线医务人员零感染”的“双零”战绩。

鲜衣怒马少年时,不负韶华行且知。5 年来,阳光融和犹如少年充满活力,从启动“百名京城专家驻融和援潍坊”工程,到“科研与医疗同步发展”,再到进一步加强“与国际先进医疗机构合作”的未来规划,尽锐出战,留下了高速发展并且充满责任感的印记。在国家卫健委组织的病人满意度调查中,阳光融和医院患者满意度超过 97.0%,成为了社会办医的行业标杆和发展典范,而且在公立医院排名中也位居前列。

在大健康的生态构建中,阳光保险的步伐从健康快步迈进养老。2020 年年底,阳光保险首个 CCRC 康养项目“阳光人家 · 粤港澳全龄康养国际社区”已正式启幕,贯彻国家战略,纾解人口老龄化的百年之虑,标志着阳光保险集团健康养老战略正式落地。

未来,阳光保险将在大湾区、长三角、京津冀、海南和山东地区进行健康养老项目的重点布局。“我们做的健康养老项目重点是从养生的全年龄化,生活的服务化,包括场景,包括生活方式都区别于我们传统的养老机构,力求打造一种健康生活方式,为我们的老人,为每一位家庭成员提供更具亲情、更加文明、更加现代化的一种生活场景,为我们的健康养老生活注入新的活力。让社会、让国家、让民众真正体验到一个全民康养社区的生活方式。”朴素而真挚,是阳光保险最纯粹的文化精髓。

以实业心态做金融,以农民心态稳发展,以工匠精神勇创新,这些历经岁月沧桑而历久弥新的精神内核,焕发出新时代的夺目光彩。

秉持爱与责任,践行企业使命

“一个企业要想做大做强,必须关心社会,勇于担当时代使命,承担更多的社会责任。”张维功认为。中国共产党的宗旨是“全心全意为人民服务”,阳光保险则把党的宗旨意识融入“一切为了客户”的企业核心价值追求。

回首 16 年投身“爱与责任”的旅程,在阳光保险看来,履行社会责任已成为企业提升软实力的重要举措。从 2008 年开始,阳光保险在全国 24 个省(自治区、直辖市)捐资共建了 67 所阳光保险博爱学校,惠及在校师生超过 2.6 万名。

2018 年,阳光保险启动了“双生计划”——“万名贫困学生帮扶计划”“万名村医能力提升计划”,重点面向“三区三州”等国家级深度贫困地区,实施教育扶贫、健康扶贫。截至 2020 年年底,“双生计划”

已覆盖35个国家级贫困县、74所学校，资助学生3万余人次；培训乡村医生超过10 000名，建立远程医疗服务站69家。

扶贫要扶到根上，“造血”才是长效机制。张维功表示：“脱贫只是初级目标，建设社会主义新农村的样板才是追求目标。”在吉林省延边自治州安图县，阳光保险依托当地资源，建起了冰泉大米生态农场、冰泉煎饼加工厂、有机木耳专业生产合作社，用现代企业管理机制进行管理，从生产、销售、品牌打造等全方位扶持企业发展。

在内蒙古自治区乌兰察布市，阳光保险发挥主业优势，承保了“胡萝卜目标价格指数保险”，为当地经济保驾护航。

从西南到东北，从教育到医疗，从资金到保障，从扶智到“扶志”，多年来，阳光保险的公益脚印已遍布大江南北，多维度多层次，不断探索精准滴灌、靶向治疗、标本兼治，切切实实解决了实际问题，为打赢脱贫攻坚、助力乡村振兴做出贡献。

截至2021年5月，阳光保险累计投入扶贫公益超过4.8亿元，从产业扶贫、健康扶贫、教育扶贫、保险扶贫四大举措入手，综合性地促进乡村振兴发展，真正做到扶贫对象精准、措施到户精准、项目安排精准、资金使用精准、因村派人精准、脱贫成效精准“六个精准”，成效显著。

浩渺行无极，扬帆但信风。始终如一坚守“爱与责任”的阳光行动，为阳光保险赢得了社会的高度认可和广泛赞誉，相继获得中国公益50强、中国扶贫基金会杰出贡献奖、中国红十字勋章、最具社会责任保险公司、中国最佳商业模式、最佳管理创新奖、金融行业首家“全国企业文化示范基地”、最佳理赔保险公司等诸多殊荣。

初心在方寸，咫尺在匠心

行至“四五”发展的新起点，阳光保险的初心、用心与匠心，已经深深镌刻入企业文化骨髓，显现于聚焦保险主业，优化大健康生态，落地大资管战略，强化科技引领和创新驱动，高效推动集团高质量可持续发展的方方面面。

木铎之心，素履之往。

上溯16年，秉持“农民心态、工匠精神”，阳光保险脚踏实地、精益求精，把保险保障做实、将社会责任履实贯穿始终。

身处保险行业转型发展的变革洪流之中，笃定“农民心态、工匠精神”，阳光保险“一聚三强”的发展新战略业已启动。逐梦“十四五”，未来可期。

卓越企业风采

（排序不分先后）

国家电力投资集团有限公司
中国生物技术股份有限公司
上海医药集团股份有限公司
中电建路桥集团有限公司
中国化学工程第七建设有限公司
国能大渡河流域水电开发有限公司
华能伊敏煤电有限责任公司
中核核电运行管理有限公司
国网江苏省电力有限公司
中国兵器工业集团武汉重型机床集团有限公司
中联重科股份有限公司
庆铃汽车（集团）有限公司
中国华能集团燃料有限公司
南京钢铁集团有限公司
福建省三钢（集团）有限责任公司
广州市城市建设投资集团有限公司
广州开发区控股集团有限公司
安徽古井集团有限责任公司
泸州老窖集团有限责任公司
广西北部湾银行股份有限公司
青岛西海岸新区融合控股集团有限公司
广东鼎龙实业集团
山东东明石化集团有限公司

国家电投
C2

坚持"先进能源技术开发商，清洁低碳能源供应商和能源生态系统集成商"定位，建设具有全球竞争力的世界一流清洁能源企业。

中国生物技术股份有限公司（下称“中国生物”）是国务院国资委管理的中央企业中国医药集团有限公司的重要成员。

新冠肺炎疫情突袭以来，中国生物围绕可诊、可治、可防开展抗疫科技攻关，取得了“1234”共10项成果，1个“特异性”治疗方法：新冠肺炎康复者恢复期病毒灭活血浆；2个特效治疗药物：新冠特异性免疫球蛋白和新冠单克隆抗体；3款全球领先的新冠病毒检测试剂：新冠病毒核酸检测试剂盒、30分钟新冠病毒快速检测试剂盒、新冠病毒中和抗体检测试剂盒；4款新冠肺炎疫苗：两款新冠肺炎灭活疫苗、重组蛋白新冠肺炎疫苗、mRNA变异株新冠肺炎疫苗，并建成了年产能达50亿剂的新冠肺炎疫苗生产基地，有力践行了习近平总书记关于新冠肺炎疫苗作为“全球公共产品”的郑重宣示。

关爱生命　呵护健康

物技术股份有限公司

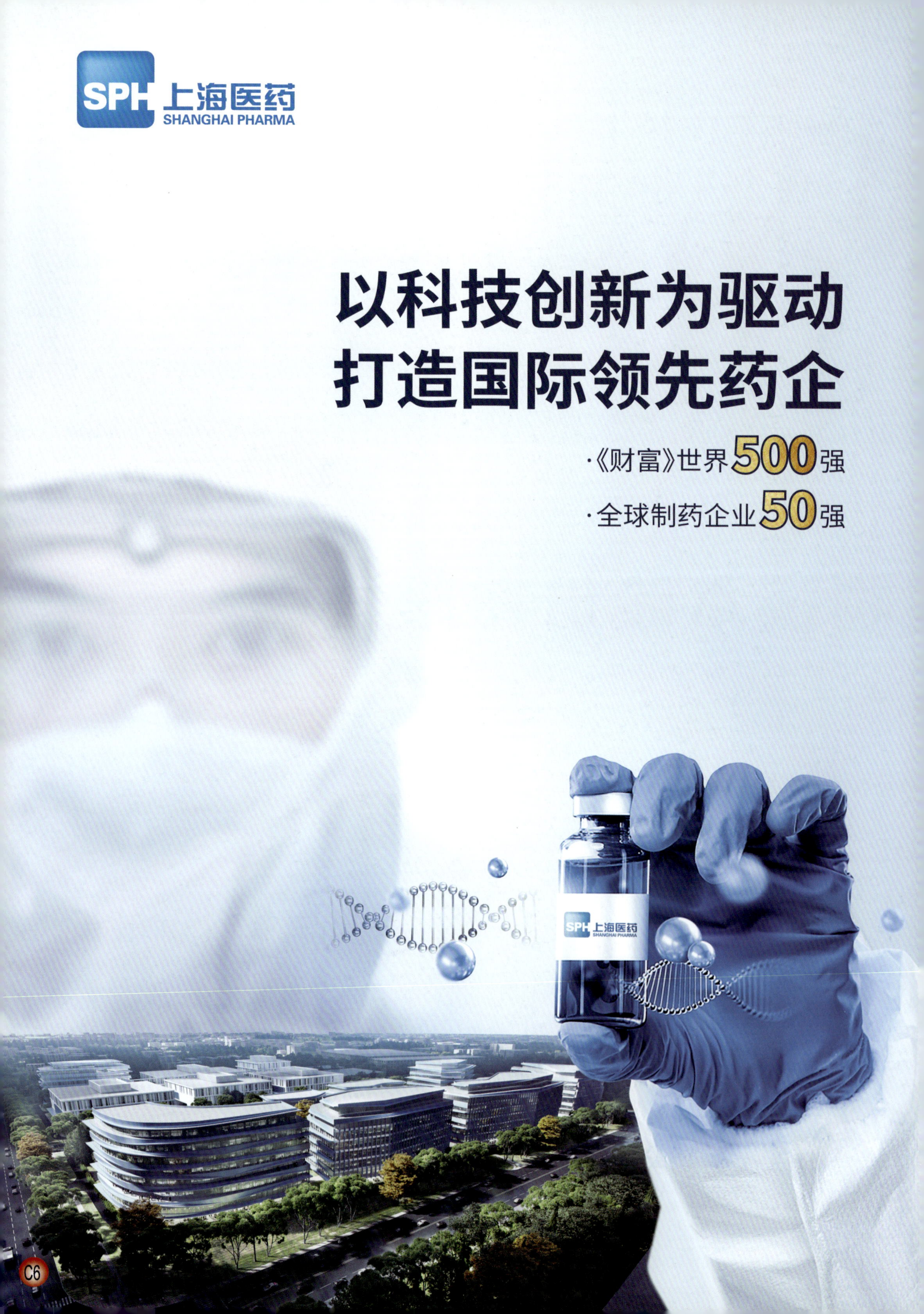
SPH 上海医药
SHANGHAI PHARMA
以科技创新为驱动
打造国际领先药企
·《财富》世界500强
·全球制药企业50强
SPH 上海医药
SHANGHAI PHARMA

上海医药集团股份有限公司是沪港两地上市的大型医药产业集团（上交所股票代码：601607；港交所股票代码：02607）。公司主营业务覆盖医药工业与商业，2020年营业收入1 919.1亿元，位列《财富》世界500强、全球制药企业50强、全国医药行业第二，入选上证180指数、沪深300指数样本股、摩根斯坦利中国指数（MSCI）。

公司倡导“创新、诚信、合作、包容、责任”的核心价值观，致力于“持之以恒提升民众的健康生活品质”，努力打造成为受人尊敬、拥有行业美誉度的领先品牌药制造商和健康领域服务商。

上药控股 SHAPHAR 上药控股有限公司

上药科园 SPH KYUAN 上药科园信海医药有限公司

上海上药信谊药厂有限公司

上海上药第一生化药业有限公司

上海市药材有限公司

上药集团常州药业股份有限公司

上海上药新亚药业有限公司

上药中西 SPH ZHONGXI 上海中西三维药业有限公司

上药销售 SPHSALES 上海医药集团药品销售有限公司

天普药业 TECHPOOL 广东天普生化医药股份有限公司

正大青春宝 CHIATAI QINGCHUNBAO 正大青春宝药业有限公司

国风药业 Growful 上海医药集团青岛国风药业股份有限公司

上药研究院 SPH RESEARCH INSTITUTE 上海医药集团股份有限公司中央研究院

好护士 Herbapex 辽宁上药好护士药业（集团）有限公司

杭州胡庆余堂药业有限公司

中华药业 上海中华药业有限公司

厦门中药 XTCM 厦门中药厂有限公司

Sinobiopharma 东英药业 上药东英（江苏）药业有限公司

医械股份 上海医疗器械股份有限公司

上药物资 SPH Materials 上海医药物资供销有限公司

SUNWAY 上海三维生物技术有限公司

SPH-RD 上海上药睿尔药品有限公司

中电建路桥集团有限公司
POWERCHINA ROADBRIDGE GROUP CO.,LTD

中电建路桥集团有限公司（下称：中电建路桥集团）成立于2006年，隶属世界500强企业中国电力建设集团有限公司。作为中国电建专业从事基础设施业务的资源整合平台、模式创新平台、资本创新平台、业务协同平台，中电建路桥集团集投资、规划、勘察、设计、咨询、监理、施工、研发、检测、运营能力于一体，资产总额超2 000亿元、经营规模逾4 500亿元，是全球城市/区域基础设施一体化服务商和综合型建筑企业集团。

中电建路桥集团主要从事国内外高速公路、市政、铁路、轨道交通、桥梁、隧道、城市综合体开发、机场、港口、航道、地下综合管廊以及水环境治理、海绵城市建设、环境保护等项目投资、建设、运营等，为客户提供投资融资、咨询规划、设计建造、管理运营一揽子解决方案和集成式、一体化服务。成立以来，投资建设了一大批体量大、强度高、领域宽的基础设施及环保项目。

中电建路桥集团先后获“中国建筑业竞争力百强企业”“中国建筑业综合实力50强”“中国建筑100强”“国家科技进步企业”“国家科技创新先进企业”“中国经济绿色环保单位”“全国文明诚信示范单位”“全国建筑业优秀企业”“中央企业五四红旗团委创建单位”“首都文明单位标兵”等荣誉。

郑州西三环陇海路立交项目

BIM+GIS技术在高速公路（PPP）项目应用

京沪高速铁路

江习笋溪河大桥

烟台金山湾生态城基础设施项目

四川天府新区兴隆湖

中国化学工程第七建设有限公司

中国化学工程第七建设有限公司，是国务院国有资产监督管理委员会管理的中国化学工程集团有限公司全资子公司。公司成立于1964年，总部设在四川成都，是中央在四川的大型骨干建筑企业。公司始终坚持“国内国外两个市场、化工与非化两个领域并举开发”的经营战略，历经半个世纪的创新发展，发展成为了“中国化学”实施“走出去”战略的“排头兵”，发展成为了全球化工建设领先者。近四年连续进入商务部中国对外承包“双百强”企业，2019年新签合同额和营业收入分别排名第6位和第18位。

七化建公司办公大楼

公司拥有建筑工程施工总承包壹级、石油化工工程施工总承包壹级、市政公用工程施工总承包壹级、机电工程施工总承包壹级，钢结构工程专业承包壹级、环保工程专业承包壹级资质。具有石油化工医药行业化工工程设计甲级资质。公司享有对外经营权，通过了质量管理体系、环境管理体系、职业健康安全三大管理体系认证。

多年来，公司荣获全国五一劳动奖状、庆祝中华人民共和国成立70周年功勋企业、国家优质工程金质奖、中国建设工程鲁班奖、国家首批境外工程鲁班奖、中华人民共和国成立60周年100项经典暨精品工程奖、国家银质奖、全国建筑业先进企业、科技进步与技术创新先进企业、全国建筑业AAA级信用企业、全国优秀施工企业、全国用户满意企业、对外开放工作取得突出成绩先进单位、全国质量服务诚信示范企业、全国建筑工程质量信得过企业、全国化工优秀施工企业、全国AAA级安全文明标准化工地等无数殊荣，拥有多项专利和专有技术。

俄罗斯TAF项目装置全景

承建的孟加拉国吉大港年产 33 万吨合成氨、56 万吨尿素装置

全国建筑业AAA级信用企业
ENTERPRISE CREDIT EVALUATION

证书编号：201811100299
Certificate Number
颁发日期：2019年1月
Date of Issue
有效期至：2021年12月
Date of Expiry
查询网址：www.zgjzy.org
Enquiring Website

中国建筑业协会
CHINA CONSTRUCTION INDUSTRY ASSOCIATION

公司获评“全国建筑业 AAA 级信用企业”

企业信用等级证书
CERTIFICATE OF ENTERPRISE CREDIT GRADE

中国化学工程第七建设有限公司：
中国施工企业管理协会　对你公司的信用状况进行了评价，
结果为 AAA 。
特发此证。

证书编号：ZSQX-2019-F111-00121
Certificate Number
颁发日期：2019 年 10 月 11 日
Date of Issue
有效期至：2022 年 10 月 10 日
Date of Expiry

证书说明：
Notes:
1. The enterprise credit grade is valid for 3 years starting from the date of issue.
2. The credit grade shall implement annual audit. If the credit status has changed, the credit grade should be re-evaluated and the certificate should be changed.
3. If the enterprise changes name in the period of validity, it shall take the certificate to the issue unit to go through the formalities for the change.
4. The certificate is only used to prove the credit status in the period of validity.
5. Modifications or use by any other person is not allowed.

公司获评 AAA 企业信用等级证书

尼日利亚丹格特炼油项目原油蒸馏塔一次吊装成功

俄罗斯波罗地海近仟亿化工综合体签约仪式

国能大渡河流域水电开发有限公司

梯级电站集控大楼

国能大渡河流域水电开发有限公司于2000年11月在成都高新区注册成立，是国家能源集团下属居首位的集水电开发建设和运营管理于一体的大型流域水电开发公司。

公司目前主要负责大渡河流域开发和西藏帕隆藏布流域开发筹建，拥有大渡河干流、支流以及西藏帕隆藏布流域水电资源约3 000万千瓦。大渡河流域规划28个梯级电站开发，总装机约2 700万千瓦。公司负责干流17个梯级电站的开发，涉及四川省三州两市（甘孜州、阿坝州、凉山州、雅安市、乐山市）12个县，总装机约1 760万千瓦。公司投产电站有龚嘴、铜街子、瀑布沟、深溪沟、大岗山、枕头坝一级、猴子岩、吉牛、沙坪二级等9个大渡河流域电站及二台子、上河坝等12个其他区域小电站，总装机1 173.5万千瓦；在建电站有金川、双江口、枕头坝二级、沙坪一级4个电站，总装机352万千瓦；前期筹建项目有安宁、巴底、丹巴、老鹰岩一级、老鹰岩二级等5个项目，总装机295万千瓦，形成了投产、在建、筹建稳步推进的可持续发展格局。

公司先后荣获全国五一劳动奖状、全国文明单位、全国模范职工之家、国务院国资委“抗震救灾先进集体”、中华慈善突出贡献企业、全国企业文化建设最佳实践企业等荣誉称号，被评为中央企业先进基层党组织、中央企业思想政治工作先进单位，获得国家能源集团公司特级奖状、绩效贡献特别奖、党建工作先进集体。累计获得知识产权462项，其中发明专利40项、实用新型专利267项、外观设计专利20项、软件著作权135项。公司先后被授予“管理创新实践基地”“智慧企业示范基地”和“梯级水电站群智能运行创新实践基地”称号，成功入选工信部工业数据分类分级应用试点企业，数字化转型成果入选工信部大数据产业发展重点行业试点示范项目，为推动我国水电行业智能建设与运行技术进步贡献了大渡河智慧。

创新研发了大渡河水电“一键调”技术

建立中国工业设备管理平台
（智慧检修平台）

运用高精度库坝监测技术适时监测
大坝及周边山体稳定情况

大渡河上首座水电站——龚嘴水电站已投产运行 50 年

大渡河上装机首位的水电站
——瀑布沟水电站

大渡河上单机容量首位的水电站
——大岗山水电站

国内领先的混凝土面板坝
——猴子岩水电站

洲单机容量列首位的灯泡贯流式机组
——沙坪二级水电站

亚洲列首位的引水隧洞工程
——大渡河革什扎吉牛水电站

大渡河生产指挥中心，实现干流
1 075 万千瓦装机远方集中调度

自行研发的智能巡检机器人

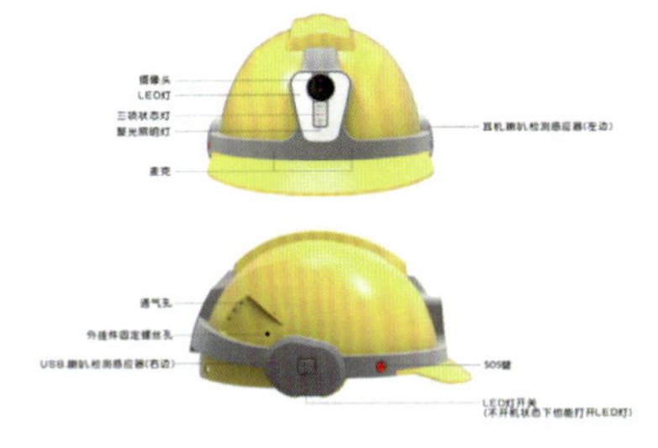

自行研发的智能安全帽

自行研发的智能屏柜钥匙

华能伊敏煤电有限责任公司

华能伊敏煤电有限责任公司是全国首家煤电一体化企业，地处呼伦贝尔大草原鄂温克自治旗伊敏河镇境内。经过 40 余年的建设和发展，在祖国北疆建立起一座大型现代化煤电一体化能源基地。目前公司火电装机 340 万千瓦，光伏装机 72 400 千瓦，煤炭年产能 2 700 万吨，累计上缴税费 180 余亿元，形成了煤、电、水、灰、土紧密联系的典型循环经济、节能环保示范模式，被行业誉为“伊敏模式”，成为绽放在绿色草原上一颗璀璨明珠。公司广大干部职工坚定不移地贯彻落实中央领导人视察公司时提出的“三个结合”重要指示精神，以生态优先、绿色发展为导向，努力转型发展，优化资本和新能源项目布局，走出了一条高质量发展新路。

鲜花丛中的华能伊敏煤电公司办公楼

绽放在祖国北疆的璀璨明珠

伊敏煤电一体化全景

鸟瞰伊敏光伏基地

华能伊敏煤电公司释放优势产能增产保供

伊敏光伏基地

中核核电运行管理有限公司

CNNP Nuclear Power Operations Management Co., Ltd.

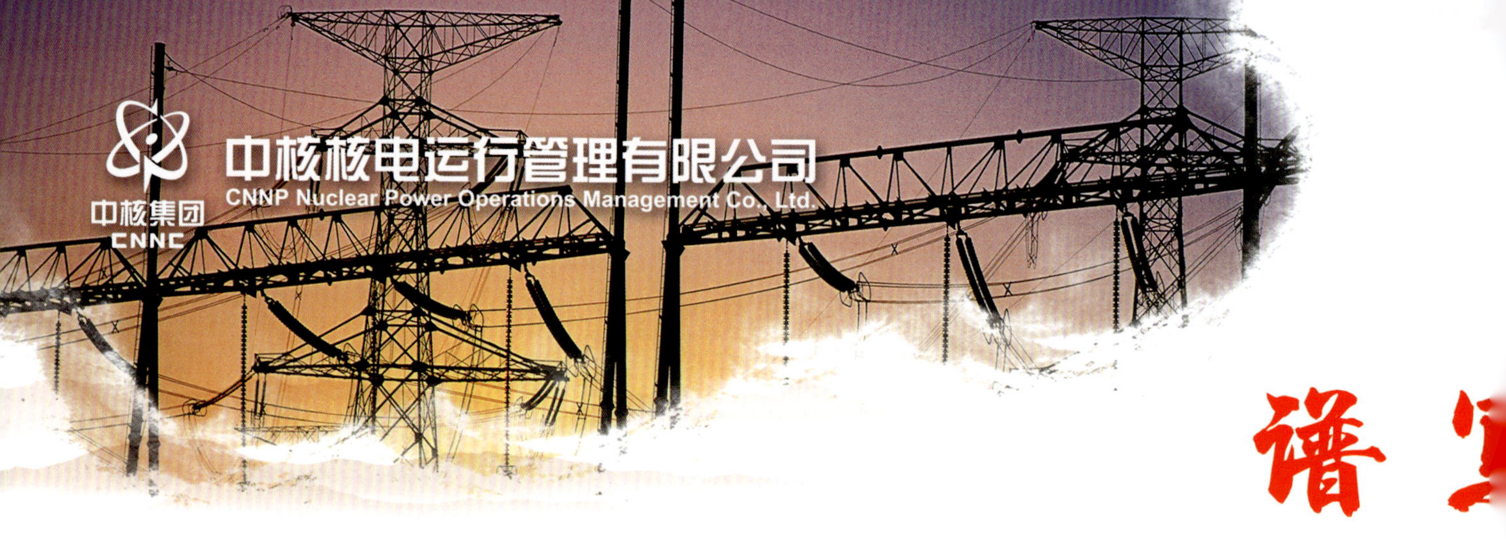

谱

中核核电运行管理有限公司是秦山核电基地的运行管理单位。实现安全发电30年的秦山核电目前共有9台运行机组，总装机容量为660万千瓦，年发电量约520亿千瓦时。截至目前，秦山核电基地累计发电超过6 900亿千瓦时，相当于减排二氧化碳65 300万吨，植树造林433个西湖景区。

秦山核电位于浙江省海盐县，是中国核电的起航地，是中国核电的“红色根脉”和“红船”。秦山核电始终坚持自力更生、艰苦奋斗，严细认真、安全至上，创新奉献、为国争光，创造了一流运行业绩、培养了大批骨干力量、积累了先进管理经验。秦山核电实施“八个坚持”策略：坚持党的领导，强根固魂铸就“国之光荣”；坚持安全发展，确保核电安全；坚持创新发展，为中国核电科技自立自强贡献秦山智慧；坚持绿色发展，积极践行“绿水青山就是金山银山”理念；坚持人才强企，为中国核事业发展提供人才资源保障；坚持企地融合发展，与地方政府和人民群众共享发展成果；坚持央企责任担当，积极履行社会责任；坚持“走出去”战略，助力构建新发展格局。

“十四五”期间，秦山核电将按“1+1+2+4”发展思路统筹推进实现高质量发展，即一个秦山核电、一个“新秦山”、两个“零碳城”“四个基地”。

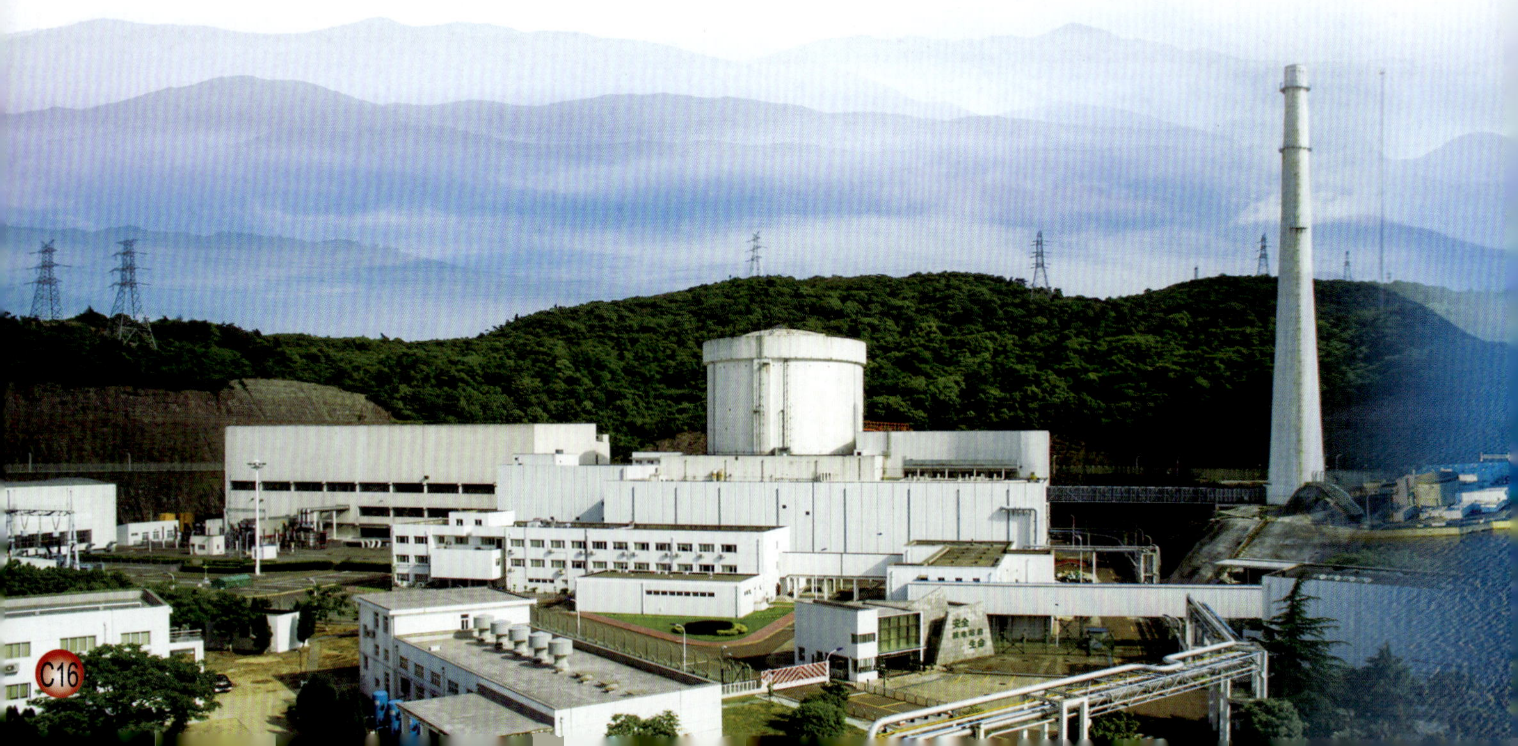

秦山核电

国之光荣 崭新篇章

一个秦山核电：持续保持九台机组安全稳定经济环保运行，努力推动数字型管理建设，抢占智慧核电高地，建设世界一流的运营业绩，成为世界核电运营管理的佼佼者。

一个“新秦山”：在现有秦山核电基础上再造一个“新秦山”，争取“十四五”期间实现一个新厂址落地，建设6台百万千瓦级核电机组，与秦山核电发电量相当。

两个“零碳城”：建设环石浦港零碳产业园和中国（海盐）零碳未来城，积极打造核能发电、集中供热、供汽制冷等零碳能源平台，吸引先进制造业产业集群，打造“零碳能源，绿色发展”的国家级高质量发展示范区。

“四个基地”：一是建设清洁能源示范基地，开展光伏、风电、储能、供汽、供热等研究；二是建设同位素生产基地，带动同位素应用产业链发展，打造全国核技术应用产业示范基地；三是建设核工业大数据基地，推进数字化管理转型；四是建设核电人才培养基地，打造国内核电教育培训的引领者和核电人才资源的贡献者。

秦山核电将传承和发扬核工业优良传统，谱写“国之光荣”崭新篇章，为助力实现碳达峰、碳中和目标做出新的贡献！

国网江苏省电力有限公司

国网江苏省电力有限公司是国家电网有限公司的全资子公司，现有13个市、56个县（市）供电分公司和15个科研、检修、施工等单位，服务全省4 621.4万电力客户。拥有35千伏及以上变电站3 293座、输电线路10.5万公里，满功率安全运行锦苏特高压直流，建成±800千伏雁淮、锡泰直流和1 000千伏淮南—上海交流工程，初步形成以“一交三直”特高压混联电网为骨干网架、各级电网协调发展的坚强智能电网。创新构建大规模源网荷储友好互动系统，建立起我国特有的柔性精准控制负荷形成的“虚拟电厂”；全面贯通1 000千伏苏通GIL综合管廊工程隧道；成功投运苏州500千伏UPFC示范工程。2020年，江苏全社会用电量6 373亿千瓦时，增长1.8%；公司完成售电量5 529亿千瓦时，增长2.0%。截至目前，江苏调度用电负荷峰值达到1.2亿千瓦，创历史新高，超过德国、韩国、澳大利亚等国家用电负荷。

公司办公大楼

泰州1000千伏GIS交流场全景

苏州长三角国际研发社区启动区能源站正式投运

±800 千伏特高压苏州换流站直流设备检修

江苏计量中心员工利用智能穿戴设备检测电能表

500 千伏苏南 UPFC 工程

苏通 1 000 千伏特高压交流 GIL 综合管廊工程

武汉重型机床集团有限公司

WUHAN HEAVY DUTY MACHINE TOOL GROUP CORPORATION

中国兵器工业集团武汉重型机床集团有限公司（下称“公司”）是我国“一五”时期 156 项重点项目之一，是国内生产重型、超重型机床极限规格品种齐全的大型骨干企业。2011 年 10 月，公司成为中国兵器工业集团有限公司的子集团单位，承担着中国兵器重型装备板块发展重任。现为中国机床工具工业协会轮值理事长单位、重型机床分会理事长单位、重型机床标准化主任委员及秘书处挂靠单位。建设有国家企业技术中心、国家技术创新示范企业、国家博士后科研工作站、国家高档重型机床产业技术创新战略联盟、机械工业高档重型机床工程研究中心、院士专家工作站等一大批国家或行业创新平台。

近年来，公司始终牢记习近平总书记视察武重时“自己的饭碗要装自己生产的粮食”的殷殷嘱托，坚决履行“重型装备国家队”的核心使命，以高质量党建引领武重高质量发展，先后承担多项国家重大专项，自主研制了一大批首台套产品，突破一大批关键技术，解决能源、船舶、航空航天、国防军工等领域多项“卡脖子”难题，坚持科技自立自强，以市场为导向，加快科技创新型转型，实现重型机床、专机装备并重的产业结构不断优化升级，“产品 +”“互联网 +”“服务 +”“产业链 +”的经营模式成效显著，新产品贡献率年均突破 60.0%，新签订单年均增长 16.0%，专机业务由零起步到收入占比达 30.0%，服务型制造收入占比超 15.0%，重型机床产品在风电、船舶细分市场占有率达到 70.0% 以上，形成“数控超重型立式车床”等一大批全国制造业单项冠军和细分领域隐形冠军，3 万多台（套）“武重造”工作母机，打破进口依赖，填补多项国内空白，整体经营质量效益稳居行业前列，扛起“高端装备、短板装备、智能装备”的国产化大旗，为我国制造强国和创新强国建设做出重要贡献。

武重新厂大门

武重自主创新研制的牙轮钻产品
在高原进行高海拔作业

武重成功浇注 200 余吨大型单件钢锭模铸件

武重坚持“机床与专机并重”，立足发展“三大装备”

武重超重型数控机床产品进行批量化生产

武重自主研制 CKX53280 型立式铣车床

武重开拓盾构机等专用设备市场

三万多台（套）“武重造”工作母机，填补国内多项空白

武重自主研制 CKX5680 型螺旋桨用重型七轴五联动车铣复合机床荣获“国家科技进步二等奖”

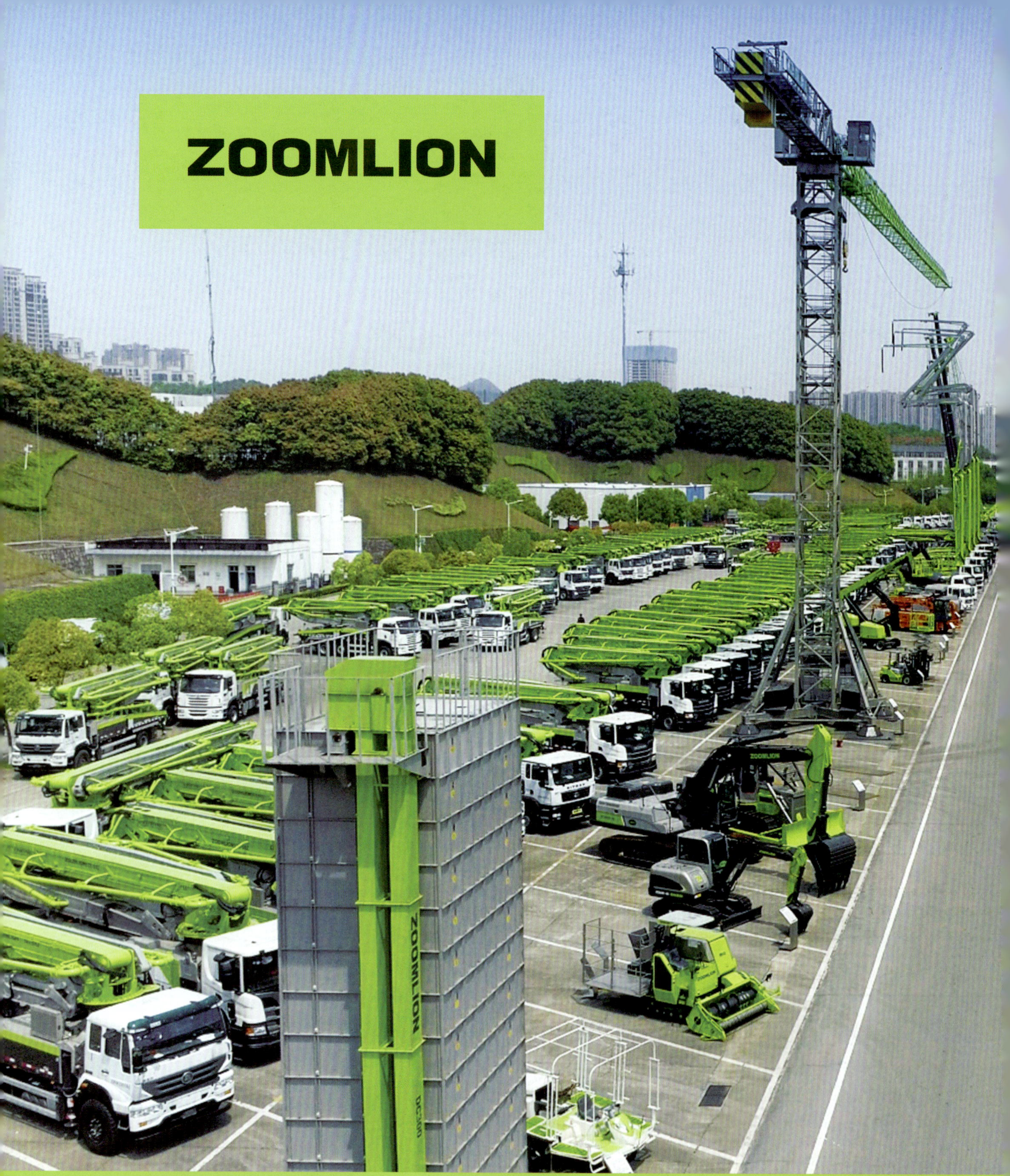
ZOOMLION
ZOOMLION

中联智慧产业城
总部及三大智能制造园区开工

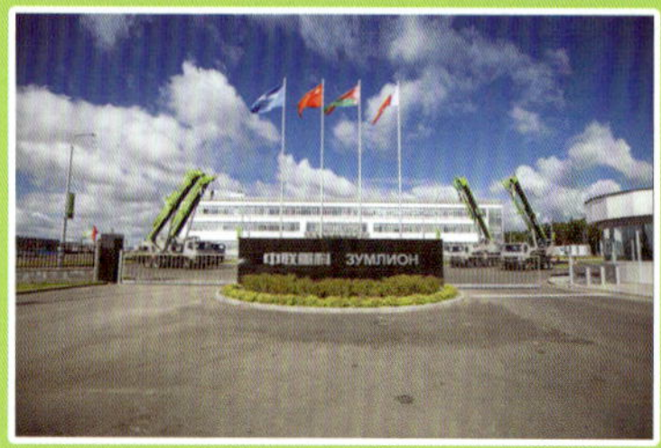

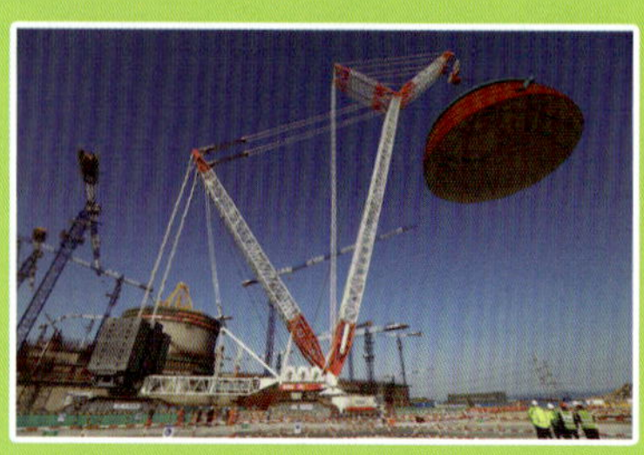

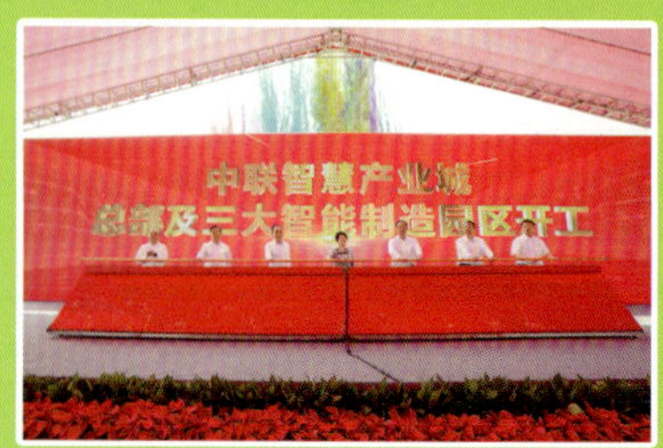

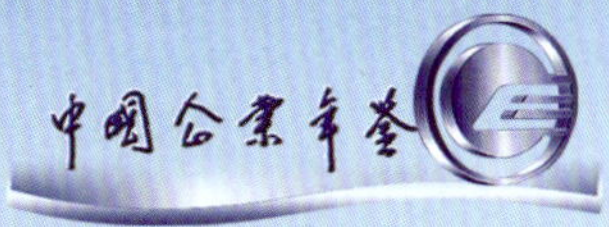
中国企业年鉴

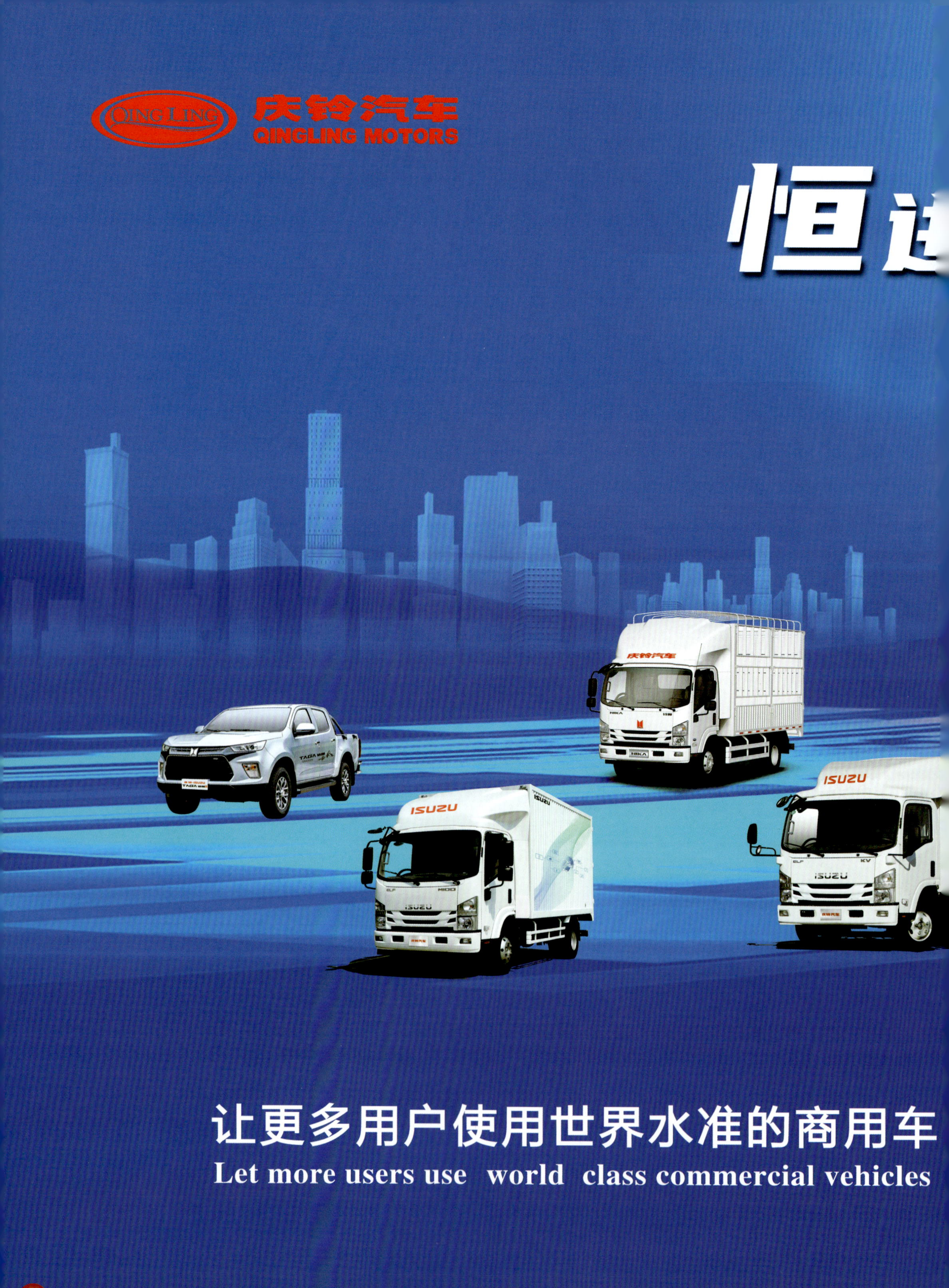

中国企业年鉴

中国华能集团燃料有限公司

中国华能集团燃料有限公司成立于2010年12月，是隶属于中国华能集团有限公司（下称“华能集团”）的二级产业公司。是华能集团进口煤、内贸下水煤的采购、供应主体，同时承担华能集团所属港口、航运企业的管理职能。公司推进煤、路、港、运全供应链体系建设，打造立足华能、面向社会、服务国家的国内一流专业化平台，构建集中、统一、高效的燃料供应管理体系，成为具有国际竞争力的现代物流企业。

华能太仓港码头

华能曹妃甸港口码头

华能瑞通“永恒资源”货轮

华能太仓港码头装卸

华能曹妃甸港口翻车机房

南京钢铁集团有限公司

因钢铁报国而落成，由钢铁强国而发展。

南京钢铁集团有限公司（简称“南钢”）始建于1958 年，是江苏钢铁工业摇篮，中国大型钢铁联合企业、国家高新技术企业，入选新华社民族品牌，先后荣获“全国文明单位”“全国质量奖” “中国最佳诚信企业”“卓越品牌钢铁企业”“钢铁行业竞争力极强（ A+）企业”“全国企业文化建设优秀单位” “国家绿色工厂”“智能制造示范基地”“改革开放40周年功勋企业”“行业绿色发展标杆企业”“抗疫英雄企业”等重要荣誉，现位列世界50大钢企、《财富》中国企业500强、江苏十大企业、南京市制造业榜单榜首。

南钢积极贯彻新发展理念，以高质量党建引领企业高质量发展，勇立潮头、锐意改革，深耕制造业高质量发展之路，持续提升运营、创新、产业链、裂变、组织、全球化等六大能级，致力打造创新驱动、数字化转型及新产业裂变三条成长曲线，汇聚打造“全球化高科技产业集团”的强大力量，构建钢铁+新产业“双主业”相互赋能的复合产业链生态系统，实现指数级增长，推进企业从“高原”向“高峰”攀登。

站在“十四五”开局的新起点，面对数字化时代的到来，南钢正秉承“创建国际一流受尊重的企业智慧生命体”的企业愿景，以“挺钢铁脊梁，铸强国之基”为己任，坚持智联价值，让制造更加美好，让工业更有力量，确立“绿色、智慧、人文、高科技”高质量发展的四大特征，向数字化、智能化、生态化转型升级，建设具有全球竞争力的高科技产业集团、世界头部企业，以及绿色智慧发展、产城融合的典范和美好生活的家园，成为钢铁行业转型发展的引领者，做世界级智能化工业脊梁。

打造现代都市环保型绿色工厂

JIT+C2M智能工厂

助建白鹤滩水电站工程

在厂区举办首届微马健康跑

党委创新建立“党建联盟”机制

“爱心暖冬”捐赠仪式

职工创新工作室

福建省三钢（集团）有限责任公司

福建省三钢（集团）有限责任公司（简称“三钢集团”）是一家年产钢 1 200 万吨和以钢铁业为主、多元产业并举的跨行业、跨地区、跨所有制的大型企业集团，旗下拥有三明本部、泉州闽光、罗源闽光、漳州闽光 4 个钢铁生产基地。2020 年年底，三钢集团有职工 17 200 人，拥有资产总额 5 259 400 万元，拥有全资及控股子公司 17 家（其中福建三钢闽光股份有限公司为上市公司），紧密型企业 1 家。

三钢集团主要产品有：高等级建筑材、中高等级金属制品材、中厚板材、中高等级机械制造用圆棒、优质合金热轧带钢。其中 35MnBH 合金结构钢热轧圆钢、钢筋混凝土用热轧带肋钢筋、低合金高强度结构钢等产品获得“金杯优质产品”称号。

三钢集团自 1988 年以来连年进入中国 500 强企业行列，在“2020 中国企业 500 强”中排名第 341 位，在“2020 中国制造业企业 500 强”中排名第 155 位。三钢集团先后获得全国五一劳动奖状、全国文明单位、全国先进基层党组织、全国模范劳动关系和谐企业、全国质量管理先进企业、首批国家知识产权优势企业、中国钢铁工业科技工作先进单位、全国钢铁工业先进集体、首届“福建省政府质量奖”、福建省企（事）业信息化应用先进单位、福建省企业文化建设示范单位、福建省用户满意企业、福建省工商信用优异企业（AAA 级）等荣誉称号。

钢铁工业先进集体

全国文明单位奖牌

全国五一劳动奖状

全国先进基层党组织

广州市城市建设投资集团有限公司

广州市城市建设投资集团有限公司（下称“广州城投”）成立于 2008 年，目前拥有 33 家直属企业，是专业从事城市基础设施投融资、建设、运营管理的国有大型企业集团，具有片区开发一体化建设和品质化运营的全产业链综合能力，注册资本 1 752 424 万元，银行信用评级 AAA 级。截至目前，资产总额 2 510.9 亿元，净资产约 1 164.1 亿元，负债率 53.6%。拥有 2 家新三板公司（广州塔旅游文化公司，证券代码：870972；建广环境科技公司，证券代码：871515）。

广州城投发挥投融资主体、重大项目建设主体和品质化运营主体作用，聚焦建设、金融、资产经营、智慧城市四大业务板块，在城市道路、特定区域开发、文化旅游、地下空间和全市综合管廊等方面，累计建设融投资达 2 000 亿元，出色完成 1 300 多个城市基础设施建设项目，为提升城市形象、强化城市功能、改善城市环境和第十六届亚运会的成功举办做出了重要贡献。

“十四五”期间，广州城投以“落实政府战略、服务民生需求、赋能城市发展”为根本使命，发挥国有资本投资公司功能，以国内一流智慧城市综合运营服务商为战略定位，聚焦重大基础设施建设和重大产业发展，完善城市投资建设运营全产业链布局，强化科技的引领作用和资本的助推作用，形成以智慧基建为核心，置业开发和文化旅游为重点，金融投资为支撑的“1+3”多元协同的现代产业体系。

广州花园效果图

广州南站效果图

猎德大桥

花城广场党群服务中心

花果山 4K5G 超高清视频小镇

广州开发区控股集团有限公司
Guangzhou Development District Holding Group Limited

广州开发区控股集团有限公司成立于1998年，由广州经济技术开发区管理委员会及广东省财政厅共同出资设立，是以科技金融为主业，创新科技金融服务、科技战略投资、科技园区运营三大板块协同发展的国有大型综合性企业集团，目前正朝着建设粤港澳大湾区湾顶明珠科技金融旗舰的目标迈进。现有控股企业14家，参股企业超过110家，是粤开证券（830899.NQ）、穗恒运（000531.SZ）和利德曼（300289.SZ）等上市企业的控股股东。旗下建设运营自有园区物业超400万平方米。截至目前，公司总资产1 179亿元，具有国内“AAA”信用评级和穆迪“Baa1”、惠誉“BBB+”国际信用评级，是中国服务业500强、广州金融业协会副会长单位、广州市新三板企业协会秘书长单位、中国技术创业协会副理事长单位、广州产业园区商会常务副会长。

开发区控股中心（办公楼）

开发区控股投资广州日报科技心项目开工

开发区控股旗下加速器园区

"科技金融 一站赋能"金融服务集团揭牌

开发区控股举办"庆百年 迎国庆"红色经典歌曲大赛

开发区控股集团与绿叶生命科学集团合作签约

开发区控股旗下科技园区

古井贡酒·年份原浆®

员工代表通过央视春晚向全球华人拜年

酿酒车间

灌装车间

科研人员

集团总部

酒神广场

安徽古井集团有限责任公司

安徽古井集团有限责任公司是中国老八大名酒企业，中国制造业500强企业，坐落在历史名人曹操与华佗故里、世界十大烈酒产区之一的安徽省亳州市，目前拥有正式员工11 000多名。

古井集团的前身为起源于明代正德十年（公元1515年）的公兴槽坊，1959年转制为省营亳县古井酒厂。1992年集团公司成立，1996年古井贡股票上市。古井集团秉承“做真人，酿美酒，善其身，济天下”的价值观，主导产品古井贡酒以“色清如水晶、香纯似幽兰、入口甘美醇和、回味经久不息”的独特风格，四次蝉联全国白酒评比金奖，在巴黎第十三届国际食品博览会上荣获金夏尔奖。近年来，古井集团主打产品古井贡酒·年份原浆，以“桃花曲、无极水、九酝酒法、明清窖池”的优良品质，受到广泛赞誉。2018年，古井集团收入首次突破100亿元。

党建企业文化馆

2013年，古井贡酒酿造遗址荣列全国重点文物保护单位。2017年，全国首家古井党建企业文化馆开馆。2018年，古井贡酒荣获“世界烈酒名牌”称号，古井贡酒酿酒方法“九酝酒法”被世界吉尼斯纪录认证。2019年，“古井贡酒·年份原浆传统酿造区”成为国家工业遗产。2020年，古井集团获得“国家非物质文化遗产”“全国文明单位”等多项国字号荣誉。2021年，在“华樽杯”中国酒类品牌价值评议活动中，“古井贡”以2 006.72亿元的品牌价值继续位列安徽省酒企第1名，中国白酒行业第4名。

近年来，古井集团先后与湖北黄鹤楼酒业、安徽明光酒业签订战略合作协议，成为拥有“三个品牌”“四种香型”“三地产区”的中国名酒企业。

总部主办公楼

泸州老窖集团有限责任公司

泸州老窖集团有限责任公司（下称“泸州老窖集团”）成立于2000年，总部位于“中国酒城”泸州，是国有全资企业。在“天地同酿、人间共生”企业哲学的引领下，泸州老窖集团秉承“敬人敬业、激情超越”的企业精神，坚持“尚法、感恩、创新、实干”的核心价值观，以“挺进世界500强”为目标，实业和金融双轮驱动，走出了一条以资本经营为核心的“控制力发展型”之路。

如今，泸州老窖集团已成为跨行业、跨领域的大型企业集团，形成了“1+3+N”的组织架构，即：1——泸州老窖集团有限责任公司，3——泸州老窖股份有限公司、华西证券股份有限公司、泸州银行股份有限公司三大上市公司，N——鸿利智汇、嘉信集团、康润集团、智同商贸等多家在行业内颇具实力的骨干子公司。

2016—2020年，泸州老窖集团（不含老窖股份、泸州银行、华西证券）营业收入从87 500万元增至3 311 400万元，增幅3 684.0%；利润总额从21 000万元增至84 300万元，增幅301.0%；资产总额从2 201 900万元增至4 883 100万元，增幅122.0%。泸州老窖集团入围2020中国企业500强第366位、2020中国制造业企业500强第169位。

成为 具有全球影响力的 产融控股集团

广西北部湾银行股份有限公司
GUANGXI BEIBU GULF BANK CO., LTD.

广西北部湾银行股份有限公司（下称“北部湾银行”）是顺应国家实施北部湾经济区开放开发战略，在原南宁市商业银行基础上改制设立的省级城市商业银行，2008年10月挂牌成立，现有员工超4 000人，营业网点超220家，在全区13个设区市及51个县域设立分支机构，并发起设立3家村镇银行，与世界30多个主要国家和地区217家银行建立代理行关系，形成“网点向基层下沉、业务覆盖全广西、同业合作辐射全国、境内外代理延伸全球”的综合服务格局。在为推动广西地方社会的发展和各民族经济的融合做出了巨大贡献的同时实现了自身的高质量发展。

北部湾银行牢记使命担当，努力打造“支持地方经济发展的省级主力金融平台、金融创新平台、地方金融人才培养平台”，累计提供表内外融资超15 000亿元服务广西经济社会发展，其中从区外引进资金4 380亿元以上，朝着“地方金融的领头羊、国内一流的精品银行、加快上市步伐”三大目标稳步迈进，努力建设让地方党委政府、监管部门、股东、客户、合作伙伴和员工六方“高兴”和满意的银行。截至目前，北部湾银行资产总额突破3 400亿元，各项贷款突破1 900亿元，各项存款突破2 300亿元，是广西区内首家主体长期信用等级获评AAA的城商行。

十三载砥砺奋进，北部湾银行书写了“广西自己的银行”的靓丽答卷。在英国银行家新公布的“全球银行1 000强”中排名第370位，3年跃升131位，首次跻身全球银行400强。先后荣获“金融机构支持地方经济发展突出贡献奖”“全国银行业金融机构小微企业金融服务先进单位”“全国十佳城商行”“全国七五普法中期先进集体”“广西优秀企业”和“中国服务业500强”“广西企业100强”“广西服务业50强”“广西地方税纳税百强”“服务八桂综合贡献奖”等荣誉。

国家调研组金融组到广西北部湾银行调研地方法人金融机构高质量发展情况

北行与自治区农业农村厅、自治区乡村振兴局签署三方合作协议助力乡村振兴

南宁市政府联合广西北部湾银行发起成立碳金融与绿色发展创新联合实验

北行与合作伙伴签署《供应链物流金融三方合作协议》共促面向东盟开放合作

青岛西海岸新区融合控股集团有限公司

青岛西海岸新区融合控股集团有限公司（下称“融合控股集团”）成立于 2018 年 11 月 26 日，是青岛西海岸新区落实党的十九大精神、深化国资国企改革设立的国有资本投资运营集团，注册资本 50 亿元，总资产 1 538.7 亿元，是中国服务业企业 500 强、全国 AAA 级诚信企业、山东省品牌创新企业、青岛 100 强企业。融合控股集团始终坚持党建引领、创新驱动、高质量发展，深入践行经略海洋、融合创新等国家发展战略，优化国有资本战略投资布局，构建了“融”“投”“运”“管”“研”五位一体运营机制，打造了一支定位明确、功能科学、结构完善、坚强有力的“国企航母编队”，实现资产规模、经营效益裂变式、倍增式增长。截至 2020 年年底，总资产从成立之初的 660 亿元增长到 1 288 亿元，营业收入从 65 亿元增长到 244 亿元，分别增长 95.2%、275.4%。

融合控股集团立足“争创国内一流资本运营集团”目标，坚持市场逻辑、开放思维，以改革优存量，以市场布增量，逐步形成现代海洋、智能制造、数字经济、生命健康等战略性新兴产业格局，推动资源资产化、资产资本化、资本证券化。集团发挥国有资本市场化运作平台优势，致力与世界 500 强、央企、地方国企、行业龙头企业、科研机构协同创新，通过风投创投，培育孵化科技创新领军企业，促进“四新经济”发展；通过创新平台建设，发起国际海洋产业资本配置行动，启动青岛国际海洋产业资本配置中心、青岛融合达索系统赋能创新中心、海洋工程开发中心；通过“科技创新 + 资本运作 + 产业投资 + 金融服务 + 园区运营”，聚力打造集成电路、生命健康产业、科技产业、海工装备四大基地，发展壮大集成电路产业集群、人工智能产业集群、海洋生物与生命健康产业集群，促进产业链、资金链、人才链、技术链“四链合一”。承担山东自贸试验区青岛片区投资建设任务，担当中日（青岛）地方发展合作示范区建设运营主体，青岛桥头堡国际商务区、青岛经济技术开发区转型发展区、古镇口融合创新示范区、交通商务区等区域开发建设主体；中央美院青岛校区、中国海洋大学新校区、青岛大学附属医院分院等项目投资建设主体、教育医疗产业市场化运营主体，助力青岛建设开放、现代、活力、时尚的国际大都市和科技引领城，打造世界工业互联网之都、全球海洋中心城市、全球创投风投中心。

投资建设青岛西站

投资国内无人售货系统领军企业——易触科技

发起青岛国际海洋产业资本配置行动

投资建设青岛达索融合创新中心

半导体高端封测项目实现当年签约、当年开工、当年封顶

控股青岛西海岸保税物流中心，打造北方跨境电商产业生态园区

投资建设中央美院青岛校区

中 国 企 业
中国民营企业
500强

广东鼎龙实业集团始创于20世纪90年代，总部位于广州。集团以文旅产业、地产开发、贸易产业链、矿产业链四大产业为核心，多元产业融合发展，拥有A股上市公司鼎龙文化（股票代码：002502.SZ）。2020年，集团总营收突破1 300亿元，荣膺2020中国企业500强第208位、2020中国民营企业500强第54位；2019—2020年连续两年荣膺中国文旅地产10强。

集团长期致力社会公益，先后荣获“2020福布斯中国慈善榜”“2019年度广东扶贫济困红棉杯金杯”“宋庆龄基金会特别爱心合作伙伴”“扶贫济困十佳杰出贡献单位”“南方公益文化环保奖”等殊荣，2019年成为国家自然资源部海洋公益项目合作伙伴。截至2020年年底，鼎龙集团在公益事业投入累计约4亿元。

鼎龙湾国际海洋度假区

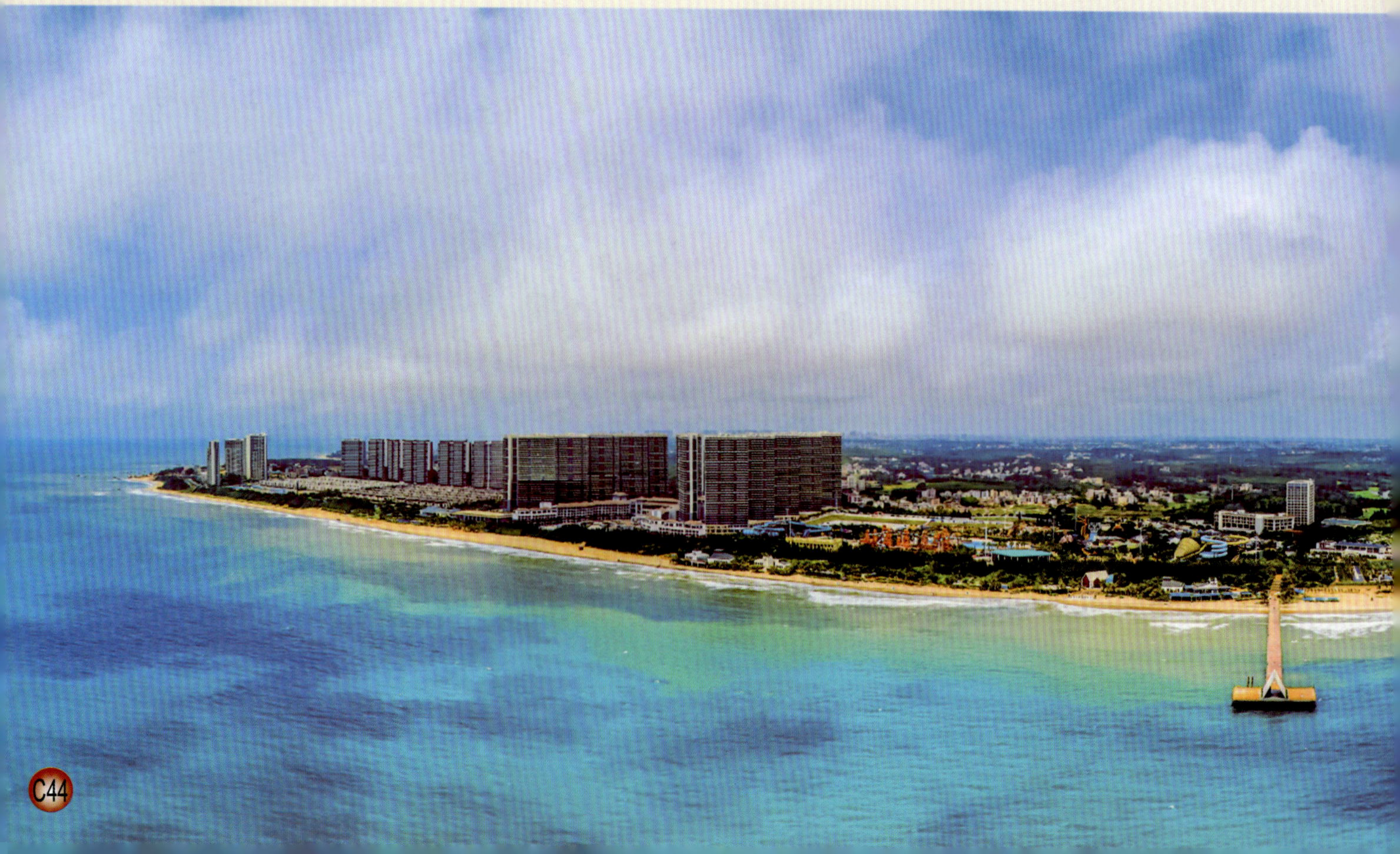

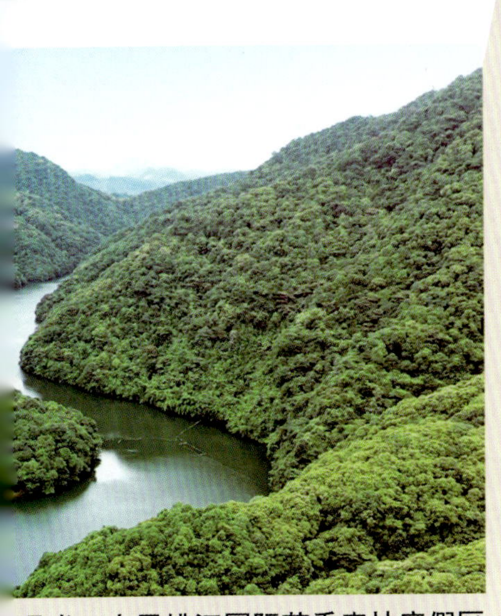

鼎龙·十里桃江国际芳香森林度假区

中国企业年鉴

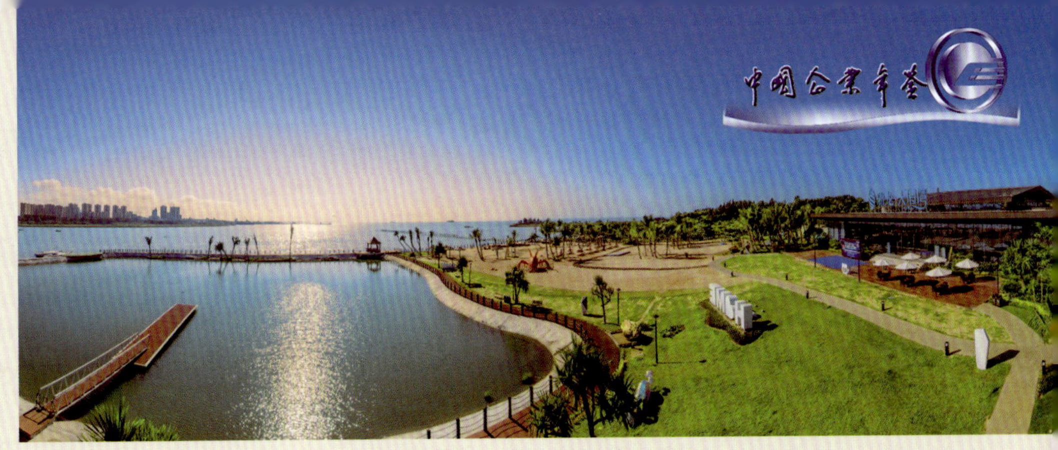

鼎龙·天海湾温泉国际芳香森林度假区

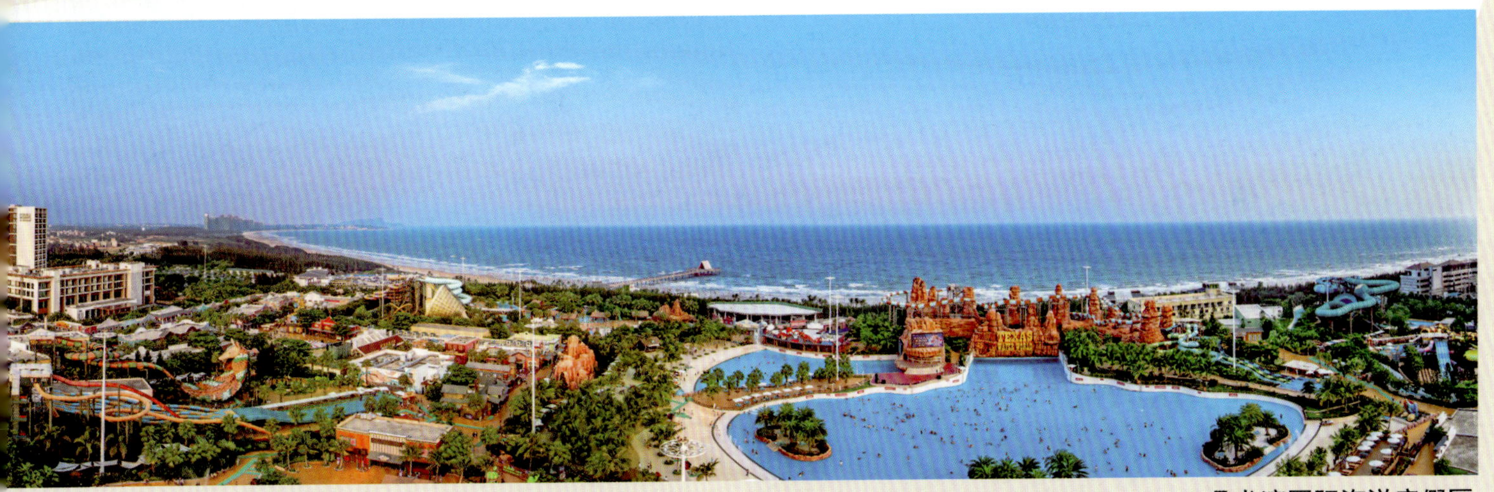

鼎龙湾国际海洋度假区

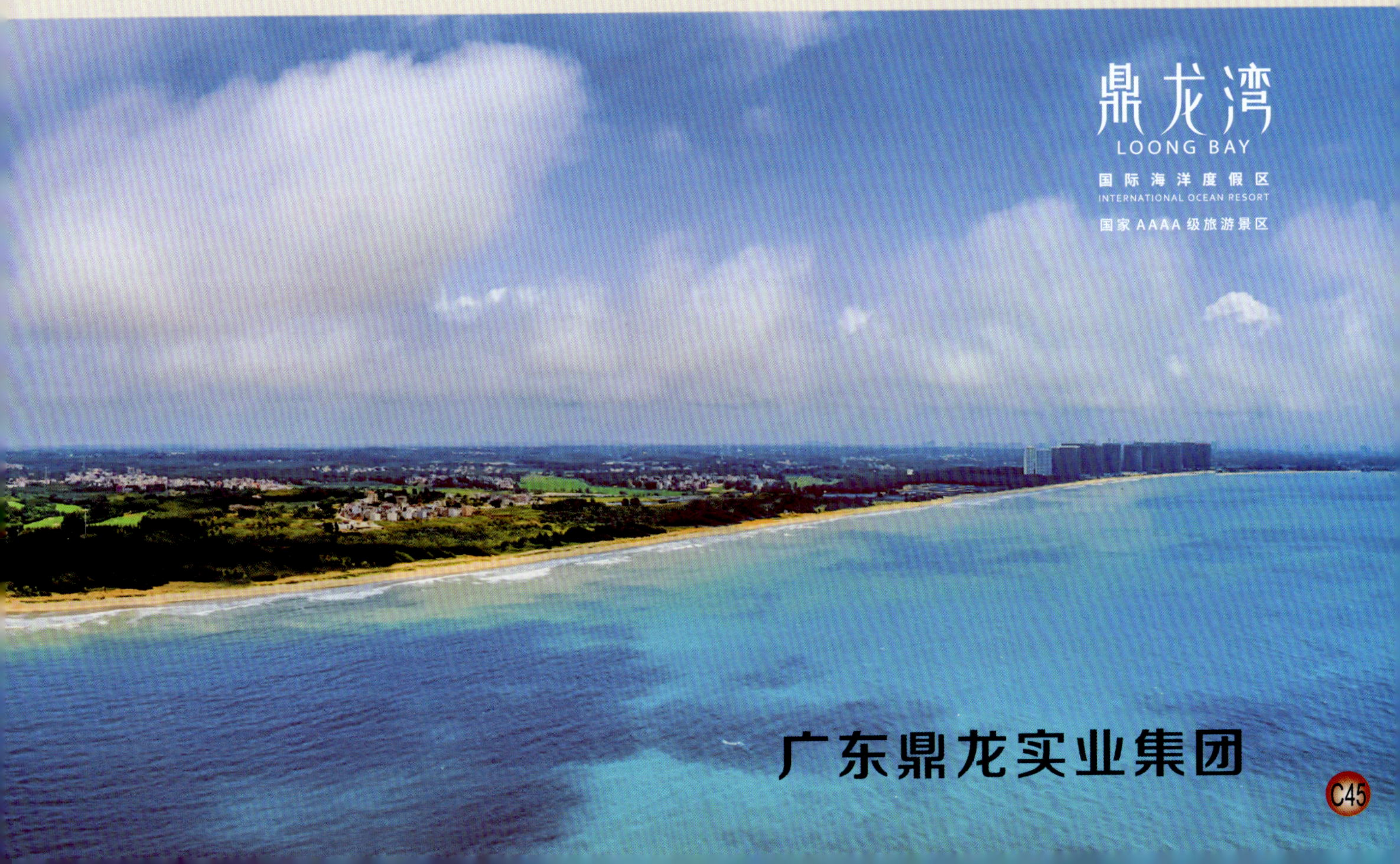
鼎龙湾
LOONG BAY
国际海洋度假区
INTERNATIONAL OCEAN RESORT
国家AAAA级旅游景区
广东鼎龙实业集团

山东东明石化集团有限公司

山东东明石化集团始建于1987年，1997年组建有限公司。现有员工7 000余人，总资产450亿元，原油年一次加工能力过千万吨，建设了东明、新海、日照、海外、终端五大基地，是以基础炼油、高端化工为主，集终端零售、国际物流、国际贸易等为一体的产业链条化的特大型高端化工企业集团。自2007年起连续入围“中国企业500强”。目前位居“中国企业500强”第216位，“中国民营企业500强”第74位，“中国石油和化工企业500强”第25位，“山东民营企业100强”第3位，被先后授予全国文明单位、中华环境友好企业、全国五一劳动奖状、全国优秀诚信企业、全国企业文化建设先进单位等荣誉。

集团党委书记、董事局主席 **李湘平**

集团产品“恒昌”牌聚丙烯为“山东省名牌”“山东省名优品牌”产品；“恒昌”牌、“鲁昌”牌、“路畅”牌商标被评为“山东省著名商标”，“鲁昌”商标荣获“中国驰名商标”认定保护。

集团党委书记、董事局主席李湘平作为第十一、十二、十三届全国人大代表、第十二届全国工商业联合会副主席，先后被授予“全国劳动模范”“全国优秀企业家”“改革开放40年百名杰出民营企业家”“全国企业优秀党委书记”“践行社会主义核心价值观中国企业文化杰出个人”“山东省优秀共产党员”等光荣称号。

石化全景

装置 1

装置 2

码头

火运

网络化的终端销售站点

汽运

海运

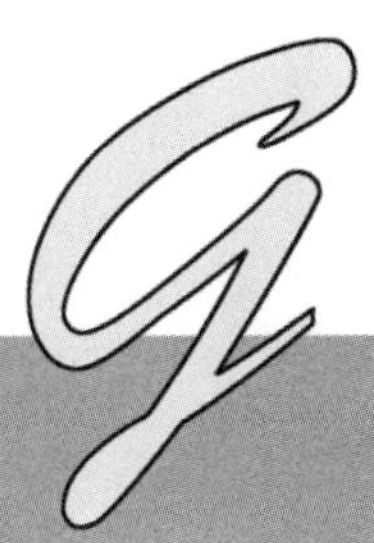

国民经济和社会发展统计资料

中华人民共和国2020年国民经济和社会发展统计公报[1]

中华人民共和国国家统计局

2021年2月28日

2020年是中华人民共和国历史上极不平凡的一年。面对严峻复杂的国际形势、艰巨繁重的国内改革发展稳定任务特别是新冠肺炎疫情的严重冲击，以习近平同志为核心的党中央统揽全局，保持战略定力，准确判断形势，精心谋划部署，果断采取行动，付出艰苦努力，及时做出统筹疫情防控和经济社会发展的重大决策。各地区各部门坚持以习近平新时代中国特色社会主义思想为指导，全面贯彻党的十九大和十九届二中、三中、四中、五中全会精神，按照党中央、国务院决策部署，沉着冷静应对风险挑战，坚持高质量发展方向不动摇，统筹疫情防控和经济社会发展，扎实做好“六稳”工作，全面落实“六保”任务，中国经济运行逐季改善、逐步恢复常态，在全球主要经济体中唯一实现经济正增长，脱贫攻坚战取得全面胜利，决胜全面建成小康社会取得决定性成就，交出一份人民满意、世界瞩目、可以载入史册的答卷。

一、综　合[2]

初步核算，全年国内生产总值[3]1 015 986亿元，比上年增长2.3%。其中：第一产业增加值77 754亿元，增长3.0%；第二产业增加值384 255亿元，增长2.6%；第三产业增加值553 977亿元，增长2.1%。第一产业增加值占国内生产总值比重为7.7%，第二产业增加值比重为37.8%，第三产业增加值比重为54.5%。全年最终消费支出拉动国内生产总值下降0.5个百分点，资本形成总额拉动国内生产总值增长2.2个百分点，货物和服务净出口拉动国内生产总值增长0.7个百分点。分季度看，一季度国内生产总值同比下降6.8%，二季度同比增长3.2%，三季度同比增长4.9%，四季度增长6.5%。预计全年人均国内生产总值72 447元，比上年增长2.0%。国民总收入[4]1 009 151亿元，比上年增长1.9%。全国万元国内生产总值能耗[5]比上年下降0.1%。预计全员劳动生产率[6]为117 746元/人，比上年提高2.5%。见图1、图2。

全年城镇新增就业1 186万人，比上年少增166万人。年底全国城镇调查失业率为5.2%，城镇登记失业率为4.2%。全国农民工[7]总量28 560万人，比上年下降1.8%。其中：外出农民工16 959万人，下降2.7%；本地农民工11 601万人，下降0.4%。见图3。

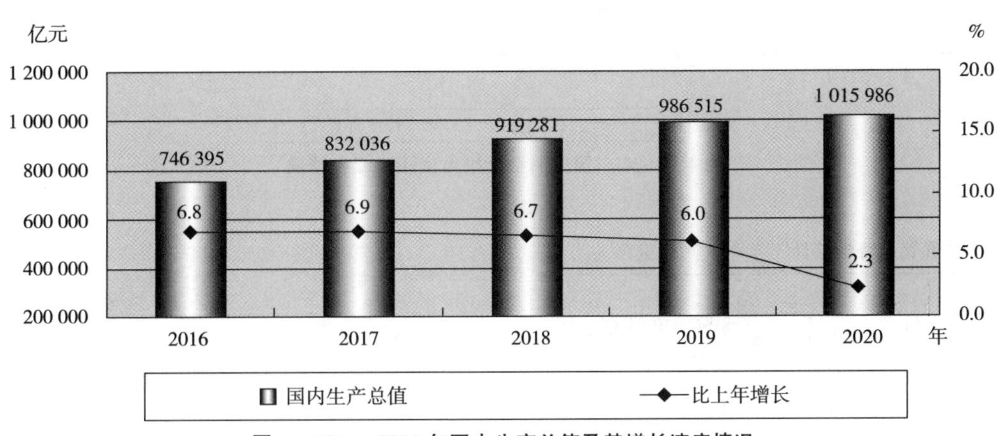

图1　2016—2020年国内生产总值及其增长速度情况

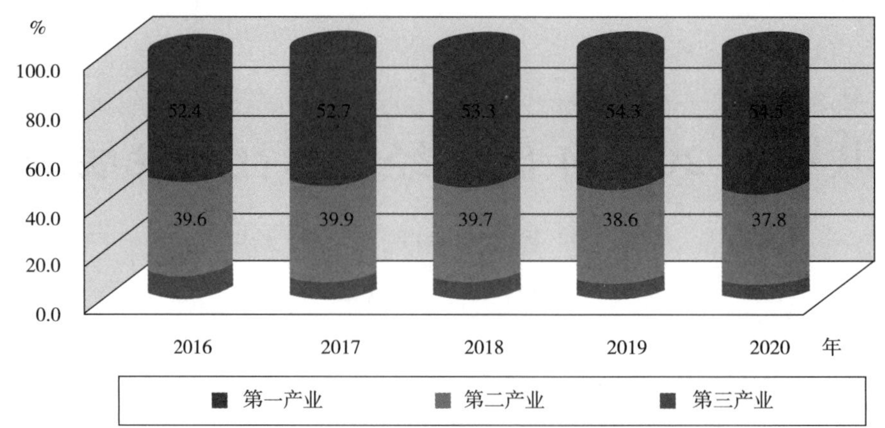

图 2 2016—2020 年三次产业增加值占国内生产总值比重情况

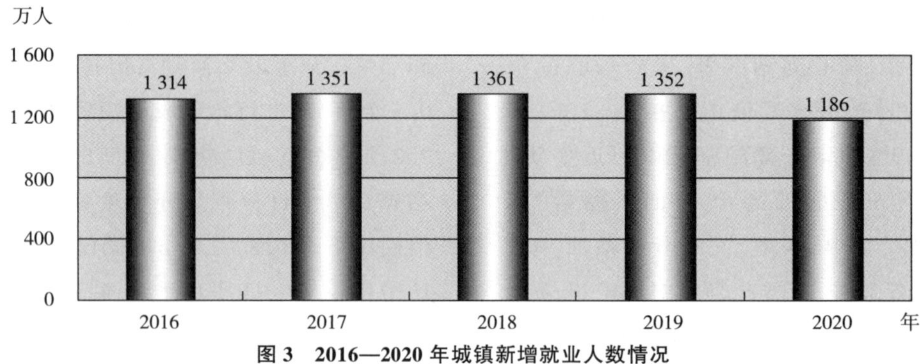

图 3 2016—2020 年城镇新增就业人数情况

全年居民消费价格比上年上涨 2.5%。工业生产者出厂价格下降 1.8%。工业生产者购进价格下降 2.3%。农产品生产者价格[8]上涨 15.0%。12 月,70 个大中城市新建商品住宅销售价格同比上涨的城市个数为 60 个,下降的为 10 个。见图 4、表 1。

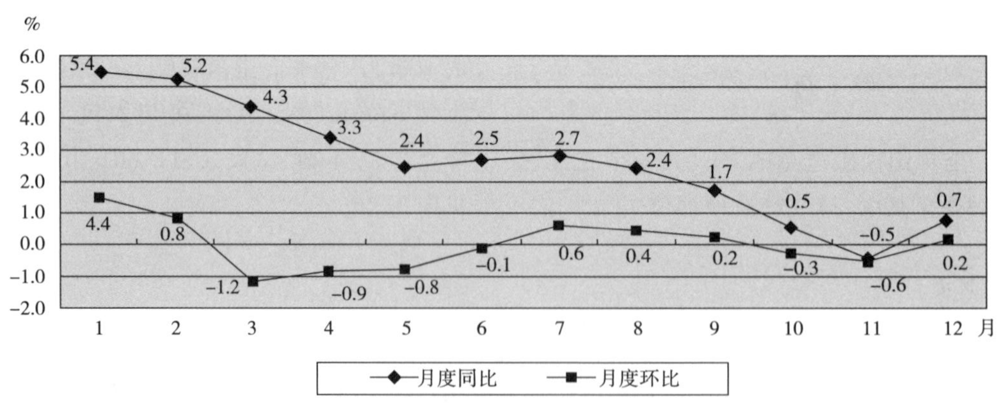

图 4 2020 年居民消费价格月度涨跌幅度情况

表 1 2020 年居民消费价格比上年涨跌幅度情况

指 标	全 国 /%	城 市 /%	农 村 /%
居民消费价格	2.5	2.3	3.0
其中:食品烟酒	8.3	7.8	9.6

续表

指 标	全 国 /%	城 市 /%	农 村 /%
衣 着	-0.2	-0.2	-0.3
居 住[9]	-0.4	-0.4	-0.5

续表

指　标	全　国 /%	城　市 /%	农　村 /%
生活用品及服务	0.0	0.1	-0.1
交通和通信	-3.5	-3.6	-3.2
教育文化和娱乐	1.3	1.4	1.1
医疗保健	1.8	1.7	2.0
其他用品和服务	4.3	4.4	4.1

年底国家外汇储备 32 165 亿美元，比上年年底增加 1 086 亿美元。全年人民币平均汇率为 1 美元兑 6.897 4 元人民币，比上年升值 0.02%。见图 5。

三大攻坚战取得决定性成就。按照每人每年生活水平 2 300 元（2010 年不变价）的现行农村贫困标准计算，551 万农村贫困人口全部实现脱贫。党的十八大以来，9 899 万农村贫困人口全部实现脱贫，贫困县全部摘帽，绝对贫困历史性消除。全年贫困地区[10]农村居民人均可支配收入 12 588 元，比上年增长 8.8%，扣除价格因素，实际增长 5.6%。在监测的 337 个地级及以上城市中，全年空气质量达标的城市占 59.9%，未达标的城市占 40.1%。细颗粒物（$PM_{2.5}$）未达标城市（基于 2015 年 $PM_{2.5}$ 年平均浓度未达标的 262 座城市）年平均浓度 37 微克/立方米，比上年下降 7.5%。1 940 个国家地表水考核断面中，全年水质优良（Ⅰ～Ⅲ类）断面比例为 83.4%，Ⅳ类断面比例为 13.6%，Ⅴ类断面比例为 2.4%，劣Ⅴ类断面比例为 0.6%。年底全国地方政府债务余额控制在全国人大批准的限额之内。金融风险处置取得重要阶段性成果。

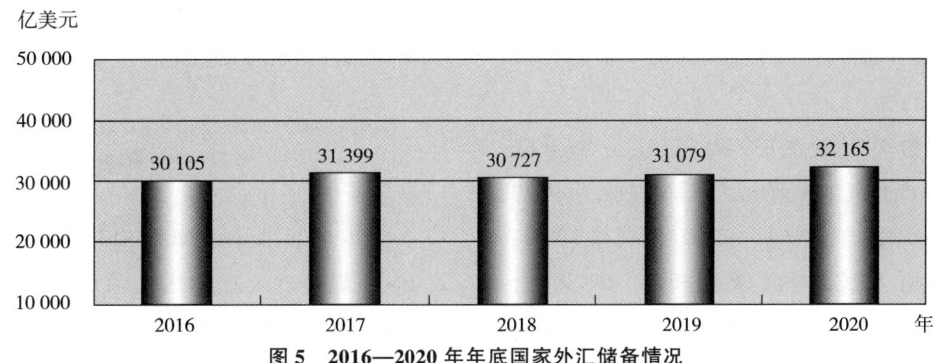

图 5　2016—2020 年年底国家外汇储备情况

新产业新业态新模式逆势成长。全年规模以上工业中，高技术制造业[11]增加值比上年增长 7.1%，占规模以上工业增加值的比重为 15.1%；装备制造业[12]增加值增长 6.6%，占规模以上工业增加值的比重为 33.7%。全年规模以上服务业[13]中，战略性新兴服务业[14]企业营业收入比上年增长 8.3%。全年高技术产业投资[15]比上年增长 10.6%。全年新能源汽车产量 145.6 万辆，比上年增长 17.3%；集成电路产量 2 614.7 亿块，增长 29.6%。全年网上零售额[16]117 601 亿元，按可比口径计算，比上年增长 10.9%。全年新登记市场主体 2 502 万户，日均新登记企业 2.2 万户，年底市场主体总数达 1.4 亿户。

城乡区域协调发展稳步推进。年底常住人口城镇化率超过 60.0%。分区域看[17]，全年东部地区生产总值 525 752 亿元，比上年增长 2.9%；中部地区生产总值 222 246 亿元，比上年增长 1.3%；西部地区生产总值 213 292 亿元，比上年增长 3.3%；东北地区生产总值 51 125 亿元，比上年增长 1.1%。全年京津冀地区生产总值 86 393 亿元，比上年增长 2.4%；长江经济带地区生产总值 471 580 亿元，比上年增长 2.7%；长江三角洲地区生产总值 244 714 亿元，比上年增长 3.3%。粤港澳大湾区建设、黄河流域生态保护和高质量发展等区域重大战略深入实施。

二、农　业

全年粮食种植面积 11 677 万公顷，比上年增加 70 万公顷。其中：稻谷种植面积 3 008 万公顷，增加 38 万公顷；小麦种植面积 2 338 万公顷，减少 35 万公顷；玉米种植面积 4 126 万公顷，减少 2 万公顷。

棉花种植面积 317 万公顷，减少 17 万公顷。油料种植面积 1 313 万公顷，增加 20 万公顷。糖料种植面积 157 万公顷，减少 4 万公顷。

全年粮食产量 66 949 万吨，比上年增加 565 万吨，增产 0.9%。其中：夏粮产量 14 286 万吨，增产 0.9%；早稻产量 2 729 万吨，增产 3.9%；秋粮产量 49 934 万吨，增产 0.7%。全年谷物产量 61 674 万吨，比上年增产 0.5%。其中：稻谷产量 21 186 万吨，增产 1.1%；小麦产量 13 425 万吨，增产 0.5%；玉米产量 26 067 万吨，持平略减。见图 6。

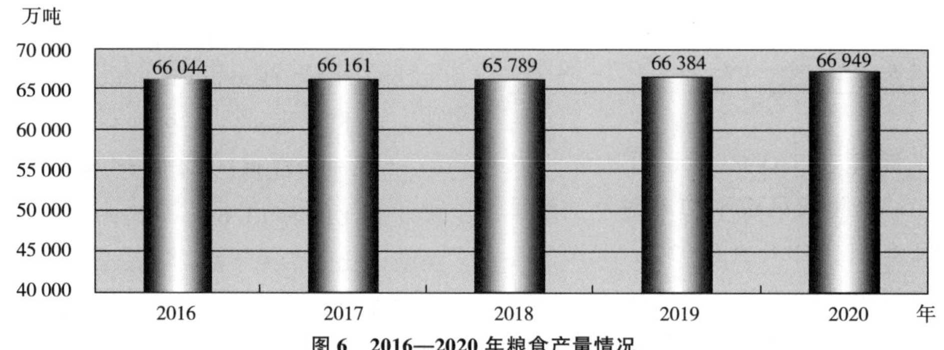

图 6　2016—2020 年粮食产量情况

全年棉花产量 591 万吨，比上年增产 0.4%。油料产量 3 585 万吨，比上年增产 2.6%。糖料产量 12 028 万吨，比上年减产 1.2%。茶叶产量 297 万吨，比上年增产 7.1%。

全年猪牛羊禽肉产量 7 639 万吨，比上年下降 0.1%。其中：猪肉产量 4 113 万吨，下降 3.3%；牛肉产量 672 万吨，增长 0.8%；羊肉产量 492 万吨，增长 1.0%；禽肉产量 2 361 万吨，增长 5.5%。禽蛋产量 3 468 万吨，增长 4.8%。牛奶产量 3 440 万吨，增长 7.5%。年底生猪存栏 40 650 万头，比上年年底增长 31.0%；全年生猪出栏 52 704 万头，比上年下降 3.2%。

全年水产品产量 6 545 万吨，比上年增长 1.0%。其中：养殖水产品产量 5 215 万吨，增长 3.0%；捕捞水产品产量 1 330 万吨，下降 5.0%。

全年木材产量 8 727 万立方米，比上年下降 13.1%。

全年新增耕地灌溉面积 43 万公顷，新增高效节水灌溉面积 160 万公顷。

三、工业和建筑业

全年全部工业增加值 313 071 亿元，比上年增长 2.4%。规模以上工业增加值比上年增长 2.8%。在规模以上工业中，分经济类型看，国有控股企业增加值比上年增长 2.2%；股份制企业比上年增长 3.0%，外商及港澳台商投资企业比上年增长 2.4%；私营企业比上年增长 3.7%。分门类看，采矿业比上年增长 0.5%，制造业比上年增长 3.4%，电力、热力、燃气及水生产和供应业比上年增长 2.0%。见图 7。

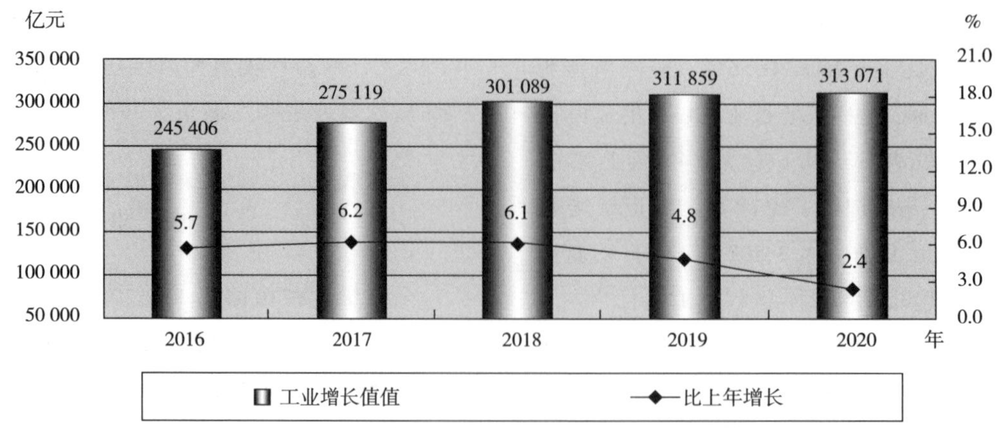

图 7　2016—2020 年全部工业增加值及增长速度情况

全年规模以上工业中,农副食品加工业增加值比上年下降1.5%,纺织业增长0.7%,化学原料和化学制品制造业增长3.4%,非金属矿物制品业增长2.8%,黑色金属冶炼和压延加工业增长6.7%,通用设备制造业增长5.1%,专用设备制造业增长6.3%,汽车制造业增长6.6%,电气机械和器材制造业增长8.9%,计算机、通信和其他电子设备制造业增长7.7%,电力、热力生产和供应业增长1.9%。见表2。

表2　2020年主要工业产品产量及其增长速度情况[18]

产品名称	单　位	产　量	比上年增长/%
纱	万　吨	2 618.3	-7.4
布	亿　米	460.3	-17.1
化学纤维	万　吨	6 126.5	4.1
成品糖	万　吨	1 431.3	3.0
卷　烟	亿　支	23 863.7	0.9
彩色电视机	万　台	19 626.2	3.3
其中:液晶电视机	万　台	19 247.2	3.0
家用电冰箱	万　台	9 014.7	14.0
房间空气调节器	万　台	21 035.3	-3.8
一次能源生产总量	亿吨标准煤	40.8	2.8
原　煤	亿　吨	39.0	1.4
原　油	万　吨	19 476.9	1.6
天然气	亿立方米	1 925.0	9.8
发电量	亿千瓦小时	77 790.6	3.7
其中:火　电[19]	亿千瓦小时	53 302.5	2.1
水　电	亿千瓦小时	13 552.1	3.9
核　电	亿千瓦小时	3 662.5	5.1
粗　钢	万　吨	106 476.7	7.0
钢　材[20]	万　吨	132 489.2	10.0
10种有色金属	万　吨	6 188.4	5.5
其中:精炼铜(电解铜)	万　吨	1 002.5	2.5
原　铝(电解铝)	万　吨	3 708.0	5.6
水　泥	亿　吨	24.0	2.5
硫　酸(折100%)	万　吨	9 238.2	1.3
烧　碱(折100%)	万　吨	3 673.9	6.2
乙　烯	万　吨	2 160.0	5.2
化　肥(折100%)	万　吨	5 496.0	-4.1
发电机组(发电设备)	万千瓦	13 226.2	38.3
汽　车	万　辆	2 532.5	-1.4
其中:基本型乘用车(轿车)	万　辆	923.9	-10.2
运动型多用途乘用车(SUV)	万　辆	905.0	2.6
大中型拖拉机	万　台	34.6	23.0
集成电路	亿　块	2 614.7	29.6
程控交换机	万　线	702.5	-11.1
移动通信手持机	万　台	146 961.8	-13.3
微型计算机设备	万　台	37 800.4	10.6
工业机器人	万台(套)	21.2	20.7

年底全国发电装机容量220 058万千瓦，比上年年底增长9.5%。其中[21]：火电装机容量124 517万千瓦，比上年增长4.7%；水电装机容量37 016万千瓦，比上年增长3.4%；核电装机容量4 989万千瓦，比上年增长2.4%；并网风电装机容量28 153万千瓦，比上年增长34.6%；并网太阳能发电装机容量25 343万千瓦，比上年增长24.1%。

全年规模以上工业企业利润64 516亿元，比上年增长4.1%[22]。分经济类型看，国有控股企业利润14 861亿元，比上年下降2.9%；股份制企业45 445亿元，比上年增长3.4%，外商及港澳台商投资企业18 234亿元，比上年增长7.0%；私营企业20 262亿元，比上年增长3.1%。分门类看，采矿业利润3 553亿元，比上年下降31.5%；制造业55 795亿元，比上年增长7.6%；电力、热力、燃气及水生产和供应业5 168亿元，比上年增长4.9%。全年规模以上工业企业每百元营业收入中的成本为83.9元，比上年减少0.1元；营业收入利润率为6.1%，提高0.2个百分点。年底规模以上工业企业资产负债率为56.1%，比上年年底下降0.3个百分点。全年全国工业产能利用率[23]为74.5%，其中一、二、三、四季度分别为67.3%、74.4%、76.7%、78.0%。

全年全社会建筑业增加值72 996亿元，比上年增长3.5%。全国具有资质等级的总承包和专业承包建筑业企业利润8 303亿元，比上年增长0.3%，其中国有控股企业2 871亿元，比上年增长4.7%。见图8。

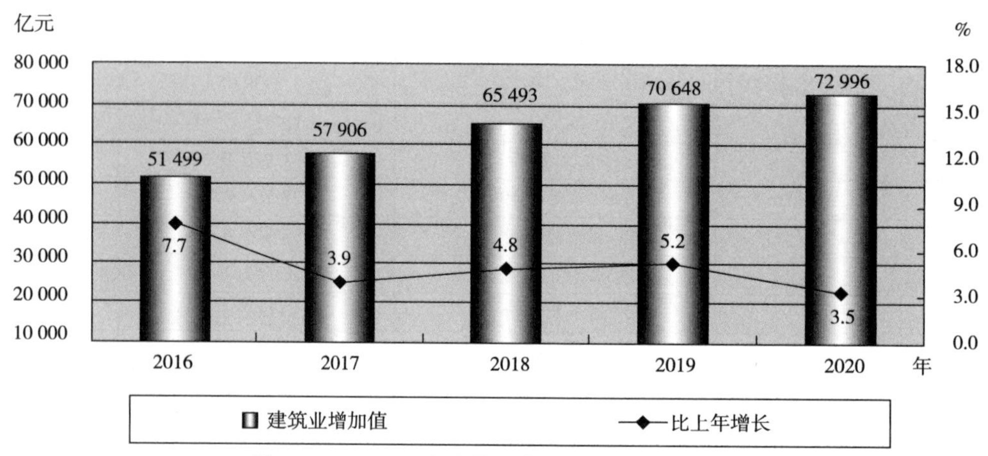

图8　2016—2020年建筑业增加值及增长速度情况

四、服务业

全年批发和零售业增加值95 686亿元，比上年下降1.3%；交通运输、仓储和邮政业增加值41 562亿元，比上年增长0.5%；住宿和餐饮业增加值15 971亿元，比上年下降13.1%；金融业增加值84 070亿元，比上年增长7.0%；房地产业增加值74 553亿元，比上年增长2.9%；信息传输、软件和信息技术服务业增加值37 951亿元，比上年增长16.9%；租赁和商务服务业增加值31 616亿元，比上年下降5.3%。全年规模以上服务业企业营业收入比上年增长1.9%，利润总额比上年下降7.0%。见图9。

全年货物运输总量[24]463亿吨，货物运输周转量196 618亿吨公里。全年港口完成货物吞吐量145亿吨，比上年增长4.3%，其中外贸货物吞吐量45亿吨，比上年增长4.0%。港口集装箱吞吐量26 430万标准箱，比上年增长1.2%。见表3。

全年旅客运输总量97亿人次，比上年下降45.1%。旅客运输周转量19 251亿人公里，比上年下降45.5%。见表4。

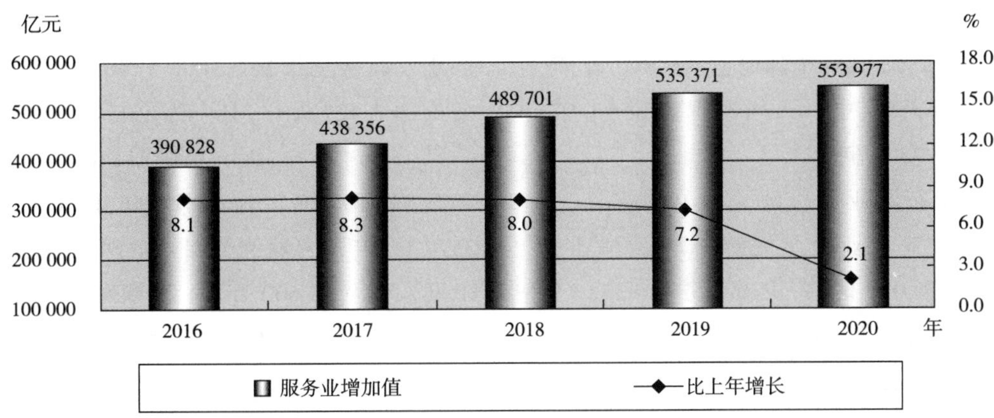

图 9　2016—2020 年服务业增加值及增长速度情况

表 3　2020 年各种运输方式完成货物运输量及增长速度情况

指　标	单　位	绝对数	比上年增长 /%
货物运输总量	亿　吨	463. 4	-0. 5
铁　路	亿　吨	44. 6	3. 2
公　路	亿　吨	342. 6	-0. 3
水　运	亿　吨	76. 2	-3. 3
民　航	万　吨	676. 6	-10. 2
货物运输周转量	亿吨公里	196 618. 3	-1. 0
铁　路	亿吨公里	30 371. 8	1. 0
公　路	亿吨公里	60 171. 8	0. 9
水　运	亿吨公里	105 834. 4	-2. 5
民　航	亿吨公里	240. 2	-8. 7

表 4　2020 年各种运输方式完成旅客运输量及增长速度情况

指　标	单　位	绝对数	比上年增长 /%
货物运输总量	亿人次	96. 7	-45. 1
铁　路	亿人次	22. 0	-39. 8
公　路	亿人次	68. 9	-47. 0
水　运	亿人次	1. 5	-45. 2
民　航	亿人次	4. 2	-36. 7
货物运输周转量	亿人公里	19 251. 4	-45. 5
铁　路	亿人公里	8 266. 2	-43. 8
公　路	亿人公里	4 641. 0	-47. 6
水　运	亿人公里	33. 0	-58. 0
民　航	亿人公里	6 311. 2	-46. 1

年底全国民用汽车保有量 28 087 万辆(包括三轮汽车和低速货车 748 万辆)，比上年年底增加

1 937 万辆，其中私人汽车保有量 24 393 万辆，比上年增加 1 758 万辆。民用轿车保有量 15 640 万辆，比上年增加 996 万辆，其中私人轿车保有量 14 674 万辆，比上年增加 973 万辆。

全年完成邮政行业业务总量[25] 21 053 亿元，比上年增长 29.7%。邮政业全年完成邮政函件业务 14.2 亿件，包裹业务 0.2 亿件，快递业务量 833.6 亿件，快递业务收入 8 795 亿元。全年完成电信业务总量[26] 136758 亿元，比上年增长 28.1%。年底全国电话用户总数 177 598 万户，其中移动电话用户 159 407 万户。移动电话普及率为 113.9 部/百人。固定互联网宽带接入用户[27] 48 355 万户，比上年年底增加 3 427 万户，其中固定互联网光纤宽带接入用户[28] 45 414 万户，比上年增加 3 675 万户。全年移动互联网用户接入流量 1 656 亿 GB，比上年增长 35.7%。年底互联网上网人数 98 900 万人，其中手机上网人数[29] 98 600 万人。互联网普及率为 70.4%，其中农村地区互联网普及率为 55.9%。全年软件和信息技术服务业[30] 完成软件业务收入 81 616 亿元，按可比口径计算，比上年增长 13.3%。见图 10、图 11。

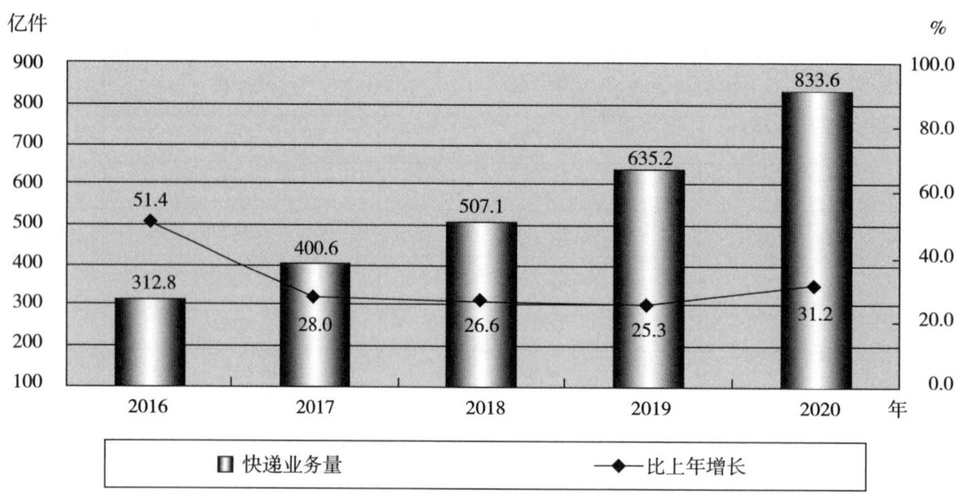

图 10　2016—2020 年快递业务量及增长速度情况

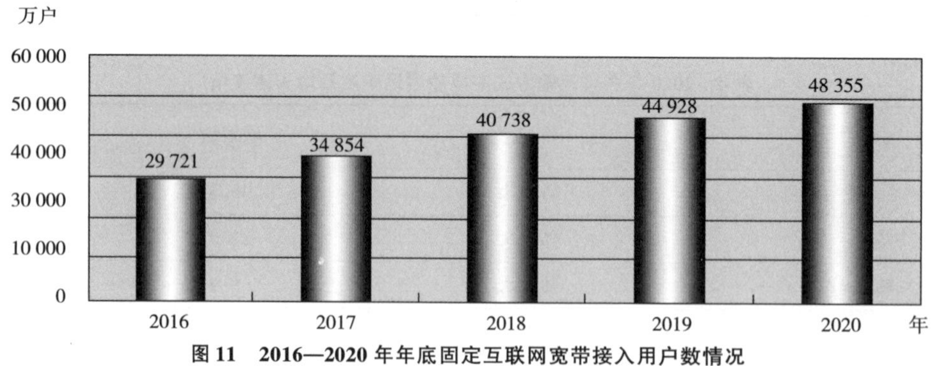

图 11　2016—2020 年年底固定互联网宽带接入用户数情况

五、国内贸易

全年社会消费品零售总额 391 981 亿元，比上年下降 3.9%。按经营地统计，城镇消费品零售额 339 119 亿元，比上年下降 4.0%；乡村消费品零售额 52 862 亿元，比上年下降 3.2%。按消费类型统计，商品零售额 352 453 亿元，比上年下降 2.3%；餐饮收入额 39 527 亿元，比上年下降 16.6%。见图 12。

图 12　2016—2020 年社会消费品零售总额情况[31]

全年限额以上单位商品零售额中，粮油、食品类零售额比上年增长 9.9%，饮料类增长 14.0%，烟酒类增长 5.4%，服装、鞋帽、针纺织品类下降 6.6%，化妆品类增长 9.5%，金银珠宝类下降 4.7%，日用品类增长 7.5%，家用电器和音像器材类下降 3.8%，中西药品类增长 7.8%，文化办公用品类增长 5.8%，家具类下降 7.0%，通信器材类增长 12.9%，建筑及装潢材料类下降 2.8%，石油及制品类下降 14.5%，汽车类下降 1.8%。

全年实物商品网上零售额 97 590 亿元，按可比口径计算，比上年增长 14.8%，占社会消费品零售总额的比重为 24.9%，比上年提高 4.0 个百分点。

六、固定资产投资

全年全社会固定资产投资[32] 527 270 亿元，比上年增长 2.7%。其中：固定资产投资（不含农户）518 907 亿元，比上年增长 2.9%。分区域看[33]，东部地区投资比上年增长 3.8%，中部地区投资比上年增长 0.7%，西部地区比上年投资增长 4.4%，东北地区投资比上年增长 4.3%。

在固定资产投资（不含农户）中，第一产业投资 13 302 亿元，比上年增长 19.5%；第二产业投资 149 154 亿元，比上年增长 0.1%；第三产业投资 356 451 亿元，比上年增长 3.6%。民间固定资产投资[34] 289 264 亿元，比上年增长 1.0%。基础设施投资[35]比上年增长 0.9%。见图 13、表 5、表 6。

全年房地产开发投资 141 443 亿元，比上年增长 7.0%。其中：住宅投资 104 446 亿元，比上年增长 7.6%；办公楼投资 6 494 亿元，比上年增长 5.4%；商业营业用房投资 13 076 亿元，比上年下降 1.1%。年底商品房待售面积 49 850 万平方米，比上年年底增加 29 万平方米。其中：商品住宅待售面积 22 379 万平方米，比上年减少 94 万平方米。

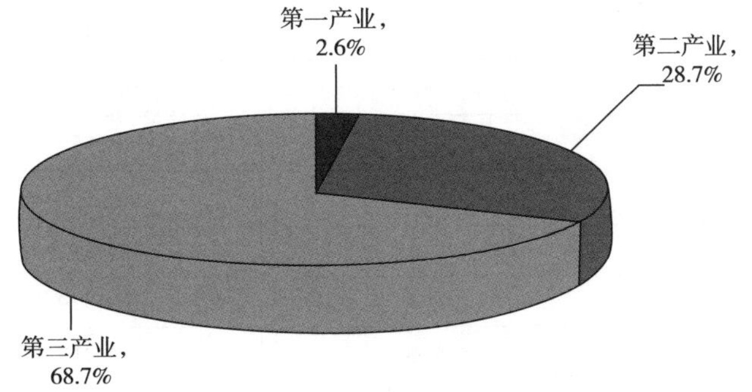

图 13　2020 年三次产业投资占固定资产投资（不含农户）比重情况

表5　2020年分行业固定资产投资(不含农户)增长速度情况

行　业	比上年增长/%	行　业	比上年增长/%
总　计	**2.9**	金融业	-13.3
农、林、牧、渔业	19.1	房地产业[36]	5.0
采矿业	-14.1	租赁和商务服务业	5.0
制造业	-2.2	科学研究和技术服务业	3.4
电力、热力、燃气及水生产和供应业	17.6	水利、环境和公共设施管理业	0.2
建筑业	9.2	居民服务、修理和其他服务业	-2.9
批发和零售业	-21.5	教　育	12.3
交通运输、仓储和邮政业	1.4	卫生和社会工作	26.8
住宿和餐饮业	-5.5	文化、体育和娱乐业	1.0
信息传输、软件和信息技术服务业	18.7	公共管理、社会保障和社会组织	-6.4

表6　2020年固定资产投资新增主要生产与运营能力情况

指　标	单　位	绝对数
新增220千伏及以上变电设备	万千伏安	22 288
新建铁路投产里程	公　里	4 933
其中:高速铁路	公　里	2 521
增、新建铁路复线投产里程	公　里	3 380
电气化铁路投产里程	公　里	5 480
新改建高速公路里程	公　里	12 713
港口万吨级码头泊位新增吞吐能力	万　吨	30 562
新增民用运输机场	个	3
新增光缆线路长度	万公里	428

全年全国各类棚户区改造开工209万套,基本建成203万套。全面完成74.2万户[37]建档立卡贫困户脱贫攻坚农村危房改造扫尾工程任务。见表7。

七、对外经济

全年货物进出口总额321 557亿元,比上年增长1.9%。其中:出口179 326亿元,比上年增长4.0%;进口142 231亿元,比上年下降0.7%。货物进出口顺差37 096亿元,比上年增加7 976亿元。对“一带一路”[38]沿线国家进出口总额93 696亿元,比上年

表7　2020年房地产开发和销售主要指标及增长速度情况

指　标	单　位	绝对数	比上年增长/%
投资额	亿　元	141 443	7.0
其中:住　宅	亿　元	104 446	7.6
房屋施工面积	万平方米	926 759	3.7
其中:住　宅	万平方米	655 558	4.4
房屋新开工面积	万平方米	224 433	-1.2
其中:住　宅	万平方米	164 329	-1.9
房屋竣工面积	万平方米	91 218	-4.9
其中:住　宅	万平方米	65 910	-3.1
商品房销售面积	万平方米	176 086	2.6
其中:住　宅	万平方米	154 878	3.2
本年到位资金	亿　元	193 115	8.1
其中:国内贷款	亿　元	26 676	5.7
个人按揭贷款	亿　元	29 976	9.9

增长1.0%。其中:出口54 263亿元,比上年增长3.2%;进口39 433亿元,比上年下降1.8%。见图14、表8、表9、表10、表11。

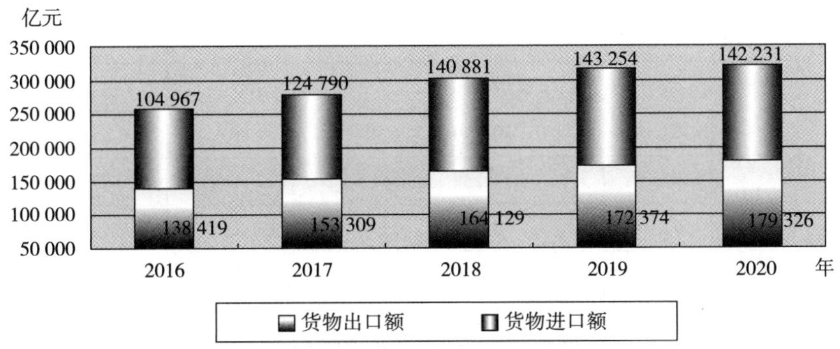

图14　2016—2020年货物进出口总额情况

表8　2020年货物进出口总额及增长速度情况

指　标	金　额 /亿元	比上年增长 /%
货物进出口总额	321 557	1.9
货物出口额	179 326	4.0
其中:一般贸易	106 460	6.9
加工贸易	48 589	-4.2
其中:机电产品	106 608	6.0
高新技术产品	53 692	6.5
货物进口额	142 231	-0.7
其中:一般贸易	86 048	-0.7
加工贸易	27 853	-3.2
其中:机电产品	65 625	4.8
高新技术产品	47 160	7.2
货物进出口顺差	37 096	—

表9　2020年主要商品出口数量、金额及增长速度情况

商品名称	单　位	数　量	比上年增长 /%	金　额 /亿元	比上年增长 /%
钢　材	万　吨	5 367	-16.5	3 151	-14.8
纺织纱线、织物及制品	—	—	—	10 695	30.4
服装及衣着附件	—	—	—	9 520	-6.0
鞋　靴	万　双	740 137	-22.4	2 454	-20.9
家具及其零件	—	—	—	4 039	12.2
箱包及类似容器	万　吨	201	-34.7	1 429	-23.9
玩　具	—	—	—	2 317	7.7
塑料制品	—	—	—	5 902	20.0
集成电路	亿　个	2 598	18.8	8 056	15.0
自动数据处理设备及其部件	—	—	—	14 599	12.0
手　机	万　台	96 640	-2.8	8 647	0.4
集装箱	万　个	198	-17.9	508	10.5
液晶显示板	万　个	126 747	-15.9	1 370	-7.1
汽车(包括底盘)	万　辆	108	-13.2	1 090	-3.2

表 10　2020 年主要商品进口数量、金额及增长速度情况

商品名称	单　位	数　量	比上年增长 /%	金　额 /亿元	比上年增长 /%
大　豆	万　吨	10 033	13.3	2 743	12.5
食用植物油	万　吨	983	3.1	515	17.7
铁矿砂及其精矿	万　吨	117 010	9.5	8 229	17.8
煤及褐煤	万　吨	30 399	1.5	1 411	-12.1
原　油	万　吨	54 239	7.3	12 218	-26.8
成品油	万　吨	2 835	-7.2	818	-30.4
天然气	万　吨	10 166	5.3	2 315	-19.4
初级形状的塑料	万　吨	4 063	10.1	3 670	-1.2
纸　浆	万　吨	3 063	12.7	1 088	-7.6
钢　材	万　吨	2 023	64.4	1 165	19.8
未锻轧铜及铜材	万　吨	668	34.1	2 988	33.4
集成电路	亿　个	5 435	22.1	24 207	14.8
汽车(包括底盘)	万　辆	93	-11.4	3 242	-3.5

表 11　2020 年对主要国家和地区货物进出口金额、增长速度及比重情况

国家和地区	出口额 /亿元	比上年增长 /%	占全部出口比重 /%	进口额 /亿元	比上年增长 /%	占全部进口比重 /%
东　盟	26 550	7.0	14.8	20 807	6.9	14.6
欧　盟[39]	27 084	7.2	15.1	17 874	2.6	12.6
美　国	31 279	8.4	17.4	9 319	10.1	6.6
日　本	9 883	0.1	5.5	12 090	2.1	8.5
韩　国	7 787	1.8	4.3	11 957	0.0	8.4
中国香港	18 830	-2.2	10.5	482	-22.9	0.3
中国台湾	4 163	9.5	2.3	13 873	16.2	9.8
巴　西	2 417	-1.5	1.3	5 834	5.8	4.1
俄罗斯	3 506	2.1	2.0	3 960	-6.1	2.8
印　度	4 613	-10.5	2.6	1 445	16.7	1.0
南　非	1 055	-7.5	0.6	1 422	-20.4	1.0

全年服务进出口总额 45 643 亿元，比上年下降 15.7%。其中：服务出口 19 357 亿元，比上年下降 1.1%；服务进口 26 286 亿元，比上年下降 24.0%。服务进出口逆差 6 929 亿元。

全年外商直接投资（不含银行、证券、保险领域）新设立企业 38 570 家，比上年下降 5.7%。实际使用外商直接投资金额 10 000 亿元，比上年增长 6.2%，折 1 444 亿美元，比上年增长 4.5%。其中"一带一路"沿线国家对华直接投资（含通过部分自由港对华投资）新设立企业 4 294 家，比上年下降 23.2%；对华直接投资金额 574 亿元，比上年下降 0.3%，折 83 亿美元，比上年下降 1.8%。全年高技术产业实际使用外资 2 963 亿元，比上年增长 11.4%，折 428 亿美元，比上年增长 9.5%。见表 12。

表 12　2019 年外商直接投资(不含银行、证券、保险领域)及增长速度情况

行　业	企业数/家	比上年增长/%	实际使用金额/亿元	比上年增长/%
总　计	**38 570**	**-5.7**	**10 000**	**6.2**
其中:农、林、牧、渔业	493	-0.4	40	4.9
制造业	3 732	-30.8	2 156	-10.8
电力、热力、燃气及水生产和供应业	260	-11.9	217	-9.4
交通运输、仓储和邮政业	592	0.2	347	12.1
信息传输、软件和信息技术服务业	3 521	-18.0	1 133	13.3
批发和零售业	10 812	-21.9	819	33.3
房地产业	1 190	13.3	1 407	-12.5
租赁和商务服务业	7 513	30.1	1 838	22.6
居民服务、修理和其他服务业	447	23.8	21	-42.4

全年对外非金融类直接投资额 7 598 亿元,比上年下降 0.4%,折 1 102 亿美元,下降 0.4%。其中:对“一带一路”沿线国家非金融类直接投资额 178 亿美元,增长 18.3%。见表 13。

表 13　2020 年对外非金融类直接投资额及增长速度情况

行　业	金　额/亿美元	比上年增长/%
总　计	**1 101.5**	**-0.4**
其中:农、林、牧、渔业	13.9	-9.7
采矿业	50.9	-32.3
制造业	199.7	-0.5
电力、热力、燃气及水生产和供应业	27.8	10.3
建筑业	51.6	-39.4
批发和零售业	160.7	27.8
交通运输、仓储和邮政业	26.5	-52.3
信息传输、软件和信息技术服务业	67.1	9.6
房地产业	27.3	-43.4
租赁和商务服务业	417.9	17.5

全年对外承包工程完成营业额 10 756 亿元,比上年下降 9.8%,折 1 559 亿美元,下降 9.8%。其中,对“一带一路”沿线国家完成营业额 911 亿美元,下降 7.0%,占对外承包工程完成营业额比重为 58.4%。对外劳务合作派出各类劳务人员 30 万人。

八、财政金融

全年全国一般公共预算收入 182 895 亿元,比上年下降 3.9%。其中:税收收入 154 310 亿元,比上年下降 2.3%。全国一般公共预算支出 245 588 亿元,比上年增长 2.8%。全年新增减税降费超过 25 000 亿元。见图 15。

年底广义货币供应量(M_2)余额 2 187 000 亿元,比上年年底增长 10.1%;狭义货币供应量(M_1)余额 626 000 亿元,比上年增长 8.6%;流通中货币(M_0)余额 84 000 亿元,比上年增长 9.2%。

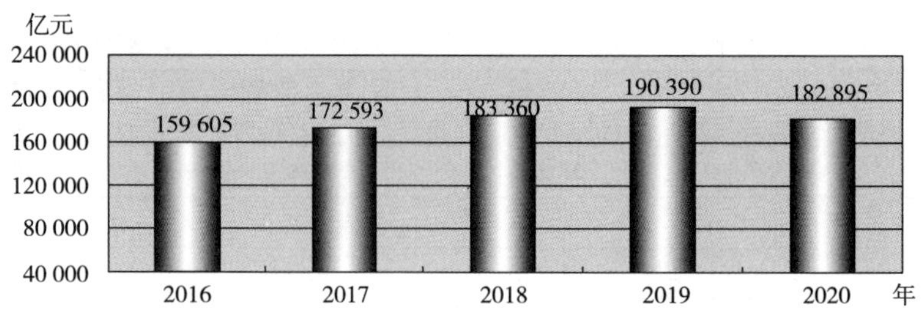

图 15 2016—2020 年全国一般公共预算收入情况

注:图中 2016—2019 年数据为全国一般公共预算收入决算数,2020 年为执行数。

全年社会融资规模增量[40]349 000 亿元,按可比口径计算,比上年多 92 000 亿元;年底社会融资规模存量[41]2 848 000 亿元,按可比口径计算,比上年年底增长 13.3%,其中:对实体经济发放的人民币贷款余额 1 716 000 亿元,比上年增长 13.2%。年底全部金融机构本外币各项存款余额 2 184 000 亿元,比年初增加 202 000 亿元,其中:人民币各项存款余额 2 126 000 亿元,比上年增加 196 000 亿元。全部金融机构本外币各项贷款余额 1 784 000 亿元,比上年增加 198 000 亿元,其中:人民币各项贷款余额 1 727 000 亿元,比上年增加 196 000 亿元。人民币普惠金融贷款[42]余额 215 000 亿元,比上年增加 42 000 亿元。见表 14。

表 14 2020 年年底全部金融机构本外币存贷款余额及其增长速度情况

指 标	年底数/亿元	比上年年底增长/%
各项存款	2 183 744	10.2
其中:境内住户存款	934 383	13.8
其中:人民币	925 986	13.9
境内非金融企业存款	688 218	10.8
各项贷款	1 784 035	12.5
其中:境内短期贷款	492 682	4.3
境内中长期贷款	1 137 504	17.1

年底主要农村金融机构(农村信用社、农村合作银行、农村商业银行)人民币贷款余额 215 886 亿元,比年初增加 25 210 亿元。全部金融机构人民币消费贷款余额 495 668 亿元,比上年增加 55 994 亿元。其中:个人短期消费贷款余额 87 774 亿元,增加 7 177 亿元;个人中长期消费贷款余额 407 894 亿元,增加 48 817 亿元。

全年沪深交易所 A 股累计筹资[43]15 417 亿元,比上年增加 1 883 亿元。首次公开发行上市 A 股 394 只,筹资 4 742 亿元,比上年增加 2 252 亿元,其中:科创板股票 145 只,筹资 2 226 亿元;A 股再融资(包括公开增发、定向增发、配股、优先股、可转债转股)10 674 亿元,比上年减少 370 亿元。全年各类主体通过沪深交易所发行债券(包括公司债、可转债、可交换债、政策性金融债、地方政府债和企业资产支持证券)筹资 84 777 亿元,比上年增加 12 791 亿元。全国中小企业股份转让系统[44]挂牌公司 8 187 家,全年挂牌公司累计股票筹资 339 亿元。

全年发行公司信用类债券[45]142 000 亿元,比上年增加 35 000 亿元。

全年保险公司原保险保费收入[46]45 257 亿元,比上年增长 6.1%。其中:寿险业务原保险保费收入 23 982 亿元,健康险和意外伤害险业务原保险保费收入 9 347 亿元,财产险业务原保险保费收入 11 929 亿元。支付各类赔款及给付 13 907 亿元。其中:寿险业务给付 3 715 亿元,健康险和意外伤害险业务赔款及给付 3 237 亿元,财产险业务赔款 6 955 亿元。

九、居民收入消费和社会保障

全年全国居民人均可支配收入 32 189 元,比上年增长 4.7%,扣除价格因素,实际增长 2.1%。全国居民人均可支配收入中位数[47]27 540 元,增长 3.8%。按常住地分,城镇居民人均可支配收入 43 834 元,比上年增长 3.5%,扣除价格因素,实际增长 1.2%。城镇居民人均可支配收入中位数 40 378 元,增长 2.9%。农村居民人均可支配收入 17 131 元,比上年增长 6.9%,扣除价格因素,实际增长 3.8%。农村居民人均可支配收入中位数 15 204 元,增长 5.7%。城乡居民人均可支配收入比值为 2.6,

比上年缩小0.1。按全国居民五等份收入分组[48]，低收入组人均可支配收入7 869元，中间偏下收入组人均可支配收入16 443元，中间收入组人均可支配收入26 249元，中间偏上收入组人均可支配收入41 172元，高收入组人均可支配收入80 294元。全国农民工人均月收入4 072元，比上年增长2.8%。

全年全国居民人均消费支出21 210元，比上年下降1.6%，扣除价格因素，实际下降4.0%。其中：人均服务性消费支出[49]9 037元，比上年下降8.6%，占居民人均消费支出的比重为42.6%。按常住地分，城镇居民人均消费支出27 007元，下降3.8%，扣除价格因素，实际下降6.0%；农村居民人均消费支出13 713元，增长2.9%，扣除价格因素，实际下降0.1%。全国居民恩格尔系数为30.2%，其中：城镇为29.2%，农村为32.7%。见图16、图17。

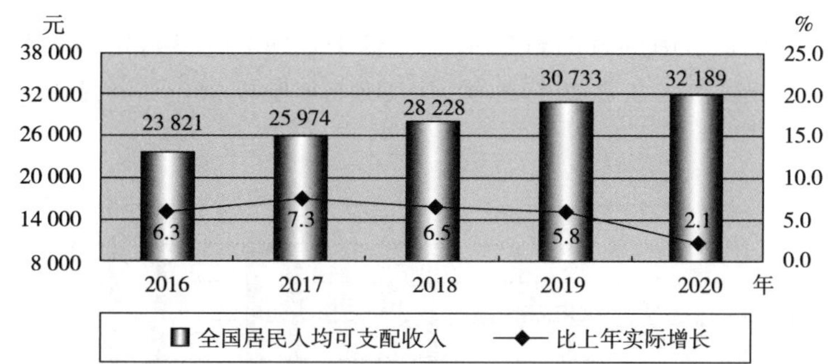

图16　2016—2020年全国居民人均可支配收入及增长速度情况

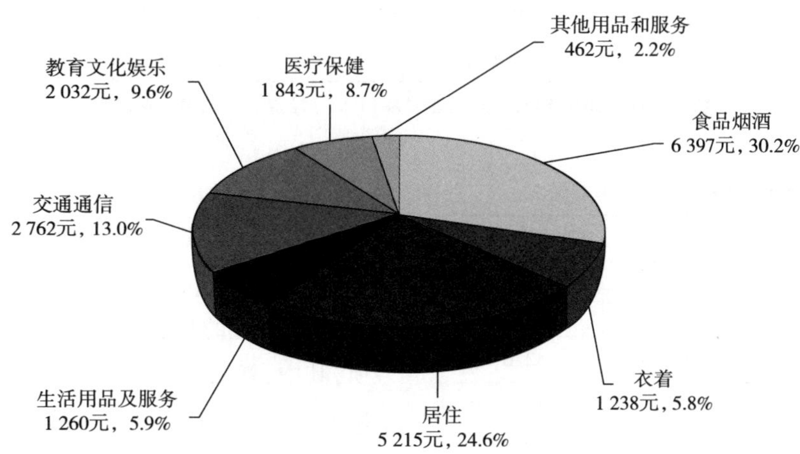

图17　2020年全国居民人均可消费支出及构成情况

年底全国参加城镇职工基本养老保险人数45 638万人，比上年年底增加2 150万人。参加城乡居民基本养老保险人数54 244万人，增加978万人。参加基本医疗保险人数136 101万人，增加693万人。其中：参加职工基本医疗保险人数34 423万人，增加1 498万人；参加城乡居民基本医疗保险人数101 678万人。参加失业保险人数21 689万人，增加1 147万人。年底全国领取失业保险金人数270万人。参加工伤保险人数26 770万人，增加1 291万人，其中：参加工伤保险的农民工8 934万人，增加318万人。参加生育保险人数23 546万人，增加2 129万人。年底全国共有805万人享受城市最低生活保障，3 621万人享受农村最低生活保障，447万人享受农村特困人员[50]救助供养，全年临时救助[51]1 341万人次。全年资助8 990万人参加基本医疗保险，实施直接救助[52]7 300万人次。全年国家抚恤、补助退役军人和其他优抚对象837万人。

年底全国共有各类提供住宿的社会服务机构4.1万个，其中：养老机构3.8万个，儿童服务机构735个。社会服务床位[53]850.9万张，其中：养老服务床位 823.8 万张，儿童服务床位 9.8 万张。年底共有社区服务中心 2.9 万个，社区服务站 39.3 万个。

十、科学技术和体育

全年研究与试验发展（R&D）经费支出 24 426 亿元，比上年增长 10.3%，与国内生产总值之比为 2.4%，其中基础研究经费 1 504 亿元。国家科技重大专项共安排 198 个项目（课题），国家自然科学基金共资助 4.6 万个项目。截至年底，正在运行的国家重点实验室 522 个，国家工程研究中心（国家工程实验室）350 个，国家企业技术中心 1 636 家，大众创业万众创新示范基地 212 家。国家级科技企业孵化器[54] 1 173 家，国家备案众创空间[55] 2 386 家。全年授予专利权 363.9 万件，比上年增长 40.4%；PCT 专利申请受理量[56] 7.2 万件。截至年底，有效专利 1 219.3 万件，其中：境内有效发明专利 221.3 万件，预计每万人口发明专利拥有量 15.8 件。全年商标注册 576.1 万件，比上年下降 10.1%。全年共签订技术合同 55 万项，技术合同成交金额 28 252 亿元，比上年增长 26.1%。见图 18、表 15。

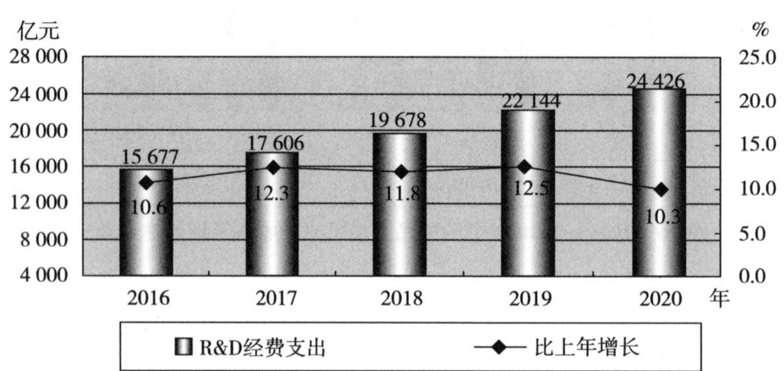

图 18　2016—2020 年研究与实验发展（R&D）经费支出及增长速度情况

表 15　2020 年专利申请、授权和有效专利情况

指　标	专利数/万件	比上年年底增长/%
专利授权数	363.9	4.0
其中：境内专利授权	350.4	42.6
其中：发明专利授权	53.0	17.1
其中：境内发明专利	43.4	22.5
年底有效专利数	1 219.3	25.4
其中：境内有效专利	1 111.5	27.9
其中：有效发明专利	305.8	14.5
其中：境内有效发明专利	221.3	18.8

全年成功完成 35 次宇航发射。嫦娥五号发射成功，首次完成中国月表采样返回。中国首次火星探测任务“天问一号”探测器成功发射。500 米口径球面射电望远镜（FAST）正式开放运行。北斗三号全球卫星导航系统正式开通。量子计算原型系统“九章”成功研制。全海深载人潜水器“奋斗者”号完成万米深潜。

年底全国共有国家质检中心 852 家。全国现有产品质量、体系和服务认证机构 724 个，累计完成对 79 万家企业的认证。全年制定、修订国家标准 2 252 项，其中：新制定 1 584 项。全年制造业产品质量合格率[57]为 93.4%。

全年研究生教育招生 110.7 万人，在学研究生 314 万人，毕业生 72.9 万人。普通本专科招生 967.5 万人，在校生 3 285.3 万人，毕业生 797.2 万人。中等职业教育[58]招生 644.7 万人，在校生 1 663.4 万人，毕业生 484.9 万人。普通高中招生 876.4 万人，在校生 2 494.5 万人，毕业生 786.5 万人。初中招生 1 632.1 万人，在校生 4 914.1 万人，毕业生 1 535.3 万人。普通小学招生 1 808.1 万人，在校生 10 725.4 万人，毕业生 1 640.3 万人。特殊教育招生 14.9 万人，在校生 88.1 万人，毕业生 12.1 万人。学前教育在园幼儿 4 818.3 万人。九年义务教育巩固率为 95.2%，高中阶段毛入学率为 91.2%。见图 19。

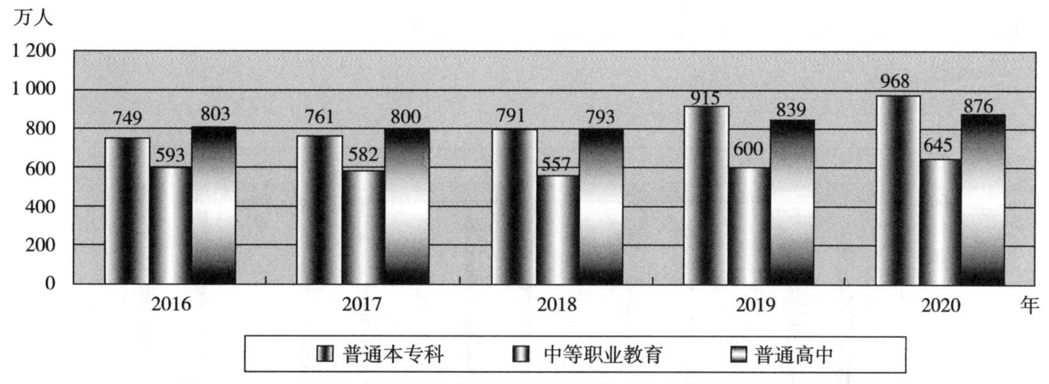

图 19　2016—2020 年普通本专科、中等职业教育及普通高中招生人数情况

十一、文化旅游、卫生健康和体育

年底全国文化和旅游系统共有艺术表演团体 2 027 个，博物馆 3 510 个。全国共有公共图书馆 3 203 个，总流通[59]56 953 万人次；文化馆 3 327 个。有线电视实际用户 2.1 亿户，其中：有线数字电视实际用户 20 100 万户。年底广播节目综合人口覆盖率为 99.4%，电视节目综合人口覆盖率为 99.6%。全年生产电视剧 202 部 7 476 集，电视动画片 116 688 分钟。全年生产故事影片 531 部，科教、纪录、动画和特种影片[60]119 部。出版各类报纸 277 亿份，各类期刊 20 亿册，图书 101 亿册(张)，预计人均图书拥有量[61]7.2 册(张)。年底全国共有档案馆 4 234 个，已开放各类档案 17 659 万卷(件)。全年全国规模以上文化及相关产业企业营业收入 98 514 亿元，按可比口径计算，比上年增长 2.2%。

全年国内游客 28.8 亿人次，比上年下降 52.1%。其中：城镇居民游客 20.7 亿人次，下降 53.8%；农村居民游客 8.1 亿人次，下降 47.0%。国内旅游收入 22 286 亿元，下降 61.1%。其中：城镇居民游客花费 17 967 亿元，下降 62.2%；农村居民游客花费 4 320 亿元，下降 55.7%。见图 20。

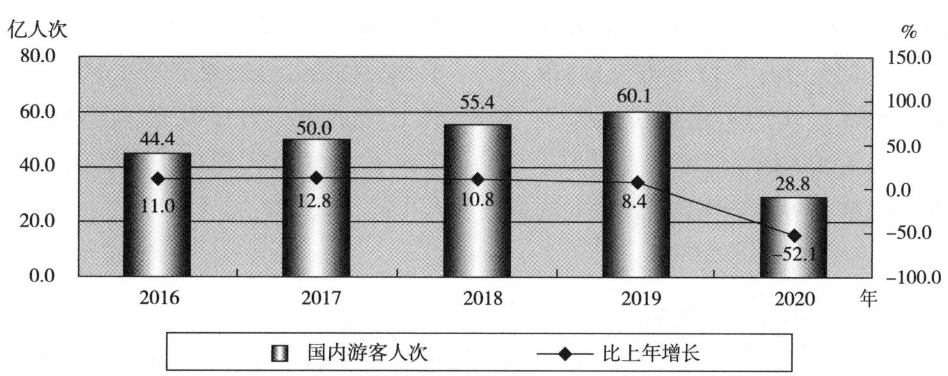

图 20　2016—2020 年国内游客人次及增长速度情况

年底全国共有医疗卫生机构 102.3 万个，其中：医院 3.5 万个，在医院中有公立医院 1.2 万个，民营医院 2.4 万个；基层医疗卫生机构 97.1 万个，其中：乡镇卫生院 3.6 万个，社区卫生服务中心(站)3.5 万个，门诊部(所)29 万个，村卫生室 61 万个；专业公共卫生机构 1.4 万个，其中：疾病预防控制中心 3 384 个，卫生监督所(中心)2 736 个。年底卫生技术人员 1 066 万人，其中：执业医师和执业助理医师 408 万人，注册护士 471 万人。医疗卫生机构床位 911 万张，其中医院 713 万张，乡镇卫生院 139 万张。全年总诊疗人次[62]78.2 亿人次，出院人数[63]2.3 亿人。截至年底，全国累计报告新型冠状病毒肺炎确诊病例 87 071 例，累计治愈出院病例 82 067 例，累计死亡 4 634 人。全国共有 8 177 家医疗卫生机构提供新型冠状病毒核酸检测服务,总检测能力达到1 153万份/天。见图21。

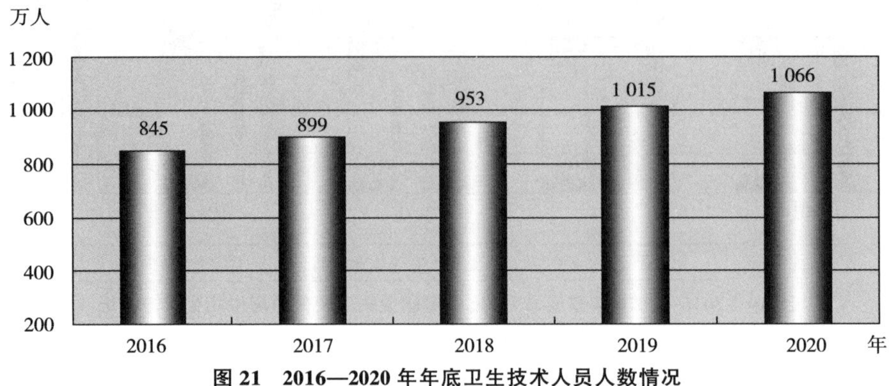

图21 2016—2020年年底卫生技术人员人数情况

年底全国共有体育场地[64]371.3万个,体育场地面积[65]31亿平方米,预计人均体育场地面积2.2平方米。全年中国运动员在3个运动大项中获得4个世界冠军,共创1项世界纪录[66]。全年中国残疾人运动员在6项国际赛事中获得24个世界冠军[67]。全年全国7岁及以上人口中经常参加体育锻炼人数比例[68]达37.2%。

十二、资源、环境和应急管理

全年全国国有建设用地供应总量[69]65.8万公顷,比上年增长5.5%。其中:工矿仓储用地16.7万公顷,增长13.6%;房地产用地[70]15.5万公顷,增长9.3%;基础设施用地33.7万公顷,增长0.3%。

全年水资源总量30 963亿立方米。

全年完成造林面积677万公顷,其中人工造林面积289万公顷,占全部造林面积的42.7%。种草改良面积[71]283万公顷。截至年底,国家级自然保护区474个。新增水土流失治理面积6万平方公里。

初步核算,全年能源消费总量49.8亿吨标准煤,比上年增长2.2%。煤炭消费量增长0.6%,原油消费量增长3.3%,天然气消费量增长7.2%,电力消费量增长3.1%。煤炭消费量占能源消费总量的56.8%,比上年下降0.9个百分点;天然气、水电、核电、风电等清洁能源消费量占能源消费总量的24.3%,上升1.0个百分点。重点耗能工业企业单位电石综合能耗下降2.1%,单位合成氨综合能耗上升0.3%,吨钢综合能耗下降0.3%,单位电解铝综合能耗下降1.0%,每千瓦时火力发电标准煤耗下降0.6%。全国万元国内生产总值二氧化碳排放下降1.0%。见图22。

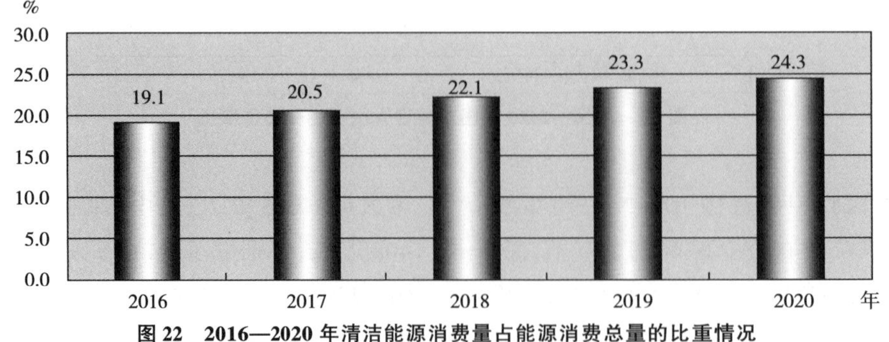

图22 2016—2020年清洁能源消费量占能源消费总量的比重情况

全年近岸海域海水水质[72]达到国家一、二类海水水质标准的面积占77.4%,三类海水占7.7%,四类、劣四类海水占14.9%。

在开展城市区域声环境监测的324个城市中,

全年声环境质量好的城市占4.3%,较好的占66.4%,一般的占28.7%,较差的占0.6%。

全年平均气温为10.3℃,比上年下降0.09℃。共有5个台风登陆。

全年农作物受灾面积1 996万公顷,其中:绝收271万公顷。全年因洪涝和地质灾害造成直接经济损失2 686亿元,因旱灾造成直接经济损失249亿元,因低温冷冻和雪灾造成直接经济损失154亿元,因海洋灾害造成直接经济损失8亿元。全年大陆地区共发生5.0级以上地震20次,成灾5次,造成直接经济损失约18亿元。全年共发生森林火灾1 153起,受害森林面积约0.9万公顷。

全年各类生产安全事故共死亡27 412人。工矿商贸企业就业人员10万人,生产安全事故死亡人数1.301人,比上年下降11.7%;煤矿百万吨死亡人数0.059人,下降28.9%。道路交通事故万车死亡人数1.7人,下降7.8%。

注:

[1]本公报中数据均为初步统计数。各项统计数据均未包括香港特别行政区、澳门特别行政区和台湾省。部分数据因四舍五入的原因,存在总计与分项合计不等的情况。

[2]2020年开展第七次全国人口普查,相关数据拟于2021年4月份发布,公报中不再单独发布人口和就业人员相关数据。公报中涉及的人均指标根据人口预计数计算得到。

[3]国内生产总值、三次产业及相关行业增加值、地区生产总值、人均国内生产总值和国民总收入绝对数按现价计算,增长速度按不变价格计算。

[4]国民总收入,原称国民生产总值,是指一个国家或地区所有常住单位在一定时期内所获得的初次分配收入总额,等于国内生产总值加上来自国外的初次分配收入净额。

[5]万元国内生产总值能耗按2015年价格计算。

[6]全员劳动生产率为国内生产总值(按2015年价格计算)与全部就业人员的比率。2020年就业人员数据为预计数。

[7]年度农民工数量包括年内在本乡镇以外从业6个月及以上的外出农民工和在本乡镇内从事非农产业6个月及以上的本地农民工。

[8]农产品生产者价格是指农产品生产者直接出售其产品时的价格。

[9]居住类价格包括租赁房房租、住房保养维修及管理、水电燃料等价格。

[10]贫困地区包括集中连片特困地区和片区外的国家扶贫开发工作重点县,原共有832个县。2017年开始将新疆阿克苏地区纳入贫困监测范围。

[11]高技术制造业包括医药制造业,航空、航天器及设备制造业,电子及通信设备制造业,计算机及办公设备制造业,医疗仪器设备及仪器仪表制造业,信息化学品制造业。

[12]装备制造业包括金属制品业,通用设备制造业,专用设备制造业,汽车制造业,铁路、船舶、航空航天和其他运输设备制造业,电气机械和器材制造业,计算机、通信和其他电子设备制造业,仪器仪表制造业。

[13]规模以上服务业统计范围包括:年营业收入2 000万元及以上的交通运输、仓储和邮政业,信息传输、软件和信息技术服务业,水利、环境和公共设施管理业,卫生行业法人单位;年营业收入1 000万元及以上的房地产业(不含房地产开发经营),租赁和商务服务业,科学研究和技术服务业,教育行业法人单位;以及年营业收入500万元及以上的居民服务、修理和其他服务业,文化、体育和娱乐业,社会工作行业法人单位。

[14]战略性新兴服务业包括新一代信息技术产业、高端装备制造产业、新材料产业、生物产业、新能源汽车产业、新能源产业、节能环保产业和数字创意产业等八大产业中的服务业相关行业,以及新技术与创新创业等相关服务业。2020年战略性新兴服务业企业营业收入增速按可比口径计算。

[15]高技术产业投资包括医药制造、航空航天器及设备制造等六大类高技术制造业投资和信息服务、电子商务服务等九大类高技术服务业投资。

[16]网上零售额是指通过公共网络交易平台(主要从事实物商品交易的网上平台,包括自建网站和第三方平台)实现的商品和服务零售额。

[17]东部地区是指北京、天津、河北、上海、江苏、浙江、福建、山东、广东和海南10省(直辖市);中部地区是指山西、安徽、江西、河南、湖北和湖南6省;西部地区是指内蒙古、广西、重庆、四川、贵州、云南、西藏、陕西、甘肃、青海、宁夏和新疆12省(自治区、直辖市);东北地区是指辽宁、吉林和黑龙江3省。

[18]2019年部分产品产量数据进行了核实调整,2020年产量增速按可比口径计算。

[19]火电包括燃煤发电量,燃油发电量,燃气发电量,余热、余压、余气发电量,垃圾焚烧发电量,生物质发电量。

[20]钢材产量数据中含企业之间重复加工钢材约30 566万吨。

[21]少量发电装机容量(如地热等)公报中未列出。

[22]由于统计调查制度规定的口径调整、统计执法、剔除重复数据等因素,2020年规模以上工业企业财务指标增速及变化按可比口径计算。

[23]产能利用率是指实际产出与生产能力(均以价值量计量)的比率。企业的实际产出是指企业报告期内的工业总产值;企业的生产能力是指报告期内,在劳动力、原材料、燃料、运输等保证供给的情况下,生产设备(机械)保持正常运行,企业可实现并能长期维持的产品产出。

[24]货物运输总量及周转量包括铁路、公路、水路和民航四种运输方式完成量,2020年增速按可比口径计算。因新组建国家管网集团,部分油气运输管线统计归口发生变化等原因,管道运输相关数据尚在核实。

[25]邮政行业业务总量按2010年价格计算。

[26]电信业务总量按2015年价格计算。

[27]固定互联网宽带接入用户是指报告期末在电信企业登记注册,通过xDSL、FTTx+LAN、FTTH/O以及其他宽带接入方式和普通专线接入公众互联网的用户。

[28]固定互联网光纤宽带接入用户是指报告期末在电信企业登记注册,通过FTTH或FTTO方式接入公众互联网的用户。

[29]手机上网人数是指过去半年通过手机接入并使用互联网的人数。

[30]软件和信息技术服务业包括软件开发,集成电路设计,信息系统集成和物联网技术服务,运行维护服务,信息处理和存储支持服务,信息技术咨询服务,数字内容服务和其他信息技术服务等行业。

[31]根据第四次全国经济普查结果及有关制度规定,对2016—2019年社会消费品零售总额数据进行了修订。

[32]根据第四次全国经济普查、统计执法检查、统计调查方法改革和制度规定,对2019年固定资产投资数据进行修订,2020年增速按可比口径计算。

[33]见注释[17]。

[34]民间固定资产投资是指具有集体、私营、个人性质的内资调查单位以及由其控股(包括绝对控股和相对控股)的调查单位建造或购置固定资产的投资。

[35]基础设施投资包括交通运输、邮政业,电信、广播电视和卫星传输服务业,互联网和相关服务业,水利、环境和公共设施管理业投资。

[36]房地产业投资除房地产开发投资外,还包括建设单位自建房屋以及物业管理、中介服务和其他房地产投资。

[37]数据包括2019年全国64.2万户建档立卡贫困户存量危房和脱贫攻坚"回头看"排查新增的10.1万户建档立卡贫困户危房。

[38]"一带一路"是指"丝绸之路经济带"和"21世纪海上丝绸之路"。

[39]对欧盟的货物进出口金额不包括英国数据,增速按可比口径计算。

[40]社会融资规模增量是指一定时期内实体经济从金融体系获得的资金总额。

[41]社会融资规模存量是指一定时期末(月末、季末或年末)实体经济(境内非金融企业和个人)从金融体系获得的资金余额。

[42]普惠金融贷款包括单户授信小于1 000万元的小微型企业贷款、个体工商户经营性贷款、小微企业主经营性贷款、农户生产经营贷款、建档立卡贫困人口消费贷款、创业担保贷款和助学贷款。

[43]沪深交易所股票筹资额按上市日统计,筹资额包括了可转债实际转股金额,2019年、2020年可转债实际转股金额分别为995亿元和1 195亿元。

[44]全国中小企业股份转让系统又称"新三板",是2012年经国务院批准的全国性证券交易场所。全年全国中小企业股份转让系统挂牌公司累计筹资不含优先股,股票筹资按发行报告书的披露日统计。

[45]公司信用类债券包括非金融企业债务融资工具、企业债券以及公司债、可转债等。

[46]原保险保费收入是指保险企业确认的原保险合同保费收入。

[47]人均收入中位数是指将所有调查户按人均收入水平从低到高(或从高到低)顺序排列,处于最中间位置调查户的人均收入。

[48]全国居民五等份收入分组是指将所有调查户按人均收入水平从低到高顺序排列,平均分为五个等份,处于最低20.0%的收入家庭为低收入组,依此类推依次为中间偏下收入组、中间收入组、中间偏上收入组、高收入组。

[49]服务性消费支出是指住户用于餐饮服务、教育文化娱乐服务和医疗服务等各种生活服务的消费支出。

[50]农村特困人员是指无劳动能力,无生活来源,无法定赡养、抚养、扶养义务人或者其法定义务人无履行义务能力的农村老年人、残疾人以及未满16周岁的未成年人。

[51]临时救助是指国家对遭遇突发事件、意外伤害、重大疾病或其他特殊原因导致基本生活陷入困境,其他社会救助制度暂时无法覆盖或救助之后基本生活暂时仍有严重困难的家庭或个人给予的应急性、过渡性的救助。

[52]包括医保部门实施的住院救助、门诊救助和其他有关部门实施的直接救助。

[53]社会服务床位数除收养性机构外,还包括救助类机构、社区类机构的床位。

[54]国家级科技企业孵化器是指符合《科技企业孵化器管理办法》规定的,以促进科技成果转化、培育科技企业和企业家精神为宗旨,提供物理空间、共享设施和专业化服务的科技创业服务机构,且经过科技部批准确定的科技企业孵化器。

[55]国家备案众创空间是指符合《发展众创空间工作指引》规定的新型创新创业服务平台,且按照《国家众创空间备案暂行规定》经科技部审核备案的众创空间。

[56]PCT专利申请受理量是指国家知识产权局作为PCT专利申请受理局受理的PCT专利申请数量。PCT(Patent Cooperation Treaty)即专利合作条约,是专利领域的一项国际合作条约。

[57]制造业产品质量合格率是指以产品质量检验为手段,按照规定的方法、程序和标准实施质量抽样检测,判定为质量合格的样品数占全部抽样样品数的百分比,统计调查样本覆盖制造业的29个行业。

[58]中等职业教育包括普通中专、成人中专、职业高中和技工学校。

[59]总流通人次是指本年度内到图书馆场馆接受图书馆服务的总人次,包括借阅书刊、咨询问题以及参加各类读者活动等。

[60]特种影片是指采用与常规影院放映在技术、设备、节目方面不同的电影展示方式,如巨幕电影、立体电影、立体特效(4D)电影、动感电影、球幕电影等。

[61]人均图书拥有量是指在一年内全国平均每人能拥有的当年出版图书册数。

[62]总诊疗人次是指所有诊疗工作的总人次数,包括门诊、急诊、出诊、预约诊疗、单项健康检查、健康咨

询指导(不含健康讲座)人次。

[63]出院人数是指报告期内所有住院后出院的人数,包括医嘱离院、医嘱转其他医疗机构、非医嘱离院、死亡及其他人数,不含家庭病床撤床人数。

[64]体育场地调查对象不包括军队、铁路系统所属体育场地。

[65]体育场地面积是指体育训练、比赛、健身场地的有效面积。

[66]受新型冠状病毒肺炎疫情影响,2020年国际级体育赛事大幅减少,中国运动员获世界冠军数和创世界纪录数比往年有所减少。

[67]2020年1—3月的国际赛事数据(受新型冠状病毒肺炎疫情影响,2020年4月以后停止参加国际赛事)。

[68]经常参加体育锻炼人数比例来源于2020年全民健身活动状况调查。经常参加体育锻炼的人是指每周参加体育锻炼频度3次及以上,每次体育锻炼持续时间30分钟及以上,每次体育锻炼的运动强度达到中等及以上的人。

[69]国有建设用地供应总量是指报告期内市、县人民政府根据年度土地供应计划依法以出让、划拨、租赁等方式与用地单位或个人签订出让合同或签发划拨决定书、完成交易的国有建设用地总量。

[70]房地产用地是指商服用地和住宅用地的总和。

[71]种草改良面积是指通过实施播种、栽种等措施增加牧草数量的面积以及通过压盐压碱压沙、土壤改良、围栏封育等措施使草原原生植被、生态得到改善的面积之和。

[72]近岸海域海水水质采用面积法进行评价。

资料来源:本公报中城镇新增就业、城镇登记失业率、社会保障、技工学校数据来自人力资源和社会保障部;外汇储备、汇率数据来自国家外汇管理局;环境监测、万元国内生产总值二氧化碳排放等数据来自生态环境部;财政数据来自财政部;市场主体、质量检验、国家标准制定修订、制造业产品质量合格率数据来自国家市场监督管理总局;水产品产量、新增高效节水灌溉面积数据来自农业农村部;木材产量、造林面积、种草改良面积、国家级自然保护区数据来自国家林业和草原局;新增耕地灌溉面积、水资源总量、新增水土流失治理面积数据来自水利部;发电装机容量、新增220千伏及以上变电设备、电力消费量数据来自中国电力企业联合会;港口货物吞吐量、港口集装箱吞吐量、公路运输、水运、新改建高速公路里程、港口万吨级码头泊位新增通过能力数据来自交通运输部;铁路运输、新建铁路投产里程、增新建铁路复线投产里程、电气化铁路投产里程数据来自中国国家铁路集团有限公司;民航、新增民用运输机场数据来自中国民用航空局;民用汽车、道路交通事故数据来自公安部;邮政业务数据来自国家邮政局;通信业、软件业务收入、新增光缆线路长度等数据来自工业和信息化部;互联网上网人数、互联网普及率数据来自中国互联网络信息中心;棚户区改造、建档立卡贫困户脱贫攻坚农村危房改造数据来自住房和城乡建设部;货物进出口数据来自海关总署;服务进出口、外商直接投资、对外直接投资、对外承包工程、对外劳务合作等数据来自商务部;减税降费数据来自国家税务总局;货币金融、公司信用类债券数据来自中国人民银行;境内交易场所筹资数据来自中国证券监督管理委员会;保险业数据来自中国银行保险监督管理委员会;医疗保险、生育保险、资助参加基本医疗保险、实施直接救助数据来自国家医疗保障局;城乡低保、农村特困人员救助供养、临时救助、社会服务数据来自民政部;优抚对象数据来自退役军人事务部;国家科技重大专项、国家重点实验室、国家级科技企业孵化器、国家备案众创空间、技术合同等数据来自科学技术部;国家自然科学基金资助项目数据来自国家自然科学基金委员会;国家工程研究中心(国家工程实验室)、国家企业技术中心、大众创业万众创新示范基地等数据来自国家发展和改革委员会;专利、商标数据来自国家知识产权局;宇航发射数据来自国家国防科技工业局;教育数据来自教育部;艺术表演团体、博物馆、公共图书馆、文化馆、旅游数据来自文化和旅游部;电视、广播数据来自国家广播电视总局;电影数据来自国家电影局;报纸、期刊、图书数据来自国家新闻出版署;档案数据来自国家档案局;医疗卫生数据来自国家卫生健康委员会;体育数据来自国家体育总局;残疾人运动员数据来自中国残疾人联合会;国有建设用

地供应、海洋灾害造成直接经济损失数据来自自然资源部；平均气温、台风登陆数据来自中国气象局；农作物受灾面积、洪涝和地质灾害造成直接经济损失、旱灾造成直接经济损失、低温冷冻和雪灾造成直接经济损失、森林火灾、受害森林面积、生产安全事故数据来自应急管理部；地震次数、地震灾害造成直接经济损失数据来自中国地震局；其他数据均来自国家统计局。

国民经济和社会发展总量与速度指标

指　标	单　位	总量指标				2020 年为下列各年 /%			平均增长速度 /%	
		1978 年	2000 年	2019 年	2020 年	1978 年	2000 年	2019 年	1979—2020 年	2001—2020 年
人　口										
年底总人口	万　人	96 259.0	126 743.0	141 008.0	141 178.0	146.7	111.4	100.1	0.9	0.5
城镇人口	万　人	17 245.0	45 906.0	88 426.0	90 199.0	523.0	196.5	102.0	4.0	3.4
乡村人口	万　人	79 014.0	80 837.0	52 582.0	50 979.0	64.5	63.1	97.0	-1.0	-2.3
国民经济核算										
国内生产总值	亿　元	3 678.7	100 280.1	986 515.2	1 015 986.2	4 015.4	528.2	102.3	9.2	8.7
第一产业	亿　元	1 018.5	14 717.4	70 473.6	77 754.1	590.2	214.3	103.0	4.3	3.9
第二产业	亿　元	1 755.1	45 663.7	380 670.6	384 255.3	6 009.5	560.3	102.6	10.2	9.0
第三产业	亿　元	905.1	39 899.1	535 371.0	553 976.8	5 810.7	606.1	102.1	10.2	9.4
人均国内生产总值	元	384.7	7 942.0	70 328.0	72 000.0	—	—	—	—	—
就业和失业										
就业人员	万　人	40 152.0	72 085.0	75 447.0	75 064.0	186.9	104.1	99.5	1.5	0.2
#城镇就业人员	万　人	9 514.0	23 151.0	45 249.0	46 271.0	486.3	199.9	102.3	3.8	3.5
城镇登记失业人数	万　人	530.0	595.0	945.0	1 160.0	218.9	195.0	122.8	1.9	3.4
居民收入										
全国居民人均可支配收入	元	171.0	3 721.0	30 733.0	32 189.0	—	—	—	—	—
城镇居民人均可支配收入	元	343.0	6 256.0	42 359.0	43 834.0	—	—	—	—	—
农村居民人均可支配收入	元	134.0	2 282.0	16 021.0	17 131.0	—	—	—	—	—
财　政										
一般公共预算收入	亿　元	1 132.3	13 395.2	190 390.1	182 894.9	—	—	—	—	—
一般公共预算支出	亿　元	1 122.1	15 886.5	238 858.4	245 588.0	—	—	—	—	—
能　源										
一次能源生产总量	万吨标准煤	62 770.0	138 570.0	397 317.0	408 000.0	650.7	294.8	102.8	4.6	5.6
能源消费总量	万吨标准煤	57 144.0	146 964.0	487 488.0	498 000.0	871.9	339.0	102.2	5.3	6.3
固定资产投资										
全社会固定资产投资总额	亿　元	—	32 917.7	513 608.3	527 270.3	—	1 601.8	102.7	—	17.1

续表

指标	单位	总量指标				2020年为下列各年/%			平均增长速度/%	
		1978年	2000年	2019年	2020年	1978年	2000年	2019年	1979—2020年	2001—2020年
#房地产开发	亿元	—	4 984.1	132 194.3	141 442.9	—	2 837.9	107.0	—	20.8
对外贸易和实际利用外资										
货物进出口总额	亿元	355.0	39 273.3	315 627.3	321 556.9	90 579.4	818.8	101.9	17.6	11.1
出口额	亿元	167.7	20 634.4	172 373.6	179 326.4	106 996.6	869.1	104.0	18.1	11.4
进口额	亿元	187.4	18 638.8	143 253.7	142 230.6	75 896.8	763.1	99.3	17.1	10.7
外商直接投资	亿美元	—	407.2	1 381.4	1 443.7	—	354.6	104.5	—	6.5
主要农业、工业产品产量										
粮食	万吨	30 477.0	46 218.0	66 384.0	66 949.0	219.7	144.9	100.9	1.9	1.9
棉花	万吨	216.7	441.7	588.9	591.0	272.8	133.8	100.4	2.4	1.5
油料	万吨	521.8	2 954.8	3 493.0	3 586.0	687.3	121.4	102.7	4.7	1.0
肉类	万吨	943.0	6 013.9	7 758.8	7 748.0	821.7	128.8	99.9	5.1	1.3
原煤	亿吨	6.2	13.8	38.5	39.0	631.3	281.9	101.4	4.5	5.3
原油	万吨	10 405.0	16 300.0	19 163.0	19 477.0	187.2	119.5	101.6	1.5	0.9
水泥	万吨	6 524.0	59 700.0	234 430.6	239 484.0	3 670.8	401.1	102.2	9.0	7.2
粗钢	万吨	3 178.0	12 850.0	99 541.9	106 477.0	3 350.4	828.6	107.0	8.7	11.2
发电量	亿千瓦小时	2 565.5	13 556.0	75 034.3	77 791.0	3 032.2	573.8	103.7	8.5	9.1
建筑业										
建筑业总产值	亿元	—	12 498.0	248 443.0	263 947.0	—	2 112.0	106.2	—	16.5
消费品零售和旅游										
社会消费品零售总额	亿元	1 558.6	38 447.1	408 017.2	391 981.0	25 149.5	1 019.5	96.1	14.1	12.3
入境旅客	万人次	180.9	8 344.4	14 530.8	—	—	—	—	—	—
国际旅游收入	亿美元	2.6	162.2	1 312.5	—	—	—	—	—	—
运输和邮电										
客运量	万人	253 993.0	1 478 573.0	1 760 436.0	966 540.0	380.5	65.4	54.9	3.2	-2.1
货运量	万吨	319 431.0	1 358 682.0	4 713 624.0	4 735 564.0	1 482.5	348.5	100.5	6.6	6.4
邮政业务总量	亿元	14.9	232.8	16 229.6	21 053.2	—	—	—	—	—
电信业务总量	亿元	19.2	4 559.9	106 810.7	136 758.3	—	—	—	—	—

续表

指标	单位	总量指标				2020 年为下列各年 /%			平均增长速度 /%	
		1978 年	2000 年	2019 年	2020 年	1978 年	2000 年	2019 年	1979—2020 年	2001—2020 年
移动电话用户	万户	—	8 453.3	160 134.5	159 407.0	8 855.0	1 885.7	99.5	—	15.8
固定电话用户	万户	192.5	14 482.9	19 103.3	18 191.0	9 447.6	125.6	95.2	11.4	1.1
金融										
金融机构人民币各项存款余额	亿元	1 155.0	123 804.0	1 928 785.0	2 125 721.0	—	—	—	—	—
金融机构人民币各项贷款余额	亿元	1 890.0	99 371.0	1 531 123.0	1 727 452.0	—	—	—	—	—
科技、教育、卫生、文化										
研究与试验发展经费支出	亿元	—	896.0	22 143.6	24 426.0	—	2 727.2	110.3	—	18.0
技术市场成交额	亿元	—	651.0	22 398.4	28 252.0	—	4 341.5	126.1	—	20.7
在校学生数										
#普通本、专科	万人	85.6	556.1	3 031.5	3 285.0	3 838.0	590.8	108.4	9.1	9.3
普通高中	万人	1 553.1	1 201.3	2 414.3	2 494.0	160.6	207.6	103.3	1.1	3.7
初中	万人	4 995.2	6 256.3	4 827.1	4 914.0	98.4	78.5	101.8	0.0	-1.2
普通小学	万人	14 624.0	13 013.3	10 561.2	10 725.0	73.3	82.4	101.6	-0.7	-1.0
医院数	个	9 293.0	16 318.0	34 354.0	35 000.0	376.6	214.5	101.9	3.2	3.9
医院床位数		110.0	216.7	686.7	713.0	648.5	329.2	103.9	4.6	6.1
执业(助理)医师	万人	97.8	207.6	386.7	408.0	417.4	196.6	105.6	3.5	3.4
社会保障										
参加基本养老保险人数	万人	—	13 617.4	96 753.9	99 882.0	—	—	—	—	—
参加基本医疗保险人数	万人	—	3 786.9	135 407.4	136 100.0	—	—	—	—	—
参加失业保险人数	万人	—	10 408.4	20 542.7	21 689.0	—	—	—	—	—
参加工伤保险人数	万人	—	4 350.0	25 478.0	26 770.0	—	—	—	—	—
参加失业保险人数	万人	—	3 002.0	21 417.0	23 546.0	—	—	—	—	—
社会保险基金收入	亿元	—	2 645.0	83 550.0	74 826.0	—	—	—	—	—

注：

1. 2019 年人口数据根据第七次会国人口普查结果进行了修订，2020 年人口数据为普查时点（2020 年 11 月 1 日零时）数。2019 年就业人员和城镇就业人员数据根据第七次全国人口普查结果进行了修订。（以下相关表同）

2. 2000 年、2019 年社会消费品零售总额根据第四次全国经济普查结果及有关制度规定进行了修订。

3. 本表价值量指标中，邮政、电信业务总量 2000 年及以前按 1990 年不变价格计算，2019—2020 年邮政业务总量按 2010 年不变价格计算、电信业务总量按 2015 年不变价格计算；其余指标按当年价格计算。

4. 2020 年社会保障数据为快报数。2017 年及以后大部分省份参加新兴农村合作医疗的人员并入城乡居民基本医疗保险参保人数中；2016 年及以前主要为城镇基本医疗保险参保人数。

5. 国内生产总值按可比价格计算，固定资产投资总额平均每年增长速度按累计法计算，其他价值量指标按当年价格计算。

6. 能源生产和消费总量、固定资产投资 2020 年比上年速度按可比口径计算。

东　中　西　东北地区主要经济指标

（2020年）

指　标	单　位	东部地区		中部地区		西部地区		东北地区	
		绝对数	占全国比重/%	绝对数	占全国比重/%	绝对数	占全国比重/%	绝对数	占全国比重/%
人　口									
年底常住人口	万　人	56 371.7	39.9	36 469.4	25.8	38 285.2	27.1	9 851.5	7.0
国民经济核算									
国内(地区)生产总值	亿　元	525 752.3	51.9	222 246.1	22.0	213 291.9	21.1	51 124.8	5.0
第一产业	亿　元	25 009.5	32.2	20 099.0	25.9	25 349.5	32.6	7 275.9	9.4
第二产业	亿　元	198 492.9	51.6	90 268.9	23.5	78 548.8	20.4	17 210.6	4.5
第三产业	亿　元	302 249.9	54.9	111 878.2	20.3	109 393.5	19.9	26 638.2	4.8
对外贸易									
货物进出口总额	亿　元	255 926.7	79.6	26 745.7	8.3	29 523.4	9.2	9 361.1	2.9
出口总额	亿　元	141 905.3	79.1	17 041.9	9.5	17 075.3	9.5	3 303.9	1.8
进口总额	亿　元	114 021.5	80.2	9 703.8	6.8	12 448.0	8.8	6 057.3	4.3
农　业									
主要产品产量									
粮　　食	万　吨	15 843.0	23.7	20 175.7	30.1	17 247.7	25.8	13 682.8	20.4
棉　　花	万　吨	41.9	7.1	29.6	5.0	519.5	87.9	0.0	0.0
油　　料	万　吨	680.9	19.0	1 577.2	44.0	1 135.0	31.6	193.4	5.4
工　业									
规模以上工业企业利润总额	亿　元	37 676.6	58.4	12 792.5	19.8	11 914.0	18.5	2 132.9	3.3
建筑业									
建筑业总产值	亿　元	135 595.6	51.4	64 250.3	24.3	57 072.7	21.6	7 028.4	2.7
消费品零售									
社会消费品零售总额	亿　元	199 709.7	51.0	92 197.8	23.5	82 055.1	20.9	17 877.1	4.6

注：

1. 东部10省(直辖市)包括北京、天津、河北、上海、江苏、浙江、福建、山东、广东和海南;中部6省包括山西、安徽、江西、河南、湖北和湖南。西部12省(自治区、直辖市)包括内蒙古、广西、重庆、四川、贵州、云南、西藏自治区、陕西、甘肃、青海、宁夏和新疆;东北3省包括辽宁、吉林和黑龙江。

2. 货物进出口分地区数据按收发货人所在地分(下相关表同)。

3. 本表除人口外,占全国比重以各地区合计数为100计算。因全国人口中还包括现役军人,东部、中部、西部、东北地区人口占比之和不为100。

国民总收入和国内生产总值

年 份	国民总收入/亿元	国内生产总值/亿元								人均国内生产总值/元
			第一产业	第二产业	第三产业	#工 业	#建筑业	#批发和零售业	#交通运输、仓储和邮政业	
1978	3 678.7	3 678.7	1 018.5	1 755.1	905.1	1 621.4	138.9	242.4	182.0	385
1979	4 100.5	4 100.5	1 259.0	1 925.3	916.1	1 786.5	144.6	200.9	193.7	423
1980	4 587.6	4 587.6	1 359.5	2 204.7	1 023.4	2 014.8	196.3	193.8	213.4	468
“六五”时期	**32 795.8**	**32 707.6**	**10 105.6**	**14 340.7**	**8 261.2**	**12 943.7**	**1 438.5**	**1 767.4**	**1 503.2**	**637**
1981	4 933.7	4 935.8	1 545.7	2 269.0	1 121.1	2 067.7	208.0	231.2	220.8	497
1982	5 380.5	5 373.4	1 761.7	2 397.6	1 214.0	2 183.0	221.6	171.5	246.9	533
1983	6 043.8	6 020.9	1 960.9	2 663.0	1 397.1	2 399.0	271.7	198.7	275.0	588
1984	7 314.2	7 278.5	2 295.6	3 124.7	1 858.2	2 815.8	317.9	363.6	338.6	702
1985	9 123.6	9 098.9	2 541.7	3 886.4	2 670.8	3 478.2	419.3	802.5	421.8	866
“七五”时期	**73 828.0**	**73 783.7**	**19 045.1**	**31 440.9**	**23 297.7**	**27 865.7**	**3 664.4**	**6 201.5**	**3 733.4**	**1 334**
1986	10 375.4	10 376.2	2 764.1	4 515.1	3 097.0	4 000.7	527.3	852.7	499.0	973
1987	12 166.6	12 174.6	3 204.5	5 273.8	3 696.3	4 621.1	667.5	1 059.7	568.5	1 123
1988	15 174.4	15 180.4	3 831.2	6 607.2	4 742.0	5 814.0	811.8	1 483.6	685.9	1 378
1989	17 188.4	17 179.7	4 228.2	7 300.7	5 650.8	6 525.5	796.1	1 536.4	812.9	1 536
1990	18 923.3	18 872.9	5 017.2	7 744.1	6 111.6	6 904.5	861.7	1 269.2	1 167.2	1 663
“八五”时期	**193 762.6**	**194 850.7**	**39 469.0**	**88 456.5**	**66 925.2**	**77 296.0**	**11 408.1**	**15 610.5**	**11 316.9**	**3 289**
1991	22 050.3	22 005.6	5 288.8	9 129.6	7 587.2	81 37.9	1 017.7	1 834.8	1 420.5	1 912
1992	27 208.2	27 194.5	5 800.3	11 725.0	9 669.2	10 340.2	1 417.9	2 405.4	1 689.2	2 334
1993	35 599.2	35 673.2	6 887.6	16 472.7	12 313.0	14 248.4	2 269.9	2 817.0	2 174.3	3 027
1994	48 548.2	48 637.5	9 471.8	22 452.5	16 713.1	19 546.3	2 968.8	3 774.0	2 788.2	4 081
1995	60 356.6	61 339.9	12 020.5	28 676.7	20 642.7	25 023.2	3 733.7	4 779.4	3 244.7	5 091
“九五”时期	**421 832.6**	**427 568.7**	**72 028.6**	**197 133.4**	**158 406.7**	**172 958.2**	**24 729.1**	**34 495.2**	**23 930.9**	**6 882**
1996	70 779.6	71 813.6	13 878.3	33 827.3	24 108.0	29 528.9	4 393.0	5 600.5	3 782.6	5 898
1997	78 802.9	79 715.0	14 265.2	37 545.0	27 904.8	33 022.6	4 628.3	6 328.4	4 149.1	6 481
1998	83 817.6	85 195.5	14 618.7	39 017.5	31 559.3	34 133.9	4 993.0	6 914.3	4 661.5	6 860
1999	89 366.5	90 564.4	14 549.0	41 079.9	34 935.5	36 014.4	5 180.9	7 492.2	5 175.9	7 229
2000	99 066.1	100 280.1	14 717.4	45 663.7	39 899.1	40 258.5	5 534.0	8 159.8	6 161.9	7 942
“十五”时期	**713 747.2**	**719 161.6**	**91 374.0**	**328 826.4**	**298 961.2**	**290 724.5**	**39 059.3**	**56 713.1**	**42 255.6**	**11 149**
2001	109 276.2	110 863.1	15 502.5	49 659.4	45 701.2	43 854.3	5 945.5	9 120.8	6 871.3	8 717
2002	120 480.4	121 717.4	16 190.2	54 104.1	51 423.1	47 774.9	6 482.1	9 996.8	7 494.3	9 506
2003	136 576.3	137 422.0	16 970.2	62 695.8	57 756.0	55 362.2	7 510.8	11 171.2	7 914.8	10 666
2004	161 415.4	161 840.2	20 904.3	74 285.0	66 650.9	65 774.9	8 720.5	12 455.8	9 306.5	12 487
2005	185 998.9	187 318.9	21 806.7	88 082.2	77 430.0	77 958.3	10 400.5	13 968.5	10 668.8	14 368
“十一五”时期	**1 569 251.0**	**1 569 412.4**	**155 469.9**	**732 738.0**	**681 204.5**	**638 866.3**	**96 546.4**	**128 573.2**	**78 464.9**	**23 664**

续表

年份	国民总收入/亿元	国内生产总值/亿元								人均国内生产总值/元
			第一产业	第二产业	第三产业	#工业	#建筑业	#批发和零售业	#交通运输、仓储和邮政业	
2006	219 028.5	219 438.5	23 317.0	104 359.2	91 762.2	92 235.8	12 450.1	16 533.4	12 186.3	16 738
2007	270 704.0	270 092.3	27 674.1	126 630.5	115 787.7	111 690.8	15 348.0	20 941.1	14 605.1	20 494
2008	321 229.5	319 244.6	32 464.1	149 952.9	136 827.5	131 724.0	18 807.6	26 186.2	16 367.6	24 100
2009	347 934.9	348 517.7	33 583.8	160 168.8	154 765.1	138 092.6	22 681.5	29 004.6	16 522.4	26 180
2010	410 354.1	412 119.3	38 430.8	191 626.5	182 061.9	165 123.1	27 259.3	35 907.9	18 783.6	30 808
“十二五”时期	**2 938 814.4**	**2 951 904.7**	**260 295.1**	**1 292 247.5**	**1 399 362.0**	**1 094 540.0**	**203 882.5**	**280 748.7**	**130 701.8**	**43 276**
2011	483 392.8	487 940.2	44 781.5	227 035.1	216 123.6	195 139.1	32 926.5	43 734.5	21 842.0	36 277
2012	537 329.0	538 580.0	49 084.6	244 639.1	244 856.2	208 901.4	36 896.1	49 835.5	23 763.2	39 771
2013	588 141.2	592 963.2	53 028.1	261 951.6	277 983.5	222 333.2	40 896.8	56 288.9	26 042.7	43 497
2014	644 380.2	643 563.1	55 626.3	277 282.8	310 654.0	233 197.4	45 401.7	63 170.4	28 534.4	46 912
2015	685 571.2	688 858.2	57 774.6	281 338.9	349 744.7	234 968.9	47 761.3	67 719.6	30 519.5	49 922
“十三五”时期	**4 481 416.9**	**4 500 213.5**	**335 211.6**	**1 756 769.4**	**2 408 232.6**	**1 446 544.8**	**318 541.3**	**435 121.7**	**194 515.8**	**64 247**
2016	742 694.1	746 395.1	60 139.2	295 427.8	390 828.1	245 406.4	51 498.9	73 724.5	33 028.7	53 783
2017	830 945.7	832 035.9	62 099.5	331 580.5	438 355.9	275 119.3	57 905.6	81 156.6	37 121.9	59 592
2018	915 243.5	919 281.1	64 745.2	364 835.2	489 700.8	301 089.3	65 493.0	88 903.7	40 337.2	65 534
2019	983 751.2	986 515.2	70 473.6	380 670.6	535 371.0	311 858.7	70 648.1	95 650.9	42 466.3	70 328
2020	1 008 782.5	1 015 986.2	77 754.1	384 255.3	553 976.8	313 071.1	72 995.7	95 686.1	41 561.7	72 000

注：

1. 本表按当年价格计算。
2. 三次产业分类依据国家统计局2018年修订的《三次产业划分规定》(以下相关表同)。
3. 行业分类采用《国民经济行业分类(GB/T 4754—2017)》,其中工业包括采矿业、制造业、电力、热力、燃气及水生产和供应业(以下相关表同)。
4. 各时期人均国内生产总值为该时期各年的平均数。

地区生产总值

（2020 年）

地　区	地区生产总值/亿元	第一产业	第二产业	第三产业	地区生产总值指数（上年=100元）	人均地区生产总值/元	人均地区生产总值指数（上年=100元）
北　京	36 102.6	107.6	5 716.4	30 278.6	101.2	164 889	101.2
天　津	14 083.7	210.2	4 804.1	9 069.5	101.5	101 614	101.3
河　北	36 206.9	3 880.1	13 597.2	18 729.5	103.9	48 564	103.6
山　西	17 651.9	946.7	7 675.4	9 029.8	103.6	50 528	103.7
内蒙古	17 359.8	2 025.1	6 868.0	8 466.7	100.2	72 062	100.5
辽　宁	25 115.0	2 284.6	9 400.9	13 429.4	100.6	58 872	101.1
吉　林	12 311.3	1 553.0	4 326.2	6 432.1	102.4	50 800	104.1
黑龙江	13 698.5	3 438.3	3 483.5	6 776.7	101.0	42 635	103.4
上　海	38 700.6	103.6	10 289.5	28 307.5	101.7	155 768	101.4
江　苏	102 719.0	4 536.7	44 226.4	53 955.8	103.7	121 231	103.5
浙　江	64 613.3	2 169.2	26 413.0	36 031.2	103.6	100 620	102.0
安　徽	38 680.6	3 184.7	15 671.7	19 824.3	103.9	63 426	103.6
福　建	43 903.9	2 732.3	20 328.8	20 842.8	103.3	105 818	102.5
江　西	25 691.5	2 241.6	11 084.8	12 365.1	103.8	56 871	103.8
山　东	73 129.0	5 363.8	28 612.2	39 153.0	103.6	72 151	103.1
河　南	54 997.1	5 353.7	22 875.3	26 768.0	101.3	55 435	100.9
湖　北	43 443.5	4 131.9	17 023.9	22 287.6	95.0	74 440	96.4
湖　南	41 781.5	4 240.4	15 937.7	21 603.4	103.8	62 900	103.7
广　东	110 760.9	4 770.0	43 450.2	62 540.8	102.3	88 210	101.1
广　西	22 156.7	3 555.8	7 108.5	11 492.4	103.7	44 309	102.9
海　南	5 532.4	1 136.0	1 055.3	3 341.2	103.5	55 131	102.0
重　庆	25 002.8	1 803.3	9 992.2	13 207.3	103.9	78 170	103.1
四　川	48 598.8	5 556.6	17 571.1	25 471.1	103.8	58 126	103.4
贵　州	17 826.6	2 539.9	6 211.6	9 075.1	104.5	46 267	104.0
云　南	24 521.9	3 598.9	8 287.5	12 635.5	104.0	51 975	103.7
西　藏	1 902.7	150.6	798.3	953.8	107.8	52 345	106.1
陕　西	26 181.9	2 267.5	11 362.6	12 551.7	102.2	66 292	101.9
甘　肃	9 016.7	1 198.1	2 852.0	4 966.5	103.9	35 995	104.2
青　海	3 005.9	334.3	1 143.6	1 528.1	101.5	50 819	101.0
宁　夏	3 920.5	338.0	1 609.0	1 973.6	103.9	54 528	103.1
新　疆	13 797.6	1 981.3	4 744.5	7 071.8	103.4	53 593	102.0

注：本表绝对数按当年价格计算，指数按不变价格计算。

人口数

（年底数）　　单位：万人

年　份	总人口	按性别分		按城乡分	
		男	女	城镇人口	乡村人口
1978	96 259	49 567	46 692	17 245	79 014
1979	97 542	50 192	47 350	18 495	79 047
1980	98 705	50 785	47 920	19 140	79 565
1981	100 072	51 519	48 553	20 171	79 901
1982	101 654	52 352	49 302	21 480	80 174
1983	103 008	53 152	49 856	22 274	80 734
1984	104 357	53 848	50 509	24 017	80 340
1985	105 851	54 725	51 126	25 094	80 757
1986	107 507	55 581	51 926	26 366	81 141
1987	109 300	56 290	53 010	27 674	81 626
1988	111 026	57 201	53 825	28 661	82 365
1989	112 704	58 099	54 605	29 540	83 164
1990	114 333	58 904	55 429	30 195	84 138
1991	115 823	59 466	56 357	31 203	84 620
1992	117 171	59 811	57 360	32 175	84 996
1993	118 517	60 472	58 045	33 173	85 344
1994	119 850	61 246	58 604	34 169	85 681
1995	121 121	61 808	59 313	35 174	85 947
1996	122 389	62 200	60 189	37 304	85 085
1997	123 626	63 131	60 495	39 449	84 177
1998	124 761	63 940	60 821	41 608	83 153
1999	125 786	64 692	61 094	43 748	82 038
2000	126 743	65 437	61 306	45 906	80 837
2001	127 627	65 672	61 955	48 064	79 563
2002	128 453	66 115	62 338	50 212	78 241
2003	129 227	66 556	62 671	52 376	76 851
2004	129 988	66 976	63 012	54 283	75 705
2005	130 756	67 375	63 381	56 212	74 544
2006	131 448	67 728	63 720	58 288	73 160
2007	132 129	68 048	64 081	60 633	71 496
2008	132 802	68 357	64 445	62 403	70 399
2009	133 450	68 647	64 803	64 512	68 938
2010	134 091	68 748	65 343	66 978	67 113
2011	134 916	69 161	65 755	69 927	64 989
2012	135 922	69 660	66 262	72 175	63 747

续表

年　份	总人口	按性别分		按城乡分	
		男	女	城镇人口	乡村人口
2013	136 726	70 063	66 663	74 502	62 224
2014	137 646	70 522	67 124	76 738	60 908
2015	138 326	70 857	67 469	79 302	59 024
2016	139 232	71 307	67 925	81 924	57 308
2017	140 011	71 650	68 361	84 343	55 668
2018	140 541	71 864	68 677	86 433	54 108
2019	141 008	72 039	68 969	88 426	52 582
2020	141 178	72 334	68 844	90 199	50 979

注：

1. 1981 年及以前数据为户籍统计数，1982 年、1990 年、2000 年和 2010 年数据为当年人口普查数据推算数，2020 年数据为普查时点数，1987 年、1995 年和 2005 年数据根据全国 1.0%人口抽样调查数据推算，其余年份数据为人口变动情况抽样调查推算数。

2. 总人口和按性别分人口中包括中国人民解放军现役军人，按城乡分人口中现役军人计入城镇人口。

3. 1982 年以前的城镇人口是指市辖区和建制镇内全部人口；乡村人口是指县人口，但不包括镇人口。1982 年及以后的城乡人口是按国家统计局关于统计上划分城乡规定计算的。

分城乡就业人数及构成

年 份	就业人员总计/万人	城镇/万人	比重/%	乡 村/万人	比 重/%
1978	40 152	9 514	23. 7	30 638	76. 3
1979	41 024	9 999	24. 4	31 025	75. 6
1980	42 361	10 525	24. 8	31 836	75. 2
1981	43 725	11 053	25. 3	32 672	74. 7
1982	45 295	11 428	25. 2	33 867	74. 8
1983	46 436	11 746	25. 3	34 690	74. 7
1984	48 197	12 229	25. 4	35 968	74. 6
1985	49 873	12 808	25. 7	37 065	74. 3
1986	51 282	13 292	25. 9	37 990	74. 1
1987	52 783	13 783	26. 1	39 000	73. 9
1988	54 334	14 267	26. 3	40 067	73. 7
1989	55 329	14 390	26. 0	40 939	74. 0
1990	64 749	17 041	26. 3	47 708	73. 7
1991	65 491	17 465	26. 7	48 026	73. 3
1992	66 152	17 861	27. 0	48 291	73. 0
1993	66 808	18 262	27. 3	48 546	72. 7
1994	67 455	18 653	27. 7	48 802	72. 3
1995	68 065	19 040	28. 0	49 025	72. 0
1996	68 950	19 922	28. 9	49 028	71. 1
1997	69 820	20 781	29. 8	49 039	70. 2.
1998	70 637	21 616	30. 6	49 021	69. 4
1999	71 394	22 412	31. 4	48 982	68. 6
2000	72 085	23 151	32. 1	48 934	67. 9
2001	72 797	24 123	33. 1	48 674	66. 9
2002	73 280	25 159	34. 3	48 121	65. 7
2003	73 736	26 230	35. 6	47 506	64. 4
2004	74 264	27 293	36. 8	46 971	63. 2
2005	74 647	28 389	38. 0	46 258	62. 0
2006	74 978	29 630	39. 5	45 348	60. 5
2007	75 321	30 953	41. 1	44 368	58. 9
2008	75 564	32 103	42. 5	43 461	57. 5
2009	75 828	33 322	43. 9	42 506	56. 1
2010	76 105	34 687	45. 6	41 418	54. 4
2011	76 196	36 003	47. 3	40 193	52. 7
2012	76 254	37 287	48. 9	38 967	51. 1

续表

年 份	就业人员总计/万人	城镇/万人		乡 村/万人	
			比重/%		比 重/%
2013	76 301	38 527	50.5	37 774	49.5
2014	76 349	39 703	52.0	36 646	48.0
2015	76 320	40 916	53.6	35 404	46.4
2016	76 245	42 051	55.2	34 194	44.8
2017	76 058	43 208	56.8	32 850	43.2
2018	75 782	44 292	58.4	31 490	41.6
2019	75 447	45 249	60.0	30 198	40.0
2020	75 064	46 271	61.6	28 793	38.4

注:2011—2019 年数据是根据第七次全国人口普查修订数(下表同)。

分三次产业就业人数及构成

年 份	就业人员总计/万人	第一产业/万人	比重/%	第二产业/万人	比 重/%	第三产业/万人	比 重/%
1978	40 152	28 318	70. 5	6 945	17. 3	4 890	12. 2
1979	41 024	28 634	69. 8	7 214	17. 6	5 177	12. 6
1980	42 361	29 122	68. 7	7 707	18. 2	5 532	13. 1
1981	43 725	29 777	68. 1	8 003	18. 3	5 945	13. 6
1982	45 295	30 859	68. 1	8 346	18. 4	6 090	13. 4
1983	46 436	31 151	67. 1	8 679	18. 7	6 606	14. 2
1984	48 197	30 868	64. 0	9 590	19. 9	7 739	16. 1
1985	49 873	31 130	62. 4	10 384	20. 8	8 359	16. 8
1986	51 282	31 254	60. 9	11 216	21. 9	8 811	17. 2
1987	52 783	31 663	60. 0	11 726	22. 2	9 395	17. 8
1988	54 334	32 249	59. 3	12 152	22. 4	9 933	18. 3
1989	55 329	33 225	60. 1	11 976	21. 6	10 129	18. 3
1990	64 749	38 914	60. 1	13 856	21. 4	11 979	18. 5
1991	65 491	39 098	59. 7	14 015	21. 4	12 378	18. 9
1992	66 152	38 699	58. 5	14 355	21. 7	13 098	19. 8
1993	66 808	37 680	56. 4	14 965	22. 4	14 163	21. 2
1994	67 455	36 628	54. 3	15 312	22. 7	15 515	23. 0
1995	68 065	35 530	52. 2	15 655	23. 0	16 880	24. 8
1996	68 950	34 820	50. 5	16 203	23. 5	17 927	26. 0
1997	69 820	34 840	49. 9	16 547	23. 7	18 432	26. 4
1998	70 637	35 177	49. 8	16 600	23. 5	18 860	26. 7
1999	71 394	35 768	50. 1	16 421	23. 0	19 205	26. 9
2000	72 085	36 043	50. 0	16 219	22. 5	19 823	27. 5
2001	72 797	36 399	50. 0	16 234	22. 3	20 165	27. 7
2002	73 280	36 640	50. 0	15 682	21. 4	20 958	28. 6
2003	73 736	36 204	49. 1	15 927	21. 6	21 605	29. 3
2004	74 264	34 830	46. 9	16 709	22. 5	22 725	30. 6
2005	74 647	33 442	44. 8	17 766	23. 8	23 439	31. 4
2006	74 978	31 941	42. 6	18 894	25. 2	24 143	32. 2
2007	75 321	30 731	40. 8	20 186	26. 8	24 404	32. 4
2008	75 564	29 923	39. 6	20 553	27. 2	25 087	33. 2
2009	75 828	28 890	38. 1	21 080	27. 8	25 857	34. 1
2010	76 105	27 931	36. 7	21 842	28. 7	26 332	34. 6
2011	76 196	26 472	34. 7	22 539	29. 6	27 185	35. 7
2012	76 254	25 535	33. 5	23 226	30. 4	27 493	36. 1

续表

年 份	就业人员总计/万人	第一产业/万人	比重/%	第二产业/万人	比 重/%	第三产业/万人	比 重/%
2013	76 301	23 838	31.3	23 142	30.3	29 321	38.4
2014	76 349	22 372	29.3	23 057	30.2	30 920	40.5
2015	76 320	21 418	28.0	22 644	29.7	32 258	42.3
2016	76 245	20 908	27.4	22 295	29.3	33 042	43.3
2017	76 058	20 295	26.7	21 762	28.6	34 001	44.7
2018	75 782	19 515	25.7	21 356	28.2	34 911	46.1
2019	75 447	18 652	24.7	21 234	28.2	35 561	47.1
2020	75 064	17 715	23.6	21 543	28.7	35 806	47.7

城镇单位就业人员工资总额和指数

年份	工资总额/亿元				指数(上年=100)			
	合计	国有单位	城镇集体单位	其他单位	合计	国有单位	城镇集体单位	其他单位
1978	568.9	468.7	100.2	—	110.5	110.1	112.5	—
1979	646.7	529.5	117.2	—	113.7	113.0	117.0	—
1980	772.4	627.9	144.5	—	119.4	118.6	123.3	—
1981	820.0	660.4	159.6	—	106.2	105.2	110.4	—
1982	882.0	708.9	173.1	—	107.6	107.3	108.5	—
1983	934.6	748.1	186.5	—	106.0	105.5	107.7	—
1984	1 133.4	875.8	254.0	3.6	121.3	117.1	136.2	—
1985	1 383.0	1 064.8	312.3	5.9	122.0	121.6	123.0	163.9
1986	1 659.7	1 288.5	362.8	8.4	120.0	121.0	116.2	142.4
1987	1 881.1	1 459.3	409.1	12.7	113.3	113.3	112.8	151.2
1988	2 316.2	1 807.1	487.6	21.5	123.1	123.8	119.2	169.3
1989	2 618.5	2 050.2	534.4	33.9	113.1	113.5	109.6	157.7
1990	2 951.1	2 324.1	581.0	46.0	119.0	113.4	108.7	135.7
1991	3 323.9	2 594.9	658.6	70.4	112.6	111.7	113.4	153.0
1992	3 939.2	3 090.4	743.2	105.6	118.5	119.1	112.8	150.0
1993	4 916.2	3 812.7	849.9	253.6	124.8	123.4	114.4	240.2
1994	6 656.4	5 177.4	1 023.3	455.6	135.4	135.8	120.4	179.7
1995	8 055.8	6 172.6	1 210.6	672.7	119.0	117.4	115.6	142.2
1996	8 964.4	6 893.3	1 269.4	801.7	111.3	111.7	104.9	119.2
1997	9 602.4	7 323.9	1 283.9	994.5	107.1	106.2	101.1	124.0
1998	9 540.2	6 934.6	1 054.9	1 550.7	99.4	94.7	82.2	155.9
1999	10 155.9	7 289.9	995.8	1 870.1	106.5	105.1	94.4	120.6
2000	10 954.7	7 744.9	950.7	2 259.1	107.9	106.2	95.5	120.8
2001	12 205.4	8 515.2	898.5	2 791.7	111.4	109.9	94.5	123.6
2002	13 638.1	9 138.0	863.9	3 636.2	111.7	107.3	96.1	130.3
2003	15 329.6	9 911.9	867.1	4 550.6	112.4	108.5	100.4	125.1
2004	17 615.0	11 038.2	876.2	5 700.6	114.9	111.4	101.0	125.3
2005	20 627.1	12 291.7	906.4	7 429.0	117.1	111.4	103.4	130.3
2006	24 262.3	13 920.6	983.8	9 357.9	117.6	113.3	108.5	126.0
2007	29 471.5	16 689.1	1 108.1	11 674.3	121.5	119.9	112.6	124.8
2008	35 289.5	19 487.9	1 203.2	14 598.4	119.7	116.8	108.6	125.0
2009	40 288.2	21 862.7	1 273.3	17 152.1	114.2	112.2	105.8	117.5
2010	47 269.9	24 886.4	1 433.7	20 949.7	117.3	113.8	112.6	122.1
2011	59 954.7	28 954.8	1 737.4	29 262.4	126.8	116.3	121.2	139.7
2012	70 914.2	32 950.0	1 990.4	35 973.8	118.3	113.8	114.6	122.9
2013	93 064.3	33 359.6	2 195.8	57 508.9	131.2	101.2	110.3	159.9

续表

年 份	工资总额/亿元				指数(上年=100)			
	合 计	国有单位	城镇集体单位	其他单位	合 计	国有单位	城镇集体单位	其他单位
2014	102 817.2	36 106.6	2 302.7	64 408.0	110.5	108.2	104.9	112.0
2015	112 007.8	40 387.9	2 239.4	69 380.5	108.9	111.9	97.3	107.7
2016	120 074.8	44 462.9	2 268.6	73 343.3	107.2	110.1	101.3	105.7
2017	129 889.1	48 884.1	2 215.6	78 789.3	108.2	109.9	97.7	107.4
2018	141 480.0	51 126.6	2 082.3	88 271.1	108.9	104.6	94.0	112.0
2019	154 296.1	53 743.7	1 841.5	98 710.9	109.1	105.1	88.4	111.8
2020	164 126.9	59 628.1	1 841.8	102 657.0	106.4	110.9	100.0	104.0

注:本表数据不包含私营单位(下表同),2013 年工资总额增加较多,系将原属于乡镇企业的规模以上法人单位纳入劳动工资统计范围所致。

全社会固定资产投资

年　份	全社会固定资产投资/亿元	#房地产	比上年增长/%
"六五"时期	**7 997.6**	**—**	**19.4**
1981	961.0	—	5.5
1982	1 230.4	—	28.0
1983	1 430.1	—	16.2
1984	1 832.9	—	28.2
1985	2 543.2	—	38.8
"七五"时期	**20 593.5**	**1 034.1**	**16.5**
1986	3 120.6	101.0	22.7
1987	3 791.7	149.9	21.5
1988	4 753.8	257.2	25.4
1989	4 410.4	272.7	-7.2
1990	4 517.0	253.3	2.4
"八五"时期	**63 808.3**	**8 708.0**	**36.9**
1991	5 594.5	336.2	23.9
1992	8 080.1	731.2	44.4
1993	13 072.3	1 937.5	61.8
1994	17 042.1	2 554.1	30.4
1995	20 019.3	3 149.0	17.5
"九五"时期	**139 033.2**	**19 096.3**	**11.2**
1996	(22 974.0) 22 913.5	(3 216.4) 3 216.4	14.8
1997	24 941.1	3 178.4	8.8
1998	28 406.2	3 614.2	13.9
1999	29 854.7	4 103.2	5.1
2000	32 917.7	4 984.1	10.3
"十五"时期	**281 783.1**	**53 356.4**	**18.5**
2001	37 213.5	6 344.1	13.0
2002	43 499.9	7 790.9	16.9
2003	53 841.2	10 153.8	23.8
2004	66 235.0	13 158.3	23.0
2005	80 993.6	15 909.2	22.3
"十一五"时期	**741 072.7**	**160 416.1**	**20.9**
2006	97 583.1	19 422.9	20.5
2007	118 323.2	25 288.8	21.3
2008	144 586.8	31 203.2	22.2
2009	181 760.4	36 241.8	25.7

续表

年　份	全社会固定资产投资/亿元	#房地产	比上年增长/%
2010	(218 833.6) 198 819.4	(48 259.4) 48 259.4	20.4
“十二五”时期	**1 629 348.8**	**410 628.5**	**16.9**
2011	238 782.1	61 796.9	20.1
2012	281 683.8	71 803.8	18.0
2013	329 318.3	86 013.4	16.9
2014	373 636.9	95 035.6	13.5
2015	405 927.7	95 978.8	8.6
“十三五”时期	**2 425 025.3**	**606 181.0**	**6.0**
2016	434 363.5	102 580.6	7.0
2017	461 283.7	109 798.5	6.2
2018	488 499.4	120 164.7	5.9
2019	513 608.3	132 194.3	5.1
2020	527 270.3	141 442.9	2.7
平均每年增长/%			
1982—2020	19.0	—	—
1991—2020	19.1	26.0	—
2001—2020	17.1	20.8	—

注：

1. 根据经济普查、投资统计制度方法改革以及统计执法检查、统计督察等因素，对2003年以来的全社会固定资产投资总量及增速、固定资产投资(不含农户)总量及增速、民间投资总量及增速、第一、二、三产投资总量及增速进行了修订。

2. 1997年起，除房地产投资、农村集体投资、农村个人投资外，其他固定资产投资的统计起点由5万元提高到50万元。2011年，除房地产投资、农村个人投资外，固定资产投资统计起点由50万元提高到500万元。为便于比较，1996年、2010年括号内为原口径数。

3. 本表增长速度均未扣除价格因素，平均每年增长速度按累计法计算(以下相关表同)。

三次产业固定资产投资

（不含农户）　　单位：亿元

年　份	投资额			
		第一产业	第二产业	第三产业
2003	44 389	518	16 112	27 759
2004	55 475	595	21 017	33 862
2005	68 514	727	27 588	40 199
2006	82 830	898	33 263	48 670
2007	101 212	1 096	41 001	59 114
2008	124 434	1 588	50 365	72 481
2009	156 933	2 220	61 177	93 536
2010	189 964	2 493	72 647	114 825
2011	229 693	3 712	87 371	138 609
2012	271 843	4 442	99 620	167 781
2013	318 772	5 399	111 876	201 496
2014	362 881	6 613	122 410	233 858
2015	395 518	8 095	129 557	257 865
2016	424 399	9 146	132 867	282 386
2017	451 729	9 810	135 970	305 949
2018	478 460	11 075	144 455	322 931
2019	504 212	11 136	149 005	344 071
2020	518 907	13 302	149 154	356 451

注：2003—2010 年为城镇固定资产投资口径；2011—2020 年为固定资产投资（不含农户）口径。

民间固定资产投资

年　份	完成投资额 /亿元	增长速度 /%
2012	153 698	
2013	184 662	20. 1
2014	213 811	15. 8
2015	232 644	8. 8
2016	239 137	2. 8
2017	251 650	5. 2
2018	273 543	8. 7
2019	286 400	4. 7
2020	289 264	1. 0

注:国家统计局于2012年初印发了《关于民间固定资产投资定义和统计范围的规定》(国统投资字〔2012〕2号)。民间固定资产投资是指具有集体、私营、个人性质的内资企事业单位以及由其控股(包括绝对控股和相对控股)的企业单位建造或购置固定资产的投资。

按行业分固定资产投资增长速度

（不含农户）　　单位:%

行　业	2018 年	2019 年	2020 年
全国总计	**5.9**	**5.4**	**2.9**
农、林、牧、渔业	**12.3**	**0.7**	**19.1**
农　业	15.4	1.6	-4.7
林　业	2.0	-1.7	-3.3
畜牧业	11.7	-3.6	92.1
渔　业	19.4	15.7	-17.9
农、林、牧、渔专业及辅助性活动	8.4	1.4	16.3
采矿业	**4.1**	**24.1**	**-14.1**
#煤炭开采和洗选业	5.9	29.6	-0.7
石油和天然气开采业	-0.7	25.7	-29.6
黑色金属矿采选业	5.1	2.5	-10.3
有色金属矿采选业	-0.8	6.8	-4.0
非金属矿采选业	26.7	30.9	6.2
制造业	**9.5**	**3.1**	**-2.2**
农副食品加工业	0.0	-8.7	-0.4
食品制造业	3.8	-3.7	-1.8
酒、饮料和精制茶制造业	-6.8	6.3	-7.8
烟草制品业	1.3	-0.2	-18.8
纺织业	5.1	-8.9	-6.9
纺织服装、服饰业	-1.5	1.8	-31.9
皮革、毛皮、羽毛及其制品和制鞋业	3.1	-2.6	-15.8
木材加工及木、竹、藤、棕、草制品业	17.3	-6.0	-18.0
家具制造业	23.2	-0.7	-15.8
造纸及纸制品业	5.1	-11.4	-5.1
印刷和记录媒介复制业	7.2	4.6	-20.5
文教、工美、体育和娱乐用品制造业	8.1	-2.4	-26.5
石油、煤炭及其他燃料加工业	10.1	12.4	9.4
化学原料和化学制品制造业	6.0	4.2	-1.2
医药制造业	4.0	8.4	28.4
化学纤维制造业	29.0	-14.1	-19.4
橡胶和塑料制品业	5.4	1.0	-1.2
非金属矿物制品业	19.7	6.8	-3.0
黑色金属冶炼和压延加工业	13.8	26.0	26.5
有色金属冶炼和压延加工业	3.2	1.2	-0.4
金属制品业	15.4	-3.9	-8.2
通用设备制造业	8.6	2.2	-6.6

续表

行　业	2018 年	2019 年	2020 年
专用设备制造业	15.4	9.7	-2.3
汽车制造业	3.5	-1.5	-12.4
铁路、船舶、航空航天和其他运输设备制造业	-4.1	-2.5	2.5
电气机械和器材制造业	13.4	-7.5	-7.6
计算机、通信和其他电子设备制造业	16.6	16.8	12.5
仪器仪表制造业	7.5	50.5	-7.1
其他制造业	8.3	2.9	-6.7
废弃资源综合利用业	33.6	21.9	4.1
金属制品、机械和设备修理业	-26.9	38.1	-31.3
电力、热力、燃气及水生产和供应业	**-6.7**	**4.5**	**17.6**
电力、热力生产和供应业	-12.3	-0.2	17.0
燃气生产和供应业	6.4	18.1	8.6
水的生产和供应业	15.3	16.9	22.4
建筑业	**-13.9**	**-19.8**	**9.2**
批发和零售业	**-21.5**	**-15.9**	**-21.5**
交通运输、仓储和邮政业	**3.9**	**3.4**	**1.4**
#铁路运输业	-5.1	-0.1	-2.2
道路运输业	8.2	9.0	1.8
水上运输业	-9.6	-22.5	9.5
航空运输业	4.8	-17.8	-15.1
管道运输业	-4.4	-3.4	8.8
住宿和餐饮业	**-3.4**	**-1.2**	**-5.5**
信息传输、软件和信息技术服务业	**4.0**	**8.6**	**18.7**
#电信、广播电视和卫星传输服务	-10.8	17.8	23.3
金融业	**-13.1**	**10.4**	**-13.3**
房地产业	**8.2**	**9.2**	**5.0**
租赁和商务服务业	**14.2**	**15.8**	**5.0**
科学研究和技术服务业	**13.6**	**17.9**	**3.4**
水利、环境和公共设施管理业	**3.3**	**2.9**	**0.2**
水利管理业	-4.9	1.4	4.5
生态保护和环境治理业	43.0	37.2	8.6
公共设施管理业	2.5	0.3	-1.4
居民服务、修理和其他服务业	**-14.4**	**-9.1**	**-2.9**
教　育	**7.2**	**17.7**	**12.3**
卫生和社会工作	**8.4**	**5.3**	**26.8**
#卫　生	10.0	6.8	29.9
文化、体育和娱乐业	**21.2**	**13.9**	**1.0**
#文化艺术业	-6.2	-1.4	-0.3
公共管理、社会保障和社会组织	**-18.0**	**-15.6**	**-6.4**
国际组织	—	—	—

分地区固定资产投资增长速度

（不含农户）　　单位：%

地　区	2018 年	2019 年	2020 年
全国总计	**5.9**	**5.4**	**2.9**
北　京	-5.4	-2.5	2.2
天　津	-4.9	13.1	3.0
河　北	5.7	6.5	3.2
山　西	5.7	9.3	10.6
内蒙古	-28.3	6.7	-1.5
辽　宁	3.9	0.3	2.6
吉　林	1.4	-16.2	8.3
黑龙江	-4.7	6.3	3.6
上　海	5.2	5.1	10.3
江　苏	5.5	5.1	0.3
浙　江	7.2	10.0	5.4
安　徽	11.8	9.2	5.1
福　建	11.5	5.9	-0.4
江　西	11.1	9.2	8.2
山　东	3.8	-8.2	3.6
河　南	8.1	8.0	4.3
湖　北	10.9	10.7	-18.8
湖　南	10.0	10.1	7.6
广　东	10.7	11.1	7.2
广　西	10.7	9.6	4.2
海　南	-12.5	-9.2	8.0
重　庆	7.0	5.6	3.9
四　川	10.2	8.6	2.8
贵　州	15.8	0.9	3.2
云　南	11.6	8.5	7.7
西　藏	9.9	-2.2	5.4
陕　西	10.4	2.5	4.1
甘　肃	-3.9	6.6	7.8
青　海	7.3	5.0	-12.2
宁　夏	-18.2	-10.3	4.0
新　疆	-25.2	2.5	16.2

规模以上工业企业主要经济指标

年 份	企业单位数/万个	资产总计/亿元	营业收入/亿元	利润总额/亿元
1978	34.8	4 525	—	—
1980	37.7	4 233	4 459	692
1985	46.3	6 929	7 922	944
1990	50.4	15 953	16 793	560
1995	59.2	79 234	52 936	1 635
1996	57.9	90 016	57 970	1 490
1997	53.4	103 400	63 451	1 703
1998	16.5	108 822	64 149	1 458
1999	16.2	116 969	69 852	2 288
2000	16.3	126 211	84 152	4 393
2001	17.1	135 403	93 733	4 733
2002	18.2	146 218	109 486	5 784
2003	19.6	168 808	143 172	8 337
2004	27.6	215 358	198 909	11 929
2005	27.2	244 784	248 544	14 803
2006	30.2	291 215	313 592	19 504
2007	33.7	353 037	399 717	27 155
2008	42.6	431 306	500 020	30 562
2009	43.4	493 693	542 522	34 542
2010	45.3	592 882	697 744	53 050
2011	32.6	675 797	841 830	61 396
2012	34.4	768 421	929 292	61 910
2013	37.0	870 751	1 038 659	68 379
2014	37.8	956 777	1 107 033	68 155
2015	38.3	1 023 398	1 109 853	66 187
2016	37.9	1 085 866	1 158 999	71 921
2017	37.3	1 121 910	1 133 161	74 916
2018	37.5	1 153 251	1 057 327	71 609
2019	37.8	1 205 869	1 067 397	65 799
2020	38.3	1 267 550	1 061 434	64 516

注：

1. 1997 年及以前为乡及乡以上独立核算工业企业数据，其中企业单位数包括非独立核算企业；1998—2006 年为全部国有及年主营业务收入在 500 万元及以上非国有工业企业数据；2007—2010 年为年主营业务收入在 500 万元及以上工业企业数据；2011 年及以后年份为年主营业务收入在 2 000 万元及以上工业企业数据。

2. 为全面反映工业企业收入规模，2018 年起，用“营业收入”替代“主营业务收入”。之前年份为“主营业务收入”数据。

3. 营业收入、利润总额等主要指标数据与上年数据之间存在不可比因素，其主要原因是：

① 根据统计制度，每年定期对规模以上工业企业调查范围进行调整。每年有部分企业达到规模标准纳入调查范围，也有部分企业因规模变小而退出调查范围，还有新建投产企业、破产、注(吊)销企业等变化；② 加强统计执法，对统计执法检查中发现的不符合规模以上工业统计要求的企业进行了清理，对相关基数依规进行了修正；③ 加强数据质量管理，剔除跨地区，跨行业重复统计数据。

4. 2020 年数据为快报数(以下相关表同)。

分行业规模以上工业企业主要经济指标

(2020年)　　单位:亿元

行　业	营业收入	营业成本	销售费用	管理费用	财务费用	利润总额
全国总计	**1 061 433.6**	**890 435.0**	**30 480.2**	**55 318.4**	**11 585.9**	**64 516.1**
煤炭开采和洗选业	20 001.9	14 086.3	563.7	1 571.6	764.8	2 222.7
石油和天然气开采业	6 674.0	5 115.2	34.9	618.8	166.4	257.1
黑色金属矿采选业	3 951.1	3 110.1	61.4	230.5	153.0	380.6
有色金属矿采选业	2 661.8	1 900.0	30.9	225.1	65.3	353.7
非金属矿采选业	3 494.7	2 646.5	180.2	223.3	50.4	325.9
开采专业及辅助性活动	2 018.9	1 887.5	4.0	101.3	12.4	12.3
其他采矿业	9.8	7.4	0.6	0.9	0.2	0.9
农副食品加工业	47 900.0	43 275.6	1 056.2	1 338.9	342.2	2 001.2
食品制造业	19 598.8	15 168.5	1 709.0	1 002.5	100.6	1 791.4
酒、饮料和精制茶制造业	14 829.6	9 765.0	1 185.0	774.7	62.5	2 414.0
烟草制品业	11 433.0	3 587.3	147.7	646.5	-59.5	1 156.3
纺织业	22 778.4	19 955.3	432.6	1 056.7	285.6	1 105.4
纺织服装、服饰业	13 697.3	11 658.6	488.7	778.0	121.3	640.4
皮革、毛皮、羽毛及其制品和制鞋业	10 129.1	8 735.7	259.1	510.7	75.7	553.5
木材加工和木、竹、藤、棕、草制品业	8 208.9	7 312.2	180.2	296.1	63.1	338.7
家具制造业	6 875.4	5 708.0	283.0	452.4	60.6	417.7
造纸和纸制品业	13 012.7	11 035.8	421.7	646.6	176.7	826.7
印刷和记录媒介复制业	6 472.3	5 395.4	180.9	447.5	52.2	416.2
文教、工美、体育和娱乐用品制造业	12 423.5	10 714.6	314.6	640.7	114.5	644.4
石油、煤炭及其他燃料加工业	41 632.4	34 631.3	385.9	1 052.4	379.9	868.5
化学原料和化学制品制造业	63 117.4	52 415.9	2 017.2	3 452.9	821.3	4 257.6
医药制造业	24 857.3	14 152.6	4 635.6	2 555.7	250.2	3 506.7
化学纤维制造业	7 984.2	7 270.4	80.9	320.5	115.0	263.5
橡胶和塑料制品业	24 763.3	20 542.9	761.9	1 537.0	240.6	1 681.6
非金属矿物制品业	55 941.8	45 901.3	1 918.4	2 764.2	575.2	4 767.4
黑色金属冶炼和压延加工业	72 776.9	67 104.2	699.0	2 002.7	562.7	2 464.6
有色金属冶炼和压延加工业	55 606.4	51 771.0	395.7	1 295.1	571.4	1 479.5
金属制品业	36 814.1	32 118.7	797.5	1 891.5	305.4	1 687.1
通用设备制造业	40 065.7	32 661.3	1 359.8	3 025.1	297.3	2 858.8
专用设备制造业	32 726.5	25 586.5	1 416.6	2 723.8	337.7	2 827.6
汽车制造业	81 557.7	68 997.1	2 187.6	4 885.5	289.6	5 093.6
铁路、船舶、航空航天和其他运输设备制造业	11 465.8	9 666.3	265.0	885.1	108.3	626.1
电气机械和器材制造业	67 831.7	57 069.2	2 429.2	4 188.5	506.4	3 999.8

续表

行业	营业收入	营业成本	销售费用	管理费用	财务费用	利润总额
计算机、通信和其他电子设备制造业	120 992.1	105 103.0	2 608.7	7 875.0	539.2	5 919.2
仪器仪表制造业	7 660.0	5 730.2	391.1	788.3	61.0	819.7
其他制造业	1 680.3	1 410.1	49.9	117.8	13.8	89.7
废弃资源综合利用业	5 630.1	5 224.6	51.7	144.0	40.1	218.5
金属制品、机械和设备修理业	1 331.5	1 120.9	15.1	127.2	15.6	59.8
电力、热力生产和供应业	68 456.2	60 677.3	67.6	1 507.1	2 673.1	4 085.8
燃气生产和供应业	8 989.2	7 731.2	252.2	297.6	110.9	691.5
水的生产和供应业	3 381.8	2 484.2	159.0	318.6	163.0	390.4

行业	亏损企业亏损总额	流动资产合计	应收账款	存货	产成品	资产合计	负债合计
全国总计	**9 855.1**	**631 504.6**	**164 128.6**	**122 330.6**	**46 018.6**	**1 267 550.2**	**710 582.5**
煤炭开采和洗选业	617.1	20 962.8	2 675.5	1 146.2	525.6	56 383.4	37 258.3
石油和天然气开采业	767.5	2 916.6	377.6	183.0	88.6	21 560.8	10 051.1
黑色金属矿采选业	52.9	3 079.5	455.4	285.0	164.3	9 557.8	5 861.2
有色金属矿采选业	56.9	1 861.8	267.4	321.4	144.9	5 842.7	3 283.9
非金属矿采选业	25.3	2 084.0	406.6	263.0	160.5	4 792.3	2 424.4
开采专业及辅助性活动	26.3	1 528.0	468.9	87.2	12.2	3 005.9	1 869.4
其他采矿业	0.1	7.4	4.0	1.3	1.0	16.7	7.4
农副食品加工业	226.0	18 220.3	2 725.5	5 421.0	2 129.8	30 471.3	17 500.2
食品制造业	116.7	9 568.2	1 864.2	1 890.4	801.3	17 691.9	8 549.3
酒、饮料和精制茶制造业	67.6	11 128.2	1 050.6	3 100.4	948.5	18 890.0	7 903.4
烟草制品业	4.3	7 820.5	297.4	4 048.2	236.0	11 060.1	2 308.7
纺织业	161.0	11 521.8	2 628.5	3 143.2	1 576.7	20 158.8	11 362.6
纺织服装、服饰业	113.5	6 878.2	1 813.7	1 716.1	918.5	11 337.6	5 705.1
皮革、毛皮、羽毛及其制品和制鞋业	68.9	3 911.9	1 090.7	998.8	436.0	6 691.6	3 141.8
木材加工和木、竹、藤、棕、草制品业	46.3	2 960.4	773.5	787.2	382.2	5 027.5	2 798.7
家具制造业	43.3	3 846.0	1 007.9	872.6	348.3	6 347.9	3 540.2
造纸和纸制品业	83.6	7 601.2	1 822.9	1 403.7	518.7	15 128.4	8 714.4
印刷和记录媒介复制业	32.1	3 551.5	1 052.7	664.1	271.3	6 267.8	2 854.5
文教、工美、体育和娱乐用品制造业	68.5	5 988.5	1 309.3	2 162.6	1 096.0	9 173.5	4 903.6
石油、煤炭及其他燃料加工业	485.1	16 734.0	2 120.7	4 184.3	1 200.5	36 206.6	23 366.9
化学原料和化学制品制造业	765.6	35 212.7	7 264.7	6 328.0	2 772.4	77 657.5	42 004.0
医药制造业	242.8	21 673.5	4 715.0	4768.9	2 254.4	37 612.2	15 291.8
化学纤维制造业	81.9	3 851.2	541.5	807.4	442.0	8 920.6	5 210.9
橡胶和塑料制品业	163.7	13 903.7	4 440.6	2 859.1	1 346.2	23 773.5	11 950.4
非金属矿物制品业	273.3	33 033.6	11 975.0	5 120.7	2 324.9	59 081.3	32 530.7
黑色金属冶炼和压延加工业	313.1	28 938.3	2 838.5	7 208.5	2 442.9	64 873.6	39 135.5

续表

行　业	亏损企业亏损总额	流动资产合计	应收账款	存货	产成品	资产合计	负债合计
有色金属冶炼和压延加工业	337.0	214 61.8	3 434.6	6 179.2	1 597.4	42 736.8	26 622.0
金属制品业	201.2	19 703.3	6 280.8	4 437.4	1 892.6	31 151.7	17 464.0
通用设备制造业	263.3	32 352.8	10 010.9	7 387.9	2 738.1	47 912.8	25 712.1
专用设备制造业	275.2	31 403.7	9 476.0	7 248.6	2 673.6	46 804.2	25 803.0
汽车制造业	1 088.9	51 803.8	14 968.4	7 514.2	3 589.0	86 442.9	51 287.0
铁路、船舶、航空航天和其他运输设备制造业	164.4	10 517.1	3 239.4	2 470.0	557.3	16 414.6	9 615.4
电气机械和器材制造业	538.5	51 211.3	17 327.2	8 464.7	3 691.3	76 528.2	43 195.7
计算机、通信和其他电子设备制造业	931.4	81 680.4	30 101.0	14 334.4	4 658.1	125 841.2	70 175.0
仪器仪表制造业	49.8	7 457.6	2 345.9	1 529.0	529.1	10 850.6	4 874.6
其他制造业	9.0	915.3	241.0	217.4	89.4	1 527.7	725.5
废弃资源综合利用业	41.4	1 941.1	446.4	517.1	257.3	3 306.9	1 900.6
金属制品、机械和设备修理业	36.2	1 191.1	383.9	248.6	23.6	2 152.0	1 092.1
电力、热力生产和供应业	842.2	30 215.9	8 322.2	1 471.8	49.5	175 037.1	102 810.3
燃气生产和供应业	88.5	4 686.9	766.8	307.3	95.0	13 294.6	7 997.0
水的生产和供应业	85.1	6 178.5	796.0	230.8	34.1	20 017.6	11 780.0

注：管理费用含研发费用（以下相关表同）。

分地区规模以上工业企业主要经济指标

（2020 年）

单位：亿元

地　区	营业收入	营业成本	销售费用	管理费用	财务费用	利润总额
全国总计	**1 061 433.6**	**890 435.0**	**30 480.2**	**55 318.4**	**11 585.9**	**64 516.1**
北　京	23 283.5	19 273.9	1 214.3	1 248.1	261.2	1 785.0
天　津	18 627.4	15 981.6	433.2	873.8	120.7	961.3
河　北	42 110.1	36 729.4	939.1	1 562.0	547.2	2 038.1
山　西	20 673.3	16 946.8	619.9	1 153.5	704.9	963.8
内蒙古	16 640.4	13 337.7	450.2	669.9	425.0	1 315.1
辽　宁	29 215.3	24 782.7	731.4	1 345.0	432.2	1 286.7
吉　林	13 147.0	10 791.4	558.6	717.8	128.2	567.1
黑龙江	9 825.8	8 392.4	290.6	561.6	152.0	279.1
上　海	38 595.2	31 094.8	1 420.2	2 850.9	90.6	2 810.2
江　苏	122 206.8	102 659.6	3 673.2	7 072.8	968.8	7 365.3
浙　江	77 695.4	64 378.1	2 356.0	4 876.3	902.9	5 544.6
安　徽	37 925.9	32 268.4	965.7	1 849.5	367.7	2 294.2
福　建	55 475.4	47 990.5	1 268.5	2 176.2	390.6	3 470.1
江　西	37 909.2	32 764.9	733.4	1 428.5	272.0	2 438.1
山　东	84 270.4	72 890.4	2 038.2	3 586.9	975.9	4 282.9
河　南	47 292.7	41 076.3	983.0	1 717.7	602.0	2 544.7
湖　北	40 743.5	34 080.0	1 195.3	2 012.3	350.2	2 519.0
湖　南	38 339.9	31 193.4	1 214.0	2 650.7	357.1	2 032.7
广　东	146 856.9	121 581.9	5 021.4	9 985.9	1 033.8	9 286.9
广　西	17 639.6	15 309.0	378.3	609.4	202.8	876.0
海　南	2 089.6	1 607.4	116.0	94.3	32.0	132.2
重　庆	22 529.6	19 172.5	633.3	1 121.1	173.1	1 318.8
四　川	45 250.1	37 557.2	1 444.1	1 941.3	511.5	3 197.7
贵　州	8 832.3	6 417.2	297.1	442.0	196.9	1 029.4
云　南	14 550.3	11 400.8	377.3	589.2	290.8	1 005.4
西　藏	322.0	250.5	15.0	28.1	9.6	18.9
陕　西	23 435.3	19 000.3	576.9	1 080.7	347.1	1 942.3
甘　肃	7 290.3	6 136.6	131.4	249.9	159.7	284.3
青　海	2 421.0	2 005.5	45.9	120.3	100.3	93.1
宁　夏	4 713.0	3 958.3	84.1	200.6	174.9	203.9
新　疆	11 526.3	9 405.2	274.6	502.5	304.4	629.1

地　区	亏损企业亏损总额	流动资产合计	应收账款	存货	产成品	资产合计	负债合计
全国总计	**9 855.1**	**631 504.6**	**164 128.6**	**122 330.6**	**46 018.6**	**1 267 550.2**	**710 582.5**
北　京	291.6	21 093.8	45 173.0	2 788.8	1 063.0	55 276.9	23 838.7
天　津	298.7	10 487.2	2 731.6	2 172.2	785.6	21 375.9	11 623.7
河　北	392.8	23 688.9	5 034.0	4 569.3	1 626.8	49 838.6	30 024.8
山　西	521.5	18 396.3	3 552.8	2 182.0	869.4	45 287.9	32 458.5
内蒙古	340.5	10 899.6	2 281.5	1 674.5	559.6	32 420.1	19 231.2
辽　宁	613.4	20 077.9	4 282.2	4 315.6	1 450.2	40 050.9	24 944.8
吉　林	429.5	7 386.9	1 531.9	1 592.4	594.9	17 202.5	9 049.9
黑龙江	281.5	7 613.3	1 605.3	1 462.8	441.0	17 074.9	10 213.4
上　海	346.7	27 915.2	7 434.5	5 277.7	1 874.4	47 965.7	22 934.3
江　苏	999.7	77 201.8	25 624.2	15 599.0	6 228.7	130 201.4	68 845.0
浙　江	510.6	53 235.9	15 757.5	10 303.2	4 119.8	95 438.3	52 090.3
安　徽	199.6	21 575.6	7 000.7	4 027.8	1 616.1	41 720.7	23 803.2
福　建	183.0	21 159.9	5 065.9	4 659.4	1 888.9	41 501.5	20 908.1
江　西	112.4	14 266.7	3 630.5	3 209.7	1 219.7	28 392.1	15 241.5
山　东	730.9	52 936.0	11 519.1	10 724.3	4 451.8	99 591.1	62 190.8
河　南	336.1	24 499.4	5 728.0	4 525.1	1 611.1	51 497.5	29 360.3
湖　北	327.0	20 813.6	5 050.0	4 090.0	1 524.1	43 851.7	22 859.0
湖　南	213.8	14 964.7	4 357.9	3 220.4	1 177.4	31 437.0	16 168.4
广　东	1 018.0	89 625.4	25 669.5	17 992.7	6 680.7	149 406.7	82 985.5
广　西	119.3	10 074.9	2 321.7	2 072.3	805.7	20 114.3	12 965.1
海　南	28.2	1 556.8	322.6	227.9	75.1	3 438.0	1 813.0
重　庆	150.5	11 389.0	3 620.9	1 982.1	758.8	22 307.8	12 707.7
四　川	217.0	21 929.0	5 647.3	4 244.3	1 539.7	50 336.2	27 646.1
贵　州	158.7	7 201.9	1 182.9	1 343.0	350.0	16 315.1	9 876.2
云　南	162.3	8 503.4	1 519.7	2 354.9	614.0	22 613.9	12 689.2
西　藏	34.1	476.4	65.8	44.5	17.2	1 998.6	992.6
陕　西	229.8	14 626.0	3 042.0	2 498.9	1 038.5	37 394.3	20 307.6
甘　肃	99.5	4 273.4	977.6	983.5	266.2	11 529.6	6 805.2
青　海	100.3	2 100.0	487.3	313.9	100.8	6 892.4	4 679.8
宁　夏	108.5	3 344.7	773.7	543.4	209.1	10 553.2	6 565.3
新　疆	299.6	8 191.3	1 792.9	1 335.1	460.5	24 525.4	14 763.5

居民人均可支配收入

单位:元

指　标	2015 年	2016 年	2017 年	2018 年	2019 年	2020 年
全国居民可支配收入	**21 966.2**	**23 821.0**	**25 973.8**	**28 228.0**	**30 732.8**	**32 188.8**
1. 工资性收入	12 459.0	13 455.2	14 620.3	15 829.0	17 186.2	17 917.4
2. 经营净收入	3 955.6	4 217.7	4 501.8	4 852.4	5 247.3	5 306.8
3. 财产净收入	1 739.6	1 889.0	2 107.4	2 378.5	2 619.1	2 791.5
4. 转移净收入	3 811.9	4 259.1	4 744.3	5 168.1	5 680.3	6 173.2
城镇居民可支配收入	**31 194.8**	**33 616.2**	**36 396.2**	**39 250.8**	**42 358.8**	**43 833.8**
1. 工资性收入	19 337.1	20 665.0	22 200.9	23 792.2	25 564.8	26 380.7
2. 经营净收入	3 476.1	3 770.1	4 064.7	4 442.6	4 840.4	4 710.8
3. 财产净收入	3 041.9	3 271.3	3 606.9	4 027.7	4 390.6	4 626.5
4. 转移净收入	5 339.7	5 909.8	6 523.6	6 988.3	7 563.0	8 115.8
农村居民可支配收入	**11 421.7**	**12 363.4**	**13 432.4**	**14 617.0**	**16 020.7**	**17 131.5**
1. 工资性收入	4 600.3	5 021.8	5 498.4	5 996.1	6 583.5	6 973.9
2. 经营净收入	4 503.6	4 741.3	5 027.8	5 358.4	5 762.2	6 077.4
3. 财产净收入	251.5	272.1	303.0	342.1	377.3	418.8
4. 转移净收入	2 066.3	2 328.2	2 603.2	2 920.5	3 297.8	3 661.3

注:从 2013 年起,国家统计局开展了全国住户收支与生活状况调查,2013 年及以后年份的数据来源于此调查,与 2013 年前的分城镇和农村住户调查的调查范围、调查方法、指标口径有所不同。

居民人均消费支出

单位：元

指　标	2015 年	2016 年	2017 年	2018 年	2019 年	2020 年
全国居民消费支出	**15 712.4**	**17 110.7**	**18 322.1**	**19 853.1**	**21 558.9**	**21 209.9**
#服务性消费	6 459.7	7 156.6	7 802.6	8 780.8	9 886.0	9 037.3
1. 食品烟酒	4 814.0	5 151.0	5 373.6	5 631.1	6 084.2	6 397.3
2. 衣　着	1 164.1	1 202.7	1 237.6	1 288.9	1 338.1	1 238.4
3. 居　住	3 419.2	3 746.4	4 106.9	4 646.6	5 054.8	5 215.3
4. 生活用品及服务	951.4	1 043.7	1 120.7	1 222.7	1 280.9	1 259.5
5. 交通通信	2 086.9	2 337.8	2 498.9	2 675.4	2 861.6	2 761.8
6. 教育文化娱乐	1 723.1	1 915.3	2 086.2	2 225.7	2 513.1	2 032.2
7. 医疗保健	1 164.5	1 307.5	1 451.2	1 685.2	1 902.3	1 843.1
8. 其他用品及服务	389.2	406.3	447.0	477.5	524.0	462.2
城镇居民消费支出	**21 392.4**	**23 078.9**	**24 445.0**	**26 112.3**	**28 063.4**	**27 007.4**
#服务性消费	9 192.4	10 068.1	10 854.5	12 130.4	13 517.7	12 012.8
1. 食品烟酒	6 359.7	6 762.4	7 001.0	7 239.0	7 732.6	7 880.5
2. 衣　着	1 701.1	1 739.0	1 757.9	1 808.2	1 831.9	1 644.8
3. 居　住	4 726.0	5 113.7	5 564.0	6 255.0	6 780.2	6 957.7
4. 生活用品及服务	1 306.5	1 426.8	1 525.0	1 629.4	1 689.3	1 640.0
5. 交通通信	2 895.4	3 173.9	3 321.5	3 473.5	3 671.3	3 474.3
6. 教育文化娱乐	2 382.8	2 637.6	2 846.6	2 974.1	3 328.0	2 591.7
7. 医疗保健	1 443.4	1 630.8	1 777.4	2 045.7	2 282.7	2 172.2
8. 其他用品及服务	577.5	594.7	651.5	687.4	747.2	646.2
农村居民消费支出	**9 222.6**	**10 129.8**	**10 954.5**	**12 124.3**	**13 327.7**	**13 713.4**
#服务性消费	3 337.4	3 750.9	4 130.2	4 644.7	5 290.2	5 189.9
1. 食品烟酒	3 048.0	3 266.1	3 415.4	3 645.6	3 998.2	4 479.4
2. 衣　着	550.5	575.4	611.6	647.7	713.3	712.8
3. 居　住	1 926.2	2 147.1	2 353.5	2 660.6	2 871.3	2 962.4
4. 生活用品及服务	545.6	595.7	634.0	720.5	763.9	767.5
5. 交通通信	1 163.1	1 359.9	1 509.1	1 690.0	1 836.8	1 840.6
6. 教育文化娱乐	969.3	1 070.3	1 171.3	1 301.6	1 481.8	1 308.7
7. 医疗保健	846.0	929.2	1058.7	1240.1	1 420.8	1 417.5
8. 其他用品及服务	174.0	186.0	200.9	218.3	241.5	224.4

注：服务性消费支出指住户用于各种生活服务的消费支出，包括餐饮服务、衣着鞋类加工服务、居住服务、家庭服务、交通通信服务、教育文化娱乐服务、医疗服务和其他服务等。

分地区农村居民人均可支配收入

单位:元

地 区	2015 年	2016 年	2017 年	2018 年	2019 年	2020 年
全国总计	**11 421.7**	**12 363.4**	**13 432.4**	**14 617.0**	**16 020.7**	**17 131.5**
北 京	20 568.7	22 309.5	24 240.5	26 490.3	28 928.4	30 125.7
天 津	18 481.6	20 075.6	21 753.7	23 065.2	24 804.1	25 690.6
河 北	11 050.5	11 919.4	12 880.9	14 030.9	15 373.1	16 467.0
山 西	9 453.9	10 082.5	10 787.5	11 750.0	12 902.4	13 878.0
内蒙古	10 775.9	11 609.0	12 584.3	13 802.6	15 282.8	16 566.9
辽 宁	12 056.9	12 880.7	13 746.8	14 656.3	16 108.3	17 450.3
吉 林	11 326.2	12 122.9	12 950.4	13 748.2	14 936.0	16 067.0
黑龙江	11 095.2	11 831.9	12 664.8	13 803.7	14 982.1	16 168.4
上 海	23 205.2	25 520.4	27 825.0	30 374.7	33 195.2	34 911.3
江 苏	16 256.7	17 605.6	19 158.0	20 845.1	22 675.4	24 198.5
浙 江	21 125.0	22 866.1	24 955.8	27 302.4	29 875.8	31 930.5
安 徽	10 820.7	11 720.5	12 758.2	13 996.0	15 416.0	16 620.2
福 建	13 792.7	14 999.2	16 334.8	17 821.2	19 568.4	20 880.3
江 西	11 139.1	12 137.7	13 241.8	14 459.9	15 796.3	16 980.8
山 东	12 930.4	13 954.1	15 117.5	16 297.0	17 775.5	18 753.2
河 南	10 852.9	11 696.7	12 719.2	13 830.7	15 163.7	16 107.9
湖 北	11 843.9	12 725.0	13 812.1	14 977.8	16 390.9	16 305.9
湖 南	10 992.5	11 930.4	12 935.8	14 092.5	15 394.8	16 584.6
广 东	13 360.4	14 512.2	15 779.7	17 167.7	18 818.4	20 143.4
广 西	9 466.6	10 359.5	11 325.5	12 434.8	13 675.7	14 814.9
海 南	10 857.6	11 842.9	12 901.8	13 988.9	15 113.1	16 278.8
重 庆	10 504.7	11 548.8	12 637.9	13 781.2	15 133.3	16 361.4
四 川	10 247.4	11 203.1	12 226.9	13 331.4	14 670.1	15 929.1
贵 州	7 386.9	8 090.3	8 869.1	9 716.1	10 756.3	11 642.3
云 南	8 242.1	9 019.8	9 862.2	10 767.9	11 902.4	12 841.9
西 藏	8 243.7	9 093.8	10 330.2	11 449.8	12 951.0	14 598.4
陕 西	8 688.9	9 396.4	10 264.5	11 212.8	12 325.7	13 316.5
甘 肃	6 936.2	7 456.9	8 076.1	8 804.1	9 628.9	10 344.3
青 海	7 933.4	8 664.4	9 462.3	10 393.3	11 499.4	12 342.5
宁 夏	9 118.7	9 851.6	10 737.9	11 707.6	12 858.4	13 889.4
新 疆	9 425.1	10 183.2	11 045.3	11 974.5	13 121.7	14 056.1

分地区农村居民人均消费支出

单位:元

地 区	2015 年	2016 年	2017 年	2018 年	2019 年	2020 年
全国总计	**9 222.6**	**10 129.8**	**10 954.5**	**12 124.3**	**13 327.7**	**13 713.4**
北 京	15 811.2	17 329.0	18 810.5	20 195.3	21 881.0	20 912.7
天 津	14 739.4	15 912.1	16 385.9	16 863.3	17 843.3	16 844.1
河 北	9 022.8	9 798.3	10 535.9	11 382.8	12 372.0	12 644.2
山 西	7 421.2	8 028.8	8 424.0	9 172.2	9 728.4	10 290.1
内蒙古	10 637.4	11 462.6	12 184.4	12 661.5	13 816.0	13 593.7
辽 宁	8 872.8	9 953.1	10 787.3	11 455.0	12 030.2	12 311.2
吉 林	8 783.3	9 521.4	10 279.4	10 826.2	11 456.6	11 863.6
黑龙江	8 391.5	9 423.8	10 523.9	11 416.8	12 494.9	12 360.0
上 海	16 152.3	17 070.8	18 089.8	19 964.7	22 448.9	22 095.5
江 苏	12 882.5	14 428.2	15 611.5	16 567.0	17 715.9	17 021.7
浙 江	16 107.7	17 358.9	18 093.4	19 706.8	21 351.7	21 555.4
安 徽	8 975.2	10 287.3	11 106.1	12 748.1	14 545.8	15 023.5
福 建	11 960.8	12 910.8	14 003.4	14 942.8	16 281.4	16 338.9
江 西	8 485.6	9 128.3	9 870.4	10 885.2	12 496.7	13 579.4
山 东	8 747.6	9 518.9	10 342.1	11 270.1	12 308.9	12 660.4
河 南	7 887.4	8 586.6	9 211.5	10 392.0	11 546.0	12 201.1
湖 北	9 803.1	10 938.3	11 632.5	13 946.3	15 328.0	14 472.5
湖 南	9 690.6	10 629.9	11 533.6	12 720.5	13 968.8	14 974.0
广 东	11 103.0	12 414.8	13 199.6	15 411.3	16 949.4	17 132.3
广 西	7 582.0	8 351.2	9 436.6	10 617.0	12 045.0	12 431.1
海 南	8 210.3	8 921.2	9 599.4	10 955.8	12 417.5	13 169.3
重 庆	8 937.7	9 954.4	10 936.1	11 976.8	13 112.1	14 139.5
四 川	9 250.6	10 191.6	11 396.7	12 723.2	14 055.6	14 952.6
贵 州	6 644.9	7 533.3	8 299.0	9 170.2	10 221.7	10 817.6
云 南	6 830.1	7 330.5	8 027.3	9 122.9	10 260.2	11 069.5
西 藏	5 579.7	6 070.3	6 691.5	7 452.1	8 417.9	8 917.1
陕 西	7 900.7	8 567.7	9 305.6	10 070.8	10 934.7	11 375.7
甘 肃	6 829.8	7 487.0	8 029.7	9 064.6	9 694.0	9 922.9
青 海	8 566.5	9 222.2	9 902.7	10 352.4	11 343.1	12 134.2
宁 夏	8 414.9	9 138.4	9 982.1	10 789.6	11 464.6	11 724.3
新 疆	7 697.9	8 277.0	8 712.6	9 421.3	10 318.4	10 778.2

货物进出口总额

年份	进出口总额/亿元人民币	出口额	进口额	进出口总额/亿美元	出口额	进口额
1978	355.0	167.6	187.4	206.4	97.5	108.9
1979	454.6	211.7	242.9	293.3	136.6	156.7
1980	570.0	271.2	298.8	381.4	181.2	200.2
"六五"时期	**5 634.6**	**2 609.2**	**3 025.4**	**2 524.0**	**1 200.4**	**1 323.5**
1981	735.3	367.6	367.7	440.2	220.1	220.2
1982	771.4	413.8	357.5	416.1	223.2	192.9
1983	860.2	438.3	421.8	436.2	222.3	213.9
1984	1 201.0	580.6	620.5	535.5	261.4	274.1
1985	2 066.7	808.9	1 257.9	696.0	273.5	422.5
"七五"时期	**19 202.4**	**9 260.7**	**9 941.7**	**4 864.0**	**2 325.2**	**2 538.7**
1986	2 580.4	1 082.1	1 498.3	738.5	309.4	429.0
1987	3 084.2	1 470.0	1 614.2	826.5	394.4	432.2
1988	3 821.8	1 766.7	2 055.1	1 027.8	475.2	552.7
1989	4 155.9	1 956.1	2 199.9	1 116.8	525.4	591.4
1990	5 560.1	2 985.8	2 574.3	1 154.4	620.9	533.5
"八五"时期	**71 498.2**	**36 661.9**	**34 836.4**	**10 143.5**	**5 183.1**	**4 960.3**
1991	7 225.8	3 827.1	3 398.7	1 356.3	718.4	637.9
1992	9 119.6	4 676.3	4 443.3	1 655.3	849.4	805.9
1993	11 271.0	5 284.8	5 986.2	1 957.0	917.4	1 039.6
1994	20 381.9	10 421.8	9 960.1	2 366.2	1 210.1	1 156.2
1995	23 499.9	12 451.8	11 048.1	2 808.6	1 487.8	1 320.8
"九五"时期	**147 120.3**	**79 754.9**	**67 365.4**	**17 739.2**	**9 616.9**	**8 122.3**
1996	24 133.9	12 576.4	11 557.4	2 898.8	1 510.5	1 388.3
1997	26 967.2	15 160.7	11 806.6	3 251.6	1 827.9	1 423.7
1998	26 849.7	15 223.5	11 626.1	3 239.5	1 837.1	1 402.4
1999	29 896.2	16 159.8	13 736.5	3 606.3	1 949.3	1 657.0
2000	39 273.3	20 634.4	18 638.8	4 743.0	2 492.0	2 250.9
"十五"时期	**376 506.1**	**197 011.6**	**179 494.5**	**45 578.7**	**23 852.0**	**21 726.7**
2001	42 183.6	22 024.4	20 159.2	5 096.5	2 661.0	2 435.5
2002	51 378.2	26 947.9	24 430.3	6 207.7	3 256.0	2 951.7
2003	70 483.5	36 287.9	34 195.6	8 509.9	4 382.3	4 127.6
2004	95 539.1	49 103.3	46 435.8	11 545.5	5 933.3	5 612.3
2005	116 921.8	62 648.1	54 273.7	14 219.1	7 619.5	6 599.5
"十一五"时期	**840 190.7**	**460 672.5**	**379 518.2**	**116 814.0**	**63 991.0**	**52 823.1**
2006	140 974.7	77 597.9	63 376.9	17 604.4	9 689.8	7 914.6
2007	166 924.1	93 627.1	73 296.9	21 761.8	12 200.6	9 561.2

续表

年 份	进出口总额/亿元人民币			进出口总额/亿美元		
		出口额	进口额		出口额	进口额
2008	179 921.5	100 394.9	79 526.5	25 632.6	14 306.9	11 325.6
2009	150 648.1	82 029.7	68 618.4	22 075.4	12 016.1	10 059.2
2010	201 722.3	107 022.8	94 699.5	29 740.0	15 777.5	13 962.5
“十二五”时期	**1 248 475.8**	**674 781.8**	**573 693.9**	**199 225.4**	**107 718.6**	**91 506.8**
2011	236 402.0	123 240.6	113 161.4	36 418.6	18 983.8	17 434.8
2012	244 160.2	129 359.3	114 801.0	38 671.2	20 487.1	18 184.1
2013	258 168.9	137 131.4	121 037.5	41 589.9	22 090.0	19 499.9
2014	264 241.8	143 883.8	120 358.0	43 015.3	23 422.9	19 592.4
2015	245 502.9	141 166.8	104 336.1	39 530.3	22 734.7	16 795.6
“十三五”时期	**1 463 680.0**	**807 557.5**	**656 122.6**	**216 392.9**	**119 378.0**	**97 014.9**
2016	243 386.5	138 419.3	104 967.2	36 855.6	20 976.3	15 879.3
2017	278 099.2	153 309.4	124 789.8	41 071.4	22 633.4	18 437.9
2018	305 010.1	164 128.8	140 881.3	46 224.4	24 867.0	21 357.5
2019	315 627.3	172 373.6	143 253.7	45 778.9	24 994.8	20 784.1
2020	321 556.9	179 326.4	142 230.6	46 462.6	25 906.5	20 556.1

注：本表1979年前为外贸部门数据，1980年起为海关数据。2020年数据为2020年12月海关月报数据。

实际使用外资额

年 份	总 计（亿美元）	外商直接投资
1979—1982	130.6	17.7
1983	22.6	9.2
1984	28.7	14.2
1985	47.6	19.6
“七五”时期	**466.6**	**146.3**
1986	76.3	22.4
1987	84.5	23.1
1988	102.3	31.9
1989	100.6	33.9
1990	102.9	34.9
“八五”时期	**1 610.6**	**1 141.8**
1991	115.5	43.7
1992	192.0	110.1
1993	389.6	275.2
1994	432.1	337.7
1995	481.3	375.2
“九五”时期	**2 897.9**	**2 134.8**
1996	548.1	417.3
1997	644.1	452.6
1998	585.6	454.6
1999	526.6	403.2
2000	593.6	407.2
“十五”时期	**2 887.0**	**2 740.8**
2001	496.7	468.8
2002	550.1	527.4
2003	561.4	535.1
2004	640.7	606.3
2005	638.1	603.3
“十一五”时期	**4 440.9**	**4 287.5**
2006	698.8	658.2
2007	783.4	747.7
2008	952.5	924.0
2009	918.0	900.3
2010	1 088.2	1 057.4
“十二五”时期	**5 956.9**	**5 911.4**
2011	1 177.0	1 160.1

续表

年份	总计（亿美元）	
		外商直接投资
2012	1 132.9	1 117.2
2013	1 187.2	1 175.9
2014	1 197.1	1 195.6
2015	1 262.7	1 262.7
“十三五”时期	**6 745.1**	**6 745.1**
2016	1 260.0	1 260.0
2017	1 310.4	1 310.4
2018	1 349.7	1 349.7
2019	1 381.4	1 381.4
2020	1 443.7	1 443.7

证券市场基本情况

项　目	单　位	2016 年	2017 年	2018 年	2019 年	2020 年
境内上市公司数(A、B 股)	家	3 052	3 485	3 584	3 777	4 154
境内上市外资股(B 股)	家	100	100	99	97	93
境外上市公司数(H 股)	家	241	252	267	294	291
股票筹资额	亿　元	20 297	15 536	11 378	12 539	14 222
股票总发行股本	亿　股	48 750	53 747	57 581	61 740	65 526
#流通股本	亿　股	41 136	45 045	49 048	52 488	56 375
股票市价总值	亿　元	507 686	567 086	434 924	593 075	796 487
#股票流通市值	亿　元	393 402	449 298	353 794	483 327	643 096
股票成交量	亿　股	95 525	87 781	82 037	126 624	167 452
股票成交金额	亿　元	1 277 680	1 124 625	901 739	1 274 159	2 068 253
上证综合指数(收盘)		3 104	3 307	2 494	3 050	3 473
深证综合指数(收盘)		1 969	1 899	1 268	1 723	2 329
期末股票投资者数	万　户	11 811	13 398	14 650	15 975	17 777
静态市盈率						
上　海		16	16	13	16	16
深　圳		41	36	20	36	34
年换手率						
上　海	%	158	181	151	194	259
深　圳	%	542	413	357	455	556
公司信用类债券发行额	亿　元	28 737	14 393	20 303	33 201	42 945
债券成交额	亿　元	2 387 096	2 687 636	2 405 454	2 473 724	3 075 974
债券现货成交金额	亿　元	51 270	55 442	63 822	83 530	201 786
债券回购成交金额	亿　元	2 335 826	2 632 194	2 341 632	2 390 194	2 874 188
证券投资基金只数	只	3 873	4 848	5 580	6 111	7 258
证券投资基金规模	亿　份	88 428	110 182	128 961	136 937	169 974
证券投资基金成交金额	亿　元	111 444	98 052	102 705	91 679	136 239
期货总成交量	万　手	413 782	307 106	301 070	392 157	602 735
期货总成交额	亿　元	1 956 343	1 878 951	2 108 057	2 905 856	4 373 005

注：

1. 本表资料由中国证券监督管理委员会提供。
2. 境外上市公司(H 股)仅指在香港交易所上市的境内公司,不包含在新加坡上市的三家公司。
3. 股票筹资包括首发和再融资,再融资包含公开增发、定向增发(现金和非现金认购)、配股、权证和优先股。首发和再融资均按上市日统计。
4. 本表中债券成交数据为交易所债券市场成交数据,包括债券现券(含私募债、ABS)和回购。
5. 公司信用类债券包含公司债(非金融)、可转债(非金融)、可分离债(非金融)和资产支持证券(非金融)。
6. 期货成交数据含金融期货。

一次能源生产总量和构成

年份	一次能源生产总量/万吨标准煤	构成(一次能源生产总量=100)			
		原煤	原油	天然气	一次电力及其他能源
1978	62 770	70.3	23.7	2.9	3.1
1979	64 562	70.2	23.5	3.0	3.3
1980	63 735	69.4	23.8	3.0	3.8
1981	63 227	70.2	22.9	2.7	4.2
1982	66 778	71.3	21.8	2.4	4.5
1983	71 270	71.6	21.3	2.3	4.8
1984	77 855	72.4	21.0	2.1	4.5
1985	85 546	72.8	20.9	2.0	4.3
1986	88 124	72.4	21.2	2.1	4.3
1987	91 266	72.6	21.0	2.0	4.4
1988	95 801	73.1	20.4	2.0	4.5
1989	101 639	74.1	19.3	2.0	4.6
1990	103 922	74.2	19.0	2.0	4.8
1991	104 844	74.1	19.2	2.0	4.7
1992	107 256	74.3	18.9	2.0	4.8
1993	111 059	74.0	18.7	2.0	5.3
1994	118 729	74.6	17.6	1.9	5.9
1995	129 034	75.3	16.6	1.9	6.2
1996	133 032	75.0	16.9	2.0	6.1
1997	133 460	74.2	17.2	2.1	6.5
1998	129 834	73.3	17.7	2.2	6.8
1999	131 935	73.9	17.3	2.5	6.3
2000	138 570	72.9	16.8	2.6	7.7
2001	147 425	72.6	15.9	2.7	8.8
2002	156 277	73.1	15.3	2.8	8.8
2003	178 299	75.7	13.6	2.6	8.1
2004	206 108	76.7	12.2	2.7	8.4
2005	229 037	77.4	11.3	2.9	8.4
2006	244 763	77.5	10.8	3.2	8.5
2007	264 173	77.8	10.1	3.5	8.6
2008	277 419	76.8	9.8	3.9	9.5
2009	286 092	76.8	9.4	4.0	9.8
2010	312 125	76.2	9.3	4.1	10.4
2011	340 178	77.8	8.5	4.1	9.6
2012	351 041	76.2	8.5	4.1	11.2
2013	358 784	75.4	8.4	4.4	11.8

续表

年份	一次能源生产总量/万吨标准煤	构成(一次能源生产总量=100)			
		原煤	原油	天然气	一次电力及其他能源
2014	362 212	73.5	8.3	4.7	13.5
2015	362 193	72.2	8.5	4.8	14.5
2016	345 954	69.8	8.3	5.2	16.7
2017	358 867	69.6	7.6	5.4	17.4
2018	378 859	69.2	7.2	5.4	18.2
2019	397 317	68.5	6.9	5.6	19.0
2020	408 000	67.6	6.8	6.0	19.6

注:电力折算标准煤的系数采用当年平均发电煤耗计算(以下相关表同)。

能源消费总量和构成

年 份	能源消费总量/万吨标准煤	构成(能源消费总量=100)			
		煤 炭	石 油	天然气	一次电力及其他能源
1978	57 144	70.7	22.7	3.2	3.4
1979	58 588	71.3	21.8	3.3	3.6
1980	60 275	72.2	20.7	3.1	4.0
1981	59 447	72.7	20.0	2.8	4.5
1982	62 067	73.7	18.9	2.5	4.9
1983	66 040	74.2	18.1	2.4	5.3
1984	70 904	75.3	17.4	2.4	4.9
1985	76 682	75.8	17.1	2.2	4.9
1986	80 850	75.8	17.2	2.3	4.7
1987	86 632	76.2	17.0	2.1	4.7
1988	92 997	76.1	17.1	2.1	4.7
1989	96 934	76.1	17.1	2.1	4.7
1990	98 703	76.2	16.6	2.1	5.1
1991	103 783	76.1	17.1	2.0	4.8
1992	109 170	75.7	17.5	1.9	4.9
1993	115 993	74.7	18.2	1.9	5.2
1994	122 737	75.0	17.4	1.9	5.7
1995	131 176	74.6	17.5	1.8	6.1
1996	135 192	73.5	18.7	1.8	6.0
1997	135 909	71.4	20.4	1.8	6.4
1998	136 184	70.9	20.8	1.8	6.5
1999	140 569	70.6	21.5	2.0	5.9
2000	146 964	68.5	22.0	2.2	7.3
2001	155 547	68.0	21.2	2.4	8.4
2002	169 577	68.5	21.0	2.3	8.2
2003	197 083	70.2	20.1	2.3	7.4
2004	230 281	70.2	19.9	2.3	7.6
2005	261 369	72.4	17.8	2.4	7.4
2006	286 467	72.4	17.5	2.7	7.4
2007	311 442	72.5	17.0	3.0	7.5
2008	320 611	71.5	16.7	3.4	8.4
2009	336 126	71.6	16.4	3.5	8.5
2010	360 648	69.2	17.4	4.0	9.4
2011	387 043	70.2	16.8	4.6	8.4
2012	402 138	68.5	17.0	4.8	9.7
2013	416 913	67.4	17.1	5.3	10.2

续表

年份	能源消费总量/万吨标准煤	构成(能源消费总量=100)			
		煤炭	石油	天然气	一次电力及其他能源
2014	428 334	65.8	17.3	5.6	11.3
2015	434 113	63.8	18.4	5.8	12.0
2016	441 492	62.2	18.7	6.1	13.0
2017	455 827	60.6	18.9	6.9	13.6
2018	471 925	59.0	18.9	7.6	14.5
2019	487 488	57.7	19.0	8.0	15.3
2020	498 000	56.8	18.9	8.4	15.9

生态环境主要指标

项　目	单　位	2015 年	2016 年	2017 年	2018 年	2019 年	2020 年
水环境							
水资源总量	亿立方米	27 963	32 466	28 761	27 463	29 041	30 963
人均水资源量	立方米/人	2 027	2 339	2 060	1 958	2 063	2 194
用水总量	亿立方米	6 103	6 040	6 043	6 016	6 021	—
#农　业	亿立方米	3 852	3 768	3 766	3 693	3 682	—
工　业	亿立方米	1 335	1 308	1 277	1 262	1 218	—
生　活	亿立方米	794	822	838	860	872	—
生　态	亿立方米	123	143	162	201	250	—
化学需氧排放量	万　吨	2 224	658	609	584	567	—
大气环境							
二氧化硫排放量	万　吨	1 859	855	611	516	457	—
固体废物							
一般工业固体废物综合利用量	万　吨	198 807	210 995	206 117	216 860	232 079	—
生态环境							
森林面积	万公顷	22 045	22 045	22 045	22 045	22 045	—
森林覆盖率	%	23	23	23	23	23	—
造林面积	万公顷	768	720	768	730	739	677
自然保护区数	个	2 740	2 750	2 750	—	—	—
#国家级	个	428	446	463	474	474	474
自然保护区面积	万公顷	14 703	14 733	14 717	—	—	—
湿地面积	万公顷	5 360	5 360	5 360	5 360	5 360	—
湿地面积占国土面积	%	5.6	5.6	5.6	5.6	5.6	—
自然灾害							
发生地质灾害次数	次	8 355	10 997	7 521	2 966	6 181	—
发生地震灾害次数	次	14	16	12	11	13	5

注：

1. 以第二次全国污染源普查成果为基准，生态环境部依法组织对2016—2019年污染源统计初步数据进行了更新，2016年之后数据与以前年份不可比。

2. 森林面积和森林覆盖率为第九次全国森林资源清查资料；全国湿地面积和占国土面积比重为第二次全国湿地资源调查资料。

3. 自2015年起，造林面积包括人工造林、飞播造林、新封山育林、退化修复和人工更新。

附录

2020 年度全国信用企业

（排名不分先后）

序 号	企业名称	全国统一编号
AAA 级信用企业（185 家）		
1	中国一重集团有限公司	2021042011101454
2	中国盐业集团有限公司	2021042011101407
3	国家电投集团四川电力有限公司	2021042011101455
4	比亚迪汽车工业有限公司	2021042011101456
5	广州地铁集团有限公司	2021042011101457
6	河北鑫达钢铁集团有限公司	2021042011101458
7	山西建龙实业有限公司	2021042011101459
8	四川省能源投资集团有限责任公司	2021042011101408
9	厦门航空有限公司	2021042011101409
10	中航贵州飞机有限责任公司	2021042011101410
11	四川航空股份有限公司	2021042011101411
12	厦门恒兴集团有限公司	2021042011101460
13	哈尔滨银行股份有限公司	2021042011101461
14	东浩兰生（集团）有限公司	2021042011101462
15	青岛西海岸新区融合控股集团有限公司	2021042011101463
16	湖南省轻工业盐业集团有限公司	2021042011101464
17	内蒙古北方重工业集团有限公司	2021042011101465
18	广西交通设计集团有限公司	2021042011101466
19	德龙钢铁有限公司	2021042011101467
20	北京牡丹电子集团有限责任公司	2021042011101412
21	中国电建市政建设集团公司	2021042011101413
22	贵州省医药（集团）有限责任公司	2021042011101414
23	中国水利水电第八工程局有限公司	2021042011101415
24	中车大连电力牵引研发中心有限公司	2021042011101416
25	中国水利水电第十工程局有限公司	2021042011101417
26	北京北方节能环保有限公司	2021042011101418
27	胜利方圆实业集团有限公司	2021042011101419
28	中国水利水电第十二工程局有限公司	2021042011101420
29	通威股份有限公司	2021042011101421
30	中国水利水电第十六工程局有限公司	2021042011101422
31	胜利油田北方实业集团有限责任公司	2021042011101423
32	中国水电基础局有限公司	2021042011101424
33	山东电力建设第三工程有限公司	2021042011101425
34	中铝瑞闽股份有限公司	2021042011101426
35	福建水口发电集团有限公司	2021042011101427
36	中国电建集团北京勘测设计研究院有限公司	2021042011101428
37	舒华体育股份有限公司	2021042011101429
38	齐齐哈尔哈铁装备制造有限公司	2021042011101430

续表

序　号	企业名称	全国统一编号
39	京唐港煤炭港埠有限责任公司	2021042011101431
40	中国联合网络通信有限公司西安市分公司	2021042011101432
41	中国电建集团昆明勘测设计研究院有限公司	2021042011101433
42	四川电力设计咨询有限责任公司	2021042011101434
43	上海汽车集团股份有限公司乘用车郑州分公司	2021042011101468
44	中建桥梁有限公司	2021042011101469
45	中国水电建设集团十五工程局有限公司	2021042011101470
46	深圳市人力资本(集团)有限公司	2021042011101471
47	上海通用风机股份有限公司	2021042011101472
48	重庆通用工业(集团)有限责任公司	2021042011101473
49	广西新发展交通集团有限公司	2021042011101474
50	贵州海宇建设工程发展有限公司	2021042011101475
51	重庆润通控股(集团)有限公司	2021042011101476
52	山西沁新能源集团股份有限公司	2021042011101477
53	安徽天星医药集团有限公司	2021042011101478
54	中电(沈阳)能源投资有限公司	2021042011101479
55	江苏上上电缆集团有限公司	2021042011101480
56	河南新飞电器集团有限公司	2021042011101481
57	石家庄建工集团有限公司	2021042011101482
58	黑龙江北大荒农资有限公司	2021042011101483
59	粤北建设工程有限公司	2021042011101484
60	四川超迪电器实业有限公司	2021042011101435
61	中国电建集团青海省电力设计院有限公司	2021042011101436
62	福建辉阳电缆科技有限公司	2021042011101437
63	中联西北工程设计研究院有限公司	2021042011101438
64	安瑞科(蚌埠)压缩机有限公司	2021042011101439
65	贵州绿纯环境开发有限公司	2021042011101440
66	东方集团财务有限责任公司	2021042011101441
67	北京皮特丹顿服饰有限公司	2021042011101442
68	贵州邦达能源开发有限公司	2021042011101443
69	陕西蔚蓝节能环境科技集团有限责任公司	2021042011101444
70	重庆宏美达欣兴实业(集团)有限公司	2021042011101445
71	成都市第四建筑工程公司	2021042011101446
72	河北津西国际贸易有限公司	2021042011101485
73	山西天泽煤化工集团股份公司	2021042011101486
74	欧菲斯集团股份有限公司	2021042011101487
75	广西交科集团有限公司	2021042011101488
76	广州市白云化工实业有限公司	2021042011101489
77	福建奋安铝业有限公司	2021042011101490
78	山西晋城钢铁控股集团有限公司	2021042011101491

续表

序 号	企业名称	全国统一编号
79	陕西建工第四建设集团有限公司	2021042011101492
80	重庆金星股份有限公司	2021042011101493
81	山西高义钢铁有限公司	2021042011101494
82	中铁十一局集团第一工程有限公司	2021042011101495
83	鲁丰织染有限公司	2021042011101496
84	安徽天康(集团)股份有限公司	2021042011101497
85	湖北江瀚新材料股份有限公司	2021042011101498
86	福建南平太阳电缆股份有限公司	2021042011101499
87	郑州翎羽新材料有限公司	2021042011101500
88	石家庄一建建设集团有限公司	2021042011101501
89	广州白云山奇星药业有限公司	2021042011101502
90	河南海纳建设管理有限公司	2021042011101503
91	福建华博教育科技股份有限公司	2021042011101504
92	冀东水泥铜川有限公司	2021042011101505
93	福建绿艺园林景观工程有限公司	2021042011101506
94	阳泉煤业集团华越机械有限公司	2021042011101507
95	福建佳丽斯家纺有限公司	2021042011101508
96	友谊国际工程咨询股份有限公司	2021042011101509
97	山西沁新煤业有限公司	2021042011101510
98	龙门科技集团有限公司	2021042011101511
99	山西鹏飞集团有限公司	2021042011101512
100	黑龙江省业旺集团有限公司	2021042011101513
101	河南利源燃气有限公司	2021042011101514
102	重庆泽京房地产开发有限公司	2021042011101515
103	广州市正薪科技有限公司	2021042011101516
104	盘锦北方沥青股份有限公司	2021042011101517
105	广州白云中一药业有限公司	2021042011101518
106	山西泽祥建设工程有限公司	2021042011101519
107	锦绣防水科技有限公司	2021042011101520
108	沙钢集团安阳永兴特钢有限公司	2021042011101521
109	丰润生物科技股份有限公司	2021042011101522
110	山西联和电力科技有限公司	2021042011101523
111	福建泉州顺美集团有限责任公司	2021042011101524
112	上海博阳精讯信息科技有限公司	2021042011101525
113	黑龙江省北大荒绿色健康食品有限责任公司	2021042011101526
114	大同煤矿集团同发东周窑煤业有限公司	2021042011101527
115	岷山环能高科股份公司	2021042011101528
116	重庆中材参天建材有限公司	2021042011101529
117	蚌埠市和平乳业有限责任公司	2021042011101530
118	福建省泷澄建设集团有限公司	2021042011101531

续表

序号	企业名称	全国统一编号
119	济宁市建筑设计研究院	2021042011101532
120	九江英智科技有限公司	2021042011101533
121	广东长宏建设集团有限公司	2021042011101535
122	山西长城路桥建设开发有限公司	2021042011101536
123	湖北瑞邦生物科技有限公司	2021042011101537
124	山西天苍山煤炭洗选有限公司	2021042011101538
125	太原福莱瑞达物流设备科技有限公司	2021042011101539
126	山西平朔煤矸石发电有限责任公司	2021042011101540
127	屯留县羿德环保科技有限公司	2021042011101541
128	太原市东晨新盛商贸有限公司	2021042011101542
129	黑龙江省农业投资集团有限公司	2021042011101543
130	特变电工中发上海高压开关有限公司	2021042011101544
131	沁源县沁新环保建材有限公司	2021042011101545
132	重庆市南岸区城市建设发展(集团)有限公司	2021042011101546
133	广州仕邦人力资源有限公司	2021042011101547
134	山西沁能投资发展有限公司	2021042011101548
135	广州纺织工贸企业集团有限公司	2021042011101549
136	山西中兴铸业集团有限公司	2021042011101550
137	洛阳国宏投资集团有限公司	2021042011101551
138	连城县丰海竹木业有限公司	2021042011101552
139	哈尔滨大荒环宇新技术有限公司	2021042011101553
140	山西天宝集团有限公司	2021042011101554
141	瑞昌荣联环保科技有限公司	2021042011101555
142	重庆机电控股集团机电工程技术有限公司	2021042011101556
143	晋能控股装备制造集团金鼎山西煤机有限责任公司	2021042011101557
144	山西屯留农村商业银行股份有限公司	2021042011101558
145	翔鹭石化(漳州)有限公司	2021042011101559
146	广州市润通物业管理有限公司	2021042011101560
147	山西宏宇诚铸建设工程有限公司	2021042011101561
148	东莞市家宝园林绿化有限公司	2021042011101562
149	棕榈生态城镇发展股份有限公司	2021042011101563
150	太原太钢大明金属制品有限公司	2021042011101564
151	合肥信睦工程建设有限公司	2021042011101565
152	宣城柏维力生物工程有限公司	2021042011101566
153	山西金投电力发展有限公司	2021042011101567
154	坚山(大连)有限公司	2021042011101568
155	西山煤电(集团)山西支护器材开发有限责任公司	2021042011101569
156	北大荒粮食物流有限公司	2021042011101570
157	翔鹭码头投资管理(漳州)有限公司	2021042011101571
158	黑龙江省农垦北大荒物流集团有限公司	2021042011101572

续表

序　号	企业名称	全国统一编号
159	中勘基建(集团)有限责任公司	2021042011101573
160	安徽省绿十字医药股份有限公司	2021042011101574
161	上海普兰金融服务有限公司	2021042011101575
162	毅立达(福建)科技股份有限公司	2021042011101576
163	黑龙江农垦北大荒商贸集团有限责任公司	2021042011101577
164	湖南黄花建设集团股份有限公司	2021042011101578
165	华浒工程科技有限公司	2021042011101579
166	裕达建工集团有限公司	2021042011101580
167	重庆华新参天水泥有限公司	2021042011101581
168	湖南旭荣制衣有限公司	2021042011101582
169	罗姆电子大连有限公司	2021042011101583
170	亳州市永刚饮片厂有限公司	2021042011101584
171	中电(江门)综合能源有限公司	2021042011101585
172	肇东北大荒天然食品有限公司	2021042011101586
173	陕煤集团神木红柳林矿业有限公司	2021042011101447
174	太原固源混凝土有限公司	2021042011101448
175	福建金科信息技术股份有限公司	2021042011101449
176	陕西省煤田物探测绘有限公司	2021042011101450
177	山东恒信建设监理有限公司	2021042011101451
178	中建海峡建设发展有限公司	2021042011101452
179	陕西小保当矿业有限公司	2021042011101453
180	山西沁新新达煤业有限公司	2021042011101587
181	东方国际集装箱(广州)有限公司	2021042011101588
182	重庆市鸿恩寺公园管理有限公司	2021042011101589
183	朔州市昌丰建筑安装有限公司	2021042011101591
184	贵州西府海棠建筑工程有限公司	2021042011101592
185	铜川易源电力实业有限责任公司	2021042011101593
AA 级信用企业(3 家)		
186	福建福海创石油化工有限公司	2021042001101594
187	山西太岳磨料有限公司	2021042001101595
188	山西沁新集团昌源新材料有限公司	2021042001101596

资料来源:中国企业联合会、中国企业家协会。

2020 年中央企业综合信用指数

2020 年 1—12 月中央企业综合信用指数

指数名称	1 月	2 月	3 月	4 月	5 月	6 月	7 月	8 月	9 月	10 月	11 月	12 月	全年
企业信用指数	72.39	55.72	79.02	74.97	74.09	75.18	75.70	75.23	77.76	83.32	84.24	83.91	75.96
基础信用指数	71.51	57.13	79.88	73.51	72.94	74.95	74.55	74.16	74.96	84.07	84.53	83.61	71.51
公司治理指标	71.46	52.85	76.90	73.71	72.79	71.46	73.96	73.62	78.02	83.10	83.77	83.16	71.46
经营者素质指标	55.10	44.08	59.40	59.09	57.96	55.79	60.35	59.41	59.59	57.21	59.53	61.41	55.10
理念与教育指标	74.03	55.88	75.08	73.87	71.50	71.14	73.92	71.83	73.78	83.11	84.38	84.38	74.41
财务状况指标	74.68	56.36	75.55	75.14	72.67	73.00	74.43	72.64	74.13	83.22	84.81	83.51	75.01
信用实践指数	73.87	56.67	84.17	74.76	73.15	72.60	73.61	73.61	74.26	83.09	84.03	83.29	75.59
产品服务指标	76.07	58.68	85.24	75.74	74.18	70.63	74.32	75.32	75.48	85.55	84.60	84.01	76.65
安全生产指标	74.15	57.35	83.34	73.51	73.11	72.00	73.46	73.61	74.03	83.07	83.55	83.64	75.40
环境责任指标	73.97	56.23	74.21	76.11	73.66	71.19	74.23	73.08	74.15	83.01	84.32	82.80	74.75
劳动关系指标	73.70	56.85	74.94	73.94	72.88	72.75	73.95	73.67	73.95	83.12	84.38	83.26	74.78
供应链管理指标	73.81	29.31	72.74	82.91	70.76	70.06	72.80	74.36	73.27	82.03	82.86	81.64	72.21
风险管理指标	75.09	58.46	74.90	84.21	72.74	71.33	73.02	74.91	74.15	83.57	83.65	83.50	75.80
信用记录指数	74.90	57.55	75.43	84.73	73.09	71.46	74.60	72.74	74.15	84.61	84.18	84.51	76.00
社会评价指标	57.33	47.00	64.89	66.16	62.76	58.93	65.30	65.46	62.80	56.22	59.91	63.69	60.87
监管部门信息指标	74.07	56.88	74.96	73.91	73.48	72.65	73.96	73.39	73.75	82.91	83.99	82.71	74.72
荣誉与公益指标	78.09	55.89	70.33	67.43	70.91	66.41	70.05	67.43	60.74	81.30	81.36	81.00	70.91

资料来源：中国企业联合会、中国企业家协会。

第二十七届全国企业管理现代化创新成果名单

等级	成果名称	申报单位	主要创造人	参与创造人
一等	大型石油企业实现高质量国际合作的中东发展战略实施	中国石油天然气集团有限公司	王宜林 黄永章	叶先灯 王贵海 刘合年 陆如泉 韩绍国 李庆学 张红斌 汪华 肖岚 赵林
一等	以技术突破为先导的特高压直流输电工程复杂系统协同管理	国家电网有限公司	刘泽洪	张福轩 王绍武 丁永福 种芝艺 余军 孙涛 郭贤珊 黄勇 张进 宋胜利
一等	实现世界一流目标的港珠澳大桥岛隧工程建设自主创新管理	中国交通建设股份有限公司	林鸣	罗冬 刘晓东 黄维民 尹海卿 刘亚平 高纪兵 董政
一等	特大型施工企业以制度优化为目标的“管理实验室”构建与运行	中国中铁股份有限公司	张宗言 于腾群	马江黔 张学军 景象 齐伟 李景贵 王德志 王丁 杨启昉 阿茹娜 韩毅
一等	大型军工集团基于厂所整合的资产重组	中国船舶集团有限公司	张健德 吴荣斌	范国平 翁浮玮 王迥 方冰 郗向东 高卓 张仁茹 夏军成 张纥 阎瑾
一等	基于多元作业方式协同的海洋油气集约化勘探管理	中海石油(中国)有限公司	谢玉洪	施和生 刘振江 张功成 高阳东 黄志洁 孙东征 袁全社 赵启彬 杨海长 赵钊
一等	大型建筑企业集团基于中台理念的数字化转型管理	中国建筑集团有限公司	周乃翔 王云林	赵晓江 顾笑白 王丹梅 田威 刘玉翔 苏剑 赵大帅 蔡旭东 李浩然 刘志鲲
一等	铁路运输企业基于行业优势的扶贫脱贫攻坚管理	中国国家铁路集团有限公司	黄殿辉 韩树青	任君 郭新杰 李朝飞 赵永涛 刘禹 尹行平 刘建中 刘峰 何杰 付睿
一等	基于“价值共创”的生态型财务共享管理	海尔集团公司	张瑞敏 周云杰	展波 邵新智 宋金成 孙蕾 盛喆 李素珍 王翠翠 王凤芹
一等	提高超大型城市公共服务效率与能力的非经营性国有资产管理平台的构建与运营	北京首都开发控股(集团)有限公司	潘利群 李岩	刘军 潘文 赵强 曹国俊 杜晓鹏 刘虹 黄冠 田飞 徐素素 杨柏文
一等	军工企业基于研制流程的型号工程项目大监督体系构建与实施	江南造船(集团)有限责任公司	林鸥 黄成穗	黄文飞 伍朝晖 刘祥博 肖文林 闫跃旭 梁小军 李会华 王亚平 吴志刚 汪德明
一等	大型军工企业以业务深度融合为导向的数字化转型管理	中国电子科技集团公司第十四研究所	胡明春 王建明	荆巍巍 倪菁 陈文惠 石磊 陈学勤 张谞 章宏 郦晓翔 赵玉洁 黄银和
一等	商用航空发动机基于自主工业软件的数字化研发体系建设	中国航发商用航空发动机有限责任公司	张玉金	曾海军 杜辉 张卫善 黄博 赵诗棋 孙杨慧 王春晓 孙振宇 王文耀 刘晓晓
一等	大型工程公司打造自主可控产业链的国际业务运营管理	中国能源建设集团规划设计有限公司	张满平 罗必雄	郭跃明 陆川 刘壮 钱可弭 顾军 郑晓东 孙超 杨帆 左鹏 胡烨
一等	商用车制造企业基于共享互联的精准营销管理	徐州徐工汽车制造有限公司	罗东海 胡玉美	曹弋 许汝科 郑建新 陈景哲 姜涛 黄国良 陈卫 韩跃进 柴雷明
一等	抗击疫情中服务复工复产多维电力指数的构建与应用	国网浙江省电力有限公司	吴国诚 潘巍巍	郑斌 沈百强 王伟福 金仁云 宋惠忠 柳志军 裘炜浩 侯素颖 杨世旺 马亮

续表

等级	成果名称	申报单位	主要创造人	参与创造人
一等	助力大型发电集团降本增效的燃料供应链集中管理	中国华能集团燃料有限公司	陈炳华	蔡洪旺 赵东明 郭新昱 张海林 柴浩 郭裕 周子岩 张迪
一等	民营氮肥制造企业以高质量发展为目标的综合竞争力提升管理	灵谷化工集团有限公司	谈福元	谈成明 钱林明 吴国均 吴昌祥 左勇春 芮群 徐鹏 许小峰 王正寅
一等	大型国有企业基于产业协同发展的多元化战略实施	中国航天科工集团第二研究院	宋晓明 费海伦	门杰 焦珣 徐鹏 卢宁 杨曦 贾云庆 肖海潮 江德宇 史燕中 梅光宗
一等	大型油气田企业突破制约瓶颈的页岩气规模效益开发管理	中国石油天然气股份有限公司西南油气田分公司	马新华 谭敌明	谢军 张道伟 陈景富 乐宏 李仲 戴晓峰 谢敌华 胡俊坤 方健 李勇军
一等	以模块化为核心的新一代运载火箭研制管理变革	中国运载火箭技术研究院	李明华 王珏	李东 赵新国 何巍 李峰 裴慧峰 杨慧 王业强 陈坤
一等	公交企业基于数字化技术的智慧出行服务管理	深圳巴士集团股份有限公司	戴斌 顾楠洲	高波 黄焕亮 何宏伟 张天宇 邹雪中 蔡银燕 廖汉秋 孔维琰 林燕聪 郑堪元
一等	核电企业基于核应急体系的疫情防控与复工复产管理	国核示范电站有限责任公司	汪映荣	刘非 孙永明 王君栋 范准峰 陈朋 于立东 于振兴 刘美含 李政波 郭旺
一等	国有特大型企业推进现代企业制度建设的“去行政化”管理变革	中国石油化工股份有限公司胜利油田分公司	孔凡群	聂晓炜 刘崇佳 赵强 杜宝更 刘胜华 杨万山 王振华 牛汝东 唐学忠 闫建
一等	超大型载人多航天器在轨组装建造的系统性管理	北京空间飞行器总体设计部	杨宏 曾曜	何宇 白明生 王翔 侯永青 敬铮 柏林厚 陈国宇 周昊澄
一等	电网企业面向能源互联网的战略转型升级	国网江苏省电力有限公司	肖世杰	张龙 何大春 卞康麟 高昇宇 徐建军 刘晓东 吴习伟 颜休嘉 肖晶 徐荆州
一等	抢占科技制高点的北斗卫星载荷系统协同研制管理	中国电子科技集团公司第二十九研究所	高贤伟 杨建桥	邹宗庆 陈林 李杨 张弓 刘禹圻 郭少彬 曹春燕 欧扬 丁庆 靳云迪
一等	以加速技术成果转化为目标的新能源汽车中心的建立和运行管理	北京新能源汽车技术创新中心有限公司	刘宇 原诚寅	邹广才 郭辉 郑广州 安琳 李春阳 吴飞 李彤光 王惠 钱丰 李海靖
一等	非国有石油化工企业提升市场竞争力的国际供应链管理	山东东明石化集团有限公司	李湘平 李治	张军堂 李玉坤 范迎昕 张楠 李君艳 常海伟 刘阿思 缪学良 刘忠华
一等	助力大型企业集团提质增效的商旅共享服务管理	国网电子商务有限公司	冯来法 杨东伟	魏晓菁 樊涛 范鹏展 郑琛 余志勇 周振 赵志威 张长浩 石瑞杰 郭鹏飞
一等	电信企业以客户需求为导向的5G建设应用一体化管理	中国联合网络通信有限公司青岛市分公司	崔波 沈昉昀	方军 刘晓明 邵长谦 石磊 王慎林 陈文 曹广山 崔宇旸 万晓亮
一等	发电企业以数字技术为支撑的设备全生命周期管理	华能国际电力股份有限公司日照电厂	孙即涛 林兆灵	张义政 李贵春 王成华 李玉平 冯玉民 刘斌 刘玮 牟林 王肖嵬 卢占桂
二等	软件企业面向工业互联网平台服务商的战略转型管理	朗坤智慧科技股份有限公司	武爱斌 魏小庆	陈松 毛旭初 马淑艳 方琼 刘敬虎
二等	跨国企业应对重大公共卫生突发事件的应急防控管理	中车株洲电力机车研究所有限公司	李东林 彭华文	胡文波 李绍春 康广亮 刘懿莉 张栋 何红明 李许峰 徐翔 何丽萍 陈艳
二等	邮政企业促进寄递业务发展的“准加盟制”经营体系构建	中国邮政集团有限公司浙江省分公司	陈清	祝张尧 沈军文 黄昌数 李敏 林艳 滕伟建 吴斌 张利锋 吕志勤 林雪

续表

等 级	成果名称	申报单位	主要创造人	参与创造人
二等	以多方共赢为目标的绿色保险服务管理	中国人民财产保险股份有限公司无锡市分公司	尤力人	吴晓羚 殷 武 马大伟 胡炯义 葛翠英 赵向东 徐 诞 刘颖颖 王 芳 徐 晟
二等	大型电信运营企业基于网络服务普及的扶贫管理	中国移动通信集团有限公司	杨 杰 董 昕	王宇航 李慧镝 周承阳 李重严 黄 杰 庞赞国 魏 强 单 玲 程俊强 杨志军
二等	石化产品销售企业基于物联网技术的数字化物流管理	中石油铁工油品销售有限公司	黄怀朋 王之君	廖国勤 丛新兴 火金三 王文元 胡亚群 朱炎安 田 双 郭 斌 范占朋
二等	高端装备制造企业基于“三层四链”的数字化质量管理	中车青岛四方机车车辆股份有限公司	马利军 梁建英	徐 磊 刘 彩 李亮亮 李彦林 李 艳 张 剑 刘 荞 王西山 褚 娜 董旭琪
二等	大型军工企业模型驱动的场景化装备体系需求管理	中国电子科技集团公司第二十八研究所	毛永庆 陈新中	葛 涛 罗 珅 蒋 锴 卞羽生 李 蓓 张江涛 庄国献 沈伟平 陈福玉 张政伟
二等	送端电网基于市场化改革的新能源消纳管理	甘肃电力交易中心有限公司	叶 军 行 舟	何希庆 傅 铮 张先伟 杨 瑾 吴 锋 夏 天 李 娟 段瑞超 韩 杰 赵 耀
二等	航空发动机研制企业促进高效攻关的关键技术协同研发管理	中国航空发动机集团有限公司	尹泽勇 杨 锐	向 巧 张 健 李 勇 刘廷毅 戴圣龙 李建榕 曾海军 李永康 姚 华 闻 明
二等	大型发电企业提升全球竞争力的技术标准国际合作管理	中国华能集团有限公司	王文娟 王智涛	朱 巍 张伟伟 刘润兵 陈 璐 赵质林 叶 伟 冯 亚
二等	以保障国家能源安全为目标的盐穴储能综合管理	中盐金坛盐化有限责任公司	谢卫炜	钟海连 陈留平 徐孜俊 胡俊华 吴丽萍 郑明阳 赵云松 任晓云
二等	战略导向的特大型电网企业大数据专业机构建设与运行	国家电网有限公司大数据中心	王继业 王 磊	杜蜀薇 沈 亮 程志华 梁云丹 周春雷 王移兵 王宏刚 高灵超 朱洪斌 张 帆
二等	大型汽车集团打好疫情防控复工复产双线战役的应急管理	北京汽车集团有限公司	姜德义 徐和谊	张夕勇 陈 江 彭 进 王 涛 褚 壮 江青云 李 凯 张建强 王春玉 徐高鸣
二等	基于海洋装备生态链的产业创新试验平台构建与实施	中国船舶工业综合技术经济研究院	温振宁 范 蕾	陈 旭 李 晨 任超超 何 新 蒲文军 宋 磊 朱晓璐 吕春艳 栾 硕 董素沫
二等	以用户需求为驱动的汽车研发“创意工场”的建立与运营管理	北京汽车股份有限公司	黄文炳 王 彬	刘 明 孙 军 张永刚 夏桂海 于 涛 李向东 贾 芳 高 敏 裴晓苏 张文镝
二等	大型建筑企业以提升国际竞争力为目标的合规管理体系建设	中铁一局集团有限公司	朱卫东 乔 勇	王 全 孙高峰 陈炎伟 李 佳 杨峥峥 郭腾飞 黄 龙 闫义宏 代华县 李 鉴
二等	电信运营商协同创新驱动的5G定制应用服务	中国联合网络通信有限公司北京市分公司	霍海峰 王传宝	邢志超 杜宇玲 迟 野 齐海乐
二等	军工科研院所实现国家任务与市场需求协同发展的研发体系构建	中国电子科技集团公司第四十一研究所	张红卫 许建华	徐 波 董继刚 汪定华 董 镇 张永坡 魏鼎盛 吴宏辉 于新升 葛劲松 徐 俊
二等	邮政企业践行乡村振兴战略的平台型综合服务体系建设	中国邮政集团有限公司河南省分公司	杜 福 焦军法	姜文渊 张军政 程 峰 孙东风 董瑞恒 谢卫星 王 华 闫志磊 冯亚磊
二等	军工企业人员编制科学化管理体系构建与实施	中国空间技术研究院	宋海丰 任 民	韩 维 龚瑞凯 吴延龙 张 蕾 吕景舜 刘永喆 冯彩虹 张召才
二等	钢铁企业应对疫情常态化的生产经营线上线下融合管理	河钢集团有限公司	于 勇 李炳军	冯志杰 申 培 刘新虎 史立强 盛 双 张晓康 张 妍

续表

等级	成果名称	申报单位	主要创造人	参与创造人
二等	先进通用飞机制造企业的跨国并购管理	中航通用飞机有限责任公司	白小刚 杨雷	傅俊旭 孙康 宋庆春 王义 赵宝成 苏成林 宗桂生 杜颖慧
二等	满足新时代产业工人队伍建设需求的技能人才培养	中国中车集团有限公司	刘继斌	娄树国 王胜满 张忠 祸秋明 王德志 赵连颖
二等	特大型传统国有炼化企业基于穿透式思维的管理提升	中国石油化工股份有限公司茂名分公司	尹兆林	李雪梅 董巍 陈天辉 张建国 关志鹏 古才荣 许楚荣 许先焜 林开平 谷学良
二等	促进中非合作的跨国电气化铁路"投建营"一体化管理	中国土木工程集团有限公司	张磊 袁立	张文锦 吕晶 郑军 刘恩健 李志远 曹廷伟 张振海 孙慧娟
二等	通信运营商防范新型电信网络诈骗的全方位治理	中国移动通信集团山东有限公司	张轩 韩增辉	位莅 赵建福 韩宇 王海洋 王晟 张怡晨 乔辰龙 许耀锦 于晓玲 朱艳芬
二等	国防企业基于信息化平台的物流安保体系建设	中国兵器工业集团有限公司	郦林 李照智	白长治 张勇 王伟 孙岭 王柄俨 傅楚寒 李再伟 闫妙思 顾剑桥 许翊
二等	航空制造企业以资源聚合为导向的零部件供应链体系建设	沈阳飞机工业(集团)有限公司	邢一新 张绍卓	孟宪龙 徐富奎 李德峰 侯福军 李亚娟 冉华明 都本海 甘冰 杨玢玢 冯欣俣
二等	基于工作分解结构的施工项目数字化管理平台建设与应用	中国交通信息科技集团有限公司	刘杨 龚晓晖	陈安永 许方 蒲正平 刘海涛 金钊 许德朋 王庭栋 蒋博 郇松 刘占娇
二等	航空元器件企业以技术领先为目标的正向研发体系构建	中航光电科技股份有限公司	郭泽义 陈学永	卢明胜 张磊 郑燕华 郭正卫 何波涛 贾永 李志华 赵龙 王建雨 车璐璐
二等	工程机械制造企业基于产品全生命周期管理的研发体系建设	徐州重型机械有限公司	孙建忠 单增海	林海 丁宏刚 东权 陈向东 车少波 陈康 杨留鑫 范金泉
二等	打造高端煤机装备制造服务商的"五位一体"产业构建	山东能源重型装备制造集团有限责任公司	张圣国 冯军	刘孝利 付国龙 公冉 白宪莺 褚红艳 潘立强 刘方新 高荣惠 宋佳佳 刘鹏
二等	通信企业基于人工智能能力训练和场景驱动的智能客服管理	中国电信集团有限公司	董爱刚 陈银星	张建英 王薇 赵铁山 肖夏 白东宾 陈欣 张后力 李方正 刘杰 蒋傲雪
二等	基于风险等级标准化体系的高铁智能化安全管理	中国铁路上海局集团有限公司	侯文玉 应慧刚	汤立新 于珏霖 史智惠 曲思源 陆志华 牧云程 周解群 向岚 高岩梅
二等	基于产融战略合作联盟的军工电子产品供应链金融管理	中电科技(南京)电子信息发展有限公司、中国电子科技财务有限公司	邱国华 钱民军	石晨 卓悦 徐嵘 刁志成 张秦 蔡正兵 杨刚 毕文龙 王海霞 仇海星
二等	提高企业核心竞争力的大型船舶及海洋工程装备建造精度管理	上海外高桥造船有限公司	陈刚 刘建峰	曹岭 孙建志 宋金扬 陈思 王华 刘迪 王传何 王镇浩 孙明轲 沈银雷
二等	特大型航企基于大数据的飞行技术管理	中国东方航空股份有限公司	刘志敏 李军	高志东 宋健敏 周虹 孔骏骅 王磊 王鹏 傅晶 汪志民 贯博 蒋银
二等	基于信息溯源的公路工程试验检测全过程管理	北京奥科瑞检测技术开发有限公司	王滈 王瑞芬	刘福海 刘磊 潘春青 耿美薇 韩常久 聂永亮 胡保柱 李欣 王艳 李海龙
二等	大型能源企业以世界一流为目标的"环境、社会、治理"体系构建	中国神华能源股份有限公司	黄清 肖天舒	孙小玲 庄园 赵东旭 贺振富 赵龙生 赵媛 刘杰 程丽红 苗春光 谭雅琼
二等	基于工程数字化的智能高铁建设的开发与实施	中铁工程设计咨询集团有限公司	王洪宇 张忠良	李纯 赵博洋 张弛 周清华 黄新文 张毅 李茂蛟 韩广晖 薛宇腾 王婧

续表

等级	成果名称	申报单位	主要创造人	参与创造人
二等	适应国家中心城市高速发展的城市能源互联网建设与运营管理	国网四川省电力公司成都供电公司	陈强 曾嘉志	潘翀 郝文斌 胡启元 徐娇 陈曦 张勇 李彤 刘若凡 谢波 孟志高
二等	地方大型能源化工集团差异化绩效考核管理	陕西延长石油(集团)有限责任公司	王晓兵 张辉	程玮 李春庆 朱瑞 洪利辉 景鑫 戴程 刘义
二等	融入试验鉴定新要求的航天装备研制流程管理	中国航天科技集团有限公司	杨大伟 闫海建	刘振星 付丽萍 陈星宇 户鲲 夏浩铧 朱炜 续堃 宋涛
二等	以提升综合效能为目标的航空结构件柔性线运作管理	成都飞机工业(集团)有限责任公司	周显峰 牟文平	宋智勇 刘大炜 宋戈 龚清洪 文远 陈学林 高清 李颖 尹珩苏 俞鸿均
二等	大型水电企业基于跨区域清洁能源消纳的营运管理提升	华能澜沧江水电股份有限公司	孙卫 王子伟	吴英 尹述红 王健 庄凌凌 莫帅帅 张祺顺 和积星 李毅 刘晓澎 任慧
二等	煤层气企业引领产业化发展的科技管理体系建设	中石油煤层气有限责任公司	徐凤银 鹿倩	江云涛 王予新 应勇 林振盘 郭旭 廖黔渝 张亮 郑世琪 李建伟 张月
二等	大型发电企业以世界一流为目标的能源结构战略转型管理	华能江苏能源开发有限公司	罗海光	孙孜平 高鹏里 吴强 张成 郑权 许文峰 郑枫 孔进粮 钱开荣 苏新民
二等	宇航企业分类协同的供应商管理体系构建	北京控制工程研究所	袁利 吴一帆	侯清锋 张然 朱琦 戈强 王永杰 刘云 赵晓宇 赵寰宇
二等	基于关键工艺模型化的钢铁产线智能化升级管理	唐山钢铁集团有限责任公司	王兰玉 田欣	张洪波 谭文振 薛军安 李晓刚 刘洪斌 李末卓 李长海 张书欣 靳松 林少田
二等	电网企业以国际领先战略为引领的对标一流管理提升	国网天津市电力公司	赵亮 杨新法	于晓辉 陈竟成 王志毅 杨永成 周群 刘德田 王琰 张春晖 刘涛 赵剑慧
二等	大型水电企业外包工程的标准化安全管理	华能澜沧江水电股份有限公司糯扎渡水电厂	查荣瑞 魏屹坤	赵培双 普中勇 石彪 贺九龙 孔明 苏武华 姚元龙 金涛 李栋秋 伯自位
二等	大型建筑施工企业提升核心竞争力的工程总承包关键能力建设	中铁四局集团有限公司	李新生 庞洪巾	王新民 于大猛 陈宝其 邹昌东 吴超 张倩 廖江培 庄严 陈波 杨红
二等	锂电池研制企业全要素精益化管理	飞毛腿(福建)电子有限公司	江志成	陈含桦 吴建忠 朱金鸿 连秀琴 冯明竹 陈耀书 罗颖 陈琛琛
二等	电网企业服务区域经济高质量发展的配电网规划精益管理	国网山东省电力公司	刘志清 王飞	王春义 李文升 张兴友 梁荣 冯亮 郑志杰 吴奎华 张晓磊 杜鹏 卢志鹏
二等	园林企业面向中小城市生态环境整体提升的一体化经营管理	金埔园林股份有限公司	王宜森 刘殿华	窦逗 刘雁丽 庄凯 张志南 顾梅琴 张永辉 胡娟 冯燕 顾亚兰 汤阳泽
二等	科研院所面向核心技术的研发体系构建与运行	北京空间机电研究所	陈虎 秦艳	朱晓杰 赵超 董洪建 马仙梅 李晨曦 田园 高致 朱晓昕
二等	大型企业集团围绕两大主业的战略调整	首钢集团有限公司	朱启建 马力深	甘小青 陈宏 胡欣怡 张祎婧 张千 李彦辰 陈松林 郝芳 王瑞祥 王建新
二等	实现信息共享的高速铁路建设项目数字化管理	中铁十二局集团有限公司	王立军 林毅	姚光华 杜晋华 雷彦昭 马建忠 马彦龙 王玉彬 张金平 康海中 王向荣 姜军
二等	以增强核电自主创新能力为目标的“智创研发”管理	中广核研究院有限公司	王安	丁斌 张有武 董超群 郭满华 王爱丽 武燕华 郑娟娟 邱丹 崔轲娃 王东

续表

等级	成果名称	申报单位	主要创造人	参与创造人
二等	基于中央控制中心的全域智能化风险管控双体系建设	山东鲁泰化学有限公司	张玉标 李宝瑞	高中峰 宋磊 余波 郭银明 康艳 于广龙 王宗磊 杜海波
二等	铁路企业服务建设交通强国战略的“公转铁”运输管理	中国铁路呼和浩特局集团有限公司	柴随周 戴弘	曹云明 张红光 卢奇文 张利民 骈文波 王志明 李思中 王铁松 丁宇坤 王建强
二等	跨国油气管道中国标准的海外落地管理	中油国际管道公司	全庆国 刘守华	王雪华 冯丹 刘志广 王立军 宗红 徐宁 徐若语 刘哲 林军 张伟
二等	大型钢铁企业实现环保与经济效益协同提升的超低排放管理	首钢京唐钢铁联合有限责任公司	邱银富 曾立	吴礼云 魏金梅 刘恩辉 凌晨 汪国川 温星 方锐 杜立平 王伟业 陈素君
二等	轨道交通企业基于托管的转型升级管理	中车成都机车车辆有限公司	张在中 王成龙	兰玉贞 杨松 张敏 高恒 林杨 陈鹏宇 王洪 刘佳薇 尹兵 孙强
二等	大型建筑施工企业以循环经济为导向的洞碴综合加工利用管理	中铁四局集团物资工贸有限公司	刘勃 余守存	魏成富 黎小刚 庞洪中 经宏启 刘海林 张君 张泰安 黄沈明 毛卓 陈豆豆
二等	以支撑自贸区油气产业发展为重点的供电服务全面提升管理	国网浙江省电力有限公司舟山供电公司	葛军凯 黄炯	俞恩科 周波达 吴国威 陆凡 沈佩琦 李捍平 叶军 励力帆 徐良军 张诗婵
二等	以集团效益最大化为导向的炼油副产品营销管理	中国石油化工股份有限公司	凌逸群 陈尧焕	王净依 马新华 伊光明 郝同乐 杨勇 王新军 张建成 胡金玉 杨建云 张曼
二等	大型电力企业基于大数据平台的境外项目精准采购管理	中国华电香港有限公司	周颖 陈婷婷	王艺峰 王永
二等	供电企业以提质增效为目标的线损管理	国网河北省电力有限公司邢台供电分公司	郭建彬 李征	焦永军 侯志辉 靳伟 李会彬 郑永强 王文宾 陈岩 王杉杉 曹立志 李泽卿
二等	基于在线仿真技术的天然气干线输配优化调度管理	河北省天然气有限责任公司	丁鹏 张卫东	许钊 张国强 林浩 冯文奇 崔世界 容昭海 袁建伟 樊勇
二等	应对“新冠”疫情的海外铁路运营保障建设管理	中国路桥工程有限责任公司	卢山 杜飞	叶成银 李久平 杨毅 龙玉琢 张卫军 莫坤 郑海君 李菲 张卓 黄万嘉
二等	航天企业以能力提升为导向的创新骨干人才分级分类培养体系建设	中国空间技术研究院西安分院	沈大海 李立	袁方 于瑞霞 胡倩倩 吕兴华 刘星 魏冬 孙海玉 唐硕
二等	勘察设计企业基于数字化的科技档案知识管理与服务	中交第一公路勘察设计研究院有限公司	吴明先 汪双杰	王佐 张毅 程鹏 康琦 王蒙 王亚宁 秦川 张夏
二等	航空企业基于“三位一体”的技能人才队伍建设	江西洪都航空工业集团有限责任公司	洪蛟 张弘	贺榜林 李若 张强 葛玉静 赵爽 张林伟 曾忠轩 陈耀华 支青干 胡国明
二等	快速推动“新冠”疫情应急医院工程建设的项目集成管理	中建三局集团有限公司	陈卫国 魏德胜	赵军 谢华 李少军 崔革 王蕾
二等	基于数字化技术的特高压换流站运检管理	国网安徽省电力有限公司检修分公司	吴迪 施有安	郝韩兵 江和顺 汤伟 曹俐 丁霞 杜鹏 朱仲贤 翁良杰 黄伟 魏南
二等	电力高科技企业满足客户个性化需求的精准化客服管理	南瑞集团有限公司	张启明 刘斌	陆建华 陈香平 李守智 胡金坤 盛祖宝 张璟 徐嘉鹤 陈照红 崔永艳 张志鹏
二等	基于全周期管控平台的碳资产管理	大唐碳资产有限公司	叶河云 朱文义	郑悦 吕东 朱喜亮 崔宇 闫海英 代丹丹 符欢

续表

等 级	成果名称	申报单位	主 要 创造人	参与创造人
二等	边疆民族地区电网企业服务脱贫攻坚战略的扶贫开发管理	国网新疆电力有限公司	莫明江·阿不力克木 吕 盼	孟宪珍 付高善 周 专 刘 岩 冯勇军 刘长胜 吴 超 刘春晖 陈 立 王 芳
二等	核电企业基于信息技术的双重安全管控机制建设	江苏核电有限公司	马明泽 陈 波	刘兆华 程开喜 陆秋生 仇 理 俞文伟 郝新芳 乔 钧 宋忠洋 王宾宾 张 鹏
二等	铁路运输企业基于旅客自助实名制核验的智能化服务管理	中国国家铁路集团有限公司	黄 欣 张艳芳	蔡 云 廉文彬 阎志远 郑 铎 刘子宽 游雪松 刘 峰 张志强 牟宏基 李昊光
二等	大型电力企业立体化疫情防控与复工复产推进体系的构建与实施	广东电力发展股份有限公司	王 进 陈延直	吴智鹏 赵 源 朱博飞 张继文 郑旭波 陈煜林 梁允煦 毛奕升 王 旭 蒙 飞
二等	基于周期管控和状态牵引的舰艇军地一体化保障管理	中国船舶重工集团公司第七一九研究所	吴鹏炜 黄文华	梁伟锋 陈 刚 伍 莉 王锁泉 吴 冰 王祖华 吴 昊 郑海斌 陈小郃 张文金
二等	大型能源企业深化业财融合的数字化财务管理	安徽省能源集团有限公司	邵德慧 朱文静	沈春水 胡 珉 蒋骏玫 王肖宁 牛景义 余海林 万小妹 李婷婷 李 佳 李 娟
二等	大型省级电网企业数字化审计系统建设	广东电网有限责任公司	莫锦和 黄妙红	何 胜 王 珏 黄玉昆 肖嘉丽 唐晓瑭 梁敏杰 李 豪 吕伟康
二等	特大型油气田企业适应高温高压环境的井完整性管理	中国石油天然气股份有限公司塔里木油田分公司	杨学文 刘洪涛	骆发前 何江川 郑新权 胥志雄 邱金平 王永远 刘 炯 何新兴 周理志 曹立虎
二等	发电企业基于职业技能提升的员工培养体系构建	华能苏州热电有限责任公司	沙友平 屠莹颖	陈志锋 郭蕙敏 张建东 席勤琴 冯晓华 孙 剑 徐小静 蒋耀庭 顾菊平 宫淑娟
二等	港口企业以“五个理念”为核心的外委管理	神华黄骅港务有限责任公司	刘 林 怀 全	李洪军 马海深 陈祖武 张广元 翟广锋 许 艳 赵利军 郭超凤 赵慧敏
二等	航空企业以柔性排产为核心的均衡生产管理	陕西飞机工业(集团)有限公司	韩一楚 吴军豪	彭 飞 徐建辉 刘建平 罗喜东 丁 琳 黄官平 范 斌 侯志鹏 韩 波 冯栓义
二等	钢铁企业基于工业互联网的数字化运营管理	南京钢铁股份有限公司	黄一新 祝瑞荣	楚觉非 王 芳 李 强 蒋 旭 汝金同 刘汝营 耿学玉 许葛彬 邓中涛 徐 玫
二等	基于数据共享平台的铁路物流规划设计协同管理	中铁第四勘察设计院集团有限公司	黄伟利 李平卓	黄正华 刘 博 宋文祥 孙 逊 孙西敬 刘 斌 孙雪松 黄铁兰 兰建华 何 倩
二等	大型化肥生产企业以价值扩张为目标的品牌管理	国投新疆罗布泊钾盐有限责任公司	李守江 李 琳	冯 立 杨玉明 谷 涛 刘玉磊 马兰华 吕 波 杨羽薇 郭 翔 牛建波 李金柱
二等	优化资源配置的大规模分布式光伏电源并网消纳管理	国网安徽省电力有限公司	陈安伟 潘 静	陈 锋 徐 斌 骆 晨 丁津津 潘 东 马 骏 曹 俐 魏 薇 唐龙江 汪和龙
二等	大型军工企业全价值链一体化管理	重庆长安工业(集团)有限责任公司	唐茂志 肖永友	刘宝平 张 健 涂 荣 骆彩霞 谭瑜婧 聂小丰 彭亚梅 谢岑曦 罗华静 姜俊恒
二等	油气管网企业以提升供应链管控水平为核心的物资采购质量管理	国家管网集团西部管道有限责任公司	曹子龙 许建超	张 倩 何 刚 高 琦 宁双生 李 芸 许小蓓 孙国强 杜华东 张一成 张沫寒
二等	大型企业基于信息化平台的精细化审计管理体系建设	中国船舶工业系统工程研究院	徐兴周	张 晖 胡 磊 张 凯 曹新朝 孙 达 甘思龙 周巍巍 倪忠德 吕 科 刘 芳

续表

等级	成果名称	申报单位	主要创造人	参与创造人
二等	炼化企业以生产为核心的智能化工厂建设与运营管理	中国石油天然气股份有限公司长庆石化分公司	李汝新	何瑛 廉金龙 刘勇纲 任立鹏 赵飞 陈洪 戴赟 索涛 王飞 叶亭宇
二等	油服企业实现合作共赢的“全风险增气分成”服务管理	中国石油集团川庆钻探工程有限公司地质勘探开发研究院	周瑞华 李香华	谢军 王昊 徐赣川 沈志平 魏磊 彭冠铭 文涛 祝林权 兰霞 彭景云
二等	煤炭企业集团基于目标与关键成果的绩效管理	枣庄矿业(集团)有限责任公司	杨尊献 刘全军	邵长猛 王二增 张广彪 王妍 杨金鑫
二等	服装企业以世界最大单量单裁公司为目标的智能化改造和管理	大杨集团有限责任公司	胡冬梅	刘海 智勇 申作刚 严贤友 庞毅 崔传英
二等	军工企业多层级全方位的高技能人才队伍培育管理	中国航天科工集团第二研究院二八三厂	耿树庆 王文明	李靖 高国胜 曹彦生 于超跃 张秀秀 万明 李婷 高静靓 徐东 蒋勇
二等	供电企业基于跨行业数据集成的能源智慧管家共享平台建设与运营	国网江苏省电力有限公司苏州供电分公司	吕文杰 夏彬	王琴明 郎燕娟 李洁 朱玮珂 黄伟 陶叶炜 杨星星 周文勇 江政 严旻
二等	基于“三三制”循环迭代的渤海边际油田开发设计管理	中海石油(中国)有限公司天津分公司	赵春明 苏彦春	王永利 戴国华 陈国成 罗宪波 曲兆光 尚洁 钱欣 韩耀图 王少鹏 万宇飞
二等	邮政企业基于乡村营业网络构建的服务能力提升	中国邮政集团有限公司黑龙江省分公司	刘斌 陈钊	汤丽丽 谢瑛华 王恩辉 魏捷 黄俊光 任伟 刘信波 曹艳伟 郭洪宇
二等	基于“产品质量先期策划”的宇航产品外协外包全流程质量管理	上海航天电子技术研究所	吉峰 朱新忠	陈劼 李梦宇 章泉源 林闽佳 徐佳俊 程利甫 段欣欣 余之光
二等	轮胎企业基于全流程信息化的全价值链质量管理	赛轮集团股份有限公司	王建业 周天明	延凯 周毅 丁明玉 刘进威 王海峰 潘文莲 任玉学 程李 谢意 张保永
二等	对接京津产业转移落地的电力服务提升管理	国网河北省电力有限公司沧州供电分公司	王学彬 白学军	李春晓 侯志辉 高建为 焦伟 王媛媛 刘伟男 周建颖 张广博 路成 郑旺
二等	油田咨询企业基于一体化经营管理平台的计划管理变革	河南油田工程咨询股份有限公司	李向敏 张瑞玲	史翰征 赵崤含 史传坤 张卫卫 刘正江 李杜康 裴欢欢 任泓樾 田政 孙吉芳
二等	基于互联网技术的大型钢铁集团一体化集中管控体系构建	河钢数字技术股份有限公司	于勇 李毅仁	王宇辉 申培 张晓康 李宏鹏 张楠 宋涛 孙利民
二等	以世界一流为目标的高端装备制造企业管理标准体系建设	中车戚墅堰机车车辆工艺研究所有限公司	金国宝 卢广彦	刘晓峰 李文轩 陶祉杰 倪旭澜 桑子雷 沈皓 王敏 徐彩萍 傅冀苏 王秀红
二等	助力全球卓越城市建设的“能源管家”智慧服务提升	国网上海市电力公司浦东供电公司	潘博 陈东	谢邦鹏 万嘉琳 郭璟 叶傲霜 刘凯 秦玥 赵文恺 吴志炜 钱梅妮 柯洁珣
二等	建筑施工企业提升整体竞争力的协同经营体系构建	中交广州航道局有限公司	王柏欢	何勇 李彩旋 张树彬 王志敏 林镇定 邓少斌 李庆端 翟毅
二等	国有煤炭企业助力转型发展的“双创”平台建设	淄博矿业集团有限责任公司	黄书翔	曹忠 梁高峰 张全 刘华 高智倩 蒲俊良 刘蒙蒙 崔克克 陈黎涵
二等	钢铁企业以客户需求为导向的质量管理	湖南华菱湘潭钢铁有限公司	李建宇 郑生斌	吴清明 刘吉文 何航 姚建华 杜江 刘明华 陈章红 谭武祥 赵岳龙
二等	管理咨询企业与客户共创价值的战略咨询服务管理	上海君智企业管理有限公司	谢卫山 姚荣君	徐连政 谢宏 张辉 林育强 谢宏达 陈继 魏巍 蒋海天 魏宗凯 王朝平

续表

等 级	成果名称	申报单位	主要创造人	参与创造人
二等	以"智能+"为支撑的复杂环境下城市轨道交通项目精益化管理	中铁十四局集团有限公司	曹元均 阮 超	吴言坤 李方东 刘 勇 李洪江 何 伟 宋 利 段恩果 杜 佳 孙 伟 李文庆
二等	以提质增效为目标的天然气"一站式"脱硫管理	中国石油天然气股份有限公司西南油气田分公司川西北气矿	方 进 罗召钱	刘奇林 杜 诚 李旭成 彭 武 赵晓琴 肖智光 马仕刚 刘 鹏 邓亚雄 景芋荃
二等	电网企业以提升创新活力为导向的项目收益分红激励体系建设	国网陕西省电力公司	张薛鸿 王永利	王海育 吴 健 白晓春 郭云涛 冯南战 黄映雪 杨 彬 刘 辉 何葆全 周 瑾
二等	铁路施工企业与供应商"合作共赢"的物资集中采购管理	中铁七局集团有限公司	黄正强 张新民	王文勇 李均仁 王 立 秦韩波 李 霖 徐正勇 程 亮 邹栋佳 刘 涛 张 靖
二等	金融企业服务集团高质量发展的资产证券化管理	中电建(北京)基金管理有限公司	张宏伟 张 悦	崔 成 郝晓宇 郑 馨 沈毅之 吕 婷 周忠林
二等	高速公路养护企业基于信息共享的数据标准化管理	北京首发公路养护工程有限公司	曹 炜 景海林	王文凤 于保华 师 慧 刘建章 刘阳杰 王飞飞 刘 波 张 颂 许敬争 王 硕
二等	特大型成品油管网智能化管理系统建设与应用	中国石化销售股份有限公司华南分公司	田中山	许少新 熊 健 杨慎军 谢 成 马 良 邓远龙 杨 文 张 晨 李 苗 周世骏
二等	通信企业与制度流程融合的嵌入式风险管控	中国移动通信集团北京有限公司	夏 冰	郭金玉 杨 洋 王 岩 张洪涛 郭兰静 黄湘宁 王 嘉 杜 静 张 宇
二等	省会电网企业基于大数据的客户服务能力提升	国网山西省电力公司太原供电公司	武登峰 张晓鹏	阴昌华 李瑞琴 郭学英 李国华 郝建强 张 毅 郝莉春 赵 强 马 宁 赵利萍
二等	以高质量发展为目标的电力结构优化管理	华能国际电力股份有限公司德州电厂	王 栩	冯 春 朱振涛 黄玉伟 陈建亮 吴子根 张 军 马东森 宋维尧 渠富元 任晓明
二等	高速公路企业以促进低碳发展为目标的绿色运营管理	北京市首都公路发展集团有限公司京沈高速公路分公司	李 伟 王宇飞	刘存来 刘自轩 王 刚 郭晓斌 王 戈 张艳秋 邵 然 刘建生 徐嘉宁 方秋子
二等	大型流域水电企业多目标一体化的梯级调度管理	贵州乌江水电开发有限责任公司	何光宏 彭 鹏	吴 玮 朱 江 高 英 戴建炜 陈桂亚 裘 峰 李崇浩 王永刚 李成俊 贺亚山
二等	大型煤炭企业稳定驻外员工队伍的综合服务体系建设	新汶矿业集团有限责任公司	葛茂新 杨西栋	李希勇 岳宝德 于祖联 黄 伟 任立民 王忠刚 杜爱军 韩 琨 杨文滋 杜新芳
二等	中小型金属冲压制造企业的智能化转型升级管理	天津东方兴泰工业科技股份有限公司	崔忠宝	谢久明 崔忠骏 王学时 李瑞达 崔忠旺 崔忠明 袁建君 崔忠轩 郎荣松 王志花
二等	不锈钢管企业基于价值链关键节点控制的全面预算管理	江苏武进不锈股份有限公司	高 虹 朱国良	沈卫强 朱 琦 翟丽丽 邹丽超 陆训卫 高 尚 姜云山 常 春 金娜艳 高江君
二等	贯彻产品全生命周期的绿色生态钢铁企业建设	太原钢铁(集团)有限公司	石来润 王清洁	杨连宏 马 良 赵长飞 单祥林 谢海运 李 彬 尚瑞年 吕俊红 宗彦龙 田 冲
二等	电网企业提高重大突发事件应急能力的政企联动机制建设	国网黑龙江省电力有限公司大兴安岭供电公司	汪卫东	王言军 兰 鹏 赵文林 张清刚 谭霄峰 刘存业
二等	基于政务服务平台深度融合的邮政服务功能拓展	中国邮政集团有限公司湖南省分公司	刘俊峰	许名军 刘伟光 邱 彩 古建鸣 吴辉雄 胡红玉 黄 河 刘 高 蔡 敏

续表

等级	成果名称	申报单位	主要创造人	参与创造人
二等	通信企业基于网格化场景运营的营销服务管理	中国移动通信集团浙江有限公司杭州分公司	郑杰 王文生	高琴 屠宇飞 余侃 陈勇 张皞 王滢 柳毅 鲁惟翔 王盼 徐晨
二等	农药制药企业打造名优产品的品牌战略管理	华北制药集团爱诺有限公司	胡晓敏 赵学强	程俊山 王克华 孙耀华 胡卫国 乔晖 胡照欣 李晓辉 王焰升 张春茂 范学良
二等	石油企业定量化发展能力评价体系构建与实施	中国石油天然气股份有限公司华北油田分公司	袁利民 黄金	黄铠 马郭强 殷建忠 胡建林 张影 刘康 曹纪红 张睿荫 滕林波 刘翔
二等	建筑建材企业基于技术创新的品牌建设	北京东方雨虹防水技术股份有限公司	李卫国	向锦明 张志萍 刘斌 聂松林 熊俊 刘绍光 严兴李 徐萌 丁红梅
二等	大型电网企业基于抗疫保电的职工人文关怀管理	国网湖北省电力有限公司	易丹 盛劲辉	宋卫东 王必成 秦明亮 史铭茗 包振兴 余涛 毛佳 佘积巍 陈颖 肖樱子
二等	冶金矿山企业基于深度数据挖掘的同业对标管理	首钢集团有限公司矿业公司	黄佳强 张金华	张立成 徐军 陈洪海 杨健 刘军 李立波 郭永杰 史永超 高军 王玉辉
二等	省级电网企业以打造示范标杆为目标的战略管理	国网宁夏电力有限公司	马士林 赵大光	马志伟 王国军 汪瑾 项丽 陈迎光 胡静 刘国敬 钱海龙 胡光泽 田凤廷
二等	大型集团公司以问题为导向的固定资产投资精细化管理	中国核工业集团有限公司	余剑锋 王冶	王雨 管荷 王占兵 刘敬 陈劲 辛锋 姜兴东 潘启龙 刘叶 曾庆强
二等	高速公路运营企业提升集约化水平的区域整合管理	中交资产管理有限公司	冯锡荣 刘萍芳	郑凯 张迎辉 刘继灵 刘一新 王建志 卫东 马东 纳守勇
二等	航空制造企业流程驱动的一体化管理	昌河飞机工业(集团)有限责任公司	徐德朋 吴小文	涂建平 阳祥贵 雒孟刚 刘婧婧 万首明 张贝贝 叶翔 程晓敏 王贵宝 熊善商
二等	铁路施工企业基于"三化联动"的试验检测管理变革	山西华诚工程检测有限公司	李俊宏 李林杰	李勇 霍志刚 徐静 贾建兵 刘艳龙 高山 张超兵 郝利斌 杨培勇 胡云飞
二等	城市中心电厂实现资源节约与环境友好的绿色发展管理	华能济南黄台发电有限公司	李刚 邹治泉	朱立新 魏鹏 周亚男 张卫东 齐东升 任龙顺 张伟厚 张民 万锐 王荣春
二等	沿海火电企业以预防为主的常态化科学化防台风管理	华能国际电力股份有限公司玉环电厂	李法众 陈益	沈琦 李卫东 颜世刚 赵东明 陈锋 梦鸽乐 蒋斌 李德友 杨晓东 谢勇
二等	提升装备综合保障能力的航空发动机数字化修理线建设	国营川西机器厂	张铀 李剑平	钟杰 杨刚 王建飞 李文兵 陈金龙 冯安 周博鑫 黄婷 王耀强 杨文睿
二等	地方国有企业基于事业部制的组织变革	四川九洲空管科技有限责任公司	程旗 张斌	杨红菊 赖波 林强 李海军 雷自力 赵平路 高茜 蒋利军 王卫 林拯昊
二等	勘察设计企业以高端跨国团队为核心的全过程国际工程咨询服务管理	中铁第一勘察设计院集团有限公司	朱力争 马万森	赵刚 车晓明 周虹 龚成亮 韩冬 周明强 杨坤 赵晔 申哲浩 崔玉周
二等	以提升优质服务能力为目标的电费业务省级统一管理	国网内蒙古东部电力有限公司	张成松 运志明	李淑锋 樊新 韩雪松 贾有智 杨慧敏 王景银 贾迎雪 王嵩为 张婷婷 韦爱明
二等	油公司以可持续发展为目标的精细化油藏经营管理	胜利油田东胜精攻石油开发集团股份有限公司	牛栓文 李山	刘小波 袁燚 王世秋 王云川 盖利波 任泽宇 苏永强 齐光峰 林国 许洪刚

续表

等级	成果名称	申报单位	主要创造人	参与创造人
二等	航天科研所基于"双重使命"战略的组织管理	湖北航天技术研究院总体设计所	陈 波 刘 鑫	吴 明 梁纪秋 马 威 叶 欣 赵金亮 邓 盼 李启帆 杜 轩 吴华君 王京萍
二等	化工企业基于两化融合的生产异常管理	甘肃银光化学工业集团有限公司	程仕鹏 苏 强	马卫东 王进军 谷克宏 杏世韬 李 钊 颜 博 吴明生 王 樯 麻小利 李 鹏
二等	实现电力行业供应链协同共赢的物资供应服务管理	上海华能电子商务有限公司	胡 俊 覃道湘	黄云飞 罗永校 聂文胜 黄 杰 张 闽 李俊华 陈妍晔 李建龙 陈 谦
二等	证券公司基于机器人流程自动化技术的数字化结算管理	中泰证券股份有限公司	毕玉国 孙海昕	李晓戎 张 玺 王 浩 尹成哲 房江华
二等	订单式定制化制造企业基于信息化平台的动态利润管理	杭州汽轮动力集团有限公司	赵家茂 李晓阳	杨永名 金 灿 吕紫瑞 高晓建 潘超峰 郝智超 梁志辉 蒋晓明 单志豪 章 虹
二等	电网企业基于多专业柔性融合的设备管理	国网山东省电力公司青岛供电公司	孙旭日 卢 刚	杨天佑 邱吉福 陈 明 安树怀 栾春朋 于海峰 孙晓兰 魏 振 周荣臻 吕宏媛
二等	以国际一流为目标的高含硫气田安全高效的开发与运营管理	中国石油化工股份有限公司中原油田分公司	孙 健 张庆生	夏宇飞 张 毅 王 飞 张 勇 刘建亮 李国平 秦冬林 安 剑
二等	民营中小销售型企业基于全方位技术服务的用户需求管理	北京京海人机电泵控制设备有限公司	张 磊 韩玉华	肖桂芬 徐庆东 张向阳 王天宇
二等	基于"互联网平台"的煤炭生产综合服务管理	陕煤集团神南产业发展有限公司	乔少波	王庆川 张文斌 陈星霖 刘 健 黄爱民 李亚安 杨 林 陈 峰 徐 军 谢赞恩
二等	基于成本测算模型的两湖一江区域火电厂燃料供应物流优化管理	中国华能集团有限公司江西分公司	陈炳华 谢世安	张建林 王伟军 郭新昱 敖 翔 王文杰 邹积峰 丁顺昌 李 哲 高知晨
二等	供电企业以解决一线岗位结构性缺员为核心的人力资源优化管理	国网辽宁省电力有限公司	石玉东 鲁海威	杜红军 李 明 王鹏宇 陈 蓉 周武明 刘 双 王 峰 陈 亮 贾 旭 贾涵中
二等	大型建筑企业以优化经营资源配置为导向的管理体制变革	中国铁路工程集团有限公司	张宗言	刘 辉 刘宝龙 郭凤芝 齐 伟 史 洁 王永胜 李少林 王洪军 王玉玺 刘 学
二等	基于产业价值链的"三结合"会计体系建设	中国直升机设计研究所	胡小容 禹彬彬	杨 洁 奚 炜 周 倩 刘 芳 张 乐 邹 廷 朱文荣
二等	省级电网企业基于打赢大气污染防治攻坚战的绿色调度管理	国网河南省电力公司	安 军 司学振	戴 飞 张法荣 赵国喜 镐俊杰 张树森 王贺岑 夏大伟 王放放 魏寒冰 张步庭
二等	大型军工企业多元化薪酬激励体系构建与实施	内蒙古第一机械集团有限公司	李全文 王 彤	李健伟 王志亮 华承涛 王 军 贾 进 赵 虎 汤庆海 边 东 段清娟 范春霞
二等	保障接发列车安全的值班员智能监测系统构建与实施	中国铁路北京局集团有限公司	王俊刚 张 宇	安保国 刘朝晖 常惠明 林玉红 周宝生 韩建枫 车向前 谭剑钢 傅硕琪 武 威
二等	轨道交通企业双块式轨枕生产线的智能化改造升级管理	中铁三局集团桥隧工程有限公司	郝 刚 常乃超	张民栓 张军荣 赵瑞梅 田永涛 王艳红 祁玉杰
二等	清洁高效燃煤电厂集约化生产体系的构建与实施	京能(锡林郭勒)发电有限公司	刘春晓 于沛东	修立杰 杜占强 陈 永 张海龙 丁建兵 高志佳 吴建海 李瑞东 杜小丽
二等	石油钻探企业推动海外市场创收增效的商业模式构建	中国石油集团渤海钻探工程有限公司	刘光木 范先祥	张松杰 吴立新 刘荣军 马 强 谭 涛 李新强 吴 琼 刘秀臣

续表

等级	成果名称	申报单位	主要创造人	参与创造人
二等	电网企业增强活力和竞争力的"三项制度"改革管理	国网甘肃省电力公司	叶　军 赖祥生	路民辉　王　多　尹建林　王　金 杨晓军　赵广杰　柳亚平　刘子煜 夏常明　刘永光
二等	大型海绵钛企业基于全流程的精细化绿色发展管理	洛阳双瑞万基钛业有限公司	王其红 姜建伟	许伟春　曲银化　刘正红　陈国松 代应杰　李　汉　张盘龙　黄燕峰 尹世豪　王丽娟
二等	工程装备企业定制化大型设备的集成研发体系构建	中铁工程装备集团有限公司	卓普周	赵　华　王杜娟　卓兴建　贾连辉 桑应豪　孙志洪　李　光　姚　程 陈金波　肖　博
二等	服务"西电东送"战略的换流站智能化运维管理	国网四川省电力公司检修公司	白仕雄 王红梅	宋　梁　汪　锦　丁志林　程　炯 邱大强　张智勇　傅孝韬　段　涛 杨啸舒　江孔清
二等	以稳步推动能源绿色发展为目标的煤层气产供销一体化管理	中国石油天然气股份有限公司山西煤层气勘探开发分公司	李梦溪 胡秋嘉	王立龙　丁　楠　刘昌平　孙宏烨 石　斌　吴春升　闫　玲　韩德强 宋新秀　李思奇
二等	施工企业提升市场竞争能力的区域化项目群管理	中铁五局集团第一工程有限责任公司	吴　彪 谢晓波	王钦照　黄保根　韦礼群　雷勇祥 周　斌　谭奇阳　龚小标　江明静 黎光维　师　强
二等	以"企业价值管理四要素"为核心的可持续发展管理	中化国际(控股)股份有限公司	王　军 柯希霆	付亚国　封　璟　黄立民　刘　丰 张广强　余　罡　周　勤　李　洋 朱雯蕙　许海莹
二等	供电企业基于"实精新特"理念的科技创新管理	国网河北省电力有限公司衡水供电分公司	周文博 高　冰	杨　鹏　王正平　范　辉　李文泉 陈国瑞　张　康　霍　达　李国翊 王　雷　张　冲
二等	军工科研院所战略能力量化指标体系的构建与实施	中国北方车辆研究所	曹　晖 龚如峰	郭治军　郭向宇　王显波　赵天合 毛　宁　卢　希　何雅楠　冯江蕊 孟凡英　何洪涛
二等	发电企业以"三定一评"为重点的安全生产管理优化	乌江渡发电厂	戴建炜 张维佳	吕　松　田贵明　周红卫　皮雪松 汤　隆　杨　青　卢　旭　郭凤淳 刘　浪　曾　超
二等	供电企业促进能源互联网建设的电力配置、传输、消费协同管理	国网浙江省电力有限公司嘉兴供电公司	陈　嵘 段　军	殷伟斌　郁家麟　张海春　王　磊 沈　朗　金　海　刘强强　邹成锋 姚云飞　赵龙安
二等	支撑非洲油气项目全周期的开发方案编制管理	中国石油天然气股份有限公司勘探开发研究院	王瑞峰 翟光华	徐庆岩　石德佩　雷　诚　李可彬 余国义　毛凤军　周作坤　张瑾琳 黄奇志　廖长霖
二等	适应复杂地形与负荷特性的差异化配电网规划管理	国网重庆市电力公司市区供电分公司	陶时伟 张　捷	洪　涛　钟家华　谢　兵　杨　军 许晓川　肖文浩　何张凤　付　友 刘会灯　谢颜斌
二等	基于"精益理念"的火力发电企业全员卓越改善管理	天津华能杨柳青热电有限责任公司	刘庆伏 崔井利	王朝伟　余泽选　张海东　韩学强 刘　涛　高怡翔　路荣宇　金　迪
二等	地方国有企业职业经理人市场化聘用机制建设	山东鲁泰控股集团有限公司	李合军 康　甲	魏忠勋　张玉标　张敬民　张洪雷 刘彦玲　朱宏伟　贾庆昌
二等	大型军工企业以风险管控为核心的精准化外包质量管理	中国电子科技集团公司第三十八研究所	宗　伟 余　瑾	杨　洋　何宏平　许彦鑫　朱雷雷 叶南军　张　驰　朱石磊　陈　芬 黄佳欣　孔　元
二等	以"油公司"为导向的油气田企业业务归核化管理	中国石油天然气股份有限公司青海油田分公司	张明禄 李战明	高云建　吴晋文　张国栋　常发杰 黄　勇　徐　刚　吴　栋　王　毅 杨　阳　陈艳波
二等	供电企业基于模拟经营单元的配电网成本管理	国网安徽省电力有限公司合肥供电公司	魏　蓉 胡晓非	黄　陟　汪争贤　傅靖宇　王治国 姜克兢　张华辉　陈　晨　何　旭 杜　强　韦刘军

续表

等级	成果名称	申报单位	主要创造人	参与创造人
二等	服装企业实现"七个快速"的敏捷制造管理	常州华利达服装集团有限公司	张文昌 钱震宏	张 睿 李海骄 王 磊 屠伟文 徐文英 张雅娟 钱根平 姚丽馨 陆 锋 李建军
二等	电网企业基于"业财融合"的资源配置管理	广东电网有限责任公司中山供电局	谭跃凯 邓智明	杨 蓉 刘义先 刘 莉 李国春 杨影欢 李莹莉 林 涛 孙红岩 张春梅
二等	传统轮胎制造企业高质量绿色产业链建设	中策橡胶集团有限公司	沈金荣 张利民	王建中 王剑波 王新文 赵 杨 卢 青 刘信忠 王丹灵 李 滨 郦 坚 逄 渤
二等	电网企业以助推县域能源转型为目标的新能源消纳管理	国网河南省电力公司开封供电公司	王 磊 刘建明	黄中华 洪 浩 刘 平 朱海槟 胡江雪 王 晨 陈 鹏 高天里 杨浩宇 张 媛
二等	大型能源装备集团海外市场拓展策略转型	上海电气电站集团	曹 敏	郑晓虹 卫旭东 陈文倩 陈 力 金升龙 申善毅 郝 琳
二等	以评价指标体系为牵引的财务工作质量提升管理	中国航天科技集团有限公司第五研究院	方世力 胡 苇	童明姗 王 清 申 菡 张晓媛 杨宇红 杨元琳 薛凯文 鲁晓静
二等	基于智能制造的纸包装全链质量管控	浙江大胜达包装股份有限公司	方能斌 孙俊军	方聪艺 王火红 舒奎明 朱民强 黄煜琪 田亚利 刘海群 零 萍 石义伟 於玉祥
二等	大型钢铁企业"制造+服务"有效链接的营销管理	邯郸钢铁集团有限责任公司	郭景瑞 邓建军	朱坦华 唐领强 王保卫 石宝伟 刘俊毅 温嘉禾 张海明 唐品军
二等	大型石化企业以提升价值创造能力为导向的体系化精益管理	北方华锦化学工业集团有限公司	任勇强 赵显良	陈 军 佟景顺 朱常清 吴 军 袁 戎 柳玉忠 韩军操 董 超 李 扬 佟宝成
二等	食品企业对标联合国可持续发展目标的社会责任管理	内蒙古伊利实业集团股份有限公司	潘 刚	潘闻嘉 魏燕青 张轶鹏 安 磊 乔 璐 薛建东 董 博 李 慧 冯岳峰
二等	创新驱动战略引领的民族药科研成果高效转化管理	新疆银朵兰维药股份有限公司	李 俊	黄 磊 陈 菊 冷英莉 郭晓红 石高攀 李 艳 彭雅荣 刘 丹 于 朋
二等	大型铜矿企业深埋低品位资源的开采管理	安徽铜冠(庐江)矿业有限公司	胡洪文 陈帮国	张忠义 周龙兴 胡 军 汪海滨 邢应甜
二等	交通服务企业基于电子不停车收费系统功能扩展的智能客服体系建设	山东高速信联科技有限公司	马学东 王邵建	王 宇 冷海涛 王 彬 李 莉 张 鹏 高 睿 姚文娟 李荣光
二等	基于政企合作的世界一流城市电网建设管理	国网湖北省电力有限公司武汉供电公司	明 煦 李新国	刘勇兵 兰 剑 刘 辉 黄庆祥 陈洪胜 江文波 张 帆 薛 玻 赵 昕 马 潇
二等	国有能源集团新型资本管控体系的构建与实施	北京能源集团有限责任公司	姜 帆 阚 兴	刘海峡 师 淳 周春燕 张秉权 袁跃红 陈振华 马 力 陈 龙
二等	烟草商业企业基于数字化平台的零售终端服务管理	江苏省烟草公司南京市公司	张加成	张 骞 郭 晔 张 璐 孙俊义 芮玉平 刘国涛 郭文卓 杨 鑫 林 骞 徐梦希
二等	中小信息咨询企业以效能提升为目标的知识团队管理	四川通信科研规划设计有限责任公司	邹琴晴 邓云升	方 牧 范 强 杨 璠 王 敬 王 燚 张婉丽 赵 鹏 王 玲 王 珏 郑世波
二等	以提高供电可靠性为目标的架空型配电网故障智能诊断和处置管理	国网福建省电力有限公司南安市供电公司	陈海龙 蔡梅凤	陈 芬 周金聪 陈文敬 梁子孟 曾 铮 吴蔚妍 吴必超 洪德宏 吴成龙 曾雅静
二等	中小型制造企业基于商业智能平台的管理会计实施	合肥博微田村电气有限公司	曹兴虎	万静龙 张德光 刘其磊 刘付林 刘国安 管佩斯 宫 正 韩玉婕 刘 娟 赵良满

续表

等　级	成果名称	申报单位	主要创造人	参与创造人
二等	国有石油企业提升价值创造能力的人力资源管理	中石化新疆新春石油开发有限责任公司	宋明水 董臣强	王新平　刘双全　王得顺　王　波 陈　曦　孙振起　傅　锐　丁　皓 吴晓靖　金　沙
二等	以“高质量、高效益”为导向的火力发电企业运营管理	宁夏京能宁东发电有限责任公司	苏永健	徐义巍　丁文彦　李彦军　陆　龙 韩　凯　邓国峰　晁俊凯　戴云飞 刘　君　任海彬
二等	电网企业以激发全员创新活力为目标的持续管理提升	内蒙古电力(集团)有限责任公司	贾振国 郝智强	侯生明　李　磊　邵文瑾　刘继胜 陈　龙　吕　伟　赵红军　吴　光
二等	基于一体化协同平台的市政涉电工程管理	国网江西省电力有限公司南昌供电分公司	蔡小平 彭振华	王永华　张　帆　鲁　刚　王晓晨 陈义飞　徐　越　李凌翊　李煜平 李鑫慧　徐　哲
二等	电力集团财务公司以提高风险防控能力为目标的内控管理	内蒙古电力集团财务有限责任公司	王有德 李志刚	郝介凡　赵玉亮　张治鑫　赵　敏
二等	基于小农户的烟叶种采烤分一体化单元管理	福建省烟草公司龙岩市公司	周志攀	黄永辉　张汉千　石健林　王　鑫 童旭华　章文水　卢　雨　林志华 邱铭生
二等	施工企业促进智慧工地建设的微创新管理	中交三公局第一工程有限公司	吴　豪 杨　然	张可宇　李　晓　张世杰　李　鹏 张若瑜　闫　晖　武立普
二等	提升客户获得电力水平的智能化供电服务保障体系建设	国网辽宁省电力有限公司大连供电公司	刘　波 贾宏智	王振南　刘　玉　郭昆亚　赵　东 王　刚　王旭泽　王　玮　王跃东 史　程　牛明珠
二等	冶金矿山企业实现低成本战略的“进用育退”四位一体人力资源管理	太原钢铁(集团)有限公司矿业分公司	王笑天 闫志勇	谢卫东　叶奋发　孙占青　孙俊如 杨晓春　黄杰平　刘秀芳　田建伟
二等	矿业集团财务公司强化第三道防线建设的内部审计管理	山东黄金集团财务有限公司	汪晓玲 吴　晨	王德英　李玉星　杨　珊　王振宇
二等	轴承科研院所科技领军使命驱动的转型升级	洛阳轴承研究所有限公司	蒋　蔚 梁　樑	高元安　江　玮　罗　彪　谷文辉 李文超　王科贝　温朝杰　张春雨 鲍晓华　方文培
二等	汽车物流企业以生态共融为目标的一体化物流供应链平台建设	重庆长安民生物流股份有限公司	谢世康 石井岗	李敦峰　陈　盛　杨　丽　唐　暐 何鸿康　彭于峰　江　瑜　蒋　宇
二等	海外资源项目基于“六到位”工作法的社区关系管理	铜陵有色金属集团控股有限公司	杨　军 龚华东	胡新付　胡建东　张忠义　程　石 周龙兴　李友忠　胡　军　朱　钧
二等	实现“双提升”目标的供热运营管理	中国华电集团有限公司河北分公司	侯进峰 刘德进	孙志宏　王秀峰　张淑君　卢　宁 连轶青　宋济洋　杨之光
二等	军工院所基于价值创造导向的技术与市场循环联动战略的构建	中国船舶重工集团公司第七一三研究所	庞国华 刘　萍	李莎莎　王建樞　马　悦　刘浩江 张　强　张　刚　王旺球　李龙昊 浦梦堃　赖　坤
二等	冶炼企业基于“三位一体”的深度节水减排管理	江西铜业股份有限公司贵溪冶炼厂	吴　军 肖小军	田　凯　夏双爱　杨永丰　章茂福 杨　月　李义文　祁倩倩　邹民福 黄　科　王园芳
二等	电力企业基于战略目标的青年干部培养	国网冀北电力有限公司管理培训中心	刘永明 何银发	郑　伟　方　勇　关晓明　王玉清 王蓉蓉　孟祥来　杨　萌　侯宇馨 徐　方　苗　森
二等	以提升员工幸福感为目标的和谐劳动关系管理	广西中烟工业有限责任公司	谢昆彧 陈　峰	谢志勇　李昌芳　戴　翔　雷　斌 李子旭　何奕捷　芮缅云　蒋军辉 周艳燕　潘艳明
二等	石化销售企业以提升创造力为导向的价值管理体系构建	中国石化销售股份有限公司北京石油分公司	徐旭日 刘迎新	赵　亮　谭　凌　王子军　王　茜 刘　娜　李　硕　张　茜　李晰月 贾超凡　洪　祎
二等	以创建一流能源企业为目标的战略实施管理	华电山西能源有限公司	徐建伟 王慧勇	周　波　邢效雨　刘少龙　高　欣 梁礼飞　寇　娜　程　裕　王楚娟

续表

等 级	成果名称	申报单位	主 要 创造人	参与创造人
二等	大型国有冶金矿山以能力提升为目标的企业综合管控体系建设	河北钢铁集团矿业有限公司	黄笃学 张国胜	朱华明 胡志魁 郑卫民 王大成 刘炳智 霍顺生 王宏剑 李学锋 张春艳 李 新
二等	多元化企业集团基于建筑信息模型的区域开发建设管理	天津泰达投资控股有限公司	王志勇 王悦新	高应钦 田 勇 孟 哲 韩颖达 刘 炽 马江桥 王志兵
二等	以核心竞争力提升为目标的创新型轮胎企业建设	贵州轮胎股份有限公司	黄舸舸 王卫忠	张国翔 蔡庸猛 何 红 高慧颖
二等	白酒企业以卓越绩效为目标的管理提升	贵州茅台酒厂(集团)习酒有限责任公司	钟方达 汪地强	段红霞 曾凡君 胡 峰 蒋茂平 袁远雄 易开径 袁铭蔚 赵国锋 袁小军 母成林

资料来源：全国企业管理现代化创新成果审定委员会。

2020年度中国企业十大新闻

一、中国企业十大新闻

序　号	入选理由	序　号	入选理由
1	中国企业掀起学习贯彻十九届五中全会精神热潮，投入全面建设社会主义现代化国家新征程	6	中国企业积极参与新冠疫苗攻关，国药集团、科兴生物等勇担责任造福国人
2	全国企业界积极抗疫复产，为中国成为全球唯一正增长主要经济体做出巨大贡献	7	中国芯片企业迎重磅利好，华为、中芯国际等企业面对美国"制裁"迎难而上
3	中国国有企业积极落实国企改革三年行动方案，坚持和加强党对国有企业全面领导	8	中国企业向全球展示中国速度，火神山医院、雷神山医院横空出世
4	中国民营企业勇担市场主体责任，借力中央减税降费优惠政策战胜疫情焕发活力	9	中国企业积极参与新基建，5G基建、人工智能、新能源等七大领域成为创新发力点
5	中国企业科技创新捷报频传，奔月取壤、入海深潜、九章问世、北斗组网等成就举世瞩目	10	中国电子商务龙头企业积极配合反垄断，确保平台经济健康发展

二、中国最具影响力国有企业

序　号	企业名称	序　号	企业名称
1	中国航天科技集团有限公司	6	中国船舶集团有限公司
2	国家电网有限公司	7	中国工商银行股份有限公司
3	中国石油化工集团有限公司	8	中国建材集团有限公司
4	中国商用飞机有限责任公司	9	中国医药集团有限公司
5	中国移动通信集团有限公司	10	中国煤炭地质总局

三、中国最具影响力民营企业

序　号	企业名称	序　号	企业名称
1	华为技术有限公司	6	福耀玻璃工业集团股份有限公司
2	中国平安保险(集团)股份有限公司	7	北京京东世纪贸易有限公司
3	腾讯控股有限公司	8	浙江吉利控股集团有限公司
4	比亚迪股份有限公司	9	深圳市大疆创新科技有限公司
5	宁德时代新能源科技股份有限公司	10	宁夏天元锰业集团有限公司

四、中国国有企业十大人物

序　号	姓　名	企业名称及职务	序　号	姓　名	企业名称及职务
1	陆东福	中国国家铁路集团有限公司党组书记、董事长	6	刘敬桢	中国医药集团有限公司党委书记、董事长
2	吴燕生	中国航天科技集团有限公司党组书记、董事长	7	赵　平	中国煤炭地质总局党委书记、局长
3	陈肇雄	中国电子科技集团有限公司党组书记、董事长	8	周子学	中芯国际集成电路制造有限公司董事长
4	余剑锋	中国核工业集团有限公司党组书记、董事长	9	陈玉民	山东黄金集团有限公司党委书记、董事长
5	宁高宁	中国中化集团有限公司党组书记、董事长	10	陈建光	中国建筑集团有限公司投资部总经理

五、中国民营企业十大人物

序 号	姓 名	企业名称及职务	序 号	姓 名	企业名称及职务
1	任正非	华为技术有限公司创始人、总裁	6	雷 军	北京小米科技有限责任公司创始人、董事长、首席执行官
2	曹德旺	福耀玻璃工业集团股份有限公司创始人、董事长	7	张文中	物美科技集团有限公司创始人、董事长
3	钟睒睒	农夫山泉股份有限公司董事长、总经理	8	王 卫	顺丰控股股份有限公司董事长
4	马化腾	腾讯控股有限公司董事会主席、首席执行官	9	张一鸣	北京字节跳动科技有限公司创始人、CEO
5	丁 磊	网易公司董事局主席、首席执行官	10	尤如峰	山东永恒集团党委书记、董事长

六、中国成长力企业

序 号	企业名称	序 号	企业名称
1	袁隆平农业高科技股份有限公司	11	深圳华大基因股份有限公司
2	滴滴出行科技有限公司	12	东方地毯集团有限公司
3	长城汽车股份有限公司	13	中国免税品(集团)有限责任公司
4	山东金晶科技股份有限公司	14	哈勃科技投资有限公司
5	立讯精密工业股份有限公司	15	武汉高德红外股份有限公司
6	江西赣锋锂业股份有限公司	16	江苏恒瑞医药股份有限公司
7	科兴控股生物技术有限公司	17	永辉超市股份有限公司
8	内蒙古伊利实业集团股份有限公司	18	辽宁忠旺集团有限公司
9	兰州宏建建业集团有限公司	19	辽宁瑞丰专用车制造有限公司
10	黎城太行山黄崖洞旅游发展有限公司	20	贵州吉康科技有限公司

七、中国创新力企业

序 号	企业名称	序 号	企业名称
1	中国铁路通信信号股份有限公司	11	上海蔚来汽车有限公司
2	滨化集团股份有限公司	12	科大国盾量子技术股份有限公司
3	三安光电股份有限公司	13	浪潮集团有限公司
4	深圳市建筑装饰(集团)有限公司	14	北京九汉天合投资有限公司
5	美团点评	15	杉杉控股有限公司
6	方大碳素新材料科技股份有限公司	16	歌尔股份有限公司
7	华润微电子有限公司	17	北京碧水源科技股份有限公司
8	深圳市丰巢科技有限公司	18	北京爱奇艺科技有限公司
9	科大讯飞股份有限公司	19	金山软件股份有限公司
10	北京奇虎科技有限公司	20	宁夏伊地地质工程有限公司

八、中国新锐企业

序号	企业名称	序号	企业名称
1	中科遥感科技集团	6	北京瑞莱智慧科技有限公司
2	北京石头世纪科技股份有限公司	7	孚莱美科(江苏)环境科技有限公司
3	丁香园生物医药科技网	8	北京轻舟智航科技有限公司
4	焦点科技股份有限公司	9	北京每日优鲜电子商务有限公司
5	北京小桔新能源汽车科技有限公司	10	浙江峰铭通网络科技有限公司

资料来源：中国企业联合会、中国企业家协会。

2020 中国 100 大跨国公司及跨国指数

序 号	公司名称	海外资产 /万元	企业资产 /万元	海外收入 /万元	营业收入 /万元	海外员工 /人	企业员工 /人	跨国指数
1	中国石油天然气集团有限公司	84 533 024	408 867 383	77 006 442	195 931 195	121 197	1 242 245	23. 24
2	腾讯控股有限公司	62 928 124	133 342 500	3 340 096	48 206 400	6 353	85 858	20. 51
3	中国石油化工集团有限公司	51 437 189	223 996 049	52 076 028	195 772 455	34 222	553 833	18. 58
4	中国远洋海运集团有限公司	49 585 460	84 988 963	19 318 829	33 118 871	15 865	110 338	43. 68
5	中国海洋石油集团有限公司	49 144 073	126 171 463	33 010 610	57 474 604	3 885	80 058	33. 75
6	华为投资控股有限公司	48 131 577	87 685 400	28 978 386	89 136 800	45 000	197 000	36. 75
7	联想控股股份有限公司	32 236 268	65 173 277	30 607 222	41 756 685	41 631	84 000	57. 44
8	国家电网有限公司	31 040 788	434 622 758	7 680 237	266 766 782	16 168	1 043 614	3. 86
9	中国交通建设集团有限公司	27 591 504	200 027 142	14 026 315	73 738 891	39 634	213 438	17. 13
10	复星国际有限公司	21 125 329	76 768 060	6 390 897	13 662 948	5 839	72 000	27. 47
11	中国铝业集团有限公司	21 020 839	63 240 430	6 152 573	36 701 991	2 382	156 258	17. 18
12	广州越秀集团股份有限公司	20 407 057	67 546 130	354 714	6 965 922	1 932	26 830	14. 17
13	浙江吉利控股集团有限公司	19 965 356	48 540 396	15 112 652	32 561 869	42 583	125 764	40. 47
14	中国五矿集团有限公司	16 919 297	98 300 396	10 949 281	70 390 347	11 601	200 175	12. 85
15	中国电力建设集团有限公司	15 143 425	105 697 954	9 586 639	54 155 793	37 957	180 883	17. 67
16	中国建筑股份有限公司	13 943 686	219 217 384	8 964 123	161 502 333	28 496	356 864	6. 63
17	潍柴控股集团有限公司	13 507 694	30 855 545	7 576 535	30 488 263	39 249	88 695	37. 63
18	中国广核集团有限公司	13 457 089	78 715 554	2 041 888	11 087 379	3 605	43 599	14. 59
19	海尔集团公司	12 559 798	44 777 414	10 185 902	30 247 330	34 922	99 813	32. 24
20	中国兵器工业集团有限公司	10 234 984	43 991 352	23 124 741	49 002 216	15 183	212 960	25. 86
21	洛阳栾川钼业集团股份有限公司	9 942 737	12 244 124	9 825 586	11 298 101	5 885	10 956	73. 96
22	中国华能集团有限公司	9 351 614	118 751 931	1 798 819	31 419 332	561	128 560	4. 68
23	国家电力投资集团有限公司	9 306 741	132 413 690	1 054 541	27 822 779	1 775	125 916	4. 08
24	山东能源集团有限公司	8 480 810	68 510 271	20 664 658	67 523 956	2 987	244 832	14. 73

续表

序号	公司名称	海外资产/万元	企业资产/万元	海外收入/万元	营业收入/万元	海外员工/人	企业员工/人	跨国指数
25	紫金矿业集团股份有限公司	8 250 400	18 231 325	3 428 984	17 150 134	17 605	20 024	51.06
26	中国能源建设集团有限公司	8 064 594	47 642 266	3 207 736	27 212 971	8 365	120 963	11.88
27	中粮集团有限公司	8 029 606	66 978 757	9 858 068	53 030 503	2 822	151 000	10.82
28	中国铁道建筑集团有限公司	7 852 803	124 572 775	3 870 299	91 074 888	41 701	364 632	7.33
29	北京首都创业集团有限公司	7 454 975	40 912 774	265 301	5 270 094	1 878	37 033	9.44
30	河钢集团有限公司	7 392 774	48 552 978	11 747 810	36 404 984	13 115	108 132	19.87
31	江苏沙钢集团有限公司	6 958 962	30 222 583	2 614 668	26 678 565	915	45 060	11.62
32	中国铁路工程集团有限公司	6 768 690	120 918 497	4 708 548	97 554 878	9 186	308 894	4.47
33	中国移动通信集团有限公司	6 508 824	198 704 388	2 059 220	77 159 747	8 139	455 721	2.58
34	TCL	6 442 668	32 630 924	7 345 965	15 281 977	6 977	119 063	24.56
35	美的集团股份有限公司	6 239 935	36 038 260	12 108 140	28 570 972	33 000	149 239	27.27
36	中国有色矿业集团有限公司	6 008 801	10 941 221	5 175 062	13 609 998	15 287	47 157	41.79
37	光明食品(集团)有限公司	5 856 350	29 611 531	5 048 387	15 574 792	18 619	109 375	23.07
38	苏宁控股集团	5 847 400	35 367 214	2 142 000	58 278 071	1 305	280 037	6.89
39	中国华电集团有限公司	5 679 827	86 104 255	751 194	23 763 660	2 042	102 486	3.92
40	中国旅游集团有限公司	5 387 660	15 173 238	4 528 302	6 992 848	8 007	43 367	39.58
41	中国电子信息产业集团有限公司	5 316 248	34 965 948	10 140 150	24 792 373	11 737	185 050	20.82
42	上海汽车集团股份有限公司	5 106 464	91 941 476	4 498 446	74 213 245	23 324	143 922	9.27
43	中兴通讯股份有限公司	4 959 188	15 063 491	3 339 949	10 145 067	8 863	73 709	25.96
44	云南省投资控股集团有限公司	4 899 613	47 452 133	1 502 520	17 861 994	765	51 442	6.74
45	三一集团有限公司	4 891 473	22 497 446	544 206	12 531 796	3 651	37 144	11.97
46	中国宝武钢铁集团有限公司	4 866 928	101 407 132	13 126 353	67 373 867	2 826	207 971	8.55
47	青山控股集团有限公司	4 771 440	8 615 934	5 715 471	29 289 244	54 067	75 102	48.96
48	中国国际海运集装箱(集团)股份有限公司	4 561 002	14 621 151	3 742 989	9 415 908	4 317	51 100	26.46
49	上海电气(集团)总公司	4 382 105	37 897 388	1 312 310	16 063 032	4 438	68 322	8.74
50	青岛城市建设投资(集团)有限责任公司	4 071 792	35 053 731	757 794	3 291 675	8 968	20 365	26.22
51	山东如意时尚投资控股有限公司	4 002 355	7 056 634	3 018 845	5 671 453	10 512	41 492	45.09

续表

序号	公司名称	海外资产/万元	企业资产/万元	海外收入/万元	营业收入/万元	海外员工/人	企业员工/人	跨国指数
52	中国机械工业集团有限公司	3 998 182	35 489 807	2 354 426	28 287 460	13 201	139 453	9.69
53	首钢集团有限公司	3 979 398	51 200 691	2 384 676	20 737 071	4 702	97 235	8.04
54	中国南方电网有限责任公司	3 974 897	101 249 591	489 917	57 752 408	1 082	288 573	1.72
55	宁波均胜电子股份有限公司	3 676 017	5 626 515	3 607 617	4 788 984	48 220	53 816	76.76
56	浙江恒逸集团有限公司	3 658 052	11 357 453	2 473 752	26 607 632	2 140	22 019	17.07
57	万向集团公司	3 556 052	9 270 589	7 153 354	12 673 776	12 916	23 947	49.58
58	宁夏天元锰业集团有限公司	3 502 592	15 160 930	1 464 383	6 413 255	1 302	20 443	17.44
59	金川集团股份有限公司	3 484 565	11 485 345	5 140 750	24 775 947	2 970	29 220	20.42
60	国家开发投资集团有限公司	3 255 733	68 226 971	2 546 919	15 307 859	5 360	51 885	10.58
61	海信集团控股股份有限公司	3 219 605	15 275 714	5 482 242	13 631 446	15 346	88 129	26.24
62	中国建材集团有限公司	2 934 438	60 012 574	2 180 098	39 409 660	6 002	202 844	4.46
63	北京电子控股有限责任公司	2 933 703	48 729 381	8 764 824	15 364 413	557	85 000	21.24
64	中国东方航空集团有限公司	2 894 762	38 159 364	128 486	7 387 773	1 212	100 179	3.51
65	珠海华发集团有限公司	2 683 456	48 778 304	1 437 893	10 919 024	16 530	39 735	20.09
66	云南省建设投资控股集团有限公司	2 574 915	60 118 953	318 136	15 059 527	881	45 401	2.78
67	北京控股集团有限公司	2 461 621	38 833 455	736 908	10 126 115	2 228	73 726	5.55
68	浙江省能源集团有限公司	2 425 892	27 642 588	2 093 794	10 738 544	338	23 066	9.91
69	鞍钢集团有限公司	2 407 316	34 018 335	1 970 950	21 311 112	461	112 606	5.58
70	云南省能源投资集团有限公司	2 385 603	20 561 290	1 502 248	13 150 164	595	29 958	8.34
71	中联重科股份有限公司	2 359 176	11 627 494	383 242	6 510 894	441	23 528	9.35
72	协鑫集团有限公司	2 238 975	17 710 916	510 929	10 039 029	569	24 256	6.69
73	山东魏桥创业集团有限公司	2 176 111	24 609 539	2 418 144	28 896 461	8 076	100 395	8.42
74	中国大唐集团有限公司	2 156 877	79 656 306	150 041	19 240 874	700	99 925	1.40
75	中国联合网络通信集团有限公司	2 047 365	61 581 817	597 973	30 488 253	869	257 147	1.87
76	中国电信集团有限公司	2 022 810	90 781 347	1 866 347	49 266 732	6 073	400 945	2.51
77	万华化学集团股份有限公司	1 908 146	13 375 267	3 588 477	7 343 297	3 048	17 581	26.82
78	广东省广晟控股集团有限公司	1 902 665	13 889 719	2 377 863	7 464 437	4 868	50 079	18.42

续表

序号	公司名称	海外资产/万元	企业资产/万元	海外收入/万元	营业收入/万元	海外员工/人	企业员工/人	跨国指数
79	北京首农食品集团有限责任公司	1 902 401	15 380 078	154 805	15 706 161	394	47 215	4.73
80	青建集团股份公司	1 895 966	4 548 538	976 012	6 663 210	1 370	15 180	21.79
81	新疆金风科技股份有限公司	1 809 350	10 913 818	459 450	5 626 511	516	8 956	10.17
82	铜陵有色金属集团控股有限公司	1 785 902	9 308 857	1 542 887	20 907 830	2 384	22 621	12.37
83	上海韦尔半导体股份有限公司	1 764 732	2 264 799	1 516 459	1 982 397	1 041	3 291	62.02
84	北京建工集团有限责任公司	1 729 597	20 211 367	323 616	10 551 211	237	38 669	4.08
85	中国信息通信科技集团有限公司	1 668 976	10 356 350	436 190	4 750 222	691	38 685	9.03
86	海亮集团有限公司	1 624 903	6 099 649	3 414 848	19 642 059	2 416	20 172	18.67
87	隆基绿能科技股份有限公司	1 592 001	8 763 483	2 146 102	5 458 318	3 916	46 631	21.96
88	中国节能环保集团有限公司	1 521 265	22 134 106	549 919	4 439 436	14 284	52 429	15.50
89	安徽海螺集团有限责任公司	1 415 141	24 549 749	620 804	26 171 587	4 037	59 823	4.96
90	江苏长电科技股份有限公司	1 407 411	3 232 819	1 419 679	2 646 399	5 337	23 359	40.01
91	上海建工集团股份有限公司	1 403 365	32 135 673	610 933	23 132 723	469	54 498	2.62
92	中国通用技术(集团)控股有限责任公司	1 350 918	22 571 766	1 530 569	19 581 759	2 716	52 945	6.31
93	浙江华友钴业股份有限公司	1 273 848	2 694 532	1 217 240	2 118 684	3 404	8 079	48.95
94	东方国际(集团)有限公司	1 226 724	6 372 570	1 160 372	9 235 469	44 984	64 136	33.98
95	鹏鼎控股(深圳)股份有限公司	1 209 947	3 310 242	2 170 305	2 985 131	938	43 567	37.14
96	浙江龙盛控股有限公司	1 200 000	6 015 784	912 914	3 176 536	2 059	8 284	24.51
97	白银有色集团股份有限公司	1 190 185	4 650 087	341 578	6 142 270	2 526	14 297	16.27
98	宁波申洲针织有限公司	1 177 702	3 685 176	1 246 055	2 303 065	42 800	89 100	44.70
99	中国一重集团有限公司	1 155 829	4 830 881	793 263	3 729 003	5 795	15 441	27.58
100	正泰集团股份有限公司	1 093 928	8 863 915	1 018 361	8 935 473	673	34 618	8.56
	合计数	921 786 355	5 580 945 510	615 073 181	3 220 569 579	1 185 017	12 365 378	15.07

资料来源：中国企业联合会、中国企业家协会。

2020中国企业500强名单

2019名次	2020名次	企业名称	所在地	营业收入/万元	净利润/万元	资 产/万元	所有者权益/万元	从业人数/人
2	1	国家电网有限公司	北 京	266 766 782	3 850 471	434 622 758	182 290 921	1 043 614
3	2	中国石油天然气集团有限公司	北 京	195 931 195	3 156 874	408 867 383	197 858 788	1 242 245
1	3	中国石油化工集团有限公司	北 京	195 772 455	4 281 570	223 996 049	789 946 12	553 833
4	4	中国建筑股份有限公司	北 京	161 502 333	4 494 425	219 217 384	30 042 143	356 864
6	5	中国平安保险(集团)股份有限公司	广 东	132 141 486	14 309 841	952 787 025	76 255 978	362 035
5	6	中国工商银行股份有限公司	北 京	126 128 136	31 590 546	3 334 505 789	289 350 211	439 787
7	7	中国建设银行股份有限公司	北 京	114 475 400	27 357 900	2 813 225 400	236 480 800	373 814
8	8	中国农业银行股份有限公司	北 京	106 043 500	21 592 500	2 720 504 700	220 478 900	459 000
10	9	中国人寿保险(集团)公司	北 京	99 766 657	3 207 214	506 541 483	18 909 182	182 632
12	10	中国铁路工程集团有限公司	北 京	97 554 878	1 130 786	120 918 497	11 197 790	308 894
9	11	中国银行股份有限公司	北 京	92 280 100	19 287 000	2 440 265 900	203 841 900	309 084
14	12	中国铁道建筑集团有限公司	北 京	91 074 888	1 024 966	124 572 775	9 522 113	364 632
11	13	华为投资控股有限公司	广 东	89 136 800	6 459 500	87 685 400	33 032 500	197 000
16	14	中国移动通信集团有限公司	北 京	77 159 747	8 914 881	198 704 388	110 232 389	455 721
26	15	京东集团股份有限公司	北 京	74 580 189	4 940 522	42 228 779	18 754 330	310 000
13	16	上海汽车集团股份有限公司	上 海	74 213 245	2 043 104	91 941 476	26 010 295	143 922
19	17	中国交通建设集团有限公司	北 京	73 738 891	803 866	200 027 142	14 160 455	213 438
34	18	阿里巴巴集团控股有限公司	浙 江	71 728 900	15 057 800	169 021 800	93 747 000	251 462
24	19	中国五矿集团有限公司	北 京	70 390 347	338 859	98 300 396	6 927 371	200 175
21	20	中国第一汽车集团有限公司	吉 林	69 742 459	1 977 861	48 894 055	20 972 109	124 565
28	21	恒力集团有限公司	江 苏	69 533 561	1 637 160	26 587 848	4 777 589	118 496
23	22	正威国际集团有限公司	广 东	69 193 677	1 277 708	20 258 068	11 405 624	20 180
20	23	中国华润有限公司	广 东	68 611 944	2 987 838	179 888 442	26 183 324	370 955
57	24	山东能源集团有限公司	山 东	67 523 956	801 699	68 510 271	11 236 834	244 832
32	25	中国宝武钢铁集团有限公司	上 海	67 373 867	2 503 826	101 407 132	29 377 547	207 971
22	26	中国邮政集团有限公司	北 京	66 449 974	3 241 871	1 181 708 989	42 756 802	828 278
25	27	东风汽车集团有限公司	湖 北	59 930 949	769 705	55 525 156	10 617 668	145 756
30	28	中国人民保险集团股份有限公司	北 京	58 369 600	2 006 900	125 546 100	20 219 400	961 662
18	29	苏宁控股集团	江 苏	58 278 071	-214 150	35 367 214	11 565 140	280 037
27	30	中国南方电网有限责任公司	广 东	57 752 408	689 020	101 249 591	38 917 994	288 573
15	31	中国海洋石油集团有限公司	北 京	57 474 604	3 313 654	126 171 463	58 268 933	80 058
29	32	国家能源投资集团有限责任公司	北 京	55 694 290	2 830 444	178 807 863	42 800 630	326 641
41	33	中国电力建设集团有限公司	北 京	54 155 793	475 134	105 697 954	9 182 060	180 883
37	34	中国医药集团有限公司	北 京	53 321 958	865 503	46 239 608	8 941 794	176 686
36	35	中粮集团有限公司	北 京	53 030 503	950 570	66 978 757	9 597 082	151 000
33	36	中国中信集团有限公司	北 京	51 535 674	2 651 343	825 546 695	38 063 102	148 283

续表

2019名次	2020名次	企业名称	所在地	营业收入/万元	净利润/万元	资　产/万元	所有者权益/万元	从业人数/人
39	37	恒大集团有限公司	广　东	50 724 800	807 600	230 115 900	35 043 100	200 000
35	38	北京汽车集团有限公司	北　京	49 781 770	234 470	53 436 124	6 992 693	110 000
42	39	中国电信集团有限公司	北　京	49 266 732	1 301 398	90 781 347	37 340 700	400 945
40	40	中国兵器工业集团有限公司	北　京	49 002 216	1 042 489	43 991 352	12 021 470	212 960
52	41	腾讯控股有限公司	广　东	48 206 400	15 984 700	133 342 500	70 398 400	85 858
44	42	中国航空工业集团有限公司	北　京	46 880 346	631 803	105 196 580	20 985 565	420 000
43	43	交通银行股份有限公司	上　海	46 617 700	7 827 400	1 069 761 600	86 660 700	90 716
204	44	晋能控股集团有限公司	山　西	46 599 091	5 687	102 767 208	8 441 882	472 860
38	45	碧桂园控股有限公司	广　东	46 285 600	3 500 200	201 580 900	17 510 200	93 500
46	46	绿地控股集团股份有限公司	上　海	45 606 199	1 499 777	139 733 629	8 477 640	86 251
62	47	厦门建发集团有限公司	福　建	44 237 231	657 301	43 696 789	5 722 588	28 928
17	48	太平洋建设集团有限公司	新疆维吾尔自治区	44 186 077	1 530 497	29 193 404	13 587 352	295 281
31	49	中国中化集团有限公司	北　京	43 845 360	558 279	63 697 245	6 024 402	72 237
51	50	中国太平洋保险（集团）股份有限公司	上　海	42 218 239	2 458 394	177 100 444	21 522 384	118 119
48	51	招商银行股份有限公司	广　东	42 007 400	9 734 200	786 613 600	68 445 700	76 585
55	52	万科企业股份有限公司	广　东	41 911 168	4 151 554	186 917 709	22 451 095	140 656
50	53	联想控股股份有限公司	北　京	41 756 685	386 801	65 173 277	6 043 436	84 000
45	54	中国化工集团有限公司	北　京	41 739 411	-562 764	85 742 676	-2 587 815	141 250
63	55	招商局集团有限公司	北　京	41 593 770	4 084 391	222 333 457	39 788 388	199 000
72	56	厦门国贸控股集团有限公司	福　建	40 212 600	197 176	15 355 637	1 676 097	21 374
49	57	中国保利集团公司	北　京	40 069 966	1 345 101	157 048 480	10 065 653	101 500
54	58	广州汽车工业集团有限公司	广　东	39 829 579	397 557	33 502 493	4 815 897	110 537
47	59	中国建材集团有限公司	北　京	39 409 660	71 041	60 012 574	3 614 746	202 844
77	60	厦门象屿集团有限公司	福　建	37 483 544	192 525	17 002 546	2 077 718	11 671
66	61	中国光大集团股份公司	北　京	36 866 010	1 773 921	592 390 786	23 047 670	78 600
61	62	兴业银行股份有限公司	福　建	36 786 700	6 662 600	789 400 000	61 558 600	59 630
58	63	中国铝业集团有限公司	北　京	36 701 991	221 406	63 240 430	10 873 661	156 258
59	64	河钢集团有限公司	河　北	36 404 984	3 900	48 552 978	7 145 832	108 132
60	65	上海浦东发展银行股份有限公司	上　海	36 309 900	5 832 500	795 021 800	63 819 700	61 686
70	66	陕西煤业化工集团有限责任公司	陕　西	34 026 966	83 380	59 606 033	5 909 145	142 546
64	67	中国民生银行股份有限公司	北　京	33 862 440	3 430 887	695 023 294	52 953 702	59 262
86	68	江西铜业集团有限公司	江　西	33 685 917	134 326	16 929 038	2 918 488	24 528
67	69	中国远洋海运集团有限公司	上　海	33 118 871	1 015 155	84 988 963	18 986 857	110 338
78	70	中南控股集团有限公司	江　苏	33 009 152	122 826	38 382 172	654 459	100 000
68	71	陕西延长石油（集团）有限责任公司	陕　西	32 766 209	110 887	44 405 357	15 100 192	133 137
65	72	浙江吉利控股集团有限公司	浙　江	32 561 869	933 057	48 540 396	8 718 333	125 764
	73	中国船舶集团有限公司	北　京	32 322 774	1 293 474	86 142 593	24 906 578	218 956
69	74	中国华能集团有限公司	北　京	31 419 332	215 557	118 751 931	11 895 425	128 560

续表

2019名次	2020名次	企业名称	所在地	营业收入/万元	净利润/万元	资　产/万元	所有者权益/万元	从业人数/人
53	75	国美控股集团有限公司	北　京	31 047 660	156 155	28 476 315	7 812 257	64 661
102	76	浙江荣盛控股集团有限公司	浙　江	30 860 925	427 401	27 062 106	2 639 872	20 493
83	77	潍柴控股集团有限公司	山　东	30 488 263	198 186	30 855 545	905 706	88 695
73	78	中国联合网络通信集团有限公司	北　京	30 488 253	237 423	61 581 817	18 147 366	257 147
74	79	海尔集团公司	山　东	30 247 330	806 055	44 777 414	5 643 579	99 813
84	80	青山控股集团有限公司	浙　江	29 289 244	779 213	8 615 934	2 953 193	75 102
81	81	山东魏桥创业集团有限公司	山　东	28 896 461	852 854	24 609 539	7 845 228	100 395
80	82	美的集团股份有限公司	广　东	28 570 972	2 722 296	36 038 260	11 751 626	149 239
71	83	中国机械工业集团有限公司	北　京	28 287 460	393 906	35 489 807	6 897 908	139 453
82	84	国家电力投资集团有限公司	北　京	27 822 779	237 191	132 413 690	16 364 346	125 916
89	85	中国能源建设集团有限公司	北　京	27 212 971	350 213	47 642 266	4 174 812	120 963
88	86	中国航天科技集团有限公司	北　京	26 731 911	1 887 219	51 876 555	21 665 544	179 085
87	87	江苏沙钢集团有限公司	江　苏	26 678 565	789 680	30 222 583	6 689 751	45 060
99	88	浙江恒逸集团有限公司	浙　江	26 607 632	104 892	11 357 453	1 180 272	22 019
111	89	盛虹控股集团有限公司	江　苏	26 523 669	358 645	11 509 193	2 216 707	32 272
92	90	安徽海螺集团有限责任公司	安　徽	26 171 587	1 296 083	24 549 749	6 239 092	59 823
85	91	中国航天科工集团有限公司	北　京	26 010 986	1 348 948	38 400 638	14 399 553	145 148
90	92	阳光龙净集团有限公司	福　建	25 021 130	372 726	47 355 617	3 061 988	28 670
96	93	中国电子信息产业集团有限公司	北　京	24 792 373	-67 099	34 965 948	6 492 228	185 050
93	94	金川集团股份有限公司	甘　肃	24 775 947	248 703	11 485 345	3 710 891	29 220
101	95	小米公司	北　京	24 586 563	2 035 550	25 367 982	12 369 170	22 074
104	96	泰康保险集团股份有限公司	北　京	24 478 229	2 403 704	112 961 614	10 729 396	56 899
97	97	中国太平保险集团有限责任公司	上　海	24 467 745	286 419	98 373 380	4 128 041	65 900
91	98	中国中车集团有限公司	北　京	23 996 982	516 146	43 672 971	7 756 818	178 500
106	99	中国兵器装备集团有限公司	北　京	23 773 708	588 279	35 839 407	7 702 659	170 282
94	100	中国华电集团有限公司	北　京	23 763 660	403 519	86 104 255	10 670 818	102 486
95	101	中国电子科技集团有限公司	北　京	23 674 894	1 296 924	45 161 011	17 392 078	220 000
76	102	雪松控股集团有限公司	广　东	23 347 530	34 224	12 316 068	2 697 891	23 856
103	103	上海建工集团股份有限公司	上　海	23 132 723	335 085	32 135 673	3 668 049	54 498
131	104	融创中国控股有限公司	天　津	23 058 734	3 564 378	110 840 520	12 562 751	50 563
125	105	中国核工业集团有限公司	北　京	22 537 364	819 943	91 225 669	16 351 002	143 200
166	106	敬业集团有限公司	河　北	22 444 527	419 035	6 987 448	3 232 483	31 000
114	107	重庆市金科投资控股(集团)有限责任公司	重　庆	22 381 421	203 112	39 059 318	1 724 815	29 466
113	108	山东钢铁集团有限公司	山　东	22 073 340	89 294	37 368 514	1 883 086	71 107
134	109	新希望控股集团有限公司	四　川	21 807 950	355 630	31 604 041	2 696 765	142 659
108	110	深圳市投资控股有限公司	广　东	21 489 121	1 146 080	84 536 737	19 463 485	75 102
98	111	鞍钢集团有限公司	辽　宁	21 311 112	178 357	34 018 335	5 917 492	112 606
121	112	山西焦煤集团有限责任公司	山　西	21 013 130	110 358	44 273 942	5 609 450	181 426
112	113	铜陵有色金属集团控股有限公司	安　徽	20 907 830	-17 770	9 308 857	756 342	22 621

续表

2019名次	2020名次	企业名称	所在地	营业收入/万元	净利润/万元	资　产/万元	所有者权益/万元	从业人数/人
105	114	首钢集团有限公司	北　京	20 737 071	29 314	51 200 691	11 867 085	97 235
130	115	新华人寿保险股份有限公司	北　京	20 653 800	1 429 700	100 437 600	10 168 000	35 474
	116	中国林业集团有限公司	北　京	20 460 921	39 366	16 439 561	1 601 885	5 856
117	117	海亮集团有限公司	浙　江	19 642 059	80 905	6 099 649	1 993 628	20 172
119	118	中国通用技术(集团)控股有限责任公司	北　京	19 581 759	385 243	22 571 766	4 946 031	52 945
137	119	北京建龙重工集团有限公司	北　京	19 569 510	340 852	15 454 742	3 123 334	61 300
139	120	浙江省交通投资集团有限公司	浙　江	19 436 092	487 633	59 489 359	11 081 389	38 777
116	121	中国大唐集团有限公司	北　京	19 240 874	218 843	79 656 306	11 593 809	99 925
118	122	上海医药集团股份有限公司	上　海	19 190 916	449 622	14 918 566	4 535 468	48 136
124	123	广西投资集团有限公司	广西壮族自治区	19 118 515	28 484	59 765 667	4 918 305	32 623
	124	多弗国际控股集团有限公司	浙　江	19 091 564	322 224	14 097 705	7 227 596	23 810
109	125	新疆广汇实业投资(集团)有限责任公司	新疆维吾尔自治区	18 939 387	40 823	27 819 345	3 786 165	73 963
126	126	中国中煤能源集团有限公司	北　京	18 702 415	334 300	41 276 651	7 694 083	131 121
138	127	龙湖集团控股有限公司	重　庆	18 454 730	2 000 203	76 515 882	10 834 393	35 426
207	128	广州市建筑集团有限公司	广　东	18 390 878	87 461	15 466 262	1 068 969	38 325
155	129	广州医药集团有限公司	广　东	17 988 428	206 342	5 959 129	832 806	34 371
164	130	云南省投资控股集团有限公司	云　南	17 861 994	192 268	47 452 133	7 240 881	51 442
132	131	万洲国际有限公司	河　南	17 646 430	570 997	12 211 350	6 528 162	107 000
183	132	中国重型汽车集团有限公司	山　东	17 564 831	405 542	12 073 281	1 768 488	36 626
	133	华阳新材料科技集团有限公司	山　西	17 379 672	-119 190	25 884 812	2 778 112	125 792
151	134	紫金矿业集团股份有限公司	福　建	17 150 134	650 855	18 231 325	5 653 855	20 024
107	135	珠海格力电器股份有限公司	广　东	17 049 742	2 217 511	27 921 792	11 519 021	83 952
133	136	中国平煤神马能源化工集团有限责任公司	河　南	17 031 995	-92 730	20 659 176	2 280 291	122 601
	137	中国再保险(集团)股份有限公司	北　京	16 819 440	571 044	45 357 689	9 302 823	63 914
140	138	南通三建控股有限公司	江　苏	16 777 160	483 868	5 977 120	2 486 790	83 626
122	139	河南能源化工集团有限公司	河　南	16 710 826	-547 994	27 143 393	692 499	135 708
147	140	天能控股集团有限公司	浙　江	16 482 138	196 797	5 550 284	548 319	24 379
141	141	华夏银行股份有限公司	北　京	16 423 000	2 127 500	339 981 600	28 061 300	39 748
129	142	东浩兰生(集团)有限公司	上　海	16 183 072	78 311	3 538 125	1 364 628	6 059
123	143	潞安化工集团有限公司	山　西	16 170 997	-70 145	26 917 894	3 691 499	102 099
145	144	上海电气(集团)总公司	上　海	16 063 032	263 891	37 897 388	3 625 697	68 322
148	145	南京钢铁集团有限公司	江　苏	15 715 916	239 017	5 734 389	1 710 346	10 642
143	146	北京首农食品集团有限责任公司	北　京	15 706 161	291 480	15 380 078	3 927 119	47 215
165	147	比亚迪股份有限公司	广　东	15 659 769	423 427	20 101 732	5 687 427	224 280
135	148	光明食品(集团)有限公司	上　海	15 574 792	122 931	29 611 531	7 115 071	109 375
201	149	杭州钢铁集团有限公司	浙　江	15 461 073	122 095	7 991 922	2 678 146	15 101
190	150	顺丰控股股份有限公司	广　东	15 398 687	732 608	11 116 004	5 644 305	121 925

续表

2019名次	2020名次	企业名称	所在地	营业收入/万元	净利润/万元	资 产/万元	所有者权益/万元	从业人数/人
162	151	北京电子控股有限责任公司	北 京	15 364 413	93 907	48 729 381	1 681 570	85 000
144	152	国家开发投资集团有限公司	北 京	15 307 859	628 314	68 226 971	9 797 947	51 885
167	153	TCL	广 东	15 281 977	560 552	32 630 924	3 942 651	119 063
152	154	杭州市实业投资集团有限公司	浙 江	15 222 889	163 567	6 434 864	1 486 893	6 867
154	155	湖南华菱钢铁集团有限责任公司	湖 南	15 202 110	528 512	11 343 300	2 832 752	34 038
79	156	中国航空油料集团有限公司	北 京	15 131 594	255 166	6 249 346	2 579 573	14 152
156	157	云南省建设投资控股集团有限公司	云 南	15 059 527	255 277	60 118 953	15 496 237	45 401
	158	中升集团控股有限公司	辽 宁	14 834 807	553 808	6 850 102	2 646 290	31 803
158	159	华侨城集团有限公司	广 东	14 708 022	791 522	67 103 995	9 026 788	64 255
172	160	甘肃省公路航空旅游投资集团有限公司	甘 肃	14 544 927	7 611	61 133 323	20 578 685	54 319
149	161	陕西有色金属控股集团有限责任公司	陕 西	14 459 580	89 387	14 079 782	3 297 979	43 541
150	162	四川长虹电子控股集团有限公司	四 川	14 302 825	5 551	8 692 290	187 522	59 727
181	163	陕西建工控股集团有限公司	陕 西	14 282 336	164 730	22 879 679	1 318 677	42 963
221	164	河北新华联合冶金控股集团有限公司	河 北	14 232 625	202 061	11 818 740	827 726	20 566
249	165	山东高速集团有限公司	山 东	14 189 091	−22 572	107 074 705	15 043 963	43 196
161	166	中天钢铁集团有限公司	江 苏	14 003 355	212 753	4 699 532	1 676 941	12 434
173	167	北大荒农垦集团有限公司	黑龙江	13 919 097	33 146	21 643 206	4 057 912	520 823
160	168	冀南钢铁集团有限公司	河 北	13 907 899	1 099 538	4 390 238	4 049 452	19 226
178	169	无锡产业发展集团有限公司	江 苏	13 801 604	21 854	10 916 634	1 042 776	27 527
142	170	复星国际有限公司	上 海	13 662 948	801 794	76 768 060	12 781 203	72 000
168	171	海信集团控股股份有限公司	山 东	13 631 446	347 424	15 275 714	1 913 796	88 129
157	172	中国有色矿业集团有限公司	北 京	13 609 998	109 496	10 941 221	1 946 424	47 157
208	173	广东鼎龙实业集团有限公司	广 东	13 462 321	235 422	3 865 361	798 303	3 379
180	174	北京金隅集团股份有限公司	北 京	13 392 236	284 377	29 135 238	6 337 594	47 672
189	175	云南省能源投资集团有限公司	云 南	13 150 164	189 053	20 561 290	5 367 947	29 958
182	176	河北津西钢铁集团股份有限公司	河 北	13 036 986	157 825	6 514 868	2 368 720	10 672
179	177	浙江省兴合集团有限责任公司	浙 江	13 010 772	58 006	6 392 899	528 797	19 207
191	178	西安迈科金属国际集团有限公司	陕 西	12 887 046	33 907	2 472 443	560 540	1 190
171	179	超威电源集团有限公司	浙 江	12 822 745	132 766	3 288 840	733 184	18 520
159	180	万向集团公司	浙 江	12 673 776	181 103	9 270 589	2 351 807	23 947
170	181	北京银行股份有限公司	北 京	12 665 100	2 148 400	290 001 400	21 921 900	15 490
243	182	三一集团有限公司	湖 南	12 531 796	745 519	22 497 446	4 145 440	37 144
177	183	北京城建集团有限责任公司	北 京	12 525 443	252 068	35 035 328	2 629 340	23 565
199	184	四川省宜宾五粮液集团有限公司	四 川	12 107 223	591 444	15 454 873	3 846 605	43 640
195	185	中国化学工程集团有限公司	北 京	12 094 971	221 535	16 118 405	2 974 792	45 057
203	186	中天控股集团有限公司	浙 江	12 065 311	344 758	12 236 780	2 043 911	18 719
169	187	东岭集团股份有限公司	陕 西	12 020 369	43 256	4 513 269	1 105 255	10 189
	188	物产中大金属集团有限公司	浙 江	11 937 540	104 231	2 113 999	406 261	1 248

续表

2019 名次	2020 名次	企业名称	所在地	营业收入 /万元	净利润 /万元	资　产 /万元	所有者权益 /万元	从业人数 /人
175	189	中国国际技术智力合作集团有限公司	北　京	11 853 051	85 293	1 578 359	571 718	5 112
202	190	上海均和集团有限公司	上　海	11 762 032	21 120	2 642 799	1 287 164	5 150
214	191	广西柳州钢铁集团有限公司	广西壮族自治区	11 740 007	404 517	10 473 353	2 958 500	31 448
200	192	亨通集团有限公司	江　苏	11 700 579	43 274	7 889 205	748 419	18 105
	193	上海德龙钢铁集团有限公司	上　海	11 561 923	370 556	10 258 566	1 711 391	46 534
212	194	阳光保险集团股份有限公司	广　东	11 497 979	564 412	40 548 049	5 577 207	234 326
222	195	美团公司	上　海	11 479 451	470 831	16 657 480	9 769 303	59 642
209	196	酒泉钢铁(集团)有限责任公司	甘　肃	11 406 950	38 834	11 016 109	2 283 916	35 070
194	197	南山集团有限公司	山　东	11 358 670	492 405	13 180 049	6 389 908	46 257
288	198	洛阳栾川钼业集团股份有限公司	河　南	11 298 101	232 878	12 244 124	3 889 178	10 956
232	199	传化集团有限公司	浙　江	11 173 172	200 849	7 243 238	1 113 618	12 236
196	200	中国广核集团有限公司	广　东	11 087 379	839 531	78 715 554	13 250 941	43 599
218	201	九州通医药集团股份有限公司	湖　北	11 085 951	307 505	8 082 384	2 182 666	28 213
	202	新疆中泰(集团)有限责任公司	新疆维吾尔自治区	11 050 341	-1 727	10 834 323	317 658	40 676
259	203	珠海华发集团有限公司	广　东	10 919 024	151 467	48 778 304	5 267 326	39 735
197	204	中国黄金集团有限公司	北　京	10 860 869	50 746	11 266 368	1 794 332	40 149
263	205	百度网络技术有限公司	北　京	10 770 400	2247 200	33 270 800	18 269 600	41 000
192	206	浙江省能源集团有限公司	浙　江	10 738 544	621 290	27 642 588	8 444 745	23 066
	207	云南省交通投资建设集团有限公司	云　南	10 640 906	49 589	52 924 579	10 104 107	17 279
227	208	北京建工集团有限责任公司	北　京	10 551 211	119 494	20 211 367	1 990 901	38 669
174	209	海澜集团有限公司	江　苏	10 521 688	381 807	11 372 235	8 485 812	17 097
193	210	雅戈尔集团股份有限公司	浙　江	10 481 096	778 940	9 552 914	2 874 185	22 475
233	211	宁波金田投资控股有限公司	浙　江	10 382 009	16 929	1 656 530	204 124	7 021
224	212	长城汽车股份有限公司	河　北	10 330 761	536 249	15 401 149	5 734 185	63 174
223	213	卓尔控股有限公司	湖　北	10 208 663	94 796	9 657 260	4 942 761	15 596
217	214	辽宁方大集团实业有限公司	辽　宁	10 197 710	525 684	12 111 165	2 916 570	59 576
245	215	唯品会控股有限公司	广　东	10 185 849	590 696	5 894 081	2 849 773	16 675
186	216	山东东明石化集团有限公司	山　东	10 166 832	197 748	4 028 122	2 091 295	7 420
215	217	北京外企服务集团有限责任公司	北　京	10 148 195	39 599	1 311 864	305 046	5 233
236	218	中兴通讯股份有限公司	广　东	10 145 067	425 975	15 063 491	4 329 681	73 709
216	219	北京控股集团有限公司	北　京	10 126 115	119 837	38 833 455	4 184 976	73 726
	220	江苏永钢集团有限公司	江　苏	10 096 904	390 699	4 057 066	2 291 866	7 181
255	221	龙光交通集团有限公司	广　东	10 067 914	1 600 929	40 363 941	7 101 357	17 064
213	222	协鑫集团有限公司	江　苏	10 039 029	-528 178	17 710 916	3 878 084	24 256
211	223	湖南建工集团有限公司	湖　南	9 857 362	140 238	7 314 860	1 331 766	30 551
220	224	上海银行股份有限公司	上　海	9 853 783	2 088 506	246 214 402	19 039 789	12 932
239	225	贵州茅台酒股份有限公司	贵　州	9 799 324	4 669 729	21 339 581	16 132 274	29 031
226	226	弘阳集团有限公司	江　苏	9 787 913	334 398	14 505 354	2 401 773	9 020

续表

2019名次	2020名次	企业名称	所在地	营业收入/万元	净利润/万元	资 产/万元	所有者权益/万元	从业人数/人
219	227	日照钢铁控股集团有限公司	山 东	9 711 525	837 986	11 271 737	4 168 041	16 628
238	228	内蒙古伊利实业集团股份有限公司	内蒙古自治区	9 652 396	707 818	7 115 426	3 038 391	59 159
235	229	利华益集团股份有限公司	山 东	9 621 648	227 721	4 537 960	2 141 762	5 576
229	230	江铃汽车集团有限公司	江 西	9 456 716	31 192	7 287 985	1 134 130	35 335
247	231	中国国际海运集装箱(集团)股份有限公司	广 东	9 415 908	534 961	14 621 151	4 401 752	51 100
230	232	前海人寿保险股份有限公司	广 东	9 387 258	113 904	30 266 274	2 700 900	3 142
248	233	永辉超市股份有限公司	福 建	9 319 911	179 447	5 615 798	1 935 110	120 748
136	234	中国南方航空集团有限公司	广 东	9 305 143	-439 314	34 743 397	6 577 447	119 178
228	235	万达控股集团有限公司	山 东	9 302 513	182 921	5 059 279	1 464 225	13 205
276	236	陕西汽车控股集团有限公司	陕 西	9 300 892	66 276	7 204 158	560 477	31 435
254	237	通威集团有限公司	四 川	9 263 517	319 716	7 565 034	1 887 443	26 825
234	238	江苏悦达集团有限公司	江 苏	9 262 176	42 121	8 955 425	1 622 858	41 180
313	239	立讯精密工业股份有限公司	广 东	9 250 126	722 546	7 001 275	2 810 182	172 410
210	240	东方国际(集团)有限公司	上 海	9 235 469	94 363	6 372 570	1 744 578	64 136
244	241	神州数码集团股份有限公司	北 京	9 206 044	62 409	3 068 960	470 006	4 569
246	242	晨鸣控股有限公司	山 东	9 162 298	16 311	9 370 551	398 339	15 937
284	243	广西北部湾国际港务集团有限公司	广西壮族自治区	9 036 745	2 519	13 496 648	2 431 497	32 000
256	244	正泰集团股份有限公司	浙 江	8 935 473	203 926	8 863 915	1 857 600	34 618
381	245	奥园集团有限公司	广 东	8 835 171	590 755	32 567 846	1 855 289	23 773
337	246	福建大东海实业集团有限公司	福 建	8 816 736	689 970	6 180 781	3 857 144	19 648
	247	新奥天然气股份有限公司	河 北	8 809 877	210 696	10 952 385	813 229	39 282
251	248	开滦(集团)有限责任公司	河 北	8 704 453	5 022	8 953 718	1 383 833	48 832
261	249	重庆市迪马实业股份有限公司	重 庆	8 679 400	180 285	8 172 774	1 077 569	7 273
242	250	包头钢铁(集团)有限责任公司	内蒙古自治区	8 667 610	4 269	17 209 353	486 216	42 729
293	251	双胞胎(集团)股份有限公司	江 西	8 663 084	531 729	4 052 957	1 618 962	20 000
434	252	天津泰达投资控股有限公司	天 津	8 653 070	40 810	45 961 872	11 238 743	23 273
	253	山东省国有资产投资控股有限公司	山 东	8 619 026	119 519	15 733 131	1 621 173	33 980
	254	中国宏桥集团有限公司	山 东	8 614 464	1 049 594	9 743 361	7 119 614	42 445
281	255	江苏南通二建集团有限公司	江 苏	8 602 674	404 376	3 898 506	2 000 224	118 367
253	256	内蒙古电力(集团)有限责任公司	内蒙古自治区	8 596 369	174 128	10 311 390	4 791 000	36 293
258	257	天津荣程祥泰投资控股集团有限公司	天 津	8 505 107	65 497	1 995 521	1 164 840	4 802
272	258	奇瑞控股集团有限公司	安 徽	8 286 878	75 589	19 985 255	1 848 220	28 633
309	259	山西建设投资集团有限公司	山 西	8 121 904	146 586	13 750 425	2 171 321	31 007
	260	中国铁塔股份有限公司	北 京	8 109 900	642 800	33 738 000	18 624 600	23 300
354	261	振烨国际产业控股集团(深圳)有限公司	广 东	8 105 145	164 675	1 748 804	573 902	1 836
264	262	重庆华宇集团有限公司	重 庆	8 084 989	927 049	13 016 523	4 822 812	6 524

续表

2019 名次	2020 名次	企业名称	所在地	营业收入 /万元	净利润 /万元	资　产 /万元	所有者权益 /万元	从业人数 /人
250	263	荣盛控股股份有限公司	河　北	8 072 639	338 050	31 291 188	2 526 258	29 110
270	264	上海永达控股(集团)有限公司	上　海	7 983 600	164 323	3 542 478	1 232 715	16 177
300	265	新余钢铁集团有限公司	江　西	7 980 988	150 607	5 819 738	1 290 529	21 050
273	266	浙江省建设投资集团有限公司	浙　江	7 954 965	108 394	8 678 781	582 697	21 235
291	267	广州工业投资控股集团有限公司	广　东	7 927 400	97 935	8 135 365	1 589 756	30 874
262	268	河北普阳钢铁有限公司	河　北	7 918 524	411 450	4 015 298	2 345 633	7 500
283	269	中基宁波集团股份有限公司	浙　江	7 913 177	25 504	1 339 036	141 001	2 346
252	270	杭州锦江集团有限公司	浙　江	7 889 834	11 830	7 069 566	1 781 983	9 900
287	271	永锋集团有限公司	山　东	7 866 643	186 266	5 381 550	1 208 528	11 892
274	272	南通四建集团有限公司	江　苏	7 820 558	450 018	3 853 436	2 351 590	178 000
389	273	玖龙纸业(控股)有限公司	广　东	7 813 009	589 176	8 348 039	4 330 985	19 000
269	274	山东黄金集团有限公司	山　东	7 665 271	88 338	12 046 327	1 127 390	24 526
275	275	华泰集团有限公司	山　东	7 649 093	129 153	3 435 710	1 146 358	8 302
312	276	武安市裕华钢铁有限公司	河　北	7 626 638	638 570	2 950 186	2 341 417	10 976
268	277	陕西投资集团有限公司	陕　西	7 541 571	203 602	20 052 616	3 694 565	23 797
282	278	红豆集团有限公司	江　苏	7 500 322	33 733	4 850 164	1 824 612	26 085
279	279	温氏食品集团股份有限公司	广　东	7 493 891	742 587	8 050 012	4 578 796	52 809
325	280	广东省广晟控股集团有限公司	广　东	7 464 437	116 694	13 889 719	1 400 998	50 079
277	281	金鼎钢铁集团有限公司	河　北	7 436 768	212 626	1 548 868	1 093 577	3 780
153	282	中国东方航空集团有限公司	上　海	7 387 773	-127 418	38 159 364	8 157 756	100 179
146	283	中国国际航空股份有限公司	北　京	7 386 070	-1 440 334	28 402 962	7 754 133	89 373
328	284	网易公司	北　京	7 366 713	1 206 275	14 187 458	8 212 680	20 920
297	285	山东招金集团有限公司	山　东	7 355 595	35 732	6 009 801	587 585	14 324
286	286	云天化集团有限责任公司	云　南	7 343 694	-47 755	9 435 230	773 351	22 002
289	287	万华化学集团股份有限公司	山　东	7 343 297	1 004 143	13 375 267	4 878 035	17 581
308	288	成都兴城投资集团有限公司	四　川	7 299 846	219 621	77 909 960	5 670 688	35 000
304	289	浙江省国际贸易集团有限公司	浙　江	7 189 989	112 480	12 974 606	1 699 743	24 976
314	290	中天科技集团有限公司	江　苏	7 183 181	272 668	5 294 027	833 928	15 033
	291	旭辉控股(集团)有限公司	上　海	7 179 866	803 190	37 929 941	3 605 168	19 649
292	292	广东省广新控股集团有限公司	广　东	7 113 661	161 399	6 674 392	1 440 639	28 623
260	293	桐昆控股集团有限公司	浙　江	7 101 058	200 817	5 678 305	881 083	21 943
310	294	蓝润集团有限公司	四　川	7 100 016	248 799	9 802 214	3 783 193	23 156
294	295	甘肃省建设投资(控股)集团有限公司	甘　肃	7 075 457	72 959	9 753 075	2 139 119	65 549
278	296	奥克斯集团有限公司	浙　江	7 063 720	64 762	6 248 808	1 264 342	34 716
382	297	恒信汽车集团股份有限公司	湖　北	7 051 452	185 329	1 902 595	1 063 785	21 280
	298	中国旅游集团有限公司	北　京	6 992 848	165 227	15 173 238	2 609 382	43 367
334	299	广州越秀集团股份有限公司	广　东	6 965 922	445 401	67 546 130	4 932 790	26 830
	300	南京银行股份有限公司	江　苏	6 964 558	1 310 088	151 707 577	10 687 613	11 514
307	301	北京能源集团有限责任公司	北　京	6 940 960	243 764	35 305 719	7 934 702	35 263

续表

2019名次	2020名次	企业名称	所在地	营业收入/万元	净利润/万元	资产/万元	所有者权益/万元	从业人数/人
332	302	广东省建筑工程集团有限公司	广东	6 937 922	123 242	9 326 862	1 841 099	21 800
266	303	广厦控股集团有限公司	浙江	6 831 071	87 718	4 562 738	1 174 203	111 867
	304	兰州新区商贸物流投资集团有限公司	甘肃	6 815 822	13 195	1 628 351	751 541	2 019
359	305	唐山港陆钢铁有限公司	河北	6 801 593	75 420	1 924 838	1 026 598	8 278
301	306	四川华西集团有限公司	四川	6 750 695	89 708	7 553 602	1 100 775	23 683
336	307	上海城建(集团)公司	上海	6 722 142	81 772	14 264 539	1 104 058	21 493
299	308	青建集团股份公司	山东	6 663 210	157 213	4 548 538	1 185 479	15 180
335	309	渤海银行股份有限公司	天津	6 621 688	844 457	139 352 313	10 324 583	10 295
349	310	浙江前程投资股份有限公司	浙江	6 620 344	1 179	637 873	98 429	434
338	311	上海中梁企业发展有限公司	上海	6 615 524	355 200	27 082 131	1 254 123	15 699
323	312	旭阳控股有限公司	北京	6 602 635	208 541	4 193 400	1 361 578	10 728
322	313	四川省川威集团有限公司	四川	6 579 094	92 535	4 514 149	650 037	13 792
298	314	中国铁路物资集团有限公司	北京	6 577 404	281 939	6 077 173	811 766	8 430
302	315	淮北矿业(集团)有限责任公司	安徽	6 552 350	127 455	9 927 534	1 594 011	53 384
320	316	山东京博控股集团有限公司	山东	6 533 080	94 317	4 158 783	599 508	9 892
296	317	山东海科控股有限公司	山东	6 532 582	105 913	2 526 691	798 109	4 436
371	318	河北新金钢铁有限公司	河北	6 511 408	101 423	2 008 434	1 107 774	5 329
419	319	中联重科股份有限公司	湖南	6 510 894	728 067	11 627 494	4 674 374	23 528
306	320	贵州磷化(集团)有限责任公司	贵州	6 431 979	14 325	9 069 345	1 347 020	17 766
345	321	深圳市爱施德股份有限公司	广东	6 418 995	70 047	1 130 764	541 430	2 378
329	322	宁夏天元锰业集团有限公司	宁夏回族自治区	6 413 255	-295 495	15 160 930	8 005 565	20 443
324	323	江苏省苏中建设集团股份有限公司	江苏	6 402 683	184 502	2 661 549	921 197	155 703
321	324	深圳海王集团股份有限公司	广东	6 339 653	56 368	6 150 974	1 093 995	30 752
280	325	三房巷集团有限公司	江苏	6 325 015	79 385	2 464 182	1 020 416	6 800
327	326	德力西集团有限公司	浙江	6 291 633	117 232	2 150 197	624 119	20 336
358	327	安徽建工集团控股有限公司	安徽	6 220 401	39 580	11 335 765	370 996	21 361
303	328	百联集团有限公司	上海	6 211 884	14 382	9 592 621	2 082 037	46 762
343	329	晶科能源控股有限公司	江西	6 202 061	112 030	7 587 549	—	24 361
319	330	河北新武安钢铁集团文安钢铁有限公司	河北	6 178 592	177 858	1 247 259	1 125 354	3 970
317	331	本钢集团有限公司	辽宁	6 159 631	7 568	15 559 646	2 988 468	60 761
285	332	盘锦北方沥青燃料有限公司	辽宁	6 152 777	498 410	5 817 556	1 600 202	3 534
315	333	白银有色集团股份有限公司	甘肃	6 142 270	7 297	4 650 087	1 525 574	14 297
271	334	云南锡业集团(控股)有限责任公司	云南	6 140 825	92 066	5 699 298	316 554	20 652
330	335	河北省物流产业集团有限公司	河北	6 111 800	6 896	1 587 209	284 755	2 209
353	336	新疆特变电工集团有限公司	新疆维吾尔自治区	6 096 838	326 771	13 608 470	4 835 040	20 972
366	337	泸州老窖集团有限责任公司	四川	6 076 553	247 016	27 395 165	1 369 112	14 099
344	338	重庆化医控股(集团)公司	重庆	6 062 002	-89 610	9 104 620	477 259	24 813

续表

2019名次	2020名次	企业名称	所在地	营业收入/万元	净利润/万元	资产/万元	所有者权益/万元	从业人数/人
363	339	四川省能源投资集团有限责任公司	四川	6 056 236	104 451	18 562 967	3 466 118	24 392
390	340	广东海大集团股份有限公司	广东	6 032 386	252 273	2 752 695	1 397 278	26 241
	341	牧原实业集团有限公司	河南	5 942 750	354 157	15 368 105	1 098 433	124 503
365	342	浙江富冶集团有限公司	浙江	5 906 312	50 073	1 256 305	357 769	2 685
	343	四川公路桥梁建设集团有限公司	四川	5 874 635	314 619	10 836 588	1 803 343	9 862
290	344	远大物产集团有限公司	浙江	5 860 283	-11 808	621 503	220 697	499
176	345	上海钢联电子商务股份有限公司	上海	5 852 122	21 667	1 304 082	135 896	3 038
295	346	江苏新长江实业集团有限公司	江苏	5 848 383	107 768	4 383 018	1 342 624	6 862
499	347	广西盛隆冶金有限公司	广西壮族自治区	5 840 699	180 692	4 783 714	1 880 532	12 188
384	348	安徽江淮汽车集团控股有限公司	安徽	5 825 477	5 308	4 454 525	474 402	27 398
	349	绿城房地产集团有限公司	浙江	5 803 567	264 518	39 563 699	4 628 561	6 545
360	350	天元建设集团有限公司	山东	5 779 130	171 267	7 133 835	1 549 345	14 537
	351	歌尔股份有限公司	山东	5 774 274	284 800	4 911 783	1 965 325	87 346
479	352	厦门路桥工程物资有限公司	福建	5 730 709	30 465	1 824 712	152 949	487
497	353	建业控股有限公司	河南	5 724 197	201 103	18 214 854	1 498 582	28 200
	354	山西鹏飞集团有限公司	山西	5 678 218	272 841	5 113 391	5 113 391	16 268
311	355	山东如意时尚投资控股有限公司	山东	5 671 453	262 163	7 056 634	1 605 041	41 492
368	356	恒申控股集团有限公司	福建	5 666 242	401 495	4 323 703	2 282 698	8 251
370	357	福建永荣控股集团有限公司	福建	5 661 317	19 248	2 911 657	1 087 626	4 341
475	358	新疆金风科技股份有限公司	新疆维吾尔自治区	5 626 511	296 351	10 913 818	3 416 825	8 956
364	359	湖南博长控股集团有限公司	湖南	5 573 500	18 315	1 387 263	399 882	6 936
424	360	物美科技集团有限公司	北京	5 567 770	165 161	10 289 911	2 636 834	100 000
351	361	重庆建工投资控股有限责任公司	重庆	5 567 143	17 767	7 718 545	528 077	16 028
318	362	江苏国泰国际集团股份有限公司	江苏	5 563 778	97 767	2 589 687	923 547	13 844
	363	闻泰通讯股份有限公司	浙江	5 518 361	65 863	1 805 579	304 421	7 758
356	364	红狮控股集团有限公司	浙江	5 497 879	586 538	6 072 301	2 668 274	16 624
	365	隆基绿能科技股份有限公司	陕西	5 458 318	855 237	8 763 483	3 510 577	46 631
396	366	大汉控股集团有限公司	湖南	5 439 571	102 887	2 159 491	821 095	6 257
427	367	南昌市政公用投资控股有限责任公司	江西	5 428 951	59 158	14 654 556	3 583 234	33 727
352	368	山东太阳控股集团有限公司	山东	5 404 945	306 636	4 209 523	1 789 066	15 225
378	369	中华联合保险集团股份有限公司	北京	5 396 526	69 521	8 116 085	1 747 754	47 659
361	370	广州智能装备产业集团有限公司	广东	5 392 268	148 363	6 161 880	1 491 911	30 590
341	371	福建省三钢(集团)有限责任公司	福建	5 357 563	183 056	5 277 897	1 653 944	16 427
399	372	广西北部湾投资集团有限公司	广西壮族自治区	5 341 509	214 238	22 344 180	7 423 768	18 316
367	373	杉杉控股有限公司	上海	5 313 824	73 254	5 813 930	1 080 984	6 858
333	374	辽宁嘉晨控股集团有限公司	辽宁	5 312 895	277 072	5 306 484	4 089 799	11 230
391	375	北京首都创业集团有限公司	北京	5 270 094	185 030	40 912 774	2 672 531	37 033

续表

2019名次	2020名次	企业名称	所在地	营业收入/万元	净利润/万元	资 产/万元	所有者权益/万元	从业人数/人
342	376	北京首都开发控股(集团)有限公司	北 京	5 247 846	206 275	37 128 849	1 972 539	13 946
459	377	龙记泰信实业集团有限公司	陕 西	5 213 655	213 509	2 760 445	1 467 434	5 277
386	378	新凤祥控股集团有限责任公司	山 东	5 185 887	24 198	3 036 721	997 550	12 016
374	379	老凤祥股份有限公司	上 海	5 172 150	158 602	1 956 327	796 490	3 659
	380	新凤鸣控股集团有限公司	浙 江	5 148 647	61 814	2 851 417	1 215 351	10 833
408	381	富通集团有限公司	浙 江	5 123 603	156 931	3 203 860	1 195 546	5 332
	382	研祥高科技控股集团有限公司	广 东	5 095 715	294 037	4 287 167	2 721 334	5 155
421	383	兴华财富集团有限公司	河 北	5 082 717	252 278	2 012 208	1 310 160	6 534
412	384	河南豫光金铅集团有限责任公司	河 南	5 082 342	17 791	2 114 879	107 056	6 051
441	385	广东省广物控股集团有限公司	广 东	5 063 517	81 659	4 683 494	1 491 221	11 845
348	386	稻花香集团	湖 北	5 057 532	32 659	1 716 225	328 632	10 011
	387	宁德时代新能源科技股份有限公司	福 建	5 031 949	558 334	15 661 843	6 420 730	33 078
395	388	福佳集团有限公司	辽 宁	5 031 230	335 212	8 861 243	5 141 649	2 113
392	389	安阳钢铁集团有限责任公司	河 南	5 029 911	28 680	5 632 445	785 703	21 435
397	390	天瑞集团股份有限公司	河 南	5 026 666	205 576	7 517 389	4 063 342	14 911
439	391	龙信建设集团有限公司	江 苏	5 014 875	129 125	1 287 045	613 513	49 595
383	392	重庆农村商业银行股份有限公司	重 庆	4 990 405	840 120	113 592 644	9 322 861	15 088
	393	郑州中瑞实业集团有限公司	河 南	4 981 717	17 036	6 793 122	1 136 341	2 582
375	394	威高集团有限公司	山 东	4 978 281	429 709	6 716 835	3 850 527	28 312
420	395	山东泰山钢铁集团有限公司	山 东	4 974 172	73 100	2 216 911	1 161 465	7 850
426	396	汇通达网络股份有限公司	江 苏	4 961 023	19 860	2 077 897	598 623	5 220
	397	福建省港口集团有限责任公司	福 建	4 941 062	21 192	8 775 340	2 038 487	33 341
377	398	江苏南通六建建设集团有限公司	江 苏	4 918 672	115 690	1 288 877	944 004	65 412
240	399	江西正邦科技股份有限公司	江 西	4 916 630	574 413	5 925 956	2 325 210	52 322
423	400	山东九羊集团有限公司	山 东	4 907 189	160 633	1 812 338	1 303 071	7 766
	401	帝海投资控股集团有限公司	北 京	4 901 878	200 576	5 218 986	4 221 192	1 200
373	402	广东省能源集团有限公司	广 东	4 897 642	260 099	15 366 899	5 293 788	14 617
	403	上海闽路润贸易有限公司	上 海	4 875 304	9 773	1 014 070	22 122	168
357	404	融信(福建)投资集团有限公司	福 建	4 854 412	216 056	22 027 158	2 392 707	3 555
	405	南京新工投资集团有限责任公司	江 苏	4 848 350	94 318	8 246 321	2 615 615	34 553
411	406	天津友发钢管集团股份有限公司	天 津	4 841 870	114 323	1 184 044	625 504	12 593
355	407	欧菲光集团股份有限公司	广 东	4 834 970	-194 452	3 422 706	745 745	27 306
417	408	三河汇福粮油集团有限公司	河 北	4 815 435	70 987	1 330 151	539 929	3 000
401	409	江西省建工集团有限责任公司	江 西	4 799 406	44 705	6 555 380	425 334	3 868
428	410	山东中矿集团有限公司	山 东	4 790 108	50 511	967 932	241 261	3 606
316	411	宁波均胜电子股份有限公司	浙 江	4 788 984	61 617	5 626 515	1 516 899	53 816
.	412	天津渤海化工集团有限责任公司	天 津	4 764 335	43 834	11 235 560	3 836 384	25 973
347	413	中国信息通信科技集团有限公司	湖 北	4 750 222	89 328	10 356 350	2 525 139	38 685
450	414	广西玉柴机器集团有限公司	广西壮族自治区	4 749 276	84 472	4 408 780	1 400 452	15 953

续表

2019 名次	2020 名次	企业名称	所在地	营业收入 /万元	净利润 /万元	资　产 /万元	所有者权益 /万元	从业人数 /人
388	415	广西交通投资集团有限公司	广西壮族自治区	4 729 291	-9 796	44 066 992	13 185 159	14 975
405	416	人民电器集团有限公司	浙　江	4 696 591	191 998	1 321 099	1 007 895	21 250
369	417	隆鑫控股有限公司	重　庆	4 695 753	-107 646	6 264 910	834 005	30 007
442	418	通州建总集团有限公司	江　苏	4 686 350	145 988	639 718	241 677	72 000
	419	河北文丰钢铁有限公司	河　北	4 683 338	385 462	1 851 646	1 605 434	4 708
414	420	重庆机电控股(集团)公司	重　庆	4 665 129	83 556	6 028 936	1 303 892	25 869
431	421	河北建工集团有限责任公司	河　北	4 636 082	10 346	2 121 776	141 445	6 679
	422	明阳新能源投资控股集团有限公司	广　东	4 626 820	298 170	8 106 165	2 591 756	9 401
432	423	重庆中昂投资集团有限公司	重　庆	4 624 605	670 578	9 761 787	3 668 495	11 930
402	424	江苏华西集团有限公司	江　苏	4 614 720	-20 671	4 957 670	1 433 962	15 225
	425	东营齐润化工有限公司	山　东	4 611 600	135 122	2 155 534	1 154 280	1 350
	426	江苏省华建建设股份有限公司	江　苏	4 582 201	133 323	1 795 966	333 767	67 609
	427	祥生地产集团有限公司	浙　江	4 572 626	165 214	16 766 573	1 422 463	4 000
488	428	远景能源有限公司	江　苏	4 555 397	318 779	7 496 609	1 635 355	5 181
425	429	山东创新金属科技有限公司	山　东	4 551 359	87 863	1 767 652	64 076	7 772
	430	心里程控股集团有限公司	广　东	4 538 097	170 118	2 462 309	1 618 007	3 383
	431	东方润安集团有限公司	江　苏	4 537 856	65 103	1 199 808	546 165	4 985
422	432	浙江中成控股集团有限公司	浙　江	4 535 824	87 705	1 754 020	832 723	52 355
437	433	福建省电子信息(集团)有限责任公司	福　建	4 524 248	-124 686	10 381 615	462 594	53 113
	434	水发集团有限公司	山　东	4 522 925	21 636	14 177 393	1 444 381	22 968
	435	重庆医药(集团)股份有限公司	重　庆	4 521 953	90 791	4 153 306	737 835	12 173
403	436	四川德胜集团钒钛有限公司	四　川	4 521 138	69 524	2 741 393	836 532	10 031
462	437	四川省商业投资集团有限责任公司	四　川	4 517 092	9 169	2 351 743	170 239	3 785
372	438	盛京银行股份有限公司	辽　宁	4 512 775	120 378	103 795 838	7 945 193	7 556
409	439	通鼎集团有限公司	江　苏	4 511 879	129 470	2 456 488	616 815	13 503
	440	恒丰银行股份有限公司	山　东	4 480 390	530 989	111 415 463	10 487 051	11 408
380	441	申能(集团)有限公司	上　海	4 474 359	581 539	20 991 086	10 590 864	17 287
	442	中国节能环保集团有限公司	北　京	4 439 436	12 699	22 134 106	3 067 138	52 429
492	443	齐成(山东)石化集团有限公司	山　东	4 417 152	17 064	2 634 090	27 811	975
436	444	山东汇丰石化集团有限公司	山　东	4 415 001	87 789	1 534 981	170 376	2 044
430	445	山东渤海实业股份有限公司	山　东	4 398 565	74 136	2 070 375	483 286	2 779
496	446	中铁集装箱运输有限责任公司	北　京	4 394 572	138 145	2 837 818	1 497 663	962
379	447	福建省能源集团有限责任公司	福　建	4 358 303	192 440	13 352 230	2 426 239	29 664
473	448	远东控股集团有限公司	江　苏	4 349 782	2 456	2 600 026	386 578	8 160
444	449	山东金岭集团有限公司	山　东	4 302 881	241 054	1 796 108	1 500 178	4 345
443	450	步步高投资集团股份有限公司	湖　南	4 302 278	11 171	2 455 112	731 428	24 338
485	451	宏旺投资集团有限公司	广　东	4 301 255	40 547	1 015 509	378 992	2 245
449	452	沂州集团有限公司	山　东	4 298 812	79 724	1 595 320	610 074	3 067

续表

2019名次	2020名次	企业名称	所在地	营业收入/万元	净利润/万元	资 产/万元	所有者权益/万元	从业人数/人
480	453	富海集团新能源控股有限公司	山 东	4 285 514	131 148	2 176 209	880 211	5 688
400	454	中科电力装备集团有限公司	安 徽	4 281 482	18 657	1 868 879	176 063	3 224
	455	西王集团有限公司	山 东	4 263 690	1 082	5 043 971	990 693	16 000
346	456	上海华谊(集团)公司	上 海	4 260 017	101 203	7 884 125	2 068 223	20 237
394	457	金澳科技(湖北)化工有限公司	湖 北	4 256 736	46 356	834 225	542 224	4 358
454	458	贵州盘江煤电集团有限责任公司	贵 州	4 255 044	-41 648	7 704 923	1 084 469	55 569
362	459	重庆市能源投资集团有限公司	重 庆	4 242 164	-225 592	9 630 830	1 564 542	36 649
455	460	宁波富邦控股集团有限公司	浙 江	4 217 583	62 123	4 858 233	1 126 770	12 036
407	461	山东金诚石化集团有限公司	山 东	4 210 501	-2 185	1 176 091	523 360	2 325
	462	新疆生产建设兵团建设工程(集团)有限责任公司	新疆维吾尔自治区	4 209 438	41 494	6 511 980	1 101 880	18 435
	463	中融新大集团有限公司	山 东	4 182 191	-182 726	15 052 572	6 827 430	10 000
350	464	上海新增鼎资产管理有限公司	上 海	4 177 875	-148	38 246	17 316	398
415	465	淮河能源控股集团有限责任公司	安 徽	4 175 770	284 291	12 515 094	1 367 270	71 124
494	466	万基控股集团有限公司	河 南	4 158 946	31 396	2 504 110	241 840	12 058
472	467	上海农村商业银行股份有限公司	上 海	4 155 550	816 067	105 697 668	7 721 084	7 183
416	468	金浦投资控股集团有限公司	江 苏	4 149 067	27 701	2 434 219	559 230	9 660
	469	云账户技术(天津)有限公司	天 津	4 140 397	2 823	140 048	12 894	456
464	470	西部矿业集团有限公司	青 海	4 136 351	4 411	6 608 344	437 519	7 611
	471	河北省国和投资集团有限公司	河 北	4 125 996	3 621	768 511	96 713	2 377
471	472	徐州矿务集团有限公司	江 苏	4 108 056	45 704	4 891 129	1 629 710	22 450
429	473	深圳金雅福控股集团有限公司	广 东	4 102 225	13 566	224 246	127 727	1 815
458	474	法尔胜泓昇集团有限公司	江 苏	4 098 825	30 463	1 514 262	456 466	9 128
376	475	广东省交通集团有限公司	广 东	4 092 696	62 306	44 628 833	9 627 422	56 946
448	476	广州农村商业银行股份有限公司	广 东	4 090 552	508 130	102 787 165	6 948 708	13 941
487	477	重庆千信集团有限公司	重 庆	4 068 020	36 067	1 437 144	466 090	518
465	478	宜昌兴发集团有限责任公司	湖 北	4 053 946	19 392	4 299 796	479 956	12 860
461	479	森马集团有限公司	浙 江	4 051 223	28 365	3 148 241	1 094 733	3 843
446	480	四川科伦实业集团有限公司	四 川	4 042 711	53 911	1 432 841	1 378 929	27 525
456	481	山东科达集团有限公司	山 东	4 041 564	127 038	1 348 202	1 053 517	8 633
495	482	石药控股集团有限公司	河 北	4 035 608	585 518	5 448 773	2 816 504	26 556
	483	伊电控股集团有限公司	河 南	4 032 330	16 575	9 179 453	1 181 851	5 600
493	484	深圳市中农网有限公司	广 东	4 028 649	668	1 480 845	85 558	558
406	485	江苏扬子江船业集团	江 苏	4 026 258	418 317	13 203 133	3 928 895	22 009
489	486	澳洋集团有限公司	江 苏	4 016 403	41 875	1 990 685	499 437	9 863
447	487	河北建设集团股份有限公司	河 北	4 014 993	75 986	6 279 388	624 594	8 773
	488	创维集团有限公司	广 东	3 985 341	96 929	5 474 327	1 016 044	33 680
460	489	双良集团有限公司	江 苏	3 983 063	16 931	2 859 953	798 389	7 030
	490	河北安丰钢铁有限公司	河 北	3 980 619	411 362	2 088 353	1 462 780	9 500
466	491	江苏华宏实业集团有限公司	江 苏	3 977 545	19 494	885 004	27 987	2 671

续表

2019 名次	2020 名次	企业名称	所在地	营业收入 /万元	净利润 /万元	资　产 /万元	所有者权益 /万元	从业人数 /人
474	492	北京江南投资集团有限公司	北　京	3 974 219	582 173	14 422 809	2 888 069	451
	493	杭州市城市建设投资集团有限公司	浙　江	3 972 538	168 181	16 228 849	4 652 386	36 409
484	494	山东清源集团有限公司	山　东	3 971 183	67 985	3 380 249	1 204 925	4 120
467	495	江苏阳光集团有限公司	江　苏	3 961 174	203 608	2 188 652	1 114 557	12 588
469	496	卧龙控股集团有限公司	浙　江	3 958 745	98 654	3 493 102	996 834	18 005
.	497	鲁丽集团有限公司	山　东	3 957 637	120 198	1 589 164	803 468	6 914
435	498	石横特钢集团有限公司	山　东	3 942 296	244 960	3 268 340	2 079 582	12 212
445	499	广州国资发展控股有限公司	广　东	3 926 853	166 971	8 168 473	2 229 038	11 629
482	500	盛屯矿业集团股份有限公司	福　建	3 923 619	5 909	2 323 333	1 067 956	7 107
		合计		8 983 099 762	407 125 780	34 358 373 557	4 540 301 625	33 396 037

说明：

1. 2020中国企业500强是中国企业联合会、中国企业家协会参照国际惯例，组织企业自愿申报，并经专家审定确认后产生的。申报企业包括在中国境内注册、2020年实现营业收入达到260亿元的企业(不包括在华外资、港澳台独资、控股企业，也不包括行政性公司、政企合一的单位以及各类资产经营公司、烟草公司，但包括在境外注册、投资主体为中国自然人或法人、主要业务在境内的企业)，都有资格申报参加排序。属于集团公司的控股子公司或相对控股子公司，由于其财务报表最后能被合并到集团母公司的财务会计报表中去，因此只允许其母公司申报。

2. 表中所列数据由企业自愿申报或属于上市公司公开数据，并经会计师事务所或审计师事务所等单位认可。

3. 营业收入是2020年不含增值税的收入，包括企业的所有收入，即主营业务和非主营业务、境内和境外的收入。商业银行的营业收入为2020年利息收入和非利息营业收入之和(不减掉对应的支出)。保险公司的营业收入是2020年保险费和年金收入扣除储蓄的资本收益或损失。净利润是2020年上交所得税的净利润扣除少数股东权益后的归属母公司所有者的净利润。资产是2020年度的资产总额。所有者权益是2020年年底所有者权益总额扣除少数股东权益后的归属于母公司所有者权益。研究开发费用是2020年企业投入研究开发的所有费用。从业人数是2020年度的平均人数(含所有被合并报表企业的人数)。

4. 行业分类参照了国家统计局的分类方法，依据其主营业务收入所在行业来划分；地区分类是按企业总部所在地划分。

2020 中国制造业排序前 100 名企业

名 次	企业名称	所在地	营业收入/万元	净利润/万元	资 产/万元	所有者权益/万元	从业人数/人
1	中国石油化工集团有限公司	北 京	195 772 455	4 281 570	223 996 049	78 994 612	553 833
2	华为投资控股有限公司	广 东	89 136 800	6 459 500	87 685 400	33 032 500	197 000
3	上海汽车集团股份有限公司	上 海	74 213 245	2 043 104	91 941 476	26 010 295	143 922
4	中国五矿集团有限公司	北 京	70 390 347	338 859	98 300 396	6 927 371	200 175
5	中国第一汽车集团有限公司	吉 林	69 742 459	1 977 861	48 894 055	20 972 109	124 565
6	恒力集团有限公司	江 苏	69 533 561	1 637 160	26 587 848	4 777 589	118 496
7	正威国际集团有限公司	广 东	69 193 677	1 277 708	20 258 068	11 405 624	20 180
8	中国宝武钢铁集团有限公司	上 海	67 373 867	2 503 826	101 407 132	29 377 547	207 971
9	东风汽车集团有限公司	湖 北	59 930 949	769 705	55 525 156	10 617 668	145 756
10	北京汽车集团有限公司	北 京	49 781 770	234 470	53 436 124	6 992 693	110 000
11	中国兵器工业集团有限公司	北 京	49 002 216	1 042 489	43 991 352	12 021 470	212 960
12	中国航空工业集团有限公司	北 京	46 880 346	631 803	105 196 580	20 985 565	420 000
13	联想控股股份有限公司	北 京	41 756 685	386 801	65 173 277	6 043 436	84 000
14	中国化工集团有限公司	北 京	41 739 411	−562 764	85 742 676	−2 587 815	141 250
15	广州汽车工业集团有限公司	广 东	39 829 579	397 557	33 502 493	4 815 897	110 537
16	中国建材集团有限公司	北 京	39 409 660	71 041	60 012 574	3 614 746	202 844
17	中国铝业集团有限公司	北 京	36 701 991	221 406	63 240 430	10 873 661	156 258
18	河钢集团有限公司	河 北	36 404 984	3 900	48 552 978	7 145 832	108 132
19	江西铜业集团有限公司	江 西	33 685 917	134 326	16 929 038	2 918 488	24 528
20	浙江吉利控股集团有限公司	浙 江	32 561 869	933 057	48 540 396	8 718 333	125 764
21	中国船舶集团有限公司	北 京	32 322 774	1 293 474	86 142 593	24 906 578	218 956
22	浙江荣盛控股集团有限公司	浙 江	30 860 925	427 401	27 062 106	2 639 872	20 493
23	潍柴控股集团有限公司	山 东	30 488 263	198 186	30 855 545	905 706	88 695
24	海尔集团公司	山 东	30 247 330	806 055	44 777 414	5 643 579	99 813
25	青山控股集团有限公司	浙 江	29 289 244	779 213	8 615 934	2 953 193	75 102
26	山东魏桥创业集团有限公司	山 东	28 896 461	852 854	24 609 539	7 845 228	100 395
27	美的集团股份有限公司	广 东	28 570 972	2 722 296	36 038 260	11 751 626	149 239
28	中国航天科技集团有限公司	北 京	26 731 911	1 887 219	51 876 555	21 665 544	179 085
29	江苏沙钢集团有限公司	江 苏	26 678 565	789 680	30 222 583	6 689 751	45 060
30	浙江恒逸集团有限公司	浙 江	26 607 632	104 892	11 357 453	1 180 272	22 019
31	盛虹控股集团有限公司	江 苏	26 523 669	358 645	11 509 193	2 216 707	32 272
32	安徽海螺集团有限责任公司	安 徽	26 171 587	1 296 083	24 549 749	6 239 092	59 823
33	中国航天科工集团有限公司	北 京	26 010 986	1 348 948	38 400 638	14 399 553	145 148
34	中国电子信息产业集团有限公司	北 京	24 792 373	−67 099	34 965 948	6 492 228	185 050
35	金川集团股份有限公司	甘 肃	24 775 947	248 703	11 485 345	3 710 891	29 220
36	小米公司	北 京	24 586 563	2 035 550	25 367 982	12 369 170	22 074

续表

名　次	企业名称	所在地	营业收入/万元	净利润/万元	资　产/万元	所有者权益/万元	从业人数/人
37	中国中车集团有限公司	北　京	23 996 982	516 146	43 672 971	7 756 818	178 500
38	中国兵器装备集团有限公司	北　京	23 773 708	588 279	35 839 407	7 702 659	170 282
39	中国电子科技集团有限公司	北　京	23 674 894	1 296 924	45 161 011	17 392 078	220 000
40	敬业集团有限公司	河　北	22 444 527	419 035	6 987 448	3 232 483	31 000
41	山东钢铁集团有限公司	山　东	22 073 340	89 294	37 368 514	1 883 086	71 107
42	新希望控股集团有限公司	四　川	21 807 950	355 630	31 604 041	2 696 765	142 659
43	鞍钢集团有限公司	辽　宁	21 311 112	178 357	34 018 335	5 917 492	112 606
44	铜陵有色金属集团控股有限公司	安　徽	20 907 830	-17 770	9 308 857	756 342	22 621
45	首钢集团有限公司	北　京	20 737 071	29 314	51 200 691	11 867 085	97 235
46	海亮集团有限公司	浙　江	19 642 059	80 905	6 099 649	1 993 628	20 172
47	北京建龙重工集团有限公司	北　京	19 569 510	340 852	15 454 742	3 123 334	61 300
48	上海医药集团股份有限公司	上　海	19 190 916	449 622	14 918 566	4 535 468	48 136
49	多弗国际控股集团有限公司	浙　江	19 091 564	322 224	14 097 705	7 227 596	23 810
50	广州医药集团有限公司	广　东	17 988 428	206 342	5 959 129	832 806	34 371
51	万洲国际有限公司	河　南	17 646 430	570 997	12 211 350	6 528 162	107 000
52	中国重型汽车集团有限公司	山　东	17 564 831	405 542	12 073 281	1 768 488	36 626
53	紫金矿业集团股份有限公司	福　建	17 150 134	650 855	18 231 325	5 653 855	20 024
54	珠海格力电器股份有限公司	广　东	17 049 742	2217511	27 921792	11 519 021	83 952
55	天能控股集团有限公司	浙　江	16 482 138	196 797	5 550 284	548 319	24 379
56	潞安化工集团有限公司	山　西	16 170 997	-70 145	26 917 894	3 691 499	102 099
57	上海电气(集团)总公司	上　海	16 063 032	263 891	37 897 388	3 625 697	68 322
58	南京钢铁集团有限公司	江　苏	15 715 916	239 017	5 734 389	1 710 346	10 642
59	北京首农食品集团有限责任公司	北　京	15 706 161	291 480	15 380 078	3 927 119	47 215
60	比亚迪股份有限公司	广　东	15 659 769	423 427	20 101 732	5 687 427	224 280
61	光明食品(集团)有限公司	上　海	15 574 792	122 931	29 611 531	7 115 071	109 375
62	杭州钢铁集团有限公司	浙　江	15 461 073	122 095	7 991 922	2 678 146	15 101
63	北京电子控股有限责任公司	北　京	15 364 413	93 907	48 729 381	1 681 570	85 000
64	TCL	广　东	15 281 977	560 552	32 630 924	3 942 651	119 063
65	湖南华菱钢铁集团有限责任公司	湖　南	15 202 110	528 512	11 343 300	2 832 752	34 038
66	陕西有色金属控股集团有限责任公司	陕　西	14 459 580	89 387	14 079 782	3 297 979	43 541
67	四川长虹电子控股集团有限公司	四　川	14 302 825	5 551	8 692 290	187 522	59 727
68	河北新华联合冶金控股集团有限公司	河　北	14 232 625	202 061	11 818 740	827 726	20 566
69	中天钢铁集团有限公司	江　苏	14 003 355	212 753	4 699 532	1 676 941	12 434
70	冀南钢铁集团有限公司	河　北	13 907 899	1 099 538	4 390 238	4 049 452	19 226
71	无锡产业发展集团有限公司	江　苏	13 801 604	21 854	10 916 634	1 042 776	27 527
72	复星国际有限公司	上　海	13 662 948	801 794	76 768 060	12 781 203	72 000
73	海信集团控股股份有限公司	山　东	13 631 446	347 424	15 275 714	1 913 796	88 129
74	中国有色矿业集团有限公司	北　京	13 609 998	109 496	10 941 221	1 946 424	47 157
75	北京金隅集团股份有限公司	北　京	13 392 236	284 377	29 135 238	6 337 594	47 672

续表

名 次	企业名称	所在地	营业收入/万元	净利润/万元	资 产/万元	所有者权益/万元	从业人数/人
76	河北津西钢铁集团股份有限公司	河 北	13 036 986	157 825	6 514 868	2 368 720	10 672
77	超威电源集团有限公司	浙 江	12 822 745	132 766	3 288 840	733 184	18 520
78	万向集团公司	浙 江	12 673 776	181 103	9 270 589	2 351 807	23 904
79	三一集团有限公司	湖 南	12 531 796	745 519	22 497 446	4 145 440	37 144
80	四川省宜宾五粮液集团有限公司	四 川	12 107 223	591 444	15 454 873	3 846 605	43 640
81	广西柳州钢铁集团有限公司	广西壮族自治区	11 740 007	404 517	10 473 353	2 958 500	31 448
82	亨通集团有限公司	江 苏	11 700 579	43 274	7 889 205	748 419	18 105
83	上海德龙钢铁集团有限公司	上 海	11 561 923	370 556	10 258 566	1 711 391	46 534
84	酒泉钢铁(集团)有限责任公司	甘 肃	11 406 950	38 834	11 016 109	2 283 916	35 070
85	南山集团有限公司	山 东	11 358 670	492 405	13 180 049	6 389 908	46 257
86	洛阳栾川钼业集团股份有限公司	河 南	11 298 101	232 878	12 244 124	3 889 178	10 956
87	新疆中泰(集团)有限责任公司	新疆维吾尔自治区	11 050 341	−1 727	10 834 323	317 658	40 676
88	中国黄金集团有限公司	北 京	10 860 869	50 746	11 266 368	1 794 332	40 149
89	海澜集团有限公司	江 苏	10 521 688	381 807	11 372 235	8 485 812	17 097
90	雅戈尔集团股份有限公司	浙 江	10 481 096	778 940	9 552 914	2 874 185	22 475
91	宁波金田投资控股有限公司	浙 江	10 382 009	16 929	1 656 530	204 124	7 021
92	长城汽车股份有限公司	河 北	10 330 761	536 249	15 401 149	5 734 185	63 174
93	辽宁方大集团实业有限公司	辽 宁	10 197 710	525 684	12 111 165	2 916 570	59 576
94	山东东明石化集团有限公司	山 东	10 166 832	197 748	4 028 122	2 091 295	7 420
95	中兴通讯股份有限公司	广 东	10 145 067	425 975	15 063 491	4 329 681	73 709
96	江苏永钢集团有限公司	江 苏	10 096 904	390 699	4 057 066	2 291 866	7 181
97	协鑫集团有限公司	江 苏	10 039 029	−528 178	17 710 916	3 878 084	24 256
98	贵州茅台酒股份有限公司	贵 州	9 799 324	4 669 729	21 339 581	16 132 274	29 031
99	日照钢铁控股集团有限公司	山 东	9 711 525	837 986	11 271 737	4 168 041	16 628
100	内蒙古伊利实业集团股份有限公司	内蒙古自治区	9 652 396	707 818	7 115 426	3 038 391	59 159

资料来源：中国企业联合会、中国企业家协会。

2020 中国服务业排序前 100 名企业

名 次	企业名称	地 区	营业收入 /万元	利 润 /万元	资 产 /万元	所有者权益 /万元	从业人数 /人
1	国家电网有限公司	北 京	266 766 782	3 850 471	434 622 758	182 290 921	1 043 614
2	中国平安保险(集团)股份有限公司	广 东	132 141 486	14 309 841	952 787 025	76 255 978	362 035
3	中国工商银行股份有限公司	北 京	126 128 136	31 590 546	3 334 505 789	289 350 211	439 787
4	中国建设银行股份有限公司	北 京	114 475 400	27 357 900	2 813 225 400	236 480 800	373 814
5	中国农业银行股份有限公司	北 京	106 043 500	21 592 500	2 720 504 700	220 478 900	459 000
6	中国人寿保险(集团)公司	北 京	99 766 657	3 207 214	506 541 483	18 909 182	182 632
7	中国银行股份有限公司	北 京	92 280 100	19 287 000	2 440 265 900	203 841 900	309 084
8	中国移动通信集团有限公司	北 京	77 159 747	8 914 881	198 704 388	110 232 389	455 721
9	京东集团股份有限公司	北 京	74 580 189	4 940 522	42 228 779	18 754 330	310 000
10	阿里巴巴集团控股有限公司	浙 江	71 728 900	15 057 800	169 021 800	93 747 000	251 462
11	中国华润有限公司	广 东	68 611 944	2 987 838	179 888 442	26 183 324	370 955
12	中国邮政集团有限公司	北 京	66 449 974	3 241 871	1 181 708 989	42 756 802	828 278
13	中国人民保险集团股份有限公司	北 京	58 369 600	2 006 900	125 546 100	20 219 400	961 662
14	苏宁控股集团	江 苏	58 278 071	-214 250	35 367 214	11 565 140	280 037
15	中国南方电网有限责任公司	广 东	57 752 408	689 020	101 249 591	38 917 994	288 573
16	中国医药集团有限公司	北 京	53 321 958	868 508	46 239 608	8 941 794	176 686
17	中粮集团有限公司	北 京	53 030 503	950 570	66 978 757	9 597 082	151 000
18	中国中信集团有限公司	北 京	51 535 674	2 651 343	825 546 695	38 063 102	148 283
19	恒大集团有限公司	广 东	50 724 800	807 600	230 115 900	35 043 100	200 000
20	中国电信集团有限公司	北 京	49 266 732	1 301 398	90 781 347	37 340 700	400 945
21	腾讯控股有限公司	广 东	48 206 400	15 984 700	133 342 500	70 398 400	85 858
22	交通银行股份有限公司	上 海	46 617 700	7 827 400	1 069 761 600	86 660 700	90 716
23	碧桂园控股有限公司	广 东	46 285 600	3 500 200	201 580 900	17 510 200	93 500
24	绿地控股集团股份有限公司	上 海	45 606 199	1 499 777	139 733 629	8 477 640	86 251
25	厦门建发集团有限公司	福 建	44 237 231	657 301	43 696 789	5 722 588	28 928
26	中国中化集团有限公司	北 京	43 845 360	558 279	63 697 245	6 024 402	72 237
27	中国太平洋保险(集团)股份有限公司	上 海	42 218 239	2 458 394	177 100 444	21 522 384	118 119
28	招商银行股份有限公司	广 东	42 007 400	9 734 200	786 613 600	68 445 700	76 585
29	万科企业股份有限公司	广 东	41 911 168	4 151 554	186 917 709	22 451 095	140 656
30	招商局集团有限公司	北 京	41 593 770	4 084 391	222 333 457	39 788 388	199 000
31	厦门国贸控股集团有限公司	福 建	40 212 600	197 176	15 355 637	1 676 097	21 374
32	中国保利集团公司	北 京	40 069 966	1 345 101	157 048 480	10 065 653	101 500
33	厦门象屿集团有限公司	福 建	37 483 544	192 525	17 002 546	2 077 718	11 671
34	中国光大集团股份公司	北 京	36 866 010	1 773 921	592 390 786	23 047 670	78 600
35	兴业银行股份有限公司	福 建	36 786 700	6 662 600	789 400 000	61 558 600	59 630
36	上海浦东发展银行股份有限公司	上 海	36 309 900	5 832 500	795 021 800	63 819 700	61 686

续表

名 次	企业名称	地 区	营业收入/万元	利 润/万元	资 产/万元	所有者权益/万元	从业人数/人
37	中国民生银行股份有限公司	北 京	33 862 440	3 430 887	695 023 294	52 953 702	59 262
38	中国远洋海运集团有限公司	上 海	33 118 871	1 015 155	84 988 963	18 986 857	110 338
39	中南控股集团有限公司	江 苏	33 009 152	122 826	38 382 172	654 459	100 000
40	国美控股集团有限公司	北 京	31 047 660	156 155	28 476 315	7 812 257	64 661
41	中国联合网络通信集团有限公司	北 京	30 488 253	237 423	61 581 817	18 147 366	257 147
42	中国机械工业集团有限公司	北 京	28 287 460	393 906	35 489 807	6 897 908	139 453
43	阳光龙净集团有限公司	福 建	25 021 130	372 726	47 355 617	3 061 988	28 670
44	泰康保险集团股份有限公司	北 京	24 478 229	2 403 704	112 961 614	10 729 396	56 899
45	中国太平保险集团有限责任公司	上 海	24 467 745	286 419	98 373 380	4 128 041	65 900
46	雪松控股集团有限公司	广 东	23 347 530	34 224	12 316 068	2 697 891	23 856
47	融创中国控股有限公司	天 津	23 058 734	3 564 378	110 840 520	12 562 751	50 563
48	重庆市金科投资控股(集团)有限责任公司	重 庆	22 381 421	203 112	39 059 318	1 724 815	29 466
49	深圳市投资控股有限公司	广 东	21 489 121	1 146 080	84 536 737	19 463 485	75 102
50	新华人寿保险股份有限公司	北 京	20 653 800	1 429 700	100 437 600	10 168 000	35 474
51	中国通用技术(集团)控股有限责任公司	北 京	19 581 759	385 243	22 571 766	4 946 031	52 945
52	浙江省交通投资集团有限公司	浙 江	19 436 092	487 633	59 489 359	11 081 389	38 777
53	广西投资集团有限公司	广西壮族自治区	19 118 515	28 484	59 765 667	4 918 305	32 623
54	新疆广汇实业投资(集团)有限责任公司	新疆维吾尔自治区	18 939 387	40 823	27 819 345	3 786 165	73 963
55	龙湖集团控股有限公司	重 庆	18 454 730	2 000 203	76 515 882	10 834 393	35 426
56	云南省投资控股集团有限公司	云 南	17 861 994	192 268	47 452 133	7 240 881	51 442
57	中国再保险(集团)股份有限公司	北 京	16 819 440	571 044	45 357 689	9 302 823	63 914
58	华夏银行股份有限公司	北 京	16 423 000	2 127 500	339 981 600	28 061 300	39 748
59	东浩兰生(集团)有限公司	上 海	16 183 072	78 311	3 538 125	1 364 628	6 059
60	顺丰控股股份有限公司	广 东	15 398 687	732 608	11 116 004	5 644 305	121 925
61	国家开发投资集团有限公司	北 京	15 307 859	628 314	68 226 971	9 797 947	51 885
62	杭州市实业投资集团有限公司	浙 江	15 222 889	163 567	6 434 864	1 486 893	6 867
63	中国航空油料集团有限公司	北 京	15 131 594	255 166	6 249 346	2 579 573	14 152
64	云南省建设投资控股集团有限公司	云 南	15 059 527	255 277	60 118 953	15 496 237	45 401
65	中升集团控股有限公司	辽 宁	14 834 807	553 808	6 850 102	2 646 290	31 803
66	华侨城集团有限公司	广 东	14 708 022	791 522	67 103 995	9 026 788	64 255
67	甘肃省公路航空旅游投资集团有限公司	甘 肃	14 544 927	7 611	61 133 323	20 578 685	54 319
68	山东高速集团有限公司	山 东	14 189 091	-22 572	107 074 705	15 043 963	43 196
69	广东鼎龙实业集团有限公司	广 东	13 462 321	235 422	3 865 361	798 303	3 379
70	云南省能源投资集团有限公司	云 南	13 150 164	189 053	20 561 290	5 367 947	29 958
71	浙江省兴合集团有限责任公司	浙 江	13 010 772	58 006	6 392 899	528 797	19 207
72	西安迈科金属国际集团有限公司	陕 西	12 887 046	33 907	2 472 443	560 540	1 190
73	北京银行股份有限公司	北 京	12 665 100	2 148 400	290 001 400	21 921 900	15 490

续表

名次	企业名称	地区	营业收入/万元	利润/万元	资产/万元	所有者权益/万元	从业人数/人
74	东岭集团股份有限公司	陕西	12 020 369	43 256	4 513 269	1 105 255	10 189
75	物产中大金属集团有限公司	浙江	11 937 540	104 231	2 113 999	406 261	1 248
76	中国国际技术智力合作集团有限公司	北京	11 853 051	85 293	1 578 359	571 718	5 112
77	上海均和集团有限公司	上海	11 762 032	21 120	2 642 799	1 287 164	5 150
78	阳光保险集团股份有限公司	广东	11 497 979	564 412	40 548 049	5 577 207	234 326
79	美团公司	上海	11 479 451	470 831	16 657 480	9 769 303	59 642
80	传化集团有限公司	浙江	11 173 172	200 849	7 243 238	1 113 618	12 236
81	九州通医药集团股份有限公司	湖北	11 085 951	307 505	8 082 384	2 182 666	28 213
82	珠海华发集团有限公司	广东	10 919 024	151 467	48 778 304	5 267 326	39 735
83	百度网络技术有限公司	北京	10 770 400	2 247 200	3 347 200	18 269 600	41 000
84	浙江省能源集团有限公司	浙江	10 738 544	621 290	27 642 588	8 444 745	23 066
85	卓尔控股有限公司	湖北	10 208 663	94 796	9 657 260	4 942 761	15 596
86	唯品会控股有限公司	广东	10 185 849	590 696	5 894 081	2 849 773	16 675
87	北京外企服务集团有限责任公司	北京	10 148 195	39 599	1 311 864	305 046	5 233
88	北京控股集团有限公司	北京	10 126 115	119 837	38 833 455	4 184 976	73 726
89	上海银行股份有限公司	上海	9 853 783	2 088 506	246 214 402	19 039 789	12 932
90	弘阳集团有限公司	江苏	9 787 913	334 398	14 505 354	2 401 773	9 020
91	前海人寿保险股份有限公司	广东	9 387 258	113 904	30 266 274	2 700 900	3 142
92	永辉超市股份有限公司	福建	9 319 911	179 447	5 615 798	1 935 110	120 748
93	中国南方航空集团有限公司	广东	9 305 143	-439 314	34 743 397	6 577 447	119 178
94	东方国际(集团)有限公司	上海	9 235 469	94 363	6 372 570	1 744 578	64 136
95	神州数码集团股份有限公司	北京	9 206 044	62 409	3 068 960	470 006	4 569
96	广西北部湾国际港务集团有限公司	广西壮族自治区	9 036 745	2 519	13 496 648	2 431 497	32 000
97	奥园集团有限公司	广东	8 835 171	590 755	32 567 846	1 855 289	23 773
98	新奥天然气股份有限公司	河北	8 809 877	210 696	10 952 385	813 229	39 282
99	重庆市迪马实业股份有限公司	重庆	8 679 400	180 285	8 172 774	1 077 569	7 273
100	天津泰达投资控股有限公司	天津	8 653 070	40 810	45 961 872	11 238 743	23 273

资料来源：中国企业联合会、中国企业家协会。

2020中国企业按净利润排序前100名企业

名次	企业名称	净利润/万元	名次	企业名称	净利润/万元
1	中国工商银行股份有限公司	31 590 546	51	新华人寿保险股份有限公司	1 429 700
2	中国建设银行股份有限公司	27 357 900	52	中国航天科工集团有限公司	1 348 948
3	中国农业银行股份有限公司	21 592 500	53	中国保利集团公司	1 345 101
4	中国银行股份有限公司	19 287 000	54	南京银行股份有限公司	1 310 088
5	腾讯控股有限公司	15 984 700	55	中国电信集团有限公司	1 301 398
6	阿里巴巴集团控股有限公司	15 057 800	56	中国电子科技集团有限公司	1 296 924
7	中国平安保险(集团)股份有限公司	14 309 841	57	安徽海螺集团有限责任公司	1 296 083
8	招商银行股份有限公司	9 734 200	58	中国船舶集团有限公司	1 293 474
9	中国移动通信集团有限公司	8 914 881	59	正威国际集团有限公司	1 277 708
10	交通银行股份有限公司	7 827 400	60	网易公司	1 206 275
11	兴业银行股份有限公司	6 662 600	61	深圳市投资控股有限公司	1 146 080
12	华为投资控股有限公司	6 459 500	62	中国铁路工程集团有限公司	1 130 786
13	上海浦东发展银行股份有限公司	5 832 500	63	冀南钢铁集团有限公司	1 099 538
14	京东集团股份有限公司	4 940 522	64	中国宏桥集团有限公司	1 049 594
15	贵州茅台酒股份有限公司	4 669 729	65	中国兵器工业集团有限公司	1 042 489
16	中国建筑股份有限公司	4 494 425	66	中国铁道建筑集团有限公司	1 024 966
17	中国石油化工集团有限公司	4 281 570	67	中国远洋海运集团有限公司	1 015 155
18	万科企业股份有限公司	4 151 554	68	万华化学集团股份有限公司	1 004 143
19	招商局集团有限公司	4 084 391	69	中粮集团有限公司	950 570
20	国家电网有限公司	3 850 471	70	浙江吉利控股集团有限公司	933 057
21	融创中国控股有限公司	3 564 378	71	重庆华宇集团有限公司	927 049
22	碧桂园控股有限公司	3 500 200	72	中国医药集团有限公司	868 503
23	中国民生银行股份有限公司	3 430 887	73	隆基绿能科技股份有限公司	855 237
24	中国海洋石油集团有限公司	3 313 654	74	山东魏桥创业集团有限公司	852 854
25	中国邮政集团有限公司	3 241 871	75	渤海银行股份有限公司	844 457
26	中国人寿保险(集团)公司	3 207 214	76	重庆农村商业银行股份有限公司	840 120
27	中国石油天然气集团有限公司	3 156 874	77	中国广核集团有限公司	839 531
28	中国华润有限公司	2 987 838	78	日照钢铁控股集团有限公司	837 986
29	国家能源投资集团有限责任公司	2 830 444	79	中国核工业集团有限公司	819 943
30	美的集团股份有限公司	2 722 296	80	上海农村商业银行股份有限公司	816 067
31	中国中信集团有限公司	2 651 343	81	恒大集团有限公司	807 600
32	中国宝武钢铁集团有限公司	2 503 826	82	海尔集团公司	806 055
33	中国太平洋保险(集团)股份有限公司	2 458 394	83	中国交通建设集团有限公司	803 866
34	泰康保险集团股份有限公司	2 403 704	84	旭辉控股(集团)有限公司	803 190
35	百度网络技术有限公司	2 247 200	85	复星国际有限公司	801 794
36	珠海格力电器股份有限公司	2 217 511	86	山东能源集团有限公司	801 699
37	北京银行股份有限公司	2 148 400	87	华侨城集团有限公司	791 522
38	华夏银行股份有限公司	2 127 500	88	江苏沙钢集团有限公司	789 680
39	上海银行股份有限公司	2 088 506	89	青山控股集团有限公司	779 213
40	上海汽车集团股份有限公司	2 043 104	90	雅戈尔集团股份有限公司	778 940
41	小米公司	2 035 550	91	东风汽车集团有限公司	769 705
42	中国人民保险集团股份有限公司	2 006 900	92	三一集团有限公司	745 519
43	龙湖集团控股有限公司	2 000 203	93	温氏食品集团股份有限公司	742 587
44	中国第一汽车集团有限公司	1 977 861	94	顺丰控股股份有限公司	732 608
45	中国航天科技集团有限公司	1 887 219	95	中联重科股份有限公司	728 067
46	中国光大集团股份公司	1 773 921	96	立讯精密工业股份有限公司	722 546
47	恒力集团有限公司	1 637 160	97	内蒙古伊利实业集团股份有限公司	707 818
48	龙光交通集团有限公司	1 600 929	98	福建大东海实业集团有限公司	689 970
49	太平洋建设集团有限公司	1 530 497	99	中国南方电网有限责任公司	689 020
50	绿地控股集团股份有限公司	1 499 777	100	重庆中昂投资集团有限公司	670 578
中国企业500强平均数					814 252

资料来源:中国企业联合会、中国企业家协会。

2020 中国企业按收入利润率排序前 100 名企业

名次	企业名称	收入利润率 /%	名次	企业名称	收入利润率 /%
1	贵州茅台酒股份有限公司	47.65	51	威高集团有限公司	8.63
2	腾讯控股有限公司	33.16	52	武安市裕华钢铁有限公司	8.37
3	中国工商银行股份有限公司	25.05	53	小米公司	8.28
4	中国建设银行股份有限公司	23.90	54	河北文丰钢铁有限公司	8.23
5	招商银行股份有限公司	23.17	55	盘锦北方沥青燃料有限公司	8.10
6	上海银行股份有限公司	21.19	56	中国铁塔股份有限公司	7.93
7	阿里巴巴集团控股有限公司	20.99	57	冀南钢铁集团有限公司	7.91
8	中国银行股份有限公司	20.90	58	福建大东海实业集团有限公司	7.83
9	百度网络技术有限公司	20.86	59	立讯精密工业股份有限公司	7.81
10	中国农业银行股份有限公司	20.36	60	中国广核集团有限公司	7.57
11	上海农村商业银行股份有限公司	19.64	61	碧桂园控股有限公司	7.56
12	南京银行股份有限公司	18.81	62	玖龙纸业(控股)有限公司	7.54
13	兴业银行股份有限公司	18.11	63	雅戈尔集团股份有限公司	7.43
14	北京银行股份有限公司	16.96	64	内蒙古伊利实业集团股份有限公司	7.33
15	重庆农村商业银行股份有限公司	16.83	65	华为投资控股有限公司	7.25
16	交通银行股份有限公司	16.79	66	恒申控股集团有限公司	7.09
17	网易公司	16.37	67	中国航天科技集团有限公司	7.06
18	上海浦东发展银行股份有限公司	16.06	68	远景能源有限公司	7.00
19	龙光交通集团有限公司	15.90	69	新华人寿保险股份有限公司	6.92
20	隆基绿能科技股份有限公司	15.67	70	淮河能源控股集团有限责任公司	6.81
21	融创中国控股有限公司	15.46	71	奥园集团有限公司	6.69
22	北京江南投资集团有限公司	14.65	72	福佳集团有限公司	6.66
23	石药控股集团有限公司	14.51	73	京东集团股份有限公司	6.62
24	重庆中昂投资集团有限公司	14.50	74	明阳新能源投资控股集团有限公司	6.44
25	万华化学集团股份有限公司	13.67	75	广州越秀集团股份有限公司	6.39
26	珠海格力电器股份有限公司	13.01	76	石横特钢集团有限公司	6.21
27	申能(集团)有限公司	13.00	77	双胞胎(集团)股份有限公司	6.14
28	华夏银行股份有限公司	12.95	78	牧原实业集团有限公司	5.96
29	渤海银行股份有限公司	12.75	79	三一集团有限公司	5.95
30	广州农村商业银行股份有限公司	12.42	80	复星国际有限公司	5.87
31	中国宏桥集团有限公司	12.18	81	中国太平洋保险(集团)股份有限公司	5.82
32	恒丰银行股份有限公司	11.85	82	唯品会控股有限公司	5.80
33	江西正邦科技股份有限公司	11.68	83	浙江省能源集团有限公司	5.79
34	中国移动通信集团有限公司	11.55	84	中国海洋石油集团有限公司	5.77
35	重庆华宇集团有限公司	11.47	85	研祥高科技控股集团有限公司	5.77
36	旭辉控股(集团)有限公司	11.19	86	南通四建集团有限公司	5.75
37	中联重科股份有限公司	11.18	87	中国国际海运集装箱(集团)股份有限公司	5.68
38	宁德时代新能源科技股份有限公司	11.10	88	山东太阳控股集团有限公司	5.67
39	龙湖集团控股有限公司	10.84	89	山东金岭集团有限公司	5.60
40	中国平安保险(集团)股份有限公司	10.83	90	中国电子科技集团有限公司	5.48
41	红狮控股集团有限公司	10.67	91	华侨城集团有限公司	5.38
42	江苏扬子江船业集团	10.39	92	上海中梁企业发展有限公司	5.37
43	河北安丰钢铁有限公司	10.33	93	新疆特变电工集团有限公司	5.36
44	中国民生银行股份有限公司	10.13	94	四川公路桥梁建设集团有限公司	5.36
45	万科企业股份有限公司	9.91	95	深圳市投资控股有限公司	5.33
46	温氏食品集团股份有限公司	9.91	96	广东省能源集团有限公司	5.31
47	招商局集团有限公司	9.82	97	新疆金风科技股份有限公司	5.27
48	泰康保险集团股份有限公司	9.82	98	辽宁嘉晨控股集团有限公司	5.22
49	美的集团股份有限公司	9.53	99	河北普阳钢铁有限公司	5.20
50	日照钢铁控股集团有限公司	8.63	100	中国航天科工集团有限公司	5.19
	中国企业 500 强平均数				4.53

资料来源：中国企业联合会、中国企业家协会。

2020 中国企业按资产排序前 100 名企业

名次	企业名称	资产/万元	名次	企业名称	资产/万元
1	中国工商银行股份有限公司	3 334 505 789	51	盛京银行股份有限公司	103 795 838
2	中国建设银行股份有限公司	2 813 225 400	52	广州农村商业银行股份有限公司	102 787 165
3	中国农业银行股份有限公司	2 720 504 700	53	晋能控股集团有限公司	102 767 208
4	中国银行股份有限公司	2 440 265 900	54	中国宝武钢铁集团有限公司	101 407 132
5	中国邮政集团有限公司	1 181 708 989	55	中国南方电网有限责任公司	101 249 591
6	交通银行股份有限公司	1 069 761 600	56	新华人寿保险股份有限公司	100 437 600
7	中国平安保险(集团)股份有限公司	952 787 025	57	中国太平保险集团有限责任公司	98 373 380
8	中国中信集团有限公司	825 546 695	58	中国五矿集团有限公司	98 300 396
9	上海浦东发展银行股份有限公司	795 021 800	59	上海汽车集团股份有限公司	91 941 476
10	兴业银行股份有限公司	789 400 000	60	中国核工业集团有限公司	91 225 669
11	招商银行股份有限公司	786 613 600	61	中国电信集团有限公司	90 781 347
12	中国民生银行股份有限公司	695 023 294	62	华为投资控股有限公司	87 685 400
13	中国光大集团股份公司	592 390 786	63	中国船舶集团有限公司	86 142 593
14	中国人寿保险(集团)公司	506 541 483	64	中国华电集团有限公司	86 104 255
15	国家电网有限公司	434 622 758	65	中国化工集团有限公司	85 742 676
16	中国石油天然气集团有限公司	408 867 383	66	中国远洋海运集团有限公司	84 988 963
17	华夏银行股份有限公司	339 981 600	67	深圳市投资控股有限公司	84 536 737
18	北京银行股份有限公司	290 001 400	68	中国大唐集团有限公司	79 656 306
19	上海银行股份有限公司	246 214 402	69	中国广核集团有限公司	78 715 554
20	恒大集团有限公司	230 115 900	70	成都兴城投资集团有限公司	77 909 960
21	中国石油化工集团有限公司	223 996 049	71	复星国际有限公司	76 768 060
22	招商局集团有限公司	222 333 457	72	龙湖集团控股有限公司	76 515 882
23	中国建筑股份有限公司	219 217 384	73	山东能源集团有限公司	68 510 271
24	碧桂园控股有限公司	201 580 900	74	国家开发投资集团有限公司	68 226 971
25	中国交通建设集团有限公司	200 027 142	75	广州越秀集团股份有限公司	67 546 130
26	中国移动通信集团有限公司	198 704 388	76	华侨城集团有限公司	67 103 995
27	万科企业股份有限公司	186 917 709	77	中粮集团有限公司	66 978 757
28	中国华润有限公司	179 888 442	78	联想控股股份有限公司	65 173 277
29	国家能源投资集团有限责任公司	178 807 863	79	中国中化集团有限公司	63 697 245
30	中国太平洋保险(集团)股份有限公司	177 100 444	80	中国铝业集团有限公司	63 240 430
31	阿里巴巴集团控股有限公司	169 021 800	81	中国联合网络通信集团有限公司	61 581 817
32	中国保利集团公司	157 048 480	82	甘肃省公路航空旅游投资集团有限公司	61 133 323
33	南京银行股份有限公司	151 707 577	83	云南省建设投资控股集团有限公司	60 118 953
34	绿地控股集团股份有限公司	139 733 629	84	中国建材集团有限公司	60 012 574
35	渤海银行股份有限公司	139 352 313	85	广西投资集团有限公司	59 765 667
36	腾讯控股有限公司	133 342 500	86	陕西煤业化工集团有限责任公司	59 606 033
37	国家电力投资集团有限公司	132 413 690	87	浙江省交通投资集团有限公司	59 489 359
38	中国海洋石油集团有限公司	126 171 463	88	东风汽车集团有限公司	55 525 156
39	中国人民保险集团股份有限公司	125 546 100	89	北京汽车集团有限公司	53 436 124
40	中国铁道建筑集团有限公司	124 572 775	90	云南省交通投资建设集团有限公司	52 924 579
41	中国铁路工程集团有限公司	120 918 497	91	中国航天科技集团有限公司	51 876 555
42	中国华能集团有限公司	118 751 931	92	首钢集团有限公司	51 200 691
43	重庆农村商业银行股份有限公司	113 592 644	93	中国第一汽车集团有限公司	48 894 055
44	泰康保险集团股份有限公司	112 961 614	94	珠海华发集团有限公司	48 778 304
45	恒丰银行股份有限公司	111 415 463	95	北京电子控股有限责任公司	48 729 381
46	融创中国控股有限公司	110 840 520	96	河钢集团有限公司	48 552 978
47	山东高速集团有限公司	107 074 705	97	浙江吉利控股集团有限公司	48 540 396
48	中国电力建设集团有限公司	105 697 954	98	中国能源建设集团有限公司	47 642 266
49	上海农村商业银行股份有限公司	105 697 668	99	云南省投资控股集团有限公司	47 452 133
50	中国航空工业集团有限公司	105 196 580	100	阳光龙净集团有限公司	47 355 617
中国企业500强平均数					68 716 747

资料来源：中国企业联合会、中国企业家协会。

2020 中国企业按资产利润率排序前 100 名企业

名次	企业名称	资产利润率/%	名次	企业名称	资产利润率/%
1	冀南钢铁集团有限公司	25.05	51	美的集团股份有限公司	7.55
2	通州建总集团有限公司	22.82	52	万华化学集团股份有限公司	7.51
3	贵州茅台酒股份有限公司	21.88	53	石横特钢集团有限公司	7.49
4	武安市裕华钢铁有限公司	21.65	54	日照钢铁控股集团有限公司	7.43
5	河北文丰钢铁有限公司	20.82	55	江苏省华建建设股份有限公司	7.42
6	河北安丰钢铁有限公司	19.70	56	华为投资控股有限公司	7.37
7	人民电器集团有限公司	14.53	57	山东太阳控股集团有限公司	7.28
8	河北新武安钢铁集团文安钢铁有限公司	14.26	58	重庆华宇集团有限公司	7.12
9	金鼎钢铁集团有限公司	13.73	59	玖龙纸业(控股)有限公司	7.06
10	山东金岭集团有限公司	13.42	60	江苏省苏中建设集团股份有限公司	6.93
11	双胞胎(集团)股份有限公司	13.12	61	心里程控股集团有限公司	6.91
12	兴华财富集团有限公司	12.54	62	重庆中昂投资集团有限公司	6.87
13	腾讯控股有限公司	11.99	63	研祥高科技控股集团有限公司	6.86
14	京东集团股份有限公司	11.70	64	百度网络技术有限公司	6.75
15	南通四建集团有限公司	11.68	65	顺丰控股股份有限公司	6.59
16	福建大东海实业集团有限公司	11.16	66	威高集团有限公司	6.40
17	中国宏桥集团有限公司	10.77	67	正威国际集团有限公司	6.31
18	石药控股集团有限公司	10.75	68	东营齐润化工有限公司	6.27
19	江苏南通二建集团有限公司	10.37	69	中联重科股份有限公司	6.26
20	立讯精密工业股份有限公司	10.32	70	深圳市爱施德股份有限公司	6.19
21	河北普阳钢铁有限公司	10.25	71	恒力集团有限公司	6.16
22	龙信建设集团有限公司	10.03	72	广东鼎龙实业集团有限公司	6.09
23	唯品会控股有限公司	10.02	73	深圳金雅福控股集团有限公司	6.05
24	内蒙古伊利实业集团股份有限公司	9.95	74	富海集团新能源控股有限公司	6.03
25	隆基绿能科技股份有限公司	9.76	75	敬业集团有限公司	6.00
26	恒信汽车集团股份有限公司	9.74	76	歌尔股份有限公司	5.80
27	江西正邦科技股份有限公司	9.69	77	山东汇丰石化集团有限公司	5.72
28	红狮控股集团有限公司	9.66	78	金澳科技(湖北)化工有限公司	5.56
29	天津友发钢管集团股份有限公司	9.66	79	德力西集团有限公司	5.45
30	江苏永钢集团有限公司	9.63	80	东方润安集团有限公司	5.43
31	振烨国际产业控股集团(深圳)有限公司	9.42	81	中国国际技术智力合作集团有限公司	5.40
32	山东科达集团有限公司	9.42	82	山西鹏飞集团有限公司	5.34
33	江苏阳光集团有限公司	9.30	83	三河汇福粮油集团有限公司	5.34
34	恒申控股集团有限公司	9.29	84	安徽海螺集团有限责任公司	5.28
35	温氏食品集团股份有限公司	9.22	85	通鼎集团有限公司	5.27
36	广东海大集团股份有限公司	9.16	86	太平洋建设集团有限公司	5.24
37	青山控股集团有限公司	9.04	87	辽宁嘉晨控股集团有限公司	5.22
38	江苏南通六建建设集团有限公司	8.98	88	山东中矿集团有限公司	5.22
39	阿里巴巴集团控股有限公司	8.91	89	中天科技集团有限公司	5.15
40	山东九羊集团有限公司	8.86	90	河北新金钢铁有限公司	5.05
41	盘锦北方沥青燃料有限公司	8.57	91	利华益集团股份有限公司	5.02
42	网易公司	8.50	92	浙江中成控股集团有限公司	5.00
43	雅戈尔集团股份有限公司	8.15	93	沂州集团有限公司	5.00
44	老凤祥股份有限公司	8.11	94	旭阳控股有限公司	4.97
45	南通三建控股有限公司	8.10	95	山东创新金属科技有限公司	4.97
46	中升集团控股有限公司	8.08	96	物产中大金属集团有限公司	4.93
47	小米公司	8.02	97	山东东明石化集团有限公司	4.91
48	珠海格力电器股份有限公司	7.94	98	富通集团有限公司	4.90
49	龙记泰信实业集团有限公司	7.73	99	中铁集装箱运输有限责任公司	4.87
50	鲁丽集团有限公司	7.56	100	大汉控股集团有限公司	4.76
中国企业500强平均数					1.18

资料来源：中国企业联合会、中国企业家协会。

2020中国企业按从业人数排序前100名企业

名次	企业名称	从业人数/人	名次	企业名称	从业人数/人
1	中国石油天然气集团有限公司	1 242 245	51	江苏省苏中建设集团股份有限公司	155 703
2	国家电网有限公司	1 043 614	52	中粮集团有限公司	151 000
3	中国人民保险集团股份有限公司	961 662	53	美的集团股份有限公司	149 239
4	中国邮政集团有限公司	828 278	54	中国中信集团有限公司	148 283
5	中国石油化工集团有限公司	553 833	55	东风汽车集团有限公司	145 756
6	北大荒农垦集团有限公司	520 823	56	中国航天科工集团有限公司	145 148
7	晋能控股集团有限公司	472 860	57	上海汽车集团股份有限公司	143 922
8	中国农业银行股份有限公司	459 000	58	中国核工业集团有限公司	143 200
9	中国移动通信集团有限公司	455 721	59	新希望控股集团有限公司	142 659
10	中国工商银行股份有限公司	439 787	60	陕西煤业化工集团有限责任公司	142 546
11	中国航空工业集团有限公司	420 000	61	中国化工集团有限公司	141 250
12	中国电信集团有限公司	400 945	62	万科企业股份有限公司	140 656
13	中国建设银行股份有限公司	373 814	63	中国机械工业集团有限公司	139 453
14	中国华润有限公司	370 955	64	河南能源化工集团有限公司	135 708
15	中国铁道建筑集团有限公司	364 632	65	陕西延长石油(集团)有限责任公司	133 137
16	中国平安保险(集团)股份有限公司	362 035	66	中国中煤能源集团有限公司	131 121
17	中国建筑股份有限公司	356 864	67	中国华能集团有限公司	128 560
18	国家能源投资集团有限责任公司	326 641	68	国家电力投资集团有限公司	125 916
19	京东集团股份有限公司	310 000	69	华阳新材料科技集团有限公司	125 792
20	中国银行股份有限公司	309 084	70	浙江吉利控股集团有限公司	125 764
21	中国铁路工程集团有限公司	308 894	71	中国第一汽车集团有限公司	124 565
22	太平洋建设集团有限公司	295 281	72	牧原实业集团有限公司	124 503
23	中国南方电网有限责任公司	288 573	73	中国平煤神马能源化工集团有限责任公司	122 601
24	苏宁控股集团	280 037	74	顺丰控股股份有限公司	121 925
25	中国联合网络通信集团有限公司	257 147	75	中国能源建设集团有限公司	120 963
26	阿里巴巴集团控股有限公司	251 462	76	永辉超市股份有限公司	120 748
27	山东能源集团有限公司	244 832	77	中国南方航空集团有限公司	119 178
28	阳光保险集团股份有限公司	234 326	78	TCL	119 063
29	比亚迪股份有限公司	224 280	79	恒力集团有限公司	118 496
30	中国电子科技集团有限公司	220 000	80	江苏南通二建集团有限公司	118 367
31	中国船舶集团有限公司	218 956	81	中国太平洋保险(集团)股份有限公司	118 119
32	中国交通建设集团有限公司	213 438	82	鞍钢集团有限公司	112 606
33	中国兵器工业集团有限公司	212 960	83	广厦控股集团有限公司	111 867
34	中国宝武钢铁集团有限公司	207 971	84	广州汽车工业集团有限公司	110 537
35	中国建材集团有限公司	202 844	85	中国远洋海运集团有限公司	110 338
36	中国五矿集团有限公司	200 175	86	北京汽车集团有限公司	110 000
37	恒大集团有限公司	200 000	87	光明食品(集团)有限公司	109 375
38	招商局集团有限公司	199 000	88	河钢集团有限公司	108 132
39	华为投资控股有限公司	197 000	89	万洲国际有限公司	107 000
40	中国电子信息产业集团有限公司	185 050	90	中国华电集团有限公司	102 486
41	中国人寿保险(集团)公司	182 632	91	潞安化工集团有限公司	102 099
42	山西焦煤集团有限责任公司	181 426	92	中国保利集团公司	101 500
43	中国电力建设集团有限公司	180 883	93	山东魏桥创业集团有限公司	100 395
44	中国航天科技集团有限公司	179 085	94	中国东方航空集团有限公司	100 179
45	中国中车集团有限公司	178 500	95	物美科技集团有限公司	100 000
46	南通四建集团有限公司	178 000	96	中南控股集团有限公司	100 000
47	中国医药集团有限公司	176 686	97	中国大唐集团有限公司	99 925
48	立讯精密工业股份有限公司	172 410	98	海尔集团公司	99 813
49	中国兵器装备集团有限公司	170 282	99	首钢集团有限公司	97 235
50	中国铝业集团有限公司	156 258	100	碧桂园控股有限公司	93 500
	中国企业500强平均数				66 792

资料来源：中国企业联合会、中国企业家协会。

2020 中国企业按研发费用排序前 100 名企业

名次	企业名称	研发费用/万元	名次	企业名称	研发费用/万元
1	华为投资控股有限公司	14 189 300	51	三一集团有限公司	604 000
2	阿里巴巴集团控股有限公司	5 723 600	52	河钢集团有限公司	592 583
3	腾讯控股有限公司	3 897 200	53	中国华电集团有限公司	585 890
4	中国航天科工集团有限公司	3 446 571	54	中国铁塔股份有限公司	580 500
5	中国石油天然气集团有限公司	3 184 625	55	立讯精密工业股份有限公司	574 481
6	中国移动通信集团有限公司	2 950 650	56	中国核工业集团有限公司	559 245
7	中国建筑股份有限公司	2 552 255	57	上海电气(集团)总公司	553 873
8	中国铁路工程集团有限公司	2 183 769	58	中国机械工业集团有限公司	532 185
9	浙江吉利控股集团有限公司	2 181 108	59	国家电力投资集团有限公司	509 269
10	中国交通建设集团有限公司	2 166 510	60	首钢集团有限公司	488 098
11	中国第一汽车集团有限公司	2 061 016	61	湖南华菱钢铁集团有限责任公司	456 676
12	百度网络技术有限公司	1 951 300	62	太平洋建设集团有限公司	435 855
13	中国电力建设集团有限公司	1 912 303	63	国家能源投资集团有限责任公司	427 753
14	中国铁道建筑集团有限公司	1 860 595	64	中国海洋石油集团有限公司	421 420
15	中国宝武钢铁集团有限公司	1 768 579	65	山东省国有资产投资控股有限公司	406 365
16	国家电网有限公司	1 670 361	66	海信集团控股股份有限公司	404 757
17	中国电信集团有限公司	1 650 752	67	中国中信集团有限公司	384 531
18	中国五矿集团有限公司	1 634 342	68	河北新华联合冶金控股集团有限公司	382 041
19	中国电子科技集团有限公司	1 555 373	69	宁德时代新能源科技股份有限公司	356 938
20	中兴通讯股份有限公司	1 479 703	70	中国化学工程集团有限公司	355 848
21	中国石油化工集团有限公司	1 441 438	71	中联重科股份有限公司	350 117
22	中国兵器工业集团有限公司	1 431 921	72	歌尔股份有限公司	342 597
23	中国中车集团有限公司	1 383 610	73	新疆特变电工集团有限公司	338 532
24	中国航空工业集团有限公司	1 365 203	74	山东能源集团有限公司	335 257
25	上海汽车集团股份有限公司	1 339 504	75	铜陵有色金属集团控股有限公司	332 716
26	北京电子控股有限责任公司	1 244 608	76	亨通集团有限公司	331 242
27	招商银行股份有限公司	1 191 200	77	北京建龙重工集团有限公司	330 830
28	美团公司	1 089 251	78	安徽海螺集团有限责任公司	327 403
29	山东魏桥创业集团有限公司	1 074 948	79	江苏沙钢集团有限公司	326 674
30	网易公司	1 036 938	80	包头钢铁(集团)有限责任公司	322 852
31	美的集团股份有限公司	1 011 867	81	湖南建工集团有限公司	321 861
32	中国兵器装备集团有限公司	1 000 647	82	山西建设投资集团有限公司	315 625
33	联想控股股份有限公司	980 900	83	中国铝业集团有限公司	314 217
34	TCL	962 415	84	长城汽车股份有限公司	306 748
35	东风汽车集团有限公司	925 727	85	上海德龙钢铁集团有限公司	303 318
36	小米公司	925 561	86	中国保利集团公司	303 073
37	比亚迪股份有限公司	855 595	87	山东钢铁集团有限公司	301 216
38	北京汽车集团有限公司	852 390	88	石药控股集团有限公司	300 198
39	海尔集团公司	812 816	89	中国联合网络通信集团有限公司	297 415
40	上海建工集团股份有限公司	811 405	90	酒泉钢铁(集团)有限责任公司	296 534
41	中国电子信息产业集团有限公司	810 944	91	利华益集团股份有限公司	289 612
42	陕西煤业化工集团有限责任公司	796 900	92	中天钢铁集团有限公司	287 215
43	广州汽车工业集团有限公司	735 500	93	中国平煤神马能源化工集团有限责任公司	279 523
44	中国信息通信科技集团有限公司	695 747	94	北京城建集团有限责任公司	276 585
45	中国能源建设集团有限公司	684 766	95	中国重型汽车集团有限公司	276 045
46	晋能控股集团有限公司	682 500	96	江苏永钢集团有限公司	269 434
47	鞍钢集团有限公司	660 481	97	碧桂园控股有限公司	264 900
48	中国建材集团有限公司	643 388	98	福建省电子信息(集团)有限责任公司	260 606
49	潍柴控股集团有限公司	631 706	99	中国中煤能源集团有限公司	260 372
50	珠海格力电器股份有限公司	605 256	100	华泰集团有限公司	260 310
中国企业 500 强平均数					295 621

资料来源:中国企业联合会、中国企业家协会。

2020年度中国民营企业500强名单

排序	企业名称	所在地	所属行业	营业收入总额/万元
1	华为投资控股有限公司	广东	计算机、通信和其他电子设备制造业	89 136 800
2	京东集团	北京	互联网和相关服务	76 862 419
3	恒力集团有限公司	江苏	石油、煤炭及其他燃料加工业	69 533 561
4	正威国际集团有限公司	广东	有色金属冶炼和压延加工业	69 193 677
5	阿里巴巴(中国)有限公司	浙江	互联网和相关服务	64 420 800
6	腾讯控股有限公司	广东	互联网和相关服务	48 206 400
7	碧桂园控股有限公司	广东	房地产业	46 285 600
8	万科企业股份有限公司	广东	房地产业	41 911 168
9	联想控股股份有限公司	北京	计算机、通信和其他电子设备制造业	41 756 685
10	中南控股集团有限公司	江苏	房地产业	33 009 152
11	浙江吉利控股集团有限公司	浙江	汽车制造业	32 561 869
12	国美控股集团有限公司	北京	零售业	31 047 660
13	浙江荣盛控股集团有限公司	浙江	化学原料和化学制品制造业	30 860 925
14	青山控股集团有限公司	浙江	黑色金属冶炼和压延加工业	29 289 244
15	山东魏桥创业集团有限公司	山东	有色金属冶炼和压延加工业	28 896 461
16	美的集团股份有限公司	广东	电气机械和器材制造业	28 570 972
17	江苏沙钢集团有限公司	江苏	黑色金属冶炼和压延加工业	26 679 182
18	浙江恒逸集团有限公司	浙江	化学纤维制造业	26 607 632
19	盛虹控股集团有限公司	江苏	化学原料和化学制品制造业	26 523 669
20	苏宁易购集团股份有限公司	江苏	零售业	25 229 567
21	阳光龙净集团有限公司	福建	综合	25 021 130
22	小米通讯技术有限公司	北京	计算机、通信和其他电子设备制造业	24 586 563
23	泰康保险集团股份有限公司	北京	保险业	24 478 229
24	融创中国控股有限公司	北京	房地产业	23 058 734
25	敬业集团有限公司	河北	黑色金属冶炼和压延加工业	22 444 527
26	重庆市金科投资控股(集团)有限责任公司	重庆	房地产业	22 381 421
27	新希望控股集团有限公司	四川	农业	21 807 950
28	海尔智家股份有限公司	山东	电气机械和器材制造业	20 972 582
29	海亮集团有限公司	浙江	有色金属冶炼和压延加工业	19 642 059
30	北京建龙重工集团有限公司	北京	黑色金属冶炼和压延加工业	19 569 510
31	多弗国际控股集团有限公司	浙江	综合	19 091 564
32	新疆广汇实业投资(集团)有限责任公司	新疆维吾尔自治区	零售业	18 939 387
33	中国民生银行股份有限公司	北京	货币金融服务	18 495 100
34	龙湖集团控股有限公司	重庆	房地产业	18 454 730
35	珠海格力电器股份有限公司	广东	电气机械和器材制造业	17 049 742

续表

排　序	企业名称	所在地	所属行业	营业收入总额/万元
36	南通三建控股有限公司	江　苏	房屋建筑业	16 777 160
37	天能控股集团有限公司	浙　江	电气机械和器材制造业	16 479 669
38	南京钢铁集团有限公司	江　苏	黑色金属冶炼和压延加工业	15 715 916
39	比亚迪股份有限公司	广　东	汽车制造业	15 659 769
40	顺丰控股股份有限公司	广　东	邮政业	15 398 687
41	TCL(集团)	广　东	计算机、通信和其他电子设备制造业	15 281 977
42	新城控股集团股份有限公司	上　海	房地产业	14 547 523
43	新奥集团股份有限公司	河　北	燃气生产和供应业	14 360 000
44	河北新华联合冶金控股集团有限公司	河　北	黑色金属冶炼和压延加工业	14 232 625
45	中天钢铁集团有限公司	江　苏	黑色金属冶炼和压延加工业	14 003 355
46	复星国际有限公司	上　海	综　合	13 662 948
47	广东鼎龙实业集团有限公司	广　东	商务服务业	13 462 321
48	河北津西钢铁集团股份有限公司	河　北	黑色金属冶炼和压延加工业	13 036 986
49	西安迈科金属国际集团有限公司	陕　西	商务服务业	12 887 062
50	超威集团	浙　江	电气机械和器材制造业	12 822 745
51	万向集团公司	浙　江	汽车制造业	12 673 776
52	东方希望集团有限公司	上　海	有色金属冶炼和压延加工业	12 565 917
53	三一集团有限公司	湖　南	专用设备制造业	12 531 796
54	中天控股集团有限公司	浙　江	房屋建筑业	12 065 311
55	东岭集团股份有限公司	陕　西	批发业	12 020 369
56	上海均和集团有限公司	上　海	综　合	11 762 032
57	亨通集团有限公司	江　苏	计算机、通信和其他电子设备制造业	11 700 579
58	德龙钢铁有限公司	河　北	黑色金属冶炼和压延加工业	11 561 923
59	上海找钢网信息科技股份有限公司	上　海	互联网和相关服务	11 545 254
60	阳光保险集团股份有限公司	广　东	保险业	11 497 979
61	北京三快在线科技有限公司	北　京	互联网和相关服务	11 479 451
62	南山集团有限公司	山　东	有色金属冶炼和压延加工业	11 358 670
63	洛阳栾川钼业集团股份有限公司	河　南	有色金属矿采选业	11 298 101
64	传化集团有限公司	浙　江	其他服务业	11 173 172
65	九州通医药集团股份有限公司	湖　北	批发业	11 085 951
66	百度公司	北　京	互联网和相关服务	10 707 400
67	海澜集团有限公司	江　苏	纺织服装、服饰业	10 521 688
68	雅戈尔集团股份有限公司	浙　江	纺织服装、服饰业	10 481 096
69	宁波金田投资控股有限公司	浙　江	有色金属冶炼和压延加工业	10 382 009
70	长城汽车股份有限公司	河　北	汽车制造业	10 330 761
71	卓尔控股有限公司	湖　北	综　合	10 208 663
72	辽宁方大集团实业有限公司	辽　宁	黑色金属冶炼和压延加工业	10 197 710
73	唯品会(中国)有限公司	广　东	零售业	10 185 849
74	山东东明石化集团有限公司	山　东	石油、煤炭及其他燃料加工业	10 166 832

续表

排　序	企业名称	所在地	所属行业	营业收入总额/万元
75	江苏永钢集团有限公司	江　苏	黑色金属冶炼和压延加工业	10 096 904
76	龙光集团	广　东	房地产业	10 067 914
77	扬子江药业集团有限公司	江　苏	医药制造业	10 062 428
78	协鑫集团有限公司	江　苏	电气机械和器材制造业	10 039 029
79	蓝思科技集团	湖　南	计算机、通信和其他电子设备制造业	9 901 303
80	弘阳集团有限公司	江　苏	综　合	9 787 913
81	日照钢铁控股集团有限公司	山　东	黑色金属冶炼和压延加工业	9 711 525
82	内蒙古伊利实业集团股份有限公司	内蒙古自治区	食品制造业	9 688 564
83	利华益集团股份有限公司	山　东	石油、煤炭及其他燃料加工业	9 621 648
84	融侨集团股份有限公司	福　建	房地产业	9 521 034
85	前海人寿保险股份有限公司	广　东	保险业	9 387 258
86	永辉超市股份有限公司	福　建	零售业	9 319 911
87	万达控股集团有限公司	山　东	石油、煤炭及其他燃料加工业	9 302 513
88	通威集团有限公司	四　川	农副食品加工业	9 263 517
89	立讯精密工业股份有限公司	广　东	计算机、通信和其他电子设备制造业	9 250 126
90	东方集团有限公司	黑龙江	综　合	9 213 774
91	神州数码集团股份有限公司	广　东	批发业	9 206 044
92	正泰集团股份有限公司	浙　江	电气机械和器材制造业	8 935 473
93	奥园集团有限公司	广　东	房地产业	8 835 171
94	福建大东海实业集团有限公司	福　建	黑色金属冶炼和压延加工业	8 816 736
95	双胞胎(集团)股份有限公司	江　西	农副食品加工业	8 663 084
96	江苏南通二建集团有限公司	江　苏	房屋建筑业	8 602 674
97	广州富力地产股份有限公司	广　东	房地产业	8 589 178
98	隆基泰和集团有限公司	河　北	综　合	8 554 570
99	天津荣程祥泰投资控股集团有限公司	天　津	黑色金属冶炼和压延加工业	8 505 107
100	瑞钢联集团有限公司	北　京	批发业	8 500 291
101	江苏德龙镍业有限公司	江　苏	黑色金属冶炼和压延加工业	8 227 026
102	五星控股集团有限公司	江　苏	批发业	8 218 043
103	振烨国际产业控股集团(深圳)有限公司	广　东	综　合	8 105 145
104	重庆华宇集团有限公司	重　庆	房地产业	8 084 989
105	荣盛控股股份有限公司	河　北	房地产业	8 072 639
106	雅居乐地产置业有限公司	广　东	房地产业	8 024 525
107	上海永达控股(集团)有限公司	上　海	综　合	7 983 600
108	富德生命人寿保险股份有限公司	广　东	保险业	7 952 155
109	河北普阳钢铁有限公司	河　北	黑色金属冶炼和压延加工业	7 918 524
110	中基宁波集团股份有限公司	浙　江	批发业	7 913 177
111	杭州锦江集团有限公司	浙　江	有色金属冶炼和压延加工业	7 889 834
112	永锋集团有限公司	山　东	黑色金属冶炼和压延加工业	7 866 643
113	南通四建集团有限公司	江　苏	房屋建筑业	7 820 558

续表

排序	企业名称	所在地	所属行业	营业收入总额/万元
114	玖龙纸业(控股)有限公司	广　东	造纸和纸制品业	7 813 009
115	中国佳源控股集团有限公司	浙　江	综　合	7 699 951
116	华泰集团有限公司	山　东	造纸和纸制品业	7 649 093
117	武安市裕华钢铁有限公司	河　北	黑色金属冶炼和压延加工业	7 626 638
118	红豆集团有限公司	江　苏	纺织服装、服饰业	7 500 322
119	温氏食品集团股份有限公司	广　东	畜牧业	7 493 891
120	金鼎钢铁集团有限公司	河　北	黑色金属冶炼和压延加工业	7 436 768
121	河南双汇投资发展股份有限公司	河　南	农副食品加工业	7 393 519
122	网易(杭州)网络有限公司	浙　江	互联网和相关服务	7 366 713
123	中天科技集团有限公司	江　苏	电气机械和器材制造业	7 183 181
124	桐昆控股集团有限公司	浙　江	化学纤维制造业	7 101 058
125	蓝润集团有限公司	四　川	综　合	7 100 016
126	奥克斯集团有限公司	浙　江	电气机械和器材制造业	7 064 332
127	恒信汽车集团股份有限公司	湖　北	零售业	7 051 452
128	贝壳控股有限公司	北　京	互联网和相关服务	7 048 098
129	广厦控股集团有限公司	浙　江	房屋建筑业	6 831 071
130	深圳市怡亚通供应链股份有限公司	广　东	商务服务业	6 812 033
131	唐山港陆钢铁有限公司	河　北	黑色金属冶炼和压延加工业	6 801 593
132	青建集团股份公司	山　东	房屋建筑业	6 663 210
133	浙江前程投资股份有限公司	浙　江	批发业	6 620 344
134	上海中梁企业发展有限公司	上　海	房地产业	6 615 524
135	四川省川威集团有限公司	四　川	黑色金属冶炼和压延加工业	6 579 094
136	山东京博控股集团有限公司	山　东	石油、煤炭及其他燃料加工业	6 533 080
137	山东海科控股有限公司	山　东	石油、煤炭及其他燃料加工业	6 532 582
138	河北新金钢铁有限公司	河　北	黑色金属冶炼和压延加工业	6 511 408
139	重庆东银控股集团有限公司	重　庆	房地产业	6 461 892
140	深圳市神州通投资集团有限公司	广　东	批发业	6 419 956
141	宁夏天元锰业集团有限公司	宁夏回族自治区	有色金属冶炼和压延加工业	6 413 255
142	江苏省苏中建设集团股份有限公司	江　苏	房屋建筑业	6 402 683
143	东铭实业集团有限公司	上　海	批发业	6 369 687
144	深圳海王集团股份有限公司	广　东	医药制造业	6 339 653
145	三房巷集团有限公司	江　苏	化学纤维制造业	6 325 015
146	德力西集团有限公司	浙　江	电气机械和器材制造业	6 291 633
147	修正药业集团	吉　林	医药制造业	6 280 288
148	旭辉集团股份有限公司	上　海	房地产业	6 258 852
149	伟仕佳杰控股有限公司	重　庆	批发业	6 246 596
150	武安市明芳钢铁有限公司	河　北	黑色金属冶炼和压延加工业	6 217 859
151	巨星控股集团有限公司	浙　江	橡胶和塑料制品业	6 202 943
152	晶科能源控股有限公司	江　西	电气机械和器材制造业	6 202 061

续表

排 序	企业名称	所在地	所属行业	营业收入总额/万元
153	河北新武安钢铁集团文安钢铁有限公司	河 北	黑色金属冶炼和压延加工业	6 178 592
154	内蒙古鄂尔多斯投资控股集团有限公司	内蒙古自治区	综 合	6 170 450
155	新疆特变电工集团有限公司	新疆维吾尔自治区	电气机械和器材制造业	6 096 838
156	广东海大集团股份有限公司	广 东	农副食品加工业	6 032 386
157	牧原实业集团有限公司	河 南	畜牧业	5 942 750
158	浙江富冶集团有限公司	浙 江	有色金属冶炼和压延加工业	5 906 312
159	远大物产集团有限公司	浙 江	综 合	5 860 282
160	江苏新长江实业集团有限公司	江 苏	黑色金属冶炼和压延加工业	5 848 383
161	广西盛隆冶金有限公司	广西壮族自治区	黑色金属冶炼和压延加工业	5 840 699
162	上海钢银电子商务股份有限公司	上 海	批发业	5 803 951
163	天元建设集团有限公司	山 东	土木工程建筑业	5 779 130
164	歌尔股份有限公司	山 东	计算机、通信和其他电子设备制造业	5 774 274
165	建业控股有限公司	河 南	房地产业	5 724 197
166	山西鹏飞集团有限公司	山 西	石油、煤炭及其他燃料加工业	5 678 218
167	恒申控股集团有限公司	福 建	化学纤维制造业	5 666 242
168	福建永荣控股集团有限公司	福 建	化学纤维制造业	5 661 317
169	佳兆业集团(深圳)有限公司	广 东	房地产业	5 577 018
170	湖南博长控股集团有限公司	湖 南	黑色金属冶炼和压延加工业	5 573 500
171	物美科技集团有限公司	北 京	零售业	5 567 770
172	江苏国泰国际集团股份有限公司	江 苏	批发业	5 563 778
173	闻泰通讯股份有限公司	浙 江	计算机、通信和其他电子设备制造业	5 518 361
174	红狮控股集团有限公司	浙 江	非金属矿物制品业	5 497 879
175	祥生实业集团有限公司	浙 江	房地产业	5 487 326
176	隆基绿能科技股份有限公司	陕 西	电气机械和器材制造业	5 458 318
177	大汉控股集团有限公司	湖 南	商务服务业	5 439 571
178	山东太阳控股集团有限公司	山 东	造纸和纸制品业	5 404 945
179	杉杉控股有限公司	上 海	电气机械和器材制造业	5 313 842
180	辽宁嘉晨控股集团有限公司	辽 宁	黑色金属冶炼和压延加工业	5 312 895
181	禾丰食品股份有限公司	辽 宁	农副食品加工业	5 265 492
182	美的置业集团有限公司	广 东	房地产业	5 248 361
183	龙记泰信实业集团有限公司	陕 西	房地产业	5 213 655
184	新凤祥控股集团有限责任公司	山 东	有色金属冶炼和压延加工业	5 185 887
185	新凤鸣控股集团有限公司	浙 江	化学纤维制造业	5 148 647
186	富通集团有限公司	浙 江	计算机、通信和其他电子设备制造业	5 123 604
187	研祥高科技控股集团有限公司	广 东	计算机、通信和其他电子设备制造业	5 095 715
188	兴华财富集团有限公司	河 北	黑色金属冶炼和压延加工业	5 082 717
189	稻花香集团	湖 北	酒、饮料和精制茶制造业	5 057 532
190	宁德时代新能源科技股份有限公司	福 建	电气机械和器材制造业	5 031 949

续表

排　序	企业名称	所在地	所属行业	营业收入总额/万元
191	福佳集团有限公司	辽　宁	化学原料和化学制品制造业	5 031 230
192	天瑞集团股份有限公司	河　南	非金属矿物制品业	5 026 666
193	龙信建设集团有限公司	江　苏	房屋建筑业	5 014 875
194	汇通达网络股份有限公司	江　苏	互联网和相关服务	5 012 072
195	六安钢铁控股集团有限公司	安　徽	黑色金属冶炼和压延加工业	4 990 002
196	郑州中瑞实业集团有限公司	河　南	商务服务业	4 981 717
197	威高集团有限公司	山　东	医药制造业	4 978 281
198	山东泰山钢铁集团有限公司	山　东	黑色金属冶炼和压延加工业	4 974 172
199	江苏南通六建建设集团有限公司	江　苏	房屋建筑业	4 918 672
200	江西正邦科技股份有限公司	江　西	畜牧业	4 916 630
201	山东九羊集团有限公司	山　东	黑色金属冶炼和压延加工业	4 907 189
202	三盛集团有限公司	福　建	房地产业	4 887 874
203	河北天山实业集团有限公司	河　北	房地产业	4 858 162
204	浙江明日控股集团股份有限公司	浙　江	零售业	4 854 778
205	融信(福建)投资集团有限公司	福　建	房地产业	4 854 412
206	天津友发钢管集团股份有限公司	天　津	金属制品业	4 841 870
207	欧菲光集团股份有限公司	广　东	计算机、通信和其他电子设备制造业	4 834 970
208	三河汇福粮油集团有限公司	河　北	农副食品加工业	4 815 435
209	宁波均胜电子股份有限公司	浙　江	汽车制造业	4 788 984
210	中通快递股份有限公司	上　海	邮政业	4 718 996
211	人民电器集团有限公司	浙　江	电气机械和器材制造业	4 696 591
212	通州建总集团有限公司	江　苏	房屋建筑业	4 686 350
213	河北文丰钢铁有限公司	河　北	黑色金属冶炼和压延加工业	4 683 338
214	明阳新能源投资控股集团有限公司	广　东	通用设备制造业	4 626 820
215	重庆中昂投资集团有限公司	重　庆	房地产业	4 624 605
216	远景能源有限公司	江　苏	通用设备制造业	4 555 397
217	山东创新金属科技有限公司	山　东	有色金属冶炼和压延加工业	4 551 359
218	心里程控股集团有限公司	广　东	计算机、通信和其他电子设备制造业	4 538 097
219	东方润安集团有限公司	江　苏	黑色金属冶炼和压延加工业	4 537 856
220	浙江中成控股集团有限公司	浙　江	房屋建筑业	4 535 824
221	四川德胜集团钒钛有限公司	四　川	黑色金属冶炼和压延加工业	4 521 138
222	通鼎集团有限公司	江　苏	计算机、通信和其他电子设备制造业	4 511 879
223	雪松大宗商品供应链集团有限公司	广　东	商务服务业	4 464 238
224	齐成(山东)石化集团有限公司	山　东	石油、煤炭及其他燃料加工业	4 417 152
225	山东汇丰石化集团有限公司	山　东	石油、煤炭及其他燃料加工业	4 415 001
226	山东渤海实业股份有限公司	山　东	农副食品加工业	4 398 565
227	杭州娃哈哈集团有限公司	浙　江	酒、饮料和精制茶制造业	4 398 203
228	福建省金纶高纤股份有限公司	福　建	化学纤维制造业	4 375 495
229	远东控股集团有限公司	江　苏	综　合	4 349 782

续表

排 序	企业名称	所在地	所属行业	营业收入总额/万元
230	迁安市九江线材有限责任公司	河 北	黑色金属冶炼和压延加工业	4 343 708
231	荣民控股集团有限公司	陕 西	综 合	4 330 564
232	山东金岭集团有限公司	山 东	化学原料和化学制品制造业	4 302 881
233	步步高集团	湖 南	零售业	4 302 278
234	宏旺投资集团有限公司	广 东	黑色金属冶炼和压延加工业	4 301 255
235	富海集团新能源控股有限公司	山 东	石油、煤炭及其他燃料加工业	4 285 114
236	广东圣丰集团有限公司	广 东	橡胶和塑料制品业	4 283 326
237	西王集团有限公司	山 东	农副食品加工业	4 263 690
238	金澳科技(湖北)化工有限公司	湖 北	石油、煤炭及其他燃料加工业	4 256 735
239	宁波富邦控股集团有限公司	浙 江	综 合	4 217 583
240	山东金诚石化集团有限公司	山 东	石油、煤炭及其他燃料加工业	4 210 501
241	重庆新鸥鹏企业(集团)有限公司	重 庆	房地产业	4 150 240
242	金浦投资控股集团有限公司	江 苏	化学原料和化学制品制造业	4 149 067
243	云账户技术(天津)有限公司	天 津	商务服务业	4 140 397
244	天茂实业集团股份有限公司	湖 北	保险业	4 120 041
245	深圳金雅福控股集团有限公司	广 东	商务服务业	4 102 225
246	法尔胜泓昇集团有限公司	江 苏	金属制品业	4 098 826
247	佛山市兴海铜铝业有限公司	广 东	批发业	4 071 246
248	北京蓝色光标数据科技股份有限公司	北 京	商务服务业	4 052 689
249	森马集团有限公司	浙 江	纺织服装、服饰业	4 051 223
250	四川科伦实业集团有限公司	四 川	医药制造业	4 042 711
251	山东科达集团有限公司	山 东	土木工程建筑业	4 041 564
252	石药控股集团有限公司	河 北	医药制造业	4 035 608
253	江苏扬子江船业集团	江 苏	铁路、船舶、航空航天和其他运输设备制造业	4 026 258
254	双良集团有限公司	江 苏	专用设备制造业	3 983 063
255	山东清源集团有限公司	山 东	石油、煤炭及其他燃料加工业	3 971 183
256	江苏阳光集团有限公司	江 苏	纺织业	3 961 174
257	卧龙控股集团有限公司	浙 江	电气机械和器材制造业	3 958 745
258	鲁丽集团有限公司	山 东	黑色金属冶炼和压延加工业	3 957 637
259	浙江新湖集团股份有限公司	浙 江	综合	3 953 226
260	石横特钢集团有限公司	山 东	黑色金属冶炼和压延加工业	3 942 296
261	雅迪科技集团有限公司	江 苏	铁路、船舶、航空航天和其他运输设备制造业	3 934 437
262	盛屯矿业集团股份有限公司	福 建	有色金属矿采选业	3 923 619
263	金田阳光投资集团有限公司	浙 江	商务服务业	3 917 619
264	澳洋集团有限公司	江 苏	纺织业	3 916 403
265	山河控股集团有限公司	湖 北	房屋建筑业	3 913 243
266	山东鲁花集团有限公司	山 东	食品制造业	3 903 065
267	江苏天工工具有限公司	江 苏	黑色金属冶炼和压延加工业	3 885 141

续表

排　序	企业名称	所在地	所属行业	营业收入总额/万元
268	河北千喜鹤饮食股份有限公司	河　北	餐饮业	3 872 674
269	江苏中利控股集团有限公司	江　苏	电气机械和器材制造业	3 862 221
270	帝海投资控股集团有限公司	北　京	房地产业	3 853 969
271	广州市时代控股集团有限公司	广　东	房地产业	3 822 390
272	北京运通国融投资集团有限公司	北　京	零售业	3 807 672
273	得力集团有限公司	浙　江	文教、工美、体育和娱乐用品制造业	3 804 946
274	江苏江润铜业有限公司	江　苏	金属制品业	3 803 819
275	舜宇集团有限公司	浙　江	计算机、通信和其他电子设备制造业	3 800 177
276	重庆市博赛矿业(集团)有限公司	重　庆	有色金属冶炼和压延加工业	3 788 251
277	浙江宝业建设集团有限公司	浙　江	房屋建筑业	3 779 438
278	深圳传音控股股份有限公司	广　东	计算机、通信和其他电子设备制造业	3 779 189
279	郑州宇通企业集团	河　南	汽车制造业	3 748 355
280	东营齐润化工有限公司	山　东	石油、煤炭及其他燃料加工业	3 738 045
281	俊发集团有限公司	云　南	房地产业	3 731 537
282	天津亿联控股集团有限公司	天　津	房地产业	3 701 796
283	山西潞宝集团	山　西	石油、煤炭及其他燃料加工业	3 692 541
284	重庆市中科控股有限公司	重　庆	土木工程建筑业	3 674 382
285	湖南五江控股集团有限公司	湖　南	金属制品业	3 625 615
286	新华锦集团	山　东	批发业	3 616 207
287	正荣地产控股股份有限公司	福　建	房地产业	3 612 609
288	创维集团有限公司	广　东	计算机、通信和其他电子设备制造业	3 586 162
289	华勤橡胶工业集团有限公司	山　东	橡胶和塑料制品业	3 571 859
290	河北天柱钢铁集团有限公司	河　北	黑色金属冶炼和压延加工业	3 568 670
291	东莞华贝电子科技有限公司	广　东	计算机、通信和其他电子设备制造业	3 553 117
292	安踏体育用品集团有限公司	福　建	皮革、毛皮、羽毛及其制品和制造业	3 551 200
293	内蒙古伊泰集团有限公司	内蒙古自治区	煤炭开采和洗选业	3 517 772
294	利时集团股份有限公司	浙　江	橡胶和塑料制品业	3 517 263
295	江苏大明金属制品有限公司	江　苏	金属制品业	3 510 130
296	建华建材(中国)有限公司	江　苏	其他制造业	3 509 414
297	金发科技股份有限公司	广　东	橡胶和塑料制品业	3 506 117
298	河北鑫海控股集团有限公司	河　北	石油、煤炭及其他燃料加工业	3 503 626
299	山西晋南钢铁集团有限公司	山　西	黑色金属冶炼和压延加工业	3 501 720
300	圆通速递股份有限公司	上　海	邮政业	3 490 704
301	山西建邦集团有限公司	山　西	黑色金属冶炼和压延加工业	3 480 273
302	浙江升华控股集团有限公司	浙　江	化学原料和化学制品制造业	3 464 045
303	山东寿光鲁清石化有限公司	山　东	石油、煤炭及其他燃料加工业	3 460 001
304	江苏金峰水泥集团有限公司	江　苏	非金属矿物制品业	3 407 848
305	振石控股集团有限公司	浙　江	商务服务业	3 402 332
306	潍坊恒信建设集团有限公司	山　东	房地产业	3 395 088

续表

排　序	企业名称	所在地	所属行业	营业收入总额/万元
307	贵州通源集团	贵　州	零售业	3 388 682
308	华东医药股份有限公司	浙　江	医药制造业	3 368 306
309	攀华集团有限公司	江　苏	金属制品业	3 363 066
310	华峰集团有限公司	浙　江	化学原料和化学制品制造业	3 362 570
311	重庆协信控股(集团)有限公司	重　庆	房地产业	3 358 781
312	上海韵达货运有限公司	浙　江	邮政业	3 350 042
313	五得利面粉集团有限公司	河　北	农副食品加工业	3 328 399
314	文一投资控股集团	安　徽	房地产业	3 327 056
315	华南物资集团有限公司	重　庆	批发业	3 310 915
316	波司登股份有限公司	江　苏	纺织服装、服饰业	3 288 516
317	永鼎集团有限公司	江　苏	计算机、通信和其他电子设备制造业	3 287 071
318	天津华北集团有限公司	天　津	有色金属冶炼和压延加工业	3 284 748
319	重庆小康控股有限公司	重　庆	汽车制造业	3 276 438
320	三花控股集团有限公司	浙　江	通用设备制造业	3 274 796
321	花园集团有限公司	浙　江	综　合	3 267 598
322	广西南丹南方金属有限公司	广西壮族自治区	有色金属冶炼和压延加工业	3 266 685
323	深圳市铜锣湾商业发展有限公司	广　东	房地产业	3 252 189
324	江苏沃得机电集团有限公司	江　苏	通用设备制造业	3 227 795
325	太平鸟集团有限公司	浙　江	商务服务业	3 227 611
326	宁波申洲针织有限公司	浙　江	纺织服装、服饰业	3 222 441
327	伟星集团有限公司	浙　江	其他制造业	3 204 167
328	上海均瑶(集团)有限公司	上　海	综　合	3 192 953
329	苏州金螳螂企业(集团)有限公司	江　苏	建筑装饰、装修和其他建筑业	3 192 217
330	河北新武安钢铁集团烘熔钢铁有限公司	河　北	黑色金属冶炼和压延加工业	3 190 441
331	道恩集团有限公司	山　东	综　合	3 184 087
332	河北新武安钢铁集团鑫汇冶金有限公司	河　北	黑色金属冶炼和压延加工业	3 181 759
333	杭州东恒石油有限公司	浙　江	批发业	3 178 373
334	浙江龙盛控股有限公司	浙　江	化学原料和化学制品制造业	3 176 536
335	河北兴华钢铁有限公司	河　北	黑色金属冶炼和压延加工业	3 176 396
336	家家悦控股集团股份有限公司	山　东	零售业	3 160 326
337	华芳集团有限公司	江　苏	纺织业	3 150 194
338	浙江元立金属制品集团有限公司	浙　江	金属制品业	3 149 802
339	北京学而思教育科技有限公司	北　京	互联网和相关服务	3 147 060
340	西子联合控股有限公司	浙　江	专用设备制造业	3 128 623
341	福星集团控股有限公司	湖　北	综　合	3 109 076
342	河北诚信集团有限公司	河　北	化学原料和化学制品制造业	3 105 712
343	济源市万洋冶炼(集团)有限公司	河　南	有色金属冶炼和压延加工业	3 099 762
344	武汉市金马凯旋家具投资有限公司	湖　北	综　合	3 092 297
345	万通海欣控股集团股份有限公司	山　东	石油、煤炭及其他燃料加工业	3 085 453

续表

排序	企业名称	所在地	所属行业	营业收入总额/万元
346	浙江东南网架集团有限公司	浙江	金属制品业	3 085 396
347	河南正商企业发展集团有限责任公司	河南	房地产业	3 071 123
348	亚厦控股有限公司	浙江	建筑装饰、装修和其他建筑业	3 067 738
349	香驰控股有限公司	山东	农副食品加工业	3 060 157
350	河南金利金铅集团有限公司	河南	有色金属冶炼和压延加工业	3 048 940
351	江苏江都建设集团有限公司	江苏	房屋建筑业	3 046 192
352	深圳市信利康供应链管理有限公司	广东	商务服务业	3 044 375
353	南通化工轻工股份有限公司	江苏	批发业	3 041 959
354	山东东方华龙工贸集团有限公司	山东	石油、煤炭及其他燃料加工业	3 036 502
355	山东中海化工集团有限公司	山东	石油、煤炭及其他燃料加工业	3 035 591
356	奥德集团有限公司	山东	燃气生产和供应业	3 030 466
357	江阴长三角钢铁集团有限公司	江苏	批发业	3 028 876
358	月星集团有限公司	上海	综合	3 021 932
359	天津天士力大健康产业投资集团有限公司	天津	医药制造业	3 016 187
360	万丰奥特控股集团有限公司	浙江	汽车制造业	3 011 647
361	百世物流科技(中国)有限公司	浙江	邮政业	2 999 503
362	腾达建设集团股份有限公司	浙江	建筑安装业	2 990 342
363	鸿翔控股集团有限公司	浙江	房屋建筑业	2 983 217
364	合景泰富集团控股有限公司	广东	房地产业	2 974 206
365	北京爱奇艺科技有限公司	北京	软件和信息技术服务业	2 970 722
366	欣旺达电子股份有限公司	广东	计算机、通信和其他电子设备制造业	2 969 231
367	方同舟控股有限公司	北京	综合	2 960 972
368	广州市方圆房地产发展有限公司	广东	房地产业	2 941 845
369	天合光能股份有限公司	江苏	电气机械和器材制造业	2 941 797
370	东华能源股份有限公司	江苏	批发业	2 908 175
371	迪信通科技集团有限公司	北京	零售业	2 906 224
372	金鹏控股集团有限公司	安徽	综合	2 891 226
373	程力汽车集团股份有限公司	湖北	汽车制造业	2 887 906
374	山东垦利石化集团有限公司	山东	石油、煤炭及其他燃料加工业	2 877 844
375	中国万向控股有限公司	上海	综合	2 872 934
376	江苏江中集团有限公司	江苏	房屋建筑业	2 868 769
377	新八建设集团有限公司	湖北	房屋建筑业	2 864 254
378	杭州滨江房产集团股份有限公司	浙江	房地产业	2 859 680
379	源山投资控股有限公司	上海	综合	2 854 553
380	江西博能实业集团有限公司	江西	金属制品业	2 838 724
381	万洋集团有限公司	浙江	房屋建筑业	2 836 490
382	和润集团有限公司	浙江	农副食品加工业	2 827 636
383	美欣达集团有限公司	浙江	废弃资源综合利用业	2 817 919
384	江西东旭投资集团有限公司	江西	综合	2 816 236

续表

排 序	企业名称	所在地	所属行业	营业收入总额/万元
385	广东领益智造股份有限公司	广 东	计算机、通信和其他电子设备制造业	2 814 255
386	新七建设集团有限公司	湖 北	房屋建筑业	2 810 571
387	苏州东山精密制造股份有限公司	江 苏	计算机、通信和其他电子设备制造业	2 809 340
388	广东联塑科技实业有限公司	广 东	橡胶和塑料制品业	2 807 306
389	浙江方远控股集团有限公司	浙 江	综 合	2 806 528
390	海外海集团有限公司	浙 江	商务服务业	2 781 712
391	天洁集团有限公司	浙 江	专用设备制造业	2 776 942
392	华立集团股份有限公司	浙 江	综 合	2 775 838
393	红星美凯龙控股集团有限公司	上 海	综 合	2 775 457
394	江苏恒瑞医药股份有限公司	江 苏	医药制造业	2 773 460
395	华泽集团有限公司	湖 南	酒、饮料和精制茶制造业	2 771 707
396	河北鑫达钢铁集团有限公司	河 北	黑色金属冶炼和压延加工业	2 770 306
397	日照兴业集团有限公司	山 东	综 合	2 764 782
398	浙江协和集团有限公司	浙 江	金属制品业	2 760 507
399	德邦物流股份有限公司	上 海	邮政业	2 750 344
400	致远控股集团有限公司	浙 江	废弃资源综合利用业	2 750 255
401	江苏国强镀锌实业有限公司	江 苏	金属制品业	2 748 437
402	常熟市龙腾特种钢有限公司	江 苏	黑色金属冶炼和压延加工业	2 738 731
403	江苏省镔鑫钢铁集团有限公司	江 苏	黑色金属冶炼和压延加工业	2 734 481
404	中亿丰建设集团股份有限公司	江 苏	房屋建筑业	2 720 999
405	瑞康医药集团股份有限公司	山 东	批发业	2 720 388
406	新十建设集团有限公司	湖 北	房屋建筑业	2 715 644
407	广东海伦堡地产集团有限公司	广 东	房地产业	2 714 874
408	武汉当代科技产业集团股份有限公司	湖 北	医药制造业	2 714 402
409	利群集团股份有限公司	山 东	零售业	2 712 631
410	浙江富春江通信集团有限公司	浙 江	计算机、通信和其他电子设备制造业	2 701 823
411	奥盛集团有限公司	上 海	其他制造业	2 697 786
412	宁波博洋控股集团有限公司	浙 江	纺织业	2 677 358
413	西子国际控股有限公司	浙 江	通用设备制造业	2 667 079
414	名城控股集团有限公司	福 建	房地产业	2 657 086
415	泰地控股集团有限公司	浙 江	装卸搬运和仓储业	2 653 581
416	法派服饰股份有限公司	浙 江	纺织服装、服饰业	2 651 020
417	广州中色物联网有限公司	广 东	批发业	2 650 004
418	新疆生产建设兵团第八师天山铝业有限公司	新疆生产建设兵团	有色金属冶炼和压延加工业	2 648 108
419	浙江大华技术股份有限公司	浙 江	软件和信息技术服务业	2 646 596
420	中哲控股集团有限公司	浙 江	纺织服装、服饰业	2 641 275
421	齐鲁制药集团有限公司	山 东	医药制造业	2 635 870
422	兴惠化纤集团有限公司	浙 江	纺织业	2 632 223
423	重庆谊品弘科技有限公司	重 庆	零售业	2 630 894

续表

排序	企业名称	所在地	所属行业	营业收入总额/万元
424	民生人寿保险股份有限公司	北京	保险业	2 620 718
425	邯郸市正大制管有限公司	河北	黑色金属冶炼和压延加工业	2 613 111
426	大亚科技集团有限公司	江苏	木材加工和木、竹、藤、棕、草制品业	2 607 501
427	江苏吴中集团有限公司	江苏	综合	2 607 102
428	江西济民可信集团有限公司	江西	医药制造业	2 596 233
429	德华集团控股股份有限公司	浙江	木材加工和木、竹、藤、棕、草制品业	2 586 811
430	晶澳太阳能科技股份有限公司	河北	电气机械和器材制造业	2 584 652
431	胜达集团有限公司	浙江	造纸和纸制品业	2 581 679
432	合肥维天运通信息科技股份有限公司	安徽	互联网和相关服务	2 576 226
433	震雄铜业集团有限公司	江苏	有色金属冶炼和压延加工业	2 570 876
434	江苏中超投资集团有限公司	江苏	电气机械和器材制造业	2 568 080
435	江苏万帮金之星车业投资集团有限公司	江苏	零售业	2 563 424
436	正黄集团有限公司	四川	房地产业	2 561 287
437	广州华多网络科技有限公司	广东	软件和信息技术服务业	2 559 318
438	宁夏宝丰集团有限公司	宁夏回族自治区	化学原料和化学制品制造业	2 556 702
439	山西晋城钢铁控股集团有限公司	山西	黑色金属冶炼和压延加工业	2 554 951
440	广西贵港钢铁集团有限公司	广西壮族自治区	黑色金属冶炼和压延加工业	2 551 834
441	骆驼集团股份有限公司	湖北	电气机械和器材制造业	2 550 406
442	三宝集团股份有限公司	福建	黑色金属冶炼和压延加工业	2 549 969
443	成都蛟龙港(成都蛟龙投资有限责任公司　成都蛟龙经济开发有限公司)	四川	综合	3 545 036
444	福建三安集团有限公司	福建	其他制造业	2 540 036
445	兴达投资集团有限公司	江苏	化学原料和化学制品制造业	2 534 870
446	浙江中南建设集团有限公司	浙江	房屋建筑业	2 525 758
447	合众人寿保险股份有限公司	湖北	保险业	2 522 813
448	福信集团有限公司	福建	综合	2 520 871
449	广州立白凯晟控股有限公司	广东	化学原料和化学制品制造业	2 518 530
450	大华(集团)有限公司	上海	房地产业	2 513 157
451	南京新华海科技产业集团有限公司	江苏	批发业	2 510 405
452	南京金鹰国际集团有限公司	江苏	综合	2 506 571
453	中如建工集团有限公司	江苏	房屋建筑业	2 500 848
454	山鹰国际控股股份公司	安徽	造纸和纸制品业	2 496 915
455	山东永鑫能源集团有限公司	山东	石油、煤炭及其他燃料加工业	2 492 333
456	雅鹿集团股份有限公司	江苏	纺织服装、服饰业	2 491 301
457	大自然钢业集团有限公司	浙江	黑色金属冶炼和压延加工业	2 485 861
458	深圳理士电源发展有限公司	广东	电气机械和器材制造业	2 485 143
459	广州美涂士投资控股有限公司	广东	化学原料和化学制品制造业	2 475 387
460	长江润发集团有限公司	江苏	医药制造业	2 473 139
461	江阴市金桥化工有限公司	江苏	批发业	2 472 219

续表

排 序	企业名称	所在地	所属行业	营业收入总额/万元
462	淄博齐翔腾达化工股份有限公司	山 东	化学原料和化学制品制造业	2 468 592
463	江苏三木集团有限公司	江 苏	化学原料和化学制品制造业	2 466 685
464	广东格兰仕集团有限公司	广 东	电气机械和器材制造业	2 464 602
465	江苏西城三联控股集团有限公司	江 苏	黑色金属冶炼和压延加工业	2 459 365
466	东方恒信资本控股集团有限公司	江 苏	综 合	2 458 251
467	四联创业集团股份有限公司	北 京	批发业	2 455 046
468	河南济源钢铁(集团)有限公司	河 南	黑色金属冶炼和压延加工业	2 452 762
469	纳爱斯集团有限公司	浙 江	其他制造业	2 453 551
470	亿利资源集团有限公司	内蒙古自治区	综 合	2 448 612
471	新阳科技集团	江 苏	化学原料和化学制品制造业	2 436 694
472	无锡市不锈钢电子交易中心有限公司	江 苏	批发业	2 433 146
473	青岛世纪瑞丰集团有限公司	山 东	批发业	2 432 325
474	浙江宝利德股份有限公司	浙 江	其他服务业	2 427 341
475	江苏东渡纺织集团有限公司	江 苏	纺织服装、服饰业	2 425 625
476	广东省联泰集团有限公司	广 东	土木工程建筑业	2 424 088
477	浙江国泰建设集团有限公司	浙 江	房屋建筑业	2 420 148
478	阿特斯阳光电力集团有限公司	江 苏	电气机械和器材制造业	2 419 000
479	奥康集团有限公司	浙 江	皮革、毛皮、羽毛及其制品和制革业	2 410 288
480	山东龙大肉食品股份有限公司	山 东	农副食品加工业	2 410 164
481	小鼎能源有限公司	浙 江	批发业	2 409 909
482	江南集团有限公司	江 苏	电气机械和器材制造业	2 406 800
483	今麦郎投资有限公司	河 北	食品制造业	2 404 289
484	恒尊集团有限公司	浙 江	房屋建筑业	2 400 891
485	无锡新三洲特钢有限公司	江 苏	黑色金属冶炼和压延加工业	2 399 839
486	南通建工集团股份有限公司	江 苏	房屋建筑业	2 398 960
487	河南金汇不锈钢产业集团有限公司	河 南	废弃资源综合利用业	2 396 455
488	新星宇建设集团有限公司	吉 林	房屋建筑业	2 391 744
489	南通五建控股集团有限公司	江 苏	房屋建筑业	2 388 543
490	浙江建华集团有限公司	浙 江	批发业	2 388 253
491	江阴江东集团公司	江 苏	通用设备制造业	2 386 266
492	连云港亚新钢铁有限公司	江 苏	黑色金属冶炼和压延加工业	2 384 132
493	吉林省长久实业集团有限公司	吉 林	综 合	2 381 033
494	深圳华强集团有限公司	广 东	综 合	2 378 916
495	江苏无锡朝阳集团股份有限公司	江 苏	批发业	2 377 874
496	江苏华宏实业集团有限公司	江 苏	化学纤维制造业	2 377 545
497	精工控股集团有限公司	浙 江	化学纤维制造业	2 375 543
498	江苏大经集团有限公司	江 苏	多式联动和运输代理业	2 360 503
499	广东电白建设集团有限公司	广 东	房屋建筑业	2 350 179
500	连云港兴鑫钢铁有限公司	江 苏	黑色金属冶炼和压延加工业	2 350 149

资料来源：中华全国工商业联合会。

2020 年度中国民营制造业排序前 100 名企业

排序	企业名称	所在地	所属行业	营业收入总额/万元
1	华为投资控股有限公司	广东	计算机、通信和其他电子设备制造业	89 136 800
2	恒力集团有限公司	江苏	石油、煤炭及其他燃料加工业	69 533 561
3	正威国际集团有限公司	广东	有色金属冶炼和压延加工业	69 193 677
4	联想控股股份有限公司	北京	计算机、通信和其他电子设备制造业	41 756 685
5	浙江吉利控股集团有限公司	浙江	汽车制造业	32 561 869
6	浙江荣盛控股集团有限公司	浙江	化学原料和化学制品制造业	30 860 925
7	青山控股集团有限公司	浙江	黑色金属冶炼和压延加工业	29 289 244
8	山东魏桥创业集团有限公司	山东	有色金属冶炼和压延加工业	28 896 461
9	美的集团股份有限公司	广东	电气机械和器材制造业	28 570 972
10	江苏沙钢集团有限公司	江苏	黑色金属冶炼和压延加工业	26 679 182
11	浙江恒逸集团有限公司	浙江	化学纤维制造业	26 607 632
12	盛虹控股集团有限公司	江苏	化学原料和化学制品制造业	26 523 669
13	小米通讯技术有限公司	北京	计算机、通信和其他电子设备制造业	24 586 563
14	敬业集团有限公司	河北	黑色金属冶炼和压延加工业	22 444 527
15	海尔智家股份有限公司	山东	电气机械和器材制造业	20 972 582
16	海亮集团有限公司	浙江	有色金属冶炼和压延加工业	19 642 059
17	北京建龙重工集团有限公司	北京	黑色金属冶炼和压延加工业	19 569 510
18	珠海格和电器股份有限公司	广东	电气机械和器材制造业	17 049 742
19	天能控股集团有限公司	浙江	电气机械和器材制造业	16 479 669
20	南京钢铁集团有限公司	江苏	黑色金属冶炼和压延加工业	15 715 916
21	比亚迪股份有限公司	广东	汽车制造业	15 659 769
22	TCL(集团)	广东	计算机、通信和其他电子设备制造业	15 281 977
23	河北新华联合冶金控股集团有限公司	河北	黑色金属冶炼和压延加工业	14 232 625
24	中天钢铁集团有限公司	江苏	黑色金属冶炼和压延加工业	14 003 355
25	河北津西钢铁集团股份有限公司	河北	黑色金属冶炼和压延加工业	13 036 986
26	超威集团	浙江	电气机械和器材制造业	12 822 745
27	万向集团公司	浙江	汽车制造业	12 673 776
28	东方希望集团有限公司	上海	有色金属冶炼和压延加工业	12 565 917
29	三一集团有限公司	湖南	专用设备制造业	12 531 796
30	亨通集团有限公司	江苏	计算机、通信和其他电子设备制造业	11 700 579
31	德龙钢铁有限公司	河北	黑色金属冶炼和压延加工业	11 561 923
32	南山集团有限公司	山东	有色金属冶炼和压延加工业	11 358 670
33	海澜集团有限公司	江苏	纺织服装、服饰业	10 521 688
34	雅戈尔集团股份有限公司	浙江	纺织服装、服饰业	10 481 096
35	宁波金田投资控股有限公司	浙江	有色金属冶炼和压延加工业	10 382 009
36	长城汽车股份有限公司	河北	汽车制造业	10 330 761

续表

排 序	企业名称	所在地	所属行业	营业收入总额/万元
37	辽宁方大集团实业有限公司	辽 宁	黑色金属冶炼和压延加工业	10 197 710
38	山东东明石化集团有限公司	山 东	石油、煤炭及其他燃料加工业	10 166 832
39	江苏永钢集团有限公司	江 苏	黑色金属冶炼和压延加工业	10 096 904
40	扬子江药业集团有限公司	江 苏	医药制造业	10 062 428
41	协鑫集团有限公司	江 苏	电气机械和器材制造业	10 039 029
42	蓝思科技集团	湖 南	计算机、通信和其他电子设备制造业	9 901 303
43	日照钢铁控股集团有限公司	山 东	黑色金属冶炼和压延加工业	9 711 525
44	内蒙古伊利实业集团股份有限公司	内蒙古自治区	食品制造业	9 688 564
45	利华益集团股份有限公司	山 东	石油、煤炭及其他燃料加工业	9 621 648
46	万达控股集团有限公司	山 东	石油、煤炭及其他燃料加工业	9 302 513
47	通威集团有限公司	四 川	农副食品加工业	9 263 517
48	立讯精密工业股份有限公司	广 东	计算机、通信和其他电子设备制造业	9 250 126
49	正泰集团股份有限公司	浙 江	电气机械和器材制造业	8 935 473
50	福建大东海实业集团有限公司	福 建	黑色金属冶炼和压延加工业	8 816 736
51	双胞胎(集团)股份有限公司	江 西	农副食品加工业	8 663 084
52	天津荣程祥泰投资控股集团有限公司	天 津	黑色金属冶炼和压延加工业	8 505 107
53	江苏德龙镍业有限公司	江 苏	黑色金属冶炼和压延加工业	8 227 026
54	河北普阳钢铁有限公司	河 北	黑色金属冶炼和压延加工业	7 918 524
55	杭州锦江集团有限公司	浙 江	有色金属冶炼和压延加工业	7 889 834
56	永锋集团有限公司	山 东	黑色金属冶炼和压延加工业	7 866 643
57	玖龙纸业(控股)有限公司	广 东	造纸和纸制品业	7 813 009
58	华泰集团有限公司	山 东	造纸和纸制品业	7 649 093
59	武安市裕华钢铁有限公司	河 北	黑色金属冶炼和压延加工业	7 626 638
60	红豆集团有限公司	江 苏	纺织服装、服饰业	7 500 322
61	金鼎钢铁集团有限公司	河 北	黑色金属冶炼和压延加工业	7 436 768
62	河南双汇投资发展股份有限公司	河 南	农副食品加工业	7 393 519
63	中天科技集团有限公司	江 苏	电气机械和器材制造业	7 183 181
64	桐昆控股集团有限公司	浙 江	化学纤维制造业	7 101 058
65	奥克斯集团有限公司	浙 江	电气机械和器材制造业	7 064 332
66	唐山港陆钢铁有限公司	河 北	黑色金属冶炼和压延加工业	6 801 593
67	四川省川威集团有限公司	四 川	黑色金属冶炼和压延加工业	6 579 094
68	山东京博控股集团有限公司	山 东	石油、煤炭及其他燃料加工业	6 533 080
69	山东海科控股有限公司	山 东	石油、煤炭及其他燃料加工业	6 532 582
70	河北新金钢铁有限公司	河 北	黑色金属冶炼和压延加工业	6 511 408
71	宁夏天元锰业集团有限公司	宁夏回族自治区	有色金属冶炼和压延加工业	6 413 255
72	深圳海王集团股份有限公司	广 东	医药制造业	6 339 653
73	三房巷集团有限公司	江 苏	化学纤维制造业	6 325 015
74	德力西集团有限公司	浙 江	电气机械和器材制造业	6 291 633

续表

排　序	企业名称	所在地	所属行业	营业收入总额/万元
75	修正药业集团	吉　林	医药制造业	6 280 288
76	武安市明芳钢铁有限公司	河　北	黑色金属冶炼和压延加工业	6 217 859
77	巨星控股集团有限公司	浙　江	橡胶和塑料制品业	6 202 943
78	晶科能源控股有限公司	江　西	电气机械和器材制造业	6 202 061
79	河北新武安钢铁集团文安钢铁有限公司	河　北	黑色金属冶炼和压延加工业	6 178 592
80	内蒙古鄂尔多斯投资控股集团有限公司	内蒙古自治区	综　合	6 170 450
81	新疆特变电工集团有限公司	新疆维吾尔自治区	电气机械和器材制造业	6 096 838
82	广东海大集团股份有限公司	广　东	农副食品加工业	6 032 386
83	浙江富冶集团有限公司	浙　江	有色金属冶炼和压延加工业	5 906 312
84	江苏新长江实业集团有限公司	江　苏	黑色金属冶炼和压延加工业	5 848 383
85	广西盛隆冶金有限公司	广西壮族自治区	黑色金属冶炼和压延加工业	5 840 699
86	歌尔股份有限公司	山　东	计算机、通信和其他电子设备制造业	5 774 274
87	山西鹏飞集团有限公司	山　西	石油、煤炭及其他燃料加工业	5 678 218
88	恒申控股集团有限公司	福　建	化学纤维制造业	5 666 242
89	福建永荣控股集团有限公司	福　建	化学纤维制造业	5 661 317
90	湖南博长控股集团有限公司	湖　南	黑色金属冶炼和压延加工业	5 573 500
91	闻泰通讯股份有限公司	浙　江	计算机、通信和其他电子设备制造业	5 518 361
92	红狮控股集团有限公司	浙　江	非金属矿物制品业	5 497 879
93	隆基绿能科技股份有限公司	陕　西	电气机械和器材制造业	5 458 318
94	山东太阳控股集团有限公司	山　东	造纸和纸制品业	5 404 945
95	杉杉控股有限公司	上　海	电气机械和器材制造业	5 313 824
96	辽宁嘉晨控股集团有限公司	辽　宁	黑色金属冶炼和压延加工业	53 12 895
97	禾丰食品股份有限公司	辽　宁	农副食品加工业	5 265 492
98	新凤祥控股集团有限责任公司	山　东	有色金属冶炼和压延加工业	5 185 887
99	新凤鸣控股集团有限公司	浙　江	化学纤维制造业	5 148 647
100	富通集团有限公司	浙　江	计算机、通信和其他电子设备制造业	5 123 604

资料来源：中华全国工商业联合会。

2020 年度中国民营服务业排序前 100 名企业

排 序	企业名称	所在地	所属行业	营业收入总额/万元
1	京东集团	北 京	互联网和相关服务	76 862 419
2	阿里巴巴(中国)有限公司	浙 江	互联网和相关服务	64 420 800
3	腾讯控股有限公司	广 东	互联网和相关服务	48 206 400
4	碧桂园控股有限公司	广 东	房地产业	46 285 600
5	万科企业股份有限公司	广 东	房地产业	41 911 168
6	中南控股集团有限公司	江 苏	房地产业	33 009 152
7	国美控股集团有限公司	北 京	零售业	31 047 660
8	苏宁易购集团股份有限公司	江 苏	零售业	25 229 567
9	阳光龙净集团有限公司	福 建	综 合	25 021 130
10	泰康保险集团股份有限公司	北 京	保险业	24 478 229
11	融创中国控股有限公司	北 京	房地产业	23 058 734
12	重庆市金科投资控股(集团)有限责任公司	重 庆	房地产业	22 381 421
13	新疆广汇实业投资(集团)有限责任公司	新疆维吾尔自治区	零售业	18 939 387
14	中国民生银行股份有限公司	北 京	货币金融服务	18 495 100
15	龙湖集团控股有限公司	重 庆	房地产业	18 454 730
16	顺丰控股股份有限公司	广 东	邮政业	15 398 687
17	新城控股集团股份有限公司	上 海	房地产业	14 547 523
18	广东鼎龙实业集团有限公司	广 东	商务服务业	13 462 321
19	西安迈科金属国际集团有限公司	陕 西	商务服务业	12 887 062
20	东岭集团股份有限公司	陕 西	批发业	12 020 369
21	上海找钢网信息科技股份有限公司	上 海	互联网和相关服务	11 545 254
22	阳光保险集团股份有限公司	广 东	保险业	11 497 979
23	北京三快在线科技有限公司	北 京	互联网和相关服务	11 479 451
24	传化集团有限公司	浙 江	其他服务业	11 173 172
25	九州通医药集团股份有限公司	湖 北	批发业	11 085 951
26	百度公司	北 京	互联网和相关服务	10 707 400
27	唯品会(中国)有限公司	广 东	零售业	10 185 849
28	龙光集团	广 东	房地产业	10 067 914
29	弘阳集团有限公司	江 苏	综 合	9 787 913
30	融侨集团股份有限公司	福 建	房地产业	9 521 034
31	前海人寿保险股份有限公司	广 东	保险业	9 387 258
32	永辉超市股份有限公司	福 建	零售业	9 319 911
33	东方集团有限公司	黑龙江	综 合	9 213 774
34	神州数码集团股份有限公司	广 东	批发业	9 206 044
35	奥园集团有限公司	广 东	房地产业	8 835 171
36	广州富力地产股份有限公司	广 东	房地产业	8 589 178

续表

排　序	企业名称	所在地	所属行业	营业收入总额/万元
37	隆基泰和集团有限公司	河　北	综　合	8 554 570
38	瑞钢联集团有限公司	北　京	批发业	8 500 291
39	五星控股集团有限公司	江　苏	批发业	8 218 043
40	重庆华宇集团有限公司	重　庆	房地产业	8 084 989
41	荣盛控股股份有限公司	河　北	房地产业	8 072 639
42	雅居乐地产置业有限公司	广　东	房地产业	8 024 525
43	富德生命人寿保险股份有限公司	广　东	保险业	7 952 155
44	中基宁波集团股份有限公司	浙　江	批发业	7 913 177
45	中国佳源控股集团有限公司	浙　江	综　合	7 699 951
46	网易(杭州)网络有限公司	浙　江	互联网和相关服务	7 366 713
47	恒信汽车集团股份有限公司	湖　北	零售业	7 051 452
48	贝壳控股有限公司	北　京	互联网和相关服务	7 048 098
49	深圳市怡亚通供应链股份有限公司	广　东	商务服务业	6 812 033
50	浙江前程投资股份有限公司	浙　江	批发业	6 620 344
51	上海中梁企业发展有限公司	上　海	房地产业	6 615 524
52	重庆东银控股集团有限公司	重　庆	房地产业	6 461 892
53	深圳市神州通投资集团有限公司	广　东	批发业	6 419 956
54	东铭实业集团有限公司	上　海	批发业	6 369 687
55	旭辉集团股份有限公司	上　海	房地产业	6 258 852
56	伟仕佳杰控股有限公司	重　庆	批发业	6 246 596
57	上海钢银电子商务股份有限公司	上　海	批发业	5 803 951
58	建业控股有限公司	河　南	房地产业	5 724 197
59	佳兆业集团(深圳)有限公司	广　东	房地产业	5 577 018
60	物美科技集团有限公司	北　京	零售业	5 567 770
61	江苏国泰国际集团股份有限公司	江　苏	批发业	5 563 778
62	祥生实业集团有限公司	浙　江	房地产业	5 487 326
63	大汉控股集团有限公司	湖　南	商务服务业	5 439 571
64	美的置业集团有限公司	广　东	房地产业	5 248 361
65	龙记泰信实业集团有限公司	陕　西	房地产业	5 213 655
66	汇通达网络股份有限公司	江　苏	互联网和相关服务	5 012 072
67	郑州中瑞实业集团有限公司	河　南	商务服务业	4 981 717
68	三盛集团有限公司	福　建	房地产业	4 887 874
69	河北天山实业集团有限公司	河　北	房地产业	4 858 162
70	浙江明日控股集团股份有限公司	浙　江	零售业	4 854 778
71	融信(福建)投资集团有限公司	福　建	房地产业	4 854 412
72	中通快递股份有限公司	上　海	邮政业	4 718 996
73	重庆中昂投资集团有限公司	重　庆	房地产业	4 624 605
74	雪松大宗商品供应链集团有限公司	广　东	商务服务业	4 464 238
75	步步高集团	湖　南	零售业	4 302 278
76	重庆新鸥鹏企业(集团)有限公司	重　庆	房地产业	4 150 240

续表

排 序	企业名称	所在地	所属行业	营业收入总额/万元
77	云账户技术(天津)有限公司	天 津	商务服务业	4 140 397
78	天茂实业集团股份有限公司	湖 北	保险业	4 120 041
79	深圳金雅福控股集团有限公司	广 东	商务服务业	4 102 225
80	佛山市兴海铜铝业有限公司	广 东	批发业	4 071 246
81	北京蓝色光标数据科技股份有限公司	北 京	商务服务业	4 052 689
82	金田阳光投资集团有限公司	浙 江	商务服务业	3 917 619
83	河北千喜鹤饮食股份有限公司	河 北	餐饮业	3 872 674
84	帝海投资控股集团有限公司	北 京	房地产业	3 853 969
85	广州市时代控股集团有限公司	广 东	房地产业	3 822 390
86	北京运通国融投资集团有限公司	北 京	零售业	3 807 672
87	俊发集团有限公司	云 南	房地产业	3 731 537
88	天津亿联控股集团有限公司	天 津	房地产业	3 701 796
89	新华锦集团	山 东	批发业	3 616 207
90	正荣地产控股股份有限公司	福 建	房地产业	3 612 609
91	圆通速递股份有限公司	上 海	邮政业	3 490 704
92	振石控股集团有限公司	浙 江	商务服务业	3 402 332
93	潍坊恒信建设集团有限公司	山 东	房地产业	3 395 088
94	贵州通源集团	贵 州	零售业	3 388 682
95	重庆协信控股(集团)有限公司	重 庆	房地产业	3 358 781
96	上海韵达货运有限公司	浙 江	邮政业	3 350 042
97	文一投资控股集团	安 徽	房地产业	3 327 056
98	华南物资集团有限公司	重 庆	批发业	3 310 915
99	深圳市铜锣湾商业发展有限公司	广 东	房地产业	3 252 189
100	太平鸟集团有限公司	浙 江	商务服务业	3 227 611

资料来源:中华全国工商业联合会。

优秀企业风采

（排序不分先后）

东风汽车集团有限公司

中国第一汽车集团有限公司

中国东方航空集团有限公司

中车株洲电机有限公司

中石化天津液化天然气有限责任公司

金澳科技（湖北）化工有限公司

安徽口子酒业股份有限公司

五粮液集团有限公司

无锡市国联发展（集团）有限公司

阳光保险集团股份有限公司

广州农村商业银行股份有限公司

天津港（集团）有限公司

中储发展股份有限公司

物产中大金属集团有限公司

成都航利科技集团有限责任公司

东风汽车集团有限公司
DONGFENG MOTOR CORPORATION

东风汽车集团有限公司 2020 年销售汽车 345.8 万辆，销售收入达到 5 993 亿元，同比增长 3.2%。截至年底，公司总资产达到 4 353 亿元，从业人员 13.7 万余人。

2020 年，东风汽车集团有限公司加速打造高端新能源汽车品牌“岚图”汽车；东风商用车持续打造领先优势，加快推进“骁龙”和大马力发动机项目；轻型车、“乘龙”品牌销量跑赢大市，“华神”品牌发布全新商品平台；军品事业快速发展，第三代东风猛士 300 马力车型批量列装，第四代军车课题通过阶段性验收；5G 港口无人驾驶集卡投入运营，为智能化行业领先奠定良好基础。推进实施社会责任“润”计划 3.0，助力打赢脱贫攻坚战，由公司帮扶的 4 省 8 县（市）全部脱贫摘帽，荣获本年度央企“精准扶贫奖”荣誉。

商用车 D760 天龙旗舰 KX 国六牵引车 2020 年 10 月上市

东风华神 -T5 系列工程车 2020 年 9 月上市

东风柳汽　乘龙 H73.0 8X4 绿通车 2020 年 6 月上市

东风柳汽乘龙 21 款 L2 纯电动物流车 2020 年 10 月上市

商用车 D310 天龙 KC 标载渣土车 2020 年 9 月上市

商用车 D320 天龙 KL 国六牵引车 2020 年 10 月上市

商用车 D320 新天龙 KL 绿通、冷链高效运输 AMT 车型 2020 年 9 月上市

商用车 D530 天锦 VR 标载煤炭运输工程车 2020 年 9 月上市

商用车 D760 天龙旗舰 KX 国六牵引车 2020 年 10 月上市

东风本田 思铭 M-NV

东风本田思域

东风本田 LIFE

东风标致 2008

东风雪铁龙 天逸 PHEV

东风悦达起亚 K3EV

东风风行 T5 EVO

东风风神 奕炫 GS

东风风行 新菱智 M5

东风雪铁龙 C3L

东风启辰 星

东风悦达起亚 K5 凯酷

技术 新旗迹

中国东方航空集团有限公司

总部位于上海，是中国三大国有骨干航空运输集团之一，前身可追溯到1957年1月上海成立的第一支飞行中队。截至2020年年底，东航集团总资产超过3 680亿元，员工10万余人，经营业务涵盖航空客运、航空物流、航空金融、航空地产、航空食品、融资租赁、进出口贸易、航空传媒、实业发展、产业投资等航空高相关产业。在建立起现代航空综合服务集成体系的基础上，全力打造全服务、低成本、物流三大主业，着力打造MRO、航食、科技创新、金融贸易、产业投资平台五大产业板块。

作为集团核心主业的中国东方航空股份有限公司，是首家在纽约、香港、上海三地上市的中国航企，飞机数量达730余架，机队的机龄、互联网宽体机数量、商业和技术模式均居国内领先地位。构建起以上海和北京为主的“两市四场”双核心枢纽网络，借助天合联盟，通达全球170个国家和地区的1 036个目的地，每年为全球超过1.3亿旅客提供服务，旅客运输量位列全球前十。

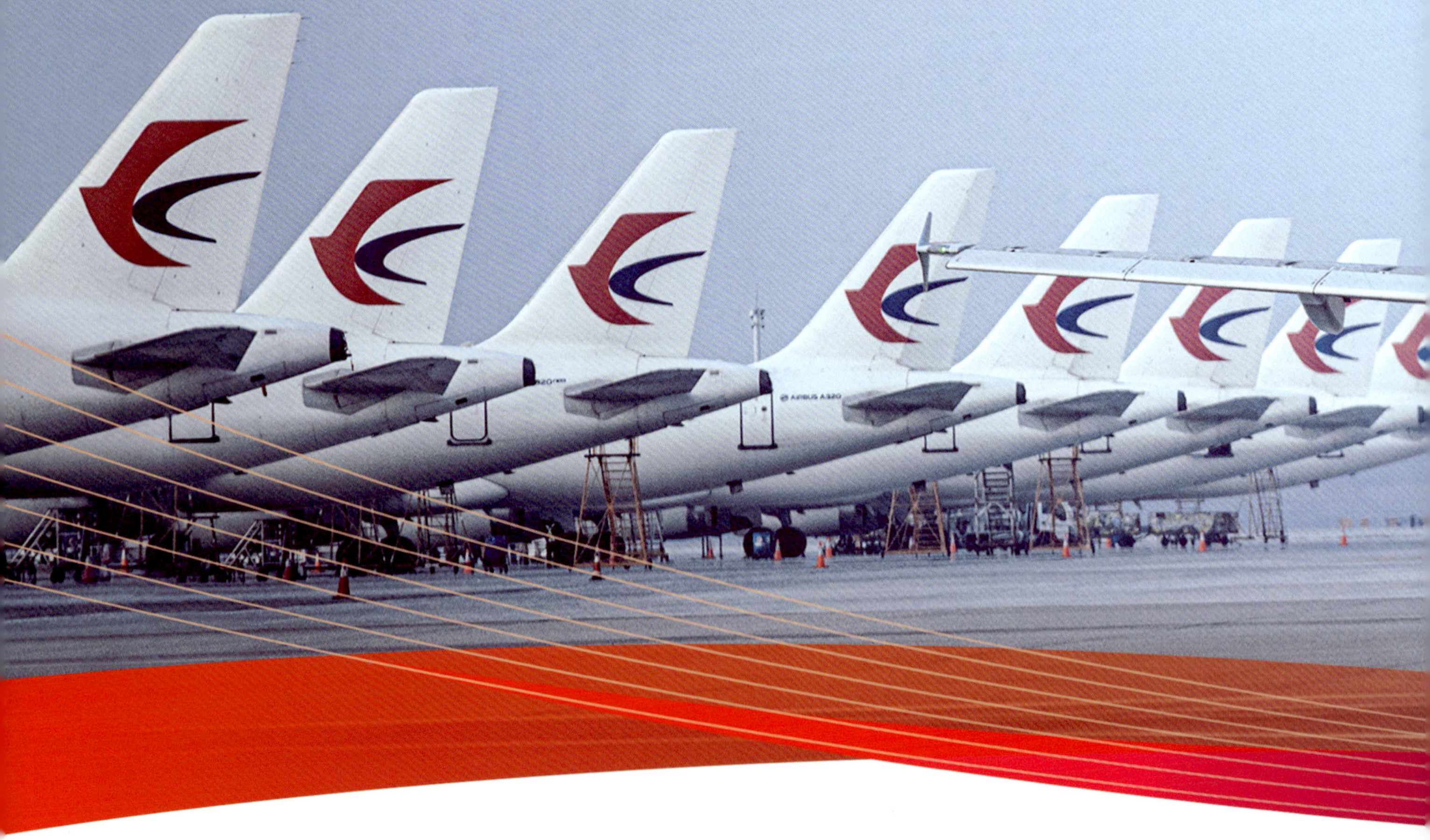

hotline 95530

一直以来，东航积极履行社会责任，执行一系列应急救灾和海外公民接运任务，以航空扶贫、产业扶贫等方式多年定点帮扶云南省临沧市双江、沧源，助力两县实现脱贫摘帽、接续推进乡村振兴。全面推动“绿色飞行”打赢“蓝天保卫战”，在“十三五”期间实现减碳200万吨。

自新冠肺炎疫情发生以来，东航执行了民航首班援鄂、首班援外医疗包机，承担中国民航1/3以上的抗疫运输任务，率先推出“定制包机”、民航最大“客改货”机队和“随心飞”系列创新产品，全力服务复工复产和产供链稳定，畅通“大循环”“双循环”。

近年来，东航荣膺中国民航“飞行安全钻石奖”，连续多年获评全球品牌传播集团WPP“中国品牌价值”前50强榜单，蝉联Brand Finance“全球品牌价值500强”；连续2年获评“中国企业海外形象20强”，位列交通运输行业首位；被国际指数公司MSCI ESG评定为A级、并列行业首位，在运营品质、服务体验、社会责任等领域屡获国际国内殊荣。

连接世界的精彩

Connecting all the wonders of the world.

中车株洲电机有限公司

CRRC ZHUZHOU ELECTRIC CO., LTD.

中车株洲电机有限公司是中国中车旗下一级核心子公司、中车首批入选“双百综合改革”企业之一，同时承担高速、重载铁路装备九大核心技术中牵引电机和牵引变压器两项核心技术的企业。自2004年公司成立至今，销售收入由38 500万元增加至100亿元，年均复合增长率达23.0%，铁路以外的市场化产品收入超过70.0%。公司下辖13家分、子公司，形成轨道交通、风力发电、新能源汽车驱动、高效节能动力、高速永磁电机、特种变压器、特种装备电机等“1+1+5+X”产业平台，已成为国内较大规模的机电产业集团，特别是牵引电机和风力发电机位居全球领先地位，成为细分行业的领跑者。

截至2020年年底，公司注册资本134 200万元，总资产756 900万元。现有从业人员5 000余人，其中工程技术人员840余人，拥有国家认定企业技术中心，建设有电机、变压器CNAS认证试验室，电气绝缘电力设备国家重点实验室，国家风电技术研究中心电机研究室，新能源汽车电机湖南省工程技术中心。建立了湖南省院士工作站，国家博士后科研工作站。拥有国家授权专利1 135项，国家标准46项、行业标准63项。

公司始终坚持“三创三化”的战略愿景和“明德成器、利物益世”的企业精神，致力于打造世界一流的通用机电集团，构筑专业化、集团化、国际化的百年基业。

2020年，公司获得国际质量管理小组大会奖项“PLATINUM AWARD”——铂金奖

2020年11月，公司获中国机械工业科学技术奖特等奖

中车株洲电机工程研究中心

2020 年 12 月 10 日，浙江中车尚驰电气有限公司挂牌成立暨中车项目签约仪式在浙江海宁举行

2020 年 8 月 20 日，公司携手《今日电机》平台举办第四届中国国际高效电机暨系统节能高峰论坛

2020 年 12 月 15 日，湖南中车尚驱电气有限公司在湖南省株洲市挂牌成立

2020 年 1 月 6 日，公司举行升格十周年非物质文化成果发布会

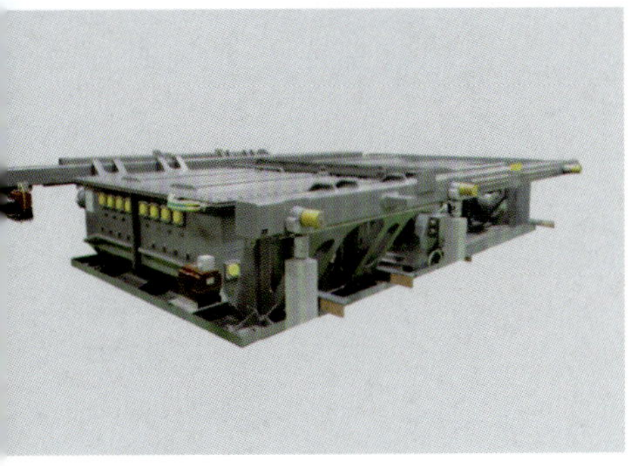

配套唐山时速 350 公里货运高速动车组变压器

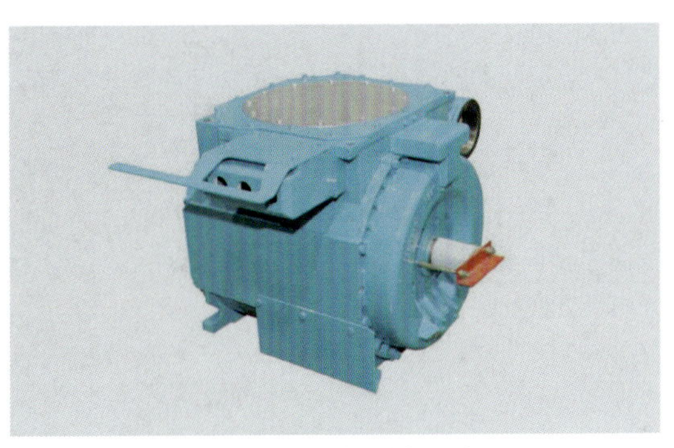

新一代动车组永磁牵引电机

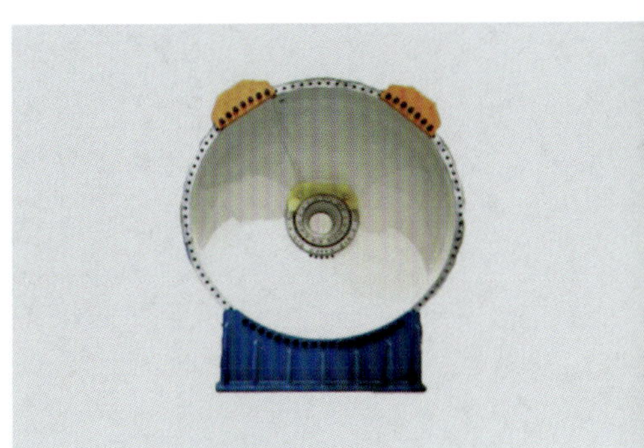

7兆瓦半直驱永磁风力发电机

➤ 天津LNG接收站工程建设项目，是国家“十三五”重点工程项目，是国务院“稳增长、促改革、调结构、惠民生”重点督办项目，是国家实施清洁能源战略和产供储销体系建设的重要组成部分，对于进一步优化环渤海地区能源结构，构建多气源区域安全供气格局，促进区域经济和社会可持续发展具有重要作用。

➤ 天津LNG接收站是中国石化集团公司自主设计、自主施工、自主投产的具有完全自主知识产权的首座LNG接收站，是中国成功打破国外技术壁垒、参与国际竞争，为国内LNG接收站健康快速发展奠定了坚实基础。

➤ 2012年成立中石化天津液化天然气有限责任公司，主要从事液化天然气接收站与码头的建设和运营；液化天然气、天然气、液化石油气以及石油化工产品的存储、加工和销售；冷能利用装置的建设和运营等。公司成立以来，荣获国家管理创新一等奖、中国石化集团公司优秀管理团队和优质工程奖，荣获天津市首批十佳“海河工匠”优秀企业培训基地等荣誉。天津LNG项目分三期实施建设，一期工程于2014年7月7日取得国家发改委核准批复，2018年2月6日迎来首船接气，2018年3月12日实现高压外输，二期气化外输扩能工程已于2019年11月30日建成投用。

中石化天津液化天然气有限责任公司

先 国际一流
LNG

金澳科技（湖北

金澳科技（湖北）化工有限公司（下称“金澳科技”）始建于1976年，于1997年12月由全国政协委员、香港太平绅士，中国企业联合会、中国企业家协会副会长，金澳控股集团董事局主席舒心先生整体收购潜江市石油化工厂后改制成立，是集生产、贸易、物流储运等于一体的集团化企业。金澳科技规划总占地面积6 000多亩，现有装置占地面积约4 630亩，总资产360多亿元人民币，解决就业8 000多人，年炼油一次加工能力730万吨。主要生产和销售车用汽油，0号柴油，聚丙烯、精丙烯、丙烷、MTBE、液化气、石油焦、硫磺等。

金澳科技2012年被国务院授予“全国就业先进企业”称号，2016年党委被中共中央授予“全国先进基层党组织”称号，2018年被全国总工会授予“模范职工之家”称号。2020年被全国工商联授予“抗击新冠肺炎疫情先进民营企业”，2021年企业被中华全国总工会授予“全国五一劳动奖状”。企业还先后获得“湖北省清洁无害工厂”“湖北工业先进企业”“湖北省模范劳动关系和谐企业”“湖北省纳税信用A级纳税人”“湖北省文明单位”等百余项国家、省、部委荣誉。2012年起连续进入“中国民营企业500强”榜单（目前排名第172位），2017年起连续进入“中国企业500强”榜单（目前排名第388位）。

金澳科技取得AA+级银行信用认证和质量ISO 9001、环保ISO 14001、职业健康ISO 45001三个体系认证，产品

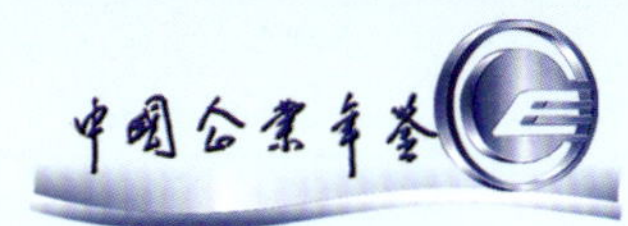

化工有限公司

质量、环保、职业健康等内控指标均达到或优于国家标准；2017年获得国家发改委批准的每年230万吨进口原油使用权、国家商务部批准的每年230万吨原油非国营贸易进口允许量及进口资格。

金澳科技拥有重油催化、延迟焦化、柴油蜡油加氢、汽油加氢、柴油加氢改质、芳构化、制氢、硫磺回收等近20套主体生产装置，并有配套的水、电、汽、风及80万立方米油品库容设施。所有装置均采用美国霍尼韦尔公司及浙大中控先进的DCS自动化控制系统。拥有年吞吐量500万吨、5 000吨级的荆州监利长江石化专用码头和年吞吐量300万吨、1 000吨级潜江泽口汉江石化专用码头各1座。企业依托江汉平原货运铁路，正在修建直达厂区、年吞吐量540万吨的货运铁路专用线，并正在建设荆州监利至潜江厂区的输油管道项目。

金澳科技产品销售区域主要是湖北、湖南、江西、重庆、贵州、河南、广东、广西等省（自治区、直辖市），并建有自己的终端销售网络。

金澳科技将继续坚持绿色发展、循环发展和低碳发展的指导思想，以市场为导向，以能源化工为支柱，完善和延伸石油化工产业链，逐步形成“油头、化身、精化尾”的主干产业，努力打造“千亿企业”。计划投资200多亿元，新增用地2 000多亩，建设乙烯、甲基丙烯酸甲酯、丙烯腈、全密度聚乙烯等近20套高附加值、高回报率的综合型石化项目。同时，将进一步加强终端销售网络建设，计划建设和合作经营加油加气站1 000多座；制造业与服务业并举，本土发展与国际并购同步，扩展文化教育旅游、国际贸易、仓储物流等产业；构建强势产业，打造核心品牌，增强主干产业对配套产业的带动能力；提升经济效益和社会效益，把金澳科技建设成为具有较大影响力的大型、综合性企业集团，实现“以产业报国，为荣誉而战”的企业发展愿景。

安徽口子酒业

股份有限公司

安徽口子酒业股份有限公司是国家酿酒重点骨干企业。2015年6月29日，在上交所成功挂牌，成为全国第17家、安徽省第4家白酒上市企业，已成为中国兼香型高端白酒的典型代表。

历史悠久，底蕴深厚。口子古镇酿酒历史悠久，距今已达2 700余年。始于春秋，兴于隋唐，明清至民国时期发展迅猛，出现了“七十二坊争雄”的繁荣景象。2018年，全国发掘面积居首位的酿酒遗址——濉溪明清酿酒作坊群遗址揭开面纱，印证了口子酒发展的脉络和起源。传承自明清时期的“大蒸大回”酿造技艺，被列为非物质文化遗产；发掘使用至今2 000余年的隋唐仙指井、沿用600余年的元明老窖池、始建于明末清初的明清地下酒窖、20世纪50年代苏联风格酿造建筑群等，先后被评为全国文物普查重要新发现、省文物保护单位和国家工业遗产。

传承创新，品质卓越。口子窖是兼香白酒的推动者、兼香技艺的传承者。依托国家“地理标志保护产品”独特的产区优势，坚持多曲并用、多粮酿造、长期发酵、长期贮存而形成的“一步兼香”工艺优势，最终成就了自然兼香的品质优势，获得全国消费市场一致认可。2002年，被评为中国首个获得“国家原产地域保护产品”的兼香型白酒品牌。2005年，被认定为“中国驰名商标”。2006年，被认定为首批“中华老字号”品牌，并率先通过“纯粮固态发酵白酒标志”认证。2010年，荣获全国白酒标准化技术委员会兼香型分技术委员会秘书处承担单位，正式成为兼香型白酒国家标准的“制定者”，开启了兼香型白酒发展的新篇章。

一企三园，未来可期。口子酒业始终坚守“真藏实窖”的匠心品质，不断完善产能规模，逐步形成了以口子工业园、口子酒文化博览园、口子产业园为主的“一企三园”宏大格局。口子酒文化博览园以国家4A级工业旅游区标准设计建设，是一处酒文融合、酒旅融合的特色旅游示范区；口子工业园和口子产业园以“智慧工厂”建设为重点，以数字化赋能传统工业，在自动化、信息化、智能化生产方面不断探索提升，生产和储酒产能业内领先。

穿越时空的经典

NEVER TOO TIMELESS

500mL
经典
JING DIAN
酒精度:52%vol
五粮液®
浓香型白酒

无锡市国联发展

合作设立国联闻泰5G通讯和半导体产业基金

国联证券登陆上交所主板实现A+H两地上市

集团旗下华光股份（600475）电站锅炉产品

集团全面打造"365智慧链"党建品牌

集团旗下无锡一棉

TALAK SINCE 1919 无锡一棉纺织集团 WUXI NO.1 COTTON MILL TEXTILE GROUP

TALAK SINCE 1919

集团）有限公司

无锡市国联发展（集团）有限公司（简称“国联集团”）成立于1999年5月8日，是无锡市人民政府出资设立的国有资本投资运营和授权经营试点国企集团，注册资本809 825万元。2020年，国联集团完成营业收入224.9亿元、实现利润24.4亿元。截至2020年年底，国联集团总资产为1 241亿元、净资产为390亿元，位列2020年度“中国服务业500强企业”第245位，“长三角服务业企业100强”第78位。历经20余年创新创业和转型发展，国联集团形成了金融服务、实业经营和投资运作三大领域，拥有全资控股企业近百家，职工总数超10 000人。

围绕“百年国联、千亿集团”发展目标，国联集团正秉承“奋发有为、开拓进取、勇往直前、永不言难”的国联精神，努力探索地方国有资本投资运营平台高质量发展新路径，加快打造国内一流的地方综合性国企集团。

集团金融大厦

阳光保险集团股份有限公司于2005年7月成立，始终坚守主业，以实业心态做金融，扎扎实实地积累企业的发展能力，实实在在地履行社会责任。正是如此，公司成立5年便跻身中国500强企业、中国服务业100强企业，历经十余年的发展，已成为中国金融业的新锐力量。集团目前拥有财产保险、人寿保险、信用保证保险、资产管理、医疗健康等多家专业子公司。

阳光保险自成立以来，解决就业28万人，为4.3亿客户提供保险保障，累计承担社会风险22 000 000亿元，支付各类赔款2 180亿元，上缴税收570亿元，在各项公益慈善事业中累计投入超5亿元。

“十四五”期间，阳光保险启动了“一聚三强”的发展新战略，即以阳光文化为引

2007 2008 2009 2010 2011 2012 201

领，以价值发展为主线，聚焦保险主业核心能力及核心优势提升，持续强化大健康产业布局，强化大资管战略落地，强化科技引领和创新驱动，有效推动集团的高质量可持续发展，着力打造强大的产品研发能力、卓越的客户服务能力、杰出的风险管控能力和专业的资产管理能力，为广大客户的美好生活保驾护航。

阳光保险将紧紧围绕国家战略与国计民生、提供有效的保险保障与金融支持，在服务实体经济、参与“一带一路”、实施乡村振兴等方面做出自己的努力。

阳光保险秉承“打造符合人性与最具活力的保险服务集团”的企业愿景，致力于“国家更富强、社会更美好”和“让人们拥有更多的阳光”。

2014 2015 2016 2017 2018 2019 2020 2021

阳光保险集团股份有限公司

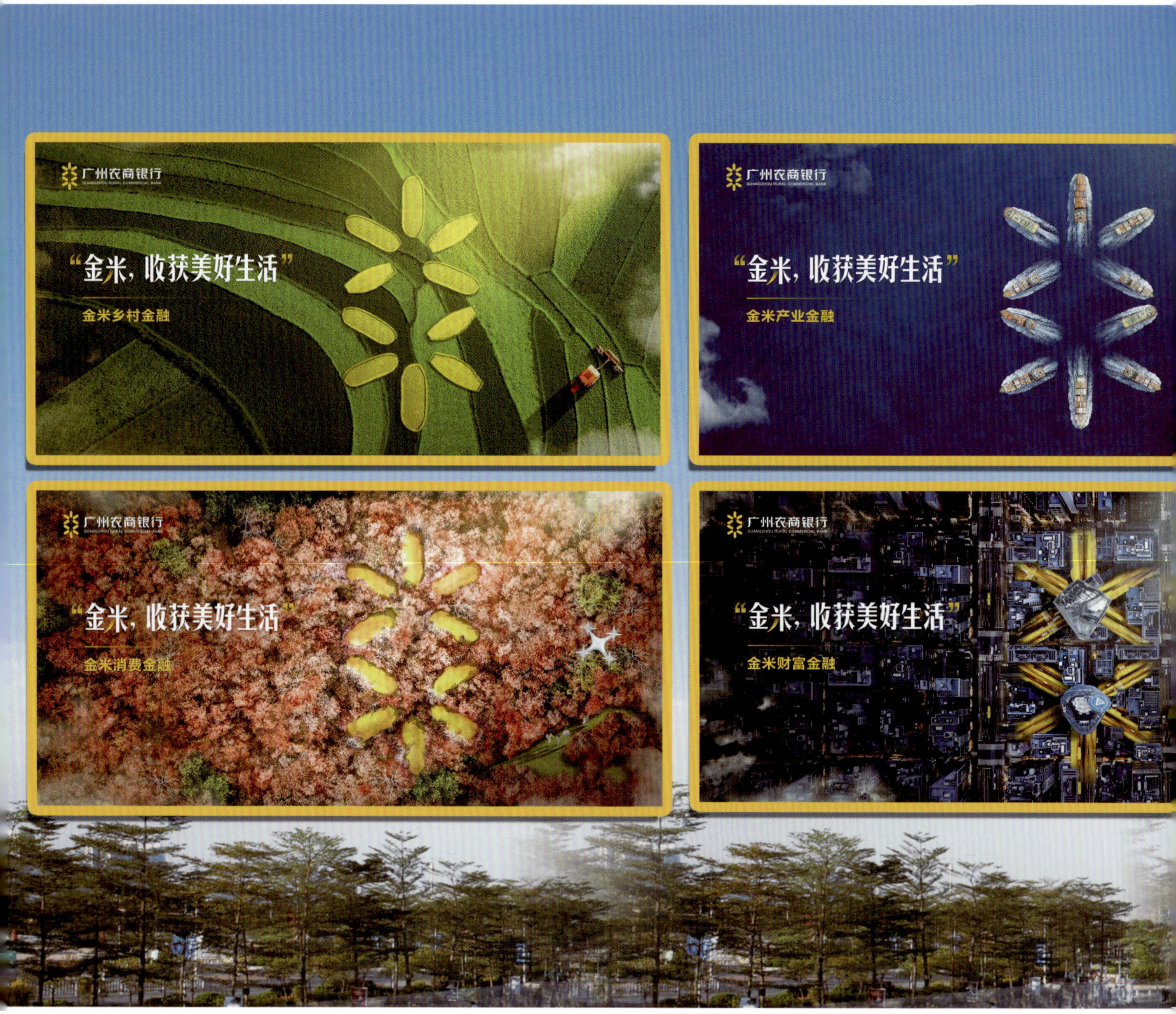

广州农商银行前身为1952年成立的广州农村信用社，2009年12月改制成为农村商业银行，2017年6月香港挂牌上市。

广州农商银行综合实力位居全国农村商业银行前列，业务规模、盈利能力、资产质量行业领先，2020年全年总资产10 278.7亿元，各项存、贷款余额分别为7 784.2亿元、5 689.3亿元，实现净利润52.778亿元，是全国排名前四、广东省排名首位的农村商业银行。

广州农村商业银行股份有限公司

天下港口

天津港(集团)有限公司
TIANJIN PORT(GROUP)CO.,LTD.

津通世界

中储发展股份有限公司

中储发展股份有限公司是具有中外合资性质、国有控股的A股上市公司（简称：中储股份，证券代码600787）。其实际控制人为国务院国资委直属的中国物流集团有限公司。

公司在国内20多个城市和地区投资运营了物流园区，仓储网络触及亚洲、欧洲、美洲等世界主要经济区域，形成了立足中国，服务全球的仓储物流服务能力。旗下物流园区总占地面积约1 350万平方米，铁路专用线161条（含整合），整合货车270万辆，国际班列纵横亚欧大陆。

公司作为国际知名、国内领先的供应链集成服务商，业务涵盖智慧仓储、智慧运输、大宗商品供应链、消费品物流、工程物流、期货交割库、物流科技等领域，致力于构建面向国内、国际的公共物流服务平台，成为现代流通体系建设的主力军。

中储货场

中储总部大楼

中储天津物流园

中储期货交割库

中储钢超

中储大宗货场

物产中大金属集团有限公司是业内领先的大宗商品智慧供应链集成服务商，目前，居中国企业 500 强第 188 位、中国服务业企业 500 强第 75 位，浙江省百强企业第 16 位、浙江省服务业百强企业第 5 位。

公司企业文化展厅

公司成立于 1963 年，总部位于杭州，前身是中国金属材料公司浙江省公司，隶属于浙江省物资局。在计划经济时代，主要负责国家统配物资的调拨。2003 年公司改制为国有控股的混合所有制企业，拥有 40 余家全资、控股及参股企业，与世界 70 余个国家拥有业务往来，经济实力、品牌影响力连续多年位于行业前列。母公司物产中大集团股份有限公司从 2011 年起连续 11 年入围世界 500 强，目前位列世界 500 强第 170 位，并于 2015 年上市（股票简称：物产中大，代码：SH600704）。

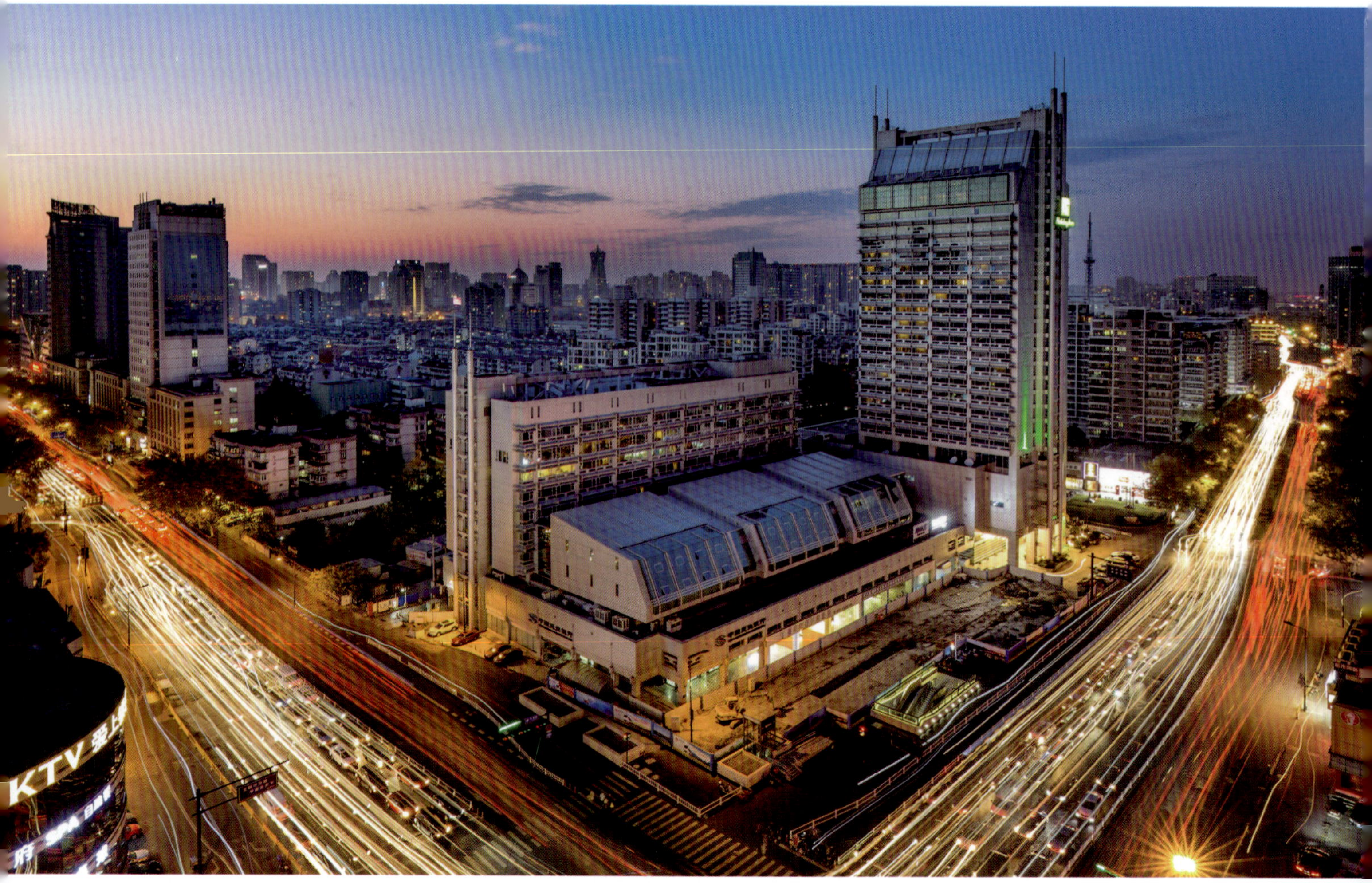

物产中大金属公司大楼

企业文化运动会

公司配送项目——杭州地铁

物流货运码头

公司配送项目——港珠澳大桥

造新的生命
贡献不竭动力